Großkommentare der Praxis

Aktiengesetz

Großkommentar

früher bearbeitet von

W. Gadow †, Dr. E. Heinichen †, Dr. Eberhard Schmidt, Dr. W. Schmidt †, Dr. O. Weipert †
Dr. Robert Fischer, Präsident des Bundesgerichtshofes

Dritte, neu bearbeitete Auflage

von

Dr. Carl Hans Barz
Rechtsanwalt in Frankfurt/M.

Dr. Ulrich Klug
Staatssekretär
Professor a. d. Universität zu Köln

Dr. Joachim Mayer-Landrut
Rechtsanwalt in Düsseldorf

Dr. Herbert Wiedemann
Professor a. d. Universität zu Köln

Dr. Dr. Herbert Brönner
Wirtschaftsprüfer in Berlin

Dr. Konrad Mellerowicz
Professor a. d. Technischen Universität Berlin

Dr. Wolfgang Schilling
Rechtsanwalt in Mannheim
Professor a. d. Universität Heidelberg

Dr. Hans Würdinger
Professor a. d. Universität Hamburg

DRITTER BAND

§§ 179—290

§§ 179—191, 207—220, 262—277: Wiedemann
§§ 192—206, 221—257: Schilling
§§ 258—261, 278—290: Barz
Register: Dr. Volker Kluge, Berlin

1973
DE GRUYTER
BERLIN · NEW YORK

Erscheinungsdaten der Lieferungen

Lieferung 1 (§§ 179—240): September 1971
Lieferung 2 (§§ 241—277): Dezember 1972
Lieferung 3 (§§ 278—290): März 1973

ISBN 3 11 000000 0

Printed in Germany.

Satz und Druck: Walter de Gruyter & Co., 1 Berlin 30.

Inhaltsverzeichnis

zum III. Band

Gesetz über Aktiengesellschaften und Kommanditgesellschaften auf Aktien (Aktiengesetz)

Sechster Teil

Satzungsänderung · Maßnahmen der Kapitalbeschaffung und Kapitalherabsetzung

Erster Abschnitt

Satzungsänderung

§ 179 Beschluß der Hauptversammlung

(1) Jede Satzungsänderung bedarf eines Beschlusses der Hauptversammlung. Die Befugnis zu Änderungen, die nur die Fassung betreffen, kann die Hauptversammlung dem Aufsichtsrat übertragen.

(2) Der Beschluß der Hauptversammlung bedarf einer Mehrheit, die mindestens drei Viertel des bei der Beschlußfassung vertretenen Grundkapitals umfaßt. Die Satzung kann eine andere Kapitalmehrheit, für eine Änderung des Gegenstandes des Unternehmens jedoch nur eine größere Kapitalmehrheit bestimmen. Sie kann weitere Erfordernisse aufstellen.

(3) Soll das bisherige Verhältnis mehrerer Gattungen von Aktien zum Nachteil einer Gattung geändert werden, so bedarf der Beschluß der Hauptversammlung zu seiner Wirksamkeit der Zustimmung der benachteiligten Aktionäre. Über die Zustimmung haben die benachteiligten Aktionäre einen Sonderbeschluß zu fassen. Für diesen gilt Absatz 2.

Literatur zu den §§ 179—181

Roth, Mehrheitsbeschlüsse auf Abänderung von Nebenleistungspflichten der Mitglieder einer GmbH, LZ 1915, Sp. 1492; *A. Hueck*, Anfechtbarkeit und Nichtigkeit von Generalversammlungsbeschlüssen bei Aktiengesellschaften, 1924; *Brand*, Das Prüfungsrecht und die Prüfungspflicht des Registerrichters, ZBlHR 1928, S. 97; *Hermann*, Aufhebung von Vorzugsrechten einer Aktiengattung, ZBlHR 1930, S. 236; *Scholz*, Satzungsänderung der Aktiengesellschaft und Gesellschaft mit beschränkter Haftung im Stadium der Liquidation, Diss. Tübingen 1931; *Neberfeld*, Satzungsänderung und Satzungsdurchbrechung im Vereinsrecht und Aktienrecht, Diss. Köln 1933; *Herold*, Die Neugestaltung der Satzung nach dem Aktiengesetz, BankA 1936, S. 523; *Geßler*, Die Rechtslage bei Fehlen des Sonderbeschlusses benachteiligter Aktionäre oder verschiedener Aktiengattungen, DJ 1936, S. 1491; *Waldmann-Geßler*, Die mehrfache Beschlußfassung einer Aktiengesellschaft zur Abänderung des Gesellschaftsvertrages nach §§ 275 Abs. 3, 278 Abs. 2, 288 Abs. 3 HGB, DGWR 1936, S. 433; *Schmidt*, Umgestaltung der Satzungen der Aktiengesellschaften, 1938; *Groschuff*, Staatsaufsicht und Reichsführung im Handelsregisterrecht, JW 1939, S. 2128; *v. Godin*, Unabhängigkeit des Hauptversammlungsbeschlusses einer AG von der Zustimmung Dritter, ZAkDR 1940, S. 78; *Waldmann*, Gilt der Grundsatz, daß Beschlüsse einer Kapitalgesellschaft oder Genossenschaft nicht von der Mitwirkung Dritter abhängig gemacht werden können, ohne jede Ausnahme?, DFG 1940, S. 105; *Fischer*, Die Fortsetzung einer GmbH, GmbHRdsch. 1955, S. 165; *Schmidt*, Einschränkung der freien Übertragbarkeit von Aktien oder Geschäftsanteilen durch Satzungsänderung, DB 1955, S. 162; *Siebel*, Fassungsänderung einer Satzung; insbesondere zu § 145 Abs. 1 Satz 2 AktG, DNotZ 1955, S. 299; *Fischer*, Fragen aus dem Recht der GmbH, JZ 1956, S. 362; *Dempewolf*, Die Rückwirkung von Satzungsänderungen aktienrechtlicher Gesellschaften, NJW 1958, S. 1212; *Hueck, G.*, Der Grundsatz der gleichmäßigen Behandlung im Privatrecht, 1958; *Jacobs-Woeste*, Satzungsänderung mit rückwirkender Gültigkeit?, AG 1958, S. 211; *Pleyer*, Aktienrecht und Unternehmenskonzentration, AG 1959, S. 8; *Zilias*, Rückwirkende Satzungsänderungen bei Kapitalgesellschaften? JZ 1959, S. 50; *Boesebeck*, „Satzungsdurchbrechung" im Recht der AG und GmbH, NJW 1960, S. 2265; *Zöllner*, Die Schranken mitgliedschaftlicher Stimmrechtsmacht bei den privatrechtlichen Personenverbänden, 1963, S. 104ff.; *Wiedemann*, Die nachträgliche Vinkulierung von Aktien und GmbH-Anteilen, NJW 1964, S. 282; *Lehmann*, Aktienrechtsreform 1965, 1965; *Brombach*, Zum Problem der Rückwirkung von Satzungsänderungen, Diss. Köln 1965; *Barz*, Die durch die Aktienrechtsreform 1965 veranlaßten Satzungsänderungen, AG 1966, S. 39; *Berkemann*, Die staatliche Kapitalbeteiligung an Aktiengesellschaften, 1966, S. 146, 159ff.; *Eckardt*, Satzungsänderungen auf Grund des neuen Aktiengesetzes, NJW 1967, S. 369; *Sommermeyer*, Änderung satzungsgemäß erschwerter Abstimmungsvorschriften, Schleswig-Holst. Anzeigen 1967, S. 319; *Lutter*, Die Eintragung anfechtbarer Hauptversammlungsbeschlüsse im Handelsregister, NJW 1969, S. 1873; *Winkler*, Materielle und formelle Bestandteile in Gesellschaftsverträgen und Satzungen und ihre verschiedenen Auswirkungen, DNotZ 1969, S. 394; *Emmerich*, Das Wirtschaftsrecht der öffentlichen Unternehmen, 1969; *Jung-Senssfelder*, Die Erforderlichkeit einer Gesellschaftsvertragsänderung, Diss. Köln 1970.

Übersicht

Einleitung

Die Vorschriften zur Satzungsänderung sind inhaltlich seit der grundlegenden Novelle von 1884 nur geringfügig geändert worden. Die Art. 214, 215 ADHGB legten erstmals zwingend fest, daß über Statutenänderungen ausschließlich die Generalversammlung beschließen kann und daß dazu eine Mehrheit von drei Viertel des in der Generalversammlung vertretenen Grundkapitals erforderlich ist, soweit die Satzung nichts anderes bestimmt. Dabei ist es im wesentlichen in den §§ 274ff. HGB und §§ 145ff. AktG 1937 geblieben.

Das neue Gesetz bringt kleine Änderungen. Die Verfahrensvorschrift des § 145 Abs. 2 AktG 1937 wurde in § 124 Abs. 2 Satz 2 und Abs. 4 Satz 1 übernommen. § 145 Abs. 3 AktG 1937 wurde wegen des Sachzusammenhanges in die § 26 Abs. 4 und § 27 Abs. 4 aufgenommen. Aus den verbliebenen § 145 Abs. 1 und § 146 AktG 1937 wurde der neue § 179 gebildet. Dabei war zu berücksichtigen, daß § 138 des neuen Gesetzes das Verfahren für Sonderbeschlüsse einheitlich regelt.

In § 180 wurde eine Streitfrage mit dem neuen Absatz 2 geschlichtet.

In § 181 Abs. 3 änderte man zur Beseitigung von Unklarheiten den Text. Seit dem Ergehen des Aktiengesetzes wurde § 181 Abs. 1 Satz 2 durch das Gesetz zur Durchführung der ersten Richtlinie des Rates der Europäischen Gemeinschaften zur Koordinierung des Gesellschaftsrechtes vom 15. August 1969 (BGBl. I S. 1146) eingefügt. Der bisherige Satz 2 wurde Satz 3.

I. Die Satzungsänderung

Anm. 1

1. Der Grundsatz der Abänderlichkeit

a) Die Satzung der Aktiengesellschaft kann abgeändert werden, wenn sämtliche Aktionäre zustimmen. Dies und nur dies besagt der zwingende Grundsatz der Abänderbarkeit: die Satzung kann sich keine Unabänderlichkeit zusprechen, auch nicht bezüglich des Gesellschaftszwecks oder hinsichtlich des Unternehmensgegenstandes. Dafür gibt es zwei Begründungen. Einmal wollte der Gesetzgeber bei der Einführung des Art. 215 ADHGB der Meinung entgegentreten, daß wesentliche Satzungsbestimmungen unabänderlich seien; mit Art. 215 ADHGB sollte gesagt werden, daß eine Statutenänderung durch Mehrheitsbeschluß erfolgen kann. Außerdem können die Aktionäre für sich und ihre Rechtsnachfolger keine unbegrenzte Selbstbindung an eine einmal beschlossene Gesellschaftsverfassung eingehen.

Eine Bestimmung der Satzung, die diese trotzdem als unabänderlich bezeichnet, ist dahin auszulegen, daß die Satzung im ganzen oder in einzelnen Teilen nur unter erschwerten Voraussetzungen abgeändert werden darf. Damit wird entweder ein einstimmiger Beschluß aller anwesenden und abstimmenden Aktionäre gefordert oder zusätzlich die Teilnahme des ganzen stimmberechtigten Kapitals oder sogar die Zustimmung sämtlicher Aktionäre (letzteres halten v. Godin-Wilhelmi, Anm. 1 zu Unrecht für unmöglich, Schlegelberger-Quassowski, § 145 AktG 1937, Rdn. 2 immer für angebracht; vergleiche auch unten Anm. 6). Welcher Grad der Unabänderlichkeit gewollt ist, richtet sich nach dem übrigen Satzungsinhalt und nach dem Charakter der Aktiengesellschaft; im Zweifel wird lediglich Einstimmigkeit der anwesenden und abstimmenden Aktionäre verlangt (anders Baumbach-Hueck, Rdn. 4).

b) Eine Satzungsänderung kann in jedem Entwicklungsstadium einer Aktiengesellschaft, also während der Gründung, nach der Eintragung und während der Abwicklung, ja sogar im Konkurs vorgenommen werden. In der *Abwicklung* sind Änderungen aber nur zulässig, soweit sie nicht Zweck und Wesen der Abwicklung, insbesondere des Konkurses widersprechen (RGZ 121, S. 246, 253 für die Genossenschaft unter Abweichen von RGZ 119, S. 220, das die Befugnis zu einer Währungsumstellung versagte). Einzelheiten sind streitig. Zulässig sind eine Änderung der Firma und des Unternehmensgegenstandes (anderer Ansicht OLG München, HRR 1938, Nr. 1547 mit dem Hinweis, die fortschreitende Liquidation könne nicht zu einer ständigen Anpassung der Satzung an den jeweiligen Abwicklungsstand führen; Baumbach-Hueck, Übersicht vor § 179, Rdn. 2; v. Godin-Wilhelmi, Anm. 1), auch im Konkurs, weil der Konkursverwalter nur unter dieser Voraussetzung das Unternehmen oder Teile davon günstig verwerten kann; andernfalls müßte eine Veräußerung der Firma unterbleiben oder eine doppelte Firmenführung zulässig sein.

Eine Kapitalerhöhung — auch eine bedingte — bleibt zulässig, wenn sie bei Eintritt eines Auflösungsgrundes bereits beschlossen und ins Handelsregister eingetragen war (BGHZ 24, S. 279, 286). War sie lediglich beschlossen, aber noch nicht eingetragen, so wird der Kapitalerhöhungsbeschluß gegenstandslos: Die Durchführung der Kapitalerhöhung ist nicht mehr möglich und eine dahingehende Eintragung unzulässig, weil das Interesse der ursprünglich auf einer anderen Geschäftsgrundlage zeichnenden Übernehmer vorgeht. Das ist jedenfalls für den Konkurs der GmbH allgemeine Meinung (RGZ 77, S. 152, 157; 85, S. 205, 206; OLG Bremen, GmbH-Rdsch. 1958, S. 180). Der Zustand der Abwicklung schließt grundsätzlich nicht aus, daß eine Kapitalerhöhung neu beschlossen und eingetragen wird, ebensowenig eine Kapitalherabsetzung. Allerdings ist beides nach Konkurseröffnung nicht mehr möglich, weil Finanzierungsmaßnahmen mit dem Zweck des Konkursverfahrens unvereinbar sind (anders Hachenburg-Schmidt, § 63 GmbHG, Anm. 16).

Auch Satzungsänderungen, die in Sonderrechte einzelner Aktionäre eingreifen oder den Grundsatz der gleichmäßigen Behandlung aller Aktionäre verletzen, sind nicht ausgeschlossen; für sie gelten jedoch besondere Wirksamkeitserfordernisse (vgl. dazu unten Anm. 8ff.).

Anm. 2

2. Echte (materielle) und unechte (formelle) Satzungsbestimmungen

a) Abgrenzungskriterien

Gegenstand einer Satzungsänderung ist die Änderung oder Aufhebung einer bestehenden Regel sowie die Aufnahme einer neuen Bestimmung. Wenn jedoch die §§ 179ff. gelten sollen, muß es sich um echte Satzungsbestimmungen handeln, nicht um Regelungen, die nach dem Willen des Gesetzgebers oder der Gesellschafter kein Bestandteil des Statuts sein sollen. Die Abgrenzung ist schwierig; sie deckt sich in etwa mit dem Unterschied zwischen *Satzung* und *Geschäftsordnung*, wie sie im ausländischen Recht vielfach anzutreffen ist.

Rechtsprechung und Schrifttum befassen sich mit dieser Frage überwiegend bei den Gesellschaftsverträgen der GmbH, weil unechte Satzungsbestimmungen dort häufiger anzutreffen sind als in der Aktiengesellschaft (vgl. BGHZ 18, S. 205; BGH, NJW 1969, S. 131; BGH, NJW 1970, S. 706 = LM Nr. 8 zu § 109 HGB; LG Bonn, AG 1970, S. 18, 19; Winkler, DNotZ 1969, S. 394; Jung-Senssfelder, Die Erforderlichkeit einer Gesellschaftsvertragsänderung [1970], der Rechtsprechung und Schrifttum zusammenstellt). Das hängt damit zusammen, daß im Aktienrecht der Grundsatz der *Satzungsstrenge* gilt, im Zweifel also keine formellen Satzungsbestandteile vorliegen.

Mit der Gegenüberstellung von körperschaftsrechtlichen Regeln einerseits, die die Verfassung der Aktiengesellschaft oder die Gestalt der Mitgliedsrechte betreffen, und rein schuldrechtlichen Vereinbarungen andererseits ist für die Auslegung wenig gewonnen. Maßgebend ist vielmehr der Gesichtspunkt, warum eine bestimmte Regelung in die formal ausgestaltete Gesellschaftsverfassung aufgenommen werden muß oder kann. Zwei Gesichtspunkte erscheinen maßgeblich: In der Satzung soll festgehalten werden, was alle Gesellschafter, auch die zukünftigen, sowie die Öffentlichkeit von der Gesellschaft und ihrem Unternehmen wissen müssen. Der Satzungsinhalt wird also jedenfalls bei der AG vom Publizitätserfordernis beeinflußt. Außerdem gehören zum Inhalt der Satzung die Regeln, die nur von der Hauptversammlung und nur unter den erschwerten Bedingungen der §§ 179ff. abgeändert werden sollen, weil an ihrem Fortbestand die Gemeinschaft aller Aktionäre oder einzelne unter ihnen ein berechtigtes Interesse haben. Auch damit ist freilich über die Gesichtspunkte, die *Publizität* oder *Solemnität* fordern, wenig gesagt.

1. Verschiedene Bestimmungen sind in die Satzung einer Körperschaft im Interesse des Gläubigerschutzes aufzunehmen, so etwa Regeln über den Gründungsaufwand, über Sondervorteile oder über eine Sachübernahme. Diese satzungsmäßigen Pflichten der Aktiengesellschaft können ohne Rücksicht auf die §§ 179ff. herabgesetzt oder aufgehoben werden, weil am Einhalten der Form bei dem *actus contrarius* kein Interesse besteht (RG, JW 1917, S. 468 [Hachenburg], wo der Verzicht auf ein besonderes Gewinnrecht eines GmbH-Gesellschafters im Zusammenhang mit der Einbringung behandelt wird).

Außerdem zählen hierher die Leistungspflichten einzelner Gesellschafter. Sie können mitgliedschaftlicher oder obligatorischer Natur sein. Da ein etwaiger Rechtsnachfolger für mitgliedschaftliche Lasten einstehen muß, müssen diese, aber auch nur diese, im Statut verlautbart sein. Die Einführung oder Änderung an der Mitgliedschaft haftender Pflichten bedarf daher stets der Satzungsänderung. Für die Aktiengesellschaft entstehen keine größeren Schwierigkeiten, weil die mitgliedschaftlichen Nebenverpflichtungen nur im Rahmen und unter den Voraussetzungen des § 55 zulässig sind. Liegen diese vor, so beruht die Pflicht auf der Mitgliedschaft, trifft den Aktionär als solchen und kann nur in der Verfassung der Gesellschaft behandelt werden (Winkler, DNotZ 1969, S. 406). Bei persönlichen Verpflichtungen ist eine formlose Änderung möglich.

2. Echte Satzungsbestandteile sind alle Organisationsnormen, die den Bestand und die Struktur des Verbandes oder der Unternehmensführung betreffen: Verlängerung oder Verkürzung der in der Satzung vorgesehenen Dauer der Gesellschaft oder Einführung eines Endtermins bei einer auf unbestimmte Zeit errichteten Aktiengesellschaft (RGZ 6, S. 120; 65, S. 264, 266; 74, S. 297, 299; RG, Recht 1908, Nr. 2498); Zahl und

Art der organschaftlichen Vertretung; Beginn und Ende des Geschäftsjahres (auch dann, wenn die Satzung schweigt; anders KG, JW 1926, S. 599); Vinkulierung der Aktien (LG Bonn, AG 1970, S. 18, 19); Änderung des Gewinnverteilungsschlüssels usw. Auch soweit es sich nicht um gesetzlich vorgeschriebene Satzungsbestandteile handelt, wollen die Gesellschafter die gemeinsame Organisation im Zweifel nur mit qualifizierter Mehrheit ändern. Dagegen zählen Bestimmungen zur Geschäftsordnung von Organen nicht zu den echten Satzungsbestandteilen.

Bestritten ist die Auslegung von Satzungsbestimmungen, die einzelnen Gesellschaftern ein besonderes Recht einräumen (auf einen bestimmten Gewinnanteil [Tantieme] usw.). Handelt es sich um eine in die Satzungsurkunde aufgenommene Bestimmung der Geschäftsordnung, so kann der begünstigte Gesellschafter seine Vorzugsstellung jederzeit durch einfachen Mehrheitsbeschluß verlieren. Mit Qualifizierung als echter Satzungsbestandteil dagegen werden derartige Vorrechte infolge der erhöhten Anforderungen an eine Satzungsänderung erheblich gesichert. Noch weitergehend wird der Gesellschafter mit dem Einräumen eines echten Sonderrechts nach § 35 BGB begünstigt, denn diese Rechtsposition kann ihm ohne seine Zustimmung nicht genommen werden. Die Rechtsprechung stellt grundsätzlich hohe Anforderungen an die Qualität als materieller Satzungsbestandteil und damit an einen erhöhten Schutz des berechtigten Gesellschafters (RG, JW 1917, S. 468 [Hachenburg]; JW 1919, S. 313, 314 [Hachenburg]; OLG Oldenburg, OLGE 42 [1921], S. 223; BGHZ 18, S. 205, 207; BGH, NJW 1969, S. 131). Auf die von den Gesellschaftern verfolgten Absichten kann — jedenfalls bei der Aktiengesellschaft — lediglich zurückgegriffen werden, soweit diese im Wortlaut des Statuts Ausdruck gefunden haben. Dagegen können die gesamte Struktur des Verbandes, die Ausgestaltung der Mitgliedschaftsrechte und der nähere Inhalt des Vorrechts berücksichtigt werden; beachtenswert ist auch, ob gleiche oder ähnliche Abreden mit einem außenstehenden Dritten getroffen worden wären. Tantiemen der Vorstandsmitglieder gehören bei der Aktiengesellschaft im Zweifel nicht zu den echten Satzungsbestandteilen.

b) Beispiele für Satzungsänderungen

Änderung der Firma (auch in der Liquidation; KG, LZ 1925, Sp. 1170); Änderung des Unternehmensgegenstandes (vgl. dazu unten Anm. 7); Verlegung des Sitzes der Gesellschaft (RG, JW 1899, S. 396); Verlängerung der Dauer der Gesellschaft über die in der Satzung festgelegte Zeit hinaus (RGZ 74, S. 297, 299; RG, LZ 1914, Sp. 571; die Frage ist nicht mit der anderen zu verwechseln, ob außerdem die Zustimmung aller Gesellschafter vorliegen muß oder dem widersprechenden Gesellschafter ein Austrittsrecht oder ein Abfindungsrecht zusteht; vgl. dazu Brodmann, § 274 HGB, Anm. 1c; Robert Fischer, GmbH-Rdsch. 1955, S. 168); Verkürzung der Gesellschaftsdauer unter die in der Satzung festgelegte Zeit; Bestimmung eines Auflösungstermins bei einer auf unbestimmte Zeit errichteten Gesellschaft sowie Auflösung der Gesellschaft durch Beschluß gem. § 262 Abs. 1 Nr. 2, wenn dieser bedingt oder befristet ist und für die Zukunft hinsichtlich der Fortdauer der Gesellschaft eine dauernde Regelung trifft (RGZ 65, S. 264, 266; RGZ 145, S. 99, 101); Verlegung des Geschäftsjahres (vgl. dazu KG, JW 1926, S. 599; vgl. auch KG, KGJ 53 [1921], S. 99, wo festgestellt wird, daß der Beschluß zur Änderung eines Geschäftsjahres in das Kalenderjahr zwar für das laufende Geschäftsjahr, nicht aber für die Vergangenheit wirkt); Art und Weise der Zusammenlegung von Bezugsaktien, nachdem deren Zusammenlegung beschlossen ist, auch wenn es sich nur um rechnerische Fragen handelt (KG, JW 1925, S. 1794 [Heilbrunn]); Bestimmungen über die Vermögensreste der Aktiengesellschaft bei ihrer Auflösung (KG, JW 1930, S. 1412); Umwandlung der Aktiengesellschaft; Einführung, Aufhebung und Änderung mitgliedschaftlicher Nebenpflichten und Sonderrechte (Winkler, DNotZ 1969, S. 406ff.).

Keine Satzungsänderung stellen dar: die Errichtung einer Zweigniederlassung; die Auflösung der Gesellschaft — auch bei zeitlich begrenzter Gesellschaftsdauer — durch Beschluß gemäß § 262 Abs. 1 Nr. 2, wenn diese unbedingt bzw. unbefristet ist, oder aber den Auflösungstermin nur unerheblich hinausschiebt, um die sachgemäße Abwicklung der Geschäfte zu ermöglichen (RGZ 145, S. 99); der Beschluß über die Vermögensveräußerung (vgl. dazu unten Anm. 7); Wechsel im Vorstand oder Aufsichtsrat, selbst wenn die ersten Mitglieder der Verwaltung in der Satzung genannt waren (BGHZ 18, S. 208; OLG Oldenburg, OLGE 42 [1921], S. 223), sofern nicht zugleich Einzel- oder Gesamtvertretung, also die *Art* der Vertretung, geändert wird.

Soweit ein Gesetz den Inhalt der Satzung ändert, ist eine gleichwohl vorgenommene Satzungsanpassung nur Fassungsänderung (RGZ 104, S. 349, 351).

Anm. 3

3. Satzungsänderung für den Einzelfall

Die Gesellschafter können im Rahmen des dispositiven Rechts die Satzung auch für den Einzelfall abändern. Darin liegt keine Verletzung oder Durchbrechung der Satzung, wenn sämtliche Erfordernisse für eine Satzungsänderung — insbesondere Ankündigung, erforderliche Beschlußmehrheit, Anmeldung und Eintragung ins Handelsregister; §§ 124 Abs. 2 Satz 2, 181 — eingehalten sind. Die Satzungsänderung braucht keine *allgemeine* Regelung zum Inhalt zu haben. Es ist ohne weiteres möglich, für einen Einzelfall abzuweichen, z. B. die im Statut vorgesehene Zustimmung des Aufsichtsrats zur Übertragung vinkulierter Aktien der Hauptversammlung zu überlassen. Auf die Handelsregistereintragung kann in keinem Fall verzichtet werden (anderer Ansicht Boesebeck, NJW 1960, S. 2265, 2267, der aber übersieht, daß die Einzelfalländerung als solche nicht wieder aufgehoben werden soll, sondern für die Zukunft bestehenbleibt; unrichtig auch Schlegelberger-Quassowski, § 145 AktG 1937, Rdn. 3, die die *ad hoc*-Abweichung als Satzungsverletzung ansprechen; Teichmann-Koehler, § 145 AktG 1937, Anm. 1 ohne genaue Abgrenzung; unklar v. Godin-Wilhelmi, Anm. 2). Vgl. zum Einzelfallgesetz im Verfassungsrecht BVerfGE 25, S. 371, 396ff. *(lex Rheinstahl)*.

Im Einzelfall kann ein Gesellschafterbeschluß, der die Voraussetzungen zur Satzungsänderung nicht erfüllt, in eine obligatorische Verpflichtung der zustimmenden Gesellschafter umgedeutet werden (vgl. auch RGZ 81, S. 368; BGH, NJW 1960, S. 866).

II. Zuständigkeit und Mehrheitserfordernisse für Satzungsänderungen

Anm. 4

1. Die Alleinzuständigkeit der Hauptversammlung

a) Die Satzungsänderung gehört zur ausschließlichen Zuständigkeit der Hauptversammlung. Dieser Rechtsgrundsatz findet sich in allen nationalen Rechten der EWG und in Art. 241 des Kommissionsentwurfs zur Europäischen Handelsgesellschaft. Die Befugnis zu Satzungsänderungen kann keiner anderen Stelle oder Person innerhalb oder außerhalb der Gesellschaft überlassen werden; die Hauptversammlung kann ihre Befugnis außer bei einer Fassungsänderung nicht delegieren und kann nicht darauf verzichten. Keine andere Person und kein anderes Gesellschaftsorgan ist berechtigt, eine Satzungsänderung vorzunehmen (RGZ 74, S. 297, 299; KG, JW 1925, S. 1795). Es kann auch nicht bestimmt werden, daß die Gültigkeit einer von der Hauptversammlung beschlossenen Satzungsänderung von der Zustimmung Dritter abhängt (RGZ 169, S. 65, 80ff.; KG, JW 1930, S. 1412 [Pinner] = HRR 1929, Nr. 1355; anderer Ansicht v. Godin-Wilhelmi, Anm. 3, wenn nur die Wirksamkeit eines bestimmten Beschlusses von der Bedingung der Zustimmung eines Dritten abhängt). Die Exklusivzuständigkeit der Hauptversammlung ist nicht Selbstzweck. Sie folgt auch nicht aus dem Wesen der juristischen Person, denn dann könnte diese ebenso wie eine natürliche Person die Wirksamkeit ihrer Handlungen im Einzelfall oder generell bis zur Grenze des § 138 BGB vom Einverständnis eines Dritten abhängen lassen. Das Verbot anderweitiger Zuständigkeit hat gesellschaftsrechtliche Gründe: das Aktienrecht ist auf einen etwaigen Konflikt zwischen den grundsätzlich gleichen Interessen der Aktionäre in der selbständigen oder abhängigen Gesellschaft eingerichtet; die Abhängigkeit von Fremdinteressen eines Nichtaktionärs kann es nicht bewältigen. Schuldrechtliche Kontrollen reichen für die Überwachung etwaiger Mitgliedschafts- oder Organrechte eines Außenstehenden nicht aus. Deshalb darf die Gesellschaft ihr Schicksal nicht mit korporativer Wirkung in die Hände Dritter legen. Es handelt sich hier also um Auswirkungen des gleichen Gedankens, der eine Abtretung des Stimmrechts an Dritte verbietet. Möglich sind dagegen schuldrechtliche Abreden mit einem Dritten, deren Verletzung zu Schadenersatz verpflichten kann, aber die Wirksamkeit von Gesellschafterbeschlüssen unberührt läßt. Zur Frage, ob die Satzung die Wirksamkeit eines Abänderungsbeschlusses von der Zustimmung einzelner Aktionäre abhängig machen kann, vgl. unten Anm. 6.

Strittig ist, wie weit für *erwerbswirtschaftliche Unternehmen der öffentlichen Hand* Ausnahmen gelten. Satzungsbestimmungen, die einen Hauptversammlungsbeschluß und damit eine Satzungsänderung von der Mitwirkung einer Behörde abhängig machen, sind nichtig (RGZ 169, S. 65, 80; OLG Dresden, KGJ 51 [1916], S. 339 = RJA 15, S. 205; KG, OLGE 44 [1925], S. 237 [für einen mit dritten Personen besetzten Beirat einer GmbH]; KG, JW 1930, S. 1412 = HRR 1929, Nr. 1355; v. Godin, ZAkDR 1940, S. 78; anders Groschuff, JW 1939, S. 2133; Waldmann, DFG 1940, S. 105; vgl. zum ganzen Problem auch Berkemann, S. 146, 159ff.; Emmerich, S. 199ff.). § 65 Abs. 1 der Bundeshaushaltsordnung vom 19. 8. 1969 (BGBl. I S. 1284) macht deutlich, daß der Gesetzgeber davon ausgeht, der Einfluß der öffentlichen Hand sei in den Formen und entsprechend der Organisation des Privatrechts wahrzunehmen. Die Gemeindeordnungen der Länder können das Aktiengesetz als Bundesrecht nicht abändern. Der Fiskus vermag den ihm notwendig erscheinenden Einfluß durch Satzungsgestaltung und Anteilsbesitz sicherzustellen.

b) Ausnahmen

Von dem Grundsatz, daß die Satzung nur durch Beschluß der Hauptversammlung abgeändert werden kann, gibt es Ausnahmen. Diese Ausnahmen bedürfen aber stets einer gesetzlichen Grundlage. Nach Abs. 1 S. 2 kann die Hauptversammlung die Befugnis zu Änderungen, die nur die Fassung betreffen, dem Aufsichtsrat übertragen (vgl. dazu unten Anm. 9ff.). Für Versicherungsgesellschaften enthalten die §§ 156, 39 Abs. 3 VAG noch eine weitergehende Ermächtigungsgrundlage. Danach kann die Hauptversammlung den Aufsichtsrat ermächtigen, Änderungen vorzunehmen, die von der Aufsichtsbehörde vor der Genehmigung des satzungsändernden Beschlusses verlangt werden. Im Unterschied zu Abs. 1 S. 2 ist in diesem Fall der Aufsichtsrat befugt, auch solche Satzungsänderungen vorzunehmen. Anders, wenn die Aufsichtsbehörde eine unzulässige Satzungsänderung durch den Aufsichtsrat lediglich billigt (LG Stuttgart, Veröffentlichungen des Bundesaufsichtsamtes für das Versicherungs- und Bausparwesen 1968, S. 167).

Nach § 4 Abs. 2 S. 2 EG AktG hat der Aufsichtsrat das Recht, über eine Satzungsänderung bezüglich einer Vereinigung von Aktien zu beschließen, die nicht auf volle 50 DM oder auf einen durch 100 teilbaren Betrag lauten. Die Vereinigung solcher Aktien kann jedoch nur mit Zustimmung der betroffenen Aktionäre vorgenommen werden; vgl. § 4 Abs. 2 S. 1 EG AktG.

Nach den Sozialisierungsgesetzen vom 23. März 1919 (RGBl. I S. 341) über die Regelung der Kohlenwirtschaft und vom 24. April 1919 über die Regelung der Kaliwirtschaft waren Änderungen der Gesellschaftsverträge nur mit Zustimmung des Reichskohlenrats (§ 17 Ausführungsbestimmungen vom 21. August 1919, RGBl. S. 1449) und des Reichskalirats (§ 48 DVO vom 18. Juli 1919, RGBl. S. 663) wirksam. Diese gemeinwirtschaftlichen Kartelle blieben auch nach 1933 bestehen, wurden jedoch zu Planungs- und Lenkungsverbänden unter voller staatlicher Weisungsgewalt (E. R. Huber, Wirtschaftsverwaltungsrecht, Bd. I, S. 263). Der Reichskalirat wurde durch das Kaliwirtschaftsgesetz vom 18. Dezember 1933 (RGBl. II S. 1027) beseitigt. Zu einer ausdrücklichen Aufhebung der auf der Grundlage des Sozialisierungsgesetzes erlassenen Kohlenwirtschaftsverordnung vom 23. März 1919 (RGBl. S. 342) ist es nicht gekommen; der Reichskohlenrat trat jedoch praktisch außer Funktion, statt dessen wurde die volle Aufsichtsgewalt des Reichswirtschaftsministers in der Kohlenwirtschaft hergestellt. Durch die auf den Art. 12 des Potsdamer Abkommens gestützten, im Wortlaut fast übereinstimmenden Militärregierungsgesetze Nr. 56 (für die amerikanische Zone) und

Nr. 78 (für die britische Zone), sowie durch die Verordnung der Militärregierung Nr. 96 vom 9. Juni 1947 (für die französische Zone) sind alle früheren Bestimmungen des deutschen Rechts, die mit den Alliierten Dekartellierungsvorschriften unvereinbar waren, aufgehoben worden, d. h. insbesondere die Normen des spezifischen Kartell- und Zwangskartellrechts. Die genannten Bestimmungen sind ihrerseits mit dem Inkrafttreten des GWB am 1. Januar 1958 außer Kraft getreten (§ 109 Abs. 2 Nr. 14—16 GWB).

Keine Ausnahme bilden Fälle, in denen die Satzung durch die Änderung von Gesetzesbestimmungen oder durch Vollzugsmaßnahmen der Gesellschafter oder der Gesellschaftsorgane gegenstandslos wird.

Anm 5

2. Die gesetzliche Regelung der Mehrheitserfordernisse

Nach § 133 Abs. 1 bedürfen die Beschlüsse der Hauptversammlung der Mehrheit der abgegebenen Stimmen (einfache Mehrheit), soweit nicht Gesetz oder Satzung eine größere Mehrheit oder noch andere Erfordernisse vorschreiben. Eine solche Vorschrift enthält § 179 Abs. 2 Satz 1 für jede zu beschließende Satzungsänderung. Daneben treten für die Maßnahmen der Kapitalbeschaffung und Kapitalherabsetzung noch die besonderen Vorschriften der §§ 182ff. In allen diesen Fällen bedarf grundsätzlich der Beschluß der Hauptversammlung einer Mehrheit, die mindestens *drei Viertel des bei der Beschlußfassung vertretenen Grundkapitals* umfaßt; es zählen also die Aktien nicht mit, deren Inhaber zwar erschienen sind, aber freiwillig oder aus gesetzlichen Gründen nicht mitstimmen. Diese Kapitalmehrheit kommt zu der *einfachen Mehrheit der abgegebenen Stimmen*, die nach § 133 Abs. 1 immer erforderlich ist, bei der Beschlußfassung hinzu (vgl. RGZ 125, S. 356, 359); die Kapitalmehrheit allein genügt nicht. Allerdings tritt das Erfordernis der Stimmenmehrheit nicht hervor, solange alle Aktien das gleiche Stimmrecht haben. Anders können sich die Verhältnisse jedoch gestalten, wenn Aktien mit verschieden hohem Stimmrecht vorhanden sind. In der Vergangenheit rechtmäßig geschaffene Mehrstimmrechtsaktien bleiben erhalten; die Ausgabe neuer Mehrstimmrechtsaktien ist nur mit Zustimmung der obersten Landesbehörde zulässig, soweit dies zur Wahrung überwiegender gesamtwirtschaftlicher Belange erforderlich ist; vgl. § 12 Abs. 2 Satz 2. Auf der anderen Seite kann die Satzung nach § 134 Abs. 1 Satz 2 für den Fall, daß ein Aktionär mehrere Aktien besitzt, das Stimmrecht durch Festsetzen eines Höchstbetrages oder durch Festsetzen von Abstufungen beschränken. Mit dem Erfordernis der Kapitalmehrheit wird beim Bestehen von Mehrstimmrechtsaktien verhindert, daß nur die Stimmenmehrheit den Ausschlag gibt: „Man soll die Stimmen wägen und nicht zählen." Bei der satzungsmäßigen Beschränkung des Stimmrechts gegenüber dem Besitzer mehrerer Aktien durch das Erfordernis der einfachen Stimmenmehrheit soll umgekehrt vorgebeugt werden, daß die Kapitalmehrheit der Großaktionäre allein entscheidet.

Es ist zweifelhaft, ob der für eine Satzungsänderung notwendige Mehrheitsbeschluß voraussetzt, daß die Aktionäre sich bei der Beschlußfassung auch *bewußt* sind, daß sie damit die Satzung ändern, oder ob es ausreicht, daß die Aktionäre mit der erforderlichen Mehrheit einen Beschluß gefaßt haben, der sich nach seinem objektiven Gehalt als eine Änderung der Satzung darstellt. Da das Gesetz insoweit keine einschränkenden Bestimmungen enthält, wird man nicht verlangen können, daß sich die Aktionäre bei ihrem Mehrheitsbeschluß auch dessen bewußt sind, daß sie damit eine Änderung der Satzung beschließen (RGZ 81, S. 368, 371). Das ist insbesondere für eine Einzelfall-Satzungsänderung bedeutsam, die richtigerweise ebenfalls zu den Satzungsänderungen zählt.

Anm. 6

3. Abweichende Satzungsbestimmungen

Nach § 179 Abs. 2 Satz 2 kann die Satzung für den Mehrheitsbeschluß abweichende Bestimmungen treffen, und zwar sowohl Erleichterungen wie Erschwerungen. Diese können auch für einzelne oder bestimmte Fälle vorgesehen sein. Fraglich ist, ob die

Erleichterung oder Erschwerung vom Willen eines anderen Organs abhängen kann etwa derart, daß die Hauptversammlung mit einfacher Mehrheit des bei der Beschlußfassung vertretenen Grundkapitals beschließen kann, wenn der Aufsichtsrat den Antrag stellt oder ihm zustimmt. Ein solches Verfahren ändert an sich nichts an der Zuständigkeit der Hauptversammlung, sondern bestimmt lediglich die jeweiligen Mehrheitsanforderungen. Trotzdem wird dem Aufsichtsrat auf diesem Weg ein unzulässiger, weil der zwingenden gesetzlichen Organisation der Aktiengesellschaft widersprechender Einfluß auf die Entscheidung über die Satzungsänderung eingeräumt. Das wird auch von Abs. 2 Satz 3 nicht gedeckt (Eckardt, NJW 1967, S. 369, 371; abweichend Lehmann, Aktienrechtsreform 1965, S. 55).

a) Erleichterungen

Im Unterschied zu § 275 Abs. 1 HGB kann sich die Satzung für einen satzungsändernden Beschluß nicht mit einfacher Stimmenmehrheit begnügen; es muß immer noch eine Kapitalmehrheit, wenn auch nur eine einfache, hinzutreten. Das war nach § 146 AktG 1937 im Schrifttum noch bestritten; die damals bereits herrschende Lehre ist mit der Neufassung jetzt Gesetzesinhalt geworden.

Ähnlich wie bei den Personenhandelsgesellschaften (vgl. BGHZ 8, S. 35, 41; BGH LM Nr. 8 zu § 138 HGB) wird man auch bei den Kapitalgesellschaften *eindeutige* Satzungsbestimmungen verlangen müssen, daß und für welche Fälle die gesetzlichen Mehrheitsanforderungen gemildert werden sollen (RGZ 27, S. 69, 70). Diesem Erfordernis kann eine Satzungsbestimmung genügen, es entscheide die einfache Mehrheit, soweit nicht gesetzliche Bestimmungen entgegenstehen (KG, DJZ 1921, S. 496; anderer Ansicht Brodmann, § 275 HGB, Anm. 1 d; v. Godin-Wilhelmi, Anm. 5).

Für eine Änderung des Gegenstandes des Unternehmens kann die Satzung keine geringere als eine drei Viertel Kapitalmehrheit vorsehen; vgl. dazu unten Anm. 7. Das gleiche muß für eine *Verkürzung* der satzungsmäßigen Dauer der Gesellschaft sowie für die nachträgliche Aufnahme einer Bestimmung über die Gesellschaftsdauer gelten. Der dahingehende Beschluß ist gleichzeitig ein Beschluß auf Auflösung zu dem in die Satzung aufzunehmenden Zeitpunkt (RGZ 65, S. 266), so daß auch die Bestimmung des § 262 Abs. 1 Nr. 2 zu beachten ist (h. A., wie hier Ritter, § 203 AktG 1937, 3, und — für den Fall der nachträglichen Aufnahme eines Auflösungstermins in die Satzung — Baumbach-Hueck, § 262, Rdn. 2; v. Godin-Wilhelmi, § 262, Anm. 3). Für die *Verlängerung* der durch die Satzung festgelegten Zeitdauer reicht dagegen ein den §§ 179 ff. entsprechender satzungsändernder Beschluß aus (a. A. Schlegelberger-Quassowski, § 203 AktG 1937, Rdn. 3, wonach in sinngemäßer Anwendung des § 215 Abs. 1 S. 2 AktG 1937 = § 274 Abs. 1 S. 2 der Verlängerungsbeschluß mindestens mit Dreiviertelkapitalmehrheit gefaßt werden muß).

b) Erschwerungen

Der Satzung steht es frei, eine größere Kapital- oder Stimmenmehrheit vorzuschreiben und nach Abs. 2 Satz 3 noch andere Erfordernisse für einen satzungsändernden Beschluß aufzustellen. Dazu gehört vor allem die Einführung eines bestimmten *Quorums* für die Beschlußfähigkeit der Hauptversammlung; die Satzung verlangt dann, daß ein bestimmter Bruchteil des Kapitals oder der Stimmen anwesend oder vertreten ist, damit die Versammlung beschlußfähig ist (vgl. Art. 243 des Kommissionsentwurfs der Europäischen Handelsgesellschaft, der zwingend die Beschlußfähigkeit von der Vertretung der Hälfte des Kapitals abhängig macht). Die Satzung kann weiter die Abhaltung zweier Hauptversammlungen vorsehen. Was die Stimmen- oder Kapitalmehrheit anlangt, ist eine Erschwernis in verschiedenen Stufen denkbar: die Satzung kann zunächst eine größere als die einfache Stimmenmehrheit neben der Kapitalmehrheit verlangen. Sie kann darüber hinaus auch *Einstimmigkeit* für Änderungen aller oder gewisser Bestimmungen fordern, wobei unter Einstimmigkeit eine solche der abstimmenden oder der anwesenden oder schließlich sämtlicher Aktionäre verstanden werden kann. Wieweit das Erfordernis der Einstimmigkeit gehen darf, ist allerdings im Schrifttum unter Berufung auf das für die Körperschaften geltende Majoritätsprinzip bestritten. Brodmann meint (§ 275 HGB, Anm. 1 c; ebenso Rudolf Fischer, in: Ehrenbergs Handbuch, Bd. III 1, S. 316 ff.), daß es stets bei einem Mehrheitsbeschluß bleiben müsse, weil das Erfordernis der Einstimmigkeit praktisch zur Unabänderlichkeit der Satzung führe, was mit dem zwingenden Grundsatz der Abänderbarkeit der Satzung im Widerspruch stehe. Die Begründung ist nicht stichhaltig. Denn daß eine Erschwerung der vom Gesetz vorgesehenen qualifizierten Kapitalmehrheit auch das Erfordernis der Einstimmigkeit ist, kann nicht zweifelhaft sein. Der Mehrheitsgrundsatz wird insoweit von der auch im Körperschaftsrecht geltenden Gestaltungsfreiheit der Privatrechtssubjekte verdrängt. Das Prinzip der Abänderbarkeit der Satzung sagt nur etwas über die Selbstbindung aus (vgl. oben Anm. 1). v. Godin-Wilhelmi (§ 179, Anm. 1) meinen, es könne zwar Einstimmigkeit, aber nur der abstimmenden, nicht aller (auch nicht anwesenden und nicht stimmberechtigten) Aktionäre verlangt werden; höhere Erfordernisse scheiterten an § 118 Abs. 1 und daran, daß ein Sonderrecht auf Unabänderlichkeit der Satzung im ganzen wohl nicht denkbar sei. Auch das trifft nicht zu, wie § 369 Abs. 2 beweist. Die Satzung kann die Zustimmung *sämtlicher* — auch der nicht erschienenen — Aktionäre verlangen (ebenso RGZ 169, S. 65, 81; OLG Dresden, RJA 12 [1912], S. 53, 54; Baumbach-Hueck, § 179, Rdn. 4; Möhring-Tank, Rdn. 447). Praktisch kann die Frage umgangen werden, in dem die Satzung Anwesenheit sämtlicher Aktionäre zur Beschlußfähigkeit voraussetzt und überdies Einstimmigkeit verlangt. Notwendig ist ein derartiges Vorgehen jedoch nicht. Die Gesamtheit aller Aktionäre kann ihren Willen nicht nur im Rahmen der Hauptversammlung bilden, sondern die Wirksamkeit eines satzungsändernden Beschlusses auch von der Zustimmung abwesender Aktionäre abhängen lassen. Ein Hauptversammlungsbeschluß kann allerdings nicht die Zustimmung Dritter verlangen, weil damit die Gefahr der unkontrollierten Abhängigkeit von Fremdinteressen verbunden ist; aber dieser Gesichtspunkt scheidet für die Aktionäre aus, die in der Hauptversammlung jederzeit erscheinen und widersprechen können. Die einzelnen Aktionäre erhalten durch eine dahingehende Satzungsbestimmung kein Sonderrecht (anderer Ansicht RGZ 169, S. 65, 81 für die GmbH; Schlegelberger-Quassowski, § 145 AktG 1937, Anm. 2; Teichmann-Koehler, § 146 AktG 1937, Anm. 1), auch kein unentziehbares Individualrecht in dem Sinn, daß nun auch noch jeder einzelne Aktionär seine individuelle Zustimmung zu dem Hauptversammlungsbeschluß geben muß (zutreffend Robert Fischer, 2. Auflage, § 146 AktG 1937, Anm. 5). Praktisch erhalten aber durch das Erfordernis der Einstimmigkeit sämtlicher Aktionäre die nicht erschienenen Aktionäre ein Zustimmungsrecht; § 118 Abs. 1 steht dem nicht entgegen, weil § 179 Abs. 2 Satz 3 ausdrücklich andere Satzungserfordernisse zuläßt. Soll die Zustimmung aller, auch der nicht erschienenen Gesellschafter notwendig sein, so müssen sich für eine solche Auslegung allerdings besondere Anhaltspunkte im Statut finden.

Sind satzungsgemäß die Anforderungen an eine Satzungsänderung über die gesetzliche Bestimmung hinaus erhöht oder unter diese, soweit zulässig, gemindert, so kann auch diese Vorschrift selbst nur mit der für Satzungsänderungen vorgesehenen Mehrheit abgeändert werden. Bei gesteigerten Erfordernissen, welche die Satzung verlangt, würde demnach die gesetzlich bestimmte Mehrheit nicht ausreichen, um die Änderung herbeizuführen (ROHG 20 [1875], S. 42, 45). Auch wenn die ursprüngliche Satzung keine besondere Vorschrift über die zu einer Satzungsänderung erforderliche Mehrheit enthält, kann nachträglich mit der gesetzlichen Mehrheit von drei Vierteln des bei der Beschlußfassung vertretenen Grundkapitals beschlossen werden, die Anforderungen an eine Satzungsänderung zu steigern oder zu erleichtern.

Anm. 7

4. Die Änderung des Unternehmensgegenstandes

a) Betrifft die Satzungsänderung den nach § 23 Abs. 3 AktG in der Satzung festgelegten Unternehmensgegenstand, so kann von den gesetzlichen Erfordernissen zugunsten der Minderheit nur abgewichen werden in der Hinsicht, daß der Beschluß mehr als drei Viertel des bei der Beschlußfassung vertretenen Grundkapitals umfassen müsse. Die Satzung kann noch weitergehende Erfordernisse aufstellen, wie z. B. Anwesenheit eines bestimmten Teils des Grundkapitals, eine größere als die einfache Mehrheit der abgegebenen Stimmen, mehrfache Abstimmung, Abhaltung einer zweiten Hauptversammlung, auch Einstimmigkeit.

Der *Unternehmensgegenstand* ist scharf zu trennen vom *Verbandszweck*, also von dem für den Zusammenschluß maßgebenden Ziel. Die Änderung dieses Gesellschaftszwecks — also beispielsweise die Aufgabe einer auf Erzielung von Gewinn gerichteten Tätigkeit — richtet sich nicht nach dem § 179, sondern nach § 33 BGB; sie verlangt Einstimmigkeit.

Was als Abänderung des Unternehmensgegenstandes anzusehen ist, kann nur nach den tatsächlichen Verhältnissen des Einzelfalles mit Rücksicht auf die Verkehrsanschauung entschieden werden. Es ist jedoch zu beachten, daß das neue Gesetz eine genaue Beschreibung des Unternehmensgegenstandes in § 23 Abs. 3 verlangt und daß damit der Zuständigkeitsbereich der Hauptversammlung gestärkt werden sollte (überzeugend Barz, oben § 23, Anm. 11). Das Tatbestandsmerkmal der Änderung des Gegenstandes des Unternehmens ist folglich heute weit auszulegen. Zur Kompetenz der Hauptversammlung gehört die Beseitigung eines bisher genannten Unternehmensgegenstandes ebenso wie das Hinzufügen eines neuen, dessen Aufnahme die festgesetzten statutenmäßigen Grenzen überschreitet (vgl. RG, Recht 1903, S. 582, Nr. 3034; OLG Hamburg, OLGE 19 [1909], S. 333); dazu gehört die Aufgabe einer in der Satzung genannten Produktion oder der Erwerb von Gesellschaftsanteilen zum Zweck der Einflußnahme auf ein anderes, branchenfremdes, d. h. einen anderen Unternehmenszweck betreibendes Unternehmen, solange das Statut entsprechendes nicht vorsieht. Auch der Verkauf des gesamten Vermögens und seine Ausschüttung an die Aktionäre bedeuten eine Änderung des Unternehmensgegenstandes (anders KG, OLGE 43 [1924], S. 317), grundsätzlich dagegen nicht die Veräußerung bei gleichzeitiger Neuanlage an einem anderen Ort oder zu anderen Bedingungen, es sei denn, das Unternehmen ändert dadurch seinen Charakter. Umschichtungen im Vermögen, Ausbau eines Betriebs, Aufgabe eines einzelnen Geschäftszweiges, erfordern keinen satzungsändernden Beschluß (RG LZ 1907, Sp. 281: Zuckerrübenfabrik baut Schnitzeltrocknungsanlage zur vorteilhafteren Verwertung der Fabrikationsrückstände; vgl. aber KG, DJZ 1903, S. 106: Zoologischer Garten ändert seinen Unternehmensgegenstand durch den Bau einer Ausstellungshalle). Der Beitritt zu einer Interessengemeinschaft, in der Teilunternehmensziele verwirklicht werden sollen (vgl. OLG Hamm, KartRdsch. 1925, S. 609, 613), die rechtliche Verselbständigung einer Betriebsabteilung zu einer abhängigen Gesellschaft oder die Verpachtung eines Nebenbetriebes gehören nicht in die Zuständigkeit der Hauptversammlung, sondern zur Annexkompetenz der Verwaltung.

b) Nach früherem Recht war bestritten, ob *Unternehmensverträge* (Organschaftsverträge, Betriebspachtverträge) eine Zweckänderung beinhalten (Würdinger, Aktien- und Konzernrecht [2. Aufl.], S. 282; Pleyer, AG 1959, S. 10) oder eine Änderung des Unternehmensgegenstandes (so Robert Fischer, 2. Auflage, § 146 AktG 1937 ,Anm. 7; Brodmann, § 275 HGB, Anm. 2) oder nicht einmal eine Satzungsänderung (so RGZ 3, S. 128 [rumänischer Eisenbahnfall]; Schlegelberger-Quassowski, § 146 AktG 1937, Anm. 4). Die Frage wird jetzt vom Gesetz beantwortet, da § 293 Abs. 1 für Unternehmensverträge ein dem § 179 entsprechendes Mehrheitserfordernis vorsieht. Damit „klärt (der Entwurf) eine Streitfrage des geltenden Rechts. Für die Anwendung der Vorschriften über Satzungsänderungen besteht im Hinblick auf die besonderen Erfordernisse, denen der Zustimmungsbeschluß bereits nach den §§ 293, 294 unterliegt, kein Bedürfnis" (RegBegr. bei Kropff, S. 381). Zweifel können nur entstehen, wenn eine alte Satzung vom Gesetz abweichende Anforderungen für ihre Änderung vorsieht; sollen diese dann auch für Unternehmensverträge nach § 293 gelten? Mangels anderer Auslegungshinweise ist das zu bejahen, da der Abschluß eines derartigen Vertrages für die Aktiengesellschaft mindestens ebenso wichtig ist wie eine andere Satzungsänderung (nicht eindeutig Baumbach-Hueck, § 179, Rdn. 9 und § 291, Rdn. 3).

c) Wenn der Vorstand der Aktiengesellschaft in seinen Verfügungen über den satzungsmäßigen Zweck des Unternehmens hinausgeht, wird dadurch die Gültigkeit dieses Rechtsgeschäftes nicht betroffen. Hat der Vorstand durch *eigenmächtiges Handeln* auf diese Weise eine Veränderung des Gegenstandes des Unternehmens ohne einen entsprechenden satzungsändernden Beschluß der Hauptversammlung herbeigeführt, so wird daher die Gültigkeit des Geschäfts durch einen die nachträgliche Genehmigung ablehnenden Beschluß der Hauptversammlung nicht berührt (RGZ 115, S. 249). Bei einer Entlastungserteilung genügt auch in einem solchen Falle die einfache Stimmenmehrheit der Versammlung (RG, HRR 1931, Nr. 524). Hat indessen in einem Fall, in dem der Vorstand eigenmächtig ein über den satzungsmäßigen Zweck des Unternehmens hinausgehendes Geschäft abschloß, die Gegenpartei gewußt, daß ein satzungsändernder Beschluß erforderlich gewesen, aber nicht herbeigeführt war, so kann daraufhin ein Schadensersatzanspruch der Gesellschaft aus § 826 BGB gegen sie begründet sein. Zur Frage, wieweit der Schutz der Aktiengesellschaft beim Mißbrauch der Vertretungsmacht gegenüber unredlichen Dritten im übrigen reicht vgl. zuletzt BGHZ 50, S. 112, 114 und Mertens, Die Schranken gesetzlicher Vertretungsmacht im Gesellschaftsrecht, Juristische Analysen 1970, S. 466. Ein Rückgriffsrecht gegen den Vorstand hat die Gesellschaft in solchen Fällen stets.

Anm. 8

5. Zustimmungsbedürftige Satzungsänderungen

a) Eingriff in Sonderrechte

Durch satzungsändernden Beschluß kann auch in Sonderrechte und andere unentziehbare Rechte einzelner Aktionäre eingegriffen werden. Dazu gehören jedoch nicht: *erstens* unverzichtbare Rechte, die aus der Mitgliedschaft fließen (Auskunfts-, Anfechtungsrecht), sowie *zweitens* sog. Gläubigerrechte, also außerkörperschaftliche Rechte, die der Herrschaft der Aktiengesellschaft und damit der Hauptversammlung nicht oder nicht mehr unterliegen (Forderung auf Rückzahlung eines Darlehens; Forderung auf die festgesetzte Jahresdividende). Das Sonderrecht steht nach § 35 BGB einem einzelnen oder mehreren Aktionären zu; unentziehbare Rechte können auch allen Aktionären erwachsen. Derartige Rechte ergeben sich vor allem aus der jeweiligen Satzung, in gewissen Fällen (Zweckänderung) auch aus der Gesellschaftsstruktur oder aus dem Gesetz.

Für einen derartigen Beschluß sind zunächst die Erfordernisse einzuhalten, die nach dem Gesetz oder nach besonderer Bestimmung der Satzung vorgeschrieben sind. Ist diesem Erfordernis genügt, so liegt ein gültiger satzungsändernder Beschluß vor. Im Unterschied zu anderen satzungsändernden Beschlüssen bedarf dieser Beschluß jedoch zu seiner Wirksamkeit noch der *Zustimmung der Aktionäre*, in deren Sonderrecht oder in deren unentziehbares Recht durch diesen Beschluß eingegriffen wird. Das Recht auf Zustimmung ist ein mitgliedschaftliches Schutzrecht des oder der betroffenen Aktionäre. Je nach dem Charakter dieses Schutzrechts genügt die Zustimmung einer Aktionärsklasse (vgl. dazu unten Anm. 12ff.) oder jedes betroffenen Gesellschafters. Die Zustimmung ist Wirksamkeitserfordernis; solange diese Zustimmung noch nicht erteilt ist, ist der Beschluß noch nicht wirksam (RGZ 148, S. 175, 185; BGHZ 15, S. 177, 181). Der Beschluß ist jedoch bis zur Erteilung der Zustimmung nicht fehlerhaft, daher nicht nichtig und auch nicht anfechtbar, sondern schwebend unwirksam (Robert Fischer, Anm. zu LM Nr. 2 zu § 51 GenossenschaftsG), bei Ausfall der Genehmigung im Zweifel absolut unwirksam (vgl. Zöllner, Schranken, § 13 II 2a; anders v. Godin-Wilhelmi, § 180, Anm. 4). Mit der Zustimmung der betroffenen Aktionäre wird der Beschluß voll wirksam; die Weigerung eines Aktionärs stellt seine Unwirksamkeit endgültig fest, wobei die Unwirksamkeit ohne Rücksicht auf die Anfechtungsfrist des § 246 Abs. 1 durch einfache Feststellungsklage geltend gemacht werden kann. Sonst wäre ein wirksamer Schutz nicht gewährleistet, da die nicht erschienenen aber ordnungsmäßig geladenen Aktionäre nicht zur Anfechtung berechtigt sind.

Die Zustimmung ist Willenserklärung nach den §§ 182ff. BGB. Sie ist nicht notwendiger Teil des Hauptversammlungsbeschlusses, sie kann vorher und nachträglich sowie ausdrücklich oder durch schlüssiges Verhalten erfolgen (st. Rspr.; RGZ 68, S. 263, 265; 90, S. 403, 408; 121, S. 238, 245; 128, S. 34, 37; 136, S. 185, 192; RG, JW 1913, S. 647; RG, JW 1931, S. 2975). Die Zustimmung liegt nicht im Verstreichenlassen der Anfechtungsfrist (anders RGZ 140, S. 231, 247). Im Zweifel ist in der Abgabe der Stimme für den Hauptversammlungsbeschluß gleichzeitig die schlüssige Erteilung der Zustimmung zu erblicken (RGZ 68, S. 263, 266). Die Satzung der Aktiengesellschaft kann für eine derartige Zustimmung besondere Formen vorsehen.

Die Gesellschaft kann den Zustand der Ungewißheit, ob der Hauptversammlungsbeschluß wirksam wird oder nicht, dadurch beenden, daß sie die in der Gesellschafterversammlung nicht vertretenen Gesellschafter zur Erklärung über ihre Zustimmung binnen bestimmter Frist auffordert (RGZ 136, S. 185, 192). Der Registerrichter hat die Eintragung abzulehnen, wenn ihm nicht alle erforderlichen Zustimmungen nachgewiesen werden. Er kann überdies die Eintragung von dem Nachweis der erfolgten Zustimmung der beteiligten Gesellschafter in öffentlich beglaubigter Form abhängig machen (RGZ 136, S. 192; vgl. die Zusammenstellung des Schrifttums bei Ritter, § 147 AktG 1937, Anm. 4).

b) Verletzung des Gleichheitssatzes

Die dargelegten Grundsätze gelten auch, wenn durch einen satzungsändernden Beschluß das Gebot der gleichmäßigen Behandlung aller Aktionäre verletzt wird. Das ist z. B. bedeutsam, wenn aus der Gesamtheit der Stammaktien durch satzungsändernden Beschluß gewisse Aktien in Vorzugsaktien umgewandelt werden sollen, gilt aber auch dann, wenn etwa aus einer Gruppe von Vorzugsaktien durch satzungsändernden Beschluß Vorzugsaktien ohne Stimmrecht geschaffen werden sollen. Auch hier ist zur Wirksamkeit des Hauptversammlungsbeschlusses die Zustimmung jedes dadurch betroffenen Aktionärs erforderlich. Die vielfach vertretene Auffassung, daß die Verletzung des Gebots der gleichmäßigen Behandlung aller Aktionäre nicht die *Unwirksamkeit*, sondern nur die *Anfechtbarkeit* des Hauptversammlungsbeschlusses begründe (so RGZ 118, S. 72; RG, JW 1927, S. 2982; JW 1935, S. 1776; KG, JFG 2 [1925], S. 278; vgl. die Zusammenstellung der Literatur bei Götz Hueck, Grundsatz, S. 309ff.; Zöllner, Schranken, S. 416; Meyer-Landrut, oben § 1, Anm. 36; grundsätzlich ebenso, in besonderen Fällen aber für Nichtigkeit Möhring-Tank, Rdn. 510), ist wohl nicht richtig. Diese Auffassung stellt nämlich lediglich darauf ab, ob ein solcher Beschluß nichtig oder anfechtbar sei, ob auf ihn also die Voraussetzungen des § 241 oder die des § 243 zutreffen. Eine derartige Fragestellung wird der Sachlage nicht gerecht (Robert Fischer, JZ 1956, S. 363; Brodmann, § 275 HGB, Anm. 3a; Ritter, § 11 AktG 1937, Anm. 4; vgl. auch Meyer-Meulenbergh, Komm. zum GenG, § 51, Anm. 5). Es handelt sich hierbei im Grunde um den gleichen Sachverhalt wie bei einem Eingriff in ein Sonderrecht, bei dem ebenfalls nur die Interessen der betroffenen Aktionäre berührt werden, die sich gegen diesen Eingriff auch selbst verteidigen können. Es müssen daher insoweit auch die gleichen Grundsätze wie bei einem Eingriff in ein Sonderrecht zur Anwendung gelangen. Dies bedingt, daß in allen Fällen, in denen durch einen satzungsändernden Hauptversammlungsbeschluß verschiedene Aktiengattungen begründet werden oder in denen eine bestehende Aktiengattung eine unterschiedliche Ausgestaltung erfährt, die Wirksamkeit des Hauptversammlungsbeschlusses von der Zustimmung der dadurch benachteiligten Aktionäre abhängig ist.

c) Begründung von Pflichten

Die gleichen Grundsätze finden Anwendung, wenn durch einen satzungsändernden Beschluß Pflichten einzelner Aktionäre begründet, vermehrt oder gesteigert werden. Das ist für die Begründung von Nebenpflichten eines Aktionärs gem. § 55 in § 180 Abs. 1 ausdrücklich vorgeschrieben, gilt aber über den Tatbestand des § 180 Abs. 1 hinaus für sämtliche Pflichten. Daher werden auch solche Beschlüsse erst wirksam, wenn die notwendige Zustimmung der betroffenen Aktionäre erteilt wird (vgl. dazu unten § 180, Anm. 1ff.).

III. Die Fassungsänderung

Anm. 9

1. Allgemeines

Nach Abs. 1 Satz 2 kann die Hauptversammlung den Aufsichtsrat ermächtigen, Änderungen in der Wortfassung der Satzung vorzunehmen. Diese Ermächtigung kann dem Aufsichtsrat ganz allgemein oder nur für einen besonderen Fall erteilt werden. Letzteres ist namentlich wichtig und notwendig, um dem Aufsichtsrat das Recht einzuräumen, die Fassung einer gerade beschlossenen Neuänderung redaktionell zu überarbeiten. Das Gesetz beschränkt sich jedoch nicht auf diese *Einzel*ermächtigung. Der abweichenden Meinung von Brodmann (§ 274 HGB, Anm. 2a), der eine allgemeine Ermächtigung für unzulässig hält, kann nicht gefolgt werden, weil sie im Gesetz keine Stütze findet und für sie auch keine durchgreifenden Erwägungen sprechen (einhellige Meinung). Eine Ermächtigung zur Vornahme von Fassungsänderungen kann die Hauptversammlung aber nur dem Aufsichtsrat, nicht auch dem Vorstand oder einzelnen Aufsichtsratsmitgliedern erteilen. Da § 179 in § 107 Abs. 3 Satz 2 nicht erwähnt ist, wird man es nunmehr für zulässig halten müssen, daß einem Ausschuß des Aufsichtsrats die Ermächtigung erteilt wird (ebenso Baumbach-Hueck, Rdn. 5; anders zum bisherigen Recht Robert Fischer, § 145 AktG 1937, Anm. 9; Siebel, DNotZ 1955, S. 299, 304). Der Ermächtigungsbeschluß ist immer ein satzungsändernder Beschluß, so daß für ihn auch die für satzungsändernde Beschlüsse geltenden Vorschriften zur Anwendung gelangen, und zwar ganz gleichgültig, ob die Ermächtigung dem Aufsichtsrat allgemein — durch Aufnahme einer neuen Satzungsbestimmung — oder nur für einen besonderen Fall erteilt wird. Denn auch die Änderung in der Wortfassung der Satzung ist eine Satzungsänderung, so daß auch die Hauptversammlung eine solche Fassungsänderung ebenfalls nur nach Maßgabe der für Satzungsänderungen geltenden Vorschriften beschließen könnte.

Anm. 10

2. Der Begriff der Fassungsänderung

Die Änderung in der Wortfassung der Satzung unterscheidet sich von einer inhaltlichen Abänderung der Satzung. Fassungsänderungen sind nur *förmliche*, nicht inhaltliche Änderungen der Satzung. Da sich nach allgemeinen Auslegungsregeln der Sinn und Inhalt einer Satzung schon durch eine Umstellung von Worten oder durch eine neue Interpunktion ändern kann, ist im allgemeinen bei der Annahme einer Fassungsänderung Zurückhaltung geboten. Ein typischer Fall einer Fassungsänderung liegt vor, wenn eine Satzungsbestimmung durch eine Gesetzesänderung überflüssig oder unwirksam geworden ist und diese nunmehr ersatzlos gestrichen wird (RGZ 104, S. 349; Herold, BankA 1936, S. 525; Siebel, DNotZ 1955, S. 301). Auch die Anpassung einer Satzung an den geänderten Wortlaut eines Gesetzes ist eine reine Änderung in der Wortfassung der Satzung. Das trifft aber nicht zu für die Änderung des Wortes „Reingewinn“ in „Bilanzgewinn“, da die Bedeutung beider Begriffe heute nicht gleich ist; vgl. § 58 (LG Stuttgart, Veröffentlichungen des Bundesaufsichtsamtes für das Versicherungs- und Bausparwesen 1968, S. 167).

Der praktisch bedeutsamste Fall für eine Anwendung des Gesetzes ist die Formulierung eines vorausgehenden sachlichen Beschlusses der Hauptversammlung, dessen Wortlaut durch die Hauptversammlung noch nicht ohne weiteres festgelegt werden konnte, z. B. bei dem Beschluß über eine bedingte Kapitalerhöhung oder über genehmigtes Kapital. Freilich handelt es sich hierbei streng genommen nicht um eine Änderung in der Wortfassung der Satzung, da der Aufsichtsrat in diesem Fall die Wortfassung nicht ändert, sondern selbst prägt.

Anm. 11

3. Der Änderungsbeschluß des Aufsichtsrats

Für den Beschluß des Aufsichtsrats gibt das Gesetz keine besonderen Vorschriften. Es gelten daher die allgemeinen Vorschriften, wonach für die Beschlußfassung im allgemeinen einfache Mehrheit ausreichend ist. Auch eine besondere Formvorschrift besteht insoweit nicht. Daher ist hier eine gerichtliche oder notarielle Beurkundung wie bei den Beschlüssen der Hauptversammlung nicht geboten (Baumbach-Hueck, Rdn. 5; Schlegelberger-Quassowski, § 145 AktG 1937, Anm. 5; Ritter, § 145 AktG 1937, Anm. 3d). Es genügt vielmehr die Anfertigung einer Niederschrift, die der Vorsitzende des Aufsichtsrats oder sein Stellvertreter zu unterzeichnen hat. Wie jede Satzungsänderung ist auch der Beschluß des Aufsichtsrats über eine Änderung in der Wortfassung der

Satzung zum Handelsregister durch den Vorstand anzumelden (§ 181, Anm. 1). *Überschreitet* der Aufsichtsrat die ihm erteilte Ermächtigung und nimmt er eine sachliche (inhaltliche) Änderung vor, so ist sein Beschluß (insoweit) unwirksam. Die Entscheidung dieser zuweilen sehr schwierigen und zweifelhaften Frage obliegt zunächst dem Registerrichter, sobald der Beschluß zum Handelsregister angemeldet ist. Der Hauptversammlung und noch viel weniger dem mit der Anmeldung befaßten Vorstand steht eine solche Entscheidungsbefugnis nicht zu (Baumbach-Hueck, Rdn. 5). Der Registerrichter hat die Eintragung abzulehnen, wenn er das Vorliegen einer solchen Änderung der Satzung durch den Aufsichtsrat bejaht. Seine Verfügung unterliegt dem Rechtsmittel der Beschwerde gem. §§ 19ff. FGG. Aber auch dann, wenn der Registerrichter einen solchen Beschluß einträgt, wird dieser nicht durch die Eintragung wirksam. Seine Unwirksamkeit kann durch eine gewöhnliche Feststellungsklage geltend gemacht werden.

IV. Die Satzungsänderung bei mehreren Aktiengattungen

Anm. 12

1. Der Tatbestand

a) Nach Abs. 3 bedarf der Beschluß der Hauptversammlung der Zustimmung der benachteiligten Aktionäre, wenn das bisherige Verhältnis mehrerer Gattungen von Aktien (§ 11) zum Nachteil einer Gattung geändert werden soll. Die Vorschrift kommt also nur zur Anwendung, wenn bestehende Aktiengattungen verändert werden, nicht bei der Ausgabe von neuen Aktien oder bei der Umwandlung von Aktien aus der bisher allein bestehenden Klasse von Stammaktien. Wenn lediglich bestimmten Stammaktien ein Vorzug eingeräumt werden soll, kann darin ein Verstoß gegen den Grundsatz der Gleichbehandlung liegen. Das Verhältnis zwischen den Gattungen wird auch dann geändert, wenn nicht nur den Vorzugsaktien ihr Vorzug genommen, sondern auch den Stammaktien ein Vorzug eingeräumt werden soll, die Vorzugsaktien also Stammaktien werden sollen und umgekehrt (Ritter, § 146 AktG 1937, Anm. 3c). Der Fall kann so liegen, daß beide Gruppen von Aktiengattungen durch den zu fassenden Beschluß benachteiligt werden; dann muß in beiden Gruppen eine Sonderabstimmung stattfinden. So ist es z. B., wenn bei Vorhandensein von Stammaktien und Vorzugsaktien eine Zusammenlegung der Stammaktien so erfolgen soll, daß bei Zuzahlung von 20% für drei Stammaktien eine Vorzugsaktie und bei Nichtzuzahlung für vier Stammaktien eine Stammaktie gegeben werden soll (KGJ 16, S. 20). Hier sind die Vorzugsaktionäre insofern benachteiligt, als neue Vorzugsaktien in Konkurrenz zu den vorhandenen hinzutreten, wenn die Zuzahlung für die Stammaktien geleistet wird, und die Stammaktionäre sind benachteiligt insofern, als ihre Aktien zusammengelegt werden sollen (siehe § 222). Bei Vorhandensein mehrerer verschiedener Gruppen von Vorzugsaktien hat dementsprechend in jeder Gruppe eine Sonderabstimmung zu erfolgen.

Keine besondere Gattung von Aktien im Sinne von § 11 sind Schutz- und Vorratsaktien (RGZ 132, S. 149, 160); auch nicht Aktien mit verschiedenem Nennbetrag.

b) Nach herrschender Meinung, die sich auf die Motive zur Novelle von 1884 stützen kann, findet die Vorschrift nur Anwendung, wenn die Satzungsänderung *unmittelbar* die mit einer Gruppe von Aktien verbundenen Vorrechte mindert, nicht aber, wenn etwa eine Satzungsänderung nur mittelbar für eine Aktiengattung unvorteilhafter ist als für eine andere. In den Motiven wird gesagt: eine Rücksichtnahme auf die mittelbaren Folgen würde praktisch undurchführbar erscheinen; es ließe sich keine Grenze hierfür finden. Die Abgrenzung ist aber — wie überall, wenn in der Rechtswissenschaft mit dem Terminus „mittelbar" gearbeitet wird — nicht scharf. Der Tatbestand des Abs. 3 soll vorliegen, wenn bei Vorhandensein von Aktien mit verschiedenem Stimmrecht in einer Satzung, in der für die Fassung gewisser Beschlüsse eine größere Mehrheit als die gesetzliche vorgeschrieben war, dieses Erfordernis auf die gesetzlich zwingend vorgeschriebenen Fälle beschränkt werden soll (RGZ 125, S. 356, 361; anders beide Vorinstanzen); oder wenn bei Aktien verschiedener Gattung hinsichtlich der

Gewinnverteilung durch einen satzungsändernden Beschluß die Gewinnverteilung durch Gewährung gewisser Vorteile an die eine Gattung zum Nachteil der anderen eine Änderung erfahren soll (RGZ 80, S. 95, 97). Hat indessen nach der Satzung eine nicht bevorrechtigte Gattung von Aktien das Recht, die bei Auflösung der Gesellschaft einer anderen Gattung eingeräumte Vorzugsstellung aufzuheben, wenn der Nennbetrag ihrer Aktien aus dem verfügbaren Bilanzgewinn ausbezahlt wird, so bedarf es zur Beschlußfassung über die Abfindung der Vorzugsaktien sicher keiner Sonderabstimmung, da den Vorzugsaktionären kein Recht entzogen wird, auf das sie bisher einen Anspruch gehabt hätten (OLG Karlsruhe, OLGE 42 [1922], S. 215). Ebenso liegt keine Benachteiligung der Stammaktionäre vor, wenn sämtliche Vorrechte der Vorzugsaktien aufgehoben und diese den Stammaktionären gleichgestellt werden (LG Berlin, JW 1937, S. 2835).

Anm. 13

2. Der Sonderbeschluß der benachteiligten Aktionäre

a) Die Vorschrift des Abs. 3 stellt nicht eine Erschwerung, sondern eine Erleichterung für eine dahingehende Satzungsänderung dar. Ohne diese Vorschrift müßten in Hinblick auf den Grundsatz der gleichmäßigen Behandlung aller Aktionäre die durch den satzungsändernden Beschluß benachteiligten Aktionäre einzeln zustimmen. Durch die Vorschrift des Abs. 3 werden die Aktionäre der betroffenen Aktiengattung zu einer *Aktienklasse* zusammengefaßt und das Einzelvorrecht gewissermaßen zu einem Sonderrecht der Gruppe umgestaltet, über das die Gruppe nach Stimmenmehrheit zu entscheiden hat. Unrichtig wäre dabei allerdings die Vorstellung, daß innerhalb der Aktiengesellschaft eine eigene Gesellschaft oder ein besonderer Verband entsteht. Für die betroffene Aktionärsgruppe gilt vielmehr, soweit das Gesetz oder die Satzung nichts anderes vorschreiben, das allgemeine Organisationsrecht. Sind beispielsweise im Gesellschaftsvertrag für Statutenänderungen vom Gesetz abweichende Bestimmungen getroffen, so gelten diese im Zweifel auch für die Sonderabstimmung (Brodmann, § 275 HGB, Anm. 3c).

b) In der Sonderabstimmung *entscheidet* die Mehrheit, mit welcher eine Satzungsänderung zu beschließen ist; vgl. Abs. 3 Satz 3. Schweigt die Satzung, so bedarf der Beschluß demnach einer Mehrheit, die mindestens drei Viertel des bei der Beschlußfassung vertretenen Grundkapitals umfaßt; vgl. Abs. 2 Satz 1. Stellt die Satzung weitergehende Erfordernisse für einen satzungsändernden Beschluß auf, so sind diese maßgebend. Es würde auch nichts entgegenstehen, wenn die Satzung für die zu fassenden Sonderbeschlüsse andere Mehrheiten bestimmte als für die satzungsändernden Beschlüsse der Hauptversammlung (Baumbach-Hueck, Rdn. 11; anderer Ansicht v. Godin-Wilhelmi, Anm. 9). Nur dürfen sie nicht unter die Grenze gehen, die der Satzung kraft Gesetzes für satzungsändernde Beschlüsse gesteckt ist. Es muß also zumindest einfache Kapitalmehrheit für die Fassung des Sonderbeschlusses vorgeschrieben werden; einfache Stimmenmehrheit allein wäre unzulässig.

c) Der Sonderbeschluß kann dem Hauptversammlungsbeschluß *vorangehen* oder *nachfolgen*; das ist allgemeine Meinung im Schrifttum (vgl. Gessler, DGWR 1936, S. 436; anders KGJ 16, S. 14, 21; Waldmann, DGWR 1936, S. 434). Der Sonderbeschluß wird nicht dadurch entbehrlich, daß die anwesenden Aktionäre aller Gattungen dem Beschluß der Hauptversammlung einhellig zugestimmt haben (herrschende Ansicht; vgl. RGZ 148, S. 175, 179ff. mit Zusammenstellung der Literatur und Auseinandersetzung mit der teilweise abweichenden Rechtsprechung des KG in OLGE 19 [1907], S. 336 und JW 34, S. 174). Die Frage, welche Zeitspanne zwischen den beiden, an verschiedenen Tagen gefaßten Beschlüssen liegen darf, um sie noch als zusammengehörig anzusehen, ist nach Lage des einzelnen Falls unter Berücksichtigung der Interessen aller Beteiligten zu beantworten.

Zur Frage, wieweit der Sonderbeschluß als Hauptversammlungsbeschluß zu behandeln ist, sowie zum Ablauf der Beschlußfassung, insbesondere zur Frage der Einberufung einer gesonderten Versammlung und der Bekanntmachung des Gegenstandes einer gesonderten Abstimmung vgl. die Erläuterungen zu § 138.

Anm. 14

3. Der Abänderungsbeschluß der Hauptversammlung und die Eintragung ins Handelsregister

a) Der körperschaftlich entscheidende Beschluß ist die *Gesamtabstimmung* in der Hauptversammlung. Neben dem Sonderbeschluß oder den etwa nötigen Sonderbeschlüssen, welche von den erschienenen benachteiligten Aktionären zu fassen sind, bedarf es daher zur Durchführung der beabsichtigten Satzungsänderung eines Beschlusses der Hauptversammlung, der mit der für eine Satzungsänderung erforderlichen Mehrheit zu fassen ist und bei dem sämtliche Aktionäre — also auch die an dem Sonderbeschluß beteiligten — zu beteiligen sind. Der Beschluß der Hauptversammlung kann angefochten werden, aber nur dann, wenn er selbst nicht nach den gesetzlichen oder satzungsmäßigen Vorschriften gefaßt worden ist, dagegen nicht, wenn es sich nur um das Fehlen oder eine Vorschriftswidrigkeit des Sonderbeschlusses handelt.

b) Ohne den Sonderbeschluß ist der Beschluß der Hauptversammlung weder nichtig noch anfechtbar, sondern *schwebend unwirksam*, und zwar absolut und nicht nur relativ (das hieße nur einzelnen Aktionären gegenüber) schwebend unwirksam (RGZ 148, S. 175, 187; LG Mannheim, AG 1967, S. 83, 84; allg. Ansicht). Daraus folgt, daß in einem solchen Fall auch das Verstreichen der Anfechtungsfrist den Beschluß der Hauptversammlung nicht wirksam machen kann (vgl. dazu oben Anm. 12).

c) Fehlt der Sonderbeschluß oder ist er nach aktienrechtlichen Gesichtspunkten nichtig (§ 241), so hat der Registerrichter die allein auf Grund des Beschlusses der Hauptversammlung beantragte Eintragung der Satzungsänderung abzulehnen. Er ist berechtigt, der Gesellschaft für die nachträgliche Beibringung des Sonderbeschlusses eine den Umständen nach angemessene Frist zu setzen und erst nach deren fruchtlosem Ablauf die Ablehnung zu verfügen. Ist die Eintragung der Satzungsänderung erfolgt, ohne daß der Sonderbeschluß vorlag, so wird die Änderung dadurch nicht wirksam; denn nur für den ordnungsmäßig zustande gekommenen Beschluß der Satzungsänderung ist in § 181 Abs. 3 ausgesprochen, daß mit der Eintragung ihre Wirkung beginne. In entsprechender Anwendung von § 144 Abs. 2 FGG kann die Eintragung daher gem. § 142, 143 FGG von Amts wegen gelöscht werden. Auch kann die Eintragungsverfügung von jedem in seinem Recht beeinträchtigten Aktionär auf Grund § 20 Abs. 1 FGG angefochten werden. In diesem Fall ist es nicht so, daß beim Fehlen des Sonderbeschlusses der unwirksame Hauptversammlungsbeschluß in sinngemäßer Anwendung der Vorschriften über die Heilung der Nichtigkeit von Hauptversammlungsbeschlüssen wirksam werden kann. Denn für eine sinngemäße Anwendung der §§ 241, 242 auf den Tatbestand der Unwirksamkeit eines Hauptversammlungsbeschlusses fehlt, ebenso wie sonst bei einem unwirksamen Eingriff in Sonderrechte oder unentziehbare Rechte, ein geeigneter oder auch nur ausreichender Anhaltspunkt (anderer Ansicht Baumbach-Hueck, Rdn. 12).

§ 180 Zustimmung der betroffenen Aktionäre

(1) Ein Beschluß, der Aktionären Nebenverpflichtungen auferlegt, bedarf zu seiner Wirksamkeit der Zustimmung aller betroffenen Aktionäre.

(2) Gleiches gilt für einen Beschluß, durch den die Übertragung von Namensaktien oder Zwischenscheinen an die Zustimmung der Gesellschaft gebunden wird.

Übersicht

Einleitung

Abs. 1 ist mit § 147 AktG 1937 (mit Ausnahme der Klammerverweisung auf die Vorschrift über Nebenverpflichtungen) identisch.

Abs. 2 ist neu. Er soll die bisher bestrittene Frage regeln, ob die Vinkulierung von Namensaktien und Zwischenscheinen der Zustimmung aller betroffenen Aktionäre bedarf.

I. Die Zustimmung zur Einführung von Nebenpflichten

Anm. 1

1. Das Zustimmungserfordernis

Abs. 1 der Vorschrift regelt in Umrissen den *allgemeinen gesellschaftsrechtlichen Grundsatz*, daß ein Beschluß, der die Gesellschafter zu neuen Leistungen verpflichtet, der Zustimmung aller betroffenen Gesellschafter bedarf. Der gleiche Gedanke findet sich in den §§ 707 BGB, 53 Abs. 3 GmbHG. Für den Aktionär kommt nur eine Einführung oder Erweiterung von *Nebenpflichten* in Betracht. Dazu gehört insbesondere die Bestimmung oder Erhöhung einer Vertragsstrafe (RGZ 121, S. 238, 242), die Einführung eines Konkurrenzverbotes, das mit einer Vertragsstrafe gesichert wird (RG, JW 1931, S. 2975), die Herabsetzung des Entgelts, das die Gesellschaft für Nebenleistungen erbringt (KG, RJA 4 [1903], S. 97, 99; OLG Braunschweig, OLGE 36 [1916], S. 278, 280), die Streichung der Satzungsbestimmung, daß die Zustimmung zur Aktienveräußerung nur aus wichtigem Grund versagt werden darf (vgl. dazu unten Anm. 5). Ob auch die Verlängerung der satzungsmäßigen Lebensdauer der Gesellschaft hierher zu rechnen ist (so RGZ 91, S. 169; 136, S. 185, 187; und die herrschende Ansicht im Schrifttum) oder ob in einem solchen Fall dem nicht zustimmenden Gesellschafter lediglich ein Kündigungsrecht zusteht (so Robert Fischer, Voraufl.; Barz, § 55, Anm. 6; Brodmann, § 276 HGB, Anm. 1) ist bestritten. Für die Nebenleistungsgesellschaft ist die Frage nach Einfügung des § 180 Abs. 2 zu bejahen. Denn wenn der Aktionär nicht gezwungen werden darf, sein Kapital der Gesellschaft infolge der Vinkulierung länger als vereinbart zur Verfügung zu stellen, so gilt dies erst recht für Nebenleistungen. In allen diesen Fällen wäre es auch denkbar, den Gesellschafter durch ein Austrittsrecht aus der Gesellschaft zu schützen (vgl. Wiedemann, NJW 1964, S. 282); der Gesetzgeber hat sich indes mit dem Zustimmungserfordernis des Abs. 2 für einen weitergehenden Schutz des Einzelaktionärs entschieden.

Wenn die Satzung der Aktiengesellschaft bestimmte Grenzen für den Umfang zukünftiger Nebenpflichten angibt, dann kann die Hauptversammlung oder auch die Verwaltung ermächtigt sein, die nähere Bestimmung vorzunehmen (RGZ 47, S. 146, 154; Brodmann, § 276 HGB, Anm. 1; Roth, LZ 1915, Sp. 1492).

Anm. 2

2. Die Form der Zustimmung

Bei der Begründung, bei der Erhöhung oder Verschärfung bestehender Nebenleistungspflichten gilt der Grundsatz, daß *jeder* davon betroffene Aktionär zustimmen muß. Das hat zur Folge, daß die Sondervorschrift des § 179 Abs. 3 nicht eingreift, ein Sonderbeschluß der betreffenden Aktionäre mithin weder erforderlich noch ausreichend ist. Die betroffenen Aktionäre können nach allgemeiner Meinung ihre Zustimmung dadurch erteilen, daß sie bei der Abstimmung in der Hauptversammlung dem satzungsändernden Beschluß zustimmen, sie können aber ihre Zustimmung auch vor oder nach der Hauptversammlung formlos erklären (RGZ 48, S. 102, 107; 68, S. 263, 266; 90, S. 403, 408; 121, S. 238, 244; RG, JW 1931, S. 2975). Zu weit geht RGZ 140, S. 231, 247, wo bereits im Verstreichenlassen der Anfechtungsfrist eine Zustimmung erblickt wird (dagegen Robert Fischer, NJW 1957, S. 454).

Anm. 3

3. Die Folgen fehlender Zustimmung

Solange nicht alle betroffenen Aktionäre zugestimmt haben, ist der satzungsändernde Beschluß weder nichtig noch anfechtbar, sondern *schwebend unwirksam*; es gelten die von Barz zu § 55, Anm. 7 dargelegten Rechtsgrundsätze. Zur Frage, ob die beabsichtigte Veränderung nur dann Wirksamkeit erlangen soll, wenn alle Betroffenen zustimmen oder ob sie jedem einzelnen gegenüber durch seine Zustimmung gültig wird ohne Rücksicht auf die Entscheidung der übrigen Betroffenen vgl. Zöllner, Schranken mitgliedschaftlicher Stimmrechtsmacht, S. 112ff.

Anm. 4

4. Die Prüfung durch den Registerrichter

Der Registerrichter hat vor der Eintragung zu prüfen, ob die erforderliche Zustimmung von allen betroffenen Aktionären erteilt ist; verneinendenfalls hat er die Eintragung abzulehnen (ebenso Baumbach-Hueck, Rdn. 4). Der gegenteiligen Auffassung von v. Godin-Wilhelmi, Anm. 4, kann nicht gefolgt werden. Einmal scheidet im Unterschied zum Recht der GmbH hier grundsätzlich die Möglichkeit aus, daß der satzungsändernde Beschluß jedenfalls gegenüber den zustimmenden Aktionären Wirksamkeit erlangt, mögen auch nicht alle Aktionäre ihre Zustimmung erteilt haben. Außerdem entspricht es nicht der Bedeutung, die der Eintragung eines solchen satzungsändernden Beschlusses ganz allgemein für die Öffentlichkeit zukommt, diese schon vorläufig zuzulassen, weil die noch fehlenden Zustimmungserklärungen auch noch nach der Eintragung wirksam erteilt werden können. Der Rechtssicherheit ist vielmehr allein dadurch gedient, daß der Registerrichter erst dann eintragen darf, wenn er von der Wirksamkeit des satzungsändernden Beschlusses im Zeitpunkt der Eintragung ausgehen kann.

Der Registerrichter kann die Eintragung vom Nachweis der erfolgten Zustimmung der beteiligten Gesellschafter in öffentlich beglaubigter Form abhängig machen (RGZ 136, S. 185, 192).

II. Die Zustimmung zur nachträglichen Einführung der Vinkulierung

Anm. 5

1. Bis zur Einfügung des Abs. 2 war streitig, ob die nachträgliche Vinkulierung von Namensaktien der Zustimmung aller Aktionäre bedarf oder ob eine für die Satzungsänderung notwendige Mehrheit genügt und dann vielleicht den überstimmten Aktionären ein Austrittsrecht erwächst. Da die Einführung der Vinkulierung keine Nebenverpflichtung begründet, sondern die Hauptpflicht des Aktionärs verändert, Kapital bereitzustellen, war dem § 147 AktG 1937 keine Lösung zu entnehmen (vgl. zum Streitstand Wiedemann, NJW 1964, S. 282). Das neue Gesetz hat sich in diesem Punkt für einen strikten Schutz des Einzelaktionärs entschieden, wohl auf Grund der Überlegung, daß jedes Austritts- und Abfindungsrecht dazu mißbraucht werden kann, eine mißliebige Minderheit aus der Gesellschaft hinauszudrängen.

2. Der Tatbestand ist auch dann erfüllt, wenn eine Satzungsbestimmung gestrichen wird, wonach die Zustimmung zur Übertragung der Aktien nur aus wichtigem Grund

versagt werden darf (vgl. Barz, § 55, Anm. 6), denn damit gewinnt das in der Aktiengesellschaft zuständige Organ einen weiten Entscheidungsspielraum und der betroffene Aktionär kann eine Zustimmung nur bei willkürlicher Versagung erzwingen. Für die Zustimmung der Aktionäre gilt das zu Abs. 1 Ausgeführte entsprechend. Ist eine Vinkulierung von Aktien bereits in der (ursprünglichen) Satzung vorgesehen, gilt diese Bestimmung nicht nur für die bei der Gründung der Aktiengesellschaft ausgegebenen Aktien, sondern auch für alle später im Wege der Kapitalerhöhung neu geschaffenen Aktien (LG Bonn, AG 1970, S. 18).

§ 181 Eintragung der Satzungsänderung

(1) Der Vorstand hat die Satzungsänderung zur Eintragung in das Handelsregister anzumelden. Der Anmeldung ist der vollständige Wortlaut der Satzung beizufügen; er muß mit der Bescheinigung eines Notars versehen sein, daß die geänderten Bestimmungen der Satzung mit dem Beschluß über die Satzungsänderung und die unveränderten Bestimmungen mit dem zuletzt zum Handelsregister eingereichten vollständigen Wortlaut der Satzung übereinstimmen. Bedarf die Satzungsänderung staatlicher Genehmigung, so ist der Anmeldung die Genehmigungsurkunde beizufügen.

(2) Soweit nicht die Änderung Angaben nach § 39 betrifft, genügt bei der Eintragung die Bezugnahme auf die beim Gericht eingereichten Urkunden. Betrifft eine Änderung Bestimmungen, die ihrem Inhalt nach bekanntzumachen sind, so ist auch die Änderung ihrem Inhalt nach bekanntzumachen.

(3) Die Änderung wird erst wirksam, wenn sie in das Handelsregister des Sitzes der Gesellschaft eingetragen worden ist.

Übersicht

Einleitung

Abs. 1 Satz 1 und 3 sowie Abs. 2 sind unverändert aus § 148 AktG 1937 übernommen.

Abs. 1 Satz 2 ist durch das Gesetz zur Durchführung der ersten Richtlinie des Rates der Europäischen Gemeinschaften zur Koordinierung des Gesellschaftsrechts (KoordG) vom 15. August 1969 (BGBl. I S. 1146) eingefügt worden. Damit wurde dem Art. 2 Abs. 1c der Richtlinie entsprochen, der bestimmt, daß nach jeder Satzungsänderung der vollständige Wortlaut der Satzung in ihrer geltenden Fassung offengelegt werden muß. Auf diese Weise soll sichergestellt werden, daß sich jedermann durch die Anforderung einer Abschrift der Satzung beim Handelsregister über den Wortlaut der zur Zeit geltenden Satzung informieren kann. Nach der bisherigen Regelung konnte — falls die Satzung nicht seit der ersten Eintragung der Gesellschaft unverändert blieb — der neueste Stand der Satzung nur durch Vergleich der ursprünglichen, nach § 37 Abs. 3 Nr. 1 zum Handelsregister eingereichten Satzung mit den nachträglich vorgenommenen Abänderungen festgestellt werden; dabei waren vielfach die Änderungen nicht unmittelbar aus der Eintragung, sondern erst aus den in der Eintragung in Bezug genommenen Urkunden zu entnehmen.

Abs. 3 ist neu gefaßt worden. Damit soll klargestellt werden, daß die Vorschrift nicht die Aufgabe hat, etwas über die Zulässigkeit der Rückwirkung einer Satzungsänderung zu bestimmen; sie will nur sagen, daß der Beschluß der Hauptversammlung für sich allein keine Satzungsänderung bewirkt, vielmehr die Eintragung ins Handelsregister hinzukommen muß.

I. Die Anmeldung der Satzungsänderung

Anm. 1

1. Die anmeldungsberechtigten Personen

Die Anmeldung der Satzungsänderung zum Handelsregister hat durch den Vorstand der Aktiengesellschaft zu geschehen. Nur in besonderen Fällen (vgl. §§ 184, 188, 195, 203, 207, 223, 229, 237) hat auch der Aufsichtsratsvorsitzende bei der Anmeldung mitzuwirken. Die Mitglieder des Vorstandes haben die Anmeldung im *eigenen Namen*, nicht unter der Firma des Unternehmens vorzunehmen (KG, KGJ 41 [1910], S. 134, 135); es liegt kein Akt der Geschäftsführung für das Unternehmen, sondern für den Gesellschafterverband vor. Es ist nicht nötig, daß die Anmeldung durch sämtliche Vorstandsmitglieder geschieht; es genügt, daß die Anmeldung von einer vertretungsberechtigten Anzahl bewirkt wird (KG, KGJ 41 [1910], S. 134, 135; OLGE 22 [1910], S. 34; OLG Jena, RJA 9 [1908], S. 240). Auch ein *stellvertretendes* Vorstandsmitglied kann bei der Anmeldung mitwirken, wenn es ständige Vertretungsmacht besitzt und nicht nur zur gelegentlichen Vertretung eines ordentlichen Vorstandsmitglieds für die Zeit seiner Behinderung bestellt ist (KG, OLGE 22 [1910], S. 34). Dagegen ist ein *Prokurist* grundsätzlich von der Vornahme der Anmeldung ausgeschlossen, auch wenn er zur Mitzeichnung für die Gesellschaft berechtigt ist (KG, OLGE 22 [1910], S. 34, 35; OLG Jena, RJA 9 [1908], S. 240); seine Mitwirkung ist lediglich bei der unechten Gesamtvertretung nach § 78 Abs. 3 zulässig (KG, JW 1937, S. 890 [Groschuff]; JW 1938, S. 3121). Der Vorstand hat gem. § 12 HGB die Anmeldung entweder *persönlich* bei dem Registergericht zu bewirken oder sie in *öffentlich beglaubigter* Form einzureichen. Die Anmeldung hat sich nicht auf den satzungsändernden Beschluß der Hauptversammlung zu beschränken, sondern muß sich auch auf den Beschluß des Aufsichtsrats über die Fassung der Satzung erstrecken, wenn ihm diese Befugnis übertragen war (vgl. oben § 179, Anm. 9ff.). Die Anmeldung durch einen Bevollmächtigten ist zulässig; die Vollmacht kann eine für diesen Zweck ausgestellte besondere Vollmacht oder eine Generalvollmacht sein; sie bedarf nach § 12 Abs. 2 HGB der öffentlich beglaubigten Form.

Anm. 2

2. Die einzureichenden Urkunden

a) Allgemeines

Bei der Anmeldung der Satzungsänderung hat der Vorstand eine Reihe von Urkunden einzureichen, die dem Registerrichter die Prüfung der Ordnungsmäßigkeit der beschlossenen Satzungsänderung ermöglichen sollen. Als solche kommen in Betracht: die Niederschrift mit Anlagen über die Hauptversammlung (§ 130), in welcher der satzungsändernde Beschluß gefaßt worden ist; die Urkunde über den Beschluß, in welchem der Aufsichtsrat die Fassung der Änderung niedergelegt hat, soweit ihm dies übertragen worden war (vgl. § 179, Anm. 11 hinsichtlich der Form dieser Urkunde); die Niederschrift der nach § 179 Abs. 3 zu fassenden Sonderbeschlüsse; die Zustimmungserklärungen der mit Nebenverpflichtungen gem. § 180 belasteten Aktionäre, wenn ihre Zustimmungen sich nicht schon aus der Niederschrift über den Hauptversammlungsbeschluß ergeben; auch die Vollmachtsurkunden, wenn der Vorstand die Anmeldung durch Bevollmächtigte bewirken läßt. Betrifft die Satzungsänderung eine Bestimmung, hinsichtlich der eine staatliche Genehmigung erforderlich ist — namentlich wird dies bei einer Änderung des Gegenstandes des Unternehmens in Betracht kommen (vgl. dazu oben Barz, § 37, Anm. 5 Nr. 5) — so ist die Genehmigungsurkunde bei der Anmeldung mit einzureichen. Dies wird zur Beseitigung früherer Zweifel im Gesetz ausdrücklich ausgesprochen.

Hat die Gesellschaft eine oder mehrere eingetragene *Zweigniederlassungen*, so hat der Vorstand gem. § 43 Abs. 1 so viele Stücke der Anmeldungsurkunden, wie Niederlassungen bestehen, beim Gericht des Sitzes der Gesellschaft einzureichen mit dem Antrag, die Eintragung bei den Gerichten der Zweigniederlassungen zu bewirken. Bei einer Kapitalerhöhung, die ihrem Inhalt nach ebenfalls eine Satzungsänderung darstellt, können hier jedoch Ausnahmen in Betracht kommen (vgl. dazu unten § 188, Anm. 4).

b) Die Beifügung des vollständigen Wortlauts der Satzung

Abs. 1 Satz 2 ist zur Durchführung der ersten Richtlinie des Rates der Europäischen Gemeinschaften zur Koordinierung des Gesellschaftsrechts in der Bundesrepublik eingefügt worden. Die Mitgliedstaaten waren nach Art. 13 Abs. 1 der Richtlinie verpflichtet, das nationale Recht spätestens bis zum 14. 9. 1969 anzupassen; dieser Verpflichtung ist die Bundesrepublik mit dem Gesetz zur Durchführung der Richtlinie vom 15. 8. 1969 (KoordG) nachgekommen. Der Zweck der Richtlinie ist im wesentlichen auf den *Schutz der Gläubigerinteressen* ausgerichtet. Entsprechend will die hier eingefügte Vorschrift eine erhöhte und vereinfachte Publizität erreichen: jedermann kann sich beim Handelsregister den zur Zeit gültigen Wortlaut der Satzung einer beliebigen Aktiengesellschaft verschaffen. Um Irrtümer gering zu halten, muß der Wortlaut in einer einwandfreien, durch einen Notar bescheinigten Form in einer einzigen Urkunde bei den Registerakten vorhanden sein.

Bei der Zusammenstellung des vollständigen Textes der neu gefaßten Satzung handelt es sich um eine rein redaktionelle Tätigkeit, einer Neufeststellung der Satzung durch die Hauptversammlung bedarf es nicht. Die notarielle Bescheinigung soll den Rechtsverkehr vor unrichtigen Verlautbarungen schützen. Zu den Rechtsfolgen einer unrichtigen notariellen Bescheinigung schweigt das Gesetz, es gelten also die allgemeinen Grundsätze über die Haftung des Notars und über die Rechtsscheinshaftung der Gesellschaft. Stellt die Verwaltung der Aktiengesellschaft fest, daß die beim Handelsregister eingereichte Satzungsurkunde unrichtig oder nicht vollständig ist, so hat sie unverzüglich ein berichtigtes Exemplar einzureichen. Wird der Beschluß durch rechtskräftiges Urteil für nichtig erklärt, so ist nach § 248 Abs. 2 in der Fassung des Art. 2 Nr. 11 KoordG mit dem Urteil der vollständige Wortlaut der Satzung, wie er sich unter Berücksichtigung des Urteils und aller bisherigen Satzungsänderungen ergibt, mit der Bescheinigung eines Notars über diese Tatsache zum Handelsregister einzureichen.

Wird die Bescheinigung von dem Notar ausgestellt, der den satzungsändernden Beschluß der Hauptversammlung beurkundet hat, so liegt nach § 47 Satz 1 Halbsatz 2 KostO in der Fassung des Art. 7 KoordG ein gebührenfreies Nebengeschäft vor; hat ein anderer Notar den Hauptversammlungsbeschluß beurkundet, so entstehen besondere Gebühren nach § 50 Abs. 1 Nr. 1 KostO.

Nach der Übergangsvorschrift in Art. 8 § 1 Abs. 1 KoordG hatte der Vorstand jeder Aktiengesellschaft dafür zu sorgen, daß am 31. Dezember 1970 der vollständige Wortlaut der Satzung in der Fassung, wie sie sich unter Berücksichtigung aller bisherigen Änderungen ergab, mit der Bescheinigung eines Notars über diese Tatsache zum Handelsregister des Sitzes der Gesellschaft eingereicht wurde. Aus der Bestimmung ergaben sich jedoch keine Verpflichtungen für Gesellschaften, deren ursprüngliche Satzung nicht geändert worden ist, da in derartigen Fällen die jetzt gültige Fassung dem Handelsregister vorliegt. War auf Grund der Änderung des § 181 Abs. 1 AktG aus Anlaß einer Satzungsänderung der vollständige Wortlaut der Satzung schon vor dem 31. Dezember 1970 zum Handelsregister einzureichen, so hatte nach Art. 8 § 1 Abs. 2 KoordG die Bescheinigung des Notars dahin zu gehen, daß die eingereichte Satzung den vollständigen Wortlaut enthält, wie er sich unter Berücksichtigung aller bisherigen Änderungen der Satzung ergab.

Anm. 3

3. Die Pflicht zur Anmeldung

a) Die Verpflichtung gegenüber der Gesellschaft

Der Vorstand ist gegenüber der Gesellschaft verpflichtet, den satzungsändernden Beschluß — auch wenn es sich nur um eine Fassungsänderung handelt — im Handelsregister anzumelden. Er kann hierzu durch Klage des Aufsichtsrats (§ 112 Abs. 1) angehalten werden. Das gilt jedoch nicht für nichtige (gesetz- oder satzungswidrige) Beschlüsse; in diesem Fall kann der Vorstand die Anmeldung ablehnen, er tut das dann aber auf eigene Gefahr. Bei berechtigten Zweifeln über das Vorliegen einer Nichtigkeit wird daher ein verständiger Vorstand die Anmeldung gleichwohl vornehmen, den Registerrichter jedoch auf die vorhandenen Zweifel hinweisen. Zu einem solchen Vorgehen ist der Vorstand berechtigt. Bei anfechtbaren Beschlüssen wird der Vorstand, wenn nicht zwingende Gründe eine sofortige Eintragung erfordern, berechtigt sein, den Ablauf der Anfechtungsfrist abzuwarten. Ist innerhalb der Frist eine Anfechtungsklage erhoben, so handelt der Vorstand auf eigene Gefahr, wenn er mit der Anmeldung bis zum Ausgang des Anfechtungsprozesses wartet; das gilt auch dann, wenn er selbst die Anfechtungsklage erhoben hat (§ 245 Nr. 4). Im allgemeinen wird es in einem solchen Fall richtig sein, wenn der Vorstand die Anmeldung vornimmt, jedoch bei der Anmeldung den Registerrichter auf den eingeleiteten Anfechtungsprozeß hinweist (über die Behandlung einer solchen Anmeldung durch das Registergericht vgl. unten Anm. 4ff.). Etwas Besonderes gilt für den Kapitalerhöhungsbeschluß, der unter Verletzung der Vorschrift des § 182Abs. 4 gefaßt worden ist; hier kann die Verpflichtung des Vorstands zur Anmeldung im allgemeinen nicht bejaht werden (vgl. dazu unten § 182, Anm. 12ff.).

b) Keine öffentlich-rechtliche Pflicht

Den Vorstand und die Gesellschaft trifft keine öffentlich-rechtliche Pflicht zur Anmeldung einer beschlossenen Satzungsänderung. Sie werden daher auch nicht durch Ordnungsstrafen zur Anmeldung angehalten (vgl. § 407 Abs. 2). Der Grund hierfür besteht darin, daß die Satzungsänderung bis zur Eintragung der *Parteidisposition* untersteht; erst die Eintragung macht die beschlossene Satzungsänderung wirksam. Interessen der Allgemeinheit können daher durch das Unterbleiben einer solchen Eintragung nicht berührt werden.

II. Die Behandlung durch das Registergericht

Anm. 4

1. Die Prüfungspflicht des Registergerichts

Der Registerrichter hat vor der Eintragung zu prüfen, ob die gesetz- und satzungsmäßigen Voraussetzungen für den satzungsändernden Beschluß in sachlicher und förmlicher Hinsicht gegeben sind. Hierbei hat er auch von Amts wegen Ermittlungen anzustellen, wenn das nach objektiver Betrachtung für eine abschließende Beurteilung erforderlich erscheint. Da die Eintragung der Satzungsänderung konstitutiv wirkt, hat der Registerrichter das Recht und die Pflicht, *die Wahrheit der von den Anmeldenden angegebenen Tatsachen und die Rechtswirksamkeit des der Anmeldung beizufügenden Urkundenmaterials zu prüfen.* Liegen jedoch in dieser Hinsicht begründete Zweifel nicht vor, so kann er die

Anmeldung als sachlich ordnungsgemäß behandeln (KG, OLGE 21 [1910], S. 50; 27 [1911], S. 343, 344; Ritter, § 148 AktG 1937, Anm. 2c; vgl. dazu auch oben Barz, § 38, Anm. 2ff.).

Anm. 5

2. Der Inhalt der Eintragung

Handelt es sich bei der Satzungsänderung um Gegenstände, die nach § 39 in das Handelsregister einzutragen sind, so muß auch die Änderung ihrem Inhalt nach eingetragen werden. Anders, wenn sonstige Bestimmungen der Satzung abgeändert werden. Hier genügt es für die Eintragung der Satzungsänderung, wenn unter Bezugnahme auf die eingereichten Urkunden (Anm. 2) eingetragen wird, daß an einem betreffenden Tag eine Satzungsänderung beschlossen ist. Insoweit ist also nicht einmal die Angabe notwendig, welche Bestimmung der Satzung geändert worden ist.

Anm. 6

3. Die Bekanntmachung der Eintragung

Nach § 10 HGB ist der Inhalt der Eintragung bekanntzumachen. Sind Bestimmungen, welche die in § 40 aufgeführten Gegenstände betreffen, geändert worden, so sind außerdem diese Änderungen ihrem Inhalt nach bekanntzumachen. Sind keine bekanntmachungsbedürftigen Teile des Inhalts des Statuts betroffen, so hat doch stets eine Bekanntmachung dahin zu erfolgen, *daß* die Satzung unter einem bestimmten Datum abgeändert worden ist (KG, KGJ 46 [1914], S. 292, 296 für die GmbH). Vgl. auch § 43 Ziff. 6f HRV.

Anm. 7

4. Die Ablehnung der Eintragung

a) Nichtige Hauptversammlungsbeschlüsse

Ist der satzungsändernde Beschluß nichtig (gesetz- oder satzungswidrig), so muß der Registerrichter die Eintragung *ablehnen.* Sind von dem zur Eintragung angemeldeten Beschluß nur einzelne Bestimmungen dieses Beschlusses nichtig, so ergreift diese Nichtigkeit in entsprechender Anwendung des § 139 BGB im Zweifel den ganzen Beschluß (RGZ 118, S. 218, 221; Ritter, § 148 AktG 1937, Anm. 2c; Teichmann-Koehler, § 148 AktG 1937, Anm. 2; für generelle Unzulässigkeit einer Teilablehnung v. Godin-Wilhelmi, Anm. 5). Das hat zur Folge, daß der Registerrichter dann die Eintragung des ganzen Beschlusses ablehnen muß. Das gleiche gilt, wenn einer von mehreren zusammenhängenden Beschlüssen nichtig ist. In diesem Fall ergreift die Nichtigkeit des einen Beschlusses ebenfalls im Zweifel auch die anderen Beschlüsse. Zu der anderen Frage, ob § 139 BGB auch auf den behördlichen Akt der Eintragung Anwendung finden kann, vgl. unten Anm. 8.

b) Schwebend unwirksame Hauptversammlungsbeschlüsse

Ist für die Wirksamkeit des zur Eintragung angemeldeten Beschlusses außerdem die Zustimmung einzelner oder aller Aktionäre oder ein Sonderbeschluß der betroffenen Aktiengattung erforderlich (§ 179, Anm. 8ff., 13), so hat der Registerrichter die Eintragung ebenfalls *abzulehnen,* so lange die Erteilung der erforderlichen Zustimmung oder das Vorliegen des Sonderbeschlusses nicht nachgewiesen ist (vgl. § 180, Anm. 3, 4).

c) Anfechtbare Hauptversammlungsbeschlüsse

Es ist im Schrifttum nahezu einhellige Ansicht, daß der Registerrichter anfechtbare Beschlüsse einzutragen hat, wenn vor Ablauf der Anfechtungsfrist eine Anfechtungsklage nicht erhoben worden ist (so Robert Fischer, 2. Aufl., § 148 AktG 1937, Anm. 9; A. Hueck, Anfechtbarkeit, S. 186ff.; Ritter, § 148 AktG 1937, Anm. 2c; v. Godin-Wilhelmi, Anm. 5; anderer Ansicht jetzt Lutter, NJW 1969, S. 1873). Die Einhelligkeit ist überraschend, da das Kammergericht in ständiger Rechtsprechung anders entschieden hat, wenn es sich um die *Verletzung öffentlicher Interessen* handelte (vgl. KGJ 12 [1892], S. 37; 34 [1907], S. A 136 = RJA 8, S. 214; 35 [1907], S. A 162; 39 [1910], S. A 122 = OLGE 21, S. 50; nicht abweichend KG, OLGE 34 [1916], S. 348, wo eine Verletzung öffentlicher Interessen nicht in Betracht kam): „Es gilt in dieser Beziehung als Regel, daß neben dem Anfechtungsrecht der Aktionäre das Recht und die Pflicht des Registerrichters zur Prüfung der Ordnungsmäßigkeit der Fassung eines angemeldeten Beschlusses (nur) dann Platz greift, wenn außer dem Privatinteresse der Aktionäre ein öffentliches Interesse in Frage steht, dessen Schutz dem Registerrichter obliegt" (KGJ 35, S. 162, 166). Allerdings ist bei dieser Rechtsprechung zu beachten, daß sie aus einer Zeit stammt, in der vielleicht noch keine Klarheit darüber bestand, ob die Verletzung (auch) von öffentlichen Interessen einen Hauptversammlungsbeschluß anfechtbar oder nichtig macht. Trotzdem ist der Rechtsprechung und der mit ihr im wesentlichen übereinstimmenden Ansicht von Lutter (NJW 1969, S. 1878) zu folgen. Der Registerrichter hat ausweislich verschiedener Vorschriften des Aktienrechts (vgl. insbesondere § 38) auch die Stellung einer *Wirtschaftsaufsichtsbehörde*. Das kommt vor allem darin zum Ausdruck, daß die Eintragung im Handelsregister konstitutive Wirkung hat: damit verträgt es sich nicht, wenn er rechtswidrigen Entscheidungen zur Wirksamkeit verhilft. Die Überlegung, daß es sich bei einem anfechtbaren Beschluß um einen gültigen Hauptversammlungsbeschluß handelt, ist irreführend. Der Beschluß wird nach Abs. 3 erst mit der Eintragung wirksam; der Registerrichter kann rechtserheblichen privatautonomen Akten, wie der Überbewertung von Sacheinlagen nach § 38 Abs. 2 entgegentreten. Der Registerrichter hat das Recht und die Pflicht, offenbar rechtswidrige, wenn auch nur anfechtbare Beschlüsse nicht einzutragen. Ob das nur bei Verletzung öffentlicher Interessen gilt und nicht, wenn nur rechtlich geschützte Individualinteressen eines oder einzelner Aktionäre betroffen sind (so Lutter a. a. O.), erscheint zweifelhaft, da die Wahrnehmung der Interessen der Aktionäre einer Publikumsgesellschaft ebenfalls im öffentlichen Interesse liegt. Der Begriff des öffentlichen Interesses umfaßt anerkanntermaßen im Aktienrecht auch solche zwingenden Normen, die dem Schutz der gegenwärtigen wie der zukünftigen Aktionäre dienen. Im übrigen nimmt der Registerrichter bei den schwebend unwirksamen Beschlüssen zweifellos Individualinteressen einzelner Aktionäre wahr (vgl. oben unter b). Eine obrigkeitliche Form der Rechtsverteidigung ist also vom Aktienrecht vorgesehen. Die richtige Abgrenzung dürfte im Hinblick auf die Stellung und die Ausgestaltung des Registergerichts dort vorzunehmen sein, wo sie auch § 38 AktG sucht, nämlich bei den *offensichtlichen materiellen Rechtsverstößen*: Evidente Rechtsmängel, die nicht lediglich die Form des Beschlusses betreffen, darf der Registerrichter nicht bei der Eintragung übergehen.

Ist die Anfechtungsfrist noch nicht abgelaufen, so wird der Registerrichter im allgemeinen den Ablauf der Frist abwarten (KG, OLGE 34 [1916], S. 348; Brodmann, § 277 HGB, Anm. 1 a; Robert Fischer, Vorauflage). Ist rechtzeitig Anfechtungsklage erhoben worden, so ist es im Regelfall angebracht, daß der Registerrichter die Entscheidung über den Anmeldungsantrag bis zur Entscheidung des Anfechtungsprozesses nach § 127 FGG aussetzt (KG, KGJ 28, [1904], S. A 228, 238; OLGE 34, S. 348; Brodmann, § 277 HGB, Anm. 1 a; nach v. Godin-Wilhelmi, Anm. 5, muß er dies, wenn die Anfechtbarkeit außer Zweifel steht; einschränkend Ritter, § 148 AktG 1937, Anm. 2 c). Anders ist es dagegen, wenn die Anfechtungsklage offenbar unbegründet ist oder erhebliche Interessen der Beteiligten eine alsbaldige Entscheidung über den vorliegenden Eintragungsantrag dringend erfordern; in diesen Fällen ist eine sofortige Entscheidung des Registerrichters unter den oben angegebenen Gesichtspunkten geboten.

Anm. 8

5. Die fehlerhafte Eintragung

a) Die Eintragung hat keine heilende Wirkung

Die Eintragung eines nichtigen oder anfechtbaren Beschlusses heilt nicht einen solchen Mangel des Beschlusses; der Beschluß bleibt daher trotz der Eintragung nichtig oder anfechtbar. Es kann sich daher auch ein gutgläubiger Dritter nicht auf eine solche Eintragung berufen. Der Mangel der Nichtigkeit kann nur nach Maßgabe des § 242 heilen.

b) Die unrichtige Eintragung

Abgesehen davon, daß der Registerrichter zu Unrecht einen fehlerhaften Beschluß einträgt, kann es auch dadurch zu einer fehlerhaften Eintragung eines satzungsändernden Beschlusses kommen, daß der Registerrichter ohne (ordnungsgemäße) Anmeldung seitens der anmeldungsberechtigten Personen (oben Anm. 1) einträgt oder daß die Eintragung trotz zutreffender Anmeldung den wirklich gefaßten Beschluß nicht richtig oder nicht vollständig wiedergibt. Zum Schutz gutgläubiger Dritter vgl. jetzt § 15 Abs. 2 HGB. Für den Fall, daß eine ordnungsgemäße Anmeldung nicht vorliegt, ist die Eintragung stets unwirksam und zwar selbst dann, wenn die Eintragung einen wirklich gefaßten Beschluß wiedergibt (Koehler, JW 1931 S. 2983; anderer Ansicht RGZ 132, S. 22, 26). Gibt die Eintragung den ordnungsgemäß angemeldeten und wirklich gefaßten Beschluß nicht vollständig wieder, so ist im allgemeinen ebenfalls von der Unwirksamkeit der Eintragung auszugehen; eine entsprechende Anwendung des § 139 BGB auf den hoheitlichen Eintragungsakt ist nicht möglich, da die Vorschrift auf den Parteiwillen abstellt (RGZ 132, S. 22, 26). Eine andere Beurteilung ist geboten, wenn die Unvollständigkeit der Eintragung verhältnismäßig geringfügig ist und angenommen werden kann, daß die Anmeldung auch ohne den nicht eingetragenen Teil erfolgt wäre (vgl. dazu Brodmann, § 277 HGB, Anm. 2d; Koehler, a. a. O., der § 139 BGB auf die Anmeldung anwenden will).

Das Registergericht kann einen eingetragenen Beschluß von Amts wegen als nichtig *löschen*, wenn er durch seinen Inhalt zwingende Vorschriften des Gesetzes verletzt und seine Beseitigung im öffentlichen Interesse erforderlich erscheint (§ 144 Abs. 2 FGG), nicht dagegen, wenn er lediglich durch die Art seines Zustandekommens zwingendes Recht verletzt (A. Hueck, Anfechtbarkeit, S. 257).

III. Die Wirkung der Eintragung

Anm. 9

1. Der satzungsändernde Beschluß vor der Eintragung

Wenn auch der satzungsändernde Beschluß nach Abs. 3 erst mit der Eintragung die beabsichtigte Rechtswirkung erlangen kann, so ist er doch *bis zur Eintragung nicht rechtlich bedeutungslos*. Er kann auch vor der Eintragung wirksam angefochten werden (RGZ 77, S. 255, 256); auch läuft die Anfechtungsfrist schon vor der Eintragung (§ 246 Abs. 1). Der satzungsändernde Beschluß der Hauptversammlung begründet außerdem die Verpflichtung des Vorstands, den Beschluß zur Eintragung in das Handelsregister anzumelden (oben Anm. 3). Darüber hinaus äußert ein Kapitalerhöhungsbeschluß noch weitere rechtliche Wirkungen vor der Eintragung (vgl. dazu § 184, Anm. 1). Andererseits kann die Anmeldung zur Eintragung in das Handelsregister bis zur Eintragung wirksam zurückgenommen werden. Auch ist es möglich, den Beschluß bis zur Eintragung mit einfacher Mehrheit *wieder aufzuheben*, die Voraussetzungen der Satzungsänderung müssen mit anderen Worten auch im Zeitpunkt der Eintragung noch gegeben sein (herrschende Ansicht); die insoweit abweichende Meinung von Schilling (2. Auflage, § 195, Anm. 7a), Staub-Pinner (§ 278 HGB, Anm. 21) und Schlegelberger-Quassowski (§ 148 AktG 1937, Rdn. 5), die auch für die Aufhebung eines noch nicht eingetragenen satzungsändernden Beschlusses wie für die Satzungsänderung die qualifizierte Mehrheit des § 179 verlangen, läßt sich mit Abs. 3 nicht vereinbaren (wie hier Brodmann, § 275 HGB, Anm. 1e; Baumbach-Hueck, Rdn. 4; v. Godin-Wilhelmi, Anm. 8). Die einfache Mehrheit kann mithin den Vorstand beauftragen, die Anmeldung zu unterlassen oder eine schon erfolgte Anmeldung zurückzuziehen.

Anm. 10

2. Der satzungsändernde Beschluß nach der Eintragung

Die mit dem Beschluß bezweckte Satzungsänderung erlangt erst mit der Eintragung in das Handelsregister die *gewollte* Rechtswirkung (Abs. 3), erst mit der Eintragung wird also die Satzung der Gesellschaft geändert. Die Bekanntmachung ist insofern ohne Bedeutung, sie wirkt sich nur im Rahmen des § 15 HGB aus. Von den eigentlich satzungsändernden Beschlüssen sind solche Beschlüsse zu unterscheiden, die nicht auf eine Änderung der Satzung gerichtet sind, die vielmehr eine solche voraussetzen und demgemäß nur dann gelten sollen, wenn ein gleichzeitig oder zuvor gefaßter satzungsändernder Beschluß durch Eintragung in das Handelsregister volle Wirksamkeit erlangt. Das gilt z. B. für einen Beschluß, durch den zusätzliche Aufsichtsratsmitglieder gewählt werden, deren Stellen erst durch eine gleichzeitig oder zuvor beschlossene Satzungsänderung geschaffen worden sind (KGJ 28 [1904], S. A 224); hier wird die Wahl erst mit der Eintragung des satzungsändernden Beschlusses über die neu geschaffenen Aufsichtsratsstellen wirksam, obwohl die Wahl selbst kein satzungsändernder Beschluß ist.

Anm. 11

3. Die Rückwirkung einer Satzungsänderung

Nach früherem Recht war bestritten, ob ein satzungsändernder Beschluß sich Rückwirkung beilegen kann. Es wurde die Auffassung vertreten, eine solche Rückwirkung sei nach § 148 Abs. 3 AktG 1937 nicht möglich (vgl. vor allem Zilias, JZ 1959, S. 50). Die Neufassung des Gesetzes, die die schon bisher herrschende Meinung bestätigt (vgl. dazu Robert Fischer, 2. Auflage, Anm. 14), will zum Ausdruck bringen, daß die Möglichkeiten einer Rückwirkung sich *nach allgemeinen Grundsätzen* bestimmen. Für einige Tatbestände einer Satzungsänderung kann die Unzulässigkeit einer Rückwirkung nicht zweifelhaft sein, so für Kapitalerhöhung und Kapitalherabsetzung (§ 189, 200, 211, 224), Verschmelzung (§ 346 Abs. 3, 4; 353 Abs. 6) und Umwandlung (§ 365, 368, 372, 381, 385, 387, 391); hier ergibt sich die Unzulässigkeit einer Rückwirkung aus der gesetzlichen Regelung. Des weiteren kann sich die Unzulässigkeit einer Rückwirkung satzungsändernder Beschlüsse aus dem notwendigen Schutz der Allgemeinheit oder der Aktionäre ergeben, die auf die zunächst gegebene Rechtslage *vertrauen* dürfen. Aus diesem Grunde ist die rückwirkende Änderung eines Geschäftsjahres unstatthaft (Robert Fischer, 2. Auflage, Anm. 14; Zilias, JZ 1959, S. 50, 53; abweichend Meilicke-Hohlfeld, BB 1957, S. 797). Auch ist es nicht möglich, einem Vorstandsmitglied rückwirkend seine Einzelvertretungsbefugnis zu entziehen und sie in eine Gesamtvertretungsbefugnis umzuwandeln, ebenso wie es unstatthaft ist, rückwirkend die Gesamtvertretung in eine Einzelvertretung umzuwandeln, weil damit in die Zuständigkeit der anderen gesamtvertretungsbefugten Personen eingegriffen wird (ebenso, aber mit anderer Begründung Zilias, JZ 1959, S. 53; anderer Ansicht Robert Fischer, a. a. O.). Die Bezüge des Aufsichtsrats können nicht rückwirkend herabgesetzt werden. Ferner kann der Kreis der zustimmungsbedürftigen Geschäfte nach § 111 Abs. 5 rückwirkend nicht geändert werden; das liegt für eine rückwirkende Erweiterung auf der Hand, da auf diesem Weg nicht rückwirkend eine Pflichtverletzung des Vorstands statuiert werden kann. Eine rückwirkende Einengung des Kreises der zustimmungsbedürftigen Geschäfte scheitert an der zwingenden Schutzvorschrift des § 93 Abs. 4, 116, da sonst einem etwaigen Schadenersatzanspruch der AG gegen ihre Organe auf diesem Weg der Boden entzogen werden könnte (Zilias, JZ 1959, S. 53; abweichend Dempewolf, NJW 1958, S. 1215). Dagegen wird man nach allgemeinen Gesichtspunkten die rückwirkende Erhöhung der Aufsichtsratsbezüge für das laufende Geschäftsjahr nicht für unzulässig ansehen können; die Frage war bisher nur einmal wegen des Wegfalls der Aufsichtsratssteuer zum 6. August 1957 von Interesse (Jacobs-Woeste, AG 1958, S. 211; Dempewolf NJW 1958, S. 1212, 1214; abweichend Zilias, JZ 1959, S. 50, 52).

Zweiter Abschnitt
Maßnahmen der Kapitalbeschaffung

Erster Unterabschnitt

Kapitalerhöhung gegen Einlagen

Vorbemerkung I: Die Finanzierung der Aktiengesellschaft

Übersicht

Bei allen Maßnahmen der Kapitalbeschaffung im Sinne der §§ 182ff. AktG handelt es sich um Finanzierungsvorgänge. Der Begriff der Finanzierung ist schillernd und wird auch in der wirtschaftswissenschaftlichen Literatur nicht einheitlich verwendet. Die engere Fassung des Finanzierungsbegriffs beschränkt sich auf die Beschaffung von Eigen- oder Fremdkapital, wobei primär die Passivseite der Bilanz verändert wird. Die allgemeine weitere Fassung des Begriffs schließt sämtliche Kapitaldispositionen ein, also auch finanztechnische Geschäfte wie Fusion, Sanierung und Liquidation.

(1) Gutenberg (Einführung in die Betriebswirtschaftslehre [1958], S. 97) sieht die drei Aspekte des Finanzierungsbereichs „a) in der Bereitstellung des für die Durchführung des Unternehmungszweckes oder speziellen Betriebsvorhabens erforderlichen Kapitals, b) in der Abstimmung des bereitgestellten bzw. bereitzustellenden Kapitals nach Art und Höhe auf die zu finanzierenden Vorhaben, c) in Maßnahmen zur Aufrechterhaltung des finanziellen Gleichgewichts".

(2) Wöhe (Einführung in die allgemeine Betriebswirtschaftslehre, 7. Aufl. [1967], S. 357ff.) versteht unter Finanzierung zunächst die „Aufbringung von ‚finanziellen Mitteln', also ..... die Beschaffung von Geld", aber im weiteren auch die „Kapitalbeschaffung in allen Formen". Dabei ist es dann irrelevant, ob der Gegenwert des Kapitals tatsächlich in der Form von Geld oder in der Form von Sacheinlagen zur Verfügung gestellt wird.

(3) Schäfer (Die Unternehmung [1970], S. 51) geht vom Begriff der Kaufkraftübertragung aus: „Das ‚Kapital' der Unternehmung ist ihr Anteil am volkswirtschaftlichen Nominalkapital, und die Zusammensetzung dieses Unternehmungskapitals läßt erkennen, von wem die Kaufkraftübertragung stammt, welches die Quellen der dem Unternehmen zur Verfügung stehenden geldlichen Verfügungsmacht sind."

(4) Rittershausen (Industrielle Finanzierungen [1964], Vorwort) stellt im wesentlichen auf die Beschaffung des Eigenkapitals und speziell des langfristigen Fremdkapitals ab.

(5) Grochla (Stichwort Finanzierung, in: HdSW, Bd. 3 [1961], S. 604) stellt die reale und die nominale Seite des Wirtschaftens gegenüber: „Die Ingangsetzung und Aufrechterhaltung der betrieblichen Leistungserstellung, die sich als Umsatz- und Transformationsprozeß realer Güter vollzieht, erfolgt durch die parallele, aber entgegengesetzte Finanzbewegung."

Finanzierungsaufgaben im Sinne der von Grochla gegebenen allgemeinen Definition ergeben sich bei der Gründung und Erweiterung von Unternehmen, bei Rationalisierungs- und Sanierungsaufgaben sowie bei Maßnahmen, die auf eine Veränderung der Kapitalstruktur des Unternehmens abzielen. Als Kapitalgeber bieten sich vor allem die Geschäftsbanken, die großen Versicherungen sowie Finanzmakler und Finanzierungsgesellschaften an. Aber auch die sonst mit dem Unternehmen in Verbindung stehenden Gruppen wie Lieferanten und Kunden, andere Unternehmen, Privatpersonen, Organe und Arbeitnehmer und in zahlreichen Fällen auch die öffentliche Hand können und werden in Abhängigkeit von der Konjunkturlage und der Machtposition auf den Märkten dem Unternehmen zusätzliches Kapital zuführen (Gutenberg, Die Kreditquellen in der Finanzierung, in: ZfB [1927]).

Je nachdem wie die Kapitalzuführung technisch ausgestaltet ist, spricht man von Außen- (I.) und Innenfinanzierung (II.) mit den Unterformen der Beteiligungs- und Kreditfinanzierung einerseits und der Selbstfinanzierung bzw. der Finanzierung durch Abschreibungen andererseits. Hierbei kann man unter systematischen Gesichtspunkten wiederum die Beteiligungsfinanzierung und die Selbstfinanzierung als Eigenfinanzierung zusammenfassen (Literatur: Beckmann, Die betriebswirtschaftliche Finanzierung, 2. Aufl. [1956]; Doris, Business Finance Handbook [1953]; Hax, Langfristige Finanz- und Investitionsentscheidungen, in: HdW, Bd. 1 [1966], S. 399ff.; Kalveram, Finanzierung der Unternehmung, 3. Aufl. [1956]; Ries, Die Zusammenhänge zwischen Selbstfinanzierung, Eigenfinanzierung und Fremdfinanzierung, BFuP 1957; Sellien, Finanzierung und Finanzplanung, 2. Aufl. [1964]; Töndury/Gsell, Finanzierungen [1948]; Vormbaum, Finanzierung der Betriebe [1964]).

I. Außenfinanzierung

1. Beteiligungsfinanzierung

Das Hauptmerkmal der Beteiligungsfinanzierung (Liefmann, Beteiligungs- und Finanzierungsgesellschaften, 5. Aufl. [1931]; Schmalenbach, Die Beteiligungsfinanzierung, 9. Aufl. [1966]) als dem einen Teil der exogenen Finanzierung ist die Zuführung von Eigenkapital mit seiner investitionstechnischen, betriebspolitischen und kreditwirtschaftlichen Funktion durch bereits vorhandene oder neu hinzutretende Gesellschafter, wobei deren Motivation durch die wirtschaftlichen Kriterien der Beteiligung — Risikoübernahme, Einflußnahme, ertragsabhängiges Nutzungsentgelt — bestimmt wird und die Kriterien wiederum durch die Rechtsform des Unternehmensträgers im einzelnen ausgestaltet werden. Das Unternehmen wird auf dem Hintergrund der konjunkturellen Situation nach Analyse des Absatz- und Kapitalmarktes die Vor- und Nachteile einer Beteiligungsfinanzierung gegeneinander abwägen. Zu den Vorteilen der Zuführung neuen Eigenkapitals gehören: (1) Erhöhung der Kreditwürdigkeit; (2) keine festen Zins- und Tilgungsverpflichtungen; (3) relative Unkündbarkeit ermöglicht variable Gestaltung der Preispolitik, da geringere Fixkostenbelastung; (4) breitere Einsatzmöglichkeit, auch zu risikoreichen Investitionen. Nachteile der Eigenkapitalfinanzierung sind (1) Mitspracherecht des Geldgebers; (2) keine steuerliche Abzugsfähigkeit der Gewinnausschüttung; (3) Verminderung der Eigenkapitalrentabilität mit abnehmendem Fremdkapitaleinsatz.

Auch der potentielle Kapitalgeber muß bei der Beteiligungsfinanzierung *pro* und *contra* gegeneinander abwägen. Seinem Anspruch auf Mitspracherecht, Gewinnbeteiligung, Beteiligung am Firmenwert und an den stillen Reserven und seiner Position als Sachwerteigentümer stehen eine mögliche Verlustbeteiligung sowie eine — eventuell — langfristige Bindung seines Geldes gegenüber. Letzterer Gesichtspunkt trifft aber bei den Aktiengesellschaften insofern nicht zu, als hier durch das fungible Papier eine rasche Mobilisierung und Transformation möglich ist. Die Vorteile sind bei der Aktienfinanzierung (Guthmann/Dougall, Corporate Financial Policy, 4. Aufl. [1962]; Schmalenbach, Die Aktiengesellschaft, 7. Aufl. [1950]) als einem Unterfall der Beteiligungsfinanzierung ebenfalls zu modifizieren: (1) Anonymität; (2) beliebige Teilbarkeit des Kapitaleinsatzes; (3) begrenzte Haftung.

Für die *Aktiengesellschaft* ergeben sich im wesentlichen die eben genannten Vorteile der Beteiligungsfinanzierung. Zu der aus der Eigenkapitalposition als solcher resultierenden Kreditfähigkeit und Krisenfestigkeit ergibt sich noch eine Modifizierbarkeit innerhalb des Eigenkapitals: die Aktien können durch das Ausweichen auf vinkulierte Namensaktien und stimmrechtslose Vorzugsaktien der jeweiligen Situation am Kapitalmarkt angepaßt werden.

a) Bei der Finanzierung der Aktiengesellschaften durch Erhöhung des Eigenkapitals kann es sich um eine *effektive* Kapitalerhöhung durch Ausgabe von jungen Aktien handeln. Hierbei sind drei Formen zu unterscheiden: (1) ordentliche Kapitalerhöhung; (2) bedingte Kapitalerhöhung; (3) Kapitalerhöhung aus genehmigtem Kapital. Alle drei Formen veranlassen das Unternehmen — auf der Basis seiner Zielvorstellungen — zu einer unternehmenspolitischen Entscheidung hinsichtlich des optimalen Bezugskurses (Rittershausen, a. a. O., S. 93; Hauck, Hohe Bezugskurse — keine Strafe für den Aktionär? in: Blick durch die Wirtschaft 4. 3. 1960; Hornef, Der Geldbedarf des Kleinaktionärs bei Kapitalerhöhungen, in: Das Wertpapier 1960, S. 3ff.), und sie beinhalten gleichzeitig die oben bereits angesprochene generelle Problematik der Eigenkapitalfinanzierung.

b) Hinsichtlich der reinen Finanzierungswirkung ist die *nominelle* Kapitalerhöhung aus Gesellschaftsmitteln (Rauch, Kapitalerhöhung aus Gesellschaftsmitteln, 2. und 3. Aufl. [1950]) weniger bedeutsam. Die hierbei erfolgende „Kapitalberichtigung" durch Umwandlung der offenen Rücklagen in Nennkapital (Zusatz- oder Berichtigungsaktien, fälschlicherweise auch „Gratisaktien" (Bernicken, Bezugsrecht, Gratisaktie und Kapitalertragsteuern, BankA 1920, S. 219; Brodmann, Aktienbezugsrecht und Gratisaktie, ZBlHR 1927, S. 1ff., 53ff.) genannt, bedeutet eine gewollte Verwässerung des Grundkapitals, bei der die Vermögenssubstanz — nur verteilt auf mehrere Aktienurkunden — nicht berührt wird. Wirtschaftlich wesentlich ist die durch das *splitting* (Binder, Die Erfahrungen mit dem Splitting in den Vereinigten Staaten von Amerika, 1958) angestrebte Erleichterung der Mobilisierung, sowie die in Deutschland erst 1959 entschiedene Frage der steuerlichen Behandlung der „Aktienaufteilung" (Schmölders, Zur Frage der steuerlichen Behandlung von Gratisaktien, AG 1956, S. 12).

c) Abgesehen von diesen Normalfällen der Kapitalerhöhung gegen Einlagen und aus Gesellschaftsmitteln kann sich die AG auch „finanzieren", indem sie die Dividendenausschüttung modifiziert. Die hier zur Verfügung stehenden Mittel sind in erster Linie die Ausgabe von Bonusaktien bzw. der Rückgriff auf „Stockdividenden".

aa) Beim (einperiodischen) *Bonusaktien*verfahren (Büschgen, Sonderformen der Eigenkapitalfinanzierung deutscher Aktiengesellschaften, AG 1964, S. 271) wird dem Aktionär eine Sonderausschüttung — meist zusätzlich zur üblichen Bardividende — gewährt. Gleichzeitig mit dieser Sonderausschüttung (Bonus) beschließt die Hauptversammlung eine aktienrechtliche Grundkapitalerhöhung unter Gewährung der Bezugsrechte an die alten Aktionäre, wobei die Emissionskurse so gewählt werden, daß die Sonderausschüttung gerade zur Ausübung der Bezugsrechte ausreicht. Dieses Vorgehen wird auch als „Schütt aus / Hol zurück"-Verfahren (Claussen, „Schütt aus / Hol zurück" — kein Generalrezept, ZfK 1962, S. 869) oder Dividendenkapitalerhöhung (Rittershausen, a. a. O., S. 123ff.) bezeichnet. Beim mehrperiodischen Verfahren wird regelmäßig nach einigen Jahren von der AG eine Grundkapitalerhöhung vorgenommen und dabei unter Bezugsrechtsgewährung an die alten Aktionäre ein relativ hoher Emissionskurs gewählt, der in etwa der kumulierten — hohen — Bardividende der letzten Jahre entspricht. Eine solche Politik ist für die AG allerdings nur dann angezeigt, wenn es sich um eine Gesellschaft mit einer günstigen Ertragslage und -entwicklung handelt, deren Aktien eine relativ große Kursstabilität aufweisen (Stützel, Aktienrechtsreform und Konzentration, in: Die Konzentration in der Wirtschaft, 2. Bd. Ursachen der Konzentration [1960], S. 915ff.).

bb) In ähnlicher Weise wird auch bei den sog. *Zusatzaktien* (Hax, Probleme der Aktienfinanzierung unter dem Einfluß des gespaltenen Körperschaftsteuersatzes, ZfhF 1963, S. 58) vorgegangen, wobei Büschgen (a. a. O. S. 272) von dem Rücklagenumwandlungsverfahren spricht. Ein Teil des Reingewinns der abgelaufenen Periode wird in die offenen Rücklagen eingebracht. Die Hauptversammlung beschließt dann eine Kapitalerhöhung aus Gesellschaftsmitteln, und zwar genau in dem Ausmaß, in dem die vorher gebildeten Rücklagen umgewandelt werden sollen. Auch dieses finanzierungstechnische Verfahren kann ein- oder mehrperiodisch ausgestaltet sein.

cc) Sowohl im Zusammenhang mit dem Bonusaktienverfahren als auch mit den Zusatzaktien taucht der aus der angelsächsischen Literatur (Bosland, Corporate Finance and Regulation [1949], S. 285; Dauten, Business Finance [1948], S. 405; Taylor/Graner, Financial Policies of Business Enterprise, 2. Aufl. [1956], S. 408ff.; Upton, Administering Business Profits, in: Business Finance Handbook [1953], S. 474) übernommene Begriff der *Stockdividende* auf (Büschgen, Stockdividenden in der Finanzierungspolitik deutscher Aktiengesellschaften, BFuP 1963, S. 497ff.; Kulke, Stockdividenden — eine Liquiditätsfrage, in: ZfK 1963, S. 186ff.; Uebbing, Stopdividende — Stockdividende, in: DZ vom 7. 2. 1961). Stockdividenden bedeuten Übertragung von Reingewinn auf das Grundkapital in Verbindung mit der Ausgabe zusätzlicher Aktien an die alten Aktionäre, wobei die amerikanische Form so ausgestaltet ist, daß die Aktionäre direkt — einzahlungsfreie — Aktien anstelle von Bargeld bekommen. Dieses Verfahren ist im deutschen Recht nicht gestattet. Hier ist es der AG nur möglich, den von der Hauptversammlung den offenen Rücklagen zugewiesenen Teil des Jahresgewinns in Grundkapital umzuwandeln und eine nominelle Kapitalerhöhung vorzunehmen bzw. im Anschluß an eine Dividendenausschüttung eine entsprechende aktienrechtliche Kapitalerhöhung zu beschließen, wobei die Anteilseigner durch Verkauf der Bezugsrechte wechseln können. Es vollzieht sich also letztlich im deutschen Recht entweder eine Kapitalerhöhung aus Gesellschaftsmitteln oder eine Kapitalerhöhung gegen Einlagen. Nur wirtschaftlich ist in den oben beschriebenen beiden Vorgängen eine Stockdividendengewährung zu sehen. Auf der rechten Seite der Bilanz der Aktiengesellschaft vollzieht sich ein reiner Passivtausch (Rücklagen bzw. Gewinn in Grundkapital), wobei die den Aktionären ausgehändigten Urkunden — (daher „Verteilung" von Dividenden) — diesen Vorgang nur zusätzlich verbriefen.

Die Vorteile für die Unternehmung sind vielfältig. Durch die „Ausschüttung" in Form von Aktien wird die Liquidität des Unternehmens nicht berührt und angespannt. Die Gesellschaft kann, was besonders bei einem starken Kostendruck und einer ungünstigen Situation auf dem Kapitalmarkt wichtig ist, mit ihren eigenen Mitteln weiterarbeiten. Gleichzeitig wird durch die Ausgabe der jungen Aktien die Marktgängigkeit des vorhandenen Aktienpotentials erhöht, womit sich — auf lange Sicht — eine Erweiterung des Kapitalmarktes auf der Angebotsseite erreichen läßt, es sei denn, daß die Stockdividende im steigenden Börsenkurs antizipiert wird (Graham/Dodd, Security Analysis, Principles and Technique, 3. Aufl. [1951], S. 446ff.). Die Aktionäre werden in der Regel zufrieden sein (gestillter „Dividendenhunger" [Hoagland, Corporation Finance, 3. Aufl. [1947], S. 166, 590); Möglichkeit des Verkaufs der jungen Aktien an der Börse, aber eventuell Zwang zum Verkauf bei ungünstigen Aufstockungsverhältnissen (Waring, Fractional Shares under Stock Dividend Declarations, Harvard Law Review 1931, S. 404ff.); gleichzeitig hat die Gesellschaft jedoch durch die — optisch günstige — Nichtgewährung einer Bardividende möglicherweise steigenden Lohn- und Gehaltsforderungen vorgebeugt (Guthmann-Dougall, a. a. O., S. 543). Die Gewährung von Stockdividenden bietet sich allerdings nur dann als Finanzierungsmittel an, wenn ausreichende Gewinne anfallen (expandierende Unternehmungen, Wachtumsindustrie), so daß auch die durch die Kapitalverwässerung herbeigeführte Erhöhung des dividendenberechtigten Grundkapitals noch aus den Gewinnen der kommenden Jahre bedient werden kann (erhöhte Liquiditätsanspannung). Werden Stockdividenden in zu großem Ausmaß gewährt und damit die Bildung von Rücklagen vernachlässigt, muß damit gerechnet werden, daß die noch vorhandenen Rücklagen in schlechten Geschäftsjahren teilweise oder sogar ganz aufgezehrt werden.

2. Kreditfinanzierung

Während die Behandlung der Stockdividenden schon zum Teil in die Bereiche der Innenfinanzierung übergreift mit dem Unterschied, daß dort die Finanzierungsentscheidung das Aktienpotential der — außenstehenden — Anteilseigner nicht berührt, sind zunächst aus dem Gebiet der Außenfinanzierung noch die Formen der für die AG möglichen Kreditfinanzierung zu behandeln. Auch bei der Fremdfinanzierung wird der Gesellschaft von außen (exogen) Kapital zugeführt. Die Vorteile für den Kapitalgeber sind: (1) die befristete Zurverfügungstellung des Geldes; (2) die gleichbleibenden Zinseinnahmen und (3) die rechtlichen Möglichkeiten der Kreditsicherung (Grundschuldbriefe, Bürgschaften, Negativklausel). Nachteilig für den Gläubiger bzw. Obligationär ist dagegen (1) der Ausschluß des Mitspracherechts in der Unternehmenspolitik; (2) das fehlende Sachwerteigentum und (3) der fehlende Anteil an den stillen Reserven sowie (4) die Nichtbeteiligung an eventuell steigenden Gewinnen. Für den Kapitalnehmer ergibt sich die Entscheidungsbasis aus der spiegelbildlichen Betrachtung der Aktienfinanzierung.

a) Bei den Formen der Fremdkapitalfinanzierung (Jonas, Grenzen der Kreditfinanzierung [1960]; Rittershausen, Methoden der industriellen Fremdfinanzierung, in: Schmölders und Rittershausen, Moderne Investitionsfinanzierung [1959]; Sandig, Finanzierung mit Fremdkapital [1930]) sind im Hinblick auf langfristige Gelder die Obligationen mit der Sonderform der Wandelschuldverschreibung sowie die Schuldscheindarlehen und Gewinnschuldverschreibungen dominant.

aa) Im Rahmen der langfristigen Fremdfinanzierung können *Anleihen* (Obligationen) (Bornemann, Emission von Industrieobligationen von 1952—55, Diplomarbeit Köln 1956; Pfeiffer, Langfristige Fremdfinanzierung durch Ausgabe von Obligationen, Wandelanleihen usw. in: Finanzierungs-Handbuch, hrsg. von Hans Janberg [1964], S. 299 ff.) nur von emissionswürdigen Unternehmen und von der öffentlichen Hand in Anspruch genommen werden. Die bei einer Emissionsgröße von etwa 30—70 Millionen DM nur für die Großunternehmen wesentlichen Industrieobligationen (eigentlich: Partialobligation oder Teilschuldverschreibung, da jedes Stück das Gläubigerrecht an einem bestimmten Teil der Anleihe verbrieft) ermöglichen die Aufnahme von anonymem, typisiertem und zersplittertem Kapital mit den oben bereits behandelten Vor- und Nachteilen, aber mit dem Unterschied, daß bei Aktien stets gesetzliche Kontroll- und regelmäßig Verwaltungsrechte eingeräumt werden. Die dem Gläubiger zu gewährende Effektivverzinsung ergibt sich aus einer Kombination von Nominalzins, Emissionskurs und Rückzahlungskurs, wobei in der Regel bei der Nominalverzinsung in Schritten von jeweils einem halben Prozent vorgegangen wird und die „Feineinstellung" mit Hilfe des Emissionsdisagios (also Unterpari-Emission möglich) und des Rückzahlungsagios erfolgt. Die Ausstattung der Industrieobligation mit einer Handelsspanne oder Bonifikation in Höhe von 1—2% wird die Banken veranlassen, eine günstige Placierung des Papiers an der Börse anzustreben.

Bei den Tilgungsmodalitäten besteht die Möglichkeit, die gesamte Anleihe am Ende der Laufzeit auf einmal zu tilgen, was sich jedoch nicht empfehlen wird, da dann die Liquiditätsanspannung zu groß wird. In der Regel wird die Tilgung allmählich durch Auslosung und unter Umständen unter Zuhilfenahme des Rückkaufs an der Börse erfolgen. Ein Kündigungsrecht steht bei den in der BRD umlaufenden Industrieobligationen im allgemeinen nur dem Schuldner zu, und zwar nach Ablauf von 6 Jahren. Eine zwingende Notwendigkeit, auch dem Gläubiger ein Kündigungsrecht einzuräumen, besteht insofern nicht, als dieser normalerweise jederzeit seine Papiere an der Börse veräußern kann.

bb) In Konkurrenz zu den Industrieobligationen stehen die *Schuldscheindarlehen* (vgl. dazu Kleinschmidt, Die Banken und die Schuldscheindarlehen, ZfK 1963, S. 950 ff.; Frank, Schuldscheindarlehen als Mittel der langfristigen Industriefinanzierung [1966]; Reinboth, Schuldscheindarlehen als Mittel der Unternehmensfinanzierung [1965]; Staehle, Die Schuldscheindarlehen [1965]). Diese ermöglichen eine direkte und individuelle Aufnahme von Fremdkapital ohne die Zwischenschaltung des Bank- und Börsenapparates. Kapitalgeber sind in der Hauptsache die Lebensversicherungen, Sozialversicherungen und Realkreditinstitute. Die bei den Schuldscheindarlehen gegebene günstigere Kostensituation sowohl im Hinblick auf die einmaligen Kosten der Emission als auch auf die laufenden Kosten der Bedienung und die weniger weitgehende Publizitätspflicht hat ihnen einen Vorsprung gegenüber den Industrieobligationen gegeben (Beispiel: Rittershausen, Industrielle Finanzierungen [1964], S. 249).

cc) Besonders von Bedeutung im Zusammenhang der langfristigen Fremdfinanzierung sind die *Wandelschuldverschreibungen* und *Bezugsrechtsobligationen*, die letztlich zu einer Mischform von Kredit- und Beteiligungsfinanzierung führen. Hierbei wird neben dem Anspruch auf Rückzahlung des Nennwertes und auf Zinsen auch ein Umtausch (Wandelobligation, *convertible bond*) oder ein Bezugsrecht (Bezugsrechtsobligation, *option bond*) auf Aktien eingeräumt (Haase, Wandelschuldverschreibungen — Obligationen mit Sachwertsicherung, in: BB 1952, Nr. 3; Huppertz, Wandelschuldverschreibungen in USA, ZfhF 1952, S. 290—308; Minz, Wandelschuldverschreibungen in Deutschland, ZfhF 1952, S. 308—321; Rusch, Die Wandelschuldverschreibung [1956]).

Die Wandelobligationen sind besonders dann von Bedeutung, wenn der Markt zum Zeitpunkt der Auflegung weder für Aktien noch für Obligationen als solche aufnahmebereit ist und ein zusätzlicher Anreiz für das Publikum geschaffen werden muß. Für den Kapitalgeber, den Käufer, besteht hier die Möglichkeit eines Wechsels vom garantiert gleichmäßigen Zins zum Sachwerteigentum. Er wird in dem Augenblick sein Wandelrecht ausüben, wenn die Dividende sich dem Zinssatz der Obligation nähert bzw. diesen übersteigt oder wenn die Wirtschaftslage allgemein zu einem begründeten Zweifel an der Stabilität der Währung Anlaß gibt.

Dem Unternehmen steht mit den Wandelanleihen zunächst ein — steuerlich — billiges Finanzierungsinstrument zur Verfügung. Außerdem kann die Gesellschaft den Zinssatz etwas niedriger halten als den üblicherweise für Industrieobligationen einzusetzenden, da die Wandelobligation durch das Umtauschrecht einen Sachwertcharakter erhält. Insofern lohnt es sich also für das Unternehmen, den Umtausch möglichst weit hinauszuschieben, es sei denn, die unternehmenspolitische Entscheidung in bezug auf die Wandelanleihe tendierte ursprünglich schon dahin, dieselbe spekulativ zu nutzen, um einen Markt für die Aktienemission vorzubereiten.

dd) Als in bezug auf die Emission günstig stellen sich auch die *Gewinnschuldverschreibungen* dar. Es handelt sich um Schuldverschreibungen, die den Gläubigern hinsichtlich der auf sie entfallenden Gewinnanteile die Stellung der Aktionäre einräumen. Der den Gläubigern zugestandene Nominalzins wird in der Regel niedriger als bei den Normalobligationen sein, dafür wird ihnen jedoch eine Gewinnbeteiligung in einem bestimmten Verhältnis zur Dividende gewährt, oder ihnen wird kein fester Zins eingeräumt, sondern ein nach oben limitierter Gewinnanspruch (Wöhe, a. a. O., S. 402). Den Aktionären, deren Gewinnbasis auf diese Weise geschmälert wird, muß ein Bezugsrecht eingeräumt werden.

b) Von geringerer Bedeutung für die „industriellen Finanzierungen“ ist im Zusammenhang mit der AG der kurzfristige Kredit. Zur kurzfristigen Kreditfinanzierung (vgl. Zusammenstellung Wöhe, a. a. O., S. 406ff.; Breuer, Der Bankkredit als Instrument kurzfristiger Unternehmensfinanzierung, in: Finanzierungs-Handbuch, hrsg. von Hans Janberg [1964], S. 249ff.; Thiess, Kurz- und mittelfristige Finanzierung [1958]) gehören in der Hauptsache die kurzfristigen Bankkredite (Kontokorrent-, Wechseldiskont-, Lombard-, Aval-, Akzept- und Rembours-Kredit) und die Lieferantenkredite als die Gewährung von Zahlungszielen zwischen verschiedenen Wirtschaftsstufen. Das Ausmaß der letztgenannten — teuersten — Finanzierungsmöglichkeit ist in der Regel eine Funktion der Markt- und Machtverhältnisse der Wirtschaftssubjekte.

II. Innenfinanzierung

Die Hauptfälle der Innenfinanzierung (endogene Finanzierung), definiert als der Zufluß von Mitteln aus dem betrieblichen Umsatzprozeß (Grochla, a. a. O., S. 607) sind die Finanzierung aus zurückbehaltenem Gewinn (Selbstfinanzierung) (Conzelmann, Das Problem der „Selbstfinanzierung“ der Unternehmung, Diss. [1935]; Fettel, Die Selbstfinanzierung der Unternehmung, in: Finanzierungs-Handbuch, hrsg. von Hans Janberg [1964], S. 131ff.; Hagest, Selbstfinanzierung des Betriebes [1952]; Hasenack, Wesen und Arten der Selbstfinanzierung [1931]; Hegner, Die Selbstfinanzierung der Unternehmung als theoretisches Problem der Betriebswirtschaftslehre und der Volkswirtschaftslehre [1946]; Prion, Selbstfinanzierung der Unternehmungen [1931]; Mellerowicz, Selbstfinanzierung der Industrie, in: Die Führung des Betriebes, Festschrift für Wilhelm Kalveram [1942]; Schmölders, Volkswirtschaftliche Probleme der sog. Selbstfinanzierung, in: Schmölders-Rittershausen, Moderne Investitionsfinanzierung [1959]) und die Finanzierung aus — vorübergehend — freigestelltem Kapital (Buchner, Das Problem der Kapazitätsausweitung durch laufende Reinvestition in Höhe des Abschreibungsaufwandes, Diss. 1960; Forster, Finanzierung durch Abschreibung [1953]; Hardach/Hax, Der Geltungsbereich des Kapazitätserweiterungs-Effektes. Eine Diskussion, ZfhF NF 10 [1958]; Hax, Abschreibung und Finanzierung, ZfhF NF 7 [1955]; Langen, Die Kapazitätsausweitung durch Reinvestition liquider Mittel aus Abschreibungen, ZfhF NF 5 [1953]; Neubert, Anlagenfinanzierung aus Abschreibungen, ZfhF NF 3 [1951]; Ruchti, Die Abschreibung. Ihre grundsätzliche Bedeutung als Aufwands-, Ertrags- und Finanzierungsfaktor [1953]; Schäfer, Abschreibung und Finanzierung, ZfhF NF 7 [1955]; Schwarz, Grenzen der Wirksamkeit des Kapazitätserweiterungseffektes in der betrieblichen Praxis, Wirtschaftsprüfung Stuttgart, 13 [1960]).

1. Die betriebswirtschaftlichen Vorteile der Selbstfinanzierung im engeren Sinne (Gewinn- oder Gewinnrestfinanzierung) decken sich im wesentlichen mit dem zur Eigenkapitalfinanzierung bereits Gesagten. Die Gefahren sind in der Hauptsache volkswirtschaftlicher Art, nämlich (1) keine Siebfunktion der Banken, daher Gefahr von Fehlinvestitionen (?); (2) Austrocknen des Kapitalmarktes; (3) Erstarren der Produktionsstruktur und (4) Ausbeuten der Konsumenten durch Aufbringung der Selbstfinanzierungsquote über die Preise. Allerdings zwingt die Struktur des Kapitalmarktes der BRD alle nicht emissionswürdigen Unternehmen zur Selbstfinanzierung, und sie ist zudem für alle Unternehmen der einzige Ausweg, wenn der Kapitalmarkt nicht funktionsfähig ist; vgl. Anteil der Selbstfinanzierungsquote in Deutschland 1959 = 61%.

2. Bei der Finanzierung aus vorübergehend oder dauernd freigestelltem Kapital sind primär die Rückstellungen und Abschreibungen interessant. Unter der Voraussetzung, daß die Abschreibungsbeträge im Gewinn erwirtschaftet und durch die bilanziellen Abschreibungen in der Unternehmung festgehalten werden, können diese Beträge so lange beliebig im Unternehmen eingesetzt werden, bis die abgeschriebenen Teile des Anlagevermögens ersetzt werden müssen. Da die Daten der Ersatzbeschaffung in der Regel eine gewisse Streuungsbreite haben, bleibt ein „Bodensatz" zurück (Kapitalfreisetzungs-Effekt), der zu irgendeiner anderweitigen Anlage zur Verfügung steht. Werden die freigesetzten Beträge fortlaufend investiert, so erweitert sich der — abschreibungsfähige — Bestand des Anlagevermögens, was zu einer Kumulativwirkung von Investition und Abschreibung führen kann (Kapazitätsausweitungs-Effekt).

Obwohl dieses theoretische Modell des *Lohmann-Ruchti-Effektes* (vgl. ausführliche Darstellung Wöhe, a. a. O., S. 423ff.) eine Reihe zum Teil recht abstrakter Prämissen beinhaltet, ist festzuhalten, daß zwischen 1950 und 1960 50—76% der Bruttoinvestitionen der deutschen Wirtschaft über Abschreibungen finanziert wurden. (Zu weiteren Formen der Innenfinanzierung mittels Kapitalfreisetzung durch Rationalisierungsmaßnahmen und durch Pensionsrückstellungen vgl. Wöhe, a. a. O., S. 429ff.)

III. Sonderformen

Zu den neueren Formen der Innenfinanzierung gehören die Vermögensumschichtungen durch *Leasing* und *Factoring*.

1. Unter *Leasing* (Lit.: Bitschnau, Investitionsfinanzierung auf der Grundlage gepachteter Anlagen, NB 8/1963, S. 209—211; Büschgen, Leasing und finanzielles Gleichgewicht der Unternehmung, ZfbF 1967, Heft 10, S. 625ff.; Falk, Leasing in den USA, DB 11, 1963; Floitgraf, Leasing von industriellen Anlagen als Finanzierungsproblem. In: Finanzierungs-Handbuch, hrsg. von Hans Janberg [1964], S. 495ff.; Leffson, Leasing beweglicher Anlagegüter, ZfbF 1964, S. 396ff.) ist die Vermietung oder Verpachtung von Immobilien (Anlagevermögen) und Mobilien (Umlaufvermögen) entweder durch den Hersteller oder eine spezielle Finanzierungsgesellschaft zu verstehen. Leasing ist also die Alternative zum Kauf bzw. zur Selbsterrichtung der in Frage kommenden Anlagen.

2. Beim *Factoring* (Lit.: Fischoeder, Factoring in den USA, ZfB Nr. 7, 1964; Glomb, Finanzierung durch Factoring [1969]; Horbach, Das Factoring-Finanzierungssystem In: Finanzierungs-Handbuch, hrsg. von Hans Janberg [1964], S. 543 ff.; Knopik, Factoring. Ein neuer Weg der Absatzfinanzierung und der Kreditsicherung [1960]; ders., Factoring in den USA und in Deuschland, ZfbF 1965, S. 269ff.; Phelps, The Role of Factoring in Modern Business Finance [1958]; Sussfeld, Le Factoring [1968]; Wißkirchen, Factoring in Deutschland, mit weiteren Hinweisen auf Aufsätze) kauft ein Finanzierungsinstitut die bei seinen Kunden entstehenden Forderungen einmalig oder fortlaufend mit Valuta-Verfallstag und übernimmt das Risiko für einen eventuellen Ausfall. Diese Methode eignet sich vor allem bei Unterkapitalisierung, bei einem großen Kreditvolumen im Verhältnis zum Betriebsvermögen und zum Erwerb neuer Kundenkreise.

Vorbemerkung II: Rechtsangleichung der Kapitalerhöhung in der EWG

Der Vorschlag einer zweiten Richtlinie des Rates zur Koordinierung der Schutzbestimmungen im Rahmen des Art. 54 Abs. 3 des EWG-Vertrages (Amtsblatt der Europäischen Gemeinschaften Nr. C 48 vom 24. 4. 1970) enthält im Abschnitt III unter der Überschrift „Kapitalerhöhung“ folgende Vorschriften:

Art. 21

1. Im Falle einer Kapitalerhöhung durch Bareinlagen müssen vorher die Einlagen auf bereits ausgegebene Aktien geleistet worden sein.

2. Die Gesetze der Mitgliedstaaten können jedoch von diesem Grundsatz Ausnahmen vorsehen. Sie bestimmen diese Ausnahmen in der Weise, daß sie auf Fälle beschränkt bleiben, in denen finanzielle Erfordernisse der Gesellschaft gewahrt werden müssen und wo dies nicht durch Leistung der Einlagen auf die alten Aktien geschehen kann. Wenn solche Ausnahmen vorgesehen sind, darf der Prozentsatz der von den neuen Aktionären geforderten Einzahlungen nicht denjenigen der von den alten Aktionären geleisteten Einzahlungen übersteigen.

3. Die Einlagen auf die bei einer Kapitalerhöhung ausgegebenen Aktien müssen zu mindestens 25% ihres Nennwertes oder Rechnungswertes und, gegebenenfalls zuzüglich des Mehrbetrages in voller Höhe, geleistet werden.

Art. 22

1. Jede Kapitalerhöhung muß durch die Hauptversammlung entsprechend den Erfordernissen beschlossen werden, die hinsichtlich der Offenlegung und der Mehrheiten für eine Änderung der Satzung vorgeschrieben sind.

2. Die Satzung oder die Hauptversammlung, die entsprechend den oben erwähnten Mehrheitserfordernissen entscheidet, kann jedoch eine Erhöhung des gezeichneten Kapitals bis zu einem von ihr festgelegten Höchstbetrag genehmigen. In den Grenzen dieses Betrages entscheidet gegebenenfalls das hierzu berufene Organ der Gesellschaft über eine Erhöhung des gezeichneten Kapitals. Diese Ermächtigung des Organs besteht für eine Höchstdauer von 5 Jahren; sie kann durch die Hauptversammlung ein oder mehrmals für einen Zeitraum, der jeweils 5 Jahre nicht überschreiten darf, verlängert werden.

3. Sofern es mehrere Gattungen von Aktien gibt, hängt die Wirksamkeit einer Kapitalerhöhung oder die im vorstehenden Absatz vorgesehene Genehmigung einer Kapitalerhöhung von der getrennten Abstimmung für jede Gattung der Aktien zumindest dann ab, wenn dadurch die Inhaber einer Gattung von Aktien benachteiligt werden.

4. Die vorstehenden Absätze gelten für die Ausgabe von Schuldverschreibungen, bei denen ein Umtausch- oder Bezugsrecht auf Aktien eingeräumt wird, jedoch nicht für den Umtausch solcher Schuldverschreibungen.

Art. 23

Im Falle einer Kapitalerhöhung gegen Nicht-Bargeldeinlagen müssen diese als Gegenwert für die ausgegebenen Aktien vollständig geleistet werden.

Die Bewertung dieser Einlagen muß in derselben Weise geprüft werden, wie dies bei der Gründung vorgesehen ist.

Der in Art. 8 der vorliegenden Richtlinie vorgesehene Bericht kann in diesem Fall entweder durch eine oder mehrere unabhängige Personen, die durch eine Verwaltungs- oder Justizbehörde bestimmt oder zugelassen sind, oder durch eine oder mehrere mit der Rechnungsprüfung der Gesellschaft befaßte Personen erstellt werden.

Art. 24

Wenn die Kapitalerhöhung in der dafür vorgesehenen Frist nicht voll gezeichnet wurde, hat die Hauptversammlung über die Gültigkeit der Erhöhung zu entscheiden.

Wird eine solche Entscheidung nicht innerhalb von 3 Monaten nach dem Ablauf der Zeichnungsfrist getroffen, so werden die Zeichner von ihrer Verpflichtung befreit.

Art. 25

1. Bei jeder Kapitalerhöhung durch Bareinlagen müssen die Aktien vorzugsweise den Aktionären im Verhältnis zu dem durch ihre Aktien vertretenen Teils des Kapitals angeboten werden.

2. Dieses Bezugsrecht darf durch die Satzung weder beschränkt noch aufgehoben werden. Dies kann jedoch durch eine Entscheidung der Hauptversammlung geschehen, welche über eine Erhöhung unter den oben erwähnten Bedingungen für eine Satzungsänderung beschließt. Das Verwaltungsorgan der Gesellschaft hat der Hauptversammlung einen schriftlichen Bericht über die Gründe der Beschränkung oder Aufhebung des Bezugsrechts zu geben und den vorgesehenen Ausgabekurs zu rechtfertigen.

3. Die Hauptversammlung kann unter den für Satzungsänderungen vorgeschiebenen Bedingungen die Ermächtigung zur Beschränkung oder Aufhebung des Bezugsrechts auch einem Organ ihrer Wahl übertragen.

4. Die vorstehenden Absätze gelten für die Ausgabe von Schuldverschreibungen, bei denen ein Umtausch- oder Bezugsrecht auf Aktien eingeräumt wird, jedoch nicht für den Umtausch solcher Schuldverschreibungen.

Art. 26

Findet eine Erhöhung des gezeichneten Kapitals durch Umwandlung von Rücklagen statt, darf die gesetzliche Rücklage, sofern sie für diesen Zweck zur Verfügung steht, nur benutzt werden, wenn sie 10% des Kapitals übersteigt.

Vgl. dazu die ausführliche Stellungnahme von Niessen, Gründung und Kapital von Aktiengesellschaften im Gemeinsamen Markt. Zum Vorschlag der Kommission einer zweiten Richtlinie zur Angleichung des Gesellschaftsrechts, AG 1970, S. 281.

§ 182 Voraussetzungen

(1) Eine Erhöhung des Grundkapitals gegen Einlagen kann nur mit einer Mehrheit beschlossen werden, die mindestens drei Viertel des bei der Beschlußfassung vertretenen Grundkapitals umfaßt. Die Satzung kann eine andere Kapitalmehrheit, für die Ausgabe von Vorzugsaktien ohne Stimmrecht jedoch nur eine größere Kapitalmehrheit bestimmen. Sie kann weitere Erfordernisse aufstellen. Die Kapitalerhöhung kann nur durch Ausgabe neuer Aktien ausgeführt werden.

(2) Sind mehrere Gattungen von Aktien vorhanden, so bedarf der Beschluß der Hauptversammlung zu seiner Wirksamkeit der Zustimmung der

Aktionäre jeder Gattung. Über die Zustimmung haben die Aktionäre jeder Gattung einen Sonderbeschluß zu fassen. Für diesen gilt Absatz 1.

(3) Sollen die neuen Aktien für einen höheren Betrag als den Nennbetrag ausgegeben werden, so ist der Mindestbetrag, unter dem sie nicht ausgegeben werden sollen, im Beschluß über die Erhöhung des Grundkapitals festzusetzen.

(4) Das Grundkapital soll nicht erhöht werden, solange ausstehende Einlagen auf das bisherige Grundkapital noch erlangt werden können. Für Versicherungsgesellschaften kann die Satzung etwas anderes bestimmen. Stehen Einlagen in verhältnismäßig unerheblichem Umfang aus, so hindert dies die Erhöhung des Grundkapitals nicht.

Literatur zu den §§ 182, 183

Nissen, Über die Erhöhung des Grundkapitals einer Actien-Gesellschaft, ZHR 19, S. 353 (1874); *Dalberg*, Das Emissions-Agio bei Aktiengesellschaften und seine Verwendung, LZ 1913, Sp. 881; *Hachenburg-Flechtheim*, Empfehlen sich Änderungen der Gesetzgebung zur Erleichterung der Kapitalbeschaffung durch Aktiengesellschaften?, JW 1924, S. 1826; *Heymann*, Kapitalserhöhung bei einer Aktiengesellschaft durch Erhöhung des Nennbetrages der Aktien, JW 1925, S. 1984; *Flechtheim*, Vorzugsaktien und Kapitalserhöhungen, BankA 1926, S. 366; *Frese*, Vorzugsaktien und Kapitalserhöhungen, BankA 1926, S. 406; *Flechtheim*, Das genehmigte Kapital nach dem Aktienrechtsentwurf, JW 1930, S. 3681; *Netter*, Zur Frage der Nichtigkeit befristeter Kapitalserhöhungsbeschlüsse, JW 1930, S. 3692; *Eyermann*, Die Ordnungsmäßigkeit der Kapitalerhöhung bei der Aktiengesellschaft, Diss. Erlangen 1934; *Geßler*, Die Rechtslage bei Fehlen des Sonderbeschlusses benachteiligter Aktionäre oder verschiedener Aktiengattungen, DJ 1936, S. 1491; *Herbig*, Die Maßnahmen der Kapitalbeschaffung im neuen Aktiengesetz, JW 1937, S. 510; *Simon*, Rückwirkende Dividendengewährung bei genehmigtem Kapital, AG 1960, S. 148; *Wündisch*, Können junge Aktien mit Dividendenberechtigung für ein bereits abgelaufenes Geschäftsjahr ausgestattet werden?, AG 1960, S. 320; *Loose*, Die Behandlung von Kapitalerhöhungen nach dem Sparprämiengesetz, DB 1961, S. 998; *Mestmäcker*, Zur aktienrechtlichen Stellung der Verwaltung bei Kapitalerhöhungen, BB 1961, S. 945; *Ochs*, Die Kapitalerhöhung der weisungsgebundenen Aktiengesellschaft, NJW 1961, S. 488; *Woeste*, Belegschaftsaktien anläßlich einer Kapitalerhöhung, BB 1961, S. 1316; *Büschgen*, Sonderformen der Eigenkapitalfinanzierung deutscher Aktiengesellschaften, AG 1964, S. 271; *Flume*, Die Kapitalerhöhung unter Verwendung der Dividende nach Handelsrecht und Kapitalverkehrsteuerrecht, DB 1964, S. 21; *Steuck*, Die Sanierung durch Kapitalveränderungen in steuerlicher Hinsicht, AG 1964, S. 113; *Wahl*, Agio bei Vorratsaktien (§ 51 AktG), DB 1965, S. 864; *Sommerschuh*, Der Emissionskurs bei der Begebung neuer Aktien, AG 1966, S. 354; *Würdinger*, Kapitalerhöhung in Organgesellschaften, AG 1967, S. 341; *Klette*, Der Emissionskurs beim genehmigten Kapital, BB 1968, S. 977; *Klette*, Die Rechtsfolgen eines zu niedrigen Emissionskurses bei genehmigtem Kapital, BB 1968, S. 1101; *Klette*, Die Überpari-Emission bei der Kapitalerhöhung gegen Einlagen, DB 1968, S. 2203ff., 2261ff.; *Stahl*, Aktien vor und nach Kapitalerhöhungen, 1969; *Lutter*, Verwertungsaktien, AG 1970, S. 185; *Niessen*, Gründung und Kapital von Aktiengesellschaften im Gemeinsamen Markt, AG 1970, S. 281; *Immenga*, Die personalistische Kapitalgesellschaft, 1970.

Übersicht

Einleitung

Das Recht der Erhöhung des Grundkapitals wurde erstmals mit der Novelle von 1884 in Art. 215a ADHGB gesetzlich geregelt. Der Inhalt dieser Vorschrift ist mit unwesentlichen Änderungen erst in § 278 HGB, dann in § 149 AktG 1937 eingegangen.

Das neue Gesetz hat ebenfalls wenig geändert. Da es die Kapitalerhöhung aus Gesellschaftsmitteln neu in den §§ 207ff. regelt, war es notwendig, die Kapitalerhöhung gegen Geld- oder Sacheinlagen als solche zu bezeichnen. Dies ist in der Überschrift des ersten Unterabschnitts und in Abs. 1 Satz 1 geschehen. Im übrigen stimmt das Gesetz mit Ausnahme des Abs. 1 Satz 3 und 4 inhaltlich mit seinen Vorläufern überein.

Abs. 1 Satz 2 enthält eine bemerkenswerte Neuerung: werden Vorzugsaktien ohne Stimmrecht ausgegeben, so kann die Satzung keine geringere, sondern lediglich eine größere Kapitalmehrheit als das Gesetz verlangen. Laut Begründung wurde die Vorschrift ähnlich gefaßt wie § 186 Abs. 3, da die Zwangslage der Aktionäre im Falle der Ausgabe von Vorzugsaktien ohne Stimmrecht und beim Ausschluß des Bezugsrechts vergleichbar sei.

Der neue Abs. 1 Satz 4 verbietet es, die Kapitalerhöhung gegen Einlagen in der Weise auszuführen, daß der Nennbetrag der Aktien heraufgesetzt wird (zur Begründung vgl. Kropff, S. 292).

I. Die Kapitalerhöhung gegen Einlagen

Anm. 1

1. Das Wesen der Kapitalerhöhung

Die Kapitalerhöhung gegen Geld- oder Sacheinlagen wird verschieden gedeutet. Da Voraussetzungen und Folgen fast ausnahmslos gesetzlich normiert sind, ist der Streit praktisch nicht sehr wichtig. Manche meinen, die Kapitalerhöhung sei eine *Neugründung* oder jedenfalls eine teilweise Neugründung (Brodmann, § 278 HGB, Anm. 1c), andere sehen darin vor allem den *Verkauf von Anteilen*, also eine Finanzierungsmaßnahme (Würdinger, Aktien- und Konzernrecht, S. 13); schließlich wird auch die Meinung vertreten, das Wesen der Kapitalerhöhung bestehe in der *Aufnahme neuer Mitglieder* (Staub, 5. Aufl. [1897], Art. 215a ADHGB, Einleitung). Bereits in den Motiven zur Novelle von 1884 sind die verschiedenen Ansichten gegenübergestellt (wiedergegeben bei Ritter, § 149 AktG 1937, Anm. 2). Jede Auffassung hat aus ihrer Sicht heraus Recht. Was den *Verband* betrifft, handelt es sich tatsächlich um die Neuaufnahme von Mitgliedern, wenn die Aktien nicht ausschließlich von Altaktionären gezeichnet werden, und selbst dann kann es zu einer Veränderung der Beteiligungsverhältnisse kommen. Über die Zusammensetzung des Gesellschafterkreises befindet die Gesellschafterversammlung, und es ist daher gerechtfertigt, die Kapitalerhöhung der Zuständigkeit der Verwaltung grundsätzlich zu entziehen. Aus der Sicht des in der juristischen Person zusammengefaßten *Vermögens* liegt eine Neugründung von Mitgliedsstellen vor. Da die Satzung diese Mitgliedsstellen zugleich mit dem Grundkapital festlegt, ist die Kapitalerhöhung, weil Änderung des Grundkapitals, stets auch Satzungsänderung. Für das *Unternehmen* schließlich handelt es sich vor allem darum, durch Verkauf von Anteilen Eigenkapital zu beschaffen; es liegt eine für die Kapitalgesellschaft typische Finanzierungsmaßnahme vor. Daß das unternehmerische Finanzierungsinteresse mit dem Interesse des Einzelaktionärs in Widerspruch treten kann, liegt zutage. Die verschiedenen Ansichten über das Wesen der Kapitalerhöhung tragen zur Analyse, aber nicht zur Lösung der Probleme bei.

Anm. 2

2. Die Ziele der Kapitalerhöhung

Mit der Kapitalerhöhung will die Aktiengesellschaft in erster Linie Eigenkapital erhalten; der Umfang der Kapitalerhöhung und die Höhe des Ausgabekurses sind daher unternehmenspolitische Entscheidungen ersten Ranges. Neben dem Ziel der Kapitalbeschaffung können gleichzeitig andere Motive zu einer Kapitalerhöhung führen, deren Ausgestaltung im einzelnen sich dann je nach den gesetzten Prioritäten richtet.

Mit einer Kapitalerhöhung können *frühere Gewinne* verteilt werden; dann wird der Ausgabekurs tief angesetzt. Sind die Ertragserwartungen des Unternehmens für die Zukunft günstig, kann die Kapitalerhöhung die Dividendenpolitik unterstützen. Aus Gründen der sozialpolitischen Optik und mit Rücksicht auf steigende Lohn- und Gehaltsforderungen kann es einem Unternehmen opportun erscheinen, den Dividendensatz in gleicher Höhe zu halten. Da sich nach einer Kapitalverwässerung der Dividendenbetrag auf ein größeres Nennkapital verteilt, kann mehr Gewinn ausgeschüttet werden, ohne daß der Dividendensatz erhöht werden muß. Es vollzieht sich also ein unsichtbare Steigerung der Dividende. Mit der Dividendenhöhe hängt in vielen Fällen die Höhe der Tantiemen zusammen. Neben dieser Erhöhung zur Ausschüttung bisheriger oder zukünftiger Gewinne ist ein anderes Ziel zu nennen: die *Verstärkung der Mobilität* der Aktien. Die Kapitalerhöhung kann auch dazu dienen, die umlaufenden Aktien weniger „schwer" zu machen, damit ihre Umlauffähigkeit zu erhöhen und Kursausschläge zu mildern. Als Ziel der Kapitalerhöhung ist auch die Ausgabe von *Belegschaftsaktien* zu nennen. Sie sollen die Arbeitnehmer als Sparer ansprechen und damit neue Interessenten für diese Form der Kapitalanlage gewinnen. Hinzu treten allgemeine sozialpolitische Erwägungen sowie der Wunsch, das Betriebsklima zu verbessern und die Fluktuation einzuschränken. Sekundäre Ziele einer Kapitalerhöhung sind Imagepflege, Vorbereitung einer späteren Emission usw.

Die wirtschaftliche Zielsetzung der Kapitalerhöhung spielt eine wesentliche Rolle für ihre rechtliche Beurteilung und zwar sowohl hinsichtlich des Inhalts des Kapitalerhöhungsbeschlusses wie hinsichtlich der Ausführungsmaßnahmen der Verwaltung, denn es gibt wenige Entscheidungen im Rahmen der Kapitalerhöhung, die — wie eine Ausgabe der jungen Aktien unter dem Nennwert, vgl. § 9 Abs. 1 — *per se* rechtswidrig sind.

Anm. 3

3. Das Verfahren der Kapitalerhöhung

a) Zuständigkeiten

Entsprechend der verschiedenen Bereichszugehörigkeit fällt die Kapitalerhöhung in die Zuständigkeit mehrerer Organe (zu eng wohl früher Netter, JW 1930, S. 3690, 3695). Die Verwaltung bereitet sie vor, die Hauptversammlung beschließt sie, der Vorstand führt sie aus. Das ist jedoch nicht in der Richtung zu verstehen, als ob es sich hier um verschiedene und getrennt zu bewertende Vorgänge handelt; Vorbereitung, Beschluß und Ausführung einer Kapitalerhöhung bilden *wirtschaftlich eine Einheit* und sind deshalb *rechtlich* auch einheitlich zu beurteilen. Die Hauptversammlung kann die Modalitäten der Kapitalerhöhung bis ins einzelne selbst festlegen, sie aber auch der Verwaltung weitgehend überlassen. Die rechtlichen Maßstäbe, denen die Entscheidungen gehorchen müssen, werden dadurch nicht geändert; sonst wäre es einfach, durch Ausnutzen der — für das Aktienrecht ungewöhnlichen — flexiblen Zuständigkeit eine Rechtswahl zu vorzunehmen.

b) Arten der Kapitalerhöhung

Neben der Kapitalbeschaffung durch Ausgabe neuer Aktien ist auch eine Kapitalbeschaffung durch Erhöhen des Nennwerts der Aktien denkbar. Beide unterscheiden sich nur in der technischen Durchführung. Der zahlende Aktionär erhält für seine Einlage entweder eine neue Aktie oder die Erhöhung des Nennwerts seiner bisherigen Aktie. Die Kapitalbeschaffung durch Erhöhen des Nennwerts der Aktien war bisher schon ungebräuchlich, das Verfahren wurde jedoch unter der Geltung des früheren Rechts für zulässig gehalten (vgl. Robert Fischer, 2. Auflage, Anm. 1). Das neue Gesetz verbietet in Abs. 1 Satz 4 ausdrücklich ein Erhöhen des Nennwerts und schreibt die Ausgabe neuer Aktien vor.

Nicht hierher gehört die Kapitalbeschaffung durch *freiwillige Zuzahlungen* der Aktionäre, weil hier das Grundkapital der Gesellschaft nicht erhöht wird. Vgl. zur Frage, wieweit derart freiwillige Zuzahlungen durch einen gewissen Druck der Aktiengesellschaft aufgebracht werden können unten, § 182, Anhang. Nicht hierher gehört weiter die Kapitalerhöhung aus Gesellschaftsmitteln, die jetzt in den §§ 207ff. geregelt ist.

Anm. 4

4. Pflicht zur Kapitalerhöhung?

Die Frage, ob die Kapitalgesellschafter verpflichtet sind, ein dem Unternehmensumfang entsprechendes, *angemessenes Eigenkapital* womöglich ständig aufzubringen, ist lebhaft bestritten. Selbstverständlich besteht ein Sinnzusammenhang zwischen dem Garantiekapital und der Haftungsbeschränkung (vgl. Wiedemann, Haftungsbeschränkung und Kapitaleinsatz in der GmbH, in: Die Haftung des Gesellschafters in der GmbH [1968], S. 6ff., 154; ebenso jetzt Immenga, Personalistische Kapitalgesellschaft, S. 403ff.). Damit ist aber noch nicht viel ausgesagt. Einerseits ist offen, ob die Gesellschafter das Privileg der Haftungsbeschränkung nur bei ungenügender Grundausstattung verlieren oder ob sie auch zu einer Haftung für gleitendes Garantiekapital herangezogen werden können. Weiter ist unentschieden, ob die Haftung an ein Organisationsverschulden anknüpfen soll oder an die Tatsache der Unterkapitalisierung, und ob und wie eine etwaige Gesellschafterhaftung gestaltet werden soll. Diese Fragen wurden bisher nur für die GmbH untersucht. Grundsätzlich gelten die gleichen Regeln auch für die Aktiengesellschaft, sie spielen hier aber eine geringere Rolle. Bei einer Übertragung der Problemstellung ins Aktienrecht ist zu betonen, daß der Anlagegesellschafter und erst recht der Kleinaktionär im Hinblick auf seine geringe Einflußmöglichkeit die Haftungsbefreiung jedenfalls bei einer *späteren* Unterkapitalisierung niemals verlieren darf.

II. Der Kapitalerhöhungsbeschluß

Anm. 5

1. Allgemeines

Im Unterschied zum Recht der GmbH ist im Aktienrecht die Kapitalerhöhung gegen Einlagen etwas umständlich geregelt. Sie wird vom Gesetz in *zwei Abschnitte* zerlegt, und zwar in den Beschluß der Hauptversammlung, das Grundkapital durch Ausgabe neuer Aktien zu erhöhen, und sodann in die Durchführung dieser Erhöhung. Beide Vorgänge sind zum Handelsregister anzumelden. Wirksam wird die Erhöhung des Grundkapitals erst damit, daß die Durchführung der Erhöhung in das Handelsregister eingetragen wird. Die Eintragung des Erhöhungsbeschlusses allein hat also insoweit noch keine rechtsbegründende Wirkung (vgl. auch § 184, Anm. 1). Diese etwas umständliche Regelung wird dadurch gemildert, daß beide Vorgänge, der Kapitalerhöhungsbeschluß und die Durchführung der Erhöhung, auch gleichzeitig zum Handelsregister angemeldet und gleichzeitig in das Handelsregister eingetragen werden können (§ 188 Abs. 5), eine Möglichkeit, von der heute in den weitaus meisten Fällen bei einer Kapitalerhöhung sinnvollerweise Gebrauch gemacht wird.

§ 182 befaßt sich lediglich mit dem Beschluß der Hauptversammlung, das Grundkapital durch die Ausgabe neuer Aktien zu erhöhen.

Zur Frage, welche Dividendengarantie den im Konzern außenstehenden Aktionären bei einer Kapitalerhöhung gewährt werden muß, vgl. Würdinger, AG 1967, S. 341.

Anm. 6

2. Formelle Erfordernisse für den Kapitalerhöhungsbeschluß

Die Erfordernisse für den satzungsändernden Beschluß, der eine Kapitalerhöhung zum Gegenstand hat, stimmen mit denen, welche für die Satzungsänderungen im allgemeinen nach § 179 Abs. 1, 2 gegeben sind, überein. Zu beachten ist allerdings, daß ebenso wie in § 179 Abs. 2 auch hier die Satzung die gesetzlich vorgeschriebene Mehrheit von mindestens drei Vierteln des bei der Beschlußfassung vertretenen Grundkapitals nur durch eine andere Kapitalmehrheit ersetzen kann. Es ist also nicht mehr möglich, in der Satzung zu bestimmen, daß die einfache Stimmenmehrheit allein entscheidet. Diese muß stets vorhanden sein; als Mindesterfordernis muß wenigstens die einfache Kapitalmehrheit hinzukommen; vgl. dazu oben § 179, Anm. 5, 6.

Eine Besonderheit gilt für die *Ausgabe von Vorzugsaktien ohne Stimmrecht*: hier kann sich die Satzung nicht mit einfacher Kapitalmehrheit begnügen; es muß vielmehr immer zur einfachen Stimmenmehrheit eine qualifizierte Kapitalmehrheit hinzukommen. Die Begründung für die Gesetzesänderung in Satz 2 leuchtet nicht ganz ein. Sowohl der Referentenentwurf wie der Regierungsentwurf (vgl. dazu Kropff, S. 292) meinen, die Ausgabe von Vorzugsaktien ohne Stimmrecht werde von den Aktionären in ähnlicher Weise nachteilig empfunden werden wie der Ausschluß des Bezugsrechts. Daher empfehle es sich, die Erfordernisse der Beschlußfassung für die Ausgabe von Vorzugsaktien ohne Stimmrecht den Erfordernissen für den Ausschluß des Bezugsrechts anzupassen. Eine Verlustgefahr kann für die Aktionäre aber nur beim Bezugsrechtsausschluß und bei einem nicht angemessenen Ausgabekurs eintreten. Können sie selbst die neuen Aktien beziehen, so tragen sie nur das allgemeine Kursrisiko, daß der Markt die jungen Aktien unterbewertet. Trotzdem ist die Gesetzesänderung zu begrüßen. Die Existenz von Vorzugsaktien ohne Stimmrecht führt zu einer grundsätzlichen Strukturänderung der Aktiengesellschaft, weil die Kongruenz zwischen Kapitalrisiko und Stimmrechtseinfluß aufgehoben wird. Vorzugsaktien ohne Stimmrecht bieten außerdem eine gewisse Umgehungsmöglichkeit für das Verbot vom Mehrstimmrechtsaktien, denn der Vorzug kann in einer prozentual sehr gering gehaltenen Vorzugsdividende liegen. Es ist daher gerechtfertigt, wenn die Umwandlung der Gesellschaft in einen Verband mit mehreren Aktionärsklassen stets von einer qualifizierten Kapitalmehrheit getragen werden muß.

Ein *Sonderrecht* eines einzelnen Aktionärs, daß das Grundkapital ohne seine Zustimmung nicht erhöht werden darf, kann nicht eingeführt werden. Die Satzung kann aber bestimmen, daß die Kapitalerhöhung nur mit Einstimmigkeit beschlossen werden kann und so ein verstärktes allgemeines Mitgliedschaftsrecht schaffen, wie dies für jede Satzungsänderung geschehen kann; vgl. dazu oben § 179, Anm. 6.

Wie bei jeder Satzungsänderung kann der Beschluß über die Kapitalerhöhung nur gefaßt werden, wenn die *Ankündigung* dieses Gegenstandes gem. § 124 erfolgt ist. Der Ausschluß des Bezugsrechts muß in der Ankündigung besonders erwähnt werden (§ 186); ebenso die Einbringung von Sacheinlagen, und zwar mit den Festsetzungen nach § 183 Abs. 1 Satz 1. Im übrigen ist aber bei der Ankündigung die Angabe aller Einzelheiten der Kapitalerhöhung nicht erforderlich (RGZ 68, S. 232, 234; Schlegelberger-Quassowski, § 149 AktG 1937, Rdn. 7).

Anm. 7

3. Notwendige Bestandteile des Kapitalerhöhungsbeschlusses

Der Kapitalerhöhungsbeschluß muß gewisse Daten der Kapitalerhöhung *selbst setzen*; teilweise kann er sich mit *festen Anweisungen* an die Verwaltung begnügen; teilweise darf die Hauptversammlung sogar ihre *vorrangige Zuständigkeit abgeben* und die Entscheidung dem Ermessen der Verwaltung überlassen (abweichend Teichmann-Koehler, § 149 AktG 1937, Anm. 2). Das hängt damit zusammen, daß hier verbandsrechtliche und unternehmenspolitische Überlegungen zusammentreffen. Unrichtig erscheint die Auffassung von Schlegelberger-Quassowski (§ 149 AktG 1937, Rdn. 11), der Beschluß über die Kapitalerhöhung sei seiner Natur nach bedingt, weil die Durchführung von Tatsachen abhänge, die außerhalb der Beschlußfassung der Hauptversammlung liegen. Hier werden der Kapitalerhöhungsbeschluß und die gesamte Kapitalerhöhung verwechselt.

a) Die Festsetzung des Betrages der Kapitalerhöhung

Der Beschluß der Hauptversammlung muß eine Angabe darüber enthalten, zu welchem Betrag die Kapitalerhöhung stattfinden soll. Beschränkt sich die Versammlung darauf, eine bestimmte Ziffer als Betrag der Kapitalvermehrung festzusetzen, so muß diese Ziffer bei der Übernahme der Aktien erreicht werden; sonst ist der Beschluß undurchführbar (RGZ 85, S. 205, 207). Bei der heutigen Übung ergeben sich dann keine Schwierigkeiten, wenn eine Kapitalerhöhung mit Hilfe einer Bank oder eines Bankenkonsortiums in der Weise vorgenommen wird, daß die Gesellschaft schon vor dem Kapitalerhöhungsbeschluß von einer Bank oder einem Bankenkonsortium die feste Zusage erhält, daß diese die neuen Aktien übernimmt und sie den Aktionären sodann zum Bezug anbietet (mittelbares Bezugsrecht der Aktionäre, vgl. dazu unten § 186, Anm. 15). Damit ist die Durchführung der Kapitalerhöhung im Umfang des vorgesehenen Betrages gesichert.

Liegt aber eine solche feste Zusage vor dem Kapitalerhöhungsbeschluß nicht vor, so kann die Festsetzung einer bestimmten Ziffer als Betrag der Kapitalvermehrung die Durchführung der Kapitalerhöhung vollständig in Frage stellen. Wird nämlich diese Ziffer bei der Übernahme der Aktien nicht erreicht, so werden auch die gezeichneten Zeichnungsscheine unwirksam, da ihre Wirksamkeit von vornherein davon abhängig ist, daß die Kapitalerhöhung so wie beschlossen in Kraft tritt (RGZ 55, S. 65, 67). Ohne einen neuen Beschluß der Hauptversammlung, daß die Kapitalvermehrung auf den tatsächlich erreichten Teilbetrag der Zeichnung beschränkt werde, kann daher die Durchführung der Kapitalerhöhung auf den Teilbetrag auch nicht eingetragen werden (RGZ 85, S. 205, 207). Es bleibt dann nichts anderes übrig, als einen neuen Beschluß der Hauptversammlung auf Erhöhung des Kapitals um die durch die Übernahme tatsächlich gedeckte Summe herbeizuführen. Zu empfehlen ist es deshalb, daß die Hauptversammlung in ihrem Beschluß die *Erhöhung innerhalb einer Mindest- und einer Höchstgrenze* bestimmt und dadurch sicherstellt, daß die Durchführung der Erhöhung und deren Eintragung dem Beschluß entsprechen, auch wenn die Zeichnungen nur die Mindestgrenze erreicht haben. Es genügt auch, wenn in dem Beschluß lediglich eine Höchstgrenze festgelegt wird und die Kapitalerhöhung im übrigen auf den (geringeren) Betrag gerichtet wird, für welchen sich Übernehmer von Aktien finden. Lautet der Beschluß auf eine bestimmte Summe, so ist darin im Zweifel keine Höchstgrenze, sondern eine festbestimmte Kapitalerhöhung zu sehen (KG, KGJ 14 [1894], S. 24, 26; KGJ 29 [1905], S. A 102 = RJA 5, S. 168 = OLGE 10, S. 243; Brodmann, § 278 HGB, Anm. 2f.). Lautet der Beschluß der Hauptversammlung auf einen Betrag, bis zu dem die Kapitalerhöhung erfolgen soll, so ist es geraten, zugleich von der Befugnis des § 179 Abs. 1 Satz 2 Gebrauch zu machen und dem Aufsichtsrat die Fassung der Satzungsänderung hinsichtlich der für die Durchführung des Beschlusses erreichten Grundkapitalziffer zu übertragen. Dieser Beschluß des Aufsichtsrats ist dann bei der Anmeldung der Durchführung nach § 188 mit einzureichen. Unzulässig ist es dagegen, daß die Hauptversammlung nur beschließt, das Grundkapital bis zu einem bestimmten Höchstbetrag zu erhöhen, im übrigen aber die Festsetzung der Höhe der Emission dem Vorstand und dem Aufsichtsrat überläßt. Denn dann hängt der Umfang der Kapitalerhöhung nicht nur von der Kapitalanlagebereitschaft, sondern auch vom Ermessen der Verwaltung ab. Insoweit darf die Hauptversammlung ihre Zuständigkeit nicht abgeben.

b) Die Festsetzung des Nennbetrages und des Ausgabezeitpunktes

Der Beschluß der Hauptversammlung muß Nennbetrag und Ausgabezeitpunkt festlegen. Das braucht aber nicht ausdrücklich zu geschehen. Wenn nichts beschlossen wird, gilt für den Nennbetrag im Zweifel die Satzungsbestimmung über die Höhe der ursprünglichen Aktien.

Hinsichtlich des Ausgabezeitpunktes muß der Hauptversammlungsbeschluß die Verwaltung anweisen, wann sie beginnen soll, die Kapitalerhöhung durchzuführen; schweigt er, so muß die Verwaltung binnen angemessener Frist tätig werden. Dafür gibt es die Sonderform des genehmigten Kapitals, vgl. dazu die Anmerkungen zu den §§ 202ff.

Die früher bestrittene Frage, ob eine Kapitalerhöhung durch Erhöhung des Nennbetrages der Aktien erfolgen kann (vgl. dazu W. Heymann, JW 1925, S. 1984) ist vom Gesetz in Abs. 1 Satz 4 jetzt negativ entschieden; es müssen neue Aktien ausgegeben werden.

Anm. 8

4. Die Festsetzung des Ausgabekurses

a) Die Zuständigkeitsverteilung

Die Ausgabe für einen geringeren Betrag als den Nennwert ist unzulässig; daran können weder die Hauptversammlung noch die Verwaltung etwas ändern.

Im übrigen ist auch hier von einer *primären Zuständigkeit* der Hauptversammlung zur Festsetzung eines Aufgeldes auszugehen; die Verwaltung kann nur in dem Rahmen tätig werden, den ihr die Hauptversammlung einräumt (vgl. die klare Beschreibung der Zuständigkeitsverteilung in Art. 180 der loi Nr. 66—537 vom 24. Juli 1966 über die französischen Handelsgesellschaften).

Die Hauptversammlung kann festlegen, daß die Aktien zum *Nennwert*, also ohne ein Aufgeld ausgegeben werden oder daß sie zu einem höheren Preis zu verkaufen sind. Zu der Ausgabe für einen höheren Betrag bedarf es nicht mehr — wie nach § 184 Abs. 2 HGB — einer Satzungsbestimmung, welche die Zulässigkeit ausspricht. Die Ausgabe für einen höheren Betrag ist ohne weiteres zulässig.

Die Hauptversammlung kann einen *Mindest-* oder (auch) *Höchstbetrag* angeben und die nähere Bestimmung über die Höhe des Ausgabebetrages dem Vorstand und dem Aufsichtsrat überlassen (RGZ 144, S. 138, 143; RG, JW 1929, S. 1745). Dagegen darf sie nach Abs. 3 nicht lediglich einen Höchstbetrag nennen; es muß vielmehr gleichzeitig ein Mindestbetrag festgelegt werden, unter dem die neuen Aktien nicht begeben werden dürfen.

All dies ist unbestritten. Fraglich ist, ob die Verwaltung einen eigenen Kurs steuern darf und muß, wenn der Hauptversammlungsbeschluß schweigt. Nach bisher überwiegender Meinung und nach der Rechtsprechung ist eine Über-pari-Emission nicht erlaubt, wenn der Kapitalerhöhungsbeschluß nichts über den Ausgabebetrag bestimmt. Dann sollen die neuen Aktien zum Nennbetrag ausgegeben werden, ohne daß Vorstand und Aufsichtsrat hieran etwas ändern können (so RGZ 143, S. 20, 23; BGHZ 33, S. 175, 178; KG, OLGE 43 [1924], S. 316; Schlegelberger-Quassowski, § 149 AktG 1937, Rdn. 13; a. A. Klette, Betrieb 1968, S. 2203, 2261; vgl. dort auch die Zusammenstellung des Schrifttums). Richtig erscheint folgende Auffassung: Bleibt es beim gesetzlichen (wenn auch nur mittelbaren) Bezugsrecht der Aktionäre, so darf die Verwaltung ihrerseits kein Aufgeld einführen. Die Ausgabe zum Nennbetrag begünstigt die Aktionäre, und man kann in der Regel nicht annehmen, daß die Hauptversammlung den Aufsichtsrat und den Vorstand ermächtigen will, einen Beschluß der Aktionäre zu ihren Ungunsten zu korrigieren. Anderes gilt, wenn das Bezugsrecht der Aktionäre ausgeschlossen ist. Dann muß die Verwaltung die Aktien *angemessen* unterbringen, das bedeutet aber je nach den Umständen gegen ein entsprechendes Aufgeld. Abs. 3 kann nicht entgegenstehen. Da der Nennbetrag der neuen Aktien stets ihren Mindestbetrag bildet, wäre die Vorschrift formell mit der Nennung einer zusätzlichen Rechnungseinheit erfüllt. Dazu daß Abs. 3 seinen ursprünglichen Sinn verloren hat, vgl. Klette, Betrieb 1968, S. 2203, 2204ff. Bedenklich wäre die Ansicht, daß die Verwaltung zur Änderung der Höhe des Aufgeldes berechtigt sein soll, wenn die Hauptversammlung den endgültigen Ausgabebetrag selbst bestimmt; darin läge eine Durchbrechung der funktionellen Zuständigkeit in der Aktiengesellschaft (vgl. BGHZ 33, S. 175, 179). Hält die Verwaltung die Emission unter den beschlossenen Bedingungen für unzweckmäßig, so hat sie eine erneute Entscheidung der Hauptversammlung einzuholen. Die weitere *Durchführung* kann die

Hauptversammlung entweder selbst anordnen oder dem Vorstand und dem Aufsichtsrat überlassen. So kann sie — abgesehen von der durch § 188 Abs. 2, § 36 Abs. 2 vor Anmeldung der Durchführung gesetzlich vorgeschriebenen Einforderung von einem Viertel des Nennbetrages der Aktien und dem vollen Aufgeld — bestimmen, wann und in welchen Raten die weiteren Einzahlungen auf die neuen Aktien zu leisten sind. Wird bei der Kapitalerhöhung eine Bank als Zeichnerin der Aktien eingeschaltet, die ihrerseits die jungen Aktien den Aktionären zu einem bestimmten Betrag anzubieten hat, so kommt als maßgebendes Aufgeld nur das von der Bank als Zeichnerin der Aktien gezahlte in Betracht (KG, OLGE 43, [1924], S. 316).

Der Ausgabebetrag der Aktien muß im Zeichnungsschein angegeben werden; vgl. § 185 Abs. 1 Ziff. 2. Auch bei der Anmeldung der Durchführung ist der Ausgabebetrag anzugeben; vgl. § 188 Abs. 2 Satz 1, § 37 Abs. 1 Satz 1.

b) Die Höhe des Ausgabekurses

Der Bezugskurs entscheidet sich nach dem Kapitalbedürfnis, der Dividendenpolitik und den Ertragserwartungen der Gesellschaft unter Berücksichtigung der Bilanzoptik und dem Bezugsrecht der Aktionäre einerseits und der Anlagebereitschaft des Kapitalmarktes und der bisherigen Gesellschafter andererseits (vgl. dazu Rittershausen, Industrielle Finanzierungen, S. 86ff.; Sommerschuh, AG 1966, S. 354). Der Bezugskurs als solcher sagt über die Lage des Unternehmens nicht viel aus; ein niedriger Bezugskurs kann angesetzt werden, um den Gesellschaftern auf diese Weise Gewinne zukommen zu lassen oder um eine Sanierung durchzuführen. Soweit die Hauptversammlungsmehrheit oder die Verwaltung einen Entscheidungsspielraum haben, muß der Ausgabekurs mit Rücksicht auf das Interesse aller Gesellschafter gewählt werden, wofür der Maßstab ordnungsmäßiger kaufmännischer Geschäftsführung gilt. Das wird jetzt in § 255 Abs. 2 für die Hauptversammlung eigens erwähnt, gilt aber *ebenso* für jedes Verwaltungshandeln. Diese Sorgfaltspflicht gewinnt vor allem beim Ausschluß des Bezugsrechts Bedeutung, denn dann schützt die Altaktionäre nur noch ein angemessener Ausgabekurs vor Kapitalverwässerung und damit vor Kapitalverlust. Welcher Ausgabekurs angemessen ist, bestimmt sich nach den Umständen. Eine Formel, daß die jungen Aktien notwendig mit einem höchst möglichen Kurs abzugeben sind bzw. demjenigen zu überlassen sind, der die höchsten Einlagen zu erbringen verspricht (vgl. Klette, BB 1968, S. 977, 980), trifft nicht das Richtige. Der für die Gesellschaft und das Unternehmen geeignetste Kapitalgeber braucht nicht derjenige zu sein, der am meisten Geld bietet (vgl. zur gleichen Frage unten § 186, Anm. 2).

Anm. 9

5. Nicht notwendige Bestandteile des Kapitalerhöhungsbeschlusses

Angaben über die Art der Aktien sind im allgemeinen im Kapitalerhöhungsbeschluß nicht erforderlich. Wird nicht gesagt, ob die jungen Aktien *Inhaber- oder Namensaktien* sein sollen, so sind insoweit die entsprechenden Bestimmungen der Satzung auch für die jungen Aktien maßgeblich. In dieser Hinsicht sind im Kapitalerhöhungsbeschluß Angaben nur erforderlich, wenn von den bisherigen Bestimmungen der Satzung abgewichen werden soll. Es kann also z. B. nicht davon gesprochen werden, daß bei einer fehlenden Angabe über die Art der Aktien die jungen Aktien gem. § 24 stets Inhaberaktien seien. Werden mehrere Gattungen von Aktien ausgegeben, so ist das allerdings im Kapitalerhöhungsbeschluß anzugeben.

Zu den freigestellten Bestandteilen gehört eine Bestimmung darüber, ab wann die jungen Aktien *am Jahresgewinn teilnehmen.* Wird nichts beschlossen, so sind die jungen Aktien zur Teilnahme am Gewinn berechtigt von dem Moment an, in dem die erfolgte Kapitalerhöhung eingetragen wurde, und zwar nach Maßgabe der in diesem Zeitpunkt eingezahlten Quote. Die Verwaltung kann den Anfangstermin hinausschieben, aber nicht zurückverlegen (Brodmann, § 278 HGB, Anm. 5a; anders v. Godin-Wilhelmi, Anm. 6, die im Zweifel die jungen Aktien für das ganze Geschäftsjahr für dividendenberechtigt halten).

Über den Ausschluß des Bezugsrechts und die Vornahme von Sacheinlagen enthalten die §§ 186 Abs. 3 und 183 besondere Vorschriften. Der Ausschluß des Bezugsrechts und die Vornahme von Sacheinlagen sind nur zulässig, wenn sie in dem Kapitalerhöhungsbeschluß Aufnahme gefunden haben.

III. Der Sonderbeschluß bei mehreren Aktiengattungen

Anm. 10

1. Die Notwendigkeit eines Sonderbeschlusses

Sind mehrere Gattungen von Aktien vorhanden, so müssen neben dem Kapitalerhöhungsbeschluß der Hauptversammlung stets auch zusätzlich entsprechende Sonderbeschlüsse der Aktionäre jeder Aktiengattung gefaßt werden; Abs. 2. Im Unterschied zu § 179 Abs. 3 ist dabei nicht vorausgesetzt, daß die Aktionäre der einen oder der anderen Gattung durch den Kapitalerhöhungsbeschluß *benachteiligt* werden. Vielmehr ist unterschiedslos *innerhalb sämtlicher Gattungen*, seien sie Stamm- oder Vorzugsaktien, ein Sonderbeschluß über die beabsichtigte Kapitalerhöhung herbeizuführen. Die Stellung der einzelnen Aktionärsklassen wird dadurch wesentlich verstärkt (vgl. Flechtheim, BankA 26 [1926/27], S. 366, 368). Wie bei § 179 Abs. 3 müssen diese Sonderbeschlüsse mit der gleichen Mehrheit gefaßt werden, wie sie gesetz- oder satzungsmäßig für die Mitglieder der Gesellschaft bei einem entsprechenden Beschluß der Hauptversammlung vorgeschrieben ist. Enthält die Satzung für die Mehrheit, mit der Kapitalerhöhungsbeschlüsse zu fassen sind, besondere Bestimmungen, so ist diese Mehrheit auch für die zu fassenden Sonderbeschlüsse maßgebend (vgl. 179, Anm. 13). Voraussetzung für die Gültigkeit der Sonderbeschlüsse ist auch hier, daß die gesonderte Abstimmung ausdrücklich und fristgemäß nach §§ 123, 124 angekündigt war; sonst sind die Sonderbeschlüsse anfechtbar.

Anm. 11

2. Der fehlende oder unwirksame Sonderbeschluß

Wie bei dem Beschluß nach § 179 Abs. 3 führt auch hier das Fehlen wirksamer Sonderbeschlüsse dazu, daß der Kapitalerhöhungsbeschluß der Hauptversammlung *schwebend unwirksam* bleibt; vgl. dazu oben § 179, Anm. 14. Die früher vom Reichsgericht (RGZ 79, S. 112, 115) vertretene Auffassung, es müßten die betroffenen Aktionäre in diesem Fall ihr verletztes Sonderrecht durch Klage besonders geltend machen, ist überholt. Diese Auffassung führt letzten Endes zu der Annahme, daß in einem solchen Fall der Kapitalerhöhungsbeschluß der Hauptversammlung lediglich anfechtbar sei, wobei allerdings das Reichsgericht die Einhaltung der Anfechtungsfrist nicht für erforderlich hielt. Damit setzte sich das Reichsgericht in Widerspruch mit der heute allgemein anerkannten Bedeutung der Sonderbeschlüsse oder einer Zustimmung bei Eingriffen in Sonderrechte (wie hier Baumbach-Hueck, Rdn. 5).

Über die Tragweite dieser Unwirksamkeit, wenn die Durchführung der Kapitalerhöhung gleichwohl eingetragen ist und junge Aktien ausgegeben worden sind, vgl. unten § 191, Anm. 5.

IV. Die volle Leistung der bisherigen Einlagen

Anm. 12

1. Der Tatbestand der Verbotsvorschrift

Solange noch ausstehende Einlagen — also Bareinlagen und Sacheinlagen — auf das bisherige Grundkapital erlangt werden können, soll das Grundkapital nicht erhöht werden. Das bedeutet, daß die Verbotsvorschrift nicht eingreift, wenn die Einlagen weder von dem betreffenden Aktionär noch von seinen Vormännern zu erhalten oder einzubringende Sacheinlagen untergegangen sind. Wie hoch der Rückstand ist, bleibt gleichgültig. Der Tatbestand der Verbotsvorschrift kann nicht auf den Fall ausgedehnt werden, daß die Gesellschaft selbst eigene, nicht voll bezahlte Aktien zur Abwendung eines schweren Schadens gem. § 71 Abs. 1 erworben hat; denn die Gesellschaft kann nicht selbst Schuldner der rückständigen Einlagen sein. Die Verbotsvorschrift hat keine große Bedeutung; ihr Sinn ist namentlich bei Sacheinlagen schwer zu verstehen (vgl. dazu Brodmann, § 278, Anm. 2 a, b).

Anm. 13

2. Die Rechtsfolgen bei verbotswidriger Kapitalerhöhung

Wird eine Kapitalerhöhung beschlossen, obwohl noch ausstehende Einlagen auf das bisherige Grundkapital erlangt werden könnten, so ist der Beschluß weder nichtig (allgemeine Ansicht) noch anfechtbar (Alfred Hueck, Anfechtbarkeit, S. 17ff.; Brodmann, § 278 HGB, Anm. 2c; Ritter, § 149 AktG 1937, Anm. 5a; Baumbach-Hueck, Rdn. 7; anderer Ansicht Schlegelberger-Quassowski, § 149 AktG 1937, Anm. 19; Teichmann-Koehler, § 149 AktG 1937, Anm. 3). Der Beschluß *wird voll wirksam*, wenn die noch ausstehenden Einlagen bis zur Durchführung der Kapitalerhöhung auf das bisherige Grundkapital geleistet werden; für eine Anfechtung kann also in diesem Fall kein Raum sein. Werden die noch ausstehenden Einlagen allerdings nicht geleistet und ist das auch nicht einmal beabsichtigt, so kann der Beschluß den Vorstand nicht wie sonst (vgl. § 181, Anm. 3) verpflichten, die Anmeldung des Beschlusses vorzunehmen. Denn der Vorstand müßte sodann die ihm nach § 184 Abs. 2 obliegenden Angaben unrichtig machen und damit eine strafbare Handlung nach § 399 Abs. 1 Ziff. 4 begehen. Eine solche Verpflichtung des Vorstands kann nicht bestehen.

Der Registerrichter ist verpflichtet, die Eintragung des Kapitalerhöhungsbeschlusses und namentlich die Eintragung der Durchführung der Kapitalerhöhung *abzulehnen*, wenn die Einlagen entgegen Abs. 4 noch nicht voll geleistet sind (abweichend hinsichtlich der Eintragung des Kapitalerhöhungsbeschlusses Ritter, § 149 AktG 1937, Anm. 5a). Da es sich jedoch bei der Verbotsvorschrift des Abs. 4 nur um eine Sollvorschrift handelt, wird eine gleichwohl vorgenommene Eintragung in ihrer Wirksamkeit von einer Verletzung des Abs. 4 nicht berührt. Wird auch die Durchführung der Kapitalerhöhung eingetragen, so wird der Mangel durch diese Eintragung völlig geheilt; die ausgegebenen jungen Aktien sind wirksam. Für eine Anfechtung des Kapitalerhöhungsbeschlusses ist auch in diesem Fall kein Raum.

Anm. 14

3. Ausnahmen

Verhältnismäßig unerhebliche Ausstände auf die Leistungen zum bisherigen Grundkapital stehen der Erhöhung des Grundkapitals nicht entgegen. Die Frage, was im Einzelfall als verhältnismäßig unerheblich anzusehen ist, wird vom Registerrichter entschieden, der die Eintragung abzulehnen hat, wenn er die Rückstände den Umständen nach als zu hoch erachtet. (Art. 21 Ziff. 2 des Vorschlags zu einer 2. EWG-Richtlinie zur Koordinierung des Gesellschaftsrechts sieht eine präzise Höchstgrenze vor; vgl. dazu oben Vorbemerkung II, Rechtsangleichung). Gegen seine Verfügung ist die Beschwerde nach § 20 FGG zulässig. Eine Anfechtung des Beschlusses der Hauptversammlung erscheint in diesem Fall nicht als begründet, da es sich nur um eine Soll-Vorschrift handelt.

Versicherungsaktiengesellschaften können in ihrer Satzung bestimmen, daß das Grundkapital trotz noch ausstehender Einlagen erhöht werden dürfe. Enthält die Satzung diese Befreiungsmöglichkeit, so kann auch bei erheblichen Rückständen auf die Einlagen zum bisherigen Grundkapital eine Kapitalerhöhung von der Hauptversammlung beschlossen werden. Enthält die Satzung eine derartige Bestimmung noch nicht, so kann ein satzungsändernder Beschluß dieses Inhalts in Verbindung mit dem Kapitalerhöhungsbeschluß gefaßt werden. Die Ausnahme für die Versicherungsaktiengesellschaften wird damit begründet, daß das Grundkapital für sie in erster Linie nicht Betriebs-, sondern Haftungskapital bildet.

Die Vorschrift des Abs. 4 ist schließlich nicht anwendbar für die bedingte Kapitalerhöhung (vgl. § 193 Abs. 1 Satz 3) und das genehmigte Kapital, wenn die Aktien an Arbeitnehmer der Gesellschaft ausgegeben werden (vgl. § 203 Abs. 4).

V. Der Ausschluß der Kapitalerhöhung aus anderen Gründen

Anm. 15

Ist die Gesellschaft *aufgelöst* und befindet sie sich im Zustand der *Abwicklung*, so wird dadurch eine Kapitalerhöhung grundsätzlich nicht ausgeschlossen. Sie ist nur dann unzulässig, wenn sie in dem jeweiligen Einzelfall mit Zweck und Wesen der Abwicklung in Widerspruch gerät (BGHZ 24, S. 279, 286; vgl. dazu oben § 179, Anm. 1). Dagegen ist eine Kapitalerhöhung nach Konkurseröffnung stets ausgeschlossen, weil sie mit dem Zweck des Konkursverfahrens nicht zu vereinbaren ist. Ist der Konkurs nach dem Erhöhungsbeschluß, aber vor Eintragung der Durchführung der Kapitalerhöhung eröffnet worden, so ist die Durchführung der Kapitalerhöhung ebenfalls nicht mehr möglich und eine dahingehende Eintragung unzulässig; der Kapitalerhöhungsbeschluß verliert mit der Konkurseröffnung seine Wirkung (RGZ 77, S. 152, 154; OLG Bremen, NJW 1957, S. 1560).

VI. Steuerrechtliche Fragen der Kapitalerhöhung

Anm. 16

1. Kapitalverkehrsteuer

a) Der Erwerb neuer Gesellschaftsrechte anläßlich einer Kapitalerhöhung unterliegt nach § 2 Abs. 1 Nr. 1 Kapitalverkehrsteuergesetz (KVStG) der Gesellschaftssteuer. Nach § 2 des Gesetzes über steuerrechtliche Maßnahmen bei Erhöhung des Nennkapitals aus Gesellschaftsmitteln und bei Überlassung eigener Aktien an Arbeitnehmer vom 30. 12. 1959 (BGBl. I S. 837) in der Fassung der Bekanntmachung vom 10. 10. 1967 (BGBl. I S. 977) gilt dies nicht für Kapitalerhöhungen aus Gesellschaftsmitteln nach den §§ 207—220 AktG. Die Steuerschuld der Gesellschaft entsteht bei der Kapitalerhöhung der AG erst mit der Eintragung der Durchführung der Kapitalerhöhung im Handelsregister.

b) Nach § 17 Abs. 1 KVStG ist der Abschluß von Anschaffungsgeschäften über Wertpapiere der Börsenumsatzsteuer unterworfen. § 22 Nr. 2 KVStG nimmt jedoch die Zuteilung von Wertpapieren an den *ersten Erwerber* von der Börsenumsatzsteuer aus, so daß der unmittelbare Erwerb junger Aktien durch das Aktionärspublikum börsenumsatzsteuerfrei bleibt. Nicht so eindeutig ist jedoch die Rechtslage, wenn die Aktien zunächst von einer Bank oder einem Bankenkonsortium übernommen und daraufhin dem Publikum zum Bezug angeboten werden. Es stellt sich dann die Frage, ob in der Weiterveräußerung durch das Konsortium ein börsenumsatzsteuerpflichtiges Anschaffungsgeschäft im Sinne des § 17 Abs. 1 KVStG zu sehen ist, weil bereits das Konsortium als erster Erwerber im Sinne des § 22 Nr. 2 KVStG in Frage kommt.

Bürgerlich-rechtlich werden die Konsortien wie jeder Aktionär Eigentümer der Aktien, unabhängig davon ob die Aktien kommissionsweise oder kaufweise übernommen worden sind, da das Aktienrecht auf jeden Fall mit der Eintragung der Durchführung der Kapitalerhöhung in der Person der Zeichner entsteht (Thiel, AG 1966, S. 391). Die Übernahme der jungen Aktien durch das Konsortium weist jedoch gegenüber dem Ersterwerb eines gewöhnlichen Aktionärs die Besonderheit auf, daß zwischen der Gesellschaft und dem Konsortium als „Vermittlungsstelle“ konkrete Vereinbarungen hinsichtlich der weiteren Verwertung der Aktien getroffen werden. Nach Auffassung des Bundesfinanzhofs (Urt. v. 10. 7. 1963, II 109/60, BStBl. III 1963, S. 422 = AG 1963, S. 344 = BB 1963, S. 1127) soll deshalb das Konsortium nur dann Ersterwerber im Sinne des Kapitalverkehrsteuerrechts sein, wenn es die Aktien für eigene Rechnung als Bestandteile seines Vermögens fest übernommen hat und rechtlich, nicht nur tatsächlich das *Absatzrisiko* tragen muß. In dem zu entscheidenden Fall lag nach Ansicht des BFH das Absatzrisiko deshalb bei dem Konsortium, weil die Aktiengesellschaft nach dem Übernahmevertrag nur berechtigt, jedoch nicht verpflichtet war, über die nichtbezogenen Aktien zu verfügen. Die Entscheidung bestätigte die Praxis der Finanzverwaltung, die bei Kapitalerhöhungen den ersten Kundenerwerb nur dann börsenumsatzsteuerfrei ließ, wenn sich die AG in dem Übernahmevertrag mit dem Konsortium ausdrücklich verpflichtet hatte, Weisungen hinsichtlich der nicht bezogenen Aktien zu erteilen (sog. RWE-Modell, vgl. Alsen, BB 1965, S. 115).

Sieht man jedoch mit dem BFH in der Überbürdung des Absatzrisikos auf das Konsortium das entscheidende Kriterium für die Annahme eines Ersterwerbes, so muß man konsequenterweise im Hinblick auf § 56 AktG in allen Fällen zur Annahme eines Ersterwerbes des Konsortiums und damit zur Börsenumsatzsteuerpflicht der Weiterveräußerung kommen (so z. B. die Ausführungen in Zeitschrift für das gesamte Kreditwesen [ZfK] 1963, S. 1124). Zwar verbietet § 56 AktG nicht eine Übernahme von Aktien „für Rechnung der Gesellschaft" in der Weise, daß die übernehmende Bank im Rahmen eines entgeltlichen Geschäftsbesorgungsvertrages (§ 675 BGB) die Veräußerung der Aktien nach Weisung der Gesellschaft und die Abführung des Erlöses verspricht, während die Gesellschaft das wirtschaftliche Risiko der Verwertung übernimmt (vgl. § 670 BGB), er bestimmt aber, daß der Übernehmer sich auf dieses der Zeichnung (Außenverhältnis) zugrunde liegende Rechtsverhältnis (Innenverhältnis) nicht berufen kann und ohne Rücksicht auf die Vereinbarungen mit der Gesellschaft auf die volle Einlage haftet. Rechtlich trägt also immer das Konsortium das — allerdings in der Praxis geringe — Risiko, daß die übernommenen Aktien nur unter dem Ausgabekurs weiterveräußert werden können. Ein Verlustausgleich in derartigen Fällen verstieße gegen das Verbot der Rückgewähr von Einlagen (§ 57 AktG) und würde zur Haftung der Bank bzw. des Konsortiums nach § 62 AktG führen (Thiel, a. a. O., S. 391; Lutter, AG 1970, S. 188, 189; Barz, § 56, Anm. 3 und 4; Baumbach-Hueck, § 56, Rdn. 7). Hinsichtlich des Verwertungsrisikos lassen demnach die aktienrechtlichen Bestimmungen gar keine Sonderstellung des Übernahmekonsortiums zu, aus der Folgerungen für das steuerrechtliche Problem des Ersterwerbs gezogen werden können.

Das Steuerrecht kann aber der Tatsache Rechnung tragen, daß das in die Kapitalerhöhung eingeschaltete Konsortium zwar nach außen unbeschränkter Eigentümer der Aktien wird, bei der Verwertung der Aktien jedoch intern an die Vereinbarungen mit der Gesellschaft gebunden ist, die ja durch § 56 AktG nur insoweit für unbeachtlich erklärt werden, als sie zu Lasten der Gesellschaft gehen, d. h. mit den Grundsätzen über die reale Kapitalaufbringung und dem Verbot der Rückgewähr von Einlagen nicht vereinbar sind (Lutter, a. a. O., S. 188; Barz, § 56, Anm. 4). Diese treuhänderische Stellung des Konsortiums ist besonders ausgeprägt bei Verwirklichung eines mittelbaren Bezugsrechts, wo die Einschaltung des Konsortiums vom Gesetz mehr als „Akt rechtstechnischer Zweckmäßigkeit" (Thiel, a. a. O., S. 293) behandelt wird (vgl. § 186 Abs. 5 AktG), sie ist aber auch dann gegeben, wenn das Bezugsrecht ausgeschlossen ist und die jungen Aktien vom Konsortium zu einem festen Ausgabekurs mit der Abrede übernommen werden, sie zu Tageskursen in den Markt einzuschleusen und einen etwa erzielten Veräußerungsgewinn an die ausgebende Gesellschaft auszukehren („Verwertungsaktien", vgl. Lutter, a. a. O., S. 185). Der quasi-dinglichen Zuordnung des Treuhandeigentums zum Treugeber im Zivilrecht (vgl. § 771 ZPO, § 43 KO) entspricht im Kapitalverkehrsteuerrecht die Betrachtungsweise, daß das Konsortium so lange nicht als Ersterwerber angesehen werden kann, als es noch nicht aus der Treubindung entlassen ist. Die Weiterveräußerung an das Aktionärspublikum bleibt also so lange börsenumsatzsteuerfrei, als die Bank die Aktien nicht endgültig in das eigene Portefeuille übernommen und zu Tageskursen mit der AG abgerechnet hat.

Anm. 17

2. Körperschaftsteuer

a) Die von den Zeichnern der jungen Aktien erbrachten Einlagen einschließlich des Aufgabeaufgeldes stellen nach den Grundsätzen der steuerlichen Gewinnermittlung durch Betriebsvermögensvergleich (§ 4 Abs. 1 EStG i. V. m. § 6 KStG) *keinen Gewinn* im Sinn des Einkommen- und Körperschaftsteuerrechts dar, da sie auf gesellschaftsrechtlicher Grundlage geleistet werden und die Vermögensvermehrung auf seiten der Gesellschaft nicht auf der werbenden Tätigkeit der Körperschaft beruht.

b) Nach § 11 Nr. 2 StAnpG sind Wirtschaftsgüter, die zu treuen Händen (entgeltlich oder unentgeltlich) übereignet worden sind, dem Veräußerer (Treugeber) zuzurechnen. Es ist deshalb die Auffassung vertreten worden (Ringling, Die steuerliche Betriebsprüfung 1966, S. 176ff.), daß die jungen Aktien steuerlich als noch nicht in den Verkehr gelangte Vorratsaktien der emittierenden Gesellschaft zugerechnet werden müssen, wenn ein Konsortium sie „für Rechnung der Gesellschaft" übernommen habe. Unter Berufung auf die oben zitierte Entscheidung des BFH, in der auf die Haftung nach § 56 AktG gar nicht eingegangen worden sei, wird dabei unterstellt, daß dem Konsortium durch den Übernahmevertrag das Absatzrisiko abgenommen und mithin eine lediglich formale Eigentümerstellung ohne wirtschaftlichen Kern eingeräumt werden könne. Die von dem Konsortium geleistete Einlage stelle in Wirklichkeit eine Darlehensgewährung an die Gesellschaft dar, so daß deren Eigenkapital (Nominalkapital und Rücklagen) in der Steuerbilanz um die Einlage des Konsortiums zu kürzen und dafür in gleicher Höhe Verbindlichkeiten gegenüber dem Konsortium auszuweisen seien. Die auf die jungen Aktien an das Konsortium gezahlten Dividenden sind aus dieser Sicht keine berücksichtigungsfähigen Ausschüttungen im Sinne des § 19 Abs. 3 KStG, für die der ermäßigte Steuersatz von 15% gilt, sondern steuerlich abzugsfähige Zinsen für das von dem Konsortium gewährte Darlehen. Da die aktienrechtlichen Bestimmungen eine Übernahme von Aktien für Rechnung der emittierenden Gesellschaft im strengen Sinne gar nicht zulassen (s. oben Anm. 16), kann dieser Auffassung nicht zugestimmt werden. Entscheidend ist, daß das Konsortium den gezeichneten und eingezahlten Betrag nicht von der AG erstattet bekommt, sondern ihn auf eigenes Risiko im Wege der Weiterveräußerung der Aktien an das Aktionärspublikum zu erlangen versucht (Thiel, a. a. O., S. 393). Die Finanzverwaltungen der Länder haben daher auch in einem abgestimmten Erlaß (vgl. Finanzministerium NRW, Erlaß vom 8. 7. 1966, AG 1966, S. 291) betont, daß die auf die Verwertungsaktien entfallenden Dividenden berücksichtigungsfähige Ausschüttungen im Sinne des § 19 Abs. 3 KStG sind.

c) Die *Kosten* der Ausgabe von Gesellschaftsanteilen — in Frage kommen hier vor allem Gerichts- und Notarkosten, Kosten für die Herstellung der Aktienurkunden, Gesellschaftsteuer und Provisionen an Banken — sind nach § 11 Nr. 1b KStG bei der Ermittlung des von der AG zu versteuernden Gewinns abzuziehen, wenn die Gesellschaftsanteile unter bestimmten Voraussetzungen als Gegenleistung für die Einbringung eines Personenunternehmens gewährt werden (zu dem Umfang der diesbezüglichen Aufwendungen vgl. die Beispiele bei Peter, BB 1965, S. 1268 und Strickstrock, AG 1969, S. 6).

Im übrigen erklärt § 11 Nr. 1a KStG Gründungs- und Kapitalerhöhungskosten für abzugsfähig, „soweit die Kosten nicht aus dem Ausgabeaufgeld gedeckt werden können". Die Bestimmung ist in der steuerrechtlichen Literatur umstritten.

Nach herrschender, auch von der Finanzverwaltung vertretener Interpretation der Vorschrift entfällt die Abzugsfähigkeit von Gründungs- und Kapitalerhöhungskosten, wenn und soweit diesen im Einzelfall ein entsprechendes Aufgeld gegenübersteht, die Kosten also rein rechnerisch aus dem Agio gedeckt werden können; ob die Kosten tatsächlich mit den Kapitalerhöhungskosten saldiert wurden, das Agio also bei der AG abzüglich der Kosten in die gesetzliche Rücklage eingestellt worden ist und ob eine solche Verrechnung überhaupt zulässig ist (vgl. § 150 Abs. 2 Nr. 2 AktG), soll dagegen für die Anwendung des § 11 Nr. 1a KStG unerheblich sein (Woeste, AG 1959, S. 235; Weissenborn, BB 1967, S. 496; Thiel, DB 1960, S. 532; a. A. Strickstrock, a. a. O., S. 6).

Die Differenzierung, wonach *nur bei Pari-Emissionen die Kapitalerhöhungskosten steuerlich voll abzugsfähig* sind, stößt jedoch in der Literatur als störende steuerliche Ungleichmäßigkeit (Thiel, a. a. O., S. 532) und Absonderlichkeit unseres Körperschaftsteuerrechts (Peter, a. a. O., S. 1268) auf Ablehnung. Gefordert wird eine Änderung des § 11 KStG mit dem Ziel, die Gründungs- und Kapitalerhöhungskosten entweder schlechthin für nicht abzugsfähig (so Thiel, a. a. O., S. 532) oder aber schlechthin für abzugsfähig zu erklären (so für die AG Weissenborn, a. a. O., S. 498).

Für die erste Ansicht wird im wesentlichen angeführt, daß die Kapitalerhöhungskosten in jedem Fall, also auch bei Pari-Emissionen, wirtschaftlich zu einer Minderung der körperschaftssteuerlich erfolgsneutralen Einlage führen (Vogel, BB 1965, S. 505; Thiel, a. a. O., S. 532), es handele sich bei Kapitalerhöhungen um Vorgänge in der

Vermögenssphäre, so daß die hiermit verbundenen Kosten sich ertragssteuerlich nicht auswirken dürften. Bei den durch § 11 Nr. 1 KStG geschaffenen Ausnahmen handele es sich um Durchbrechungen des dogmatischen Prinzips, d. h. um Steuervergünstigungen (so für die Regelung des § 11 Nr. 1a KStG BFH, BStBl. 1960 III S. 10).

Die wohl zutreffende Gegenmeinung betrachtet dagegen die Gründungs- und Kapitalerhöhungskosten als abzugsfähige Betriebsausgaben, sofern sie tatsächlich die Gewinn- und Verlustrechnung der Kapitalgesellschaft belasten und nicht buchtechnisch mit dem Aufgeld verrechnet werden. Die Kosten wirken sich dann auf der betrieblichen Ebene aus, während bei einer Verrechnung die Ausgabekosten wirtschaftlich gesehen von den Gesellschaftern getragen werden, deren Anteilswerte sich durch die Kürzung des in die gesetzliche Rücklage einzustellenden Betrages verringern (Strickstrock, a. a. O., S. 8; im Ergebnis ebenso Weissenborn, a. a. O., S. 494). Eine Saldierung des Agios mit den Kapitalerhöhungskosten ist jedoch seit dem Inkrafttreten des AktG 1965 nicht mehr zulässig: bei Pari-Emissionen scheidet eine Verrechnung der Kosten mit dem Nennkapital als verbotene Unterpari-Emission ohnehin aus, und bei der Überpari-Emission *muß* gemäß § 150 Abs. 2 Nr. 2 AktG das gesamte Aufgeld in die gesetzliche Rücklage eingestellt werden, während nach § 130 Abs. 2 Nr. 2 AktG 1937 der Gesellschaft insoweit ein Wahlrecht eingeräumt war (vgl. 2. Auflage, § 130 AktG 1937, Anm. 12). Da die Kosten der Kapitalerhöhung bei der AG nunmehr in jedem Fall als Aufwand in die Gewinn- und Verlustrechnung eingehen, müssen sie auch steuerlich einheitlich als abzugsfähige Betriebsausgaben behandelt werden. Fraglich ist nur, ob dieses Ergebnis nur *de lege ferenda* über eine Anpassung des § 11 Nr. 1a KStG an die veränderte Lage im Aktienrecht erreicht werden kann (so Weissenborn, a. a. O., S. 497, 498) oder bereits im Wege einer an dem Zweck und der systematischen Stellung des § 11 Nr. 1 a KStG orientierten Auslegung (so Strickstrock, a. a. O., S. 7ff.).

Anhang

Finanzierung durch freiwillige Zuzahlungen der Aktionäre

1. Es ist heute unbestritten, daß die Gesellschaft einen Anreiz zur Zuzahlung bieten kann, indem sie die Aktien der zuzahlenden Gesellschafter von einer die übrigen Aktien treffenden Zusammenlegung oder Nennwertherabsetzung ausnimmt (vgl. Barz, § 54, Anm. 9; RGZ 80, S. 86), also eine *bedingte Kapitalherabsetzung* beschließt, deren Umfang von der Höhe der Zuzahlungen abhängig gemacht wird (h. A., wie hier Robert Fischer, 2. Aufl., § 177 AktG 1937, Anm. 5; Baumbach-Hueck, § 224, Rdn. 4; abw. v. Godin-Wilhelmi, § 224, Anm. 10). Die Zulässigkeit derartiger kombinierter Zuzahlungs- und Zusammenlegungsbeschlüsse ergibt sich aus der Überlegung, daß in ihnen praktisch eine unbedingte Kapitalherabsetzung mit einer nachfolgenden (bedingten) Kapitalerhöhung zusammengefaßt wird. Sind aber diese Maßnahmen für sich allein zulässig, so muß dies auch für die verbundene Aktion gelten (vgl. Schmalenbach, Die Aktiengesellschaft, S. 239; Leist, Die Sanierung von Aktiengesellschaften, S. 46; Lehmann-Ring, § 288 HGB, Nr. 10).

Ein Anreiz zur Zuzahlung kann aber auch dadurch geschaffen werden, daß gegen die Zuzahlung *Vorzüge* für die betreffenden Aktien gewährt werden. Die Zulässigkeit dieses Verfahrens ergibt sich mittelbar aus der Bestimmung des § 150 Abs. 2 Nr. 4, der die Verwendung der geleisteten Beträge regelt.

Eine Verbindung der geschilderten Maßnahmen in der Form, daß den Zuzahlenden nicht nur die Zusammenlegung erspart, sondern darüber hinaus Vorrechte bei der Gewinnverteilung eingeräumt werden, soll nach RGZ 52, S. 287, 294 und v. Godin-Wilhelmi, § 224, Anm. 10 in keinem Fall zulässig sein, vgl. dazu unten zu 6.

2. Wenn auch Einigkeit darüber besteht, daß den nichtzuzahlenden Aktionären eine Verminderung ihrer Rechte zugemutet werden kann, so ist doch bestritten, ob sich das Opfer des Zuzahlenden und die Einbuße des Nichtzuzahlenden entsprechen müssen, oder ob eine über den Zuzahlungsbetrag hinausgehende Schädigung der „renitenten"

Aktionäre mit dem Grundsatz der gleichmäßigen Behandlung der Gesellschafter zu vereinbaren ist.

Herrschend ist die Auffassung, die unter Berufung auf die Entscheidungen des RG (52, S. 287ff. und 80, S. 81ff.) eine *Äquivalenz* zwischen dem Opfer der die Zahlung verweigernden Aktionäre und demjenigen verlangt, das die anderen in Gestalt der Barzahlung bringen (vgl. Robert Fischer, § 49, Anm. 9; § 175, Anm. 20; § 150, Anm. 29; Lutter [KK], § 54, Anm. 22; Ritter, § 11 AktG 1937, Anm. 4a). Vielfach wird jedoch ein weniger strenger Maßstab angelegt: so soll die Grenze für eine zulässige Differenzierung durch das wohlverstandene Interesse der Gesellschaft gezogen werden (v. Godin-Wilhelmi, § 11, Anm. 7; Müller-Erzbach, Das private Recht der Mitgliedschaft als Prüfstein eines kausalen Rechtsdenkens, S. 76; ders., ZHR 61, S. 390ff.; Lehmann-Ring, § 288 HGB, Nr. 10) oder es wird — ebenfalls unter Berufung auf die genannten Entscheidungen des RG — lediglich verlangt, daß der gewährte Vorzug bzw. der zugemutete Nachteil gegenüber der Zuzahlung nicht *unverhältnismäßig* hoch sind (vgl. Meyer-Landrut, § 1, Anm. 36; Teichmann-Köhler, § 149 AktG 1937, Anm. 7).

3. Das RG (52, S. 294; 80, S. 86) nimmt im Fall eines kombinierten Zusammenlegungs- und Zuzahlungsbeschlusses einen unstatthaften Zwang an, wenn die Aktien der nichtzuzahlenden Aktionäre stärker zusammengelegt werden, als es der unterbliebenen Zuzahlung rechnungsmäßig — und zwar ausschließlich am Nennwert gemessen — entsprechen würde, das Opfer der die Zahlung verweigernden Gesellschafter dürfte nicht größer sein als das Opfer, das die anderen Gesellschafter in Gestalt der Barzahlung erbrächten.

Dem Reichsgericht ist insoweit zuzustimmen, als tatsächlich der Zuzahlungsbetrag mindestens den Betrag erreichen muß, um den der Nennwert der übrigen Aktien vermindert wird. Einer Zusammenlegung im Verhältnis 4:3 muß daher mindestens eine Zuzahlung von 25% des ursprünglichen Nennwertes, einer Zusammenlegung von 5:3 eine Zuzahlung von 40% gegenüberstehen. Die Notwendigkeit dieser Parität ergibt sich jedoch nicht aus dem Grundsatz der gleichmäßigen Behandlung der Aktionäre oder aus einer sinngemäßen Anwendung des § 54 Abs. 1 (keine Nachschußpflicht), sondern aus dem Verbot der Unterpariemission (vgl. Schmalenbach, a. a. O., S. 240; Schweizer, DJZ 1903, S. 220): könnte sich im ersten Beispiel ein Aktionär durch Zuzahlung von nur 20% des ursprünglichen Nennwertes seinen Bestand an Aktienrechten erhalten, so käme dies — zerlegt man die bedingte Kapitalherabsetzung wie oben dargestellt — dem Bezug einer neuen Aktie gegen eine Einlage von 80% des Nennwertes gleich

4. Zusammenlegung und Zuzahlung sind jedoch auch unter den vom Reichsgericht für zulässig erklärten Verhältnissen nicht notwendig äquivalent in dem Sinne, daß sich die Opfer des Zuzahlenden und des Zusammenlegenden völlig entsprechen. Dies hängt vielmehr wesentlich vom *Wert* der Aktien vor und nach der Sanierung ab (vgl. Schmalenbach, a. a. O.). Bei Beachtung der reichsgerichtlichen Parität steht sich der Zuzahlende um so besser, je höher der Kurs nach Sanierung über pari steht und um so schlechter, je weiter er unter pari bleibt. Nur bei Parikurs besteht eine wirkliche Äquivalenz zwischen dem Opfer des Zuzahlenden und der Einbuße des die Zuzahlung verweigernden Aktionärs, da in diesem Fall die Wertdifferenz zwischen zusammengelegten Aktien und der Betrag der Zuzahlung identisch sind.

Der Kurs vor Sanierung (k), bei dem eine Zusammenlegung im Verhältnis a und eine Zuzahlung vom Betrag z gleichwertig sind („Paritätskurs"), berechnet sich nach der Formel: $a \cdot K = k + z$ oder $K = z : (a - 1)$, er liegt demnach bei einer Zusammenlegung im Verhältnis 4:3 (Zuzahlung 25%) bei 75%. Würde nun nach dieser Parität bei einem Kurs von über 75% saniert, so liegt der wahrscheinliche Kurs nach der Sanierung über pari, und der zuzahlende Aktionär wird bevorzugt; im umgekehrten Fall kommt der zusammenlegende Aktionär besser weg. Die Gesellschaft kann also durchaus den nichtzuzahlenden Aktionären einen größeren Nachteil in Aussicht stellen als den Zuzahlenden, indem sie eine Parität wählt, deren zugehöriger Paritätskurs *unter* dem Kurs derAktien vor der Sanierung liegt. Steht etwa im obigen Beispiel der Kurs bei 70, so kann durch die Wahl einer Parität von 5:3 und 40% Zuzahlung (Paritätskurs bei 60) der Zuzahlungsbereitschaft der Aktionäre „nachgeholfen" werden. Da der wahrscheinliche Kurs nach der Sanierung sich in den Grenzen von 70 + 40 = 110 (wenn alle zuzahlen) und $^5/_3 \cdot 70 = 116{,}6$ (wenn alle zusammenlegen) bewegen wird, ist der ungeschmälerte Bestand von 5 Aktien (unter Abzug der Zuzahlung von 40% des Nennwertes) 20—33 DM mehr wert als die drei Aktien des zusammenlegenden Aktionärs.

Eine paritätische Sanierung i. e. S., d. h. zum jeweiligen, dem Zusammenlegungsverhältnis zugeordneten Paritätskurs, läuft den berechtigten Interessen der Gesellschaft zuwider, den Kurs ihrer Aktien durch die Sanierung über pari zu bringen; es muß daher als legitim angesehen werden, wenn die Gesellschaft in der geschilderten Weise einen „überproportionalen" Druck zur Zuzahlung ausübt.

5. Schwieriger ist es, Kriterien dafür zu finden, in welchem Umfang auf Zuzahlungen Vorzüge gewährt werden dürfen, da hier nicht bereits durch das Verbot der Unterpari-Emission Grenzen gesetzt sind. Die Verpflichtung der Aktionäre ist begrenzt auf die Leistung der Einlage; § 54 Abs. 1; ein gegen diese Bestimmung verstoßender unstatthafter Zwang muß dann bejaht werden, wenn durch die Einräumung der Vorzugsrechte die Aktien der Nichtzuzahlenden noch unter den Wert gebracht werden, den sie beim Ausbleiben jeglicher Kapitalzuführung haben würden. Da dies in den meisten Fällen, in denen die Gesellschaft auf dem Kapitalmarkt keine Mittel mehr erlangen kann, der Liquidationswert sein wird (vgl. Müller-Erzbach, ZHR 61, S. 394), ist der Gesellschaft bei der Einräumung von Vorzugsrechten gegen Zuzahlung ein relativ weiter Spielraum gegeben. Der Aktionär kann nicht dafür bestraft werden, daß er sich an der Sanierung seines Unternehmens nicht beteiligt, er kann sich aber auch nicht dagegen verwahren, daß die zuzahlenden Aktionäre von einer Gesundung der Gesellschaft in höherem Maße profitieren als es dem Wert ihrer Zuzahlung entspricht. Schließlich werden die Vorrechte um so reichlicher bemessen sein, je unsicherer zur Zeit des dahingehenden Hauptversammlungsbeschlusses die Aussichten auf das Gelingen der Sanierung waren, so daß die Gesellschaft (Verwaltung) sich zu hohen Leistungen an die Zuzahlenden bereitfinden mußte, um deren Risiko kalkulierbar zu machen. Die ungleichmäßige Behandlung der Aktionäre ist hier aus besonderen Gründen gerechtfertigt und trägt nicht den Charakter der Willkür. Von einer sittenwidrigen Ausbeutung der kapitalschwachen Mitglieder durch die kapitalstarken (Würdinger, Gesellschaften. Zweiter Teil: Recht der Kapitalgesellschaften [1943], S. 184) kann bei dieser Sachlage keine Rede sein. Die Forderung nach einer Äquivalenz von Zuzahlung und gebotenem Vorteil ist daher nicht berechtigt, jedoch darf der gewährte Vorzug — unter Berücksichtigung des Kapitalbedarfs der Gesellschaft und der Möglichkeit seiner Deckung — nicht unverhältnismäßig hoch sein.

6. Eine *Verbindung* der beiden geschilderten Verfahren in der Art, daß die zuzahlenden Aktionäre nicht nur bei der Gewinnverteilung bevorzugt, sondern auch von der Zusammenlegung ihrer Aktien verschont bleiben, wird von RGZ 52, S. 294 und v. Godin-Wilhelmi, § 224, Anm. 10 abgelehnt.

Die Auffassung des RG, daß bei dieser Methode ein unstatthafter Zwang auf die Aktionäre ausgeübt werde, ist nur dann zutreffend, wenn der Betrag der Zuzahlung in keinem Verhältnis zu den zugestandenen Vorteilen steht. Eine solche Sanierung ist materiell nicht zu beanstanden, wenn auch eine Trennung des Verfahrens in eine Gewährung von Vorzügen gegen Zuzahlung und eine nachfolgende bedingte Kapitalherabsetzung zum gleichen Ergebnis führen würden. Die Zuzahlung muß demnach auf jeden Fall den Betrag übersteigen, der nach den reichsgerichtlichen Grundsätzen bereits zur Vermeidung der Zusammenlegung gezahlt werden muß. Damit dürfte auch das Argument von v. Godin-Wilhelmi, a. a. O., an Bedeutung verlieren, daß die Bestimmung des § 150 Abs. 2 Nr. 4 nicht beachtet werden könne, wenn die Zuzahlung gleichzeitig zur Abwendung der Zusammenlegung dient, da sie dann zum Ausgleich eines Kapitalverlustes verwandt und nicht in die gesetzliche Rücklage eingestellt werde. Der „überschießende" Betrag, dessen Zuzahlung zur Einhaltung der Parität nicht erforderlich ist (bei einer Zusammenlegung von 4:3 also der über 25% des ursprünglichen Nennwertes hinausgehende Betrag) kann gem. § 150 Abs. 2 Nr. 4 in die gesetzliche Rücklage eingestellt werden.

§ 183 Kapitalerhöhung mit Sacheinlagen

(1) Wird eine Sacheinlage gemacht, so müssen ihr Gegenstand, die Person, von der die Gesellschaft den Gegenstand erwirbt, und der Nennbetrag der bei der Sacheinlage zu gewährenden Aktien im Beschluß über die Erhöhung des Grundkapitals festgesetzt werden. Der Beschluß darf nur gefaßt werden, wenn die Einbringung von Sacheinlagen und die Festsetzungen nach Satz 1 ausdrücklich und ordnungsgemäß (§ 124 Abs. 1) bekanntgemacht worden sind.

(2) Ohne diese Festsetzung sind Verträge über Sacheinlagen und die Rechtshandlungen zu ihrer Ausführung der Gesellschaft gegenüber unwirksam. Ist die Durchführung der Erhöhung des Grundkapitals eingetragen, so wird die Gültigkeit der Kapitalerhöhung durch diese Unwirksamkeit nicht berührt. Der Aktionär ist verpflichtet, den Nennbetrag oder den höheren Ausgabebetrag der Aktien einzuzahlen. Die Unwirksamkeit kann durch Satzungsänderung nicht geheilt werden, nachdem die Durchführung der Erhöhung des Grundkapitals in das Handelsregister eingetragen worden ist.

Übersicht

Einleitung

Die Vorschrift hat im Laufe der Zeit eine nicht ganz unwesentliche Veränderung erfahren. Abs. 1 Satz 1 lautete in der Fassung des § 279 HGB: „Wird auf das erhöhte Grundkapital eine Einlage gemacht, die nicht durch Barzahlung zu leisten ist oder wird auf eine Einlage eine Vergütung für Vermögensgegenstände angerechnet, welche die Gesellschaft übernimmt, so müssen der Gegenstand der Einlage oder der Übernahme, die Person, von welcher die Gesellschaft den Gegenstand erwirbt, und der Betrag, der für die Einlage zu gewährenden Aktien oder die für den übernommenen Gegenstand zu gewährende Vergütung in dem Beschluß über die Erhöhung des Grundkapitals festgesetzt werden." Demgegenüber sprach § 150 Abs. 1 AktG 1937 ebenso wie die jetzt gültige Fassung lediglich von der Erbringung von Sacheinlagen. Der Referentenkommentar von Schlegelberger-Quassowski (§ 150 AktG 1937, Rdn. 2) bemerkte jedoch dazu, daß eine sachliche Änderung nicht beabsichtigt war; in allen unter wirtschaftlichen Gesichtspunkten gleichliegenden Fällen liege eine Sacheinlage (im weiteren Sinne) vor. Dies ist daher auch bei der Auslegung des neuen Gesetzes zu beachten.

Gegenüber § 150 Abs. 1 AktG 1937 ist die Neufassung nur sprachlich geändert worden. In Abs. 1 Satz 2 heißt es statt: „Der Beschluß kann nur gefaßt werden", heute: „Der Beschluß darf nur gefaßt werden." Eine Sachänderung liegt nicht vor, da der gegen diese Vorschrift verstoßende Beschluß nach bereits bislang herrschender Meinung nicht nichtig, sondern nur anfechtbar war.

Abs. 2 bringt lediglich sprachliche Verbesserungen gegenüber § 150 Abs. 2 AktG 1937.

Anm. 1

1. Die Kapitalerhöhung mit Sacheinlagen

a) Der Begriff der Sacheinlage

Wie bei der Gründung der Gesellschaft, so können bei der Kapitalerhöhung außer Bareinlagen auch Sacheinlagen geleistet werden. Für die Gegenstände der Sacheinlage gilt das gleiche wie bei der Gründung (vgl. oben Barz, § 27, Anm. 5 ff.). Im Gegensatz zur Gründung fehlt es an einer Vorschrift über *Sachübernahmen*, also hinsichtlich obligatorischer Verträge mit Aktionären oder Dritten, in denen die Verwendung der durch eine Bareinlage aufgebrachten Mittel bestimmt wird. Bei einer bestehenden Aktiengesellschaft ist die Verwendung des neuen Grundkapitals wie jedes andere Rechtsgeschäft Sache der Verwaltung, die der Gesellschaft gegenüber die volle Verantwortung trägt. Die Geschäftsführung steht der Verwaltung frei — aber sie muß auch *nach* der Kapitalerhöhung noch die Freiheit zu Entscheidungen besitzen. Hierin liegt der Unterschied zu der sog. *mittelbaren* oder *verschleierten Sacheinlage*, bei der die Bareinlage des Aktienzeichners auf die Vergütung für (noch unbestimmte oder bereits bestimmte) Vermögensgegenstände, die die Gesellschaft übernimmt, angerechnet wird. Der wirtschaftliche Erfolg einer Sacheinlage kann rechtstechnisch auf verschiedene Weise auch mit einer Bareinlage erreicht werden: durch Aufrechnung mit der Einlageforderung, Rückzahlung einer bereits erbrachten Einlage, Einbringen einer bestehenden Forderung usw. Auf diese Modalitäten der Gesetzesumgehung kommt es jedoch nicht an: ausschlaggebend ist, ob eine bestimmte Verwendung der eingebrachten Barmittel gegenüber dem Aktienzeichner von vornherein in Aussicht genommen war — dazu braucht kein rechtsverbindlicher Vertrag vorliegen — oder ob die Verwaltung nach der Aktienzeichnung noch frei ist (vgl. dazu oben Einleitung; RGZ 42, S. 1; 96, S. 228 und die Schlüsselentscheidung RGZ 157, S. 213, 225; Brodmann § 279 HGB, Anm. 1, 2a; Schlegelberger-Quassowski, § 150 AktG 1937, Rdn. 2; abweichend Ritter, § 150 AktG 1937, Anm. 4; wohl auch Lutter [KK], § 66, Rdn. 20).

Hervorzuheben ist, daß Übernahmegeschäfte, sofern sie in den ersten zwei Jahren seit der Eintragung der Gesellschaft in das Handelsregister geschlossen werden und die Vergütung für die Sachübernahme den zehnten Teil des Grundkapitals übersteigt, den Vorschriften des § 52 über die *Nachgründung* unterliegen.

b) Die wirtschafliche Bedeutung der Kapitalerhöhung mit Sacheinlagen

Die Kapitalerhöhung mit Sacheinlagen kommt namentlich dann in Betracht, wenn die Gesellschaft ihr Grundkapital zur Durchführung einer Verschmelzung nach § 343 erhöht. Hauptfälle der Kapitalerhöhung durch Ausgabe neuer Aktien mit Sacheinlagen sind im übrigen die, in denen die Gesellschaft sich durch Übernahme eines anderen geschäftlichen Unternehmens vergrößert, oder in denen sie sich saniert und von Verpflichtungen befreit, indem ihre Gläubiger entweder unmittelbar ihre Forderungen als Sacheinlage für die neuen Aktien einbringen, oder mittelbar die für die Aktien zu leistende Zahlung mit ihrer Forderung verrechnen, und so Aktionäre der Gesellschaft werden.

c) Zweck der Vorschrift

Der Zweck der Vorschrift ist wie bei der Gründung der Gesellschaft der, durch Verlautbarung des wesentlichen Inhalts des über die Sacheinlage getroffenen Abkommens die Mitglieder der Gesellschaft sowohl wie alle die, welche in geschäftlichen Beziehungen zu ihr stehen, vor einer Benachteiligung durch etwaige Verschleierungen zu bewahren. Dieser Zweck der Vorschrift ist in dem neuen Gesetz noch dadurch betont worden, daß jetzt in die Ankündigung des Erhöhungsbeschlusses auch die Festsetzungen nach Abs. 1 Satz 1 aufgenommen werden müssen; das bestimmt der neugefaßte Abs. 1 Satz 2. Die Vorschrift entspricht insofern der „Publizitätsphilosophie" des neuen Gesetzes, das glaubt, mit gesteigerten Informations- und Rechenschaftspflichten eine gerechte Aktienrechtsordnung zu erreichen.

Anm. 2

2. Die Festsetzung der Sacheinlagen in dem Erhöhungsbeschluß

Entsprechend der Vorschrift im § 27 müssen die wesentlichen Bestandteile der Vereinbarung, welche zwischen der Gesellschaft und dem Einbringer der Sache getroffen worden sind, in den Beschluß über die Erhöhung des Grundkapitals aufgenommen werden; sonst sind die Vereinbarungen sowohl wie die Erfüllungshandlungen der Gesellschaft gegenüber unwirksam (siehe dazu unten Anm. 3). Es genügt mithin nicht, daß die Mitglieder der Hauptversammlung das Abkommen kennen, sie müssen es mit der für die Beschlußfassung erforderlichen Mehrheit ausdrücklich billigen. In dem Beschluß sind — wie bei der Gründung der Gesellschaft — der Gegenstand der Einlage, die Person, von welcher die Gesellschaft den Gegenstand erwirbt, und der Nennbetrag der dafür zu gewährenden Aktien festzusetzen (vgl. dazu oben Barz, § 27). Für das Abkommen selbst ist keine besondere Form vorgeschrieben. Eine bloß mündliche Vereinbarung ist daher grundsätzlich nicht ausgeschlossen. Besteht ein schriftlicher Vertrag, so ist die Urkunde nach § 188 Abs. 3 Ziff. 2 der Anmeldung der Durchführung beizufügen. Bei der Kapitalerhöhung mit Sacheinlagen findet eine *Prüfung* der Sacheinlage nicht in gleichem Maß statt wie bei der Sachgründung. Grundsätzlich prüft nur der Registerrichter, der allerdings eine Prüfung durch besondere Prüfer zu veranlassen hat, wenn die Voraussetzungen des § 184 Abs. 3 Satz 1 vorliegen (vgl. hierzu oben die Einleitung; unten § 184, Anm. 5). Stellt die Sachübernahme eine Nachgründung dar, so greifen die für diese geltenden Vorschriften ein. Im übrigen besteht die Möglichkeit, gemäß § 142ff. Sonderprüfer zur Untersuchung der Vorgänge zu bestellen.

Zur Frage, ob die Sacheinlage mit dem Nennbetrag der auszugebenden Aktien bewertet wird oder mit einem — ihrem wirklichen Wert entsprechenden — höheren Wert, so daß dann eine entsprechende Rücklage zu bilden ist, vgl. Dalberg, LZ 1913, Sp. 881, 889; oben Mellerowicz, § 150, Anm. 19.

Anm. 3

3. Das Fehlen der vorgeschriebenen Festsetzungen

a) Vor Eintragung der Durchführung der Kapitalerhöhung

Fehlen in dem Kapitalerhöhungsbeschluß die in Abs. 1 aufgeführten Festsetzungen oder sind die Angaben auch mit Hilfe der Auslegung des Vertrages nicht mit den gesetzlichen Vorschriften in Einklang zu bringen, so ist das ganze Abkommen nach Abs. 2 der Gesellschaft gegenüber unwirksam. Die Unwirksamkeit betrifft sowohl das *Verpflichtungs-* wie auch das *Erfüllungsgeschäft* („Rechtshandlungen zu ihrer Ausführung"). Nicht nur die Gesellschaft, sondern auch der zur Leistung der Sacheinlage verpflichtete Vertragspartner kann sich auf die Unwirksamkeit berufen; sie ist von Amts wegen zu beachten. Der Ausdruck: „der Gesellschaft gegenüber unwirksam" entspricht § 27 Abs. 2 Satz 1, kann allerdings nicht genau den gleichen Sinn haben, denn in § 27 soll die noch nicht existente juristische Person geschützt werden. Hier hat der Ausdruck demgegenüber die Bedeutung, daß die Frage einer etwaigen persönlichen Haftung der Vorstandsmitglieder offen bleiben soll und sich nach allgemeinem bürgerlichen Recht entscheidet (vgl. im übrigen dazu oben die Ausführungen von Barz, § 27, Anm. 26ff.). Fehlen in dem Kapitalerhöhungsbeschluß die notwendigen Festsetzungen, so ist der Registerrichter verpflichtet, die Eintragung der Kapitalerhöhung, des Kapitalerhöhungsbeschlusses und namentlich die Eintragung der Durchführung der Kapitalerhöhung abzulehnen.

Der Mangel der fehlenden oder der nicht ordnungsgemäßen Festsetzung kann vor Eintragung der Durchführung der Kapitalerhöhung jederzeit *geheilt* werden. Das wird namentlich in Betracht kommen, wenn der Registerrichter die Eintragung des Kapitalerhöhungsbeschlusses oder der Durchführung der Kapitalerhöhung ablehnt, weil die erforderlichen Festsetzungen nicht oder nicht ordnungsgemäß in dem Kapitalerhöhungsbeschluß enthalten sind oder nicht ordnungsgemäß angekündigt wurden. Der Mangel kann nur dadurch geheilt werden, daß die Hauptversammlung einen neuen Kapitalerhöhungsbeschluß nach Maßgabe des § 182 faßt und dabei die inhaltlichen und formalen Anforderungen des § 183 erfüllt.

b) Nach Eintragung der Durchführung der Kapitalerhöhung

Ist die Durchführung der Kapitalerhöhung trotz fehlender oder nicht ordnungsgemäßer Festsetzungen der Sacheinlagen in das Handelsregister eingetragen worden, so ist die Kapitalerhöhung wirksam; „der Sacheinleger“ ist verpflichtet, den Nennbetrag oder den höheren Ausgabebetrag der Aktien nun *in bar* einzuzahlen. Das steht im wesentlichen mit der entsprechenden Bestimmung des § 27 Abs. 2 Satz 3 im Einklang; die Bestimmung ist, worauf Barz (§ 27, Anm. 31) zutreffend hinweist, keine Ausnahmevorschrift, sondern bringt den allgemeinen aktienrechtlichen Grundsatz der Zusage der realen Deckung des Grundkapitals zum Ausdruck. Das Abkommen über die Sacheinlage kann nicht mehr geheilt werden, auch nicht durch eine Satzungsänderung, so wie auch in anderen Fällen eine Bareinlage nicht nachträglich in eine Sacheinlage umgewandelt werden kann. Möglich bleibt allerdings der Abschluß eines neuen Rechtsgeschäftes, mit dem die ursprünglich vorgesehenen Gegenstände von der Gesellschaft erworben werden; § 183 Abs. 2 verbietet ein derartiges späteres Außengeschäft nicht.

Die Umwandlung der Sacheinlage in eine Bareinlage bei fehlender oder mangelhafter Festsetzung kann den Aktienzeichner überraschen, zumal er keinerlei Einfluß darauf hat, daß in den Kapitalerhöhungsbeschluß die erforderlichen Festsetzungen über die Sacheinlage aufgenommen werden. Ein vorsichtiger Sacheinleger wird daher eine feste Zusage zur Erbringung seiner Sacheinlage erst abgeben, nachdem der Kapitalerhöhungsbeschluß gefaßt ist und er damit die Gewißheit haben kann, daß der Vorschrift des § 183 Abs. 1 Genüge getan ist (Baumbach-Hueck, Rdn. 5; v. Godin-Wilhelmi, Anm. 6).

Anm. 4

4. Die Ankündigung der Kapitalerhöhung mit Sacheinlagen

Der Kapitalerhöhungsbeschluß kann nur gefaßt werden, wenn die Einbringung der Sacheinlagen und die Festsetzungen nach Abs. 1 Satz 1 ausdrücklich und unter Beachtung des § 124 Abs. 1 angekündigt worden sind. In der Ankündigung müssen alle im Gesetz aufgeführten Merkmale enthalten sein; die bloße Mitteilung, daß es sich um eine Kapitalerhöhung gegen Sacheinlagen handeln soll, genügt nicht.

§ 184 Anmeldung des Beschlusses

(1) Der Vorstand und der Vorsitzende des Aufsichtsrats haben den Beschluß über die Erhöhung des Grundkapitals zur Eintragung in das Handelsregister anzumelden.

(2) In der Anmeldung ist anzugeben, welche Einlagen auf das bisherige Grundkapital noch nicht geleistet sind und warum sie nicht erlangt werden können.

(3) Hat das Gericht Zweifel, ob der Wert der Sacheinlage den Nennbetrag der dafür zu gewährenden Aktien erreicht, so hat eine Prüfung durch einen oder mehrere Prüfer stattzufinden. § 33 Abs. 3 bis 5, § 34 Abs. 2 und 3, § 35 gelten sinngemäß. Das Gericht hat die Eintragung abzulehnen, wenn der Wert der Sacheinlage nicht unwesentlich hinter dem Nennbetrag der dafür zu gewährenden Aktien zurückbleibt.

Übersicht

Einleitung

Die Vorschrift stimmt in ihren beiden ersten Absätzen inhaltlich weitgehend mit ihren Vorgängerinnen, also § 280 HGB und § 151 AktG 1937, überein.

§ 151 AktG 1937 führte in Abs. 3 das Recht des Registerrichters ein, die Eintragung abzulehnen, wenn der Wert der Sacheinlage offensichtlich hinter dem Nennbetrag der Aktien zurückbleibt. Der Regierungsentwurf wollte diese Regelung beibehalten. Der Bundestag schuf die jetzige Fassung des Abs. 3; damit wird dem Registergericht erstmalig die Möglichkeit eingeräumt, auch bei einer Kapitalerhöhung eine der Gründungsprüfung entsprechende Prüfung der Sacheinlagen anzuordnen. Im übrigen entspricht der Abs. 3 im wesentlichen dem § 151 Abs. 3 AktG 1937, der Wortlaut ist jedoch der Neufassung des § 38 Abs. 2 angepaßt worden.

Eine Erweiterung bringt der Vorschlag einer 2. Richtlinie zur Koordinierung des Gesellschaftsrechts in der EWG, der — folgerichtig — eine Prüfungs*pflicht* bei Kapitalerhöhung gegen Einlagen vorsieht (vgl. oben Vorbemerkungen II vor § 182).

Anm. 1

1. Allgemeines

Die Novelle vom 18. Juli 1884 führte die *doppelte Eintragungspflicht*, nämlich zunächst des Hauptversammlungsbeschlusses und anschließend der vollzogenen Erhöhung, in das deutsche Aktienrecht ein. Entsprechend handelt § 184 lediglich von der Anmeldung des Beschlusses über die Kapitalerhöhung, während sich § 188 mit der Anmeldung der Durchführung der Kapitalerhöhung befaßt. Da die Kapitalerhöhung insgesamt erst mit der Eintragung der Durchführung wirksam wird (§ 189), haben Anmeldung und Eintragung des Beschlusses über die Kapitalerhöhung lediglich *vorbereitenden Charakter*. Ihre Bedeutung wurde früher darin gesehen, daß hierbei die Vorbedingungen für die Kapitalerhöhung von Amts wegen geprüft und als erfüllt bestätigt werden (Robert Fischer, 2. Auflage, § 151 AktG 1937, Anm. 1; Schlegelberger-Quassowski, § 155 AktG 1937, Anm. 10; Godin-Wilhelmi, 2. Aufl., § 155 AktG 1937, Anm. 9). Mit der Neufassung des Abs. 3 gewinnt die Doppelanmeldung bei Sacheinlagen eine gewisse Bedeutung, weil das Gericht in einem frühen Verfahrensstadium eine Prüfung anordnen kann und damit gleichzeitig die Gesellschaft auf die etwaige Undurchführbarkeit der Kapitalerhöhung hinweist.

Wie der gewöhnliche satzungsändernde Beschluß äußert auch der Beschluß über die Kapitalerhöhung schon vor der Eintragung die bei § 181, Anm. 9 angegebenen Wirkungen. Das gilt namentlich auch für die Verpflichtung des Vorstands, die Kapitalerhöhung zur Eintragung in das Handelsregister anzumelden (vgl. § 181, Anm. 3). Dazu kommt für den nicht eingetragenen Erhöhungsbeschluß noch eine weitere Rechtswirkung: er ist eine ausreichende Grundlage für eine wirksame Zeichnung der jungen Aktien und damit auch für die Ausübung des Bezugsrechts.

Anm. 2

2. Die anmeldungsberechtigten Personen

Der Beschluß über die Erhöhung des Grundkapitals ist vom Vorstand und vom Vorsitzenden des Aufsichtsrats zur Eintragung in das Handelsregister anzumelden. Anstelle des Vorsitzenden des Aufsichtsrats kann (unter den Voraussetzungen des § 107 Abs. 1 Satz 3) nach wie vor dessen Stellvertreter handeln, obwohl dies nicht mehr ausdrücklich bestimmt wird (vgl. Begründung zum Regierungsentwurf bei Kropff, S. 293). Die Anmeldung braucht nur von so vielen Vorstandsmitgliedern vorgenommen zu werden, wie satzungsgemäß zur Vertretung der Gesellschaft erforderlich sind. Enthält die Satzung hierüber keine Bestimmung, so hat wie die Vertretung (§ 78 Abs. 2 Satz 1) so auch die Anmeldung durch sämtliche Vorstandsmitglieder zu geschehen. Die Mitglieder des Vorstandes haben wegen ihrer persönlichen Haftbarkeit für die Ornungsmäßigkeit und Richtigkeit der Anmeldung nicht mit der Firma der Aktiengesellschaft, sondern persönlich die Anmeldung zu unterzeichnen. Die Anmeldung ist von den betreffenden

Vorstandsmitgliedern und dem Vorsitzenden des Aufsichtsrats oder dessen Stellvertreter entweder *in Person zu bewirken* oder *in öffentlich beglaubigter Form* einzureichen (§ 12 HGB). Die Wahl des Zeitpunktes der Anmeldung ist dem pflichtmäßigen Ermessen der Gesellschaftsorgane überlassen, wenn die Hauptversammlung hierüber keine Bestimmung getroffen hat. Sie kann also in Ermangelung eines abweichenden Beschlusses der Hauptversammlung bis zur Anmeldung der Durchführung hinausgeschoben werden.

Im Unterschied zu der Anmeldung eines gewöhnlichen satzungsändernden Beschlusses ist hier eine Anmeldung *durch Bevollmächtigte ausgeschlossen*, und zwar deshalb, weil bei der Anmeldung Erklärungen über rückständige Einlagen auf das bisherige Grundkapital zu machen sind. Diese Erklärungen stehen unter der Strafsanktion des § 399 Abs. 1 Nr. 4 und dulden deshalb keine Vertretung (KG, KGJ 28 [1904], S. A 236; Staub-Pinner, § 280 HGB, Anm. 1). Aus dem gleichen Grund ist hier bei einer unechten Gesamtvertretung auch die Mitwirkung eines Prokuristen bei der Anmeldung nicht zulässig (v. Godin-Wilhelmi, Anm. 3). Zieht auch nur eines der Organmitglieder vor der Eintragung des Beschlusses seine Erklärung zurück, so ist die Anmeldung hinfällig (Brodmann, § 280 HGB, Anm. 1 b).

Anm. 3

3. Der Inhalt der Anmeldung

Wie bei einem gewöhnlichen satzungsändernden Beschluß sind auch hier die in § 181 Anm. 2 angegebenen Urkunden einzureichen. Zu diesen Urkunden gehören auch die nach § 182 Abs. 2 notwendigen Sonderbeschlüsse, weil sie für die Wirksamkeit des Kapitalerhöhungsbeschlusses wesentlich sind. Darüber hinaus ist gemäß Abs. 2 in der Anmeldung anzugeben, welche Einlagen auf das bisherige Grundkapital rückständig sind und warum sie nicht erlangt werden können. Die Angaben müssen so umfassend sein, daß sie dem Registerrichter bei der ihm obliegenden Prüfung die Feststellung ermöglichen, ob die Rückstände auf die Einzahlung des Kapitals unerheblich sind und, wenn dies nicht der Fall ist, ob deren Beitreibung unmöglich ist (§ 182, Anm. 13); ergibt die Prüfung, daß Einlagen in verhältnismäßig erheblichem Umfang ausstehen und noch geleistet werden können, so darf die Eintragung nicht erfolgen. Die Angaben über die rückständigen Einlagen stehen unter der Strafsanktion des § 399 Abs. 1 Nr. 4, wobei es sich bei dieser Vorschrift freilich nicht um ein Schutzgesetz im Sinne des § 823 Abs. 2 BGB handelt.

Bei *Versicherungs*gesellschaften sind die Angaben über die rückständigen Einlagen nicht erforderlich, wenn in ihrer Satzung eine Kapitalerhöhung auch bei rückständigen Einlagen zugelassen ist (vgl. dazu § 182, Anm. 14; ebenso Ritter, § 149 AktG 1937, Anm. 4, 5 b; v. Godin-Wilhelmi, Anm. 4; zu weitgehend Brodmann, § 280 HGB, Anm. 2).

Anm. 4

4. Die Behandlung durch den Registerrichter

Wie bei dem gewöhnlichen satzungsändernden Beschluß hat auch hier der Registerrichter vor der Eintragung zu prüfen, ob die gesetz- und satzungsmäßigen Voraussetzungen für den Kapitalerhöhungsbeschluß in *sachlicher* wie in *förmlicher* Hinsicht gegeben sind. Es kann insoweit auf die Ausführungen zu § 181, Anm. 4ff. verwiesen werden. Bei den Angaben über die rückständigen Einlagen kann sich der Registerrichter im allgemeinen auf die Richtigkeit dieser Angaben verlassen. Die Frage, ob die rückständigen Einlagen verhältnismäßig unerheblich sind und deshalb der Eintragung nach § 182 Abs. 4 Satz 3 nicht entgegenstehen, hat der Registerrichter selbst zu entscheiden. Die Gültigkeit der Kapitalerhöhung wird durch die Unrichtigkeit der Erklärung nicht in Frage gestellt (vgl. Brodmann, § 280 HGB, Anm. 2).

Anm. 5

5. Die Prüfung bei Sacheinlagen

Bei Sacheinlagen trifft den Registerrichter eine besondere *zusätzliche* Prüfungspflicht. Nach Abs. 3 Satz 3 hat er die Eintragung abzulehnen, wenn der Wert der Sacheinlagen nicht unwesentlich hinter dem Nennbetrag der für sie zu gewährenden Aktien zurückbleibt. Damit werden die bei der früheren Fassung („offensichtlich") aufgetretenen Zweifel, ob auch ein unerhebliches Zurückbleiben zur Ablehnung der Eintragung führt (vgl. Schlegelberger-Quassowski, § 151 AktG 1937, Anm. 3), geklärt.

Da dem Registerrichter für die Beurteilung dieser Frage unter Umständen die Sachkunde fehlt, empfahl sich früher die Hinzuziehung eines Sachverständigen (vgl. Robert Fischer, 2. Aufl., § 151 AktG 1937, Anm. 6). Die jetzt neu eingeführte Regelung des Abs. 3 Satz 1, 2 trägt diesen Schwierigkeiten Rechnung. Hat das Registergericht Zweifel, ob der Wert der Sacheinlage den Wert der dafür zu gewährenden Aktien erreicht, so hat es eine *Prüfung durch einen oder mehrere von ihm zu ernennende Prüfer* herbeizuführen. Auf die Prüfung finden dann wesentliche Vorschriften über die Gründungsprüfung, nämlich die §§ 33 Abs. 3—5, 34 Abs. 2 und 3 und 35, entsprechende Anwendung. Das Ergebnis der Prüfung ist bei der Entscheidung über die Ablehnung der Eintragung nach Abs. 3 Satz 3 zu berücksichtigen. Dies schließt aber nicht aus, daß der Registerrichter sich auch ohne eine Prüfung durch besondere Prüfer eine Überzeugung darüber bildet, ob der Wert der Sacheinlage nicht unwesentlich hinter dem Nennbetrag der für sie zu gewährenden Aktien zurückbleibt (vgl. Baumbach-Hueck, Rdn. 3). Darüber hinaus wird man in Anlehnung an die Regelung bei der Gründungsprüfung (§ 38 Abs. 2 Satz 2) dem Registergericht die Befugnis einräumen müssen, sich eine von dem Prüfungsergebnis abweichende Meinung zu bilden: es kann auf Grund eigener Ermittlungen die Eintragung auch dann ablehnen, wenn nach Auffassung der Prüfer der Wert der Sacheinlagen nicht oder nur unwesentlich hinter dem Nennbetrag der dafür zu gewährenden Aktien zurückbleibt. Auch im umgekehrten Fall ist es denkbar, daß sich der Registerrichter über das Prüfungsergebnis hinwegsetzt und die Eintragung trotz negativer Prüfungsergebnisse vornimmt. Ohne einen besonderen Anhaltspunkt für die Unrichtigkeit des Prüfungsergebnisses wird sich der Registerrichter freilich nicht über die Bewertung der Prüfer hinwegsetzen.

Zur Frage, wann eine *Überbewertung* vorliegt, vgl. oben die Ausführungen von Barz, § 38, Anm. 7.

Der Kapitalerhöhungsbeschluß, der eine nicht unwesentliche Überbewertung der Sacheinlage aufweist, ist nach den §§ 9, 241 Nr. 3 *nichtig* (Ritter, § 151 AktG 1937, Anm. 4; anderer Ansicht BGHZ 29, S. 300, der Nichtigkeit nur bei grober Überbewertung annimmt). Wird der Beschluß gleichwohl — zu Unrecht — eingetragen, so heilt die Eintragung nach drei Jahren den nichtigen Beschluß. Eine Gründerhaftung (§ 46) oder etwas Ähnliches gibt es bei der Kapitalerhöhung mit Sacheinlagen nicht. Es kommt insoweit lediglich die allgemeine Haftung von Vorstand und Aufsichtsrat gegenüber der Gesellschaft nach den §§ 93 und 116 in Betracht.

§ 185 Zeichnung der neuen Aktien

(1) Die Zeichnung der neuen Aktien geschieht durch schriftliche Erklärung (Zeichnungsschein), aus der die Beteiligung nach der Zahl, dem Nennbetrag und, wenn mehrere Gattungen ausgegeben werden, der Gattung der Aktien hervorgehen muß. Der Zeichnungsschein soll doppelt ausgestellt werden. Er hat zu enthalten

1. **den Tag, an dem die Erhöhung des Grundkapitals beschlossen worden ist;**
2. **den Ausgabebetrag der Aktien, den Betrag der festgesetzten Einzahlungen sowie den Umfang von Nebenverpflichtungen;**
3. **die bei einer Kapitalerhöhung mit Sacheinlagen vorgesehenen Festsetzungen und, wenn mehrere Gattungen ausgegeben werden, den Gesamtnennbetrag einer jeden Aktiengattung;**

4. den Zeitpunkt, an dem die Zeichnung unverbindlich wird, wenn nicht bis dahin die Durchführung der Erhöhung des Grundkapitals eingetragen ist.

(2) Zeichnungsscheine, die diese Angaben nicht vollständig oder die außer dem Vorbehalt in Abs. 1 Nr. 4 Beschränkungen der Verpflichtung des Zeichners enthalten, sind nichtig.

(3) Ist die Durchführung der Erhöhung des Grundkapitals eingetragen, so kann sich der Zeichner auf die Nichtigkeit oder Unverbindlichkeit des Zeichnungsscheins nicht berufen, wenn er auf Grund des Zeichnungsscheins als Aktionär Rechte ausgeübt oder Verpflichtungen erfüllt hat.

(4) Jede nicht im Zeichnungsschein enthaltene Beschränkung ist der Gesellschaft gegenüber unwirksam.

Übersicht

Einleitung

Die Vorschrift stimmt bis auf sprachliche Änderungen in Abs. 1 Nr. 1 und 4 mit dem früheren § 152 AktG 1937 überein. Die Vorschriften über die Stufengründung (vgl. zuletzt § 30 AktG 1937), an die sich § 152 anlehnte, sind im neuen Gesetz mangels eines praktischen Bedürfnisses entfallen. Dagegen hielt man bei der Kapitalerhöhung an der Möglichkeit fest, neue Aktien im Publikum unterzubringen, obwohl auch ihr große praktische Bedeutung nicht mehr zukommt, da die jungen Aktien in der Regel von einer Bank oder einem Bankenkonsortium übernommen werden.

Anm. 1

1. Die Zeichnung der neuen Aktien

a) Rechtsnatur der Aktienzeichnung und Wirkung

Die Zeichnung der neuen Aktie enthält eine Doppelerklärung: sie ist eine gegenüber der *Allgemeinheit* abgegebene *Erklärung* in Verbindung mit einem an die bestehende *Gesellschaft* gerichteten *Vertragsangebot*, durch das sich der Zeichner bis zu einem gewissen Zeitpunkt (Abs. 1 Ziff. 4) unter der auflösenden Bedingung bindet, daß bis dahin die Durchführung der Kapitalerhöhung gemäß den Bestimmungen des Kapitalerhöhungsbeschlusses in das Handelsregister eingetragen ist (RGZ 79, S. 112, 114; RG, JW 1927, S. 2981; OLG Düsseldorf, LZ 1916, Sp. 1059, 1060). Der Vertrag mit der Aktiengesellschaft ist kein Kaufvertrag; zweifelhaft ist, wie weit die Regeln über gegenseitige Verträge auf den Beitrittsvertrag als einen dem Körperschaftsrecht angehörenden Vertrag Anwendung finden können (vgl. dazu RGZ 79, S. 174, 177; Robert Fischer, 2. Auflage, § 30 AktG 1937, Anm. 3).

Mit der Zeichnung wird der Zeichner noch nicht Mitglied der Gesellschaft, denn es steht noch offen, ob die beschlossene Änderung in Kraft tritt und die gezeichneten Aktien ausgegeben werden (RGZ 55, S. 65, 67). Er wird es auch noch nicht dadurch, daß die Gesellschaft sein Vertragsangebot in Höhe der ihm zuzuteilenden Aktien ausdrücklich oder stillschweigend annimmt. Entsprechend der im Zeichnungsschein ebenfalls enthaltenen, sich an den allgemeinen Verkehr wendenden Erklärung wird der Zeichner vielmehr erst dann Mitglied der Gesellschaft, wenn die Durchführung der Kapitalerhöhung in das Handelsregister eingetragen wird. Ist die Durchführung der

Kapitalerhöhung eingetragen, so ist der Zeichner damit Aktionär geworden; die Verpflichtung zur Gewährung des Aktienrechts ist erfüllt.

Gerät er nunmehr in Konkurs, so kann die Aktiengesellschaft den noch rückständigen Teil seiner Einlage als Konkursforderung geltend machen. Zur Aushändigung der Aktienurkunde ist sie nicht verpflichtet, solange nicht die volle Einlage geleistet ist, § 17 KO ist nach allgemeiner Ansicht nicht anwendbar; überdies hat die Gesellschaft ihre Pflicht bereits erfüllt.

Von der Zeichnung bei der nach § 30 AktG 1937 früher möglichen Stufengründung, der § 185 im übrigen angeglichen ist, unterscheidet sich die Zeichnung bei der Kapitalerhöhung dadurch, daß bei dieser dem Zeichner die bestehende Gesellschaft bereits als Vertragsgegnerin gegenübersteht.

Vor der Beschlußfassung über die Erhöhung des Grundkapitals darf der Zeichnungsschein nicht unterzeichnet werden, da der Willenserklärung des Zeichners sonst die erforderliche sichere Grundlage fehlt (KG, KGJ 19, S. 9).

Die Gesellschaft darf keine eigenen Aktien zeichnen.

b) Die Form der Zeichnung

Die Zeichnung geschieht in Form einer *schriftlichen Erklärung*, die Zeichnungsschein genannt wird. Der Zeichnungsschein ist kein Wertpapier (RGZ 85, S. 286), denn seine Innehabung ist nicht Bedingung für die Ausübung des darin verbrieften Rechts. Er ist nur eine Urkunde über eine gegenüber der Gesellschaft übernommene Verpflichtung, und weder bestimmt noch geeignet, von einem anderen als von der Gesellschaft verwertet zu werden. Aber er ist eine begründende (konstitutive), keine nur beweisende (deklaratorische) Urkunde. Die Verpflichtung des Zeichners entsteht, ähnlich wie die des Schuldners aus einem abstrakten Schuldversprechen (§ 780 BGB), durch den Zugang der unterzeichneten Urkunde und deren Annahme. Geht der Zeichnungsschein verloren, wogegen übrigens die Vorschrift schützt, daß er doppelt ausgestellt werden soll, so ist damit die Verpflichtung des Zeichners nicht etwa erloschen; nötigenfalls muß auf andere Weise bewiesen werden, daß der Zeichner den Schein ausgestellt hat. Die Schriftform ist wesentlich; eine mündliche Zusage ist auch als Vorvertrag gänzlich wirkungslos.

Die Schriftform muß dem § 126 BGB entsprechen. Sie gilt nur für die Zeichnungserklärung, nicht aber auch für ihre *Annahme*; diese kann vielmehr auch formlos und selbst stillschweigend erfolgen. Bei der Zeichnungserklärung ist Vertretung zulässig, Vollmacht und Genehmigung bedürfen keiner Form (RGZ 63, S. 96). Der Zeichnende muß eigenhändig unterschreiben; der Vertreter kann entweder mit dem Namen des Vertretenen unterzeichnen oder mit seinem eigenen Namen, indem er die Person des Vertretenen erkennbar macht. Der Registerrichter wird in der Regel keinen Anlaß haben, sich die Vollmacht oder Genehmigung nachweisen zu lassen, da der Vertreter ohne Vertretungsmacht für die volle Einlage haftet (vgl. dazu Robert Fischer, 2. Auflage, § 30 AktG 1937, Anm. 8). Zeichnungsscheine, die im Ausland ausgestellt sind, müssen den deutschen Vorschriften genügen, die nicht nur die Form, sondern auch den Inhalt betreffen, und müssen, da sie für die deutsche Öffentlichkeit bestimmt sind, in deutscher Sprache abgefaßt sein.

Aus dem Ausdruck „Zeichnungsschein" darf nicht geschlossen werden, daß jeder Zeichner eine besondere Urkunde auszustellen hat. Es ist zulässig, daß an einen Zeichnungsschein mit gesetzlichem Inhalt eine Liste angeschlossen wird, in der jeder Zeichner seine Beteiligung nach Zahl, Nennbetrag und Gattung der Aktien angibt und die Angabe unterschreibt.

Der Zeichnungsschein soll *doppelt ausgestellt* werden. Die Unterlassung hat auf seine Gültigkeit keinen Einfluß. Die Lieferung des Doppelstücks kann nachgeholt werden. Es ist bei der Anmeldung der Durchführung einzureichen (§ 188 Abs. 3 Nr. 1).

c) Das Unwirksamwerden der Zeichnungserklärung

Gerät die Gesellschaft vor der Eintragung der Durchführung in *Konkurs*, so entfällt die Einzahlungspflicht des Zeichners, da die Schaffung neuer Mitgliedschaften mit dem Zweck des Konkursverfahrens nicht in Einklang steht und eine Kapitalerhöhung deshalb nach Konkurseröffnung nicht mehr eingetragen werden kann (vgl. dazu oben § 182, Anm. 15). War hingegen die Durchführung der Kapitalerhöhung schon in das Handelsregister eingetragen, als das Konkursverfahren über die Gesellschaft eröffnet wurde, so muß der Zeichner die Einzahlung zur Konkursmasse leisten; immerhin nur so weit, als es bei der Einstellung des Betriebes der Gesellschaft zum Zweck der Abwicklung der Geschäfte noch erforderlich ist (RGZ 79, S. 174, 175). Die Aktienzeichnung ist kein beiderseitiger Vertrag im Sinne des § 17 KO (RGZ 79, S. 174, 177).

d) Fehlerhafte Zeichnungserklärungen

Wie oben betont, richtet sich die Zeichnungserklärung auch an die Öffentlichkeit, sie begründet für diese einen *Rechtsschein*. Nach heute einhelliger Ansicht hat dies zur Folge, daß Anfechtungs- und Nichtigkeitsgründe, die die Erklärung betreffen, in § 185 abschließend geregelt sind. Nach Eintragung der Durchführung der Kapitalerhöhung gibt es darüber hinaus keinen Anfechtungs- oder Nichtigkeitsgrund für die Beitrittserklärung.

Anm. 2

2. Der Inhalt des Zeichnungsscheins

Für die Erklärung des Zeichners im Zeichnungsschein ist ein bestimmter Inhalt vorgeschrieben. Der Zeichnungsschein muß die Zahl der zu übernehmenden Aktien, ihren Nennbetrag und bei Ausgabe mehrerer Gattungen von Aktien die betreffende Gattung angeben. Eine hinreichende Angabe der Zahl liegt bereits dann vor, wenn im Zeichnungsschein der Gesamtnennbetrag der gezeichneten Aktien angegeben ist und der Kapitalerhöhungsbeschluß eine bestimmte Stückelung vorsieht (vgl. Robert Fischer, 2. Auflage, § 30 AktG 1937, Anm. 11; Brodmann, § 189 HGB, Anm. 3a; Düringer-Hachenburg-Bing, § 189 HGB, Anm. 17; abweichend wohl v. Godin-Wilhelmi, Anm. 5). Die Angaben im Zeichnungsschein sind genügend, wenn sie durch Auslegung ergänzt werden können (RGZ 85, S. 284, 286); zur Ergründung der Verpflichtungen aus dem Zeichnungsschein kann der Erhöhungsbeschluß zur Hilfe gezogen werden; die Gattung der gezeichneten Aktien muß sich bei Vorhandensein mehrerer Gattungen aus beiden Erklärungen zusammen feststellen lassen (RG, JW 1927, S. 2981).

Außer diesen Angaben muß der Zeichnungsschein noch die folgenden Angaben enthalten:

(1) den *Tag*, an dem die Erhöhung des Grundkapitals beschlossen worden ist. Hieraus ergibt sich, daß — wie bereits in Anm. 1 erwähnt — die Beschlußfassung erfolgt sein muß, ehe der Schein zu zeichnen ist;

(2) den *Ausgabebetrag* der Aktien, den Betrag der festgesetzten Einzahlungen sowie den Umfang von Nebenverpflichtungen.

Als Ausgabebetrag gilt in dem Fall, daß eine Bank die neuen Aktien übernimmt, um sie den Aktionären anzubieten, der Betrag, zu dem die Bank die Aktien übernimmt (KG, OLGE 43 [1924], S. 316; vgl. aber für die Einstellung in die gesetzliche Rücklage § 150 Abs. 2 Ziff. 2). Als Betrag der festgesetzten Einzahlungen ist nur der Betrag der ersten Einzahlung anzugeben, wenn die späteren Beträge nach Höhe und Tag, bis zu welchem sie zu zahlen sind, noch nicht feststehen; andernfalls sind auch spätere Einzahlungsverpflichtungen anzugeben (herrschende Meinung; v. Godin-Wilhelmi, Anm. 9);

(3) die im Fall der Kapitalerhöhung mit Sacheinlagen vorgesehenen *Festsetzungen* und, wenn mehrere Aktiengattungen ausgegeben werden, den Gesamtnennbetrag einer jeden Gattung.

Die Festsetzungen bei der Kapitalerhöhung mit Sacheinlagen sind die in § 183 Abs. 1 Satz 1 aufgeführten, nämlich der Gegenstand der Sacheinlagen, die Person, von der die Gesellschaft den Gegenstand erwirbt, und der Nennbetrag der bei der Sacheinlage zu gewährenden Aktien. Diese Angaben sind in alle Zeichnungsscheine aufzunehmen, also auch in diejenigen, die nicht Sacheinlagen, sondern Bareinlagen zum Gegenstand haben (v. Godin-Wilhelmi, Anm. 10). Sind mehrere Aktiengattungen ausgegeben, so muß der Gesamtnennbetrag jeder dieser Gattungen angegeben werden.

(4) den *Zeitpunkt*, an dem die Zeichnung unverbindlich wird, wenn nicht bis dahin die Durchführung der Erhöhung des Grundkapitals eingetragen worden ist; dieser Zeitpunkt muß für alle Zeichner der gleiche sein (Robert Fischer, 2. Auflage, § 30 AktG 1937, Anm. 12; v. Godin-Wilhelmi, Anm. 11). Ist bis dahin die Durchführung nicht eingetragen, so verliert der Zeichnungsschein seine Verbindlichkeit für den Zeichner, und dieser kann seine Einzahlung auf Grund des nur bedingt geschlossenen Vertrages (vgl. oben Anm. 1) zurückverlangen. Sonstige Einschränkungen oder Bedingungen der Beitrittserklärung beizufügen ist unzulässig (vgl. unten Anm. 5; für die GmbH RGZ 83, S. 256, 258); die Beitrittserklärung wird dadurch unwirksam. Unverbindlich wird die Zeichnung auch dann, wenn die in bestimmter Höhe beschlossene Kapitalerhöhung durch die Zeichnungen nicht erreicht und nur der erreichte geringere Betrag als Kapitalerhöhung eingetragen worden ist (RGZ 55, S. 65). Zu anderen Gründen, die die Zeichnungserklärung unwirksam werden lassen vgl. oben Anm. 1.

Anm. 3

3. Die Nichtigkeit des Zeichnungsscheins

Enthält der Zeichnungsschein nicht den für ihn vorgeschriebenen Inhalt, so ist er nach Abs. 2 nichtig. Dabei macht es für den Eintritt der Nichtigkeit keinen Unterschied, ob die Erklärung des Zeichners Mängel aufweist oder ob die Vorschriften über die weiteren Angaben im Zeichnungsschein verletzt sind. Dies ist nur für die weitere Frage, ob die Nichtigkeit des Zeichnungsscheins später geheilt werden kann, von Bedeutung. Als Verstoß gegen die Vorschriften des Abs. 1 gilt es, wenn keine schriftliche Erklärung ausgestellt, sondern nur eine mündliche Zusage erteilt ist, oder wenn aus der schriftlichen Erklärung die Beteiligung nicht genügend hervorgeht; als Verstoß gilt es auch, wenn der Zeichnungsschein ohne den Willen des Zeichnenden in die Hände der Gründer gelangt ist; denn damit ist überhaupt keine Erklärung abgegeben (OLG Hamburg, Recht 1915, Nr. 938). Ist auch nur ein Zeichnungsschein nichtig, so hat der Registerrichter die Eintragung des Beschlusses abzulehnen, und zwar auch hier ohne Unterscheidung danach, ob die Nichtigkeit durch Mängel in der Erklärung des Zeichners oder durch einen Verstoß gegen die Vorschriften über die weiteren Angaben im Zeichnungsschein bedingt ist. Ist versehentlich trotzdem die Eintragung des Beschlusses erfolgt, so macht auch diese — abgesehen von dem Ausnahmefall einer Heilung der Nichtigkeit — den Zeichner nicht zum Aktionär. Seine Einlage kann er als ungerechtfertigte Bereicherung von der Gesellschaft zurückverlangen. Der Zeichner haftet aus dem nichtigen Zeichnungsvertrag nicht, auch nicht etwa den Gesellschaftsgläubigern. Beruft sich der Zeichner gegenüber dem Zahlungsverlangen der Gesellschaft auf den Formmangel, so kommt der Einwand der unerlaubten Rechtsausübung in Frage, der dann durchgreift, wenn derjenige, der sich auf den Formmangel beruft, die Nichtbeachtung der Form, wenn nicht gar arglistig herbeigeführt, so doch durch Irrtumserregung fahrlässig verschuldet hat (RGZ 107, S. 361; 117, S. 124; 153, S. 60; BGHZ 16, S. 336).

In der Entscheidung RGZ 118, S. 274 ist der Einwand bei einem nichtigen Zeichnungsschein abgelehnt worden, weil jene Grundsätze nur auf dem Gebiet des Vertragsrechts entwickelt worden seien, es sich beim Zeichnungsschein aber nicht um Vertragspflichten handele und weil im gegebenen Fall der Zeichner keinen Irrtum erregt, sondern sich als Aufsichtsratsmitglied im gleichen Irrtum befunden habe wie die übrigen Mitglieder des Aufsichtsrats und die Mitglieder des Vorstands. Von diesen Gründen ist der zweite unbedenklich, der erste nicht überzeugend.

Sind einer oder mehrere Zeichnungsscheine aus einem der vorstehend bezeichneten Gründe nichtig, so hat der Registerrichter die Eintragung der Durchführung der Kapitalerhöhung abzulehnen, es sei denn, daß nach der Fassung des Erhöhungsbeschlusses trotz des Ausfalls die Mindestgrenze der Erhöhung noch eingehalten wird (vgl. dazu § 182, Anm. 7) und die Anmeldung außerdem nach § 188 Abs. 1 dementsprechend ziffernmäßig abgeändert werden kann.

Anm. 4

4. Die Heilung der Nichtigkeit

a) Nach Abs. 3 ist eine Heilung der Nichtigkeit nur möglich, wenn der Zeichnungsschein zwar die in Anm. 2 Abs. 1 aufgeführten Angaben aufweist, ihm aber eine oder alle der in Anm. 2 Abs. 2 aufgeführten Angaben fehlen. Die Heilung setzt voraus, daß der Zeichner auf Grund des Zeichnungsscheins *Rechte* eines Aktionärs *ausgeübt* oder *Verpflichtungen* eines solchen *erfüllt* hat. Gleichgültig ist, ob allgemeine Mitgliederrechte oder Sonderrechte ausgeübt werden; dahin gehören zum Beispiel Ausübung des Stimmrechts, des Gewinnanteilrechts oder eines Bezugsrechts (KG, RJA 3, S. 128), aber auch schon die Teilnahme an Erörterungen in der Hauptversammlung (vgl. RG, HoldheimM 15, S. 200), ferner die Beteiligung am Antrag auf Einberufung einer Hauptversammlung, das Verlangen nach Sondermitteilung, nach Auskunft, nach Abschrift der Vorlagen, überhaupt die Ausübung eines gesetzlichen oder satzungsmäßigen Hilfsrechts. Dagegen ist nicht schon die Betätigung irgendeines Interesses an der Gesellschaft, etwa durch Besichtigung ihrer Fabrikräume oder durch eine Anfrage an den Vorstand außerhalb der Hauptversammlung, als Ausübung eines Aktionärrechts anzusehen. Heilend wirkt die Annahme der Aktienurkunde, denn diese Annahme ist ein Recht des Aktionärs (vgl. Robert Fischer, 2. Auflage, § 30 AktG 1937, Anm. 14). Heilend wirkt die Erfüllung von Aktionärspflichten, also namentlich die Leistung von Einzahlungen (OLG Düsseldorf, LZ 1916, Sp. 1059, 1060), aber auch die Erfüllung von Nebenverpflichtungen. Als Bestätigungshandlung gilt stets die Zahlung der 25%-igen Mindesteinlage nebst Aufgeld, obwohl diese Zahlung der Eintragung der Kapitalerhöhung vorangeht (ebenso v. Godin-Wilhelmi, Anm. 13). Das gleiche gilt, wenn der Zeichnungsschein für den Zeichner unverbindlich geworden war, weil die Frist für die Eintragung der Durchführung der Kapitalerhöhung nicht eingehalten wurde, die Eintragung aber trotzdem erfolgt ist, obwohl sie hätte abgelehnt werden müssen.

b) Die Wirkung der Heilung

Die Heilung führt dazu, daß der nichtige Zeichnungsschein als von Anfang an gültig angesehen wird. Er kommt aber nicht so zur rechtlichen Wirkung wie sein Inhalt lautet. Vielmehr gilt das etwa Fehlende als vorhanden, das zuviel Geschriebene als nicht vorhanden. Unvollständigkeiten oder der Ablauf der Bindungsfrist schaden also nicht mehr, Beschränkungen der Verpflichtungen gelten als nicht geschrieben. Das Gesetz drückt diese Folgen dadurch aus, daß es sagt, der Zeichner könne sich auf die Unverbindlichkeit oder Nichtigkeit der Zeichnung nicht mehr berufen. Das besagt aber zugleich auch, daß sich ebenfalls die Gesellschaft nicht auf die Unverbindlichkeit oder Nichtigkeit der Zeichnung berufen kann. Mit Eintritt der Heilung wird der Zeichner also vollberechtigtes Mitglied der Gesellschaft. Mit „Unverbindlichkeit“ meint das Gesetz die Unverbindlichkeit wegen Ablaufs der Bindungsfrist (Abs. 1 Satz 3 Nr. 4), nicht etwa die Unverbindlichkeit, z. B. wegen Willensmängeln, die nach Eintragung nicht mehr in Betracht kommen (Robert Fischer, 2. Auflage, § 30 AktG 1937, Anm. 15; Baumbach-Hueck, vor § 23, Rdn. 3 und § 185, Rdn. 7).

Anm. 5

5. Die Beschränkungen der Zeichnungsverpflichtung

Für sie enthält Abs. 4 eine besondere Vorschrift. Der Zeichnungsschein darf keine andere Beschränkung enthalten, als die, daß die Zeichnung unverbindlich wird, wenn die Durchführung der Kapitalerhöhung nicht bis zu dem in dem Zeichnungsschein angegebenen Zeitpunkt eingetragen sein wird. Enthält er andere Beschränkungen, so sind sie der Gesellschaft gegenüber unwirksam und führen außerdem die Nichtigkeit des Scheins herbei. Wird die Nichtigkeit des Scheins durch Eintragung der Durchführung und das Verhalten des Zeichners geheilt, so gelten die unwirksamen Beschränkungen als nicht geschrieben.

§ 186 Bezugsrecht

(1) Jedem Aktionär muß auf sein Verlangen ein seinem Anteil an dem bisherigen Grundkapital entsprechender Teil der neuen Aktien zugeteilt werden. Für die Ausübung des Bezugsrechts kann eine Frist von mindestens zwei Wochen bestimmt werden.

(2) Der Vorstand hat den Ausgabebetrag und zugleich eine nach Absatz 1 bestimmte Frist in den Gesellschaftsblättern bekanntzumachen.

(3) Das Bezugsrecht kann ganz oder zum Teil nur im Beschluß über die Erhöhung des Grundkapitals ausgeschlossen werden. In diesem Fall bedarf der Beschluß neben den in Gesetz oder Satzung für die Kapitalerhöhung aufgestellten Erfordernissen einer Mehrheit, die mindestens drei Viertel des bei der Beschlußfassung vertretenen Grundkapitals umfaßt. Die Satzung kann eine größere Kapitalmehrheit und weitere Erfordernisse bestimmen.

(4) Ein Beschluß, durch den das Bezugsrecht ganz oder zum Teil ausgeschlossen wird, darf nur gefaßt werden, wenn die Ausschließung ausdrücklich und ordnungsgemäß (§ 124 Abs. 1) bekanntgemacht worden ist.

(5) Als Ausschluß des Bezugsrechts ist es nicht anzusehen, wenn nach dem Beschluß die neuen Aktien von einem Kreditinstitut mit der Verpflichtung übernommen werden sollen, sie den Aktionären zum Bezug anzubieten. Der Vorstand hat das Bezugsangebot des Kreditinstituts unter Angabe des für die Aktien zu leistenden Entgelts und einer für die Annahme des Angebots gesetzten Frist in den Gesellschaftsblättern bekanntzumachen; gleiches gilt, wenn die neuen Aktien von einem anderen als einem Kreditinstitut mit der Verpflichtung übernommen werden sollen, sie den Aktionären zum Bezug anzubieten.

Literatur zu den §§ 186, 187 AktG

Zipperling, Das Bezugsrecht der Aktionäre, Diss. Rostock 1903; *Bötticher*, Das Bezugsrecht, Zeitschrift für handelswissenschaftliche Forschung 1911/12, S. 511; *Treier*, Nießbrauch und Aktienbezugsrecht, LZ 1913, S. 913; *Güldenstein*, Das Aktienbezugsrecht, Diss. Heidelberg 1914; *Güldenstein*, Das Aktienbezugsrecht, München 1914; *Nicolai*, Das Aktienbezugsrecht, Diss. Frankfurt 1918; *Bernicken*, Bezugsrecht, Gratisaktie und Kapitalertragsteuern, BankA 1920/21, S. 219; *Mahlberg*, Bezugsrecht und Bilanzkurs, Zeitschrift für handelswissenschaftliche Forschung 1920, S. 223; *Nasse*, Nießbrauch und Aktienbezugsrecht, LZ 1920, S. 916; *Franke*, Nießbrauch und Aktienbezugsrecht, LZ 1921, S. 261; *Herold*, Die Ausübung des Aktienbezugsrechts bei einer Verpfändung und Sicherungsübereignung der Aktien, Gruchot 65 (1921), S. 385; *Wolff*, Die rechtliche Natur des Aktienbezugsrechts, LZ 1921, S. 697; *Wassermann*, Bezugsrecht auf Vorratsaktien, BankA 1922/23, S. 185; *Horrwitz*, Kapital-Verwässerung und Ausschluß des Aktionärs-Bezugsrechtes, JW 1923, S. 917; *Nußbaum*, Kapital-Verwässerung und Ausschluß des Aktionär-Bezugsrechtes, JW 1923, S. 918; *Werner*, Ausschluß des Aktienbezugsrechts, DJZ 1923, S. 722; *Stern*, Der Grundsatz der Gleichbehandlung der Gesellschafter und das Aktienbezugsrecht, Diss. Göttingen 1924; *Karger*, Nießbrauch und Aktienbezugsrecht, BankA 1925/26, S. 472; *Theisinger*, Bezugsrechtsberechnung vom Ertragswert, BankA 1926/27, S. 175; *Flechtheim*, Vorzugsaktien und Kapitalerhöhungen, BankA 1926/27, S. 366; *Brodmann*, Aktienbezugsrecht und Gratisaktie, ZBlHR 1927, S. 1 ff., S. 53 ff.; *ders.*, Gebührt die Gratisaktie dem Eigentümer oder dem Nießbraucher der Aktie, ZBlHR 1927, S. 265; *ders.*, Gratisaktie und Nießbrauch, ZBlHR 1927, S. 376; *Grundler*, Die rechtliche Natur des Aktienbezugsrechtes und des Dividendennachbezugsrechtes unter Berücksichtigung der Besteuerung, Diss. Erlangen 1927; *Mirre*, Zum Thema Aktienbezugsrecht und Aktiennießbrauch, ZBlHR 1927, S. 226; *Bernicken*, Das Bezugsrecht des Aktionärs in rechtlicher und banktechnischer Hinsicht, Berlin 1928; *Boesebeck*, Aktienbezugsrecht und Nießbrauch, ZBlHR 1929, S. 15; *Hartmann*, Bezugsrecht von Vorzugsaktien, Festgabe Salomonsohn, Berlin 1929, S. 13; *Springer*, Der Bezugsrechtsschein, BankA 1929/30, S. 231; *Winckler*, Der sogenannte Bezugsrechtsschein, ZBlHR 1930, S. 171; *Guntz*, Fragen aus dem Aktienbezugsrecht, Diss. München 1957; *Heidecker*, Das Bezugsrecht bei nießbrauchbelasteten Aktien, JW 1956, S. 892; *Mestmäcker*, Anmerkung zu BGH, Urteil vom 27. 9. 1956 (BGHZ 21, S. 354), JZ 1957, S. 180; *Guntz*, Das Subjekt des Bezugsrechts auf Aktien und des Anspruchs auf Gratisaktien,

AG 1958, S. 177; *G. Hueck*, Der Grundsatz der gleichmäßigen Behandlung im Privatrecht, 1958, S. 862; *Mestmäcker*, Verwaltung, Konzerngewalt und Rechte der Aktionäre, 1958; *Guntz*, Das indirekte Bezugsrecht, BB 1959, S. 654; *Schütz*, Bezugsrecht und Vermögen des Aktionärs, Der Volkswirt 1959, S. 2650; *Meilicke*, Das Bezugsrecht der Aktionäre bei Kapitalerhöhungen, BB 1961, S. 1281; *Mestmäcker*, Zur aktienrechtlichen Stellung der Verwaltung bei Kapitalerhöhungen, BB 1961, S. 945; *Meyer*, Das Bezugsrecht (der rechnerische Wert und sonstige Probleme), WM 1961, S. 1158; *Woeste*, Belegschaftsaktien anläßlich einer Kapitalerhöhung, BB 1961, S. 1316; *Wortmann*, Wie errechnet man zusammengesetzte Bezugsrechte, AG 1961, S. 101; *Wiethölter*, Interessen und Organisation der Aktiengesellschaft im amerikanischen und deutschen Recht, 1961; *Skibbe*, Das Bezugsrecht bei der Kapitalerhöhung der GmbG, GmbHRdsch. 1963, S. 46; *Götz Hueck*, Kapitalerhöhung und Aktienbezugsrecht, Festschrift f. Nipperdey (1965), Bd. I, S. 427; *Schach*, Belegschaftsaktien — ein fester Brauch. Bayer denkt bei Kapitalaufstockung auch an schmale Brieftaschen, Der Arbeitgeber 1965, 4., S. 76; *Wiedemann*, Die Übertragung und Vererbung von Mitgliedschaftsrechten bei Handelsgesellschaften, 1965; *Fischer*, Minderheitenschutz bei Kapitalgesellschaften, 1967, S. 59; *Wiedemann*, Minderheitenschutz und Aktienhandel, 1968; *Gräber*, Zur Bewertung von Bezugsrechten und jungen Aktien, WM 1969, S. 282; *Hax*, Bezugsrecht und Kursentwicklung von Aktien bei Kapitalerhöhungen, ZfbF 1971, S. 157.

Übersicht

Einleitung

Der neue § 186 entspricht in seinen Abs. 1 bis 4 dem bisherigen § 153 AktG 1937. Abs. 1 und 2 sind dabei unverändert, Abs. 3 Satz 3 und Abs. 4 mit sprachlichen Änderungen übernommen worden. Statt des ursprünglichen „muß" heißt es in Abs. 4 jetzt „darf", da ein Verstoß gegen diese Vorschrift nicht zur Nichtigkeit, sondern nur zur Anfechtbarkeit des Hauptversammlungsbeschlusses führt.

Abs. 5 ist neu. Er betrifft das sog. mittelbare Bezugsrecht. Siehe dazu die Ausführungen unter Anm. 15 sowie den Entstehungsbericht bei Kropff, AktG (1965), S. 295ff.

Gegenüber dem geltenden deutschen Recht bringt der Vorschlag einer 2. Koordinierungsrichtlinie der EWG (vgl. dazu oben Vorbemerkungen II vor § 182) sachlich keine wesentlichen Verbesserungen. Allerdings sieht er vor (Art. 25 Ziff. 2 Satz 2), daß das Verwaltungsorgan zur Erhöhung der Publizität einen schriftlichen Rechenschaftsbericht über die Gründe der Beschränkung des Bezugsrechts und den vorgesehenen Ausgabekurs abgeben muß. Das ist weiterreichend als der bloße Hinweis nach § 186 Abs. 4.

I. Das Bezugsrecht im deutschen Aktienrecht

Anm. 1

1. Die historische Entwicklung

Die Geschichte des Bezugsrechts ist auch die Geschichte unkontrollierter Mehrheits- und Verwaltungsmacht. Das Bezugsrecht des Aktionärs fand im deutschen Gesellschaftsrecht nur langsam und schrittweise seine Gestalt. Das hat seinen Grund darin, daß man die zentrale Bedeutung des Bezugsrechts für die Rechtsstellung des Einzelaktionärs und die Möglichkeiten mißbräuchlicher Handhabung nicht erkannte oder nicht wahrhaben wollte. Der Aktionär muß durch sein Bezugsrecht in doppelter Richtung geschützt werden: bei einer Kapitalerhöhung soll ihm sein proportionaler Anteil an Herrschafts- und sonstigen Aktionärsrechten erhalten bleiben; außerdem darf der Vermögenswert seiner Aktien nicht zugunsten Dritter durch einen günstigen Ausgabekurs neuer Aktien verwässert werden.

a) Die Zeit des HGB und die Rechtsprechung des Reichsgerichts

Im ADHGB fanden sich zunächst überhaupt keine Bestimmungen über das Bezugsrecht. Das führte namentlich in den Gründerjahren zu erheblichen Mißbräuchen. Es bildete sich die weit verbreitete Übung aus, bereits bei der Gründung der Aktiengesellschaft den Gründern oder den Verwaltungsmitgliedern in der Satzung zeitlich beschränkte oder gar unbeschränkte Bezugsrechte einzuräumen und diesen satzungsmäßigen Bezugsrechten von vornherein einen möglichst vorteilhaften Charakter durch Festlegen der Bedingungen zu verleihen. Diesen Mängeln trat die Aktiennovelle von 1884 durch Art. 215a Abs. 4 ADHGB, dem heute § 187 entspricht, entgegen. Durch diese Bestimmung wurde es für die Zukunft verboten, von vornherein, also schon vor dem jeweiligen Beschluß über die Erhöhung des Grundkapitals einzelnen Personen bindende Bezugsrechtszusicherungen zu geben. Ein weiterer Schutz wurde den einzelnen Aktionären jedoch nicht gewährt. Die Generalversammlung konnte nach wie vor einzelnen Aktionären oder Gruppen besondere Vorteile einräumen und zwar nicht bloß ausdrücklich, sondern sogar stillschweigend. Schwieg der Generalversammlungsbeschluß über die Zuteilung der Aktien, so war die Verwaltung in der Begebung der Aktien und in den Bedingungen der Begebung frei. Die Gefahren bestanden also fast unvermindert fort und Kapitalerhöhungen konnten zum Vorteil bestimmter Aktionäre oder Dritter ausgenutzt werden. Erst mit Einführung des § 282 HGB wurde das *gesetzliche Bezugsrecht* aller Aktionäre im Verhältnis ihres Aktienbesitzes grundsätzlich anerkannt. Freilich auch das noch in unzulänglicher Form, weil keine Klarheit darüber bestand, ob dieses Bezugsrecht durch einfachen Mehrheitsbeschluß ausgeschlossen werden konnte und weil überdies jedenfalls die Satzung für den Ausschluß des Bezugsrechts einen einfachen Mehrheitsbeschluß vorschreiben konnte. Die gesetzliche Lösung war im übrigen deshalb ungenügend, weil im Gesetz offenblieb, ob der *formell* der Aktienmehrheit zugängliche Bezugsrechtsausschluß außerdem *inhaltlichen* Anforderungen genügen mußte.

Das Reichsgericht entschied sich dahin, in der gesetzlichen Norm einen Freibrief für fast unbeschränkte Mehrheits- und Verwaltungsentscheidungen zu sehen. Es prüfte in ständiger Rechtsprechung lediglich, ob der das Bezugsrecht ausschließende Generalversammlungsbeschluß gegen die guten Sitten verstoße. Im übrigen, so meinte das Gericht, mache die Mehrheit nur von ihrem „gesetzlichen, nach freiem Ermessen auszuübenden Recht" Gebrauch; eine planmäßige Machtsicherung sei ihr nicht verboten. Das erste Grundsatzurteil in diesem Zusammenhang war das viel kritisierte *Hibernia*-Urteil (RGZ 68, S. 235), dem mehrere gleichgerichtete Urteile nach dem ersten Weltkrieg folgten (RGZ 105, S. 373; 107, S. 67; 108, S. 322; 113, S. 188; 118, S. 67; 119, S. 248). Allen Urteilen ist gemeinsam, daß das Gericht unter dem Vorwand, Machtkämpfe in der Aktiengesellschaft nicht kontrollieren zu können, praktisch gewissen Wertungsgesichtspunkten den Vorrang einräumte, vor allem dem Schutz der deutschen Aktiengesellschaften vor ausländischem Kapital und vor inländischen Wettbewerbern. Dabei ist allerdings zu bedenken, daß die allgemeine Zeitströmung dem Gedanken eines offenen oder gar internationalen Kapitalmarktes nicht günstig war und daß das HGB mit der Duldung von Mehrstimmrechtsaktien legale Möglichkeiten anbot, teilweise die gleichen Ziele wie ein Bezugsrechtsausschluß zu erreichen. Diese Beurteilung wurde von der Lehre vom „Unternehmen an sich" literarisch unterstützt. Es gab jedoch seinerzeit auch Fälle, in denen die Vergabe junger Aktien in Wahrheit als Erwerbs- und Gewinnquelle benutzt wurde, und es gab frühzeitig kritische Stimmen, die den Mißstand anprangerten. Bereits 1923 bezweifelte Horrwitz (JW 1923, S. 917) die Souveränität der Generalversammlung; diese könne das Bezugsrecht nur ausschließen, wenn es das Interesse der Gesellschaft erfordere und wenn das zu schützende Gesellschaftsinteresse nicht auch in anderer Weise wahrgenommen werden könne (vgl. dazu auch Nußbaum, JW 1923, S. 918; Wassermann, BankA 22 [1922/23], S. 187; vgl. außerdem die rechtliche und wirtschaftliche Analyse von Brodmann, ZBlHR 1927, S. 1 ff.; 53). Diese Kritik konnte sich seinerzeit nicht durchsetzen. Typisch ist etwa die Bemerkung von Bernicken (Bezugsrecht, S. 56) von einem bewußten Zusammenwirken zur Umgehung und Schädigung fremder Rechte könne doch kaum gesprochen werden, wenn die Mehrheit der Generalversammlung von einem ihr im Gesetz ausdrücklich vorbehaltenen Recht Gebrauch mache. Ähnlich äußerte sich der seinerzeit führende Kommentar zum HGB von Düringer-Hachenburg (-Bing, § 185 HGB, Anm. 37), es müsse dem Ermessen der Aktionärsmehrheit überlassen bleiben, ob die Vorteile der neuen Beteiligung für die Gesellschaft die Nachteile für die bisherigen Aktionäre oder einen Teil von ihnen ausgleichen.

Eine grundsätzliche Wende zeichnete sich indes in einem Urteil des Reichsfinanzhofs ab (JW 1929, S. 2183; vgl. dazu Fleck, JW 1929, S. 1761; Nußbaum, JW 1929, S. 2109). Das Reichsgericht selbst leitete mit seiner letzten Entscheidung in dieser Frage im sog. *Victoria*-Urteil (RGZ 132, S. 149) eine neue Epoche aktienrechtlichen Denkens ein. Dort steht der berühmte Satz: „Aus der Befugnis, im Wege des Mehrheitsbeschlusses zugleich auch für die Minderheit zu beschließen und damit mittelbar über deren in der Gesellschaft gebundene Vermögensrechte zu verfügen, ergibt sich ohne weiteres die gesellschaftliche Pflicht der Mehrheit, im Rahmen des Gesamtinteresses auch den berechtigten Belangen der Minderheit Berücksichtigung angedeihen zu lassen und deren Rechte nicht über Gebühr zu verkürzen" (RGZ 132, S. 163).

b) Die Zeit des AktG 1937 und die bisherige Rechtsprechung des Bundesgerichtshofs

Das AktG 1937 verbesserte die Lage des Einzelaktionärs. In § 153 wurde das gesetzliche Bezugsrecht der Aktionäre weiter verstärkt. Der Hauptversammlungsbeschluß über die Beseitigung des Bezugsrechts bedurfte nunmehr — und zwar zwingend — einer Mehrheit, die mindestens drei Viertel des bei der Beschlußfassung vertretenen Grundkapitals umfaßte. Außerdem wurde zur Vermeidung von Überraschungen vorgeschrieben, daß die Ausschließung vorher ausdrücklich und fristgemäß angekündigt werden mußte. Schließlich wurden die vor der Aktiennovelle 1884 begründeten alten satzungsmäßigen Bezugsrechte aufgehoben (§ 12 EGAktG 1937; vgl. auch RG, DJ 1936, S. 614). Im übrigen wurde die Schaffung von Mehrstimmrechtsaktien an eine ministerielle Genehmigung geknüpft; Vorratsaktien sind dadurch uninteressant gestaltet, daß der Ausschluß des Bezugsrechts zwingend von einer Mehrheit, die mindestens drei Viertel des bei der Beschlußfassung vertretenen Grundkapitals umfaßt, abhängt.

Urteile des Reichsgerichts zum Bezugsrecht sind nicht mehr ergangen. Erst der Bundesgerichtshof hatte Gelegenheit, die Stellung des Einzelaktionärs weiter zu sichern; seine Stellungnahme ist zwiespältig. Der gleiche Rechtsstreit gelangte zweimal in die Revisionsinstanz (vgl. BGHZ 21, S. 354 = JZ 1957, S. 179 [Mestmäcker] = LM Nr. 1 zu § 169 AktG 1937 [Fischer]; BGHZ 33, S. 175 = NJW 1961, S. 26 = LM Nr. 1 zu § 11 AktG 1937 [Fischer]). In dem ersten Urteil stellt der BGH fest, der Vorstand dürfe eine ihm erteilte Ermächtigung zur Ausgabe neuer Aktien nicht zum Schaden der Gesellschaft mißbrauchen oder sich bei Ausübung dieser Ermächtigung von sachfremden Gesichtspunkten leiten lassen. Liege ein Angebot vor, die Aktien zu einem wesentlich höheren Betrag als den Nennbetrag zu übernehmen, so müsse er dem nähertreten und dürfe die neuen Aktien nicht ohne weiteres an ihm genehme Erwerber zum Nennwert abgeben. Wolle der Vorstand ein Angebot wegen des damit verbundenen Interesses, eine bestimmte Mehrheit zu erlangen oder als Konkurrent Einfluß auf die Gesellschaft zu gewinnen ablehnen, so könne es geboten sein, die neuen Aktien ohne Rücksicht auf den Ausschluß des Bezugsrechts der Aktionäre allen Aktionären im Verhältnis zu ihrem bisherigen Aktienbesitz anzubieten, statt einzelne Aktionäre oder Dritte zu bevorzugen. Der BGH wich von diesen eigenen Thesen in BGHZ 33, S. 175 ab, mit der Begründung, die Mehrheit dürfe in der Verwaltung ihre eigenen Vermögens- und Einflußinteressen durchsetzen, wenn sie einen erbitterten Konkurrenten ausschalten wolle, der der Aktiengesellschaft mehrfach geschadet habe und für die Zukunft eine Vernichtung des Unternehmens anstrebe. Ob das Urteil im Ergebnis zutraf, läßt sich ohne Kenntnis des Sachverhalts nicht sagen; die Begründung darf nicht verallgemeinert werden (vgl. dazu die scharfe Kritik von Mestmäcker, BB 1961, S. 945; Klette, BB 1968, S. 977, 980). Wenn es auch berechtigt ist, einem Aktionär die Zuweisung von jungen Aktien zu versagen, weil er mit — für einen Mitaktionär — zweifelhaften Mitteln das Unternehmen geschädigt hat, so legitimiert dies die Verwaltung nicht ohne weiteres zur Selbstzuweisung der jungen Aktien zum Nennwert. Ob der offenkundig vorhandene Mehrwert der neuen Aktien auf ihrem Buchwert beruht oder ob er erst durch Einfügen in ein Mehrheitspaket entsteht, bleibt gleich, wenn der erste Erwerber das gleiche Interesse an der Paketbildung hat.

c) Der heutige Rechtsstand

Das AktG 1965 brachte gewisse Verbesserungen, allerdings nicht unmittelbar in § 186 AktG.

Nach früherem Recht entschied der Vorstand beim genehmigten Kapital über den Ausschluß des Bezugsrechts der Aktionäre, wenn die Ermächtigung keine Bestimmung enthielt. Die Hauptversammlung konnte demnach durch bloßes Schweigen die Zuständigkeit für die Entscheidung über den Bezugsrechtsausschluß delegieren. Nach § 203 Abs. 2 des AktG entscheidet jetzt die Hauptversammlung auch beim genehmigten Kapital grundsätzlich selbst über den Ausschluß des Bezugsrechts. Sie kann dem Vorstand die Entscheidung nur ausdrücklich, also *bewußt* überlassen (vgl. dazu unten § 203, Anm. 3). Auf Anregung des Bundesrates wurde außerdem in § 255 AktG ein *neuer Anfechtungsgrund* eingefügt. Wenn der Ausgabebetrag, zu dem die jungen Aktien ausgegeben werden sollen, unangemessen niedrig ist, so liegt darin eine durch die Lage der Gesellschaft nicht bedingte Schädigung der bisherigen Aktionäre. Hier will § 255 Abs. 2 Abhilfe schaffen. Wichtig ist die Vorschrift nicht deshalb, weil sie ein vielleicht bisher schon bestehendes Anfechtungsrecht klarstellt, sondern weil sie bestätigt, daß trotz eines Bezugsrechtsausschlusses rechtliche Anforderungen an die Entscheidungsinhalte der Hauptversammlung und damit auch an diejenigen der Verwaltung zu stellen sind. *Der Schutz des Einzelaktionärs vor Verwässerung des Aktienkapitals wird folglich vom Bezugsrechtsausschluß nicht aufgehoben; er ist vielmehr auch nach dem Hauptversammlungsbeschluß angemessen zu berücksichtigen.*

In § 186 Abs. 5 selbst enthält das Gesetz eine Klarstellung hinsichtlich des sog. *mittelbaren Bezugsrechts.* Im heutigen Wirtschaftsleben spielt das unmittelbare Bezugsrecht der Aktionäre keine Rolle mehr. In fast allen Fällen werden bei einer Kapitalerhöhung Banken oder Bankenkonsortien eingeschaltet, die ihrerseits die jungen Aktien unter Ausschluß des unmittelbaren Bezugsrechts übernehmen und sich verpflichten, diese Aktien sodann den Aktionären auf ihr Verlangen im Verhältnis ihres Aktienbesitzes zu überlassen. Die Frage, ob das mittelbare Bezugsrecht einen Ausschluß des gesetzlichen Bezugsrechts darstellt und ob demgemäß die Vorschriften der Abs. 3 und 4 insoweit Anwendung finden müssen, war unter der Geltung des früheren § 153 AktG 1937 streitig, richtiger Auffassung nach jedoch zu bejahen (vgl. Robert Fischer, 2. Auflage, § 153, Anm. 8; damals herrschende Meinung). RefEntw. (§ 171) und RegEntw. (§ 174) schlossen sich dieser strengeren Auffassung an. Der Gesetzgeber entschied sich anders. Nach der nunmehr gültigen Fassung des § 186 Abs. 5 ist weiterhin die Übernahme der jungen Aktien durch einen anderen als ein Kreditinstitut als Ausschluß des Bezugsrechts anzusehen, da hier für die Aktionäre keine Gewähr besteht, daß sie ihr Bezugsrecht durchführen können. Diese Gewähr soll jedoch nach Ansicht des Gesetzgebers angesichts der Überwachung der Kreditinstitute durch das Bundesaufsichtsamt für das Kreditwesen bestehen, wenn ein Kreditinstitut oder ein Bankenkonsortium die Aktien zunächst übernimmt; dieser Fall ist daher nach der Regelung des Abs. 5 nicht mehr als Ausschluß des Bezugsrechts anzusehen; die Erschwerungen der Abs. 3 und 4 greifen also nicht ein. Anstelle der in Abs. 2 für das unmittelbare Bezugsrecht vorgesehenen Bekanntmachung tritt die Bekanntmachung des Bezugsangebotes des Kreditinstituts in den Gesellschaftsblättern. Die Bevorzugung der Kreditinstitute wirkt sich in doppelter Hinsicht aus. Die Satzung kann für einen Kapitalerhöhungsbeschluß geringere Anforderungen als die übliche drei Viertel Mehrheit vorschreiben, nicht jedoch, wenn das Bezugsrecht ausgeschlossen werden soll. Außerdem kommt den Bedingungen, zu denen die neuen Aktien den Aktionären anzubieten sind, große Bedeutung zu; erschwerte Bezugsbedingungen können zu einem effektiven Bezugsrechtsausschluß unter dem Deckmantel des mittelbaren Bezugsrechts führen.

Anm. 2

2. Der Interessenkonflikt

a) Die Interessen des Einzelaktionärs

Das Bezugsrecht gewährt jedem Aktionär bei einer Kapitalerhöhung einen Anspruch auf Zuteilung der neuen Aktien im Verhältnis zu seinem bisherigen Anteil am Grundkapital. Die Bedeutung des Bezugsrechts liegt darin, den Aktionär bei einer Kapitalerhöhung vor *Einbuße an Herrschaftsbefugnissen* in der Gesellschaft und *am Substanzwert seiner Mitgliedschaft* zu bewahren. Beim Ausschluß des Bezugsrechts verlieren die Aktionäre ihren proportionalen Anteil an der Stimmenmacht und sie werden in Zukunft am Gesamtvermögen der Gesellschaft weniger beteiligt, wenn die neuen Aktien zu einem Kurs verkauft werden, der unter ihrem inneren Wert liegt. Häufig ist der Ausgabebetrag der jungen Aktien niedriger als der Börsenpreis der alten Aktien und eine Kapitalerhöhung führt offensichtlich zur Wertminderung der alten Aktie, dem sog. Abschlag an der Börse. Aber selbst wenn die neuen Aktien zum Börsenkurs der handelbaren alten Stücke angeboten werden — was nur bei einer Hausse-Stimmung am Aktienmarkt empfehlenswert ist — oder wenn die alten Aktien durch die Kapitalerhöhung nicht gedrückt werden, verliert der bisherige Aktionär ohne Bezugsrecht einen Teil des Buchwerts seiner Anteile und außerdem sein Vorrecht, Kapital in „seinem" Unternehmen neu investieren zu können.

Diese verschiedenen Interessen sind *getrennt* zu beobachten und zu bewerten. Einmal deswegen, weil es Gründe geben kann, die Kräfteverteilung in der Aktiengesellschaft zu verändern und dabei das Interesse der Kleinaktionäre an einer Aufrechterhaltung ihres Stimmanteils zu übergehen, ohne daß gleichzeitig die Vermögensinteressen der bisherigen Aktionäre benachteiligt werden dürfen. Daß der Schutz der alten Aktionäre vor Verwässerung des Aktienkapitals trotz des Bezugsrechtsausschlusses weiter besteht, beweist jetzt § 255 Abs. 2. Zum anderen, weil die verschiedenen Interessen der Gesellschafter je nach der Struktur der Gesellschaft von unterschiedlicher Wertigkeit sind. In der Publikumsaktiengesellschaft kommt der Erhaltung des Substanzwerts Vorrang zu und eine Vermögenseinbuße der Altaktionäre ist nur als *ultima ratio* anzuerkennen.

b) Die Interessen des Unternehmensgesellschafters

Wenig geklärt ist, welche Interessen der Unternehmensgesellschafter (also ein die Gesellschaft beherrschender Aktionär oder eine Aktionärsgruppe) mit der Ausgabe neuer Aktien verfolgen darf. Sicher liegt ein Mißbrauch vor, wenn die Mehrheit mit dem Ausschluß des Bezugsrechts — oder mit der Festsetzung des Ausgabekurses — Sondervorteile zu erlangen sucht, also etwa lediglich ihre Kontrollposition verstärken oder die Minderheit hinausdrängen will; vgl. § 243 Abs. 2. Fraglich ist, wieweit die Ausgabe neuer Aktien dazu benutzt werden darf, die Aktiengesellschaft vor *Überfremdung* durch ausländisches Kapital oder vor Unterwanderung durch in- oder ausländische Konkurrenzunternehmen zu schützen. Das Gesellschaftsinteresse an einer bestimmten Zusammensetzung des Gesellschafterkreises kann durch Einführung vinkulierter Namensaktien oder dadurch erfüllt werden, daß man verschiedene Aktionärsgattungen bildet (Vorzugsaktien ohne Stimmrecht, Stimmrechtsbeschränkungen). Besteht ein öffentliches Interesse, so kommen Mehrstimmrechtsaktien infrage; vgl. § 12 Abs. 2. Das schließt aber nicht aus, daß mit der Vergabe junger Aktien gleichzeitig im Interesse der Gesellschafter und der Erhaltung des Unternehmens „Gesellschafterpolitik" betrieben wird. Die abweichende Meinung von Mestmäcker (BB 1961, S. 945, 946) ist in Übereinstimmung mit BGHZ 33, S. 175 abzulehnen. Neue Gesellschafter bringen nicht bloß Kapital, sondern (teilweise) auch ihre Persönlichkeit in die Gesellschaft ein. Also kann es gerechtfertigt sein, Gesellschafter, die den Verband oder das Unternehmen stören und zerstören wollen, abzuhalten. Gerade wenn man die *Pflichtenstellung* des Unternehmensgesellschafters betont und in Erwägung zieht, ihn für eine unverantwortliche Übertragung seiner Aktien haften zu lassen (vgl. dazu Wiedemann, Minderheitenschutz und Aktienhandel, S. 52ff.), erscheint es möglich, dem Unternehmensgesellschafter im Interesse *aller* anderen Aktionäre das Recht und die Pflicht zu geben, zukünftigen Konfliktsituationen vorzubeugen. Gegenüber einem Erwerber mit unlauteren Absichten kann man den Anlageaktionär sicher nicht auf den Schutz durch die Aktienrechtsordnung verweisen; ebensowenig ist ihm mit späteren Schadenersatzansprüchen oder Anfechtungsklagen geholfen, wenn der neue Aktionär von vornherein gesellschaftswidrige Maßnahmen beabsichtigt.

c) Das Finanzierungsinteresse des Unternehmens

Ein legitimer Interessenkonflikt bei der Vergabe neuer Aktien entsteht im Hinblick darauf, daß die Aktiengesellschaft ihr Bedürfnis nach neuem Betriebskapital so wirtschaftlich wie möglich befriedigen muß. Die Unternehmenspolitik kann es notwendig machen, junge Aktien gegen Sacheinlagen anzubieten oder neue Kapitalgeber zu einem günstigen Kurs zu gewinnen und in beiden Fällen das Interesse der alten Aktionäre zurückzustellen. Dafür gilt der Satz von Horrwitz (JW 1923, S. 917), daß ein Mißbrauch des der Hauptversammlung zustehenden Ausschlußrechts immer dann vorliegt, „wenn sie das Bezugsrecht der Aktionäre ohne Not umgeht, das heißt, wenn das Interesse der Gesellschaft dieser Ausschließung nicht bedarf" (ebenso Robert Fischer, 2. Auflage, § 153 AktG 1937, Anm. 16; Ritter, § 153 AktG 1937, Anm. 4b).

d) Die Interessen der Arbeitnehmer

Sozialpolitische Erwägungen, die jungen Aktien den Arbeitnehmern der Gesellschaft anzubieten, können ebenfalls den Ausschluß des Bezugsrechts rechtfertigen. Das neue Gesetz hat zu diesem Zweck die Arbeitnehmeraktien im Rahmen der bedingten Kapitalerhöhung genannt; vgl. § 192 Abs. 2 Ziff. 3 und die Erläuterungen dazu.

Anm. 3

3. Der Anknüpfungspunkt für eine Kontrolle der Mehrheits- und Verwaltungsmacht

a) Noch beim Erlaß der §§ 282, 283 HGB ging man davon aus, daß das Einräumen von Sondervorteilen an bestimmte Personen oder Gruppen seltener vorkommen werde, wenn sie im Kapitalerhöhungsbeschluß entweder ausdrücklich erwähnt werden müssen oder wenn doch wenigstens aus dem Beschluß hervorgehen muß, daß die dem Geist des Aktienrechts entsprechende grundsätzlich gleichmäßige Behandlung aller Aktionäre in diesem Fall nicht Platz greifen sollte (vgl. Bernicken, Bezugsrecht, S. 7). Heute steht fest, daß derartige *Warnungen* für den Schutz der Kleinaktionäre nicht ausreichen (vgl. aber Art. 42 Abs. 2 des Kommissionsentwurfs eines Statuts für Europäische Aktiengesellschaften, ABlEG vom 10. 10. 1970 Nr. C 124).

b) Nicht ausreichend ist auch eine Kontrolle durch die *§§ 138, 826 BGB* und zwar deshalb nicht, weil ihre Voraussetzungen häufig nicht nachweisbar sind. Sie geben außerdem nur in seltenen Fällen einen Hinweis, unter welchem Sachgesichtspunkt der Mehrheits- oder Verwaltungsentscheid nachgeprüft werden soll.

c) Sehr bestritten ist, wie weit der Grundsatz der *gleichmäßigen Behandlung* aller Aktionäre zur Lösung beiträgt (vgl. statt aller Götz Hueck, Grundsatz der gleichmäßigen Behandlung, S. 333 ff.; ders., Festschrift für H. C. Nipperdey [1965], Bd. I, S. 439 ff.; kritisch Wiethölter, Interessen, S. 122 ff.; Mestmäcker, BB 1961, S. 949; Immenga, Die personalistische Kapitalgesellschaft, S. 229 ff.). Die Geltung des Gleichbehandlungsgebots in diesem Zusammenhang ist angesichts des § 243 Abs. 2 unbestreitbar. Wer über die Vergabe der neuen Aktien zu entscheiden hat, die Hauptversammlung oder die Verwaltung, ist deshalb grundsätzlich an den Gleichheitssatz gebunden. Nur findet dieser schnell seine sachliche und zeitliche Grenze, hinter der er zur Leerformel erstarrt. Wenn es nicht um die Verteilung der neuen Aktien geht, sondern um die *Ausgabe zu einem angemessenen Kurs*, so greift der Gleichheitssatz nicht ein; auch die legitime Bevorzugung eines Großaktionärs bei der Zuteilung rechtfertigt es nicht, ihm die neuen Aktien unter ihrem inneren Wert zu überlassen. Außerdem liefert der Gleichheitssatz *nach* einem Hauptversammlungsbeschluß, der das Bezugsrecht ausgeschlossen hat, in der Regel keine Verhaltensmaxime, da nur in seltenen Fällen die sachgerechte Entscheidung darin bestehen wird, den Hauptversammlungsbeschluß praktisch rückgängig zu machen und die Aktien allen Aktionären anzubieten.

d) Von dem früher das deutsche Aktienrecht beherrschenden System der *Sonderrechte* des Einzelaktionärs aus, war eine richtige Lösung überhaupt nicht möglich, denn dieses „Sonderrecht" konnte und kann zweifellos rechtmäßig von einer Mehrheitsentscheidung aufgehoben werden; anders das französische Recht, das in Art. 186 der loi vom 24 Juillet 1966 den begünstigten Aktionären bei der Abstimmung über die Kapitalerhöhung das Stimmrecht versagt (ähnliche Schlußfolgerungen wurden früher aus dem § 252 Abs. 3 HGB gezogen; vgl. Brodmann, § 252 HGB, Anm. 5a; Schlegelberger-Quassowski, § 149 AktG 1937, Rdn. 8).

e) Den richtigen Anknüpfungspunkt, den Schutz des Einzelaktionärs inhaltlich zu erfassen, brachte die erwähnte Schlüsselentscheidung RGZ 132, S. 163: der Mehrheit (erst recht der Verwaltung) obliegt die *gesellschaftliche* Pflicht, auch berechtigte Belange der Minderheit zu berücksichtigen und deren Rechte nicht über Gebühr zu verkürzen; nicht nur die Verwaltung, sondern *auch den Unternehmensgesellschafter bindet kraft seines Status in dem Verband eine körperschaftliche Amtspflicht*, die sich heute in den Vorschriften über verbundene Unternehmen manifestiert. Der Ausgangspunkt fand nach dem zweiten Weltkrieg vor allem durch die Rechtsvergleichung mit den Vereinigten Staaten von Nordamerika im deutschen gesellschaftsrechtlichen Schrifttum Verbreitung (vgl. Mestmäcker, Verwaltung, S. 195 ff.; Wiethölter, Interessen, S. 129; Wiedemann, Minderheitenschutz, S. 4 ff.; jetzt auch Robert Fischer, Minderheitenschutz, S. 71). Der gesamte Vorgang der Ausgabe neuer Aktien muß diesem Maßstab genügen. Daran ändert auch ein einwandfreier Bezugsrechtsausschluß nach § 186 Abs. 3 und 4 nichts. Der Hauptversammlungsbeschluß spricht weder der Mehrheit noch der Verwaltung *plein pouvoir* zu. Der Bezugsrechtsausschluß steht überhaupt nicht im Mittelpunkt des Problems. Auch wenn es gar kein Bezugsrecht gäbe, müßte man fragen, welche Rechtspflicht die in der aktienrechtlichen Organisation zuständige Stelle bei ihrer Willensbildung anläßlich der Ausgabe neuer Aktien trifft. Die Einräumung des Bezugsrechts im Gesetz dokumentiert allerdings eine gegenüber anderen Organisationsmaßnahmen erhöhte Pflicht zur Interessenwahrnehmung und hat zur Folge, daß Mehrheit oder Verwaltung ihre Entscheidung gegebenenfalls sachlich rechtfertigen müssen; damit ist auch die Beweislast geregelt.

Anm. 4

4. Sachkriterien anläßlich der Vergabe neuer Aktien

a) Verteilung der neuen Aktien

Es ist ein allgemeiner aktienrechtlicher Grundsatz, daß das Bezugsrecht der alten Aktionäre bei Verschmelzung, bei der Ausgabe von Wandelschuldverschreibungen und bei der Wiederausgabe eigener Aktien ausgeschlossen ist. Das gilt auch für solche Sacheinlagen eines Altgesellschafters, die lediglich von ihm bezogen werden können; er tritt der Gesellschaft wie ein Dritter gegenüber, es sei denn, er habe den Gegenstand erworben, um ihn besonders günstig an die Aktiengesellschaft weiterzuveräußern. Dagegen gilt das gleiche nicht für die Umwandlung von Forderungen gegen die Aktiengesellschaft in Anteilsbesitz, auch nicht ohne weiteres im Zuge der Sanierung, wenn der Kapitalbedarf auf anderem Wege befriedigt und damit die Schuld getilgt werden kann.

Werden die Aktien gegen Einzahlung ausgegeben, so muß man zwischen verschiedenen *Strukturformen* der Aktiengesellschaft unterscheiden. Wenn es sich um eine Gesellschaft handelt, deren Aktien im Publikum weit verstreut sind, so braucht der organisationsrechtliche Bestandteil der Aktien, nämlich das Recht auf Mitverwaltung in der Regel nicht berücksichtigt zu werden. Gegen einen Bezugsrechtsausschluß bestehen mithin keine Einwendungen, wenn der relative Vermögensanteil der Publikumsgesellschafter durch einen angemessenen Ausgabekurs der neuen Aktien erhalten bleibt. Umgekehrt stößt ein Bezugsrechtsausschluß in einer *personalistischen* Kapitalgesellschaft auf Bedenken, weil hier das Mitgliedschaftsrecht wesentlich von der Verwaltungsmacht geprägt wird. Es muß ein dringendes, auf andere Weise nicht zu erfüllendes Kapitalbedürfnis vorliegen, um hier die Einzelrechte der Gesellschafter zu verkürzen. In einer gemischt kapitalistisch-personalistischen Gesellschaft ist im Einzelfall festzustellen, welches Interesse überwiegt. Auch wenn es das Gesetz nicht ausdrücklich sagt, so geht doch im Zweifel das Erhaltungsstreben des Einzelaktionärs dem Finanzierungsbedürfnis des Unternehmens vor; die verklagte Aktiengesellschaft trägt folglich die Beweislast für die Rechtmäßigkeit ihres Vorgehens.

b) Ausgabekurs

Zur Frage der Festsetzung eines angemessenen Ausgabekurses vgl. oben zu § 182, Anm. 8.

Anm. 5

5. Das Bezugsrecht bei mehreren Aktiengattungen

Die gerechte Beteiligung bei der Ausgabe neuer Aktien wird sehr schwierig, wenn mehrere Aktiengattungen bestehen: nicht volleingezahlte Aktien (vgl. dazu Götz Hueck, Festschrift für H. C. Nipperdey [1965], Bd. I, S. 445ff.), Stammaktien, Vorzugsaktien mit und ohne Stimmrecht usw. Selbstverständlich haben die Altaktionäre kein Recht zu verlangen, daß nur neue Aktien mit mindestens gleicher Berechtigung ausgegeben werden (anderer Ansicht Meilicke, BB 1961, S. 1284; wie hier Götz Hueck, a. a. O., S. 429). Einmal ist es schwer, einen Vergleichsmaßstab zu finden; außerdem wäre eine Eigenkapitalfinanzierung unmöglich, solange nicht sämtliche besser berechtigten Aktionäre dieser Maßnahme zustimmen. Umgekehrt haben grundsätzlich alle Aktiengattungen, auch die nicht stimmberechtigten, ein Bezugsrecht auf junge Aktien. Denn das Bezugsrecht gehört zum Inhalt der Mitgliedschaft. Fraglich ist, ob die Satzung das Bezugsrecht von vornherein bei einer Gattung einschränken kann und ob die unterschiedlichen Gattungen bei der Zuteilung eine Verschiedenbehandlung dulden.

a) Es ist bestritten, ob *Vorzugsaktien ohne Bezugsrecht* geschaffen werden können (bejaht von Staub, 11 Aufl., § 282 HGB, Anm. 4; verneint von Flechtheim, BankA 16, S. 367; Bernicken, Bezugsrecht, S. 62). Richtiger Ansicht nach können Vorzugsaktien nicht ohne Bezugsrecht ausgestaltet werden. Auch die Gegenansicht schließt aber nicht aus, daß den Inhabern neue Aktien angeboten werden, und sie entbindet weiter die Hauptversammlung oder die Verwaltung nicht von ihrer Pflicht, bei der Festsetzung des Ausgabekurses die Vermögensinteressen sämtlicher Aktionäre zu berücksichtigen.

b) Was die Verteilung junger Aktien unter verschiedene alte Aktiengattungen betrifft, so gilt der Grundsatz, daß sämtliche Gattungen derart an der Ausgabe beteiligt werden müssen, daß es zu keiner Verschiebung der Relationen zwischen den Aktienklassen kommt. In der Regel sind deshalb alle Gattungen entsprechend dem Nennbetrag der Aktien bei der Ausgabe junger Aktien gleichmäßig zu beteiligen. Gerade in der formellen Gleichbehandlung kann aber die sachliche Bevorzugung einer Aktiengattung liegen. Wenn Stammaktien und Vorzugsaktien vorhanden sind und neue Vorzugsaktien ausgegeben werden sollen, so sind die Rechte der bisherigen Vorzugsaktionäre durch § 141 gesichert. Sollten hingegen neue Stammaktien geschaffen werden, so müssen besondere Gründe vorliegen, sie nicht nur den alten Stammaktionären anzubieten, da diese bei einem *pro-rata*-Bezugsrecht der Vorzugsaktionäre in ihrer Stimmenmacht und bei einem Ausgabekurs unter dem wirklichen Wert auch in ihrem Vermögen eine Einbuße erleiden. Allgemeine Regeln lassen sich bei komplexen Aktienstrukturen nicht nennen.

II. Die Einräumung des Bezugsrechts

Anm. 6

1. Charakter und Arten des Bezugsrechts

a) Das Bezugsrecht gehört zu den *allgemeinen* Mitgliedschaftsrechten und ist untrennbarer Bestandteil der Mitgliedschaft. Das Bezugsrecht ist *kein Sonderrecht* und *kein unentziehbares Recht* (anderer Ansicht Schlegelberger-Quassowski, § 153 AktG 1937, Rdn. 2), da es ohne Zustimmung des einzelnen Aktionärs aufgehoben werden kann. Auch die Satzung kann das Bezugsrecht nicht zu einem Sonderrecht verstärken, insbesondere kann sie nicht bestimmen, daß das Bezugsrecht im Kapitalerhöhungsbeschluß nicht ausgeschlossen werden dürfe. Eine solche Satzungsbestimmung wäre unwirksam (Staub-Pinner, § 282 HGB, Anm. 8; Baumbach-Hueck, Rdn. 9). Jedoch ist es möglich, daß die Satzung an den Hauptversammlungsbeschluß, der das Bezugsrecht ausschließen soll, erhöhte Anforderungen stellt und damit ein praktisch unentziehbares Recht geschaffen wird.

Das allgemeine Bezugsrecht ist *untrennbarer Bestandteil* der Mitgliedschaft; es kann nicht verselbständigt, insbesondere nicht übertragen oder verpfändet werden. Sachlich ist das Bezugsrecht der Reflex der Pflichten, die das zuständige Organ in der Aktiengesellschaft gegenüber den einzelnen Aktionären bei der Ausgabe neuer Aktien treffen.

Von dem allgemeinen Bezugsrecht — man spricht insoweit auch von dem „Bezugsgrundrecht" (Th. Wolff, LZ 1921, Sp. 697) oder vom „virtuellen Bezugsrecht" (Ritter, § 153 AktG 1937, Anm. 2a) — ist das Bezugsrecht zu unterscheiden, das dem einzelnen Aktionär auf Grund eines wirksam gefaßten Kapitalerhöhungsbeschlusses im Einzelfall zusteht, der sog. konkrete Bezugsanspruch (Bernicken, Bezugsrecht, S. 16) oder das „aktuelle Bezugsrecht" (Ritter, Anm. 2a). Es handelt sich hier um den gleichen Unterschied wie beim Gewinnrecht, wo dem allgemeinen Mitgliedschaftsrecht auf Gewinnbeteiligung der Anspruch auf einen bestimmten Gewinnanteil als reines Gläubigerrecht gegenübersteht. Der im Einzelfall durch den Kapitalerhöhungsbeschluß entstandene Bezugsanspruch ist ebenfalls ein *Gläubigerrecht*, also ein persönlicher Anspruch des Aktionärs gegen die Gesellschaft auf Zuteilung neuer Aktien, eine selbständige Forderung, die zwar aus einem allgemeinen Mitgliedschaftsrecht entspringt, nunmehr — oder im voraus — von dem Aktienrecht gelöst werden kann. Es ist daher selbständig übertragbar und vererblich (RGZ 65, S. 21, 23; vgl. aber auch für ein altes, satzungsmäßiges Bezugsrecht und seine Unvererblichkeit RGZ 97, S. 239, 241); es unterliegt dem Zugriff in der Zwangsvollstreckung. Insoweit gilt für das Bezugsrecht das gleiche wie für einen Anspruch auf den Gewinnanteil (vgl. dazu oben Barz, § 58, Anm. 32). Wie jedes Gläubigerrecht, kann der Bezugsanspruch nach seiner Entstehung nicht mehr durch irgendwelche Maßnahmen der Aktiengesellschaft in seinem Bestand oder in seinem Umfang beeinträchtigt werden. Wird das Bezugsrecht veräußert, so hat der Veräußerer dem Erwerber das Bezugsrecht formlos abzutreten und ihm im übrigen zum Zweck der Legitimation den hierfür bestimmten Dividendenschein zu übergeben. Bei vinkulierten Namensaktien ist zur wirksamen Veräußerung des Bezugsrechts außerdem die Genehmigung der Gesellschaft erforderlich, es sei denn, es handelt sich bei den neuen Aktien um frei verfügbare Inhaberaktien.

b) Bei Einräumung eines Bezugsrechts entspricht der Substanzwert der neuen und der alten Aktien dem Wert des bisherigen Aktienbesitzes zuzüglich des auf die neuen

Aktien eingezahlten Betrages. Bei dem Bezugsrecht, das einen Vermögenswert darstellt, handelt es sich somit nie um einen Ertrag der alten Aktie, nicht um einen Vermögenswert, der dem Aktionär aus dem Vermögen der Gesellschaft zufließt, sondern um einen Ausgleich für den Verlust im Substanzwert der alten Aktien. Brodmann meint, daß sich in dem Vermögen des Aktionärs lediglich eine „Metamorphose" vollziehe (ZBlHR 1927, S. 53), eine ziemlich dunkle Ausdrucksweise. Es handelt sich um eine *gesellschaftsrechtliche Surrogation*, wie das Gesetz eine dingliche (§ 1370 BGB) oder obligatorische Surrogation (§ 281 BGB) kennt. Das ist auch nicht anders, wenn der Aktionär sein Bezugsrecht nicht selbst durchführt, sondern verkauft. Auch in diesem Fall stellt der Erlös lediglich den Ausgleich für die Wertminderung seiner alten Aktien dar, die mit dem Ablauf der Bezugsrechtsfrist eintritt. Dieser Beurteilung entspricht auch die steuerliche Behandlung des Bezugsrechts; vgl. dazu unten Anm. 17.

c) Man kann zwischen dem *gesetzlichen* oder ordentlichen und einem *vertragsmäßigen* oder außerordentlichen Bezugsrecht unterscheiden. Das vertragliche Bezugsrecht kann außerhalb des gesetzlichen Bezugsrechts der Aktionäre, also nach dessen Ausschluß auf Grund eines besonderen Vertrages eingeräumt werden; vgl. dazu unten § 187, Anm. 3. Man unterscheidet weiterhin zwischen dem gesetzlichen *unmittelbaren* Bezugsrecht der Aktionäre und dem sog. *mittelbaren* Bezugsrecht. Beim mittelbaren Bezugsrecht werden die neuen Aktien zunächst von einer Bank oder einem Bankenkonsortium übernommen, jedoch mit der Verpflichtung, sie den bisherigen Aktionären im Verhältnis ihres Aktienbesitzes zum Bezug anzubieten; vgl. dazu unten Anm. 15. Zu besonderen Arten des Bezugsrechts vgl. im übrigen die Zusammenstellung bei Bernicken, Bezugsrecht, S. 23ff.

Anm. 7

2. Die Ausübung des Bezugsrechts

Das Bezugsrecht muß *ausgeübt* werden, schon deshalb, weil nach den §§ 54, 180 kein Aktionär zu weiteren Einlagen verpflichtet ist. Es wird in der Weise ausgeübt, daß der Bezugsberechtigte in einer an den Vorstand als Vertreter der Gesellschaft gerichteten, formlos gültigen, empfangsbedürftigen Willenserklärung die entsprechende Zuteilung der jungen Aktien verlangt. Das vom Gesetz genannte „Verlangen" ist also nichts anderes als die Ausübung eines Mitgliedschaftsrechts. Es kann erst nach dem Kapitalerhöhungsbeschluß ausgeübt werden, weil der konkrete Bezugsanspruch diesen zu seiner Entstehung voraussetzt. Dabei ist nicht notwendig, daß der Kapitalerhöhungsbeschluß schon in das Handelsregister eingetragen ist (§ 184, Anm. 2). Das Bezugsrecht muß andererseits vor Eintragung der Durchführung der Kapitalerhöhung ausgeübt werden, weil diese die Zeichnung der jungen Aktien voraussetzt. Darüber hinaus kann für die Ausübung des Bezugsrechts in dem Kapitalerhöhungsbeschluß oder durch den Vorstand eine besondere Frist gesetzt werden.

Übt der Aktionär sein Bezugsrecht aus, so begründet sein Verlangen gleichzeitig die *Verpflichtung*, später einen formgerechten Zeichnungsschein auszustellen. Die Ausübung des Bezugsrechts verpflichtet also mittelbar schon zur späteren Aktienübernahme (herrschende Meinung; Rudolf Fischer, in: Ehrenberg, Bd. III 1, S. 327; Bernicken, Bezugsrecht, S. 82; Schlegelberger-Quassowski, § 153 AktG 1937, Rdn. 4; v. Godin-Wilhelmi, Anm. 1). Eine bindende Verpflichtung des Aktionärs liegt anläßlich der Ausübung des Bezugsrechts allerdings erst dann vor, wenn die Bedingungen des Bezugsrechts, insbesondere der Ausgabekurs, feststehen (insoweit zutreffend Brodmann, § 282 HGB, Anm. 3b). Unhaltbar ist die Ansicht von Ritter (§ 153 AktG 1937, Anm. 2c), der für die Ausübung des Bezugsrechts die formgerechte Ausstellung eines Zeichnungsscheins verlangt; denn hierfür gibt das Gesetz keinen Anhaltspunkt. Auf Grund des Verlangens des Aktionärs ist die Aktiengesellschaft verpflichtet, dem Bezugsberechtigten nach Durchführung der Kapitalerhöhung junge Aktien zuzuteilen; der Aktionär ist zur Zeichnung nach § 185 verpflichtet.

Zur Ausübung des Bezugsrechts hat sich der Bezugsberechtigte als solcher gegenüber der Gesellschaft zu *legitimieren*. Das geschieht bei Namensaktien durch den Eintrag im

Aktienbuch; vgl. § 67 Abs. 2 (dazu oben Barz, Anm. 15), bei Inhaberaktien in der Regel durch Vorlage eines bestimmten Dividendenscheins, der dann einzuliefern ist (vgl. auch RGZ 63, S. 403). Der Veräußerer des Bezugsrechts ist verpflichtet, den Käufer in den Stand zu setzen, sich entsprechend zu legitimieren. Wird das Bezugsrecht nicht ausgeübt, so können die darauf entfallenden Aktien vom Vorstand anderweit begeben werden. Das nicht ausgeübte Bezugsrecht kommt also den anderen Aktionären nicht zugute.

Anm. 8

3. Bekanntgabe des Ausgabebetrags und einer Frist zur Ausübung des Bezugsrechts

a) Der Vorstand hat den Ausgabebetrag, zu dem die neuen Aktien an die Aktionäre ausgegeben werden, in den Gesellschaftsblättern bekanntzumachen; vgl. Abs. 2. Auf den erklärten Bezugspreis darf die Gesellschaft keinen Pauschalbetrag für Unkosten und dgl. aufschlagen (RG, JW 1901, S. 617). Zur Höhe des Ausgabekurses vgl. oben § 182, Anm. 8.

b) Um der Gesellschaft rechtzeitig Gewißheit darüber zu verschaffen, in welchem Umfang die Aktionäre von ihrem Bezugsrecht Gebrauch machen, kann ihnen für die Ausübung des Bezugsrechts eine *angemessene Frist* gesetzt werden, die mindestens zwei Wochen betragen muß. Die Frist wird regelmäßig in dem Kapitalerhöhungsbeschluß bestimmt; sie kann auch in der Satzung festgelegt sein. Die Fristbestimmung kann auch dem Vorstand als dem mit der Durchführung des Beschlusses betrauten Organ überlassen werden; eine solche Befugnis des Vorstands ist anzunehmen, wenn weder die Satzung noch der Kapitalerhöhungsbeschluß etwas über die Frist aussagen (Brodmann, § 282 HGB, Anm. 5; Schlegelberger-Quassowski, § 153 AktG 1937, Rdn. 9; v. Godin-Wilhelmi, Anm. 4). Ritter (§ 153 AktG 1937, Anm. 2f) meint, das Recht zur Fristbestimmung stehe ausschließlich dem Vorstand zu. Das ist unrichtig; der ganze Vorgang der Kapitalerhöhung gehört als Strukturänderung zur Zuständigkeit der Hauptversammlung. Die Verwaltung hat nur Rechte, soweit die Hauptversammlung ihr die Entscheidung delegiert oder soweit es sich um die technische Ausführung handelt. Die Frist muß in jedem Fall angemessen sein, damit die Aktionäre je nach der Größenordnung der Stückelung in der Lage sind, sich Kapital zu beschaffen.

Die Fristbestimmung ist keine empfangsbedürftige Erklärung, die jedem Aktionär zugehen muß. Zu ihrer Wirksamkeit genügt die Bekanntmachung in den Gesellschaftsblättern (§ 25), die aber nach Abs. 2 auch notwendig ist. Die Bekanntmachung kann ergehen, bevor der Kapitalerhöhungsbeschluß eingetragen ist. In diesem Fall muß die Bekanntmachung einen Hinweis darauf enthalten, daß die Aufforderung zur Ausübung des Bezugsrechts an die Aktionäre vorbehaltlich der Eintragung des Kapitalerhöhungsbeschlusses ergeht.

Ist überhaupt keine Frist bestimmt, so läuft nicht etwa die gesetzliche Mindestfrist von zwei Wochen (so Staub-Pinner, § 282 HGB, Anm. 6). Der Vorstand verletzt dann den Anspruch der Aktionäre, deren Bezugsrecht er vereitelt, wenn er die Aktien vor Ablauf einer angemessenen Zeit anderweit begibt (Brodmann, § 282 HGB, Anm. 5). Der Aktionär kann sein Bezugsrecht so lange ausüben, bis die Durchführung der Kapitalerhöhung angemeldet werden muß, d. h. die Erklärung muß rechtzeitig genug in den Händen des Vorstands sein, um ihm die ordnungsgemäße Anmeldung der Durchführung vor dem Zeitpunkt zu ermöglichen, bis zu dem diese zur Vermeidung der Unverbindlichkeit der Zeichnung (§ 185 Abs. 1 Nr. 4) eingetragen sein muß (im Ergebnis ähnlich Ritter, § 153 AktG 1937, Anm. 2f; Schlegelberger-Quassowski, Rdn. 7). Läßt der Aktionär die Frist verstreichen, so wird dadurch die Ausübung zwar nicht unzulässig, die Gesellschaft kann aber die jungen Aktien anderweit begeben.

c) Werden die alten Aktien von einer Bank verwahrt, so ist sie nach Nr. 39 der Allgemeinen Geschäftsbedingungen der Banken verpflichtet, den Kunden zu benachrichtigen. Die Bank erwartet die besondere Weisung des Kunden; sollte diese nicht rechtzeitig eintreffen, so darf die Bank nach ihrem besten Ermessen handeln, insbesondere die Bezugsrechte bestens verkaufen, sofern sie bis zu dem der letzten Notiz des Bezugsrechts vorhergehenden Börsentag keine anderweitige Weisung des Kunden erhalten hat.

Anm. 9

4. Der zur Ausübung des Bezugsrechts Berechtigte

a) Das Bezugsrecht beim Nießbrauch

Die Frage, wem bei nießbrauchsbelasteten Aktien das Bezugsrecht zusteht, war lange Zeit unnötig umstritten. Angesichts der §§ 1075, 1079 BGB, die das Surrogationsprinzip vorsehen und angesichts des Charakters des Bezugsrechts (vgl. dazu oben Anm. 6), ist es selbstverständlich, daß das Bezugsrecht dem Aktionär zusteht. Trotzdem wäre eine dahingehende Bestimmung bei der Aktienrechtsreform wünschenswert gewesen. Das französische Recht enthält sie (vgl. Art. 187 der loi v. 24 Juillet 1966). Im Schrifttum besteht weitgehende Übereinstimmung darüber, daß der Nießbraucher kein Recht hat, das Bezugsrecht auszuüben (vgl. die Zusammenstellung der Literatur bei Robert Fischer, 2. Aufl., § 153 AktG 1937, Anm. 17; Guntz, AG 1958, S. 177, 179; Wiedemann, Übertragung, S. 405, 406). Auch die Rechtsprechung hat stets diesen Standpunkt vertreten (KG, OLGE 24 [1912], S. 139, 140; BayObLG, OLGE 36, S. 282 = SeuffArch 73 [1918], S. 131). Das Bezugsrecht ist kein Ertrag der Aktie im Sinne des § 99 BGB und auch kein Gebrauchsvorteil im Sinne des § 100 BGB; es ist ein *Surrogat* für die mit der Kapitalerhöhung verbundene Minderung des Substanzwertes der alten Aktie. Einwendungen gegen diese Auffassung überzeugen nicht. Man sagt, es lasse sich nicht übersehen, daß die im Lauf der Zeit eintretende Erhöhung des Substanzwertes einer Aktie, die im Bezugsrecht eine teilweise Realisierung findet, im Regelfall darauf zurückzuführen sei, daß der erwirtschaftete Reingewinn der Gesellschaft vorher nicht vollständig ausgeschüttet worden ist, der Nießbraucher also insoweit die Erträgnisse nicht im vollen Umfang erhalten habe (vgl. Robert Fischer, a. a. O.; Boesebeck, ZBlHR 1929, S. 15ff.; Rauch, Kapitalerhöhung aus Gesellschaftsmitteln, Teil II/III, S. 95ff.). Dabei wird verschiedenes vernachlässigt. Der Nießbrauch wird nicht am Unternehmen oder einem Teil davon bestellt, sondern an einem Mitgliedschaftsrecht. An Wertsteigerungen der Substanz nimmt der Nießbraucher nicht teil. Auch soweit das neue Kapital durch Selbstfinanzierung gebildet wird, werden die Gewinne nicht verteilt. Nicht selten zahlt überdies die Aktiengesellschaft die Dividende in unveränderter Höhe fort, so daß der Ertrag sich erhöht, der dem Nießbraucher zukommt. Vor allem aber besteht kein Anlaß für den Schutz des Nießbrauchers, da die Parteien nach unbestrittener Ansicht eine andere Regelung verabreden können.

Die Ausübung des Bezugsrechts steht als Verwaltungsrecht dem Aktionär zu. In der Rechtsgemeinschaft zwischen Gesellschafter und Nießbraucher vertritt der Aktionär beide nach außen; er übt deshalb nach herrschender Ansicht auch das Stimmrecht aus (vgl. Wiedemann, Übertragung, S. 408ff.). Dem Recht des Gesellschafters zur Vertretung entspricht eine *Pflicht* zur Ausübung des Bezugsrechts. Versäumt er diese Pflicht, so kann der Nießbraucher die Ausübung des Bezugsrechts oder dessen Verkauf verlangen; verfällt das Bezugsrecht, steht ihm ein Schadenersatzanspruch zu. Unhaltbar ist die früher vertretene Meinung (Staub-Pinner, § 282 HGB, Anm. 11; Teichmann-Koehler, § 153 AktG 1937, Anm. 2b), wonach die Ausübung des Bezugsrechts durch den Aktionär von der Genehmigung des Nießbrauchers abhängen soll. Es fehlt insoweit an der Voraussetzung des § 1071 Abs. 2 BGB, weil nicht die Ausübung des Bezugsrechts, sondern höchstens der Kapitalerhöhungsbeschluß eine Beeinträchtigung des Nießbrauchs herbeiführt (vgl. Bernicken, Bezugsrecht, S. 68). Der Nießbraucher hat seinerseits die etwa in seinem Besitz befindliche Aktienurkunde oder den entsprechenden Gewinnanteilschein dem Aktionär zur Verfügung zu stellen, damit dieser sein Bezugsrecht ausüben kann.

Da das Bezugsrecht nur ein abgespaltener Bestandteil des Aktienrechts ist, muß der Nießbrauch auch das Bezugsrecht in der Weise ergreifen, daß er beim Verkauf des Bezugsrechts an dem Erlös (vgl. Wiedemann, Übertragung, S. 408), oder beim Bezug der jungen Aktien an demjenigen Teil des Werts der neuen Aktien *fortbesteht*, der dem Wertverhältnis des Bezugsrechts zum Gesamtwert der jungen Aktien entspricht (Boesebeck, ZBlHR 1929, S. 17; Bernicken, Bezugsrecht, S. 71; Meilicke, BB 1961, S. 1282; abweichend Guntz, AG 1958, S. 177, 180). Denn würde der Aktionär die junge Aktie unbelastet vom Nießbrauch erhalten, so stellte dies den Aktionär ungerechtfertigt vom Nießbrauch frei und wäre nicht mit der Auffassung zu vereinbaren, daß das Bezugsrecht nicht Ertrag der alten Aktie ist, sondern Teil des ursprünglichen — und zwar belasteten — Substanzwerts. Auf der anderen Seite kann der Nießbraucher nicht verlangen, daß ihm an den jungen Aktien ein Nießbrauch bestellt wird, wenn das Bezugsrecht nur Pfennigbeträge wert war, weil die Emission zum Börsenkurs erfolgte.

b) Das Bezugsrecht beim Pfandrecht

Das Bezugsrecht auf Zuteilung neuer Aktien steht allein dem Eigentümer in Ausübung seiner Mitgliedsstellung zu. Der Pfandgläubiger ist nicht befugt, das Bezugsrecht für die seinem Pfandrecht unterliegende Aktie auszuüben. Das gilt auch dann, wenn das Pfandrecht ein sog. Nutzungspfand im Sinne des § 1213 Abs. 1 BGB ist, weil das Bezugsrecht keine Nutzung der Aktie darstellt. Mit Rücksicht auf § 1253 BGB ist der Pfandgläubiger nicht verpflichtet, die Aktie nebst entsprechendem Gewinnanteilschein dem Aktionär zur Ausübung seines Bezugsrechts zu überlassen. Er muß dem Aktionär aber auf andere Weise die Ausübung des Bezugsrechts ermöglichen, indem er z. B. die erforderlichen Unterlagen bei der Gesellschaft einreichen läßt (Herold, Gruchot 65, S. 385, 392). Nach dem Verkauf des Bezugsrechts hat der Aktionär dem Pfandgläubiger ein neues Pfandrecht am Erlös zu bestellen. Das dingliche Surrogationsprinzip gilt für den nur wirtschaftlich als Ersatz anzusprechenden Preis nicht. Wird umgekehrt die Aktie mit dem noch nicht ausgeübten Bezugsrecht für den Gläubiger verwertet, so erstreckt sich das Pfandrecht auf den Erlös. Bestritten ist, wie sich die Rechtslage gestaltet, wenn der Aktionär das Bezugsrecht ausübt und neue Aktien erwirbt. Nach einer Ansicht ist der Aktionär verpflichtet, das Pfandrecht entsprechend den für den Nießbrauch dargelegten Regeln zu erweitern (Robert Fischer, 2. Auflage, § 153 AktG 1937, Anm. 18; Baumbach-Hueck, Rdn. 6). Das kann jedoch nur gelten soweit es sich um volle Geschäftsanteile handelt; eine Aufteilung der Einzelaktie — wie sie beim Nießbrauch hinsichtlich des Ertrags möglich ist — scheidet aus, weil die Verfügungsmacht über die Aktie unteilbar ist, Teile also auch nicht verwertet werden können (Wiedemann, Übertragung, S. 428). Etwas anderes kann vereinbart werden. Nach einer anderen Ansicht stehen dem Pfandgläubiger die sich aus den §§ 1218, 1219 ergebenden Rechte entsprechend zu (Staub-Pinner, § 282 HGB, Anm. 11; Teichmann-Koehler, § 153 AktG 1937, Anm. 2c; Guntz, AG 1958, S. 177, 180).

c) Das Bezugsrecht bei Vorerbschaft

Für die Rechtsbeziehungen zwischen Vorerben und Nacherben ist entscheidend, daß das Bezugsrecht keinen Ertrag der Aktien darstellt. Daher gebührt dem Vorerben das Bezugsrecht und der in ihm enthaltene Wert nicht. Es gehört vielmehr zur Erbschaft (KG, OLGE 44 [1924], S. 96; Staudinger-Seybold, § 2111 BGB, Anm. 10). Ausübungsbefugt ist allerdings der Vorerbe, weil in dieser Hinsicht der Nacherbe während bestehender Vorerbschaft selbst noch keine Rechte ausüben kann. Den Nacherben steht das Recht zu, den zum Bezug der jungen Aktien erforderlichen Betrag (Ausgabebetrag) zur Verfügung zu stellen, damit die junge Aktie ihrem gesamten Substanzwert nach Gegenstand des Nachlasses wird.

d) Das Bezugsrecht bei Sicherungsübereignung

Ist die Aktie sicherheitshalber an einen Dritten übertragen, so steht das Bezugsrecht dem Sicherungseigentümer zu; dieser ist allein zur Ausübung des Bezugsrechts befugt. Das folgt ohne weiteres daraus, daß bei der Sicherungsübereignung der Sicherungseigentümer nach außen das Vollrecht erhält, dieser gegenüber Dritten also grundsätzlich der Alleinberechtigte ist. Etwaige schuldrechtliche Bindungen zwischen den Parteien des Sicherungsvertrages sind der Gesellschaft gegenüber ohne Wirkung. Schwierig ist dagegen die Frage, wie sich die Rechtsbeziehungen zwischen den Partnern des Sicherungsvertrages hinsichtlich des Bezugsrechts gestalten, wenn der Vertrag darüber keine besonderen Bestimmungen enthält. Der treuhänderische Charakter des Sicherungsvertrages erfordert es, daß der Sicherungseigentümer bei der Ausübung des Bezugsrechts auch die Interessen des Sicherungsgebers wahrnimmt. Dabei wird man den Sicherungseigentümer für verpflichtet halten, das Bezugsrecht für den Sicherungsgeber auszuüben, wenn der Eigentümer das Bezugsrecht nicht für sich selbst ausüben will und er von dem Sicherungsgeber den Bezugspreis für die jungen Aktien erhält. In diesem Fall darf er also das Bezugsrecht nicht verfallen lassen. Verwertet der Sicherungseigentümer jedoch das Bezugsrecht selbst, sei es durch Veräußerung, sei es durch Bezug der jungen Aktien, so ist der Wert des Bezugsrechts als ein Teil des Substanzwerts der alten Aktien zur Tilgung der gesicherten Forderung des Sicherungseigentümers heranzuziehen. Denn insoweit stellt sich die Ausübung des Bezugsrechts als eine teilweise Realisierung der sicherungshalber übereigneten Aktien dar (ähnlich Herold, Gruchot 65, S. 393; Bernicken, Bezugsrecht, S. 77; teilweise abweichend Brodmann, § 282 HGB, Anm 2c; Guntz, AG 1958, S. 177, 181).

e) Bezugsberechtigung bei Termingeschäften

Maßgebend für Art und Umfang der Erfüllung ist bei Termingeschäften der Tag des Geschäftsabschlusses. Entstehen später Bezugsrechte, so gebührt der Wert des Bezugsanspruchs dem Käufer; er ist bezugsberechtigt. Da die Aktien ihm jedoch erst später geliefert werden, muß er entweder, falls er das Bezugsrecht ausüben will, dem Verkäufer davon rechtzeitig Mitteilung machen und unter Zahlung des Bezugspreises die bezogenen neuen Aktien abnehmen oder auf die Ausübung des Bezugsrechts verzichten; dann kann er aber vom Verkäufer Wertersatz verlangen (Bernicken, Bezugsrecht, S. 78; vgl. zur Bezugsberechtigung bei Bestehen von Optionen, S. 79).

Anm. 10

5. Die Verletzung des Bezugsrechts durch die Gesellschaft

Es ist möglich, daß die Verwaltungsorgane der Gesellschaft das gesetzliche Bezugsrecht des Aktionärs schuldhaft verletzen. Schließen sie ohne Berücksichtigung des gesetzlichen Bezugsrechts eines Aktionärs mit einem Dritten vorbehaltslos einen Zeichnungsvertrag, so wird freilich dadurch das Bezugsrecht dieses Aktionärs noch nicht verletzt, weil ein solcher Vertrag nach § 187 Abs. 1 unwirksam ist. Anders liegt es, wenn die Durchführung der Kapitalerhöhung unter Beifügen des Zeichnungsscheins des Dritten eingetragen wird. Dann ist der Dritte Aktionär geworden; der bezugsberechtigte Aktionär kann nunmehr nicht mehr die Zuteilung der jungen Aktien verlangen. In einem solchen Fall ist er allein auf einen *Schadenersatzanspruch* wegen Nichterfüllung angewiesen (Ritter, § 153 AktG 1937, Anm. 2e; Schlegelberger-Quassowski, § 153 AktG 1937, Rdn. 2; Baumbach-Hueck, Rdn. 11; v. Godin-Wilhelmi, Anm. 1; teilweise abweichend Brodmann, § 282 HGB, Anm. 3b, der dem bezugsberechtigten Aktionär auch in diesem Fall in erster Linie einen Erfüllungsanspruch gewährt). Der Schadenersatzanspruch setzt Verschulden des Vorstandes voraus; die Gesellschaft haftet nach § 31 BGB. Fahrlässigkeit genügt, da § 186 ein Schutzgesetz im Sinne des § 823 Abs. 2 BGB darstellt (ebenso Bernicken, Bezugsrecht, S. 99; Baumbach-Hueck, Rdn. 11; abweichend Staub-Pinner, § 241 HGB, Anm. 28).

III. Der Ausschluß des Bezugsrechts

Anm. 11

1. Der Tatbestand des Bezugsrechtsausschlusses

a) Das gesetzliche Bezugsrecht kann nach Abs. 3 *nur* in dem Kapitalerhöhungsbeschluß ausgeschlossen werden. Dieser Ausschluß braucht nicht ausdrücklich festgestellt zu werden; er kann sich auch aus dem gesamten Zusammenhang des Beschlusses ergeben. So ist ein Ausschluß des gesetzlichen Bezugsrechts darin zufinden, daß die jungen

Aktien einem oder bestimmten Sacheinlegern zugewiesen werden sollen, ohne daß der Kapitalerhöhungsbeschluß die Zusicherung eines Bezugsrechts für andere Personen enthält.

b) Einem Ausschluß des gesetzlichen Bezugsrechts stehen solche *Erschwerungen* des Bezugsrechts gleich, die zwar nicht rechtlich, aber doch tatsächlich die einzelnen Aktionäre hindern, von ihrem Bezugsrecht Gebrauch zu machen. Solche Erschwerungen können in den vielfältigsten Formen vorkommen. Maßgeblich ist insoweit immer, ob die Entschlußfreiheit des Aktionärs, die auf ihn entfallenden jungen Aktien zu beziehen, durch Auflagen oder Bedingungen oder durch die Ausgestaltung des Ausgabekurses oder — in einer personalistischen Aktiengesellschaft — durch den Umfang der Emission in irgendeiner Weise eingeschränkt wird. So wird man es als eine Erschwerung des Bezugsrechts, die nur unter Beachtung der Abs. 3 und 4 zulässig ist, ansehen müssen, wenn etwa der Bezugspreis den wirklichen Wert der jungen Aktien übersteigt, wenn die Ausübung des Bezugsrechts von einer Mindestzahl alter Aktien abhängig gemacht wird, oder wenn die Ausübung des Bezugsrechts an die Übernahme bestimmter Verpflichtungen (z. B. Stimmrechtsbindung) geknüpft wird (Bernicken, Bezugsrecht, S. 59ff.; Schlegelberger-Quassowski, § 153 AktG 1937, Rdn. 13; Baumbach-Hueck, Rdn. 14).

Als Ausschluß des Bezugsrechts ist es auch anzusehen, wenn es den Aktionären in der Weise eingeräumt wird, daß die jungen Aktien zunächst von einem sonstigen Dritten, z. B. einem Großaktionär übernommen werden (vgl. dazu unten Anm. 15).

Anm. 12

2. Die materiellen Voraussetzungen des Bezugsrechtsausschlusses

a) Gesetzliche Fälle des Bezugsrechtsausschlusses

Für bestimmte Aktien kann das Bezugsrecht nicht ausgeübt werden. Das gilt vor allem für *eigene* Aktien der Gesellschaft, die sie erlaubt oder verboten (wirksam) erworben hat. Die Rechte aus der Mitgliedschaft ruhen nach § 71 Abs. 6 (vgl. dazu oben Barz, § 71, Anm. 42). Ebenso kann ein *abhängiges* oder im Mehrheitsbesitz stehendes Unternehmen nach § 56 das Bezugsrecht aus Aktien der herrschenden oder mehrheitsbeteiligten Aktiengesellschaft nicht ausüben (vgl. Barz, § 56, Anm. 8, 9). Beides gilt nicht für eine Kapitalerhöhung aus Gesellschaftsmitteln, an der nach § 215 Abs. 1 alle Aktionäre teilnehmen. Soweit keine Bezugsrechte entstehen, können sie auch nicht veräußert werden.

Für sämtliche Aktionäre ist das Bezugsrecht nach § 343 Abs. 1 ausgeschlossen, wenn die übernehmende Gesellschaft ihr Grundkapital zur Durchführung einer *Verschmelzung* erhöht. Das gleiche gilt nicht für die Aufbringung neuer Aktien, die nach § 305 Abs. 2 Ziff. 2 zur Vorbereitung eines Unternehmensverbundes und nach § 320 Abs. 5 Satz 2 zur Durchführung einer Eingliederung notwendig werden. Das ergibt sich einmal aus § 71 Abs. 1 Ziff. 3, wo der Gesellschaft der Erwerb eigener Aktien zu diesem Zweck erlaubt wird. Es folgt außerdem aus § 192 Abs. 2, der dafür eine besondere Form der Kapitalerhöhung einführt; die Zusicherung des Bezugsrechts an dritte Personen gehört hier zum notwendigen Inhalt des Erhöhungsbeschlusses, und eine nachträgliche Beeinträchtigung des Bezugsrechts ist nicht mehr möglich (Würdinger, Aktien- und Konzernrecht, S. 187).

b) Der Bezugsrechtsausschluß durch die Hauptversammlung

Die Hauptversammlung darf das Bezugsrecht der Aktionäre nur ausschließen, wenn das Finanzierungsinteresse an einer Vergabe der jungen Aktien an Dritte überwiegt (vgl. oben Anm. 2). Die Interessenabwägung läßt sich nur im Einzelfall mit Rücksicht auf sämtliche Umstände vornehmen. Für die Ausfüllung der Generalklausel lassen sich jedoch gewisse Richtlinien geben: die Entscheidung muß namentlich die Struktur der Aktiengesellschaft und die Höhe des späteren Ausgabekurses berücksichtigen. Daß der Ausgabekurs vielleicht endgültig erst nach dem Hauptversammlungsbeschluß festgesetzt wird, steht dem nicht entgegen. Die Ausgabe neuer Aktien ist ein einheitlicher wirtschaftlicher Vorgang, der auch nur einheitlich bewertet werden kann.

In einer Publikumsgesellschaft, in der kein Aktionär über ein nennenswertes Aktienpaket verfügt, spielt der Verlust an Verwaltungsmacht beim Bezugsrechtsausschluß in der Regel eine geringe Rolle. Bei einem derart zersplitterten Streubesitz darf daher das Erhaltungsinteresse an relativer Entscheidungsgewalt vernachlässigt werden. Das Bezugsrecht kann nicht nur dann ausgeschlossen werden, wenn ein relativ hoher Ausgabekurs vorliegt; je tiefer aber der Ausgabekurs der neuen Aktien liegt, desto stärker wird das Recht der Altaktionäre auf Bezug dieser Aktien. Anhaltspunkt für die relative Höhe des Ausgabekurses ist das Verhältnis zum Börsenkurs, und wenn dieser unangemessen niedrig ist, zum Bilanz- oder Buchwert der Aktien. Kommt der Ausgabekurs, wie das in den Vereinigten Staaten üblich ist, dem Börsenkurs nahe, so verflüchtigt sich der Inhalt des Bezugsrechts.

In einer Aktiengesellschaft mit einem beherrschenden Unternehmensgesellschafter oder mehreren rivalisierenden Gruppen und im Publikum verteilten Streubesitz tritt das Recht auf Erhaltung prozentualer Besitzmacht stärker hervor. Das gilt vor allem, wenn ein Minderheitsaktionär durch die Emission unter einen bestimmten Prozentsatz herabgedrückt werden soll. Nur schwerwiegende Gründe können es rechtfertigen, den Minderheitsgesellschafter „auszubooten" und das Bezugsrecht auszuschließen (das gleiche Ziel kann freilich auch bei Aufrechterhaltung des Bezugsrechts durch Festsetzen eines extrem hohen Ausgabekurses versucht werden). Ein gerechtfertigter Bezugsrechtsausschluß ist beispielsweise zu Sanierungszwecken denkbar, um die neuen Aktien *en bloc* vergeben zu können, was ihren Wert zusätzlich steigert; dann ist aber auf einen angemessenen Ausgabekurs besonders zu achten. Soweit die Änderung der Machtstrukturen nicht in Betracht kommt, richtet sich die Zulässigkeit des Bezugsrechtsausschlusses ebenso wie in der Publikumsgesellschaft nach dem geplanten Ausgabekurs.

In einer personalistisch strukturierten Aktiengesellschaft (Familiengesellschaft, Gemeinschaftsunternehmen) überwiegt in der Regel das Verbandsinteresse. Nur wenn der Kapitalbedarf des Unternehmens die anlagebereiten Eigenmittel der Gesellschafter übersteigt und andere Finanzierungswege ausscheiden, kann ein Bezugsrechtsausschluß gerechtfertigt sein.

c) Der teilweise Ausschluß des Bezugsrechts

Auch ein teilweiser Ausschluß des Bezugsrechts ist zulässig, wenn er in der Weise erfolgt, daß bei allen Aktionären das gesetzliche Bezugsrecht zu einem Teil ausgeschlossen wird, sie also nur einen Teil ihres gesetzlichen Bezugsrechts behalten. Auf einen solchen teilweisen Ausschluß des Bezugsrechts finden die Vorschriften über den Ausschluß des Bezugsrechts im vollen Umfang Anwendung. Dagegen ist es ohne besondere Zustimmung der betroffenen Aktionäre unzulässig, das gesetzliche Bezugsrecht für bestimmte Aktien im Einzelfall auszuschließen und für die übrigen Aktien aufrechtzuerhalten. Ein solcher Beschluß verletzt den Grundsatz der gleichmäßigen Behandlung der Aktionäre und ist daher nach allgemeinen Grundsätzen zunächst schwebend unwirksam, bis die erforderliche Zustimmung der dadurch betroffenen Aktionäre erteilt ist.

Anm. 13

3. Die formellen Voraussetzungen des Bezugsrechtsausschlusses

a) Der Ausschluß im Kapitalerhöhungsbeschluß

Der Ausschluß des gesetzlichen Bezugsrechts kann nur im Kapitalerhöhungsbeschluß selbst erfolgen. Er ist nur von Fall zu Fall möglich, nicht ein für alle Male in der Satzung. Die Hauptversammlung kann die Entscheidung über den Ausschluß nicht dem Vorstand oder dem Aufsichtsrat übertragen; wohl aber ist es möglich, daß die Hauptversammlung dem Vorstand oder dem Aufsichtsrat die nähere Bestimmung darüber überläßt, in welcher Weise die jungen Aktien zum Bezug angeboten werden, nachdem die Hauptversammlung das gesetzliche Bezugsrecht der Aktionäre in dem Erhöhungsbeschluß ausgeschlossen hat.

Der Beschluß über den Ausschluß des Bezugsrechts ist *kein selbständiger Beschluß*, ist vielmehr unselbständiger Teil des Kapitalerhöhungsbeschlusses. Das hat zur Folge, daß die Nichtigkeit oder Anfechtbarkeit des Ausschlusses des gesetzlichen Bezugsrechts auch die Nichtigkeit oder Anfechtbarkeit des Kapitalerhöhungsbeschlusses in sich schließt (RGZ 118, S. 67, 70; Ritter, § 153 AktG 1937, Anm. 4c; Schlegelberger-Quassowski, § 153 AktG 1937, Anm. 14; Baumbach-Hueck, Rdn. 17), und daß sich die Anfechtungsklage stets gegen den ganzen Kapitalerhöhungsbeschluß richten muß. Die abweichende Ansicht (vgl. Bernicken, Bezugsrecht, S. 55; Ruth, Eigene Aktien und Verwaltungsaktien, S. 63), die insoweit in analoger Anwendung von § 139 BGB unter Umständen die Wirksamkeit des Kapitalerhöhungsbeschlusses trotz Nichtigkeit oder Anfechtbarkeit des Bezugsrechtsausschlusses bejaht, erscheint bedenklich. Hier wird der enge Zusammenhang, der in einem solchen Fall zwischen der Kapitalerhöhung und dem Ausschluß des Bezugsrechts besteht, übersehen und ein einheitlicher Vorgang in zwei Teile zerlegt. Das birgt die Gefahr in sich, daß in die Kompetenz der Hauptversammlung eingegriffen wird, indem nunmehr der Richter darüber entscheidet, ob die Kapitalerhöhung auch ohne den Ausschluß des gesetzlichen Bezugsrechts Bestand haben soll. Die Anerkennung einer solchen Kapitalerhöhung, nämlich mit gesetzlichem Bezugsrecht, ist nicht die Anerkennung eines Teils des ursprünglich gefaßten Beschlusses, sondern ein *aliud.* Daher läßt sich eine analoge Anwendung des § 139 BGB nicht begründen.

b) Die Mehrheitserfordernisse für den Ausschluß

Zur Beschlußfassung über den Ausschluß des Bezugrechts der alten Aktionäre bedarf es neben den im Gesetz oder in der Satzung für die Kapitalerhöhung aufgestellten Erfordernissen einer Mehrheit, die mindestens drei Viertel des bei der Beschlußfassung vertretenen Grundkapitals umfaßt. Die Satzung kann diese Mehrheit durch eine größere Kapitalmehrheit ersetzen und noch weitere Erfordernisse aufstellen. Im Gegensatz zu der Bestimmung über den Kapitalerhöhungsbeschluß kann also die Satzung nicht anordnen, daß die einfache Kapitalmehrheit für den Ausschluß des Bezugsrechts genüge. Sie kann *nur strengere Bestimmungen* als die Kapitalmehrheit von drei Vierteln des bei der Beschlußfassung vertretenen Grundkapitals festsetzen, wie z. B. Einstimmigkeit der in der Hauptversammlung Erschienenen oder der sich an der Abstimmung Beteiligenden oder Kapitalmehrheit von drei Vierteln des gesamten Grundkapitals oder mehrfache Abstimmung usw. Auch in den etwa nach § 182 Abs. 2 zu fassenden Sonderbeschlüssen bedarf es insofern dieser besonderen Mehrheit.

Der Antrag auf Ausschließung des Bezugsrechts muß ordnungsgemäß nach § 124 Abs. 1 zur Tagesordnung angekündigt sein. Die jetzige Fassung des Abs. 4, nach der der Ausschluß des Bezugsrechts nur nach ordnungsgemäßer Bekanntmachung beschlossen werden *darf* (§ 153 Abs. 4 AktG 1937: „kann"), stellt klar, daß der Beschluß bei einem Verstoß nur anfechtbar und nicht nichtig ist.

Anm. 14

4. Rechtsfolgen bei Ausschluß des Bezugsrechts

Ist das gesetzliche Bezugsrecht der Aktionäre in zulässiger Weise ausgeschlossen worden, so soll nach überwiegender Meinung die Hauptversammlung frei über die Begebung der jungen Aktien beschließen können entweder in der Art, daß sie das Bezugsrecht bestimmten Aktionären oder dritten Personen gewährt oder die nähere Bestimmung über den Bezug der jungen Aktien der Verwaltung (Vorstand, Aufsichtsrat) überträgt; eine solche Übertragung sei schon darin zu erblicken, daß die Hauptversammlung über den Bezug der jungen Aktien keine nähere Bestimmung treffe (RGZ 119, S. 254); eine Verletzung des Gleichheitssatzes bei Gewährung der jungen Aktien an bestimmte Gesellschafter könne nicht vorliegen, weil der Aktionär das Bezugsrecht nicht in seiner Eigenschaft als Aktionär, sondern als Dritter erhalte (so Robert Fischer, 2. Aufl., Anm. 14; v. Godin-Wilhelmi, Anm. 8). Diese Ansicht geht darauf zurück, daß zwischen den Entscheidungen bis zum Kapitalerhöhungsbeschluß und Bezugsrechtsausschluß und der späteren Durchführung der Kapitalerhöhung scharf unterschieden wird. Eine derartige Trennung ist jedoch nicht gerechtfertigt: die Pflicht, die Interessen sämtlicher Aktionäre zu berücksichtigen, bleibt selbstverständlich auch nach einem Bezugsrechtsausschluß bestehen, ganz gleich, ob die weiteren Maßnahmen von der Hauptversammlung selbst oder von den Organen der Verwaltung getroffen werden. Der Bezugsrechtsausschluß stellt den Mehrheitsaktionären keinen Freibrief für Willkür aus (vgl. Götz Hueck, Gleichbehandlung, S. 338; Mestmäcker, BB 1961, S. 945, 950; Immenga, Personalistische Kapitalgesellschaft, S. 229ff.). Die Mehrheitsgesellschafter können weder sich selbst noch die Verwaltung von der Pflicht entbinden, die Kapitalanlagen der anderen Aktionäre mit Sorgfalt mitzuverwalten. Das bedeutet allerdings nicht, daß die jungen Aktien nun proportional sämtlichen Aktionären angeboten werden müssen. Der Gleichheitssatz bietet in der Regel keinen geeigneten Maßstab für die weiteren Entscheidungen der Hauptversammlung oder der Verwaltung. Nur wenn sich andere Pläne zerschlagen oder wenn der Bezugrechtsausschluß für nichtig erklärt wird, kann es geboten sein, zum ursprünglichen gesetzlichen Bezugsrecht zurückzukehren. Im Zweifel ist es nach einem Bezugsrechtsausschluß sachgemäß, die jungen Aktien außenstehenden Dritten oder einzelnen Aktionären anzubieten. Der Grund für die Bevorzugung einzelner Aktionäre kann mit dem Ausschluß des gesetzlichen Bezugsrechts zusammenhängen, er braucht es aber nicht. Die jungen Aktien dürfen einem Aktionär gegen Sacheinlagen angeboten werden; sie können ebenso von einem Altaktionär übernommen werden, wenn die jungen Aktien insgesamt mit einem Paketzuschlag verkauft werden sollen.

Anm. 15

5. Das mittelbare Bezugsrecht

Bei Publikumsgesellschaften ist es heute üblich, das unmittelbare Bezugsrecht der Aktionäre auszuschließen und ihnen statt dessen ein mittelbares Bezugsrecht zu gewähren. Das hängt damit zusammen, daß bei einer Kapitalerhöhung eine Bank oder ein Bankenkonsortium hinzugezogen wird. Diese übernehmen zunächst die jungen Aktien und stellen damit die Durchführung der Kapitalerhöhung sicher. Diese Handhabung ist jedoch nur möglich, wenn die Bank oder das Bankenkonsortium die jungen Aktien selbst zeichnen, das gesetzliche — unmittelbare — Bezugsrecht der Aktionäre also ausgeschlossen wird. Als vollwertiger Ersatz wird dafür den Aktionären ein mittelbares Bezugsrecht eingeräumt, indem die übernehmende Bank oder das Bankenkonsortium bei der Zeichnung die Verpflichtung eingehen, den Aktionären im Verhältnis ihres Aktienbesitzes die jungen Aktien zum Bezug anzubieten. Eine solche Verpflichtung stellt sich ihrem rechtlichen Charakter nach als ein Vertrag zugunsten Dritter dar, der jedem Aktionär einen unmittelbaren Anspruch gegen die Bank oder das Bankenkonsortium auf Bezug der ihm zukommenden jungen Aktien gewährt. Auch das mittelbare Bezugsrecht wird durch formlose Erklärung und zwar gegenüber der Emissionsbank ausgeübt.

Der *mittelbare Ausgabepreis*, also der Preis, den die alten Aktionäre der Emissionsbank zahlen müssen, muß vom Vorstand der Gesellschaft festgesetzt werden; er ist zusammen mit einer angemessenen Frist zur Annahme des Angebotes in den Gesellschaftsblättern (§ 25) bekanntzumachen. Damit soll sichergestellt werden, daß das mittelbare Bezugsrecht nicht durch die Preisgestaltung der übernehmenden Bank oder des Bankenkonsortiums ausgeschlossen wird. Die Bekanntmachung des Preises und der Frist entsprechen bisheriger Übung.

Für das frühere Recht war bestritten, ob das mittelbare Bezugsrecht im Sinne des § 153 AktG 1937 einen Ausschluß des gesetzlichen Bezugsrechts darstellte und ob demgemäß die Vorschriften der Abs. 3 und 4 insoweit Anwendung fanden. Das neue Gesetz unterscheidet: werden die jungen Aktien von einem Kreditinstitut oder von einem Konsortium, dem nur Kreditinstitute angehören, übernommen, so gilt das nicht als Ausschluß des gesetzlichen Bezugsrechts; die Abs. 3 und 4 finden also keine Anwendung (vgl. dazu oben Anm. 3). Allerdings darf dann sachlich an dem gesetzlichen Bezugsrecht der Aktionäre nichts geändert, es insbesondere nicht teilweise beschränkt werden (überzeugend Baumbach-Hueck, Rdn. 19). Übernehmen dagegen Dritte oder einzelne Aktionäre selbst die jungen Aktien mit der Auflage, sie sämtlichen Gesellschaftern anzubieten, so gilt das als Ausschluß des gesetzlichen Bezugsrechts. Der Kapitalerhöhungsbeschluß ist daher nur unter den oben genannten inhaltlichen und formellen Voraussetzungen wirksam.

IV. Der rechnerische Wert des Bezugsrechts

Anm. 16

Der Aktionär hat die Möglichkeit, das Bezugsrecht auszuüben, d. h. die neuen Aktien unter Hinzuzahlung des Bezugskurses (Emissionskurs) zu erwerben oder sein Bezugsrecht an der Börse zu verkaufen (Bezugsrechtshandel). Sofern er von letzterer Möglichkeit Gebrauch macht, ändert sich seine Stellung als Aktionär sowohl in quantitativer als auch in qualitativer und vermögensmäßiger Hinsicht. Der neue Aktionär, der ein Bezugsrecht kaufen will, muß dem alten Aktionär mit dem Kaufpreis für das Bezugsrecht den Verlust der Substanz ersetzen. Dieser Verlust steht in einer bestimmten Relation zum Emissionskurs und zwar in der Weise, daß er um so geringer ist, je höher der Emissionskurs angesetzt wird.

Dazu folgendes Beispiel: Der alte Aktionär besitzt fünf 100-DM-Aktien, die zur Zeit der Kapitalerhöhung einen Kurs von 180% haben. Die AG wählt ein Bezugsverhältnis von 5:1 und setzt einen Emissionskurs von DM 120 fest. Der alte Aktionär stellt dann die Rechnung auf:

$$\left.\begin{array}{l} 5 \times 180 = 900 \text{ DM} \\ 1 \times 120 = 120 \text{ DM} \end{array}\right\} 5:1$$
$$6 \times X = 1020 \text{ DM}$$
$$X = 170\%$$

Der neue, rechnerische Mischkurs beträgt also 170%, das Bezugsrecht pro Aktie hat damit einen Wert von 10.

Der neue Aktionär muß erwerben:

5 Bezugsrechte à 10 DM	= 50 DM
1 Emissionskurs à 120 DM	= 120 DM
1 neue Aktie	= 170 DM

Die Berechnung des Bezugsrechtes kann auch mit Hilfe der Formel

$$x = \frac{K - B}{V + 1}$$

erfolgen (siehe Rittershausen, Industrielle Finanzierungen [1964], S. 74ff.), wobei K = alter Aktienkurs, B = Bezugs- bzw. Emissionskurs und V = Bezugsverhältnis ist, also

$$x = \frac{180 - 120}{5 + 1} = \frac{60}{6} = 10$$

Diese traditionelle Formel (siehe auch Wöhe, Einführung in die allgemeine Betriebswirtschaftslehre [1967], S. 457ff.; Hax, Langfristige Finanz- und Investitionsentscheidungen, in: HdW, Bd. 1 [1966], S. 438ff.) ist nur für *einfache* Bezugsrechte anwendbar. Für *zusammengesetzte* Bezugsrechte vgl. Wortmann, Wie errechnet man zusammengesetzte Bezugsrechte? AG 1961, S. 101; weitere Literatur: Banse, Die Berücksichtigung von Kosten und von Dividendenbeschränkung bei der Wertberechnung des Bezugsrechtes, ZfhF 1928, S. 322—332 und 364—372; Bernicken, Das Bezugsrecht des Aktionärs in rechtlicher und banktechnischer Hinsicht (1928); Meyer, Das Bezugsrecht (der rechnerische Wert und sonstige Probleme), WM 1961, S. 1158; Schütz, Bezugsrecht und Vermögen des Aktionärs, Der Volkswirt 1959, S. 2650ff.; Sommerfeld, Die betriebswirtschaftliche Theorie des Bezugsrechtes (1927); Stricker, Aktienkapitalerhöhungen und Bezugsrechte, in: Mitteilungen aus dem handelswissenschaftlichen Seminar der Universität Zürich, Heft 102 (1955).

V. Das Aktienbezugsrecht im Ertragssteuerrecht

Anm. 17

1. Die „Abspaltung" des Bezugsrechts aus der Substanz der alten Aktie

a) Die Gewährung von Bezugsrechten und der Erlös aus der Veräußerung von Bezugsrechten stellen *keine Einkünfte* im Sinne von § 20 EStG dar (Littmann, Das Einkommensteuerrecht [8. Aufl.], § 20, Rdn. 54; Blümich-Falk, Einkommensteuergesetz [9. Aufl.], § 20, Anm. 4a; Herrmann-Heuer, Kommentar zur Einkommensteuer und Körperschaftssteuer [14. Aufl.], § 20, Rdn. 2). Ein Ertrag im Sinne des § 20 EStG setzt eine Vermögensvermehrung beim Empfänger und eine Vermögensminderung bei dem den Ertrag Leistenden voraus (Littmann, a. a. O., § 20, Rdn. 2; Kaase, AG 1959, S. 49). Die Einräumung eines Bezugsrechts soll jedoch dem Aktionär keinen Vermögensvorteil verschaffen, sondern ihm die Möglichkeit geben, durch Bezug junger Aktien seine bisherige Beteiligung am Gesellschaftsvermögen zu sichern oder durch den Verkauf des Bezugsrechts den Substanzverlust seiner Aktien auszugleichen. Selbst wenn im Einzelfall eine Vermögensvermehrung beim Aktionär eintritt, weil der Veräußerungserlös die Minderung des Stammrechts übersteigt, so steht dieser Vermögensvermehrung jedenfalls keine Vermögensverminderung bei der Aktiengesellschaft gegenüber (Kaase, a. a. O.).

b) Schon der Reichsfinanzhof hatte die Auffassung vertreten, daß das Bezugsrecht auf junge Aktien keinen Ertrag der alten Aktien, sondern einen *Teil des* in der alten Aktie verkörperten *Stammrechts* darstellt (RFH 4, 222; 24, 294). Die bilanzmäßige Bewertung des Bezugsrechts hat davon auszugehen, daß mit dem Kapitalerhöhungsbeschluß ein Anteil an den stillen Reserven aus der Substanz der alten Aktie ausscheidet und auf das Bezugsrecht übergeht, das als selbständig bewertbarer Gegenstand von der alten Aktie *abgespalten* wird („Abspaltungstheorie", vgl. BFH, WM 1969, S. 346 m. w. N.). Die Beteiligung am Gesellschaftsvermögen wird nunmehr durch zwei Wirtschaftsgüter verkörpert. Dies hat zur Folge, daß dem Bezugsrecht im Wege einer „erfolgsneutralen Umschichtung" in den Buchwerten (Gräber, WM 1969, S. 286) ein Teil der Kosten als Anschaffungskosten zuzuordnen sind, die für den Erwerb der Altaktie aufgewendet werden mußten, während der Buchwert der Altaktie um denselben Betrag gemindert wird. Anschaffungskosten des Bezugsrechts sind daher in der Regel nicht die volle Wertminderung der Altaktie durch die Kapitalerhöhung, sondern nur der auf diese Wertminderung entfallende Anteil an den Anschaffungskosten der Altaktie (Blümich-Falk, a. a. O., § 17 EStG, Anm. 3b; BFH, a. a. O., S. 346). Für den Fall der Ausgabe von Freiaktien bei einer Kapitalerhöhung aus Gesellschaftsmitteln sieht § 220 AktG ausdrücklich eine solche Aufteilung der Anschaffungskosten der Altaktien vor.

2. Die Ermittlung des zu übertragenden Buchwertes

Die Berechnung des auf das Bezugsrecht entfallenden Anteils an den Anschaffungskosten der Altaktie wird heute überwiegend mit Hilfe des sog. *Gesamtwertverfahrens* vorgenommen (zur Darstellung der verschiedenen Verfahren vgl. BFH, a. a. O.; Brönner, Die Wirtschaftsprüfung 1960, S. 354; Mertin, Betrieb 1957, S. 953; Blümich-Falk, a. a. O., § 17 EStG, Anm. 3b). Danach verhalten sich die Anschaffungskosten (Buchwert) des Bezugsrechts zum Börsenkurs des Bezugsrechts wie die Anschaffungskosten (Buchwert) der Altaktie zum Börsenkurs der Altkatie vor der Kapitalerhöhung. Die Formel für die Berechnung der Anschaffungskosten des Bezugsrechts lautet demnach:

$$\text{Anschaffungskosten des Bezugsrecht} = \frac{\text{Anschaffungskosten AA} \times \text{Börsenkurs BR}}{\text{AA vor Kapitalerhöhung}}$$

3. Steuerpflichtige Gewinne aus der Veräußerung von Bezugsrechten und jungen Aktien

a) Gehören die Bezugsrechte oder die jungen Aktien zu einem gewerblichen, land- und forstwirtschaftlichen oder freiberuflichen *Betriebsvermögen*, so sind Veräußerungsgewinne grundsätzlich im Rahmen der §§ 2 Abs. 3 Nr. 1—3, Abs. 4 Nr. 1 i.V.m. 4, 5 EStG zu versteuern. Der Veräußerungsgewinn besteht aus der Differenz zwischen Veräußerungserlös und Anschaffungskosten der Bezugsrechte bzw. der jungen Aktien. Die Anschaffungskosten der jungen Aktien setzen sich ihrerseits zusammen aus dem Bezugspreis und den Anschaffungskosten des Bezugsrechts (BFH, a. a. O., S. 347).

b) Gehören die Bezugsrechte und jungen Aktien zu einem *Privatvermögen*, so kommt eine Besteuerung des Veräußerungsgewinns nur unter den Voraussetzungen der §§ 17 und 23 EStG in Betracht, wobei die Besteuerung nach § 17 gegenüber der nach § 23 EStG subsidiär ist (RStBl. 38, S. 82; 41, S. 443).

aa) Nach § 17 Abs. 1 wird der Gewinn aus der Veräußerung von Anteilen an einer Kapitalgesellschaft besteuert, wenn der Veräußerer innerhalb der letzten fünf Jahre am Kapital der Gesellschaft wesentlich, d. h. zu mehr als einem Viertel, unmittelbar oder mittelbar beteiligt war und die innerhalb eines Veranlagungszeitraumes veräußerten Anteile 1% des Kapitals der Gesellschaft („Bagatellgrenze") übersteigen. Bestritten ist, ob die Vorschrift auch auf die Veräußerung von Bezugsrechten angewendet werden kann. Nach § 17 Abs. 1 Satz 2 (früher § 53 Abs. 1 EStDV) gelten als Anteile im Sinne des Abs. 1 Satz 1 auch Anwartschaften auf Aktien. Die herrschende Lehre rechnet dazu vor allem Bezugsrechte (Blümich-Falk, a. a. O., § 17, Anm. 2a; Herrmann-Heuer, a. a. O., § 17, Anm. 5; Littmann, a. a. O., § 17, Rdn. 11 u. 28). Die Gegenmeinung (Horn, Betrieb 1954, S. 805; Skibbe, GmbH-Rdsch. 1963, S. 141) verneint die Anwendbarkeit des § 17 EStG, weil das Bezugsrecht keine Beteiligung im Sinne des § 17 Abs. 1, sondern nur die Möglichkeit zum Erwerb einer solchen darstelle.

Veräußert ein wesentlich beteiligter Aktionär Bezugsrechte, so ist nach Blümich-Falk, a. a. O., § 17, die Grenze von 1% des Gesellschaftskapitals überschritten, wenn der in den alten Aktien verkörperte *Nennwertanteil* der Bezugsrechte 1% des Grundkapitals vor der Kapitalerhöhung übersteigt. Der Nennwertanteil des Bezugsrechts verhält sich dabei zum Nennwert der alten Aktie wie der Börsenkurs des Bezugsrechts zum Börsenkurs der alten Aktie vor der Kapitalerhöhung.

bb) Nach herrschender Ansicht können Bezugsrechte auch dann Gegenstand eines Spekulationsgeschäftes im Sinne des § 23 EStG sein, wenn sie dem Gesellschafter aus seiner bisherigen Beteiligung erwachsen, d. h. als solche nicht innerhalb des Spekulationszeitraumes im Sinne von § 23 Abs. 1 Nr. 1 EStG „angeschafft" worden sind (Skibbe, GmbH-Rdsch. 1963, S. 143; Herrmann-Heuer, a. a. O., § 23, Anm. 16a; a.A. Horn, Betrieb 1954, S. 805). Die Spekulationsfrist bestimmt sich in diesem Fall nach dem Zeitpunkt der Anschaffung der Aktie, besteuert wird der Gewinn, d. h. die Differenz zwischen Bezugsrechtserlös und Anschaffungskosten, die nach der Gesamtwertmethode zu ermitteln sind.

Werden die unter Ausübung des Bezugsrechts erworbenen jungen Aktien veräußert, so ist nach der Rechtsprechung des BFH zu differenzieren: Wurden die jungen Aktien noch innerhalb der für die *alten* Aktien geltenden Spekulationsfrist veräußert, so setzen sich die Anschaffungskosten der jungen Aktien aus dem nach der Gesamtwertmethode zu ermittelnden Buchwert des Bezugsrechts und dem Bezugspreis zusammen (BFH, WM 1969, S. 347); nach Ablauf der gesetzlichen Spekulationsfrist für die alten Aktien ist dagegen nach BFH, WM 1967, 1045 nicht der Buchwert, sondern der *Kurswert* des Bezugsrechts in die Anschaffungskosten der jungen Aktien einzubeziehen, da andernfalls mit dem höheren Veräußerungsgewinn entgegen § 23 EStG auch stille Reserven besteuert würden, die außerhalb der Spekulationsfrist entstanden seien (vgl. BFH, WM 1969, S. 346).

§ 187 Zusicherung von Rechten auf den Bezug neuer Aktien

(1) Rechte auf den Bezug neuer Aktien können nur unter Vorbehalt des Bezugsrechts der Aktionäre zugesichert werden.

(2) Zusicherungen vor dem Beschluß über die Erhöhung des Grundkapitals sind der Gesellschaft gegenüber unwirksam.

Übersicht

Einleitung

Bis zur Novelle von 1884 war die Zusicherung von neuen Aktien für den Fall künftiger Kapitalerhöhungen zulässig; derartige Zusicherungen gefährdeten die späteren Aktionäre und die Unternehmensführung bei der Finanzierung. Durch Art. 215a Abs. 4 ADHGB wurde solchen Vereinbarungen, soweit sie jeweils vor dem jeweiligen Kapitalerhöhungsbeschluß getroffen wurden, jede Rechtswirksamkeit gegenüber der Gesellschaft versagt. Die gleiche Regelung fand sich später in § 283 HGB und in dem mit der heutigen Vorschrift übereinstimmenden § 154 AktG 1937.

Nach früherem Recht zulässig begründete Bezugsrechte aus der Zeit vor dem Gesetz vom 18. Juli 1884 wurden von § 12 EG zum Aktiengesetz 1937 aufgehoben.

Anm. 1

1. Allgemeines

Die Vorschrift ist etwas verwirrend abgefaßt. Sie stellt sich als Schutzvorschrift zugunsten der Aktionäre dar und will eine unerwünschte Aushöhlung des gesetzlichen Bezugsrechts absolut unterbinden. Deshalb verbietet sie die Einschränkung des gesetzlichen Bezugsrechts, damit die Hauptversammlung *vollkommene Entschließungsfreiheit* bei der Kapitalerhöhung behält. Von diesem Gesetzesziel her könnte man annehmen, Abs. 1 erlaube die bedingte Zusicherung von Bezugsrechten, soweit die Aktionäre dies nicht ausüben; Abs. 2 hingegen verbiete — darüber hinausgehend — *vor* einem Kapitalerhöhungsbeschluß jegliche, also auch die bedingte Zusicherung, um die Hauptversammlung in keiner Weise zu präjudizieren. Nach allgemeiner Ansicht wird die Vorschrift anders ausgelegt. Sie wird so gelesen, als ob es sich um einen einheitlichen Rechtssatz handele, in dem die Tatbestandsmerkmale (Bedingung, Zeitpunkt der Zusicherung) und die Rechtsfolgen (relative Unwirksamkeit) zusammengefaßt sind. Lediglich Ritter versteht die Vorschrift dahin, daß Rechte auf den Bezug neuer Aktien vor dem Kapitalerhöhungsbeschluß nicht wirksam zugesichert werden können, später nur unter Vorbehalt des Bezugsrechts der Aktionäre (§ 154 AktG 1937, Anm. 2); im Widerspruch dazu hält er es indes für zulässig (Anm. 3), daß die Gesellschaft wirksam Verpflichtungen für den Fall einer Erhöhung des Grundkapitals und eines Ausschlusses des Bezugsrechts eingeht.

Anm. 2

2. Die Zusicherung eines Bezugsrechts vor dem Kapitalerhöhungsbeschluß

a) Die Verpflichtungserklärung

Vor dem Beschluß über die Erhöhung des Grundkapitals können Bezugsrechte nur zugesichert werden, wenn dies unter dem Vorbehalt der Ausübung des gesetzlichen Bezugsrechts der Aktionäre geschieht. Jede Art von Zusicherung, die einen solchen Vorbehalt nicht enthält, ist unwirksam. Dabei ist es gleichgültig, wer die Zusicherung gibt, ob der Vorstand allein oder gemeinsam mit dem Aufsichtsrat oder auch mit ausdrücklicher Billigung der Hauptversammlung. Ebenso spielt es keine Rolle, ob die Zusicherung an alle Aktionäre, eine bestimmte Aktionärsgattung, einzelne Gesellschafter oder Dritte ergeht (Götz Hueck, Festschrift für Nipperdey [1965], Bd. I, S. 427, 446 ff.). Die Aktiengesellschaft kann insoweit keine bindende Verpflichtung eingehen, allerdings nicht deshalb, weil in dieser Hinsicht die gesetzliche Vertretungsmacht des Vorstands eingeschränkt ist (so Teichmann-Koehler, § 154 AktG 1937, Anm. 2), sondern allein deshalb, weil in dieser Hinsicht die *Vertragsfreiheit zwingend eingeschränkt* wird (Brodmann, § 283 HGB, Anm. 1 a; Ritter, § 154 AktG 1937, Anm. 2a).

b) Der Vorbehalt

Da die Vorschrift die *Entschließungsfreiheit der Hauptversammlung sicherstellen* will, ist es nicht zulässig, vor dem Erhöhungsbeschluß ein Vorzugsrecht auf die neuen Aktien unter der Bedingung zuzusichern, daß die Hauptversammlung in dem Kapitalerhöhungsbeschluß das Bezugsrecht der Aktionäre ausschließen und es dem Versprechensempfänger zuteilen werde. Auch in einer derart formulierten Zusage wäre eine Beeinträchtigung der Unabhängigkeit der Hauptversammlung zu erblicken, die durch die Vorschrift gewahrt bleiben soll. Der Vorbehalt kann wirksam vielmehr nur dahin formuliert werden, daß die Aktionäre ihr gesetzliches Bezugsrecht aus Anlaß der Kapitalerhöhung nicht ausüben werden.

Nicht notwendig ist es, daß der Vorbehalt in der Zusicherung ausdrücklich ausgesprochen wird. Immerhin muß sich der Vorbehalt aus den Umständen mit zweifelsfreier Deutlichkeit ergeben; eine zu große Weitherzigkeit in dieser Hinsicht würde den gesetzlich vorgeschriebenen Vorbehalt in Frage stellen.

c) Die Rechtsfolgen

Weder die Gesellschaft noch der Vertragsgegner können aus einer Vereinbarung ohne den genannten Vorbehalt irgendwelche Rechte herleiten. Die Unwirksamkeit kann auch nicht dadurch geheilt werden, daß die Hauptversammlung später in dem Kapitalerhöhungsbeschluß das gesetzliche Bezugsrecht der Aktionäre ausschließt. Eine Zusicherung ohne den gesetzlich vorgeschriebenen Vorbehalt ist unheilbar nichtig; die Zusicherung bleibt auch dann unwirksam, wenn die Fehlerhaftigkeit eines zusichernden Hauptversammlungsbeschlusses nach § 242 nicht mehr geltend gemacht werden kann. Die Vorschrift schließt etwaige Ersatzansprüche nach allgemeinem bürgerlichem Recht gegenüber den zusichernden Personen nicht aus.

Anm. 3

3. Die Zusicherung eines Bezugsrechts nach dem Kapitalerhöhungsbeschluß

a) Das gesetzliche Bezugsrecht ist nicht ausgeschlossen

Ist das gesetzliche Bezugsrecht im Kapitalerhöhungsbeschluß nicht ausgeschlossen, so kann die Zusicherung eines Bezugsrechts ebenfalls nur unter dem Vorbehalt des gesetzlichen Bezugsrechts der Aktionäre gegeben werden. In diesem Fall gilt in vollem Umfang das gleiche wie für die Zusicherung eines Bezugsrechts vor dem Kapitalerhöhungsbeschluß (Anm. 2). Auch in diesem Fall ist die Vertragsfreiheit der Gesellschaft für die Zusage neuer Aktien eingeschränkt, eine vorbehaltlose Zusicherung kann also auch in diesem Fall keinerlei Verpflichtung für die Gesellschaft oder den Vertragsgegner begründen. Eine andere Frage ist es allerdings, wenn eine solche Zusicherung von beiden Seiten erfüllt und die Durchführung der Kapitalerhöhung unter Berücksichtigung des Zeichnungsscheins des Dritten in das Handelsregister eingetragen ist. In einem solchen Fall erlangt die Zeichnung des Dritten durch die Eintragung Wirksamkeit, dieser wird also Aktionär, wenngleich auch dadurch das gesetzliche Bezugsrecht des Aktionärs verletzt wird. Der Aktionär ist dann lediglich auf Schadenersatzansprüche angewiesen (vgl. dazu oben § 186, Anm. 10).

Möglich und beim mittelbaren Bezugsrecht üblich ist eine Verpflichtungserklärung zur Übernahme der jungen Aktien und zur Weitergabe an die Aktionäre vor und nach dem Hauptversammlungsbeschluß. Derart *einseitige Verpflichtungserklärungen* werden weder von § 187 noch von § 185 unterbunden.

b) Das gesetzliche Bezugsrecht ist ausgeschlossen

Ist das gesetzliche Bezugsrecht im Kapitalerhöhungsbeschluß ausgeschlossen, so hat der Vorstand oder das mit der Durchführung der Kapitalerhöhung betraute Organ

(§ 186, Anm. 14) die Möglichkeit, anderen Personen als den Aktionären vorbehaltlos den Bezug der neuen Aktien zuzusichern, soweit ihm nicht etwa in dem Beschluß Beschränkungen in dieser Hinsicht auferlegt sind. Diese Befugnis steht dem Vorstand auch schon vor der Eintragung des Kapitalerhöhungsbeschlusses zu. Denn alle zur Durchführung des Beschlusses erforderlichen Maßnahmen können unabhängig von der Eintragung des Kapitalerhöhungsbeschlusses getroffen werden, da die Anmeldung des Beschlusses über die Erhöhung des Grundkapitals mit der Anmeldung der Durchführung verbunden werden kann (§ 188 Abs. 5).

Enthält der Kapitalerhöhungsbeschluß selbst die Zusicherung eines Bezugsrechts, so ist darin zugleich der Ausschluß des gesetzlichen Bezugsrechts der Aktionäre zu erblicken, da ein solcher Ausschluß nicht ausdrücklich in dem Kapitalerhöhungsbeschluß ausgesprochen werden muß (§ 186, Anm. 11). Eine solche Zusicherung ist daher wirksam, sofern nur die gesetzlichen Voraussetzungen für den Ausschluß des Bezugsrechts erfüllt sind.

§ 188 Anmeldung und Eintragung der Durchführung

(1) Der Vorstand und der Vorsitzende des Aufsichtsrats haben die Durchführung der Erhöhung des Grundkapitals zur Eintragung in das Handelsregister anzumelden.

(2) Für die Anmeldung gelten sinngemäß § 36 Abs. 2 und § 37 Abs. 1. Durch Gutschrift auf ein Konto des Vorstands kann die Einzahlung nicht geleistet werden.

(3) Der Anmeldung sind für das Gericht des Sitzes der Gesellschaft beizufügen

1. **die Zweitschriften der Zeichnungsscheine und ein vom Vorstand unterschriebenes Verzeichnis der Zeichner, das die auf jeden entfallenden Aktien und die auf sie geleisteten Einzahlungen angibt;**
2. **bei einer Kapitalerhöhung mit Sacheinlagen die Verträge, die den Festsetzungen nach § 183 zugrunde liegen oder zu ihrer Ausführung geschlossen worden sind, sowie die Bescheinigung, daß der Bericht der Prüfer der Industrie- und Handelskammer eingereicht worden ist;**
3. **eine Berechnung der Kosten, die für die Gesellschaft durch die Ausgabe der neuen Aktien entstehen werden;**
4. **wenn die Erhöhung des Grundkapitals der staatlichen Genehmigung bedarf, die Genehmigungsurkunde.**

(4) Hat das Gericht Zweifel, ob der Wert der Sacheinlage den Nennbetrag der dafür zu gewährenden Aktien erreicht, so hat eine Prüfung durch einen oder mehrere Prüfer stattzufinden. § 33 Abs. 3 bis 5, § 34 Abs. 2 und 3, § 35 gelten sinngemäß. Das Gericht hat die Eintragung abzulehnen, wenn der Wert der Sacheinlage nicht unwesentlich hinter dem Nennbetrag der dafür zu gewährenden Aktien zurückbleibt.

(5) Anmeldung und Eintragung der Durchführung der Erhöhung des Grundkapitals können mit Anmeldung und Eintragung des Beschlusses über die Erhöhung verbunden werden.

(6) Die eingereichten Schriftstücke werden beim Gericht in Urschrift, Ausfertigung oder öffentlich beglaubigter Abschrift aufbewahrt.

Übersicht

Einleitung

Wesentliche Änderungen gegenüber dem früheren Recht, nämlich den § 284, 285 HGB und den § 155 AktG 1937 enthält die Vorschrift nicht. In Abs. 1 sind die Worte „oder dessen Stellvertreter" gestrichen worden. In Abs. 3 sind die Worte „für das Gericht des Sitzes der Gesellschaft" eingefügt worden, um klarzustellen, daß die Schriftstücke nur in einem Stück, nämlich für das Gericht des Sitzes der Gesellschaft, eingereicht werden müssen und weitere Stücke für die Gerichte der Zweigniederlassungen nicht notwendig sind (vgl. Kropff, S. 297).

Abs. 3 Nr. 2 sowie Abs. 4 waren der Änderung in § 184 anzupassen. Das Registergericht wird also doppelt zur Überprüfung der Sacheinlagen verpflichtet.

I. Die Anmeldung der durchgeführten Kapitalerhöhung

Anm. 1

1. Die anmeldungsberechtigten Personen

Das HGB verlangte, daß sämtliche Mitglieder des Vorstands und des Aufsichtsrats die Eintragung der Durchführung des Kapitalerhöhungsbeschlusses zum Handelsregister anzumelden haben. Bereits § 155 AktG 1937 verlangte nur noch die Mitwirkung des Vorsitzenden des Aufsichtsrats. Wie in § 184 Abs. 1 für die Anmeldung des Kapitalerhöhungsbeschlusses vorgeschrieben, haben nach geltendem Recht nur der Vorstand und der Vorsitzende des Aufsichtsrats die Eintragung der Durchführung des Kapitalerhöhungsbeschlusses zum Handelsregister anzumelden. Es brauchen also nur so viele Vorstandsmitglieder die Anmeldung zu bewirken, wie zur Vertretung der Gesellschaft erforderlich sind. Die Anmeldung ist von den zur Anmeldung Verpflichteten entweder persönlich vorzunehmen oder in öffentlich beglaubigter Form einzureichen (§ 12 HGB). Die Mitglieder des Vorstandes zeichnen nicht mit der Firma der Gesellschaft, sondern persönlich. Eine Vertretung der Anmeldungspflichtigen durch Bevollmächtigte ist hierbei unzulässig (vgl. oben § 36, Anm. 8; § 184, Anm. 2). Im übrigen wird hinsichtlich der weiteren Einzelheiten auf die entsprechenden Ausführungen in § 184, Anm. 2 verwiesen.

Anm. 2

2. Die Voraussetzungen für die Anmeldung

Nach der vorgeschriebenen sinngemäßen Anwendung der für die Anmeldung der Gesellschaft geltenden §§ 36 Abs. 2 und 37 Abs. 1 darf die Durchführung der Kapitalerhöhung erst angemeldet werden, wenn die erforderlichen Zeichnungen für das zu erhöhende Kapital vorliegen. Auch die Einbringer von Sacheinlagen (§ 183) haben einen Zeichnungsschein auf die ihnen zuzuteilenden Aktien auszustellen und dem Vorstand einzureichen (§ 185, Anm. 2, Nr. 3). Auf jede neue durch Barzahlung zu erwerbende Aktie muß der vom Vorstand eingeforderte Betrag eingezahlt sein. Der eingeforderte Betrag muß mindestens ein Viertel des Nennbetrages und ggf. auch das Aufgeld umfassen. Er kann nur in gesetzlichen Zahlungsmitteln oder durch Gutschrift auf ein Bankkonto im Inland oder ein Postscheckkonto der Gesellschaft eingezahlt werden. Die Zulässigkeit, auf ein Konto des Vorstandes zu zahlen, fällt selbstverständlich weg, da der Umstand, daß — wie bei der Anmeldung der zu gründenden Gesellschaft — diese noch nicht besteht, hier nicht vorliegt. Mit dieser Einschränkung wird hinsichtlich der Einzelheiten der Zahlung auf die Ausführungen von Barz, oben § 36, Anm. 14, 15 Bezug genommen. Hervorzuheben ist, daß auch bei der Kapitalerhöhung die Bareinlagen durch Zahlung erbracht werden müssen. Die abweichende Auffassung von Brodmann (§ 284 HGB, Anm. 3), daß hier anders wie bei der Gründung statt Barzahlung auch Aufrechnung zulässig sei, ist unhaltbar (wie hier RGSt. 53, S. 148, 153); denn darin würde eine versteckte Sacheinlage zu erblicken sein. Das gleiche gilt für eine Vereinbarung, daß die Einzahlungen gegen Obligationen der Gesellschaft verrechnet werden sollen (RGZ 159, S. 211, 222 mit weiteren Nachweisen). Die eingezahlten Beträge müssen, soweit sie nicht bereits zur Bezahlung der bei der Kapitalerhöhung zu entrichtenden Steuern und Gebühren verwandt wurden, endgültig zur freien Verfügung des Vorstandes stehen (vgl. dazu oben Barz, § 36, Anm. 15). Die Sacheinlagen brauchen — rechtspolitisch bedenklich — noch nicht geleistet zu sein (vgl. § 36, Anm. 16). Der Vorschlag einer zweiten Richtlinie des Rates der Europäischen Gemeinschaften zur Koordinierung des Gesellschaftsrechts sieht in Art. 23 Abs. 1 vor, daß im Falle einer Kapitalerhöhung gegen Nicht-Bargeldeinlagen diese als Gegenwert für die ausgegebenen Aktien vollständig geleistet werden müssen. Über gemischte Einlagen vgl. die Ausführungen von Barz, § 36, Anm. 17.

Anm. 3

3. Der Nachweis dieser Voraussetzungen

Sämtliche Anmeldende haben in der Anmeldung die Erklärung abzugeben, daß die vorstehend bezeichneten Voraussetzungen hinsichtlich der geleisteten Einzahlungen und der freien Verfügung des Vorstands über sie erfüllt sind. Für die Richtigkeit dieser Erklärungen sind die Anmeldenden nach den §§ 93 und 116 *zivilrechtlich* der Gesellschaft und nach § 399 Abs. 1 Nr. 4 *strafrechtlich* verantwortlich. In der Anmeldung sind dabei der Betrag, zu dem die neuen Aktien ausgegeben werden (also Nennbetrag und etwaiges Aufgeld), und die Summe der eingezahlten Beträge ziffernmäßig anzugeben. Es ist nachzuweisen, daß der Vorstand in der Verfügung über den eingezahlten Betrag nicht, namentlich nicht durch Gegenforderungen, beschränkt ist. Der Nachweis ist, wenn die Einzahlung auf ein Bankkonto der Gesellschaft erfolgt ist, durch eine schriftliche Bestätigung der Bank zu führen. Etwaige Zahlungen an Steuern und Gebühren sind durch Vorlegen der Belege nachzuweisen. Im einzelnen wird hinsichtlich der Erfordernisse dieser Nachweise auf die Ausführungen von Barz, zu § 37, Anm. 3 mit der Maßgabe Bezug genommen, daß hier nur Einzahlungen auf ein Konto der Gesellschaft, nicht des Vorstandes, in Betracht kommen. Für die Richtigkeit der Bestätigung ist die Bank der Gesellschaft verantwortlich.

Anm. 4

4. Die beizufügenden Anlagen

Für das Gericht der Gesellschaft, d. h. nur einmal, nicht in mehreren Stücken (entsprechend der Zahl der Zweigniederlassungen), sind als Anlagen der Anmeldung beizufügen:

(1) Die Zweitschriften der Zeichnungsscheine (vgl. § 185 Abs. 1 Satz 2) und ein vom Vorstand unterschriebenes Verzeichnis der Zeichner. Das Verzeichnis braucht demnach nur von so vielen Mitgliedern des Vorstands unterschrieben zu werden, wie zur Vertretung der Gesellschaft erforderlich sind. Dessen ungeachtet haben die Vorstandsmitglieder, wie bei der Anmeldung, nicht mit der Firma der Gesellschaft, sondern persönlich zu unterzeichnen. Eine notarielle Beglaubigung ihrer Unterschriften ist nicht

verlangt. Das Verzeichnis hat die Namen der Zeichner aufzuführen mit der Angabe, wieviele Aktien sie gezeichnet und welche Zahlungen sie bereits hierauf geleistet haben. Auch die Einbringer von Sacheinlagen — denn auch sie müssen Zeichnungsscheine ausstellen (vgl. § 185, Anm. 2) — sind als Zeichner in das Verzeichnis aufzunehmen. Über die Leistung der Sacheinlagen braucht das Verzeichnis nichts zu enthalten, da sie vor der Anmeldung nicht ausgeführt zu sein braucht.

(2) Im Fall der Kapitalerhöhung mit Sacheinlagen die schriftlichen Verträge, die der Festsetzung des Gegenstandes der Einlage, der Person des Einbringers und des Nennbetrages der auf die Einlage zu gewährenden Aktien zugrunde liegen, oder welche die Erfüllung dieser Verbindlichkeiten betreffen. Eine Beurkundung der Verträge ist nicht vorgeschrieben. Ist sie nicht vorgenommen worden, so ist eine Erklärung über diese Tatsache abzugeben. Die Bescheinigung, daß der Bericht der Prüfer der Industrie- und Handelskammer eingereicht worden ist, muß beigefügt werden, wenn das Registergericht eine Prüfung nach § 184 Abs. 3 angeordnet hatte.

(3) Eine Aufstellung über die der Gesellschaft durch die Ausgabe der neuen Aktien erwachsenden Kosten. Das sind im wesentlichen Gerichts-, Notar- und Anwaltsgebühren, Steuern, Kosten und Provisionen bei Zulassung und für Einführung der Aktien im Börsenhandel, Stempelkosten und Druckkosten. Soweit die Beträge nicht feststehen, sind sie schätzungsweise anzugeben. Belege sind nicht beizubringen.

(4) Bedarf die Erhöhung des Grundkapitals der staatlichen Genehmigung, so ist die Genehmigungsurkunde beizufügen.

Zu beachten ist, daß nach §§ 189d AO, 7 KVSt DVO 1960 bei einer Aktiengesellschaft und einer Kommanditgesellschaft auf Aktien die Durchführung auf die Kapitalerhöhung erst dann in das Handelsregister eingetragen werden darf, wenn eine *Bescheinigung des Finanzamts* vorgelegt wird, daß der Eintragung steuerrechtliche Bedenken nicht entgegenstehen (vgl. zur Unbedenklichkeitsbescheinigung Barz, § 37, Anm. 5). Für die hiernach dem Registerrichter vorzulegende Unbedenklichkeitsbescheinigung kommt die Kapitalverkehrssteuer in Betracht. Ist Gegenstand einer Sacheinlage ein Grundstück, so ist der Nachweis, daß auch die Grunderwerbssteuer gezahlt ist, nicht erforderlich, da die Sacheinlage nicht vor der Eintragung der durchgeführten Kapitalerhöhung geleistet zu sein braucht (v. Godin-Wilhelmi, Anm. 5 Ziff. 4).

Die eingereichten Schriftstücke werden bei Gericht in Urschrift, Ausfertigung oder öffentlich beglaubigter Abschrift aufbewahrt. Die Anordnung in Abs. 6 stimmt mit der für die Gründung der Gesellschaft geltenden Vorschrift des § 37 Abs. 5 überein.

II. Die Anmeldung der Satzungsänderung

Anm. 5

Mit der Anmeldung der Durchführung muß nicht etwa auch die Anmeldung der mit der Kapitalerhöhung verbundenen Satzungsänderung stattfinden, die in der abgeänderten Ziffer des Grundkapitals besteht (Schlegelberger-Quassowski, § 156 AktG 1937, Anm. 4; Baumbach-Hueck, Rdn. 2). Denn mit Rücksicht auf § 189 erlangt die Kapitalerhöhung erst mit der Eintragung der Durchführung der Kapitalerhöhung Wirksamkeit, so daß auch erst danach für die Anmeldung und die Eintragung der mit der Kapitalerhöhung verbundenen Satzungsänderung Raum ist. Dem steht natürlich nicht entgegen, daß mit der Anmeldung der Durchführung der Kapitalerhöhung auch gleichzeitig die damit verbundene Satzungsänderung zur Eintragung angemeldet wird. Bei festgesetzter Mindestgrenze der Kapitalerhöhung pflegt die Ermächtigung, die Fassung der Satzung den errechneten Zeichnungen entsprechend abzuändern, gemäß § 179 Abs. 1 Satz 2 dem Aufsichtsrat in Verbindung mit dem Kapitalerhöhungsbeschluß erteilt zu werden (vgl. § 179, Anm. 9ff.). Ist die Erhöhung von vornherein auf eine bestimmte Summe festgesetzt, so kann die Hauptversammlung den erforderlichen Beschluß über die Satzungsänderung zugleich mit dem Beschluß über die Kapitalerhöhung fassen. Für die Eintragung der Satzungsänderung genügt der Vermerk, daß durch satzungsändernden Beschluß vom Soundsovielten (mit einem bestimmten Datum) das Grundkapital auf einen bestimmten Betrag erhöht worden sei. Wirksam aber wird die Kapitalerhöhung erst mit der Eintragung, daß auf Grund des in Betracht kommenden

Kapitalerhöhungsbeschlusses die Erhöhung durchgeführt ist (§ 189). Hinsichtlich der Erfordernisse für die Anmeldung und Eintragung der Satzungsänderung wird auf die Ausführungen oben zu § 181, Anm. 1 ff. verwiesen.

III. Die Behandlung durch das Registergericht

Anm. 6

Hat das Gericht Zweifel, ob der Wert der Sacheinlage den Nennbetrag der dafür zu gewährenden Aktien erreicht, so hat eine Prüfung durch einen oder mehrere Prüfer stattzufinden. Die Bestimmung des Abs. 4 deckt sich wörtlich mit der des § 184 Abs. 3, durch welche die gleiche Prüfung dem Registerrichter vor der Eintragung des Kapitalerhöhungsbeschlusses zur Pflicht gemacht ist. Es kann daher auf die Ausführungen in § 184, Anm. 5 verwiesen werden. Die Vorschrift hat die Bedeutung, daß trotz Eintragung des Kapitalerhöhungsbeschlusses der Richter der Pflicht zur Nachprüfung nicht enthoben ist, ob auch jetzt noch der Wert der Sacheinlage dem Nennbetrag der Aktien, die der Einbringer dafür erhalten soll, entspricht. Die Bestimmung zeigt mithin deutlich, daß jedenfalls nach geltendem Recht *das Risiko eines Wertverlustes oder einer Wertminderung von dem Sacheinleger zu tragen ist.* Die Bestimmung hat natürlich keine besondere Bedeutung, wenn die Gesellschaft von ihrem Recht nach Abs. 5 Gebrauch macht, die Anmeldung des Kapitalerhöhungsbeschlusses bis zur Anmeldung der Durchführung der Kapitalerhöhung aufzuschieben.

Wie bei jeder Anmeldung hat das Gericht auch hier im allgemeinen zu prüfen, ob die Voraussetzungen für die Eintragung nach Form und Inhalt erfüllt sind, und hat erforderlichenfalls die Eintragung abzulehnen (vgl. hierzu die Ausführungen zu den §§ 181, 184).

IV. Gleichzeitige Anmeldung des Kapitalerhöhungsbeschlusses und der Durchführung der Kapitalerhöhung

Anm. 7

Anmeldung und Eintragung der Durchführung der Kapitalerhöhung können mit Anmeldung und Eintragung des Kapitalerhöhungsbeschlusses verbunden werden. Machen der Vorstand und der Vorsitzende des Aufsichtsrats von der Befugnis Gebrauch, beide Anmeldungen zusammen vorzunehmen, so kann gleichzeitig auch der Vorstand nach § 181 Abs. 1 Satz 1 die aus der Kapitalerhöhung sich ergebende Satzungsänderung zur Eintragung anmelden. Sämtliche drei Anmeldungen müssen natürlich den gesetzlichen und satzungsmäßigen Erfordernissen entsprechen, die bei getrennter Anmeldung für sie bestehen, wenn sie auch in einer Urkunde miteinander verbunden werden können.

Das Zugeständnis hat die Besonderheit zur Folge, daß die Durchführung der Kapitalerhöhung vor sich gehen kann, noch ehe der Kapitalerhöhungsbeschluß durch Eintragung in das Handelsregister wirksam geworden ist. Für die Bekanntmachung zur Ausübung des Bezugsrechts (§ 186 Abs. 2) hat dies die Bedeutung, daß die Aufforderung an die Aktionäre zur Ausübung dieses Rechts nur unter dem Vorbehalt der Eintragung des Kapitalerhöhungsbeschlusses ergehen kann. Die Zeichnung der Aktien ist ohnehin dadurch bedingt, daß die Durchführung des Kapitalerhöhungsbeschlusses eingetragen wird. Wird die Eintragung des Kapitalerhöhungsbeschlusses abgelehnt, so ist die Voraussetzung, unter welcher die auf die Kapitalerhöhung sich beziehenden Rechtshandlungen vorgenommen worden sind, weggefallen. Die Bezugsrechte auf die neuen Aktien sind damit erloschen, und die auf die Aktien geleisteten Einzahlungen können auf Grund des auflösend bedingt geschlossenen Vertrages zurückgefordert werden.

V. Aufbewahrung

Anm. 8

Die eingereichten Schriftstücke werden beim Gericht in Urschrift, Ausfertigung oder öffentlich beglaubigter Abschrift aufbewahrt. Die Anordnung stimmt mit der für die Gründung der Gesellschaft geltenden Vorschrift des § 37 Abs. 5 überein. Vgl. dazu § 37 Anm. 8.

§ 189 Wirksamwerden der Kapitalerhöhung

Mit der Eintragung der Durchführung der Erhöhung des Grundkapitals ist das Grundkapital erhöht.

Anm. 1

Die Vorschrift entspricht wörtlich dem bisherigen § 156 AktG 1937.

Anm. 2

Ist die Durchführung der Kapitalerhöhung in das Handelsregister eingetragen, so ist damit das Grundkapital der Gesellschaft um den betreffenden Betrag erhöht. Diese *Eintragung* ist *der rechtsbegründende Akt*. Nunmehr ist daraufhin in den Büchern der Gesellschaft das erhöhte Grundkapital als das jetzt in Betracht kommende einzutragen und es sind die entsprechenden Buchungen in der Jahresbilanz der Gesellschaft vorzunehmen. Mit dieser Eintragung entstehen auch die neuen Aktienrechte, und zwar ohne Rücksicht darauf, ob die entsprechenden Urkunden schon ausgegeben sind (§ 191 Anm. 4). Die Inhaber der jungen Aktien nehmen nunmehr auch nach Maßgabe des § 60 oder besonderer Bestimmungen in der Satzung oder in dem Kapitalerhöhungsbeschluß an dem Jahresgewinn teil.

Die Regelung des § 189 über das Wirksamwerden der Kapitalerhöhung stellt eine *Abweichung von der allgemeinen Vorschrift des § 181 Abs. 3* dar, da hier nicht die Eintragung der Satzungsänderung (§ 188 Anm. 5) die ihr sonst zukommende rechtserzeugende Wirkung hat. Andererseits ist aber auch die Eintragung des Kapitalerhöhungsbeschlusses (§ 184) für die Wirksamkeit der Kapitalerhöhung ohne Bedeutung; diese Eintragung hat nur vorbereitenden Charakter und ist rechtspolitisch von zweifelhaftem Wert (§ 184 Anm. 1). Bis zur Eintragung der Durchführung der Kapitalerhöhung kann der Kapitalerhöhungsbeschluß von der Hauptversammlung auch noch aufgehoben werden, und zwar bei jeder Satzungsänderung durch einen Beschluß mit einfacher Mehrheit (dazu § 181, Anm. 13).

Anm. 3

Unbeschadet der allgemeinen Regelung des § 189 zeitigt der Kapitalerhöhungsbeschluß aber auch schon *vor der Eintragung* der durchgeführten Kapitalerhöhung *gewisse Rechtswirkungen*. Hierfür kann auf die Ausführungen zu § 184 Anm. 1, § 181, Anm. 13 verwiesen werden.

Anm. 4

Die Eintragung der durchgeführten Kapitalerhöhung führt *nicht* zur *Heilung eines nichtigen Kapitalerhöhungsbeschlusses*. Das kann zu unliebsamen Komplikationen führen, wenn die neuen Aktien an gutgläubige Erwerber ausgegeben werden (hierzu § 191, Anm. 5). Auch die Anfechtung eines Kapitalerhöhungsbeschlusses wird durch die Eintragung der durchgeführten Kapitalerhöhung nicht ausgeschlossen (RG 115, S. 378; 124, S. 279, 289).

§ 190 Bekanntmachung

In die Bekanntmachung der Eintragung (§ 188) sind außer deren Inhalt der Ausgabebetrag der Aktien und die bei einer Kapitalerhöhung mit Sacheinlagen vorgesehenen Festsetzungen aufzunehmen. Bei der Bekanntmachung dieser Festsetzungen genügt die Bezugnahme auf die beim Gericht eingereichten Urkunden.

Anm. 1

Die Bestimmung entspricht, abgesehen von einigen sprachlichen Änderungen, dem bisherigen § 157 AktG 1937, der seinerseits auf den früheren § 284 Abs. 5 HGB zurückging.

Anm. 2

In die Bekanntmachung (s. dazu § 40, Anm. 1), welche nach Eintragung der Durchführung der Kapitalerhöhung ergeht, sind aufzunehmen:

1. Der Inhalt dieser Eintragung, laut welcher die von der Hauptversammlung beschlossene Kapitalerhöhung durchgeführt worden ist.
2. Der Ausgabebetrag der neuen Aktien, also ihr Nennbetrag unter Angabe ihrer Zahl und Gattung, sowie das etwaige Aufgeld.
3. Im Fall einer Kapitalerhöhung mit Sacheinlagen die auf diese bezüglichen Festsetzungen nach § 183. Hierfür genügt es, auf die beim Gericht eingereichten und dort aufbewahrten Urkunden zu verweisen. In dieser Hinsicht besteht also eine Einschränkung gegenüber der weitergehenden Vorschrift des § 40 Abs. 1 Nr. 1. Über das Recht, von den Eintragungen und den Schriftstücken Einsicht zu nehmen und Abschriften zu verlangen, s. § 9 HGB.

§ 191 Verbotene Ausgabe von Aktien und Zwischenscheinen

Vor der Eintragung der Durchführung der Erhöhung des Grundkapitals können die neuen Anteilsrechte nicht übertragen, neue Aktien und Zwischenscheine nicht ausgegeben werden. Die vorher ausgegebenen neuen Aktien und Zwischenscheine sind nichtig. Für den Schaden aus der Ausgabe sind die Ausgeber den Inhabern als Gesamtschuldner verantwortlich.

Übersicht

Einleitung

Die Vorschrift entspricht der Vorschrift des § 41 Abs. 4, die sich auf die Gründung der Gesellschaft bezieht. Sie stimmt, abgesehen von einigen sprachlichen Veränderungen, mit § 158 AktG 1937 überein.

Anm. 1

1. Keine Übertragung von Anteilsrechten vor der Eintragung

Die neuen Anteilsrechte können vor Eintragung der Durchführung der Erhöhung des Grundkapitals nicht übertragen werden. *Die neuen Anteilsrechte an der Gesellschaft entstehen erst mit der Eintragung der Durchführung.* Bis dahin besteht nur eine Anwartschaft auf sie; das Recht ist bedingt durch die Eintragung. Vor der Eintragung bildet — wie bei der Gründung der Gesellschaft — die Beteiligung an dem Unternehmen nach dem Gesetz keinen zur Veräußerung geeigneten Gegenstand (vgl. Denkschrift 1897, S. 128). Bis zur Eintragung soll die Gesellschaft es nur mit dem Zeichner des Zeichnungsscheins zu tun haben. Der Fall des Todes des Zeichners und der darauf beruhenden Erbfolge gehört nicht hierher; dieser Übergang des Anspruches auf die Mitgliedschaft beruht nicht auf Übertragung des Anteilsrechts. Eine Übertragung des Anteilsrechts vor Eintragung der Durchführung der Kapitalerhöhung ist nicht nur gegenüber der Gesellschaft, sondern auch im Verhältnis zwischen Veräußerer und Erwerber unwirksam. Sie kann auch nicht durch deren nachträgliche Eintragung Wirksamkeit erlangen. Aus demselben Grunde ist eine bedingte Übertragung nicht möglich, und demgemäß eine Übertragung unter der Bedingung, daß die Durchführung der Kapitalerhöhung eingetragen werde, ebenso unwirksam wie die unbedingte Übertragung. Die insoweit abweichende Entscheidung RG 85, S. 327, 333 ist überholt. Rechtsungültig ist deshalb auch eine Verpfändung oder eine Pfändung des Anteilsrechts, bevor die Eintragung der Durchführung stattgefunden hat.

Etwas anderes ist es, wenn der Zeichner der neuen Aktie lediglich die *schuldrechtliche Verpflichtung* übernimmt, die von ihm gezeichnete Aktie einem andern zu übertragen (Guntz, AG 1958, S. 177). Hier findet die Übertragung des Anteilsrechts erst statt, nachdem es durch die Eintragung der Durchführung entstanden ist (vgl. § 41, Anm. 29).

Anm. 2

2. Keine Ausgabe von Aktien und Zwischenscheinen vor der Eintragung

Da das neue Anteilsrecht erst mit der Eintragung der Durchführung der Kapitalerhöhung entsteht, so dürfen folgerichtig auch die Urkunden über die neuen Anteilsrechte, also die neuen Aktien (s. § 10 Anm. 7 bis 10) und die entsprechenden Zwischenscheine (s. § 8 Anm. 17; § 10 Anm. 12), nicht ausgegeben werden, bevor die Durchführung eingetragen ist. Sind sie trotzdem ausgegeben worden, so sind sie nichtig. Da die vorher ausgegebenen Aktien nichtig sind, hat auch der redliche Erwerber aus ihnen keine Rechte. Die Nichtigkeit wird durch nachträgliche Eintragung der Durchführung der Kapitalerhöhung nicht ohne weiteres geheilt. Kommt aber eine nachträgliche Gültigkeitserklärung durch die Gesellschaft hinzu, z. B. durch Umstempelung der vorzeitig ausgegebenen Urkunden, so wird damit die Nichtigkeit geheilt (s. § 41 Anm. 30 Abs. 2).

Anm. 3

3. Haftung bei vorzeitiger Ausgabe von Aktien und Zwischenscheinen

Wegen vorzeitiger Ausgabe der neuen Aktien und Zwischenscheine haften die Ausgeber den Besitzern auf Schadensersatz. Da hier das gleiche gilt wie nach §§ 8, 41 Abs. 4, so wird auf die Ausführungen in § 8 Anm. 6 bis 11 Bezug genommen. Damit ist die früher bestehende Streitfrage über Rechtsgrund und Umfang einer etwaigen Schadensersatzpflicht jetzt klar entschieden.

Über die *Strafbarkeit* der Mitglieder des Vorstands und des Aufsichtsrats, welche Aktien und Zwischenscheine ausgeben, bevor die Durchführung der Kapitalerhöhung in das Handelsregister eingetragen ist, s. § 405 Abs. 1 Ziff. 2.

Anm. 4

4. Die Entstehung der Anteilsrechte

Unabhängig von der Ausgabe der Aktienurkunden entstehen die Anteilsrechte durch die Eintragung der Durchführung des Kapitalerhöhungsbeschlusses. Auch ohne im Besitz der Aktienurkunde zu sein, kann der Anteilsberechtigte daher seine Aktienrechte, namentlich Stimmrecht und Recht auf den Gewinnanteil, geltend machen. Seine Legitimation hat er dann auf andere Weise als durch Vorlegung der Aktienurkunde zu erbringen (vgl. RGZ 34, S. 110, 115; KGJ 14, S. 32; RGSt. 31, S. 400, 403).

Anm. 5

5. Ausgegebene Aktien bei nichtiger Kapitalerhöhung

Für die schon nach früherem Recht sehr streitige Frage, ob Aktien, die auf Grund nichtiger Kapitalerhöhungsbeschlüsse ausgegeben worden sind, infolge der Eintragung der Durchführung der Kapitalerhöhung gültig seien, bringt auch das neue AktG keine Lösung. Das RG hat die Frage verneint (RGZ 120, S. 363, 369; 143, S. 394, 399; 144, S. 141) und hat in entsprechender Anwendung von § 311 Abs. 3 HGB (jetzt § 277 Abs. 3) die Besitzer solcher Aktien für verpflichtet erklärt, die versprochenen Einzahlungen auf die Aktien zu leisten, soweit es zur Erfüllung der von der Gesellschaft eingegangenen Verbindlichkeiten erforderlich sei (insoweit etwas zweifelnd Staub-Pinner, § 287 HGB, Anm. 3). Daß die Verkehrssicherheit ein anderes Ergebnis erwünscht erscheinen ließe, ist nicht zu verkennen. Das ist auch früher im Schrifttum in Erwartung einer besonderen gesetzlichen Regelung betont worden; namentlich auch, nachdem der im Jahre 1931 auf Anordnung des Reichsjustizministeriums veröffentlichte Entwurf eines neuen Aktiengesetzes eine solche Bestimmung nicht enthielt (s. A. Hueck, Das Recht der Generalversammlungsbeschlüsse und die Aktienrechtsreform, Gesellschaftsrechtl. Abhandlungen, Heft 21, S. 51 ff.). Der von Schlegelberger-Quassowski (§ 149 AktG 1937, Anm. 10; ebenso Gessler, DJ 1936, S. 1491, 1495; Müller-Erzbach, Das private Recht der Mitgliedschaft als Prüfstein eines kausalen Rechtsdenkens [1948], S. 169) vertretenen Auffassung, daß auch *ohne besondere gesetzliche Bestimmung* den Inhabern von Aktien, die auf Grund eines nichtigen Kapitalerhöhungsbeschlusses ausgegeben seien, die vollen Rechte und Pflichten aus der Aktie zuständen, kann indessen nicht zugestimmt werden. Der Grundsatz des § 185 Abs. 3, der für den Zeichnungsschein gilt, ist hier nicht anwendbar. Beruht die Nichtigkeit des Kapitalerhöhungsbeschlusses daher auf einem Grunde, der nicht durch die Eintragung nach § 242 Abs. 1 geheilt wird, so sind auch die nach der Eintragung ausgegebenen Aktien nichtig, da ohne einen rechtsgültigen Beschluß der Erhöhung des Grundkapitals keine neuen gesellschaftlichen Rechte und Pflichten in bezug auf ein Kapital, das nicht erhöht worden ist, begründet werden können (ebenso Staub-Pinner, § 287 HGB, Anm. 3; Ritter, § 152 AktG 1937, Anm. 5; v. Godin-Wilhelmi, § 188, Anm. 7; Baumbach-Hueck, § 191, Rdn. 4; Würdinger, Aktien- und Konzernrecht, S. 180). Für den Schaden aber, der den Besitzern der Aktien entstanden ist, sind die Ausgeber ihnen verantwortlich. Werden die Besitzer der Aktien auf Einzahlung in Anspruch genommen, so haben die Ausgeber ihnen daher diese Beträge zu ersetzen. Insofern kann der Grundsatz, der nach Satz 2 des vorliegenden Paragraphen für nichtige Aktien gilt, die vor Eintragung der Durchführung der Kapitalerhöhung ausgegeben worden sind, unbedenklich auf Aktien angewendet werden, die nichtig sind, weil sie auf Grund eines nichtigen Kapitalerhöhungsbeschlusses ausgegeben wurden. Auch wird man den Besitzern der Aktien, die bereits Einzahlungen geleistet haben, einen Bereicherungsanspruch gegen die Gesellschaft zubilligen müssen, soweit die Gesellschaft die erhaltenen Beträge nicht zur Erfüllung der von ihr eingegangenen Verbindlichkeiten benötigt (Ritter, § 152 AktG 1937, Anm. 5).

Zweiter Unterabschnitt

Bedingte Kapitalerhöhung

§ 192 Voraussetzungen

(1) Die Hauptversammlung kann eine Erhöhung des Grundkapitals beschließen, die nur so weit durchgeführt werden soll, wie von einem Umtausch- oder Bezugsrecht Gebrauch gemacht wird, das die Gesellschaft auf die neuen Aktien (Bezugsaktien) einräumt (bedingte Kapitalerhöhung).

(2) Die bedingte Kapitalerhöhung soll nur zu folgenden Zwecken beschlossen werden:

1. zur Gewährung von Umtausch- oder Bezugsrechten an Gläubiger von Wandelschuldverschreibungen;

2. zur Vorbereitung des Zusammenschlusses mehrerer Unternehmen;

3. zur Gewährung von Bezugsrechten an Arbeitnehmer der Gesellschaft zum Bezug neuer Aktien gegen Einlage von Geldforderungen, die den Arbeitnehmern aus einer ihnen von der Gesellschaft eingeräumten Gewinnbeteiligung zustehen,

(3) Der Nennbetrag des bedingten Kapitals darf die Hälfte des Grundkapitals, das zur Zeit der Beschlußfassung über die bedingte Kapitalerhöhung vorhanden ist, nicht übersteigen.

(4) Ein Beschluß der Hauptversammlung, der dem Beschluß über die bedingte Kapitalerhöhung entgegensteht, ist nichtig.

(5) Die folgenden Vorschriften über das Bezugsrecht gelten sinngemäß für das Umtauschrecht.

Übersicht

Anm. 1

Einleitung

Neben nur sprachlichen *Änderungen* in Abs. 3 und 4 enthält § 192 gegenüber § 159 AktG 37 zwei sachliche Änderungen: Einmal ist in Abs. 1 das Wort „unentziehbaren" gestrichen worden, dazu s. Anm. 11. Sodann ist als weiterer Zweck der bedingten Kapitalerhöhung in Abs. 2 Z. 3 die Gewährung von Bezugsrechten an Arbeitnehmer der Gesellschaft gegen Einlage von Forderungen aus einer Gewinnbeteiligung angeführt, s. Anm. 6.

Anm. 2

Mit der *Einführung* der bedingten Kapitalerhöhung *durch das AktG 1937* hat für das deutsche Recht ein Problem seine Lösung gefunden, das nach dem Recht der Vereinigten Staaten von Nord-Amerika für die seit langem dort gebräuchlichen convertible bonds kein Problem war, weil nach amerikanischem Recht der *Vorstand* ermächtigt werden kann, das Kapital der Gesellschaft zu erhöhen, also von sich aus je nach Bedarf die entsprechenden Aktien auszugeben. Das Verkehrsbedürfnis hat auch in Deutschland zu dieser Entwicklung der gegen Aktien umzutauschenden oder zum Bezuge von Aktien berechtigenden Schuldverschreibungen gedrängt; s. namentlich den Beschluß des 33. Deutschen Juristentages (1924) Nr. III Ziff. 2, der empfahl, durch Gesetz die Aufnahme von Darlehn und Anleihen zuzulassen, die mit der bedingten Erhöhung des Grundkapitals derart verbunden werden, daß der Darlehns- oder Anleihegläubiger die Umwandlung seiner Gläubigerrechte in Stammaktien fordern darf. Ein Übergang wurde mittels der durch § 22 EinfG z. AktG 37 aufgehobenen 8. DVO zur Kapitalherabsetzung in erleichterter Form vom 14. 3. 1934 (RGBl. I S. 196) geschaffen. Dort wurde gestattet, eine bedingte Kapitalerhöhung vorzunehmen und entsprechende Bezugsaktien auszugeben, um die Einziehung der beim Inkrafttreten der VO vorhandenen Vorratsaktien und eigenen Aktien der Gesellschaft zu ermöglichen, wenn die einzuziehenden Aktien zur Erfüllung eines unentziehbaren Bezugs- oder Umtauschrechts bestimmt waren, das die Gesellschaft oder ein anderer für ihre Rechnung vor dem Inkrafttreten der VO eingeräumt hatte. Damit war zum erstenmal — allerdings in indirekter Weise und in beschränktem Maße — die durch das Gesetz eröffnete Möglichkeit gegeben, auf Grund einer Wandelschuldverschreibung eine auf bedingter Kapitalerhöhung beruhende Bezugsaktie zu erhalten. Abgesehen davon, daß nach der DVO der Beschluß einer bedingten Kapitalerhöhung nur in Verbindung mit einer Kapitalherabsetzung um die Beträge der einzuziehenden Vorrats- und eigenen Aktien der Gesellschaft gefaßt werden konnte, sind die in der DVO enthaltenen Vorschriften über die bedingte Kapitalerhöhung im wesentlichen in das AktG 1937 übergegangen (vgl. auch BGHZ 24, 279).

Anm. 3

Die *Reihenfolge* der einzelnen Vorgänge bei der bedingten Kapitalerhöhung ist die folgende: Der Erhöhungsbeschluß, §§ 193, 194; die Anmeldung des Beschlusses, § 195; die Bezugserklärung, § 198; die Ausgabe der Bezugsaktien gegen Leistung des Gegenwerts und damit das Wirksamwerden der Kapitalerhöhung, §§ 199, 200; die Anmeldung der Erhöhung, § 201.

I. Die Zwecke der bedingten Kapitalerhöhung (Abs. 2)

Anm. 4

1. Ermöglichung der Ausgabe von Wandelschuldverschreibungen

Die *bedingte Kapitalerhöhung* dient in erster Linie dazu, die Ausgabe von *Wandelschuldverschreibungen* (s. § 221) zu ermöglichen. Wie die Wandelschuldverschreibung eine Mischform zwischen dem Gläubigerrecht aus einer reinen Schuldverschreibung und dem Anteilsrecht eines Gesellschafters verkörpert, so die bedingte Kapitalerhöhung zwischen der Verpflichtung der Gesellschaft aus einer Schuldverschreibung und einer reinen Kapitalerhöhung. Weil der Inhaber der Wandelschuldverschreibung das *Wahlrecht* hat, ob er *Gläubiger* der Gesellschaft bleiben oder statt dessen oder daneben *Gesellschafter* werden will, ist die Kapitalerhöhung nur eine *bedingte.* Selbstverständlich muß von den sogenannten *Bezugsaktien* dieser bedingten Kapitalerhöhung der von den Inhabern der Wandelschuldverschreibung nicht bezogene Teil bis zur völligen Erledigung der Anleihe — sei es durch Rückzahlung, sei es durch Umtausch oder Bezug von Aktien — für die Zwecke der wahlweisen Ausgabe zur Verfügung bleiben. Dabei liegt ein *Umtauschrecht* vor, wenn die Schuldverschreibung in eine Aktie umgewandelt werden kann, ein *Bezugsrecht,* wenn die Aktie unter Beibehaltung der Schuldverschreibung bezogen werden kann (unten Anm. 13, § 221 Anm. 1, 2). Entsprechend der bedingten Kapitalerhöhung ist die *Anleihe* insofern eine *qualifizierte,* als sie nach Wahl des Gläubigers *anstatt durch Barzahlung* durch *Umtausch in Aktien* abgelöst werden kann. Im Gegensatz zur gewöhnlichen Schuldverschreibung, die der Vorstand ohne Mitwirkung der Hauptversammlung ausgeben kann, ist *für die Ausgabe von Wandelschuldverschreibungen ein Beschluß der Hauptversammlung* gemäß § 221 erforderlich.

Die Gesellschaft kann das Umtausch- oder Bezugsrecht auch den Gläubigern einer anderen Gesellschaft, z. B. einer Tochtergesellschaft, einräumen oder für die Erfüllung eines von dieser versprochenen Umtausch- oder Bezugsrechts die Garantie übernehmen, wenn die Tochtergesellschaft eine Anleihe mit Optionsrechten auf Aktien der Muttergesellschaft begibt. Diese kann zur Sicherung der Optionsrechte eine bedingte Kapitalerhöhung beschließen (Silcher, Bedingtes Kapital für „Warrant-Anleihen" von Tochtergesellschaften, Festschrift für Ernst Geßler 1971 S. 185; a. M. Gustavus BB 70, 694); vgl. auch Anm. 7; wegen der auch in diesem Fall erforderlichen Zustimmung der Hauptversammlung der Muttergesellschaft nach § 221 siehe dort Anm. 8.

Anm. 5

2. Vorbereitung des Zusammenschlusses mehrerer Unternehmen

Die zweite Möglichkeit, eine bedingte Kapitalerhöhung vorzunehmen, besteht darin, zur *Vorbereitung des Zusammenschlusses mehrerer Unternehmen* den Aktionären der übertragenden Gesellschaft das Recht auf den *Bezug der neuen Aktien*, welche die übernehmende Gesellschaft ausgeben wird, zu sichern (§ 343 Anm. 8). Diese Sicherung hat wie im Falle der Wandelschuldverschreibung so auch hier ihre besondere Bedeutung, weil nach Abs. 4 ein dem Beschluß über die bedingte Kapitalerhöhung entgegenstehender Beschluß der Hauptversammlung *nichtig* ist. Die Hauptversammlung kann also nicht nachträglich den Beschluß wieder aufheben oder abändern, solange noch die Möglichkeit besteht, daß der Zusammenschluß stattfindet, und solange die übertragende Gesellschaft nicht ausdrücklich oder stillschweigend auf ihre Bezugsrechte verzichtet.

Unter *Zusammenschluß* ist nicht nur die Verschmelzung, sondern jede Unternehmensverbindung zu verstehen, bei der Aktien der Gesellschaft an andere gewährt werden. Der Begriff geht über den des § 23 Abs. 2 GWB hinaus und umfaßt insbesondere auch den Beherrschungs- und Gewinnabführungsvertrag, vgl. § 305, die Eingliederung, vgl. § 320, und die Interessengemeinschaft, vgl. BGH 24, 279; ebenso Godin-Wilhelmi 5, Baumbach-Hueck 7. Da § 193 Abs. 2 Z. 2 die Feststellung des Kreises der Bezugsberechtigten vorschreibt, ist die bedingte Kapitalerhöhung erst möglich, wenn die Partner des Zusammenschlusses feststehen; § 193 Anm. 5.

Dadurch, daß bei der Verschmelzung die übernehmende Gesellschaft dem von der übertragenden Gesellschaft zu bestellenden Treuhänder gemäß § 346 Abs. 2 die Bezugsaktien übergibt, werden die Aktien noch nicht im Sinne von § 199 Abs. 1 von ihr *„ausgegeben"*. Der Treuhänder darf die Aktienurkunden an die Aktionäre der übertragenden Gesellschaft erst herausgeben, nachdem die Verschmelzung eingetragen und damit wirksam geworden ist. Bis dahin ist er zugleich Treuhänder der übernehmenden Gesellschaft und hat als solcher dieser die Aktienurkunden zurückzugeben, wenn es nicht zur Eintragung der Verschmelzung kommt. Erst mit der Herausgabe der Aktienurkunden an die Aktionäre der übertragenden Gesellschaft sind die Bezugsaktien „ausgegeben"; ebenso Godin-Wilhelmi 5, Baumbach-Hueck 7; vgl. auch Schilling in AG 1958, 229). Da mit der Eintragung der Verschmelzung das Vermögen der übertragenden Gesellschaft nach § 346 Abs. 3 auf die übernehmende Gesellschaft übergeht, ist damit die „Ausgabe" der Bezugsaktien entsprechend der Vorschrift des § 199 Abs. 1 erst *nach* der vollen Leistung des Gegenwertes erfolgt.

Anm. 6

3. Arbeitnehmer-Aktien

Als *neue* dritte Möglichkeit nennt das Gesetz die Gewährung von *Bezugsrechten an Arbeitnehmer* der Gesellschaft. Die Bestimmung gehört zu den Vorschriften, mit denen das neue Gesetz die Ausgabe von Aktien an Arbeitnehmer (neben dem schon durch das Gesetz vom 23. 12. 1959 geschaffenen § 71 Abs. 1 Z. 2) erleichtert hat, vgl. die §§ 194 Abs. 3, 202 Abs. 4, 203 Abs. 4, 204 Abs. 3, 205 Abs. 4. Der Begriff der *Arbeitnehmer* ist derselbe wie in § 71 Abs. 1 Z. 2, s. dort Anm. 13.

In dem vom Gesetz gedachten Fall räumt die Gesellschaft ihren Arbeitnehmern eine Gewinnbeteiligung mit der Maßgabe ein, daß diese berechtigt oder verpflichtet sind, gegen Einlage der ihnen aus der *Gewinnbeteiligung* zustehenden Geldforderung Aktien zu beziehen. Zur Bedienung dieses Bezugsrechts kann die Gesellschaft eigene Aktien verwenden (und im Rahmen des § 71 Abs. 1 erwerben), eine Kapitalerhöhung nach §§ 182ff. oder bedingtes oder genehmigtes Kapital (§ 202 Abs. 4) beschließen. In den beiden letztgenannten Fällen gilt die Einbringung (und Verrechnung) der Forderung aus der Gewinnbeteiligung als Bareinlage, nicht als Sacheinlage, §§ 194 Abs. 3, 205 Abs. 4. Es muß bereits eine *bestimmte Geldforderung* entstanden sein, das Gewinnstammrecht genügt als Einlage nicht (amtl. Begründung). Über weitere Möglichkeiten der bedingten Kapitalerhöhung bei Arbeitnehmeraktien s. Anm. 7.

Anm. 7

4. Weitere mögliche Zwecke

Die Aufzählung der Zwecke der bedingten Kapitalerhöhung in Abs. 2 ist *nicht erschöpfend* (anders die Voraufl. § 159 Anm. 2a). Abs. 2 ist im Gegensatz zu Abs. 1, der zwingend ist, nur eine Sollvorschrift. Das Gesetz schließt demnach *weitere Zwecke* im Rahmen des Abs. 1 nicht aus (vgl. auch § 23 Abs. 4 und dort Anm. 18). Die Ansicht von Godin-Wilhelmi 7 und Baumbach-Hueck 5, der Registerrichter müsse die Eintragung einer bedingten Kapitalerhöhung für andere als die Abs. 2 genannten Zwecke ablehnen, trotzdem eingetragen sei sie aber wirksam, ist unbefriedigend. Wie die Neueinfügung der Z. 3 zeigt, besteht ein Bedürfnis, das Institut der bedingten Kapitalerhöhung für eine rechtliche Fortbildung durch die Praxis auf dem von Abs. 2 vorgezeichneten Weg offen zu halten. Wollte das Gesetz dies verhindern, so hätte es den Abs. 2 nicht als Sollvorschrift gestaltet.

Daraus ergibt sich: *Notwendiger Inhalt* einer Kapitalerhöhung nach Abs. 1 ist die Verbindung mit einem von der Gesellschaft unmittelbar oder mittelbar (z. B. durch eine Optionsgarantie, s. Anm. 4) eingeräumten Umtausch- oder Bezugsrecht auf neue Aktien, von dem noch nicht feststeht, ob, wann oder in welcher Höhe es ausgeübt wird (Bedingtheit, Anm. 8). In diesem Rahmen ist die bedingte Kapitalerhöhung auch für *andere Zwecke* als die in Abs. 2 genannten *zulässig*, soweit sie mit denen des Abs. 2 *verwandt* sind. Das ist der Fall, wenn das Umtausch- oder Bezugsrecht wie bei den Wandelschuldverschreibungen durch einen Hauptversammlungsbeschluß (§ 221) oder durch die Satzung gewährt wird. Oder wenn es sich im Falle des Abs. 2 Z. 3 um Forderungen aus Umsatzbeteiligungen, Leistungsprämien, Gratifikationen handelt (ebenso Möhring—Schwartz—Rowedder—Haberlandt S. 51) oder wenn die Aktien an Arbeitnehmer verbundener Unternehmen, z. B. Aktien der Konzernobergesellschaft an Arbeitnehmer abhängiger Gesellschaften ausgegeben werden sollen, vgl. § 71 Anm. 13 Abs. 2 ff.

II. Merkmale der bedingten Kapitalerhöhung

Anm. 8

1. Die Bedingtheit (Abs. 1)

Das *Wesen der bedingten Kapitalerhöhung* besteht darin, daß eine Kapitalerhöhung mit bestimmter Begrenzung ihres Nennbetrages von der Hauptversammlung beschlossen wird, ihre *Durchführung* aber sowohl dem Umfang, wie dem Zeitpunkt nach *in der Schwebe* bleibt. Dem Bezugsberechtigten steht es frei, ob und gegebenenfalls wann er von einem Bezugs- oder Umtauschrecht Gebrauch machen will. Darin liegt das *Bedingte* der Kapitalerhöhung. Für die Gesellschaft ist die beschlossene Kapitalerhöhung eine endgültige; bedingt ist sie nur insofern, als es *für die Gesellschaft ungewiß* ist, ob und inwieweit die Bezugs- oder Umtauschberechtigten eine Bezugs- oder Umtauscherklärung auf die neuen Aktien, auf die sie ein Anrecht haben, abgeben (§ 198). Hierin beruht der grundsätzliche Unterschied gegenüber der ordentlichen Kapitalerhöhung. Wird bei der letzteren die beschlossene Erhöhungssumme nicht erreicht, so kann die Durchführung überhaupt nicht stattfinden, die beschlossene Kapitalerhöhung wird hinfällig; bedingt ist also das Bestehen des Kapitalerhöhungsbeschlusses selbst und mit ihm seine Durchführung, auch wenn der Erhöhungsbeschluß bereits in das Handelsregister eingetragen war. Bei der *bedingten* Kapitalerhöhung dagegen ist das Bestehen des Kapitalerhöhungsbeschlusses immer *unbedingt*; denn mit der Ausgabe der Bezugsaktien kann — die volle Leistung ihres Gegenwerts vorausgesetzt — sofort nach einer Eintragung begonnen werden. Bedingt ist aber der *Umfang* seiner Durchführung bzw. seine Durchführung überhaupt. Vgl. Godin-Wilhelmi 2, Baumbach-Hueck 4, Schlegelberger AktG 1937 § 159 Anm. 1. Für den Fall der Kapitalerhöhung aus Gesellschaftsmitteln s. § 218.

Anm. 9

2. Vor- und Nachteile der bedingten Kapitalerhöhung

Für den *Erwerber einer* Wandelschuldverschreibung besteht der Anreiz darin, daß er ein fest verzinsliches Papier erhält und daneben durch das Recht auf die Aktie die Aussicht auf einen sonst nicht mit einem fest verzinslichen Wertpapier verbundenen Gewinn.

Für die *Gesellschaft* beruht der Vorteil darin, daß im Falle eines durch einfache Kapitalerhöhung nicht zu befriedigenden Kapitalbedürfnisses die Unterbringung von Wandelschuldverschreibungen wegen der Gewinnaussicht leichter ist als die einer gewöhnlichen Schuldverschreibung, und wegen der hinzukommenden Gewinnaussicht die Wandelschuldverschreibung auch zu einem niedrigeren Zinsfuß ausgegeben wird. Außerdem verbessert sich dabei die finanzielle Lage der Gesellschaft insofern, als bei dem Umtausch der Wandelschuldverschreibungen das Fremdkapital zum Eigenkapital wird.

Eine Gefahr laufen die *alten Aktionäre* in der Beziehung, daß die Zahl der Aktionäre sich durch den Umtausch vergrößert und dadurch für den einzelnen eine Verringerung seines Anteils am Reingewinn eintritt. Deshalb ist der bedingten Kapitalerhöhung in der Bestimmung des *Abs. 3 die Grenze gesetzt*, daß der Nennbetrag des bedingten Kapitals nicht höher sein darf als die Hälfte des zur Zeit des Beschlusses über die Erhöhung vorhandenen Grundkapitals, s. Anm. 13. Außerdem ist durch § 221 Abs. 3 den alten Aktionären ein gesetzliches *Bezugsrecht* auf die Wandelschuldverschreibungen eingeräumt worden. Durch die Notwendigkeit eines Hauptversammlungsbeschlusses mit erhöhter Mehrheit, § 193, können die alten Aktionäre eine nachteilige Kapitalerhöhung verhindern.

Für den *Vorstand* hat die bedingte Kapitalerhöhung den Nachteil, daß Zweck, Bezugsberechtigte und Ausgabebetrag im Hauptversammlungsbeschluß festgestellt werden müssen, § 193 Abs. 2. An diese Feststellungen ist der Vorstand gebunden. Auch kann die Nennung der Bezugsberechtigten bei der Vorbereitung eines Zusammenschlusses unzweckmäßig sein. Beim genehmigten Kapital, §§ 202ff. werden diese Nachteile vermieden.

Anm. 10

3. Satzungsänderung

Wie die ordentliche Kapitalerhöhung, verlangt auch die bedingte eine *Satzungsänderung*. Der Beschluß der Hauptversammlung, durch den sie angeordnet wird, muß daher neben den Erfordernissen des § 193 allen in § 179 aufgeführten Bestimmungen entsprechen. Das bezieht sich namentlich auf die Einberufung der Hauptversammlung mit der Bekanntmachung des Wortlauts der vorgeschlagenen Satzungsänderung (§ 124 Abs. 2 Satz 2), wie auf die Befugnis der Hauptversammlung, dem Aufsichtsrat der Gesellschaft die Formulierung des Beschlusses zu übertragen, nicht aber andern Personen oder einem Organ der Gesellschaft die Beschlußfassung zu überlassen oder die Wirksamkeit des eigenen Beschlusses von der Zustimmung einer dritten Person abhängig zu machen (vgl. die Erl. zu § 179). Über die *besonderen* Erfordernisse des Beschlusses s. § 193.

Godin-Wilhelmi 2 ziehen aus der abweichenden Fassung des § 202 („Die Satzung kann ......") den Schluß, daß bedingtes Kapital im Gegensatz zum genehmigten nicht schon bei der *Gründung* beschlossen und in das Gründungsstatut als *ursprüngliche Satzung* aufgenommen werden könne, obwohl für eine solche Beschränkung ein Grund fehle und ein Bedürfnis für die Aufnahme in die Gründungssatzung sehr wohl bestehen könne. Letzteren ist zuzustimmen, aber nicht dem Schluß, den Godin-Wilhelmi aus dem verschiedenen Wortlaut ziehen. Die Satzungsgewalt der Gründer ist nicht geringer als die der Hauptversammlung. Was diese kann, müssen jene auch können. Besteht kein vernünftiger Grund für die verschiedene Behandlung des bedingten und des genehmigten Kapitals und ist ein wirtschaftliches Bedürfnis für die Aufnahme auch des bedingten Kapitals in die ursprüngliche Satzung vorhanden, so darf dem der Gesetzeswortlaut, der auf Zufall beruhen kann, nicht entgegenstehen. „Höher als der Wortlaut des Gesetzes steht sein Zweck und Sinn" (RGZ 142,40); ebenso Georgakopoulos, ZHR 120 (1957) S. 151.

Anm. 11

4. Beschränkungen des Umtausch- und Bezugsrechts

§ 159 Abs. 1 AktG 37 sprach von einem *„unentziehbaren"* Umtausch- oder Bezugsrecht. Dieses Beiwort wurde weggelassen, weil es entbehrlich erscheint und im Schrifttum zu Mißverständnissen geführt hat (amtl. Begr.). Die *Unentziehbarkeit* kann sich zwar schuldrechtlich aus dem zugrundeliegenden Schuldverhältnis ergeben. Gesellschafts-(körperschafts-)rechtlich ist das Umtausch- oder Bezugsrecht aber nur insoweit gesichert, als ein der bedingten Kapitalerhöhung entgegenstehender Beschluß nichtig ist, Abs. 4. Damit wird nur der Bestand der bedingten Kapitalerhöhung als solcher geschützt, Änderungen der Gesellschaftsstruktur, die das Umtausch- oder Bezugsrecht *beeinträchtigen*, wie Umwandlung, Verschmelzung oder Auflösung bleiben zulässig, s. Anm. 14.

Es kann auch bei der Begründung des Umtausch- oder Bezugsrechts oder in dem Beschluß über die bedingte Kapitalerhöhung bestimmt werden, daß die Ausübung des Rechts gewissen *zeitlichen Beschränkungen* oder aufschiebenden und auflösenden *Bedingungen* unterworfen wird. Es darf nur *nicht willkürlich* wieder entzogen werden können (BGHZ 24, 279 [289]). So kann z. B. bei einer bedingten Kapitalerhöhung zum Zwecke der Ausgabe von Wandelschuldverschreibungen bestimmt werden, daß das zu gewährende Umtauschrecht erst nach einer gewissen Sperrzeit ausgeübt werden kann, oder daß, wenn es nicht innerhalb eines näher zu bestimmenden Zeitraumes ausgeübt wird, die betreffende Wandelschuldverschreibung zu einer gewöhnlichen Schuldverschreibung wird und nur noch durch Barzahlung einzulösen ist. Ist Zweck der bedingten Kapitalerhöhung die Vorbereitung des Zusammenschlusses der Gesellschaft mit einem andern Unternehmen, so kann in dem Beschluß das Bezugsrecht insofern zeitlich begrenzt werden, als es für hinfällig erklärt wird, wenn der Zusammenschluß nicht bis zu einem gewissen Zeitpunkt zustande kommt. Ohnehin ist in diesen Fällen die Einräumung des Bezugsrechts auf die Bezugsaktien durch das Zustandekommen der Vereinbarung über den Zusammenschluß *bedingt*. Sind die Verhandlungen hierüber endgültig gescheitert und ist damit der Zweck der Kapitalerhöhung gegenstandslos geworden, der bezweckte Erfolg also nicht eingetreten, so kann die Gesellschaft nach den Grundsätzen über ungerechtfertigte Bereicherung (§ 812 Abs. 1 Satz 2 BGB) von den Bezugsberechtigten den *Verzicht* auf ihr Bezugsrecht verlangen und auf Grund dessen den Beschluß über die bedingte Kapitalerhöhung aufheben. Einem anderen Verfahren würde die Bestimmung des Abs. 4 entgegenstehen.

Bei einem *bedingt* geschlossenen *Verschmelzungsvertrag* (§ 341 Abs. 2 Satz 2) kann auch das einzuräumende Bezugsrecht nur ein bedingtes sein.

III. Umtausch- und Bezugsrecht — Ausgabebetrag — Sacheinlage

Anm. 12

Das Gesetz unterscheidet zwischen Umtausch- und Bezugsrecht.

1. Ein *Umtauschrecht* liegt vor, wenn der Gläubiger berechtigt ist, ein Forderungsrecht (z. B. aus der Schuldverschreibung, § 221) in ein Anteilsrecht an der Gesellschaft und damit seine Stellung als Gläubiger in die eines Gesellschafters *umzuwandeln*.
2. Ein *Bezugsrecht* ist gegeben, wenn der Gläubiger berechtigt ist,
   a) unter Aufrechterhaltung seines Forderungsrechts aus der Wandelschuldverschreibung durch den Bezug von Aktien *auch* Gesellschafter zu werden.
   b) aus einem sonstigen Rechtsgrund (z. B. Abs. 2 Z. 2 und 3, vgl. Anm. 7) Aktien zu beziehen und damit Gesellschafter zu werden.

In dem *Falle 1* ist der *Ausgabebetrag* von Bedeutung, zu dem die Gläubiger berechtigt sind, ihre Schuldverschreibungen *gegen Aktien umzutauschen*. Dieser Ausgabebetrag ist auseinanderzuhalten von dem Ausgabebetrag der *Schuldverschreibungen*, also dem Betrag, zu dem die Schuldverschreibungen selbst ausgegeben sind (vgl. § 199 Abs. 2). Erfolgt der *Umtausch* zu pari — die Gleichheit beider Nennwerte, z. B. mit je 1000 DM, vorausgesetzt — so erhält der Inhaber einer Schuldverschreibung, für die er 1000 DM bezahlt hat, für deren Nennwert den gleichen Nennwert an Aktien; der Ausgabebetrag der Aktien ist 100%. Wird der Ausgabebetrag der Aktien auf über pari, z. B. auf 125% festgesetzt, so bedeutet dies, daß der Gläubiger im Verhältnis von 125 zu 100 an Nennwert in Schuldverschreibungen gegen den Nennwert in Aktien geben muß. Er muß also in diesem Falle z. B. 5000 DM Nennwert in Schuldverschreibungen hingeben, um 4000 DM Nennwert in Aktien zu erhalten. Eine Ausgabe unter pari wäre gesetzwidrig, weil die Aktien dadurch für einen geringeren Betrag als ihren Nennwert ausgegeben würden (§ 9 Abs. 1). Vgl. hierzu § 199 Anm. 4ff. Der Ausgabebetrag der Aktien ist hier, wie in dem Falle 1b, in dem Beschluß über die bedingte Kapitalerhöhung anzugeben (§ 193 Abs. 2 Nr. 3).

In den Fällen oben zu 2 hat der Gläubiger, wenn er von seinem Bezugsrecht Gebrauch macht, den in dem Beschluß über die bedingte Kapitalerhöhung festzusetzenden *Ausgabebetrag* der Bezugsaktien in *bar* zu leisten. Dabei gilt die Einlage der Geldforderung im Falle des Abs. 2 Z. 3 ebensowenig als Sacheinlage (§ 194 Abs. 3) wie die Hingabe von Wandelschuldverschreibungen beim Umtausch im Falle oben zu 1 (§ 194 Abs. 1 Satz 2).

Dagegen kommt im *Falle* des Abs. 2 Z. 2 für den Bezug nur eine *Sacheinlage* in Betracht, die in dem Vermögen des zu übertragenden Unternehmens besteht. Dieses Unternehmen braucht nicht das einer AG oder KGaA zu sein, mit der eine Verschmelzung nach § 339ff. entweder bedingt oder betagt vereinbart ist oder vorbereitet werden soll. Es kann sich auch um das Unternehmen einer andern Kapitalgesellschaft oder einer Personalgesellschaft, auch um ein Einzelunternehmen handeln, s. Anm. 5. Die bedingte Kapitalerhöhung kann nur zur Vorbereitung des Zusammenschlusses mit einem oder mehreren bestimmten Unternehmen erfolgen; sie kann nicht beschlossen werden für den Zusammenschluß mit einem noch gar nicht bestimmten oder bestimmbaren Unternehmen; Godin-Wilhelmi Anm. 5b Abs. 2; vgl. auch § 193 Anm. 5 Ziff. 2. Es handelt sich um eine *Sicherung der Anwartschaft auf Anteilsrechte für den Fall*, daß ein Zusammenschluß der Unternehmen auf der Grundlage einer Kapitalerhöhung zustandekommen sollte.

IV. Höchstgrenze der bedingten Kapitalerhöhung

Anm. 13

Der Gesamtbetrag der Bezugsaktien darf bei der bedingten Kapitalerhöhung nicht mehr ausmachen als die *Hälfte des Grundkapitals*, wie es zur Zeit des Beschlusses über die bedingte Kapitalerhöhung besteht. Sonst ist der Beschluß nach § 241 Z. 3 nichtig; Schlegelberger AktG 37 § 159 Anm. 9, Godin-Wilhelmi 8, Baumbach-Hueck 9. Zwar ist die Vorschrift überwiegend im Interesse der Aktionäre der Gesellschaft gegeben (s. Anm. 9 Abs. 3). Da diese aber nach dem Willen des Gesetzgebers auf die Schutzbestimmung nicht verzichten dürfen, so liegt die Einhaltung der Vorschrift auch im öffentlichen Interesse; s. die amtl. Begründung zum AktG 37 und die Erl. zu § 241 Nr. 3.

Maßgebend ist der Nennbetrag, nicht der Ausgabebetrag der Bezugsaktien. Ihr Ausgabebetrag darf sich auf mehr als die Hälfte des Grundkapitals belaufen. Entscheidend ist die Höhe des Grundkapitals *zur Zeit des Beschlusses über die bedingte Kapitalerhöhung*. Es kommt also nicht darauf an, mit welchem Kapital die Gesellschaft gegründet worden ist, noch darauf, ob *nach* der Beschlußfassung eine Kapitalherabsetzung oder eine andere Kapitalerhöhung stattgefunden hat. Ist *vor* der Beschlußfassung eine einfache Kapitalerhöhung beschlossen worden, so wird der Kapitalerhöhungsbetrag nur dann in die Berechnung der Höhe des Grundkapitals einbezogen, wenn die *Durchführung* der Kapitalerhöhung in das Handelsregister eingetragen worden ist. Das gleiche gilt für genehmigtes Kapital. Wenn vorher eine *bedingte* Kapitalerhöhung stattgefunden hat, kommt es drauf an, wie viele Bezugsaktien auf diese von dem Vorstand bereits *ausgegeben* waren, als die neue bedingte Kapitalerhöhung beschlossen wurde (§ 200); die *Eintragung*, um welchen Betrag sich das Grundkapital demgemäß erhöht hat, erfolgt nach § 201 Abs. 1 jeweils erst nach Ablauf des betreffenden Geschäftsjahres, in welchem die Bezugsaktien ausgegeben wurden. Der Registerrichter wird also in solchen Fällen im

Zweifel eine Erklärung vom Vorstand der Gesellschaft darüber zu verlangen haben, wie viele Bezugsaktien im Laufe des betreffenden Jahres ausgegeben wurden.

V. Die Nichtigkeit entgegenstehender Beschlüsse (Abs. 4)

Anm. 14

Die Vorschrift des Abs. 4 sichert den Bestand der bedingten Kapitalerhöhung, Anm. 11. Ohne diese Schutzvorschrift wäre der Wert der Zusicherung erheblich geringer. Sie kann erst dann zur Anwendung kommen, wenn der Beschluß durch Eintragung in das Handelsregister rechtswirksam geworden ist, § 181 Abs. 3; bis dahin kann er von der Hauptversammlung wieder aufgehoben werden, und zwar mit einfacher Stimmenmehrheit (§ 133 Abs. 1), da es sich darum handelt, die Satzung bei *Bestand* zu lassen, also nicht um einen satzungsändernden Beschluß (Baumbach-Hueck § 181 Anm. 4). Die verstärkte Sicherung der Umtausch- und Bezugsberechtigten ist namentlich deshalb erforderlich, weil oft lange Zeit darüber vergehen kann, bis es zur Ausübung der Rechte kommt. Die Nichtigkeit eines Beschlusses der Hauptversammlung, durch welchen der Beschluß über die bedingte Kapitalerhöhung aufgehoben oder abgeändert wird, wird durch die Eintragung in das Handelsregister nicht geheilt, vgl. § 242. Erst dann kann der Beschluß über die bedingte Kapitalerhöhung *aufgehoben oder abgeändert* werden, wenn alle Umtausch- oder Bezugsberechtigten ihren Verzicht auf die Rechte erklärt haben (ebenso Schlegelberger AktG 37 § 159 Anm. 12) oder wenn die in dem Beschluß etwa festgesetzte Frist für die Ausübung des Rechts abgelaufen ist; ebenso, wenn bei einem bedingten Verschmelzungsvertrag die aufschiebende Bedingung, unter der er geschlossen wurde, nicht eingetreten, oder wenn durch die bedingte Kapitalerhöhung der Zusammenschluß der AG mit einem andern Unternehmen vorbereitet wurde und der Zusammenschluß endgültig aufgegeben oder unmöglich geworden ist (Anm. 11).

Unter die Bestimmung des Abs. 4 fallen nicht solche Beschlüsse der Hauptversammlung, die zwar den Wert des Umtausch- oder Bezugsrechts beeinträchtigen, aber ihr Bestehen als solches nicht berühren und nur *mittelbar* das Recht ändern. Demgemäß ist es der Gesellschaft nicht untersagt, *nachträglich ihr Grundkapital herabzusetzen oder zu erhöhen* oder eine Verschmelzung vorzunehmen. Auch eine weitere bedingte Kapitalerhöhung ist nicht ausgeschlossen; Hueck DB 63, 1347; Baumbach-Hueck 10; Godin-Wilhelmi 9.

Löst die Gesellschaft sich auf oder wird sie *umgewandelt*, so wird das Umtausch- oder Bezugsrecht oft *gegenstandslos*. Die Umwandlung oder Auflösung ist deshalb *nicht unzulässig* (ebenso Wehle und Niethammer DB 59, 615 und Loos DB 60, 544). Durch die Einräumung des Umtausch- oder Bezugsrechts kann die Gesellschaft in der *freien Gestaltung ihrer Grundlagen* nicht beschränkt werden. Wenn aber durch die Veränderung das Gläubigerrecht vereitelt oder beeinträchtigt wird, so kann sich die Gesellschaft je nach der Ausgestaltung des zugrundeliegenden Schuldverhältnisses schadensersatzpflichtig machen (ebenso Welte und Niethammer a. a. O. S. 617; zweifelnd Loos a. a. O.); s. auch § 221 Anm. 6—8.

Bei der *Auflösung* der Gesellschaft werden die Umtauschberechtigten kaum noch ein Interesse an dem Erwerb der Mitgliedschaft haben; noch weniger die Gläubiger aus einer Wandelschuldverschreibung mit Bezugsrecht und die Interessenten eines Zusammenschlusses. Sie können aber ihr Umtausch- oder Bezugsrecht bis zum Schluß der Abwicklung ausüben, BGH 24, 286.

VI. Die sinngemäße Geltung für das Umtauschrecht (Abs. 5)

Anm. 15

Die §§ 193—201 behandeln im besonderen das *Bezugsrecht*, nicht das Umtauschrecht. Die Bestimmungen gelten *sinngemäß* auch für das *Umtauschrecht*. Daraus ergibt sich, daß entsprechend § 193 Abs. 2 Nr. 2 der Kreis der *Umtauschberechtigten* in dem Beschluß über die bedingte Kapitalerhöhung festzustellen ist.

§ 193 Erfordernisse des Beschlusses

(1) Der Beschluß über die Kapitalerhöhung bedarf einer Mehrheit, die mindestens drei Viertel des bei der Beschlußfassung vertretenen Grundkapitals umfaßt. Die Satzung kann eine größere Kapitalmehrheit und weitere Erfordernisse bestimmen. § 182 Abs. 2 und § 187 Abs. 2 gelten.

(2) Im Beschluß müssen auch festgestellt werden

1. der Zweck der bedingten Kapitalerhöhung;

2. der Kreis der Bezugsberechtigten;

3. der Ausgabebetrag oder die Grundlagen, nach denen dieser Betrag errechnet wird.

Übersicht:

Die Vorschrift ist mit einigen sprachlichen Abweichungen inhaltsgleich mit § 160 AktG 1937.

Anm. 1

1. Das Mehrheitserfordernis (Abs. 1)

Wie bei der ordentlichen Kapitalerhöhung bedarf der Beschluß über die bedingte Kapitalerhöhung, *wenn die Satzung nichts anderes bestimmt,* einer Mehrheit, die mindestens drei Viertel des bei der Beschlußfassung vertretenen Grundkapitals umfaßt. *Im Gegensatz* zur ordentlichen Kapitalerhöhung, bei der die Satzung die vorgeschriebene Mehrheit durch eine „andere", also auch eine geringere Mehrheit ersetzen kann, § 182 Abs. 1, kann bei der bedingten Kapitalerhöhung die *Satzung nur erschwerende Erfordernisse* aufstellen, insbesondere eine *größere* Kapitalmehrheit, auch Einstimmigkeit aller an der Beschlußfassung teilnehmenden oder erschienenen oder auch sämtlicher vorhandenen Aktionäre, mehrfache Abstimmung u. dgl. vorschreiben.

Durch die Notwendigkeit eines Hauptversammlungsbeschlusses mit erhöhter Mehrheit soll auch den alten Aktionären ein Schutz gegen Benachteiligung gewährt werden.

Anm. 2

2. Die Sonderabstimmung bei mehreren Gattungen

Wie bei der ordentlichen Kapitalerhöhung bedarf *bei Vorhandensein mehrerer Gattungen von Aktien* der Beschluß der Hauptversammlung gemäß den sinngemäß geltenden Bestimmungen des *§ 182 Abs. 2* zu seiner Wirksamkeit eines in *gesonderter Abstimmung* gefaßten Beschlusses jeder Gattung. Es kommt also nicht darauf an, ob die betreffenden Aktionäre durch den zu fassenden Beschluß benachteiligt werden. Jede Gruppe hat vielmehr unabhängig hiervon den Sonderbeschluß zu fassen, und zwar *mit der gleichen Mehrheit wie sie für den Beschluß der Hauptversammlung bestimmt ist.*

Vgl. im übrigen die Erläuterungen zu § 182 Abs. 2 und § 138.

Anm. 3

3. Bezugszusicherungen

Nach dem ferner sinngemäß anzuwendenden *§ 187 Abs. 2* sind *Zusicherungen von Rechten auf den Bezug der Bezugsaktien, die vor dem Beschluß über die bedingte Kapitalerhöhung ge-*

macht sind, der Gesellschaft gegenüber unwirksam. Solche Zusicherungen können somit frühestens in dem Beschluß selbst erfolgen (vgl. § 187, § 197 *Anm. 1*). Wurden sie schon früher gegeben, so müssen sie im Erhöhungsbeschluß wiederholt werden (Godin-Wilhelmi 4). Sie beschränken sich auf den Kreis der Umtausch- und Bezugsberechtigten, Abs. 2 Ziff. 2. Ein *gesetzliches Bezugsrecht* auf die Bezugsaktien — wie bei der ordentlichen Kapitalerhöhung auf die neuen Aktien — ist den *Aktionären* nicht gewährt. Die *Aktionäre* haben aber nach § 221 Abs. 3 ein *Bezugsrecht auf die Wandelschuldverschreibungen* (vgl. § 221 Anm. 19). Das Bezugsrecht *auf* die Wandelschuldverschreibungen ist zu unterscheiden von dem Umtausch- oder Bezugsrecht *aus* den Wandelschuldverschreibungen.

Anm. 4

4. Die Höchstgrenze der Kapitalerhöhung

Der Beschluß über die bedingte Kapitalerhöhung muß angeben, *bis zu welchem Nennbetrag die Erhöhung des Grundkapitals in dieser Form stattfinden soll.* Die Festsetzung eines Mindestbetrages — wie es bei der ordentlichen Kapitalerhöhung möglich und sogar zweckmäßig ist (vgl. § 182 Anm. 7) — kommt hier nicht in Betracht, weil es unbestimmt ist, ob und inwieweit die Umtausch- oder Bezugsberechtigten von ihrem Umtausch- oder Bezugsrecht Gebrauch machen. *Die Festsetzung der Höchstgrenze* aber ist *unbedingtes Erfordernis,* weil hier die für die ordentliche Kapitalerhöhung maßgebende *Durchführung* der Kapitalerhöhung (§ 189) fehlt, das Grundkapital vielmehr mit der *Ausgabe der Bezugsaktien* erhöht ist (§ 200) und eine unbeschränkte Ausgabe von Bezugsaktien durch den Vorstand diesem unzulässigerweise die Bestimmung des Maßes der Kapitalerhöhung überlassen würde (vgl. § 192 Anm. 13).

Wie bei der ordentlichen Kapitalerhöhung muß ferner in dem Beschluß angegeben werden, *zu welchem Nennbetrage die Ausgabe der Aktien* erfolgt; es sei denn, daß zweifelsfrei aus der Satzung hervorgeht, nicht nur die bestehenden Aktien, sondern auch alle künftig auszugebenden hätten auf denselben Nennbetrag zu lauten. Sollen die Bezugsaktien von verschiedener *Gattung* sein, so muß die Gattung der einzelnen Aktien angegeben werden. Da die Aktien nach § 24 Abs. 1, wenn nichts anderes bestimmt ist als *Inhaberaktien* gelten, so sind sie *als* Namensaktien zu bezeichnen, wenn sie als solche ausgestellt werden sollen.

Anm. 5

5. Die besonderen Angaben des Abs. 2

Der Beschluß über die bedingte Kapitalerhöhung muß die *nachfolgend aufgeführten Feststellungen* enthalten:

1. Den *Zweck der bedingten Kapitalerhöhung.* Als Zweck kommt nach § 192 Abs. 2 die Ausgabe von Wandelschuldverschreibungen, die Vorbereitung des Zusammenschlusses der Gesellschaft mit einem oder mehreren andern Unternehmen, die Ausgabe von Arbeitnehmeraktien oder ein weiterer Zweck (§ 192 Anm. 7) in Betracht; vgl. § 192 Anm. 4—7.
2. Den *Kreis der Umtausch- und Bezugsberechtigten.* Bei den *Wandelschuldverschreibungen* kann, da sie auf den Inhaber lauten, der Kreis der Berechtigten nur insofern *bezeichnet* werden, als die sich aus dem Beschluß über die Ausgabe der Schuldverschreibungen ergebenden Bedingungen ihrem wesentlichen Inhalt nach in den Beschluß über die bedingte Kapitalerhöhung aufgenommen werden. Handelt es sich um die *Vorbereitung des Zusammenschlusses* der Gesellschaft mit einem oder mehreren andern Unternehmen, so sind diese Unternehmen nach Firma, Sitz und Rechtsform näher zu bezeichnen und als Bezugsberechtigte deren Gesellschafter. Die Angabe der Namen der Gesellschafter (Aktionäre) ist nicht erforderlich, ebenso nicht bei Arbeitnehmeraktien (ebenso Godin-Wilhelmi 6).

Anm. 6

3. Den *Ausgabebetrag* oder die *Grundlagen, wonach dieser Betrag errechnet wird* (vgl. hierzu Schlegelberger § 160 Anm. 8). Der Nennbetrag der Bezugsaktien ergibt sich aus dem allgemeinen Inhalt des Beschlusses oder aus der Satzung. Ihr Ausgabebetrag darf nicht geringer sein als der Nennbetrag (§ 9 Abs. 1). Es ist demnach anzugeben, ob der Ausgabebetrag *gleich* dem Nennbetrage (pari) ist oder um wie viel *höher* (über pari), was in Prozenten ausgedrückt zu werden pflegt (vgl. § 192 Anm. 7 Abs. 2). Bei *Wandelschuldverschreibungen* ist also im letzteren Falle beim Umtauschrecht anzugeben, *in welchem Verhältnis* — den gleichen Nennwert von Schuldverschreibung und Aktie vorausgesetzt — beide Wertpapiere gegeneinander *einzutauschen* sind; s. dazu § 199 Anm. 4. Beim *Bezugsrecht* auf Grund einer Wandelschuldverschreibung ist *außer diesem Verhältnis im Bezuge* (beispielsweise bei drei Schuldverschreibungen Bezugsrecht auf zwei Aktien) anzugeben, zu welchem *Kurs* diese Aktien zu erwerben sind. Steht der Ausgabebetrag noch nicht genau fest, so können statt dessen die Grundlagen, nach denen er errechnet werden soll, angegeben werden.

Bei dem *Zusammenschluß von mehreren Unternehmungen* kommt nur eine bedingte Kapitalerhöhung mit *Sacheinlagen* in Betracht (§ 194); denn auch beim Umtausch der Anteilsrechte in Gestalt von Aktien oder Geschäftsanteilen der übertragenden Gesellschaft gegen Bezugsaktien der übernehmenden handelt es sich um Sacheinlagen. Bei diesen können nicht der Ausgabebetrag, sondern nur dessen Berechnungsgrundlagen durch Festsetzung des Umtauschverhältnisses angegeben werden.

Anm. 7

Fehlen in dem Beschluß die in Abs. 2 vorgeschriebenen Angaben, so ist der Beschluß *nichtig*; (§ 241 Nr. 3, ebenso Godin-Wilhelmi 7); über Heilung s. § 242.

Die für die ordentliche Kapitalerhöhung bestehende Vorschrift des § 182 Abs. 4 findet auf die bedingte Kapitalerhöhung keine Anwendung. Es kann also eine bedingte Kapitalerhöhung beschlossen werden, auch wenn Einlagen auf das bisherige Grundkapital noch ausstehen.

§ 194 Bedingte Kapitalerhöhung mit Sachinlagen

(1) Wird eine Sacheinlage gemacht, so müssen ihr Gegenstand, die Person, von der die Gesellschaft den Gegenstand erwirbt, und der Nennbetrag der bei der Sacheinlage zu gewährenden Aktien im Beschluß über die bedingte Kapitalerhöhung festgesetzt werden. Als Sacheinlage gilt nicht die Hingabe von Schuldverschreibungen im Umtausch gegen Bezugsaktien. Der Beschluß darf nur gefaßt werden, wenn die Einbringung von Sacheinlagen ausdrücklich und ordnungsgemaäß (§ 124 Abs. 1) bekanntgemacht worden ist.

(2) Ohne diese Festsetzung sind Verträge über Sacheinlagen und die Rechtshandlungen zu ihrer Ausführung der Gesellschaft gegenüber unwirksam. Sind die Bezugsaktien ausgegeben, so wird die Gültigkeit der bedingten Kapitalerhöhung durch diese Unwirksamkeit nicht berührt. Der Aktionär ist verppflichtet, den Nennbetrag oder den höheren Ausgabebetrag der Bezugsaktien einzuzahlen. Die Unwirksamkeit kann durch Satzungsänderung nicht geheilt werden, nachdem die Bezugsaktien ausgegeben worden sind.

(3) Die Absätze 1 und 2 gelten nicht für die Einlagen von Geldforderungen, die Arbeitnehmern der Gesellschaft aus einer ihnen von der Gesellschaft eingeräumten Gewinnbeteiligung zustehen.

Übersicht:

Anm. 1

Einleitung

Die Abs. 1 und 2 entsprechen dem bisherigen § 161 mit nur sprachlichen Änderungen. Die Änderung des Abs. 1 Satz 3 ist durch § 124 Abs. 2 bedingt, s. Anm. 3. Neu ist Abs. 3, s. Anm. 5.

Anm. 2

1. Festsetzung und Ankündigung der Einbringung von Sacheinlagen (Abs. 1)

Die Bestimmungen entsprechen denen des § 183 für die ordentliche Kapitalerhöhung mit Sacheinlagen, nur mit dem Unterschied, daß im Falle der Nichteinhaltung der Vorschriften des Abs. 1 die Verpflichtung des Aktionärs, die Einlage *bar* zu zahlen, mit der *Ausgabe der Bezugsaktien* beginnt, während bei der ordentlichen Kapitalerhöhung die Eintragung der Durchführung der Erhöhung der maßgebende Zeitpunkt ist. Die Festsetzungen nach Satz 1 ersetzen nicht die Feststellungen gemäß § 193 Abs. 2. Auch aus den §§ 196 und 198 Abs. 1 ergibt sich, daß beide in den Erhöhungsbeschluß aufzunehmen sind.

Eine Sacheinlage im Sinne dieser Bestimmung kommt bei der bedingten Kapitalerhöhung vor allem in Frage, wenn sie dazu dient, den *Zusammenschluß der Gesellschaft mit einem oder mehreren andern Unternehmen vorzubereiten* (§ 192 Abs. 2 Ziff. 2). Für die Gruppe der *Wandelschuldverschreibungen* ist die Anwendung des § 194 Abs. 1 Satz 1 durch die Bestimmung von Satz 2 ausgeschaltet, daß die Hingabe von Schuldverschreibungen im Umtausch gegen Bezugsaktien nicht als Sacheinlage zu gelten habe. Das gleiche ist in dem neuen Abs. 3 für Arbeitnehmeraktien bestimmt, s. Anm. 5.

Soll die Kapitalerhöhung zur Vorbereitung des Zusammenschlusses mehrerer Unternehmen beschlossen werden, so muß der *Gegenstand* des auf die Gesellschaft zu übertragenden Unternehmens, seine *Inhaber*, welche die Übertragung vornehmen, und der *Nennbetrag der dafür zu gewährenden Bezugsaktien* in dem Beschluß über die bedingte Kapitalerhöhung festgesetzt werden. Gegenstand der Sacheinlage ist der für die Aktien zu leistende Gegenwert, so ein Unternehmen, Beteiligungen, Aktien, Kuxe, Forderungen. Handelt es sich um ein einzelnes Unternehmen, dessen Vermögen übertragen werden soll, z. B. auf Grund eines bedingten Verschmelzungsvertrages, so werden sich die *Personen*, von denen die Gesellschaft den Gegenstand erwirbt, und der *Nennbetrag* der bei der Sacheinlage zu gewährenden Aktien schon aus dem Beschluß über die bedingte Kapitalerhöhung ergeben, da der Kreis der Bezugsberechtigten und der Nennbetrag der auszugebenden Bezugsaktien darin festgesetzt werden muß (§193 Anm. 5—7).

Anm. 3

Der Beschluß darf nur gefaßt werden, wenn die Einbringung von Sacheinlagen ausdrücklich und ordnungsgemäß *bekanntgemacht* ist. Die Ersetzung des bisherigen „kann" durch „darf" stellt nur klar, was bisher schon galt, daß die Verletzung dieser Vorschrift nur ein Anfechtungs-, kein Nichtigkeitsgrund ist (vgl. § 183 Abs. 1 Satz 2 und amtl. Begr. dazu). Die Vorschrift entspricht wie schon bisher dem § 183 Abs. 1 Satz 2. Gegenüber dem dortigen Text fällt aber auf, daß hier die Worte „und die Festsetzungen nach Satz 1" fehlen. Da ein Grund für eine von § 183 abweichende Regelung nicht vorhanden ist, muß man ein Redaktionsversehen annehmen. In beiden Fällen ergibt sich die Notwendigkeit, die *Festsetzungen nach Satz 1 in die Bekanntmachung der Tagesordnung* aufzunehmen, aus § 124 Abs. 2 Satz 2 (§ 192 Anm. 10; ebenso Godin-Wilhelmi 4).

Anm. 4

2. Unwirksamkeit ohne Festsetzung-Gültigkeit als Bareinlage (Abs. 2)

Ist der Gegenstand der Sacheinlage, die Person, von der die Gesellschaft den Gegenstand erwirbt, und der Nennbetrag der bei der Sacheinlage zu gewährenden Bezugsaktien in dem Beschluß über die bedingte Kapitalerhöhung nicht festgesetzt und ist sein Inhalt auch durch Auslegung des Beschlusses nicht in diesem Sinne zu verstehen (s. Anm. 2), so sind sowohl Verträge über die Sacheinlagen (das Verpflichtungsgeschäft), wie die Rechtshandlungen zu ihrer Ausführung (das Erfüllungsgeschäft) *der Gesellschaft gegenüber unwirksam* (vgl. § 183 Abs. 2, § 27 Anm. 26 u. 27). Der Zusammenschluß der Unternehmen kann auf Grund eines solchen fehlerhaften Beschlusses nicht stattfinden. Der Beschluß kann aber durch Satzungsänderung richtiggestellt werden, solange die Ausgabe der Bezugsaktien noch nicht erfolgt ist. Da die Bezugsaktien nicht vor der vollen Leistung des Gegenwertes ausgegeben werden dürfen (§ 199 Abs. 1), kann die Verpflichtung des Aktionärs, den Nennbetrag oder den höheren Ausgabebetrag der Bezugsaktien *in bar einzuzahlen* — wie, entsprechend § 183, Satz 2 und 3 bestimmen — erst dann eintreten, *wenn er die Sacheinlage geleistet hat.* Sind die Bezugsaktien ausgegeben, so kann die Unwirksamkeit durch Satzungsänderung nicht mehr geheilt werden, Satz 4, vgl. § 183 Abs. 2 Satz 4.

Anm. 5

3. Arbeitnehmeraktien (Abs. 3)

Durch die neue Z. 3 des § 192 Abs. 2 ist als weiterer Zweck der bedingten Kapitalerhöhung die Gewährung von Bezugsrechten an Arbeitnehmer der Gesellschaft gegen Einlage von Geldforderungen aus einer Gewinnbeteiligung bestimmt worden, § 192 Anm. 6. Diese Einbringung einer Forderung gegen die Gesellschaft ist an sich eine Sacheinlage. Weil hier aber der Wert der Sacheinlage feststeht, ist (wie in Abs. 1 Satz 2 beim Umtausch von Wandelschuldverschreibungen) von einer Anwendung der Vorschriften über Sacheinlagen abgesehen worden. Die Einlage der Forderung wird also wie eine Bareinlage behandelt.

§ 195 Anmeldung des Beschlusses

(1) Der Vorstand und der Vorsitzende des Aufsichtsrats haben den Beschluß über die bedingte Kapitalerhöhung zur Eintragung in das Handelsregister anzumelden.

(2) Der Anmeldung sind für das Gericht des Sitzes der Gesellschaft beizufügen

1. **bei einer bedingten Kapitalerhöhung mit Sacheinlagen die Verträge, die den Festsetzungen nach § 194 zugrunde liegen oder zu ihrer Ausführung geschlossen worden sind;**
2. **eine Berechnung der Kosten, die für die Gesellschaft durch die Ausgabe der Bezugsaktien entstehen werden;**
3. **wenn die Kapitalerhöhung der staatlichen Genehmigung bedarf, die Genehmigungsurkunde.**

(3) Hat das Gericht Zweifel, ob der Wert der Sacheinlage den Nennbetrag der dafür zu gewährenden Aktien erreicht, so hat eine Prüfung durch einen oder mehrere Prüfer stattzufinden. § 33 Abs. 3 bis 5, § 34 Abs. 2 und 3, § 35 gelten sinngemäß. Das Gericht hat die Eintragung abzulehnen, wenn der Wert der Sacheinlage nicht unwesentlich hinter dem Nennbetrag der dafür zu gewährenden Aktien zurückbleibt.

(4) Die eingereichten Schriftstücke werden beim Gericht in Urschrift, Ausfertigung oder öffentlich beglaubigter Abschrift aufbewahrt.

Übersicht

Einleitung

Die Abs. 1, 2 und 4 des § 195 entsprechen mit geringfügigen sprachlichen Änderungen denen des bisherigen § 162. In Abs. 1 sind die Worte „oder dessen Stellvertreter" ebenso wie in §§ 184 Abs. 1, 188 Abs. 1, 195 Abs. 1, 223 Abs. 1 weggelassen worden, weil sich aus § 107 Abs. 1 Satz 3 ergibt, wann der Stellvertreter anstelle des Vorsitzenden des Aufsichtsrats zu handeln hat. Abs. 3 wurde vom Bundestag auf Vorschlag des Rechtsausschusses neu gestaltet, s. Anm. 4.

Anm. 1

1. Die anmeldungsberechtigten Personen (Abs. 1)

Wie bei der ordentlichen Kapitalerhöhung (§ 184 Abs. 1, § 188 Abs. 1) haben der Vorstand und der Vorsitzende des Aufsichtsrats den Beschluß über die bedingte Kapitalerhöhung zur Eintragung in das Handelsregister anzumelden. Die Anmeldung kann auch in diesem Fall nicht durch Ordnungsstrafen erzwungen werden (§ 407 Abs. 2). Sie ist von so vielen Vorstandsmitgliedern zu bewirken, wie zur Vertretung der Gesellschaft erforderlich ist. Eine Vertretung der *Anmeldungsberechtigten* durch Bevollmächtigte ist auch hier unzulässig. Die Anmeldung ist von den Anmeldungspflichtigen entweder persönlich vorzunehmen oder in öffentlich beglaubigter Form einzureichen. Die Vorstandsmitglieder haben persönlich, nicht mit der Firma der AG, die Anmeldung zu unterzeichnen. Im übrigen wird auf die Erläuterungen zu § 184 Abs. 1 verwiesen.

Anm. 2

2. Keine Anmeldung der Satzungsänderung

Die selbständige Anmeldung einer Satzungsänderung hinsichtlich der abgeänderten Ziffer des Grundkapitals (wie bei der Anmeldung der Durchführung der ordentlichen Kapitalerhöhung, vgl. § 188 Anm. 5) ist hier nicht zu bewirken, weil die bedingte Kapitalerhöhung erst mit der Ausgabe der Bezugsaktien wirksam wird und damit erst das Grundkapital erhöht ist (§ 200), vgl. aber § 201 Anm. 5.

Anm. 3

3. Die Beilagen zur Anmeldung (Abs. 2)

Entsprechend der Anmeldung der Durchführung der ordentlichen Kapitalerhöhung laut § 188 Abs. 3 Nr. 2, 3 u. 4 sind der Anmeldung beizufügen:

1. *im Fall der bedingten Kapitalerhöhung mit Sacheinlagen*, insbesondere wenn die Erhöhung zur Vorbereitung des Zusammenschlusses mehrerer Unternehmen beschlossen worden ist (§ 194 Anm. 2), die *Verträge*, die den Festsetzungen nach § 194 zugrunde liegen oder zu ihrer Ausführung geschlossen worden sind.
2. *Eine Aufstellung der Kosten, die für die Gesellschaft durch die Ausgabe der Bezugsaktien entstehen werden.* Die Angabe wird sich im wesentlichen auf die Gerichts-, Notar- und Anwaltsgebühren, Steuern, Stempel- und Druckkosten erstrecken. Nicht hierher gehören die Kosten der Ausgabe der Wandelschuldverschreibungen oder des Zusammenschlusses (Godin-Wilhelmi 3, Schlegelberger AktG 37 § 162

Anm. 3). Belege brauchen nicht beigebracht zu werden. Können die Kosten nicht ziffernmäßig genau angegeben werden, so genügen schätzungsweise Angaben.

3. Die *Gehnehmigungsurkunde*, falls die Kapitalerhöhung der *staatlichen Genehmigung* bedarf (vgl. § 181 Abs. 1 S. 2).

Anm. 4

4. Prüfung des Werts der Sacheinlage (Abs. 3)

Die Neufassung des Abs. 3 geht auf Erwägungen des Rechtsausschusses des Bundestags zurück, die er schon zu § 34 anstellte, vgl. den Ausschußbericht zu § 31 RegEntw. (= § 34 d. Ges.). Die Bedenken des Rechtsausschusses richteten sich gegen die Begriffe „angemessen" bzw. „unangemessen" in den §§ 26 Abs. 1 Z. 2, 31 Abs. 2 und „offensichtlich" in den §§ 151 Abs. 2, 155 Abs. 4 und 162 Abs. 3 AktG 1937. Zweck dieser Vorschriften ist die *Verhütung von Unterpari-Emissionen.* Dieser Zweck wird jetzt in den entsprechenden Bestimmungen des AktG 1965 — §§ 34 Abs. 1 Z. 2, 38 Abs. 2, 184 Abs. 3, 188 Abs. 4, 195 Abs. 3 — klarer herausgestellt. Kommen dem Registergericht auf Grund seiner eigenen Prüfung Zweifel, ob der Wert der Sacheinlage den *Nennbetrag* der dafür zu gewährenden Aktien erreicht, so hat es eine Prüfung durch einen Prüfer anzuordnen, für dessen Auswahl § 33 Abs. 3—5 gelten. Ergibt sich zweifelsfrei aus der eigenen Prüfung des Gerichts, daß der Wert der Sacheinlage *nicht unwesentlich* hinter dem Nennbetrag zurückbleibt, oder ergibt sich dies aus der angeordneten Prüfung, so hat das Gericht die Eintragung abzulehnen.

Abs. 3 gilt gemäß seinem Zweck nur für die Prüfung, ob der Wert der Sacheinlage den Nennbetrag erreicht. Ob er auch einen etwa festgesetzten *höheren Ausgabebetrag* erreicht, unterliegt der Prüfung des Gerichts nur im Rahmen seiner allgemeinen Prüfungspflicht (s. § 38 Anm. 1 ff.).

Anm. 5

5. Die Aufbewahrung der Beilagen (Abs. 4)

Die eingereichten Schriftstücke werden beim Gericht in Urschrift, Ausfertigung oder öffentlich beglaubigter Abschrift aufbewahrt. Vgl. § 37 Anm. 8; § 188 Abs. 6.

Wegen der Wirkung der Eintragung vgl. § 197.

§ 196 Bekanntmachung der Eintragung

In die Bekanntmachung der Eintragung des Beschlusses über die bedingte Kapitalerhöhung sind außer deren Inhalt die Feststellungen nach § 193 Abs. 2 und die nach § 194 bei der Einbringung von Sacheinlagen vorgesehenen Festsetzungen aufzunehmen. Für die Festsetzungen nach § 194 genügt die Bezugnahme auf die beim Gericht eingereichten Urkunden.

Anm. 1

Die Bestimmung über die Bekanntmachung der Eintragung des Beschlusses über die bedingte Kapitalerhöhung übernimmt mit geringen sprachlichen Änderungen den bisherigen § 163. Sie entspricht der des § 190 über die Bekanntmachung der Eintragung des Beschlusses über die ordentliche Kapitalerhöhung.

Anm. 2

In die *Bekanntmachung* sind aufzunehmen:

1. Der Inhalt der Eintragung, nach der das *Grundkapital* der Gesellschaft in dem bezeichneten Maße bedingt *erhöht* worden ist;

2. Die Feststellungen nach § 193 Abs. 2, nämlich:
   a) der *Zweck* der bedingten Kapitalerhöhung,
   b) der *Kreis* der Umtausch- und Bezugsberechtigten,
   c) der *Ausgabebetrag* der Bezugsaktien oder, falls dieser nicht in genauer Zahl anzugeben ist, die Grundlagen, wonach er errechnet wird.
3. Im Fall einer bedingten Kapitalerhöhung mit *Sacheinlagen*, so wenn die Erhöhung zur Vorbereitung des Zusammenschlusses der Gesellschaft mit einem anderen Unternehmen beschlossen wurde, die auf die Sacheinlage nach § 194 Abs. 1 erforderlichen *Festsetzungen*. Doch genügt es in dieser Beziehung, auf die beim Gericht eingereichten Urkunden (§ 195) zu verweisen. Wegen der Einsichtnahme und des Rechts auf Abschrift s. § 9 HGB.

§ 197 Verbotene Aktienausgabe

Vor der Eintragung des Beschlusses über die bedingte Kapitalerhöhung können die Bezugsaktien nicht ausgegeben werden. Ein Anspruch des Bezugsberechtigten entsteht vor diesem Zeitpunkt nicht. Die vorher ausgegebenen Bezugsaktien sind nichtig. Für den Schaden aus der Ausgabe sind die Ausgeber den Inhabern als Gesamtschuldner verantwortlich.

Übersicht

Die Vorschrift ist mit nur sprachlichen Änderungen von § 164 AktG 1937 übernommen worden.

Anm. 1

1. Wirksamkeit von Bezugszusicherungen

Die *Zusicherungen* auf *Bezugsaktien*, welche die Gesellschaft in dem Beschluß über die bedingte Kapitalerhöhung oder *nach* demselben, aber *vor seiner Eintragung in das Handelsregister* gegeben hat (§ 193 Anm. 3), sind erst *wirksam*, wenn *der Beschluss eingetragen ist*. Vorher kann der Bezugsberechtigte kein Recht auf die Bezugsaktien geltend machen, weil sein Anspruch auf diese erst mit der Eintragung des Beschlusses über die bedingte Kapitalerhöhung *entsteht*. Von da an kann er auch sein Bezugsrecht *übertragen*; vorher kann er sich nur schuldrechtlich zur Übertragung seines Bezugsrechts verpflichten. Sein *Anteilsrecht* an der Gesellschaft wird erst dadurch begründet, daß er sein *Bezugsrecht durch Abgabe seiner Bezugserklärung* ausübt (§ 198).

Anm. 2

2. Keine Ausgabe vor Eintragung (S. 1)

Entsprechend der Vorschrift des § 191, wonach bei der ordentlichen Kapitalerhöhung die neuen Aktien nicht vor der Eintragung der Durchführung des Kapitalerhöhungsbeschlusses ausgegeben werden können, bestimmt hier *Satz 1*, daß die *Ausgabe der Bezugsaktien nicht vor Eintragung des Beschlusses über die bedingte Kapitalerhöhung erfolgen kann*. Grundsätzlich können die Bezugsaktien demnach ausgegeben werden, sobald der Beschluß über die bedingte Kapitalerhöhung eingetragen ist. Im Einzelfall aber darf der Vorstand sie erst ausgeben, nachdem der Berechtigte durch die Bezugserklärung (§ 198) sein Bezugsrecht ausgeübt und den dafür geschuldeten Gegenwert voll geleistet hat (§ 199).

Anm. 3

3. Entstehung des Bezugsrechts (S. 2)

Nach *Satz 2* entsteht mit der Eintragung des Beschlusses über die bedingte Kapitalerhöhung der *Anspruch* auf den Bezug der neuen Aktien für den in dem Beschluß zu bezeichnenden Kreis der Bezugsberechtigten, während dies bei der Eintragung des Beschlusses über die ordentliche Kapitalerhöhung nur dann geschieht, wenn der Beschluß — was an sich nicht erforderlich ist — Zusicherungen auf den Bezug für bestimmte Personen oder Personenkreise, wie z. B. die alten Aktionäre oder eine Bank oder ein Konsortium, enthält; nicht aber, wenn er — unter Ausschluß des Bezugsrechts der Aktionäre (§ 186 Abs. 3) — allgemein den Bezug gestattet. Bei der ordentlichen Kapitalerhöhung wird das Bezugsrecht auf die neuen Aktien durch Abgabe der Zeichnungserklärung (§ 185) ausgeübt und der Anspruch auf das *Anteilsrecht* dadurch begründet, daß die Gesellschaft den Zeichnungsschein annimmt. Bei der *bedingten* Kapitalerhöhung dagegen hat erst die nachfolgende *Bezugserklärung* die gleiche Wirkung wie die Abgabe einer Zeichnungserklärung mittels Zeichnungsscheins (§ 198 Abs. 2 Satz 1). Ein unmittelbarer Anspruch auf das Anteilsrecht kann also bei Eintragung des Beschlusses über die bedingte Kapitalerhöhung noch nicht entstehen, sondern nur ein durch Ausübung des Bezugs- oder Umtauschrechts bedingter. Demgemäß bedarf es hier auch keiner Bestimmung wie der des § 191 Satz 1 Halbsatz 1, wonach die neuen Anteilsrechte vor Eintragung der Durchführung nicht übertragen werden können; denn Anteilsrechte können von den Bezugsberechtigten erst nachträglich erworben werden. Vgl. dazu die Erläuterungen zu §§ 198—200.

Anm. 4

4. Nichtigkeit der vor der Eintragung ausgegebenen Aktien — Schadensersatz (S. 3)

Bezugsaktien, die vor Eintragung des Beschlusses über die bedingte Kapitalerhöhung ausgegeben sind, sind nichtig. Die Vorschrift entspricht dem § 191 Satz 2. Rechte aus redlichem Erwerb vorzeitig ausgegebener Bezugsaktien können mithin nicht geltend gemacht werden. Die Besitzer der Bezugsaktien haben nur Ansprüche auf *Schadensersatz* gegen die Ausgeber der Aktien, als welche regelmäßig die Mitglieder des Vorstandes in Betracht kommen werden (§ 199 Abs. 1). Dadurch, daß nachträglich der Beschluß über die bedingte Kapitalerhöhung in das Handelsregister eingetragen wird, wird die Nichtigkeit der vorher ausgegebenen Bezugsaktien nicht ohne weiteres geheilt. Da aber die Gesellschaft von nun an Bezugsaktien ausgeben darf, so ist es zulässig, daß sie die Aktienurkunden durch besonderen Akt, z. B. durch neuen Aufdruck oder Umstempelung, nachträglich für gültig erklärt (vgl. § 41 Anm. 30 Abs. 2).

Über den *Schadensersatzanspruch* der Inhaber der vorzeitig ausgegebenen Aktien gegen deren Ausgeber vgl. auch § 8 Anm. 6 bis 11. Über die *Strafbarkeit* der Mitglieder des Vorstands und des Aufsichtsrats wegen vorzeitiger Ausgabe der Bezugsaktien s. § 405 Abs. 1 Nr. 2.

§ 198 Bezugserklärung

(1) Das Bezugsrecht wird durch schriftliche Erklärung ausgeübt. Die Erklärung (Bezugserklärung) soll doppelt ausgestellt werden. Sie hat die Beteiligung nach der Zahl, dem Nennbetrag und, wenn mehrere Gattungen ausgegeben werden, der Gattung der Aktien, die Feststellungen nach § 193 Abs. 2, die nach § 194 bei der Einbringung von Sacheinlagen vorgesehenen Festsetzungen sowie den Tag anzugeben, an dem der Beschluß über die bedingte Kapitalerhöhung gefaßt worden ist.

(2) Die Bezugserklärung hat die gleiche Wirkung wie eine Zeichnungserklärung. Bezugserklärungen, deren Inhalt nicht dem Abs. 1 entspricht oder die Beschränkungen der Verpflichtung des Erklärenden enthalten, sind nichtig.

(3) Werden Bezugsaktien ungeachtet der Nichtigkeit einer Bezugserklärung ausgegeben, so kann sich der Erklärende auf die Nichtigkeit nicht berufen, wenn er auf Grund der Bezugserklärung als Aktionär Rechte ausgeübt oder Verpflichtungen erfüllt hat.

(4) Jede nicht in der Bezugserklärung enthaltene Beschränkung ist der Gesellschaft gegenüber unwirksam.

Übersicht

§ 198 weicht nur in kleinen sprachlichen Änderungen in Abs. 1 und 2 von § 165 AktG 1937 ab.

Anm. 1

1. Die Bezugserklärung als Vollzug der bedingten Kapitalerhöhung

Mit der *Bezugserklärung* des Umtausch- oder Bezugsberechtigten vollzieht sich die *Durchführung* der bedingten Kapitalerhöhung. Eine Eintragung der Durchführung, wie bei der ordentlichen Kapitalerhöhung, muß nicht hinzukommen, weil nicht auf jede einzelne Bezugserklärung hin eine neue Kapitalveränderung in das Handelsregister eingetragen werden kann. Deshalb knüpft das Gesetz die Rechtsfolgen, die sich für die ordentliche Kapitalerhöhung aus der Eintragung der Durchführung ergeben, bei der bedingten Kapitalerhöhung an die Ausgabe der Bezugsaktie an den die Bezugserklärung abgebenden Umtausch- oder Bezugsberechtigten (vgl. § 189 mit § 200).

Die *Bezugserklärung entspricht dem Zeichnungsschein bei der ordentlichen Kapitalerhöhung*; nur mit dem Unterschied, daß bei ihr die der Allgemeinheit gegenüber abgegebene Erklärung (vgl. die Erl. zu § 185) nicht mit einem an die Gesellschaft gerichteten Vertragsangebot in Verbindung gebracht ist, sondern — bei der Wandelschuldverschreibung und der Arbeitnehmeraktie — mit einer *Annahmeerklärung* auf das Angebot der Gesellschaft, die bereit gehaltenen Bezugsaktien im Umtausch gegen eine Wandelschuldverschreibung oder gegen Einlage zu beziehen. In der Wirkung kommt damit die Bezugserklärung in diesen Fällen der Bezugserklärung eines sein gesetzliches Bezugsrecht nach § 186 ausübenden Aktionärs gleich, der seine Zeichnungserklärung mittels des Zeichnungsscheins abgibt. Die Gesellschaft ist *nicht berechtigt*, die Bezugserklärung des Bezugsberechtigten *zurückzuweisen*.

Bei der bedingten Kapitalerhöhung zur Vorbereitung des *Zusammenschlusses* der Gesellschaft mit einem anderen Unternehmen kommt es zur Abgabe der Bezugserklärung des Berechtigten immer erst dann, wenn die Vorbereitung zu einem festen Abkommen über den Zusammenschluß geführt hat. Die Bezugserklärung ist dann eine Rechtshandlung zur Ausführung dieser Vereinbarung, mit der deren Erfüllung gegen Anerbieten der eigenen Leistung in Gestalt der Sacheinlage gefordert wird.

Von dem Zeichnungsschein unterscheidet sich die Bezugserklärung insbesondere dadurch, daß sie keinen Zeitpunkt enthält, in dem die Erklärung unverbindlich wird (§ 185 Abs. 1 Nr. 4).

Wie der Zeichner des Zeichnungsscheins seine Erklärung nach bürgerlichem Recht nur anfechten kann, bis die Durchführung der Kapitalerhöhung eingetragen worden ist, so kann aus den gleichen Gründen der Sicherheit des Rechtsverkehrs der Erklärende seine Bezugserklärung nur *anfechten,* bis auf diese die Ausgabe der Bezugsaktien an ihn erfolgt ist. Denn dies ist der Akt, der nach § 200 bei der bedingten Kapitalerhöhung dem des § 189 bei der ordentlichen Kapitalerhöhung entspricht.

Anm. 2

2. Rechtsbegründende Bedeutung

Die Bezugserklärung ist, wie der Zeichnungsschein, eine Urkunde von *rechtsbegründender* (*konstitutiver*) *Bedeutung,* nicht nur eine Beweisurkunde. Das Recht auf den Bezug der Aktien entsteht für den Berechtigten zwar schon mit der Eintragung des Beschlusses über die bedingte Kapitalerhöhung. Dadurch aber, daß die Erklärung der Gesellschaft zugeht, entsteht für die Gesellschaft das Recht, die Abnahme der Bezugsaktien zu verlangen, und für den Erklärenden die Pflicht, sie abzunehmen und den Gegenwert, sei es im Umtausch gegen die Wandelschuldverschreibung, sei es durch Barzahlung oder Sacheinlage, dafür zu leisten. Für den Berechtigten ist das Recht, die Bezugsaktien zu verlangen, an die Bedingung geknüpft, daß er seine Bezugserklärung der Gesellschaft zugehen läßt. Wegen der *Klagbarkeit* seines Anspruchs s. § 199 Anm. 1.

Anm. 3

3. Notwendiger Inhalt (Abs. 1)

Wie für den Zeichnungsschein, so ist auch für die Bezugserklärung die *Schriftform* wesentlich. Eine mündliche Erklärung gilt als nicht abgegeben (über Heilung s. Anm. 6). Entsprechend dem Zeichnungsschein bei der ordentlichen Kapitalerhöhung hat die Bezugserklärung die *Zahl* der zu beziehenden Aktien, ihren *Nennbetrag* und bei mehreren Aktiengattungen die *Angabe der Gattung* zu enthalten. Ferner hat die Bezugserklärung anzugeben:

1. den *Tag, an dem der Beschluß über die bedingte Kapitalerhöhung gefaßt worden ist;*
2. die Feststellungen nach § 193 Abs. 2 und die Festsetzungen nach § 194, nämlich:
   a) den *Zweck der bedingten Kapitalerhöhung,*
   b) den *Kreis der Umtausch- oder Bezugsberechtigten,*
   c) den *Ausgabebetrag* der Bezugsaktien oder die Grundlagen, wonach dieser Betrag errechnet wird,
   d) *in dem Fall, daß eine Sacheinlage* gemacht wird, also insbesondere bei dem Zusammenschluß mehrerer Unternehmen (§ 194 Anm. 2 Abs. 2), den *Gegenstand der Einlage, die Person, von der die Gesellschaft den Gegenstand erwirbt* und den *Nennbetrag der dafür zu gewährenden Aktien.*

Eine dem § 185 Abs. 1 Z. 2 entsprechende Vorschrift, wonach die Bezugserklärung auch den Umfang etwa bestehender *Nebenverpflichtungen* angeben müßte, enthält § 198 nicht. Man wird deshalb nicht mit Godin-Wilhelmi 3 den Schluß ziehen können, daß die Angabe zum *notwendigen* Inhalt der Bezugserklärung gehört. Nichtig ist also diese ohne die Angabe nicht. Ohne sie ist aber die Nebenverpflichtung nicht übernommen. Die Gesellschaft tut also gut daran, sie in die Bezugserklärung aufzunehmen.

Eine Bezeichnung der *Schuldverschreibungen* aus denen das Bezugsrecht ausgeübt wird, ist nicht vorgeschrieben, aber zweckmäißg, wenn sich nicht sonst aus der Bezugserklärung ergibt, um welche Schuldverschreibung es sich handelt. Die Bezugserklärung ist von den Gläubigern der Wandelschuldverschreibung abzugeben. *Stellvertretung* mit entsprechender Vollmacht ist zulässig. Mehrere Bezugsberechtigte können durch einen gemeinsamen Vertreter handeln.

Wie der Zeichnungsschein, so soll auch die Bezugserklärung *doppelt* ausgestellt werden. Das Doppelstück ist dazu bestimmt, gemäß § 201 Abs. 2 bei Anmeldung der Ausgabe der Bezugsaktien dem Gericht eingereicht zu werden, bei dem es in Verwahrung bleibt. Da es sich nur um eine Soll-Vorschrift handelt, ist die Unterlassung für die Rechtswirksamkeit der Bezugserklärung ohne Bedeutung. Die Lieferung des Doppelstückes kann deshalb auch nachgeholt werden.

Anm. 4

4. Bindende Wirkung (Abs. 2 S. 1)

Bindende Wirkung der Bezugserklärung. Die Bezugserklärung hat insofern die gleiche Wirkung wie die Abgabe einer Zeichnungserklärung, als sie den *Erklärenden* bindet. Infolge des Wegfalls der zeitlichen Beschränkung im Zeichnungsschein (§ 185 Abs. 1 Nr. 4) geht die Bindung bei der Bezugserklärung weiter; sie ist endgültig. Das entspricht ihrer in Anm. 1 bereits hervorgehobenen Bedeutung als Annahmeerklärung bei der Wandelschuldverschreibung und der Arbeitnehmeraktie oder als Verlangen der Erfüllung nach der Vereinbarung eines Zusammenschlusses der Unternehmen. Für die *Gesellschaft* ist die Rechtswirkung der Abgabe einer Bezugserklärung und der einer Zeichnungserklärung die gleiche, wenn sie im letzteren Fall dem Erklärenden bereits Zusicherungen auf den Bezug der neuen Aktien gemacht hatte, oder wenn es sich um das gesetzliche Bezugsrecht eines Aktionärs handelt. Die Gesellschaft ist in beiden Fällen zur Gewährung der neuen Aktien an die Erklärenden verpflichtet. Hat sie aber bei der ordentlichen Kapitalerhöhung keine Zusicherungen gemacht, so besteht keine Verpflichtung für sie, das in dem Zeichnungsschein erklärte Vertragsangebot anzunehmen.

Anm. 5

5. Nichtigkeit mangelhafter Bezugserklärungen (Abs. 2 S. 2)

Nichtigkeit mangelhafter Bezugserklärungen. Bezugserklärungen, deren Inhalt nicht dem Abs. 1 entspricht oder die Beschränkungen der Verpflichtung des Erklärenden enthalten, sind nichtig. Die Vorschrift entspricht der des § 185 Abs. 2 für den Zeichnungsschein. Die Bezugserklärung ist ferner nichtig, wenn sie nicht in *schriftlicher* Form gemäß § 126 Abs. 1 BGB abgegeben, also nicht von dem Erklärenden eigenhändig unterschrieben ist oder sein gerichtlich oder notarisch beglaubigtes Handzeichen trägt (§ 125 Satz 1 BGB).

Die Bezugserklärung ist auch nichtig, wenn sie nicht die *Zahl*, den *Nennbetrag* der zu beziehenden oder umzutauschenden Aktien und bei mehreren Gattungen von Bezugsaktien die *Aktiengattung*, ferner den *Tag des bedingten Kapitalerhöhungsbeschlusses*, den *Zweck* der bedingten Kapitalerhöhung, den *Kreis der Bezugs- oder Umtauschberechtigten, den Ausgabebetrag* der Bezugsaktien oder die Grundlagen für die Berechnung dieses Betrages angibt, außerdem wenn sie im Fall der bedingten Kapitalerhöhung mit *Sacheinlagen* nicht deren Gegenstand, die Person, von der die Gesellschaft den Gegenstand erwirbt, und den Nennbetrag der dagegen zu gewährenden Aktien angibt. Im Gegensatz zu den für den Zeichnungsschein gegebenen Vorschriften ist die Nichtigkeit indessen in *allen* diesen Fällen *heilbar* (s. Anm. 6), also insbesondere auch dann, wenn aus der Bezugserklärung nicht die Zahl der Bezugsaktien, ihr Nennbetrag und bei mehreren Gattungen von Bezugsaktien die Aktiengattung hervorgeht. Dies ergibt sich aus der voneinander abweichenden Fassung der Vorschrift des § 185 Abs. 2 in Verbindung mit Abs. 1 Satz 1 einerseits und der Fassung des § 198 Abs. 2 Satz 2 andererseits. Die den Zeichnungsschein betreffenden Vorschriften stellen als seine *Begriffsmerkmale* die Bezeichnung der *Zahl*, des *Nennbetrages* der Aktien und der etwaigen *Aktiengattung* auf und, getrennt davon, als notwendige Erfordernisse weitere Angaben, deren Fehlen den Zeichnungsschein nichtig — aber nicht unheilbar nichtig — macht. Nach § 198 Abs. 1 dagegen, auf dessen Inhalt Abs. 2 Satz 2 verweist, gehören Zahl, Nennbetrag der Bezugsaktien und Aktiengattung zu den neben den weiteren Erfordernissen notwendigen *Angaben*, die nicht fehlen dürfen, deren Fehlen aber nicht unheilbare Nichtigkeit der Bezugserklärung herbeiführt. Da schon die Annahme der Aktienurkunde als die Ausübung eines Rechts des Aktionärs gilt und als solche die Nichtigkeit heilt, so ist dieser Unterschied von wesentlicher Bedeutung (s. Anm. 6).

Anm. 6

6. Heilung der Nichtigkeit (Abs. 3)

Heilung der Nichtigkeit. Sind Bezugsaktien auf eine Bezugserklärung *ausgegeben* worden, obwohl ihr Inhalt den in Anm. 5 Abs. 2 aufgeführten Erfordernissen nicht entsprach oder sie Beschränkungen der Verpflichtung des Erklärenden enthielt oder der Schriftform entbehrte, so ist die *Nichtigkeit der Erklärung geheilt.* Da die bedingte Kapitalerhöhung eine Eintragung der Durchführung mit der Rechtswirkung der Begründung eines Anteilrechts wie bei der ordentlichen Kapitalerhöhung nicht kennt, das Anteilrecht vielmehr erst mit der Ausgabe der betreffenden Bezugsaktie entsteht, so kann derjenige, der eine Bezugserklärung abgibt, *vor Empfang der Aktie auch keine Rechte als Aktionär ausüben* oder Verpflichtungen als Aktionär erfüllen (die Gesellschaft auch keinen Anspruch gegen ihn als Aktionär geltend machen). Nimmt er aber die Aktienurkunde an, so übt er damit schon das Recht eines Aktionärs aus. Durch die *Annahme der Aktienurkunde tritt* also die *Heilung der Nichtigkeit* seiner Bezugserklärung ein, ohne das darüber hinaus ein weiteres Verhalten seinerseits als Aktionär in dieser Beziehung noch von Bedeutung ist. Der Erklärende kann sich demnach auf die Nichtigkeit seiner Bezugserklärung nicht mehr berufen, wenn er die auf seine Bezugserklärung an ihn ausgegebene Bezugsaktie angenommen hat. Auch der Mangel der *Schriftform* wird durch Ausgabe und Annahme der Aktie *geheilt* (ebenso Schlegelberger AktG 37 § 165 Anm. 7; Godin-Wilhelmi 7 Abs. 2).

Anm. 7

Die *Heilung der Nichtigkeit hat zur Folge,* daß die Bezugserklärung — auch wenn Zahl, Nennbetrag der Bezugsaktien und die etwaige Aktiengattung in ihr nicht angegeben waren (Anm. 5 Abs. 2) — als von vornherein gültig angesehen wird und eine Beschränkung der Verpflichtung des Erklärenden als nicht vorhanden gilt (Anm. 8). Der Erklärende hat vielmehr nun die vollen Rechte und Pflichten eines Aktionärs der Gesellschaft.

Anm. 8

7. Beschränkung (Abs. 4)

Die Bezugserklärung duldet nur ihrem Umfange nach *Beschränkungen.* Die umfängliche Beschränkung gehört sogar zu ihrem notwendigen Inhalt: Beteiligung nach der Zahl und dem Nennbetrag der Aktien (Abs. 1). Alle sonstigen Beschränkungen sind unwirksam. Sind sie in der (schriftlichen) Bezugserklärung enthalten, so machen sie diese nichtig (Abs. 2 Satz 2). Die Nichtigkeit wird aber nach Abs. 3 geheilt, die Bezugserklärung gültig, jedoch ohne die darin enthaltene Beschränkung, denn das Bezugsrecht kann nur so ausgeübt werden, wie es eingeräumt ist (Godin-Wilhelmi 8). Diese Rechtslage ergänzt Abs. 4, indem er auch die Unwirksamkeit außerhalb der Bezugserklärung mündlich oder schriftlich erklärter Beschränkungen ausspricht.

§ 199 Ausgabe der Bezugsaktien

(1) Der Vorstand darf die Bezugsaktien nur in Erfüllung des im Beschluß über die bedingte Kapitalerhöhung festgesetzten Zwecks und nicht vor der vollen Leistung des Gegenwerts ausgeben, der sich aus dem Beschluß ergibt.

(2) Der Vorstand darf Bezugsaktien gegen Wandelschuldverschreibungen nur ausgeben, wenn der Unterschied zwischen dem Ausgabebetrag der zum Umtausch eingereichten Schuldverschreibungen und dem höheren Nennbetrag der für sie zu gewährenden Bezugsaktien aus einer freien Rücklage, soweit sie zu diesem Zweck verwandt werden kann, oder durch Zuzahlung des Umtauschberechtigten gedeckt ist. Dies gilt nicht, wenn der Gesamtbetrag, zu dem die Schuldverschreibungen ausgegeben sind, den Gesamtnennbetrag der Bezugsaktien erreicht oder übersteigt.

Übersicht:

Einleitung

Abs. 1 stimmt mit § 166 Abs. 1 AktG 1937 überein. Abs. 2 — eine Sondervorschrift für die Unterpari-Ausgabe von Wandelschuldverschreibungen, s. Anm. 4 — enthält neben sprachlichen Änderungen auch zwei sachliche. Einmal ist die früher mögliche Deckung des Unterschieds zwischen dem Ausgabebetrag der Schuldverschreibungen und dem höheren Nennbetrag der Bezugsaktien aus dem Reingewinn (jetzt Bilanzgewinn, § 151 Abs. 4 Satz 3) nicht mehr gestattet, wohl auch kaum praktisch. Zum anderen ist die weiterhin mögliche Deckung aus einer freien Rücklage (s. Anm. 4 Z. 3) ausdrücklich davon abhängig gemacht, daß sie auch für diesen Zweck verwandt werden kann, also nicht als Sonderrücklage (§ 150 Anm. 2, § 151 Anm. 101) bereits für einen anderen Zweck gebunden ist. Das war allerdings nach bisherigem Recht nicht anders (vgl. Schlegelberger AktG 37 § 166 Anm. 10), so daß die zweitgenannte Änderung nur der Klarstellung dient.

I. Voraussetzungen der Ausgabe (Abs. 1)

Anm. 1

1. Zweckerfüllung und Bezugserklärung

Voraussetzungen der Ausgabe. 1. Auch in der dem *Vorstand* bei der Ausgabe der Bezugsaktien eingeräumten Stellung prägt sich die Eigenart der bedingten Kapitalerhöhung aus. Ist der Vorstand bei der ordentlichen Kapitalerhöhung in der Ausgabe der neuen Aktien nach Eintragung der Durchführung nur als ausführendes Organ tätig, so ist ihm bei der bedingten Kapitalerhöhung insofern eine größere Selbständigkeit eingeräumt, als er auf jede einzelne Bezugserklärung unter eigener Verantwortung die betreffenden Bezugsaktien umzutauschen oder gegen die erforderliche Einlage an den Erklärenden abzugeben hat. Selbstverständlich geschieht dies unter voller Haftbarkeit seiner Mitglieder auf Schadenersatz gegenüber der Gesellschaft nach § 93. *Insbesondere darf der Vorstand die Bezugsaktien nur in Erfüllung des im Beschluß über die bedingte Kapitalerhöhung festgesetzten Zwecks und nicht vor der vollen Leistung des Gegenwerts ausgeben, der aus dem Beschluß ersichtlich ist.* Der *Zweck der Ausgabe* (§ 192 Anm. 4—7) muß in dem Beschluß über die bedingte Kapitalerhöhung festgesetzt sein (§ 193 Abs. 2 Nr. 1).

Voraussetzung der Ausgabe ist weiter das Vorliegen einer ordnungsmäßigen Bezugserklärung (§ 198 Anm. 2). Ohne sie können die Aktien nicht gefordert werden. Entspricht die Bezugserklärung nicht den gesetzlichen Erfordernissen des § 198, so ist sie zurückzuweisen. Sind aber die gesetzlichen Erfordernisse erfüllt, so hat der Erklärende einen gegebenenfalls *im Wege der Klage* geltend zu machenden Anspruch auf die Bezugsaktien und zwar auf deren Herstellung und Aushändigung; wegen der Zwangsvollstreckung vgl. §§ 883, 888, 894, 897 ZPO. Da die Bezugsaktien indessen nicht vor der vollen Leistung ihres Gegenwertes ausgegeben werden dürfen (Anm. 2), der Erklärende also *vorzuleisten hat,* so würde dieser, wenn die Gesellschaft im Verzuge der Annahme seiner Gegenleistung ist, gemäß § 322 Abs. 2 BGB auf Lieferung der Bezugsaktien nach Empfang der Gegenleistung (bei Wandelschuldverschreibung: Umtausch; sonst Bareinlage oder Sacheinlage) zu klagen haben. Hat der Vorstand die Bezugserklärung trotz ihrer ordnungsmäßigen Ausstellung zurückgewiesen, so würde darin eine Erklärung zu erblicken sein, daß er die Leistung des Erklärenden nicht annehmen werde; dann würde ein wörtliches Angebot des Erklärenden hinsichtlich der auszutauschenden Wandelschuldverschreibung oder der zu leistenden Bar- oder Sacheinlage nach § 295 BGB genügen, um die Gesellschaft in Annahmeverzug zu setzen.

Anm. 2

2. Volle Leistung des Gegenwerts

Im Gegensatz zur ordentlichen Kapitalerhöhung, bei der vor Ausgabe der neuen Aktien die Bareinlage nur zum Teil und die Sacheinlage überhaupt nicht geleistet zu sein braucht (vgl. § 188), darf die Ausgabe der Bezugsaktien erst erfolgen, nachdem ihr *voller Gegenwert* sich in den Händen der Gesellschaft befindet. Nach Abgabe der Bezugserklärung müssen also beim *Umtauschrecht* des Erklärenden die entsprechenden Wandelschuldverschreibungen, gegen die der Umtausch erfolgen soll, eingeliefert werden; bei dem *Bezugsrecht auf Grund von Wandelschuldverschreibungen* muß die Bareinlage, also der Betrag des Nennwertes der Aktien zuzüglich des in dem Beschluß über die bedingte Kapitalerhöhung etwa festgesetzten Aufgeldes, gezahlt sein; die Hingabe der Aktien kann auch nur Zug um Zug gegen Vorlage der Schuldverschreibung verlangt werden, damit die Gesellschaft auf der Urkunde die Hingabe der Aktie vermerkt und sie dann dem Inhaber der Schuldverschreibung zurückgibt. Bei *dem Bezugsrecht gegen ein einzubringendes Unternehmen* muß dieses auf die Gesellschaft übertragen sein, und zwar entweder als Ganzes im Wege der Verschmelzung (§ 339 Nr. 1) oder in anderen Fällen (§ 192 Anm. 7, 12) durch Übertragung im Wege von Einzelhandlungen (Auflassung von Grundstücken, Übergabe von beweglichen Sachen, Abtretung von Forderungen), vgl. auch § 361, im übrigen §§ 311, 419 BGB.

Da der Vorstand nicht, wie bei der ordentlichen Kapitalerhöhung, verpflichtet ist, die Leistung der Bareinlage dem Gericht nachzuweisen (§ 37 Abs. 1, § 188 Abs. 2), so kommt für die *Art der Zahlung* die Vorschrift des § 54 Abs. 3 nicht zur Anwendung. Die Zahlung braucht also nicht in einer der dort vorgeschriebenen Arten zu erfolgen (a. M. Godin-Wilhelmi 4). Es muß aber eine Geldeinlage sein. Eine Aufrechnung seitens des Bezugsberechtigten mit einer Forderung gegen die Gesellschaft ist also unzulässig; § 66 Abs. 1 Satz 2 gilt entsprechend (ähnlich Schlegelberger AktG 37 § 166 Anm. 4).

Anm. 3

3. Ausgabe ohne diese Voraussetzungen

Sind die Bezugsaktien zweckwidrig oder vor voller Leistung des Gegenwerts entweder auf eine ordnungsmäßige Bezugserklärung oder auf eine solche von heilbarer Nichtigkeit (§ 198 Anm. 6) ausgegeben, so sind sie *gültig*. Das ergibt sich auch daraus, daß § 192 Abs. 2 nur eine Sollvorschrift ist (ebenso Godin-Wilhelmi 3). Die fehlerhafte Bezugserklärung gilt nach Ausgabe der Aktien und damit geheilter Nichtigkeit als von Anfang an als zu Recht bestehend (§ 198 Anm. 7). Der Inhaber der Aktien bleibt aber verpflichtet, den fehlenden Gegenwert zu leisten. Ist er hierzu nicht imstande, so haften die Mitglieder des Vorstands der Gesellschaft auf Schadenersatz nach § 93 Abs. 3 Nr. 9. Ebenso der Aufsichtsrat nach § 116, wenn er es an der erforderlichen Aufsicht hat fehlen lassen. Unter Strafe gestellt ist die Ausgabe der Aktie *nach* Eintragung des Beschlusses über die bedingte Kapitalerhöhung *nicht* (vgl. § 405 Abs. 1 Nr. 2). Doch machen die Vorstandsmitglieder sich strafbar, wenn sie zum Zweck der Eintragung einer bedingten Kapitalerhöhung (§ 201) über die Ausgabe der Bezugsaktien falsche Angaben machen oder erhebliche Umstände verschweigen (§ 201 Anm. 3; § 399 Abs. 1 Nr. 4, s. die Erl. hierzu).

Durch die unzulässige Verwendung der Aktien zu einem anderen als dem im Hauptversammlungsbeschluß bezeichneten Zweck wird das Recht auf Umtausch oder Bezug von Aktien nicht vernichtet. Die Berechtigten können jedenfalls Lieferung anderer Aktien verlangen, insbesondere solcher aus einer anderen Kapitalerhöhung, entweder aus einer neu zu beschließenden bedingten oder aus einer ordentlichen oder aus genehmigten Kapital. Vgl. dazu F. Meyer, Wandelschuldverschreibungen, BB 1955 S. 549, 551.

II. Umtausch unter dem Nennwert (Abs. 2)

Anm. 4

1. Die 3 Möglichkeiten der Ausfalldeckung

Die Vorschrift ist eine Sonderbestimmung für den *Umtausch* der *Wandelschuldverschreibungen* gegen Bezugsaktien. Sie dient zur Aufrechterhaltung des Grundsatzes des § 9 Abs. 1, der die Ausgabe von Aktien unter ihrem Nennwert verbietet. Nicht verboten ist es dagegen, *Schuldverschreibungen* unter ihrem Nennwert auszugeben. Der Gläubiger erhält dann bei Ablösung der Anleihe auf jede Schuldverschreibung einen Aufschlag; für eine z. B. auf 1000 DM lautende, zu 95% ausgegebene Schuldverschreibung, für die er nur 950 DM zu zahlen hatte, erhält er 1000 DM zurück. Auf die Wandelschuldverschreibung übertragen, hätte er — den Nennbetrag der Aktien mit 1000 DM angenommen — die Wahl, ob er statt des Rechtes, gegen die Schuldverschreibung eine Bar-Ablösung von 1000 DM zu erhalten, eine Aktie im Nennbetrage von 1000 DM nehmen will. Das würde eine Unter-Pari-Ausgabe der Aktie in Höhe von 5% bedeuten, weil bei Aufnahme der Anleihe nur je 950 DM für das Stück der Gesellschaft zugeflossen sind. Um den Grundsatz des § 9 Abs. 1 nicht zu verletzen, muß deshalb eine *Deckung dieses Ausfalls* erfolgen. Hierfür bieten sich drei Möglichkeiten:

1. Die Anleihe wird zu einem Teil unter pari und zum andern Teil in ausgleichender Höhe über pari (dafür mit entsprechend höherer Verzinsung oder zu sonst günstigeren Bedingungen) aufgelegt, so daß in der *Gesamtwirkung* der Unterschied nach unten gegen pari von dem Unterschied nach oben aufgehoben wird. Der Fall ist z. B. gegeben, wenn bei einer Anleihe von 100000 DM die Ausgabe von 50 Stück im Nennwert von je 1000 DM zu 95% und von 50 Stück zu je 105% stattfindet.
2. Die ganze Anleihe wird in Stücken von je 1000 DM Nennwert zu 95% ausgegeben, so daß für die einzelne Wandelschuldverschreibung 950 DM zu zahlen sind; zugleich wird aber der Inhaber verpflichtet, bei Wahl der Bezugsaktien auf jede dafür einzuliefernde Schuldverschreibung den Betrag von 50 DM *hinzuzuzahlen*. Auf diese Weise sind im Endergebnis auf jede Aktie 1000 DM geleistet worden.
3. Die Anleihe wird unter pari ausgegeben, ohne daß der Inhaber der Schuldverschreibung verpflichtet wird, bei Wahl der Bezugsaktie eine Zuzahlung zu leisten. Es bliebe dann der Betrag von 5% des Nennwertes bei jeder Aktie zu 1000 DM mit 50 DM offen. In diesem Fall muß die Gesellschaft für den ausstehenden Betrag aufkommen. Dies geschieht nach der vorliegenden Gesetzesbestimmung, indem sie den Unterschied zwischen dem Ausgabebetrag der Wandelschuldverschreibung und dem Nennbetrag der Aktie aus einer *freien Rücklage* deckt. Die Rücklage muß für diesen Zweck verwendbar sein, darf also nicht (als Sonderrücklage) für einen anderen Zweck gebunden sein (s. Einleitung). Der Beschluß hierüber ist bei Ausgabe der Wandelschuldverschreibungen (§ 221) zu fassen; s. auch Anm. 5 Abs. 2.

Hieraus folgt, daß in dem Fall 1 ein tatsächlicher Ausfall, der zu decken wäre, im Endergebnis bei Ausgabe der Aktien nicht entsteht, da der Gesamtbetrag, zu dem die Wandelschuldverschreibungen ausgegeben sind, den Gesamtnennbetrag der Bezugsaktien erreicht. Dies wird in *Satz 2* des Abs. 2 klargestellt.

Nur für die Fälle 2 und 3 kommt daher die Vorschrift in *Satz 1* in Betracht. Die *Ausgabe gegen Wandelschuldverschreibungen darf nur geschehen, wenn der Unterschied zwischen dem Ausgabebetrag der zum Umtausch eingereichten Schuldverschreibungen und dem höheren Nennbetrag der für sie zu gewährenden Bezugsaktien gedeckt ist aus einer freien Rücklage* (Fall 3) *oder durch Zuzahlung des Umtauschberechtigten* (Fall 2). Bei der Berechnung bleiben die *Kosten* der Ausgabe der Schuldverschreibungen und der Aktien unberücksichtigt, da das Gesetz hierüber keine Bestimmung trifft. Sie dürfen auch nicht aktiviert werden, § 153 Abs. 4.

Abs. 2 gilt auch dann, wenn die Nennbeträge der Wandelschuldverschreibungen und der Aktien nicht miteinander übereinstimmen und das Umtauschverhältnis nicht 1 : 1 ist (vgl. § 192 Anm. 12 Abs. 2). Entscheidend ist immer, wie sich der *Geamtausgabebetrag der Schuldverschreibungen* zu dem *Gesamtnennbetrag der Bezugsaktien* verhält. Sind beide

Beträge gleich oder ist der Gesamtausgabebetrag der Schuldverschreibungen größer als der Gesamtnennbetrag der Bezugsaktien, so kommt die Vorschrift nicht zur Anwendung; nur wenn der erste *geringer* ist als der letzte, bedarf es des vorgeschriebenen Ausgleichs des Unterschiedes.

Anm. 5

2. Der Wertansatz in der Jahresbilanz

Für den Wertansatz in der *Jahresbilanz* ist § 156 Abs. 2 und 3 zu beachten. Die Anleihe der Gesellschaft ist mit ihrem *Rückzahlungsbetrag* — beispielsweise 100000 DM — als Schuld der Gesellschaft unter die Passivposten aufzunehmen. Der unter die Aktiva aufzunehmende *Ausgabebetrag* der Schuldverschreibungen wäre im Fall 3 95000 DM. Gesondert darf alsdann der *Unterschied zwischen Ausgabebetrag und Rückzahlungsbetrag* (Disagio) als Rechnungsabgrenzungsposten aktiviert werden, der durch jährliche Abschreibungen während der Laufzeit der Anleihe zu tilgen ist. Es handelt sich um ein Aktivierungswahlrecht. Der Unterschied kann auch zu Lasten des Ergebnisses des Geschäftsjahres, in dem die Anleihe zu passivieren ist, verbucht werden (§ 156 Anm. 1, 10; Adler-Düring-Schmaltz § 156 Anm. 26).

Soweit das Disagio in der Zeit zwischen der Ausgabe der Wandelschuldverschreibungen und der der Bezugsaktien aus dem Reingewinn oder einer freien Rücklage getilgt wurde, ist auch der Vorschrift des Abs. 2 Genüge getan. Eine Unterpari-Emission liegt dann nicht mehr vor; ebenso Lutter, Kapital, Sicherung der Kapitalaufbringung und Kapitalerhaltung in den Aktien- und GmbH-Rechten der EWG, Karlsruhe 1964, S. 160/70; vgl. für das AktG 1937 Schlegelberger § 166 Anm. 9; s. auch Anm. 7.

Anm. 6

3. Ausgabe ohne die geschuldete Zuzahlung

Kann der Unterschied zwischen dem Ausgabebetrag der Schuldverschreibungen und dem höheren Nennbetrag der Bezugsaktien weder aus einer freien Rücklage i. S. von Anm. 4 Nr. 3 noch gemäß Anm. 5 Abs. 2 gedeckt werden, so *verbietet* Abs. 2 dem Vorstand die Ausgabe der Bezugsaktien; ebenso Lutter wie in Anm. 5; a. M. die Voraufl. und wohl auch Claussen AG 65, 195; vgl. auch Godin-Wilhelmi 7. Der Umtauschberechtigte muß in diesem Fall entweder warten, bis das Disagio voll gedeckt ist, oder es selbst durch eine freiwillige Zuzahlung decken. Letzteres wird er allerdings angesichts der ungünstigen wirtschaftlichen Lage der Gesellschaft wohl kaum tun.

Anm. 7

4. Fehlende Deckung

Gibt der Vorstand trotz des Verbots des Abs. 2 Bezugsaktien aus, so macht er sich nach § 93 gegenüber der Gesellschaft schadensersatzpflichtig. Leistet der Umtauschberechtigte die *festgesetzte Zuzahlung* nicht, so liegt ein Verstoß gegen § 93 Abs. 3 Nr. 9 vor. Fehlt es an der von der Gesellschaft aufzubringenden Deckung des Disagios (Anm. 4 Nr. 3, Anm. 6), so ergibt sich die Schadensersatzpflicht aus § 93 Abs. 2; s. im übr. die Erl. zu § 93.

§ 200 Wirksamwerden der bedingten Kapitalerhöhung

Mit der Ausgabe der Bezugsaktien ist das Grundkapital erhöht.

Übersicht

Die Vorschrift ist unverändert aus dem AktG 1937 (§ 167) übernommen.

Anm. 1

1. Rechtsbegründende Wirkung ger Ausgabe für Grundkapital und Anteilsrecht

Die ordentliche Kapitalerhöhung wird nach § 189 mit der Eintragung ihrer Durchführung in das Handelsregister wirksam; darauf folgt erst die Ausgabe der Aktien (§ 191). Bei der *bedingten* Kapitalerhöhung tritt die Wirksamkeit der Erhöhung *mit der Ausgabe der Bezugsaktien* ein, ohne daß vorher eine Eintragung der Durchführung der Kapitalerhöhung erfolgt. Denn da der Vorstand auf jede bei ihm eingehende Bezugserklärung und Vorleistung des Gegenwerts (§ 199 Abs. 1) unverzüglich die entsprechende Aktienausgabe vorzunehmen hat, so würde, wenn auch in diesen Fällen nach dem Grundsatz der ordentlichen Kapitalerhöhung zu verfahren wäre, jeder einzelne Eingang eine besondere Anmeldung der Durchführung erforderlich machen. Die Eintragung der Durchführung hat daher jährlich erst nachträglich auf die im Laufe des Vorjahres hin erfolgte Aktienausgabe zu geschehen (§ 201) und hat demgemäß nur rechtsbekundende (deklaratorische) Bedeutung; im Gegensatz zu der Eintragung der Durchführung bei der ordentlichen Kapitalerhöhung, bei der sie rechtsbegründend ist (§ 189). Während bei der ordentlichen Kapitalerhöhung das Anteilsrecht des Berechtigten schon mit deren Eintragung entsteht (§ 189), so geschieht dies bei der bedingten Kapitalerhöhung erst mit der jeweiligen Ausgabe der Bezugsaktie an den Berechtigten. Ohne den Besitz der Bezugsaktie kann dieser daher keine Rechte als Aktionär der Gesellschaft ausüben, z. B. das Recht auf Dividende oder auf Teilnahme und Abstimmung in der Hauptversammlung.

Anm. 2

2. Behandlung in den Büchern der Gesellschaft

Da mit der Ausgabe der Bezugsaktien das Grundkapital erhöht ist, so tritt die Erhöhung stufenweise mit jeder ausgegebenen Aktie ein und macht *in jedem Einzelfall* in den *Büchern* der Gesellschaft eine *Erhöhung* der Ziffer des *Grundkapitals* nötig, wogegen in dem Vermerk des bedingten Kapitals (§ 153 Abs. 3 Satz 2) die Ziffer entsprechend herabzusetzen ist. In den Fällen der Wandelschuldverschreibung, welche ein *Umtauschrecht* gegen Aktien gewährt, sind außerdem im Anleihekonto die erforderlichen Abbuchungen vorzunehmen, die sich daraus ergeben, daß an die Stelle des Gläubigerrechts das Mitgliedsrecht des Berechtigten getreten ist.

§ 201 Anmeldung der Ausgabe von Bezugsaktien

(1) Der Vorstand hat innerhalb eines Monats nach Ablauf des Geschäftsjahres zur Eintragung in das Handelsregister anzumelden, in welchem Umfang im abgelaufenen Geschäftsjahr Bezugsaktien ausgegeben worden sind.

(2) Der Anmeldung sind für das Gericht des Sitzes der Gesellschaft die Zweitschriften der Bezugserklärungen und ein vom Vorstand unterschriebenes Verzeichnis der Personen, die das Bezugsrecht ausgeübt haben, beizufügen. Das Verzeichnis hat die auf jeden Aktionär entfallenden Aktien und die auf sie gemachten Einlagen anzugeben.

(3) In der Anmeldung hat der Vorstand zu erklären, daß die Bezugsaktien nur in Erfüllung des im Beschluß über die bedingte Kapitalerhöhung festgesetzten Zwecks und nicht vor der vollen Leistung des Gegenwerts ausgegeben worden sind, der sich aus dem Beschluß ergibt.

(4) Die eingereichten Schriftstücke werden beim Gericht in Urschrift, Ausfertigung oder öffentlich beglaubigter Abschrift aufbewahrt.

Übersicht

Einleitung

Die Vorschrift stimmt weitgehend mit § 168 AktG 37 überein. In Abs. 1 ist das Wort „spätestens" als überflüssig gestrichen worden. In Abs. 2 sind die Worte „für das Gericht des Sitzes der Gesellschaft" eingefügt worden. Damit soll klargestellt werden, was bisher schon der herrschenden Meinung entsprach, daß die Schriftstücke nur in einem Stück für das Sitzgericht einzureichen, also weitere Stücke für die Gerichte der Zweigniederlassungen nicht notwendig sind (amtl. Begr. zu § 201 und § 188).

Anm. 1

1. Die Anmeldung (Abs. 1)

Da die Erhöhung des Grundkapitals der Gesellschaft bereits mit der Ausgabe der Bezugsaktien eingetreten ist, so hat die *Eintragung* in das Handelsregister, die auf Grund der Anmeldung der geschehenen Durchführung erfolgt, nur rechtsbekundende (deklaratorische) Bedeutung (vgl. § 200 Anm. 1).

Verpflichtet zur *Anmeldung* ist der *Vorstand*. Es müssen so viele Vorstandsmitglieder die Anmeldung vornehmen, wie zur Vertretung der Gesellschaft erforderlich ist (§ 181 Anm. 1). Abweichend von der Anmeldung des Beschlusses über die bedingte Kapitalerhöhung (§ 195) ist der Vorsitzende des Aufsichtsrats in diesem Fall nicht zur Mitwirkung verpflichtet. Die anmeldenden Vorstandsmitglieder haben die Anmeldung persönlich, nicht mit der Firma der Gesellschaft, zu unterzeichnen. Sie müssen die Anmeldung in öffentlich beglaubigter Form einreichen (§ 12 HGB). Eine Anmeldung durch Bevollmächtigte ist unzulässig, weil die Anmeldenden nach § 399 Abs. 1 Nr. 4 für die Richtigkeit und Vollständigkeit ihrer Erklärungen über die Ausgabe der Bezugsaktien persönlich strafrechtlich verantwortlich sind (vgl. § 36 Anm. 8).

Gegenstand der Anmeldung ist der Umfang der im abgelaufenen Geschäftsjahr ausgegebenen Bezugsaktien. Es sind demnach Zahl und Nennbetrag dieser Aktien anzugeben. Hinsichtlich der beizufügenden Unterlagen s. Anm. 2.

Die Anmeldung muß spätestens innerhalb eines Monats nach Ablauf des Geschäftsjahres erfolgen. Sie kann gemäß § 14 HGB durch Ordnungsstrafen erzwungen werden.

Anm. 2

2. Die Beilagen (Abs. 2)

Als *Unterlagen* sind der Anmeldung beizufügen:

a) Die *Doppelstücke der Bezugserklärungen* (§ 198 Abs. 1).

b) Ein vom Vorstand unterschriebenes *Verzeichnis* der Personen, die ihr Bezugs- oder Umtauschrecht ausgeübt haben, sowie der Zahl und des Nennbetrages der Bezugsaktien, die sie daraufhin erhalten haben. Insoweit es sich um das Bezugsrecht handelt, sind die auf sie gemachten Einlagen anzugeben, also sowohl die auf die Aktien geleisteten Barzahlungen, wie die Sacheinlagen. Beide Gegenwerte waren vor Ausgabe der Aktien vollständig zu leisten (§ 199 Abs. 1). Bei dem auf Grund von Wandelschuldverschreibungen zum Bezuge der Aktien ausgeübten Umtauschrecht sind Zahl und Nennbetrag der eingereichten Urkunden über die Wandelschuldverschreibung aufzuführen.

Anm. 3

3. Die Erklärung des Abs. 3

Entsprechend der Vorschrift des § 199 Abs. 1, wonach die Bezugsaktien nur in Erfüllung des im Beschluß über die bedingte Kapitalerhöhung festgesetzten Zwecks und nicht vor der vollen Leistung des sich aus dem Beschluß ergebenden Gegenwerts ausgegeben werden dürfen, haben die anmeldenden Vorstandsmitglieder *in der Anmeldung* die ausdrückliche *Erklärung abzugeben*, daß die Bezugsaktien nur zu diesem Zweck und erst nach erfolgter voller Leistung ihres Gegenwerts ausgegeben worden sind. Machen die Vorstandsmitglieder hierüber eine falsche Angabe oder verschweigen sie erhebliche auf die Ausgabe der Bezugsaktien bezügliche Umstände, so machen sie sich strafbar nach § 399 Abs. 1 Nr. 4. Wegen der Rechtswirkung und Folgen der Ausgabe der Bezugsaktien vor Erfüllung der Gegenleistung oder zu einem nicht im Hauptversammlungsbeschluß zugelassenen Zweck, vgl. § 199 Anm. 3.

Wie zu der Anmeldung selbst, kann das Gericht den Vorstand auch zur Ergänzung oder Berichtigung einer mangelhaften Anmeldung und zur Beifügung der vorgeschriebenen Unterlagen durch Ordnungsstrafen anhalten (§ 14 HGB).

Entspricht die Anmeldung nicht den Vorschriften des Gesetzes, insbesondere des Abs. 2 und 3, so hat der Registerrichter die Eintragung abzulehnen.

Ist die Anmeldung ordnungsmäßig geschehen, so hat die *Eintragung* in das Handelsregister unter Bezugnahme auf den satzungsändernden Beschluß über die bedingte Kapitalerhöhung dahin zu lauten, daß die Kapitalerhöhung in dem nachgewiesenen Umfang erfolgt ist (ebenso Godin-Wilhelmi 5, während nach Schlegelberger § 168 AktG 37 Anm. 6 und Baumbach-Hueck 2 der Betrag der im abgelaufenen Geschäftsjahr ausgegebenen Bezugsaktien einzutragen ist). Diese Eintragung ist gemäß § 10 HGB *bekanntzumachen.*

Anm. 4

4. Die Aufbewahrung der Beilagen (Abs. 4)

Die eingereichten Schriftstücke werden beim Gericht in Urschrift, Ausfertigung oder öffentlich beglaubigter Abschrift *aufbewahrt.*

Über das Recht, die *Einsicht* in die Schriftstücke und bei vorhandenem berechtigtem Interesse die Erteilung einer Abschrift derselben zu verlangen, s. § 9 HGB.

Anm. 5

5. Die Anmeldung der Satzungsänderung

Abs. 1 schreibt nur die Anmeldung des Umfangs der im abgelaufenen Geschäftsjahr ausgegebenen Bezugsaktien vor. Nicht vorgeschrieben ist, daß alljährlich die Satzung entsprechend der Zahl der im vorhergegangenen Jahr ausgegebenen Bezugsaktien zu ändern ist. Wer sich darüber unterrichten will, wie sich das Grundkapital durch Ausgabe von Bezugsaktien erhöht hat, kann dies durch Einsicht des Handelsregisters erreichen, aus dem er auch ersehen kann, daß eine bedingte Kapitalerhöhung eingetragen ist. Zulässig und oft zweckmäßig wird es sein, gleichzeitig mit der Anmeldung nach Abs. 1 auch die der Ausgabe der Bezugsaktien entsprechende Satzungsänderung anzumelden, jedenfalls wenn es sich um einen größeren Betrag handelt. Spätestens ist die Satzungsänderung anzumelden, wenn die Laufzeit der Wandelschuldverschreibung beendigt ist, vgl. F. Meyer, Wandelschuldverschreibungen, BB 1955, 549; vgl. auch § 181 Abs. 1 Satz 2.

Dritter Unterabschnitt

Genehmigtes Kapital

§ 202 Voraussetzungen

(1) Die Satzung kann den Vorstand für höchstens fünf Jahre nach Eintragung der Gesellschaft ermächtigen, das Grundkapital bis zu einem bestimmten Nennbetrag (genehmigtes Kapital) durch Ausgabe neuer Aktien gegen Einlagen zu erhöhen.

(2) Die Ermächtigung kann auch durch Satzungsänderung für höchstens fünf Jahre nach Eintragung der Satzungsänderung erteilt werden. Der Beschluß der Hauptversammlung bedarf einer Mehrheit, die mindestens drei Viertel des bei der Beschlußfassung vertretenen Grundkapitals umfaßt. Die Satzung kann eine größere Kapitalmehrheit und weitere Erfordernisse bestimmen. § 182 Abs. 2 gilt.

(3) Der Nennbetrag des genehmigten Kapitals darf die Hälfte des Grundkapitals, das zur Zeit der Ermächtigung vorhanden ist, nicht übersteigen. Die neuen Aktien sollen nur mit Zustimmung des Aufsichtsrats ausgegeben werden.

(4) Die Satzung kann auch vorsehen, daß die neuen Aktien an Arbeitnehmer der Gesellschaft ausgegeben werden.

Übersicht

Einleitung

Die Vorschrift übernimmt den § 169 mit einigen sprachlichen Verbesserungen. Neu eingefügt ist der Abs. 4, wonach das genehmigte Kapital auch zur Ausgabe von Arbeitnehmeraktien benutzt werden kann, s. Anm. 16. Er gehört zu den neuen Vorschriften, die die Ausgabe von Aktien an Arbeitnehmer erleichtern sollen, s. § 192 Anm. 6.

I. Entstehungsgeschichte

Anm. 1

1. Das englische Vorbild

Das *autorisierte Kapital* (authorised capital) ist eine Einrichtung des englischen Rechts (ähnlich das amerikanische Recht). Dieses kennt kein Grundkapital im deutschen Sinne, das vor der Eintragung der Gesellschaft vollständig übernommen oder gezeichnet sein muß. Dort genügt es, daß sieben Gründer, die die Satzung — das memorandum of association — und etwaige ergänzende articles of association feststellen, je eine Aktie übernehmen und nach der Eintragung das noch benötigte Kapital im Wege der Werbung auf Grund eines Prospekts zusammenbringen. Das von den Gründern selbst übernommene und von anderen bereits gezeichnete Kapital ist das subscribed capital, hingegen ist das authorised capital der im Memorandum festgelegte Gesamtbetrag, bis zu welchem die Gesellschaft Aktien ausgeben darf, aber keineswegs immer ausgibt (vgl. Bender, Deutsches und englisches Aktienrecht 1937 S. 35, 50).

An diese ausländische Einrichtung knüpfte das AktG 1937 an, indem es unter der Bezeichnung „*genehmigtes Kapital*" den Aktiengesellschaften eine für Deutschland neue, sehr bedeutungsvolle Kapitalbeschaffungsmaßnahme zur Verfügung stellte. Das Gesetz hat das ausländische Vorbild nicht unverändert übernommen. Das genehmigte Kapital ist hier nur ein *Mittel zur Erhöhung des Grundkapitals*, für das in § 7 ein Mindestbetrag vorgeschrieben ist und das in voller Höhe übernommen sein muß, damit überhaupt die AG entstehen kann. Das Gesetz hat die Form gewählt, daß die ursprüngliche oder abgeänderte Satzung den Vorstand ermächtigt, innerhalb gegebener Grenzen darüber zu entscheiden, ob und wann das Grundkapital durch Ausgabe neuer Aktien erhöht werden soll. Das geht über die Befugnisse, die nach dem Aktienrecht des HGB dem Vorstand beigelegt werden konnten, weit hinaus. Nach diesem Recht konnte nur die Generalversammlung eine Kapitalerhöhung beschließen und dabei allenfalls dem Vorstand die Ausführung des Beschlusses überlassen, indem sie ihm eine feste Anweisung mit zeitlicher Grenze gab (KGJ 14 A 26). Jetzt hat auf Grund der allgemein erteilten Ermächtigung der *Vorstand* selbst über die Kapitalerhöhung zu *entscheiden*, wobei ihm auch in Einzelheiten freie Hand gelassen werden kann (§ 204). Die Neuschöpfung ist daher geeignet, eine günstige Lage des *Kapitalmarktes* auszunützen; sie ist es um so mehr, je weniger Fesseln dem Vorstand bei Erteilung der Ermächtigung auferlegt werden. Die Erhöhung des Grundkapitals, also eine die Grundlagen der AG berührende Maßnahme, wird durch die Erteilung der Ermächtigung zu einer Angelegenheit der *Geschäftsführung* gemacht, wodurch deren Bedeutung erheblich verstärkt und die Verantwortlichkeit des Vorstands erweitert wird. Denn auch bei der Ausübung der erteilten Ermächtigung hat der Vorstand die Sorgfalt eines ordentlichen und gewissenhaften Geschäftsleiters anzuwenden und macht sich, wenn daraus der AG ein Schaden entsteht, ersatzpflichtig, sofern er nicht nachweist, daß er die erforderliche Sorgfalt angewandt hat (§ 93 Abs. 1 und 2). Gemildert ist seine Verantwortlichkeit dadurch, daß er die Zustimmung des Aufsichtsrats einholen soll (§ 202 Abs. 3 Satz 2, § 204 Abs. 1 Satz 2, § 205 Abs. 2 Satz 2). Indessen ist er durch diese Zustimmung nicht ohne weiteres gedeckt (§ 93 Abs. 4 Satz 2); unter Umständen macht sich mit ihm der Aufsichtsrat schadensersatzpflichtig (§ 116).

2. Die Vorratsaktie

Durch die Zulassung des genehmigten Kapitals wurde, wie die amtliche Begründung zu § 169 AktG 1937 hervorhebt, die namentlich in der Zeit des Währungsverfalls in reichlichen Gebrauch gekommene *Vorratsaktie* entbehrlich. Die mit dieser verbundenen Gefahren und die ablehnende Haltung, die das AktG ihr gegenüber einnimmt, wenn es sie auch nicht schlechtweg verbietet, sind in Anm. 1 zu § 56 erörtert; vgl. auch Schilling, Macht und Verantwortung in der Aktiengesellschaft, Festschrift für Geßler 1971 S. 159). Allerdings reicht die Beweglichkeit des Verfahrens auf Grund genehmigten Kapitals nicht ganz an die des Verfahrens bei Vorhandensein von Vorratsaktien heran. Denn Vorratsaktien ließen sich unmittelbar verwerten, während auf Grund genehmigten Kapitals erst neue Aktien geschaffen werden müssen, wozu es ihrer Zeichnung bedarf und die Durchführung der Erhöhung des Grundkapitals angemeldet und eingetragen werden muß (§ 203). In den Fällen, in denen — etwa bei Verschmelzungen — ein einzelner Vertragsgegner die neuen Aktien übernimmt oder der Vorstand eine Bank findet, welche die Aktien zeichnet, um sie den Aktionären anzubieten oder auf dem freien Markt zu verwerten, wird die Umständlichkeit des Verfahrens nach § 203 überhaupt nicht ins Gewicht fallen. Nicht ganz so sicher erscheint das in den Fällen, in denen eine sofortige Verwertung von Aktien durch Verkauf an der Börse notwendig ist. Aber auch in diesen Fällen wurde der Vorstand immerhin wesentlich günstiger gestellt als nach dem Recht des HGB, indem er auf Grund der Ermächtigung die Kapitalerhöhung vornehmen kann, ohne erst einen Beschluß der Hauptversammlung abwarten zu müssen.

II. Die Ermächtigung als Bestandteil der Satzung

Anm. 2

Der Vorschrift des § 23 Abs. 3 Nr. 3, daß die Höhe des Grundkapitals in der Satzung festgelegt sein muß, entspricht es, daß auch die dem Vorstand erteilte Ermächtigung, das

Grundkapital durch Ausgabe neuer Aktien zu erhöhen, einen *Bestandteil der Satzung* bildet. Ist sie in der ursprünglichen Satzung noch nicht enthalten, so kann sie ihr nur durch Satzungsänderung eingefügt werden. *Das genehmigte Kapital ist aber noch kein Grundkapital.* Wo das Gesetz von einer Quote des Grundkapitals spricht (z. B. in den §§ 52 Abs. 1, 71 Abs. 1, 93 Abs. 4, 122 Abs. 1, 142 Abs. 2), ist unter dem Grundkapital immer nur das bereits übernommene zu verstehen, nicht auch das nur genehmigte, aber noch nicht durch Ausübung der Ermächtigung erhöhte Kapital. So wird gerade auch in § 202 Abs. 3 das „genehmigte" Kapital dem „vorhandenen" Grundkapital gegenübergestellt: der Nennbetrag des genehmigten Kapitals darf nicht höher sein als die Hälfte des zur Zeit der Ermächtigung vorhandenen Grundkapitals. Das genehmigte Kapital bedeutet nur eine Grenze, bis zu welcher der Vorstand ermächtigt ist, das Grundkapital zu erhöhen. Erst wenn davon Gebrauch gemacht und die Durchführung der Kapitalerhöhung eingetragen ist, hat sich die Grundkapitalziffer erhöht. Die Satzung ist dann in diesem Punkte unrichtig geworden und bedarf der berichtigenden Änderung, die aber nur die Fassung betrifft und daher nach § 179 Abs. 1 Satz 2 von der Hauptversammlung dem Aufsichtsrat übertragen werden kann. Erst mit Eintragung der Durchführung der Kapitalerhöhung hat sich auch für die Bilanz die Grundkapitalziffer geändert (§ 152 Abs. 3); das genehmigte, aber noch nicht erhöhte Kapital ist lediglich im Geschäftsbericht anzugeben (§ 128 Abs. 3 Nr. 5).

Anm. 3

1. In der ursprünglichen Satzung (Abs. 1)

Die Ermächtigung kann schon in der *ursprünglichen Satzung* enthalten sein. Sie ist dann von den Gründern, die die Satzung festgestellt haben (§ 28), mit festgestellt. Dazu bedarf es, wie zur Feststellung der Satzung überhaupt, notarieller Beurkundung (§ 23). Da der Anmeldung der Gesellschaft die Satzung beizufügen ist (§ 37 Abs. 2 Nr. 1) und aus dieser sich die Ermächtigung ergibt, so ist es nicht erforderlich, die Ermächtigung besonders anzumelden. Die Satzungsbestimmung über genehmigtes Kapital wird aber besonders eingetragen (§ 39 Abs. 2) und zwar in der Spalte „Rechtsverhältnisse" (§ 39 Anm. 3 Nr. 9), etwa in folgender Form (vgl. das amtliche Muster DJ 1937 S. 1265): „Nach § x der Satzung ist der Vorstand ermächtigt, bis zum . . . . . das Grundkapital um einen Betrag von höchstens . . . . DM durch Ausgabe neuer Aktien gegen Einlagen zu erhöhen." Dieser Teil der Eintragung wird mit deren übrigem Inhalt bekanntgemacht (§ 40 Abs. 1).

Anm. 4

2. Als Satzungsänderung (Abs. 2)

a) Ankündigung

Ist die Ermächtigung nicht schon in der ursprünglichen Satzung enthalten, so kann sie ihr jederzeit durch *Satzungsänderung* eingefügt werden. Hierfür gelten die allgemeinen Erfordernisse wie bei jeder Satzungsänderung, jedoch mit der Möglichkeit einer Erschwerung der Abstimmungserfordernisse durch die Satzung (Anm. 5). Wie bei jeder Satzungsänderung ist *ein Beschluß der Hauptversammlung erforderlich* (§ 179 Abs. 1 Satz 1). Der Beschluß kann nur gefaßt werden, wenn die beabsichtigte Satzungsänderung in ihrem Wortlaut ausdrücklich und fristgemäß angekündigt worden ist (§ 124 Abs. 2 Satz 2).

Anm. 5

b) Erschwerung der Abstimmungserfordernisse durch die Satzung

Die gesetzlichen *Abstimmungserfordernisse* sind die gleichen wie bei Satzungsänderungen im allgemeinen (§ 179 Abs. 2) und der gewöhnlichen Kapitalerhöhung im besonderen (§ 182). Das Gesetz verlangt hier die gleiche Mehrheit wie bei der bedingten Kapitalerhöhung (§ 193), sicherlich mit gutem Grunde, weil die Hauptversammlung eine ihr sonst zustehende, sehr wichtige Entscheidung in die Hände des Vorstands legt. Verlangt wird außer der Stimmenmehrheit (§ 133) eine Kapitalmehrheit, die mindestens drei Viertel des bei der Beschlußfassung vertretenen Grundkapitals umfaßt. Soweit ist das Abstimmungserfordernis das gleiche wie nach den §§ 179 und 182. Aber anders wie dort kann die *Satzung* diese Kapitalmehrheit nicht durch eine „andere", also auch kleinere Kapitalmehrheit ersetzen, sondern wie im Fall des § 193 nur durch eine *größere* Kapitalmehrheit. Daß die Satzung noch weitere Erfordernisse auftsellen kann — z. B. die Abhaltung mehrerer Hauptversammlungen —, ist eine in allen genannten Vorschriften wiederkehrende Bestimmung (vgl. dazu § 179 Anm. 6).

Anm. 6

c) Mehrere Aktiengattungen

Sind *mehrere Gattungen von Aktien* vorhanden — vgl. die Erläuterungen zu § 11 —, so gilt § 182 Abs. 2. Das bedeutet: der Beschluß der Hauptversammlung bedarf zu seiner Wirksamkeit eines in gesonderter Abstimmung gefaßten Beschlusses der Aktionäre jeder Gattung, und *für jeden dieser Sonderbeschlüsse gilt das gleiche Abstimmungserfordernis wie für den Beschluß der Hauptversammlung*. Auch für den Sonderbeschluß bedarf es daher außer der Stimmenmehrheit einer Mehrheit von mindestens drei Vierteln des bei jeder Beschlußfassung vertretenen Grundkapitals; die Satzung kann diese Mehrheit durch eine größere Kapitalmehrheit ersetzen, aber nicht durch eine kleinere; sie kann noch weitere Erfordernisse aufstellen. Nach der neuen Vorschrift des § 138 ist der Sonderbeschluß entweder in einer gesonderten Versammlung oder während einer Hauptversammlung in einer gesonderten Abstimmung zu fassen, im übrigen s. die Erl. zu § 138 (vgl. § 204 Anm. 5).

Anm. 7

d) Anmeldung und Eintragung

Wie jede Satzungsänderung hat der Vorstand auch die durch Satzungsänderung erteilte Ermächtigung zur *Eintragung in das Handelsregister* anzumelden (§ 181 Abs. 1 Satz 1). Bedarf sie *staatlicher Genehmigung* — z. B. nach § 12 Abs. 2 —, so ist der Anmeldung die Genehmigungsurkunde beizufügen (§ 181 Abs. 1 Satz 2). Die Änderung wird in der Spalte „Rechtsverhältnisse" eingetragen (Anm. 3) und ihrem Inhalt nach bekanntgemacht (§ 39 Abs. 2, § 40 Abs. 1, § 181 Abs. 2 Satz 2). Sie lautet nach dem amtlichen Muster (DJ 1937 S. 1265): „Durch Beschluß der Hauptversammlung vom . . . ist der Vorstand ermächtigt worden, bis zum . . . das Grundkapital um einen Betrag von höchstens . . . . . DM durch Ausgabe neuer Aktien gegen Einlagen zu erhöhen. Die Satzung ist entsprechend geändert im § x". Bevor die Änderung im Handelsregister eingetragen ist, hat sie keine Wirkung (§ 181 Abs. 3). Über die Anmeldung und Eintragung der Durchführung der Kapitalerhöhung s. § 203 Anm. 5.

Anm. 8

e) Nichtigkeit und Anfechtbarkeit

Für die *Nichtigkeit und Anfechtbarkeit* des Hauptversammlungsbeschlusses (Anm. 4, 5) und der etwaigen Sonderbeschlüsse (Anm. 6) sowie für die *Heilung* der Nichtigkeit gelten die Vorschriften der §§ 241 ff. Ist z. B. ein Beschluß zwar gefaßt worden, aber nicht mit der erforderlichen Mehrheit, so ist er anfechtbar. Fehlt es an einem nach Anm. 6 erforderlichen Sonderbeschluß oder ist der gefaßte Sonderbeschluß nichtig oder auf Anfechtungsklage für nichtig erklärt worden, so ist der Hauptversammlungsbeschluß bis zum Zustandekommen eines gültigen Sonderbeschlusses schwebend unwirksam. Ist der Hauptversammlungsbeschluß aber eingetragen worden, so ist in sinngemäßer Anwendung des § 196 Abs. 2 anzunehmen, daß die Unwirksamkeit nicht mehr geltend gemacht werden kann, wenn seit der Eintragung drei Jahre verstrichen sind (s. die Erl. zu § 242). Unberührt bleibt die Möglichkeit einer Löschung durch den Registerrichter nach § 144 Abs. 2 FGG (§ 242 Abs. 2 Satz 3); doch wird dazu nur selten ein Anlaß vorliegen.

III. Die gesetzlichen Beschränkungen

Anm. 9

1. Die Fünfjahresfrist (Abs. 1 und 2) Beginn — Verlängerung

Das Gesetz beschränkt die Ermächtigung in mehrfacher Hinsicht. Die erste Beschränkung ist *zeitlicher Art*: die Ermächtigung kann nur für höchstens *fünf Jahre* erteilt werden (Abs. 1 und 2). Der Beschluß muß die Frist ausdrücklich festsetzen. Eine Verweisung auf § 202 genügt nicht (OLG Celle NJW 62, 2160). Das Gesetz geht davon aus, daß die Ermächtigung nicht bis in eine Zeit erteilt werden soll, in der sich die Verhältnisse grundlegend geändert haben können und kein Bedürfnis mehr besteht, eine Ermächtigung zu erteilen oder überhaupt eine Kapitalerhöhung vorzunehmen. Die Frist stimmt überein mit der Höchstdauer von 5 Jahren für das Amt des Vorstandes (§ 84). Die Ermächtigung wird aber dem Vorstand, nicht der Person erteilt. Sie gilt weiter, auch wenn der Vorstand wechselt. Wird die Ermächtigung für eine längere Zeit erteilt, so hat der Registerrichter die Eintragung der Gesellschaft oder eine Satzungsänderung abzulehnen. Trägt er dennoch ein, gilt das in Anm. 8 Gesagte, mit derMaßgabe, daß es bei der fünfjährigen Frist bewendet.

Die *fünfjährige Frist beginnt,* wenn die Ermächtigung schon in der ursprünglichen Satzung vorgesehen ist, mit der Eintragung der Gesellschaft; wenn sie erst durch Satzungsänderung erteilt wird, mit deren Eintragung. In beiden Fällen wird nach § 187 Abs. 1 BGB der Tag der Eintragung nicht mitgerechnet. Bis zum Ablauf der Frist muß die Durchführung der Kapitalerhöhung eingetragen sein, denn erst mit dieser wird die Kapitalerhöhung wirksam, §§ 189, 203 Abs. 1. Die Aktienurkunden können dagegen noch nach Ablauf der Frist ausgegeben werden. Die Aushändigung von Aktienurkunden ist für die Entstehung des Anteilsrechts nicht wesentlich, § 10 Anm. 2.

Die Frist kann nur in der Weise *verlängert* werden, daß die Ermächtigung (ähnlich wie die Vorstandsbestellung, § 84 Anm. 10) auf 5 Jahre zu einem späteren Zeitpunkt *wiederholt* wird. Das bedarf eines *neuen* satzungsändernden *Beschlusses*, der allen Erfordernissen des Abs. 2 unterliegt.

Anm. 10

2. Bis zur Hälfte des Grundkapitals (Abs. 3, S. 1)

Die *zweite Beschränkung betrifft den Umfang* der Ermächtigung: nach Abs. 3 darf der Nennbetrag des genehmigten Kapitals nicht höher sein als die *Hälfte* des zur Zeit der Ermächtigung vorhandenen *Grundkapitals.* Der Vorstand soll die Kapitalgrundlage der AG nicht allzu stark verändern können. Das Verhältnis ist hier das gleiche wie bei der bedingten Kapitalerhöhung (§ 192 Abs. 3). Entscheidend ist das bei Erteilung der Ermächtigung „vorhandene" Grundkapital, also die Grundkapitalziffer, die in einer Bilanz erscheinen müßte, wenn solche zur Zeit der Ermächtigung aufzustellen wäre. Maßgeblicher *Zeitpunkt* ist der Tag, an dem die Gesellschaft, bei späterer Erteilung der Ermächtigung die Satzungsänderung eingetragen wird. Wie die Höhe des vorhandenen Grundkapitals entstanden ist, bleibt sich gleich; es kann das ursprüngliche Grundkapital sein, aber auch das bereits erhöhte und zwar gleichviel, ob eine ordentliche oder eine bedingte Kapitalerhöhung vorangegangen war oder schon ein anderes genehmigtes Kapital. Es zählen aber nur durchgeführte Kapitalerhöhungen (§§ 189, 200, 203). Da die Zeit der Ermächtigung entscheidet, so ist es für die Zulässigkeit ihres Umfangs gleichgültig, wenn das Grundkapital später herabgesetzt wird. Geht die Ermächtigung auf Ausgabe von Vorzugsaktien ohne Stimmrecht, so dürfen diese nur bis zu einem Gesamtnennbetrag in Höhe des Gesamtnennbetrages der anderen Aktien ausgegeben werden (§ 139 Abs. 2).

Es können auch *mehrere Ermächtigungen* beschlossen werden, wenn sie nur in ihrer Gesamtsumme nicht mehr als die Hälfte des bei der letzten Ermächtigung vorhandenen Grundkapitals ausmachen (a. A. Schlegelberger § 169 AktG 37 Anm. 11, wo ohne Begründung das gleichzeitige Bestehen mehrerer Ermächtigungen nebeneinander als unzulässig angesehen wird).

Anm. 11

3. Fehlen der Beschränkungen im Beschluß

Enthält der Hauptversammlungsbeschluß keine Frist, so gilt nicht die gesetzliche Höchstfrist von 5 Jahren. Der Beschluß ist vielmehr *unwirksam* (OLG Celle NJW 62, 2160). Seine Eintragung muß der Registerrichter ablehnen (LG Mannheim BB 57, 689). Das gleiche gilt hinsichtlich des Höchstbetrages. Die Ermächtigung muß den Nennbetrag bestimmen, bis zu dem der Vorstand Aktien ausgeben darf (Abs. 1). Ebenso ist die Eintragung abzulehnen, wenn im Beschluß die gesetzliche Höchstfrist oder der Höchstbetrag überschritten werden. Wenn der Beschluß trotzddm eingetragen ist, so gilt das in Anm. 8 Gesagte, mit der Maßgabe, daß die gesetzlichen Schranken (Anm. 9, 10) gelten.

IV. Weitere Bestimmungen im Hauptversammlungsbeschluß

Anm. 12

Die Ermächtigung umfaßt nicht ohne weiteres die Befugnis, bei Vorhandensein von *Vorzugsaktien ohne Stimmrecht* Aktien mit vorgehenden oder gleichstehenden Rechten auszugeben, und ebensowenig die Befugnis, Aktien gegen *Sacheinlagen* auszugeben; die Ermächtigung kann aber beides vorsehen (§ 204 Abs. 2, § 205 Abs. 1). Andererseits kann die Ermächtigung auch in einem beschränkteren als dem normalen Umfang erteilt werden. So kann die Frist auf weniger als fünf Jahre bemessen, der Umfang auf weniger als die Hälfte des vorhandenen Grundkapitals bestimmt, die Ermächtigung auf einen angegebenen Zweck beschränkt werden (Godin-Wilhelmi 2). Ferner kann die Ermächtigung schon Bestimmungen enthalten, die das Gesetz sonst der Entscheidung des Vorstands überläßt, so über den Inhalt der Aktienrechte und über die sonstigen Bedingungen der Aktienausgabe (§ 204 Abs. 1 Satz 1) sowie bei Ausgabe gegen Sacheinlagen die Festsetzungen des Gegenstandes der Sacheinlage, der Person, von der die Gesellschaft den Gegenstand erwirbt, und des Nennbetrages der bei der Sacheinlage zu gewährenden Aktien (§ 205 Abs. 2 Satz 1). Zweckmäßig sind solche Beschränkungen nicht immer, weil sie die Bewegungsfreiheit des Vorstands einengen und damit die Möglichkeit der schnellen Ausnützung einer günstigen Marktlage vermindern.

Ob der Vorstand die *von der Hauptversammlung beschlossenen Beschränkungen* der Ermächtigung eingehalten hat, muß der *Registerrichter*, wenn die Durchführung der Kapitalerhöhung angemeldet wird, ebenso *prüfen* wie die Beobachtung der gesetzlichen Grenzen.

V. Die Überschreitung der Beschränkungen durch den Vorstand und ihre Folgen

Anm. 13

Wenn der *Vorstand* (mit oder ohne Zustimmung des Aufsichtsrats), die ihm vom Gesetz (Anm. 9—11) oder von der Hauptversammlung (Anm. 12) gesetzten *Schranken überschreitet*, also etwa nach Ablauf der Ermächtigungsfrist oder über die Höhe des Ermächtigungsbetrages hinaus die Kapitalerhöhung (bis zur Ausgabe der Aktien, § 203), durchführt und die Durchführung zur Eintragung anmeldet, muß der *Registerrichter* die Eintragung *ablehnen*. Wie ist aber die Rechtslage, wenn er dennoch einträgt und der Vorstand daraufhin die Aktien *ausgibt*? Das Gesetz regelt die Frage nicht. Baumbach-Hueck 8 und Würdinger S. 183 nehmen im Anschluß an die reichsgerichtliche Rechtsprechung zur Ausgabe von Aktien auf Grund eines nichtigen Kapitalerhöhungsbeschlusses (s. § 191 Anm. 5) *Nichtigkeit* der ausgegebenen *Aktien*, entsprechende Anwendung des § 277 Abs. 3 (Einlagepflicht, soweit zur Erfüllung der Gesellschaftsverbindlichkeiten erforderlich) und der §§ 8 Abs. 1 S. 3, 41 Abs. 4 S. 3, 191 S. 2 (Schadensersatzpflicht der Ausgeber) an. Anders Schlegelberger zum AktG 37, der hier (§ 169 Anm. 11, 15) wie dort (§§ 158 Anm. 5, 149 Anm. 10) aus Gründen des Aktionär- und Gläubigerschutzes und der Rechtssicherheit für Gültigkeit der ausgegebenen Aktien eintritt.

Die von Baumbach-Hueck und Würdinger gezogene Parallele zum nichtigen Kapitalerhöhungsbeschluß ist verfehlt. Diese Parallele erscheint zwar insoweit geboten, als man die genehmigte Kapitalerhöhung durch den Vorstand mit einem Hauptversammlungsbeschluß in bezug auf Nichtigkeit oder Anfechtbarkeit vergleichen kann. Einem der in § 241 erschöpfend aufgezählten *Nichtigkeitsgründe* kann aber die *Überschreitung* der Ermächtigung durch den Vorstand *nicht gleichgesetzt* werden. Als Verletzung von Gesetz oder Satzung kommt sie nur einem Anfechtungsgrunde gleich. Wie bei diesem dem Ablauf der Anfechtungsfrist wird man der *Eintragung* der Durchführung der Kapitalerhöhung (§ 203 Anm. 5) *heilende Wirkung* zuerkennen müssen, mit der Folge, daß die *nach der Eintragung* ausgegebenen Aktien *gültig* sind; ebenso Godin-Wilhelmi 3. (Wegen der vorher ausgegebenen s. § 203 Anm. 8). Eine Schadensersatzpflicht der Verwaltung gegenüber den Aktionären kann in einem der in § 93 Anm. 65ff. behandelten Fälle in Frage kommen. Gegenüber der Gesellschaft machen sich Vorstand und Aufsichtsrat insbesondere ersatzpflichtig, wenn der Gesellschaft durch Abweichung von den in der Ermächtigung festgesetzten Bedingungen (oben Anm. 12, § 204) ein Schaden entsteht. Über die Rechtsfolgen der Ausgabe von Aktien gegen Sacheinlagen ohne Ermächtigung oder abweichend von ihr s. § 205 Anm. 2.

VI. Die Zustimmung des Aufsichtsrats zur Ausgabe

Anm. 14

Die neuen Aktien sollen nur mit Zustimmung des Aufsichtsrats ausgegeben werden. Die Vorschrift entspricht der Wichtigkeit, die die Neuausgabe für die Gesellschaft hat. Da es sich um eine *Sollvorschrift* handelt (ebenso bei § 205 Abs. 2 Satz 2), hängt die Gültigkeit der Maßnahmen des Vorstands nicht davon ab, ob er die Zustimmung des Aufsichtsrats einholt, *anders* bei § 204 Abs. 1 Satz 2, s. dort Anm. 3 und 4. Es liegt aber in seinem Interesse, dies zu tun, da die Zustimmung des Aufsichtsrats seine Verantwortlichkeit mindert, wenn auch nicht aufhebt (Anm. 1); denn die Zustimmung des Aufsichtsrats ist immerhin geeignet, dem Vorstand den Beweis zu erleichtern, daß er die Sorgfalt eines ordentlichen Geschäftsleiters angewandt habe (§ 93 Abs. 2 Satz 2). Andererseits belastet er sich unnötig, wenn er es verabsäumt, die Zustimmung des Aufsichtsrats einzuholen, wo es vorgeschrieben ist. Vorgeschrieben ist die Einholung aber nur für die *Ausgabe* der Aktien, also für die Entschließung des Vorstands, nicht für den Ermächtigungsbeschluß. Es ist Godin-Wilhelmi 10 recht zu geben, daß die Vorschrift besser in § 203, der von der Ausgabe handelt, passen würde.

Dem Registerrichter braucht der Nachweis der erteilten Zustimmung des Aufsichtsrats nicht besonders geführt zu werden, wenn die Durchführung der Kapitalerhöhung angemeldet wird. Denn diese Anmeldung ist nicht vom Vorstand allein zu bewirken, sondern zusammen mit dem Vorsitzenden des Aufsichtsrats (§ 188 Abs. 1, § 203 Abs. 1). Das kann und muß dem Registerrichter genügen (ebenso Schlegelberger AktG 37 §169 Anm. 13, Godin-Wilhelmi 10, Baumbach-Hueck 6).

Anm. 15

Die Meinung von Schlegelberger AktG 37 §169 Anm. 13, daß der Aufsichtsrat, anstatt jeder einzelnen vom Vorstand zu treffenden Entscheidung zuzustimmen, seine Zustimmung auch in einem allgemeinen Rahmen erteilen könne, ist bedenklich. Angesichts der Bedeutung der Ausgabe für die Gesellschaft und ihre Aktionäre und der jeweiligen Anführung des Aufsichtsrats in den einzelnen Bestimmungen, wird man vielmehr annehmen müssen, daß nach dem Willen des Gesetzes der Aufsichtsrat zu *jeder einzelnen* in § 202 Abs. 3 S. 2, § 204 Abs. 1 und § 205 Abs. 2 aufgeführten *Maßnahme* seine *Zustimmung* geben soll oder muß, insbesondere auch zum Betrag und zum Zeitpunkt, in dem der Vorstand von seiner Ermächtigung Gebrauch macht.

VII. Arbeitnehmeraktien

Anm. 16

Die Satzung kann auch vorsehen, daß die neuen Aktien an Arbeitnehmer der Gesellschaft ausgegeben werden, Abs. 4. Auch diese Ermächtigung kann in der ursprünglichen Satzung enthalten sein (Anm. 3) oder später durch Satzungsänderung eingefügt werden (Anm. 4). Der Abs. ist ebenso wie der Abs. 3 des § 204 auf Vorschlag des Rechtsausschusses und des Wirtschaftsausschusses in den RegEntw. eingefügt worden. Dieser hatte in seinen §§ 200 Abs. 2 und 209 eine Ermächtigung des Vorstands durch die Hauptversammlung vorgesehen, neue aus einer Kapitalerhöhung aus Gesellschaftsmitteln stammende Aktien an die Arbeitnehmer der Gesellschaft auszugeben. Dagegen wurden verfassungs- und aktienrechtliche Bedenken geltend gemacht (vgl. im einzelnen die RegBegr. zu § 200 RegE und den Ausschußbericht zu § 204 Abs. 3).

Die Regelung der §§ 202 Abs. 4 und 204 Abs. 3 unterscheidet sich von der des RegEntw. in zwei Punkten: Zur *Einlagedeckung* für die Arbeitnehmeraktien kann jetzt nur der *Jahresüberschuß* (im Rahmen des § 58 Abs. 2) herangezogen werden, nicht die freie Rücklage wie bei der Kapitalerhöhung aus Gesellschaftsmitteln, § 207, zum anderen *beschließt* die Hauptversammlung *nicht* die Ausgabe, sondern ermächtigt den Vorstand hierzu; die letzte Entscheidung liegt also bei diesem. Das ist richtig, weil der Vorstand im Rahmen der eigenverantwortlichen Leitung der Gesellschaft auch die Interessen der Arbeitnehmer wahrzunehmen hat (§ 76 Anm. 12). Im einzelnen s. § 204 Anm. 7.

Die unentgeltliche Ausgabe von Arbeitnehmeraktien mit Einlagendeckung aus dem Jahresüberschuß gemäß § 204 Abs. 3 ist *nicht die einzige Möglichkeit*, solche Aktien aus genehmigtem Kapital zu schaffen. § 202 Abs. 4 umfaßt auch den Fall der Ausgabe von Arbeitnehmeraktien gegen Einlagen.

§ 203 Ausgabe der neuen Aktien

(1) Für die Ausgabe der neuen Aktien gelten sinngemäß, soweit sich aus den folgenden Vorschriften nichts anderes ergibt, §§ 185 bis 191 über die Kapitalerhöhung gegen Einlagen. An die Stelle des Beschlusses über die Erhöhung des Grundkapitals tritt die Ermächtigung der Satzung zur Ausgabe neuer Aktien.

(2) Die Ermächtigung kann vorsehen, daß der Vorstand über den Ausschluß des Bezugsrechts entscheidet. Wird eine Ermächtigung, die dies vorsieht, durch Satzungsänderung erteilt, so gilt § 186 Abs. 4 sinngemäß.

(3) Die neuen Aktien sollen nicht ausgegeben werden, solange ausstehende Einlagen auf das bisherige Grundkapital noch erlangt werden können. Für Versicherungsgesellschaften kann die Satzung etwas anderes bestimmen. Stehen Einlagen in verhältnismäßig unerheblichem Umfang aus, so hindert dies die Ausgabe der neuen Aktien nicht. In der ersten Anmeldung der Durchführung der Erhöhung des Grundkapitals ist anzugeben, welche Einlagen auf das bisherige Grundkapital noch nicht geleistet sind und warum sie nicht erlangt werden können.

(4) Absatz 3 Satz 1 und 4 gilt nicht, wenn die Aktien an Arbeitnehmer der Gesellschaft ausgegeben werden.

Übersicht:

Einleitung

§ 203 (mit § 204) enthält gegenüber § 170 AktG 1937 eine wesentliche *Änderung:* Soll dem Vorstand der *Ausschluß des Bezugsrechts* der Aktionäre gestattet werden, so muß die Hauptversammlung ihn dazu ausdrücklich ermächtigen, Abs. 2, s. dazu Anm. 3. Im Zusammenhang damit sind jetzt auch die Abs. 3—5 des § 186 anzuwenden, während nach § 170 AktG 1937 die Anwendung der entsprechenden Abs. 3 und 4 des § 153 ausgeschlossen war. Neu ist auch Abs. 4, der zu den Bestimmungen gehört, die die Ausgabe von Arbeitnehmeraktien erleichtert, s. Anm. 11 und § 192 Anm. 6.

I. Die sinngemäße Geltung der §§ 185 ff. (Abs. 1 und 2)

Anm. 1

1. Vergleich zwischen genehmigtem und bedingtem Kapital

Die *Ausgabe der neuen Aktien* auf Grund der Ermächtigung vollzieht sich im wesentlichen in gleicher Weise wie die Ausgabe auf Grund eines Beschlusses über die ordentliche Kapitalerhöhung. Das Gesetz verweist daher auf die entsprechenden Vorschriften über die Zeichnung der neuen Aktien, über das Bezugsrecht der Aktionäre, über Zusicherungen von Rechten auf den Bezug, über die Anmeldung und Eintragung der Durchführung, über das Wirksamwerden der Kapitalerhöhung, über die Bekanntmachung und über das Verbot vorzeitiger Ausgabe von Aktien und Zwischenscheinen. Im letzten Punkt besteht ein *wesentlicher Unterschied von der bedingten Kapitalerhöhung*: dort können die neuen Aktien zwar nicht vor Eintragung des Beschlusses über die bedingte Kapitalerhöhung ausgegeben werden (§ 197), wohl aber vor Eintragung der Durchführung (§ 199); dort ist das Grundkapital mit der Ausgabe der Bezugsaktien erhöht (§ 200), und die Anmeldung zur Eintragung folgt nach (§ 201); diese Eintragung hat nur bekundende Bedeutung. Dagegen können beim genehmigten Kapital ebenso wie bei der ordentlichen Kapitalerhöhung Aktienurkunden und Zwischenscheine über die neuen Anteilsrechte erst ausgegeben werden, nachdem das Grundkapital erhöht worden ist; und das geschieht dadurch, daß die Durchführung der Erhöhung eingetragen wird; diese Eintragung hat rechtsbegründende Wirkung (§§ 189, 191, 203 Abs. 1). Im einzelnen ergibt die sinngemäße Anwendung folgendes:

Anm. 2

2. Die Zeichnung der neuen Aktien (§ 185)

Die neuen Aktien müssen *gezeichnet* werden. Für Form und Inhalt des *Zeichnungsscheins* gilt das gleiche wie bei der ordentlichen Kapitalerhöhung. Nur hat der Zeichnungsschein anstatt des Tages, an dem die Erhöhung des Grundkapitals beschlossen ist (§ 185 Abs. 1 Nr. 1), den *Tag der Ermächtigung* anzugeben. Das ist, wenn die Ermächtigung schon in der ursprünglichen Satzung enthalten ist, der Tag der Eintragung der Gesellschaft; ist sie durch Satzungsänderung eingefügt, so ist es der Tag, an dem die Satzungsänderung eingetragen ist (Godin-Wilhelmi 4).

Anm. 3

3. Das Bezugsrecht der Aktionäre (§ 186)

Auch beim genehmigten Kapital hat jeder Aktionär das *Bezugsrecht*: auf sein Verlangen muß ihm ein seinem Anteil am bisherigen Grundkapital entsprechender Teil der neuen Aktien zugeteilt werden. Für Fristbestimmung und Bekanntmachung gelten § 186 Abs. 1 Satz 2 und Abs. 2. Auch hier kann das Bezugsrecht ganz oder teilweise *ausgeschlossen* werden. Darüber kann schon bei Erteilung der Ermächtigung Bestimmung getroffen werden, also, wenn die Ermächtigung in der ursprünglichen Satzung enthalten ist, in dieser, andernfalls in dem Beschluß über die Satzungsänderung, in dem die Ermächtigung erteilt wird. An die in der Ermächtigung getroffene Bestimmung über das Bestehen oder den Ausschluß des Bezugsrechts ist der Vorstand gebunden.

Die Hauptversammlung kann die Entscheidung, ob das Bezugsrecht ausgeschlossen werden soll, auch dem *Vorstand* (mit Zustimmung des Aufsichtsrats, § 204 Abs. 1 Satz 2 Halbs. 2) *überlassen.* Anders wie im früheren Recht (s. Einleitung) geschieht dies aber nicht schon durch bloßes Schweigen im Ermächtigungsbeschluß, muß vielmehr *ausdrücklich vorgesehen sein (Abs. 2).* Es gilt dann — ebenfalls im Unterschied zum alten Recht — § 186 Abs. 4 sinngemäß, d. h. die Ermächtigung des Vorstands zum Ausschluß des Bezugsrechts muß bei der Einberufung der Hauptversammlung, die den Ermächtigungsbeschluß fassen soll, in der Tagesordnung als Bestandteil dieses Beschlusses im Wortlaut *bekanntgemacht* werden (§ 124 Abs. 1 u. 2). Enthält der Ermächtigungsbeschluß weder selbst den Ausschluß noch überträgt er die Entscheidung darüber dem Vorstand, *so bleibt das Bezugsrecht bestehen* und der Vorstand kann es nicht ausschließen.

Es gelten ferner § 186 Abs. 3—5. Dem *Mehrheitserfordernis* des Abs. 3 ist durch § 202 Abs. 2 Rechnung getragen. Abs. 4 über die *Bekanntmachung* gilt auch für den Fall, daß das Bezugsrecht schon im Ermächtigungsbeschluß ausgeschlossen werden soll. Das mittelbare Bezugsrecht über ein Kreditinstitut ist auch beim genehmigten Kapital nicht als Ausschluß anzusehen, § 186 Abs. 5.

Anm. 4

4. Bezugszusicherungen (§ 187)

Rechte auf den Bezug neuer Aktien können auch bei genehmigtem Kapital nur unter Vorbehalt des Bezugsrechts der Aktionäre — soweit es nicht ausgeschlossen ist — zugesichert werden. *Zusicherungen* vor der Ermächtigung zur Ausgabe neuer Aktien sind der Gesellschaft gegenüber unwirksam.

Anm. 5

5. Anmeldung und Eintragung der Durchführung (§ 188)

Die Durchführung der Kapitalerhöhung wird bei genehmigtem Kapital in gleicher Weise *angemeldet* und eingetragen wie bei der ordentlichen Kapitalerhöhung. Die Anmeldung haben gemeinschaftlich der Vorstand und der Vorsitzende des Aufsichtsrats zu bewirken (§ 188 Abs. 1); damit erübrigt sich für den Registerrichter die Prüfung, ob die Zustimmung des Aufsichtsrats eingeholt worden ist (§ 202 Anm. 14). Die Vorschriften des § 36 Abs. 2, § 37 Abs. 1 und des § 188 Abs. 2 darüber, daß auf jede Aktie mindestens ein Viertel des Barbetrags und das Aufgeld eingefordert, der eingeforderte Betrag ordnungsmäßig *eingezahlt* und, soweit er nicht bereits zur Bezahlung der bei der Kapitalerhöhung angefallenen Steuern und Gebühren verwendet worden, endgültig zur freien Verfügung des Vorstands stehen muß, daß über die Erfüllung dieser Voraussetzungen eine Erklärung abzugeben und die freie Verfügung des Vorstands nachzuweisen ist, gelten auch hier. Wie bei der ordentlichen Kapitalerhöhung kann die Einzahlung, für die im übrigen § 54 Abs. 3 gilt, nicht auf ein Konto des Vorstands geleistet werden, anders als bei der Gründung, weil in der Zwischenzeit die Gesellschaft sich selbst ein Konto hat einrichten lassen können. Der Anmeldung sind die gleichen *Anlagen* beizufügen wie bei der ordentlichen Kapitalerhöhung (§ 188 Abs. 3). Bei Ausgabe gegen eine *Sacheinlage* hat das Gericht die Befugnisse nach § 188 Abs. 4, vgl. § 195 Anm. 4. Anmeldung und Eintragung der Durchführung der Kapitalerhöhung können mit Anmeldung und Eintragung des Ermächtigungsbeschlusses verbunden werden, § 188 Abs. 5 (a. M. Godin-Wilhelmi § 202 Anm. 2a. E.). Die eingereichten Schriftstücke werden beim Gericht in Urschrift, Ausfertigung oder öffentlich beglaubigter Abschrift aufbewahrt (§ 188 Abs. 6).

Die Durchführung der Kapitalerhöhung wird, ebenso wie die Ermächtigung, in der Spalte „Rechtsverhältnisse" (§ 202 Anm. 3, 7) *eingetragen*, und zwar nach dem amtlichen Muster (DJ 1937 S. 1265) in der Form: „Auf Grund der Ermächtigung vom ... ist die Erhöhung des Grundkapitals um ... durchgeführt worden."

Anm. 6

6. Wirksamwerden der Kapitalerhöhung — Satzungsänderung (§ 189)

Mit der Eintragung ist das Grundkapital um den eingetragenen Betrag erhöht. Die Eintragung wirkt rechtsbegründend, während bei der bedingten Kapitalerhöhung schon durch die Ausgabe der Bezugsaktien das Grundkapital erhöht ist und die nachfolgende Eintragung nur noch rechtsbekundende Bedeutung hat (§§ 200, 201; oben Anm. 1). Über die heilende Wirkung der Eintragung, wenn der Vorstand die Ermächtigung überschreitet, s. § 202 Anm. 13.

Ist das Grundkapital erhöht worden, so muß die Satzung damit in Einklang gebracht werden, die ja bis dahin nur die *Ermächtigung* enthält, das Grundkapital zu erhöhen. Diese Berichtigung der Satzung betrifft aber nur deren Fassung und kann daher nach § 179 Abs. 1 Satz 2 von der Hauptversammlung dem *Aufsichtsrat* — nicht dem Vorstand — *übertragen* werden. Ist diese Übertragung nicht schon in der ursprünglichen Satzung enthalten, so kann sie in dem satzungsändernden Beschluß ausgesprochen werden, in dem die Ermächtigung zur Erhöhung des Grundkapitals erteilt wird. Ist auch das nicht geschehen, so bedarf es eines besonderen Beschlusses der Hauptversammlung, der zwar nicht mit der in § 202 Abs. 2 vorgeschriebenen, aber immerhin mit der für Satzungsänderungen erforderlichen Mehrheit (§ 179 Abs. 2) gefaßt werden muß (§ 179 Anm. 9). Es ist jedoch einfacher, daß die Hauptversammlung die Satzung alsbald selbst berichtigt, anstatt die Berichtigung der Grundkapitalziffer noch dem Aufsichtsrat zu übertragen. Die *Eintragung* — ebenfalls in der Spalte „Rechtsverhältnisse" (§ 202 Anm. 3, 7, oben Anm. 5) lautet nach dem amtlichen Muster (DJ 1937 S. 1265) z. B.: „Durch Beschluß des Aufsichtsrats vom . . . ist die Satzung geändert im § 4 (Höhe und Einteilung des Grundkapitals)". In der Spalte „Grund- oder Stammkapital" wird die bisherige Grundkapitalziffer rot unterstrichen und die neue eingetragen.

Anm. 7

7. Die Bekanntmachung (§ 190)

Die Eintragungen sind ihrem Inhalt nach *bekanntzumachen* (§§ 10, 11 HGB). In die Bekanntmachung der in Anm. 5 genannten Eintragung sind außerdem aufzunehmen:

a) der Ausgabebetrag der Aktien. Werden die Aktien zum Nennbetrage ausgegeben, so ist das bekanntzumachen.

b) im Fall der Ausgabe gegen Sacheinlagen die in § 205 Abs. 2 vorgesehenen Festsetzungen. Dabei genügt — anders als nach § 40, aber entsprechend § 196 — die Bezugnahme auf die beim Gericht eingereichten Urkunden.

Anm. 8

8. Verbot der Übertragung und der Ausgabe vor der Eintragung (§ 191)

Wie bei der ordentlichen Kapitalerhöhung, jedoch anders als bei der bedingten (§§ 197, 199—201; oben Anm. 1), können bei dem genehmigten Kapital die neuen *Anteilsrechte* vor Eintragung der Durchführung der Erhöhung des Grundkapitals (Anm. 5) *nicht übertragen, neue Aktienurkunden* und Zwischenscheine können vorher *nicht ausgegeben* werden. Die vorher ausgegebenen neuen Aktienurkunden und Zwischenscheine sind *nichtig*; für den Schaden aus der Ausgabe sind die Ausgeber den Inhabern als Gesamtschuldner verantwortlich. Diese Vorschriften stehen in Einklang mit den für die Gründung geltenden Vorschriften des § 41 Abs. 4. Es kann auf die Anm. 30 zu § 41 sowie wegen der Verantwortlichkeit der Ausgeber auf die Anm. 4 bis 11 zu § 8 verwiesen werden (vgl. § 191 Anm. . . .).

II. Ausstehende Einlagen (Abs. 3)

Anm. 9

Bei der ordentlichen Kapitalerhöhung ist vorgeschrieben, daß der *Kapitalerhöhungsbeschluß* nicht gefaßt werden soll, solange noch *ausstehende Einlagen* auf das bisherige Grundkapital erlangt werden können (§ 182 Abs. 4 Satz 1). Demgemäß ist in der Anmeldung des Beschlusses anzugeben, welche Einlagen auf das bisherige Grundkapital rückständig sind und warum sie nicht erlangt werden können (§ 184 Abs. 2). Es hätte aber keinen rechten Sinn gehabt, wenn das Gesetz auch in dieser Hinsicht beim genehmigten Kapital an die Stelle des Kapitalerhöhungsbeschlusses die Ermächtigung zur Kapitalerhöhung hätte treten lassen. Denn die Ermächtigung kann schon in der ursprünglichen Satzung mit Wirkung von der Eintragung der Gesellschaft erteilt werden, also zu einer Zeit, wo die Einlagen auf das Grundkapital selten schon vollständig geleistet sein werden. Aber auch wenn die Ermächtigung später durch Satzungsänderung erteilt wird, besteht kein Bedürfnis vorzuschreiben, daß schon zu diesem Zeitpunkt keine einziehbaren Außenstände auf Einlagen mehr vorhanden sein sollen. Denn die Ermächtigung ist überhaupt für einen längeren Zeitraum gedacht, der nur nicht fünf Jahre überschreiten kann. Innerhalb dieses Zeitraumes können Rückstände auf Einlagen eingefordert werden und eingehen; alsdann kann sich der Vorstand darüber schlüssig machen, ob die Gesellschaft noch Kapitalbedarf hat, und ob er zur Beschaffung neuen Kapitals von der Ermächtigung Gebrauch zu machen habe. Es war daher sachgemäß, in diesem Zusammenhang an die Stelle des Zeitpunktes des Kapitalerhöhungsbeschlusses nicht den der Ermächtigung, sondern erst den der *Aktienausgabe* treten zu lassen und vorzuschreiben: *Die neuen Aktien sollen nicht ausgegeben werden,* solange noch ausstehende Einlagen auf das bisherige Grundkapital erlangt werden können. Demgemäß ist eine Angabe hierüber nicht schon, wenn die ursprüngliche Satzung die Ermächtigung enthält, bei der Anmeldung der Gesellschaft, und auch nicht, wenn die Ermächtigung durch Satzungsänderung erteilt ist, bei der Anmeldung der Satzungsänderung zu machen, sondern erst dann, wenn die *Durchführung der Erhöhung des Grundkapitals zum erstenmal angemeldet wird.* Alsdann ist anzugeben, welche Einlagen auf das bisherige Grundkapital rückständig sind und warum sie nicht erlangt werden können. Diese Angabe dient dazu, dem Registerrichter die Prüfung zu ermöglichen, ob die Sollvorschrift beachtet worden ist. Das Gesetz begnügt sich aber damit, die Angabe bei der *ersten* Anmeldung zu verlangen. Daraus ergibt sich folgendes: macht der Vorstand von der Ermächtigung *stufenweise* Gebrauch, so daß auf ihrer Grundlage mehrere Kapitalerhöhungen einander folgen, so ist es nicht erforderlich, daß die Einlagen auf die früher kraft derselben Ermächtigung ausgegebenen Aktien schon geleistet sind, bevor neue Aktien ausgegeben werden.

Abs. 3 ist bei der Kapitalerhöhung zur Durchführung der *Verschmelzung* nicht anzuwenden, § 343 Abs. 1 Satz 3.

Anm. 10

Der zweite Absatz enthält noch zwei Vorschriften, die mit den für die ordentliche Kapitalerhöhung geltenden (§ 182 Abs. 4 Satz 2 und 3) übereinstimmen:

a) Für *Versicherungsgesellschaften* kann die Satzung „etwas anderes" bestimmen, nämlich, daß zu einer Kapitalerhöhung — bei genehmigtem Kapital durch Gebrauchmachen von der Ermächtigung — die Leistung der Einlagen auf das bisherige Grundkapital nicht oder doch nicht vollständig vorausgesetzt wird. Zwar kann an den Mindesteinzahlungen nach den §§ 36 Abs. 2, 188 Abs. 2, 203 Abs. 1 auch bei Versicherungsaktiengesellschaften die Satzung nichts ändern. Im übrigen ist es aber eine hergebrachte Eigentümlichkeit dieser Gesellschaften, der das Gesetz Rechnung trägt, daß sie einen Teil der Einlage zunächst nicht einfordern, sondern als Garantiefonds stehen lassen.

b) Stehen Einlagen in *verhältnismäßig unerheblichem Umfang* aus, so hindert dies die Ausgabe der neuen Aktien — nach § 182 die Erhöhung des Grundkapitals — nicht. Ob der Umfang ausstehender Einlagen verhältnismäßig unerheblich ist, hat der Registerrichter zu prüfen und zu entscheiden; Satzungsbestimmungen können in dieser Hinsicht nichts ändern. Findet der Registerrichter, daß noch Einlagen in verhältnismäßig nicht unerheblichem Umfang ausstehen und geleistet werden können, so hat er die Eintragung der Durchführung abzulehnen.

III. Arbeitnehmeraktien

Anm. 11

Die Beschränkung des Abs. 3 gilt nicht, wenn die Aktien an *Arbeitnehmer* der Gesellschaft ausgegeben werden. Eine solche Ausgabe ist also erlaubt, auch wenn noch Einlagen ausstehen. Die Ausgabe von Arbeitnehmeraktien soll dadurch erleichtert werden, vgl. § 192 Anm. 6 und § 202 Anm. 16.

§ 204 Bedingungen der Aktienausgabe

(1) Über den Inhalt der Aktienrechte und die Bedingungen der Aktienausgabe entscheidet der Vorstand, soweit die Ermächtigung keine Bestimmungen enthält. Die Entscheidung des Vorstands bedarf der Zustimmung des Aufsichtsrats; gleiches gilt für die Entscheidung des Vorstands nach § 203 Abs. 2 über den Ausschluß des Bezugrechts.

(2) Sind Vorzugsaktien ohne Stimmrecht vorhanden, so können Vorzugsaktien, die bei der Verteilung des Gewinns oder des Gesellschaftsvermögens ihnen vorgehen oder gleichstehen, nur ausgegeben werden, wenn die Ermächtigung es vorsieht.

(3) Weist ein Jahresabschluß, der mit einem uneingeschränkten Bestätigungsvermerk versehen ist, einen Jahresüberschuß aus, so können Aktien an Arbeitnehmer der Gesellschaft auch in der Weise ausgegeben werden, daß die auf sie zu leistende Einlage aus dem Teil des Jahresüberschusses gedeckt wird, den nach § 58 Abs. 2 Vorstand und Aufsichtsrat in freie Rücklagen einstellen könnten. Für die Ausgabe der neuen Aktien gelten die Vorschriften über eine Kapitalerhöhung gegen Bareinlagen, ausgenommen § 188 Abs. 2. Der Anmeldung der Durchführung der Erhöhung des Grundkapitals ist außerdem der festgestellte Jahresabschluß mit Bestätigungsvermerk beizufügen. Die Anmeldenden haben ferner die Erklärung nach § 210 Abs. 1 Satz 2 abzugeben.

Übersicht

Einleitung

§ 204 enthält gegenüber § 171 AktG 1937 mehrere inhaltliche Änderungen. In Abs. 1 Satz 1 sind die Worte „dem Ausschluß des Bezugrechts" gestrichen, s. dazu Anm. 1 zu 1 und § 203 Einl. und Anm. 3. Aus der Sollvorschrift des Abs. 1 Satz 2 — Zustimmung des Aufsichtsrats — wurde eine Mußvorschrift, Anm. 3. Abs. 2 — Vorzugsaktien ohne Stimmrecht — wurde den Änderungen in § 141 angepaßt, Anm. 5. Neu ist Abs. 3 über die Ausgabe von Aktien an Arbeitnehmer der Gesellschaft, wobei die Einlagen aus Teilen des Jahresüberschusses gedeckt werden, Anm. 7. Hierdurch wird die Vermögensbildung in Arbeitnehmerhand durch Gewinnbeteiligung ermöglicht, vgl. auch § 192 Anm. 6.

Anm. 1

1. Die Bedingungen der Aktienausgabe

Die Vorschriften betreffen die Einzelheiten der Aktienausgabe. Es handelt sich beispielsweise um die Fragen, zu welchem Nennbetrag (§ 8) Aktien ausgegeben werden sollen, zu welchem Ausgabebetrag (§ 9, BGH 21, 35f., Klette BB 68, 977), ob als Inhaber- oder als Namensaktien (§ 10), ob als einfache Aktien oder als solche mit besonderen Rechten oder Pflichten (§§ 11, 55), ob Aktien besonderer Gattung oder solche mit Nebenleistungsverpflichtungen oder stimmrechtslose Vorzugsaktien (BGH 33, 188) geschaffen werden sollen, zu welchen Zeiten die Einzahlungen eingefordert werden sollen, soweit nicht alsbaldige Einforderung vorgeschrieben ist (§§ 36 Abs. 2, 54, 63, 188 Abs. 2, 203 Abs. 1), ob das Stimmrecht nach § 134 Abs. 1 beschränkt, sein Beginn nach § 134 Abs. 2 geregelt werden soll (Schlegelberger § 171 AktG 1937 Anm. 3) usw. Alles das faßt das Gesetz unter der Bezeichnung „*Inhalt der Aktienrechte und Bedingungen der Aktienausgabe*" zusammen.

In drei Punkten können diese Bedingungen nur in der Ermächtigung, also entweder in der ursprünglichen Satzung (§ 202 Abs. 1) oder in dem satzungsändernden Beschlusse (§ 202 Abs. 2) festgesetzt werden:

1. Die Ermächtigung muß das Bezugsrecht der Aktionäre selbst ausschließen oder ausdrücklich bestimmen, daß der Vorstand darüber entscheidet (§ 203 Abs. 2). Enthält sie darüber nichts, so bleibt das Bezugsrecht bestehen (§ 203 Anm. 3).

2. Sind Vorzugsaktien ohne Stimmrecht vorhanden, so können Vorzugsaktien, die bei der Verteilung des Gewinns oder des Gesellschaftsvermögens ihnen vorgehen oder gleichstehen, nur ausgegeben werden, wenn die Ermächtigung dies vorsieht (§ 204 Abs. 2).

3. Gegen Sacheinlagen dürfen Aktien nur ausgegeben werden, wenn die Ermächtigung dies vorsieht (§ 204 Abs. 1). Im übrigen liegt es im Ermessen der Hauptversammlung, ob die Bedingungen der Aktienausgabe schon in der Ermächtigung bestimmt werden oder ob die Entscheidung darüber dem Vorstand überlassen bleibt.

Anm. 2

2. Die Entscheidungsbefugnis des Vorstands (Abs. 1) und die materiellen Grundsätze hierfür

Die Vorschrift, daß die Entscheidung über die Bedingungen der Aktienausgabe mit Ausnahme der in Anm. 1 Abs. 2 genannten drei Punkte dem *Vorstand* überlassen bleiben kann, gibt der Ermächtigung erheblichen Wert. Denn gerade dadurch wird es dem Vorstand ermöglicht, eine günstige Lage des Kapitalmarktes rasch und in der für die Gesellschaft vorteilhaftesten Weise auszunützen.

Der Vorstand ist aber, wie sich schon aus dem Wort „Ermächtigung" ergibt, *nur berechtigt, nicht verpflichtet*, die genehmigte Kapitalerhöhung vorzunehmen. § 83 Abs. 2 gilt nicht. Es ist hier dem Vorstand — in Abweichung von der grundsätzlichen Zuständigkeitsverteilung, vgl. die Vorbem. vor § 76 — ein Mitentscheidungsrecht bei der sonst der Hauptversammlung vorbehaltenen Gestaltung der Grundlagen der Gesellschaft eingeräumt. Ob er von diesem Recht Gebrauch macht, obliegt seinem pflichtgemäßen Ermessen. Es handelt sich um eine Geschäftsführungsmaßnahme im weiteren Sinn (§ 93 Anm. 1 letzter Abs.), die unter dem Gebot und der Haftung des § 93 steht (BGH 21, 357).

Bei seiner Entscheidung hat der Vorstand die Interessen der Gesellschaft und der Aktionäre zu wahren. Er hat den Grundsatz der Gleichbehandlung zu beachten, darf also nicht einzelnen Aktionären Sondervorteile zuwenden (BGH 21, 357 = LM § 169 AktG Nr. 1 m. Anm. v. Fischer = JZ 57, 179 m. Anm. v. Mestmäcker; 33, 186 = LM § 11 AktG Nr. 1 m. Anm. v. Fischer; Godin-Wilhelmi 3; Baumbach-Hueck 2; Würdinger § 32 II 2c). Das Bezugsrecht darf er nur ausschließen, wenn dies im Interesse der Gesellschaft liegt (vgl. § 186 Anm. 12). Ist es ausgeschlossen, so muß er die neuen Aktien möglichst vorteilhaft verwerten.

In dem entschiedenen Fall hat der BGH allerdings diese Grundsätze nicht befolgt. Er hielt die Zuweisung der Aktien an einzelne zur Mehrheitsgruppe gehörende Aktionäre zu einem Vorzugskurs zwecks Abwehr der Minderheit, die die Gesellschaft unter ihren Einfluß bringen und vernichten wolle, für gerechtfertigt (BGH 33, 186; zust. Mertens im Kölner Komm. § 93 Anm. 26; ablehnend Lutter daselbst § 71 Anm. 15). Zu Unrecht wird damit das Interesse der Mehrheit und der hinter ihr stehenden Verwaltung an der Erhaltung und Befestigung ihrer Macht dem Interesse der Gesellschaft gleichgesetzt. *Gesellschaftstreue ist nicht dasselbe wie Mehrheitstreue.* Der Verwaltung steht bei der Festsetzung der Bedingungen der Aktienausgabe nicht die Entscheidung darüber zu, welche Mehrheit die „bessere" sei. Auch eine neue Mehrheit unterliegt den Bestimmungen, die das Aktiengesetz zum Schutze der Gesellschaft, der Aktionäre und der Gläubiger enthält. Im einzelnen wird auf die berechtigte Kritik von Mestmäcker BB 61, 945, Rasch S. 144ff., und von Bokelmann, Rechtsmißbrauch des Anfechtungsrechts durch den Aktionär?, Bielefelder Dissertation 1970 S. 177ff. verwiesen.

Über die Rechtsfolgen eines Verstoßes des Vorstands gegen die vorstehenden Grundsätze s. Anm. 4.

Anm. 3

3. Die Zustimmung des Aufsichtsrats

Die Entscheidung des Vorstands über den Inhalt der Aktienrechte und die Bedingungen der Aktienausgabe, insbesondere auch, falls dem Vorstand überlassen (Anm. 1, § 203 Anm. 3), die Entscheidung über den Ausschluß des Bezugsrechts bedarf der *Zustimmung des Aufsichtsrats, Abs. 1 Satz 2.* Die Bestimmung ist im Unterschied zu § 202 Abs. 3 Satz 2, der die Ausgabe der neuen Aktien an die Zustimmung des Aufsichtsrats bindet, und in Abweichung von § 171 Abs. 1 Satz 2 AktG 37 nicht als Sollvorschrift gefaßt. Man wird dem auch die Bedeutung zuzumessen haben, daß es sich hier um eine *Mußvorschrift* handelt (ebenso Godin-Wilhelmi 7, a. M. Baumbach-Hueck 3). Wie im Falle des § 114 ist also die Zustimmung des Aufsichtsrats hier *Wirksamkeitserfordernis.* Das Gesetz mißt offenbar der Entscheidung über den Inhalt der Aktienrechte und über die Bedingungen der Aktienausgabe, insbesondere über den Ausschluß des Bezugsrechts (wenn sie dem Vorstand überlassen ist) eine größere Bedeutung zu als der Entscheidung über die Ausgabe selbst. Das ist berechtigt, denn die Kapitalerhöhung als solche ist von der Hauptversammlung genehmigt worden, nicht aber der Inhalt der auszugebenden Aktien. Die Ausgabe ist also wirksam, wenn der Aufsichtsrat zwar nicht ihr selbst (§ 202 Anm. 14), aber den vom Vorstand festgesetzten Bedingungen zugestimmt hat. Im umgekehrten Fall ist sie *unwirksam.* Über die *Rechtsfolgen* s. Anm. 4.

Anm. 4

4. Die Rechtslage bei einem Verstoß

Verstößt der Vorstand gegen die Anm. 2 erörterten materiellen Grundsätze für die Aktienausgabe oder gibt er die Aktien zu anderen als den in der Ermächtigung bestimmten Bedingungen aus oder holt er die nach Abs. 1 Satz 2 erforderliche Zustimmung des Aufsichtsrats nicht ein, so ist die *Rechtslage* dieselbe wie bei Überschreitung der von § 202 oder im Ermächtigungsbeschluß gesetzten Schranken. Es gilt also das in § 202 Anm. 13 Gesagte (ebenso Godin-Wilhelmi 7). Die Eintragung der Durchführung der Kapitalerhöhung hat heilende Wirkung. Die ausgegebenen Aktien sind mit dem vom Vorstand festgesetzten Inhalt gültig. Der Vorstand macht sich aber schadensersatzpflichtig nach § 93, gegebenenfalls auch der Aufsichtsrat nach § 116.

Anm. 5

5. Die Zustimmung der Vorzugsaktionäre ohne Stimmrecht (Abs. 2)

Sind *Vorzugsaktien ohne Stimmrecht* (§ 12 Abs. 1 Satz 2, §§ 139—141) vorhanden, so ist folgendes zu beachten:

Vorzugsaktien, die bei der Verteilung des Gewinns oder des Gesellschaftsvermögens den bereits vorhandenen Vorzugsaktien vorgehen oder gleichstehen, können nur ausgegeben werden, wenn die *Ermächtigung dies vorsieht.* Diese Ausnahmebestimmung hängt damit zusammen, daß es nach § 141 Abs. 2 für die Ausgabe solcher neuen Aktien der Zustimmung der Vorzugsaktionäre bedarf, es sei denn, daß die Ausgabe schon ausdrücklich vorbehalten worden ist, als der Vorzug eingeräumt oder — bei späterem Ausschluß des Stimmrechts — als das Stimmrecht ausgeschlossen wurde. Dieser Vorschrift ist ohne weiteres genügt, *wenn die Ermächtigung* schon *in der ursprünglichen Satzung* enthalten und dabei vorgesehen ist, daß der Vorstand neue Aktien mit vorgehenden oder gleichstehenden Rechten ausgeben dürfe. Denn damit ist schon bei Einräumung des Vorzugs die Neuausgabe solcher Aktien vorbehalten.

Wird die Ermächtigung zur Ausgabe neuer Aktien dem Vorstand *durch Satzungsänderung* erteilt und soll er ermächtigt werden, auch Aktien mit vorgehenden oder gleichstehenden Rechten auszugeben, so bedarf es dazu, wenn es an einem ausreichenden Vorbehalt nach § 141 Abs. 2 Satz 2 fehlt, der Zustimmung der stimmrechtslosen Vorzugsaktionäre. Ob diese Zustimmung gegeben oder verweigert wird, soll nach der Vorschrift des § 204 Abs. 2 schon bei Erteilung der Ermächtigung klargestellt werden. Sieht die Ermächtigung die Ausgabe von Aktien mit vorgehenden oder gleichstehenden Rechten vor, ohne daß dies durch einen ausreichenden Vorbehalt nach § 141 Abs. 2 Satz 2 gedeckt ist, so bedarf es nach § 141 Abs. 2 Satz 1 bereits zur Wirksamkeit der Ermächtigung der Zustimmung der stimmrechtslosen Vorzugsaktionäre. Hierfür gelten die Vorschriften des § 141 Abs. 3. Erforderlich ist nicht nur eine gesonderte Abstimmung, sondern eine gesonderte Versammlung. Für diese gelten die Vorschriften über die Hauptversammlung nach näherer Bestimmung des § 138 Satz 2. *Der zustimmende Beschluß bedarf einer Mehrheit von drei Vierteln der abgegebenen Stimmen*; die Satzung kann weder eine andere Mehrheit noch weitere Erfordernisse bestimmen. Soll das Bezugsrecht ausgeschlossen werden, so gilt § 186 Abs. 3—5 sinngemäß (§ 141 Abs. 3). Fehlt es an dem Zustimmungsbeschluß oder ist er nichtig oder auf Anfechtungsklage für nichtig erklärt worden, so ist die Ermächtigung bis zum Zustandekommen eines gültigen Zustimmungsbeschlusses (schwebend) unwirksam, die Unwirksamkeit wird aber durch Eintragung und Zeitablauf nach § 242 Abs. 2 geheilt. Ist vor Ablauf der Dreijahresfrist des § 242 Abs. 2 die Durchführung der Kapitalerhöhung eingetragen (§ 203 Anm. 5) und sind die neuen Aktien ausgegeben, so sind diese trotz Fehlens des Zustimmungsbeschlusses gültig. Das in § 202 Anm. 13 Ausgeführte gilt auch hier.

Anm. 6

Für *andere als stimmrechtslose Vorzugsaktien* gilt Abs. 2 nicht. Sind andere Vorzugsaktien vorhanden, so können neue Aktien mit vorgehenden oder gleichstehenden Rechten vom Vorstand auch dann ausgegeben werden, wenn die Ermächtigung dies zwar nicht vorsieht, aber auch nicht ausschließt. Diesen Vorzugsaktionären bietet der von ihnen zu fassende Sonderbeschluß Gelegenheit, sich darüber schlüssig zu werden, wie weit die Ermächtigung des Vorstands gehen soll. Für ihren Sonderbeschluß gelten die Erfordernisse des § 202 Abs. 2 Satz 4 (§ 202 Anm. 6).

Anm. 7

6. Arbeitnehmeraktien (Abs. 3)

Nach *Abs. 3* können *Aktien an Arbeitnehmer der Gesellschaft* (darüber § 71 Anm. 13) aus genehmigtem Kapital auch in der Weise ausgegeben werden, daß ein Teil des Jahresüberschusses zur Einlagendeckung verwendet wird. Über die Entstehungsgeschichte dieser Vorschrift s. § 202 Anm. 16. Die Ausgabe erfolgt zu Lasten des Jahresüberschusses, ohne daß die begünstigten Arbeitnehmer eine Einlage zu erbringen haben. Es handelt sich also um eine besondere Art der Gewinnbeteiligung. Voraussetzung ist eine *Ermächtigung* gemäß § 202 Abs. 4 (s. dort Anm. 16). Die Ermächtigung muß gerade diese Art der Ausgabe genehmigten Kapitals decken. Es genügt, daß sie auf § 204 Abs. 3 Bezug nimmt. Wird sie allein erteilt, so muß sie wie jede andere Ermächtigung Frist und Höchstbetrag bestimmen (§ 202 Anm. 9—11). Wird sie im Rahmen einer allgemeinen Ermächtigung erteilt, so bedarf es für sie keiner besonderen Frist- und Nennbetragsbestimmung. Die Ermächtigung kann aber auch weitere Bestimmungen enthalten, insbesondere über den Inhalt des Aktienrechts und die Bedingungen der Ausgabe (§ 202 Anm. 12).

Weitere Voraussetzungen sind (Satz 1): Es muß ein mit einem uneingeschränkten Bestätigungsvermerk versehener Jahresabschluß vorliegen, der einen *Jahresüberschuß* (§ 157 Abs. 1 Nr. 28) ausweist. *Verwendbar* ist nur der Teil des Jahresüberschusses, den Vorstand und Aufsichtsrat nach § 58 Abs. 2 in freie Rücklagen einstellen könnten. Das ist nach der gesetzlichen Ermächtigung des § 58 Abs. 2 Satz 1 bis zur Hälfte des Jahresüberschusses. Ermächtigt die Satzung die Verwaltung zur Einstellung eines weiteren Teils (§ 58 Abs. 2 Satz 2), so kann auch dieser Teil verwendet werden, es sei denn, daß die freien Rücklagen die Hälfte des Grundkapitals übersteigen (§ 58 Abs. 2 Satz 3). Diese Beschränkung ist im vorliegenden Zusammenhang widersinnig, denn in diesem Fall ist die Gewinnbeteiligung der Arbeitnehmer eher veranlaßt als in dem geringerer freier Rücklagen. Im übrigen ist anzunehmen, daß die Ermächtigung nach § 202 Abs. 4

den verwendbaren Teil des Jahresüberschusses unter der von § 204 Abs. 3 gesetzten Grenze festsetzen, diese Grenze aber nicht überschreiten kann.

Von diesen Besonderheiten abgesehen, gelten auch für diese Aktien die §§ 203 Abs. 1 und 204 Abs. 1 und 2. Die *Durchführung der Kapitalerhöhung* erfolgt nach §§ 185—191, mit Ausnahme des § 188 Abs. 2, da die Einlagen schon gedeckt sind (Satz 2). Für die *Anmeldung* gelten zwei Besonderheiten: Ihr ist der festgestellte Jahresabschluß mit Bestätigungsvermerk beizufügen. Ferner ist die Erklärung nach § 210 Abs. 1 Satz 2 abzugeben. Dadurch soll die Ausgabe von Aktien verhindert werden, denen keine Einlage gegenübersteht, weil der verwendbare Jahresüberschuß in der Zeit zwischen Bilanzstichtag und Anmeldung aufgezehrt worden ist (Baumbach-Hueck 5).

§ 205 Ausgabe gegen Sacheinlagen

(1) Gegen Sacheinlagen dürfen Aktien nur ausgegeben werden, wenn die Ermächtigung es vorsieht.

(2) Der Gegenstand der Sacheinlage, die Person, von der die Gesellschaft den Gegenstand erwirbt, und der Nennbetrag der bei der Sacheinlage zu gewährenden Aktien sind, wenn sie nicht in der Ermächtigung festgesetzt sind, vom Vorstand festzusetzen und in den Zeichnungsschein aufzunehmen. Der Vorstand soll die Entscheidung nur mit Zustimmung des Aufsichtsrats treffen.

(3) Ohne die vorgeschriebene Festsetzung sind Verträge über Sacheinlagen und die Rechtshandlungen zu ihrer Ausführung der Gesellschaft gegenüber unwirksam. Gleiches gilt, wenn die Festsetzung des Vorstands nicht in den Zeichnungsschein aufgenommen ist. Ist die Durchführung der Erhöhung des Grundkapitals eingetragen, so wird die Gültigkeit der Kapitalerhöhung durch diese Unwirksamkeit nicht berührt. Der Aktionär ist verpflichtet, den Nennbetrag oder den höheren Ausgabebetrag der Aktien einzuzahlen. Die Unwirksamkeit kann durch Satzungsänderung nicht geheilt werden, nachdem die Durchführung der Erhöhung des Grundkapitals in das Handelsregister eingetragen worden ist.

(4) Die Absätze 2 und 3 gelten nicht für die Einlage von Geldforderungen, die Arbeitnehmern der Gesellschaft aus einer ihnen von der Gesellschaft eingeräumten Gewinnbeteiligung zustehen.

Übersicht

Einleitung

§ 205 Abs. 1—3 entspricht mit wenigen sprachlichen Änderungen dem § 172 AktG 37. Neu ist Abs. 4. Er gehört zu den neuen Vorschriften, die die Ausgabe von Arbeitnehmeraktien erleichtern, s. Anm. 10 und § 192 Anm. 6.

Anm. 1

Vorbemerkung

Wie bei der Gründung (§ 27), so können auch bei der Kapitalerhöhung (§§ 183, 194) *Sacheinlagen* vorkommen. Das Gesetz läßt sie in § 204 auch für eine Kapitalerhöhung zu, die vom Vorstand auf Grund einer ihm nach § 202 Abs. 1 oder 2 erteilten Ermächtigung vorgenommen wird, verlangt aber, daß die *Ermächtigung dies vorsieht*. Die Sicherungen, die es im übrigen für diesen Fall trifft, sind den §§ 183, 194 nachgebildet, die sich ihrerseits an § 27 anlehnen. Die Sicherungen gehen nicht soweit wie bei der Gründung. Es *fehlt die Prüfung* nach den §§ 32ff.; diese ist nur für den in § 206 behandelten Fall vorgeschrieben, daß schon vor Eintragung der Gesellschaft Vereinbarungen getroffen worden sind, wonach auf das genehmigte Kapital eine Sacheinlage zu leisten ist. Für *Sachübernahmen* (§ 27 Anm. 22) sind die §§ 183, 194, 205, 206 bedeutungslos. Für sie gelten, wenn sie in den ersten zwei Jahren seit der Eintragung der Gesellschaft vereinbart werden und die von der Gesellschaft zu gewährende Vergütung den zehnten Teil des Grundkapitals übersteigt, lediglich die Vorschriften des § 52 über die *Nachgründung*. *Dieselben Vorschriften gelten aber auch bei Kapitalerhöhungen gegen Sacheinlagen*, wenn die Vereinbarungen mit dem Sacheinleger in den ersten beiden Jahren seit der Eintragung der Gesellschaft getroffen werden und die von der Gesellschaft für die Einlage zu gewährenden Aktien den zehnten Teil des Grundkapitals übersteigen; sie gelten neben den §§ 183, 194, 205; ob auch neben § 206, vgl. § 206 Anm. 7.

Die Kapitalerhöhung aus genehmigtem Kapital gegen Sacheinlagen kann auch der *Verschmelzung* dienen. Dafür ist allerdings die ordentliche oder auch die bedingte Kapitalerhöhung (§ 192 Anm. 5) ungleich geeigneter als die Kapitalerhöhung auf Grund genehmigten Kapitals. Denn wenn schon eine bestimmte Verschmelzung ins Auge gefaßt ist, erscheint es kaum zweckmäßig, dem Vorstand eine Ermächtigung zu erteilen, der doch noch wieder der Verschmelzungsbeschluß nach § 340 Abs. 1 folgen müßte. Abgesehen von Verschmelzungen kann aber auch der Erwerb von Vermögensgegenständen gegen Gewährung neuer Aktien für die Gesellschaft von Vorteil sein, und dazu gibt die Ermächtigung dem Vorstand Gelegenheit.

Anm. 2

1. Sacheinlagen mit und ohne Ermächtigung (Abs. 1)

Die Ermächtigung kann, wie immer, entweder in der ursprünglichen Satzung oder in einem satzungsändernden Beschluß erteilt werden. Soll sie aber dem Vorstand die Befugnis geben, neue Aktien nicht nur gegen Bareinlagen, sondern auch gegen eine Sacheinlage auszugeben, so muß das mit Rücksicht auf die damit verbundenen Gefahren *in der Ermächtigung ausdrücklich gesagt* sein. Die Ermächtigung kann allgemein, aber auch beschränkt erteilt werden; sie kann z. B. dahin lauten, daß der Vorstand nur gegen eine bestimmte Sacheinlage, oder auch dahin, daß er ganz oder teilweise nur gegen Sacheinlagen oder gegen Sacheinlagen bestimmter Art neue Aktien ausgeben dürfe.

Trifft der Vorstand *ohne Ermächtigung* Vereinbarungen über Sacheinlagen oder weicht er in diesen Vereinbarungen von der Ermächtigung ab, so sind die Vereinbarungen u n w i r k s a m, gleichgültig, was im Zeichnungsschein festgesetzt ist. Die Eintragung der Durchführung der Kapitalerhöhung ist abzulehnen. Wird trotzdem eingetragen und werden Aktien ausgegeben, so sind die ausgegebenen Aktien nicht nichtig (a. M. Baumbach-Hueck 2, vgl. auch § 202 Anm. 13). Es ist vielmehr die Regelung des Abs. 3 entsprechend anzuwenden. Die Zeichner haften auf *Bareinlage* (ebenso Godin-Wilhelmi 3). Damit wird dem allgemeinen aktienrechtlichen Gedanken Rechnung getragen, zum Schutze der Gläubiger eine einmal eingetragene Kapitalerhöhung bestehen zu lassen. Einer späteren käuflichen Übernahme der Gegenstände, deren Einbringung unzulässigerweise vereinbart war, steht im übrigen nichts entgegen, wenn dies der Vorstand mit seinen Pflichten (§ 93) vereinbaren kann (vgl. auch Anm. 8). § 52 (Nachgründung) ist gegebenenfalls zu beachten (vgl. § 27 Anm. 32).

Anm. 3

2. Die Festsetzungen (Abs. 2)

Wie bei der Gründung (§ 27, vgl. dort Anm. 25), der ordentlichen und der bedingten Kapitalerhöhung (§§ 183, 194) bedarf es auch bei genehmigtem Kapital, wenn Aktien gegen Sacheinlagen ausgegeben werden sollen, genauer *Festsetzungen* über den Gegenstand der Sacheinlage, über die Person, von der die Gesellschaft den Gegenstand erwirbt, und über den Nennbetrag der bei der Sacheinlage zu gewährenden Aktien. Was als Gegenstand einer Sacheinlage in Betracht kommen kann, ist in den Anm. 5ff. zu § 27 erörtert: es ist jede Art von Einlage, die nicht durch Einzahlung des Nennbetrags oder des höheren Ausgabebetrags der Aktien geleistet wird und deren Gegenstand als Aktivum in der Bilanz aufgenommen werden kann. Namentlich gehört dahin auch der Fall, daß eine gegen die Gesellschaft bestehende Forderung — z. B. für eine an sie veräußerte Sache oder aus einem ihr gewährten Kredit — eingebracht und dabei vereinbart wird, die Forderung solle gegen die sonst bar zu zahlende Einlageschuld oder gegen einen Teil von ihr *aufgerechnet* werden (§ 27 Anm. 12). Auf diese Weise ist es möglich, Gläubiger der Gesellschaft mit neuen Aktien abzufinden, sofern die Forderung als Gegenstand der Sacheinlage und zugleich die Verrechnungsabrede festgesetzt wird.

Während bei der Gründung die Festsetzungen in der Satzung (§ 27), bei der ordentlichen und der bedingten Kapitalerhöhung im Erhöhungsbeschluß (§§ 183, 194) getroffen werden müssen, sind beim genehmigten Kapital *zwei Wege* möglich. Die Festsetzungen können erstens schon *in der Ermächtigung* getroffen werden, also in der ursprünglichen Satzung oder in dem satzungsändernden Beschluß. Dieser Weg wird bei genehmigtem Kapital selten beschritten werden. Denn wenn alles das schon feststeht, was festgesetzt werden muß, so wird regelmäßig eine Sachgründung oder eine ordentliche Kapitalerhöhung mit Sacheinlage vorgezogen werden. Der andere Weg ist der, daß die Ermächtigung zwar Aktienausgabe gegen Sacheinlagen vorsieht, aber die zu treffenden Festsetzungen — über Gegenstand, Person und Nennbetrag der zu gewährenden Aktien — *dem Vorstand überläßt* (OLG Hamburg AG 64, 45). Dabei können auch Richtlinien für die Art der Sacheinlagen gegeben werden. Der Vorstand soll oder darf wiederum die Entscheidung nur mit Zustimmung des Aufsichtsrats treffen (vgl. hierüber § 202 Anm. 14, § 204 Anm. 3 und 4). *Die Form, in welcher der Vorstand die Entscheidung trifft, ist die Aufnahme der Festsetzungen in den Zeichnungsschein,* denn ohne diese Aufnahme ist die Festsetzung des Vorstands nicht getroffen (Abs. 3 Satz 2).

Anm. 4

Es ist nicht klar, ob hiermit nur Aufnahme in den Zeichnungsschein gemeint ist, den der *einzelne,* von der Festsetzung betroffene *Sacheinleger* unterzeichnet, oder ob Aufnahme in *alle Zeichnungsscheine* bei einer und derselben Aktienausgabe verlangt wird. Schlegelberger § 172 AktG 37 Anm. 3 scheint das erste anzunehmen, denn er sagt, die Festsetzung durch Aufnahme in den Zeichnungsschein brauche der Zeichnung nicht vorauszugehen; in der Annahme der Zeichnung liege die Festsetzung durch den Vorstand. Hierbei scheint der Vorgang so gedacht zu sein, daß der Sacheinleger selbst in seinen Zeichnungsschein die vorgeschriebenen Angaben über Gegenstand, Person und Nennbetrag der zu gewährenden Aktie aufnimmt und der Vorstand durch Annahme des Zeichnungsscheins sich einverstanden erklärt. So könnte aber nur dann verfahren werden, wenn die Aktienausgabe sich auf diesen einzigen Zeichner und Sacheinleger beschränkt. Sind bei einer Aktienausgabe noch andere Zeichner beteiligt, sei es mit Bar-, sei es mit Sacheinlagen, so muß im Einklang mit den Vorschriften bei der ordentlichen Kapitalerhöhung (§ 185 Abs. vgl. dort Anm. 2) angenommen werden, daß *alle* Zeichnungsscheine außer der für den einzelnen Zeichner geltenden Angabe seiner Beteiligung (nach Zahl, Nennbetrag und gegebenenfalls nach Gattung der von ihm gezeichneten Aktien) die im Gesetz aufgezählten Angaben gleichmäßig zu enthalten haben, also auch die bei Sacheinlagen erforderlichen Festsetzungen. Denn der Zweck dieser Angaben im Zeichnungsschein ist, den Zeichner darüber zu unterrichten, woran er sich beteiligt. Daß der Zeichner durch den Zeichnungsschein hierüber unterrichtet wird, ist aber beim genehmigten Kapital, wenn der Vorstand die bei Sacheinlagen vorgeschriebenen Festsetzungen trifft, noch nötiger als bei der ordentlichen Kapitalerhöhung. Denn bei der ordentlichen Kapitalerhöhung müssen die Festsetzungen im Erhöhungsbeschluß enthalten sein und können dort eingesehen werden. Beim genehmigten Kapital bildet aber der Zeichnungsschein die einzige Erkenntnisquelle für die vom Vorstand getroffenen Festsetzungen. Wenn also das Gesetz vorschreibt, daß der Vorstand seine Festsetzungen trifft, indem er sie in den Zeichnungsschein aufnimmt, so ist es dahin zu verstehen, daß sie *bei ein und derselben Aktienausgabe in alle Zeichnungsscheine gleichmäßig aufzunehmen* sind. Fehlen sie auch nur in einem der Zeichnungsscheine über die vom Vorstand angenommenen Zeichnungen — die nicht angenommenen sind belanglos — so fehlt es an einer gültig getroffenen Festsetzung. Die Gleichmäßigkeit der Angaben ermöglicht auch bei genehmigtem Kapital eine Zeichnung in der Weise, daß an einen Zeichnungsschein mit gesetzlichem Inhalt eine Liste angeschlossen wird, in der jeder Zeichner seine Beteiligung angibt und die Angabe unterschreibt.

Macht der Vorstand von der Ermächtigung in mehreren Teilen Gebrauch, finden also *mehrere Aktienausgaben* statt, so gilt das Vorstehende nur innerhalb einer Ausgabe. Die Festsetzungen für die Sacheinlage einer Ausgabe müssen also nicht in die Zeichnungsscheine der anderen Ausgaben aufgenommen werden, auch wenn alle Ausgaben auf derselben Ermächtigung beruhen (ebenso Godin-Wilhelmi 4).

Anm. 5

3. Fehlen der Festsetzungen (Abs. 3)

Der dritte Absatz regelt die Folgen des Fehlens der vorgeschriebenen Festsetzungen. Sie fehlen, wenn sie weder in der Ermächtigung enthalten noch vom Vorstand getroffen worden sind. Sind sie zwar von ihm beschlossen, aber nicht oder nicht in sämtliche angenommenen Zeichnungsscheine aufgenommen, so sind sie nicht getroffen (Anm. 4). Sie fehlen auch dann, wenn sie zwar formell ordnungsgemäß getroffen, aber inhaltlich so unklar sind, daß sich der notwendige Inhalt nicht bestimmen läßt (§ 27 Anm. 25).

a) Unwirksamkeit gegenüber der Gesellschaft (S. 1, 2)

Fehlt es an den vorgeschriebenen Festsetzungen, so tritt wie bei der Gründung (§ 27 Abs. 2), der ordentlichen und der bedingten Kapitalerhöhung (§ 183 Abs. 2, § 194 Abs. 2) die Folge ein, daß die *Vereinbarungen über Sacheinlagen und die Rechtshandlungen zu ihrer Ausführung,* also sowohl das *Verpflichtungsgeschäft als auch das Erfüllungsgeschäft, der Gesellschaft gegenüber unwirksam sind.* Das bedeutet wie bei der Gründung (§ 27 Anm. 26), daß jeder Vertragsteil sich auf die Unwirksamkeit berufen kann und nur offen bleibt, ob etwa eine persönliche Haftung — hier der Vorstandsmitglieder nach bürgerlichem Recht — besteht.

Anm. 6

b) Prüfung durch den Registerrichter

Der *Registerrichter* hat die Eintragung der Durchführung abzulehnen, wenn es an den vorgeschriebenen Festsetzungen fehlt, und zwar wie bei der Gründung schon dann, wenn es nach seiner Überzeugung zu festen, wenn auch nicht den bürgerlich-rechtlichen Formen (z. B. §§ 311, 313, 2371, 2385 BGB) entsprechenden Abmachungen über Sacheinlagen gekommen ist. Rechtsverbindlich gegenüber der AG können ja solche Abmachungen nur durch Festsetzung in der Ermächtigung oder im Zeichnungsschein werden, auch wenn die bürgerlich-rechtlichen Formen beobachtet worden sind (§ 27 Anm. 29). Hat der Registerrichter Zweifel über den Wert der Sacheinlage, so stehen ihm die Befugnisse des § 184 Abs. 3 zu, § 203 Abs. 1, vgl. § 195 Anm. 4.

Anm. 7

c) Nach Eintragung: Umwandlung in Bareinlagepflicht (S. 3, 4)

Ist, *obwohl die vorgeschriebenen Festsetzungen nicht getroffen* worden sind, die *Durchführung der Kapitalerhöhung eingetragen* worden, so tritt wie nach § 27, § 183, § 194, jeweils Abs. 2,

S. 2, 3 ein Zustand ein, der sich nur ungenau als „Heilung" bezeichnen läßt. Das Fehlende wird nicht etwa ergänzt, sondern *der Sacheinleger wird* in Höhe des Nennbetrags der ihm gewährten Aktien oder des höheren Ausgabebetrags *als Bareinleger behandelt.* Sein entgegenstehender Wille wird rechtlich nicht beachtet (§ 27 Anm. 31). Dahin gehört auch der Fall, daß der Vorstand zwar Festsetzungen beschlossen, sie aber nicht oder nicht in sämtliche angenommenen Zeichnungsscheine aufgenommen hat, denn auch in letzterem Fall liegt eine Festsetzung im Sinne des Gesetzes eben nicht vor (oben Anm. 4). Der Zeichnungsschein ist in solchem Fall nicht nichtig, sondern begründet, wenn die Durchführung der Kapitalerhöhung eingetragen ist, eine Bareinlegungspflicht des Zeichners. Das gilt aber nur, wenn der Vorstand die Festsetzungen getroffen hat (Abs. 3 S. 2, s. auch Anm. 9). Dahin gehört ferner der Fall, daß die Festsetzungen zwar formell ordnungsmäßig getroffen sind, der Gegenstand oder die Person des Sacheinlegers aber so unklar bezeichnet ist, daß sie sich nicht bestimmen lassen (Anm. 5; § 27 Anm. 25). Läßt sich der Nennbetrag der dem Sacheinleger zu gewährenden Aktien nicht bestimmen, so ist das nur denkbar unter gleichzeitiger Verletzung des § 185 Abs. 1 Satz 1 (§ 203 Abs. 1). In diesem Fall ist der Zeichnungsschein unheilbar nichtig und der Zeichner nicht Aktionär geworden (vgl. § 185 Anm. 3).

Anm. 8

d) Keine Heilung durch Satzungsänderung (S. 5)

Ist der Sacheinleger wegen Fehlens der Festsetzungen zum Bareinleger nach Abs. 2 Satz 3, 4 geworden, so ist dieser Zustand *unabänderlich.* Auch eine Satzungsänderung kann, nachdem die Durchführung der Erhöhung des Grundkapitals eingetragen worden ist, daran nichts mehr ändern. Diese Vorschrift des Abs. 2 Satz 5 entspricht den Vorschriften bei der Gründung, bei der ordentlichen und bei der bedingten Kapitalerhöhung (§ 27 Abs. 3, § 183 Abs. 2 Satz 4, § 194 Abs. 2 Satz 4). Die Bareinlage kann also nicht durch Satzungsänderung zur Sacheinlage gemacht werden. Möglich ist aber, daß die beabsichtigte Sacheinlage zum Gegenstand eines Sachübernahmevertrages gemacht wird, gegebenenfalls unter Beachtung des § 52, und daß der Vorstand mit dem Aktionär die Verrechnung der Bareinlage auf den Kaufpreis vereinbart, soweit die Bareinlage nicht schon vor der Anmeldung nach § 188 Abs. 2, § 203 Abs. 1 geleistet ist.

Anm. 9

4. Fehlen der in der Ermächtigung enthaltenen Festsetzung im Zeichnungsschein

Sind in der Ermächtigung die genügenden Festsetzungen enthalten, diese aber unter Nichtbeachtung der Vorschriften des § 185 Abs. 1 Nr. 3, § 203 Abs. 1 *nicht in die Zeichnungsscheine oder nicht in alle oder nicht vollständig aufgenommen* worden, so bestimmen sich die Folgen nach § 185 Abs. 2, 3, § 203 Abs. 1 (Godin-Wilhelmi 4, Schlegelberger 5). Jeder Zeichnungsschein, in dem die Festsetzungen ganz oder teilweise fehlen, ist nichtig; der Zeichner kann sich aber auf die Nichtigkeit nicht berufen, wenn die Durchführung eingetragen ist und er auf Grund des Zeichnungsscheins als Aktionär Rechte ausgeübt oder Verpflichtungen erfüllt hat. Der Aktionär hat dann alle Rechte und Pflichten aus der Aktie. Das gilt auch für den Sacheinleger und bedeutet eine *wirkliche Heilung.* Der Sacheinleger hat alsdann die Sacheinlage zu leisten, und zwar gemäß den in der Ermächtigung getroffenen Festsetzungen.

Anm. 10

5. Arbeitnehmeraktien (Abs. 4)

Die Abs. 2 und 3 gelten nicht für die Einlage von Geldforderungen, die Arbeitnehmern der Gesellschaft aus einer ihnen von der Gesellschaft eingeräumten Gewinnbeteiligung zustehen. Abs. 4. Die Vorschrift ist neu und gehört zu den Bestimmungen, die die Ausgabe von Arbeitnehmeraktien erleichtern, s. § 192 Anm. 6. Auch genehmigtes Kapital kann hierzu verwendet werden, § 202 Abs. 4 und dort Anm. 16. § 205 Abs. 4 stimmt wörtlich mit § 194 Abs. 3 überein. Auf die Erl. dort Anm. 5 kann deshalb verwiesen werden.

§ 206 Verträge über Sacheinlagen vor Eintragung der Gesellschaft

Sind vor Eintragung der Gesellschaft Verträge geschlossen worden, nach denen auf das genehmigte Kapital eine Sacheinlage zu leisten ist, so muß die Satzung die Festsetzungen enthalten, die für eine Ausgabe gegen Sacheinlagen vorgeschrieben sind. Dabei gelten sinngemäß § 27 Abs. 2, 4, §§ 32 bis 35, § 37 Abs. 3 Nr. 2, 4 und 5, § 38 Abs. 2, § 49 über die Gründung der Gesellschaft. An die Stelle der Gründer tritt der Vorstand und an die Stelle der Anmeldung und Eintragung der Gesellschaft die Anmeldung und Eintragung der Durchführung der Erhöhung des Grundkapitals.

Übersicht

Einleitung

Neben sprachlichen Änderungen enthält § 206 gegenüber § 173 AktG 37 auch 2 inhaltliche. In die anzuwendenden Gründungsvorschriften sind § 27 Abs. 4 und § 38 Abs. 2 neu aufgenommen worden. Der erstere, der für die Änderung und Beseitigung der Festsetzungen § 26 Abs. 4 und 5 gelten läßt, ist eingefügt worden, weil die entsprechenden Vorschriften aus § 145 Abs. 3 AktG 37 und § 12 der 3. DurchfVO hierzu in § 26 Abs. 4 und 5 übernommen worden sind. Das Prüfungs- und Ablehnungsrecht des Registerrichters nach § 38 Abs. 2 nahm die h. M. schon nach bisherigem Recht (§ 31 Abs. 2 AktG 37, vgl. die Voraufl. Anm. 6) an.

Anm. 1

1. Verhinderung von Umgehungsgeschäften

Sind schon im Gründungsabschnitt Vereinbarungen über Sacheinlagen getroffen worden, so ist der normale Weg der der Sachgründung nach § 27, wobei die *Sicherungen* eingreifen, die in den §§ 32ff. getroffen sind. Es wäre leicht, diese Vorschriften zu umgehen, wenn auch in solchem Fall dem Vorstand die Ermächtigung, Aktien gegen Sacheinlagen auszugeben, nach den §§ 202, 205 erteilt werden könnte. Denn hierbei sind keine gleichwertigen Sicherungen vorgesehen, namentlich keine Prüfung durch unparteiische Prüfer (§ 205 Anm. 1); die Befugnis des Gerichts nach § 188 Abs. 4, § 203 (§ 205 Anm. 6), ist von geringerem Wert. Allerdings ist für die ersten beiden Jahre nach der Eintragung der Gesellschaft, wenn die zu gewährenden Aktien den zehnten Teil des Grundkapitals übersteigen, noch § 52 zu beachten (§ 205 Anm. 1). Wenn aber dessen Voraussetzungen nicht oder nicht mehr vorliegen, so könnte der Vorstand durch Ausgabe neuer Aktien die bei der Gründung verschleierte Absicht leicht verwirklichen. Solcher *Umgehung* schiebt § 206 einen Riegel vor.

Anm. 2

2. Vereinbarungen vor Eintragung der Gesellschaft

Die Voraussetzung des § 206 ist, daß schon *vor Eintragung der Gesellschaft Vereinbarungen getroffen worden* sind, wonach auf das genehmigte Kapital eine Sacheinlage zu leisten ist.

Ob diese Vereinbarungen in den vorgeschriebenen Formen des bürgerlichen Rechts, z. B. der §§ 311, 313, 2371 (2385) BGB, oder ob sie formlos getroffen worden sind, ist gleichgültig (§ 27 Anm. 29, § 205 Anm. 6). Ebenso ist gleichgültig, ob derjenige, mit dem sie getroffen sind, zu den Gründern gehört (Baumbach-Hueck 2).

Anm. 3

3. Notwendigkeit der Aufnahme in die ursprüngliche Satzung

Liegt diese Voraussetzung vor, so muß die *Satzung* die im Falle der Ausgabe gegen Sacheinlagen bezeichneten Festsetzungen (§ 205 Abs. 2) enthalten. Das setzt aber wiederum voraus, daß die Satzung schon die Ermächtigung zur Aktienausgabe gegen eine Sacheinlage (§ 205 Abs. 1) enthält. Da nach der Ausdrucksweise des § 202 unter der Satzung nur die ursprüngliche Satzung verstanden werden kann (§ 202 Abs. 1), nicht ein satzungsändernder Beschluß (§ 202 Abs. 2), da auch nicht gesagt ist, die „Ermächtigung", sondern die „Satzung" müsse die Festsetzungen enthalten, so ergibt sich: schon die *ursprüngliche Satzung* muß den Vorstand ermächtigt haben, das Grundkapital durch Ausgabe neuer Aktien gegen eine Sacheinlage zu erhöhen, und schon in der ursprünglichen Satzung muß der Gegenstand der Sacheinlage, die Person des Sacheinlegers und der Nennbetrag der für die Sacheinlage zu gewährenden Aktien festgesetzt sein.

Anm. 4

4. Sonst Unwirksamkeit gegenüber der Gesellschaft

Für anwendbar erklärt ist *§ 27 Abs. 2*. Das bedeutet zunächst: sind die Festsetzungen nicht oder nicht in der ursprünglichen Satzung — etwa mitsamt der Ermächtigung oder, nachdem diese schon in der Satzung erteilt worden, in einem satzungsändernden Beschluß — enthalten oder sind sie vom Vorstand getroffen oder so unklar, daß sich der notwendige Inhalt nicht bestimmen läßt (§ 27 Anm. 25, vgl. § 205 Anm. 5), so sind die Vereinbarungen über die Sacheinlage — das Verpflichtungsgeschäft — und die Rechtshandlungen zu ihrer Ausführung — das Erfüllungsgeschäft — *der Gesellschaft gegenüber unwirksam*; der *Registerrichter* hat aber nicht wegen eines solchen Satzungsmangels die Eintragung der Gesellschaft abzulehnen. Denn die Festsetzungen unterliegen seiner Prüfung erst dann, wenn die Durchführung der Erhöhung des Grundkapitals angemeldet wird; diese Anmeldung tritt nach § 206 durchweg an die Stelle der Anmeldung der Gesellschaft. Immerhin kann und wird er, wenn er den Fehler bemerkt, namentlich, wenn die in der Satzung enthaltenen Festsetzungen für eine künftige Sacheinlage unklar sind, schon bei der Anmeldung der Gesellschaft darauf hinweisen. Ablehnen aber muß er wegen des Mangels späterhin, die Durchführung der Erhöhung des Grundkapitals einzutragen. Spätestens in diesem Zeitpunkt muß er sich schlüssig darüber werden, ob er die Voraussetzung des § 206 (Anm. 2) als gegeben ansieht.

Anm. 5

5. Nach Eintragung: Umwandlung in Bareinlagepflicht

Die Anführung des § 27 Abs. 2 bedeutet weiter: Ist die *Durchführung der Erhöhung des Grundkapitals eingetragen worden*, obwohl es in der Satzung an den vorgeschriebenen Festsetzungen fehlt, so wird der *Sacheinleger* in Höhe des Nennbetrags der ihm gewährten Aktien oder des höheren Ausgabebetrags *als Bareinleger behandelt* (§ 205 Abs. 2 Satz 3 und 4, § 205 Anm. 7). Nicht besonders angeführt ist § 27 Abs. 3. Aber die Vorschrift, daß durch Satzungsänderungen der Zustand nicht mehr geändert werden kann, der durch die Eintragung der Erhöhung des Grundkapitals eingetreten ist (§ 205 Abs. 3 Satz 5), muß auch hier gelten. Möglich ist nur noch der Abschluß eines Sachübernahmevertrages, gegebenenfalls unter Beachtung des § 52 (§ 205 Anm. 8).

Anm. 6

6. Anwendung der Gründungsvorschriften

Enthält die Satzung die vorgeschriebenen Festsetzungen und macht der Vorstand nach der Eintragung der Gesellschaft von der Ermächtigung Gebrauch, indem er Zeichnungen auf neue Aktien veranlaßt und entgegennimmt, so spielt sich das darauf folgende Verfahren ähnlich ab wie bei der Sachgründung, nur daß an die Stelle der Gründer der Vorstand und an die Stelle der — schon geschehenen — Anmeldung und Eintragung der Gesellschaft die Anmeldung und Eintragung der Erhöhung des Grundkapitals tritt. Die sämtlichen Mitglieder des Vorstands haben also einen dem Gründungsbericht (§ 32) entsprechenden *Bericht* zu erstatten, worin sie die Zeichnungen und die Sacheinlage, diese unter Darlegung der Umstände, die für die Angemessenheit der Gegenleistung in Betracht kommen, zu erörtern haben. Dann folgt die *Prüfung* des Hergangs durch die Mitglieder des *Aufsichtsrats* (§ 33 Abs. 1); die bei der Gründung vorgeschriebene Prüfung durch die Mitglieder des Vorstands fällt hier sinngemäß weg, da sie schon den Bericht (§ 32) erstattet haben müssen (a. M. anscheinend Schlegelberger § 173 AktG 37 Anm. 2). *Außerdem haben Prüfer mit den Eigenschaften der Gründungsprüfer den Hergang zu prüfen*; sie werden vom Registergericht bestellt (§ 33 Abs. 2 bis 5). Die Berichte des *Aufsichtsrats* und der Prüfer sind nach § 34 anzufertigen und einzureichen. Bei Meinungsverschiedenheiten zwischen dem Vorstand und den Prüfern über den Umfang der vom Vorstand zu gewährenden Aufklärungen und Nachweise entscheidet das Registergericht (§ 35 Abs. 1); dieses setzt auch die Auslagen und die Vergütung der Prüfer fest (§ 35 Abs. 2). Die Durchführung der Erhöhung des Grundkapitals haben der Vorstand in vertretungsberechtigter Zahl und der Vorsitzende des Aufsichtsrats oder dessen Stellvertreter nach § 188 (§ 203 Abs. 1) *anzumelden*; Anmeldung durch sämtliche Mitglieder des Vorstands und des Aufsichtsrats wie nach § 36 ist nicht vorgeschrieben (Godin-Wilhelmi 6). Der Anmeldung sind die *Anlagen* wie nach § 37 Abs. 3 Nr. 2, 4, 5 beizufügen. Nr. 2 und 5 sagen gegenüber § 188 Abs. 3 Nr. 2 und 4 nichts Besonderes, § 37 Abs. 3 Nr. 4 schreibt aber vor, daß auch die Berichte nebst ihren urkundlichen Unterlagen beizufügen sind und ferner die Bescheinigung, daß der Bericht der Prüfer bei der Industrie- und Handelskammer eingereicht ist.

Der Registerrichter hat die Befugnisse aus § 38 Abs. 2. Dieses Prüfungs- und Ablehnungsrecht ergibt sich aus der vorangegangenen Gründungsprüfung. Es wurde schon nach bisherigem Recht angenommen (s. die Voraufl.).

Für die Änderungen und Beseitigungen der Festsetzungen in der Satzung gelten über § 27 Abs. 4 die Abs. 4 und 5 des § 26.

Wegen näherer Einzelheiten wird auf die Erläuterungen zu den angeführten Vorschriften verwiesen.

Anm. 7

7. Verhältnis zu § 45

Neben § 206 ist *§ 52* nicht anzuwenden. Daß § 52 neben § 205 anwendbar ist, darüber Anm. 1 zu § 205. Die der Gründung entsprechenden Sicherungen machen die der Nachgründung entbehrlich. Wohl aber ist § 52 anwendbar, wenn trotz der Voraussetzungen des § 206 *nicht* nach dessen Vorschriften gehandelt und die Eintragung der Durchführung abgelehnt worden oder durch die Eintragung der Sacheinleger wider Willen zum Bareinleger geworden ist (Anm. 5). Ein Anwendungsfall ergibt sich auch dann, wenn der Vorstand den Erlös aus der Aktienausgabe für eine Sachübernahme verwendet (Godin-Wilhelmi 3). Die früher getroffenen Vereinbarungen schließen nach § 52 Abs. 10 die Wirksamkeit der Sachübernahme nicht aus.

Vierter Unterabschnitt

Kapitalerhöhung aus Gesellschaftsmitteln

Vorbemerkung zu den §§ 207 bis 220

I. Die Entwicklung der Kapitalerhöhung aus Gesellschaftsmitteln

1. Die Zeit vor dem KapErhG

Die Kapitalerhöhung aus Gesellschaftsmitteln — auch *nominelle Kapitalerhöhung* oder *Kapitalberichtigung* genannt — hat im deutschen Gesellschaftsrecht eine etwas mühsame Entwicklung durchgemacht. Bis zum Beginn des zweiten Weltkriegs war es herrschende Ansicht und Rechtsprechung (RGZ 107, S. 168; 108, S. 31; RFH 4, S. 227; 11, S. 157; 28, S. 326; 38, S. 154; 46, S. 227), daß die Kapitalerhöhung aus Gesellschaftsmitteln als effektive Kapitalerhöhung zu behandeln ist. Im Anschluß an die Rechtsprechung des Reichsfinanzhofs wurde die Kapitalberichtigung als sogenannte *Doppelmaßnahme* bezeichnet, die darin bestand, daß die Kapitalerhöhung aus Gesellschaftsmitteln in zwei Vorgänge zerlegt wurde, nämlich in die Ausschüttung von Gewinn an die Aktionäre und in die Wiedereinziehung dieses Gewinns in Verrechnung auf die Einlageverpflichtung der Aktionäre für den Bezug der neuen Aktien, wobei dann der als Einlage eingebrachte Anspruch des Aktionärs auf den ausgeschütteten Gewinn als Sacheinlage behandelt wurde. Diese Ansicht hatte wichtige gesellschaftsrechtliche und steuerrechtliche Folgen. Vor allem stand den Aktionären zwingend ein Wahlrecht zu, ob sie die Bardividende oder die Gratisaktie in Anspruch nehmen wollten. Außerdem unterlag die Gewinnausschüttung der Einkommen- und Kapitalertragsteuer, die Schaffung der neuen Anteilsrechte der Kapitalverkehrsteuer. Ob der Streit um diese Konstruktion lediglich ein Scheinproblem darstellte, kann hier offen bleiben; immerhin war man sich seinerzeit der Alternative bewußt, wollte aber wegen der Rechtsfolgen davon absehen, in dem Vorgang eine reine Buchoperation zu sehen (vgl. Brodmann, § 279 HGB, Anm. 2c). Außerdem wurde die moderne Art der Kapitalerhöhung in verschiedenen Einzelgesetzen berücksichtigtigt (vgl. etwa VO über Goldbilanzen vom 28. 12. 1923; DividendenVO vom 12. 6. 1941; D-Markbilanzergänzungsgesetz vom 28. 12. 1950).

Der Angriff auf die herrschende Lehre und Rechtsprechung erfolgte durch v. Godin (AcP 145 [1939], S. 69) und später namentlich von Rauch (Kapitalerhöhung aus Gesellschaftsmitteln, 1941). Es folgte ein grundsätzlicher Wandel der Rechtsauffassung, wenn auch mangels gesetzlicher Grundlage im einzelnen manches streitig blieb (vgl. dazu die ausführliche Darlegung von Robert Fischer, 2. Auflage, § 150 AktG 1937, Anm. 9ff).

2. Das KapErhG

Das Gesetz über die Kapitalerhöhung aus Gesellschaftsmitteln vom 23. 12. 1959 brachte den langjährigen Streit über diese Form der Kapitalerhöhung zu einem sachgerechten Abschluß. Im Unterschied zu der von der Rechtsprechung vertretenen Auffassung, es handele sich bei dieser Kapitalerhöhung um eine Doppelmaßnahme, sah das Gesetz darin einen *einheitlichen Vorgang*, bei dem ausschüttungsfähiges, freies Kapital in dauernd gebundenes, von der Ausschüttung ausgeschlossenes Grundkapital umgewandelt wird. Das Gesetz betrachtete diesen Vorgang als einen rein bilanzmäßigen Vorgang. Die eigentliche Bedeutung des Gesetzes lag namentlich darin, daß es den Weg für diese Form der Kapitalerhöhung freilegte und Bedenken gegen die Zulassung einer solchen Kapitalerhöhung ohne gesetzliche Regelung ausräumte. Da die Kapitalerhöhung aus Gesellschaftsmitteln das Gewinnrecht des Aktionärs beschneidet, wird man sagen müssen, daß das Gesetz handelsrechtlich notwendig war.

Nach der amtlichen Begründung wollte der Gesetzgeber zunächst durch die Zulassung der Kapitalerhöhung aus Gesellschaftsmitteln unmittelbar gestaltend auf den Kapitalmarkt einwirken, indem er dabei drei Ziele ins Auge faßte. Er wollte durch diese gesetzliche Regelung das Angebot an Aktien erhöhen, die überhöhten Aktienkurse drücken und außerdem die Festsetzung einer sachgerechten Dividende ermöglichen. In dieser *kapitalmarktpolitischen* Bedeutung erschöpfte sich jedoch die Zielsetzung des Gesetzes keineswegs, sie war gewissermaßen nur das Mittel für den allgemeinen Zweck, neue Bevölkerungsschichten an den Kapitalmarkt heranzuführen und damit in der Hand der kleinen und mittleren Sparer die *Eigentumsbildung zu fördern*. Ob diese Ziele tatsächlich erreicht wurden, kann hier nicht untersucht werden. Sicher haben jedenfalls auch die Wünsche der Unternehmen, die *Selbstfinanzierung zu erleichtern*, bei dem Erlaß des Gesetzes eine Rolle gespielt. Das kommt deutlicher noch in der Änderung des Steuerrechts zum Ausdruck. Durch das Gesetz über steuerrechtliche Maßnahmen bei der Erhöhung des Nennkapitals aus Gesellschaftsmitteln vom 30. 12. 1959 (BGBl. I S. 834) in der Fassung der Bekanntmachung vom 10. 10. 1967 (BGBl. I S. 977) wurde die Theorie von der sog. Doppelmaßnahme auch und vor allem in steuerrechtlicher Hinsicht aufgegeben. Nach § 1 dieses Gesetzes unterliegt der Erwerb der neuen Aktien nicht den Steuern vom Einkommen und Ertrag. Es werden keine Kapitalverkehrssteuern erhoben. Damit wurden die steuerlichen Hemmnisse beseitigt, die durch die alte Rechtsprechung des Reichsfinanzhofs und des Bundesfinanzhofs (BFH, BStBl. 1957 III S. 401 = BB 1957, S. 1098) gegenüber der Kapitalerhöhung aus Gesellschaftsmitteln errichtet worden waren.

3. Die Neuregelung in den §§ 207ff.

Das Aktiengesetz 1965 hat die Vorschriften des ersten Abschnitts des KapErhG, soweit sie die Aktiengesellschaft betreffen, in dem Gesetz selbst als eine Maßnahme der Kapitalbeschaffung aufgenommen. Robert Fischer (2. Auflage, Anhang I, Vorbemerkungen, Anm. 1) und Wilhelmi (v. Godin-Wilhelmi, Anm. 2) halten diese Einordnung für bedenklich, weil es sich bei der Kapitalerhöhung aus Gesellschaftsmitteln zwar formal um eine Änderung der Grundkapitalziffer, niemals aber um eine Maßnahme der Kapitalbeschaffung handeln könne. Auf der andern Seite wird jedoch das Grundkapital zweifellos verändert; praktische Folgen hat der Streit nicht, da es keine allgemeinen Vorschriften für sämtliche Maßnahmen der Kapitalbeschaffung gibt. Daß die Vorschriften über die Kapitalerhöhung gegen Einlagen — soweit das Gesetz dies nicht vorschreibt — weder unmittelbar noch mittelbar für eine Kapitalerhöhung aus Gesellschaftsmitteln gelten, ist unbestritten.

II. Das Wesen der Kapitalerhöhung aus Gesellschaftsmitteln

Die §§ 207ff. behandeln die Kapitalerhöhung aus Gesellschaftsmitteln als *bilanzmäßigen Passivtausch*: bereits vorhandenes Eigenkapital der Aktiengesellschaft wird in gebundenes Grundkapital umgewandelt. Das Besondere dieser Kapitalerhöhung besteht darin, daß der Gesellschaft von außen kein neues Kapital zugeführt wird; es werden lediglich im Gesellschaftsvermögen vorhandene Rücklagen für die Erhöhung des Grundkapitals herangezogen; sie werden aufgelöst und in der Bilanz als Grundkapital ausgewiesen. Bei der Kapitalerhöhung aus Gesellschaftsmitteln ist die Vermehrung des Eigenkapitals schon vor dem Erhöhungsbeschluß eingetreten; durch diesen Beschluß wird nunmehr das Grundkapital dem bereits vorhandenen Vermögen der Gesellschaft ganz oder teilweise angeglichen, das Eigenkapital also lediglich umgeschichtet. Die Bezeichnung nominelle Kapitalerhöhung gibt diesem Sachverhalt einen sinnfälligen Ausdruck. Sie ist mit der vereinfachten Kapitalherabsetzung nach den §§ 229ff. verwandt, da es sich in beiden Fällen nur um eine Kapitalangleichung handelt (vgl. v. Godin, AcP 145, S. 69, 86; ders., ZAkDR 1942, S. 283; Würdinger, Aktien- und Konzernrecht, S. 184). Selbstverständlich handelt es sich jedoch um mehr als eine Bilanzierungsmaßnahme. Wenn auch dem Unternehmen kein Eigenkapital zugeführt wird, so werden doch neue Mitgliedstellen geschaffen und damit wird eine Satzungsänderung erforderlich. Außerdem stellt jede Kapitalerhöhung aus Gesellschaftsmitteln eine Änderung der Zweckbestimmung von Teilen des Gesellschaftsvermögens dar; ausschüttungsfähiges Kapital, auf das jeder Aktionär einen potentiellen Gewinnbeteiligungsanspruch hat, wird zu endgültig gebundenem Gesellschaftskapital, das während des Bestehens der Gesellschaft ohne Kapitalherabsetzung nicht mehr zur Ausschüttung gelangen kann. Deshalb hat die Hauptversammlung die alleinige Zuständigkeit, Rücklagen aufzulösen und in gebundenes Sperrkapital umzuwandeln, auch wenn sie im übrigen nicht über die Bilanzfeststellung, sondern nur über die Verwendung des Bilanzgewinns beschließen darf. Die bei dem Kapitalerhöhungsbeschluß überstimmten Aktionäre erhalten in Zukunft wenigstens einen Anspruch darauf, daß sie ihr Vermögen der Gesellschaft auf die Dauer nicht „unentgeltlich", sondern verzinst zur Verfügung stellen müssen (vgl. Gessler, BB 1960, S. 6, 7).

Aus dieser Beurteilung durch den Gesetzgeber folgt, daß die Aktionäre einen unabdingbaren Anspruch auf die neuen Aktien haben, die durch die nominelle Erhöhung des Grundkapitals geschaffen werden. Ihnen stehen die neuen Aktien im Verhältnis ihrer Anteile am bisherigen Grundkapital *zwingend* zu, weil sie an den offen ausgewiesenen und nunmehr im Grundkapital umgewandelten Rücklagen schon bisher in diesem Verhältnis beteiligt waren (vgl. dazu unten § 212, Anm. 2). Aus der geschilderten Behandlung der Kapitalerhöhung aus Gesellschaftsmitteln ergeben sich namentlich auch die wesentlichen Unterschiede zu der in den §§ 182ff. geregelten effektiven Kapitalerhöhung. Es erklärt sich daraus, daß die Aktionäre bei der Kapitalerhöhung aus Gesellschaftsmitteln kein Bezugsrecht im Sinne des § 186 haben, und daß es bei der Kapitalerhöhung aus Gesellschaftsmitteln keiner *Durch*führung (§§ 185ff.), sondern nur einer *Aus*führung (vgl. dazu § 214, Anm. 1) bedarf. Über weitere Unterschiede vgl. auch unten § 207, Anm. 5ff.

Die Behandlung der Kapitalerhöhung aus Gesellschaftsmitteln durch das Gesetz schließt nicht aus, daß die Gesellschafter — wenn sie dies wünschen — eine Doppelmaßnahme beschließen können. Es wird dann die Ausschüttung von Gewinn an die Aktionäre beschlossen, ihnen gleichzeitig ein Bezugsrecht auf die neu geschaffenen Aktien eingeräumt und die Wiedereinzahlung des Gewinns in Verrechnung auf die Einlageverpflichtung der Aktionäre vorgesehen. Ob die Gesellschafter an einem derartigen Vorgehen gesellschaftsrechtlich oder steuerrechtlich interessiert sind, kann nur im Einzelfall entschieden werden; unzulässig ist ein derartiges Vorgehen jedenfalls nicht. Die rechtliche Beurteilung erfolgt nach den §§ 182ff.

III. Die Ziele der Kapitalerhöhung aus Gesellschaftsmitteln

Die Umwandlung von Rücklagen in Aktienkapital dient in erster Linie dazu, den Prozeß einer *Selbstfinanzierung* der Aktiengesellschaft abzuschließen. Die Liquidität des Unternehmens wird nicht geschmälert, trotzdem kann die Verwaltung zur „Aktionärspflege" den Gesellschaftern Vermögenswerte zur Verfügung stellen, die diese ihrerseits liquidieren können. Man verbindet also wirtschaftlich die endgültige Einbehaltung erzielter Gewinne mit einer Ausschüttung von Zusatz- oder Gratisaktien *(stock dividends)* an die Gesellschafter. Den Aktionären kommt außerdem zugute, daß die Dividende unter Umständen in gleicher Höhe weiter gezahlt werden kann und daß das Gesamtvolumen des Werts aller Aktien erfahrungsgemäß stets — wenn auch vielleicht nicht proportional — ansteigt, obwohl dem Unternehmen kein neues Vermögen zugeführt wird. Zweitens kann die Kapitalerhöhung aus Gesellschaftsmitteln dazu dienen, die *Marktgängigkeit* der Aktien zu erhöhen und der Verwaltung einen größeren Spielraum ihrer Dividendenpolitik einzuräumen, weil der Dividendensatz nominell gesenkt und gleichzeitig real erhöht werden kann. Der farblose Ausdruck „Kapitalberichtigung" gibt deshalb die innergesellschaftlichen Ziele der Kapitalerhöhung aus Gesellschaftsmitteln nicht zutreffend wieder.

Das KapErhG und damit die §§ 207ff. sollten auch das gesellschaftspolitische Mittel darstellen, neue Bevölkerungsschichten an den Kapitalmarkt heranzuführen und damit in der Hand der kleinen und mittleren Sparer die *Eigentumsbildung zu fördern*. Eine Studie von Berndsen und Karres (Berichtigungsaktien, 1961) hat die Frage, ob die Berichtigungen im Jahr 1960 auf eine möglichst breite Vermögensverteilung gewirkt haben, trotz des unvollständigen Zahlenmaterials mit: nein beantwortet (S. 36). Neuere Untersuchungen fehlen; es ist jedoch schwer vorstellbar, daß allein die Möglichkeit der Umwandlung von Rücklagen zur Vermögensverteilung beiträgt.

IV. Das Verhältnis der Kapitalerhöhung aus Gesellschaftsmitteln zu anderen Formen der Kapitalerhöhung

Beitzke hat sich in seinem Beitrag zur Festschrift für Alfred Hueck (1959, S. 295) für eine Typenvermischung bei der Kapitalerhöhung aus Gesellschaftsmitteln eingesetzt und zwar in der Weise, daß durch einen Kapitalerhöhungsbeschluß eine Kapitalerhöhung gegen Einlagen zusammen mit einer Kapitalerhöhung aus Gesellschaftsmitteln beschlossen werden kann. Als Möglichkeiten einer solchen kombinierten Kapitalerhöhung nennt er einen Beschluß, nach dem 90% der beschlossenen Kapitalerhöhung den Rücklagen entnommen, der Rest von 10% in bar eingezahlt werden soll. Als weitere Möglichkeit nennt er einen Beschluß, durch den eine Kapitalerhöhung gegen Einlagen beschlossen wird, auf die 25% sofort in bar eingezahlt werden, der Rest dann später den freien Rücklagen entnommen wird (vgl. auch RFH 11, S. 157). Ferner hält Beitzke auch eine Kapitalerhöhung aus Gesellschaftsmitteln in der Weise für möglich, daß die Mittel dafür erst in der Zukunft aus Gewinnen der Gesellschaft zurückgestellt werden sollen. Im ausländischen Recht sind derartige Systemverbindungen bekannt und allgemein üblich.

Die Begründung zum Regierungsentwurf wendet sich gegen eine derartige Typenvermischung. „Es besteht Anlaß, darauf hinzuweisen, daß der Entwurf in der Kapitalerhöhung gegen Einlagen und in der Kapitalerhöhung aus Gesellschaftsmitteln zwei rechtlich und wirtschaftlich ganz verschiedene Vorgänge sieht. Beide Vorgänge sind durch eine Reihe von Vorschriften hinreichend genau geregelt. Jede Typenvermischung, etwa eine Verbindung von gewöhnlicher Kapitalerhöhung gegen Einlagen mit einer Kapitalerhöhung aus Gesellschaftsmitteln in einem Beschluß oder ein „genehmigtes Kapital aus Gesellschaftsmitteln“, ist daher nach der Vorstellung des Entwurfs unzulässig. Die Unzulässigkeit ergibt sich auch daraus, daß solche Mischformen ohne Verletzung zwingender Vorschriften aus dem Bereich der einen oder anderen Form der Kapitalerhöhung nicht möglich sind“ (vgl. Kropff, AktG [1965], S. 309).

Für die praktische Rechtsanwendung, insbesondere durch die Gerichte, erst recht für die wissenschaftliche Beurteilung ist ein Verbot, das nur in der Begründung zu einem Gesetz enthalten ist, sicherlich ohne jede Bedeutung; ein solches Verbot müßte schon, wenn es verbindlich sein soll, im Gesetz selbst Aufnahme finden. Man kann sich daher gegenüber den Vorschlägen von Beitzke und gegenüber der ausländischen Praxis nur fragen, ob sie mit den Vorschriften des geltenden Gesetzes in Einklang gebracht werden können. Diese Frage wird von der herrschenden Meinung bisher verneint (vgl. Robert Fischer, 2. Auflage, Anhang I, Vorbemerkungen, Anm. 4; Gessler, DNotZ 1960, S. 626). Gegenüber einer Kombination von Kapitalerhöhung gegen Einlagen mit einer Kapitalerhöhung aus Gesellschaftsmitteln ist die entscheidende Schwierigkeit die, daß einerseits kein Aktionär gezwungen werden kann, sich an einer Kapitalerhöhung gegen Einlagen zu beteiligen, und daß andererseits jedem Aktionär die bei einer Kapitalerhöhung aus Gesellschaftsmitteln auf ihn entfallenden Berichtigungsaktien nach § 212 unmittelbar zustehen. Diese gesetzliche Regelung zeigt eine gewisse Unverträglichkeit der Kombination. Man kann sich dieser gesetzlichen Regelung nicht, wie Beitzke (a. a. O., S. 300, Anm. 20) vorschlägt, dadurch entziehen, daß man für diesen Fall dem einzelnen Aktionär entgegen der klaren Bestimmung des § 212 nur ein Bezugsrecht auf die Berichtigungsaktien zuspricht. Das ist keine gesetzestreue Rechtsanwendung mehr. Auch die Zulässigkeit einer Kapitalerhöhung aus Gesellschaftsmitteln, bei der die Mittel erst allmählich aus Gewinnen der Gesellschaft zurückgestellt werden sollen, scheitert wohl an dem klaren Wortlaut des Gesetzes. Nach § 208 müssen die Rücklagen, die in Grundkapital umgewandelt werden sollen, in der dem Erhöhungsbeschluß zugrunde gelegten Bilanz *ausgewiesen*, also *vorhanden* sein. Diese Bestimmung kann man nicht dadurch beiseite schieben, daß man demgegenüber Bestimmungen über das genehmigte Kapital heranzieht und sagt, daß die Rücklagen erst in der Bilanz ausgewiesen werden müssen, wenn der Vorstand wie beim genehmigten Kapital die Kapitalerhöhung vornimmt. Eine solche Befugnis zur Vornahme der Kapitalerhöhung läßt sich für den Vorstand bei einer Kapitalerhöhung aus Gesellschaftsmitteln aus dem Gesetz nicht begründen. *Zulässig ist es jedoch, gleichzeitig mit einer Kapitalerhöhung gegen*

Einlagen eine Kapitalerhöhung aus Gesellschaftsmitteln zu beschließen. Dabei handelt es sich dann um zwei verschiedene Beschlüsse, die selbständig zu beurteilen und durchzuführen sind. Die Wirksamkeit des einen Beschlusses kann nicht von der Durchführbarkeit des anderen Beschlusses abhängig gemacht werden.

V. Der Anwendungsbereich der §§ 207ff.

Für die Anwendung der §§ 207ff. ist es im allgemeinen ohne Bedeutung, welchen Gegenstand die jeweils in Frage stehende Aktiengesellschaft hat. Das ist jedoch anders, wenn sich aus der besonderen gesetzlichen Regelung für eine solche Gesellschaft etwas Abweichendes ergibt. So wird die Zulässigkeit einer Kapitalerhöhung aus Gesellschaftsmitteln bei *gemeinnützigen Wohnungsunternehmen,* auch wenn sie in Form einer Aktiengesellschaft betrieben werden, mit Recht verneint (Preissler, DNotZ 1960, S. 594; vgl. dazu auch die Stellungnahme der Steuerreferenten der Obersten Finanzbehörden des Bundes und der Länder in: Betrieb 1960, S. 937 und 1168). Denn eine Kapitalerhöhung aus Gesellschaftsmitteln würde hier den Besonderheiten der gemeinnützigen Wohnungsunternehmen widersprechen, bei denen die Gesellschafter nicht in vollem Umfang an den Vermögensverhältnissen der Gesellschaft beteiligt sind.

Ferner wird es in aller Regel so sein, daß eine Kapitalerhöhung aus Gesellschaftsmitteln bei einer *aufgelösten,* aber noch nicht abgewickelten Aktiengesellschaft nicht mehr zulässig ist (vgl. Gessler, WM Sonderbeilage 1/1960, S. 12), denn eine solche Kapitalerhöhung wird wohl stets mit dem Zweck der Abwicklung in Widerspruch stehen und aus diesem Grunde nicht zugelassen werden können.

§ 207 Voraussetzungen

(1) Die Hauptversammlung kann eine Erhöhung des Grundkapitals durch Umwandlung von offenen Rücklagen in Grundkapital beschließen.

(2) Für den Beschluß und für die Anmeldung des Beschlusses gelten § 182 Abs. 1 Satz 1, 2 und 4, § 184 Abs. 1 sinngemäß.

(3) Die Erhöhung kann erst beschlossen werden, nachdem der Jahresabschluß für das letzte vor der Beschlußfassung über die Kapitalerhöhung abgelaufene Geschäftsjahr (letzter Jahresabschluß) festgestellt ist.

(4) Dem Beschluß ist eine Bilanz zugrunde zu legen.

Literatur zu den §§ 207—220

Geißmar, Unter welchen Voraussetzungen kann der das gesetzliche Minimum übersteigende Betrag des Reservefonds ausgeschüttet und zur Erhöhung des Actienkapitals verwendet werden?, HoldheimM 1902, S. 10; *Horster,* Die Erhöhung des Aktienkapitals einer Aktiengesellschaft unter Verwendung des freiwilligen Reservefonds, Diss. Jena 1910; *Steinberg,* Die Gratisaktie, Diss. Köln 1933; *v. Godin,* Ist die Ausgabe von Gratisaktien eine Gewinnausschüttung?, AcP 145 (1939), S. 69; *Küsters,* Gratisaktien im Aktien- und Steuerrecht, BankA 1941, S. 269; *Wieacker,* DR 1940, S. 1823 (Besprechung von Rauch, Kapitalerhöhung aus Gesellschaftsmitteln); *Rauch,* Kapitalerhöhung aus Gesellschaftsmitteln, 3. Aufl., Graz 1947/50; *Baier,* Steuerpflicht bei Kapitalerhöhung aus offenen Rücklagen, BB 1953, S. 409; *Friedrich,* Kapitalerhöhung aus Gesellschaftsmitteln — Ein Vorschlag zur Gesetzesänderung im Zuge der Steuerreform, BB 1954, S. 845; *Zintzen,* Kapitalerhöhung aus Gesellschaftsmitteln, GmbHRdsch. 1954, S. 33; *Schreiber,* Kapitalerhöhung durch Übernahme neuer Stammeinlagen seitens der GmbH, GmbHRdsch. 1955, S. 17; *Kuhn,* Die Kapitalerhöhung aus eigenen Mitteln, WM 1956, S. 1366; *Döllerer,* Kapitalerhöhung aus Gesellschaftsmitteln, DB 1957, S. 373, 397; *Gottschling,* Zur Kapitalerhöhung aus Gesellschaftsmitteln, GmbHRdsch. 1957, S. 194; *Grieger,* Gedanken zur steuerrechtlichen Behandlung der Kapitalerhöhung aus Gesellschaftsmitteln, WM 1957, S. 1382; *Morgner,* Die handelsrechtliche Bewertung von Gratisaktien, BB 1957, S. 1117; *Schilling,* Die Kapitalerhöhung aus Gesellschaftsmitteln nach Gesellschafts- und Steuerrecht, BB 1957, S. 373; *Zintzen,* Gesetzliche Regelung für

Kapitalerhöhungen aus Gesellschaftsmitteln in Sicht, GmbHRdsch. 1958, S. 70; *Beitzke*, Kapitalerhöhung teilweise oder stufenweise aus Gesellschaftsmitteln, Festschrift für A. Hueck, 1959, S. 295; *Börnstein*, „Kleine Aktienrechtsreform" vom Bundestag verabschiedet, DB 1959, S. 1349; *Döllerer*, Kapitalerhöhung aus Gesellschaftsmitteln nach dem Referentenentwurf eines Aktiengesetzes, DB 1959, S. 367; *Boesebeck*, Die Behandlung von Vorzugsaktien bei Kapitalerhöhungen aus Gesellschaftsmitteln, DB 1960, S. 404; *ders.*, Vorstands- und Aufsichtsratstantiemen bei Kapitalerhöhungen aus Gesellschaftsmitteln, DB 1960, S. 139; *Forster-Müller*, Die umwandelbaren Rücklagen bei der Kapitalerhöhung aus Gesellschaftsmitteln, AG 1960, S. 83; *Geßler*, Das Gesetz über Kapitalerhöhungen aus Gesellschaftsmitteln und über die Gewinn- und Verlustrechnung, WM Sonderbeilage 1/1960; *ders.*, Die Kapitalerhöhung aus Gesellschaftsmitteln, BB 1960, S. 6; *ders.*, Zweifelsfragen aus dem Recht der Kapitalerhöhung aus Gesellschaftsmitteln, DNotZ 1960, S. 619; *Schippel*, Fragen der Kapitalerhöhung aus Gesellschaftsmitteln, DNotZ 1960, S. 353; *Stein*, Technische Durchführung einer Kapitalerhöhung aus Gesellschaftsmitteln bei Aktiengesellschaften, WM 1960, S. 243; *Steinberg*, Die Kapitalerhöhung aus Gesellschaftsmitteln im Steuerrecht, BB 1960, S. 90; *Veith*, Kapitalerhöhung aus Gesellschaftsmitteln, DB 1960, S. 109; *Wilhelmi*, Kapitalerhöhung aus Gesellschaftsmitteln, NJW 1960, S. 169; *Wilhelmi-Friedrich*, Kleine Aktienrechtsreform (Nachtrag zu v. Godin-Wilhelmi, Kommentar zum Aktiengesetz, 2. Aufl. 1950), 1960; *Zintzen-Halft*, Kommentar zu den Gesetzen über die Kapitalerhöhung aus Gesellschaftsmitteln, 1960; *Berndsen-Karres*, Berichtigungsaktien 1960, 1961; *Brönner*, Kapitalerhöhung aus Gesellschaftsmitteln, 2. Aufl., 1961; *v. Burchard*, Die Zweckbestimmung freier Rücklagen — Ein Beitrag zur Kapitalerhöhung aus Gesellschaftsmitteln, BB 1961, S. 1186; *Thiel*, Die Pauschsteuer bei Wiederherabsetzung des zuvor aus Gesellschaftsmitteln erhöhten Nennkapitals einer Kapitalgesellschaft, BB 1961, S. 1004; *Büschgen*, Sonderformen der Eigenkapitalfinanzierung deutscher Aktiengesellschaften, AG 1964, S. 271, 300; *Henkel*, Die Problematik der Gratisaktien und ihre Bedeutung für den Kapitalmarkt, Diss. Tübingen 1964; *Doehlert*, Erhöhungen des Nennkapitals aus Gesellschaftsmitteln bei Aktiengesellschaften seit dem 1. Januar 1966, BB 1966, S. 109; *Leibrecht*, Erhöhung des Nennkapitals aus Gesellschaftsmitteln bei Aktiengesellschaften seit dem 1. Januar 1966, BB 1966, S. 238; *Schlums-Koch*, Kapitalerhöhung aus Gesellschaftsmitteln bei der GmbH, GmbHRdsch. 1966, S. 47; *Eckart*, Die Ausstattung der neuen Aktien bei einer Kapitalerhöhung aus Gesellschaftsmitteln, BB 1967, S. 99; *Rado-Killius*, Kapitalerhöhung aus Gesellschaftsmitteln in den Vereinigten Staaten — Ein Vergleich, AG 1969, S. 290.

Übersicht

Einleitung

§ 207 ist an die Stelle des § 1 KapErhG getreten, soweit dieser die Aktiengesellschaft betraf. Die Vorschrift des § 1 Abs. 3 des Kapitalerhöhungsgesetzes, wonach über die Erhöhung des Nennkapitals erst beschlossen werden kann, wenn über die Verteilung des Reingewinns des abgelaufenen Geschäftsjahres Beschluß gefaßt ist, hat jedoch in § 207 keine Entsprechung. Da nach § 174 Abs. 3 der Gewinnverwendungsbeschluß nicht zu einer Änderung des festgestellten Jahresabschlusses führt, können weitere, durch den Gewinnverwendungsbeschluß gebildete Rücklagen nicht mehr in der dem Erhöhungsbeschluß zugrunde liegenden Jahresbilanz unter „Offene Rücklagen" ausgewiesen und in Grundkapital umgewandelt werden (vgl. § 208). Damit besteht aber auch keine Notwendigkeit mehr, den Gewinnverwendungsbeschluß vor dem Beschluß über die Erhöhung des Grundkapitals zu fassen.

Während § 1 Abs. 2 KapErhG für den Erhöhungsbeschluß uneingeschränkt auf die Vorschrift des § 149 Abs. 1 AktG 1937 verwies, sollen nach dem Wortlaut des § 207 Abs. 2 nur die Sätze 1, 2 und 4 des § 182 Abs. 1 gelten, nicht aber dessen Satz 3. Es dürfte sich hier um einen aus der Entstehungsgeschichte der §§ 182, 207 erklärbaren Redaktionsfehler handeln (vgl. Baumbach-Hueck, Rdn. 1). Vor allem im Hinblick auf die allgemeine Bestimmung des § 179 Abs. 2 ist nicht einzusehen, warum die Satzung für den Kapitalerhöhungsbeschluß zwar eine andere Kapitalmehrheit, nicht aber entsprechend § 182 Abs. 1 Satz 3 weitere Erfordernisse aufstellen können soll.

I. Die Zulässigkeit der Kapitalerhöhung aus Gesellschaftsmitteln

Anm. 1

Der wesentliche Grundgedanke des Gesetzes geht dahin, daß in § 207 Abs. 1 das Gesetz einer satzungsändernden Mehrheit der Gesellschafter die Erlaubnis erteilt, eine bilanzmäßige Umschichtung des Eigenkapitals vorzunehmen. Infolge der Umbuchung von offen ausgewiesenen Rücklagen in Nennkapital ändert sich lediglich auf der Passivseite der Bilanz die Zusammensetzung des Gesellschaftsvermögens. Die Kapitalerhöhung aus Gesellschaftsmitteln ist eine nominelle Kapitalerhöhung, bei der der Gesellschaft kein neues Kapital von außen zugeführt wird. Damit gestattet der Gesetzgeber eine gesellschaftsrechtlich weitreichende Maßnahme, die ohne gesetzliche Grundlage früher nur durch gleichzeitige Ausschüttung von Gewinnen und Wiedereinlage durch die Aktionäre erreicht werden konnte (vgl. dazu oben Vorbemerkung, 1). Das Gesetz zieht aus dieser Beurteilung die Folgerung, daß die Aktionäre einen unabdingbaren Anspruch auf die neuen Aktien haben, die durch die nominelle Erhöhung des Nennkapitals geschaffen werden. Ihnen stehen die neuen Aktien im Verhältnis ihrer Anteile am bisherigen Grundkapital zwingend zu, weil sie an den offen ausgewiesenen und nunmehr in Grundkapital umgewandelten Rücklagen schon bisher in diesem Verhältnis beteiligt waren.

Aus dieser Rechtslage ergeben sich namentlich auch wesentliche Unterschiede zu der in den §§ 182ff. geregelten ordentlichen Kapitalerhöhung durch Zuführung neuen Kapitals (zu der sog. effektiven Kapitalerhöhung). Aus diesem Unterschied erklärt sich, daß die Aktionäre bei der Kapitalerhöhung aus Gesellschaftsmitteln kein Bezugsrecht im Sinne des § 186 haben, und daß es bei der Kapitalerhöhung aus Gesellschaftsmitteln keiner *Durch*führung (§§ 185ff.), sondern nur einer *Aus*führung (vgl. § 214) bedarf.

Wenn § 207 ebenso wie § 1 KapErhG eine Kapitalerhöhung durch *Umwandlung von offenen Rücklagen* zuläßt, wird gleichzeitig zum Ausdruck gebracht, daß ein Gewinn oder ein Gewinnvortrag nicht sofort in Grundkapital umgewandelt werden kann. Das bestätigt § 208 Abs. 1, wenn er verlangt, daß die Rücklagen bereits in der letzten Jahresbilanz unter „Offene Rücklagen" ausgewiesen sein müssen (vgl. dazu unten Anm. 3 sowie die Erläuterungen zu § 208).

II. Die formellen Voraussetzungen für die Erhöhung des Grundkapitals

Anm. 2

1. Allgemeine Voraussetzungen

§ 207 Abs. 3 und 4 stellen einige Voraussetzungen auf, die vorliegen müssen, damit ein Beschluß über die Erhöhung des Grundkapitals überhaupt gefaßt werden kann. Diese Voraussetzungen sind zwingend, sie sind im öffentlichen Interesse aufgestellt und dienen namentlich dem Schutz der Gesellschaftsgläubiger. Sie sollen in Verbindung mit den sachlichen Voraussetzungen für den Erhöhungsbeschluß (§§ 208ff.) sicherstellen, daß die Gesellschaft das Vermögen *real besitzt*, das in der erhöhten Grundkapitalziffer genannt wird. Daraus ergibt sich, daß eine Verletzung der Vorschriften des § 207 Abs. 3 und 4 nach § 241 Nr. 3 die Nichtigkeit des Erhöhungsbeschlusses zur Folge hat. Der Registerrichter hat die Eintragung eines solchen Erhöhungsbeschlusses abzulehnen; einer Anfechtung des Beschlusses bedarf es in diesem Fall nicht.

§ 207 Abs. 3 bestimmt, in welchem Zeitpunkt der Erhöhungsbeschluß gefaßt werden kann; er stellt eine zeitliche Reihenfolge auf, in die sich der Erhöhungsbeschluß einfügen muß. Darüber hinaus legt Abs. 4 fest, daß dem Erhöhungsbeschluß stets eine Bilanz zugrunde zu legen ist.

Anm. 3

2. Die Feststellung der Jahresbilanz

a) Der Beschluß über die Kapitalerhöhung aus Gesellschaftsmitteln kann nach Abs. 3 nur gefaßt werden, wenn zuvor der Jahresabschluß für das letzte vor der Beschlußfassung abgelaufene Geschäftsjahr festgestellt ist. Die Feststellung des Jahresabschlusses erfolgt im gesetzlichen Regelfall nach § 172 durch Vorstand und Aufsichtsrat; an Stelle der Verwaltung kann nach § 173 Abs. 1 auch die Hauptversammlung zur Feststellung des Jahresabschlusses berufen sein. Die Feststellung des Jahresabschlusses setzt nach § 162 eine Prüfung der Jahresbilanz durch einen Abschlußprüfer voraus; ohne eine solche vorherige Prüfung kann die Jahresbilanz nicht festgestellt werden. § 207 Abs. 3 besagt nicht, daß zwischen der Feststellung des Jahresabschlusses und der Beschlußfassung über die Kapitalerhöhung ein bestimmter zeitlicher Zwischenraum liegen muß. Es ist daher zulässig, daß die Hauptversammlung, die den Jahresabschluß nach § 173 Abs. 1 selbst feststellt, anschließend über die Kapitalerhöhung beschließt. Es ist ebenso zulässig, daß erst eine zweite Hauptversammlung den Beschluß über die Kapitalerhöhung faßt. In diesem Fall ist die Vorschrift des § 209 Abs. 1 besonders zu beachten, wonach der Stichtag der festgestellten Jahresbilanz höchstens acht Monate vor der Anmeldung des Beschlusses zur Eintragung in das Handelsregister liegen darf. Ferner ist zu berücksichtigen, daß in diesem Fall nicht von der in § 217 Abs. 2 gegebenen Möglichkeit Gebrauch gemacht werden kann, da dann bereits vor dem Erhöhungsbeschluß ein Gewinnverwendungsbeschluß durch die vorangegangene Hauptversammlung gefaßt worden ist; in diesem Fall kann also nicht beschlossen werden, daß die neuen Aktien bereits am Gewinn des letzten vor der Beschlußfassung abgelaufenen Geschäftsjahres teilnehmen.

b) Abweichend von § 1 Abs. 3 KapErhG muß dem Kapitalerhöhungsbeschluß nicht ein Beschluß der Hauptversammlung über die Verwendung des im Jahresabschluß ausgewiesenen Bilanzgewinns vorausgehen (vgl. zur früheren Rechtslage Robert Fischer, 2. Auflage, Anhang I, § 1 KapErhG, Anm. 3). Da nach § 174 Abs. 3 der Gewinnverwendungsbeschluß nicht zu einer Änderung des festgestellten Jahresabschlusses führen kann, können auch die im Gewinnverwendungsbeschluß den offenen Rücklagen zugewiesenen Beträge erst in der folgenden Jahresbilanz unter den offenen Rücklagen ausgewiesen werden. Vor der Feststellung des nächsten Jahresabschlusses können sie auch dann nicht in Grundkapital umgewandelt werden, wenn dem Erhöhungsbeschluß eine besondere Bilanz (§ 209 Abs. 2) zugrunde gelegt wird (vgl. 208, Anm. 2 § 209, Anm. 5). Kann aber der im letzten Geschäftsjahr erzielte Gewinn nicht mehr sofort — wie nach bisherigem Recht — in Grundkapital umgewandelt werden, so besteht kein Anlaß, von der Hauptversammlung zu verlangen, vor der Kapitalerhöhung den Gewinnverwendungsbeschluß zu fassen (ebenso Baumbach-Hueck, Rdn. 1).

Eine *zwingende Reihenfolge* von Erhöhungsbeschluß und Gewinnverwendungsbeschluß schreibt jedoch § 217 Abs. 2 für den Fall vor, daß nach dem Kapitalerhöhungsbeschluß die neuen Aktien am Gewinn des letzten vor der Beschlußfassung abgelaufenen Geschäftsjahres teilnehmen sollen; eine derartige Beteiligung am Gewinn des bereits abgelaufenen Geschäftsjahres kommt in der Praxis häufig vor. Hier kann ein entsprechender Gewinnverwendungsbeschluß erst gefaßt werden, wenn zuvor die Erhöhung des Grundkapitals und seine Beteiligung am Gewinn des abgelaufenen Geschäftsjahres beschlossen worden war.

c) Die zeitliche Schranke des Abs. 3 ist *zwingendes Recht.* Ein dagegen verstoßender Beschluß ist nichtig, weil die Vorschrift das *Prinzip der realen Aufbringung des Grundkapitals* verwirklichen will und damit dem Gläubigerschutz und öffentlichen Interessen dient. Der Registerrichter darf einen Abs. 3 verletzenden Beschluß nicht eintragen.

Anm. 4

3. Die geprüfte Bilanz als Grundlage des Erhöhungsbeschlusses

Nach § 207 Abs. 4 muß dem Beschluß über die Erhöhung des Grundkapitals stets eine Bilanz zugrunde gelegt werden. Diese Vorschrift ist von elementarer Bedeutung; die dem Erhöhungsbeschluß zugrunde gelegte Bilanz soll im Interesse der Öffentlichkeit, namentlich der Gesellschaftsgläubiger, sicherstellen, daß in dem Gesellschaftsvermögen die Beträge auch tatsächlich vorhanden sind, um die das Grundkapital erhöht wird. Die Vorschrift sichert also den Grundsatz der realen Grundkapitalaufbringung, so wie das Gesetz bei der gewöhnlichen Kapitalerhöhung gegen Einlagen gewährleistet, daß der Erhöhungsbetrag tatsächlich aufgebracht wird. An die dem Erhöhungsbeschluß zugrunde gelegte Bilanz knüpfen sodann eine Reihe weiterer Vorschriften des Gesetzes an (§§ 208, 209, 210), die dem genannten Schutzzweck ebenfalls Rechnung tragen. Welche Bilanz im einzelnen als Grundlage des Erhöhungsbeschlusses in Betracht kommt, darüber gibt die Bestimmung des § 209 nähere Auskunft. Immer muß es sich dabei um eine Bilanz handeln, die den Vorschriften des Aktiengesetzes über die Gliederung der Jahresbilanz und über die Wertansätze in der Jahresbilanz (§§ 149, 151 ff.) entspricht, gleichgültig ob die letzte Jahresbilanz oder eine andere Bilanz dem Erhöhungsbeschluß zugrunde gelegt wird (§ 209 Abs. 2). Auch muß die Bilanz stets geprüft und von dem Prüfer mit einem Bestätigungsvermerk versehen sein.

III. Der Beschluß über die Erhöhung des Grundkapitals

Anm. 5

1. Der Beschluß als satzungsändernder Beschluß

Der Beschluß über die Erhöhung des Grundkapitals ist seinem Inhalt nach stets ein *satzungsändernder Beschluß*, weil er eine Änderung der Ziffer des Grundkapitals und damit eine Änderung der Satzung (§ 23 Abs. 3 Nr. 3) zum Gegenstand hat. Deshalb finden auf ihn die Vorschriften über die Satzungsänderung (§§ 179 ff.) Anwendung (anderer Ansicht Robert Fischer, 2. Auflage, Anhang I, § 1 KapErhG, Anm. 7). Dabei ist freilich zu beachten, daß die Kapitalerhöhung aus Gesellschaftsmitteln eine Satzungsänderung besonderer Art darstellt und daß die §§ 207 ff. weitgehend Sondervorschriften enthalten.

Anm. 6

2. Der Beschluß als Kapitalerhöhungsbeschluß

Statt auf die Vorschriften über die Satzungsänderung nach den §§ 179 ff. zu verweisen, verweist § 207 Abs. 2 — wenn auch sehr eingeschränkt — auf gewisse Vorschriften über die effektive Kapitalerhöhung. Die Kapitalerhöhung aus Gesellschaftsmitteln unterscheidet sich jedoch in vielfacher Hinsicht von der Kapitalerhöhung gegen Einlagen. So bedarf es bei der nominellen Kapitalerhöhung bei mehreren Gattungen von Aktien keines Sonderbeschlusses (§ 182 Abs. 2; vgl. dazu auch unten § 216, Anm. 3). Auch kommt eine Durchführung der Kapitalerhöhung nicht in Betracht, die Kapitalerhöhung aus Gesellschaftsmitteln ist vielmehr nur auszuführen (vgl. dazu unten § 214). Des weiteren besteht insoweit ein entscheidender Unterschied, als bei der effektiven Kapitalerhöhung die Aktionäre nur ein — zudem ausschließbares — Bezugsrecht haben, während bei der Kapitalerhöhung aus Gesellschaftsmitteln die neuen Aktien den Aktionären im Verhältnis ihrer Anteile am bisherigen Grundkapital ohne weiteres und zwingend zustehen (§ 212). Dieser Unterschied wirkt sich auch auf die Rechtsstellung Dritter aus, denen gewinnabhängige Ansprüche gegen die Gesellschaft zustehen oder die irgendwelche dingliche Rechte an einzelnen Aktien haben (vgl. dazu unten § 216, Anm. 11 ff.). Ungeachtet dieser Unterschiede ist jedoch daran festzuhalten, daß die Kapitalerhöhung aus Gesellschaftsmitteln eine Form der Kapitalerhöhung darstellt und deshalb ist die Kritik von v. Godin-Wilhelmi (Anm. 5) gegenüber der gesetzlichen Regelung ohne bedeutendes Gewicht. Das Gesetz verweist im übrigen keineswegs global auf die Vorschriften zur Kapitalerhöhung gegen Einlagen, sondern lediglich auf bestimmte Regelungen. Über dabei unterlaufene Redaktionsversehen wurde bereits berichtet (vgl. oben Einleitung).

Der Kapitalerhöhungsbeschluß kann nur mit einer *qualifizierten Mehrheit* gefaßt werden; es gilt insoweit § 182 Abs. 1 (vgl. dazu im einzelnen oben § 182, Anm. 5ff.). Soweit eine Satzungsbestimmung nicht ausdrücklich auf die Kapitalerhöhung aus Gesellschaftsmitteln hinweist, ist die für die gewöhnliche Kapitalerhöhung getroffene Satzungsregelung im Zweifel auch auf die Kapitalerhöhung aus Gesellschaftsmitteln anzuwenden (ebenso Robert Fischer, 2. Auflage; Gessler, DNotZ 1960, S. 623).

Im übrigen findet auf den Kapitalerhöhungsbeschluß die allgemeine Vorschrift des § 130 Abs. 1 (notarielle Beurkundung) Anwendung. Bei der Einberufung der Hauptversammlung, die über die Kapitalerhöhung beschließen soll, sind die Vorschriften der §§ 121 ff. zu beachten, für die Ankündigung der Tagesordnung zu dem auch die Vorschrift des § 124 Abs. 2 Satz 2.

Anm. 7

3. Der Inhalt des Beschlusses

Der Erhöhungsbeschluß muß die Angabe enthalten, in welcher Höhe das Grundkapital aus Rücklagen erhöht wird, welche Bilanz dem Erhöhungsbeschluß zugrunde gelegt wird, in welcher Weise — durch Ausgabe neuer Aktien oder durch Erhöhung der Nennbeträge der bisherigen Aktien (§ vgl. 215 Abs. 2) — die Kapitalerhöhung vorgenommen wird, und schließlich in welchem Verhältnis neue Aktien an die Aktionäre ausgegeben oder zu welchem Betrag die Nennbeträge der bisherigen Aktien erhöht werden. Diese Angaben muß jeder Beschluß bei einer Kapitalerhöhung aus Gesellschaftsmitteln enthalten. Daneben kommen noch weitere Angaben in Betracht, die der Erhöhungsbeschluß ebenfalls enthalten muß, wenn eine dahingehende Bestimmung getroffen werden soll. Hierher gehört die vorgesehene Beteiligung der neuen Anteilsrechte am Gewinn des bereits abgeschlossenen Geschäftsjahres (§ 217 Abs. 2) sowie die nähere Regelung, die im Hinblick auf § 216 Abs. 1 notwendig sein kann.

Anm. 8

4. Die Anmeldung des Beschlusses

Nach § 207 Abs. 2 findet für die Anmeldung des Beschlusses zur Eintragung in das Handelsregister die Vorschrift des § 184 Abs. 1 Anwendung. Danach ist mit Rücksicht auf die Bedeutung des Erhöhungsbeschlusses dieser nicht allein vom Vorstand — wie der gewöhnliche satzungsändernde Beschluß (vgl. § 181 Abs. 1) — sondern daneben auch noch vom Vorsitzenden des Aufsichtsrats anzumelden (vgl. dazu im einzelnen § 210, Anm. 1).

IV. Die Kapitalerhöhung aus Gesellschaftsmitteln im Steuerrecht

Anm. 9

1. Der Text des Gesetzes über steuerrechtliche Maßnahmen bei Erhöhung des Nennkapitals aus Gesellschaftsmitteln und bei Überlassung von eigenen Aktien an Arbeitnehmer vom 30. 12. 1959 (BGBl. I S. 834) in der Fassung der Bekanntmachung vom 10. 10. 1967 (BGBl. I S. 977).

§ 1 Steuern vom Einkommen und vom Ertrag der Gesellschafter

Erhöht eine Kapitalgesellschaft (Aktiengesellschaft, Kommanditgesellschaft auf Aktien, Gesellschaft mit beschränkter Haftung) das Nennkapital nach den Vorschriften der §§ 207 bis 220 des Aktiengesetzes vom 6. September 1965 (BGBl. I, S. 1089) oder nach den Vorschriften des Gesetzes über die Kapitalerhöhung aus Gesellschaftsmitteln und über die Gewinn- und Verlustrechnung vom 23. Dezember 1959 (BGBl. I, S. 789), so unterliegt der Erwerb der neuen Anteilsrechte nicht den Steuern vom Einkommen und Ertrag.

§ 2 Gesellschaftssteuer

In den Fällen des § 1 unterliegt der Erwerb der neuen Anteilsrechte durch die Gesellschafter nicht der Besteuerung nach § 2 Nr. 1 des Kapitalverkehrssteuergesetzes.

§ 3 Anschaffungskosten

Als Anschaffungskosten der vor der Erhöhung des Nennkapitals erworbenen Anteilsrechte und der auf sie entfallenden neuen Anteilsrechte gelten die Beträge, die sich für die einzelnen Anteilsrechte ergeben, wenn die Anschaffungskosten der vor der Erhöhung des Nennkapitals erworbenen Anteilsrechte auf diese und auf die auf sie entfallenen neuen Anteilsrechte nach dem Verhältnis der Nennbeträge verteilt werden.

§ 4 (gestrichen durch das Gesetz vom 10. 8. 1963 (BGBl. I, S. 676))

§ 5 Mitteilung der Erhöhung des Nennkapitals an das Finanzamt

Die Kapitalgesellschaft hat die Erhöhung des Nennkapitals innerhalb von 2 Wochen nach der Eintragung des Beschlusses über die Erhöhung des Nennkapitals in das Handelsregister dem Finanzamt mitzuteilen und eine Abschrift des Beschlusses über die Erhöhung des Nennkapitals einzureichen.

§ 6 Herabsetzung des Nennkapitals

(1) Setzt eine Kapitalgesellschaft innerhalb von 5 Jahren nach einer Erhöhung des Nennkapitals (§ 1) das Nennkapital herab und zahlt sie die dadurch freiwerdenden Mittel ganz oder teilweise an die Gesellschafter zurück, so gelten die Rückzahlungen insoweit als Gewinnanteile (Dividenden), als sie den Betrag der Erhöhung des Nennkapitals nicht übersteigen. Als Gewinnanteile (Dividenden) gelten auch die Beträge, die die Kapitalgesellschaft innerhalb von 5 Jahren nach der Erhöhung des Nennkapitals für den Erwerb eigener Anteile aufwendet, soweit die Nennbeträge dieser Anteile den Betrag der Erhöhung nicht übersteigen. Satz 2 gilt nicht, soweit

1. der Erwerb notwendig ist, um einen schweren Schaden von der Gesellschaft abzuwenden,
2. die Anteile den Arbeitnehmern der Gesellschaft zum Erwerb angeboten werden sollen,
3. der Erwerb geschieht, um Aktionäre nach § 305 Abs. 2 oder § 320 Abs. 5 des Aktiengesetzes abzufinden,
4. auf die Anteile der Nennbetrag oder der höhere Ausgabebetrag voll geleistet ist und der Erwerb unentgeltlich geschieht oder die Gesellschaft mit dem Erwerb eine Einkaufskommission ausführt oder
5. der Erwerb durch Gesamtrechtsnachfolge geschieht.

Der Gesamtnennbetrag der zu den Zwecken nach Satz 3 Nr. 1—3 erworbenen Anteile darf jedoch zusammen mit dem Betrag anderer Anteile der Gesellschaft, die die Gesellschaft oder ein abhängiges oder ein in ihrem Mehrheitsbesitz stehendes Unternehmen oder ein anderer für Rechnung der Gesellschaft oder eines abhängigen oder eines in ihrem Mehrheitsbesitz stehenden Unternehmens bereits zu diesen Zwecken erworben hat und noch besitzt, zehn vom Hundert des Grundkapitals nicht übersteigen.

(2) Die auf die Gewinnanteile (Dividenden) im Sinn des Absatzes 1 entfallenden Steuern vom Einkommen der Gesellschafter werden im Wege der Pauschbesteuerung erhoben. Die Steuer ist von der Kapitalgesellschaft zu entrichten. Sie beträgt dreißig vom Hundert der Gewinnanteile. Sie ist bei der Ermittlung des Einkommens der Kapitalgesellschaft nicht abzugsfähig.

(3) § 5 gilt entsprechend. Die Mitteilung der Herabsetzung des Nennkapitals gilt als Steuererklärung im Sinn des § 166 der Reichsabgabenordnung.

(4) Das Finanzamt setzt durch Steuerbescheid (§ 212 der Reichsabgabenordnung) die Steuer fest. Die Steuer ist innerhalb eines Monats nach Bekanntgabe des Steuerbescheids zu entrichten.

(5) Als Anschaffungskosten der nach der Kapitalherabsetzung verbleibenden Anteilsrechte gelten die Beträge, die sich für die einzelnen Anteilsrechte ergeben, wenn die Anschaffungskosten der vor der Kapitalherabsetzung vorhandenen gesamten Anteilsrechte auf die nach der Kapitalherabsetzung verbleibenden Anteilsrechte nach dem Verhältnis ihrer Nennbeträge verteilt werden.

§ 7 Anteilsrechte an ausländischen Gesellschaften

(1) Die Vorschriften der §§ 1 und 3 sind auf den Erwerb von Anteilsrechten an einer ausländischen Gesellschaft anzuwenden wenn

1. die ausländische Gesellschaft den in § 1 bezeichneten Kapitalgesellschaften vergleichbar ist und
2. die Anteilsrechte den in § 1 bezeichneten neuen Anteilsrechten wirtschaftlich entsprechen und auf Maßnahmen der ausländischen Gesellschaft beruhen, die einer Kapitalerhöhung aus Gesellschaftsmitteln im Sinn des § 1 entsprechen.

Der Erwerber der Anteilsrechte hat nachzuweisen, daß die Voraussetzungen der Nummern 1 und 2 erfüllt sind.

(2) § 6 Abs. 1 und Abs. 5 sind anzuwenden, wenn in den Fällen des Absatzes 1 die ausländische Gesellschaft innerhalb von 5 Jahren nach dem Erwerb der Anteilsrechte Maßnahmen trifft, die den in § 6 Abs. 1 Satz 1 bezeichneten Maßnahmen vergleichbar sind.

§ 8 Einkommensteuer (Lohnsteuer) bei Überlassung von eigenen Aktien an Arbeitnehmer zu einem Vorzugskurs

(1) Überläßt eine Aktiengesellschaft oder eine Kommanditgesellschaft auf Aktien ihren Arbeitnehmern eigene Aktien zu einem unter dem Börsenkurs liegenden Kurs (Vorzugskurs) und wird hierbei vereinbart, daß die Aktien innerhalb von 5 Jahren nicht veräußert werden dürfen (Sperrfrist), so gehört der Vorteil, der sich aus dem Unterschied zwischen dem am Tag der Beschlußfassung maßgebenden Börsenkurs und dem Vorzugskurs (Kursunterschied) errechnet, außer in den Fällen der Sätze 2 und 3 nicht zu den Einkünften aus nicht selbständiger Arbeit. Soweit der Unterschied höher ist als die Hälfte des Börsenkurses, gehört der Vorteil aus dem Kursunterschied in voller Höhe zu den Einkünften aus nicht selbständiger Arbeit. Das gleiche gilt, soweit der Vorteil aus den Kursunterschieden für den einzelnen Arbeitnehmer 500 Deutsche Mark im Kalenderjahr übersteigt. Bei Aktien, die nicht zum Handel an der Börse oder im geregelten Freiverkehr zugelassen sind, tritt an die Stelle des Börsenkurses der gemeine Wert. Wird außer im Falle des Todes des Arbeitnehmers oder des Eintritts seiner völligen Erwerbsunfähigkeit die Sperrfrist nicht eingehalten, so wird eine Nachversteuerung durchgeführt.

(2) Die Bundesregierung wird ermächtigt, durch Rechtsverordnung mit Zustimmung des Bundesrates Vorschriften zur Durchführung des Absatzes 1 zu erlassen über

1. **die Festlegung der Aktien und die Art der Festlegung,**
2. **die Begründung von Anzeigepflichten zum Zwecke der Sicherung der Nachversteuerung,**
3. **die Nachversteuerung mit einem Pauschsteuersatz,**
4. **das Verfahren bei der Nachversteuerung.**

(Vgl. Verordnung zur Durchführung des § 8 Abs. 1 des Gesetzes über steuerrechtliche Maßnahmen bei Erhöhung des Nennkapitals aus Gesellschaftsmitteln und bei Überlassung von eigenen Aktien an Arbeitnehmer vom 28. 2. 1962 (BGBl. 1, S. 162)).

§ 9 Anwendung im Land Berlin

Dieses Gesetz gilt nach Maßgabe des § 12 Abs. 1 des Dritten Überleitungsgesetzes vom 4. Januar 1952 (BGBl. I, S. 1) auch im Land Berlin. Rechtsverordnungen, die auf Grund dieses Gesetzes erlassen werden, gelten im Land Berlin nach § 14 des Dritten Überleitungsgesetzes.

§ 10 Inkrafttreten

Dieses Gesetz tritt am Tage nach seiner Verkündung in Kraft.

Anm. 10

2. Erläuterungen

a) Das zusammen mit dem handelsrechtlichen Kapitalerhöhungsgesetz vom 23. 12. 1959 (BGBl. I S. 789) ergangene steuerrechtliche Kapitalerhöhungsgesetz geht in seiner jetzigen Fassung zurück auf die Gesetze vom 13. 7. 1961 (BGBl. I S. 981), vom 10. 8. 1963 (BGBl. I S. 676) und vom 10. 8. 1967 (BGBl. I S. 889). Es behandelt die nominelle Kapitalerhöhung, die eine Kapitalgesellschaft nach den Vorschriften des KapErhG oder nach den §§ 207—220 AktG vornimmt, auch in steuerlicher Hinsicht als einen Vorgang, der sich innerhalb der Vermögenssphäre der Gesellschafter und der Gesellschaft abspielt und die Ertragssphäre der Gesellschafter nicht berührt. Der Erwerb der neuen Anteilsrechte unterliegt weder den Steuern von Einkommen und Ertrag noch der Gesellschaftssteuer nach § 2 Abs. 1 Nr. 1 des Kapitalverkehrsteuergesetzes (§§ 1, 2 StKapErhG), da nach der Vorstellung des Gesetzes den Gesellschaftern keine Einkünfte aus Kapitalvermögen im Sinne des § 20 EStG zufließen und die Erhöhung des Nennkapitals nicht durch Einlagen der Gesellschafter, sondern eine „interne" bilanzmäßige Umbuchung bewirkt wird. Soweit der Erwerb der neuen Anteile tatsächlich zu einem

Vermögenszuwachs beim Aktionär führt, kann dieser sich nur im Fall der späteren Veräußerung ertragssteuerlich auswirken, jedoch nur im Rahmen der Gewinnermittlung nach §§ 4 Abs. 1, 5 EStG (Betriebsvermögensvergleich), bei Anteilen im Privatvermögen nur in den Sonderfällen der §§ 17, 23 EStG (Veräußerung wesentlicher Beteiligungen, Spekulationsgeschäfte; vgl. § 186 AktG, Anm. 17). Für die Bewertung der Anteile nach der Kapitalaufstockung trifft § 3 StKapErhG eine mit § 220 AktG (§ 17 KapErhG) übereinstimmende Regelung. Die Anschaffungskosten für die alten Anteilsrechte sind auf die neuen Anteilsrechte, die nach dem Kapitalerhöhungsbeschluß auf die alten Anteilsrechte entfallen, nach dem Verhältnis der Nennbeträge anteilig zu übertragen. Übersteigt der Erlös aus der Veräußerung der alten und neuen Aktien infolge des durch die Kapitalerhöhung erhöhten Nennwerts die Anschaffungskosten für die alten Anteile, so ist die Differenz steuerpflichtiger Gewinn. Hat ein Gesellschafter die Anschaffungskosten für die alten Anteile nach § 6 Abs. 1 Nr. 2 Satz 2 EStG auf den niedrigeren Teilwert abgeschrieben, so kann er sie zur Vermeidung eines höheren Veräußerungsgewinns unter den in § 6 Abs. 1 Nr. 2 Satz 3 EStG genannten Voraussetzungen auf den höheren Teilwert, höchstens jedoch auf die Anschaffungskosten, heraufschreiben (Steinberg, BB 1960, S. 92).

b) Das in den parlamentarischen Beratungen umstrittene Gesetz schließt sich demnach eng an die zivilrechtliche Beurteilung der Kapitalerhöhung aus Gesellschaftsmitteln an, die dem handelsrechtlichen Kapitalerhöhungsgesetz zugrunde liegt, obwohl noch im Jahre 1957 der Bundesfinanzhof (Urteil vom 17. 9. 1957 — I 165/54 S — BStBl. 1957 III S. 401 = BB 1957, S. 1098) erklärt hatte, daß unabhängig von der zivilrechtlichen Konstruktion der nominellen Kapitalerhöhung für das Steuerrecht an der Fiktion einer Doppelmaßnahme festgehalten werden müsse. Der Gesetzgeber maß dem Gesichtspunkt wesentliche Bedeutung bei, daß die Umwandlung von Rücklagen in Nennkapital als bloße Umgruppierung der Passivposten in der Bilanz keine Vermögensminderung bei der Gesellschaft und keine unmittelbare Vermögensvermehrung beim Gesellschafter zur Folge hat (vgl. Bundestagsprotokoll der 44. Sitzung vom 15. 10. 1958, S. 2478).

Wenn auch die alten Anteile zusammen mit den neuen Anteilen nur die bereits bestehende Beteiligung des Gesellschafters am Eigenkapital der Gesellschaft repräsentieren, so ist doch nicht zu übersehen, daß mit der Zuteilung von Freianteilen in der Regel *wirtschaftliche Vorteile* zugewendet werden, an die der Gesetzgeber, ohne Unrecht zu tun, eine Besteuerung anknüpfen könnte (Bühler, Neue Züricher Zeitung vom 26. 5. 1960, zitiert bei Berndsen-Karres, Berichtigungsaktien 1960, S. 12). Diese Vorteile resultieren vor allem aus der Kursentwicklung im Zusammenhang mit der Kapitalaufstockung: erfahrungsgemäß reagiert die Börse auf die Dauer nicht, wie Schilling, BB 1957, S. 376, vermutet, „rechnerisch sehr genau“ auf die Kapitalerhöhung, d. h. mit Kursabschlägen, die genau dem Ausmaß der Kapitalberichtigung entsprechen. Oft macht der Bezugsrechts-Abschlag nur den Kursanstieg wett, der durch Gerüchte über eine bevorstehende Kapitalerhöhung veranlaßt wurde (vgl. die Beispiele bei Berndsen-Karres, a. a. O., S. 44). Eine an dem zu erwartenden Kursgewinn orientierte Besteuerung der Freianteile würde jedoch zweifellos eine Ausnahme im geltenden Ertragsteuerrecht darstellen (vgl. Schilling, a. a. O., S. 376), das Wertsteigerungen von Gesellschaftsanteilen nur im Fall der Veräußerung relevant werden läßt und auch dann nur, wenn die Anteile aus einem Betriebsvermögen stammen oder die Voraussetzungen der §§ 17, 23 EStG gegeben sind.

c) Eine wichtige Ausnahme von der Steuerfreiheit der nominellen Kapitalerhöhung nach dem KapErhG und den §§ 207ff. AktG enthält § 6 Abs. 1 StKapErhG: Setzt eine Kapitalgesellschaft innerhalb von fünf Jahren nach einer Erhöhung des Nennkapitals das Nennkapital herab und zahlt die dadurch freiwerdenden Mittel ganz oder teilweise an die Gesellschafter zurück, so wird sie so behandelt, als sei von vornherein nicht eine Kapitalerhöhung aus Gesellschaftsmitteln, sondern eine für die Gesellschafter steuerfreie Ausschüttung von Gewinnen beabsichtigt gewesen. Die Rückzahlungen gelten daher insoweit als Gewinnanteile (Dividenden), als sie den Betrag der Erhöhung des Nennkapitals nicht übersteigen. Die auf sie entfallenden Steuern werden bei der Gesellschaft als Pauschsteuer erhoben, die 30% der fingierten Gewinnanteile beträgt und bei der Ermittlung des Einkommens der Gesellschaft nicht abzugsfähig sind (§ 6 Abs. 2 StKapErhG); vgl. im einzelnen Thiel, BB 1961, S. 1004.

d) Die Bestimmungen des StKapErhG greifen nicht ein, wenn eine Kapitalgesellschaft die nominelle Kapitalerhöhung abweichend von den Vorschriften des KapErhG bzw. der §§ 207ff. AktG tatsächlich im Sinne einer *Doppelmaßnahme* durchführt, indem sie den Gesellschaftern die zur Erfüllung der Einzahlungsverpflichtung erforderlichen Mittel durch Ausschüttung zur Verfügung stellt. Dieses Verfahren kann im Einzelfall steuerlich von Vorteil sein, obwohl die Gesellschafter die Ausschüttungen als Einkünfte aus Kapitalvermögen versteuern müssen und bei der Gesellschaft Gesellschaftssteuer in Höhe von 2,5% der Gegenleistung für die neuen Anteile erhoben wird. Der Grund hierfür liegt darin, daß bei dieser Ausgestaltung der Kapitalerhöhung nicht nur voll versteuerte Rücklagen verwandt werden können, die bei Kapitalgesellschaften einem Steuersatz von 51% (bei personenbezogenen Kapitalgesellschaften 49%) unterliegen, sondern auch berücksichtigungsfähige Gewinnausschüttungen (§ 19 Abs. 3 KStG), die nur einem Steuersatz von 15% (26,5%) unterliegen (vgl. hierzu Hübl, Deutsche Steuerzeitung A 1960, S. 58; Brönner, Kapitalerhöhung aus Gesellschaftsmitteln (2. Aufl. 1961), S. 94; Rado-Killius, AG 1969, S. 293).

§ 208 Umwandlungsfähige Rücklagen

(1) Die Rücklagen, die in Grundkapital umgewandelt werden sollen, müssen in der letzten Jahresbilanz, wenn dem Beschluß eine andere Bilanz zugrunde gelegt wird, auch in dieser Bilanz, unter „Offene Rücklagen" ausgewiesen sein. Vorbehaltlich des Absatzes 2 können freie Rücklagen in voller Höhe, die gesetzliche Rücklage nur, soweit sie den zehnten oder den in der Satzung bestimmten höheren Teil des bisherigen Grundkapitals übersteigt, in Grundkapital umgewandelt werden.

(2) Die Rücklagen können nicht umgewandelt werden, soweit in der zugrunde gelegten Bilanz ein Verlust, einschließlich eines Verlustvortrags, oder ein anderer Gegenposten zum Eigenkapital ausgewiesen ist. Sonderposten mit Rücklageanteil können nicht umgewandelt werden. Freie Rücklagen, die einem bestimmten Zweck zu dienen bestimmt sind, dürfen nur umgewandelt werden, soweit dies mit ihrer Zweckbestimmung vereinbar ist.

Übersicht

Einleitung

§ 208 übernimmt im wesentlichen die für die Aktiengesellschaft geltenden Bestimmungen des § 2 KapErhG.

§ 208 Abs. 1 entspricht § 2 Abs. 1 Satz 1 und Satz 2 Nr. 1 des Kapitalerhöhungsgesetzes, § 208 Abs. 2 Satz 1 stimmt mit § 2 Abs. 2 Satz 1, § 208 Abs. 2 Satz 2 mit § 2 Abs. 2 Satz 2 Nr. 3 KapErhG überein.

§ 2 Abs. 2 Satz 2 Nr. 1 u. 2 sind nicht übernommen worden; das die Rücklage für die Lastenausgleichsvermögensabgabe betreffende Umwandlungsverbot ist wegen seiner nur vorübergehenden Bedeutung in das Einführungsgesetz (§ 16 Abs. 2) verwiesen worden; § 2 Abs. 2 Satz 2 Nr. 2 war eine Übergangsregelung und ist überholt.

I. Das umwandlungsfähige Gesellschaftsvermögen

Anm. 1

1. Allgemeines

§ 208 regelt abschließend, welche Teile des Gesellschaftsvermögens in Grundkapital umgewandelt werden können. Diese Bestimmung ist wichtig und in jedem Fall einzuhalten; sie soll in Verbindung mit anderen Bestimmungen die Gewähr für die *reale Aufbringung* der Beträge absichern, um die das Nennkapital erhöht wird.

§ 208 Abs. 1 Satz 1 stellt zunächst die ganz allgemeine Voraussetzung auf, daß die umzuwandelnden Teile des Gesellschaftsvermögens in der Bilanz als „Offene Rücklagen" ausgewiesen sein müssen (dazu Anm. 2). Sodann bestimmt § 208 Abs. 1 Satz 2, daß von diesen formell ausgewiesenen Rücklagen die gesetzliche Rücklage nur zur Umwandlung herangezogen werden kann, soweit sie den zehnten oder den in der Satzung bestimmten höheren Teil des bisherigen Grundkapitals übersteigt (vgl. dazu unten Anm. 5). Die danach für die Umwandlung verbleibenden, formell ausgewiesenen Rücklagen sind nach Abs. 2 um den Betrag zu kürzen, in dessen Höhe in der zugrunde gelegten Bilanz auf der Aktivseite Gegenposten zum Eigenkapital erscheinen (dazu unten Anm. 7ff.). Schließlich geben Satz 2 und 3 für Sonderposten mit Rücklagenanteil und für zweckbestimmte Rücklagen noch eine besondere Regelung.

Anm. 2

2. Der formelle Ausweis als offene Rücklage

Nur offene Rücklagen können in Grundkapital umgewandelt werden. Sie müssen in der maßgeblichen *Bilanz* als „Offene Rücklagen" ausgewiesen sein (§ 151 Abs. 1 Passivseite II). Dieses formelle Erfordernis — der Ausdruck „Offene Rücklage" muß in der Bilanz gebraucht sein — gilt ohne jede Einschränkung. Das hat zur Folge, daß stille Reserven, soweit sie überhaupt noch zulässig sind, und Rückstellungen niemals (unmittelbar) zur Umwandlung herangezogen werden können; sie müssen stets erst in einem Jahresabschluß als offene Rücklagen ausgewiesen werden. Das gleiche gilt für den ausgewiesenen Bilanzgewinn oder einen Gewinnvortrag. Beide können zur Umwandlung erst dann verwendet werden, wenn sie zuvor aufgelöst und in der nächsten Jahresbilanz als offene Rücklage ausgezeichnet sind. Aus diesem formellen Erfordernis können sich bei der Anwendung des Gesetzes kaum Schwierigkeiten ergeben; das Erfordernis ist klar und eindeutig.

Der Ausweis als „Offene Rücklage" muß stets in der *letzten* Jahresbilanz enthalten sein. Auch diese Bestimmung gilt ohne Ausnahme. Wird die letzte Jahresbilanz dem Erhöhungsbeschluß nicht zugrunde gelegt (vgl. § 209 Abs. 2), so muß außerdem auch diese Bilanz die umzuwandelnden Teile des Gesellschaftsvermögens als „Offene Rücklage" ausweisen (ebenso Baumbach-Hueck, Rdn. 2; v. Godin-Wilhelmi, Anm. 2). Die entgegenstehende Ansicht von Zintzen-Halft, § 2 KapErhG, Anm. 1, die in diesem Fall den Ausweis in der zugrunde gelegten Bilanz genügen lassen, läßt sich mit dem insoweit eindeutigen Wortlaut des Gesetzes nicht vereinbaren.

Anm. 3

3. Die Verwendung des Überschusses aus dem letzten Geschäftsjahr

Wird der Jahresabschluß vom Vorstand und Aufsichtsrat festgestellt (§ 172), so können diese in dem Jahresabschluß die erwirtschafteten Gewinne aus dem letzten Geschäftsjahr bereits als Rücklagen ausweisen; sie können gem. § 58 Abs. 2 Teile des Jahresüberschusses in freie Rücklagen einstellen; darüber hinaus kann die Satzung sie ermächtigen, auch den vollen Jahresüberschuß in freie Rücklagen einzustellen (BGH, Betrieb 1971, S. 566, 567). Damit ist dem formellen Erfordernis gem. § 208 Abs. 1 für die Umwandlung genüge getan. Ganz entsprechend kann verfahren werden, wenn ausnahmsweise anstelle der Verwaltung die Hauptversammlung den Jahresabschluß gem. § 173 feststellt; sie kann ebenfalls bis zu 50% des Jahresüberschusses als Rücklagen ausweisen; die Hauptversammlung kann dazu sogar durch die Satzung gezwungen werden (§ 58). In diesen beiden Fällen ergeben sich auch daraus keine Schwierigkeiten, daß die Jahresbilanz, die dem Kapitalerhöhungsbeschluß zugrunde gelegt wird, bereits vor der Beschlußfassung geprüft und mit einem Bestätigungsvermerk versehen sein muß (§ 209 Abs. 1). Denn in diesen beiden Fällen wird bereits der Entwurf der Jahresbilanz, in dem der Gewinn als Rücklage ausgewiesen wird, geprüft und mit einem Bestätigungsvermerk versehen. Das hat zur Folge, daß die Jahresbilanz im Zeitpunkt der Beschlußfassung über die Kapitalerhöhung die Voraussetzungen erfüllt, die nach § 209 Abs. 1 an sie zu stellen sind.

Ist jedoch der Jahresabschluß einmal festgestellt, so kann der dort ausgewiesene Bilanzgewinn, auch wenn die Hauptversammlung diesen ganz oder teilweise in offene Rücklagen einstellt, nicht mehr für die Kapitalerhöhung aus Gesellschaftsmitteln herangezogen werden (§ 174 Abs. 3; § 207 Abs. 1). Denn der Gewinnverwendungsbeschluß bewirkt keine Änderung des festgestellten Jahresabschlusses mehr, selbst wenn er weitere Rücklagen bildet. Diese im Gewinnverwendungsbeschluß gebildeten Rücklagen werden erst in der Rechnung des *neuen* Geschäftsjahres berücksichtigt, können also erst nach dem nächsten Jahresabschluß in Grundkapital umgewandelt werden.

Anm. 4

4. Die Verwendung eines Gewinnvortrags

Zu § 2 KapErhG war bestritten, ob ein ausgewiesener Gewinnvortrag dadurch der Umwandlung zugeführt werden kann, daß er vorher in dem Jahresabschluß in eine Rücklage umgewandelt wird (vgl. dazu die Stellungnahme von Robert Fischer, 2. Aufl., Anhang I, § 2 KapErhG, Anm. 4).

Nach dem AktG 1965 bildet der Gewinnvortrag keinen Teil des Jahresüberschusses, er kann deshalb auch nicht von der Verwaltung im nächsten Jahresabschluß in offene Rücklagen eingestellt werden (unzutreffend v. Godin-Wilhelmi, Anm. 2). Das ergibt sich eindeutig aus dem Gliederungsschema in § 157: der Entscheidungszuständigkeit der Verwaltung unterliegt nach § 58 allein der Jahresüberschuß im Sinne des Gesetzes (vgl. Lutter [KK], § 58, Rdn. 21). Da der Gewinnvortrag somit nicht der Dispositionshoheit von Vorstand und Aufsichtsrat unterliegt, kann ihn lediglich die Hauptversammlung in einem neuen Gewinnverwendungsbeschluß in die offenen Rücklagen einstellen; unmittelbar können also diese Beträge nicht zur Kapitalerhöhung aus Gesellschaftsmitteln verwandt werden (vgl. §§ 174 Abs. 3, 208 Abs. 1).

Anm. 5

5. Die gesetzliche Rücklage

a) Nicht nur die in der letzten Jahresbilanz ausgewiesenen freien Rücklagen (§ 151 Abs. 1 Passivseite II, 2), sondern auch die gesetzliche Rücklage kann teilweise zur Umwandlung in Grundkapital herangezogen werden. Dabei ist jedoch zu beachten, daß das nur geschehen kann, soweit die ausgewiesene gesetzliche Rücklage den zehnten oder den in der Satzung bestimmten höheren Teil des bisherigen Grundkapitals übersteigt (vgl. § 150 Abs. 4 Nr. 3).

b) Bei der Berechnung des zehnten oder des in der Satzung bestimmten höheren Teils des Grundkapitals ist von dem bisherigen Grundkapital auszugehen, also von der Ziffer des Grundkapitals, die vor der Erhöhung maßgeblich war. Das bedeutet, daß nach der Erhöhung des Grundkapitals die gesetzlich oder satzungsmäßig vorgesehene Höhe der gesetzlichen Rücklage unter Umständen nicht mehr erreicht ist. In diesem Fall muß dann für die Zukunft nach § 150 Abs. 2 Nr. 1 verfahren und mindestens 5% des Jahresüberschusses nach Abzug eines Verlustvortrages aus dem Vorjahr in die gesetzliche Rücklage eingestellt werden, bis sie wieder den zehnten oder den in der Satzung bestimmten höheren Teil des neuen Grundkapitals erreicht. Es wird jedoch meist wirtschaftlich nicht sinnvoll sein, die Möglichkeit einer Umwandlung in Grundkapital voll auszuschöpfen; richtiger dürfte es vielmehr sein, die Umwandlung so zu bemessen, daß auch nach der Kapitalerhöhung die gesetzliche Rücklage in der nunmehr maßgeblichen Höhe voll vorhanden ist (vgl. auch Brönner, § 2 KapErhG, Anm. 5). Zu der gesetzlichen Rücklage gehören auch die Rücklagen, die nach den §§ 35 Abs. 3 Satz 1, 47 Abs. 2 DMBG zu bilden waren; denn diese Rücklagen waren nach den genannten Bestimmungen bei der Aktiengesellschaft der gesetzlichen Rücklage zuzuweisen. Sie bilden damit einen Teil der gesetzlichen Rücklage, auch wenn sie in einem Einzelfall noch gesondert ausgewiesen sein sollten.

c) Es ist rechtlich zulässig, *Satzungsbestimmungen über die Höhe der gesetzlichen Rücklage* zu ändern, um einen bisher als gesetzliche Rücklage gebundenen Teil des Eigenvermögens für die Umwandlung freizumachen, soweit dieses den zehnten Teil des Grundkapitals übersteigt. Das kann aber nur durch satzungsändernden Beschluß der Hauptversammlung geschehen. Nach § 181 Abs. 3 wird ein solcher Beschluß erst wirksam, wenn er in das Handelsregister eingetragen ist. Das hat zur Folge, daß die Hauptversammlung nicht in derselben Versammlung die Bestimmung der Satzung über die Höhe der gesetzlichen Rücklage ändern und die Umwandlung des dadurch freigewordenen Teils der gesetzlichen Rücklage in Grundkapital beschließen kann. Die Umwandlung kann vielmehr erst dann beschlossen werden, wenn die Satzungsänderung wirksam geworden ist, also erst dann, wenn sie in das Handelsregister eingetragen ist (ebenso v. Godin-Wilhelmi, Anm. 3).

II. Die umwandlungsunfähigen Rücklagen

Anm. 6

1. Allgemeines

Bei der Umwandlung der nach Abs. 1 umwandlungsfähigen Rücklagen ist zu beachten, daß Abs. 2 für die Umwandlung zwingende Einschränkungen aufstellt. Das bedeutet, daß das nach Abs. 1 an sich umwandlungsfähige Gesellschaftsvermögen im Einzelfall doch nicht in der ganzen Höhe für die Umwandlung in Grundkapital zur Verfügung zu stehen braucht. Diese zwingenden Einschränkungen für die Umwandlung sind in Abs. 2 erschöpfend aufgezählt.

Anm. 7

2. Die Gegenposten zum Eigenkapital

a) Soweit in der zugrunde gelegten Bilanz ein *Verlust* einschließlich eines *Verlustvortrages* oder ein anderer Gegenposten zum Eigenkapital ausgewiesen ist, können umwandlungsfähige Rücklagen nicht in Grundkapital umgewandelt werden. Das ist bei wirtschaftlicher Betrachtungsweise an sich selbstverständlich, mußte jedoch mit Rücksicht auf die formelle Charakterisierung des umwandlungsfähigen Gesellschaftsvermögens in Abs. 1 besonders ausgesprochen werden. Diese Posten, die auf der Aktivseite der Bilanz erscheinen, mindern in ihrer jeweiligen Höhe das reale Gesellschaftsvermögen. Sie sind nur Aktivposten, aber kein Aktivvermögen (Gessler, WM Sonderbeilage 1/1960, S. 15). In ihrer Höhe sind die auf der Passivseite ausgewiesenen Rücklagen wirtschaftlich nicht gedeckt. Als solche Gegenposten zum Eigenkapital nennt die amtliche Begründung zum

KapErhG (S. 12) das Kapitalverlustkonto nach § 38 DMBG, die Kapitalentwertungskonten nach §§ 9, 36, 37 DMBG (diese dürften in der Zwischenzeit getilgt sein), sowie die Lastenausgleichsgegenposten nach § 221 LAG. Entsprechend dem Zweck dieser Vorschrift kommen in diesem Zusammenhang dagegen nicht solche Gegenposten zum Eigenkapital in Betracht, die selbständigen Forderungscharakter haben und damit einen selbständigen wirtschaftlichen Wert repräsentieren, wie etwa die noch ausstehenden Einlagen auf das Grundkapital oder eigene Aktien.

b) Für die Berücksichtigung dieser Gegenposten kommt es auf ihren *Ausweis in der Bilanz* an. Nur in der ausgewiesenen Höhe sind sie zu berücksichtigen. Dabei ist der Ausweis in der zugrunde gelegten Bilanz allein maßgeblich. Wird also gem. § 209 Abs. 2 dem Umwandlungsbeschluß eine andere als die letzte Jahresbilanz zugrunde gelegt, so kommt es für die Berücksichtigung dieser Gegenposten allein auf diese andere Bilanz an. Sind zu berücksichtigende Gegenposten noch in der letzten Jahresbilanz ausgewiesen gewesen, aber nicht mehr in der zugrunde gelegten Bilanz, so brauchen sie nicht von den umwandlungsfähigen Rücklagen abgezogen zu werden (vgl. Forster-Müller, AG 1960, S. 56). Es ist hier also anders als bei der Bestimmung der umwandlungsfähigen Rücklagen, die sowohl in der Jahresbilanz wie auch in der zugrunde gelegten Bilanz als Rücklagen ausgewiesen sein müssen (vgl. dazu oben Anm. 2).

Die Gegenposten zum Eigenkapital müssen stets von den umwandelbaren Rücklagen abgezogen werden. Sie dürfen also nicht mit Rücklagen verrechnet werden, deren Umwandlung verboten ist (z. B. nicht mit dem nicht umwandelbaren Teil der gesetzlichen Rücklage). Auch eine Verrechnung gegen Rückstellungen oder stille Reserven, die als solche niemals umwandlungsfähig sind, ist nicht zulässig.

c) Zweifelhaft erscheint es, ob in diesem Zusammenhang nur Gegenposten zum Eigenkapital berücksichtigt werden müssen, nicht dagegen auch andere Aktivposten der zugrunde gelegten Bilanz, die kein Aktivvermögen darstellen, wie etwa Betriebseinrichtungskosten, Geschäfts- oder Firmenwert. Nach dem Grundgedanken des Gesetzes erscheint es naheliegend, diese Posten hier ebenfalls zu berücksichtigen. Denn nur so kann sichergestellt werden, daß in dem Gesellschaftsvermögen die Beträge auch tatsächlich vorhanden sind, um die das Grundkapital erhöht wird. Da dieser Grundgedanke bei der Auslegung des Begriffes „Gegenposten zum Eigenkapital" auch in dem Sinn berücksichtigt wird, daß nach allgemeiner Ansicht darunter nicht Gegenposten zum Eigenkapital mit selbständigem Forderungscharakter und eigenem wirtschaftlichen Wert begriffen werden (vgl. dazu oben a), ist es notwendig, diesem Grundgedanken des Gesetzes auch hier im umgekehrten Sinn Rechnung zu tragen (anders Gessler, WM Sonderbeilage 1/1960, S. 15).

Anm. 8

3. Die Rücklage für die Lastenausgleichsvermögensabgabe

Die Rücklage für den Lastenausgleich zur Vermögensabgabe darf nicht zur Kapitalerhöhung aus Gesellschaftsmitteln verwandt werden, weil sie nach § 218 Abs. 2 Satz 2 LAG nur zur Ablösung der Vermögensabgabe und zur Entrichtung der Vierteljahresbeträge sowie zum Ausgleich von Wertminderungen und zur Deckung von sonstigen Verlusten verwandt werden darf. Dieses Verbot ist, weil es sich bei der Vermögensabgabe um eine vorübergehende Angelegenheit handelt, jetzt in § 16 Abs. 2 des EG zum AktG 1965 aufgenommen worden (vgl. die Erläuterungen zu § 16 EG).

Wie § 16 Abs. 2 EG zum Ausdruck bringt, fällt unter die Vorschrift nur eine solche Rücklage, die als „Rücklage für die Lastenausgleichsvermögensabgabe" bezeichnet ist. Alle anderen Rücklagen, die dem gleichen Zweck zu dienen bestimmt sein mögen, fallen nicht unter diese Vorschrift. Für solche Rücklagen kann jedoch die Vorschrift des § 208 Abs. 2 Satz 3 von Bedeutung sein.

Anm. 9

4. Die Sonderposten mit Rücklageanteil

Auf Grund von steuerrechtlichen Vorschriften können in bestimmten Fällen *zweckbestimmte Rücklagen* gebildet werden, die zunächst noch nicht versteuert zu werden brauchen, die vielmehr erst bei ihrer Auflösung versteuert werden müssen. Als solche

Rücklagen kommen Rücklagen der verschiedensten Art in Betracht, wie die Rücklage für Ausfuhrförderung, die Rücklage für Preissteigerung, die Rücklage für Ersatzbeschaffung usw.; im einzelnen richtet sich das nach den einschlägigen steuerrechtlichen Vorschriften. Diese Rücklagen können *nicht* zur Umwandlung in Grundkapital verwendet werden. Das ist innerlich auch gerechtfertigt. Denn diese Rücklagen sind zum Teil Rückstellungen für die Steuerschuld, die erst bei der Auflösung dieser Rücklage entsteht; sie sind also nur z. T. echte Rücklagen. Da vor der Auflösung dieser Sonderposten mit Rücklageanteil nicht gesagt werden kann, in welcher Höhe später eine Steuer zu entrichten ist, müssen sie im Interesse einer klaren Regelung von der Umwandlung ausgeschlossen bleiben (vgl. Gessler, WM Sonderbeilage 1/1960, S. 14). Sind solche Rücklagen in der maßgeblichen Bilanz nicht besonders ausgewiesen worden, dann ist es Pflicht des Vorstands, die Hauptversammlung vor der Beschlußfassung von der Höhe solcher nicht umwandelbarer Rücklagen zu unterrichten (Forster-Müller, AG 1960, S. 85).

III. Die zweckbestimmten freien Rücklagen

Anm. 10

1. Die Arten der zweckbestimmten Rücklagen

Für freie Rücklagen, die einem bestimmten Zweck zu dienen bestimmt sind, gibt Abs. 2 Satz 3 eine besondere Regelung. Diese Rücklagen dürfen in Grundkapital nur umgewandelt werden, soweit dies mit ihrer Zweckbestimmung vereinbar ist. Nach der amtlichen Begründung zum Gesetz über die Kapitalerhöhung aus Gesellschaftsmitteln (S. 10) steht die Umwandlung einer solchen Rücklage ihrer Zweckbestimmung nicht entgegen, wenn die geplante Verwendung der Rücklage zu einem aktivierungsfähigen Wirtschaftsgut führt; entsteht dagegen nach der Zweckbestimmung der Rücklage bei ihrer Verwendung kein Aktivposten, so wird ihre Umwandlung unzulässig sein. Im Einzelfall kann, wie die Begründung einräumt, die danach gebotene Abgrenzung schwierig sein. Rücklagen, die für soziale Zwecke bestimmt sind, wie Unterstützungen, Förderungsbeihilfen, auch Rücklagen für freiwillige Pensionszahlungen, dürfen danach nicht für eine Umwandlung in Grundkapital herangezogen werden; desgleichen auch nicht eine sog. Dividendenergänzungsrücklage (vgl. Veith, Betrieb 1960, S. 110), weil sie zur Gewinnausschüttung an die Aktionäre verwendet werden soll. Dagegen können alle Rücklagen für Investitionszwecke unbedenklich für eine Umwandlung verwendet werden, weil ihre Verwertung nicht zu einer Minderung des Gesellschaftsvermögens führt.

Anm. 11

2. Die Grundlage der Zweckbestimmung der Rücklage

Für die Anwendung des Abs. 2 Satz 3 ist es gleichgültig, worauf die Zweckbestimmung zurückzuführen ist. Sie kann auf der Satzung beruhen, sie kann aber lediglich auch durch das den Jahresabschluß feststellende Gesellschaftsorgan — Verwaltung oder Hauptversammlung — vorgenommen worden sein. Eine Anwendung des Abs. 2 Satz 3 dürfte wohl nur in Betracht kommen, wenn sich die Zweckbestimmung aus der zugrunde gelegten Bilanz ergibt (vgl. v. Godin-Wilhelmi, Anm. 7; v. Burchard, BB 1961, S. 1187; anderer Meinung Forster-Müller, AG 1960, S. 86, die auch eine aus der Bilanz nicht ersichtliche Zweckbestimmung berücksichtigen wollen; das dürfte jedoch zu weit gehen und bei der nicht allzu bedeutsamen Vorschrift auch nicht notwendig sein). In zahlreichen Fällen wird es für die maßgeblichen Gesellschaftsorgane möglich sein, die Zweckbestimmung einer Rücklage ohne weiteres wieder aufzuheben und die Rücklage dadurch ohne Einschränkung umwandlungsfähig zu machen. Beruht die Zweckbestimmung jedoch auf einer Satzungsbestimmung, dann ist für die Aufhebung ein satzungsändernder Hauptversammlungsbeschluß erforderlich. Das hat zur Folge, daß nicht in derselben Hauptversammlung, in der über die Satzungsänderung beschlossen wird, auch über die Kapitalerhöhung Beschluß gefaßt werden kann (vgl. dazu im einzelnen oben Anm. 5).

IV. Der Verstoß gegen die Vorschriften des § 208

Anm. 12

Werden bei der Kapitalerhöhung aus Gesellschaftsmitteln Rücklagen in Grundkapital umgewandelt, die nach § 208 nicht umwandelbar sind, so sind die Rechtsfolgen verschieden, je nachdem welche Regel des § 208 verletzt ist.

1. Die Nichtigkeit des Erhöhungsbeschlusses

Die in Abs. 2 Satz 1 und 2 und § 16 Abs. 2 EG aufgeführten Einschränkungen für die Umwandlung freier Rücklagen sind zwingend und führen zur *Nichtigkeit* des Erhöhungsbeschlusses, wenn sie nicht beachtet werden. Das wird im Gesetz mit den Worten „können nicht" zum Ausdruck gebracht. Bei den Vorschriften des § 208 Abs. 2 handelt es sich um solche, die überwiegend zum Schutz der Gläubiger oder sonst im öffentlichen Interesse gegeben sind. Sie sollen sicherstellen, daß in dem Gesellschaftsvermögen die Beträge real vorhanden sind, um die das Grundkapital erhöht wird. Es wird also bei einer Verletzung dieser Vorschriften der Tatbestand des § 241 Nr. 3 erfüllt, der für diesen Fall die Nichtigkeit des Hauptversammlungsbeschlusses ausspricht. Das gleiche muß gelten, wenn entgegen Abs. 1 Satz 2 der nicht umwandlungsfähige Teil der gesetzlichen Rücklage zur Umwandlung verwendet wird. Denn auch diese Bestimmung erfüllt den Tatbestand des § 241 Nr. 3. Die Nichtigkeit des Erhöhungsbeschlusses hat zur Folge, daß der Registerrichter die Eintragung des Erhöhungsbeschlusses ablehnen muß (vgl. dazu § 210, Anm. 7). Trägt der Registerrichter die beschlossene, aber nichtige Kapitalerhöhung gleichwohl ein — etwa weil er die Nichtigkeit nicht erkannt hat — dann kann die Nichtigkeit des Beschlusses nach Ablauf von drei Jahren seit der Eintragung nicht mehr geltend gemacht werden (§ 242 Abs. 2).

Über die Rechtsfolgen, die sich bei Ausgabe neuer Aktien trotz der Nichtigkeit des Erhöhungsbeschlusses ergeben, vgl. unten § 219, Anm. 1.

Anm. 13

2. Die Anfechtbarkeit des Erhöhungsbeschlusses

Im Unterschied zu einer Verletzung der Vorschriften des § 208 Abs. 1 Satz 2 und Abs. 2 Satz 1 und 2 hat ein Verstoß gegen die Vorschrift des Abs. 2 Satz 3 nicht die Nichtigkeit des Hauptversammlungsbeschlusses zur Folge; ein solcher Beschluß begründet lediglich die Anfechtbarkeit des Erhöhungsbeschlusses. Das kommt durch die Worte „dürfen nicht" im Gesetz klar zum Ausdruck.

Stellt der Registerrichter jedoch einen Verstoß gegen Abs. 2 Satz 3 fest, so darf er die Eintragung der Kapitalerhöhung *nicht vornehmen* (anderer Ansicht Robert Fischer, 2. Auflage, Anhang I, § 2 KapErhG, Anm. 18; Baumbach-Hueck, Rdn. 8). Es handelt sich hier um eine Vorschrift, die im Interesse der Gläubiger und im öffentlichen Interesse an der realen Aufbringung des Grundkapitals einer Aktiengesellschaft erlassen ist. Es wird sich auch selten ein Aktionär finden, der den Hauptversammlungsbeschluß wegen des Verstoßes anficht (v. Godin-Wilhelmi, Anm. 8). Das gilt auch nach Ablauf der Anfechtungsfrist.

§ 209 Zugrunde gelegte Bilanz

(1) Dem Beschluß kann die letzte Jahresbilanz zugrunde gelegt werden, wenn die Jahresbilanz geprüft und die festgestellte Jahresbilanz mit dem uneingeschränkten Bestätigungsvermerk der Abschlußprüfer versehen ist und wenn ihr Stichtag höchstens acht Monate vor der Anmeldung des Beschlusses zur Eintragung in das Handelsregister liegt.

(2) Wird dem Beschluß nicht die letzte Jahresbilanz zugrunde gelegt, so muß die Bilanz den §§ 151 bis 156 entsprechen. Der Stichtag der Bilanz darf höchstens acht Monate vor der Anmeldung des Beschlusses zur Eintragung in das Handelsregister liegen.

(3) Die Bilanz muß durch einen oder mehrere Abschlußprüfer darauf geprüft werden, ob sie den §§ 151 bis 156 entspricht. Sie muß mit einem uneingeschränkten Bestätigungsvermerk versehen sein.

(4) Wenn die Hauptversammlung keine anderen Prüfer wählt, gelten die Prüfer als gewählt, die für die Prüfung des letzten Jahresabschlusses von der Hauptversammlung gewählt oder vom Gericht bestellt worden sind. Soweit sich aus der Besonderheit des Prüfungsauftrags nichts anderes ergibt, sind auf die Prüfung § 163 Abs. 1 Satz 3, §§ 164 bis 166, 167 Abs. 3, § 168 anzuwenden.

(5) Bei Versicherungsgesellschaften werden die Prüfer vom Aufsichtsrat bestimmt; Absatz 4 Satz 1 gilt sinngemäß. Soweit sich aus der Besonderheit des Prüfungsauftrags nichts anderes ergibt, sind auf die Prüfung §§ 57 bis 59 des Gesetzes über die Beaufsichtigung der privaten Versicherungsunternehmungen und Bausparkassen anzuwenden.

(6) Im Fall der Absätze 2 bis 5 gilt für die Auslegung der Bilanz und für die Erteilung von Abschriften § 175 Abs. 2 sinngemäß.

Übersicht

Einleitung

§ 209 faßt die Bestimmungen der §§ 3 mit 5 KapErhG zusammen, soweit sie sich auf die Aktiengesellschaft beziehen.

Bis auf die Verlängerung der Frist in Abs. 1 von sieben auf acht Monate sind keine sachlichen Änderungen vorgenommen worden.

I. Die letzte Jahresbilanz als Grundlage der Kapitalerhöhung

Anm. 1

1. Allgemeines

Nach § 207 Abs. 4 ist jeder Kapitalerhöhung aus Gesellschaftsmitteln eine Bilanz zugrunde zu legen. Diese Vorschrift ist zwingend. Ein Verstoß dagegen macht den Erhöhungsbeschluß nach § 241 Nr. 3 nichtig (vgl. dazu oben § 207, Anm. 4). § 209 regelt nun im einzelnen, welche Bilanz dem Erhöhungsbeschluß zugrunde zu legen ist und welche Voraussetzungen sie erfüllen muß.

Nach § 209 Abs. 1 kann die letzte Jahresbilanz als Grundlage des Erhöhungsbeschlusses Verwendung finden. Dabei müssen freilich zwei Voraussetzungen erfüllt sein. Die Bilanz muß geprüft (vgl. Anm. 2) und mit einem uneingeschränkten Bestätigungsvermerk versehen sein (vgl. Anm. 3). Des weiteren darf der Stichtag der letzten Jahresbilanz höchstens acht Monate vor der Anmeldung des Beschlusses zur Eintragung in das

Handelsregister liegen. Da beide Voraussetzungen im allgemeinen bei der letzten Jahresbilanz einer Aktiengesellschaft ohnehin gegeben sein werden (vgl. §§ 162, 167, 175 Abs. 1), wird bei der Aktiengesellschaft im Regelfall die letzte Jahresbilanz als Grundlage der Kapitalerhöhung in Betracht kommen.

Für die Gliederung der Jahresbilanz und die für sie maßgebenden Bewertungsgrundsätze gelten die allgemeinen Vorschriften des Gesetzes; in dieser Hinsicht enthält § 209 Abs. 1 keine zusätzlichen Bestimmungen.

Anm. 2

2. Die Prüfung der Bilanz

Nach § 209 Abs. 1 muß die zugrunde gelegte Bilanz geprüft sein. Das ist bei einer Aktiengesellschaft selbstverständlich, weil hier ein Jahresabschluß ohne Prüfung wirksam nicht festgestellt werden kann (§§ 162 Abs. 1 Satz 2, 256 Abs. 1 Nr. 2).

Für die Prüfung gelten die aktienrechtlichen Vorschriften. Wird ein geprüfter Jahresabschluß vom Vorstand und Aufsichtsrat oder durch die Hauptversammlung geändert, so muß eine erneute Prüfung stattfinden, soweit es die Änderung fordert (§§ 162 Abs. 3, 173 Abs. 3). Die Prüfung hat dem Erhöhungsbeschluß vorherzugehen; nachträgliche Prüfung und Erteilung des Bestätigungsvermerkes sind nicht möglich.

Der Abschlußprüfer hat nur die Jahresbilanz zu prüfen, nicht aber festzustellen, ob die Voraussetzungen für eine Umwandlung in Grundkapital gegeben sind. Der Abschlußprüfer braucht also nicht zu prüfen, ob die als Rücklage ausgewiesenen Beträge nach diesem Gesetz zur Umwandlung herangezogen werden können, sondern er hat nur zu prüfen, ob diese Beträge zu Recht als Rücklagen ausgewiesen worden sind; denn nur das letztere gehört zu einer ordnungsgemäßen Aufstellung der Bilanz (ebenso v. Godin-Wilhelmi, Anm. 2).

Anm. 3

3. Der Bestätigungsvermerk des Abschlußprüfers

Der Abschlußprüfer muß die festgestellte Jahresbilanz mit dem uneingeschränkten Bestätigungsvermerk versehen, damit sie dem Erhöhungsbeschluß zugrunde gelegt werden kann. Auch dieser Bestätigungsvermerk muß im Zeitpunkt der Beschlußfassung bereits vorliegen; insoweit gilt das gleiche wie für die Prüfung der Bilanz. Ist die festgestellte Jahresbilanz von der Hauptversammlung geändert worden, so bedarf die geänderte Bilanz eines erneuten Bestätigungsvermerks.

§ 209 Abs. 1 verlangt einen uneingeschränkten Bestätigungsvermerk. Über seine Formulierung vgl. die eingehenden Ausführungen von Brönner, oben § 167, Anm. 4ff. Hält es der Abschlußprüfer für geboten, die Bilanz nur mit Einschränkungen zu bestätigen, so ist der Vorschrift des Abs. 1 nicht genügt. In diesem Fall kann die geprüfte Bilanz dem Erhöhungsbeschluß nicht zugrunde gelegt werden.

Anm. 4

4. Die erforderliche Frist

Für die Einhaltung einer Frist von acht Monaten ist nicht der Zeitpunkt der Beschlußfassung, sondern der Tag der Anmeldung des Beschlusses zur Eintragung ins Handelsregister maßgeblich. Das muß bei der Einberufung der Hauptversammlung, die über die Kapitalerhöhung beschließen soll, berücksichtigt werden; sie muß also so rechtzeitig einberufen werden, daß diese Frist eingehalten werden kann. Die Wahrung der Frist soll im Rahmen des Möglichen sicherstellen, daß im Zeitpunkt der Anmeldung des Erhöhungsbeschlusses auch noch die Gesellschaftsmittel tatsächlich vorhanden sind, die in Grundkapital umgewandelt werden sollen. Bei veralteten Bilanzen wäre ihr Aussagewert in dieser Hinsicht nur gering. Immerhin ist auch bei einer acht Monate zurückliegenden Bilanz die Gefahr, daß das Gesellschaftsvermögen inzwischen durch Verluste geschrumpft ist, nicht völlig gebannt. Dem trägt die Vorschrift des § 210 Abs. 1 Satz 2 Rechnung (vgl. dazu § 210, Anm. 5). Die Frist von 8 Monaten ist im Hinblick auf die gleiche Frist in § 175 Abs. 1 Satz 2 gewählt worden.

II. Die besonders aufgestellte Bilanz als Grundlage des Erhöhungsbeschlusses

Anm. 5

1. Allgemeines

§ 209 Abs. 2 gibt die Möglichkeit, eine Zwischenbilanz dem Erhöhungsbeschluß zugrunde zu legen. Von dieser Möglichkeit wird man in der Praxis nur (selten) Gebrauch machen, wenn für die letzte Jahresbilanz die Achtmonatsfrist des Abs. 1 nicht eingehalten werden kann, und wenn man aus irgendwelchen Gründen nicht bis zur nächsten ordentlichen Hauptversammlung warten will, die die folgende Jahresbilanz entgegennehmen wird. Eine große praktische Bedeutung wird die Vorschrift nicht haben. Denn besondere Erleichterungen bietet die Möglichkeit, eine andere Bilanz dem Erhöhungsbeschluß zugrunde zu legen, der Gesellschaft nicht. Das wird besonders deutlich, wenn man berücksichtigt, daß im Falle des § 209 Abs. 2 die für die Umwandlung verwendeten Beträge auch schon in der letzten Jahresbilanz, also nicht nur in der besonderen Zwischenbilanz als Rücklagen ausgewiesen sein müssen (vgl. dazu oben § 208, Anm. 2). Es ist also nicht möglich, bei der Kapitalerhöhung auf § 209 Abs. 2 zu dem Zweck zurückzugreifen, um den in der letzten Jahresbilanz unterbliebenen Ausweis der für die Umwandlung vorgesehenen Beträge als Rücklagen in der besonderen Bilanz nachzuholen. Anders ist das jedoch bei der Frage, welche Gegenposten zum Eigenkapital berücksichtigt werden müssen (vgl. dazu oben § 208, Anm. 7). Für diese Frage kommt es allein auf den Ausweis in der besonderen Bilanz an. Erscheinen solche Gegenposten in dieser Bilanz nicht, so brauchen sie auch dann nicht angerechnet zu werden, wenn sie in der letzten Jahresbilanz noch ausgewiesen waren.

Anm. 6

2. Die Erfordernisse für die Zwischenbilanz

Das Gesetz regelt — etwas perfektionistisch — die Erfordernisse der Zwischenbilanz. Sie muß selbstverständlich die gleichen Anforderungen erfüllen, die das Gesetz an die Jahresbilanz stellt. Nach § 209 Abs. 2 muß die besondere Bilanz den §§ 151 bis 156 entsprechen. Der Stichtag dieser Bilanz darf höchstens acht Monate vor der Anmeldung des Beschlusses zur Eintragung in das Handelsregister liegen. Die besondere Bilanz muß ferner von einem Wirtschaftsprüfer geprüft und mit einem uneingeschränkten Bestätigungsvermerk des Prüfers versehen sein (Abs. 3 Satz 2). Wegen der Bedeutung dieser Anforderungen kann auf die entsprechenden Erläuterungen zu Abs. 1 verwiesen werden.

Die besondere Bilanz des Abs. 2 ist eine Zwischenbilanz. Sie ist aus der letzten Jahresbilanz zu entwickeln. Abschreibungen sind nur zu einem Teilwert anzusetzen, der dem Zeitraum vom Stichtag der letzten Jahresbilanz bis zum Stichtag dieser Bilanz entspricht; das gleiche gilt für Rückstellungen, die etwa für Steuern zu machen sind. Ein Gewinn oder ein Verlust sind gegebenenfalls auszuweisen. Dagegen ist hier ein Abschluß nicht erforderlich; eine Gewinn- und Verlustrechnung nach den §§ 157, 158 braucht also nicht aufgestellt zu werden.

Anm. 7

3. Die Wahl der Prüfer

a) Abs. 4 gibt eine besondere Vorschrift über die Wahl der Prüfer; § 163 gilt insoweit nicht. Abs. 4 soll der Vereinfachung dienen und gegebenenfalls eine erneute Wahl der Prüfer unnötig machen. Abs. 4 hält zunächst an dem Grundsatz des § 163 fest, wonach die Prüfer von der Hauptversammlung gewählt werden, eröffnet aber die Möglichkeit, von einer erneuten Wahl Abstand zu nehmen. In diesem Fall gelten die Prüfer als gewählt, die für die Prüfung des letzten Jahresabschlusses von der Hauptversammlung gewählt oder vom Gericht bestellt worden sind. Das ist praktisch und vereinfacht das Verfahren, weil es die Einberufung einer besonderen Hauptversammlung zum Zweck der Wahl neuer Prüfer unnötig macht.

Wegen der im übrigen geltenden §§ 161 Abs. 1 Satz 3, 164 bis 166, 167 Abs. 3, 168 wird auf die Erläuterungen zu diesen Bestimmungen verwiesen.

b) Für *Versicherungsaktiengesellschaften* gibt Abs. 5 eine Sondervorschrift, die der rechtlichen Gestaltung dieser Gesellschaften Rechnung trägt. Hier werden die Prüfer vom Aufsichtsrat bestimmt. Aber auch hier gelten mangels einer anderweitigen Bestimmung die Prüfer als bestimmt, die die Prüfung des letzten Jahresabschlusses vorgenommen haben. Im übrigen gelten für diese Gesellschaften die Vorschriften der §§ 57 bis 59 VAG, soweit sich aus der Besonderheit des Prüfungsauftrags nichts anderes ergibt.

Anm. 8

4. Das Einsichtsrecht der Aktionäre

a) Für den Fall, daß dem Kapitalerhöhungsbeschluß eine besondere Bilanz nach Abs. 2 bis 5 zugrunde gelegt wird, erklärt § 209 Abs. 6 die Vorschrift des § 175 Abs. 2 für anwendbar. Die Gesellschaft hat demnach die Bilanz von der Einberufung der Hauptversammlung an, die über die Erhöhung des Grundkapitals beschließen soll, in dem Geschäftsraum der Gesellschaft zur Einsicht der Aktionäre auszulegen (vgl. im einzelnen die Erläuterungen zu § 175 Abs. 2). Der Aktionär kann das Einsichtsrecht auch durch einen *Bevollmächtigten* ausüben; insoweit gelten die gleichen Grundsätze, wie sie bei der Ausübung des Stimmrechts allgemein Anerkennung gefunden haben (vgl. dazu die Erläuterungen zu § 137 Abs. 3). Auch die Hinzuziehung eines *Buchsachverständigen* bei der Ausübung des Einsichtsrechts ist zulässig.

Es ist nicht notwendig, daß bei der Vorlage der Bilanz diese schon geprüft und mit dem Bestätigungsvermerk des Prüfers versehen ist. Beides kann auch noch in der Zeit zwischen der Vorlage und der Hauptversammlung nachgeholt werden. Nur ist es notwendig, daß in einem solchen Fall die vorgelegte Bilanz im Zusammenhang mit der Prüfung nicht mehr geändert wird. Denn die vorgelegte Bilanz muß auch die dem Erhöhungsbeschluß zugrunde gelegte Bilanz sein; sonst wäre Abs. 6 verletzt.

b) Nach § 175 Abs. 2 Satz 2 hat der einzelne Aktionär neben dem Einsichtsrecht auch noch das Recht, die Erteilung einer *Abschrift* der Vorlage zu verlangen. Die Auslegung sowie die Durchsetzung des Einsichtsrechts können durch Ordnungsstrafe nach § 407 Abs. 1 erzwungen werden.

c) Kein Aktionär kann generell auf die ihm in Abs. 6 eingeräumten Rechte *verzichten*; insoweit handelt es sich um unentziehbare und unverzichtbare Minderheitsrechte. Selbstverständlich ist es aber möglich, im konkreten Einzelfall auf die hier eingeräumten Mitgliedschaftsrechte zu verzichten (so jetzt auch Brönner, oben § 175, Anm. 4; Baumbach-Hueck, § 175, Rdn. 7).

Anm. 9

5. Die entsprechende Anwendung des § 175 Abs. 2 im Falle des § 209 Abs. 1

§ 175 Abs. 2 gilt nach § 209 Abs. 6 zunächst nicht — auch nicht sinngemäß — für den Fall des § 209 Abs. 1, in dem die letzte Jahresbilanz dem Kapitalerhöhungsbeschluß zugrunde gelegt wird. Das hat seinen Grund offenbar darin, daß in einem solchen Fall regelmäßig die Hauptversammlung zunächst den festgestellten Jahresabschluß entgegennimmt und dann die Erhöhung des Grundkapitals beschließt. In diesem Fall findet § 175 Abs. 2 *unmittelbar* Anwendung. Es ist aber doch denkbar, daß die Hauptversammlung bereits den Jahresabschluß entgegengenommen und über die Verwendung des Bilanzgewinns Beschluß gefaßt hat, und daß sodann erst eine zweite Hauptversammlung über die Kapitalerhöhung beschließt, bei der die letzte Jahresbilanz zugrunde gelegt wird. Auf diesen Fall wird man § 175 Abs. 2 ebenfalls sinngemäß anwenden müssen (ebenso Gessler, DNotZ 1960, S. 620, der mit Recht darauf hinweist, daß so auch in allen anderen Fällen verfahren wird, in denen bei der Beschlußfassung eine Bilanz zugrunde gelegt wird; ebenso v. Godin-Wilhelmi, Anm. 9).

III. Der Verstoß gegen die Vorschriften des § 209

Anm. 10

1. Die Vorschriften des § 209 Abs. 1 bis 3 sollen wie die des § 208 sicherstellen, daß in dem Gesellschaftsvermögen die Beträge auch tatsächlich vorhanden sind, um die das

Grundkapital erhöht wird; sie konkretisieren also den aktienrechtlichen *Grundsatz der realen Kapitalaufbringung*. Sie sind überwiegend zum Schutz der Gläubiger der Gesellschaft und im öffentlichen Interesse erlassen. Werden sie verletzt, so erfüllt dies den Tatbestand des § 241 Nr. 3, so daß der Kapitalerhöhungsbeschluß in diesem Fall nichtig ist. Das gilt sowohl dann, wenn die zugrunde gelegte Bilanz nicht geprüft ist, wie auch dann, wenn sie zwar geprüft, aber nicht mit einem uneingeschränkten Bestätigungsvermerk versehen ist. Der Registerrichter hat die Eintragung eines solchen nichtigen Kapitalerhöhungsbeschlusses abzulehnen (vgl. § 210, Anm. 7).

2. Anders steht es, wenn bei der Anmeldung die Frist von acht Monaten nicht eingehalten ist. Hier handelt es sich nicht um einen Mangel, sondern um das Fehlen einer Eintragungsvoraussetzung. Dieses Fehlen nötigt den Registerrichter jedoch ebenfalls nach § 210 Abs. 2 dazu, von der Eintragung abzusehen (im Ergebnis wohl ebenso Baumbach-Hueck, Rdn. 5).

3. Wird § 209 Abs. 6 verletzt, so führt dies wie im Fall des § 175 Abs. 2 zur Anfechtbarkeit, nicht etwa zur Nichtigkeit des Erhöhungsbeschlusses (ebenso Baumbach-Hueck, Rdn. 12). Darin kommt zum Ausdruck, daß Abs. 6 lediglich dem Schutz der Aktionäre zu dienen und nicht die Interessen der Gläubiger zu wahren hat. Bei einer Anfechtung des Kapitalerhöhungsbeschlusses wegen Verletzung des § 209 Abs. 6 sind im einzelnen die Vorschriften der §§ 243ff. zu beachten.

§ 210 Anmeldung und Eintragung des Beschlusses

(1) Der Anmeldung des Beschlusses zur Eintragung in das Handelsregister ist für das Gericht des Sitzes der Gesellschaft die der Kapitalerhöhung zugrunde gelegte Bilanz mit Bestätigungsvermerk, im Fall des § 209 Abs. 6 außerdem die letzte Jahresbilanz, sofern sie noch nicht eingereicht ist, beizufügen. Die Anmeldenden haben dem Gericht gegenüber zu erklären, daß nach ihrer Kenntnis seit dem Stichtag der zugrunde gelegten Bilanz bis zum Tag der Anmeldung keine Vermögensminderung eingetreten ist, die der Kapitalerhöhung entgegenstünde, wenn sie am Tag der Anmeldung beschlossen worden wäre.

(2) Das Gericht darf den Beschluß nur eintragen, wenn die der Kapitalerhöhung zugrunde gelegte Bilanz auf einen höchstens acht Monate vor der Anmeldung liegenden Stichtag aufgestellt und eine Erklärung nach Abs. 1 Satz 2 abgegeben worden ist.

(3) Das Gericht braucht nicht zu prüfen, ob die Bilanzen den gesetzlichen Vorschriften entsprechen.

(4) Bei der Eintragung des Beschlusses ist anzugeben, daß es sich um eine Kapitalerhöhung aus Gesellschaftsmitteln handelt.

(5) Die eingereichten Schriftstücke werden beim Gericht in Urschrift, Ausfertigung oder öffentlich beglaubigter Abschrift aufbewahrt.

Übersicht

Einleitung

§ 210 übernimmt mit einigen sprachlichen Änderungen den § 7 KapErhG. Die Frist in Abs. 2 ist von sieben auf acht Monate erhöht.

I. Die Anmeldung der Kapitalerhöhung

Anm. 1

1. Die anmeldungsberechtigten Personen

Die Kapitalerhöhung aus Gesellschaftsmitteln ist ihrem sachlichen Inhalt nach stets eine Satzungsänderung (§ 207 Anm. 5). Es finden daher für die Anmeldung der Kapitalerhöhung zur Eintragung in das Handelsregister grundsätzlich die Bestimmungen über die Anmeldung einer Satzungsänderung Anwendung. Für die Frage nach den anmeldungsberechtigten Personen verweist § 207 Abs. 2 auf die besondere für die Kapitalerhöhung gegen Einlagen geltende Vorschrift des § 184 Abs. 1. Danach haben der Vorstand und der Vorsitzende des Aufsichtsrats oder dessen Stellvertreter (vgl. § 107 Abs. 1 Satz 3) den Beschluß zur Eintragung anzumelden. Dabei brauchen wie im Fall des § 184 Abs. 1 (vgl. § 184, Anm. 3) vom Vorstand nur so viele Mitglieder bei der Anmeldung mitzuwirken, wie nach Satzung oder Gesetz zur Vertretung der Gesellschaft erforderlich sind. Eine Anmeldung durch Bevollmächtigte ist hier ausgeschlossen, weil bei der Anmeldung eine Erklärung abzugeben ist (vgl. Anm. 3), die nach § 399 Abs. 2 unter strafrechtlicher Sanktion steht und die eine Vertretung nicht zuläßt (vgl. § 184, Anm. 3). Aus diesem Grund ist bei einer unechten Gesamtvertretung auch die Mitwirkung eines Prokuristen nicht zulässig. Die entgegenstehende Ansicht von Zintzen-Halft zu § 7 KapErhG, Anm. 1, ist unhaltbar; sie übersehen, daß hier nicht § 181, sondern § 184 Abs. 1 zur Anwendung gelangt (wie hier Schippel, DNotZ 1960, S. 373; Gessler, DNotZ 1960, S. 631; v. Godin-Wilhelmi, Anm. 2).

Anm. 2

2. Die einzureichenden Urkunden

Bei der Anmeldung der Kapitalerhöhung zur Eintragung in das Handelsregister sind eine Reihe von Urkunden einzureichen, die dem Registerrichter die Prüfung der Gesetzmäßigkeit der beschlossenen Kapitalerhöhung ermöglichen sollen. Nach § 210 Abs. 1 handelt es sich dabei um folgende Urkunden: Die dem Erhöhungsbeschluß zugrunde gelegte Bilanz nebst uneingeschränktem Bestätigungsvermerk des Prüfers, im Fall des § 209 Abs. 2 außerdem die letzte Jahresbilanz, falls sie noch nicht eingereicht ist; ferner eine Erklärung der Anmeldenden über die Vermögensentwicklung der Gesellschaft seit dem Stichtag der zugrunde gelegten Bilanz (vgl. dazu im einzelnen Anm. 3); weiterhin wie bei jeder Satzungsänderung die Niederschrift über die Hauptversammlung, die die Kapitalerhöhung beschlossen hat. Ist die letzte Jahresbilanz der Kapitalerhöhung zugrunde gelegt und ist diese dem Registergericht bereits eingereicht, so muß sie nicht noch einmal bei der Anmeldung der Kapitalerhöhung beigefügt werden; die insoweit gegenteilige Meinung von Gessler (DNotZ 1960, S. 634) erscheint zu formal. Sind eine oder mehrere Zweigniederlassungen vorhanden, so sind die Unterlagen abweichend von der Regel des § 43 Abs. 1 lediglich einmal für das Gericht des Sitzes einzureichen.

Anm. 3

3. Die Erklärung gemäß Abs. 1 Satz 2

Nach Abs. 1 Satz 2 haben die Anmeldenden dem Registergericht gegenüber die Erklärung abzugeben, daß nach ihrer Kenntnis seit dem Stichtag der zugrunde gelegten Bilanz bis zum Tag der Anmeldung keine Vermögensminderung eingetreten ist, die der Kapitalerhöhung entgegenstünde, wenn sie am Tag der Anmeldung beschlossen wäre. Diese Erklärung ist im Interesse der Gläubiger wie überhaupt der Öffentlichkeit von ganz besonderer Bedeutung. Sie soll einen Ersatz dafür bieten, daß aus technischen Gründen nicht eine geprüfte Bilanz auf den Stichtag der Anmeldung eingereicht werden kann; sie soll also die Gefahren ausräumen, die mit Rücksicht auf den mehrere Monate zurückliegenden Stichtag der Bilanz bei einer inzwischen eingetretenen Vermögensverschlechterung der Öffentlichkeit drohen. Mit Rücksicht auf die große Bedeutung dieser Erklärung ist sie nach § 399 Abs. 2 unter Strafsanktion gestellt. Als Schutzgesetz im Sinn des § 823 Abs. 2 BGB wird man die Bestimmung des § 399 Abs. 2 nicht ohne weiteres ansehen können.

Anm. 4

4. Die Pflicht zur Anmeldung

Wie bei der Anmeldung einer Satzungsänderung (§ 181, Anm. 3) und der Anmeldung einer Kapitalerhöhung gegen Einlagen besteht auch bei der Kapitalerhöhung aus Gesellschaftsmitteln keine öffentlich-rechtliche Pflicht der zur Anmeldung berufenen Personen, die Kapitalerhöhung zur Eintragung in das Handelsregister anzumelden. Sie werden daher auch nicht durch Ordnungsstrafen zur Anmeldung angehalten. Denn durch das Unterbleiben der Eintragung werden die Interessen der Allgemeinheit nicht berührt, weil die Kapitalerhöhung erst mit der Eintragung wirksam wird.

Dagegen ist eine Pflicht der zur Eintragung berufenen Personen gegenüber der Gesellschaft zu bejahen. Es kann insoweit auf die Ausführungen bei § 181, Anm. 4 Bezug genommen werden. Hervorzuheben ist hier nur noch, daß Vorstand und Aufsichtsratsvorsitzer bei der Anmeldung auch auf die Einhaltung der acht-Monatsfrist, gerechnet vom Stichtag der zugrundegelegten Bilanz (vgl. § 209 Anm. 4), zu achten haben. Damit ist zugleich die äußerste zeitliche Grenze bestimmt, die für die Anmeldung gezogen ist.

II. Die Behandlung durch das Registergericht

Anm. 5

1. Die Prüfungspflicht des Registergerichts

Für die Prüfungspflicht des Registergerichts gilt zunächst all das, was für seine Prüfungspflicht bei der Eintragung satzungsändernder Beschlüsse gilt. Insoweit kann auf die Ausführungen bei § 181, Anm. 4 verwiesen werden. Bei der Eintragung einer Kapitalerhöhung aus Gesellschaftsmitteln hat das Gericht namentlich zu prüfen, ob die zur Umwandlung verwendeten Beträge in der zugrunde gelegten Bilanz als Rücklagen ausgewiesen sind, und ob sie umwandlungsfähig sind. Weiter hat das Gericht darauf zu achten, daß die zugrunde gelegte Bilanz mit einem uneingeschränkten Bestätigungsvermerk versehen ist. In Abs. 2 wird noch besonders hervorgehoben, daß das Gericht auch zu prüfen hat, ob der Stichtag der zugrunde gelegten Bilanz höchstens acht Monate vor der Anmeldung des Erhöhungsbeschlusses liegt, und ob die Anmeldenden die Erklärung gemäß Abs. 1 Satz 2 abgegeben haben. Auf die Richtigkeit einer ordnungsgemäß abgegebenen Erklärung wird sich das Gericht im allgemeinen verlassen können. Nur beim Vorliegen besonderer Umstände (Verdachtsgründe) kann eine Nachprüfung der Richtigkeit angebracht sein.

Dagegen braucht sich, wie § 210 Abs. 3 hervorhebt, die Prüfung des Registergerichts nicht darauf zu erstrecken, ob die Bilanzen den gesetzlichen Vorschriften entsprechen. Diese Bestimmung ist vernünftig; denn im Regelfall kann der Registerrichter eine solche Prüfung wegen fehlender Vorbildung gar nicht vornehmen. Diese Bestimmung ist aber auch sachgerecht, da mit dieser Prüfung bereits der vorher zugezogene Wirtschaftsprüfer befaßt worden ist.

Anm. 6

2. Der Inhalt der Eintragung und ihre Bekanntmachung

Für den *Inhalt der Eintragung* gelten die allgemeinen Vorschriften. Darüber hinaus schreibt Abs. 4 ausdrücklich vor, daß bei der Eintragung des Beschlusses anzugeben ist, daß es sich um eine Kapitalerhöhung aus Gesellschaftsmitteln handelt.

Über die *Bekanntmachung der Eintragung* besagt das Gesetz nichts. Es gilt daher die allgemeine Vorschrift des § 10 HGB; diese wird ergänzt durch § 40 Abs. 1 Nr. 2.

Anm. 7

3. Die Ablehnung der Eintragung

Nach Abs. 2 darf der Registerrichter den Beschluß nur eintragen, wenn die der Kapitalerhöhung zugrunde gelegte Bilanz für einen höchstens acht Monate vor der Anmeldung liegenden Zeitpunkt aufgestellt und eine Erklärung nach Abs. 1 Satz 2 abgegeben worden ist. Liegt eine dieser beiden Voraussetzungen für die Eintragung nicht vor, dann hat der Registerrichter die beantragte Eintragung abzulehnen. Die Pflicht zur Ablehnung der Eintragung beschränkt sich jedoch nicht auf diese beiden Fälle. Das Registergericht hat vielmehr die Eintragung auch dann abzulehnen, wenn der Beschluß wegen Verstoßes gegen zwingende gesetzliche Vorschriften *nichtig* ist. Das ist z. B. der Fall bei einer Verletzung der zwingenden Vorschriften der §§ 208, 209, 212 usw. Denn einen gesetzwidrigen und deshalb nichtigen satzungsändernden Beschluß hat der Registerrichter niemals einzutragen (§ 181, Anm. 7).

Anders steht es mit solchen Beschlüssen, die zwar gesetzliche Bestimmungen verletzen, die aber deshalb nicht nichtig, sondern nur *anfechtbar* sind (vgl. dazu § 208, Anm. 13; § 209, Anm. 10). Diese Beschlüsse sind zunächst wirksame Beschlüsse, sie werden erst nichtig, wenn sie erfolgreich angefochten sind. Daraus folgt, daß sie auch grundsätzlich eintragungsfähig sind, solange nicht auf eine erhobene Anfechtungsklage der Beschluß rechtskräftig für nichtig erklärt worden ist. Im einzelnen kann hier für die Behandlung anfechtbarer Kapitalerhöhungsbeschlüsse durch den Registerrichter auf die Ausführungen bei § 181, Anm. 7 und die Erläuterungen zu § 243 verwiesen werden.

Anm. 8

4. Die fehlerhafte Eintragung

Trägt der Registerrichter einen nichtigen Erhöhungsbeschluß ein — etwa weil er den Nichtigkeitsgrund nicht erkannt hat —, so hat die Eintragung wie auch in anderen Fällen der Eintragung nichtiger Hauptversammlungsbeschlüsse keine heilende Wirkung. Der Beschluß bleibt trotz der Eintragung nichtig. Die Nichtigkeit des Beschlusses kann jedoch gemäß § 242 Abs. 2 nach Ablauf von drei Jahren seit der Eintragung nicht mehr geltend gemacht werden (vgl. dazu § 242 Abs. 2, Anm. 4ff.). Das schließt jedoch die Befugnis des Registerrichters nicht aus, auch noch nach Ablauf von drei Jahren gemäß § 144 Abs. 2 FGG die zu Unrecht vorgenommene Eintragung von Amts wegen zu löschen (§ 242 Abs. 2 Satz 3; dazu § 242, Anm. 12). Des weiteren kann hier die Anwendung des § 142 Abs. 1 FGG Bedeutung gewinnen, nämlich dann, wenn der Registerrichter entgegen der Vorschrift des Abs. 2 den Kapitalerhöhungsbeschluß eingetragen hat. In diesem Fall ist der Erhöhungsbeschluß selbst nicht nichtig, weil ihm kein Nichtigkeitsgrund anhaftet, sondern weil hier nur eine Eintragungsvoraussetzung fehlt. Demgemäß führt in diesem Fall die Eintragung die Wirkung des § 211 herbei (vgl. auch Gessler, WM Sonderbeilage 1/1960, S. 18). Der Registerrichter kann aber nach § 142 Abs. 1 FGG die Eintragung von Amts wegen löschen und ihm damit die Wirkung des § 211 wieder nehmen. Das sollte er aber zunächst nicht tun, wenn lediglich die Erklärung nach Abs. 1 Satz 2 fehlt. In einem solchen Fall wird es vielmehr richtig sein, wenn der Registerrichter erst einmal versucht, die Anmeldenden zur Nachreichung dieser Erklärung zu veranlassen (vgl. dazu v. Godin-Wilhelmi, Anm. 4). Aber auch bei Nichteinhaltung der acht-Monatsfrist sollte der Registerrichter nicht ohne weiteres die vollzogene Eintragung löschen. Er sollte vielmehr von der Löschung Abstand nehmen, wenn ihm der Nachweis geführt wird, daß die wirtschaftlichen Verhältnisse der Gesellschaft auch noch im Zeitpunkt der Eintragung die Erhöhung des Grundkapitals gestatten (so v. Godin-Wilhelmi, a. a. O.). Das erscheint mit Rücksicht auf die Rechtssicherheit gerechtfertigt.

§ 211 Wirksamwerden der Kapitalerhöhung

(1) Mit der Eintragung des Beschlusses über die Erhöhung des Grundkapitals ist das Grundkapital erhöht.

(2) Die neuen Aktien gelten als voll eingezahlt.

Übersicht

Einleitung

§ 211 übernimmt § 8 KapErhG mit einigen Änderungen, die dadurch bedingt sind, daß die Regelung nicht mehr andere Kapitalgesellschaften berücksichtigt.

Anm. 1

1. Die Wirkung der Eintragung des Kapitalerhöhungsbeschlusses

Im Unterschied zu der Kapitalerhöhung gegen Einlagen (§§ 182ff.) bedarf es hier zur Herbeiführung der Wirksamkeit nur der Eintragung des Erhöhungsbeschlusses. Eine besondere Eintragung der Durchführung der Kapitalerhöhung (§§ 188, 189) ist hier nicht notwendig, weil eine solche Durchführung nach Lage der Dinge bei der Kapitalerhöhung aus Gesellschaftsmitteln nicht in Betracht kommt. Mit der Eintragung des Erhöhungsbeschlusses ist das Grundkapital erhöht. Diese Wirkung tritt freilich nur ein, wenn es sich um einen wirksamen Erhöhungsbeschluß handelt. Die Eintragung eines nichtigen Erhöhungsbeschlusses macht diesen nicht wirksam und führt damit auch die Erhöhung des Grundkapitals nicht herbei (§ 210, Anm. 8).

Der Vorschrift des § 211 entspricht es, daß nach § 212 die neuen Aktien mit der Eintragung des Erhöhungsbeschlusses den Aktionären im Verhältnis ihrer Anteile am bisherigen Grundkapital zustehen. Denn wenn mit der Eintragung des Erhöhungsbeschlusses das Grundkapital erhöht ist, dann müssen die auf das erhöhte Grundkapital entfallenden Aktien auch bestimmten Personen bereits zustehen.

Anm. 2

2. Die Fiktion der vollen Einzahlung

Nach Abs. 2 gelten mit der Eintragung des Erhöhungsbeschlusses die neuen Aktien als voll eingezahlt. Diese Formulierung ist sprachlich wie auch sachlich wenig glücklich (vgl. auch Baumbach-Hueck, Rdn. 3; v. Godin-Wilhelmi, Anm. 3). Nach Sinn und Zweck einer Kapitalerhöhung aus Gesellschaftsmitteln kommt bei ihr eine Einzahlung auf die neuen Aktien von vornherein überhaupt nicht in Betracht. Die Bestimmung des Abs. 2 will offenbar besagen, daß die neuen Aktien mit der Eintragung des Erhöhungsbeschlusses solchen Aktien gleichstehen, auf die bei einer gewöhnlichen Kapitalerhöhung die Einlagen voll erbracht sind. Aber auch das ist nur teilweise richtig. Gegenüber der allgemeinen Vorschrift des Abs. 2 sind die besonderen Vorschriften der §§ 215 Abs. 2, 216 Abs. 2 zu beachten, die eine Sonderregelung für die Kapitalerhöhung bei teileingezahlten Aktien treffen.

Immerhin kann aus Abs. 2 so viel entnommen werden, daß der Gesellschaft gegenüber den Aktionären keine Einlageforderung hinsichtlich der neuen Aktien zusteht. Das gilt auch dann, wenn sich später herausstellen sollte, daß die bilanzmäßig ausgewiesenen und zur Umwandlung verwendeten Rücklagen tatsächlich vermögensmäßig nicht oder nicht in voller Höhe vorhanden waren (Veith, Betrieb 1960, S. 111; Baumbach-Hueck, Rdn. 3).

§ 212 Aus der Kapitalerhöhung Berechtigte

Die neuen Aktien stehen den Aktionären im Verhältnis ihrer Anteile am bisherigen Grundkapital zu. Ein entgegenstehender Beschluß der Hauptversammlung ist nichtig.

Übersicht

Einleitung

§ 212 übernimmt den § 9 KapErhG mit einigen sprachlichen Änderungen.

Anm. 1

1. Der Grundsatz

Wie bereits in Vorbem. zu §§ 207ff. dargelegt ist, behandelt das Gesetz die Kapitalerhöhung aus Gesellschaftsmitteln als einen rein bilanzmäßigen Vorgang, als eine Umbuchung von bilanzmäßig offen ausgewiesenen Rücklagen in Grundkapital. Diese Beurteilung nötigt zu der Folgerung, daß die neuen Aktien den bisherigen Aktionären im Verhältnis ihrer Anteile am bisherigen Grundkapital gehören, weil sie in diesem Verhältnis bereits an den zur Umwandlung herangezogenen Rücklagen teil hatten. Es ist daher richtig, wenn Gessler, WM Sonderbeilage 1/1960, S. 19 sagt: „Das neue Kapital kann nur den bisherigen Anteilseignern zustehen. Es gehört ihnen; § 9 Satz 1 stellt dies ausdrücklich fest.“ § 200 Abs. 2 des Regierungsentwurfes, wonach die Hauptversammlung im Erhöhungsbeschluß den Vorstand ermächtigen konnte, die neuen Aktien auch an Arbeitnehmer der Gesellschaft auszugeben, widersprach dem Wesen der Kapitalerhöhung aus Gesellschaftsmitteln und war im Hinblick auf Art. 14 GG verfassungsrechtlich bedenklich (vgl. Robert Fischer, 2. Aufl., § 9 KapErhG, Anm. 5; Wilhelmi-Friedrich, § 9, Anm. 3; a. A. Dempewolf, AG 1959, S. 120). Die Vorschrift wurde daher vom Rechtsausschuß und vom Wirtschaftsausschuß gestrichen. Im geltenden Recht eröffnet jetzt § 204 Abs. 3 die Möglichkeit, im Wege des genehmigten Kapitals Arbeitnehmeraktien zu schaffen (vgl. den Bericht des Rechtsausschusses zu § 192 des Regierungsentwurfes, abgedruckt bei Kropff, S. 306). Die Vorschrift des Satz 1 ist die zwingende Rechtsfolge aus der Beurteilung, die das Gesetz der Kapitalerhöhung aus Gesellschaftsmitteln zukommen läßt. Nur aus dieser Beurteilung ist es auch zu rechtfertigen, daß der „Erwerb“ der neuen Aktien nicht den Steuern aus Einkommen und Ertrag und auch nicht der Besteuerung nach dem Kapitalverkehrsteuergesetz unterliegt.

Mit der Vorschrift des Satz 1 wird des weiteren auch klar gestellt, daß die Aktionäre *nicht* etwa nur *ein Bezugsrecht* auf die neuen Aktien, wie bei der Kapitalerhöhung gegen Einlagen, haben. Mit dem Wirksamwerden der Kapitalerhöhung gemäß § 211 gehören die neuen Anteilsrechte bereits den bisherigen Aktionären im Verhältnis ihrer Anteile am bisherigen Grundkapital, einer besonderen Übernahme bedarf es nicht mehr. Der bisherige Aktionär bezieht die ihm zustehende Anteile nicht erst von der Gesellschaft, sondern er hat sie bereits im Zeitpunkt der Eintragung der Kapitalerhöhung in das Handelsregister. Das gilt ebenfalls, wenn auf den einzelnen Aktionär nicht ein volles neues Anteilsrecht, sondern nur ein Teilrecht entfällt. Auch dieses entsteht ohne weiteres mit der Eintragung der Kapitalerhöhung in der Person des betreffenden Aktionärs. Eine Besonderheit gilt bei einem solchen Teilrecht nur für die Geltendmachung, nicht aber für die Entstehung des Rechts, eine Besonderheit, die sich im einzelnen aus der Regelung des § 213 ergibt.

Der Gleichheitsgrundsatz des § 212 kehrt in der Regelung des § 216 wieder, wonach das Verhältnis der mit den Anteilen verbundenen Rechte zueinander durch die Kapitalerhöhung aus Gesellschaftsmitteln nicht berührt wird.

Anm. 2

2. Der zwingende Charakter des § 212

Satz 2 stellt ausdrücklich klar, daß die Vorschrift des § 212 zwingenden Charakter hat, und daß jeder Beschluß nichtig ist, der gegen diese Vorschrift verstößt. Das gilt nach der heute ganz überwiegenden Ansicht selbst dann, wenn alle Aktionäre oder wenigstens alle betroffenen Aktionäre einem solchen Beschluß zustimmen (a. M. wohl nur Boesebeck, Betrieb 1960, S. 404). Es ist daher bedenklich, wenn auch verständlich, daß das LG Mannheim ganz geringfügige Abweichungen von dem Grundsatz des § 9 KapErhG als wirksam ansieht, wenn eine solche Abweichung nicht zu einer Verschiebung der Mehrheitsverhältnisse in der Gesellschaft führt, und wenn die Gesellschafter zustimmen (BB 1961, S. 303; zustimmend Simon, GmbHRdsch. 1961, S. 179; zweifelnd Pleyer GmbHRdsch. 1961, S. 86). In dem zur Entscheidung gestellten Sachverhalt waren einzelne GmbH-Anteile um geringe Spitzenbeträge, nämlich um 3,33 1/3 DM abgerundet und diese Beträge anderen Geschäftsanteilen zugeschlagen worden, um bei einer Kapitalerhöhung durch Erhöhung der Nennbeträge der Vorschrift des § 6 Abs. 3 Satz 2 KapErhG genügen zu können.

Jede Beeinträchtigung des den bisherigen Aktionären zustehenden Rechts an den neuen Aktien löst diese Nichtigkeitsfolge aus, auch wenn diese Beeinträchtigung nur eine solche mittelbarer Art ist. Deshalb kann das Recht an den neuen Aktien auch nicht an eine Bedingung geknüpft werden, z. B. an die Bedingung, daß sich die Aktionäre gleichzeitig an einer Kapitalerhöhung gegen Einlagen beteiligen (vgl. Schippel, DNotZ 1960, S. 365; Brönner, in § 9 KapErhG, Anm. 1; Baumbach-Hueck, Rdn 2, u. a.; vgl. dazu auch Vorbem. 4). Anders ist es hingegen, wenn auf derselben Hauptversammlung zunächst ein Beschluß über die Erhöhung des Grundkapitals gegen Einlagen und sodann anschließend ein Beschluß über eine Erhöhung des Grundkapitals aus Gesellschaftsmitteln gefaßt wird. In diesem Fall greift der Schutzgedanke des § 212 nicht ein. Obwohl hier die durch die erste Kapitalerhöhung geschaffenen jungen Aktien an der nominellen Kapitalerhöhung teilnehmen, besteht für die Aktionäre keine irgendwie geartete wirtschaftliche Notwendigkeit, sich an der effektiven Kapitalerhöhung zu beteiligen. Sie sind dazu nicht genötigt, um so in den Genuß des wirtschaftlichen Wertzuwachses zu gelangen, den die jungen Aktien der effektiven Kapitalerhöhung durch ihre Teilnahme an der nominellen Kapitalerhöhung erhalten. Denn die Aktionäre sind in der Lage, auch durch eine Veräußerung ihres Bezugsrechts sich in den Genuß dieses wirtschaftlichen Wertzuwachses zu setzen. Ein auch nur mittelbarer Zwang zu einer Beteiligung an der effektiven Kapitalerhöhung besteht für sie also nicht.

§ 213 Teilrechte

(1) Führt die Kapitalerhöhung dazu, daß auf einen Anteil am bisherigen Grundkapital nur ein Teil einer neuen Aktie entfällt, so ist dieses Teilrecht selbständig veräußerlich und vererblich.

(2) Die Rechte aus einer neuen Aktie einschließlich des Anspruchs auf Ausstellung einer Aktienurkunde können nur ausgeübt werden, wenn Teilrechte, die zusammen eine volle Aktie ergeben, in einer Hand vereinigt sind oder wenn sich mehrere Berechtigte, deren Teilrechte zusammen eine volle Aktie ergeben, zur Ausübung der Rechte zusammenschließen.

Übersicht

Einleitung

§ 213 entspricht den Bestimmungen des § 10 KapErhG, soweit sie die Aktiengesellschaft betreffen.

Anm. 1

1. Der rechtliche Charakter des Teilrechts

In den meisten Fällen wird es so sein, daß auf den bisherigen Anteil des Aktionärs am Grundkapital bei der Kapitalerhöhung aus Gesellschaftsmitteln nicht ein oder mehrere vollständige neue Anteilsrechte entfallen. Es wird vielmehr meist so sein, daß auf seinen Anteil neben neuen Anteilsrechten auch noch ein Teil eines neuen Anteilsrechts entfällt. Diesen Teil eines neuen Anteilsrechts nennt Abs. 1 Teilrecht. Es entsteht ebenso wie das Anteilsrecht selbst mit dem Wirksamwerden der Kapitalerhöhung unmittelbar in der Person des berechtigten Aktionärs (§ 212, Anm. 1). Er hat also nicht etwa nur einen Anspruch gegen die Gesellschaft auf Bezug eines solchen Teilrechts.

Das Teilrecht verkörpert inhaltlich die gleichen Rechte wie das neue Anteilsrecht selbst, nur mit dem Unterschied, daß es nicht ein volles Anteilsrecht, sondern nur einen Teil desselben darstellt. Es ist also ebenfalls ein Mitgliedschaftsrecht und muß demzufolge als ein solches behandelt werden (vgl. auch Schippel, DNotZ 1960, S. 370). Besonderheiten ergeben sich für das Teilrecht gegenüber dem vollen Anteilsrecht jedoch daraus, daß es nicht in einer Aktienurkunde verbrieft ist, und daß für seine Geltendmachung gegenüber der Gesellschaft die Sondervorschrift des Abs. 2 gilt (vgl. Anm. 3). Das ändert aber nichts an der Tatsache, daß auch das Teilrecht ein selbständiges Recht in der Hand des berechtigten Aktionärs ist, und daß es in seinem Inhalt dem vollen Anteilsrecht (Mitgliedschaftsrecht) gleicht.

Anm. 2

2. Die freie Veräußerlichkeit und Vererblichkeit

Von besonderer Bedeutung ist es, daß das Teilrecht nach Abs. 1 selbständig veräußerlich und vererblich ist. Darin kommt die Selbständigkeit dieses Rechts besonders deutlich zum Ausdruck. Außerdem dient die freie Veräußerlichkeit einer praktischen Durchführung der Kapitalerhöhung. Es ist zu erwarten, daß sich in Teilrechten ebenso wie bisher schon in Bezugsrechten ein freier Handel entwickeln wird, und daß sie durch Zukauf oder durch Verkauf auf selbständige Anteilsrechte gebracht werden. Damit wird das erwünschte Ziel erreicht, daß die Teilrechte bald nach ihrer Entstehung wieder verschwinden und nicht als selbständige Teilrechte weiter bestehen.

Die freie Veräußerlichkeit des Teilrechts ist grundsätzlich zwingend. Es gilt insoweit das gleiche wie für die freie Übertragbarkeit der Aktie (vgl. § 68). Demzufolge ist eine Einschränkung der freien Veräußerlichkeit des Teilrechts nur nach Maßgabe des § 68 Abs. 2 möglich. Dabei wird man mit Rücksicht auf § 216 — ebenso wie beim Bezugsrecht (vgl. § 186, Anm. 6) — davon ausgehen müssen, daß bei vinkulierten Namensaktien auch die neuen Anteilsrechte und Teilrechte den gleichen Beschränkungen bei der Übertragung unterliegen wie jene.

Da die einzelnen Teilrechte nicht in einer besonderen Aktienurkunde verbrieft sind, vollzieht sich die Übertragung — wie beim Bezugsrecht — durch formlose Abtretung (Schippel, DNotZ 1960, S. 370). Dabei ist zum Zweck der Legitimation auch der für das Teilrecht bestimmte Dividendenschein mitzuübertragen.

Anm. 3

3. Der Zusammenschluß mehrerer Teilrechte zu einem vollen Anteilsrecht

Aus den einzelnen Teilrechten können keine Rechte gegenüber der Gesellschaft geltend gemacht werden. Das gilt sowohl für die Ausübung des Stimmrechts wie für die Geltendmachung eines Dividendenanspruchs. Auch die Ausstellung einer besonderen Urkunde kann für das einzelne Teilrecht nicht verlangt werden. Um all diese Rechte gegenüber der Gesellschaft ausüben zu können, müssen einzelne Teilrechte zu einem vollen Anteilsrecht vereinigt werden. Das kann in zweierlei Form geschehen, einmal durch Erwerb (Zukauf) weiterer Teilrechte, so daß sie in einer Hand ein volles Anteilsrecht ergeben, oder durch Zusammenschluß mehrerer Berechtigter, deren Teilrechte ein volles Anteilsrecht darstellen. Von diesen beiden Möglichkeiten wird in der Praxis die erste Möglichkeit die Regel bilden. Der Zusammenschluß mehrerer Berechtigter bildet demgegenüber nur einen Notbehelf. Für diesen Zusammenschluß gelten die Vorschriften des § 69 Abs. 1, 3. Demzufolge können die mehreren Berechtigten ihre Rechte nur durch einen gemeinschaftlichen Vertreter ausüben, während die Gesellschaft Willenserklärungen, die sie gegenüber den Aktionären abzugeben hat, gegenüber einem Berechtigten abgeben kann, wenn die Berechtigten keinen gemeinschaftlichen Vertreter haben.

§ 214 Aufforderung an die Aktionäre

(1) Nach der Eintragung des Beschlusses über die Erhöhung des Grundkapitals hat der Vorstand unverzüglich die Aktionäre aufzufordern, die neuen Aktien abzuholen. Die Aufforderung ist in den Gesellschaftsblättern bekanntzumachen. In der Bekanntmachung ist anzugeben,

1. um welchen Betrag das Grundkapital erhöht worden ist,

2. in welchem Verhältnis auf die alten Aktien neue Aktien entfallen.

In der Bekanntmachung ist ferner darauf hinzuweisen, daß die Gesellschaft berechtigt ist, Aktien, die nicht innerhalb eines Jahres seit der Bekanntmachung der Aufforderung abgeholt werden, nach dreimaliger Androhung für Rechnung der Beteiligten zu verkaufen.

(2) Nach Ablauf eines Jahres seit der Bekanntmachung der Aufforderung hat die Gesellschaft den Verkauf der nicht abgeholten Aktien anzudrohen. Die Androhung ist dreimal in Abständen von mindestens einem Monat in den Gesellschaftsblättern bekanntzumachen. Die letzte Bekanntmachung muß vor dem Ablauf von achtzehn Monaten seit der Bekanntmachung der Aufforderung ergehen.

(3) Nach Ablauf eines Jahres seit der letzten Bekanntmachung der Androhung hat die Gesellschaft die nicht abgeholten Aktien für Rechnung der Beteiligten zum amtlichen Börsenpreis durch Vermittlung eines Kursmaklers und beim Fehlen eines Börsenpreises durch öffentliche Versteigerung zu verkaufen. § 226 Abs. 3 Satz 2 bis 6 gilt sinngemäß.

(4) Die Absätze 1 bis 3 gelten sinngemäß für Gesellschaften, die keine Aktienurkunden ausgegeben haben. Die Gesellschaften haben die Aktionäre aufzufordern, sich die neuen Aktien zuteilen zu lassen.

Übersicht

Einleitung

§ 214 stimmt sachlich mit § 11 KapErhG überein, jedoch beginnen die Fristen nicht mehr mit der Bekanntmachung der Aufforderung im Bundesanzeiger, sondern mit der Bekanntmachung in den Gesellschaftsblättern. Das bedeutet, daß es bei mehreren Gesellschaftsblättern auf die Bekanntmachung in dem zuletzt erschienenen Gesellschaftsblatt ankommt.

I. Die Ausführung der Kapitalerhöhung

Anm. 1

1. Allgemeines

Bei der Kapitalerhöhung aus Gesellschaftsmitteln ist eine Durchführung im Sinn der §§ 185ff. nicht erforderlich. Die Durchführung im Sinn der genannten Vorschriften bezweckt die Aufbringung des erhöhten Grundkapitals durch die Aktionäre oder durch Dritte. Erst wenn diese Aufbringung sichergestellt ist, wird die Kapitalerhöhung gegen Einlagen durch Eintragung der Durchführung wirksam (§ 189). All das ist hier nicht notwendig, weil bei der Kapitalerhöhung aus Gesellschaftsmitteln von den Aktionären kein neues Kapital aufgebracht zu werden braucht. Demgemäß wird die Kapitalerhöhung aus Gesellschaftsmitteln auch schon durch die Eintragung des Erhöhungsbeschlusses wirksam (§ 211). Mit diesem Zeitpunkt entstehen zugleich die neuen Anteilsrechte und die etwaigen Teilrechte (§§ 212, 213). Diese gesetzliche Regelung der Kapitalerhöhung aus Gesellschaftsmitteln erfordert jedoch trotzdem noch weitere Maßnahmen, um die Aktionäre in die Lage zu versetzen, von ihren neuen Anteilsrechten auch Gebrauch machen zu können. Diese weiteren Maßnahmen nennt man im Anschluß an § 6 KapErhG die Ausführung der Kapitalerhöhung; sie ist im wesentlichen in § 214 geregelt.

Wie Gessler dargelegt hat (WM Sonderbeilage 1/1960, S. 23), hatte sich der Gesetzgeber mit der Bestimmung des § 11 KapErhG zu einer zwangsweisen Ausführung der Kapitalerhöhung entschlossen, um die Ausgabe der neuen Aktien sicherzustellen und um nicht erneut die schlechten Erfahrungen wie bei der Dividendenabgabeverordnung zu machen. Dabei hat sich der Gesetzgeber jedoch darauf beschränkt, insoweit Bestimmungen für die Ausführung nur bei einer Kapitalerhöhung durch Ausgabe neuer Aktien und nicht auch bei einer solchen durch Erhöhung der Nennbeträge der Aktien zu treffen. Diese Beschränkung darf nicht darüber hinwegtäuschen, daß auch im letzteren Fall Ausführungsmaßnahmen notwendig sind (vgl. dazu Anm. 4).

Anm. 2

2. Die Aufforderung an die Aktionäre

Nach der Eintragung des Erhöhungsbeschlusses hat der Vorstand die Aktionäre unverzüglich aufzufordern, die neuen Aktien abzuholen. Um diese Aufforderung im Interesse aller Beteiligten zu beschleunigen, schlägt Stein vor (WM 1960, S. 244), die neuen Aktienurkunden schon vorher drucken zu lassen. In einem solchen Fall kann dann in der Tat die Aufforderung unmittelbar nach der Eintragung ergehen. Das hat zugleich den Vorteil, daß auch recht schnell die alten Aktien „ex Berichtigungsaktien" an der Börse gehandelt werden können, was nach einer Verlautbarung der deutschen Börsenvorstände (vgl. WM 1960, S. 344) vom ersten Tag der Abholfrist an geschieht.

Die Aufforderung ist in den Gesellschaftsblättern (dazu § 25) bekanntzumachen. In der Bekanntmachung ist anzugeben, um welchen Betrag das Grundkapital erhöht ist, und in welchem Verhältnis auf die alten Aktien neue Aktien entfallen. In der Bekanntmachung ist ferner darauf hinzuweisen, daß die Gesellschaft nach dreimaliger Androhung berechtigt ist, die Aktien, die nicht innerhalb eines Jahres seit der Bekanntmachung abgeholt werden, für Rechnung der Beteiligten zu verkaufen. Diesen Inhalt der Bekanntmachung schreibt § 214 Abs. 1 zwingend vor. Der Vorstand ist zur Bekanntmachung mit diesem Inhalt verpflichtet und kann dazu durch Ordnungsstrafen angehalten werden (§ 407 Abs. 1).

Anm. 3

3. Die Aushändigung der Aktienurkunden

Mit der Eintragung des Kapitalerhöhungsbeschlusses entstehen in der Person der bisherigen Aktionäre die auf sie entfallenden Anteilsrechte (§ 211 Anm. 1). Mit der Entstehung dieser Rechte hat der einzelne Aktionär auch einen Anspruch gegen die Gesellschaft auf Aushändigung entsprechender Aktienurkunden. Dieser Anspruch ist also nicht davon abhängig, daß die Gesellschaft die Aktionäre zur Abholung der neuen Urkunden durch Bekanntmachung auffordert. Technisch wird sich dieser Vorgang meist durch Einschalten der Banken vollziehen. Im Interesse der Rechtsklarheit ist es angebracht, die neuen Aktien auf einen dazu bestimmten Dividendenschein auszuhändigen.

Anm. 4

4. Die Ausführung bei Erhöhung des Nennbetrags der Aktien

Für die Ausführung einer Kapitalerhöhung, bei der die Nennbeträge der bisherigen Aktien erhöht werden (§ 215, Anm. 3), gibt § 214 keine Vorschriften. Gleichwohl ist auch bei ihr eine Ausführung der Kapitalerhöhung notwendig, nachdem sie wirksam geworden ist. Im Unterschied zu der Kapitalerhöhung durch Ausgabe neuer Aktien ist jedoch diese Ausführung, namentlich die Art der Ausführung in das Belieben der Gesellschaft gestellt. Die Gesellschaft kann demzufolge die bisherigen Aktienurkunden durch Abstempelung berichtigen oder — und das hält Stein (WM 1960, S. 243) für zweckmäßiger — die alten Aktien gegen neue Aktien umtauschen. In beiden Fällen ist es angebracht, daß die Gesellschaft ihre Aktionäre durch Bekanntmachung in den Gesellschaftsblättern zur Vorlage der alten Aktien oder zum Umtausch auffordert. Von einer solchen öffentlichen Aufforderung kann wohl nur dann abgesehen werden, wenn es sich um Namensaktien — z. B. einer Kapitalerhöhung auf teileingezahlte Aktien — handelt; hier genügt es, wenn die Gesellschaft die in ihrem Aktienbuch (vgl. dazu § 67 Anm. 3 ff.) verzeichneten Aktionäre unmittelbar anschreibt.

Bei einer Kapitalerhöhung durch Erhöhung des Nennbetrags der Aktien hat die Gesellschaft nicht die Möglichkeit, die Vorlage der alten Aktienurkunden oder den Umtausch der alten Urkunden zu erzwingen. Das kann weder durch Androhung einer Kraftloserklärung noch durch die Androhung eines Verkaufs geschehen. Namentlich findet hier nicht die Vorschrift des § 72 Anwendung. Diese Vorschrift läßt mit Genehmigung des Registerrichters zwar die Kraftloserklärung von Aktienurkunden zu, wenn ihr Inhalt durch eine Veränderung der rechtlichen Verhältnisse unrichtig geworden ist; sie findet jedoch nach ihrem ausdrücklichen Wortlaut keine Anwendung, wenn die Unrichtigkeit auf einer Erhöhung des Nennbetrags der Aktien beruht. Bei unterbliebenem Umtausch bleiben die alten Urkunden die Träger des Aktienrechts, nunmehr mit ihrem veränderten erhöhten Betrag. Die alten Urkunden legitimieren ihren Inhaber somit für den erhöhten Betrag. Ihr unrichtiger Inhalt ist dabei ohne Belang (so richtig v. Godin-Wilhelmi, Anm. 2).

II. Der Verkauf der neuen Anteilsrechte

Anm. 5

1. Allgemeines

Die Möglichkeit eines zwangsweisen Verkaufs der neuen Anteilsrechte besteht nur, wenn die Kapitalerhöhung durch Ausgabe neuer Aktien beschlossen worden ist. Bei einer Kapitalerhöhung durch Erhöhung des Nennbetrags der bisherigen Aktien ist eine solche Möglichkeit nicht gegeben. Der Zweck, der mit dem zwangsweisen Verkauf der neuen Aktien verfolgt wird, besteht darin, die Geltendmachung der durch die neuen Aktien verkörperten Mitgliedschaftsrechte zu ermöglichen. Denn ohne einen solchen Verkauf würden diese Mitgliedschaftsrechte nicht ausgeübt werden können, was nach den Erfahrungen unter der Geltung der Dividendenabgabeverordnung aus dem Jahre 1941 zu unerfreulichen Folgen führen kann. Der Verkauf dient also dem Zweck, für die neuen Anteilsrechte einen effektiven Träger des Mitgliedschaftsrechts zu schaffen.

Anm. 6

2. Die Voraussetzungen für den Verkauf

§ 214 regelt sehr eingehend, unter welchen Voraussetzungen der Verkauf der neuen Anteilsrechte durch die Gesellschaft zu erfolgen hat. Die erste Voraussetzung ist, daß die Aufforderung an die Aktionäre, die neuen Aktien abzuholen, ordnungsgemäß bekannt gegeben ist (vgl. dazu Anm. 2). Die zweite Voraussetzung ist, daß die Gesellschaft nach Ablauf eines Jahres seit der Bekanntmachung den Verkauf der nicht abgeholten Aktien durch Bekanntmachung in den Gesellschaftsblättern (dazu § 25) androht. Diese Androhung muß insgesamt dreimal in Abständen von mindestens einem Monat erfolgen; dabei muß die letzte Androhung vor dem Ablauf von 18 Monaten seit der Bekanntmachung der Aufforderung zum Abholen der Aktien ergehen. Schließlich muß seit der letzten Androhung noch ein Jahr verstrichen sein, ehe der Verkauf der neuen Aktien vorgenommen werden darf.

All diese Voraussetzungen sind *zwingenden Rechts*. Fehlt auch nur eine dieser Voraussetzungen, so ist der Verkauf unzulässig. Werden die neuen Aktien gleichwohl verkauft, so macht sich die Gesellschaft gegenüber dem Berechtigten schadenersatzpflichtig. Die in Abs. 2 geregelten Verpflichtungen der Gesellschaft fallen jedoch nicht unter die Sanktion des § 407 Abs. 1 wie diejenigen des § 214 Abs. 1. Die Unterscheidung erscheint sachlich nicht gerechtfertigt; vielmehr sollten die Vorstandsmitglieder durch Ordnungsstrafen angehalten werden können, alle durch § 214 begründeten Verpflichtungen zu erfüllen.

Anm. 7

3. Die Pflicht zum Verkauf

Liegen die in Anm. 6 aufgeführten Voraussetzungen für den Verkauf der neuen Aktien vor, so begründet das für die Gesellschaft nicht nur das Recht, sondern auch die Pflicht zum Verkauf der neuen Aktien. Die Vorschriften dienen dem öffentlichen Interesse und sollen aus Gründen der Rechtssicherheit und der Rechtsklarheit geordnete Verhältnisse bei der Ausübung der neuen Anteilsrechte schaffen. Hinter dieser aus Gründen des öffentlichen Interesses begründeten Pflicht steht freilich keine Sanktion. Es gilt insoweit das bereits in Anm. 2 Gesagte.

Die Gesellschaft trifft nicht nur die Pflicht zum Verkauf der neuen Aktien, wenn die dafür erforderlichen Voraussetzungen vorliegen, sondern sie hat auch die Pflicht, die insoweit notwendigen Voraussetzungen zu schaffen. Sie ist daher nicht nur berechtigt, sondern auch verpflichtet, die notwendigen Bekanntmachungen unter Einhaltung der vorgeschriebenen Fristen und mit dem vorgeschriebenen Inhalt ergehen zu lassen. Dabei ist ihr bei der Androhung des Verkaufs ein gewisser zeitlicher Spielraum belassen, den sie nach eigenem Ermessen ausfüllen kann.

Anm. 8

4. Der Verkauf der neuen Aktien

Abs. 3 schreibt — ebenfalls zwingend — vor, in welcher Weise die neuen Aktien zu verkaufen sind. Diese Vorschriften dienen dem Schutz des säumigen Aktionärs; ihre Verletzung begründet eine Schadenersatzpflicht der Gesellschaft. Haben die nicht abgeholten Aktien einen amtlichen Börsenpreis, so sind sie durch Vermittlung eines Kursmaklers freihändig zu verkaufen. Haben die neuen Aktien keinen amtlichen Börsenpreis, so sind sie durch öffentliche Versteigerung zu verkaufen. Für die Einzelheiten der öffentlichen Versteigerung verweist Abs. 3 Satz 2 auf die Vorschriften des § 226 Abs. 3 Satz 2—6; insoweit kann hier auf die entsprechenden Erläuterungen zu diesen Vorschriften verwiesen werden. Der erzielte Erlös ist sodann zu hinterlegen.

III. Die Sonderregelung für Gesellschaften ohne Aktienurkunden

Anm. 9

Das Aktiengesetz schreibt nicht vor, daß in jedem Fall Aktienurkunden ausgegeben werden müssen. Es ist daher möglich, daß — nach der Übung freilich nur in Ausnahmefällen — bei einzelnen Gesellschaften Aktienurkunden nicht ausgegeben werden (vgl. dazu § 10, Anm. 2). Für diese — wenigen — Aktiengesellschaften gibt Abs. 4 eine Sonderregelung über die Ausführung einer Kapitalerhöhung durch Ausgabe neuer Aktien. Nach Abs. 4 gelten für diese Gesellschaften die Abs. 1—3 des § 214 sinngemäß; die Gesellschaft hat die Aktionäre aufzufordern, sich die neuen Aktienrechte zuteilen zu lassen.

Die Einzelheiten dieser Regelung sind unklar. Zunächst ist hervorzuheben, daß der gewählte Ausdruck „zuteilen" den Sachverhalt nicht richtig wiedergibt. Auch für den Sondertatbestand des Abs. 4 gilt die allgemeine Vorschrift des § 212, wonach die neuen Aktien mit dem Wirksamwerden der Kapitalerhöhung ohne weiteres in der Person der bisherigen Aktionäre entstehen. Von einem „Zuteilen" kann bei diesem Sachverhalt nicht gesprochen werden, denn die Aktionäre haben die Anteilsrechte bereits, so daß sie ihnen nicht mehr zugeteilt werden können. Ferner ist unklar, in welcher Form die Abs. 1—3 auf den Sondertatbestand des Abs. 4 sinngemäß angewendet werden können. Die Regelung der Abs. 1—3 befaßt sich mit der Aushändigung der Aktienurkunden und mit dem Verkauf der Aktien, wenn die Urkunden nicht fristgemäß abgeholt werden. Inwiefern diese Vorschriften, die entscheidend auf die ausgestellten Aktienurkunden abstellen, sinngemäß angewendet werden könnten, wenn keine Aktienurkunden ausgegeben werden, ist nicht ersichtlich. Mit Recht weisen v. Godin-Wilhelmi, Anm. 7 darauf hin, daß die nach Abs. 1 vorgeschriebene Aufforderung an die Aktionäre, die neuen Aktien unverzüglich abzuholen, im Fall des Abs. 4 nur eine Aufforderung sein könnte, sich die neuen Aktienrechte zuteilen zu lassen, daß aber eine solche Aufforderung sinnlos sei, weil diese Rechte den Aktionären bereits kraft Gesetzes zustehen. Weiter machen v. Godin-Wilhelmi, a. a. O. auch mit Recht darauf aufmerksam, daß selbst für den Fall, daß die unbeurkundeten Aktienrechte Namensaktien sein sollten, die „Zuteilung" nicht in einem entsprechenden Eintrag in das Aktienbuch (§ 67) erblickt werden könnte. Denn für diesen Eintrag ist die Mitwirkung des Aktionärs nicht erforderlich, so daß auch insoweit eine Aufforderung an die Aktionäre keinen vernünftigen Sinn hat.

§ 215 Eigene Aktien. Teileingezahlte Aktien

(1) Eigene Aktien nehmen an der Erhöhung des Grundkapitals teil.

(2) Teileingezahlte Aktien nehmen entsprechend ihrem Nennbetrag an der Erhöhung des Grundkapitals teil. Bei ihnen kann die Kapitalerhöhung nur durch Erhöhung des Nennbetrags der Aktien ausgeführt werden. Sind neben teileingezahlten Aktien volleingezahlte Aktien vorhanden, so kann bei diesen die Kapitalerhöhung durch Erhöhung des Nennbetrags der Aktien und durch Ausgabe neuer Aktien ausgeführt werden; der Beschluß über die Erhöhung des Grundkapitals muß die Art der Erhöhung angeben. Soweit die Kapitalerhöhung durch Erhöhung des Nennbetrags der Aktien ausgeführt wird, ist sie so zu bemessen, daß durch sie auf keine Aktie Beträge entfallen, die durch eine Erhöhung des Nennbetrags der Aktien nicht gedeckt werden können.

Übersicht

Einleitung

Die Vorschrift übernimmt in den Abs. 1 und 2 Satz 3 Halbsatz 1 die Bestimmungen des § 12 KapErhG, jedoch ohne dessen Abs. 2 (vgl. aber § 3 Abs. 2 EG). Abs. 2 Satz 3 Halbsatz 2 und Satz 4 übernehmen die Bestimmungen des § 6 Abs. 4 des KapErhG.

I. Die eigenen Aktien der Gesellschaft

Anm. 1

In Übereinstimmung mit § 28 der ersten DVO zur DividendenabgabeVO 1941 bestimmt Abs. 1, daß eigene Aktien der Gesellschaft an der Erhöhung des Grundkapitals teilnehmen. Bei dieser Bestimmung handelt es sich nicht nur um eine Klarstellung der Rechtslage (so wohl Baumbach-Hueck, Rdn. 2; v. Godin-Wilhelmi, Anm. 2). Aus der Grundsatzbestimmung in § 71 Abs. 6 würde sich vielmehr das Gegenteil ergeben, denn danach stehen der Gesellschaft aus eigenen Aktien keine Rechte zu. Bei der umfassenden Bedeutung dieser Bestimmung müßte ohne die abweichende Regelung des Abs. 1 angenommen werden, daß die eigenen Aktien der Gesellschaft an einer Kapitalerhöhung aus Gesellschaftsmitteln *nicht* teilnehmen.

Zur Erläuterung der Vorschrift des Abs. 1 wird vielfach darauf hingewiesen, daß hier eine abweichende Regelung gegenüber § 71 Abs. 6 deshalb innerlich gerechtfertigt und geboten sei, weil auch die eigenen Anteile der Gesellschaft schon vor der Kapitalerhöhung zu einem entsprechenden Anteil an dem Kapital der Gesellschaft beteiligt gewesen seien und weil ohne eine Beteiligung der eigenen Aktien an der Kapitalerhöhung die Beteiligungsverhältnisse verschoben würden (vgl. etwa Brönner, § 12 KapErhG, Anm. 1; Zintzen-Halft, § 12 KapErhG, Anm. 1). Diese Auffassung erscheint nicht überzeugend. Bei der umfassenden Bedeutung des § 71 Abs. 6 ist es die notwendige Folge dieser Bestimmung, daß die eigenen Aktien der Gesellschaft nicht nur gegenüber den übrigen Aktien benachteiligt werden, sondern mitunter auch eine entscheidende wirtschaftliche Einbuße hinnehmen müssen. Der Ausschluß der Gesellschaft vom Bezugsrecht, dessen Wert zum Teil beträchtlich sein kann, macht das besonders deutlich. Gerade dieser Ausschluß läßt erkennen, daß die Vorschrift des § 71 Abs. 6 eine Änderung der Beteiligungsverhältnisse im Zusammenhang mit einer Kapitalerhöhung in Kauf nimmt. Bei dieser Sachlage erscheint es richtiger, mit Gessler (BB 1960, S. 10) den eigentlichen Sachgrund für diese Vorschrift darin zu erblicken, daß sie die *Durchführung der Kapitalerhöhung vereinfachen und erleichtern soll.* Denn es könnten in der Tat bei der Berechnung der auf die einzelnen Aktionäre entfallenden neuen Aktien ungewöhnliche rechnerische und praktische Schwierigkeiten auftreten, wenn die eigenen Aktien der Gesellschaft an der Kapitalerhöhung aus Gesellschaftsmitteln nicht teilnehmen.

II. Die Behandlung der nicht voll eingezahlten Aktien

Anm. 2

1. Allgemeines

Die zutreffende rechtliche Behandlung der nicht voll eingezahlten Aktien bei einer Kapitalerhöhung aus Gesellschaftsmitteln bereitete für den Gesetzgeber gewisse Schwierigkeiten. Eine Beteiligung der nicht voll eingezahlten Aktien an der Kapitalerhöhung entsprechend den geleisteten Einlagen würde sie im Ergebnis gegenüber den voll eingezahlten Aktien benachteiligen; das wird deutlich, wenn später weitere Einzahlungen geleistet werden und nunmehr eine Beteiligung dieser Aktionäre an der Kapitalerhöhung in Höhe der weiteren Einzahlung nicht mehr möglich ist. Bei dieser Sachlage bietet sich für den Gesetzgeber als gerechte Lösung nur die Möglichkeit an, die nicht voll eingezahlten Aktien entsprechend ihrem Nennbetrag an der Kapitalerhöhung teilnehmen zu lassen (zutreffend Gessler, WM Sonderbeilage 1/1960, S. 20). Ferner mußte bei der gesetzlichen Regelung sichergestellt werden, daß sich im Zusammenhang mit der Kapitalerhöhung nicht die Haftungsgrundlage der Gesellschaft für den nicht eingezahlten Teil der Aktien vermindert. Nach den §§ 64, 65 ist die Gesellschaft befugt, den säumigen Gesellschafter auszuschließen und gegebenenfalls die Aktien durch Verkauf zu verwerten. Dieses Recht der Gesellschaft könnte beeinträchtigt werden, wenn die Kapitalerhöhung bei nicht voll eingezahlten Aktien durch Ausgabe neuer Aktien vollzogen würde. Denn diese Aktien würden mangels besonderer Bestimmung gemäß § 211 als voll eingezahlt gelten und demgemäß der Gesellschaft als Sicherung für die Erfüllung der noch ausstehenden Einlageverpflichtungen nicht mehr zur Verfügung stehen. Das wäre eine unberechtigte Schädigung der Gesellschaft, weil sich der Wert der nicht voll eingezahlten, ursprünglichen Aktie um den Wert der auf sie entfallenden neuen Aktie vermindert und damit die Haftungsgrundlage der Gesellschaft geschmälert wird. Die notwendige Sicherung der Rechte der Gesellschaft aus den §§ 64, 65 konnte gesetzestechnisch auf zwei verschiedenen Wegen erreicht werden. Einmal so, daß die neu ausgegebenen Aktien ebenfalls dem Kaduzierungsverfahren unterworfen werden, oder so, daß bei nicht voll eingezahlten Aktien eine Kapitalerhöhung aus Gesellschaftsmitteln nur durch eine Erhöhung des Nennbetrages der Aktien zugelassen wird. Die erste Lösung hat § 26 der zweiten DVO zur DividendenabgabeVO 1941 gewählt, die zweite das Kapitalerhöhungsgesetz vom 23. Dezember 1959 in § 12 Abs. 2 (§ 215 Abs. 2 Satz 2 AktG 1965), und zwar nach der amtlichen Begründung deshalb, weil sich die erste Lösung nicht bewährte. Weitere Schwierigkeiten können sich für die Durchführung der Kapitalerhöhung bei nicht voll eingezahlten Aktien ergeben, wenn sich die Ausübung des Stimmrechts und die Beteiligung am Gewinn nach der Höhe der geleisteten Einlage richten (vgl. dazu unten § 216, Anm. 5ff.).

Anm. 3

2. Die Gestaltung der Kapitalerhöhung bei nicht voll eingezahlten Aktien

Aus den in Anm. 2 dargelegten Gründen läßt § 215 Abs. 2 eine Kapitalerhöhung aus Gesellschaftsmitteln bei nicht voll eingezahlten Aktien *nicht durch Ausgabe neuer Aktien, sondern nur durch Erhöhung des Nennbetrags der Aktien zu.* Diese Vorschrift ist zwingend, die Hauptversammlung ist bei ihrem Erhöhungsbeschluß daran gebunden. Bei Verletzung dieser Vorschrift ist der Beschluß nach § 241 Nr. 3 nichtig.

Eine Erleichterung für den Erhöhungsbeschluß gab früher § 12 Abs. 2 Satz 4 KapErhG. Danach konnten bei nicht voll eingezahlten Aktien diese bei der Erhöhung auf jeden durch fünf teilbaren Betrag gestellt werden. Die Regelung hat sich in § 3 Abs. 4 EG AktG 1965 für Aktien mit einem nicht durch hundert teilbaren Nennbetrag erhalten; derartige Aktien können auf jeden durch zehn teilbaren Betrag gestellt werden (vgl. dazu die Erläuterungen zu § 3 EG). Bei einer Kapitalerhöhung durch Erhöhen der Nennbeträge ist die Vorschrift des § 215 Abs. 2 Satz 4 zu beachten; vgl. dazu unten Anm. 5.

Anm. 4

3. Die Kapitalerhöhung bei voll eingezahlten und bei teileingezahlten Aktien

Es wird vorkommen, daß bei einer Gesellschaft neben teileingezahlten Aktien auch voll eingezahlte Aktien vorhanden sind. Bei einer solchen Gesellschaft könnte, wenn das Gesetz keine Sonderbestimmung enthielte, die Kapitalerhöhung nur in der Weise durchgeführt werden, daß für die neuen Aktien, die auf die voll eingezahlten Aktien entfallen, neue Aktien ausgegeben werden, während bei den teileingezahlten Aktien deren Nennbeträge erhöht werden müßten. Das wäre die notwendige Konsequenz des zwingenden Charakters der Vorschriften der §§ 182 Abs. 1 Satz 4 (vgl. § 207 Abs. 2) und 215 Abs. 2 Satz 2. Dies kann im Einzelfall zu praktisch erheblichen Schwierigkeiten führen. Um diese auszuräumen, gibt § 215 Abs. 2 Satz 3 für diesen Fall eine *Sonderregelung.* Danach kann die Gesellschaft die Kapitalerhöhung bei den voll eingezahlten Aktien auch durch Erhöhung des Nennbetrags ausführen. Sie hat insofern die Wahl; sie kann also bei diesen Aktien auch die Ausgabe neuer Aktien wählen. Diese beiden Möglichkeiten sind aber auch die einzigen, die das Gesetz der Gesellschaft zur Wahl stellt. Die Gesellschaft kann demzufolge für die teileingezahlten Aktien auch in diesem Fall die Kapitalerhöhung nur durch Erhöhung des Nennbetrages ausführen. Für diese Aktien bleibt es also stets bei der zwingenden Vorschrift des § 215 Abs. 2 Satz 2. Das ist im Interesse der Gesellschaft zwecks Erhaltung der Haftungsgrundlage auch hier geboten.

Anm. 5

4. Das Verbot der Spitzenbildung

Bei der Kapitalerhöhung durch Erhöhung der Nennbeträge ist die Vorschrift des § 215 Abs. 2 Satz 4 zu beachten. Sie soll bei dieser Art der Kapitalerhöhung die Entstehung von Spitzen- und Teilrechten verhindern. Die Erhöhung muß so vorgenommen werden, daß jeder Aktionär in vollem Umfang beteiligt werden kann. Das kann im Einzelfall zu Schwierigkeiten führen (vgl. die von Brönner, § 6 KapErhG, Anm. 4, und Zintzen-Halft, § 6 KapErhG, Anm. 4, gebildeten Beispiele).

Ein Verstoß gegen die Vorschrift führt zur Nichtigkeit des Erhöhungsbeschlusses, obwohl es sich nur um Interessen der Aktionäre handelt, die hier geschützt werden sollen. Wie Baumbach-Hueck (Rdn. 8) überzeugend nachweisen, liegt jedoch gleichzeitig ein Verstoß gegen § 212 und damit gegen den *Gleichbehandlungsgrundsatz* der Aktionäre vor. Ein Verstoß gegen den Gleichbehandlungsgrundsatz macht — worauf § 241 durch die Bezugnahme auf § 212 aufmerksam macht — hier ausnahmsweise einen dagegen verstoßenden Hauptversammlungsbeschluß nichtig (vgl. dazu oben § 179, Anm. 8). v. Godin-Wilhelmi (Anm. 5) wollen § 241 Abs. 3 anwenden (vgl. zu der abweichenden Rechtslage im GmbH-Recht LG Mannheim, BB 1961, S. 303; Simon, GmbHRdsch. 1961, S. 179; abweichend für das frühere Recht Robert Fischer, 2. Auflage, Anhang 1, § 6 KapErhG, Anm. 7).

III. Der Beschluß über die Kapitalerhöhung

Anm. 6

Abs. 2 Satz 3 Halbsatz 2 schreibt vor, daß der Beschluß über die Erhöhung des Grundkapitals die *Art* der Erhöhung angeben muß. Das ist zwingend. Es gelten insoweit die gleichen Grundsätze wie bei der sachlich ähnlichen Bestimmung des § 222 Abs. 4. Danach ist der Erhöhungsbeschluß nichtig, wenn die Angabe über die Art der Erhöhung fehlt (ebenso Schippel, DNotZ 1960, S. 368). Denn ein solcher Beschluß kann nicht ausgeführt werden. Dem Vorstand darf die Art der Ausführung nicht überlassen werden.

Die Art der Erhöhung ist im Sinn des Abs. 2 Satz 3 nicht schon dann ausreichend angegeben, wenn der Beschluß lediglich die Angabe enthält, daß die Kapitalerhöhung durch Ausgabe neuer Aktien (oder durch Erhöhung der Nennbeträge) auszuführen ist. Der Beschluß muß darüber hinaus die Angabe enthalten, in welchem Verhältnis neue Aktien an die bisherigen Aktionäre ausgegeben (oder zu welchem Betrag die Nennbeträge der bisherigen Aktien erhöht) werden. Auch das ist zwingend. Dabei ist zu beachten, daß die für die Ausführung gegebenen Vorschriften (Stückelung der neuen Aktien, Nennbetrag der erhöhten Aktien) eingehalten werden.

§ 216 Wahrung der Rechte der Aktionäre und Dritter

(1) Das Verhältnis der mit den Aktien verbundenen Rechte zueinander wird durch die Kapitalerhöhung nicht berührt. Die Ausgabe neuer Mehrstimmrechtsaktien und die Erhöhung des Stimmrechts von Mehrstimmrechtsaktien auf Grund des Satzes 1 bedürfen keiner Zulassung nach § 12 Abs. 2 Satz 2.

(2) Soweit sich einzelne Rechte teileingezahlter Aktien, insbesondere die Beteiligung am Gewinn oder das Stimmrecht, nach der auf die Aktie geleistete Einlage bestimmen, stehen diese Rechte den Aktionären bis zur Leistung der noch ausstehenden Einlagen nur nach der Höhe der geleisteten Einlage, erhöht um den auf den Nennbetrag des Grundkapitals berechneten Hundertsatz der Erhöhung des Grundkapitals zu. Werden weitere Einzahlungen geleistet, so erweitern sich diese Rechte entsprechend. Im Fall des § 271 Abs. 3 gelten die Erhöhungsbeträge als voll eingezahlt.

(3) Der wirtschaftliche Inhalt vertraglicher Beziehungen der Gesellschaft zu Dritten, die von der Gewinnausschüttung der Gesellschaft, dem Nennbetrag oder Wert ihrer Aktien oder ihres Grundkapitals oder sonst von den bisherigen Kapital- oder Gewinnverhältnissen abhängen, wird durch die Kapitalerhöhung nicht berührt. Gleiches gilt für Nebenverpflichtungen der Aktionäre.

Übersicht

Einleitung

Die Vorschrift des § 216 übernimmt in Abs. 1 Satz 1 und in den Abs. 2 und 3 die Bestimmungen des bisherigen § 13 KapErhG, der seinerseits in Abs. 1 und 3 dem § 41 DMBG nachgeformt war.

Rechtsausschuß und Wirtschaftsausschuß empfahlen, an Abs. 1 einen neuen Satz 2 anzufügen, der die Behandlung von Mehrstimmrechten bei einer Kapitalerhöhung aus Gesellschaftsmitteln regelt. Dieser Satz ist dem bisherigen § 6 Abs. 1 Satz 3 KapErhG entnommen.

I. Der Grundgedanke des Abs. 1

Anm. 1

1. Allgemeines

Für voll eingezahlte Aktien bestimmt Abs. 1 Satz 1 knapp, daß das Verhältnis der mit den Anteilen verbundenen Rechte zueinander durch die Kapitalerhöhung nicht berührt werden soll. Das ist angesichts der Regelung des § 212 klar und selbstverständlich, sofern in der Gesellschaft keine verschiedenen Gattungen von Aktien bestehen. Besondere Bedeutung gewinnt die Bestimmung, falls in der Gesellschaft verschiedene Aktienklassen vorhanden sind. In diesem Fall erhält jeder Aktionär Aktien seiner Gattung. Das bedarf im einzelnen einer näheren Regelung, weil sich Abs. 1 Satz 1 auf den Ausspruch des allgemeinen Grundsatzes beschränkt und im Unterschied zu Abs. 2 davon absieht, nähere Ausführungsbestimmungen für die in Betracht kommenden Einzelfälle aufzustellen. Die Beachtung des im Abs. 1 aufgestellten Grundsatzes führt in den verschiedenen Einzelfällen zu unterschiedlichen Ergebnissen (dazu Anm. 2ff.). Abs. 1 Satz 1 gilt für voll eingezahlte Aktien, für teileingezahlte Aktien gelten daneben die näheren Ausführungsanweisungen des Abs. 2.

Mit Rücksicht auf die Bestimmung des Abs. 1 Satz 1 erübrigt es sich, für den Kapitalerhöhungsbeschluß — wie bei der Kapitalerhöhung gegen Einlagen (§ 182 Abs. 2) — beim Vorliegen von verschiedenen Gattungen von Aktien *Sonderbeschlüsse* der Aktionäre jeder Gattung vorzuschreiben. Denn bei Beachtung des in Abs. 1 Satz 1 aufgestellten Grundsatzes kann niemals eine Gattung von Aktien zugunsten einer anderen bei der Kapitalerhöhung aus Gesellschaftsmitteln benachteiligt werden.

Im Erhöhungsbeschluß darf eine von Abs. 1 Satz 1 abweichende Regelung nicht getroffen werden. Ein Verstoß gegen Abs. 1 Satz 1 führt zur *schwebenden Unwirksamkeit*, weil darin gleichzeitig ein Verstoß gegen den Grundsatz der Gleichbehandlung der Aktionäre liegt (ebenso im Ergebnis Baumbach-Hueck, Rdn. 3; v. Godin-Wilhelmi, Anm. 2). Die Hauptversammlung hat die Möglichkeit, neben dem Erhöhungsbeschluß einen *weiteren* satzungsändernden Beschluß zu fassen und durch ihn das Verhältnis der verschiedenen Gattungen von Aktien abzuändern. In diesem Fall sind die besonderen Voraussetzungen eines jeden satzungsändernden Beschlusses, namentlich die Herbeiführung der nach § 179 Abs. 3 erforderlichen Sonderbeschlüsse zu beachten.

Eine sachlich gleichlautende Bestimmung enthielt bereits die erste DVO zur Dividendenabgabeverordnung 1941 in § 47 Abs. 1 sowie § 41 DMBG. Es steht nichts dagegen, die eingehende Auslegung, die diese Bestimmungen im Schrifttum gefunden haben, auch bei der Anwendung des AktG heranzuziehen (vgl. dazu Boesebeck, Betrieb 1960, S. 404).

Anm. 2

2. Die Behandlung der Vorzugsaktien gemäß Abs. 1 Satz 1

a) Verhältnismäßig einfach ist die Anwendung des Abs. 1, soweit die verschiedenen Gattungen ein unterschiedliches *Stimmrecht* haben. Falls bei einer Gesellschaft noch Mehrstimmrechtsaktien vorhanden sind (vgl. § 12, Anm. 7), erhalten die neuen Aktien ebenfalls das gleiche Mehrstimmrecht. Das bisherige Stimmverhältnis im Verhältnis der Gattungen zueinander wird dadurch nicht verschoben und der Grundsatz des Abs. 1 Satz 1 gewahrt. Der Schaffung neuer Mehrstimmrechtsaktien steht § 12 nicht entgegen, da § 216 Abs. 1 Satz 2 die Ausgabe neuer Mehrstimmrechtsaktien ohne Genehmigung hier ausdrücklich zuläßt. Sind stimmrechtslose Vorzugsaktien vorhanden, so sind die auf sie entfallenden neuen Aktien ebenfalls ohne Stimmrecht auszugestalten.

b) Sehr viel schwieriger ist die Rechtslage, wenn es sich um Vorzugsaktien mit einem bestimmten *Gewinnvorrecht* handelt. Diese Gewinnvorrechte sind in aller Regel so ausgestaltet, daß den bevorrechtigten Aktionären ein bestimmter Prozentsatz am Gesamtgewinn vorab zugesagt ist (z. B. eine Vordividende von 5% bezogen auf den Nennbetrag ihrer Aktien). In diesen Fällen ist es nicht möglich, auf die alten Vorzugsaktien neue Vorzugsaktien mit demselben Gewinnvorzug auszugeben. Das würde im Ergebnis eine Bevorzugung der Vorzugsaktionäre gegenüber den anderen Aktionären zur Folge haben, eine Bevorzugung, die durch Abs. 1 gerade ausgeschlossen werden soll; ein Zahlenbeispiel möge das verdeutlichen. Eine Gesellschaft, die ein Grundkapital von 40 Millionen DM hat, darunter 32 Millionen DM Stammaktien und 8 Millionen DM Vorzugsaktien mit einem Gewinnvorrecht von 5%, bezogen auf den Nennbetrag der Aktien, will ihr Kapital um 10 Millionen DM auf 50 Millionen DM erhöhen. Würden die auf die alten Vorzugsaktien entfallenden 2 Millionen DM Vorzugsaktien mit dem gleichen Gewinnvorrecht ausgestattet werden, so müßten die Stammaktionäre den Vorzugsaktionären einen Gewinn-Voraus von 500000,— DM anstelle von bisher 400000,— DM belassen. Diese Schlechterstellung der Stammaktionäre will Abs. 1 Satz 1 verhindern; es ist daher eine Anpassung geboten. Diese könnte rein rechnerisch in der Weise geschehen, daß die auf die Vorzugsaktien entfallenden neuen Aktien ohne Vorzug ausgestattet werden; denn damit würde das bisherige Verhältnis zwischen Vorzugsaktien und Stammaktien ohne weiteres gewahrt bleiben. Dieser Weg ist aber nicht gangbar, weil die Vorzugsaktionäre einen Anspruch auf neue Vorzugsaktien haben (vgl. Gessler, DNotZ 1960, S. 636). Es ist daher notwendig, die Anpassung in der Weise vorzunehmen, daß der

Gewinnvorzug der alten Vorzugsaktien in dem Umfang ermäßigt wird, daß er zusammen mit dem gleichen Gewinnvorzug der neuen Vorzugsaktien denselben Gewinn-Voraus wie vor der Kapitalerhöhung ergibt. Das bedeutet in dem hier gegebenen Beispiel, daß der Gewinnvorzug bei den alten Vorzugsaktien auf 4% herabgesetzt werden muß und daß die neuen Vorzugsaktien mit dem gleichen Vorzug auszustatten sind. Bei dieser Anpassung verbleibt es bei demselben Gewinn-Voraus von 400000 DM zugunsten der Vorzugsaktionäre; eine Besser- oder Schlechterstellung der einen gegenüber der anderen Gruppe ist so vermieden und damit der Grundsatz des Abs. 1 gewahrt. In der gleichen Weise ist bei allen anderen Vorrechten zu verfahren, deren Inhalt nicht durch das Verhältnis zum Nennkapital bestimmt ist. Dabei wird die Anpassung zuweilen nicht so einfach wie in dem gegebenen Beispiel sein, sondern Schwierigkeiten bereiten.

Über die hier dargelegten Grundsätze besteht heute im Anschluß an die früheren Auffassungen bei der Anwendung der DividendenabgabeVO und dem DM-Bilanzgesetz wohl Übereinstimmung. Die insoweit abweichende Ansicht von Zintzen-Halft, § 13 KapErhG, Anm. 3, ist vereinzelt geblieben (vgl. Boesebeck, Betrieb 1960, S. 404; Gessler, DNotZ 1960, S. 635).

Anm. 3

3. Die notwendige Anpassung im Kapitalerhöhungsbeschluß

Ist mit Rücksicht auf Vorzugsaktien, deren Inhalt nicht durch das Verhältnis zum Nennkapital bestimmt ist, eine Anpassung dieser Rechte nach den in Anm. 2 dargelegten Grundsätzen geboten, um der Bestimmung des Abs. 1 Satz 1 Rechnung zu tragen, so handelt es sich bei dieser Anpassung um eine *Satzungsänderung*. Denn die bisherigen Vorzugsrechte werden geändert, das Gewinnvorrecht in dem in Anm. 2 gegebenen Beispiel von 5% auf 4% herabgesetzt. Für die Vornahme dieser Satzungsänderung hat die Hauptversammlung, die über die Kapitalerhöhung beschließt, zwei Möglichkeiten. Entweder nimmt sie diese Satzungsänderung selbst vor, dann ist sie notwendiger Inhalt des Kapitalerhöhungsbeschlusses. Der Herbeiführung eines Sonderbeschlusses gemäß § 179 Abs. 3 bedarf es in diesem Fall nicht, weil unter Berücksichtigung der gleichzeitig beschlossenen Kapitalerhöhung und der Ausstattung der neuen Vorzugsaktien das bisherige Verhältnis der verschiedenen Aktiengattungen nicht zum Nachteil einer Gattung geändert, sondern im Hinblick auf Abs. 1 Satz 1 gerade gewahrt wird. Die Hauptversammlung hat aber auch die Möglichkeit, die durch die Kapitalerhöhung notwendig gewordene Änderung der Satzung gemäß § 179 Abs. 1 Satz 2 dem Aufsichtsrat zu übertragen (Boesebeck, Betrieb 1960, S. 404; Brönner, § 13 KapErhG, Anm. 1). Das ist freilich nicht unbestritten. Gessler (BB 1960, S. 10) und v. Godin-Wilhelmi (Anm. 3) sind der Meinung, daß es sich hierbei um eine Satzungsänderung im materiellen Sinn handle und daß sie demgemäß nicht dem Aufsichtsrat übertragen werden könne. Diese Auffassung ist jedoch nicht richtig. Die notwendige Anpassung der Vorzugsrechte ist eine Folge des Kapitalerhöhungsbeschlusses und ist gesetzlich geboten. Es handelt sich somit im Grunde genommen bei dieser Anpassung um die *Formulierung* eines vorausgegangenen sachlichen Beschlusses der Hauptversammlung, wie das ähnlich bei dem Beschluß über eine bedingte Kapitalerhöhung oder über ein genehmigtes Kapital vorkommen kann. Das aber sind typische Anwendungsfälle des § 179 Abs. 1 Satz 2.

II. Die Rechte bei teileingezahlten Aktien

Anm. 4

1. Allgemeines

Bei teileingezahlten Aktien enthalten die Vorschriften der §§ 60 Abs. 2, 134 Abs. 2, 271 Abs. 3 Sondervorschriften über die Beteiligung am Gewinn, über das Stimmrecht sowie über die Beteiligung an der Liquidationsquote. Dabei liegt die Bedeutung dieser Vorschriften in der Herbeiführung eines gerechten Ausgleichs, wenn die Einzahlungen bei den einzelnen Aktionären verschieden hoch sind und namentlich wenn einzelne

Aktien voll, andere in verschiedener Höhe nur teilweise eingezahlt sind. In diesen Fällen ist bei einer Kapitalerhöhung aus Gesellschaftsmitteln ebenfalls ein gerechter Ausgleich geboten. Dieser muß sich an der Vorschrift des Abs. 1 Satz 1 ausrichten, nämlich dahingehen, daß das Verhältnis der mit den Anteilen verbundenen Rechte zueinander durch die Kapitalerhöhung nicht berührt wird. Das Gesetz beschränkt sich jedoch hier — im Unterschied zu den Vorzugsaktien — nicht auf den Ausspruch dieses allgemeinen Grundsatzes, sondern gibt in Abs. 2 nähere Ausführungsanweisungen, wie bei teileingezahlten Aktien der Grundsatz des Abs. 1 Satz 1 zu beachten ist. Diese Anweisungen sollen jeden Zweifel darüber ausschließen, wie in diesem Fall das Verhältnis der voll eingezahlten zu den teileingezahlten Aktien zu wahren ist. Dabei hat die Bestimmung des Abs. 2 für die Gesellschaft den gleichen *zwingenden* Charakter wie die Bestimmung des Abs. 1; ein Verstoß gegen sie macht den Erhöhungsbeschluß unwirksam (vgl. dazu oben Anm. 1).

Anm. 5

2. Die Beteiligung am Gewinn

a) Nach der gesetzlichen Auslegungsregel des § 60 Abs. 2

Gilt in der Gesellschaft für die Gewinnbeteiligung teileingezahlter Aktien die gesetzliche Auslegungsregel des § 60 Abs. 2, so ist bei der Anwendung des Abs. 2 folgendes zu beachten. Hat ein Aktionär auf seine Aktie 50% eingezahlt, ein anderer seine Aktie voll eingezahlt, so erhält der erste für seine Aktie im Nennbetrag von 1000,— DM zunächst 4% seiner Einzahlung, also 20,— DM, der andere ebenfalls 4% seiner Einzahlung, also 40,— DM, während der Rest gleichmäßig nach dem Nennbetrag verteilt wird. Wird das Kapital der Gesellschaft nunmehr im Verhältnis 5:1 erhöht, so wird der Nennbetrag der Aktie des ersten Aktionärs auf 1200,— DM, die des zweiten Aktionärs auf den gleichen Nennbetrag erhöht (oder er erhält zwei neue Aktien über 100,— DM; vgl. § 215 Abs. 2 Satz 2). Ohne die Bestimmung des § 216 würde das für die Gewinnbeteiligung der beiden Aktionäre mit Rücksicht auf die Bestimmung des § 211 Abs. 2 zur Folge haben, daß bei dem ersten ein Betrag von 700,— DM, bei dem anderen ein solcher von 1200,— DM als voll eingezahlt gilt, so daß der erste nunmehr 28,— DM als 4% Vorausverzinsung, der andere 48,— DM erhalten müßte. Damit würde sich das bisherige Verhältnis von 1:2 verschieben, was dem Grundsatz des Abs. 1 Satz 1 widerspricht. Deshalb schreibt Abs. 2 nur eine beschränkte Berücksichtigung des Erhöhungsbetrages vor, und zwar in der Weise, daß das bisherige Verhältnis zwischen den beiden Aktionären erhalten bleibt. Für die Vorausverzinsung von 4% ist der Betrag der tatsächlich geleisteten Einlage, erhöht um den auf den Nennbetrag des Grundkapitals berechneten Hundertsatz der Erhöhung des Nennkapitals maßgeblich. Das bedeutet, daß sich bei der teileingezahlten Aktie der Betrag der Vorausverzinsung im Verhältnis 5:1 um 20% auf 24,— DM erhöht. Damit bleibt für die Vorausverzinsung das alte Verhältnis 1:2 zwischen dem ersten und dem zweiten Aktionär gewahrt; der erste Aktionär erhält nach der Kapitalerhöhung eine Vorausverzinsung von 24,— DM, der zweite eine solche von 48,— DM. Leistet der erste Aktionär in der Folgezeit weitere Einzahlungen, so erweitern sich seine Rechte auf die Vorausverzinsung in entsprechender Weise. Auch das mag an einem Zahlenbeispiel verdeutlicht werden. Zahlt der Aktionär auf seine Einlageverpflichtung einen Betrag von 300,— DM, so hat er seine ursprüngliche Einlageverpflichtung in Höhe von 80% beglichen, der Anspruch auf die Vorausverzinsung würde in diesem Fall ohne die Kapitalerhöhung bei den beiden Aktionären im Verhältnis 4:5 gestanden haben. Dieses Verhältnis ist nunmehr nach der Einzahlung gegenüber der jetzigen Vorausverzinsung von 48,— DM für den zweiten Aktionär herzustellen, so daß der erste Aktionär eine Vorausverzinsung von 38,40 DM zu erhalten hat.

b) Bei von § 60 Abs. 2 abweichender Gewinnbeteiligung

Ganz entsprechend ist zu verfahren, wenn die Satzung für die Gewinnbeteiligung bei teileingezahlten Aktien eine von § 60 Abs. 2 abweichende Regelung getroffen hat, z. B. in der Weise, daß für die Gewinnverteilung schlechthin die Höhe der geleisteten

Einlagen maßgeblich sein soll (vgl. dazu v. Godin-Wilhelmi, Anm. 6). Hier ergeben sich rechnerisch keine Besonderheiten gegenüber der Regelung, wie sie bei der Gewinnbeteiligung gemäß § 60 Abs. 2 gilt. Wird die von § 60 Abs. 2 abweichende Regelung der Gewinnbeteiligung dahin getroffen, daß die Aktionäre am Gewinn überhaupt erst dann teilhaben, wenn sie ihre Einlagen voll entrichtet haben, so hat das bei einer Kapitalerhöhung aus Gesellschaftsmitteln die Folge, daß die Inhaber teileingezahlter Aktien weiterhin am Gewinn nicht beteiligt sind, bis sie auf ihre Aktien die restlichen Einlagen voll entrichtet haben. In diesem Fall gewinnt die Tatsache besondere Bedeutung, daß die Inhaber teileingezahlter Aktien bei der Kapitalerhöhung keine neuen Aktien erhalten (§ 215 Abs. 2 Satz 2), die gemäß § 211 Abs. 2 als voll eingezahlt gelten, sondern daß der Nennbetrag ihrer Aktien erhöht wird, daß also ihre Aktien weiterhin teileingezahlte Aktien bleiben.

Anm. 6

3. Das Stimmrecht

Bestimmt sich bei teileingezahlten Aktien das Stimmrecht nach der Höhe der geleisteten Einlage, so gelten bei einer Kapitalerhöhung aus Gesellschaftsmitteln dieselben Grundsätze wie für die Gewinnbeteiligung. Das Verhältnis der mit den einzelnen Aktien verbundenen Stimmrechte darf durch die Kapitalerhöhung nicht geändert werden. Gilt für das Stimmrecht teileingezahlter Aktien die in erster Linie aufgestellte gesetzliche Auslegungsregel des § 134 Abs. 2 Satz 1, wonach das Stimmrecht erst mit der vollständigen Leistung der Einlage beginnt, so bereitet die Anwendung des § 216 keine Schwierigkeiten. Der Inhaber einer solchen teileingezahlten Aktie erhält bei der Kapitalerhöhung keine neue Aktie, sondern der Nennbetrag seiner Aktie wird lediglich erhöht (§ 215 Abs. 2 Satz 2), so daß er weiterhin Inhaber einer teileingezahlten Aktie bleibt. Demzufolge bleibt er auch nach der Kapitalerhöhung weiterhin vom Stimmrecht solange ausgeschlossen, bis er seine Einlage voll entrichtet hat.

Beginnt das Stimmrecht bei teileingezahlten Aktien mit der Entrichtung einer bestimmten Mindesteinlage (§ 134 Abs. 2 Satz 2), so gewinnt die Vorschrift des § 216 unmittelbare Bedeutung. Auch das mag an einem Beispiel verdeutlicht werden. Ist in der Satzung bestimmt, daß mit Zahlung der gesetzlichen Mindesteinlage (25%) eine Stimme, mit Zahlung von weiteren 25% eine zweite Stimme usw. verbunden ist, so hat der Aktionär, der 75% eingezahlt hat, 3 Stimmen, der Aktionär, der 100% eingezahlt hat, 4 Stimmen. Erhöht die Gesellschaft ihr Nennkapital im Verhältnis 1:1, so würde ohne die Bestimmung des § 216 der erste Aktionär nunmehr 7 Stimmen, der zweite Aktionär 8 Stimmen haben, weil die Aktie im Umfang der erhöhten Nennbeträge gemäß § 211 Abs. 2 als volleingezahlt gilt. Bei dieser Berechnung verschiebt sich jedoch das Verhältnis der Stimmrechte der beiden Aktionäre (Verhältnis 3:4), was nach § 216 Abs. 1 Satz 1 unzulässig ist. Die Anwendung des § 216 Abs. 2 führt — ganz entsprechend wie bei der Beteiligung am Gewinn (vgl. Anm. 5) — dahin, daß der erste Aktionär 6 Stimmen und nicht 7 Stimmen erhält, so daß das alte Verhältnis 3:4 gewahrt bleibt (vgl. insoweit auch die Erläuterungsbeispiele bei Gessler, WM Sonderbeilage 1/1960, S. 21, sowie bei v. Godin-Wilhelmi, Anm. 5.

Anm. 7

4. Die Beteiligung an der Liquidationsquote

Nach § 271 Abs. 3 werden im Fall der Liquidation zunächst die auf das Grundkapital geleisteten Einlagen, wenn diese nicht auf alle Aktien in demselben Verhältnis geleistet sind, erstattet und ein Überschuß sodann nach dem Verhältnis der Aktienbeträge verteilt. Diese Bestimmung findet auch Anwendung, wenn vor dem Eintritt der Liquidation eine Kapitalerhöhung aus Gesellschaftsmitteln vorgenommen worden war, und zwar mit der Maßgabe, daß die Erhöhungsbeträge als volleingezahlt gelten. Hier kommt also im Unterschied zu der Beteiligung am Gewinn und zu der Behandlung des Stimmrechts der Grundsatz des § 211 Abs. 2 voll zum Zuge. Das bedeutet, daß im Fall der Liquidation zunächst nicht nur die tatsächlich geleisteten Einlagen, sondern auch die Erhöhungsbeträge zu erstatten sind, und daß sodann ein etwaiger Überschuß nach dem Verhältnis der Aktiennennbeträge zu verteilen ist (Baumbach-Hueck, Rdn. 5; a. M. hinsichtlich der Behandlung der Erhöhungsbeträge v. Godin-Wilhelmi, Anm. 5).

III. Die vertraglichen Beziehungen der Gesellschaft zu Dritten

Anm. 8

1. Allgemeines

§ 216 Abs. 3 übernimmt den Grundsatz des Abs. 1 auch für den Inhalt der vertraglichen Beziehungen der Gesellschaft zu Dritten und bestimmt demzufolge, daß der wirtschaftliche Inhalt dieser Beziehungen durch die Kapitalerhöhung nicht berührt wird. Als vertragliche Beziehungen im Sinn von Abs. 3 kommen solche in Betracht, die von der Gewinnausschüttung der Gesellschaft oder in sonstiger Weise von den *bisherigen* Kapital- und Gewinnverhältnissen abhängen. Dritte im Sinne dieser Bestimmung sind all die Personen, die nicht in ihrer Eigenschaft als Aktionär, sondern auf Grund eines besonderen Vertrages in Rechtsbeziehungen zu der Gesellschaft stehen (vgl. dazu Boesebeck, Betrieb 1960, S. 139). Das können im Einzelfall natürlich auch Aktionäre sein. Dritte in diesem Sinn sind selbst solche Personen, mit denen die besonderen vertraglichen Beziehungen zu der Gesellschaft gerade mit Rücksicht darauf geknüpft worden sind, daß sie Aktionäre der Gesellschaft sind, wie das z. B. bei Vorstands- und Aufsichtsratsmitgliedern der Fall sein kann. Das entscheidende Kriterium für die Anwendung des Abs. 3 ist immer das Vorliegen einer *besonderen vertraglichen Beziehung*, die nicht Gegenstand und Inhalt des Mitgliedschaftsverhältnisses ist. Darüber hinaus findet Abs. 3 auch auf bestimmte Rechtsbeziehungen aus dem Mitgliedschaftsverhältnis, nämlich auf die Nebenverpflichtungen der Aktionäre (§ 55) Anwendung (dazu Anm. 11). Die Wirkung des Abs. 3 besteht darin, daß der Inhalt der in Betracht kommenden vertraglichen Beziehungen den durch die Kapitalerhöhung veränderten Verhältnissen angepaßt wird. Diese Anpassung führt die Bestimmung des Abs. 3 selbst unmittelbar herbei. Abs. 3 hat insoweit rechtsgestaltende Wirkung, er ändert die in Betracht kommenden vertraglichen Beziehungen ihrem Inhalt nach ab, und zwar in der Weise, daß ihr wirtschaftlicher Inhalt durch die Kapitalerhöhung nicht berührt wird. Das ist insofern von Bedeutung, als der Berechtigte nach Wirksamwerden der Kapitalerhöhung jederzeit auf Feststellung der ihm nunmehr gegen die Gesellschaft zustehenden Rechte klagen kann (Gessler, WM Sonderbeilage 1/1960, S. 24). Das Urteil in diesem Rechtsstreit ist ein echtes Feststellungsurteil, nicht etwa ein Gestaltungsurteil.

Anm. 9

2. Die tantiemeberechtigten Personen, namentlich die Vorstands- und Aufsichtsratsmitglieder

Den Vorstands- und Aufsichtsratsmitgliedern, aber auch sonstigen leitenden Angestellten werden neben festen Bezügen vielfach auch Tantieme-Ansprüche zugebilligt (vgl. auch §§ 86, 113 Abs. 3). Für diese Ansprüche kann § 216 Abs. 3 von unmittelbarer Bedeutung sein.

a) Die Behandlung der Vorstandsmitglieder

Besteht bei einem *Vorstandsmitglied* entsprechend dem gesetzlichen Regelfall seine Gewinnbeteiligung in einem Anteil am Jahresgewinn (vgl. die Erläuterungen zu § 86, Anm. 3ff.), so ist auf einen solchen Anspruch eine Kapitalerhöhung aus Gesellschaftsmitteln ohne Einfluß. Denn für diesen Anspruch ist es ohne Belang, ob der erzielte Bilanzgewinn nach Abzug der auf den Vorstand entfallenden Tantieme auf das bisherige Grundkapital oder auf ein erhöhtes Grundkapital verteilt wird. Eine Anpassung der bisherigen Bezüge gemäß § 216 Abs. 3 kommt hier nicht in Betracht. Anders steht es mit solchen Gewinnbeteiligungen des Vorstands, die in irgendeiner Weise von der Höhe der an die Aktionäre ausgeschütteten Dividende abhängig gemacht sind, etwa in der Form, daß ihm für je 1% ausgeschütteter Dividende ein zahlenmäßig bestimmter Betrag zugesagt wird (vgl. zu den verschiedenen Gestaltungsformen dieser Art Boesebeck,

Betrieb 1960, S. 139). In einem solchen Fall ist eine Anpassung geboten, weil das einzelne Vorstandsmitglied anderenfalls durch die Kapitalerhöhung eine wirtschaftliche Beeinträchtigung seines Anspruchs erfahren würde. Wird das Grundkapital durch eine Kapitalerhöhung aus Gesellschaftsmitteln im Verhältnis 1:2 erhöht, so muß in dem gegebenen Beispiel der zahlenmäßig bestimmte Betrag für je 1% ausgeschüttete Dividende um 50% erhöht werden. Entsprechend ist in anderen Fällen zu verfahren, in denen die Bezüge des Vorstands in anderer Weise von der Höhe der an die Aktionäre ausgeschütteten Dividende abhängig gemacht ist (vgl. dazu im einzelnen Boesebeck, a. a. O.; Gessler, DNotZ 1960, S. 637). Zu beachten ist noch, daß die Anpassung der Bezüge der Vorstandsmitglieder immer nur für eine Zeit von höchstens fünf Jahren zu erfolgen braucht. Nach Ablauf der in § 84 Abs. 1 bestimmten Frist müssen beim Abschluß eines neuen Anstellungsvertrages die Bezüge des Vorstands ohnehin neu bestimmt werden.

Für *leitende Angestellte* (Prokuristen), die gewinnbeteiligt sind, gelten im Anwendungsbereich des § 216 Abs. 3 die gleichen Grundsätze wie für die Vorstandsmitglieder.

b) Die Behandlung der Aufsichtsratsmitglieder

Besonderes gilt für den Tantieme-Anspruch der *Aufsichtsratsmitglieder*. Bei ihnen ist auch im Rahmen des § 216 Abs. 3 die zwingende Vorschrift des § 113 Abs. 3 zu beachten. Danach muß bei der Berechnung der Gewinnbeteiligung von Aufsichtsratsmitgliedern ein für die Aktionäre bestimmter Betrag von mindestens 4% der geleisteten Einlagen abgesetzt werden. Dieser Betrag erhöht sich bei einer Kapitalerhöhung aus Gesellschaftsmitteln insofern, als nunmehr hierfür das erhöhte Grundkapital maßgeblich ist, weil nach § 211 Abs. 2 die neuen Aktien als volleingezahlt gelten. Die Beachtung der zwingenden Vorschrift des § 113 Abs. 3 kann somit zu einer Beeinträchtigung der Ansprüche der Aufsichtsratsmitglieder im Zusammenhang mit einer Kapitalerhöhung aus Gesellschaftsmitteln führen; in diesem Umfang muß die Vorschrift des § 216 Abs. 3 gegenüber der zwingenden Vorschrift des § 113 Abs. 3 zurücktreten (Boesebeck, Betrieb 1960, S. 139; v. Godin-Wilhelmi, Anm. 8).

Soweit jedoch § 113 Abs. 3 nicht zum Zuge kommt, ist auch bei den Tantieme-Ansprüchen der Aufsichtsratsmitglieder § 216 Abs. 3 zu beachten; sie müssen dementsprechend den durch die Kapitalerhöhung veränderten Verhältnissen so angepaßt werden, daß ihr wirtschaftlicher Inhalt gewahrt bleibt (vgl. dazu im einzelnen Boesebeck, a. a. O.). Das Vorrecht des § 216 Abs. 3 genießen — wie bei den Vorstandsmitgliedern — nur die Aufsichtsratsmitglieder, die im Zeitpunkt der Kapitalerhöhung im Amt sind und deren bestehender Anspruch anderenfalls wirtschaftlich beeinträchtigt werden würde. Das hat die unerwünschte Folge, daß die einzelnen Aufsichtsratsmitglieder verschiedene Vergütungen erhalten: die alten Mitglieder die in der Satzung bestimmte Vergütung zuzüglich des Anspruchs aus § 216 Abs. 3, die neuen Mitglieder lediglich die satzungsmäßig vorgesehene Vergütung. Es wird sich daher wohl meist empfehlen, daß die Hauptversammlung mit der Kapitalerhöhung zugleich auch den Beschluß faßt, die Bezüge der z. Zt. tätigen Aufsichtsratsmitglieder für das kommende Geschäftsjahr zu ändern und die Anwendung der Vorschrift des § 216 Abs. 3 insoweit auszuschließen. Dazu ist die Hauptversammlung befugt, es sei denn, daß den Aufsichtsratsmitgliedern ein Anspruch auf eine vertraglich besonders zugesagte Vergütung zusteht (vgl. dazu im einzelnen die Erläuterungen zu § 113; ferner auch Boesebeck, Betrieb 1960, S. 140).

Anm. 10

3. Die Genußrechte

Die in § 221 Abs. 2 erwähnten, aber gesetzlich nicht umschriebenen Genußrechte sind solche Rechte, die nach ihrem Inhalt typische Vermögensrechte eines Aktionärs sein können (§ 221, Anm. 11), namentlich Ansprüche auf Teilnahme am Gewinn und am Abwicklungserlös. Eine wichtige Unterart der Genußrechte ist die Gewinnschuldverschreibung, nach § 221 Abs. 1 eine Schuldverschreibung, bei der die Rechte des Gläubigers mit Gewinnanteilen von Aktionären in Verbindung gebracht werden. Die

Genußrechte sind echte Gläubigerrechte, keine Mitgliedschaftsrechte. Den Gegenstand der Genußrechte bilden somit vertragliche Beziehungen der Gesellschaft zu Dritten, so daß bei ihnen die notwendige Voraussetzung für eine Anwendung des § 216 Abs. 3 gegeben ist. Auch ist es für die Genußrechte meist typisch, daß sie von der Gewinnausschüttung der Gesellschaft an ihre Aktionäre in irgendeiner Weise abhängig sind (vgl. z. B. den Fall in RGZ 118, S. 152 und in BGHZ 28, S. 259).

Im allgemeinen muß der Genußberechtigte eine wirtschaftliche Beeinträchtigung seines Rechts infolge einer Kapitalerhöhung oder Kapitalherabsetzung hinnehmen (RGZ 83, S. 298; BGHZ 28, S. 277), so wie er sich auch nicht gegen die Folgen einer Auflösung der Gesellschaft wehren kann, die natürlich auch eine Beschneidung seiner Rechte mit sich bringen kann (vgl. zu all dem § 221, Anm. 11). Auch § 41 Abs. 2 DMBG hat — im Unterschied zu § 54 der 1. Durchführungsverordnung zur Dividendenabgabeverordnung 1941 — eine wirtschaftliche Beeinträchtigung aktienabhängiger Gläubigerrechte durch die Neufestsetzung des Grundkapitals in der DM-Eröffnungsbilanz für zulässig erklärt (vgl. dazu BGHZ 28, S. 276). Für die Kapitalerhöhung aus Gesellschaftsmitteln gilt nach § 216 Abs. 3 etwas anderes. Sie darf nicht zu einer wirtschaftlichen Beeinträchtigung der Genußrechte führen, sofern die Genußrechte aktienabhängige Gläubigerrechte zum Gegenstand haben. Sie sind nach der Kapitalerhöhung den veränderten Verhältnissen in der Weise anzupassen, daß ihr wirtschaftlicher Inhalt unangetastet bleibt. Eine Teilschuldverschreibung, die bei einer Mindestverzinsung von 4½% eine Verzinsung von 1% über der Jahresdividende gewährt (vgl. Fall in BGHZ 28, S. 259), ist bei einer Kapitalerhöhung im Verhältnis 1:2 dahin anzupassen, daß der Nennbetrag und die Mindestverzinsung bestehen bleiben, daß aber der Satz 1% über der Jahresdividende eine — jeweils verschiedene — Erhöhung erfährt. Werden nach der Kapitalerhöhung 6% Dividende ausgeschüttet, so entspricht das, bezogen auf das alte Grundkapital, einer Dividende von 9%, so daß der Genußscheininhaber 10% zu verlangen hat; bei einer Dividende von 8% kann der Genußscheininhaber demzufolge 13% fordern.

Anm. 11

4. Die Nebenverpflichtungen nach § 55

Nach § 216 Abs. 3 Satz 2 werden die Nebenverpflichtungen der Aktionäre den vertraglichen Beziehungen der Gesellschaft zu Dritten gleichgestellt. Hängt der Inhalt dieser Nebenverpflichtungen von den bisherigen Kapital- oder Gewinnverhältnissen der Gesellschaft ab, so ist ihr Inhalt den neuen Kapital- oder Gewinnverhältnissen nach ausgeführter Kapitalerhöhung anzupassen. Der Umfang der Nebenverpflichtungen bleibt unverändert; auch die neuen Aktien sind anteilig mit den inhaltlich gleichgebliebenen Nebenverpflichtungen belastet (ebenso v. Godin-Wilhelmi, Anm. 10).

IV. Sonstige Rechte Dritter

Anm. 12

1. Allgemeines

Die Kapitalerhöhung aus Gesellschaftsmitteln kann auch auf vertragliche Beziehungen Dritter untereinander, insbesondere auf die Rechtsbeziehungen zwischen einem Aktionär und einem Dritten von Einfluß sein. Gessler (DNotZ 1960, S. 638) erwähnt in diesem Zusammenhang den Verkauf einer Aktie, die erst nach ausgeführter Kapitalerhöhung übereignet wird. Hier wird die Auslegung der Vertragserklärungen in aller Regel zu dem Ergebnis führen, daß der Verkauf (Kaufpreis) auch die neu ausgegebenen Aktien miterfaßt. Ist für bestimmte Aktien (Aktienpaket) ein Optionsrecht gewährt worden, so wird sich auch dieses regelmäßig auf die neuen Aktien erstrecken, die im Zuge einer Kapitalerhöhung aus Gesellschaftsmitteln auf die alten Aktien ausgegeben werden (Schippel, DNotZ 1960, S. 371; etwas einschränkend insoweit Gessler, DNotZ 1960, S. 639).

Anm. 13

2. Die Rechte Dritter an einer Aktie

Bei der Kapitalerhöhung gegen Einlagen bereitet die Frage, ob und inwieweit dingliche Rechte (Nießbrauch, Pfandrecht usw.) auch das gesetzliche Bezugsrecht erfassen, außerordentliche Schwierigkeiten (vgl. dazu § 186, Anm. 9ff.). Bei der Kapitalerhöhung aus Gesellschaftsmitteln ist diese Frage sehr viel einfacher zu beantworten. Hier bestehen all die Schwierigkeiten nicht, die einer uneingeschränkten Erstreckung dieser dinglichen Rechte auf das Bezugsrecht entgegenstehen. Hier muß man ohne weiteres anerkennen, daß Nießbrauch, Pfandrecht usw. an den alten Aktien auch die für sie neu ausgegebenen Aktien erfassen. Denn bei der Kapitalerhöhung aus Gesellschaftsmitteln handelt es sich im Grunde nur um „die Aufteilung des alten Mitgliedschaftsrechts in zwei Rechte"; „die Sachlage ist nicht anders zu beurteilen wie bei der Teilung einer Sache in zwei Teile" (Gessler, DNotZ 1960, S. 639). Daher entstehen die dinglichen Rechte an den neuen Aktien unmittelbar mit deren Entstehung; eines besonderen Bestellungsaktes bedarf es nicht.

§ 217 Beginn der Gewinnbeteiligung

(1) Die neuen Aktien nehmen, wenn nichts anderes bestimmt ist, am Gewinn des ganzen Geschäftsjahres teil, in dem die Erhöhung des Grundkapitals beschlossen worden ist.

(2) Im Beschluß über die Erhöhung des Grundkapitals kann bestimmt werden, daß die neuen Aktien bereits am Gewinn des letzten vor der Beschlußfassung über die Kapitalerhöhung abgelaufenen Geschäftsjahres teilnehmen. In diesem Fall ist die Erhöhung des Grundkapitals zu beschließen, bevor über die Verwendung des Bilanzgewinns des letzten vor der Beschlußfassung abgelaufenen Geschäftsjahrs Beschluß gefaßt ist. Der Beschluß über die Verwendung des Bilanzgewinns des letzten vor der Beschlußfassung über die Kapitalerhöhung abgelaufenen Geschäftsjahrs wird erst wirksam, wenn das Grundkapital erhöht ist. Der Beschluß über die Erhöhung des Grundkapitals und der Beschluß über die Verwendung des Bilanzgewinns des letzten vor der Beschlußfassung über die Kapitalerhöhung abgelaufenen Geschäftsjahrs sind nichtig, wenn der Beschluß über die Kapitalerhöhung nicht binnen drei Monaten nach der Beschlußfassung in das Handelsregister eingetragen worden ist. Der Lauf der Frist ist gehemmt, solange eine Anfechtungs- oder Nichtigkeitsklage rechtshängig ist oder eine zur Kapitalerhöhung beantragte staatliche Genehmigung noch nicht erteilt ist.

Übersicht

Einleitung

§ 217 übernimmt den § 14 des KapErhG im wesentlichen unverändert. In Absatz 2 Satz 2 sind die Worte „abweichend von § 1 Abs. 3" gestrichen, da die betreffende Bestimmung nicht in § 207 Abs. 3 aufgenommen worden ist.

I. Die gesetzliche Regelung der Gewinnverteilung

Anm. 1

Abs. 1 gibt eine gesetzliche Regelung darüber, von welchem Zeitpunkt ab die neuen Aktien dividendenberechtigt sind. Diese Regelung gilt nur dann, wenn der Kapitalerhöhungsbeschluß nicht selbst eine Bestimmung darüber trifft, von welchem Zeitpunkt ab die jungen Aktien dividendenberechtigt sind. Die Regelung des Abs. 1 schließt sich an die Verhältnisse bei einer Kapitalerhöhung gegen Einlagen an und besagt, daß die jungen Aktien in vollem Umfang am Gewinn des laufenden Geschäftsjahrs teilnehmen. Diese Regelung ist innerlich auch gerechtfertigt — mehr als bei einer Kapitalerhöhung gegen Einlagen —, da die zur Kapitalerhöhung verwendeten Gesellschaftsmittel der Gesellschaft bereits am Anfang des laufenden Geschäftsjahrs zur Verfügung standen. Die in Abs. 1 vorgesehene gesetzliche Regelung hat den Vorzug für sich, daß sich für die jungen Aktien nicht noch besondere Kurse bilden, da sie den alten Aktien hinsichtlich der Dividendenberechtigung für das laufende Geschäftsjahr gleichstehen. Der Begriff des laufenden Geschäftsjahrs wird durch den Zeitpunkt bestimmt, an dem die Kapitalerhöhung beschlossen wird, und nicht durch den Zeitpunkt, an dem sie durch Eintragung in das Handelsregister wirksam wird. Die Eintragung braucht also nicht im Lauf des betreffenden Geschäftsjahrs vorgenommen zu werden.

II. Die anderweitige Bestimmung im Erhöhungsbeschluß

Anm. 2

1. Allgemeines

Die Vorschrift des Abs. 1 enthält *dispositives* Recht. Der Erhöhungsbeschluß kann eine abweichende Bestimmung treffen. Für eine solche abweichende Bestimmung stellt Abs. 2 eine besondere Möglichkeit zur Verfügung, knüpft an die Wahl dieser Möglichkeit jedoch nähere Bedingungen, die insoweit zwingenden Rechts sind (dazu Anm. 3ff.). Darüber hinaus kommen aber auch noch andere Möglichkeiten einer abweichenden Bestimmung in Betracht (dazu Anm. 4).

Anm. 3

2. Die Beteiligung am Gewinn des vorausgegangenen Geschäftsjahres (Abs. 2)

a) Der Grundgedanke des Abs. 2

Abs. 2 eröffnet ausdrücklich die Möglichkeit, daß die jungen Aktien auf Grund einer besonderen Bestimmung im Kapitalerhöhungsbeschluß bereits am Gewinn des letzten vor der Beschlußfassung über die Kapitalerhöhung abgelaufenen Geschäftsjahrs teilnehmen. Eine solche Regelung ist für die Kapitalerhöhung gegen Einlagen völlig ungewöhnlich und dort sachlich auch nicht gerechtfertigt, weil die Einlagen auf die jungen Aktien erst nach dem Erhöhungsbeschluß, also frühestens erst während des laufenden Geschäftsjahrs geleistet werden und die Gewinnbeteiligung im allgemeinen auch erst nach Leistung dieser Einlagen gerechtfertigt ist. Anders ist das bei einer Kapitalerhöhung aus Gesellschaftsmitteln. Bei ihr müssen die in Grundkapital umzuwandelnden Gesellschaftsmittel bereits in der Jahresbilanz für das vorausgegangene Geschäftsjahr ausgewiesen sein, haben somit der Gesellschaft zumindestens für einen bestimmten Zeitraum im vorausgegangenen Geschäftsjahr zur Verfügung gestanden.

Macht die Gesellschaft von dieser Möglichkeit Gebrauch, so sind nachstehende Grundsätze zu beachten.

b) Die Voraussetzungen

Eine Beteiligung der jungen Aktien am Gewinn des letzten vor der Beschlußfassung abgelaufenen Geschäftsjahrs ist nur möglich, wenn noch nicht über die Verteilung des Bilanzgewinns für das letzte Geschäftsjahr beschlossen ist. Denn liegt ein solcher Beschluß vor, so kann dieser nachträglich nicht wieder geändert werden. Die Reihenfolge ist zwingend. Ein Beschluß über die Verteilung des Bilanzgewinns liegt auch bereits dann vor, wenn die Hauptversammlung beschlossen hat, den Gewinn vorzutragen (vgl. dazu oben zu § 207, Anm. 3).

c) Weitere Folgerungen

Nach Abs. 2 Satz 4 sind der Beschluß über die Kapitalerhöhung und der Beschluß über die Verteilung des Bilanzgewinns nichtig, wenn der Erhöhungsbeschluß nicht binnen drei Monaten nach der Beschlußfassung in das Handelsregister eingetragen ist. Im Unterschied zu der Bestimmung des § 209 Abs. 1 u. 2 ist hier für die Bemessung der Frist nicht die Anmeldung des Beschlusses zum Handelsregister, sondern die Eintragung in das Handelsregister maßgeblich. Auch das ist *zwingend*. Der Gesetzgeber will mit dieser Bestimmung Klarheit darüber schaffen, ob der Gewinnverteilungsbeschluß wirksam ist oder nicht. Denn seine Wirksamkeit hängt von der Wirksamkeit des Erhöhungsbeschlusses ab und diese wiederum von der Eintragung des Erhöhungsbeschlusses.

Diese Bestimmung ist hart. Es wird Fälle geben, in denen die verhältnismäßig kurze Frist von drei Monaten nicht eingehalten werden kann, etwa wenn der Registerrichter die Eintragung ablehnt und dem Eintragungsantrag erst in der Beschwerdeinstanz stattgegeben wird. Mit Recht werfen v. Godin-Wilhelmi, Anm. 4 die Frage auf, ob diese scharfe Sanktion wirklich notwendig sei. Jedenfalls ist angesichts der kurzen Frist dringend zu empfehlen, die Kapitalerhöhung nach der Beschlußfassung sofort zur Eintragung in das Handelsregister anzumelden. Etwas gemildert wird diese Bestimmung dadurch, daß der Ablauf der Drei-Monats-Frist gehemmt ist, solange eine Anfechtungs- oder Nichtigkeitsklage rechtshängig ist oder eine zur Kapitalerhöhung beantragte staatliche Genehmigung noch nicht erteilt ist. Dabei ist jedoch hervorzuheben, daß es sich in diesem Fall nur um eine Hemmung (§ 205 BGB), nicht um eine Unterbrechung (§ 217 BGB) der Frist handelt.

Anm. 4

3. Sonstige Möglichkeiten einer anderweitigen Bestimmung

Der Erhöhungsbeschluß kann in Abweichung von der gesetzlichen Regelung in Abs. 1 auch eine andere Bestimmung darüber treffen, von welchem Zeitpunkt ab die jungen Aktien am Gewinn teilnehmen. Es kommt also insoweit nicht nur die in Abs. 2 näher geregelte anderweitige Bestimmung in Betracht. So kann der Erhöhungsbeschluß vorsehen, daß die jungen Aktien erst vom Zeitpunkt der Beschlußfassung oder von einem noch späteren Zeitpunkt an dividendenberechtigt sind. Im Gegensatz zu der Kapitalerhöhung gegen Einlagen, bei der eine solche Bestimmung recht häufig getroffen wird, ist sie hier innerlich nicht gerechtfertigt, da die zur Kapitalerhöhung verwendeten Gesellschaftsmittel der Gesellschaft bereits vor dem Erhöhungsbeschluß zur Verfügung gestanden haben (vgl. auch Anm. 1).

§ 218 Bedingtes Kapital

Bedingtes Kapital erhöht sich im gleichen Verhältnis wie das Grundkapital. Ist das bedingte Kapital zur Gewährung von Umtauschrechten an Gläubiger von Wandelschuldverschreibungen beschlossen worden, so ist zur Deckung des Unterschieds zwischen dem Ausgabebetrag der Schuldverschreibungen und dem höheren Gesamtnennbetrag der für sie zu gewährenden Bezugsaktien eine Sonderrücklage zu bilden, soweit nicht Zuzahlungen der Umtauschberechtigten vereinbart sind.

Übersicht

I. Die Regelung bei der bedingten Kapitalerhöhung

Anm. 1

1. Allgemeines

Als Maßnahme der Kapitalbeschaffung geben die §§ 192ff. die Möglichkeit einer bedingten Kapitalerhöhung. Bei ihr ist der Erhöhungsbeschluß unbedingt, die Durchführung aber aufschiebend bedingt durch die Ausübung eines Umtausch- oder Bezugsrechts. Nach § 192 Abs. 2 soll die Kapitalerhöhung nur zum Zweck der Gewährung von Umtausch- oder Bezugsrechten an Gläubiger von Wandelschuldverschreibungen zur Vorbereitung des Zusammenschlusses mehrerer Unternehmen und um Gewährung von Bezugsrechten auf Arbeitnehmeraktien beschlossen werden. Entsprechend dem in § 216 Abs. 3 ausgesprochenen Grundsatz darf das durch eine bedingte Kapitalerhöhung geschaffene Umtausch- oder Bezugsrecht durch eine Kapitalerhöhung aus Gesellschaftsmitteln nicht beeinträchtigt werden. Diesen notwendigen Schutz für das Umtausch- oder Bezugsrecht stellt § 218 sicher, die den § 15 KapErhG unverändert übernommen hat. Dabei trägt diese Bestimmung zugleich dem Grundsatz des § 212 Rechnung und sorgt dafür, daß es infolge einer Kapitalerhöhung aus Gesellschaftsmitteln bei Wandelschuldverschreibungen nicht zu einer Unterpariemission kommt.

Anm. 2

2. Die Erhöhung des bedingten Kapitals

Sollen die durch eine bedingte Kapitalerhöhung geschaffenen Umtausch- und Bezugsrechte in ihrem wirtschaftlichen Wert durch eine Kapitalerhöhung aus Gesellschaftsmitteln nicht beeinträchtigt werden, so muß der Gesellschaft nunmehr eine entsprechend größere Anzahl von Aktien zur Erfüllung der Umtausch- und Bezugsrechte zur Verfügung stehen. Das kann nur sichergestellt werden, wenn das bedingte Kapital sich in dem gleichen Verhältnis wie das Grundkapital erhöht. Diese Erhöhung des bedingten Kapitals spricht Satz 1 aus. Das bedeutet zugleich, daß bei einer Kapitalerhöhung aus Gesellschaftsmitteln der Beschluß die Erhöhung des bedingten Kapitals gar nicht auszusprechen braucht, sie tritt vielmehr als notwendige Folge kraft Gesetzes ein.

Anm. 3

3. Die Bildung einer Sonderrücklage

Bei einer bedingten Kapitalerhöhung schafft die Vorschrift des § 199 Abs. 2 die Gewähr dafür, daß es im Zusammenhang mit der Ausgabe von Wandelschuldverschreibungen nicht zu einer Unterpariemission kommt. Ist der Ausgabebetrag der zum Umtausch eingereichten Schuldverschreibungen niedriger als der Nennbetrag der für sie zu gewährenden Bezugsaktien, so muß der Unterschiedsbetrag aus einer zu diesem Zweck verwendbaren freien Rücklage oder durch Zuzahlung der Umtauschberechtigten gedeckt werden. Die Gefahr einer Unterpariemission ist noch größer, wenn sich im Zusammenhang mit einer Kapitalerhöhung aus Gesellschaftsmitteln das Bezugsrecht umtauschberechtigter Gläubiger von Wandelschuldverschreibungen entsprechend erhöht. Dem trägt die Vorschrift des Satzes 2 Rechnung. Danach muß zur Deckung des Unterschieds zwischen dem Ausgabebetrag der Schuldverschreibungen und dem höheren Gesamtnennbetrag der für sie zu gewährenden Bezugsaktien eine Sonderrücklage gebildet werden. Das ist zwingend. Dabei wird man in Übereinstimmung mit der wohl allgemein vertretenen Auffassung im Schrifttum (vgl. etwa Baumbach-Hueck, Rdn. 4; v. Godin-Wilhelmi, Anm. 2; Brönner, § 15 KapErhG, Anm. 2) davon ausgehen müssen, daß diese Sonderrücklage bereits in der Bilanz auszuweisen ist, die der Kapitalerhöhung zugrunde gelegt ist. Das ergibt sich aus dem Zweck dieser Bestimmung. Dabei ist in die Sonderrücklage nicht nur der Betrag einzustellen, der sich durch die Kapitalerhöhung aus Gesellschaftsmitteln neu als Unterschiedsbetrag ergibt, sondern auch der in Abs. 2 erwähnte Fehlbetrag, der bereits durch die Ausgabe der Schuldverschreibungen unter Nennbetrag entstanden war.

II. Die Kapitalerhöhung bei genehmigtem Kapital

Anm. 4

Das Gesetz gibt keine Regelung darüber, wie zu verfahren ist, wenn im Zeitpunkt der Kapitalerhöhung aus Gesellschaftsmitteln ein Beschluß vorliegt, der den Vorstand gemäß §§ 202ff. zur Ausgabe neuer Aktien ermächtigt. Eine solche Regelung ist auch nicht nötig. Der Wunsch des Bundesrats nach Einfügung einer Vorschrift, wonach die Ermächtigung durch eine Kapitalerhöhung aus Gesellschaftsmitteln nicht berührt wird, ist vom Bundestag mit Recht abgelehnt worden (vgl. dazu Gessler, WM Sonderbeilage 1/1960, S. 20).

Im Regelfall ist die Kapitalerhöhung aus Gesellschaftsmitteln auf eine dem Vorstand erteilte Ermächtigung zur Ausgabe neuer Aktien ohne Einfluß. Die Hauptversammlung kann aber mit Rücksicht auf den Erhöhungsbeschluß etwas anderes beschließen, z. B. den Beschluß über das genehmigte Kapital wieder aufheben oder die Ermächtigung erweitern, nachdem sich der nach § 202 Abs. 3 zulässige Umfang für das genehmigte Kapital durch die Kapitalerhöhung entsprechend vergrößert hat.

§ 219 Verbotene Ausgabe von Aktien und Zwischenscheinen

Vor der Eintragung des Beschlusses über die Erhöhung des Grundkapitals in das Handelsregister dürfen neue Aktien und Zwischenscheine nicht ausgegeben werden.

Nach § 191 können bei einer Kapitalerhöhung gegen Einlagen neue Aktien und Zwischenscheine nicht ausgegeben werden, bevor die Durchführung der Kapitalerhöhung in das Handelsregister eingetragen ist. § 219, der dem § 16 KapErhG entspricht, übernimmt die Vorschrift des § 191 für die Kapitalerhöhung aus Gesellschaftsmitteln, wobei hier das Verbot der Ausgabe neuer Aktien und Zwischenscheine für die Zeit vor der Eintragung des Erhöhungsbeschlusses gilt. Gegenüber § 191 weist jedoch § 219 eine nicht unwesentliche sachliche Änderung auf. Nach § 219 „dürfen" neue Aktien und Zwischenscheine nicht ausgegeben werden, während in § 191 die Worte „können nicht" stehen. Damit sollte zum Ausdruck gebracht werden, daß im Unterschied zur Kapitalerhöhung gegen Einlagen (vgl. dazu § 191 Anm. 3) hier gleichwohl vorher ausgegebene Aktien und Zwischenscheine nicht ungültig sind (Gessler, BB 1960, S. 9). Baumbach-Hueck, Rdn. 2, halten diese Abweichung von § 191 für sachlich vertretbar, weil hier der Gegenwert der Aktien schon im Vermögen der Gesellschaft vorhanden ist, also eine Schädigung der Gläubiger nicht eintreten kann. Das erscheint jedoch nicht zweifelsfrei. Denn wenn die neuen Aktien schon vor der Eintragung des

Erhöhungsbeschlusses gültig sind, dann muß das wohl auch gelten, wenn es später aus irgendwelchen Gründen überhaupt nicht zur Eintragung des Erhöhungsbeschlusses kommt. Das führt zu der wohl kaum vertretbaren Folgerung, daß sich der Nennbetrag der gültigen Aktien nicht mehr mit dem Nennbetrag des Grundkapitals deckt.

§ 220 Wertansätze

Als Anschaffungskosten der vor der Erhöhung des Grundkapitals erworbenen Aktien und der auf sie entfallenen neuen Aktien gelten die Beträge, die sich für die einzelnen Aktien ergeben, wenn die Anschaffungskosten der vor der Erhöhung des Grundkapitals erworbenen Aktien auf diese und auf die auf sie entfallenen neuen Aktien nach dem Verhältnis der Nennbeträge verteilt werden. Der Zuwachs an Aktien ist nicht als Zugang auszuweisen.

Übersicht

Anm. 1

1. Allgemeines

§ 220 übernimmt § 17 KapErhG. Er gibt eine Vorschrift über die Bewertung der Aktien nach einer Kapitalerhöhung aus Gesellschaftsmitteln. Diese Vorschrift hat nicht nur Bedeutung für Aktiengesellschaften, die in ihre Bilanz nach §§ 153, 155 Aktien nur zu ihrem Anschaffungswert einsetzen dürfen, sondern sie hat auch Bedeutung für jeden sonstigen Vollkaufmann, zu dessen Betriebsvermögen Aktien gehören und der bei seiner Buchführung die Grundsätze ordnungsmäßiger Buchführung einzuhalten hat (§ 38 HGB).

Inhaltlich entspricht die Vorschrift der Vorstellung des Gesetzes vom Wesen der Kapitalerhöhung aus Gesellschaftsmitteln, wonach diese einen bilanzmäßigen Vorgang darstellt, also eine Umbuchung von bilanzmäßig offen ausgewiesenen Rücklagen in Grundkapital ist (vgl. Vorbemerkungen zu §§ 207). Wichtig ist auch, daß das Gesetz über steuerrechtliche Maßnahmen bei Erhöhung des Nennkapitals aus Gesellschaftsmitteln in § 3 eine inhaltsgleiche Vorschrift enthält.

Anm. 2

2. Die Anschaffungskosten

Da die Kapitalerhöhung aus Gesellschaftsmitteln nur eine Kapitalberichtigung ist, die den vermögensrechtlichen Wert der Beteiligung des einzelnen Aktionärs nicht berührt, sondern nur die Anzahl oder den Nennbetrag der Aktien verändert, so muß das auch bei der Bilanzierung entsprechend zum Ausdruck kommen. Die Anschaffungskosten, die der Kaufmann für seine bisherigen Aktien aufgebracht und die er als Wert der Aktien in seine Bilanz eingesetzt hatte, beziehen sich nach der Kapitalerhöhung nunmehr auch auf die neuen Aktien. Die Anschaffungskosten sind daher auf die alten und die neuen Aktien nach dem Verhältnis der Nennbeträge zu verteilen. Dadurch wird der Ausweis eines Gewinns vermieden, der ja auch nicht gerechtfertigt wäre, weil sich das Vermögen der Gesellschaft durch die Kapitalerhöhung nicht vermehrt und der einzelne Aktionär die gleiche prozentuale Beteiligung an eben diesem Vermögen behält.

Ist auf die Anschaffungskosten vor der Kapitalerhöhung eine Teilwertabschreibung vorgenommen worden, so ist der unter den tatsächlichen Anschaffungskosten liegende niedrigere letzte Buchwert nach dem Verhältnis der Nennbeträge auf die alten und die neuen Aktien zu verteilen (Börnstein, Betrieb 1960, S. 217). Sind Aktien gleicher Art zu unterschiedlichen Anschaffungskosten erworben und deshalb buchmäßig getrennt gehalten und bilanziert worden, so können sie auch bei der Verteilung der Anschaffungskosten auf die alten und die neuen Aktien getrennt behandelt werden (Börnstein, a. a. O.).

Verkauft der zur Buchführung verpflichtete Kaufmann anläßlich der Kapitalerhöhung einen Teil seiner Aktien, so ist ebenso zu verfahren. Ein etwaiger Unterschiedsbetrag zwischen dem Verkaufserlös und den neu errechneten Anschaffungskosten für die einzelnen Aktien schlägt sich dann in der Gewinn- und Verlustrechnung entsprechend nieder.

Anm. 3

3. Die Behandlung der Teilrechte

Nicht geregelt ist in § 220 die Berechnung der Anschaffungskosten, wenn auf die Aktien eines Aktionärs nur oder auch Teilrechte (§ 213) entfallen und der Aktionär weitere Teilrechte hinzuerwirbt, um seine Teilrechte auf eine volle Aktie zu ergänzen. Hier ist entsprechend zu verfahren und dabei außerdem der Kaufpreis für die neu hinzuerworbenen Teilrechte zu berücksichtigen. Rechnerische Schwierigkeiten können sich dabei nicht ergeben (vgl. Einzelheiten mit Beispielen bei Gessler, WM Sonderbeilage 1/1960, S. 22).

Anm. 4

4. Kein Ausweis als Zugang

Satz 2 spricht noch ausdrücklich aus, daß der Zuwachs an Aktien nicht als Zugang (vgl. § 152 Abs. 1 Satz 2) auszuweisen ist. Das folgt ohne weiteres aus dem Wesen der Kapitalerhöhung aus Gesellschaftsmitteln, durch die das Vermögen des einzelnen Aktionärs keine Veränderung erfährt, und die lediglich einen bilanzmäßigen Vorgang darstellt (vgl. auch Anm. 2).

Diese Beurteilung ist namentlich für die steuerliche Behandlung von entscheidender Bedeutung; sie hat die Möglichkeit gewährt, den Erwerb der neuen Anteilsrechte bei der Kapitalerhöhung aus Gesellschaftsmitteln von den Einkommen- und Ertragsteuern freizustellen (vgl. §§ 1, 3 StKapErhG).

§ 221 Wandelschuldverschreibungen. Gewinnschuldverschreibungen

(1) Schuldverschreibungen, bei denen den Gläubigern ein Umtausch- oder Bezugsrecht auf Aktien eingeräumt wird (Wandelschuldverschreibungen), und Schuldverschreibungen, bei denen die Rechte der Gläubiger mit Gewinnanteilen von Aktionären in Verbindung gebracht werden (Gewinnschuldverschreibungen), dürfen nur auf Grund eines Beschlusses der Hauptversammlung ausgegeben werden. Der Beschluß bedarf einer Mehrheit, die mindestens drei Viertel des bei der Beschlußfassung vertretenen Grundkapitals umfaßt. Die Satzung kann auch eine andere Kapitalmehrheit und weitere Erfordernisse bestimmen. § 182 Abs. 2 gilt.

(2) Abs. 1 gilt sinngemäß für die Gewährung von Genußrechten.

(3) Auf Wandelschuldverschreibungen, Gewinnschuldverschreibungen und Genußrechte haben die Aktionäre ein Bezugsrecht. § 186 gilt sinngemäß.

Übersicht

Literatur

Zur Wandelschuldverschreibung: Bericht der durch den 34. Deutschen Juristentag zur Prüfung einer Reform des Aktienrechts eingesetzten Kommission, erstattet von der ständigen Deputation des Juristentags 1928 S. 12ff.; Harold Rasch, Wandelschuldverschreibungen (convertible Bonds) nach amerikanischem und deutschem Recht 1929; Huppertz, Zeitschrift für handelswissenschaftliche Forschung (Z h. F) 1932, 290ff.; Helmut Müller, Wandelschuldverschreibungen, BB 1949, 825; Minz, Z h. F. 1952, 308 mit Übersicht über die Ausstattung der in der Praxis ausgegebenen Wandelanleihen S. 310; Haase in BB 1952, 65ff.; F. Meyer, BB 1955, 549; Kurzrock, Wandelschuldverschreibungen heute, in: Der Volkswirt, Beilage zu Heft 16, 1955, 25ff.; Georgakopoulos, Zur Problematik der Wandelschuldverschreibungen, ZHR 120 (1957), 84ff.; Linnhoff, Kapitalerhöhung und Sanierung im Wandelanleihevertrag DB 55 1193; Wehle und Niethammer, Wandelschuldverschreibungen bei der Umwandlung ,DB59, 615. Loos, Sachgemäße Ausgestaltung der Bedingungen von Wandelschuldverschreibungen zum Schutze der Wandelschuldverschreibungsgläubiger DB 60, 515, 543; Meilicke, Wandelschuldverschreibungen bei Kapitalherabsetzung BB 63, 500; A. Hueck, Die Behandlung von Wandelschuldverschreibungen bei Änderung des Grundkapitals DB 63, 1347; v. Gleichenstein, Wandelschuldverschreibungen neuen Stils, AG 64, 141; Rose, Bilanzierungs- und Steuerprobleme bei Wandelanleihen nach der Aktienrechtsreform, DB 66, 749. *Zum Genußrecht:* Gottlieb, Der Genußschein im Deutschen Recht 1931 (Heft 16 der Gesellschaftsrechtlichen Abhandlungen); Koehler, Der Wirtschaftstreuhänder 1936 S. 265ff.; Schmalenbach, Finanzierungen, 6. Aufl. 1937 S. 167ff.; Schulze, Genußrecht in der DM-Eröffnungsbilanz, BB 50, 19; v. Caemmerer, Obligationen als Substanzrechte, JZ 51, 417; Ernst, Der Genußschein im deutschen und schweizerischen Aktienrecht, Verlag Schulthess & Co. AG Zürich 1963; ders., Der Genußschein als Kapitalbeschaffungsmittel, AG 67, 75; Knoppe, Der Genußschein, seine wirtschaftliche und steuerliche Bedeutung, BB 66, 281.

Einleitung

§ 221 entspricht mit einigen sprachlichen Änderungen den Abs. 1, 3 und 4 des § 174 AktG 37. Dessen Abs. 2 über die Genehmigungspflicht der Ausgabe von Wandelschuldverschreibungen wurde gestrichen, s. Anm. 15.

Der mit „Maßnahmen der Kapitalbeschaffung“ überschriebene zweite Abschnitt des sechsten Teils enthält als fünften Unterabschnitt nur den § 221. Dessen Überschrift „Wandelschuldverschreibungen, Gewinnschuldverschreibungen“ gibt den Inhalt nicht erschöpfend wieder, da der zweite und dritte Absatz auch von „Genußrechten“ handeln. Diese dienen auch nicht nur, nicht einmal überwiegend, der Beschaffung von Kapital.

Ihre Aufnahme in den § 221 erklärt sich daraus, daß darin für die Ausgabe von Wandel- und Gewinnschuldverschreibungen sowie für die Gewährung von Genußrechten gleichmäßige Vorschriften getroffen werden. Ihrer rechtlichen Natur nach gehören alle drei Erscheinungen nicht dem eigentlichen Aktienrecht an. Sie gewähren *Gläubigerrechte*, die ebensowohl Nichtaktionären wie Aktionären zustehen können. Sie spielten schon seit längerer Zeit in der Praxis der Aktiengesellschaften ein so bedeutsame Rolle, daß es erwünscht erschien, namentlich zum Schutz der Aktionäre, sie einer aktienrechtlichen Regelung zu unterwerfen.

I. Wandel- und Gewinnschuldverschreibungen

Anm. 1

1. Begriff der Wandelschuldverschreibung

Der *Begriff der Wandelschuldverschreibung* ist schon bei der bedingten Kapitalerhöhung erläutert worden (vgl. § 192 Anm. 2, 4, 9). Das Gesetz versteht unter diesen in den USA ausgebildeten, auf dem 33. und 34. Deutschen Juristentag zur Aufnahme in Deutschland empfohlenen und hier tatsächlich schon vor dem AktG in Gebrauch gekommenen Schuldverschreibungen *zwei Arten*. Gemeinsam ist ihnen, daß von der AG dem Erwerber der Schuldverschreibung ein abstraktes, auf einen bestimmten Geldbetrag lautendes, regelmäßig fest verzinsliches Schuldversprechen gegeben wird. Es gibt *zwei Arten* von Wandelschuldverschreibungen: Bei der einen Art ist damit das Recht für den Gläubiger verbunden, *gegen Rückgabe* der Schuldverschreibung und damit gegen Aufgabe der aus ihr künftig fließenden Rechte Aktionär der Gesellschaft zu werden. Das Gesetz nennt das ein „*Umtauschrecht auf Aktien*". Der Gläubiger, der von diesem Recht Gebrauch macht, schließt mit der AG keinen Tauschvertrag im Sinne des § 515 BGB ab. Sondern ihm ist von vornherein dieses Recht eingeräumt, das von manchen ein Wahlrecht genannt, genauer aber als *Ersetzungsbefugnis* (facultas alternativa) zu bezeichnen ist (so auch Baumbach-Hueck, Vorbem. 5, Godin-Wilhelmi 3), denn ein Übergang des Wahlrechts auf den Schuldner (die AG), wie ihn § 264 Abs. 2 BGB vorsieht, kommt nicht in Frage. Dem Gläubiger wird durch die Wandelschuldverschreibung ein *Gestaltungsrecht* eingeräumt, für das sich im Verkehr die Bezeichnung „*Wandelrecht*" eingebürgert hat. Er hat nach diesem das Recht, durch eine einseitige empfangsbedürftige unwiderrufliche Erklärung gegenüber der Anleiheschuldnerin, der Aktiengesellschaft, Aktionär zu werden. Die Wandelschuldverschreibungen sind keine Aktien. Die Gläubiger sind auch keine „aufschiebend bedingten Aktionäre" (so Meilicke S. 501, dagegen Hueck S. 1347). Vor der Ausübung des Wandel- (Umtausch-) oder Bezugsrechts (Anm. 2) ist die Stellung des Berechtigten eine rein schuldrechtliche, sein Wandel- oder Bezugsrecht ist gesellschaftsrechtlich nur im Rahmen des § 192 Abs. 4 geschützt, s. dort Anm. 14 und unten Anm. 6—8.

Anm. 2

Bei der anderen Art der Wandelschuldverschreibung ist dem Gläubiger das Recht eingeräumt, Aktionär zu werden, *ohne* daß er darum *die Schuldverschreibung zurückzugeben* und damit seine Rechte aus der Schuldverschreibung aufzugeben braucht. Das ursprüngliche Schuldverhältnis bleibt also auch bei Ausübung des Gestaltungsrechts bestehen. Diese Art nennt das Gesetz Wandelschuldverschreibungen mit „*Bezugsrecht auf Aktien*". In der Praxis wird sie zutreffender *Optionsanleihe* genannt (s. auch Anm. 18). Ein „*Wandel*" findet hierbei nämlich nicht statt; das Recht, Aktionär zu werden, tritt zu dem Recht aus der Schuldverschreibung hinzu. Werden Wandelschuldverschreibungen auf Grund bedingter Kapitalerhöhung ausgegeben, so ist beim *Umtausch* zur Vermeidung einer Unter-pari-Ausgabe das Verhältnis des Ausgabebetrages der Wandelschuldverschreibung zum Nennbetrag der dafür einzutauschenden Aktien gemäß § 199 Abs. 2 zu beachten; danach kann auch beim Umtausch eine *Zuzahlung* erforderlich werden. Das kommt bei den Wandelschuldverschreibungen *mit Bezugsrecht* auf Aktien nicht in Betracht; hier hat der Schuldverschreibungsgläubiger seine Bar- oder Sacheinlage auf die Bezugsaktien zu leisten. Daß die Nennbeträge der Wandelschuldverschreibungen mit denen der dafür einzutauschenden oder darauf zu beziehenden Aktien übereinstimmen, ist nicht erforderlich. Es kann z. B. das Recht, *eine* Aktie zu 1000 DM einzutauschen oder zu beziehen, an den Besitz von *zwei* Schuldverschreibungen über je 1000 DM geknüpft sein. Das Umgekehrte wird wegen der Vorschrift des § 199 Abs. 2 bei Wandelschuldverschreibungen mit Umtauschrecht, die auf Grund bedingter Kapitalerhöhung ausgegeben werden, selten vorkommen. Dagegen besteht kein Hindernis, dem Gläubiger *einer* Schuldverschreibung über 1000 DM ein Bezugsrecht auf *zwei* Aktien zu je 1000 DM einzuräumen; denn hier liegt die Gefahr einer Ausgabe unter pari nicht vor.

Die Verbindung eines festen Forderungsrechts mit der Aussicht, bei günstiger Entwicklung des Unternehmens sich als Aktionär beteiligen zu können, gibt der Kapitalanlage in Wandelschuldverschreibungen einen starken Anreiz. Es ist daher erklärlich, daß schon vor dem Aktiengesetz die Ausgabe von Wandelschuldverschreibungen in Gang gekommen war. Ein rechtliches Hindernis bildete aber damals die Vorschrift des § 283 Abs. 2 HGB (jetzt § 187 Abs. 2 AktG), wonach Zusicherungen auf den Bezug neuer Aktien vor dem Beschluß über die Erhöhung des Grundkapitals nicht gegeben werden können. Man half sich deshalb damit, daß den Schuldverschreibungsgläubigern ein Umtausch- oder Bezugsrecht auf *bereits vorhandene* Aktien eingeräumt wurde. Das konnten Vorrats- oder eigene Aktien der Gesellschaft sein oder auch solche, die ihr freiwillig zur Verfügung gestellt wurden. Die Schwierigkeit wurde durch die Zulassung der bedingten Kapitalerhöhung im AktG 37 beseitigt. Wandelschuldverschreibungen kommen seitdem in der Regel nur noch in Verbindung mit einer bedingten Kapitalerhöhung vor. Indessen ist die Ausgabe von Wandelschuldverschreibungen rechtlich nicht davon abhängig gemacht. Vielmehr können auch *bereits vorhandene Aktien* oder solche aus genehmigtem Kapital (§ 202) *die Grundlage des Umtausch- oder Bezugrechts bilden.* Dabei kann beim genehmigten Kapital die Bezugszusicherung vom Ermächtigungsbeschluß ab gegeben werden, § 203 Anm. 4. Vgl. dazu auch Silcher wie in § 192 Anm. 4. Auch ist nicht ausgeschlossen, daß die Ausgabe von Wandelschuldverschreibungen mit einer einfachen — nicht bedingten — Kapitalerhöhung verbunden wird, sofern die AG im Hinblick auf § 56 einen Treuhänder findet, der die neuen Aktien für Rechnung der AG übernimmt und sie den Gläubigern der Wandelschuldverschreibungen zur Verfügung hält. Über von *Tochtergesellschaften* ausgegebene *Optionsanleihen* mit Bezugsrechten auf Aktien der Muttergesellschaft s. Anm. 18.

Anm. 3

2. Begriff der Gewinnschuldverschreibung

Gewinnschuldverschreibungen sind, im weitesten Sinne genommen, Schuldverschreibungen, bei denen dem Gläubiger außer dem Nennbetrag der Schuld und deren etwaiger Verzinsung etwas zugesagt wird, was mit einem *Gewinn zusammenhängt.* In Deutschland war vor dem Aktiengesetz 1937 regelmäßig die Form gewählt worden, daß der Reingewinn der AG zwischen den Aktionären und den Gläubigern der Gewinnschuldverschreibungen nach einem bestimmten Schlüssel geteilt wurde. Am häufigsten war die Schuldverschreibung mit *Zusatzverzinsung.* Es wurde z. B. eine feste Verzinsung von 5 v. H. zugesagt, dabei aber bestimmt, daß sich die Verzinsung für jedes Prozent, um das der Gewinnanteil der Aktionäre 4. v. H. übersteigt, um $^1/_8$ Prozent erhöht; häufig wurde eine obere Grenze gesetzt, z. B. daß die Zinserhöhung höchstens 5 v. H. betragen darf (vgl. den Fall RG 118, 152). Auch andere Formen kamen vor, aber, soweit ersichtlich, nur solche, bei denen der Gewinnanteil der Schuldverschreibungsgläubiger irgendwie in ein Verhältnis zu dem von der Hauptversammlung festzusetzenden Gewinnanteil von Aktionären gebracht wurde. Das AktG hat das zum Begriffsmerkmal der Gewinnschuldverschreibung erhoben, indem es darunter Schuldverschreibungen versteht, *bei denen die Rechte der Gläubiger mit Gewinnanteilen von Aktionären in Verbindung gebracht werden.* Diese Voraussetzung wäre auch in den von Schlegelberger AktG 37 § 174 Anm. 3 noch angeführten Beispielen erfüllt: für jeden den Aktionären als Gewinn zugewiesenen Hundertsatz des Gesamtnennbetrags der Aktien entfallen auf die Gewinnschuldverschreibungen 2 v. H. von deren Gesamtnennbetrag; oder der Gewinn wird im Verhältnis des Gesamtnennbetrags der Aktien zu dem der Gewinnschuldverschreibungen unter die Aktionäre und die Inhaber der Schuldverschreibungen verteilt; oder die Inhaber der Schuldverschreibungen erhalten die Hälfte der an die Aktionäre gezahlten Dividende, mindestens aber 4 v. H.

Denkbar wäre aber auch, daß den Inhabern von Schuldverschreibungen ein Anteil am Gewinn zugesagt würde, unabhängig davon, was die Aktionäre erhalten, äußerstenfalls also auch dann, wenn die Hauptversammlung gemäß § 58 Abs. 3 beschließen sollte, den Bilanzgewinn gänzlich unverteilt zu lassen. Anscheinend sind solche Gewinnschuldverschreibungen bisher nicht vorgekommen. Es muß aber Godin-Wilhelmi 6 darin beigetreten werden, daß § 221 auch in solchem Fall angewendet werden müßte. Denn gerade dann, wenn der Gewinnanspruch der Schuldverschreibungsgläubiger unabhängig davon besteht, wieviel an die Aktionäre verteilt werden kann oder soll, sind diese des Schutzes besonders bedürftig, weil sie dabei u. U. ganz leer ausgehen.

Gewinnschuldverschreibungen können zugleich Wandelschuldverschreibungen (Anm. 1, 2) sein und als solche gestaltet werden; Godin-Wilhelmi 3; s. auch Anm. 11 letzter Abs.

Werden die Rechte der Gläubiger mit Gewinnanteilen von Aktionären in Verbindung gebracht, so ist dabei, wie auch die amtliche Begründung hervorhebt, *nicht* vorausgesetzt, daß dies Aktionäre *derselben* Gesellschaft sein müßten, die die Schuldverschreibungen ausgibt. Vielmehr können es auch Aktionäre einer anderen Gesellschaft sein, insbesondere eines verbundenen Unternehmens (§ 15), oder es kann auch, wie im Fall RG 118, 152, die Durchschnittsdividende mehrerer Aktiengesellschaften als Maßstab genommen werden. In diesen Fällen kann es vorkommen, daß die AG, die die Schuldverschreibungen ausgegeben hat, deren Gläubigern die zugesagte Leistung auch dann gewähren muß, wenn sie selbst *keinen Gewinn* erzielt hat.

Anm. 4

3. Der Inhalt der Rechte im einzelnen

Die *Rechte der Gläubiger* aus der Wandelanleihe oder Gewinnschuldverschreibung sind nach dem Inhalt der jeweiligen Anleihe verschieden (vgl. dazu die angegebene Literatur, insbesondere Loos und v. Gleichenstein). Lautet diese dahin, daß der *Gewinn* zwischen den Aktionären und den Inhabern der Schuldverschreibungen nach dem Verhältnis der Nennbeträge der Aktien und der Schuldverschreibungen zu verteilen sei, so haben die Inhaber der Schuldverschreibungen einen Anspruch an die AG, den ihnen die Hauptversammlung nicht dadurch nehmen kann, daß sie an die Aktionäre den Bilanzgewinn, der nach diesem Verhältnis auf sie entfallen müßte, nicht oder nicht ganz verteilt (RG 83, 298). In den Fällen dagegen, in denen der Anspruch von dem Betrage abhängig gemacht ist, den die Aktionäre aus dem Bilanzgewinn erhalten, hat die Hauptversammlung gegenüber den Schuldverschreibungsinhabern grundsätzlich *freie Hand.* Verteilt sie keinen Gewinn an die Aktionäre, so entfällt damit auch der davon abhängige Anspruch. Wird der Hauptversammlungsbeschluß von Aktionären mit Erfolg angefochten und kommt es danach doch noch zu einer Gewinnverteilung an die Aktionäre, so entsteht damit auch für die Schuldverschreibungsinhaber der entsprechende Anspruch. Diese selbst haben in keinem Fall das Recht, wenn sie nicht zugleich Aktionäre sind, einen Beschluß der Hauptversammlung anzufechten. Denn ihr Recht ist *nicht das von Mitgliedern, sondern rein schuldrechtlicher Art.* Ihr Anspruch geht nicht unmittelbar auf Gewinnanteil, sondern er hat nur das Vorhandensein von Gewinn oder verteiltem Gewinn zur Voraussetzung. So sind auch bei der Schuldverschreibung mit Zusatzverzinsung (Anm. 3) die Zusatzzinsen nicht Gewinnanteile, sondern echte Zinsen, für die der Gewinnanteil der Aktionäre nur den Maßstab bildet (RG 118, 155; vgl. Düringer-Hachenburg-Flechtheim Anh. zu § 179 Anm. 18).

Die Anleihebedingungen können auch bestimmen, daß die Geltendmachung des Rechts auf Umtausch oder auf Bezug von Aktien *erst nach Ablauf einer bestimmten Frist (Sperrfrist)* zulässig ist oder nach einer bestimmten Zeit nicht mehr erfolgen kann, oder daß diese Rechte nur unter bestimmten Voraussetzungen — z. B. Einhaltung einer Vorankündigungsfrist — ausgeübt werden können, oder daß die Ausübung nur zulässig ist, wenn eine größere Zahl von Anleihegläubigern von dem Recht gleichzeitig Gebrauch macht. Auch ein beiderseitiges oder einseitiges Kündigungsrecht kann vereinbart werden. Festzulegen sind auch Betrag und Verzinsung und sonstige Leistungen. Regelmäßig ist in den Anleihebedingungen eine längere Laufzeit (10, 20 und mehr Jahre) festgelegt.

Nach dem Gesetz betr. die gemeinsamen Rechte der Besitzer von Schuldverschreibungen v. 4. 12. 1899 (RGBl. S. 691 m. Änd. durch Ges. v. 14. 5. 1914, RGBl. S. 121, VO v. 24. 9. 1932, RGBl. S. 447, Ges. v. 20. 7. 1933, RGBl. S. 523) können die Gläubiger Beschlüsse zur Wahrung ihrer gemeinsamen Rechte fassen. Das Gesetz sieht aber nur zwei solche Beschlüsse vor. Nach § 11 können mit ¾-Mehrheit Gläubigerrechte aufgehoben oder beschränkt werden, jedoch nur zur *Abwendung einer Zahlungseinstellung oder des Konkurses* des Schuldners. Ein Verzicht auf Kapitalansprüche kann nicht beschlossen werden, § 12 Abs. 3. Die Versammlung kann ferner einen Vertreter der Gläubiger bestellen, der zur Geltendmachung von Gläubigerrechten ermächtigt werden kann, § 14. Meist wird dieser Vertreter schon in den Anleihebedingungen bestellt.

Anm. 5

4. Behandlung in der Bilanz

Soweit die Gewinnschuldverschreibungen nur Forderungen verbriefen, die von dem Vorhandensein eines Gewinns der Schuldnerin abhängen, gehören diese Forderungen nicht in die *Jahresbilanz*. Denn sie bilden insoweit keine Schulden der Gesellschaft. Erst wenn auf Grund vorhandenen Gewinns die Forderung begründet ist, bildet sie ein Passivum. In dem Falle jedoch, wo die Forderung nicht den Gewinn der Schuldnerin, sondern den einer andern AG zur Grundlage hat (Anm. 3 letzter Abs.), gehört sie als Schuld in die Bilanz der AG, die die Schuldverschreibungen ausgegeben hat. Zu passivieren ist ferner selbstverständlich der aus den Schuldverschreibungen unabhängig vom Gewinn geschuldete Betrag.

Anm. 6

5. Änderung des Grundkapitals

Erhöht die Gesellschaft ihr Kapital *aus Gesellschaftsmitteln* (§§ 207ff.), so sind die Wandelgläubiger durch §§ 216 Abs. 3 und 218 geschützt. Das für ihr Bezugsrecht zur Verfügung stehende bedingte Kapital erhöht sich im gleichen Verhältnis wie das Grundkapital. Bei der *Kapitalerhöhung gegen Einlagen* (§§182ff.) besteht kein entsprechender gesetzlicher Anspruch. Sie führt zu einer Verwässerung des Grundkapitals, wenn — wie in der Regel — der Ausgabekurs niedriger ist als der innere Wert und der Börsenkurs der Aktien. Dadurch wird das Wandelrecht in seinem Wert gemindert. Ein *Bezugsrecht* auf die neuen Aktien steht den Wandelgläubigern nicht zu. Es kann ihnen wegen § 187 auch nicht in den Anleihebedingungen zugesichert werden. Diese können aber vorsehen, daß die Gläubiger im Falle einer Kapitalerhöhung vorzeitig, vor Ablauf der Sperrfrist, Anm. 4, wandeln können. Oder die Gesellschaft kann sich verpflichten, den Gläubigern im Kapitalerhöhungsbeschluß ein Bezugsrecht einzuräumen. Die neueren Anleihebedingungen sehen einen geldlichen Ausgleich für die Wertminderung des Wandelrechts vor, der sich nach dem Börsenwert des Bezugsrechts bei der Kapitalerhöhung richtet. Denn dieser Wert entspricht dem Verwässerungsverlust. Die Anleihebedingungen machen heute in der Regel die Ausübung des Wandelrechts von einer sich von Jahr zu Jahr erhöhenden Zuzahlung abhängig, die die Wertsteigerung der Aktie in der Zeit zwischen der Ausgabe der Obligationen und der Ausübung des Wandelrechts abgelten und zu einer baldigen Ausübung veranlassen soll. Diese Zuzahlung wird dann um den Verwässerungsausgleich ermäßigt.

Was vorstehend über die Kapitalerhöhung gegen Einlagen gesagt ist, gilt im übrigen auch für die Ausgabe weiterer Wandelschuldverschreibungen.

Andererseits werden die Rechte der Wandelgläubiger aber auch nicht durch eine *Kapitalherabsetzung* berührt (Hueck a. a. O. gegen Meilicke a. a. O.). Ihr Wandelrecht bleibt also auch bei herabgesetztem Grundkapital in vollem Umfang bestehen. Es ist ein Gläubigerrecht wie andere auch, das durch den innergesellschaftlichen Vorgang der Kapitalzusammenlegung nicht in Mitleidenschaft gezogen wird.

Anm. 7

6. Auflösung, Verschmelzung, Umwandlung

Sie bleiben zulässig, auch wenn sie die Rechte der Wandelgläubiger beeinträchtigen, § 192 Anm. 14. Wird die Gesellschaft *aufgelöst* (§§ 262 ff.), so berührt dies das Wandelrecht nicht. Es kann noch bis zum Schluß der Abwicklung ausgeübt werden, BGH 24, 286. Bei der Verschmelzung durch Aufnahme erlischt die übertragende Gesellschaft, § 346 Abs. 4, bei der durch Neubildung erlöschen die sich vereinigenden Gesellschaften, § 353 Abs. 6. Haben sie Wandelschuldverschreibungen ausgegeben, so wird die Ausübung des Wandelrechts vereitelt. Das Wandelrecht *erlischt*; wegen eines *Schadensersatzanspruchs* s. Anm. 8.

Wird die Gesellschaft in eine GmbH *umgewandelt* (§§ 369 ff.), so besteht sie zwar fort, das Recht auf den Bezug von Aktien wird aber ebenfalls vereitelt. Das Bezugsrecht (Wandelrecht) erlischt (a. M. Loos a. a. O. S. 545, v. Gleichenstein a. a. O. S. 146); wegen eines *Schadensersatzanspruchs* s. Anm. 8. Gleiches gilt, wenn die Gesellschaft nach dem *Umwandlungsgesetz* umgewandelt wird, vgl. dort § 5.

Anm. 8

7. Schadensersatzanspruch

Bezüglich eines Schadensersatzanspruchs der Wandelgläubiger ist zu unterscheiden: Gegen eine Wertminderung durch Kapitalerhöhung (Verwässerung, s. Anm. 6) sind sie nicht geschützt. Ihr Recht geht auf den Bezug von Aktien, was sie bei Ausübung des Bezugsrechts wert sind.

Anders ist es, wenn durch Verschmelzung oder Umwandlung die Ausübung des Bezugsrechts unmöglich gemacht wird. Die Gesellschaft schuldet dann *Schadensersatz wegen Nichterfüllung*. Dieser Anspruch gründet sich beim Wandelrecht auf § 265 Satz 2 BGB, der auch auf die Ersetzungsbefugnis anzuwenden ist, da der Unterschied zur Wahlschuld gering und hier unbeachtlich ist (Palandt § 262 Anm. 2c u. § 265; Fikentscher, Schuldrecht § 28 V 2; a. M. Wehle u. Niethammer a. a. O. S. 617). Bei dem neben der Schuldverschreibung bestehenden Bezugsrecht liegt in dessen Vereitelung eine *positive Vertragsverletzung* (ebenso Wehle u. Niethammer a. a. O.). Der *Schaden* besteht beim Wandelrecht in dem Unterschied zwischen dem Wert der Wandelschuldverschreibung, der sich nach dem Börsenkurs richtet, und dem Wert der einzutauschenden Aktie. Letzterer bemißt sich entsprechend § 375 Abs. 1 Satz 1 i. V. m. § 320 Abs. 5 Satz 5 und entsprechend § 12 UmwG nach der Vermögens- und Ertragslage der Gesellschaft im Zeitpunkt der Verschmelzung oder Umwandlung, vgl. auch die Erl. zu § 341 über das Umtauschverhältnis bei der Verschmelzung.

II. Genußrechte

Anm. 9

1. Gesetzgebung und Entstehungsgeschichte

Genußrechte sind in der Praxis der Aktiengesellschaften schon seit langer Zeit bekannt. Die *Gesetzgebung* hat in § 33 der 2. DurchfVO zur GoldbilanzVO vom 28. 3. 1924 (RGBl. S. 385) die Umstellung von aktienabhängigen Genußscheinen geregelt und in § 12 der GoldbilanzVO vom 28. 12. 1923 (RGBl. S. 1253) einen neuen Genußschein sowie in § 37 AufwG vom 16. 7. 1925 (RGBl. S. 117, s. dazu VO vom 24. 10. 1928, RGBl. 383, vom 25. 9. 1934, RGBl. S. 848, und Ges. vom 18. 12. 1935, RGBl. S. 1508) ein neues Genußrecht geschaffen. In das HGB gelangte durch die Aktienrechtsverordnung vom 19. 9. 1931 (RGBl. S. 493) die Bestimmung des § 260a Abs. 3 Nr. 4, wonach im Geschäftsbericht über die im Laufe des Geschäftsjahres ausgegebenen Genußscheine Angaben zu machen waren. Dieser Bestimmung entspricht im AktG mit einer Erweiterung § 160 Abs. 3 Nr. 6 (früher § 128 Abs. 2 Nr. 5). Dazu tritt die Bestimmung in § 221 Abs. 2 (früher § 174 Abs. 3). An beiden Stellen spricht das AktG nicht von Genußscheinen, sondern von Genußrechten, weil solche vorkommen, auch ohne daß Scheine darüber ausgestellt werden.

Geschichtlich werden die Genußrechte auf die Abfindungen zurückgeführt, die Aktionäre von Eisenbahnaktiengesellschaften gewährt wurden. Weil die Eisenbahnanlagen gemäß der erteilten Konzession nach deren Ablauf regelmäßig unentgeltlich an den Staat oder die Gemeinden fielen und die AG dadurch außerstand gesetzt worden wäre, den Aktionären deren Einlagen zurückzuzahlen, wurden häufig Aktien schon während der Dauer der Konzession amortisiert und auf die amortisierten Aktien der Einlagebetrag zurückgezahlt, zugleich aber den davon betroffenen Aktionären Genußscheine ausgehändigt, um sie weiter am Gewinn und am etwaigen Abwicklungserlös zu beteiligen. Streit herrschte darüber, ob es möglich war, den in dieser Weise abgefundenen Aktionären ihre Mitgliederrechte, namentlich das Stimmrecht, zu erhalten, wie das vielfach — nicht nur von Eisenbahngesellschaften — versucht und in den Genußscheinen ausdrücklich bestimmt wurde (vgl. Gottlieb S. 61). Der Streit hat wohl nur noch geschichtliches Interesse. Nach dem AktG wäre jene Möglichkeit zu verneinen. Dieses kennt nur die Einziehung von Aktien als Maßnahme der Kapitalherabsetzung (§ 237). Die Einziehung vernichtet das Aktienrecht (§ 238 Anm. 9). Gäbe es daneben aber auch eine Einziehung, die es nur dem Namen nach wäre („Scheinamortisation", Gottlieb S. 68ff.), so daß der Aktionär sein Anteilrecht nicht verlöre, so liefe die Rückgewähr der Einlage während des Bestehens der Gesellschaft dem § 57 zuwider.

Anm. 10

2. Verwendungszweck

Der Verwendungszweck der Genußrechte ist vielgestaltig (ausführlich Ernst S. 56ff.). Sie können Aktionären, ehemaligen Aktionären, aber auch beliebigen anderen Personen eingeräumt werden. Mit zu den ältesten Anwendungsfällen gehört die Einräumung von besonderen Vorteilen an die Gründer (§ 26 Abs. 1), häufig als Lohn für die Gründertätigkeit (§ 26 Abs. 2; vgl. dort Anm. 5, 10) RG im Bankarchiv 11, 267. Ferner finden sie sich als Belohnungen für Angestellte, Vorstands- und Aufsichtsratsmitglieder. Weiterhin eignen sie sich als Entgelt für die Überlassung von Gegenständen, deren Bewertung von der künftigen Entwicklung abhängt, so von Konzessionen, Patenten, Lizenzen, goodwill u. dgl. Eine andere Art der Verwendung ist die zur Ablösung von Rechten, z. B. von Sonderrechten der Gründer oder einzelner Aktiengattungen. Auch bei Sanierungen kommen sie vor, indem Aktionäre bei Kapitalherabsetzungen durch Genußrechte für den verlorenen Nennbetrag entschädigt, sonst auch durch Gewährung von Genußrechten zu freiwilligen Zuzahlungen (RG 54, 25) oder zur Übernahme neuer Aktien veranlaßt werden. Auch zum Zweck anderweitiger Kapitalbeschaffung können Genußrechte dienen (RG 49, 11). Bei Interessengemeinschaften werden bisweilen Genußscheine zwischen den verbundenen Gesellschaften ausgetauscht, um die Verbindung enger zu gestalten (Düringer-Hachenburg-Flechtheim Anh. zu § 179 Anm. 5).

Soweit Genußrechte, insbesondere Gewinnbeteiligungen in Individualverträgen enthalten sind (Anstellungsverträge, Lizenzverträge, sonstige Verträge des laufenden Geschäftsverkehrs), ist *§ 221 nicht anwendbar*. Die Rechtslage ist hier ähnlich wie in § 292 Abs. 2. § 221 dient dem Schutz der Aktionäre, indem er die Gewährung von Genußrechten an die Zustimmung der Hauptversammlung bindet und den Aktionären ein Bezugsrecht gibt, Anm. 16—19. Dieser Schutz ist nur erforderlich und auch nur sinnvoll, wenn es sich um die Ausgabe von Genußrechten (Genußscheinen) mit einem *kollektiven* Element handelt (ähnlich Teichmann-Köhler, AktG 1937 § 174 Anm. 4: eine Reihe gleichmäßiger, irgendwie genormter Rechtsvorteile, und Ernst S. 94 sowie AG 67, 77: massenweise Gewährung).

Anm. 11

3. Begriff

Eine Begriffsbestimmung für die Genußrechte gab weder das Aktiengesetz von 1937, noch gibt es sie das jetzige. Die Begründung zum Entwurf von 1930 hatte bemerkt (S. 124), die Genußscheine seien nach ihrer Ausgestaltung und ihrem Zweck derartig mannigfaltig und ihre weitere Entwicklung noch so sehr im Flusse, daß eine ins einzelne gehende Regelung nur hemmend wirken würde. Aus diesem Grunde werde auch von einer Begriffsbestimmung abgesehen. Da aber § 221 Vorschriften für Genußrechte enthält, so wird man sich darüber klar sein müssen, was darunter verstanden werden soll. Die Genußrechte sind — ebenso wie die Rechte aus Wandel- und Gewinnschuldverschreibungen — keine Mitgliederrechte, sondern *reine Gläubigerrechte* schuldrechtlicher Art (RG 83, 297; 115, 230; 132, 206; BGH WM 59, 434; v. Caemmerer a. a. O. S. 418; Baumbach-Hueck Vorbem. 7). Sie entstehen durch Vertrag mit dem ersten Berechtigten (RG 132, 204, unbeschadet jedoch des § 794 BGB) und gewähren keinerlei Recht, in die Innenverhältnisse der AG einzugreifen. Die Gläubiger haben als solche keine aktienrechtlichen Befugnisse, kein Recht auf Teilnahme an der Hauptversammlung, kein Stimmrecht, kein Anfechtungsrecht (RG 105, 239) usw. Sind sie zugleich Aktionäre, so haben sie nur in dieser Eigenschaft, nicht als Gläubiger von Genußrechten, aktienrechtliche Befugnisse. Als Gläubiger stehen sie der AG nur forderungsberechtigt gegenüber. Damit ist auch der rechtliche Unterschied bezeichnet, der die Genußrechte von *stimmrechtslosen Vorzugsaktien* (§§ 139ff.) trennt. Wirtschaftlich stehen sich beide Formen nahe. Aber der stimmrechtslose Vorzugsaktionär ist Mitgleid der AG und hat, abgesehen vom Stimmrecht, alle Rechte eines solchen.

Würdinger bezeichnet das Genußrecht als *Beteiligung*. Er erblickt darin (§ 10 III 1 a) ein Recht eigener Kategorie, weder dinglicher noch obligatorischer Natur, das einen Wertanteil (am Gesellschaftsvermögen) vermittelt, dessen Inhalt eine Wertzuweisung ist. Eine Beteiligung *dieser* Art ist aber nur als (unvollständiger) Teil einer gesellschaftsrechtlichen Mitgliedschaft denkbar. Letztere ist aber gerade nicht gegeben (BGH WM 59, 434). Würdinger weist darauf hin, daß das Genußrecht keine Forderung ist. Das hindert aber nicht, es als Schuldverhältnis anzusehen, und zwar als ein *Dauerschuldverhältnis*, das wiederkehrende Ansprüche erzeugt. Es ändert nichts an dem schuldrechtlichen Charakter, daß das Genußrecht vermögensrechtlich wie eine gesellschaftsrechtliche Beteiligung ausgestattet werden kann. Insofern kann man auch von einer *schuldrechtlichen Beteiligung*, einem *Wertanteilsrecht* (RGZ 132, 203) sprechen (ausführlich Ernst S. 98ff., 115, das weitgehend Würdinger folgt).

Zu den Genußrechten gehören *alle Rechte, die nach ihrem Inhalt typische Vermögensrechte eines Aktionärs sein können* (Düringer-Hachenburg Anh. zu § 179 Anm. 6a). Ansprüche auf Teilnahme am Gewinn und Abwicklungserlös sind dafür nicht die einzigen Beispiele. Gewährt eine AG ihren Aktionären Benutzungsrechte, z. B. freie Fahrt auf der von ihr betriebenen Eisenbahn, freien Eintritt in das von ihr betriebene Theater, so können diese Rechte als Genußrechte auch Nichtaktionären eingeräumt werden. Auch das *Bezugsrecht* auf Wandelschuldverschreibungen, Gewinnschuldverschreibungen und neue Genußrechte kann als Genußrecht bestellt werden, ein Bezugsrecht auf neue Aktien nur unter den Beschränkungen des § 187. Überhaupt können Genußrechte vermögensrechtlich so ausgestattet werden, *als ob sie Aktien wären*, insbesondere am *Wertzuwachs* (vgl. Ernst AG 67, 75 Fußn. 6), aber auch am Verlust beteiligt werden.

Will man den Begriff der Genußrechte nicht ins Uferlose ausdehnen, so wird man es zum *Begriffsmerkmal* machen müssen, daß sie nach ihrem Inhalt typische Vermögensrechte eines Aktionärs sein können (allg. Meinung: Godin-Wilhelmi 5; Baumbach-Hueck Vorbem. 7; v. Caemmerer JZ 51, 418; Würdinger § 16 II 2c; Ernst S. 92 m. w. Nachw.; a. M. Gottlieb S. 19). Nur darf das nicht dahin verstanden werden, daß sie genau so gestaltet sein müßten, wie auch ein Aktionär sie haben könnte. So tut es dem Begriff eines Genußrechts keinen Abbruch, daß § 12 GoldbilVO für die dort vorgesehenen Genußscheine, die einen Anspruch auf Beteiligung am Reingewinn und am Abwicklungserlös gewährten, Kündigungsmöglichkeiten bestimmte, die zur Auszahluug des Nennbetrages führten. Auch sonst findet sich vielfach das Recht der AG, Genußscheine durch Zahlung einer Abfindung abzulösen.

Ein scharfer *Unterschied* zwischen einem Genußrecht und dem Gewinnanteilsrecht bei einer *Gewinnschuldverschreibung* (vgl. Düringer-Hachenburg Anh. zu § 179 Anm. 6a) läßt sich hiernach nicht machen. Insoweit beide einen Anteil am Reingewinn gewähren, ist es ein typisches Vermögensrecht, das auch ein Aktionär haben könnte. Die Gewinnschuldverschreibung erscheint daher *insoweit* als eine *Unterart des Genußscheins. Auch die Wandelschuldverschreibung* gewährt neben der Geldforderung ein Recht, das dem höheren Begriff des Genußrechts unterzuordnen ist. Denn auch das Recht, neue Aktien zu beziehen, ist ein typisches Vermögensrecht des Aktionärs, das aber hier als Gestaltungsrecht eines Gläubigers erscheint. § 221 dehnt also in Wirklichkeit die in Abs. 1 für *zwei* Genußrechte getroffenen Vorschriften in Abs. 3 auf *alle* Genußrechte aus. Auch v. Caemmerer JZ 51, 418 und Ernst S. 99 und AG 67, 77 sehen das Genußrecht als *Oberbegriff* an.

Anm. 12

4. Die Rechte der Genußrechtsgläubiger

Über die Rechte der Gläubiger von Genußrechten ist, soweit davon nicht schon in Anm. 11 gehandelt ist, noch folgendes zu bemerken. Lautet das Recht auf einen *Nennbetrag*, was häufig, aber nicht immer der Fall ist, so ist dies der Betrag, der als Grundlage für die Berechnung des Anteils am Reingewinn und am Abwicklungserlös gilt und mit dem die AG das Genußrecht ablösen kann, wenn sie zur Ablösung befugt ist; ausnahmsweise — so nach § 12 GoldbilVO — ist er auch im Falle der Kündigung des Berechtigten zahlbar. Das Genußrecht kann, da es kein Mitgliedsrecht, sondern ein Gläubigerrecht ist, nicht durch Beschlüsse der Hauptversammlung vertragswidrig beeinträchtigt werden (Würdinger § 16 II 2a, Ernst S. 184/85 m. w. Nachw.). Wie der Berechtigte Hauptversammlungsbeschlüsse nicht anfechten kann, so bedarf es auch für ihn keiner Anfechtung; vertragswidrige Beschlüsse berühren sein Recht nicht (RG 49, 16; 117, 384; 132, 205). Die AG kann sich aber die Befugnis zu Beeinträchtigungen vertraglich vorbehalten. Das kann durch Bestimmungen der Satzung geschehen, die dann als lex contractus gilt und zur Auslegung heranzuziehen ist. So kann die AG auch den Umfang der Gewinnbeteiligung von der Festsetzung der Aktionärdividende abhängig machen (RG 115, 230; oben Anm. 4), was aber nicht immer geschieht (RG in BankA 11, 207).

Bei einer *Kapitalerhöhung*, *Kapitalherabsetzung*, *Auflösung*, *Verschmelzung*, *Umwandlung* gilt das in Anm. 6—8 Gesagte sinngemäß. Bei der Verschmelzung und Umwandlung gehen die Verpflichtungen der Gesellschaft, soweit möglich, auf die Gesamtrechtsnachfolger über oder bleiben bei Änderung der Rechtsform bestehen. Gegegebenenfalls hat eine Anpassung nach § 242 BGB stattzufinden, ausführlich Ernst S. 184ff. Soweit das nicht möglich ist, entsteht ein Schadensersatzanspruch (Anm. 8). Oft ist aber eine Änderung der Genußrechte angezeigt, die nötigenfalls durch Richterspruch auf Grund des § 242 BGB festzustellen ist. Vorzuziehen ist in solchen Fällen eine gütliche Einigung mit den Genußberechtigten. Diese kann dadurch erleichtert werden, daß die Berechtigten auf vertraglicher Grundlage, etwa durch Satzungsbestimmung, zu einem Verbande zusammengefaßt werden, der befugt ist, Mehrheitsbeschlüsse mit bindender Kraft für alle zu fassen (RG 132, 205). Das ähnelt dem Verfahren nach dem Gesetz betr. die gemeinsamen Rechte der Besitzer von Schuldverschreibungen, vgl. Anm. 4 a. E. und § 11 Anm. 12. Das Gesetz selbst ist auf Genußrechte, die nicht auf *Zahlung* eines bestimmten Nennbetrages abgestellt sind, nicht anwendbar (herrsch. M.; abw. Gottlieb S. 35). Über den Einfluß der Währungsumstellung s. Anm. 20.

Anm. 13

5. Behandlung in der Bilanz

In die *Jahresbilanz* müssen solche Genußrechte aufgenommen werden, die auf eine von Gewinn und Auflösung unabhängige Zahlung gehen, nicht aber solche, die nur Anspruch auf einen Anteil am Reingewinn oder am Abwicklungserlös oder an beiden gewähren, Adler-Düring-Schmaltz § 151 Tz. 234; Knoppe S. 282; Ernst AG 67, 79. Indessen kann es sich je nach dem Zweck ihrer Begründung dennoch empfehlen, auch diese zu passivieren (vgl. im einzelnen Schmalenbach S. 179f.). Das gilt namentlich von Genußrechten, die zur Beschaffung von Kapital begründet worden sind (*Genußkapital*). Durch die Passivierung wird hier vermieden, daß das beschaffte Kapital verteilt wird; der Passivposten bedeutet in diesem Fall keine Verbindlichkeit, sondern eine freie Rücklage (Düringer-Hachenburg-Flechtheim Anh. zu § 179 Anm. 11; Koehler S. 268; § 152 Abs. 8 Satz 2; Adler-Düring-Schmaltz a. a. O.; Godin-Wilhelmi 5. Im *Geschäftsbericht* sind die Genußrechte stets anzuführen, und zwar jeweils unter Angabe der im Geschäftsjahr neu entstandenen, § 160 Abs. 3 Nr. 6.

III. Die Verbriefung der Gläubigerrechte

Anm. 14

Wandel- und Gewinnschuldverschreibungen werden, wie es in ihrem Begriffe liegt, *verbrieft*, Genußrechte meistens, aber nicht immer. Die über Genußrechte ausgestellten Urkunden werden herkömmlich *Genußscheine* genannt. Alle diese Urkunden können auf den Inhaber oder auf Namen gestellt werden. Die auf Namen gestellten können nach § 363 HGB an Order lauten und sind dann indossabel (vgl. für Genußscheine an Order KG in KGJ 24 A 67; für Inhabergenußscheine RG in JW 1915, 794). Häufig lauten sie auf das emittierende Bankhaus und werden von diesem mit Blankoindossament weitergegeben.

Die Rechte der Inhaber von Wandel-und Gewinnschuldverschreibungen und Genußscheinen müssen sich aus der Urkunde oder einer Ergänzung, auf die in der Urkunde Bezug genommen, ist ergeben. Da sie zum Zwecke des Rechtsnachweises ausgestellt sind, haben sie die Vermutung der Vollständigkeit und Richtigkeit für sich, RG 83, 297; 117, 382; Godin-Wilhelmi 5. Wandel- und Gewinnschuldverschreibungen und Genußrechte sind veräußerlich; sie können auch verpfändet und an der Börse gehandelt werden. Die Veräußerung kann durch Vereinbarung beschränkt werden, etwa durch Einräumung eines Vorkaufsrechts.

IV. Das Erfordernis der staatlichen Genehmigung

Anm. 15

Die Ausgabe auf den Inhaber lautender Schuldverschreibungen, in denen die Zahlung einer *bestimmten Geldsumme* versprochen wird, bedarf nach § 795 BGB der *staatlichen Genehmigung*. Das gleiche gilt nach § 808a BGB für im Inland ausgestellte *Order*schuldverschreibungen, in denen die Zahlung einer bestimmten Geldsumme versprochen wird, wenn sie Teile einer Gesamtemission darstellen. Die Genehmigung wird vom zuständigen *Bundesminister* im Einvernehmen mit der obersten Behörde des Landes erteilt, in dessen Gebiet der Aussteller seinen Wohnsitz oder seine gewerbliche Niederlassung hat (§ 83 des Gesetzes über die staatliche Genehmigung der Ausgabe von Inhaber- und Orderschuldverschreibungen vom 26. 6. 1954, BGBl. S. 147). Die ohne diese Genehmigung in den Verkehr gelangten Schuldverschreibungen sind nichtig. Der Aussteller hat dem Inhaber den durch die Ausgabe verursachten Schaden zu ersetzen, § 795 Abs. 2, § 808a Satz 3 BGB.

Diese Bestimmungen gelten immer für Wandel- und Gewinnschuldverschreibungen es sei denn, daß in ihnen (ausnahmsweise) nicht die Zahlung einer bestimmten Geldsumme versprochen wird. Umgekehrt ist die Genehmigung der *Genußscheine* nur ausnahmsweise erforderlich, wenn in ihnen nämlich die vom Gewinn und von der Abwicklung unabhängige Zahlung einer bestimmten Geldsumme versprochen wird (BGH LM § 795 BGB Nr. 2, weitergehend Gottlieb S. 21).

§ 174 Abs. 2 AktG 37 sah für die Ausgabe von Wandelschuldverschreibungen ebenfalls eine staatliche Genehmigung vor. Das neue Gesetz hat diese Bestimmung als überflüssig gestrichen.

V. Die aktienrechtlichen Sondervorschriften

Anm. 16

1. Der Hauptversammlungsbeschluß

Die Ausgabe von Wandel- und Gewinnschuldverschreibungen sowie die Gewährung von Genußrechten — mit der in Anm. 10 Abs. 2 beschriebenen Ausnahme — ist *zwei aktienrechtlichen Sondervorschriften* unterworfen. Die erste (Abs. 1 und 2) betrifft die *Zulässigkeit* dieser Maßnahmen. Die Ausgabe darf nur auf Grund eines Beschlusses der Hauptversammlung erfolgen. Sie greift in die Gewinnverteilung (Gewinnschuldverschreibungen, Genußrechte) oder in die Kapitalverhältnisse (Wandelschuldverschreibungen) der Gesellschaft ein und berührt damit unmittelbar die Rechte der Aktionäre. Das Gesetz hat deshalb die Ausgabe an die Zustimmung der Hauptversammlung gebunden. Diese Bindung ist aber nur eine interne. Die *rechtliche Wirksamkeit* der Ausgabe hängt nicht von ihr ab. Die Vertretungsbefugnis des Vorstands wird durch sie nicht beschränkt. Ohne die Zustimmung der Hauptversammlung ausgegebene Wandel- oder Gewinnschuldverschreibungen oder gewährte Genußrechte sind *gültig*. Das wurde schon für das AktG 37 allgemein angenommen (vgl. die Vorauflage § 174 Anm. 16), obwohl dort die Ausdrucksweise des Gesetzes („ist nur zulässig") dieselbe war wie in § 234 für die Verschmelzung und der Hauptversammlungsbeschluß für diese ein Wirksamkeitserfordernis darstellte. Dieser auch im neuen Gesetz beibehaltene Unterschied ist jetzt durch die verschiedene Ausdrucksweise in § 221 („darf nur auf Grund") und § 340 („wird nur wirksam") klarer herausgestellt.

Trifft der Vorstand die genannten Maßnahmen ohne Zustimmung der Hauptversammlung, so handelt er pflichtwidrig und macht sich nach § 93 schadensersatzpflichtig, gegebenenfalls mit ihm der Aufsichtsrat nach § 116. Andererseits ist er gemäß § 83 Abs. 2 verpflichtet, eine von der Hauptversammlung beschlossene Ausgabe durchzuführen, § 93 Anm. 36—38; a. M. Godin-Wilhelmi 6.

Die Zustimmung kann aber auch als *Ermächtigung* gegeben und die Ausgabe damit in das *Ermessen* des Vorstands gestellt werden (ähnlich wie das genehmigte Kapital, § 202). Dem Vorstand steht es dann je nach den Verhältnissen des Kapitalmarktes frei, ob und in welchem Umfang er die Schuldverschreibungen ausgibt.

Unberührt bleiben die Vorschriften des § 26, wonach jeder vor der Entstehung der AG zugunsten eines einzelnen Aktionärs bedungene besondere Vorteil sowie der Gründerlohn in der Satzung festgesetzt sein müssen. Das gilt auch für Genußrechte (vgl. oben Anm. 10; § 26 Anm. 3, 6). Unberührt bleibt auch das in Anm. 15 genannte Genehmigungserfordernis.

Anm. 17

Für den nach § 221 zu fassenden Beschluß der Hauptversammlung ist die gleiche *Mehrheit* vorgeschrieben wie für die ordentliche Kapitalerhöhung (§ 182). Es bedarf nicht nur der Mehrheit der abgegebenen Stimmen (§ 133), sondern die Mehrheit muß auch drei Viertel des bei der Beschlußfassung vertretenen Grundkapitals umfassen. Doch ist diese Kapitalmehrheit nicht zwingend vorgeschrieben, sie kann *satzungsgemäß* durch eine andere, auch *geringere* Kapitalmehrheit ersetzt werden, während die Satzung sie bei der bedingten Kapitalerhöhung und beim genehmigten Kapital nur durch eine größere Kapitalmehrheit ersetzen kann (§§ 193, 202 Abs. 2). Bloße Stimmenmehrheit kann aber nicht für ausreichend erklärt werden. Wie in allen diesen Fällen kann die Satzung daneben noch andere Erfordernisse aufstellen, z. B. die Abhaltung mehrerer Hauptversammlungen.

Sind *mehrere Gattungen* von Aktien vorhanden — vgl. die Erläuterungen zu § 11 —, *so gilt § 182 Abs. 2.* Der Beschluß der Hauptversammlung bedarf also zu seiner Wirksamkeit der Zustimmung der Aktionäre jeder Gattung in einem Sonderbeschluß, und für jeden dieser Sonderbeschlüsse gilt das gleiche Abstimmungserfordernis wie für den Beschluß der Hauptversammlung. Jeder Sonderbeschluß muß daher seine Zustimmung nicht nur mit Stimmenmehrheit geben, sondern die Mehrheit muß auch drei Viertel des bei der Beschlußfassung vertretenen Grundkapitals umfassen; die Satzung kann diese Kapitalmehrheit durch eine andere — größere oder geringere — ersetzen und daneben noch andere Erfordernisse aufstellen. Im übrigen gilt § 138.

Der Beschluß bedarf zu seiner Wirksamkeit nicht der *Eintragung ins Handelsregister*, da er keine Satzungsänderung enthält, sondern nur für eine besonders wichtige Maßnahme eine Sicherung schafft; Godin-Wilhelmi 6.

Für die *Nichtigkeit und Anfechtbarkeit* des Hauptversammlungsbeschlusses und der etwaigen Sonderbeschlüsse gelten die Vorschriften der §§ 241 ff. Eine Heilung der Nichtigkeit nach § 242 kommt nicht in Betracht, weil nichts eingetragen wird. Die Niederschrift wird nur nach § 130 Abs. 5 zum Handelsregister eingereicht. Die etwaigen Mängel der Beschlüsse sind für die Gültigkeit der ausgegebenen Wandel- oder Gewinnschuldverschreibungen sowie der gewährten Genußrechte nach Anm. 16 bedeutungslos.

Der Zustimmung der stimmrechtslosen *Vorzugsaktionäre* bedarf es nach § 141 Abs. 1 dann, wenn durch die Ausgabe oder Gewährung der Vorzug beschränkt wird. Für die

Erteilung der Zustimmung gilt § 141 Abs. 3. Die Zustimmung ist zwar Voraussetzung für die Wirksamkeit des Beschlusses, die Wirksamkeit des Beschlusses ist aber nicht Voraussetzung für die Wirksamkeit der Ausgabe oder Gewährung (Anm. 16).

Anm. 18

Die Zustimmung der Hauptversammlung ist auch erforderlich, wenn die Schuldverschreibung einer *anderen* Gesellschaft mit einem Bezugsrecht auf Aktien der Gesellschaft ausgestattet wird. Das ist der Fall bei den in neuerer Zeit ausgegebenen *Warrant-Anleihen* (Optionsanleihen, s. Anm. 2) ausländischer Tochtergesellschaften von deutschen Gesellschaften. Die Schuldverschreibung (bond), deren Schuldnerin die ausländische Tochtergesellschaft ist, wird hier mit einem (meist abtrenn- und selbständig handelbaren) Optionsschein (Warrant) ausgegeben, in welchem dem Inhaber das Bezugsrecht auf Aktien der deutschen Muttergesellschaft eingeräumt wird (vgl. im einzelnen Silcher wie in § 192 Anm. 4 Abs. 2). Dabei gewährt entweder die Muttergesellschaft das Bezugsrecht selbst oder — in der Praxis häufiger — die Tochter verpflichtet sich, den Optionsberechtigten die Aktien zu verschaffen und die Mutter *garantiert* diese Verschaffungspflicht. In beiden Fällen entsteht ein unmittelbarer Anspruch des Optionsberechtigten gegen die Muttergesellschaft auf Lieferung von Aktien. Damit ist ein dem § 221 Abs. 1 *rechtsähnlicher* Sachverhalt gegeben. Es entspricht dem Zweck dieser Vorschrift, diesen Sachverhalt der zum Schutze der Aktionäre gegebenen Zustimmungspflicht zu unterwerfen. Wegen der bedingten Kapitalerhöhung in diesen Fällen s. § 192 Anm. 4 Abs. 2.

Ein *Bezugsrecht* auf die von der Tochtergesellschaft ausgegebenen Schuldverschreibungen mit Optionsschein steht den Aktionären der Muttergesellschaft nicht zu. Denn Abs. 3 bezieht sich nur auf von dieser selbst ausgegebene Wandelschuldverschreibungen. Die Einräumung oder Garantie der Option ist aber nicht deshalb unzulässig, weil in diesen Fällen den Aktionären kein Bezugsrecht, eingeräumt werden kann (so Gustavus BB 70, 694). Es liegt vielmehr im Rahmen der Gestaltungsfreiheit der Hauptversammlung, auch der Einräumung oder Garantierung einer Option auf Aktien der Gesellschaft zuzustimmen, bei der ein Bezugsrecht der Aktionäre ausgeschlossen ist, wenn dies nach ihrer Auffassung im Interesse des Unternehmens liegt. Da der Zustimmungsbeschluß aber zugleich den Ausschluß des Bezugsrechts bedeutet, gilt in rechtsähnlicher Anwendung des Abs. 3 i. V. m. § 186 das strengere *Mehrheitserfordernis* des § 186 Abs. 3.

Anm. 19

2. Das Bezugsrecht der Aktionäre

Der Schutz der Aktionäre wird noch durch die *zweite Vorschrift aktienrechtlichen Inhalts* verstärkt: Nach Abs. 4 haben die Aktionäre auf Wandelschuldverschreibungen, Gewinnschuldverschreibungen und Genußrechte ein *Bezugsrecht*. Auch hier gilt die in Anm. 10 Abs. 2 beschriebene Ausnahme. Auf dieses Bezugsrecht ist *§ 186* für sinngemäß anwendbar erklärt. Daraus ergibt sich, daß das Bezugsrecht in dem Beschlusse über die Ausgabe der Schuldverschreibungen oder die Gewährung der Genußrechte ganz oder teilweise *ausgeschlossen* werden kann. Das ist dann aber nur anch § 186 Abs. 3—5 möglich. Die Kapitalmehrheit muß in diesem Fall drei Viertel des bei der Beschlußfassung vertretenen Grundkapitals umfassen und kann satzungsmäßig nur durch eine größere, nicht durch eine geringere Kapitalmehrheit ersetzt werden. Auch muß die Ausschließung des Bezugsrechts ausdrücklich und ordnungsgemäß (§ 124 Abs. 1) bekanntgemacht worden sein.

§ 187 ist nicht für anwendbar erklärt. Indessen liegt es im Sinne des den Aktionären zugedachten Schutzes, den *Abs. 1 des § 187* entsprechend anzuwenden. Danach können Rechte auf den Bezug neuer Wandelschuldverschreibungen, Gewinnschuldverschreibungen oder Genußrechte nur unter Vorbehalt des Bezugsrechts der Aktionäre zugesichert werden. *Abs. 2 des § 187* trifft Zusicherungen auf den Bezug neuer Aktien vor dem Beschluß über die Erhöhung des Grundkapitals. Diese Vorschrift gilt sinngemäß bei der bedingten Kapitalerhöhung (§ 193 Abs. 1 Satz 2). Soll sie dort ihren Zweck erfüllen, der Hauptversammlung völlig freie Hand zu lassen, so muß sie auch auf

Wandelschuldverschreibungen angewandt werden, *deren Ausgabe in Verbindung mit einer bedingten Kapitalerhöhung beschlossen wird.* Denn sie gewähren das Recht, neue Aktien — gegen Umtausch oder Einlage — zu beziehen. Zusicherungen des Bezuges solcher Wandelschuldverschreibungen sind daher vor dem Beschluß über die bedingte Erhöhung des Grundkapitals der Gesellschaft gegenüber unwirksam (ebenso Baumbach-Hueck 4); vgl. auch Anm. 2 a. E.

VI. Der Einfluß der Währungsumstellung auf die Schuldverschreibungen und Genußrechte

Anm. 20

Literatur: v. Caemmerer, Obligationen als Substanzrechte, JZ 51, 417; Schilling, Aktionär und Obligationär in der DM-Umstellung, BB 50, 459.

Gemäß § 41 Abs. 2 DM-BilG bestimmen sich vertragliche Beziehungen der Gesellschaft zu Dritten, die kapital- oder gewinnabhängig sind, nach den neuen Kapital- und Gewinnverhältnissen. Dies gilt insbesondere für die in § 221 angeführten Gläubigerrechte. Es gilt auch, wenn dadurch ihr *wirtschaftlicher Inhalt verändert* wird (Geiler-Stehlik-Veith, Komm. z. DM-BilG § 41 III). Der ursprünglich in § 41 Abs. 2 DM-BilG (entsprechend § 54 der 1. DVO zur Dividendenabgabeverordnung) vorgesehene Zusatz „wobei ihr wirtschaftlicher Inhalt nicht verändert werden darf" wurde in den Gesetzestext nicht aufgenommen, vgl. das Harpen-Bonds-Urteil des BGH in BGHZ 28, 276 = LM § 795 BGB Nr. 1 m. Anm. v. Fischer. Anders, wenn die Gläubigerrechte als *aktienabhängige Substanzrechte* ausgestaltet sind. Sie sind dann den vermögenswerten Rechten der Aktionäre so stark angenähert, daß für sie § 41 Abs. 1 und nicht Abs. 2 gilt. Das bedeutet, daß ihr bisheriges Verhältnis zu den Aktienrechten zu wahren ist (so für die Harpen-Bonds BGHZ 28, 259). Lauten die Gläubigerrechte auf *Nennbeträge*, so sind diese als Geldsummenansprüche nach dem Grundsatz des § 16 UmstG *10:1 umzustellen.* Entsprechend vermindern sich auch die Umtausch- und Bezugsrechte bei Wandelschuldverschreibungen und Genußrechten, soweit sie vom Nennbetrag abhängig sind (Geiler-Stehlik-Veith § 41 III). Ausnahmsweise kommt eine Umstellung 1:1 nach § 18 Abs. 1 Z. 3 UmstG in Frage, wenn — wie bei den Harpen-Bonds BGHZ 28, 259 — die Gläubigerrechte den Vermögensrechten der Aktionäre angeglichen oder stark angenähert sind.

Dritter Abschnitt

Maßnahmen der Kapitalherabsetzung

Erster Unterabschnitt

Ordentliche Kapitalherabsetzung

§ 222 Voraussetzungen

(1) Eine Herabsetzung des Grundkapitals kann nur mit einer Mehrheit beschlossen werden, die mindestens drei Viertel des bei der Beschlußfassung vertretenen Grundkapitals umfaßt. Die Satzung kann eine größere Kapitalmehrheit und weitere Erfordernisse bestimmen.

(2) Sind mehrere Gattungen von Aktien vorhanden, so bedarf der Beschluß der Hauptversammlung zu seiner Wirksamkeit der Zustimmung der

Aktionäre jeder Gattung. Über die Zustimmung haben die Aktionäre jeder Gattung einen Sonderbeschluß zu fassen. Für diesen gilt Abs. 1.

(3) In dem Beschluß ist festzusetzen, zu welchem Zweck die Herabsetzung stattfindet, namentlich ob Teile des Grundkapitals zurückgezahlt werden sollen.

(4) Das Grundkapital kann herabgesetzt werden;

1. durch Herabsetzung des Nennbetrags der Aktien;

2. durch Zusammenlegung der Aktien; diese ist nur zulässig, soweit der Mindestnennbetrag für Aktien nicht innegehalten werden kann.

Der Beschluß muß die Art der Herabsetzung angeben.

Übersicht:

Einleitung

Abgesehen von sprachlichen Änderungen und einer Änderung in Abs. 2, die auf den neuen § 138 zurückzuführen ist (s. Anm. 6), entspricht die Vorschrift dem § 175 AktG 1937.

I. Allgemeines

Anm. 1

1. Entstehungsgeschichte

Das Handelsgesetzbuch von 1897 enthielt Bestimmungen über die Kapitalherabsetzung nur in den §§ 288—291. Sie galten für alle Arten der Kapitalherabsetzung, mochte sie durch Einziehung, durch Herabsetzung des Nennbetrages oder durch Zusammenlegung der Aktien geschehen. Es nannte in diesen Vorschriften die verschiedenen Arten der Kapitalherabsetzung überhaupt nicht. Nur § 227 a. F. erwähnte die Einziehung. Er bestimmte, daß die Einziehung *(„Amortisation")* von Aktien nur erfolgen könne, wenn sie im Gesellschaftsvertrag angeordnet oder gestattet ist (wegen des Näheren vgl. § 227 HGB a. F.). Die VO des Reichspräsidenten über Aktienrecht, Bankenaufsicht und über eine Steueramnestie vom 19. 9. 1931 (Novelle 1931, RGBl. S. 493) brachte im Anschluß an die Neuregelung des Erwerbs eigener Aktien (§ 226) in § 227 eine völlig neue Regelung der Einziehung von Aktien. Sie behandelte die Einziehung von Aktien grundsätzlich als einen Fall der Herabsetzung des Grundkapitals. In den in Abs. 2 Nr. 1—3, Abs. 3 geregelten Fällen sprach sie aber, bewußt abweichend von dem Begriffe der „Kapitalherabsetzung", von „Ermäßigung" des Grundkapitals (Nr. 1 u. 2 sind die Fälle, die jetzt in § 237 Abs. 3—5 geregelt sind). Die VO des Reichspräsidenten zur Sicherung von Wirtschaft und Finanzen und zur Bekämpfung politischer Ausschreitungen vom 6. 10. 1931, RGBl. S. 556, 5. Teil, Kap. 2, brachte neben der gewöhnlichen Kapitalherabsetzung nach §§ 288ff. HGB die Kapitalherabsetzung in *„erleichterter" Form.* Sie war als vorübergehende Maßregel zur Überwindung der Folgen der Wirtschaftskrise gedacht und zunächst nur bis 30. 6. 1932 zugelassen. Sie ist durch mehrere Durchführungsverordnungen ausgestaltet worden. Durch die 14. DVO vom 5. 4. 1937 RGBl. 444 wurden die Fristen, bis zu deren Ablauf die Kapitalherabsetzung in erleichterter Form beschlossen werden kann, bis zum 30. 9. 1937, dem Tage vor Inkrafttreten des Aktiengesetzes von 1937, verlängert. Dieses hat sie unter der Bezeichnung „vereinfachte Kapitalherabsetzung" als Dauereinrichtung übernommen.

Das Aktiengesetz regelt im 1. Buch, 6. Teil, 3. Abschnitt, „Maßnahmen der Kapitalherabsetzung", die Kapitalherabsetzung einschließlich der Einziehung von Aktien. Es behandelt im ersten Unterabschnitt die *ordentliche Kapitalherabsetzung.* Diese Bestimmungen gelten zunächst nur für die Kapitalherabsetzung, 1. durch Herabsetzung des Nennbetrages, 2. durch Zusammenlegung der Aktien. Die Kapitalherabsetzung durch Einziehung von Aktien ist aus gesetzestechnischen Gründen in einem besonderen, dritten, Unterabschnitt behandelt, um die Vorschriften des zweiten Unterabschnittes „Vereinfachte Kapitalherabsetzung", die nur durch Herabsetzung des Nennbetrages oder Zusammenlegung, nicht aber durch Einziehung von Aktien möglich ist, als Sonderfall der ordentlichen Kapitalherabsetzung behandeln zu können. Für die *Kapitalherabsetzung durch Einziehung von Aktien* sind aber die Regeln über die ordentliche Kapitalherabsetzung, abgesehen von den in § 237 Abs. 3—5 bezeichneten Ausnahmen *(„vereinfachte Einziehung")*, zu befolgen, § 237 Abs. 2.

Anm. 2

2. Die wirtschaftliche Bedeutung der Kapitalherabsetzung

Die Kapitalherabsetzung ist, wie die Kapitalerhöhung, ein Mittel, um das Unternehmen wirtschaftlich auf eine neue Grundlage zu stellen, es den veränderten Verhältnissen und Bedürfnissen anzupassen. Da bei der Aktiengesellschaft die persönliche Haftung eines Unternehmers fehlt, bildet das Kapital, das in dem Unternehmen nach dem Willen der Gründer festgelegte Vermögen, sei es Geld- oder Sacheinlage, die feste Grundlage der Gesellschaft. Diese Grundlage zu schaffen und zu erhalten ist Aufgabe besonderer Schutzvorschriften des Gesetzes. Das der Gesellschaft gewidmete Kapital bildet ihr Grundkapital; dessen Höhe ist in der Satzung festzulegen. Es wird dadurch auch rechtlich an die Gesellschaft gebunden und kann nicht willkürlich geändert werden. Es darf namentlich auch nicht an die Aktionäre zurückbezahlt werden. Die Entwicklung des Unternehmens im besonderen und seine Stellung in der Gesamtwirtschaft erfordert aber häufig ein Abweichen von dem ursprünglichen Verwendungszweck des Vermögens und von der starren Festlegung der Kapitalziffer (vgl. Schilling, Kapitalerhöhung aus Gesellschaftsmitteln BB 1957, 373). Den wirtschaftlichen Bedürfnissen kann eine Herabsetzung des Kapitals dienlich sein, wenn das im Unternehmen angelegte Kapital für dieses nicht mehr erforderlich ist. Der Kapitalbedarf kann geringer werden, wenn Teile des Unternehmens nicht mehr rentabel sind und aus wirtschaftlichen Gründen abgestoßen werden müssen, oder wenn die Aufgabe des Unternehmens teilweise erfüllt, z. B. eine Rohstoffquelle erschöpft ist; ebenso wenn sich der Wert gewisser Vermögensteile dauernd erhöht hat, so daß diese zum Betrieb des Unternehmens ausreichen. In allen diesen Fällen kann eine tatsächliche Verminderung des vorhandenen Vermögens *durch Ausschüttung eines Teiles des durch die Satzung gebundenen Vermögens an die Aktionäre* wirtschaftlich geboten sein. Die Kapitalherabsetzung kann auch wirtschaftlich zweckmäßig sein, wenn zunächst an eine Rückzahlung von Kapital nicht gedacht ist. Gebundenes Kapital kann dadurch in freies umgewandelt werden. Es kann eine *freie Rücklage* geschaffen werden. Aus dieser können künftige Verluste ohne Herabsetzung des neuen Grundkapitals gedeckt werden. Auch kann eine gleichmäßige Gewinnausschüttung dadurch erleichtert werden, daß Verluste aus der gebildeten freien Rücklage gedeckt werden. Das Gesetz nennt die Zurückzahlung eines Teiles des Grundkapitals ausdrücklich als einen der möglichen Zwecke der Kapitalherabsetzung §§ 222 Abs. 3, 225 Abs. 2 Satz 1. Als weiteren Zweck der Kapitalherabsetzung nennt es die *Befreiung der Aktionäre von der Verpflichtung zur Leistung von Einlagen* §§ 225 Abs. 2, 230. Diese Befreiung steht wirtschaftlich einer Rückzahlung bereits geleisteter Einlagen gleich.

Die Herabsetzung kann aber auch geboten sein, um das Unternehmen zu *sanieren*, es wieder rentabel zu machen, eine Unterbilanz zu beseitigen und eine Gewinnverteilung zu ermöglichen. Die Kapitalherabsetzung dient diesem Zwecke, indem sie die in der Satzung festgelegte Grundkapitalziffer dem tatsächlichen Vermögensstand der Gesellschaft anpaßt. Auf diese Weise kann namentlich das in der zu hohen Grundkapitalziffer liegende Hindernis der Ausschüttung erzielten Gewinnes beseitigt werden. Denn die Festlegung der Grundkapitalziffer in der Satzung bindet nicht nur das Vermögen selbst in der Weise, daß sie eine Kapitalrückzahlung ausschließt. Sie verhindert auch die Ausschüttung von Gewinn auf Kosten des Grundkapitals. Zu diesem Zwecke schreibt das Gesetz vor, daß in der Jahresbilanz das Grundkapital auf der Passivseite zum Nennbetrage einzusetzen ist, § 151 Abs. 1. Gewinn kann also nur verteilt werden, wenn die vorhandenen Aktivwerte die Grundkapitalziffer und alle übrigen Passivposten überschreiten. Die Herabsetzung der Grundkapitalziffer durch Kapitalherabsetzung macht somit Beträge, die bisher gebunden waren, für die Gewinnverteilung frei. Nach der Kapitalherabsetzung braucht nur das herabgesetzte Kapital bei der Ermittlung des verteilbaren Jahresgewinns auf der Passivseite der Jahresbilanz aufgeführt zu werden. Auch wenn das Vermögen der Gesellschaft nicht unter die Grundkapitalziffer gesunken ist, kann deshalb die Kapitalherabsetzung zweckmäßig sein, um eine an sich durch die Lage des Betriebes gerechtfertigte Gewinnverteilung zu ermöglichen. Die Kapitalherabsetzung bietet damit auch einen Anreiz für Dritte, sich an der Gesellschaft zu beteiligen. Dies kommt nicht nur für den Erwerb der Aktien durch Dritte zu einem angemessenen Kurs in Betracht, häufig ermöglicht die Kapitalherabsetzung erst die notwendige Zuführung neuen Kapitals. Denn diese wird nur möglich sein, wenn vorher eine Bereinigung des Vermögensstandes der Gesellschaft erfolgt ist, wenn die Tragung des bisher entstandenen Verlustes *durch die seitherigen Aktionäre* eben durch die Kapitalherabsetzung festgelegt ist, und die neuen Aktionäre von der Tragung solchen Verlustes befreit sind. Als *Sanierungsmaßnahme* ist daher die Kapitalherabsetzung namentlich in Verbindung mit einer Kapitalerhöhung in Übung.

Anm. 3

3. Rechtliche Bedeutung der Kapitalherabsetzung

Die rechtliche Bedeutung der Kapitalherabsetzung äußert sich in der bereits erwähnten Herabsetzung der satzungsmäßigen Grundkapitalziffer in ihrer Eigenschaft *als Garantiefonds zugunsten* der Gesellschaftsgläubiger (vgl. Anm. 2). Sie ändert damit das Zahlenverhältnis der Aktiven zu den Passiven. Dies kommt äußerlich zum Ausdruck in einer Neubuchung des Grundkapitals. Insofern kann die Kapitalherabsetzung als eine Buchoperation bezeichnet werden; Brodmann Anm. 1 b zu § 288 HGB. Die Wirkung der Herabsetzung tritt aber schon vor der Neubuchung ein, sobald der Beschluß über die Herabsetzung des Grundkapitals eingetragen und damit nach dem Sprachgebrauch des Aktiengesetzes das Grundkapital herabgesetzt ist, § 224. Die Kapitalherabsetzung berührt den Bestand der Gesellschaft nicht. Diese soll durch die Kapitalherabsetzung gerade erhalten werden. Die Wirkungen zeigen sich auch im *Verhältnis der Gesellschaft zu den Aktionären.* Da das Grundkapital in Aktien zerlegt ist, § 1 Abs. 2, und die Summe der Nennwerte aller Aktien gleich der Grundkapitalziffer sein muß und sie nicht übersteigen kann, muß die Herabsetzung der Grundkapitalziffer auch stets eine Veränderung der Aktienrechte der Aktionäre zur Folge haben. Die Wirkung kann je nach der *Art der Kapitalherabsetzung* verschieden sein. Wird sie durch Einziehung von Aktien vorgenommen, so wird das einzelne Aktienrecht vernichtet. Die Aktienrechte der übrigen, von der Einziehung nicht betroffenen Aktionäre werden nicht vermindert. Sie können sogar eine Erweiterung erfahren. Durch *Einziehung* eines Teiles der Aktien kann ihr Anteil (ihre Quote) am Gesamtvermögen, wie er in der Aktie zum Ausdruck kommt, sogar erhöht werden. Bei *Verminderung des Nennwertes* der Aktien bleibt das Aktienrecht bestehen, nur der Anteil an der Gesamtkapitalziffer, nicht das Verhältnis zu dieser (die Quote) wird geändert; im übrigen behält es seinen rechtlichen Inhalt; insbesondere bleibt das Stimmrecht und das Recht auf den Gewinn und das Abwicklungsergebnis bestehen. Ebenso verhält es sich bei der *Zusammenlegung.* Das mit der einzelnen Aktie verbundene Recht geht auf die neue Aktie über. Nur wenn die Aktien des einzelnen nicht für eine zusammengelegte neue Aktie ausreichen, kann der einzelne Aktionär sein Aktienrecht verlieren. Die Gesellschaft kann diese Aktien zum Zwecke der Durchführung der Zusammenlegung für kraftlos erklären. Der Aktionär hat dann nur einen Anspruch auf den aus der Veräußerung der neuen Aktien erzielten Erlös, also einen schuldrechtlichen Anspruch, § 226.

Anm. 4

4. Gläubiger- und Aktionärschutz

Das Gesetz gibt weder den Gläubigern noch den einzelnen Aktionären ein Recht, die Kapitalherabsetzung zu verhindern. Um die für die Gläubiger bestehenden Gefahren zu beseitigen oder zu vermindern, sind die *Gläubigerschutzbestimmungen* geschaffen. Sie kommen namentlich zur Geltung, wenn Grundkapital zurückbezahlt oder auf Erfüllung noch ausstehender Einzahlungen der Aktionäre verzichtet oder gebundenes Kapital in eine freie Rücklage umgewandelt werden soll. Hier schreibt das Gesetz vor, daß vor der Auszahlung *Sicherheit* zu leisten ist, § 225. Soll die Herabsetzung des Grundkapitals nur dazu dienen, um Wertminderungen auszugleichen, sonstige Verluste zu decken oder Beträge in die gesetzliche Rücklage einzustellen, liegt also einer der Fälle vor, in denen die Form der *vereinfachten Kapitalherabsetzung* gewählt werden kann und wird von dieser Möglichkeit Gebrauch gemacht, § 229, so beschränkt das Gesetz im Interesse der Gläubiger die Gewinnausschüttung, § 233.

Dem *Schutze der Aktionäre* dienen die Vorschriften, die die Kapitalherabsetzung durch Aufstellung besonderer Erfordernisse für die Beschlußfassung erschweren und die Kapitalherabsetzung durch Zusammenlegung nur zulassen, wenn der Mindestnennbetrag für Aktien nicht eingehalten werden kann, § 222. Dadurch, daß das Gesetz die Kapitalherabsetzung durch Mehrheitsbeschluß der Hauptversammlung, wenn auch unter Erschwerungen zuläßt, bringt es zum Ausdruck, daß die Aktionäre kein Recht auf Beibehaltung der einmal bestehenden Grundkapitalziffer haben; ebenso Schlegelberger AktG 1937, § 149 Anm. 6, Vorbem. vor § 175, wo ein „*Sonderrecht*" des einzelnen Aktionärs auf Beibehaltung des bestehenden Grundkapitals verneint wird. Ein Sonderrecht, das den Aktionären als solchen, also allen zustehen würde, wäre auch mit dem hier, vgl. § 1 Anm. 35, vertretenen Begriff des Sonderrechts unvereinbar. Auch satzungsmäßig kann ein wirkliches Sonderrecht einzelner Aktionäre oder Gruppen von solchen auf dem Gebiet der Kapitalherabsetzung nur in beschränktem Umfange zugelassen werden. Die Einrichtung der Kapitalherabsetzung als ein Weg, das Kapital der Aktiengesellschaft auch im Interesse der Erhaltung des Unternehmens und der Gläubiger (durch Sanierung der AG) den geänderten Bedürfnissen anzupassen, ist im öffentlichen Interesse gegeben. Insoweit sind die Vorschriften *zwingenden Rechts*; dagegen verstoßende Satzungsbestimmungen sind *nichtig,* § 241 Nr. 3. Die Satzung kann die Kapitalherabsetzung zwar erschweren, aber nicht ganz unmöglich machen, auch nicht in Gestalt eines

Sonderrechts einzelner Aktionäre. Wo die Grenze zu ziehen ist, ist Frage der Entscheidung des einzelnen Falles. Regelmäßig müssen die Aktionäre auch im Falle der Kapitalherabsetzung ihre Belange durch Ausübung des Stimmrechts und der damit zusammenhängenden Rechtsbehelfe (Anfechtung) geltend machen.

Anm. 5

5. Gang des Verfahrens

a) Zunächst ist der Beschluß über die Herabsetzung durch die Hauptversammlung zu fassen, § 222;

b) sodann ist der Beschluß zur Eintragung in das Handelsregister anzumelden, § 223;

c) der Registerrichter hat die Zulässigkeit des Beschlusses und die Einhaltung der Vorschriften über die Beschlußfassung zu prüfen und die Eintragung anzuordnen. Die Eintragung ist bekanntzumachen;

d) in der amtlichen Bekanntmachung über die Eintragung sind die Gläubiger darauf hinzuweisen, daß sie, soweit sie nicht Befriedigung verlangen können, Sicherheitsleistung begehren können, § 225;

e) der Beschluß wird mit der Eintragung wirksam. Er wird durchgeführt. Zahlungen an die Aktionäre sind erst nach Ablauf des Sperrjahrs zulässig und nachdem den Gläubigern, die sich rechtzeitig gemeldet haben, Befriedigung oder Sicherheit gewährt worden ist, § 224 bis 226;

f) nach der Durchführung ist diese zur Eintragung in das Handelsregister anzumelden. Die Anmeldung des Herabsetzungsbeschlusses und die Durchführung können auch gleichzeitig erfolgen, § 227.

II. Die Erfordernisse der ordentlichen Kapitalherabsetzung, Abs. 1—3

Anm. 6

1. Hauptversammlungsbeschluß

Die Kapitalherabsetzung ist eine der wichtigsten Satzungsänderungen, denn sie ändert die Kapitalgrundlage der Gesellschaft. Sie berührt die Belange der Gläubiger und der Aktionäre. Deshalb sind auch die Bestimmungen einzuhalten, die für die Satzungsänderung gelten. *Als Satzungsänderung bedarf die Kapitalherabsetzung eines Beschlusses der Hauptversammlung*, § 179 Abs. 1 Satz 1. Das Gesetz hat die Beschlußfassung in § 222 besonders geregelt. Die Absätze 1 und 2 bestimmen die erforderliche Mehrheit, lassen weitere Erfordernisse, darunter auch eine höhere, aber nicht eine geringere Kapitalmehrheit in der Satzung zu und ordnen für den Fall des Vorhandenseins mehrerer Aktiengattungen Sonderbeschlüsse an. Sie stimmen überein mit den entsprechenden Verfahrensvorschriften über die Kapitalerhöhung § 182 Abs. 1 und 2, vgl. die Erläuterungen dazu. Zu bemerken ist nur folgendes:

Der Beschluß kann in der ordentlichen Jahresversammlung oder in einer außerordentlichen Hauptversammlung gefaßt werden.

Die getrennte Abstimmung *verschiedener Gattungen* kann auch in besonderen Versammlungen jeder Gruppe stattfinden, § 138. Die Abstimmung müssen auch die Gattungen vornehmen, die von der Herabsetzung in ihren Aktienrechten nicht betroffen sind. Die getrennte Abstimmung ist auch nötig, wenn die Hauptversammlung in der Gesamtabstimmung einstimmig für den Beschluß gestimmt hat und wenn alle stimmberechtigten Aktionäre anwesend und vertreten waren, RG 148, 175 = JW 1935 S. 3098; KGJ 35 A 164. Soweit *Sonderrechte* einzelner Aktionäre berührt werden, müssen diese *zustimmen*. Sollen Aktionären durch den Beschluß *Nebenverpflichtungen* auferlegt oder die bestehenden erhöht werden, so ist die Zustimmung aller Betroffenen nötig, §§ 55, 180 Ab. 1.

Schreibt die Satzung für Satzungsänderungen im allgemeinen *weitere Erfordernisse* (z. B. Einstimmigkeit, Wiederholung der Abstimmung) vor, so sind auch diese einzuhalten. Für die *Einberufung* der Hauptversammlung ist § 124 zu beachten. Es ist also nach § 124 Abs. 2 der Wortlaut des zu fassenden Beschlusses, s. Anm. 8—10, in die Bekanntmachung der Tagesordnung aufzunehmen. Da die Kapitalherabsetzung eine Satzungsänderung enthält, sind auch die Satzungsbestimmungen über die Höhe des Grundkapitals und geeigneten Falles auch die über den Nennbetrag der Aktien, also der *Inhalt der Satzungsurkunde zu ändern.* Es empfiehlt sich deshalb, auch eine Bestimmung hierüber in die Tagesordnung aufzunehmen. Unbedingt notwendig ist die Änderung des Wortlauts der Satzungsurkunde nicht, da sich die Änderung aus dem Inhalt des Beschlusses ergibt und die Kapitalherabsetzung und damit die Satzungsänderung schon durch die Eintragung des Herabsetzungsbeschlusses wirksam wird, § 224. Da es sich bei der Änderung der Satzungsurkunde nur um eine Änderung der Fassung handelt, kann sie von der Hauptversammlung auch dem *Aufsichtsrat* übertragen werden, § 179 Abs. 1 Satz 2.

Ein eintragungsfähiger Beschluß ist beim Vorhandensein mehrerer Gattungen von Aktien erst vorhanden, wenn nicht nur die Hauptversammlung, sondern auch jede Gruppe einen Sonderbeschluß gefaßt hat. Bis dahin sind die einzelnen Beschlüsse *nicht nichtig, sondern nur schwebend unwirksam. Der Registerrichter hat die Eintragung abzulehnen, bis alle Beschlüsse vorliegen.* Das gleiche gilt, wenn auf Grund eines in zulässiger Weise begründeten Sonderrechts, vgl. Anm. 4, die Zustimmung eines einzelnen Aktionärs erforderlich ist.

Anm. 7

2. Keine Vorlage einer Bilanz — Umstellung auf DM

Zur *Vorbereitung der Beschlußfassung* ist die *Vorlage einer Bilanz,* insbesondere einer auf den Tag der Beschlußfassung aufzumachenden Zwischenbilanz nicht vorgeschrieben, doch empfiehlt sich eine solche. Jedenfalls muß der Vorstand der Hauptversammlung ausreichende Aufklärung über die Notwendigkeit der vorgeschlagenen Maßregel und zu diesem Zweck Aufschluß über den Vermögensstand der Gesellschaft geben; andernfalls kann der Beschluß angefochten werden; ebenso Brodmann § 288 HGB Anm. 2a.

Umstellung des Grundkapitals und der Aktien auf DM. Da das Nennkapital und der Nennbetrag der Aktien nach den DM-Bilanzgesetzen auf DM umzustellen sind und auch die sich aus der Kapitalherabsetzung ergebenden Ziffern in DM auszudrücken sind, muß die Umstellung nach den DM-Bilanzgesetzen vor dem Herabsetzungsbeschluß erfolgen. Dies ist namentlich bei Zusammenlegung der Aktien erforderlich, damit festgestellt werden kann, ob die Zusammenlegung nach Abs. 4 Ziffer 2, Halbsatz 2 zulässig ist. Nur durch die vorhergehende Umstellung ist es auch möglich, in dem Herabsetzungsbeschluß klar zum Ausdruck zu bringen, welches der künftige Nennbetrag des Grundkapitals und der Aktien sein soll.

Anm. 8

3. Inhalt des Beschlusses

Erforderlich ist jedenfalls die Angabe, um welchen *Betrag* das Grundkapital herabgesetzt werden soll. Mindestens müssen Angaben gemacht werden, aus denen sich der Betrag der Herabsetzung ermitteln läßt. Fehlt es an solchen Angaben, so ist der Beschluß unvollständig und unwirksam und kann nicht vollzogen werden, vgl. Anm. 10 und 22. Es ist aber zweckmäßig, auch anzugeben, wie hoch das bisherige Kapital war und das neue sein wird. Da es sich bei der Kapitalherabsetzung nicht um einen Akt der Geschäftsführung, sondern um eine der Hauptversammlung vorbehaltene Entscheidung handelt, kann ebenso wie im Falle der Verschmelzung *der Beschluß nicht dahin gehen, daß der Vorstand ermächtigt wird, eine Kapitalherabsetzung vorzunehmen.* Der Beschluß muß vielmehr dahin lauten, daß das Grundkapital um Y DM herabgesetzt wird. Darin liegt und muß liegen die bestimmte Weisung an den Vorstand, die beschlossene Kapitalherabsetzung durchzuführen. Die Vorschriften über genehmigtes Kapital, § 202, die den Vorstand für höchstens fünf Jahre ermächtigen, das Grundkapital bis zu einem bestimmten Nennbetrage zu erhöhen, enthalten eine Ausnahme und sind auf die Kapitalherabsetzung nicht sinngemäß auszudehnen. Es kann deshalb durch den Beschluß auch nicht dem freien Ermessen des Vorstandes überlassen werden, zu bestimmen, um welchen Betrag die Herabsetzung stattfinden soll, RG 26, 132; Vielfach wird es sich freilich nicht von vornherein bestimmen lassen, in welcher Höhe die Herabsetzung möglich ist; so wenn sie zur Beseitigung einer noch nicht ziffernmäßig festzustellenden Unterbilanz dient, oder wenn sie durch Einziehung erst zu erwerbender Aktien geschehen soll. Oft wird erst der nächste Jahresabschluß und der Ablauf des Sperrjahres ergeben, ob die festgesetzte Ziffer dem Bedürfnis entsprach; RG 101, 199. Es besteht daher jedenfalls das praktische Bedürfnis, einen Beschluß zuzulassen, durch den dem Vorstand bei der Ausführung ein gewisser Spielraum eingeräumt wird. Die Zulässigkeit einer Satzungsänderung, die erst später oder unter einer *Bedingung* eintreten soll, und der alsbaldigen Eintragung eines derartigen Beschlusses wurde auch bisher schon angenommen, KGJ 28 A, 224. Es muß danach auch ein Beschluß zulässig sein, der nur den Höchstbetrag der Herabsetzung festsetzt („bis zu — DM") und die endgültige Bestimmung des Betrages innerhalb der festgesetzten Grenze dem Vorstand überläßt; so auch Holdheim 1897, 131; ROLG 19, 335; KGJ 16, 22, Godin-Wilhelmi 3, Baumbach-Hueck 6, Schlegelberger AktG 1937, § 175 Anm. 6, oder der die *Herabsetzung unter einer Bedingung* oder *mit Wirkung auf einen bestimmten* späteren *Zeitpunkt* anordnet. Bedenken bestehen um so weniger, nachdem die bedingte Kapitalerhöhung und das genehmigte Kapital zugelassen worden sind, §§ 192, 202 (auch bei festbestimmten Betrag muß übrigens die Herabsetzung nicht unter allen Umständen in voller Höhe durchgeführt werden). Nur müssen die *Voraussetzungen* der Herabsetzung im Beschluß möglichst *genau* festgelegt werden. Es darf jedenfalls nicht dazu kommen, daß es im Ergebnis doch von der freien Willkür des Vorstandes abhängt, ob und welche Art von Kapitalherabsetzung (Zusammenlegung, Nennwertsherabsetzung, Einziehung) stattfinden soll. Eine genügende Festlegung der Art würde vorliegen, wenn in dem Beschlusse bestimmt würde: falls die in erster Linie geplante Art (z. B. Einziehung) innerhalb bestimmter Frist nicht möglich ist, solle die Herabsetzung in bestimmt angegebener anderer Weise erfolgen; dann wäre die zweite Art unter einer Bedingung angeordnet. Zweckmäßig ist es auch, nach dem Vorbild des § 202 (genehmigtes Kapital) eine *Frist* zu bestimmen. Die Fristbestimmung ist notwendig, wenn das Maß der Kapitalherabsetzung von der Einhaltung einer Frist abhängt, so wenn nach dem Beschluß nur diejenigen Aktien zusammengelegt werden sollen, auf die nicht innerhalb einer bestimmten Frist eine Zuzahlung gemacht wird (wegen der Zulässigkeit eines solchen Beschlusses vgl. Anm. 21). Würde die Fristbestimmung dem Vorstand überlassen, so hätte er das Maß der Herabsetzung zu bestimmen. Nach dem Vorbild des § 204 Abs. 1 Satz 2 (genehmigtes Kapital) könnte in dem Hauptversammlungsbeschluß auch angeordnet werden, daß der Vorstand die Entscheidung nur mit Zustimmung des Aufsichtsrats treffen solle.

Anm. 9

4. Die Angabe des Zweckes

Nach ausdrücklicher Vorschrift des Abs. 1 ist in dem Beschlusse festzusetzen, zu welchem Zweck die Herabsetzung stattfindet; namentlich ob Teile des Grundkapitals zurückgezahlt werden sollen. Die Rückzahlung eines Teiles des Grundkapitals ist danach als *einer* der möglichen Zwecke der Herabsetzung des Grundkapitals genannt (sie ist allerdings bei der vereinfachten Kapitalherabsetzung nicht zulässig, vgl. §§ 229, 230.) Unter Rückzahlung eines Teiles des Grundkapitals ist auch die *Rückgabe von Sacheinlagen* zu verstehen. Auch diese Rückgabe ist im Wege der gesetz- und satzungsmäßig beschlossenen Kapitalherabsetzung grundsätzlich möglich. Kann die Rückgabe nicht an alle Aktionäre nach Verhältnis ihres Aktienbesitzes erfolgen, weil nicht alle Sacheinlagen oder gleiche Sacheinlagen gemacht haben, so kann sie zwar im Einzelfall gegen den Grundsatz der gleichmäßigen Behandlung der Aktionäre verstoßen, vgl. Anm. 19; jedoch ist sie auch dann mit Zustimmung der betroffenen Aktionäre, d. h. derjenigen, denen nichts zurückgegeben wird, und derjenigen, die durch die Rückgabe ihr Aktienrecht verlieren, zulässig; auch kann die Satzung die Kapitalherabsetzung durch Rückgabe von Sacheinlagen an einzelne Aktionäre zulassen.

Zweck der Herabsetzung des Grundkapitals kann auch sein: *Befreiung* der Aktionäre von rückständigen Einlagen (sie ist nicht zulässig bei der vereinfachten Kapitalherabsetzung, § 230) oder die *Abrundung* des Grundkapitals (KG, bei Ring 3, 197; Fischer in JW 1926, 3930; a. M. Brodmann, § 288 HGB Anm. 2a, vgl. auch Anm. 12) oder Tilgung einer *Unterbilanz* oder Umwandlung eines Teiles des Grundkapitals in eine gebundene oder freie *Rücklage*.

Zweck der Kapitalherabsetzung kann nicht sein die Zusammenlegung der Aktien oder die Herabsetzung ihres Nennwertes oder die Einziehung von Aktien; denn diese Handlungen sind nur das *Mittel*, nicht der *Zwck* der Kapitalherabsetzung. Auch die *Ursache*, wie Entwertung oder Verlust eines Teils des Gesellschaftsvermögens, ist nicht der Zweck der Kapitalherabsetzung. Dagegen kann der *Ausgleich* einer Wertminderung, oder die Deckung sonstiger Verluste der Zweck der Kapitalherabsetzung sein; hierfür sieht § 229 die Möglichkeit der *vereinfachten* Kapitalherabsetzung vor.

Es können auch *mehrere Zwecke nebeneinander* bestehen. Sie sind dann sämtlich in dem Beschluß anzugeben. Sie können auch wahlweise nebeneinander genannt werden. Die Angabe mehrerer Zwecke kann sich z. B. empfehlen, wenn die Beseitigung einer Unterbilanz, deren Höhe noch nicht feststeht, *und* eine Rückzahlung in Betracht kommen. Die Verteilung auf die mehreren Zwecke kann dann der Ausführung des Beschlusses durch den Vorstand überlassen werden, in der Weise, daß er zu prüfen und zu entscheiden hat, inwiefern die Herabsetzung dem einen oder anderen Zwecke dienstbar zu machen ist. Jedoch darf die Entscheidung nicht der freien Willkür des Vorstandes überlassen werden. Der Vorstand ist vielmehr in dem Beschlusse mit entsprechenden Weisungen zu versehen.

III. Arten der Kapitalherabsetzung (Abs. 4)

Anm. 10

1. Die Angabe der Art im Beschluß

Nach Abs. 4 muß der Hauptversammlungsbeschluß die Art der Herabsetzung angeben. Aus dem Beschlusse muß also ersichtlich sein, ob die Kapitalherabsetzung durch Herabsetzung des Nennbetrages der einzelnen Aktien, durch Zusammenlegung oder Einziehung von Aktien (letztere nach § 237ff.) geschehen soll. Die Bestimmung hierüber kann die Hauptversammlung nicht der Verwaltung überlassen, da es sich um eine Satzungsänderung handelt, für die nur die Hauptversammlung zuständig ist.

Die *Einzelheiten der Ausführung* des Beschlusses müssen in diesem nicht enthalten sein. Es ist also z. B. eine Bestimmung darüber entbehrlich, ob bei der Zusammenlegung statt der alten neue Urkunden ausgegeben oder die alten abgestempelt werden sollen oder ob ein Teil der Urkunden vernichtet werden soll, wie die Rückzahlungen an die Aktionäre erfolgen und wie die Barmittel dazu beschafft werden sollen. Diese Maßnahmen können dem Vorstand überlassen werden. Sie können aber auch in den Hauptversammlungsbeschluß aufgenommen werden. Dann ist der Vorstand daran gebunden, RG 80, 84. Die Entscheidung RG 26, 133, die auch diese Einzelheiten der Generalversammlung vorbehielt, ist nicht mehr verwendbar. Sie beruhte auf Art. 248 ADHGB, nach dem der Herabsetzungsbeschluß nicht nur die Art der Kapitalherabsetzung, sondern auch die zu ihrer Durchführung erforderlichen Maßregeln festzusetzen hatte. Der heutigen Verteilung der Aufgabe zwischen Vorstand und Hauptversammlung entspricht es, daß regelmäßig die Ausführung des Beschlusses dem Vorstand überlassen wird. Dem *Aufsichtsrat* obliegt aber auch insofern die Überwachung der Geschäftsführung des Vorstandes, § 111 Abs. 1. In dem Hauptversammlungsbeschluß kann bestimmt werden, daß die Ausführung nur mit Zustimmung des Aufsichtsrats vorgenommen werden kann.

Anm. 11

2. Die einzelnen Arten

Die einzelnen Arten der Kapitalherabsetzung sind im Aktiengesetz erschöpfend geregelt. Die Herabsetzung kann somit nur durch *Nennwertherabsetzung*, *Zusammenlegung* oder *Einziehung* geschehen. Andere Arten der Herabsetzung können nicht gewählt und deshalb auch nicht im Hauptversammlungsbeschlusse angegeben werden.

Anm. 12

3. Der Begriff

Das Aktiengesetz setzt wie das bisherige Recht den *Begriff der Herabsetzung des Nennbetrages der Aktien, der Zusammenlegung und der Einziehung der Aktien* als feststehend voraus, vgl. hierzu auch § 226 Anm. 6. Die beiden ersten Arten der Kapitalherabsetzung haben gemeinsam, daß durch sie das einzelne Aktienrecht nicht wie bei der Einziehung vernichtet, sondern nur umgestaltet wird. Auch die rechtliche Natur des Aktienrechts wird durch diese Maßnahmen nicht berührt. Der Anteil der einzelnen Aktien am Grundkapital, die *Quote*, wird durch diese Arten der Kapitalherabsetzung nicht geändert.

Bei Herabsetzung des Nennbetrages der einzelnen Aktie bleibt diese *selbständig* bestehen; es wird nur die absolute Ziffer der Beteiligung geändert. Bei der Zusammenlegung werden mehrere Aktienrechte vereinigt und leben so fort. Es vermindert sich damit die Zahl der Aktien und die Summe der Nennbeträge der Aktien; die letztgenannte Wirkung tritt auch bei der Herabsetzung des Nennbetrages ein. Wegen der Einziehung vgl. §§ 237ff.

Anm. 13

4. Beachtung des Mindestnennbetrags

Die Herabsetzung des Nennbetrages der Aktien ist *beschränkt* durch die Vorschriften über den *Mindestnennbetrag* der Aktien. Die Herabsetzung der einzelnen Aktie kann nur bis zu dem zulässigen Mindestnennbetrag geschehen. Er beträgt jetzt 50 DM, vgl. § 8 Anm. 1—3.

Anm. 14

5. Aktienurkunden

Die Kapitalherabsetzung ist nicht davon abhängig, daß *Aktienurkunden* ausgegeben sind: Die durch die Kapitalherabsetzung entstehende Rechtsänderung bezieht sich auf die Aktien*rechte*, nicht auf die *Aktienurkunden*. Die etwa bei der Aktienurkunde eintretenden Änderungen sind nur Folgeerscheinungen der Änderung des durch die Aktienurkunde verbrieften Rechtes, deshalb können auch ohne Ausgabe von Urkunden alle im Gesetz zugelassenen Arten von Kapitalherabsetzungen vorgenommen werden.

Anm. 15

6. Verbindung mehrerer Arten

Mehrere Arten von Kapitalherabsetzungen können miteinander verbunden werden. Es kann somit eine Kapitalherabsetzung teils durch Nennwertherabsetzung, teils durch Zusammenlegung, teils durch Einziehung von Aktien geschehen. Nur müssen die für die einzelnen Arten bestehenden besonderen Vorschriften eingehalten werden.

Anm. 16

7. Die Subsidiarität der Zusammenlegung der Aktien

Die Zusammenlegung kann zu einem Untergang des Aktienrechts einzelner Aktionäre führen, wenn ein Aktionär nicht so viele Aktien besitzt, daß durch die Zusammenlegung für ihn eine zusammengelegte Aktie entsteht, und wenn er sich auch nicht die erforderlichen weiteren Aktien beschaffen kann. Um die damit verbundene Gefahr der Hinausdrängung einzelner Aktionäre, insbesondere der Kleinaktionäre, möglichst zu vermeiden, schreibt Abs. 4 Nr. 2 vor, daß die *Herabsetzung des Grundkapitals durch Zusammenlegung von Aktien nur zulässig ist, soweit der Mindestnennbetrag für Aktien nicht innegehalten werden kann.* Insofern besteht ein *Zwang, zunächst die Herabsetzung des Nennbetrages* zu wählen, wenn dadurch die Zusammenlegung vermieden werden kann. Müßte aber so stark herabgesetzt werden, daß der Mindestnennbetrag der Aktie, § 8, nicht mehr vorhanden wäre, so kann zur Zusammenlegung geschritten werden. Kann ein *Teil* der Herabsetzung durch Nennwertherabsetzung erreicht werden, so ist nur für den *Rest* die Zusammenlegung zulässig. Die betroffenen Aktionäre können auf die Einhaltung der Vorschrift des Abs. 4 Nr. 2 *verzichten*; s. auch Anm. 19 Abs. 2.

Beschließt die Gesellschaft in zulässiger Weise die Zusammenlegung, so hat der Ausgleich der Spitzen durch Kraftloserklärung der alten Aktien und das sich daran anschließende Verfahren zu erfolgen, § 226. Es besteht kein Zwang, etwa zuerst Aktien einzuziehen, seien es eigene oder erst zu erwerbende, wie es in § 2 VO vom 6. 10. 1932 für die Kapitalherabsetzung in erleichterter Form bei Vorhandensein von Vorrats- und eigenen Aktien vorgeschrieben war. Die Zusammenlegung ist auch nicht schon deshalb unzulässig, weil dadurch einzelne Aktionäre aus der Gesellschaft ausgeschlossen werden. Diese Folge muß vielmehr hingenommen werden, wenn die erforderliche Kapitalherabsetzung nicht durch Nennwertherabsetzung möglich ist. Erfolgt die Kapitalherabsetzung in der gewählten Art jedoch *zu dem Zwecke*, einen mißliebigen Aktionär auszuschließen, so kann der Beschluß — nach Lage des Einzelfalls — wegen seines Beweggrundes und des Mißbrauchs der Mehrheitsstellung gegen die guten Sitten verstoßen und *anfechtbar* sein. Nichtigkeit des Beschlusses würde nicht vorliegen, weil er nur gegen die Belange eines Aktionärs, nicht ohne weiteres auch gegen die der Gläubiger verstoßen würde. Auch die Nichteinhaltung der Vorschrift des Abs. 4 Nr. 2 Halbsatz 2 begründet nur Anfechtbarkeit des Beschlusses, da er nur die Belange der Aktionäre verletzt, § 241 Nr. 3, § 243; RG 111, 26.

IV. Nichtigkeit und Anfechtbarkeit

Anm. 17

1. Fehlen des Zweckes oder der Zweckangabe

Ist der in dem Beschluß angegebene *Zweck* der Kapitalherabsetzung, wie etwa Beseitigung einer Unterbilanz, überhaupt *nicht vorhanden* oder *fehlt* die *Zweckangabe*, so ist der Beschluß wegen Verleztung des Gesetzes (§ 243) *anfechtbar* (ebenso Godin-Wilhelmi 3, Baumbach-Hueck 7). Nichtigkeit wegen Verstoßes gegen § 241 Nr. 3 (so Teichmann-Koehler AktG 1937 § 175 5) wird man nicht annehmen können. Die Vorschrift über die Zweckfestsetzung dient in erster Linie dem Schutz der Aktionäre, nicht dem der Gläubiger. Für diese sorgt § 225. Ein Schutz der Aktionäre liegt auch darin, daß der Vorstand das, was aus einer Kapitalherabsetzung zur Verfügung steht, zu keinem anderen als dem im Beschluß angegebenen Zweck verwenden darf und bei Zuwiderhandlungen nach § 93 schadensersatzpflichtig ist.

Wenn sich *nachträglich* herausstellt, daß die Kapitalherabsetzung nicht *in vollem Umfang* zu dem angegebenen Zweck nötig war, so ist dies kein Anfechtungsgrund. Der Umfang der Notwendigkeit der Maßregel wird sich bei der Beschlußfassung nicht immer übersehen lassen, sondern oft erst später herausstellen. Vielfach wird der Beschluß auch dahin auszulegen sein, daß ein etwaiger Überschuß als *frei verfügbare Rüklage* behandelt werden soll, vgl. RGZ 103, 376. Im übrigen empfiehlt es sich, in dem Herabsetzungsbeschluß ausdrücklich zu bestimmen, daß für den vorgesehenen Zweck nicht erforderliche Beträge der gesetzlichen oder freien Rücklage zugeführt werden.

Anm. 18

2. Wirtschaftliche Unzweckmäßigkeit

Der Kapitalherabsetzungsbeschluß kann von einem Aktionär nicht deshalb angefochten werden, weil die Kapitalherabsetzung *wirtschaftlich nicht zweckmäßig* war. Denn aus diesem Grunde ist die Anfechtung von Hauptversammlungsbeschlüssen überhaupt nicht zulässig, § 243; RG 68, 245.

Anm. 19

3. Verletzung des Gleichheitsgrundsatzes

Der Grundsatz der gleichmäßigen Behandlung der *Aktionäre,* vgl. § 1 Anm. 36, erfordert, daß alle Aktionäre von der Kapitalherabsetzung gleichmäßig betroffen werden. Eine Zuwiderhandlung dagegen begründet nur die Anfechtbarkeit des Beschlusses, da sie nur die Belange der Aktionäre verletzt, RG 118, 72, s. die Erl. zu § 241.) Die Satzung kann auch von dem Grundsatz abweichende Bestimmungen enthalten; sie kann z. B. bestimmen, daß diejenigen, die erst durch eine Kapitalerhöhung Aktionäre geworden sind, zuerst oder zuletzt betroffen werden, oder daß die Vorzugsaktionäre zuerst oder später betroffen werden, oder daß bestimmte Reihen von Aktien zuerst oder zuletzt im Nennwerte gemindert, zusammengelegt oder eingezogen werden. Die ungleichmäßige Behandlung, z. B. die Nennwertherabsetzung nur eines Teils der Aktien ist auch zulässig, wenn die Betroffenen zustimmen. Keine ungleichmäßige Behandlung ist die *Auslosung.* Das Los kann jeden treffen. Durch Herabsetzung des Nennbetrages läßt sich die gleichmäßige Behandlung am leichtesten durchführen. Bei der Zusammenlegung können Spitzen entstehen, auf die kein volles Aktienrecht entfällt. Von einer ungleichmäßigen Behandlung der davon Betroffenen kann deshalb noch nicht gesprochen werden. Das *Gesetz* sieht hier einen Ausgleich in Geld vor, in der Weise, daß mehrere Spitzen zusammengelegt und die dabei geschaffenen neuen Aktien auf gemeinsame Rechnung der Beteiligten veräußert und der Erlös verteilt wird, § 226.

Auch eine *Zusammenlegung* kann mit *Zustimmung der betroffenen Aktionäre* ungleichmäßig vorgenommen werden. Stellt z. B. ein Großaktionär seine Aktien zur Verfügung, um die Kleinaktionäre zu schonen, so können seine Aktien zu *einer* Aktie im Mindestnennbetrag zusammengelegt werden, die der anderen Aktionäre in einem günstigeren Verhältnis. Mit Zustimmung des Großaktionärs kann auch sein Aktienpaket in der beschriebenen Weise zusammengelegt werden, während bei den übrigen Aktien eine Herabsetzung des Nennbetrags stattfindet, vgl. Anm. 16. Der von Risse BB 68, 1012 beklagte Mangel, daß eine vereinfachte Kapitalherabsetzung nicht durch Einziehung von Aktien erfolgen kann (vgl. § 229 Anm. 1), wird dadurch ausgeglichen.

Anm. 20

Bare Zuzahlungen

Um eine Vermehrung der Aktienrechte zu vermeiden, wird bisweilen statt einer Kapitalerhöhung der Weg gewählt, daß die Aktionäre ohne Ausgabe neuer Aktien *bare Zuzahlungen* leisten. Dies kann insbesondere gegen Einräumung von *Vorzugsrechten* — durch einen satzungsändernden Hauptversammlungsbeschluß geschehen. Dies wurde schon für das frühere Recht für zulässig gehalten, und war auch in der Vorschrift des § 262 Ziffer 3 HGB, wonach solche Zuzahlungen in den gesetzlichen Reservefonds einzustellen sind, anerkannt; vgl. Brodmann Anm. 1c zu § 185 HGB; RG 52, 292f.; KGJ 24, 71. Für das Aktiengesetz gilt das gleiche. § 150 Abs. 2 Nr. 4 bestimmt, daß die baren Zuzahlungen in die gesetzliche Rücklage einzustellen sind; vgl. § 11 Anm. 3ff. und § 150 Anm. 29—33. Bare Zuzahlungen können auch im Zusammenhang mit einer Kapitalherabsetzung erfolgen. Wird dabei durch Mehrheitsbeschluß bestimmt, daß die Zusammenlegung oder die Nennwertherabsetzung nur diejenigen Aktien treffen solle, auf die nicht innerhalb einer Frist eine Zuzahlung geleistet wird, so verstößt dies noch nicht ohne weiteres gegen den Grundsatz der gleichmäßigen Behandlung der Aktionäre. Den Aktionären kann aber nicht eine *Verpflichtung* zur Zuzahlung auferlegt werden; denn dies würde mit der Begrenzung der Verpflichtung der Aktionäre auf Leistung ihrer Einlagen, § 54 Abs. 1, in Widerspruch stehen. Es kann ihnen nur das *Recht* zur Zuzahlung (ein Wahlrecht) eingeräumt und von dessen Ausübung das Maß der Nennwertherabsetzung oder Zusammenlegung abhängig gemacht werden. Eine Zuzahlung kann auch nicht gegen Gewährung eines Stimmvorrechts verlangt werden. Auch Vorzugsaktien ohne Stimmrecht können auf diesem Wege nicht geschaffen werden, § 139.

Einen unstatthaften Zwang hat das Reichsgericht mit Recht angenommen, wenn angedroht wird, die Aktien der nicht zuzahlenden Aktionäre stärker zusammenzulegen, als es der Rücksicht auf den Betrag der unterbliebenen Zuzahlung rechnungsmäßig — nach dem Nennwort gemessen —, entsprechen würde. Das Opfer der die Zahlung verweigernden Gesellschafter darf nicht größer sein, als das Opfer, das die anderen in Gestalt der Barzahlung bringen; RG 52, 287; 65, 240; 80, 81. Nach der älteren Rechtsprechung wurde ein dagegen verstoßender Beschluß der Generalversammlung, weil diese ihre Zuständigkeit überschritten habe und die Aktienrechte der Kläger in unzulässiger Weise geschmälert habe, nicht nur für anfechtbar, sondern für nichtig angesehen, RG 36, 136; 38, 99; 80, 84. Nach der Neuregelung des Anfechtungsrechtes durch das AktG 1937 kann nur Anfechtbarkeit vorliegen, da der Beschluß nur die Belange der Aktionäre berührt. An sich gehört die Herabsetzung des Grundkapitals und die damit zusammenhängende Schmälerung der Aktienrechte zur Zuständigkeit der Hauptversammlung. Der Beschluß ist auch weder mit dem Wesen der Aktiengesellschaft unvereinbar noch verletzt er durch seinen Inhalt Vorschriften, die ausschließlich oder überwiegend zum Schutze der Gläubiger der Gesellschaft oder sonst im öffentlichen Interesse gegeben sind; § 241 Nr. 3. Erfolgt die Beschlußfassung nach den vorhandenen Verfahrensvorschriften, so ist auch jeder Aktionär in der Lage, von dem Anfechtungsrecht Gebrauch zu machen. Tut er das nicht, so stimmt er der etwaigen Benachteiligung zu. Das Interesse der Gesellschaft an dem Bestand eines solchen Beschlusses muß dem des einzelnen Aktionärs, der von dem Anfechtungsrecht keinen Gebrauch macht, vorgehen. Ein Beschluß dieses Inhalts verstößt auch nicht ohne weiteres gegen die guten Sitten, § 241 Nr. 4. Auch wenn der Beschluß *nach der Art seines Zustandekommens*, etwa weil die Mehrheit ihre Macht mißbraucht hat, gegen die guten Sitten verstößt, ist er nur anfechtbar, nicht nichtig; RG 115, 383; 124, 306; 131, 145.

Anm. 21

4. Erfordernisse der Abstimmung und Ankündigung

Die Verletzung der Vorschriften der §§ 222 Abs. 1, Abs. 2 Satz 2 und 179 über die erforderliche Mehrheit und die sonstigen *Erfordernisse der Abstimmung und Ankündigung* (Anm. 6) begründet nur die *Anfechtbarkeit*, nicht die Nichtigkeit der Beschlüsse; vgl. die Erläuterungen zu §§ 241—243. Auch die Unterlassung der Angabe des Zwecks der Herabsetzung (Abs. 3) begründet nur die Anfechtbarkeit (Anm. 17). Fehlt aber eine *Angabe über die Art* der Herabsetzung, so ist der Beschluß *nichtig* (ebenso Godin-Wilhelmi 8, Baumbach-Hueck 7; Schlegelberger AktG 1937 § 175 Anm. 12 nimmt nur Anfechtbarkeit an). Ohne diese Angabe ist die Durchführung der Herabsetzung nicht möglich. Die Grundkapitalziffer kann nicht herabgesetzt werden, ohne daß die entsprechende Änderung bei den einzelnen Aktienrechten, sei es Herabsetzung des Nennwertes oder Zusammenlegung oder Einziehung von Aktien, eintritt. Die Unterlassung der Angabe der Art der Einziehung verstößt daher gegen im öffentlichen Interesse erlassene Vorschriften, § 241 Nr. 3.

Anm. 22

5. Folgen der Nichtigkeit

Die Folgen der Nichtigkeit von Kapitalherabsetzungsbeschlüssen sind dieselben wie bei anderen Hauptversammlungsbeschlüssen. Aus der Eigenart der Kapitalherabsetzung ergibt sich nichts Besonderes, auch dann nicht, wenn die Beschlüsse ins Handelsregister eingetragen sind, vgl. die Erl. zu §§ 248, 249; wegen der Möglichkeit der Heilung, § 242.

V. Einhaltung des Mindestkapitals.

Anm. 23

Auch bei Kapitalherabsetzungen darf nicht unter den *Mindestnennbetrag des Grundkapitals* nach § 7 heruntergegangen werden.

Es ist zulässig, eine *Kapitalerhöhung und eine Kapitalherabsetzung gleichzeitig* und so vorzunehmen, daß die eine von der anderen abhängt. Soll das Grundkapital unter den Mindestnennbetrag herabgesetzt werden, so ist die Verbindung sogar notwendig; vgl. § 228 und die Erl. dazu. Sollen Erhöhung und Herabsetzung gleichzeitig wirksam werden, so muß zur gleichen Zeit die Eintragung des Kapitalerhöhungs- und des Herabsetzungsbeschlusses, aber auch der Durchführung der Erhöhung erfolgen. Denn die Erhöhung wird erst mit der Eintragung ihrer *Durchführung* wirksam, § 189, die Kapitalherabsetzung dagegen schon mit der Eintragung des Herabsetzungsbeschlusses; § 224; RJA 15, 302.

VI. Kapitalherabsetzung bei Umwandlung

Anm. 24

Die Vorschriften über die Kapitalherabsetzung sind auch anzuwenden, wenn bei *Umwandlung* einer Aktiengesellschaft in eine andere Gesellschaftsform (z. B. eine GmbH) die Kapitalziffer ermäßigt wird (Schilling in Hachenburg Anhang 11 zu § 80 Anm. 2). Dies gilt namentlich von der Notwendigkeit der Anmeldung der Kapitalherabsetzung durch den Vorstand und den Vorsitzenden des Aufsichtsrats und für die besondere Eintragung der Kapitalherabsetzung ins Handelsregister. Die Mindestgrenze des § 7 AktG braucht nicht eingehalten zu werden, KGJW 1938, 1901.

§ 223 Anmeldung des Beschlusses

Der Vorstand und der Vorsitzende des Aufsichtsrats haben den Beschluß über die Herabsetzung des Grundkapitals zur Eintragung in das Handelsregister anzumelden.

Übersicht:

Die Vorschrift entspricht § 176 AktG 37. Nur sind die Worte „oder dessen Stellvertreter" ebenso wie in §§ 184 Abs. 1, 188 Abs. 1, 195 Abs. 1 gestrichen, s. die Einl. zu § 195.

Anm. 1

1. Die Anmeldung ist nicht erzwingbar

Die Vorschrift, daß der Vorstand und der Vorsitzende des Aufsichtsrats den Beschluß über die Herabsetzung des Grundkapitals zur Eintragung in das Handelsregister anzumelden haben, bedeutet nicht, daß sie öffentlichrechtlich verpflichtet sind, die Anmeldung vorzunehmen, sobald der Herabsetzungsbeschluß gefaßt ist. Die in § 223 geregelte Anmeldung gehört zu denen, die nach § 407 Abs. 2 durch Ordnungsstrafen *nicht erzwungen* werden können. Dies würde auch ohne die ausdrückliche Vorschrift des § 407 gelten. Die Anmeldung ist wie auch die Anmeldung der Gesellschaft selbst nach der Errichtung, § 36, eine rechtsbegründende Handlung. Sie ist erforderlich, um den Beschluß wirksam werden zu lassen. Die Wirksamkeit tritt erst durch die Eintragung ein, § 224. Es ist Sache der dazu berufenen Gesellschaftsorgane, ob und wann sie die Anmeldung vornehmen und damit den Beschluß zur Wirksamkeit bringen (anders bei der Anmeldung der Durchführung, § 227). Für ihr Verhalten sind die Organe nur der Gesellschaft verantwortlich; diese kann aber von der Anmeldung und damit auch von der Ausführung der Kapitalherabsetzung absehen; sie kann den Herabsetzungsbeschluß durch einen neuen Beschluß aufheben oder ändern. Die Vorschrift bestimmt nur, wer den Beschluß anzumelden hat. Da von der Anmeldung des Beschlusses Abstand genommen werden kann, können Dritte aus der Nichtanmeldung keine Schadensersatzansprüche gegen die Gesellschaft oder die zur Anmeldung berufenen Organe herleiten.

Wegen der Zulässigkeit der Zurücknahme der Anmeldung vgl. § 227 Anm. 4.

Anm. 2

2. Die anmeldungsberechtigten Personen

In Übereinstimmung mit der Vorschrift über die Anmeldung des Kapitalerhöhungsbeschlusses, § 184 Abs. 1, ist angeordnet, daß die Anmeldung durch den Vorstand und den Vorsitzenden des Aufsichtsrats zu geschehen hat. Es genügt die *zur Vertretung der Gesellschaft erforderliche Zahl* von Vorstandsmitgliedern. Im übrigen, auch über die Frage, ob etwa rechtsgeschäftlich bestellte Stellvertreter der Vorstandsmitglieder die Anmeldung vornehmen können, vgl. § 181 Anm. 1. Es ist lediglich anzumelden, daß der Herabsetzungsbeschluß gefaßt ist. Eine Anmeldung bei einer Zweigniederlassung ist nicht mehr erforderlich. Das Gericht des Sitzes der Gesellschaft hat seine auf Grund der Anmeldung erfolgte Eintragung von Amts wegen den Gerichten der Zweigniederlassungen mitzuteilen. Diese haben die Eintragung ohne Nachprüfung in ihr Handelsregister zu übernehmen, § 43 Abs. 3.

Anm. 3

3. Prüfung durch den Registerrichter

Der *Registerrichter* hat zu prüfen, ob der angemeldete Beschluß den Bestimmungen des Gesetzes und der Satzung entspricht. Im Falle der Verneinung hat er die Eintragung abzulehnen. Zu prüfen ist insbesondere, ob der Beschluß die nach Gesetz und Satzung erforderliche Mehrheit gefunden hat, ob die besonderen Erfordernisse der Satzung erfüllt sind, ob bei Vorhandensein mehrerer Gattungen von Aktien die Sonderbeschlüsse gefaßt sind, § 222 Abs. 1 u. 2; ob die Hauptversammlung ordnungsmäßig berufen ist, §§ 121, 124; ob der Inhalt des Beschlusses nach dem Gesetz oder der Satzung zulässig ist, ob er gegen öffentlich-rechtliche Vorschriften verstößt oder aus anderen Gründen nichtig ist, § 241. Ist der Beschluß nur anfechtbar, so kann der Registerrichter die Eintragung bis zum Ablauf der Anfechtungsfrist oder bis zur Beendigung des Anfechtungsprozesses aussetzen, § 127 FGG. Er kann aber von der Aussetzung absehen, wenn die Anfechtung nach der tatsächlichen und Rechtslage wenig Aussicht auf Erfolg bietet, oder wenn bei Abwägung aller Umstände die Eintragung eine geringere Gefahr als die Aussetzung bringt. Wegen der Löschung von Amts wegen vgl. § 144 FGG, § 242 AktG.

Anm. 4

4. Beilagen der Anmeldung

Das Gesetz enthält keine Vorschrift, nach der bestimmte *Beilagen* bei der Anmeldung vorzulegen sind, wie es z. B. bei der Kapitalerhöhung, § 188, vorgeschrieben ist. Da es sich aber bei der Eintragung des Herabsetzungsbeschlusses um eine solche Eintragung handelt, die die Wirksamkeit des Beschlusses erst erzeugt, § 224, müssen jedenfalls die Unterlagen beigebracht werden, die eine Nachprüfung der Wirksamkeit des Beschlusses ermöglichen. Erforderlich und in der Regel genügend ist eine Ausfertigung der notariellen Niederschrift über den Herabsetzungsbeschluß. Das Gericht darf nicht eine Eintragung vornehmen, durch die der Anschein eines wirksamen, in Wirklichkeit rechtsungültigen Beschlusses vorgetäuscht wird.

Anm. 5

5. Eintragung und Bekanntmachung

Der Beschluß ist in das Handelsregister *einzutragen.* Einzutragen ist nur die Höhe des Grundkapitals, wie sie sich aus der Kapitalherabsetzung ergibt, vgl. § 181 Abs. 2,

§ 39. Im übrigen genügt die Bezugnahme auf die beim Gericht eingereichten Urkunden, regelmäßig auf den Hauptversammlungsbeschluß. Die Änderung ist ihrem Inhalt nach von Amts wegen *bekanntzumachen*, § 181 Abs. 2 Satz 2 AktG, § 10 HGB.

Der Kapitalherabsetzungsbeschluß und seine Durchführung können gleichzeitig angemeldet und eingetragen werden, § 227 Abs. 2. Der Kapitalherabsetzungsbeschluß kann aber schon angemeldet werden, sobald er nach den Vorschriften des § 222 gefaßt ist. Es braucht weder bis zur Durchführung des Beschlusses gewartet zu werden noch braucht die Anmeldung hinausgeschoben zu werden, bis eine im Beschluß vorgesehene Bedingung erfüllt oder eine darin bestimmte Frist abgelaufen ist, vgl. auch § 224 Anm. 8.

§ 224 Wirksamwerden der Kapitalherabsetzung

Mit der Eintragung des Beschlusses über die Herabsetzung des Grundkapitals ist das Grundkapital herabgesetzt.

Übersicht:

Anm. 1

Einleitung

Die Vorschrift entspricht wörtlich dem § 177 AktG 1937. Eine entsprechende Vorschrift war im Handelsgesetzbuch nicht enthalten. Es herrschte daher Streit darüber, in welchen Zeitpunkt die Kapitalherabsetzung in Wirksamkeit getreten ist, ob dies schon im Zeitpunkt der Eintragung des Kapitalherabsetzungsbeschlusses oder erst dann geschehen ist, wenn die zur Ausführung der Herabsetzung erforderlichen Maßnahmen ausgeführt sind (vgl. im einzelnen die Vorauflage).

Das Aktiengesetz brachte die Klärung der streitigen Frage in § 177 unter der Überschrift „Wirksamwerden der Kapitalherabsetzung". In Übereinstimmung damit spricht § 224 aus, *daß mit der Eintragung des Beschlusses über die Herabsetzung des Grundkapitals das Grundkapital herabgesetzt ist.* In § 227 verpflichtet es den Vorstand und den Vorsitzenden des Aufsichtsrats die *Durchführung* der Herabsetzung des Grundkapitals zum Handelsregister anzumelden. Zur Klarstellung trägt ein Vergleich dieser Bestimmungen und der entsprechenden Vorschriften über die Kapitalerhöhung bei. Für diese wird in § 189 ausgesprochen, daß das Grundkapital mit der Eintragung der *Durchführung* der Erhöhung des Grundkapitals erhöht ist, also nicht mit der Eintragung des Erhöhungsbeschlusses, der nach § 184 ebenfalls anzumelden und einzutragen ist, vgl. auch die entsprechenden Vorschriften über die bedingte Kapitalerhöhung, §§ 193, 200. Die Verschiedenheit der Regelung findet ihre Erklärung darin, daß die Kapitalherabsetzung schon mit der Eintragung des Beschlusses wirken kann und deshalb nach dem Willen des Gesetzes auch wirken soll, während bei der Kapitalerhöhung zu dem Beschlusse der Hauptversammlung und seiner Eintragung auch die Aufbringung des neuen Kapitals durch Zeichnung und Einzahlung des vorgeschriebenen Mindestbetrages nötig ist.

Anm. 2

1. Wirkung für das Grundkapital

Wenn das Gesetz sagt, daß mit der Eintragung des Beschlusses das Grundkapital herabgesetzt ist, so bedeutet das, *daß von diesem Zeitpunkt an die Satzungsänderung in Kraft getreten ist*, von da an also das Grundkapital die nach Abzug des Herabsetzungsbetrages von der ursprünglichen Grundkapitalziffer sich ergebende Höhe hat. *In allen Fällen, in denen es auf die satzungsmäßige Höhe des Grundkapitals ankommt, ist somit vom Zeitpunkt der Eintragung an von dieser neuen Ziffer auszugehen*; vgl. z. B. § 179 Abs. 2, § 182 Abs. 1, § 193 Abs. 1, § 202 Abs. 2 und 3, § 222 Abs. 1. Dies gilt auch dann, wenn die Satzungsurkunde noch nicht geändert ist. Zur Auswirkung kommt die Rechtsänderung vor allem im *Leben der Gesellschaft* selbst. Die *neue Kapitalziffer* ist in den Büchern der Gesellschaft durch entsprechende Buchung zum Ausdruck zu bringen. Die Umbuchungen auf Kapitalkonto können sofort vorgenommen werden. Jedenfalls ist bei Aufstellung des nächst fälligen Jahresabschlusses von der neuen Kapitalziffer auszugehen, und nur diese auf der Passivseite einzusetzen und der Gewinnberechnung zugrunde zu legen. Nach dem neuen Grundkapital berechnet sich vom Zeitpunkt der Eintragung an auch der Betrag, der nach § 150 Abs. 2 Nr. 1 aus dem Reingewinn der gesetzlichen Rücklage zuzuführen ist. Nach ihm berechnen sich die Minderheiten, denen nach einzelnen Bestimmungen besondere Rechte eingeräumt sind, vgl. z. B. § 93 Abs. 4, § 147 Abs. 1, § 258 Abs. 2. Nach ihm würde sich auch die Mehrheit des Grundkapitals berechnen, die etwa nach einer besonderen Satzungsbestimmung zum Zustandekommen eines Beschlusses erforderlich ist. Die durch die Kapitalherabsetzung frei gewordenen Beträge können, soweit nicht die Gläubigerschutzbestimmungen entgegenstehen, § 225, alsbald zu dem im Herabsetzungsbeschluß vorgesehenen Zweck verwendet werden. So können sie zur Deckung von Verlusten, Bildung von Rücklagen verwendet werden. Auch die damit verbundenen Buchungen können ausgeführt werden.

Anm. 3

2. Wirkung für die Aktienrechte

Auch die Aktienrechte der einzelnen Aktionäre sind mit dem Wirksamwerden der Kapitalherabsetzung, d. h. mit Eintragung des Beschlusses, ohne weiteres geändert. Die Aktienrechte stehen untereinander und im Verhältnis zum Grundkapital in einem untrennbaren Zusammenhang. Ihr Gesamtnennbetrag kann nicht höher sein als das neue Aktienkapital. Die Rechtsänderung in den einzelnen Aktienrechten tritt deshalb mit der Eintragung *von selbst* ein, und zwar *gleichgültig, ob Aktienurkunden ausgegeben sind oder nicht, und gleichgültig, ob die Kapitalherabsetzung durch Nennwertherabsetzung oder durch Zusammenlegung erfolgen soll.* Mit dem Wirksamwerden der Kapitalherabsetzung werden deshalb auch die Einlagen herabgesetzt und für den nicht mehr vorhandenen Einlagebetrag das Aktienrecht vernichtet. Eine besondere Regelung gilt nur, wenn die Kapitalherabsetzung durch *Einziehung* von Aktien erfolgt. Dann muß zur Eintragung des Herabsetzungsbeschlusses die Einziehung der einzelnen Aktien hinzukommen, vgl. § 238. Geschieht die Kapitalherabsetzung durch Nennwertherabsetzung, so tritt diese von selbst ein, auch wenn Aktienurkunden ausgegeben sind. Aber auch bei der Herabsetzung durch Zusammenlegung tritt die Verminderung des Aktienrechts von selbst ein. Wenn auch hier im Falle der Ausgabe von Aktienurkunden ein Umtausch, eine Abstempelung oder ein ähnliches Verfahren erforderlich ist, § 226, so handelt es sich dabei doch nur um eine Maßregel, die den bereits erfolgten Eintritt der Rechtsänderung im Interesse der Rechtssicherheit äußerlich zum Ausdruck bringt, um eine Auswirkung der bereits eingetretenen Rechtsänderung. Die *alten Aktienurkunden* verbriefen nur noch das Aktienrecht in dem Umfange, der sich aus ihnen im Zusammenhang mit dem eingetragenen Herabsetzungsbeschluß ergibt. In diesem Umfange bestehen sie aber fort. Es kann deshalb nicht mit Schlegelberger, § 177 AktG 1937 Anm. 8, angenommen werden, daß die alten Aktienurkunden nur noch zum Umtausch und zur Abstempelung berechtigen. Sie dienen vielmehr mit der angegebenen Beschränkung auch weiterhin bis zum Umtausch oder der Abstempelung zur Ausübung der Aktienrechte, z. B. des Anfechtungsrechts, des Anspruchs auf den festgesetzten Gewinnanteil, ebenso Godin-Wilhelmi 3, Baumbach-Hueck 3, vgl. auch § 226 Anm. 10. Auch das *Stimmrecht* besteht mit der angegebenen Beschränkung fort. Über die Rechte aus *Aktienspitzen* s. § 226 Anm. 10 Abs. 2 und Siebel in NJW 52, 330.

Zugunsten der Aktionäre hat das Wirksamwerden der Kapitalherabsetzung die Folge, daß sie im Falle der Kapitalherabsetzung *zum Zwecke der Rückzahlung von Einlagen* einen Anspruch auf die Ausschüttung erlangen. Sie können dessen Erfüllung aber nur fordern, wenn das Sperrhalbjahr abgelaufen ist und die Gläubigerschutzbestimmungen eingehalten sind, § 225.

Anm. 4

3. Unwiderruflichkeit nach der Eintragung

Solange die Eintragung noch nicht erfolgt ist, kann die Anmeldung zurückgenommen werden, OLG E 43, 204. Der Widerruf eines einzelnen Vorstandsmitgliedes, das nicht Alleinvertretungsmacht hat, genügt aber nicht zur Vornahme des *Widerrufs* namens der Gesellschaft. Es muß vielmehr auch beim Widerruf der Vorstand in vertretungsberechtigter Zahl handeln, § 78. Wie bei der Anmeldung muß auch beim Widerruf der Vorsitzende des Aufsichtsrats mitwirken, denn bei der Anmeldung und beim Widerruf wird die Gesellschaft durch Vorstand und Vorsitzenden des Aufsichtsrats vertreten.

Nachdem die Eintragung erfolgt ist, ist der Widerruf unmöglich. Diese Umnöglichkeit ist die notwendige Folge des Wirksamwerdens der Kapitalherabsetzung. Ist diese durch die Eintragung ins Handelsregister in die äußere Erscheinung getreten, so muß sie gegen jedermann gelten. Häufig wird aber die Rückgängigmachung einer bereits wirksam gewordenen Kapitalherabsetzung erwünscht sein. Für die Rückgängigmachung kann namentlich ein Bedürfnis vorliegen, wenn sich nachträglich herausstellt, daß ein Grund für die Kapitalherabsetzung gar nicht vorhanden war, etwa deshalb, weil der angenommene Verlust nicht bestand oder durch Gewinne wieder ausgeglichen ist oder weil es sich infolge Änderung der Verhältnisse als zweckmäßig erweist, von einer geplanten Kapitalrückzahlung abzusehen und das ganze Kapital wieder zu Gesellschaftszwecken zu verwenden. Da das durch die Kapitalherabsetzung frei gewordene Kapital nur zu dem im Herabsetzungsbeschluß bezeichneten Zwecke verwendet werden darf, würde ohne Wiederherstellung des früheren Zustandes freies Kapital entstehen. Trotz Wegfalls des Zweckes würde nicht ohne weiteres wieder die Bindung des Kapitals eintreten. Es müßte vielmehr die Bindung des Kapitals erneut festgelegt und auch die Satzungsurkunde, falls sie bereits geändert ist, damit in Übereinstimmung gebracht werden. Dies könnte dadurch geschehen, daß in den Formen der Kapitalerhöhung, §§ 182ff., 207ff. das Aktienkapital wieder um den nicht zur Ausführung des Zweckes der Kapitalherabsetzung erforderlichen Betrag erhöht wird. Es könnte aber auch der ursprüngliche *Zweck* der Kapitalherabsetzung *geändert* werden. Dies müßte nach den Vorschriften über die Kapitalherabsetzung geschehen, also nach den Vorschriften der §§ 222ff. Insbesondere müßte ein neuer Hauptversammlungsbeschluß mit den in § 222 vorgesehenen Mehrheiten und unter Einhaltung der weiteren Erfordernisse der Satzung gefaßt werden. Auch müßten die weiteren Vorschriften des ersten Unterabschnitts erneut beobachtet werden. Auf diese Weise könnte bestimmt werden, daß der Betrag der Kapitalherabsetzung statt zu dem nicht mehr erforderlichen Verlustausgleich zur Ausschüttung an die Aktionäre verwendet wird oder daß er der gesetzlichen Rücklage zugeführt und wenigstens auf diese Weise gebunden wird, § 150 Abs. 3. Auch im ursprünglichen Kapitalherabsetzungsbeschluß könnte eine solche Verwendung des frei gewordenen Betrages unter der *Bedingung* angeordnet werden, daß der in erster Linie vorgesehene Zweck nicht zur Ausführung komme. Ist dies nicht geschehen und wird der ursprüngliche Zweck nicht erreicht, so kann ohne Änderung des Kapitalherabsetzungsbeschlusses auf dem angegebenen Wege der frei gewordene Betrag nicht ohne weiteres auf Grund eines einfachen Hauptversammlungsbeschlusses an die Aktionäre verteilt werden. Die Verteilung könnte nur in Form einer Verteilung von Reingewinn erfolgen, wenn sich ein solcher auf Grund des nächsten Jahresabschlusses unter Zugrundelegung der neuen Grundkapitalziffer ergeben würde, §§ 57, 58.

Sollte die Kapitalherabsetzung durch Zusammenlegung der Aktien erfolgen, so kann sie unterbleiben, wenn die Kapitalherabsetzung zur Erreichung des im Herabsetzungsbeschlusse angegebenen Zweckes nicht mehr erforderlich ist oder der Zweck nicht erreichbar ist. Aber auch in diesem Falle muß die Satzung durch Kapitalerhöhungsbeschluß oder einen den Herabsetzungsbeschluß ändernden Beschluß geändert werden, sobald der ursprüngliche Beschluß eingetragen und damit wirksam geworden ist, vgl. zu der Frage auch Godin-Wilhelmi 8.

Mit der Wiedererhöhung des Grundkapitals würden auch die einzelnen Aktienrechte im Nennwerte wieder entsprechend erhöht werden. Sind die Aktien bereits zusammengelegt, so würde die Erhöhung für die zusammengelegten Aktien gelten, denn es wäre kaum möglich, die ursprünglichen Aktienrechte wiederherzustellen, insbesondere wenn die Aktien zum Zwecke der Zusammenlegung für kraftlos erklärt worden wären, § 226. Ist die Kapitalherabsetzung durch Einziehung geschehen, so bestünde dagegen die Möglichkeit, die alten Aktienrechte wiederherzustellen.

Anm. 5

4. Ausnahmen von § 224: Bedingung, Betagung, Höchstbetrag

Die Wirksamkeit der Kapitalherabsetzung tritt ausnahmsweise mit der Eintragung des Herabsetzungsbeschlusses nicht ein, wenn die Herabsetzung unter einer Bedingung oder auf einen nach der Eintragung liegenden Zeitpunkt beschlossen worden ist oder wenn sie nur bis zu einem bestimmten Höchstbetrage nach den im Herabsetzungsbeschluß festgelegten Richtlinien zu erfolgen hat (wegen der Zulässigkeit eines solchen Beschlusses vgl. § 222 Anm. 8). Ist der Beschluß seinem Inhalt nach noch nicht wirksam, so kann auch die Kapitalherabsetzung und die in ihr liegende Satzungsänderung noch nicht wirksam geworden sein. Auf diese Erwägung beruht auch die besondere Bestimmung des § 238, nach der im Falle der Kapitalherabsetzung *durch Aktieneinziehung* mit der Eintragung des Beschlusses, wenn aber die Einziehung der Aktien später erfolgt, erst mit dieser das Grundkapital herabgesetzt ist. Denn erst mit der erfolgten Einziehung läßt sich, wie im Falle der Herabsetzung unter einer Bedingung, die Wirkung der Einziehung und namentlich ihr Umfang ermessen. Wie im Falle des § 238 kann aber *die Anmeldung und Eintragung des Beschlusses schon vor Eintritt der Bedingung*, z. B. Nichtleistung der geforderten Zuzahlung innerhalb einer bestimmten Frist (vgl. § 222 Anm. 21) oder des bestimmten Zeitpunktes erfolgen, KGJ 28 A 224. Bedenken bestehen hiergegen so wenig wie bei der bedingten Kapitalerhöhung, die eingetragen wird, ehe die Ausübung des Umtauschs- oder Bezugsrechts feststeht, §§ 192ff. Die frühere Eintragung ist auch nicht ohne Wert. Die Bekanntmachung der Eintragung setzt das Sperrhalbjahr mit der Meldefrist der Gläubiger in Lauf. Die Gläubigerschutzvorschriften wirken nur zugunsten der Gläubiger, deren Forderungen vor Bekanntmachung der Eintragung des Beschlusses begründet sind, § 225. Auch die Durchführung der Kapitalherabsetzung kann auf diese Weise beschleunigt werden; insbesondere kann die Auszahlung an die Aktionäre erfolgen, wenn inzwischen die Bedingungen erfüllt sind oder der Termin für die Herabsetzung gekommen ist und die Gläubigerschutzvorschriften erfüllt, insbesondere das Sperrhalbjahr verstrichen ist. Folgt der Eintritt der Bedingung oder des Termins der Eintragung nach, so tritt erst damit die Wirksamkeit der Kapitalherabsetzung ein. Daß auch in diesem Falle die Kapitalherabsetzung wirksam geworden ist, steht spätestens fest, wenn die *Durchführung* der Kapitalherabsetzung zum Handelsregister angemeldet und eingetragen ist. Die sofortige Eintragung einer bedingten oder befristeten Kapitalherabsetzung ist auch insofern von Bedeutung, als die Gesellschaft nach der Eintragung die Anmeldung nicht mehr zurückziehen kann. Faßt man, wie hier, den Beschluß, daß das Kapital nur herabgesetzt werden soll, wenn Zuzahlungen nicht geleistet werden, als Herabsetzung unter einer Bedingung auf, so können die Zuzahlungen auch nach der Eintragung, nicht wie Godin-Wilhelmi 10 und Schlegelberger § 177 AktG 1937 Anm. 10 annehmen, nur vorher geleistet werden. Ist die Bedingung ausgefallen oder der Termin abgelaufen, ehe die Eintragung erfolgt ist, so kann die Eintragung nicht mehr erfolgen, und die Kapitalherabsetzung nicht mehr wirksam werden.

Anm. 6

5. Keine Rückwirkung

Bei der ordentlichen Kapitalherabsetzung (wie bei der Kapitalherabsetzung durch Aktieneinziehung § 237) ist es *nicht zulässig, die Herabsetzung mit Rückwirkung, also mit Wirkung auf einen vor der Beschlußfassung und Eintragung liegenden Stichtag,* etwa auf den Bilanzstichtag des bereits abgelaufenen Geschäftsjahres, zu beschließen; auch dann nicht, wenn der Jahresabschluß für dieses Geschäftsjahr noch nicht festgestellt ist (ebenso Godin-Wilhelmi 5). Als Satzungsänderung kann der Beschluß nur für die Zukunft wirken, RG 101, 201. Bis dahin ist die alte Satzung mit ihrer bisherigen Grundkapitalziffer für das Leben der Gesellschaft nach innen und außen maßgebend; darauf müssen sich diejenigen, die mit der Gesellschaft in Rechtsverkehr treten, verlassen können. Die Zulässigkeit der Kapitalherabsetzung bildet eine Ausnahme von der Regel der Unveränderlichkeit des Grundkapitals und dessen Unantastbarkeit. Die Rückbeziehung der Kapitalherabsetzung auf einen früheren Stichtag würde eine weitere Ausnahme bilden; sie müßte unzweideutig im Gesetz zum Ausdruck kommen. Ihre allgemeine Zulassung für alle Fälle der Kapitalherabsetzung würde auch unklare Rechtsverhältnisse schaffen. In der Zeit zwischen dem Tage, auf den die Herabsetzumg wirken soll, und dem Tage, an dem der Beschluß gefaßt oder eingetragen wird, könnten Abstimmungen stattgefunden haben, an denen Aktionäre teilgenommen haben, deren Aktienrechte durch den Herabsetzungsbeschluß beschränkt oder beseitigt wurden. Es könnte auch ein Wechsel in der Person der Aktionäre eingetreten sein. Wenn der Jahresabschluß für das vorhergehende Jahr bereits festgestellt und eine Gewinnausschüttung erfolgt war, könnten dadurch nicht mehr aus der Welt zu schaffende Tatsachen eingetreten sein. § 234 enthält eine Ausnahme, die nur für den Fall gilt, daß die Herabsetzung in Form der vereinfachten Kapitalherabsetzung vorgenommen wird, vgl. die Erl. zu § 234.

Anm. 7

6. Verbindung mit Kapitalerhöhung

Wird mit einer Kapitalherabsetzung eine Kapitalerhöhung verbunden, so könnte die Wirksamkeit beider Maßnahmen zu verschiedenen Zeitpunkten eintreten: die Wirksamkeit der Kapitalherabsetzung mit der Eintragung des Herabsetzungsbeschlusses § 224, diejenige der Kapitalerhöhung mit der Eintragung der Durchführung der Kapitalerhöhung § 189. Sollen beide Maßregeln gleichzeitig wirksam werden, so muß der Kapitalherabsetzungsbeschluß und die Durchführung der Kapitalerhöhung gleichzeitig eingetragen werden. Dies kann durch gleichzeitige Anmeldung des Kapitalherabsetzungsbeschlusses und der Durchführung der Kapitalerhöhung erreicht werden. Soll das Grundkapital unter den Mindestnennbetrag herabgesetzt werden, so ist die Herabsetzung nur zulässig, wenn der Mindestnennbetrag durch eine zugleich mit der Kapitalherabsetzung beschlossene Kapitalerhöhung wieder erreicht wird. In diesem Falle sollen die Beschlüsse und die Durchführung der Erhöhung des Grundkapitals nur zusammen in das Handelsregister eingetragen werden, § 228 Abs. 2 Satz 3.

Anm. 8

7. Durchführung der Kapitalherabsetzung

Von dem Wirksamwerden der Kapitalherabsetzung ist deren *Durchführung* zu unterscheiden, vgl. Anm. 1. Sie folgt dem Wirksamwerden nach oder kann höchstens gleichzeitig mit dem Wirksamwerden eintreten. Unter Durchführung versteht das Gesetz solche Maßnahmen, die die bereits wirksam gewordene Kapitalherabsetzung auswerten; vgl. die Erl. zu den §§ 225—227.

§ 225 Gläubigerschutz

(1) Den Gläubigern, deren Forderungen begründet worden sind, bevor die Eintragung des Beschlusses bekanntgemacht worden ist, ist, wenn sie sich binnen sechs Monaten nach der Bekanntmachung zu diesem Zweck melden, Sicherheit zu leisten, soweit sie nicht Befriedigung verlangen können. Die Gläubiger sind in der Bekanntmachung der Eintragung auf dieses Recht hinzuweisen. Das Recht, Sicherheitsleistung zu verlangen, steht Gläubigern nicht zu, die im Fall des Konkurses ein Recht auf vorzugsweise Befriedigung aus einer Deckungsmasse haben, die nach gesetzlicher Vorschrift zu ihrem Schutze errichtet und staatlich überwacht ist.

(2) Zahlungen an die Aktionäre dürfen auf Grund der Herabsetzung des Grundkapitals erst geleistet werden, nachdem seit der Bekanntmachung der Eintragung sechs Monate verstrichen sind und nachdem den Gläubigern, die sich rechtzeitig gemeldet haben, Befriedigung oder Sicherheit gewährt worden ist. Auch eine Befreiung der Aktionäre von der Verpflichtung zur Leistung von Einlagen wird nicht vor dem bezeichneten Zeitpunkt und nicht vor Befriedigung oder Sicherstellung der Gläubiger wirksam, die sich rechtzeitig gemeldet haben.

(3) Das Recht der Gläubiger, Sicherheitsleistung zu verlangen, ist unabhängig davon, ob Zahlungen an die Aktionäre auf Grund der Herabsetzung des Grundkapitals geleistet werden.

Übersicht:

Anm. 1

Einleitung. Früheres Recht

Von § 178 AktG 37 weicht § 224 nur sprachlich in einigen Stellen des Abs. 1 ab. Die Vorschrift enthält die *Gläubigerschutzbestimmungen* für den Fall der ordentlichen Kapitalherabsetzung. Sie gelten auch für die Kapitalherabsetzung durch Einziehung von Aktien §§ 237ff. Der Paragraph geht zurück auf § 289 Abs. 2—4 HGB. Sachlich stimmen die Vorschriften beider Gesetze im wesentlichen überein. Danach haben die Gläubiger der Gesellschaft, die sich innerhalb einer bestimmten Frist melden, den Anspruch, daß ihnen Sicherheit geleistet wird, soweit sie nicht Befriedigung verlangen können. Der Sicherung der Ansprüche der Gläubiger dient weiter das Verbot von Zahlungen an die Aktionäre auf Grund der Herabsetzung des Grundkapitals und das Verbot der Befreiung der Aktionäre von der Einlagepflicht, solange nicht die Ansprüche der Gläubiger auf Sicherheitsleistung oder Befriedigung erfüllt sind. Durch die Vorschriften soll der Gefährdung der Gläubiger vorgebeugt werden, die gerade bei der ordentlichen und der ihr insofern gleichstehenden Kapitalherabsetzung durch Einziehung von Aktien dadurch entstehen kann, daß Teile des Grundkapitals an die Aktionäre ausgeschüttet werden, oder daß diese von ihren Einlagepflichten befreit werden, oder daß gebundenes Vermögen in freies Vermögen umgewandelt und dadurch der Ausschüttung an die Aktionäre zugänglich gemacht wird. Bei der *vereinfachten* Kapitalherabsetzung, bei der diese Verwendung des Ergebnisses der Herabsetzung ausgeschlossen ist, gelten diese besonderen Vorschriften des § 225 nicht. Der Gläubigerschutz wird dort in anderer Weise erreicht, vgl. §§ 229ff. Von der Regelung des HGB weicht das Gesetz ab durch die Vorschriften über die Fristen und die Form des Schutzes. An die Stelle des sogenannten *Sperrjahres* ist eine Frist von sechs Monaten getreten *(Sperrhalbjahr)*. Damals mußte der *Vorstand* unter Hinweis auf die beschlossene Herabsetzung des Grundkapitals nach der Eintragung des Beschlusses die Gläubiger zur Anmeldung ihrer Ansprüche auffordern *(Gläubigeraufruf)*. Bekannte Gläubiger waren durch besondere Mitteilung zur Anmeldung aufzufordern. Jetzt hat das *Gericht* in seiner Bekanntmachung der Eintragung des Kapitalherabsetzungsbeschlusses die Gläubiger auf ihr Recht hinzuweisen, Sicherheitsleistung oder Befriedigung zu verlangen. Die besondere Benachrichtigung der bekannten Gläubiger ist weggefallen.

Ähnliche Schutzvorschriften wie bei der Kapitalherabsetzung gelten im Falle der Verschmelzung mehrerer Gesellschaften, vgl. § 347.

I. Sicherheitsleistung (Abs. 1 und 3)

Anm. 2

1. Der Kreis der geschützten Gläubiger

Nach Abs. 1 Satz 1 ist den Gläubigern, deren Forderungen begründet worden sind, bevor die Eintragung des Beschlusses bekanntgemacht worden ist, wenn sie sich binnen sechs Monaten nach der Bekanntmachung zu diesem Zweck melden, Sicherheit zu leisten, soweit sie nicht Befriedigung verlangen können. Maßgebender Zeitpunkt für den Fristenablauf ist die *Bekanntmachung* der Eintragung des Kapitalerhöhungsbeschlusses, *nicht der Zeitpunkt der Eintragung*. Geschützt sind alle Gläubiger der Gesellschaft, deren Forderungen vor diesem Zeitpunkt begründet worden sind. Der Zeitpunkt ist gewählt, weil alle Gläubiger, deren Forderungen vorher begründet worden sind, auf das Bestehen des bisherigen Grundkapitals, so wie es sich nach dem Handelsregister und der Bekanntmachung des Registerinhaltes darstellt, vertrauen durften. Der, dessen Forderung erst nach diesem Zeitpunkt begründet worden ist, muß sich mit dem neuen Grundkapital abfinden. Damit ist der *Kreis der geschützten Gläubiger* fest umschrieben. Da die Bekanntmachung von Amts wegen geschieht und mit dem Ablauf des Tages als erfolgt gilt, an dem das letzte der die Bekanntmachung enthaltenden Blätter erschienen ist, § 10 Abs. 2 HGB, trifft der Schutz alle Forderungen, die bis zum Ablauf dieses Tages begründet worden sind. Es kommt hiernach weder darauf an, ob und wann ein Aufruf der Gläubiger *durch die Gesellschaft* erfolgt ist, noch ob ein Gläubiger in anderer Weise als durch die Bekanntmachung des Gerichts von dem Kapitalherabsetzungsbeschluß oder seiner Eintragung Kenntnis erlangt hat.

Sind *Zweigniederlassungen* vorhanden, so ist der Stichtag auch für die dort begründeten Forderungen der Zeitpunkt der Bekanntmachung der Eintragung der Kapitalherabsetzung im Register der Hauptniederlassung. Da die Wirksamkeit der Kapitalherabsetzung wie jeder Satzungsänderung von der Eintragung in das Handelsregister des Sitzes der Gesellschaft abhängt, kann auch nur die Bekanntmachung dieser Eintragung den Stichtag für die Umgrenzung des Kreises der geschützten Gläubiger bilden. Diese Bekanntmachung ist auch für den Lauf der in § 225 bestimmten Fristen (Anmeldefrist und Sperrhalbjahr) entscheidend, vgl. § 43 Anm. 6.

Anm. 3

2. Die Gläubigerforderung

a) Begründung

Begründet ist eine Forderung jedenfalls in dem Zeitpunkt, in dem sie nach dem Sprachgebrauch des Gesetzes, vgl. z. B. § 93 Abs. 4 AktG, § 198 BGB (für die Verjährung), *entstanden* ist.

Der Gesetzeszweck erfordert aber, seinen Schutzbereich weiter zu ziehen. Da der Zweck der Vorschrift ist, diejenigen zu schützen, die sich im Vertrauen auf das eingetragene Grundkapital in Rechtsbeziehungen mit der Gesellschaft eingelassen haben, so müssen Schutz auch die Gläubiger genießen, für deren Forderungen im maßgebenden Zeitpunkt der Grund gelegt war, also alle die Tatsachen vorlagen, durch die das Entstehen des Anspruchs hervorgerufen worden ist. Es sind also auch die Gläubiger geschützt, deren Anspruch erst später „entstanden" ist, *wenn nur alle Entstehungsursachen in die Zeit vor dem Stichtag fielen*; bei einem Schadensersatzanspruch müssen nur die Entstehungsursachen, nicht aber die Entstehung des Schadens selbst in die Zeit vor diesem Zeitpunkt fallen. Es ist auch kein Grund einzusehen, weshalb einer solchen Forderung der Schutz nicht zuteil werden sollte. Der Gefahr einer unbegrenzten Ausdehnung des Schutzes ist dadurch vorgebeugt, daß nur diejenigen Gläubiger geschützt sind, die sich binnen sechs Monaten nach der Bekanntmachung der Eintragung zum Zwecke der Sicherheitsleistung oder Befriedigung melden.

Befristete und *auflösend bedingte* Forderungen sind nach dem Vorgesagten als entstanden anzusehen, *nicht aber aufschiebend bedingte.* Die h. M. macht diesen Unterschied nicht, sondern hält alle bedingten Forderungen für entstanden (Godin-Wilhelmi 2, Baumbach-Hueck 4, Schlegelberger z. AktG 37 § 178 Anm. 1, Böttcher-Meilicke § 7 Anm. 7, s. auch die Erl. zu § 347). Die h. M. wird nicht näher begründet und ist nicht überzeugend. Denn bei der aufschiebend bedingten Forderung fehlt es eben gerade an der entscheidenden Entstehungsursache, nämlich dem Bedingungseintritt. Dies gilt insbesondere für *Pensionsanwartschaften*, das sind Versorgungsansprüche von Angestellten, bei denen noch nicht alle Voraussetzungen der Entstehung des Anspruchs eingetreten sind, insbesondere Erreichung eines bestimmten Lebensalters im Dienste der Gesellschaft. Ein volles Gläubigerrecht liegt deshalb noch nicht vor (vgl. Hueck-Nipperdey, Lehrb. d. Arbeitsrechts 7. Aufl. 1963 I. Band § 52 IV), vielmehr nur die Aussicht auf den künftigen Rechtserwerb (Eneccerus-Nipperdey § 82 II 4), vgl. auch BGH 34, 329.

Anm. 4

b) Begriff

Der *Begriff der Forderung* ist weit auszulegen. Geschützt sind deshalb nicht nur Geldforderungen, sondern auch andere Ansprüche *schuldrechtlicher* Art, mögen sie auf Vertrag oder einem anderen schuldrechtlichen Grund (z. B. einer unerlaubten Handlung) beruhen. Denn alle Ansprüche dieser Art können durch eine Kapitalherabsetzung gefährdet werden und bedürfen deshalb des Schutzes. Dingliche Ansprüche, z. B. auf Übertragung des Eigentums, Nießbrauch, rechtfertigen dagegen die Anwendung der Gläubigerschutzbestimmungen nicht. Auch bloße Rechtsverhältnisse — z. B. Dauerschuldverhältniise —, aus denen erst Forderungen entstehen können, genießen den Gläubigerschutz nicht, vgl. auch die Erl. zu § 347.

Anm. 5

c) Maßgeblicher Zeitpunkt

Die Forderung muß in dem Zeitpunkt begründet sein, in dem die Bekanntmachung der Eintragung erfolgt ist. Deshalb kommt der Schutz auch den Forderungen zugute, *die seit der Fassung des Kapitalherabsetzungsbeschlusses oder seit seiner Eintragung bis zur Bekanntmachung* begründet worden sind.

Anm. 6

3. Anspruch auf Befriedigung

Das Gesetz bestimmt nur, daß den geschützten Gläubigern, wenn sie sich binnen sechs Monaten nach der Bekanntmachung zu diesem Zwecke melden, *Sicherheit geleistet werden muß, wenn sie nicht Befriedigung verlangen können. Der Inhalt der Forderung wird somit durch die Kapitalherabsetzung nicht geändert*; insbesondere werden betagte Forderungen nicht fällig, bedingte nicht unbedingt. Nur aus besonderen Gründen, nicht durch die

Tatsache der Kapitalherabsetzung allein, kann eine solche Änderung der Forderung eintreten. Die Änderung ist möglich, wenn etwa nach dem besonderen Inhalt des Rechtsgeschäfts, auf dem die Forderung beruht, z. B. eines Dahrlehensvertrages, an die Kapitalherabsetzung eine solche Änderung wie die vorzeitige Fälligkeit einer Forderung geknüpft ist.

Die Kapitalherabsetzung als solche gibt den Gläubigern nur ein Recht auf *Sicherheitsleistung*, und zwar nur *soweit sie nicht Befriedigung verlangen können*. Ob sie das Recht auf Befriedigung haben, richtet sich nach dem Inhalt ihres Forderungsrechts, so wie es ohne die Kapitalherabsetzung bestehen würde. Danach kann *Befriedigung* nicht verlangen der Gläubiger, dessen Forderung noch nicht *fällig* ist. Für die Gläubiger, die an sich zu den geschützten gehören, die aber Befriedigung verlangen können, tritt durch die Kapitalherabsetzung überhaupt keine Änderung ein. Es bleibt ihnen nur der Weg, von dem Befriedigungsrecht Gebrauch zu machen. Da sie *sofortige* Befriedigung verlangen können, wird ihr Recht durch die Kapitalherabsetzung überhaupt nicht berührt. Sie können deshalb auch ihre Forderungen alsbald einklagen und im Vollstreckungswege betreiben. Doch wirkt auch zu ihren Gunsten das Verbot des Abs. 2.

Anm. 7

Wer Befriedigung verlangen kann, kann nicht statt dessen Sicherheitsleistung begehren. Die Gläubiger, die keine Befriedigung verlangen können, haben dagegen *nur den Anspruch auf Sicherheitsleistung*. Erlangen sie nach dem Stichtag, also nach der Bekanntmachung der Eintragung, das Recht auf Befriedigung, weil die Forderung nachträglich fällig geworden ist, so fällt das Recht auf Sicherheitsleistung weg. Dies gilt jedenfalls dann, wenn sie dieses Recht noch nicht durch Anmeldung geltend gemacht haben. Das gleiche muß aber auch gelten, wenn sie die Sicherheit noch nicht *erlangt* haben. Denn sobald sie Befriedigung verlangen können, und deshalb diese durchsetzen können, ist der Grund zur Sicherheitsleistung weggefallen. Dagegen bleibt eine auf Grund der Schutzvorschrift des Abs. 1 bereits geleistete Sicherheit bestehen, bis die Befriedigung erfolgt ist. Dabei ist es gleichgültig, ob der Anspruch auf Befriedigung vor oder nach Ablauf der Meldefrist des Abs. 1 eingetreten ist. Die Sicherheit soll die Gläubiger gerade gegen die Gefahr schützen, die darin liegt, daß sie nicht sofort befriedigt werden konnten. Hat die Gesellschaft dem Gläubiger Sicherheit geleistet, obwohl er darauf keinen Anspruch hatte, etwa weil er sie erst nach Ablauf der Meldefrist gefordert hat, so kann sie nach den Vorschriften über ungerechtfertigte Bereicherung zurückgefordert werden, wenn die besonderen Voraussetzungen der §§ 812ff. BGB gegeben sind, und nicht aus den Umständen zu entnehmen ist, daß eine *Vereinbarung* über eine Sicherheitsleistung vorliegt.

Anm. 8

4. Klagbarkeit und Entstehung des Anspruchs auf Sicherheitsleistung

Die Gläubiger haben einen klagbaren Anspruch auf Leistung der Sicherheit. § 225 Abs. 1 Satz 2 u. 3 und Abs. 3 sprechen ausdrücklich von dem *Recht der Gläubiger, Sicherheit zu verlangen.* Danach kann die Sicherheitsleistung verlangt werden, sobald die Eintragung des Herabsetzungsbeschlusses bekanntgemacht ist, auch wenn eine Auszahlung an die Aktionäre noch nicht zulässig ist. *Abs. 1* spricht zudem noch ausdrücklich aus, daß das Recht der Gläubiger *unabhängig davon ist, ob. Zahlungen an die Aktionäre auf Grund der Herabsetzung des Grundkapitals geleistet werden.* Das gilt auch dann, wenn solche Zahlungen nach dem Kapitalherabsetzungsbeschluß gar nicht geleistet werden sollen, die Kapitalherabsetzung vielmehr zu anderen Zwecken, z. B. zum Ausgleich von Verlusten geschehen soll. Will die Gesellschaft in einem solchen Falle die Notwendigkeit, Sicherheit zu leisten, vermeiden, so muß sie den Weg der vereinfachten Kapitalherabsetzung wählen, wenn die Voraussetzungen für diese gegeben sind, § 229.

Vor der *Bekanntmachung* der Kapitalherabsetzung besteht ein klagbarer Anspruch auf Sicherheitsleistung nicht. Er tritt insbesondere noch nicht mit der *Eintragung* der Kapitalherabsetzung ein (so Schlegelberger AktG 37, § 178 Anm. 15). Denn den Anspruch auf Sicherheitsleistung hat nur der Gläubiger, der sich zu diesem Zwecke gemeldet hat und die Meldefrist beginnt erst mit der Bekanntmachung der Eintragung. Es ist kein Grund ersichtlich, weshalb für die Entstehung des Anspruchs auf Sicherheitsleistung von dem im Gesetz bestimmten Stichtag abgegangen werden soll. Mit der Bekanntmachung muß die Gesellschaft die Kapitalherabsetzung auch den Gläubigern gegenüber gegen sich gelten lassen.

Der Anspruch auf Sicherheitsleistung hängt nicht davon ab, daß die Forderung tatsächlich gefährdet ist. Er kann nicht durch den Nachweis beseitigt werden, daß im einzelnen Fall keine Gefahr bestehe. Die Schutzvorschriften sind auch dann einzuhalten, wenn gleichzeitig eine Kapitalerhöhung auf die bisherige Höhe eintritt und die neuen Einlagen sofort einbezahlt werden.

Anm. 9

5. Die Gläubigeranmeldung

a) Die Meldefrist

Sicherheit können nur die Gläubiger verlangen, die sich binnen sechs Monaten nach der Bekanntmachung der Eintragung zu diesem Zwecke melden. Da die Frist erst mit der Bekanntmachung beginnt, sind vorher erfolgte Anmeldungen überhaupt nicht geeignet, den Rechtsanspruch auf Sicherheitsleistung zu begründen (abw. Godin-Wilhelmi 3), doch wird sie der Vorstand, wenn sie nach Eintritt der Wirksamkeit des Herabsetzungsbeschlusses — nach der Eintragung — erfolgen, berücksichtigen dürfen. Die Frist des Abs. 1 ist eine *Ausschlußfrist.* Als solche wirkt sie unbedingt. Das Recht ist auch dann verwirkt, wenn der Berechtigte die Anmeldung innerhalb der Frist gar nicht vornehmen konnte, oder wenn er von ihr keine Kenntnis hatte. Die Frist läuft auf alle Fälle mit der öffentlichen Bekanntmachung. Die Frist unterliegt nicht der Unterbrechung oder Hemmung wie die Verjährungsfrist. Sie kann nicht verlängert und auch nicht abgekürzt werden. Dagegen verstoßende Bestimmungen der Satzung oder eines Hauptversammlungsbeschlusses sind nichtig. Denn die Vorschrift ist im öffentlichen Interesse, insbesondere im Interesse der Gläubiger erlassen. § 241 Nr. 3. Auch die Verlängerung würde dem öffentlichen Interesse widersprechen. Denn die Bereinigung der Beziehungen der Gesellschaft zu den Gläubigern würde dadurch gefährdet werden. Da die Leistung der Sicherheit für die Gesellschaft mit Erschwerungen des Betriebs und mit Kosten verbunden sein kann, eine wegen Nichtanmeldung nicht vorgesehene Sicherheitsleistung auch eine Sanierung stören kann, kann der sich verspätet meldende Gläubiger Sicherstellung weder erwarten, noch wird sie der Vorstand im Interesse der Gesellschaft und der anderen Gläubiger leisten dürfen, wenn es nicht ohne Gefährdung der Belange der Gesellschaft oder ihrer anderen, auch neuer Gläubiger, geschehen kann. *Durch die Versäumung der Anmeldefrist wird nur der Anspruch auf die Sicherheitsleistung verwirkt. Der Anspruch auf Erfüllung bleibt unberührt.*

Anm. 10

b) Der Hinweis nach Abs. I Satz 2

Die Gläubiger sind in der Bekanntmachung der Eintragung auf das Recht zur Anmeldung hinzuweisen, Abs. 1 Satz 2. Dadurch soll die Einhaltung der Frist gewährleistet werden. Ist der Hinweis unterblieben, so ändert dies an der Wirksamkeit der Bekanntmachung der Eintragung der Kapitalerhöhung nichts. Die Fristen des Abs. 1 u. 2 werden trotzdem in Lauf gesetzt; ebenso Baumbach-Hueck 4, Schlegelberger AktG 37 § 178 Anm. 2. Die Unterlassung des Hinweises enthält aber eine Amtspflichtverletzung des Registergerichts und kann eine Schadensersatzpflicht des Landes begründen, dessen Beamte den Hinweis unterlassen haben, vgl. § 839 BGB. Der Gläubiger wird jedoch dartun müssen, daß er die mangelhafte Bekanntmachung gelesen hat, und daß er durch den Mangel von der Anmeldung abgehalten worden ist. Der Hinweis schließt sich zweckmäßig an den Wortlaut des Gesetzes an.

Anm. 11

c) Inhalt und Form

Die Anmeldung muß dahin lauten, daß wegen der näher zu bezeichnenden Forderung Sicherheit (oder Befriedigung) verlangt werde. Sie bedarf keiner Form. Sie kann auch mündlich erfolgen. Sie ist eine *empfangsbedürftige Willenserklärung*. Als solche ist sie an die Gesellschaft zu richten und wird wirksam, sobald sie der Gesellschaft zugeht. Es genügt, daß sie *einem* Vorstandsmitglied innerhalb der Frist zugeht, § 78 Abs. 2 Satz 3. Eine an das Registergericht gerichtete Anmeldung hat keine Rechtswirkung, solange sie nicht an die Gesellschaft weitergeleitet worden ist. Zur Wahrung der Rechte und Fristen wird sie das Registergericht *unmittelbar* an die Gesellschaft abzugeben haben. Um die Anmeldung *bei der Gesellschaft* zu erreichen, empfiehlt sich ein entsprechender Hinweis in der Bekanntmachung des Registergerichts.

Anm. 12

6. § 225 ist Schutzgesetz

Nach Eingang der Meldungen hat der Vorstand die Sicherheiten zu leisten. Er hat insofern eine ihm durch das Gesetz besonders auferlegte Aufgabe zu erfüllen. Er hat dabei im Interesse der Gesellschaft das Bestehen der Forderung und des Anspruchs auf Sicherheitsleistung zu prüfen. Ist die Forderung fällig, so hat er sie zu befriedigen. Ist sie nicht fällig, so hat er Sicherheit zu leisten. Für Verletzung ihrer Pflichten in dieser Richtung haften die Vorstandsmitglieder und die Mitglieder des Aufsichtsrats — diese wenn sie es an der nötigen Überwachung des Vorstandes fehlen lassen —, der Gesellschaft und den Gläubigern, §§ 93, 116. § 178 ist ein *Schutzgesetz zugunsten der Gläubiger* im Sinne des § 823 Abs. 2 BGB. Den Gläubigern gegenüber kommt deshalb die Beschränkung des unmittelbaren Klagerechts nach § 93 Abs. 5 Satz 2 auf gröbliche Verletzung der Sorgfaltspflicht nicht in Betracht. Geschieht infolge der Verletzung der Schutzbestimmungen zugleich eine verbotene Auszahlung an die Aktionäre, so würde regelmäßig auch eine Zuwiderhandlung nach § 93 Abs. 3 Nr. 1 vorliegen, auf die die Beschränkung des Abs. 5 Satz 2 überhaupt nicht anwendbar ist.

Anm. 13

7. Bestrittene Forderungen

Ist das Bestehen oder die Fälligkeit einer Forderung bestritten, so hängt es von der pflichtgemäßen Prüfung des Vorstands ab, ob er die Forderung anerkennen und sie bei Fälligkeit befriedigen, andernfalls sicherstellen will. Bestreitet der Vorstand die Forderung, so ist es Sache des Gläubigers, von den allgemein gegebenen Rechtsbehelfen, insbesondere dem Klagerecht Gebrauch zu machen. Eine dem § 272 Abs. 3 entsprechende Bestimmung, nach der nach Auflösung der Gesellschaft die Verteilung des Vermögens an die Aktionäre nicht erfolgen darf, bevor für eine *streitige* Forderung Sicherheit geleistet ist, besteht für den Fall der Kapitalherabsetzung nicht. Ob hier für eine streitige Forderung Sicherheit zu leisten ist, bestimmt sich nach dem größeren oder geringeren Grade der Wahrscheinlichkeit des Bestehens oder Nichtbestehens der Forderung. Die Entscheidung hat bei Meinungsverschiedenheiten durch den ordentlichen Richter zu erfolgen.

Anm. 14

8. Art der Sicherheitsleistung

Die Art der Sicherheitsleistung richtet sich nach den Vorschriften des bürgerlichen Rechts, §§ 232ff. BGB. Die Gesellschaft hat die Wahl, welche der im BGB vorgesehenen Sicherheiten sie leisten will (Hinterlegung von Geld oder zur Sicherheitsleistung geeigneten Wertpapieren, Verpfändung von Forderungen, die in das „Reichsschuldbuch" oder das Schuldbuch eines Landes eingetragen sind, Verpfändung beweglicher Sachen usw.). Die Höhe der Sicherheit richtet sich nach der Höhe der zu sichernden Forderung.

Bei Bemessung der *Höhe der Sicherheit* für eine *auflösend bedingte Forderung* (Anm. 3) kann auf die größere oder geringere Wahrscheinlichkeit des Ausfalls der Bedingung Rücksicht genommen werden.

Wird die Sicherheit ohne Verschulden des Berechtigten nachträglich unzureichend, so ist sie zu ergänzen.

Für eine *voll gesicherte Forderung* kann nicht nochmals Sicherheit gefordert werden. Eine Bank, die eine erste Hypothek besitzt, kann nicht durch die Anmeldung die Hinterlegung von Wertpapieren erreichen. Anders, wenn die *Sicherheit ungenügend* ist. Dann muß sie so verstärkt werden, daß die Forderung vollständig sichergestellt ist. Daß die Herabsetzung des Grundkapitals die Sicherheit nicht vermindert, ist unerheblich.

Anm. 15

9. Nach Abs. 1 Satz 3 ausgeschlossene Gläubiger

Das Recht, Sicherheitsleistung zu verlangen, steht solchen Gläubigern nicht zu, die im Falle des Konkurses ein Recht auf vorzugsweise Befriedigung aus einer nach gesetzlicher Vorschrift zu ihrem Schutz errichteten und staatlich überwachten Deckungsmasse haben, Abs. 1 Satz 3. Die gleiche Vorschrift gilt im Falle der Verschmelzung, § 347 Abs. 2, vgl. auch § 233 Abs. 2 Satz 3. Solche besonderen Schutzvorschriften bestehen zugunsten der Pfandbriefgläubiger der Hypotheken- und Schiffspfandbriefbanken und der Versicherten der Versicherungsgesellschaften, § 35 HypBankG; § 36 SchiffsbankG; § 77, 79 Vers. u. BausparkG. Zu ihrer Befriedigung dienen die dort näher aufgeführten Vermögensgegenstände.

II. Das Verbot des Abs. 2

Anm. 16

1. Der Vorrang der Gläubiger innerhalb des Sperrhalbjahres

Einen weiteren Schutz gewährt den Gläubigern *das Verbot, Zahlungen an die Aktionäre auf Grund der Kapitalherabsetzung zu leisten, bevor seit der Bekanntmachung der Eintragung sechs Monate verstrichen sind, und bevor den Gläubigern, die sich rechtzeitig gemeldet haben, Befriedigung oder Sicherheit gewährt worden ist; Abs. 2 Satz 1.* Die Bestimmung soll gewährleisten, daß den Gläubigern, deren Forderung vor der Eintragung begründet worden ist, tatsächlich auch Sicherheit oder Befriedigung gewährt wird, und daß dies nicht dadurch vereitelt wird, daß das durch die Kapitalherabsetzung frei gewordene Kapital an die Aktionäre ausbezahlt wird. Innerhalb des *Sperrhalbjahres* sollen die Gläubiger Gelegenheit haben, ihre Ansprüche anzumelden. Innerhalb dieser Zeit soll ihnen auch Befriedigung oder Sicherstellung gewährt werden.

Das *Sperrhalbjahr beginnt* mit dem Stichtag, der auch für die Abgrenzung des Kreises der geschützten Gläubiger maßgebend ist, das ist die *Bekanntmachung* der Kapitalherabsetzung, vgl. Anm. 2. Der Schutz des Verbotes kommt wie bei der Sicherheitsleistung nur den Gläubigern zugute, die sich innerhalb des Sperrhalbjahres zum Zwecke der Sicherheitsleistung *oder Befriedigung* melden. Um *diesen* Schutz zu genießen, müssen sich auch die *Gläubiger melden,* die keine Sicherheit, aber *Befriedigung* verlangen können. Dazu gehören auch diejenigen Gläubiger, die *nach Abs. 1 Satz 3* keine Sicherheitsleistung verlangen können (Anm. 15). Auch sie müssen, wenn ihre Forderung fällig ist, befriedigt werden, bevor auf Grund der Kapitalherabsetzung eine Auszahlung an die Aktionäre erfolgen darf.

Die Zuwiderhandlung gegen das Verbot begründet die *Haftung der Verwaltungsträger* in gleicher Weise wie eine solche gegen Abs. 1 (Anm. 12). Die *Aktionäre,* die entgegen dem Verbot Zahlungen erhalten haben, haften den Gläubigern unmittelbar im Rahmen des § 62. Die Gläubiger haben ein persönliches Recht zu verlangen, daß die Auszahlung an die Aktionäre unterbleibt, bevor ihnen Sicherstellung oder Befriedigung gewährt ist. Sie haben deshalb auch das Recht gegen die Gesellschaft auf Unterlassung der verbotenen Auszahlung und gegen die Aktionäre auf Mitwirkung dabei, also auf Entgegennahme der Auszahlung zu klagen. Die Klage muß aber durch das Verhalten der zu

Verklagenden gerechtfertigt sein, etwa dadurch, daß dem Verlangen auf Befriedigung oder der Sicherheitsleistung nicht stattgegeben wird, oder daß Anstalten zu verbotenen Auszahlungen getroffen werden oder diese schon geschehen sind.

Das Verbot, Zahlung an die Aktionäre vor Ablauf des Sperrhalbjahres zu leisten, erstreckt sich auf *alle Zahlungen, die durch die Herabsetzung des Grundkapitals erst möglich werden,* also nicht nur auf Kapitalrückzahlungen, sondern auch auf Dividenden, vgl. Godin-Wilhelmi 9. Dividenden, die auch ohne Berücksichtigung der Kapitalherabsetzung zulässig wären, können bezahlt werden. Das ist der Fall, wenn am Bilanzstichtag das Kapital noch nicht herabgesetzt war. Im Jahresabschluß und im Gewinnverteilungsbeschluß müssen deshalb die alsbald auszahlbaren Gewinne gesondert ausgewiesen werden. Bevor die Vorschriften der Abs. 1 u. 2 erfüllt sind, könnten auch nicht die sich etwa bei einer Zusammenlegung ergebenden *Spitzen* ausbezahlt werden, vgl. § 226, bei Kapitalherabsetzung durch Einziehung auch nicht der *Gegenwert* der eingezogenen Aktien.

Da bis zum Ablauf des Sperrhalbjahres immer noch Gläubiger sich melden können, darf die Auszahlung an die Aktionäre auch dann nicht geschehen, wenn alle Gläubiger, die sich bisher gemeldet haben, sichergestellt oder befriedigt sind. Eine frühere Zahlung geht auf Gefahr des sie anordnenden oder zulassenden Vorstands und Aufsichtsrats. Durch die verbotene Auszahlung werden die Ansprüche der Gläubiger nicht berührt.

Die *Ansprüche der Aktionäre* an die Gesellschaft aus der Kapitalherabsetzung sind bis zum Ablauf des Sperrhalbjahres *befristet* und *bedingt*, bedingt durch die Befriedigung oder Sicherstellung der Aktionäre. Im übrigen sind diese Ansprüche nach Wirksamwerden der Kapitalherabsetzung *gewöhnliche Gläubigeransprüche,* wie der Anspruch auf *festgesetzte Dividende* oder auf den Abwicklungserlös nach Auflösung der Gesellschaft, § 271. Die Aktionäre erlangen damit ein unentziehbares Recht auf das durch die Kapitalherabsetzung freigewordene Vermögen nach Maßgabe des Herabsetzungsbeschlusses und nach dem Maßstabe ihrer Beteiligung. Dieses Recht wird auch nicht dadurch beeinträchtigt, daß nachträglich neue Verluste eintreten. Insbesondere kann die Auszahlung an die Aktionäre nicht mit der Begründung verweigert werden, daß das vorhandene Vermögen zur Befriedigung neuer oder nicht geschützter Gläubiger verwendet werden müsse. *Im Konkurse der Gesellschaft* haben die Aktionäre mit diesen Ansprüchen gleichen Rang, wie die anderen nicht bevorrechtigten Gesellschaftsgläubiger, müssen also nicht hinter diesen zurücktreten, vgl. § 1 Anm. 37.

Anm. 17

2. Die Befreiung der Aktionäre von der Einlagepflicht

Eine Ergänzung zu dem Zahlungsverbot des Abs. 2 Satz 1 enthält *Abs. 2 Satz 2.* Nach ihm *wird eine Befreiung der Aktionäre von der Verpflichtung zur Leistung von Einlagen nicht vor Ablauf des Sperrhalbjahres und nicht vor Befriedigung oder Sicherstellung der Gläubiger wirksam, die sich rechtzeitig gemeldet haben.* Bis dahin bleibt die Befreiung in der Schwebe. Die Befreiung tritt auch nicht dadurch ein, daß die Kapitalherabsetzung durchgeführt wird, etwa durch entsprechende Buchungen auf den Kapitalkonten; ebensowenig tritt sie dadurch ein, daß die *Durchführung* der Kapitalherabsetzung in das Handelsregister eingetragen wird. Die Einlagen können trotzdem eingefordert werden, wenn sie zur Befriedigung oder Sicherstellung der geschützten Gläubiger erforderlich sind (ebenso Godin-Wilhelmi 10). Die Gesellschaft braucht nur darzutun, daß unbefriedigte oder nicht gesicherte und geschützte Gläubiger vorhanden sind. Sache des Aktionärs ist es, nachzuweisen, daß die Zahlung zu dem angegebenen Zwecke nicht erforderlich ist. Jedoch kann er fordern, daß die Gesellschaft die Aufschlüsse über ihre Lage gibt, die nur die Verwaltung erteilen kann. Insofern gilt das gleiche, wie wenn nach Auflösung der Gesellschaft noch rückständige Einlagen gefordert werden, vgl. § 262 Anm. 5 und die dort angegebenen Entscheidungen.

III. Ausländische Gesellschaften

Anm. 18

Die Gläubigerschutzvorschriften des deutschen Aktienrechts gelten nicht für *ausländische Aktiengesellschaften,* auch wenn sie in Deutschland eine Zweigniederlassung haben,

RG 73, 366. Jedoch können ihnen bei der Zulassung entsprechende Auflagen gemacht werden, vgl. § 12 GewO und § 1 Anm. 45.

IV. Die Durchführung der Kapitalherabsetzung

Anm. 19

Durch die Vorschriften des § 225 wird die *Durchführung der Kapitalherabsetzung* im übrigen nicht gehindert. Es können namentlich die in § 226 vorgesehenen Maßregeln, bei Kapitalherabsetzung durch Einziehung von Aktien die mit dieser verbundenen Handlungen (Erwerb der Aktien) vorgenommen werden.

§ 226 Kraftloserklärung von Aktien

(1) Sollen zur Durchführung der Herabsetzung des Grundkapitals Aktien durch Umtausch, Abstempelung oder durch ein ähnliches Verfahren zusammengelegt werden, so kann die Gesellschaft die Aktien für kraftlos erklären, die trotz Aufforderung nicht bei ihr eingereicht worden sind. Gleiches gilt für eingereichte Aktien, welche die zum Ersatz durch neue Aktien nötige Zahl nicht erreichen und der Gesellschaft nicht zur Verwertung für Rechnung der Beteiligten zur Verfügung gestellt sind.

(2) Die Aufforderung, die Aktien einzureichen, hat die Kraftloserklärung anzudrohen. Die Kraftloserklärung kann nur erfolgen, wenn die Aufforderung in der in § 64 Abs. 2 für die Nachfrist vorgeschriebenen Weise bekanntgemacht worden ist. Die Kraftloserklärung geschieht durch Bekanntmachung in den Gesellschaftsblättern. In der Bekanntmachung sind die für kraftlos erklärten Aktien so zu bezeichnen, daß sich aus der Bekanntmachung ohne weiteres ergibt, ob eine Aktie für kraftlos erklärt ist.

(3) Die neuen Aktien, die an Stelle der für kraftlos erklärten Aktien auszugeben sind, hat die Gesellschaft unverzüglich für Rechnung der Beteiligten zum amtlichen Börsenpreise durch Vermittlung eines Kursmaklers und beim Fehlen eines Börsenpreises durch öffentliche Versteigerung zu verkaufen. Ist von der Versteigerung am Sitz der Gesellschaft kein angemessener Erfolg zu erwarten, so sind die Aktien an einem geeigneten Ort zu verkaufen. Zeit, Ort und Gegenstand der Versteigerung sind öffentlich bekanntzumachen. Die Beteiligten sind besonders zu benachrichtigen; die Benachrichtigung kann unterbleiben, wenn sie untunlich ist. Bekanntmachung und Benachrichtigung müssen mindestens zwei Wochen vor der Versteigerung ergehen. Der Erlös ist den Beteiligten auszuzahlen oder, wenn ein Recht zur Hinterlegung besteht, zu hinterlegen.

Übersicht:

I. Die Zusammenlegung

Anm. 1

1. Keine Anwendung auf die Zusammenlegung zum Zwecke der Vereinigung von Aktienrechten

§ 226 entspricht abgesehen von sprachlichen Änderungen § 179 AktG 1937. In Abs. 2 ist der Satz 4 zur Klarstellung neu aufgenommen worden, s. Anm. 20. Die Vorschrift regelt die *Durchführung* der Herabsetzung des Grundkapitals durch *Zusammenlegung von Aktien.* Sie verleiht zu diesem Zwecke der Aktiengesellschaft das Recht nicht, wenn die Zusammenlegung von Aktien nicht zum Zwecke der Durchführung einer Kapitalherabsetzung, sondern zu einem anderen Zwecke erfolgen soll, z. B. wenn nur die Zahl der Aktien vermindert und damit deren Nennwert erhöht werden soll, etwa in der Weise, daß aus fünf Aktien zu 200 eine solche von 1000 DM Nennwert gebildet wird. Eine derartige freiwillige *Vereinigung von Aktienrechten,* die zweckmäßig nicht als Zusammenlegung bezeichnet wird, da der Begriff der Zusammenlegung vom Gesetz nur für das Mittel der Durchführung einer Kapitalherabsetzung verwendet wird, kann, wenn die Satzung sie nicht vorsieht, nicht einseitig durch die Gesellschaft, auch nicht durch Beschluß der Hauptversammlung vorgenommen werden. *Sie kann nur mit Zustimmung aller beteiligten Aktionäre erfolgen.* Denn eine Stückelung der Aktien in die satzungsmäßigen Nennbeträge (vgl. §§ 8 und 23 Abs. 3 Ziff. 4) ist dem Aktienrecht wesentlich und das Recht des Aktionärs, in dieser Weise beteiligt zu sein und damit die Möglichkeit zu haben, die Stücke einzeln zu veräußern, ist ein *unentziehbares allgemeines Mitgliedsrecht* (vgl. § 8 Anm. 16). Auch Godin-Wilhelmi 2 und Schlegelberger AktG 1937 § 8 Anm. 16 halten die Zustimmung der betroffenen Aktionäre für erforderlich. Nur in den im Gesetz besonders genannten Fällen, zu denen zwar die Kapitalherabsetzung, nicht aber eine gewöhnliche Vereinigung mehrerer Aktien in eine einzige gehört, kann dieses Recht auch ohne Zustimmung des Betroffenen aufgehoben werden. Da der Nennwert der Aktien auch durch die bloße Vereinigung mehrerer Aktienrechte geändert wird, bedarf sie einer *Satzungsänderung* nach den für diese geltenden Vorschriften, §§ 179ff. Um die Aktienurkunden mit der Rechtsänderung in Übereinstimmung zu bringen, können ähnliche Maßnahmen erforderlich sein, wie in § 226 vorgesehen (Umtausch, Abstempelung). Zu diesem Zweck kann auch eine Einreichung bei der Gesellschaft geboten sein. Es kann aber *nicht eine Kraftloserklärung* der Aktien ausgesprochen werden. Die Gesellschaft kann die erforderlichen Maßnahmen nur vornehmen, wenn ihr die Aktien freiwillig zur Verfügung gestellt werden; rechtlich möglich wäre höchstens, daß durch eine Vereinbarung aller Aktionäre über die Vereinigung der Aktienrechte eine schuldrechtliche Verpflichtung zur Einreichung der Aktienurkunden begründet würde, vgl. § 328 BGB. Wenn man aber auch einen mit satzungsänderndernder Mehrheit gefaßten Beschluß über die Änderung des Nennwerts der Aktien unter Vereinigung mehrerer Aktienrechte ohne Zustimmung aller betroffenen Aktionäre für wirksam ansehen würde, so würde sich daraus doch nicht das Recht der Gesellschaft zur Kraftloserklärung von Aktien nach Maßgabe des § 226 insbesondere mit den in Abs. 3 geordneten Befugnissen der Gesellschaft ergeben. Dieses Recht hat die Gesellschaft nur in den im Aktiengesetz besonders genannten Fällen. Auch eine Kraftloserklärung nach § 73 ist bei der bloßen Vereinigung mehrerer Aktienrechte nicht zulässig, vgl. § 73 Anm. 2.

Anm. 2

2. Keine Anwendung auf die Nennwertherabsetzung und Einziehung von Aktien

Die Befugnis der Gesellschaft zur Kraftloserklärung *nach den Vorschriften des* § 226 besteht auch nicht, wenn zwar eine Kapitalherabsetzung beschlossen ist, diese aber in anderer Weise als durch Zusammenlegung erfolgen soll, nämlich durch *Herabsetzung des Nennwerts* oder durch *Einziehung von Aktien.* In diesen Fällen kennt das Gesetz zwar ebenfalls eine Kraftloserklärung von Aktien durch die Gesellschaft. Sie richtet sich aber nach den besonderen Vorschriften des § 73. Sie bedarf insbesondere auch der Genehmigung des Gerichts, § 73 Abs. 1 Satz 1, die im Falle des § 226 nicht notwendig ist.

Anm. 3

3. Sinngemäße Anwendung bei Verschmelzung und Umwandlung

§ 226 gilt sinngemäß bei der Verschmelzung, wenn nach dem Umtauschverhältnis Aktien zusammengelegt werden müssen; § 346 Abs. 7. Entsprechendes gilt bei der Umwandlung, §§ 373, 382, 385.

Anm. 4

4. Voraussetzungen der Zusammenlegung

Die Kapitalherabsetzung *muß* durch Zusammenlegung von Aktien geschehen, wenn sie nicht durch Einziehung von Aktien erfolgt und wenn bei Herabsetzung des Nennwertes der Mindestnennbetrag der Aktie, § 8, nicht innegehalten werden kann, § 222 Abs. 4 Nr. 2 s. dort Anm. 16.

Anm. 5

Anderseits ist die Zusammenlegung auch *nur zulässig*, soweit der Mindestnennbetrag der Aktie nicht innegehalten werden kann. Die Zusammenlegung setzt ferner voraus, daß der Herabsetzungsbeschluß diese Art der Kapitalherabsetzung bedingt oder unbedingt anordnet (§ 222 Abs. 4 S. 2, s. dort Anm. 10).

Anm. 6

5. Der Vollzug der Zusammenlegung

a) Rechtliche Bedeutung

Die besondere Regelung der Kraftloserklärung im Falle der Kapitalherabsetzung durch Zusammenlegung erklärt sich aus der rechtlichen Eigenart dieser Kapitalherabsetzung. Bei der Kapitalherabsetzung durch *Herabsetzung des Nennbetrages* der Aktien ist mit dem Eintritt der Wirksamkeit der Kapitalherabsetzung, d. i. regelmäßig mit der Eintragung des Herabsetzungsbeschlusses, § 224, nicht nur das Grundkapital der Aktiengesellschaft herabgesetzt. Die Einwirkung dieser Herabsetzung auf den Bestand und Umfang der einzelnen Aktienrechte ist damit auch sofort automatisch vollzogen und klargestellt. Das einzelne Aktienrecht besteht nur noch für eine Einlage, die sich bei Verteilung des neuen Grundkapitals auf alle Aktien ergibt. Der überschießende Teil der Einlage ist damit ohne weiteres vernichtet. Eine Aktie über 1500 DM Nennwert entspricht z. B. bei einer Kapitalherabsetzung um ein Drittel künftig nur einer Einlage von 1000 DM. Damit ist der Umfang und Inhalt des einzelnen Aktienrechts unzweideutig bestimmt und damit die einzelne Aktie auch im Nennwert herabgesetzt. Nur der Inhalt der Aktien*urkunde* ist durch die Veränderung der rechtlichen Verhältnisse unrichtig geworden. *Nur die Urkunde bedarf der Berichtigung.* Diese erfolgt in dem in § 73 geordneten Verfahren. Die dort vorgesehene Kraftloserklärung berührt nur die Urkunde, nicht das Aktienrecht des Aktionärs, das bereits mit der Wirksamkeit der Kapitalherabsetzung seinen endgültigen neuen Inhalt erhalten hat. Deshalb ist auch die neue, richtige Aktienurkunde dem bisherigen Inhaber des Aktienrechts auszuhändigen oder für ihn zu hinterlegen. Die Gesellschaft kann über die Urkunde eine weitere Verfügung nicht treffen, sie auch nicht mit dem Aktienrecht, wie im Falle des § 226 (Abs. 3) veräußern.

Bei der Kapitalherabsetzung durch *Zusammenlegung* wird zwar ebenfalls schon mit der Wirksamkeit der Kapitalherabsetzung auch alsbald das einzelne Aktienrecht in seinem Inhalt umgestaltet. Da die Summe der Nennwerte aller Aktien nicht größer sein kann als das Grundkapital, muß mit der Herabsetzung des Grundkapitals automatisch auch der Anteil der einzelnen Aktie am Grundkapital sich auf den Betrag ermäßigen, der der neuen Grundkapitalziffer entspricht. Deshalb wird auch bei dieser Art der Kapitalherabsetzung der überschießende Teil der Einlage alsbald vernichtet. *Der wesentliche Unterschied zur Kapitalherabsetzung durch Nennwertsherabsetzung besteht aber darin, daß bei der Kapitalherabsetzung durch Zusammenlegung mit der Wirksamkeit der Kapitalherabsetzung die Änderung der einzelnen* Aktienrechte erst eingeleitet, aber noch nicht vollendet ist. Erst am Ende der eingeleiteten Rechtsentwicklung steht die endgültige Gestaltung der einzelnen Aktienrechte. *Die Zusammenlegung im Sinne der Vorschriften über die Kapitalherabsetzung ist somit der Rechtsvorgang, der nach Eintritt der Herabsetzung des Grundkapitals einsetzt. Er besteht in bestimmten Rechtshandlungen der Gesellschaft, durch die das einzelne Aktienrecht seine endgültige Gestalt erhält.* Die Entwicklung ist beendigt, wenn die Zusammenlegung als Rechtsvorgang ausgeführt ist. Dann sind die Aktien „zusammengelegt". Unter dem Rechtsbegriff der Zusammenlegung ist somit einmal der Vorgang zu verstehen, der die Vereinigung mehrerer Aktienrechte zu einem einzigen bewirkt, wie auch der Zustand, der durch die Zusammenlegungshandlung eintritt (ein ähnlicher Doppelsinn findet sich bei den aktienrechtlichen Rechtsbegriffen der Auflösung, § 262, und der Verschmelzung, § 339).

Anm. 7

b) Notwendigkeit

Obwohl es das Aktiengesetz nicht ausdrücklich ausspricht, sind nach Eintritt der Rechtswirksamkeit der Kapitalherabsetzung die Zusammenlegungshandlungen vorzunehmen. Diese Handlungen sind schon deshalb unentbehrlich, weil in einem Verfahren festgestellt werden muß, welche Aktien dazu zu verwenden sind, um eine bestimmte neue Aktie zu bilden und wem die einzelne neue Aktie zuzuteilen ist. Besonders dann erweist sich ein solches Verfahren als erforderlich, wenn der einzelne Aktionär nicht so viele Aktien besitzt, als zur Bildung einer neuen Aktie erforderlich sind, oder wenn bei ihn ein unverwertbares Aktienrecht übrigbleibt. Es bedarf dann einer auf Bildung eines neuen Aktienrechts gerichteten Handlung der Gesellschaft, durch die zugleich die alten Aktienrechte in ihrer bisherigen Gestalt des Schwebezustandes *endgültig vernichtet* werden. Der Vorgang ist dem der Einziehung zu vergleichen, für die § 238 Satz 3 ausdrücklich eine auf Vernichtung der Rechte aus bestimmten Aktien gerichtete Handlung der Gesellschaft fordert.

Anm. 8

Da die Zusammenlegung die Umgestaltung der einzelnen Aktienrechte zum Gegenstand hat, ist die Änderung der Aktien*urkunden* nur die notwendige Folge der Umgestaltung des Aktienrechts. *Die Zusammenlegung ist deshalb auch zulässig, wenn überhqupt keine Aktienurkunden ausgegeben sind.* Nur fallen dann die mit dem Vorhandensein von Aktienurkunden verbundenen Maßnahmen fort. Es bedarf also keiner Kraftloserklärung. Im übrigen gelten auch hier die gleichen Vorschriften wie bei der Zusammenlegung anderer Aktienrechte. Die Zusammenlegung findet auch statt, wenn *Namensaktien* ausgegeben sind. Sie muß auch möglich sein, wenn erst *Zwischenscheine* ausgegeben sind, da diese bis zur Ausgabe der Aktien an deren Stelle treten.

Anm. 9

c) Aufgabe des Vorstands

Die Aktionäre können auf Vollzug der Zusammenlegung klagen. Der Vollzug ist *Aufgabe des Vorstandes.* Er muß die Zusammenlegung ebenso ausführen, wie einen anderen Beschluß, den die Hauptversammlung innerhalb der Grenzen ihrer Zuständigkeit gefaßt hat, § 83 Abs. 2 vgl. § 93 Anm. 36—38; § 222 Anm. 8. Hat die Hauptversammlung, was zulässig, aber nicht nötig ist, vgl. § 222 Anm. 10, die Art des Vollzugs im Herabsetzungsbeschlusse oder in einem besonderen Beschlusse vorgeschrieben, so hat der Vorstand auch diese Vorschriften zu befolgen. Denn die Kapitalherabsetzung und deren Ausgestaltung ist keine Aufgabe der nur dem Vorstand obliegenden Geschäftsführung im Sinne des § 119 Abs. 2.

Anm. 10

6. Die Ausübung der Aktienrechte bis zum Vollzug

Das Gesetz schreibt nicht ausdrücklich vor, daß und innerhalb welcher Frist die Zusammenlegung durchzuführen ist. Aus dem Zweck der Kapitalherabsetzung und deren Wirkungen, wenn sie durch Zusammenlegung erfolgen soll, ergibt sich aber, daß die Zusammenlegung *ohne schuldhaftes Zögern* ausgeführt werden muß. Dies liegt zunächst im Interesse der Gesellschaft. Diese muß tunlichst darüber im klaren sein, wer künftig ihre Aktionäre sind und wem die Aktienrechte (z. B. Stimmrecht, Anfechtungsrecht, Anspruch auf Dividende) zustehen. Aber auch die Belange der Aktionäre erfordern baldige Klarstellung. *Zwar muß man annehmen, daß die Aktionäre in der Zeit zwischen Wirksamwerden der Kapitalherabsetzung und Vollzug der Zusammenlegung noch auf Grund der alten Aktienurkunden das Aktienrecht ausüben dürfen, und zwar so lange, bis ihnen neue Aktienurkunden zur Verfügung gestellt werden, und daß sie darin nur insofern beschränkt sind, als sich dies notwendig aus der Kapitalherabsetzung ergibt* (so daß sie z. B. nur mit dem Betrage stimmberechtigt sind, der sich nach der Kapitalherabsetzung für ihre Aktie errechnet). Denn es würde einer vernünftigen Auslegung des Gesetzes widersprechen, wenn während der unvermeidlichen mehrmonatigen Dauer des Verfahrens der Kraftloserklärung nicht eingereichter oder zur Verwertung zur Verfügung gestellter Aktien keine Hauptversammlung abgehalten werden könnte, weil etwa wegen völliger Zersplitterung des Aktienbesitzes bei keinem Aktionär die Zusammenlegung alsbald durchgeführt werden könnte. Deshalb muß auch in der Zwischenzeit und *solange, bis ihnen neue oder berichtigte Aktienurkunden gegen ihre alten zur Verfügung gestellt werden,* den Aktionären das Stimmrecht mit ihren bisherigen Aktien eingeräumt werden, jedenfalls soweit es auch unter Berücksichtigung der Kapitalherabsetzung mit ihrem gesamten Aktienbesitz zur Ausübung einer oder mehrerer Stimmen ausreicht; vgl. zu der Streitfrage § 224 Anm. 3.

Das Vorstehende gilt aber auch, wenn sich eine sogenannte „Spitze" in der Hand eines einzelnen Aktionärs befindet, der auf ihn entfallende Teil also nach dem Wirksamwerden der Kapitalherabsetzung (§ 224) geringer als der Mindestnennbetrag ist. Auch dieser Aktionär hat noch bis zum Vollzug der Zusammenlegung die seinem Teil entsprechenden Rechte, so auch den Bruchteil einer Stimme; Godin-Wilhelmi 4, Siebel NJW 52, 330.

Der *Anspruch auf die neuen Aktien* entsteht mit der Wirksamkeit des Herabsetzungsbeschlusses, also in der Regel mit dessen Eintragung; Holdheim 04, 111. Dann muß auch die Möglichkeit gegeben sein, die neuen Rechte auszuüben. Notfalls muß sie durch Ausgabe von Ausweisen des Vorstandes (*Zwischenscheine* auf Namen), § 10 Abs. 3, 4 ermöglicht werden. Auch die Hinterlegung der alten Aktien muß als solche nach § 123 Abs. 2

zugelassen werden und die Ausübung des Stimmrechts ermöglichen. Müßten wichtige Beschlüsse mit den Stimmen weniger Aktionäre, die sonst nicht über die Mehrheit verfügen, gefaßt werden, so würden dadurch nicht nur die Belange der Gesellschaft gefährdet. Auch die einzelnen Aktionäre würden dadurch in der Ausübung ihres Aktienrechts beeinträchtigt. Ebenso wäre die Veräußerung der Aktien erschwert. Daraus folgt ebenfalls die Notwendigkeit der unverzüglichen Ausführung der Zusammenlegung.

Anm. 11

7. Die Art der Zusammenlegung

Das Gesetz enthält keine besonderen Vorschriften hierüber. Aus ihrem Ziel, mehrere bisher selbständige Aktienrechte zu einem einzigen zu vereinigen, ergibt sich aber die Art der Ausführung. Die Gesellschaft führt *den aktienrechtlichen Akt der Zusammenlegung* dadurch aus, daß sie durch den Vorstand beschließt, daß mehrere bisher selbständige Aktienrechte künftig ein neues Aktienrecht darstellen. Wirksam wird der Beschluß dadurch, daß er den beteiligten Aktionären mitgeteilt wird. Die Zusammenlegung ist somit regelmäßig eine empfangsbedürftige Willenserklärung. Diese Art der Zusammenlegung ist ohne weiteres möglich, wenn keine Aktienurkunden ausgegeben sind. Die Gesellschaft braucht dann nur die nötigen Umbuchungen vorzunehmen und den einzelnen Aktionären, die ihr bekannt sein müssen, mitzuteilen, auf welchen Betrag künftig ihr Aktienrecht lautet. Sind *Aktienurkunden* ausgegeben, so ergibt sich aus dem Wesen der Aktienurkunde als Rechtsträger des darin verbrieften Rechtes eine Schwierigkeit. Sie besteht namentlich dann, wenn es sich um *Inhaberaktien* handelt und die Gesellschaft die Person der Aktionäre nicht kennt. Dann kann die Gesellschaft die einzelnen Aktien nur zusammenlegen, wenn ihr die Aktienurkunden zur Verfügung stehen und wenn sie so in die Lage versetzt wird, die unrichtig gewordenen Urkunden zu berichtigen oder durch neue zu ersetzen. Diese Art der Zusammenlegung ist auch dann nötig, wenn die *Aktien auf Namen lauten.* Zwar könnte die Gesellschaft dann die Namen der Aktionäre aus dem Aktienbuch entnehmen und die dort eingetragenen von der Zusammenlegung in Kenntnis setzen. Sie könnte sich insofern darauf berufen, daß *im Verhältnis zur Gesellschaft* als Aktionär gilt, wer als solcher im Aktienbuch eingetragen ist, § 67 Abs. 2. Zur Ausübung des Aktienrechts gehört aber auch hier die Aktienurkunde. Das Aktienrecht kann auch ohne Eintragung im Aktienbuch, auch durch Indossement wirksam übertragen werden, § 68 Abs. 1. Deshalb ist zur Zusammenlegung auch die Urkunde vorzulegen und zu berichtigen.

Anm. 12

Stellen die Aktionäre der Gesellschaft *freiwillig* ihre Aktienurkunden zur Verfügung, und zwar jeder so viel, daß auf ihn nach dem Zusammenlegungsschlüssel (z. B. von 3 zu 2) eine oder mehrere neue Aktien entfallen, so kann die Zusammenlegung so vor sich gehen, daß die Gesellschaft an Stelle der alten Aktienurkunden neue mit neuem Inhalt ausgibt. Die neue Urkunde muß ergeben, wie sich das Aktienrecht nach der Zusammenlegung gestaltet, insbesondere auf welchen Nennbetrag es künftig lautet. Ist dies geschehen, so ist damit die Zusammenlegung ausgeführt. Wenn das Gesetz in Abs. 1 von Zusammenlegung *durch Umtausch, Abstempelung oder durch ein ähnliches Verfahren* spricht, so handelt es sich dabei nur um die technische Durchführung der Zusammenlegung durch Ausgabe von Urkunden, die das zusammengelegte Recht verbriefen oder beurkunden. Die neue Verbriefung kann — wie das Gesetz beispielsweise anführt — in der Weise geschehen, daß die alten Urkunden gegen völlig neue umgetauscht werden, oder daß die alten Aktienurkunden abgestempelt werden. Wird der Weg der Abstempelung gewählt, so kann nur der dem Zusammenlegungsschlüssel entsprechende Teil der alten Urkunden (bei Zusammenlegung von 3:2 nur zwei) zurückgegeben werden. Der Stempelaufdruck auf diesen muß den neuen Inhalt des zusammengelegten Aktienrechts ergeben. Die nicht wieder auszugebende Aktienurkunde kann durch Stempelaufdruck als wertlos gekennzeichnet oder vernichtet werden. Sie kann aber auch mit entsprechendem Aufdruck zur Verbriefung eines neuen Aktienrechts verwendet werden, z. B. dann, wenn an Stelle der für kraftlos erklärten Aktien nach Abs. 3 neue Aktien ausgegeben werden, oder wenn später oder gleichzeitig eine Kapitalerhöhung stattfindet. Statt des Umtausches oder der Abstempelung kann auch ein anderes Verfahren gewählt werden, durch das der gleiche Zweck erreicht wird.

Anm. 13

Werden die Aktien zum Zwecke des Umtausches, der Stempelung, oder eines ähnlichen Verfahrens eingereicht, so sind auch die bereits ausgegebenen *Dividendenscheine* mit einzureichen. Ist dies geschehen, so haben die Aktionäre einen klagbaren Anspruch auf Aushändigung neuer (oder berichtigter) Aktienurkunden und auf Auszahlung des Erlöses verwerteter Aktien.

II. Die Kraftloserklärung, Abs. 1 und 2

Anm. 14

1. Zwingendes Recht

Sollen zur Ausführung der Herabsetzung des Grundkapitals Aktien durch Umtausch, Abstempelung oder ein ähnliches Verfahren zusammengelegt werden, so kann die Gesellschaft die Aktien für kraftlos erklären, die trotz Aufforderung nicht bei ihr eingereicht worden sind. Gleiches gilt für eingereichte Aktien, welche die zum Ersatz durch neue Aktien nötige Zahl nicht erreichen und der Gesellschaft nicht zur Verwertung für Rechnung der Beteiligten zur Verfügung gestellt sind, Abs. 1.

Die Vorschriften des § 226 über die Kraftloserklärung sind *zwingenden Rechts.* Die Kraftloserklärung stellt, wie die Kapitalherabsetzung selbst, einen außerordentlichen Eingriff in die Rechte der Aktionäre dar. Dieser Eingriff kann nur in der im Gesetz vorgesehenen Weise erfolgen. Die Satzung kann deshalb nicht bestimmen, daß die Kraftloserklärung von Aktien auch ohne Einhaltung der Sicherungsvorschriften des § 226 erfolgen könne. Eine derartige Satzungsbestimmung wäre nichtig, da sie gegen im öffentlichen Interesse gegebene Vorschriften verstoßen würde. Die Satzung kann die Kraftloserklärung nur erschweren. Sie kann sie jedoch nicht ganz verbieten, da die Einrichtung der Kraftloserklärung im öffentlichen Interesse nötig ist. Die Aktionäre können aber auf die Einhaltung der Vorschriften *verzichten.*

Anm. 15

Die Kraftloserklärung findet nur statt, wenn zuvor die Kapitalherabsetzung wirksam geworden ist, § 224.

Anm. 16

2. Behandlung von Spitzen (Abs. 1 Satz 2)

Die Kraftloserklärung ist nur zulässig, wenn die Aktionäre von der Gesellschaft *aufgefordert* worden sind, ihre Aktien bei der Gesellschaft einzureichen (vgl. Anm. 17). Die Aufforderung muß an alle Aktionäre gerichtet sein, deren Aktienrechte durch die Zusammenlegung betroffen werden, gleichgültig, ob sie die zum Umtausch in eine neue Aktie erforderliche Zahl alter Aktien oder nur eine geringere Anzahl besitzen. Der Aktionär, dessen eingereichte Aktien nicht zum Ersatz durch eine neue Aktie ausreichen, der sogenannte „*Spitzen*" hat (Anm. 10 Abs. 2), muß sie der Gesellschaft zur *Verwertung für Rechnung der Beteiligten* zur Verfügung stellen, um die Kraftloserklärung mit dem damit verbundenen Kostenaufwand zu vermeiden (Abs. 1 Satz 2). Regelmäßig wird davon auszugehen sein, daß die Aktionäre, die auf Aufforderung ihre Aktien zum Zwecke der Zusammenlegung einreichen, auch mit der Verwertung durch die Gesellschaft *einverstanden* sind, wenn die eingereichten Aktien zur Zuteilung eines neuen Aktienrechts nicht ausreichen. Das Gegenteil müßten sie unzweideutig erklären. Es können alle Aktien für kraftlos erklärt werden, die tatsächlich innerhalb der bestimmten Frist nicht eingereicht sind, auch wenn der einzelne Aktionär die zum Ersatz durch eine neue Aktie erforderliche Zahl alter Aktien besitzt und der Gesellschaft dies bekannt ist; ebenso diejenigen Aktien, die eingereicht sind, aber nicht zur Zuteilung eines neuen Aktienrechts ausreichen, wenn bei der Einreichung unzweideutig erklärt ist, daß der Aktionär mit der Verwertung durch die Gesellschaft *nicht einverstanden* ist. Da es sich um einen außerordentlichen Rechtsbehelf handelt, wird die Gesellschaft von ihm nur Gebrauch machen dürfen, *wenn auf andere Weise die Zusammenlegung nicht durchgeführt werden kann.* Die Gesellschaft kann es auch in erster Linie den Aktionären, die nicht über die zum Umtausch erforderliche Zahl von Aktien verfügen, überlassen, sich die nötige Zahl zuzukaufen, oder ihre Aktien an andere Aktionäre zu verkaufen. Durch entsprechende Vereinbarungen mit anderen Aktionären können die Aktionäre auch erreichen, daß sie in der Zeit bis zur Durchführung der Zusammenlegung ihr Stimmrecht und die sonstigen Aktionärrechte ausüben können (vgl. Siebel NJW 52, 330).

Anm. 17

3. Verfahren

Das Verfahren der Kraftloserklärung. Während Abs. 1 die sachlichen Voraussetzungen der Kraftloserklärung regelt, ordnet Abs. 2 das Verfahren. Die eine sachliche Voraussetzung bildende *Aufforderung zur Einreichung der Aktien muß die Kraftloserklärung androhen. Die Kraftloserklärung kann nur erfolgen, wenn die Aufforderung nach § 11 Abs. 2 in den Gesellschaftsblättern bekanntgemacht worden ist.* Die Androhung hat nur Bedeutung und ist nur insofern erforderlich, als die Aktien nicht schon ohne Androhung auf gewöhnliche Aufforderung eingereicht sind. Die so eingereichten Aktien kann die Gesellschaft ohne weiteres zusammenlegen (Anm. 11—13); die „Spitzen" kann sie verwerten, wenn gegen die Verwertung kein Widerspruch erhoben ist (Anm. 16). Die *Androhung* entspricht zweckmäßig dem Wortlaut des Abs. 2 Satz 1; sie muß unzweideutig dahin lauten, daß die Kraftloserklärung der Aktien erfolge, wenn sie nicht *innerhalb einer in der Bekanntmachung angegebenen Frist* zur Zusammenlegung oder Verwertung eingereicht werden. Eine unbestimmte Erklärung, etwa dahin, daß nach Fristablauf nach Maßgabe des Gesetzes verfahren werde, genügt nicht. Die Aufforderung muß dreimal in den Gesellschaftsblättern bekanntgemacht werden. Die erste *Bekanntmachung* muß mindestens drei Monate, die letzte mindestens einen Monat vor Fristablauf ergehen. Abs. 2 stimmt, abgesehen von der Vorschrift über den Hinweis auf die Genehmigung des Gerichts, die im Falle des § 226 nicht erforderlich ist, mit § 73 Abs. 2 überein. Wie bei der dort geordneten Kraftloserklärung unrichtig gewordener Aktienurkunden genügt es auch hier, daß bei *gebundenen Namensaktien* an Stelle der öffentlichen Bekanntmachung durch die Gesellschaftsblätter die einmalige *Einzelaufforderung* mit einmonatiger Frist an die aus dem Aktienbuch ersichtlichen Aktionäre erfolgt, § 64 Abs. 2 Satz 4; vgl. § 73 Anm. 3; ebenso Baumbach-Hueck 4, Godin-Wilhelmi 11; Schlegelberger AktG 1937 § 179 Anm. 8. Die Frist zur Einreichung bestimmt der Vorstand unter Berücksichtigung der Vorschriften des § 64 Abs. 2 über die einzuhaltenden Bekanntmachungsfristen. Die Frist kann auch schon im Kapitalherabsetzungsbeschluß durch die Hauptversammlung bestimmt werden. Diese Bestimmung ist dann für den Vorstand bindend, RG 80, 83.

Anm. 18

4. Verpflichtung des Vorstands zur Kraftloserklärung

Sind die sachlich- und verfahrensrechtlichen Voraussetzungen der Absätze 1 und 2 erfüllt, so kann die Gesellschaft die *Kraftloserklärung* vornehmen. Zweifelhaft ist, ob damit nur der Gesellschaft *eine Befugnis eingeräumt ist* (so Schlegelberger AktG 1937, § 179 Anm. 5), oder ob die Gesellschaft auch *verpflichtet* ist, die Kraftloserklärung auszusprechen. Die Aktionäre, deren Aktien für kraftlos erklärt werden, haben jedenfalls keinen klagbaren Anspruch auf die Kraftloserklärung. Sie können ihre Belange dadurch wahren, daß sie ihre Aktien auf Aufforderung bei der Gesellschaft einreichen und soweit es sich um „Spitzen" handelt, sie der Gesellschaft zur Verwertung zur Verfügung stellen. Die anderen Aktionäre haben ebenfalls kaum ein Interesse an der Kraftloserklärung der fremden Aktien. Dagegen wird es im Interesse der Gesellschaft selbst liegen, daß die Aktienrechte bereinigt werden. Deshalb ist es regelmäßig Pflicht des Vorstandes *gegenüber der Gesellschaft*, diese Bereinigung herbeizuführen.

Anm. 19

5. Folgen der Nichteinreichung

Die Gesellschaft kann lediglich die alten Aktien für kraftlos erklären. *Ein anderer Rechtsnachteil kann an die Nichteinreichung der alten Aktien nicht geknüpft* und auch nicht rechtswirksam angedroht werden. Die Gesellschaft kann insbesondere nicht im Kapitalherabsetzungsbeschluß den alten Aktionären für den Fall der Säumigkeit in der Einreichung ihrer Aktien das Aktienrecht ohne Abfindung oder das Dividendenrecht oder das Stimmrecht schlechthin entziehen, RG 37, 131; 38, 99. Dagegen muß ihr das Recht zustehen, die alten Aktionäre nach Fristablauf nicht mehr mit den alten Aktien zur Hauptversammlung zuzulassen. Sobald sie aber ihre Aktien nachträglich einreichen und soweit auf ihre Aktien ein neues Aktienrecht entfällt, müssen sie zugelassen werden.

Anm. 20

6. Eintritt der Wirksamkeit (Abs. 2 Satz 3)

Die Kraftloserklärung erfolgt durch den Vorstand. Er ist dazu auf Grund seiner Aufgabe, den wirksam gewordenen Kapitalherabsetzungsbeschluß durchzuführen, berufen. Die Kraftloserklärung ist, wie die Kapitalherabsetzung und Zusammenlegung, ein *körperschaftsrechtlicher Akt.* Sie stellt eine einseitige, nicht empfangsbedürftige Willenserklärung dar, Godin-Wilhelmi 12. Nach Abs. 2 Satz 3 geschieht die Kraftloserklärung durch — einmalige — *Bekanntmachung* in den Gesellschaftsblättern (§ 25). Die Bekanntmachung muß die für kraftlos erklärten Aktien so bezeichnen, daß sich aus ihr ohne weiteres ergibt, ob eine Aktie für kraftlos erklärt ist. Das sagt jetzt Abs. 2 Satz 4 ausdrücklich. Es darf über die Identität kein Zweifel bestehen. In der Regel genügt die Angabe der Aktiennummern. Mit der Bekanntmachung im letzten Gesellschaftsblatt ist der Beschluß *wirksam.* Die Bekanntmachung ist auch erforderlich, wenn *gebundene Namensaktien* ausgegeben sind. Wenn man auch bei dieser Art von Aktien die Aufforderung *zur Einreichung* der Aktie durch öffentliche Bekanntmachung für entbehrlich hält, vgl. Anm. 17, weil sich diese Aufforderung nur an die aus dem Aktienbuch bekannten Inhaber der Aktien richtet, und deren Belange durch eine persönliche Aufforderung gewahrt werden, so gilt gleiches nicht für die Kraftloserklärung selbst. Hier sollen nicht nur die betroffenen Aktionäre von der Kraftloserklärung in Kenntnis gesetzt, es sollen auch Dritte, insbesondere Banken, in die Lage versetzt werden, zu prüfen, ob ihnen angebotene Aktien nicht für kraftlos erklärt worden sind. Durch die Bekanntmachung wird auch der Zeitpunkt des Kraftloswerdens der Aktien eindeutig bestimmt.

Anm. 21

7. Gleichbehandlung der Aktionäre

Nach dem *Grundsatz der Gleichbehandlung der Aktionäre* darf das Verfahren nur gegen alle Aktionäre durchgeführt werden, die von dem Kapitalherabsetzungsbeschluß betroffen sind.

Anm. 22

8. Kraftloserklärung im Konkurs

Nach *Konkurseröffnung* ist die Zusammenlegung und damit auch die Kraftloserklärung von Aktien Aufgabe des Konkursverwalters. Wenn der Konkurs voraussichtlich zu einer Vollbeendigung der Gesellschaft führt, vgl. §§ 262 ff., so wird ihre Durchführung regelmäßig nicht erforderlich sein, da dann das etwaige Restvermögen an die Aktionäre auszuschütten ist.

Anm. 23

9. Die Wirkung der Kraftloserklärung

Mit dem Wirksamwerden der Kraftloserklärung wird die Aktienurkunde ungültig. Sie verliert damit ihre Eigenschaft als Trägerin des Aktienrechts. Die auf Grund der Aktienurkunde künftig vorgenommene Übertragung des Aktienrechts ist wirkungslos auch gegenüber dem gutgläubigen Erwerber. Die noch nicht fälligen Dividendenscheine und die Erneuerungsscheine werden nichtig. Gegenüber der Gesellschaft können aus der Urkunde keine Rechte mehr hergeleitet werden. Sie dient nur noch als Legitimation für den Empfang des Erlöses aus der Verwertung der an Stelle der kraftlos gewordenen getretenen neuen Aktien (vgl. Abs. 3). Mit der Kraftloserklärung erlangt die Gesellschaft das Recht, eine neue Aktienurkunde auszugeben, die das *zusammengelegte* neue Aktienrecht verbrieft. *Sobald sie von diesem Recht Gebrauch macht, ist die Zusammenlegung rechtlich vollzogen*: die Gesellschaft hat nunmehr das Recht, die neue Aktie zu veräußern und dadurch den neuen Träger des Aktienrechts zu bestimmen. Solange die Veräußerung noch nicht vollzogen ist, kann aber der *bisherige Aktionär* gegen Zurverfügungstellung der erforderlichen alten Aktien die *Übertragung* der neuen Aktien durch Übergabe der Aktienurkunde *fordern*. Dieses Recht ist weder durch den Ablauf der Einreichungsfrist noch durch das Wirksamwerden der Kraftloserklärung erloschen: *die Einreichungsfrist hat insbesondere nicht den Charakter einer Ausschlußfrist*. Die Fristsetzung und das weitere Verfahren soll die Gesellschaft nur in die Lage versetzen, die Bereinigung der Aktienrechte durchzuführen. Dieses Ziel wird aber auch dann erreicht, wenn der zuerst säumige Aktionär später der Gesellschaft die nötigen Aktien zur Verfügung stellt; ebenso Godin-Wilhelmi 12.

III. Die Ausgabe neuer Aktien und deren Verwertung, Abs. 3

Anm. 24

1. Verpflichtung der Gesellschaft zur Ausgabe und Verwertung

Die an Stelle der für kraftlos erklärten Aktien auszugebenden neuen Aktien hat die Gesellschaft unverzüglich für Rechnung der Beteiligten zum amtlichen Börsenpreise durch Vermittlung eines Kursmaklers oder beim Fehlen eines Börsenpreises durch öffentliche Versteigerung zu verkaufen, Abs. 3 Satz 1. Die Notwendigkeit der Vorschrift ergibt sich einmal daraus, daß das Recht zur Kraftloserklärung der Gesellschaft nur eingeräumt ist, um die sonst nicht mögliche Zusammenlegung und Bereinigung der Aktienrechte zu ermöglichen. Weiter will sie, wie auch die weiteren Sätze des Abs. 3, die wie Satz 1 in der Hauptsache mit den §§ 383 bis 385 BGB übereinstimmen, die Belange der Aktionäre wahren, die von der Kraftloserklärung betroffen werden. Der erste Zweck, die Zusammenlegung und die Bereinigung der Aktienrechte, wird dadurch erreicht, daß die Gesellschaft an Stelle der kraftlos erklärten neue Aktienrechte, nämlich die zusammengelegten schafft und diese verwertet. Die Kraftloserklärung soll nicht dazu dienen, der Gesellschaft eigene Aktien zu dauerndem Besitz zu verschaffen, oder die Zahl der Aktien dauernd über den Betrag der Kapitalherabsetzung hinaus zu vermindern, und dadurch mittelbar zu einer Einziehung von Aktien führen. Es soll vielmehr der Zustand hergestellt werden, der eingetreten wäre, wenn die für kraftlos erklärten Aktien zum Zwecke der Zusammenlegung zur Verfügung gestellt worden wären. Es sind deshalb zunächst *neue Aktien auszugeben*. Die Ausgabe hat so zu erfolgen, wie es bei Einreichung der alten Aktien durch Zusammenlegung hätte geschehen müssen (vgl. Anm. 11—13). Danach sind die neuen Aktien auf einen Nennbetrag auszustellen, der sich aus der Umlegung des herabgesetzten Grundkapitals auf die Aktien ergibt. Die so ausgestellten Aktien sind *unverzüglich* zu verkaufen oder zu versteigern. Es sollen neue *Aktionäre* an Stelle der alten treten. Da das Gebot der unverzüglichen Veräußerung den dauernden Besitz der Gesellschaft an eigenen Aktien verhindern soll, hat es insofern das gleiche Ziel, wie die Vorschriften des § 71 über den Erwerb eigener Aktien. Das Gebot der unverzüglichen Veräußerung will aber auch verhindern, daß zu Lasten der alten Aktionäre mit den neuen Aktien spekuliert wird (a. M.

Nielsen DB 64, 99). Insofern ist Abs. 3 zugleich ein *Schutzgesetz* zugunsten der alten Aktionäre im Sinne des § 823 Abs. 2 BGB. Für den durch eine schuldhafte Verzögerung der Veräußerung oder Nichtbeachtung der einzelnen Vorschriften entstehenden Schaden haftet ihnen die Gesellschaft und ihre Organe nach §§ 93, 116 AktG, § 823 Abs. 2 BGB (vgl. § 93 Anm. 65ff.). Durch die Bestimmungen des Abs. 3 soll vor allem erreicht werden, daß die ausscheidenden Aktionäre den vollen Wert der Aktien erhalten. Da es sich dabei um ihre Privatinteressen handelt, können sie sich nach der Kraftloserklärung auch mit einer *anderen Art der Verwertung* einverstanden erklären.

Anm. 25

2. Die Verwertung

a) zum Börsenpreis oder durch Versteigerung

Die durch das AktG 1937 eingeführte Vorschrift, daß die Veräußerung in erster Linie zum *amtlichen* Börsenpreis und durch *einen Kursmakler* zu erfolgen hat, bringt eine genauere Festlegung der Verpflichtung der Gesellschaft. Sie bedeutet aber auch eine Entlastung für sie. Es kann ihr nicht entgegengehalten werden, sie habe eine günstige Gelegenheit zum *freihändigen* Verkauf ermitteln und ausnützen müssen. Andererseits folgt aus dem Gebot der unverzüglichen Veräußerung nicht, daß unter allen Umständen sofort auch bei ungünstigster Börsen- oder Geschäftslage verkauft oder versteigert werden muß. Die pflichtmäßige Wahrung der Belange der Aktionäre kann es im Einzelfalle auch einmal erfordern, die Veräußerung zu verschieben. In der Regel genügt die Gesellschaft ihrer Verpflichtung, wenn sie beim Vorhandensein eines Börsenpreises für die Aktien einen Kursmakler mit der Vermittlung des Verkaufs zum amtlichen Börsenpreis beauftragt.

Der *amtliche Börsenpreis* wird durch den Börsenvorstand festgestellt. Die Kursmakler werden von der für die Börse zuständigen staatlichen Stelle ernannt und entlassen. Sie sind bei der amtlichen Feststellung des Börsenpreises zuzuziehen, §§ 29ff. des Börsengesetzes. Wegen des Begriffes des Börsenpreises vgl. Würdinger-Röhricht in Großkomm. HGB § 373 Vorbem. 55.

Ist mangels eines Börsenpreises *Versteigerung* nötig, so ist sie in erster Linie am *Sitze der Gesellschaft* vorzunehmen. Ist aber von einer Versteigerung am Gesellschaftssitz kein angemessener Preis zu erwarten, so sind die Aktien an einem geeigneten Ort zu verkaufen, d. h. öffentlich zu versteigern, *Abs. 1 Satz 2*. Zu wählen ist ein Platz, der für die Veräußerung der gerade in Betracht kommenden Aktien geeignet ist, insbesondere ein Börsenplatz, an dem diese Aktien gehandelt werden. *Zeit, Ort und Gegenstand der Versteigerung* sind öffentlich bekanntzumachen, *Abs. 1 Satz 2*. Die Bekanntmachung hat so genaue Angaben zu enthalten, wie es dem Zwecke der Bekanntmachung, die beteiligten Kaufliebhaber zu benachrichtigen, entspricht. Die Versteigerung ist durch einen Gerichtsvollzieher oder einen sonstigen zur Versteigerung berechtigten Beamten oder einen öffentlichen Versteigerer öffentlich vorzunehmen, vgl. auch die entsprechenden Vorschriften des § 383 Abs. 3 BGB.

Den Belangen der Aktionäre dienen auch die Vorschriften des *Abs. 1 Satz 4 u. 5*, nach denen die Beteiligten, wenn die Benachrichtigung nicht untunlich ist, besonders von Ort, Zeit und Gegenstand der Versteigerung zu benachrichtigen sind, und die Bekanntmachung und Benachrichtigung mindestens zwei Wochen vor der Versteigerung ergehen müssen. Die Beteiligten sollen dadurch in die Lage versetzt werden, ihre Interessen selbst zu wahren. Als beteiligt sind die alten Aktionäre anzusehen, die von der Kraftloserklärung betroffen sind. Untunlich ist die Benachrichtigung jedenfalls dann, wenn Person oder Aufenthalt der Beteiligten unbekannt sind. Eine Form für die Benachrichtigung ist nicht vorgeschrieben. Die Frist wird nach §§ 188ff. BGB berechnet.

Anm. 26

b) Spitzen

Die Votschriften des Abs. 3 Sätze 1 bis 4 gelten nur, wenn Aktien für kraftlos erklärt sind, nicht wenn ein Aktionär seine Aktien, die nicht zum Ersatz durch neue Aktien ausreichen (*Spitzen*, Anm. 10 Abs. 2), der Gesellschaft zur Verwertung für Rechnung der Beteiligten überlassen hat, Abs. 1 Satz 2. Auch in diesem Falle hat die Gesellschaft die Aktien, nachdem sie sie zusammengelegt hat, bestmöglichst *zu verwerten*, sie kann aber *jeden* nach pflichtmäßiger Prüfung geeigneten *Weg* wählen. Sie ist jedenfalls entlastet, wenn sie nach Abs. 3 verfährt.

Anm. 27

c) Die Übertragung an den Erwerber

Die *Übertragung der Aktien* auf den Erwerber richtet sich nach den allgemeinen Vorschriften über die Übertragung von Aktien; vgl. § 10 Anm. 6 für Inhaberaktien und die Erl. zu § 68 für Namensaktien. Bei Namensaktien wird der Name des Erwerbers erst nach dem Erwerb in die Urkunde eingesetzt, bei börsenmäßiger Veräußerung durch den Kursmakler, bei Versteigerung durch den Versteigerer. Diese sind hierzu von der Gesellschaft, die den Veräußerungsauftrag erteilt, zu ermächtigen.

Anm. 28

3. Die Auszahlung des Erlöses

Der Erlös ist den Beteiligten auszuzahlen, oder wenn ein Recht zur Hinterlegung besteht, zu hinterlegen, Abs. 3 Satz 5. Bei der nach der Kraftloserklärung der Aktien oder deren freiwilliger Zurverfügungstellung erfolgenden Verwertung der Aktien handelt die Gesellschaft als durch das Gesetz bestellte *Geschäftsführerin der alten Aktionäre*. Sie hat deren Interessen bestmöglichst zu wahren. Der Erfolg ihrer Tätigkeit kommt den alten Aktionären zugute. Die Aktionäre bilden insofern eine Gemeinschaft, für deren Rechnung die Gesamtheit der in Betracht kommenden Aktien zu verwerten ist. Am Schlusse steht *die Auszahlung des Erlöses*, bei Mehrheit von Beteiligten seine *Verteilung* an die Berechtigten nach Verhältnis ihres bisherigen Aktienbesitzes. *Der Auszahlung oder Erlösverteilung steht es nicht entgegen, daß das Sperrhalbjahr noch nicht abgelaufen ist*, § 225. Denn es handelt sich nicht um eine Rückzahlung von Einlagen an die Aktionäre oder deren Befreiung von der Einlagepflicht, sondern nur um den Erlös aus der Verwertung ihrer Aktien. Die Einlagen werden dadurch nicht berührt.

Die Beteiligten müssen bei der Meldung ihre Empfangsberechtigung regelmäßig durch *Vorlage der alten Aktienurkunden* nachweisen. Die Gesellschaft braucht nur gegen deren Aushändigung zu zahlen. Geschieht diese nicht, so kann sie den Erlös hinterlegen, vgl. Anm. 29. Da die Gesellschaft die Geschäfte der Aktionäre führt, kann sie wie jeder Geschäftsführer *Erstattung der notwendigen Auslagen* fordern, § 670 BGB, und sie vor Auszahlung des Erlöses in Abzug bringen. Zu den zu erstattenden Auslagen gehören auch die *Kosten der Kraftloserklärung*, insbesondere die der öffentlichen Bekanntmachungen, die nach der Aufforderung zur Einreichung der Aktien nötig wurden. Die erste Aufforderung zur Einreichung erfolgt im Interesse der Gesellschaft und ist zur Durchführung der Zusammenlegung notwendig, deshalb muß die Gesellschaft die dadurch entstehenden Kosten tragen. Die Kraftloserklärung selbst und die weiteren Bekanntmachungen konnten die Aktionäre dadurch vermeiden, daß sie auf Aufforderung ihre Aktien einreichten und damit für die Zusammenlegung zur Verfügung stellten. Auch die Kosten der Veräußerung können in Abzug gebracht werden (so die Börsengebühren, Maklervergütungen, Börsensteuer usw.). Am Schlusse ihrer Tätigkeit hat die Gesellschaft den alten Aktionären *Rechnung zu legen*, § 666 BGB. Können Aktien nicht verwertet werden, so hat sie die Gesellschaft für die Aktionäre *in Verwahrung zu halten. Unverwertbare „Spitzen"* können sich auch aus dem Verhältnis ergeben, nach dem die Zusammenlegung erfolgte. Wird z. B. bei 1000 Aktien im Verhältnis von 3 zu 1 zusammengelegt, so bleibt eine alte Aktie übrig, die auch nicht im Verfahren nach § 226 zusammengelegt werden kann. Dann bleibt nichts übrig als eine *Barabfindung* für diese Aktie, die nach dem für andere Aktien erzielten oder nach Schätzung erzielbaren Veräußerungserlös zu bemessen ist. Um das Grundkapital mit der Summe der vollen Aktienbeträge in Übereinstimmung zu bringen, kann schon im Kapitalherabsetzungsbeschluß im Wege der Satzungsänderung eine Abrundung nach unten oder oben erfolgen. Im letzten Fall kann so wieder ein volles Aktienrecht geschaffen werden, bei dem die Spitze berücksichtigt werden kann.

Anm. 29

4. Die Hinterlegung des Erlöses

Ob ein *Recht zur Hinterlegung* des Erlöses und der nicht verwertbaren Aktien besteht, richtet sich nach den allgemeinen Vorschriften des bürgerlichen Rechts über die Hinterlegung, §§ 372ff. BGB, vgl. auch die Reichshinterlegungsordnung vom 10. 3. 1937, RGBl. I S. 285 nebst DVO vom 12. 3. 1937, RGBl. S. 296 und die AusführungsVO dazu vom 15. 3. 1937, DJ S. 426. Nach § 372 BGB können Geld, aber auch Wertpapiere und sonstige Urkunden, somit auch Aktien, hier insbesondere diejenigen, die der auf Grund der Zusammenlegung empfangsberechtigte Aktionär nicht in Empfang genommen hat, hinterlegt werden, wenn der Gläubiger im Verzug der Annahme ist. Das gleiche gilt, wenn der Schuldner aus einem anderen, in der Person des Gläubigers liegenden Grunde oder infolge einer nicht auf Fahrlässigkeit beruhenden Ungewißheit über die Person des Gläubigers seine Verbindlichkeit nicht oder nicht mit Sicherheit erfüllen kann, § 372 BGB. Zum Verzicht auf die Rücknahme des hinterlegten Betrages oder der hinterlegten Aktien ist die Gesellschaft zwar berechtigt, aber nicht verpflichtet. Der Verzicht hat den Vorteil, daß die Gesellschaft dadurch von ihren Verbindlichkeiten befreit wird, §§ 376, 378. Nach dem Wortlaut des Abs. 3 Satz 5 ist der Erlös zu hinterlegen, wenn ein Recht zur Hinterlegung besteht. Danach besteht eine Verpflichtung der Gesellschaft zur Hinterlegung, wenn deren Voraussetzungen vorliegen (ebenso Schlegelberger AktG 1937 § 179 Anm. 14, Godin-Wilhelmi 13). Eine Verpflichtung zur Hinterlegung nicht verwertbarer Aktien besteht nicht, da insofern ein Empfangsberechtigter nicht vorhanden ist.

Anm. 30

5. Die Behandlung der neuen Aktien bis zur Veräußerung

Die Gesellschaft darf die neuen Aktien *nur dann selbst erwerben,* wenn die Voraussetzungen zum Erwerb eigener Aktien nach § 71 gegeben sind. Solange die Aktien nicht veräußert sind, sind sie wie *eigene Aktien der Gesellschaft* zu behandeln. Der Gesellschaft selbst stehen aus diesen Aktien keine Rechte zu. Insofern ist § 71 Abs. 6 Satz 1 anzuwenden. Deshalb hat sie kein Stimmrecht aus diesen Aktien. Bis zur Veräußerung entstandene Ansprüche auf Gewinnanteile und auf einen Abwicklungserlös hat die Gesellschaft auf Grund ihres Geschäftsführungsrechtes für die alten Aktionäre auszuüben, ebenso ein etwaiges Bezugsrecht.

IV. Nichtigkeit der Kraftloserklärung

Anm. 31

1. Rechtsbehelfe des Aktionärs

Liegen die sachlich-rechtlichen Voraussetzungen für eine Kraftloserklärung nicht vor, etwa deshalb, weil eine Kapitalherabsetzung überhaupt nicht wirksam geworden ist, § 224, oder weil sie nicht durch Zusammenlegung geschehen soll, oder weil der einzelne Aktionär eine zur Zusammenlegung genügende Zahl von Aktien eingereicht hat, oder weil wesentliche Vorschriften über das Verfahren der Kraftloserklärung nicht eingehalten sind, fehlt es z. B. in der öffentlichen Aufforderung nach Abs. 2 an der deutlichen Androhung der Kraftloserklärung, oder genügt die öffentliche Bekanntmachung nicht den Vorschriften des § 64 Abs. 2, so ist die Kraftloserklärung unzulässig und wenn sie trotzdem erfolgt, wegen Verstoßes gegen das Gesetz unwirksam und nichtig. Die sonst mit der Kraftloserklärung verbundene Ungültigkeit der Aktienurkunden (Anm. 23) tritt dann nicht ein; diese bestehen vielmehr weiter. Da es sich um einen Verstoß gegen im öffentlichen Interesse gegebene Vorschriften handelt, kann nicht angenommen werden, daß sich aus dem Gesetz etwas anderes ergibt, § 134 BGB. Der durch eine unzulässige Zusammenlegung und Kraftloserklärung in seinen Rechten verletzte Aktionär kann, wenn die allgemeinen Voraussetzungen der Feststellungsklage gegeben sind, § 256 ZPO, *Klage auf Feststellung der Unzulässigkeit der Zusammenlegung und Kraftloserklärung* und der Verwertung der neuen Aktien gegen die Gesellschaft erheben. Er kann auch, wenn die

Vornahme solcher Rechtshandlungen droht, auf deren Unterlassung insbesondere der Verwertung der Aktien klagen, auch die Unterlassung durch Erwirkung einer *einstweiligen Verfügung* sichern, RG 27, 50. Auch die Gesellschaft selbst könnte die Nichtigkeit der Kraftloserklärung geltend machen; vgl. § 64 Anm. 18. Der benachteiligte Aktionär kann sein Recht auch in *Nichtigkeits- und Anfechtungsprozessen* gegen Hauptversammlungsbeschlüsse verfolgen, wenn sie unzulässige Maßnahmen zum Gegenstand haben. Liegen nur Mängel des Verfahrens vor, so können diese durch Wiederholung desselben in vorgeschriebener Weise beseitigt werden.

Anm. 32

2. Die Rechtsstellung des gutgläubigen Erwerbers

Haben die vorhandenen Mängel die Nichtigkeit der Kraftloserklärung zur Folge, so ergibt sich folgerichtig daraus, daß auch das *neue Aktienrecht*, über das die neue Aktienurkunde ausgegeben ist, *nicht zur Entstehung gelangt ist*, und die neue Urkunde ein in Wirklichkeit gar nicht bestehendes Recht beurkundet. Die Nichtigkeit kann auch noch geltend gemacht werden, wenn die neuen Aktienurkunden durch eine dem Abs. 3 entsprechende Veräußerung in die Hände eines *gutgläubigen Dritten* gelangt sind (ebenso Baumbach-Hueck 9). Das in § 64 Anm. 20 Ausgeführte gilt auch hier. Die gegenseitige Meinung in der Vorauflage § 179 Anm. 32 wird aufgegeben.

§ 227 Anmeldung der Durchführung

(1) Der Vorstand hat die Durchführung der Herabsetzung des Grundkapitals zur Eintragung in das Handelsregister anzumelden.

(2) Anmeldung und Eintragung der Durchführung der Herabsetzung des Grundkapitals können mit Anmeldung und Eintragung des Beschlusses über die Herabsetzung verbunden werden.

Übersicht

Anm. 1

1. Die anmeldepflichtigen Personen, Abs. 1

§ 227 weicht von § 180 AktG 1937 insofern ab, als der Vorsitzende des Aufsichtsrats bei der Anmeldung nicht mehr mitzuwirken braucht. Auf dessen Mitwirkung wurde verzichtet, weil anders als bei § 223 die Eintragung der Durchführung nur rechtsbekundende Wirkung hat. Vom Vorstand haben nur so viele mitzuwirken, als zur *Vertretung der Gesellschaft erforderlich* sind. Bei Alleinvertretungsrecht kann jedes alleinvertretungsberechtigte Vorstandsmitglied die Gesellschaft vertreten. Der Vorstand ist zur Anmeldung *verpflichtet*, sobald die Kapitalherabsetzung durchgeführt ist. Er kann dazu vom Registerrichter durch *Ordnungsstrafen* angehalten werden; § 14 HGB (ebenso Godin-Wilhelmi 2), denn es handelt sich dabei nicht, wie bei der Anmeldung des Kapitalherabsetzungsbeschlusses um eine Anmeldung, durch die der Beschluß erst wirksam wird, § 224, sondern nur um eine Erklärung über den tatsächlichen Vorgang der Durchführung der bereits wirksam gewordenen Kapitalherabsetzung. Da die Eintragung der Durchführung keine rechtsschaffende, konstitutive, sondern nur bekundende Wirkung hat, hat die Anmeldung wenig praktische Bedeutung. Die Kapitalherabsetzung wird regelmäßig schon durch die Eintragung des Herabsetzungsbeschlusses wirksam § 224. Nur wenn ausnahmsweise die Wirksamkeit erst nach der Eintragung eintritt, — weil die Herabsetzung unter einer Bedingung oder einer Zeitbestimmung beschlossen ist, — vgl. § 224 Anm. 6, ergibt sich aus der *Eintragung* der Durchführung, daß die Kapitalherabsetzung nunmehr wirksam geworden ist. Denn die Durchführung und ihre Anmeldung können erst erfolgen, wenn die Kapitalherabsetzung wirksam geworden ist.

Anm. 2

2. Der Zeitpunkt der Anmeldung

Die Anmeldung ist vorzunehmen, *sobald die Kapitalherabsetzung durchgeführt* ist. Eine besondere Frist für die Anmeldung bestimmt das Gesetz nicht. Die Mitglieder des Vorstandes und der Aufsichtsrat, wenn er es an der nötigen Überwachung fehlen ließ, haften der Gesellschaft für den durch die Unterlassung der Anmeldung etwa entstandenen Schaden. Ein Schaden ist freilich kaum denkbar. Sind die alten Aktien eingereicht, besteht kein besonderes Interesse an der Beschleunigung der Anmeldung. Sind sie wegen Nichteinreichung für kraftlos erklärt, so ist die Kraftloserklärung maßgebend; Godin-Wilhelmi 2. Dritte, auch die Gläubiger, können keinen unmittelbaren Schadensersatzanspruch geltend machen, da es sich nicht um ein Schutzgesetz im Sinne des § 823 Abs. 2 BGB handelt.

Anm. 3

3. Der Begriff der Durchführung

Da das Grundkapital nach der Regel des § 177 mit der Eintragung des Herabsetzungsbeschlusses herabgesetzt ist, können unter *Durchführung* der Kapitalherabsetzung nur die Rechtswirkungen und -handlungen verstanden werden, die Folgen der Kapitalherabsetzung sind. Die Eintragung der Durchführung hat demnach auch nur *bekundende,* keine rechtsbegründende Bedeutung.

Anm. 4

Ist die Kapitalherabsetzung *durch Nennwertherabsetzung beschlossen,* so ist mit dem Wirksamwerden des Herabsetzungsbeschlusses auch die Durchführung der Herabsetzung geschehen. Denn damit sind auch ohne weiteres die Nennwerte der einzelnen Aktien herabgesetzt und der Inhalt und Umfang des neuen Aktienrechts ist festgestellt. Auch im Falle der Kapitalherabsetzung durch *Zusammenlegung* sind mit dem Wirksamwerden des Herabsetzungsbeschlusses die einzelnen Aktienrechte auf einen geringeren Nennwert herabgesetzt. Die einzelnen Aktienrechte haben aber noch nicht ihre endgültige Gestalt. Diese Gestaltung erfolgt durch die Zusammenlegung; diese muß der Kapitalherabsetzung nachfolgen. Erst wenn die Zusammenlegung erfolgt ist, ist die Kapitalherabsetzung durchgeführt. Es müssen danach die alten Aktienurkunden eingereicht, und soweit eine Kraftloserklärung nötig ist, diese wirksam geworden und die neuen Aktienurkunden hergestellt oder die alten berichtigt sein, vgl. § 226. Damit steht die neue Grundkapitalziffer wieder mit der Summe der Nennwerte der einzelnen Aktienrechte in Übereinstimmung und die Übereinstimmung kommt in den Aktienurkunden zum Ausdruck. Der *Umtausch* der Aktien, d. h. die Aushändigung derselben an die alten Aktionäre oder die Veräußerung der an Stelle der kraftlos erklärten getretenen neuen Aktien und die Auszahlung des Erlöses an die Beteiligten, § 226 Abs. 3, gehören dagegen *nicht zur Durchführung* der Kapitalherabsetzung.

Zur Durchführung der Kapitalherabsetzung gehört auch nicht der Vollzug der *Gläubigerschutzvorschriften,* insbesondere die Befriedigung oder Sicherstellung der Gläubiger und die Einhaltung des Sperrhalbjahres. Der Vollzug dieser Vorschriften ist zwar Pflicht der Gesellschaft. Die Ansprüche der Gläubiger auf Gläubigerschutz werden aber nicht dadurch berührt, daß die Gesellschaft die Zusammenlegung und damit die Kapitalherabsetzung durchführt, dies zum Handelsregister anmeldet und die Durchführung eingetragen wird. Deshalb kann auch ein Gläubiger nicht beim Registergericht der Eintragung der Durchführung mit der Begründung widersprechen, daß die Gläubigerschutzbestimmungen nicht durchgeführt seien, vgl. auch Anm. 6. Es braucht auch nicht mit der Anmeldung und Eintragung bis zur Feststellung des nächsten Jahresabschlusses gewartet zu werden. In diesem ist die Kapitalherabsetzung zu berücksichtigen, indem nur das herabgesetzte Kapital auf der Passivseite eingetragen wird. Es handelt sich dabei aber nur um eine *Folge* des Wirksamwerdens, nicht um die Durchführung der Kapitalherabsetzung.

Anm. 5

4. Die Ausführung des Zweckes der Kapitalherabsetzung

Von der Durchführung der Kapitalherabsetzung zu unterscheiden ist die *Ausführung des Zweckes* der Kapitalherabsetzung, d. h. die Vornahme der nach dem Eintritt der Wirksamkeit der Kapitalherabsetzung erforderlichen Maßnahmen, durch die der Zweck der Kapitalherabsetzung erreicht werden soll. Ist Zweck der Kapitalherabsetzung die Beseitigung einer Unterbilanz oder die Vornahme von Abschreibungen oder die Bildung einer freien Rücklage, so sind lediglich die nötigen Buchungen auf den verschiedenen Konten vorzunehmen. Sie können sofort ausgeführt werden. Erfolgt die Kapitalherabsetzung zum Zwecke teilweiser Rückzahlung des Grundkapitals an die Aktionäre oder ihrer teilweisen Befreiung von der Einlagepflicht, so kann der Zweck der Kapitalherabsetzung erst ausgeführt werden, wenn die Gläubigerschutzmaßregeln durchgeführt sind und das Sperrhalbjahr abgelaufen ist, § 225 Ab. 2. Das Ausstehen dieser Maßregeln hindert aber die Anmeldung und Eintragung der Durchführung der Kapitalherabsetzung nicht.

Anm. 6

5. Die Prüfung durch den Registerrichter

Der *Registerrichter* hat zu *prüfen*, ob die in Anm. 4 genannten Voraussetzungen der Durchführung erfüllt, d. h. diejenigen Maßnahmen getroffen sind, die nach näherer Bestimmung des Herabsetzungsbeschlusses (§ 222 Anm. 10ff.) die äußere Übereinstimmung der Gesamtheit der nach der Herabsetzung verbleibenden Aktien mit der neuen Grundkapitalziffer herbeiführen sollen (KG JW 26, 2932). Dazu gehört nicht die Einhaltung der Gläubigerschutzvorschriften. Sie haben mit der Durchführung nichts zu tun. Diese kann also schon vor Ablauf des Sperrhalbjahres eingetragen werden (KG JW 26 2932; anders bei der GmbH, vgl. § 58 Ziff. 3 u. 4 GmbHG und KG 34 A 172), vgl. auch Anm. 4 Abs. 2.

Anm. 7

6. Die Verbindung gemäß Abs. 2

Anmeldung und Eintragung der Durchführung der Herabsetzung des Grundkapitals können mit Anmeldung und Eintragung der Herabsetzung des Grundkapitals verbunden werden, Abs. 2. Die Verbindung beider Anmeldungen ist selbstverständlich nur möglich, wenn zur Zeit der Anmeldung die Kapitalherabsetzung auch bereits durchgeführt ist. Ist die Kapitalherabsetzung unbedingt und nicht befristet beschlossen und geschieht sie durch *Nennwertherabsetzung*, so können beide Anmeldungen alsbald nach Fassung des Kapitalherabsetzungsbeschlusses erfolgen. Bei Kapitalherabsetzung durch *Zusammenlegung* muß zunächst der Kapitalherabsetzungsbeschluß eingetragen werden, denn die Zusammenlegung, auch die Kraftloserklärung können nur erfolgen, wenn die Kapitalherabsetzung durch Eintragung, § 224, wirksam geworden ist.

Anm. 8

7. Verbindung von Herabsetzung und Erhöhung des Grundkapitals

Wird das Grundkapital gleichzeitig herabgesetzt und wieder erhöht in der Weise, daß der eine Beschluß nicht ohne den anderen wirksam werden soll, so muß die Eintragung des Herabsetzungs- und des Erhöhungsbeschlusses und der Durchführung der Kapitalerhöhung gleichzeitig erfolgen, damit die Eintragungen den gefaßten Beschlüssen und ihrem Zwecke entsprechen. Die Eintragung der Durchführung der Kapitalerhöhung ist notwendig, weil die *Kapitalerhöhung*, anders als die Kapitalherabsetzung, nicht schon mit der Eintragung des Beschlusses, sondern erst mit der Eintragung der Durchführung der Erhöhung *wirksam* wird, § 189. Die Durchführung der Kapitalherabsetzung und deren Eintragung, die nur bekundenden, nicht rechtschaffenden Wert hat, kann später erfolgen. Die Anmeldung muß demnach so erfolgen, daß der Kapitalherabsetzungs-, der Kapitalerhöhungsbeschluß und die Durchführung der Kapitalerhöhung gleichzeitig eingetragen werden können. Danach werden die Anmeldungen zweckmäßig erst nach der Durchführung der Kapitalerhöhung vorgenommen. Sind beide Beschlüsse gleichzeitig gefaßt, so ist im Zweifel anzunehmen, daß der eine Beschluß nicht ohne den anderen bestehen soll. Dann hat der Registerrichter beide Beschlüsse und die Anmeldung der Durchführung der Kapitalerhöhung gleichzeitig einzutragen, vgl. KG in JW 1930, 2718 (für GmbH), OLG Dresden, KGJ 51, 330. Ausdrücklich vorgeschrieben ist dies allerdings nur, wenn durch einen Beschluß das Grundkapital unter den Mindestnennbetrag herabgesetzt und dieser durch eine gleichzeitig beschlossene Kapitalerhöhung wieder erhöht wird, § 228 Abs. 1, Abs. 2 Satz 3. Aber auch in anderen Fällen erscheint es jedenfalls zweckmäßig, in dieser Weise zu verfahren. Würde zunächst nur der Kapitalherabsetzungs- oder der Kapitalerhöhungsbeschluß mit oder ohne Durchführung der Erhöhung eingetragen, so würde das Handelsregister zu einer irrtümlichen Auffassung über die Kapitalverhältnisse der Gesellschaft führen.

§ 228 Herabsetzung unter den Mindestnennbetrag

(1) Das Grundkapital kann unter den in § 7 bestimmten Mindestnennbetrag herabgesetzt werden, wenn dieser durch eine Kapitalerhöhung wieder erreicht wird, die zugleich mit der Kapitalherabsetzung beschlossen ist und bei der Sacheinlagen nicht festgesetzt sind.

(2) Die Beschlüsse sind nichtig, wenn sie und die Durchführung der Erhöhung nicht binnen sechs Monaten nach der Beschlußfassung in das Handelsregister eingetragen worden sind. Der Lauf der Frist ist gehemmt, solange eine Anfechtungs- oder Nichtigkeitsklage rechtshängig ist oder eine zur Kapitalherabsetzung oder Kapitalerhöhung beantragte staatliche Genehmigung noch nicht erteilt ist. Die Beschlüsse und die Durchführung der Erhöhung des Grundkapitals sollen nur zusammen in das Handelsregister eingetragen werden.

Übersicht

I. Die vorübergehende Kapitalherabsetzung unter den Mindestbetrag, Abs. 1

Anm. 1

1. Entstehung der Vorschrift

Die Vorschrift entspricht mit geringen sprachlichen Änderungen § 181 AktG 1937. Nach dem Recht des HGB (§§ 288—291) war es zweifelhaft, ob die Kapitalherabsetzung in gewöhnlicher Form unter den gesetzlichen Mindestnennbetrag zulässig ist, wenn gleichzeitig das Kapital wieder so weit erhöht wird, daß der Mindestnennbetrag wieder erreicht wird (für die Zulässigkeit KG in JW 1932 S. 1018). Für die Kapitalherabsetzung in erleichterter Form hatte § 8 der ersten DurchfVO vom 18. 2. 1932, RGBl. I S. 75, zur VO vom 6. 10. 1931, RGBl. I S. 556, sie ausdrücklich zugelassen. § 181 AktG 1937 sprach die Zulässigkeit für die ordentliche Kapitalherabsetzung aus. Sie gilt seitdem auch für die vereinfachte Kapitalherabsetzung und für die Kapitalherabsetzung durch Einziehung von Aktien, § 229 Abs. 3, § 237 Abs. 2 Satz 1.

Anm. 2

2. Zwingender Charakter

Die Kapitalherabsetzung unter den Mindestbetrag des Grundkapitals ist nur zulässig, wenn Kapitalherabsetzung und Kapitalerhöhung gleichzeitig beschlossen werden. *Die Vorschrift ist zwingend.* Sie bildet eine Ergänzung zu der ebenfalls zwingenden Vorschrift des § 7, der im öffentlichen Interesse Aktiengesellschaften mit einem geringeren Grundkapital als dem im Gesetz festgelegten nicht zuläßt.

Anm. 3

3. Zweck der Vorschrift

Durch die Zulassung der Kapitalherabsetzung bei gleichzeitiger Wiedererhöhung des Grundkapitals sollte die *Sanierung* notleidender Aktiengesellschaften gefördert werden (amtl. Begründung zum AktG 1937). Nach ihrem Wortlaut gilt die Vorschrift aber auch, wenn die Kapitalherabsetzung nicht zum Zwecke der Sanierung, sondern zu einem *anderen Zwecke* erfolgt, etwa zu dem Zwecke, den bisherigen Aktionären einen Teil des Grundkapitals zurückzuzahlen oder sie von ihren Einlagepflichten zu befreien und andere Aktionäre mit neuen Einlagen in die Gesellschaft aufzunehmen. Ein Grund, das Gesetz im Sinne der amtlichen Begründung über seinen Wortlaut hinaus einzuschränken und die Kapitalherabsetzung unter den Mindestnennbetrag nur zum Zwecke der Sanierung zuzulassen, ist nicht ersichtlich. Das, was das Gesetz durch die Verkoppelung mit einer gleichzeitigen Kapitalerhöhung erreichen will, daß nämlich endgültig der Mindestnennbetrag nicht unterschritten wird, wird auch dann erreicht, wenn der Zweck der Kapitalherabsetzung ein anderer ist als eine Sanierung. Allerdings wird bei einer Kapitalrückzahlung zunächst der Gesellschaft Kapital entzogen, aber es wird durch eine gleichzeitige Kapitalerhöhung der Gesellschaft auch wieder Kapital zugeführt. Der etwaigen Gefährdung der Gläubiger, die durch eine Kapitalrückzahlung (oder eine Befreiung von Aktionären von der Einlagepflicht) eintreten könnte, wird durch die Gläubigerschutzvorschriften, § 225, die auch hier gelten, vorgebeugt. Freilich wird auch durch die Kapitalrückzahlung nach Erfüllung der Schutzvorschriften der Gesellschaft Kapital entzogen, während die Bareinzahlungen auf das neue Kapital nicht alsbald in *vollem Umfange,* sondern nur in Höhe der vorgeschriebenen Teilzahlungen (ein Viertel des Nennbetrages und das etwaige Aufgeld) geleistet werden müssen: § 188 Abs. 2 in Verbindung mit § 36 Abs. 2, § 37 Abs. 1. Aber wenn der Gesetzgeber dies für ausreichend hielt und die sich meldenden Gläubiger geschützt sind, besteht kein Anlaß, den § 228 im Falle der Kapitalrückzahlung nicht für anwendbar zu halten.

Anm. 4

4. Erfordernisse

a) Beschlüsse einer Hauptversammlung

Zugleich bedeutet, daß *in einer Hauptversammlung* — wenn auch in zwei besonderen Beschlüssen — der Herabsetzungs- und der Erhöhungsbeschluß gefaßt wird. Diesem Erfordernis ist nicht genügt, wenn die Beschlüsse in verschiedenen Hauptversammlungen gefaßt sind, gleichgültig ob zuerst der Herabsetzungs- oder der Erhöhungsbeschluß gefaßt wird. Wird aber zuerst der Erhöhungsbeschluß gefaßt und durchgeführt und Beschluß und Durchführung eingetragen und damit die Kapitalerhöhung wirksam, § 189, so könnte freilich ein später gefaßter Herabsetzungsbeschluß ein Herabsinken der Grundkapitalziffer unter den Mindestnennbetrag nicht zur Folge haben, wenn die Herabsetzung nicht größer wäre als die Kapitalerhöhung und letztere unbedingt beschlossen worden ist. Ist zuerst die Herabsetzung und erst in einer späteren Hauptversammlung die erforderliche Erhöhung beschlossen worden, so sind beide Beschlüsse nichtig, Anm 8 (ebenso Godin-Wilhelmi 4).

Anm. 5

b) Höhe des neuen Grundkapitals

Die gleichzeitig beschlossene Kapitalerhöhung muß so groß sein, daß durch sie der gesetzliche Mindestnennbetrag erreicht wird. Es ist nicht nötig, daß die frühere Grundkapitalziffer wieder erreicht wird. Für Gesellschaften, deren Kapital nach den Bestimmungen des DMBilG unter den Betrag von DM 100000 neu festgesetzt werden, gilt das in § 7 Anm. 6 Gesagte: Die Kapitalherabsetzung mit gleichzeitiger Kapitalerhöhung ist nur zulässig, wenn dabei das Kapital auf mindestens 100000 DM erhöht wird, § 2 EG.

Anm. 6

c) Nur Geldeinlagen

Zulässig ist die Kapitalherabsetzung unter den Mindestnennbetrag nur, wenn bei der gleichzeitig beschlossenen Kapitalerhöhung eine *Sacheinlage* nicht bedungen ist, die Kapitalerhöhung also durch *Geldeinlagen* erfolgt. Der Ausgleich durch neue Kapitaleinlagen soll nur in einer Weise geschehen, bei der die Gefahr einer Überbewertung, die bei jeder Sacheinlage möglich ist und auch durch eine Prüfung durch besondere Prüfer nicht ganz ausgeschlossen ist, nicht besteht. Wegen des Begriffs der Sacheinlage vgl. die Erl. zu § 27. Eine Sacheinlage liegt auch vor, wenn *Gläubiger* ihre *Forderungen* gegen die Gesellschaft einbringen und dafür neue Aktien erhalten. Diese Art der *Sanierung* ist nicht möglich, wenn zunächst das Grundkapital unter den Mindestnennbetrag herabgesetzt werden soll. Zweifelhaft kann sein, ob eine Sacheinlage *nicht neben einer Geldeinlage* zulässig ist, wenn letztere allein genügt, den Mindestnennbetrag des Grundkapitals wieder zu erreichen. Da der Zweck der Vorschrift der ist, die Wiederauffüllung des Grundkapitals auf den Mindestnennbetrag durch Geldeinlagen zu erreichen und dieser Zweck durch eine noch dazukommende Sacheinlage nicht vereitelt wird, ist diese Verbindung von Sacheinlage und Geldeinlage zulässig.

Die gleichzeitige Kapitalerhöhung und -herabsetzung ist bei jeder Art der Kapitalherabsetzung, der ordentlichen und einfachen, zulässig, § 229 Abs. 3.

Anm. 7

d) Kein bedingtes oder genehmigtes Kapital

Der Ausgleich kann aber nur durch eine *unbedingte und unbefristete Kapitalerhöhung* stattfinden. Er kann nicht mit Hilfe genehmigten Kapitals, § 202, oder einer bedingten Kapitalerhöhung, § 192, geschaffen werden. Hier besteht keine Gewähr dafür, daß das Grundkapital nicht wenigstens vorübergehend unter den Mindestnennbetrag herabsinkt (ebenso Godin-Wilhelmi 2).

Anm. 8

e) Folgen eines Verstoßes

Beschlüsse, die gegen die Vorschriften des Abs. 1 verstoßen, sind *nichtig*, nicht nur anfechtbar. Denn sie verletzen Vorschriften, die im öffentlichen Interesse gegeben sind; § 241 Nr. 3. Es ist aber *Heilung* der Nichtigkeit nach § 242 Abs. 2 möglich. Die Nichtigkeit kann nicht mehr geltend gemacht werden, wenn die Beschlüsse in das Handelsregister eingetragen und seitdem drei Jahre verflossen sind. Eine Löschung kann dann nur noch von Amts wegen durch das Registergericht angeordnet werden, § 242 Abs. 2 Satz 3.

II. Die Frist für die Eintragung, Abs. 2 Satz 1

Anm. 9

1. Die Bedeutung der Frist

Die Beschlüsse sind nichtig, wenn sie und die Durchführung der Erhöhung nicht binnen sechs Monaten nach der Beschlußfassung in das Handelsregister eingetragen worden sind, Abs. 2 Satz 1. Regelmäßig schreibt das Gesetz keine Frist vor, innerhalb der die Kapitalherabsetzungs- und Erhöhungsbeschlüsse oder die Durchführung derselben ins Handelsregister einzutragen sind. Nur kann die Eintragung unmöglich werden, wenn in den Beschlüssen selbst eine Frist für die Eintragung oder Durchführung bestimmt und diese vor der Eintragung abgelaufen ist. Die Vorschrift setzt eine ausnahmsweise eintretende Nichtigkeit fest, wenn die Beschlüsse nicht innerhalb der Frist ins Handelsregister eingetragen sind. Der Zweck der Vorschrift ist, sicherzustellen, daß Kapitalherabsetzung und Kapitalerhöhung gleichzeitig wirksam werden, daß jedenfalls auch nicht vorübergehend das Grundkapital unter den Mindestnennbetrag sinkt. Allerdings könnte auch dann, wenn die Herabsetzung nicht unter den Mindestnennbetrag erfolgen soll, sich aus gleichzeitig oder auch nacheinander gefaßten Beschlüssen über Kapitalherabsetzung und Kapitalerhöhung ergeben, daß der eine nicht ohne den anderen wirksam werden soll. Auch dann dürfte der eine nicht ohne den anderen eingetragen werden, vgl. ROHG 25, 260; OLG Dresden bei Holdheim 11, 111; KGJ 51 A 329. Im vorliegenden Falle knüpft das Gesetz wegen der Bedeutung des Mindestnennbetrages des Grundkapitals für die heutige Gestaltung des Aktienwesens an die Nichteintragung innerhalb sechs Monaten die Folge der Nichtigkeit beider Beschlüsse. Es handelt sich hier ähnlich wie bei der erfolgreichen Anfechtung eines Hauptversammlungsbeschlusses um eine nachträglich, mit Rückwirkung auf den Zeitpunkt der Beschlußfassung eintretende Nichtigkeit; vgl. auch die Erl. zu §§ 241 ff.

Die Frist ist eine *Ausschlußfrist*. Sie beginnt mit der Fassung der Beschlüsse, wenn sie an verschiedenen Tagen gefaßt sind, mit der Fassung des ersten Beschlusses. Alle Beschlüsse müssen innerhalb 6 Monaten eingetragen sein. Eine *Wiedereinsetzung in den vorigen Stand* gegen eine Fristversäumung oder die Möglichkeit einer *Fristverlängerung* durch das Registergericht ist nicht gegeben. Bei Versäumung der Frist ist nur eine Wiederholung der Beschlüsse möglich. Es muß somit innerhalb sechs Monaten seit der Beschlußfassung alles geschehen, was zur Eintragung der beiden Beschlüsse und der Durchführung des Erhöhungsbeschlusses notwendig ist.

Anm. 10

2. Nichtigkeit bei Fristversäumnis

Wird die Frist nicht eingehalten, so tritt kraft Gesetzes die *Nichtigkeit der Beschlüsse* ein, § 241. Damit sind auch alle Durchführungsmaßnahmen wirkungslos, so eine etwaige Zusammenlegung der alten Aktien, die Kraftloserklärung von solchen, die Zeichnung neuer Aktien. Bereits geleistete Einlagen können zurückgefordert werden. Die Nichtigkeit erfaßt beide Beschlüsse. Sie kann sowohl von der Gesellschaft wie von den bisherigen und den neuen Aktionären, wie von Dritten in derselben Weise geltend gemacht werden wie die Nichtigkeit anderer Gesellschafterbeschlüsse, vgl. die Erl. zu § 249.

Anm. 11

3. Heilung durch Eintragung und Zeitablauf

Eine *Heilung* durch Eintragung und Zeitablauf in entsprechender Anwendung des § 196 Abs. 2 AktG 1937 nahm die h. M. schon nach bisherigem Recht an (vgl. die Voraufl. § 181 Anm. 11). Sie ist nunmehr in § 242 Abs. 3 für den vorliegenden und für gleichgelagerte Fälle ausdrücklich bestimmt worden. Danach wird die Nichtigkeit geheilt, wenn die Kapitalherabsetzung und die Kapitalerhöhung zwar erst nach Ablauf der 6-Monatsfrist eingetragen worden sind, seit der Eintragung aber 3 Jahre verstrichen sind, § 242 Abs. 3 i. V. m. Abs. 2 Satz 1. Auch die Sätze 2 und 3 des § 242 Abs. 2 gelten entsprechend. Die 3-Jahresfrist verlängert sich also, wenn eine Klage auf Feststellung der Nichtigkeit schwebt, bis zu deren Erledigung. Ferner bleibt eine Amtslöschung nach § 144 Abs. 2 FGG möglich, vgl. die Erl. zu § 242.

Anm. 12

4. Hemmung der Frist, Abs. 2, Satz 2

Der Lauf der Frist ist gehemmt, solange eine Anfechtungs- oder Nichtigkeitsklage rechtshängig ist oder eine zur Kapitalherabsetzung oder Kapitalerhöhung beantragte staatliche Genehmigung noch nicht erteilt ist, Abs. 2 Satz 2. Die Vorschrift will verhindern, daß durch Anfechtungs- und Nichtigkeitsklagen, insbesondere solche schikanöser Art oder durch den unvermeidlichen Zeitaufwand eines Genehmigungsverfahrens die Frist versäumt wird. Unter Anfechtungs- und Nichtigkeitsklagen sind die typischen Klagen des Aktienrechts, §§ 246, 249, zu verstehen. Eine gewöhnliche Feststellungsklage hemmt die Frist nicht.

Ein Fall der notwendigen *staatlichen Genehmigung* kann namentlich bei den unter Staatsaufsicht stehenden Versicherungsunternehmen vorliegen. Bei ihnen bedarf jede Änderung des Geschäftsplanes der Genehmigung der Aufsichtsbehörde. Eine solche Änderung ist vorhanden, wenn die Satzung geändert wird — was bei Kapitalherabsetzungen oder -erhöhungen immer der Fall ist —, oder wenn neue Geschäftszweige aufgenommen werden, oder wenn die Sicherheiten gemindert werden; § 13 des Gesetzes über die privaten Versicherungsunternehmungen und Bausparkassen vom 6. 6. 1931, RGBl. I S. 315.

Hemmung bedeutet das gleiche wie bei der Verjährung. In die Frist wird die Zeit nicht eingerechnet, die durch die Klage oder das Genehmigungsverfahren in Anspruch genommen wird. Es beginnt somit nicht, wie bei der *Unterbrechung,* nach Wegfall des Hindernisses die Frist von neuem, vgl. §§ 202ff. BGB.

III. Die Eintragung, Abs. 2, Satz 2

Anm. 13

Die Beschlüsse und die Durchführung der Erhöhung des Grundkapitals sollen nur zusammen in das Handelsregister eingetragen werden, Abs. 2 Satz 3. Der Satz enthält nur eine Sollvorschrift. Da die Kapitalherabsetzung unter den Mindestbetrag nur zulässig ist, wenn durch eine gleichzeitig beschlossene Kapitalerhöhung der Mindestnennbetrag wieder erreicht wird, beide Beschlüsse somit eine Einheit bilden, der eine nicht ohne den anderen bestehen kann, so ergibt sich daraus das Bedürfnis der gleichzeitigen Eintragung beider Beschlüsse und der Durchführung der Kapitalerhöhung von selbst. Geschieht die Eintragung entgegen der Sollvorschrift nacheinander, so hat dies weder die Nichtigkeit der Beschlüsse noch die der Eintragung zur Folge. Es müssen nur beide Beschlüsse und die Durchführung der Kapitalerhöhung vor Ablauf der Sechsmonatsfrist eingetragen sein. Die bloße Anmeldung innerhalb der Frist würde dagegen nicht genügen.

IV. Geltung der allgemeinen Vorschriften

Anm. 14

Im übrigen gelten die *allgemeinen Vorschriften* über die Kapitalherabsetzung und über die Kapitalerhöhung, soweit sich nicht aus der Verbindung von Kapitalherabsetzung und Kapitalerhöhung sinngemäß etwas anderes ergibt. Insbesondere sind auch die *Gläubigerschutzvorschriften* zu befolgen, selbst wenn die Herabsetzung durch die Kapitalerhöhung wieder ausgeglichen wird. Solange das neue Kapital nicht voll einbezahlt ist, ist vom Standpunkt der Gläubiger aus der Ausgleich noch nicht erreicht, wenn auch die Durchführung der Erhöhung schon erfolgt sein kann, da diese nicht Volleinzahlung erfordert, vgl. Anm. 3.

Für die *Anmeldung* des Kapitalerhöhungsbeschlusses und seine Durchführung gelten sinngemäß die gewöhnlichen Vorschriften über die Kapitalerhöhung, insbesondere über die der Anmeldung der Durchführung beizufügenden Beilagen, §§ 184, 188. Eine Angabe darüber, welche Einlagen auf das bisherige Grundkapital rückständig sind und warum sie nicht geleistet werden können (§ 184 Abs. 2), wird entbehrlich sein, wenn Zweck der Kapitalherabsetzung Rückzahlung eines Teiles des bisherigen Grundkapitals oder Befreiung der Aktionäre von der Einlagepflicht ist.

Anm. 15

Der *Registerrichter* hat von Amts wegen zu prüfen, ob die Vorschriften des Abs. 1 und die Frist des Abs. 2 Satz 1 eingehalten sind. Ist dies nicht der Fall, so hat er die Eintragung abzulehnen. Ist sie bereits erfolgt, so hat er zu prüfen, ob die Löschung von Amts wegen anzuordnen ist, § 242 Abs. 2 Satz 3.

Zweiter Unterabschnitt

Vereinfachte Kapitalherabsetzung

§ 229 Voraussetzungen

(1) Eine Herabsetzung des Grundkapitals, die dazu dienen soll, Wertminderungen auszugleichen, sonstige Verluste zu decken oder Beträge in die gesetzliche Rücklage einzustellen, kann in vereinfachter Form vorgenommen werden. Im Beschluß ist festzusetzen, daß die Herabsetzung zu diesen Zwecken stattfindet.

(2) Die vereinfachte Kapitalherabsetzung ist nur zulässig, nachdem der Teil der gesetzlichen Rücklage, der über zehn vom Hundert des nach der Herabsetzung verbleibenden Grundkapitals hinausgeht, und die freien Rücklagen vorweg aufgelöst sind. Sie ist nicht zulässig, solange ein Gewinnvortrag vorhanden ist.

(3) § 222 Abs. 1, 2 und 4, §§ 223, 224, 226—228 über die ordentliche Kapitalherabsetzung gelten sinngemäß.

Übersicht

Anm. 1

Einleitung

Die Kapitalherabsetzung in vereinfachter Form wurde erstmals, damals mit der Bezeichnung „Kapitalherabsetzung in erleichterter Form", durch die Notverordnung des Reichspräsidenten vom 6. 10. 1931 unter dem Eindruck der damaligen Wirtschaftskrise zugelassen und durch mehrere Durchführungsverordnungen geregelt (im einzelnen s. die Voraufl. § 182 Anm. 1). Das Aktiengesetz von 1937 hat die ursprünglich zeitlich beschränkte Regelung in den §§ 182—191 zur Dauereinrichtung gemacht. Nicht übernommen wurde die Möglichkeit der vereinfachten Kapitalherabsetzung durch *Einziehung* von Aktien. Auch die jetzige Regelung sieht sie nicht vor (kritisch Risse BB 68, 1012, s. dazu § 222 Anm. 19 Abs. 2). § 229 Abs. 3 nimmt nur § 222 in Bezug, nicht aber §§ 237ff. Die vereinfachte Kapitalherabsetzung kann also nur durch Herabsetzung des Nennbetrags oder durch Zusammenlegung von Aktien (§ 222 Abs. 4) erfolgen, nicht aber durch Einziehung.

§ 229 faßt die §§ 182 und 183 AktG 1937 zusammen. § 182 wurde nicht geändert, § 183, jetzt § 229 Abs. 2, in *drei Punkten*. Die vereinfachte Kapitalherabsetzung ist jetzt erst zulässig, wenn vorher *alle freien Rücklagen* (früher nur die zum Ausgleich von Wertminderungen und zur Deckung von sonstigen Verlusten bestimmten) aufgelöst sind (Anm. 10). Diese Änderung steht in Zusammenhang mit der Änderung des § 150, vgl. § 130 Abs. 3 AktG 1937 mit § 150 Abs. 3 und 4. Dort wird die gesetzliche Rücklage zu Lasten aller freien Rücklagen geschont. Das muß erst recht für das Grundkapital gelten (vgl. die amtl. Begr.). Auch ein *Gewinnvortrag* muß jetzt zur Verlustdeckung oder Einstellung in die freie Rücklage verwendet werden, bevor zu diesen Zwecken das Grundkapital in vereinfachter Form herabgesetzt werden darf (Anm. 13). Schließlich wurde § 183 Satz 2 über die Möglichkeit einer ministeriellen Ausnahmegenehmigung aus grundsätzlichen Erwägungen (amtl. Begr.) gestrichen.

Der wesentliche *Unterschied* der vereinfachten und der *ordentlichen* Kapitalherabsetzung besteht darin, daß bei der ersten der Zweck auf die Sanierung begrenzt, bei der zweiten alle denkbaren Zwecke zulässig sind (§ 222 Anm. 9), bei der ersten die besonderen Vorschriften des § 225 über den Gläubigerschutz nicht gelten, daß aber der Gläubigerschutz in anderer Weise erreicht wird.

Der übliche Gang der vereinfachten Kapitalherabsetzung ist der gleiche wie bei der ordentlichen Kapitalherabsetzung; § 222 Anm. 5. Nur unterbleibt in der amtlichen Bekanntmachung über die Eintragung der Hinweis, daß die Gläubiger, soweit sie nicht Befriedigung verlangen können, Sicherheitsleistung begehren können, vgl. Anm. 19.

I. Der Zweck der vereinfachten Kapitalherabsetzung

Anm. 2

1. Die drei zulässigen Zwecke — Anfechtbarkeit

Der zulässige Zweck der vereinfachten Kapitalherabsetzung. Nach Abs. 1 ist die Kapitalherabsetzung in vereinfachter Form *nur zulässig zu dem Zwecke, Wertminderungen auszugleichen, sonstige Verluste zu decken oder Beträge in die gesetzliche Rücklage einzustellen.* Soll die Kapitalherabsetzung anderen Zwecken, etwa der Rückzahlung nicht verwertbaren oder nicht mehr erforderlichen Kapitals dienen, so ist dies nur in der Form der ordentlichen Kapitalherabsetzung oder durch Einziehung von Aktien, und zwar nur unter Einhaltung der Gläubigerschutzvorschriften des § 225 möglich. Es ist nicht erforderlich, daß ein Teil des Grundkapitals verloren ist (Unterbilanz, vgl. Godin-Wilhelmi 4 und S. 92 Anm. 10). Es genügt, daß aus irgendwelchen Gründen *Wertminderungen* in den Vermögensbeständen, sei es Anlage- oder Betriebsvermögen, oder daß *sonstige Verluste*, etwa durch Zahlungsunfähigkeit von Schuldnern, Wegfall von Aktionären überhaupt oder Nichtigkeit von Aktienzeichnungen wegen Geschäftsunfähigkeit der Zeichner oder mangelnder Vertretungsbefugnis für sie handelnder Personen, durch

Untreue von Vorstandsmitgliedern und Angestellten, durch mißglückte Geschäfte, durch Bürgschaften und dergleichen eingetreten sind. Auch frühere zu hohe Bewertung des Vermögens, z. B. bei der Kapitalumstellung nach dem DM-Bilanzgesetz oder bei einer Verschmelzung kann zu einer vereinfachten Kapitalherabsetzung Anlaß bieten. Ebenso kann das Bedürfnis, *Beträge in die gesetzliche Rücklage* einzustellen, genügen. Ein solches Bedürfnis kann z. B. bestehen, wenn die gesetzliche Rücklage für die Zwecke, für die sie bestimmt ist, § 150 Abs. 3, 4, verbraucht ist und wenn deren Ergänzung aus den in § 150 Abs. 2 vorgesehenen Quellen nicht zu erwarten ist. Es kann für die Gesellschaft auch im Interesse ihres Ansehens und Kredits von Vorteil sein, eine gesetzliche Rücklage zu haben, über die sie für die dazu vorgesehenen Zwecke jederzeit verfügen kann. Kann sie etwaige neue oder zu erwartende Verluste aus einer so aufgefüllten gesetzlichen Rücklage decken, so kann das für sie vorteilhafter sein, als wenn sie einen Verlust in dem künftigen Jahresabschluß oder zu ungünstiger Zeit in einer dann notwendigen Kapitalherabsetzung bekannt geben müßte. Zum Zwecke der Bildung *freier* Rücklagen darf die vereinfachte Kapitalherabsetzung nicht benutzt werden. Denn dies würde es indirekt ermöglichen, auf Kosten des Grundkapitals, Zahlungen an die Aktionäre zu leisten oder sie von ihren Einlageverpflichtungen zu befreien, vgl. auch § 230. Enthält der Hauptversammlungsbeschluß keine Bestimmung, aus der sich der nach § 229 zulässige Zweck ergibt, so ist die Kapitalherabsetzung als gewöhnliche durchzuführen und § 225 anzuwenden. Ist die Kapitalherabsetzung als vereinfachte beschlossen, so müssen die für diese geltenden besonderen *Gläubigerschutzvorschriften*, §§ 229—233, eingehalten werden.

Der angegebene Zweck der Kapitalherabsetzung darf nicht nur vorgeschützt sein, um eine wirtschaftlich gar nicht gebotene Kapitalherabsetzung zu beschließen. Es kann also nicht jede Wertminderung oder jeder Verlust zum Anlaß einer vereinfachten Kapitalherabsetzung genommen werden. Die Veränderungen müssen vielmehr derart sein, daß sie nach kaufmännischen Grundsätzen eine dauernde Veränderung der Grundkapitalziffer rechtfertigen. Wertminderung und Verluste, die nach der Gesamtlage des Unternehmens unbedeutend sind, oder voraussichtlich bald ausgeglichen werden können, dürfen nicht als Vorwand für eine Kapitalherabsetzung verwendet werden. Hierauf hat namentlich der Vorstand als verantwortlicher Geschäftsleiter und der Aufsichtsrat zu achten. Es darf auch nicht eine bewußt willkürliche Unterbewertung der Aktiven oder Überbewertung der Passiven der Rechtfertigung des Herabsetzungsbeschlusses in der Hauptversammlung zugrunde gelegt werden. Eine trotzdem beschlossene Kapitalherabsetzung kann einen Mißbrauch der Befugnis zu dieser Maßregel und auch einen Mißbrauch der Kapitalmehrheit darstellen und gegen die guten Sitten oder gegen die Gesellschaftstreue (vgl. die Erl. zu § 243) verstoßen. Der Verstoß begründet nur *Anfechtbarkeit des Beschlusses*, nicht aber Nichtigkeit. Der Beschluß als solcher ist mit dem Wesen der Aktiengesellschaft nicht unvereinbar, verletzt auch nicht durch seinen Inhalt Vorschriften, die überwiegend zum Schutze der Gläubiger der Gesellschaft oder sonst im öffentlichen Interessen gegeben sind. Er verstößt auch nicht seinem Inhalt nach gegen die guten Sitten, § 241 Nr. 3, 4. Ob eine Kapitalherabsetzung zu dem in Abs. 1 Satz 1 vorgesehenen Zweck erforderlich ist, ist im wesentlichen Aufgabe der Prüfung der zuständigen Gesellschaftsorgane auf Grund pflichtmäßigen Ermessens. Das Gesetz rechnet auch mit der Möglichkeit, daß eine beschlossene und durchgeführte Kapitalherabsetzung sich nachträglich nicht oder nicht voll als notwendig erweist. Es ordnet in diesem Falle eine Einstellung in die gesetzliche Rücklage an, § 232. Dadurch und durch das Verbot von Rückzahlungen an die Aktionäre und der Befreiung derselben von der Einlagepflicht, § 230, hat das Gesetz die Gläubiger gegen einen Mißbrauch des Herabsetzungsrechtes ausreichend geschützt. Benachteiligt durch einen Mißbrauch sind neben der Gesellschaft also hauptsächlich die Aktionäre. Diese sind aber durch das Anfechtungsrecht gesichert. Es ist auch darauf zu achten, daß durch die Herabsetzung tatsächlich ein Ausgleich erfolgt, daß die Herabsetzung also nicht zu niedrig ist. Eine zu starke Kapitalherabsetzung führt andererseits zur Bildung überflüssiger stiller oder offener Rücklagen und schmälert damit unter Umständen den Gewinn der Aktionäre.

Anm. 3

2. Festsetzung des Zwecks im Herabsetzungsbeschluß

Im Herabsetzungsbeschluß ist festzusetzen, daß die Herabsetzung zu den in Abs. 1 Satz 1 angegebenen Zwecken stattfindet, Abs. 1 Satz 2. Es muß *mindestens einer der genannten Zwecke* angegeben werden. Die Aktionäre und Gläubiger sollen dadurch in die Lage versetzt werden, nachzuprüfen, ob die Herabsetzung auch zu dem angegebenen Zwecke ausgeführt worden ist. Die Verwaltung darf die Beträge, die aus der Kapitalherabsetzung gewonnen werden, nur zu dem im Beschluß angegebenen Zwecke verwenden, § 230. Auch aus diesem Grunde ist die Angabe des Zweckes nötig. Es genügt nicht, daß als Zweck angegeben wird: „Vereinfachte Kapitalherabsetzung" oder „Anpassung des Grundkapitals an den veränderten Vermögensstand". Da der Verwendungszweck im Beschlusse, d. h. im Hauptversammlungsbeschlusse festzusetzen ist, kann die Bestimmung des Zweckes nicht der Verwaltung überlassen werden. Es kann auch nicht der Verwaltung überlassen werden, ob sie die Kapitalherabsetzung durchführen will. Die Kapitalherabsetzung ist keine Angelegenheit der gewöhnlichen Geschäftsführung; sie gehört zur Zuständigkeit der Hauptversammlung. Wenn mehrere Zwecke nebeneinander bestehen, so braucht im Beschluß nicht angegeben zu werden, wie der aus der Kapitalherabsetzung gewonnene Betrag im einzelnen zu verwenden oder auf die einzelnen Zwecke zu verteilen ist. Es empfiehlt sich im Beschluß alle Zwecke anzugeben, die im gegebenen Falle in Betracht kommen, vgl. § 230 Satz 3. Unzulässig ist es zu beschließen, daß über die Verwendung der Buchgewinne erst später, etwa durch eine künftige Hauptversammlung, Beschluß gefaßt werden solle.

Anm. 4

3. Bedingte Herabsetzung

Wie bei der ordentlichen Kapitalherabsetzung ist es zulässig, die vereinfachte Kapitalherabsetzung *bedingt* zu beschließen, sie etwa davon abhängig zu machen, daß nicht freiwillige Zuzahlungen geleistet werden; vgl. § 222 Anm. 20.

II. Voraussetzungen, Abs. 2

Anm. 5

1. Zweck der Vorschrift

Sie schützt die Gläubiger dadurch, daß sie die teilweise Aufhebung der Bindung des Grundkapitals und auch dessen Umwandlung in eine *gebundene* (die gesetzliche) Rücklage unmöglich macht, solange die Wertminderungen und sonstigen Verluste aus bereits bestehenden gesetzlichen und aus freien Rücklagen ausgeglichen werden können. *Der Hauptzweck* der Vorschrift ist, *im Interesse der Aktionäre* unnötige Kapitalherabsetzungen und die Umwandlung von Grundkapital in gesetzliche Rücklagen zu vermeiden. Sowohl bei der Zusammenlegung wie bei der Nennwertherabsetzung verändert sich der Inhalt des Aktienrechts zuungunsten der Aktionäre. Bei der Zusammenlegung können sie ihre Beteiligung an der Gesellschaft ganz verlieren, wenn sie nicht die zur Bildung eines neuen Aktienrechts erforderliche Zahl alter Aktien haben. Hieraus ergibt sich das Interesse der Aktionäre am Unterbleiben der Kapitalherabsetzung. Allerdings muß mit der Kapitalherabsetzung nicht notwendig eine Verminderung des *Wertes* der Aktien verbunden sein. Dieser kann sich durch die Kapitalherabsetzung auch erhöhen, wenn sie zu einer Sanierung der Aktiengesellschaft, insbesondere zu einer Wiederherstellung der Rentabilität des Unternehmens führt und die Ausschüttung von Gewinn dadurch ermöglicht, daß das Grundkapital auf der Passivseite der Bilanz vermindert wird. Um die möglichen Nachteile zu vermeiden, soll die *vereinfachte* Kapitalherabsetzung nur eintreten, wenn zuvor die anderen zur Verlustdeckung und Sanierung geeigneten Mittel angewandt sind. Diese Mittel liegen in der Ausnutzung der gesetzlichen und der freien Rücklagen. Bei der ordentlichen Kapitalherabsetzung gilt diese Beschränkung nicht. Die dort vorgeschriebene Sicherheitsleistung, § 225, wird die Gesellschaft ohnedies von nicht dringend notwendigen Kapitalherabsetzungen abhalten.

Anm. 6

2. Auflösung der gesetzlichen Rücklage bis zu 10%

Die vereinfachte Kapitalherabsetzung ist nur zulässig, nachdem der Teil der gesetzlichen Rücklage, der über 10% des nach der Herabsetzung verbleibenden Grundkapitals hinausgeht, vorweg aufgelöst ist; Satz 1, erster Fall. Der *Begriff der geseztlichen Rücklage* ist derselbe wie in § 150; vgl. die Erl. dazu. Die Auflösung hat bis zu dem Betrage zu erfolgen, bis zu dem die gesetzliche Rücklage aus dem jährlichen Reingewinn aufzufüllen ist, wenn die Satzung nicht die Auffüllung zu einem höheren Betrage anordnet, § 150 Abs. 2 Nr. 1. Bis zu dieser vom Gesetz zwingend angeordneten Auffüllung aus dem Reingewinn, also bis zu zehn vom Hundert des Grundkapitals, soll die gesetzliche Rücklage auch im Falle der vereinfachten Kapitalherabsetzung bestehenbleiben, weil eine gesetzliche Rücklage in dieser Höhe einer gesunden Wirtschaftsführung entspricht.

Anm. 7

Beträgt die gesetzliche Rücklage bereits zehn vom Hundert des Grundkapitals oder mehr, so kann die vereinfachte Kapitalherabsetzung nicht zu dem Zwecke erfolgen, Beträge in die gesetzliche Rücklage einzustellen. Das ergibt sich aus § 231, vgl. die Erl. hierzu. Die Herabsetzung kann dann nur zum Ausgleich von Wertminderungen oder zur Deckung sonstiger Verluste beschlossen werden; auch dies nur, wenn die gesetzliche Rücklage bis auf zehn vom Hundert des Grundkapitals aufgelöst wird.

Anm. 8

Die Auflösung der Rücklage soll bis zu zehn vom Hundert *desjenigen Grundkapitals erfolgen, das nach der Kapitalherabsetzung verbleibt.* Hierin liegt eine Verstärkung der Schutzwirkung der Vorschrift. Denn die Auflösung muß weiter gehen, als bis zu zehn vom Hundert des bisherigen Grundkapitals: die Auflösung muß so erfolgen, wie wenn die Herabsetzung des Grundkapitals bereits vorgenommen wäre. Daraus ergibt sich die Notwendigkeit, vor der Formulierung des Herabsetzungsbeschlusses eine Rechnung aufzustellen. In diese ist jedenfalls einzustellen der Betrag der Wertminderungen und der sonstigen Verluste, die ausgeglichen werden sollen. Sodann ist zu ermitteln, was an freien Rücklagen und an der gesetzlichen Rücklage, diese, soweit sie zehn vom Hundert des bisherigen Grundkapitals übersteigt, zur Verfügung steht. Daraus ergibt sich der vorläufige Bedarf der Kapitalherabsetzung. Dieser ermäßigt sich noch dadurch, daß die Auflösung der gesetzlichen Rücklage sich nach dem herabgesetzten Grundkapital bestimmt.

Anm. 9

Aus der Vorschrift folgt nicht, daß die vereinfachte Kapitalherabsetzung nicht vor der *Feststellung des Jahresabschlusses* des letzten abgelaufenen Geschäftsjahres beschlossen werden kann. Die vereinfachte Kapitalherabsetzung setzt auch nicht voraus, daß der *letzte* Jahresabschluß überhaupt einen Verlust aufwies. Es genügen vielmehr Wertminderungen und Verluste jeder Art, auch solche aus früherer Zeit, soweit sie noch nicht ausgeglichen sind (Verlustvorträge früherer Jahre) — aber nur, soweit sie ernstlich eine Kapitalherabsetzung rechtfertigen, Anm. 2 Abs. 2. Auch ein erst im Entstehen begriffener, voraussichtlich eintretender Verlust kann bei Ermittlung des Herabsetzungsbedarfs berücksichtigt werden. Es kann deshalb nur eine annähernde, vielfach schätzungsweise Feststellung der Grundlagen des Herabsetzungsbedarfs stattfinden. Das Gesetz rechnet auch damit, daß nicht genau das Richtige getroffen wird. Es erklärt eine über den Bedarf hinausgehende Kapitalherabsetzung nicht für nichtig. Ein Vergreifen in der Schätzung des Bedarfs enthält keine Gesetzesverletzung. Eine solche würde nur vorliegen, wenn bei Bemessung des Betrages der Kapitalherabsetzung unter Außerachtlassung aller kaufmännischen Grundsätze rein willkürlich vorgegangen worden wäre. Ein so zustande gekommener Beschluß wäre anfechtbar, vgl. RG 72, 37; 120, 367. Um Mißbräuchen vorzubeugen, ordnet das Gesetz die Einstellung des für die Kapitalherabsetzung tatsächlich nicht erforderlichen Betrages in die gesetzliche Rücklage an, § 232.

Auch wenn der letzte Jahresabschluß bereits vorliegt, sind zu hohe oder zu niedere Kapitalherabsetzungen möglich. Dies schon deshalb, weil sich im Laufe des Geschäftsjahres Veränderungen durch neue Verluste oder nicht vorgesehene Vermögensvermehrungen (Gewinne) ergeben können. Der letzte Jahresabschluß kann aber eine Unterlage für die Feststellung der Höhe der Kapitalherabsetzung und der Auflösung der Rücklagen bilden. Er muß deshalb vom Vorstand bei der Vorbereitung des Herabsetzungsbeschlusses pflichtgemäß herangezogen werden. Daneben sind aber auch die seit Ablauf des letzten Jahres eingetretenen Änderungen und die Geschäftsergebnisse des neuen Jahres zu berücksichtigen. In der Regel wird die Aufstellung eines *Zwischenabschlusses* geboten sein. Soll durch die Kapitalherabsetzung die Ausschüttung von Gewinn ermöglicht werden, so muß festgestellt werden, wie weit das Kapital herabgesetzt werden muß, damit die Gesellschaft wieder Gewinne verteilen kann, s. aber auch § 233.

Anm. 10

3. Auflösung der freien Rücklagen

Die vereinfachte Kapitalherabsetzung ist auch nur zulässig, nachdem die freien Rücklagen aufgelöst sind; Satz 1, zweiter Fall. Was freie Rücklagen sind, sagt das Gesetz weder hier noch an anderer Stelle. Es sind alle Rücklagen, die keine gesetzlichen sind, also alle, die ohne gesetzlichen Zwang gebildet und aufgelöst und damit auch verwendet werden können, § 58 Anm. 8, vgl. auch § 150 Anm. 2, § 151 Anm. 97, Adler-Düring-Schmaltz § 151 Anm. 210ff. Freie Rücklagen sind demnach auch solche, die nicht auf Grund gesetzlicher Vorschrift, sondern durch die Satzung oder durch Beschluß des die Rücklage bildenden Organs zweckgebunden sind *(Sonderrücklagen)*. Gemeint sind alle freien Rücklagen, die *Eigenkapitalcharakter* haben, also nicht passivischer Natur sind. Wertberichtigungen (§ 152 Abs. 6) fallen also nicht darunter. Die Rücklage für die Vermögensabgabe zum Lastenausgleich, deren Eigen- oder Fremdkapitalcharakter umstritten ist (§ 58 Anm. 8, § 151 Anm. 100, Adler-Düring-Schmaltz § 151 Anm. 205), ist jedenfalls freie Rücklage i. S. des Abs. 2, weil sie zur Verlustdeckung verwendet werden darf (§ 218 Abs. 2 Satz 3 LAG, § 58 Anm. 8, § 151 Anm. 100, Adler-Düring-Schmaltz § 151 Anm. 205).

Das Gesetz schweigt auch darüber, ob nur die *offenen* freien Rücklagen aufgelöst werden müssen oder auch die *stillen*, soweit deren Auflösung im Rahmen der Bewertungsvorschriften des §§ 153ff. möglich und zulässig ist. Die Frage ist zu verneinen, wie sich aus § 230 ergibt, wo die aufzulösenden Rücklagen ausdrücklich als offene bezeichnet werden.

Sonderposten mit Rücklagenanteil (§ 152 Abs. 5) fallen nicht unter den Auflösungszwang des Abs. 2, teils weil der Rücklagenanteil der Höhe nach ungewiß ist, teils weil es sich um stille Rücklagen handelt (s. § 152 Anm. 47ff.).

Die freien Rücklagen müssen, wenn dadurch eine Kapitalherabsetzung ganz oder teilweise vermieden werden kann, *in vollem Umfange* aufgelöst werden. Die Beschränkung auf zehn vom Hundert, wie bei der gesetzlichen Rücklage, besteht nicht.

Anm. 11

4. Die Verbindung mit einer Kapitalerhöhung

Die Verbindung einer Kapitalherabsetzung mit einer Kapitalerhöhung befreit die Gesellschaft nicht von der Einhaltung der Vorschriften des Abs. 2. Da durch sie in erster Linie die Aktionäre, und zwar diejenigen, die durch die Kapitalherabsetzung betroffen werden, geschützt werden sollen, wird die Vorschrift nicht durch eine gleichzeitige Kapitalerhöhung entbehrlich. Daher ist für die Auflösung der gesetzlichen Rücklage von dem herabgesetzten Kapitel auszugehen, auch wenn es den gesetzlichen Mindestnennbetrag unterschreitet. Dieser Betrag, nicht wie in den Fällen der §§ 231, 233 Abs. 1 der Mindestnennbetrag des § 7, ist maßgebend; ebenso Schlegelberger AktG 1937 § 182 Anm. 5. Auch bei einer gleichzeitigen Kapitalerhöhung sind die freien Rücklagen voll aufzulösen.

Anm. 12

5. Vorweg-Auflösung der Rücklagen

„*Vorweg*" hat die Auflösung der Rücklagen zu erfolgen. Das bedeutet, daß zunächst einmal ermittelt werden muß, ob und welcher Kapitalherabsetzungsbedarf noch erforderlich ist, wenn die als Voraussetzung der vereinfachten Kapitalherabsetzung vorgeschriebene Auflösung der Rücklagen geschehen ist, vgl. Anm. 8 und 9. Diese Ermittlung nebst den erforderlichen Unterlagen muß der Hauptversammlung bei der Beschlußfassung vorliegen. Hat sie auf dieser Grundlage die Kapitalherabsetzung beschlossen, so ist der Zweck der Vorschrift, eine zu hohe oder unnötige Kapitalherabsetzung zu vermeiden, erreicht.

Eine *förmliche Auflösung der Rücklagen*, etwa durch besonderen Beschluß der Hauptversammlung, braucht der Beschlußfassung nicht vorherzugehen. Die gesetzlichen wie die freien Rücklagen können auch ohne förmliche Auflösung ihrem Zwecke entsprechend, d. h. zum Ausgleich von Wertminderungen und zur Deckung sonstiger Verluste verwendet werden. Die Auflösung der Rücklagen, soweit sie nach Satz 1 zu erfolgen hat, ist aber in den Büchern der Gesellschaft durch Berichtigung der Rücklagenkonten kenntlich zu machen. Sie ist auch in der Gewinn- und Verlustrechnung durch Einsetzung des sich aus der Auflösung ergebenden Betrages ersichtlich zu machen, § 157 Abs. 1 Nr. 30. Wird vor dem Hauptversammlungsbeschluß über die Kapitalherabsetzung oder auch nachher ein förmlicher Beschluß der Hauptversammlung über die teilweise Auflösung der gesetzlichen Rücklagen gefaßt, so gilt er doch nur als unter der Bedingung gefaßt, daß die Kapitalherabsetzung wirksam wird (durch Eintragung in das Handelsregister § 224). Andernfalls wäre unter Umständen eine Auflösung der gesetzlichen Rücklage beschlossen, die gesetzlich gar nicht zulässig ist. Dadurch wären die Gläubiger benachteiligt. Jedenfalls müßten die zu Unrecht vom Rücklagekonto abgebuchten Beträge ihm wieder gutgeschrieben werden.

Anm. 13

6. Vorweg-Verwendung des Gewinnvortrags

Die vereinfachte Kapitalherabsetzung ist auch nicht zulässig, solange ein *Gewinnvortrag* vorhanden ist. Das bedeutet, daß ein vorhandener Gewinnvortrag für die in Abs. 1 aufgeführten Zwecke verwendet werden muß, bevor das Kapital in vereinfachter Form herabgesetzt werden darf. Das ist folgerichtig, denn der Gewinnvortrag bedeutet wirtschaftlich dasselbe wie eine freie Rücklage (§ 58 Anm. 23).

Anm. 14

7. Anfechtbarkeit

Die Vorschriften des Abs. 2 sind insofern *zwingenden Rechts*, als die *Satzung* die Gesellschaft nicht von ihrer Einhaltung entbinden kann. Ein gegen die Vorschriften verstoßender Hauptversammlungsbeschluß ist aber nicht nichtig, sondern *nur anfechtbar*, da er überwiegend im Interesse der Aktionäre gegebene Bestimmungen verletzt, § 243, vgl. § 241 Nr. 3, ebenso Baumbach-Hueck 3, abw. Godin-Wilhelmi 7.

Anm. 15

8. Prüfung des Registerrichters

Der Registerrichter hat zu prüfen, ob die Voraussetzungen der Vorschrift gegeben sind. Er kann zu diesem Zwecke den Nachweis über die vorhandenen Rücklagen und die trotz der vorgeschriebenen Auflösung der Rücklagen gegebene Notwendigkeit der Kapitalherabsetzung fordern.

Anm. 16

9. Wahl zwischen vereinfachter und ordentlicher Kapitalherabsetzung

Will die Gesellschaft die Rücklagen nicht in der vorgeschriebenen Weise verwenden, insbesondere die gesetzliche Rücklage nicht ermäßigen, woran sie ein Interesse haben kann, so muß sie von der vereinfachten Kapitalherabsetzung absehen. Es bleibt ihr dann der Weg der ordentlichen Kapitalherabsetzung, für welche die Beschränkungen des Abs. 2 nicht gelten.

III. Die sinngemäße Anwendung der Vorschriften über die ordentliche Kapitalherabsetzung

Anm. 17

1. §§ 222—224, 226—228

Abs. 2 erklärt die § 222 Abs. 1, 2 und 4, §§ 223, 224, 226—228 über die *ordentliche* Kapitalherabsetzung für sinngemäß *anwendbar.*

Danach kann die vereinfachte Kapitalherabsetzung nur durch eine Hauptversammlung beschlossen werden. Bei der Einberufung der Hauptversammlung ist der Wortlaut des zu fassenden Beschlusses in die Bekanntmachung der Tagesordnung aufzunehmen, § 124 Abs. 2, vgl. § 222 Anm. 6. Es bedarf einer *Mehrheit* von mindestens drei Vierteln des bei der Beschlußfassung vertretenen Grundkapitals. Die Satzung kann diese Mehrheit durch eine größere, nicht aber durch eine geringere Kapitalmehrheit ersetzen und *weitere Erfordernisse* bestimmen, § 222 Abs. 1. Die Satzung kann in diesem Rahmen für die vereinfachte Kapitalerhöhung auch andere Erfordernisse aufstellen, als für die ordentliche Kapitalherabsetzung oder für die Kapitalherabsetzung durch Einziehung von Aktien. So könnte bestimmt werden, daß nur für die vereinfachte Kapitalherabsetzung eine größere Kapitalmehrheit erforderlich ist. Es könnte auch bestimmt werden, daß die vereinfachte Kapitalherabsetzung unter einen bestimmten Betrag des Grundkapitals einer erhöhten Mehrheit bedarf oder daß die Gläubigerschutzbestimmungen zum Teil einzuhalten seien. Jedoch empfehlen sich solche Erschwerungen nicht, da sie eine notwendige Herabsetzung verhindern können.

Die Vorschriften des § 222 Abs. 2 über die *getrennte Abstimmung* bei Vorhandensein mehrerer Gattungen von Aktien gelten ebenfalls für die vereinfachte Kapitalherabsetzung. Die entsprechende Anwendung des § 222 Abs. 4 bedeutet, daß die vereinfachte Kapitalherabsetzung, wie die ordentliche, nur durch *Herabsetzung des Nennbetrages* der Aktien oder durch *Zusammenlegung* der Aktien erfolgen kann, und daß letztere nur zulässig ist, soweit der Mindestnennbetrag der Aktien nicht innegehalten werden kann. *Nicht zulässig ist vereinfachte Kapitalherabsetzung auf einem anderen Wege, nämlich durch Einziehung von Aktien,* s. Anm. 1. Die Kapitalherabsetzung durch Einziehung von Aktien ist jetzt besonders geregelt, §§ 237ff. Soll die Kapitalherabsetzung teils durch Herabsetzung des Nennwerts oder Zusammenlegung, teils durch Einziehung von Aktien erfolgen, was an sich zulässig ist, so sind die Vorschriften über die vereinfachte Kapitalherabsetzung mit ihren Erleichterungen auch nicht teilweise anwendbar. Es müssen vielmehr die Vorschriften über die ordentliche und die Kapitalherabsetzung durch Einziehung von Aktien nebeneinander befolgt werden. Entsprechend anwendbar ist auch der letzte Satz des § 222. Der Beschluß muß die *Art der Herabsetzung angeben.* Es muß aus ihm ersichtlich sein, ob die Herabsetzung durch Herabsetzung des Nennwertes oder durch Zusammenlegung oder teils durch die eine, teils durch die andere Art geschehen soll. Für die Angabe der Einzelheiten im Beschluß gilt das gleiche wie bei der ordentlichen Kapitalherabsetzung, vgl. die Erl. zu § 222. Aus dem Beschlusse muß auch *ersichtlich* sein, daß die Herabsetzung im Wege der *vereinfachten Kapitalherabsetzung* erfolgen soll. Auch hier ist der Zweck anzugeben, Anm. 3. Nur dann ist für den Registerrichter erkennbar, ob die Gläubigerschutzvorschriften des § 225 gelten und ob in der Bekanntmachung der Eintragung die Gläubiger auf das Recht auf Sicherheitsleistung hinzuweisen sind, vgl. Anm. 19.

Anm. 18

Die sinngemäße Anwendung der Bestimmungen des § 223 über Anmeldung des Beschlusses, des § 224 über das Wirksamwerden der Kapitalherabsetzung, des § 226 über die Kraftloserklärung von Aktien, des § 227 über die Anmeldung der Durchführung, des § 228 über Herabsetzung unter den Mindestnennbetrag ergibt sich ohne weiteres aus diesen Vorschriften.

Anm. 19

2. § 225 gilt nicht

Nicht für anwendbar erklärt sind die *Gläubigerschutzbestimmungen des § 225*. Die Befreiung von ihnen bildete auch einen besonderen Anlaß zur Einführung der Kapitalherabsetzung in erleichterter Form durch die NotVO vom 6. 10. 1931, vgl. Anm. 1. Insbesondere die Vorschrift des dreimaligen *Gläubigeraufrufs* bedeutete oft eine psychologische Hemmung für die Gesellschaften, von der vor der NotVO allein gegebenen Möglichkeit der Kapitalherabsetzung mit dem Zwang zur Anwendung der Gläubigerschutzvorschriften Gebrauch zu machen. Der Gläubigeraufruf war geeignet, die Gläubiger und Dritte, aber auch die Aktionäre zu beunruhigen. Er hielt deshalb oft von der gebotenen Kapitalherabsetzung ab. Auch die bei der ordentlichen Kapitalherabsetzung vorgeschriebene *Sicherheitsleistung* für die sich meldenden Gläubiger wird gerade notleidenden Gesellschaften kaum möglich sein und deshalb ein Hindernis bilden, von der Herabsetzungsmöglichkeit Gebrauch zu machen. Die Sicherheitsmaßregeln sind entbehrlich, wenn keine Rückzahlungen an die Aktionäre erfolgen. Die bisherigen Erfahrungen mit der Kapitalherabsetzung in erleichterter Form haben keine Mißstände ergeben. Auch bestehen besondere Vorschriften zum Gläubigerschutz in den §§ 230, 232, 233.

Anm. 20

3. Eigene Aktien

Nicht übernommen sind die Vorschriften der NotVO, nach denen in erster Linie *eigene* oder zur Verfügung der Gesellschaft stehende *Aktien* einzuziehen und dadurch die Kapitalherabsetzung vorzunehmen war, ehe zur Kapitalherabsetzung durch Nennwertherabsetzung oder Zusammenlegung geschritten wurde. Der Besitz eigener Aktien der Gesellschaft ist kein Hindernis für die vereinfachte Kapitalherabsetzung. Unter Umständen kann der Besitz eigener Aktien der Gesellschaft einen Weg bieten, sich durch deren Veräußerung Barmittel zum Betrieb des Unternehmens zu verschaffen, ohne zu einer Kapitalerhöhung oder einer Kreditaufnahme schreiten zu müssen. Die Einziehung eigener Aktien wird häufig kein geeignetes Mittel sein, die Gesellschaft rentabler zu gestalten und die vereinfachte Kapitalherabsetzung entbehrlich zu machen. Sie kann aber neben ihr hergehen, um die Grundkapitalziffer zu vermindern und damit die Verteilung von Reingewinn zu ermöglichen. Erfolgt die Einziehung in einem besonderen Verfahren, so kann daneben die Kapitalherabsetzung durch Nennwertherabsetzung oder Zusammenlegung in vereinfachter Form geschehen.

§ 230 Verbot von Zahlungen an die Aktionäre

Die Beträge, die aus der Auflösung der offenen Rücklagen und aus der Kapitalherabsetzung gewonnen werden, dürfen nicht zu Zahlungen an die Aktionäre und nicht dazu verwandt werden, die Aktionäre von der Verpflichtung zur Leistung von Einlagen zu befreien. Sie dürfen nur verwandt werden, um Wertminderungen auszugleichen, sonstige Verluste zu decken und Beträge in die gesetzliche Rücklage einzustellen. Auch eine Verwendung zu einem dieser Zwecke ist nur zulässig, soweit sie im Beschluß als Zweck der Herabsetzung angegeben ist.

Übersicht

I. Zweck der Vorschrift

Anm. 1

§ 230 entspricht, abgesehen von sprachlichen Änderungen, § 184 AktG 1937. Er soll zusammen mit den §§ 232, 233 die *Gläubigerschutzvorschriften* des § 225 ersetzen, die bei der vereinfachten Kapitalherabsetzung nicht anwendbar sind. Er soll Gewähr dafür bieten, daß die vereinfachte Kapitalherabsetzung nur den Zwecken dienstbar gemacht wird, für die sie bestimmt ist, nämlich um Wertminderungen auszugleichen, sonstige Verluste zu decken oder Beträge in die gesetzliche Rücklage einzustellen. Die Vorschrift führt nur das näher aus, was in § 229 Abs. 1 als allein zulässiger Zweck der vereinfachten Kapitalherabsetzung angegeben ist. Satz 2 spricht deshalb aus, daß die durch die Kapitalherabsetzung gewonnenen Beträge nur zu dem in § 229 Abs. 1 vorgesehenen Zwecke verwendet werden dürfen. Satz 1 sagt dazu noch, daß sie nicht zu einem bestimmten *anderen* Zwecke, nämlich nicht zu Zahlungen an die Aktionäre oder zu deren Befreiung von der Einlagepflicht verwendet werden dürfen.

II. Die verbotene Verwendung, Satz 1

Anm. 2

1. Die Bedeutung des Verbots

Die Beträge, die aus der Auflösung der Rücklagen und aus der Kapitalherabsetzung gewonnen werden, dürfen nicht zu Zahlungen an die Aktionäre und nicht dazu verwendet werden, die Aktionäre von der Verpflichtung zur Leistung von Einlagen zu befreien. In § 229 Abs. 2 ist die Auflösung von gesetzlichen und freien Rücklagen vorgeschrieben, bevor überhaupt zu einer vereinfachten Kapitalherabsetzung geschritten werden darf. Diese Auflösung soll die Kapitalherabsetzung ganz oder teilweise entbehrlich machen. Die durch die Auflösung der Rücklagen zur Verfügung gestellten Beträge und das, was durch die trotzdem noch notwendige Kapitalherabsetzung frei wird, bildet eine Einheit. Es soll seinem Zwecke nicht dadurch entzogen werden, daß Zahlungen an die Aktionäre geleistet, oder daß diese von Einlageverpflichtungen befreit werden.

Anm. 3

Rücklagen im Sinne des Satzes 1 sind diejenigen, die nach § 229 Abs. 2 vorweg aufzulösen sind, das sind: 1. die gesetzlichen Rücklagen, soweit sie zehn vom Hundert des nach der Kapitalherabsetzung verbleibenden Grundkapitals übersteigen, § 229 Anm. 6—9; 2. alle freien und, wie das Gesetz jetzt ausdrücklich sagt, offenen Rücklagen, § 229 Anm. 10.

Anm. 4

2. Das Verbot ist unbeschränkt

Das Verbot ist sachlich und zeitlich unbeschränkt. Es geht weiter als das Verbot des § 225 Abs. 2, der die Zahlung und Befreiung nur so lange verbietet, bis das Sperrhalbjahr abgelaufen ist, und den Gläubigern, die sich rechtzeitig gemeldet haben, Befriedigung oder Sicherheit gewährt worden ist. Es kommt wegen seiner Bedingungslosigkeit und Fristlosigkeit auch den Gläubigern zugute, die es erst nach der Kapitalherabsetzung geworden sind.

Anm. 5

3. Inhalt des Verbots

Verboten sind *Zahlungen an die Aktionäre*, d. h. solche Zahlungen, *die ihnen in ihrer Eigenschaft als Aktionäre geleistet werden*. Nicht verboten sind Zahlungen, die auf Grund von Rechtsverhältnissen nicht gesellschaftsrechtlicher Art, z. B. für Warenlieferungen oder Dienstleistungen, bewirkt werden. Handelt es sich um Zahlungen auf gesellschaftsrechtlicher Grundlage, so trifft das Verbot solche *jeder Art*, seien es Kapital-(Einlage-)rückzahlungen oder Gewinnzahlungen, letztere soweit sie dadurch möglich werden, daß die durch die Auflösung der Rücklagen und die Kapitalherabsetzung freiwerdenden Beträge nicht zu dem in § 229 Abs. 1 bezeichneten Zwecke verwendet werden. Das Verbot gilt auch, wenn in späteren Bilanzjahren solche Zahlungen geleistet werden sollen. Auch freie Rücklagen, die später als Gewinn ausgeschüttet werden können, dürfen aus den durch die Kapitalherabsetzung gewonnenen Beträgen nicht gebildet werden. Seinem Ziele entsprechend, einen Mißbrauch der vereinfachten Kapitalherabsetzung zu verhindern, ist das Verbot weit auszulegen.

Unter Zahlungen sind nicht nur Geldleistungen zu verstehen. Das Verbot ist auch verletzt, wenn Sachleistungen bewirkt oder Forderungen erlassen werden und dadurch im Ergebnis eine Rückzahlung bewirkt wird. Daß die gewonnenen Beträge auch nicht zur *Befreiung* der Aktionäre von *Einlageverpflichtungen* verwendet werden dürfen, ist die notwendige Ergänzung des Zahlungsverbotes. Die Einlageverpflichtung bleibt somit in voller Höhe bestehen, obwohl als Folge der Kapitalherabsetzung die Aktienurkunde auf einen geringeren Betrag lauten kann als der Einlagepflicht entspricht. Hierin zeigt sich ein wesentlicher Unterschied gegenüber der ordentlichen Kapitalherabsetzung, deren Zweck auf Rückzahlung eines Teiles des Grundkapitals und Befreiung der Aktionäre von der Einlagepflicht gerichtet sein kann.

III. Die vorgeschriebene Verwendung, Satz 2

Anm. 6

1. Inhalt des Gebotes

Die durch die Auflösung der Rücklagen und aus der Kapitalherabsetzung *gewonnenen Beträge dürfen nur zum Ausgleich von Wertminderungen, zur Deckung von sonstigen Verlusten und zur Einstellung von Beträgen in die gesetzliche Rücklage verwendet werden*, Satz 2. Die Vorschrift stellt klar, zu welchem Zwecke der sich aus der Auflösung der Rücklagen und der Kapitalherabsetzung ergebende Buchgewinn zu verwenden ist, und verbietet, ihn zu irgendeinem anderen Zwecke zu verwenden. Er soll 1. zu den Abschreibungen verwendet werden, die durch Wertminderungen veranlaßt sind, 2. zur Deckung sonstiger Verluste jeder Art, z. B. von solchen aus einzelnen unvorteilhaften Geschäften, aber auch zur Deckung eines bilanzmäßigen Jahresverlustes oder eines Verlustvortrages früherer Jahre, oder eines in der Entwicklung begriffenen Verlustes, 3. zur Einstellung in die gesetzliche Rücklage, soweit dies nicht durch § 231 verboten ist.

Anm. 7

2. Angabe im Herabsetzungsbeschluß

Auch eine Verwendung der aus der Auflösung der Rücklagen und der Kapitalherabsetzung gewonnenen Beträge zu einem der in § 229 Abs. 1 und § 230 Satz 3 genannten Zwecke ist nur zulässig, soweit sie im Beschluß als Zweck der Herabsetzung angegeben sind, Satz 3. Danach ist der im Einzelfall erstrebte Zweck im Hauptversammlungsbeschluß zu bezeichnen. Der gewonnene Betrag darf nur zu diesem Zwecke verwendet werden. Sind *mehrere Zwecke* angegeben, was sich empfiehlt, wenn tatsächlich mehrere in Frage kommen, so ist nicht nötig, daß im Hauptversammlungsbeschluß eine Verteilung auf die einzelnen Zwecke der Höhe nach vorgenommen wird. Ist sie erfolgt, so ist die Verwaltung daran gebunden. Andernfalls kann sie die Verteilung nach pflichtmäßigem freiem Ermessen vornehmen. Eine Festlegung im Herabsetzungsbeschluß wird in der Regel nicht möglich sein, wenn nicht eine auf den Tag der Beschlußfassung aufgemachte Bilanz vorliegt.

IV. Folgen eines Verstoßes

Anm. 8

Rechtlich enthalten die Vorschriften des Paragraphen ein Gebot und ein Verbot, das die Gesellschaft nach Eintritt der Wirksamkeit der Kapitalherabsetzung zu befolgen hat. Die *Vorschriften sind zwingenden Rechts.* Widersprechende Bestimmungen der Satzung oder des Herabsetzungsbeschlusses, durch welche die Schutzbestimmungen des Paragraphen aufgehoben oder eingeschränkt werden, sind nichtig, da sie gegen ein im Interesse der Gläubiger erlassenes Gesetz verstoßen, § 241 Nr. 3; ebenso Godin-Wilhelmi 5, Baumbach-Hueck 3. Sie dürfen von der Verwaltung nicht beachtet werden. Der gesetzlichen Vorschrift zuwiderlaufende *Zahlungen* an die Aktionäre sind verbotene Zahlungen im Sinne des § 62. Sie begründen die Haftung der Empfänger gegenüber der Gesellschaft und den Gesellschaftsgläubigern. Die Haftung besteht nicht, soweit die Aktionäre die Beträge in gutem Glauben als Gewinnanteile oder Zinsen erhalten haben, § 62 Abs. 1 Satz 2 u. 3. Die verbotenen Zahlungen begründen auch eine Schadensersatzpflicht von Vorstand und Aufsichtsrat nach § 93, insbesondere Abs. 3 Nr. 1 und 2, § 116.

Befreiungen der Aktionäre von der Einlagepflicht, die gegen § 230 verstoßen, sind rechtsunwirksam.

Werden die Vorschriften des § 230 bei Aufstellung des Jahresabschlusses verletzt, indem die Buchgewinne nicht nach diesen Vorschriften in die Bilanz eingestellt werden, so kann der Jahresabschluß und eine auf ihn beruhende Gewinnverteilung nach den für diese geltenden Vorschriften beanstandet werden. Soweit durch den Mangel nur die Belange der Aktionäre benachteiligt sind, wie dies bei einer Verletzung des Satz 3 der Fall ist, liegt nur *Anfechtbarkeit* vor, die gegen den Jahresabschluß nicht durchgreift, soweit er vom Vorstand und Aufsichtsrat, nicht aber von der Hauptversammlung festgestellt ist. Nichtigkeit ist aber gegeben, wenn die Belange der Gläubiger verletzt sind, wenn z. B. ein Betrag statt in die gesetzliche in eine freie Rücklage eingestellt oder zur Gewinnverteilung verwendet oder zur Abschreibung von Einlageschulden der Aktionäre benutzt worden ist, §§ 241 Nr. 3, 256 Abs. 1 Nr. 1 und 4.

§ 231 Beschränkte Einstellung in die gesetzliche Rücklage

Die Beträge, die aus der Auflösung der freien Rücklagen und aus der Kapitalherabsetzung gewonnen werden, dürfen in die gesetzliche Rücklage nur eingestellt werden, soweit diese zehn vom Hundert des Grundkapitals nicht übersteigt. Als Grundkapital gilt dabei der Nennbetrag, der sich durch die Herabsetzung ergibt, mindestens aber der in § 7 bestimmte Mindestnennbetrag. Bei der Bemessung der zulässigen Höhe bleiben Beträge, die in der Zeit nach der Beschlußfassung über die Kapitalherabsetzung nach § 150 Abs. 2 Nr. 2 bis 4 in die gesetzliche Rücklage einzustellen sind, auch dann außer Betracht, wenn ihre Zahlung auf einem Beschluß beruht, der zugleich mit dem Beschluß über die Kapitalherabsetzung gefaßt wird.

Übersicht

Anm. 1

1. Zweck der Vorschrift

§ 231 weicht, abgesehen von sprachlichen Änderungen, von § 186 AktG 1937 darin ab, daß (auf Empfehlung der Bundestagsausschüsse) in Satz 1 vor „Rücklagen" das vom RegEntw. eingefügte Wort „offenen" durch „freien" ersetzt wurde. Außerdem wurde die Vorschrift vor § 232 (früher § 185) gesetzt, die Reihenfolge der beiden Paragraphen also vertauscht, um dadurch deutlicher zum Ausdruck zu bringen, daß das Verbot des § 231 Satz 1 nicht für den Fall des § 232 gilt (amtl. Begr.). Was § 231 nämlich verbietet, gebietet § 232 gerade. Dieser scheinbare Widerspruch ergibt sich daraus, daß § 231 bei den *vor der Kapitalherabsetzung* anzustellenden Berechnungen zu beachten ist, während § 232 dem Fall Rechnung trägt, daß diese Berechnungen zu ungünstig waren. § 231 dient dem *Schutz der Aktionäre*, § 232 dem der Gläubiger. § 231 will verhindern, daß das Kapital herabgesetzt wird, um die gesetzliche Rücklage über den durch § 150 Abs. 2 Nr. 1 vorgeschriebenen Satz von 10% des Grundkapitals hinaus aufzufüllen (Schlegelberger § 186 AktG 1937 Anm. 1).

Anm. 2

2. Inhalt der Vorschrift

Die Beträge, die aus der Auflösung der Rücklagen und aus der Kapitalherabsetzung gewonnen werden, dürfen in die gesetzliche Rücklage nur eingestellt werden, soweit diese zehn vom Hundert des Grundkapitals nicht übersteigt, Satz 1. Die Vorschrift ist schon *bei Ermittelung der Höhe der erforderlichen Kapitalerabsetzuhng zu berücksichtigen.* Hierin liegt auch ihre hauptsächliche Bedeutung, s. Anm. 1. Wie nach § 229 Abs. 2 vor der Beschlußfassung zu berechnen ist, wieweit die Sanierung der Gesellschaft durch Auflösung der gesetzlichen und freien Rücklagen möglich ist, ist auch bei der Ermittelung des Betrages, der aus dem künftigen Buchgewinn in die gesetzliche Rücklage eingestellt werden soll, zunächst festzustellen, ob die gesetzliche Rücklage nicht bereits eine Höhe aufweist, die eine weitere Erhöhung aus einer Kapitalherabsetzung ausschließt. Nur soweit die gesetzliche Rücklage zehn vom Hundert nicht erreicht, kann eine Vermehrung derselben aus dem Buchgewinn überhaupt ins Auge gefaßt werden. Nur mit dieser Beschränkung ist eine Einstellung eines Betrages in die Rechnung über den Kapitalherabsetzungsbedarf zulässig. Dies ist vor allem auch von der Hauptversammlung bei ihrer Beschlußfassung über die Kapitalherabsetzung zu beachten. Weiter ist die *Verwaltung* an diese Grenze von zehn vom Hundert gebunden. *Der überschießende Betrag kann somit nur zum Ausgleich von Wertminderungen oder zur Deckung von sonstigen Verlusten verwendet werden.* Verbleibt dabei noch ein Rest des Buchgewinns, so kann dieser nach § 230 wieder nicht zu Zahlungen an die Aktionäre oder zur Bildung einer freien Rücklage verwendet werden. Dann liegt der Fall des § 232 vor. Es hat sich herausgestellt, daß die Kapitalherabsetzung zu hoch war. Der zu Unrecht verminderte Betrag der Grundkapitalziffer soll wenigstens als *gesetzliche Rücklage* den Gläubigern erhalten bleiben. Die Einstellung des nicht anderweit verwendbaren Teils des Buchgewinns in die gesetzliche Rücklage muß erfolgen, auch wenn diese dadurch zehn vom Hundert der maßgebenden Grundkapitalziffer überschreitet, vgl. die Erl. zu § 232.

Anm. 3

3. Höhe des Grundkapitals

Als Grundkapital gilt der Nennbetrag, der sich durch die Herabsetzung ergibt, mindestens aber der in § 7 bestimmte Mindestnennbetrag, Satz 2. Der Höchstsatz von zehn vom Hundert bemißt sich nach dem Grundkapital, das sich nach der Herabsetzung ergibt. Dies gilt auch dann, wenn das Grundkapital gleichzeitig wieder erhöht worden ist. Durch die Vorschrift soll nur die Verwendung des Buchgewinns erschwert werden, der gerade durch die *Kapitalherabsetzung* erzielt wird. Die gesetzliche Rücklage soll aber eine gewisse Mindesthöhe nicht unterschreiten; dem dient die Bestimmung, daß der in § 7 bestimmte Mindestnennbetrag des Grundkapitals für die Berechnung der zehn vom

Hundert maßgebend ist, wenn an sich das Grundkapital durch die Herabsetzung unter die Mindestgrenze des § 7 gesunken wäre. Da das Herabgehen unter die Mindestgrenze nur möglich ist, wenn gleichzeitig das Grundkapital wieder auf den Mindestnennbetrag erhöht wird, § 228, kommt die Bestimmung über den höheren Hundertsatz nur bei gleichzeitiger Kapitalerhöhung in Betracht, vgl. § 235. Die zulässige Rücklage ist dann so hoch, wie wenn nur bis zum gesetzlichen Mindestnennbetrag herabgesetzt worden wäre.

Anm. 4

4. Die nach Satz 3 außer Betracht bleibenden Beträge

Bei Bemessung der zulässigen Höhe bleiben Beträge, die in der Zeit nach der Beschlußfassung über die Kapitalherabsetzung nach § 150 Abs. 2 Nr. 2 bis 4 in die gesetzliche Rücklage einzustellen sind, auch dann außer Betracht, wenn ihre Zahlung auf einem Beschluß beruht, der zugleich mit dem Beschluß über die Kapitalherabsetzung gefaßt wird; Satz 3. Diese Bestimmung zielt einmal auf den Fall ab, daß gleichzeitig mit der Kapitalherabsetzung eine Kapitalerhöhung oder die Ausgabe von Wandelschuldverschreibungen zu einem Ausgabekurs über pari beschlossen wird, ferner darauf, daß in Verbindung mit der Kapitalherabsetzung Vorzugsrechte an Aktionäre gegen Zuzahlungen gewährt werden, vgl. § 222 Anm. 20. Das Aufgeld (Agio) und die Zuzahlungen sind dann gemäß § 150 Abs. 2 Z. 2 bis 4 in die gesetzliche Rücklage einzustellen. Diese Beträge sollen bei der Berechnung der zulässigen Höhe der gesetzlichen Rücklage außer Betracht bleiben, obwohl es sich um Maßnahmen im Zusammenhang mit der Kapitalherabsetzung handelt. Aus dem Buchgewinn einer Kapitalherabsetzung können also die Beträge der gesetzlichen Rücklage zugeführt werden, die erforderlich sind, um die gesetzliche Rücklage auf zehn vom Hundert des Grundkapitals zu bringen, ohne daß die Zahlungen nach § 150 Abs. 2 Nr. 2 bis 4 in diese zehn vom Hundert eingerechnet werden.

Anm. 5

5. Anfechtbarkeit

Ein Kapitalherabsetzungsbeschluß verstößt gegen § 231, wenn der Herabsetzungsbetrag zuzüglich der nach § 229 Abs. 2 aufzulösenden Rücklagen höher als nötig ist, um die Wertminderungen auszugleichen, sonstige Verluste zu decken und die gesetzliche Rücklage auf 10% des nach der Herabsetzung verbleibenden Grundkapitals aufzufüllen. Da die Vorschrift — anders als § 232, s. Anm. 1 und § 232 Anm. 6 — dem Schutz der Aktionäre dient, kommt nur *Anfechtbarkeit* (§ 243) in Frage, nicht Nichtigkeit (§ 241), ebenso Godin-Wilhelmi 3, Baumbach-Hueck 3. Anfechtbar ist der Beschluß auch nur dann, wenn der Verstoß im Zeitpunkt der Beschlußfassung erkennbar ist. Stellt sich erst nachträglich heraus, daß die Herabsetzung unnötig hoch war, so kommt eine Anfechtung nicht in Frage, vgl. § 222 Anm. 17 Abs. 2. In diesem Fall greift § 232 ein.

§ 232 Einstellung von Beträgen in die gesetzliche Rücklage bei zu hoch angenommenen Verlusten

Ergibt sich bei Aufstellung der Jahresbilanz für das Geschäftsjahr, in dem der Beschluß über die Kapitalherabsetzung gefaßt wurde, oder für eines der beiden folgenden Geschäftsjahre, daß Wertminderungen und sonstige Verluste in der bei der Beschlußfassung angenommenen Höhe tatsächlich nicht eingetreten oder ausgeglichen waren, so ist der Unterschiedsbetrag in die gesetzliche Rücklage einzustellen.

Übersicht

Anm. 1

1. Zweck der Vorschrift

Der dem § 232 entsprechende § 185 AktG 1937 regelte nicht den Fall, daß sich schon bei Aufstellung der Jahresbilanz für das Geschäftsjahr des Herabsetzungsbeschlusses der Unterschied zwischen den bei der Beschlußfassung angenommenen und den tatsächlich eingetretenen Wertminderungen und sonstigen Verlusten zeigt, sondern nur den Fall, daß dieser Unterschied in den beiden folgenden Geschäftsjahren zutage tritt. Diese Lücke schließt § 232 (amtl. Begr.). Im übrigen enthält er keine Änderungen gegenüber § 185 AktG 1937. Nur stand er früher vor § 186, jetzt hinter dem entsprechenden § 231, s. darüber § 231 Anm. 1.

Der Paragraph ergänzt die Vorschriften des § 229 Abs. 1 und des § 230 über die Zulässigkeit der vereinfachten Kapitalherabsetzung und die Verwendung der aus ihr gewonnenen Beträge. Er soll wie § 230 gewährleisten, daß die gewonnenen Beträge nur zu den in § 229 und § 230 *bezeichneten* Zwecken verwendet werden, und daß die zu diesen Zwecken nicht nötigen Beträge nicht von der Bindung zugunsten der Gesellschaftsgläubiger befreit werden. *Der Schutz der Gläubiger ist der Hauptzweck der Vorschrift.* Die Kapitalherabsetzung kann zwar nicht mehr rückgängig gemacht werden, nachdem sie einmal wirksam geworden ist. Durch die Einstellung in die gesetzliche Rücklage wird aber erreicht, daß das Kapital weiter zur Sicherung der Gesellschaftsgläubiger insofern gebunden ist, als es künftig nur zum Ausgleich von Wertminderungen, zur Deckung von sonstigen Verlusten oder zur Kapitalerhöhung aus Gesellschaftsmitteln verwendet werden darf, § 150 Abs. 3 und 4. Die Vorschrift trägt der Tatsache Rechnung, daß bei Ermittlung der Höhe der erforderlichen Kapitalherabsetzung Irrtümer möglich sind, weil der Vermögensstand der Gesellschaft im Zeitpunkt der Beschlußfassung über die Kapitalherabsetzung oft nicht genau festgestellt werden kann. Zwar besteht die Möglichkeit, die Kapitalherabsetzung bedingt zu beschließen und im Beschluß anzuordnen, daß die Herabsetzung nur bis zu einem bestimmten Betrage erfolgen soll, d. h. nur eine Höchstgrenze festzusetzen und die endgültige Höhe erst nachträglich zu bestimmen. Dann kann der Herabsetzungsbeschluß aber auch nicht früher wirksam werden, als der Betrag endgültig feststeht, § 224. Der damit verbundene Nachteil wird vermieden, wenn der Betrag der Herabsetzung sofort festgelegt wird. Irrtümer werden dann durch die Vorschrift des § 232 berichtigt. Ihrem Zwecke nach gilt die Vorschrift auch dann, wenn der Betrag der Kapitalherabsetzung absichtlich zu hoch gegriffen worden ist, um eine unzulässige Ausschüttung von Kapital und Gewinn an die Aktionäre zu ermöglichen. In allen Fällen, in denen die Kapitalherabsetzung zu den im Gesetz und Herabsetzungsbeschluß angegebenen Zwecken ganz oder teilweise nicht nötig war, legt der Paragraph den mit der Aufstellung der Jahresbilanzen betrauten Gesellschaftsorganen die Verpflichtung auf, den Fehler zu verbessern und zu diesem Zwecke die nicht benötigten Beträge in die gesetzliche Rücklage einzustellen.

Anm. 2

2. Die zwei Fälle der Einstellung in die gesetzliche Rücklage

Die Einstellung in die gesetzliche Rücklage hat in *zwei Fällen* zu geschehen:

a) wenn Wertminderungen und sonstige Verluste in der bei der Beschlußfassung angenommenen Höhe tatsächlich nicht eingetreten sind,

b) wenn sie zwar eingetreten waren, aber wieder ausgeglichen sind.

Der erste Fall liegt vor, wenn tatsächlich Wertminderungen oder sonstige Verluste überhaupt nicht oder in geringerer Höhe entstanden waren, wenn also ein solcher Eintritt zu Unrecht als geschehen angenommen wurde. Dies würde z. B. zutreffen, wenn der wirkliche Wert sich nicht vermindert hätte, die Annahme der Wertminderung somit auf einer falschen Auffassung über die wirklichen Werte beruhte, oder wenn zu Unrecht angenommen wurde, daß ein Schuldner zahlungsunfähig sei. Der *zweite Fall* könnte gegeben sein, wenn zwar eine Wertminderung eingetreten war, aber (im Zeitpunkt des Herabsetzungsbeschlusses, s. unten) wieder eine Werterhöhung erfolgt oder ein Vermögensstück zu einem höheren Preise veräußert worden ist, oder wenn ein zahlungsunfähiger Schuldner wieder zahlungsfähig geworden ist.

Auszugehen ist dabei nicht von der Wertminderung *eines einzelnen Gegenstandes* oder einem Einzelverlust oder einer Ausgleichung in dieser Richtung. Es sind vielmehr die Wertminderungen und Verluste und deren Ausgleichung in ihrer Einwirkung auf den Vermögensstand in seiner Gesamtheit ins Auge zu fassen. Sind einzelne Wertminderungen und Verluste und deren Ausgleichung zu hoch, andere zu gering angenommen, so hat ein gegenseitiger Ausgleich stattzufinden. Nur soweit dabei sich eine unrichtige Vorstellung über den Vermögensstand im ganzen ergab und deshalb ein zu hoher Herabsetzungsbedarf angenommen wurde, muß eine Einstellung in die gesetzliche Rücklage erfolgen.

Maßgebend ist, *ob im Zeitpunkt der Beschlußfassung über die Kapitalherabsetzung* der Vermögensstand, soweit er durch Wertminderungen, sonstige Verluste und Ausgleichungen beeinflußt ist, ein günstigerer *war*, als bei der Beschlußfassung angenommen wurde (ob die Wertminderungen usw. vorhanden *waren*, nicht, ob dies bei *Aufstellung der nachfolgenden Bilanzen der Fall* war), ebenso Godin-Wilhelmi 4, Baumbach-Hueck 3. Nicht zu beachten ist, ob *nach* der Beschlußfassung solche Veränderungen eingetreten sind; diese Veränderungen begründen weder eine Verpflichtung zu einer Einstellung in die gesetzliche Rücklage, noch können sie die Gesellschaft von der Verpflichtung zur Einstellung befreien. Nachträgliche Verluste und Gewinne sind so zu behandeln, wie wenn keine Kapitalherabsetzung stattgefunden hätte. Solche Verluste sind wie jeder andere Verlust zu decken, schmälern also die künftigen Gewinne; nachträgliche Ausgleichungen können den verteilbaren Gewinn erhöhen.

Anm. 3

3. Aufstellung der Jahresbilanzen

Die Einstellung in die gesetzliche Rücklage hat nur zu erfolgen, wenn sich die Unrichtigkeit der bei der Beschlußfassung über die Kapitalherabsetzung zugrunde gelegten Auffassung über das Vorhandensein von Wertminderungen und Verlusten oder deren Ausfall *bei Aufstellung der Jahresbilanz* für das Geschäftsjahr des Herabsetzungsbeschlusses oder für die zwei folgenden Geschäftsjahre ergibt. Ergibt sie sich erst später, so muß eine Einstellung in die gesetzliche Rücklage nicht erfolgen. Sie kann aber unter den gleichen Voraussetzungen geschehen, unter denen auch sonst freiwillige Einstellungen über die gesetzliche Verpflichtung hinaus zulässig sind.

Ergibt sich die Unrichtigkeit erst bei der Aufstellung der Jahresbilanz für das *zweite Geschäftsjahr*, so hat die Einstellung nur in die Bilanz dieses Jahres zu erfolgen. Die Bilanz des ersten Jahres bleibt unberührt. Auch können auf Grund der früheren Bilanz erfolgte Zahlungen nicht zurückgefordert werden.

Anm. 4

Unter *Aufstellung der Jahresbilanz* verstehen die §§ 148, 170, 171 diejenige Tätigkeit des Vorstandes und Aufsichtsrats, die der *Feststellung* des Jahresabschlusses vorhergeht, also die die *Feststellung vorbereitende Tätigkeit*. Vorstand und Aufsichtsrat haben schon bei dieser Aufstellung der Bilanz für die Berichtigung von Fehlern durch entsprechende Einstellung von Rücklagen in den Bilanzentwurf zu sorgen. Im Sinne von § 232 ist aber unter Aufstellung der Jahresbilanz auch die Feststellung der Bilanz selbst durch den Vorstand und Aufsichtsrat oder durch die Hauptversammlung, §§ 172, 173, zu verstehen. Denn bei dieser Feststellung ist die Richtigkeit des Bilanzentwurfs, insbesondere auch die Notwendigkeit von Einstellungen in die gesetzliche Rücklage zu prüfen. Erst durch die *Feststellung* des Jahresabschlusses wird die Bilanz zur Grundlage für das weitere Leben der Gesellschaft, insbesondere auch für die Geschäftsführung des Vorstandes, und für die Gewinnverteilung. Ist der Jahresabschluß aus irgendeinem Grunde unwirksam, weil er nichtig, oder mit Erfolg angefochten ist, und stellt sich bei erneuter Aufstellung und Feststellung derselben erst die Unrichtigkeit der dem Kapitalherabsetzungsbeschluß zugrunde liegenden Annahmen über Verluste und deren Ausgleich heraus, so muß ebenfalls die Einstellung in die gesetzliche Rücklage erfolgen.

Anm. 5

4. Die Höhe der gesetzlichen Rücklage

Die Einstellung in die gesetzliche Rücklage darf nicht deshalb unterbleiben, weil die gesetzliche Rücklage bereits zehn vom Hundert des Grundkapitals erreicht oder übersteigt. § 231 steht nicht entgegen. Diese Vorschrift ist überwiegend im Interesse der Aktionäre erlassen, § 232 will aber die Gläubiger dagegen schützen, daß Grundkapital an die Aktionäre ausgeschüttet wird. Die Vorschrift des § 232 geht daher vor, vgl. auch § 231 Anm. 1. Sie muß unter allen Umständen eingehalten werden. Ihre Einhaltung kommt aber auch den Aktionären zugute. Sie bietet ihnen einen gewissen Ersatz für die an sich nicht nötig gewesene Herabsetzung des Grundkapitals und damit auch für die Herabminderung ihrer Aktionärrechte; sie erreicht damit auch das gleiche, was § 231 im Interesse der Aktionäre erstrebt.

Anm. 6

5. Folgen eines Verstoßes

Erfolgt die Einstellung in die gesetzliche Rücklage nicht nach der angegebenen Vorschrift, so ist der *Jahresabschluß* und der auf ihm beruhende *Gewinnverteilungsbeschluß nichtig*; denn er verletzt eine Vorschrift, die überwiegend im Interesse der Gläubiger gegeben ist, §§ 241 Nr. 3, 256 Abs. 1 Nr. 1 und 4 (ebenso Godin-Wilhelmi 3, Baumbach-Hueck 4). Die Nichtigkeit kann durch Fristablauf geheilt werden, § 256 Abs. 6.

§ 232 befaßt sich aber nur mit der Behandlung des *feststehenden* Unterschiedsbetrages zwischen den im Kapitalherabsetzungsbeschluß angegebenen Betrag und dem wirklichen Bedarf der Kapitalherabsetzung. Handelt es sich nur um die Höhe der nötigen Abschreibungen, also um die Feststellung der Wertminderungen und sonstigen Verluste und der Ausgleichung derselben und nur insofern darum, ob der Herabsetzungsbedarf bei Fassung des Kapitalherabsetzungsbeschlusses richtig angenommen worden ist oder zu berichtigen ist, so kann der Jahresabschluß nur so weit angegriffen werden, als wegen dieser Festsetzungen überhaupt eine Beanstandung des Jahresabschlusses möglich ist. Soweit es sich nur um die Ausübung des *Ermessens* handelt, besteht kein Rechtsbehelf. Vielfach handelt es sich, wie auch bei Feststellung des Abschreibungsbedarfs bei Fassung des Kapitalherabsetzungsbeschlusses, bei Ermittlung etwaiger Fehler desselben im Sinne des § 232 um Schätzungen. Soweit dabei nach kaufmännischen Grundsätzen verfahren und nicht rein willkürlich gehandelt worden ist, liegt eine Gesetzesverletzung nicht vor; RG 72, 37; 116, 129; 120, 367; Godin-Wilhelmi 3.

Die auf Grund eines nach § 232 nichtigen Jahresabschlusses ausgeführten *Zahlungen an die Aktionäre* begründen Erstattungsansprüche der Gesellschaft und der Gläubiger nach § 62 und Schadensersatzansprüche gegen Vorstand und Aufsichtsrat, §§ 93, 116.

§ 233 Gewinnausschüttung. Gläubigerschutz

(1) Gewinn darf nicht ausgeschüttet werden, bevor die gesetzliche Rücklage zehn vom Hundert des Grundkapitals erreicht hat. Als Grundkapital gilt dabei der Nennbetrag, der sich durch die Herabsetzung ergibt, mindestens aber der in § 7 bestimmte Mindestnennbetrag.

(2) Die Zahlung eines Gewinnanteils von mehr als vier vom Hundert ist erst für ein Geschäftsjahr zulässig, das später als zwei Jahre nach der Beschlußfassung über die Kapitalherabsetzung beginnt. Dies gilt nicht, wenn die Gläubiger, deren Forderungen vor der Bekanntmachung der Eintragung des Beschlusses begründet worden waren, befriedigt oder sichergestellt sind, soweit sie sich binnen sechs Monaten nach der Bekanntmachung des Jahresabschlusses, auf Grund dessen die Gewinnverteilung beschlossen ist, zu diesem Zweck gemeldet haben. Einer Sicherstellung der Gläubiger bedarf es nicht, die im Fall des Konkurses ein Recht auf vorzugsweise Befriedigung aus einer Deckungsmasse haben, die nach gesetzlicher Vorschrift zu ihrem Schutz errichtet und staatlich überwacht ist. Die Gläubiger sind in der Bekanntmachung des Jahresabschlusses auf die Befriedigung oder Sicherstellung hinzuweisen.

(3) Die Beträge, die aus der Auflösung von offenen Rücklagen und aus der Kapitalherabsetzung gewonnen sind, dürfen auch nach diesen Vorschriften nicht als Gewinn ausgeschüttet werden.

Übersicht

Anm. 1

1. Die dreifache Beschränkung der Gewinnausschüttung

§ 233 entspricht mit sprachlichen Änderungen dem § 187 AktG 1937. Jedoch ist die Ermächtigung des Bundeswirtschaftsministers in § 187 Abs. 2 Satz 1, einen anderen Prozentsatz festzusetzen, gestrichen. Die Vorschrift enthält weitere *Gläubigerschutzbestimmungen.* Sie sind nur im Falle der *vereinfachten Kapitalherabsetzung* einzuhalten. Dabei stellt Abs. 3 klar, daß auch neben den in Abs. 1 und 2 enthaltenen Gläubigerschutzbestimmungen der § 230 gilt, nach dem die Beträge die aus der Auflösung der Rücklagen nach § 229 Abs. 2 und aus der Kapitalherabsetzung gewonnen werden, nicht zu Zahlungen an die Aktionäre, auch nicht in Form von Gewinn, verwendet werden dürfen. Während § 230 allgemein Zahlungen aus den genannten Beträgen an die Aktionäre verbietet, gleichgültig, ob es sich um Rückzahlung von Einlagen oder um Ausschüttung von Gewinn handelt, beschränkt § 233 Abs. 1 und 2 nur die Ausschüttung von *Gewinn,* aber *gleichgültig, woher der Gewinn stammt,* also auch dann, wenn er nicht durch die Kapitalherabsetzung erst entstanden oder rechnerisch möglich geworden ist. Aus den §§ 230 und 233 ergibt sich eine *dreifache Beschränkung der Gewinnausschüttung*: 1. unzulässig ist sie überhaupt aus den Beträgen, die aus der Auflösung von Rücklagen und aus der Kapitalherabsetzung frei geworden sind, 2. unzulässig ist sie überhaupt, ehe die gesetzliche Rücklage zehn vom Hundert des nach § 233 Abs. 1 maßgebenden Grundkapitals beträgt, 3. der Höhe nach beschränkt ist sie, bevor bestimmte Gläubigerschutzbestimmungen erfüllt sind; § 233 Abs. 2.

Anm. 2

2. Das Verbot der Gewinnausschüttung vor Auffüllung der gesetzlichen Rücklage, Abs. 1

a) Inhalt des Verbots

Gewinn darf nicht ausgeschüttet werden, bevor die gesetzliche Rücklage zehn vom Hundert des Grundkapitals erreicht hat; als Grundkapital gilt dabei der Nennbetrag, der sich durch die Herabsetzung ergibt, mindestens aber der in § 7 bestimmte Mindestbetrag; Abs. 1. Die Vorschrift bildet ein Gegenstück zu § 231. § 231 *verbietet*, die gesetzliche Rücklage aus den aus der Auflösung von Rücklagen und aus der Kapitalherabsetzung gewonnenen Beträgen *auf mehr als zehn* vom Hundert der maßgebenden Kapitalziffer aufzufüllen. § 233 Abs. 2 *gebietet* die vorherige Auffüllung auf diesen Hundertteil, wenn überhaupt Gewinn verteilt werden soll. § 233 Abs. 1 will *im Interesse der Gläubiger* dafür sorgen, daß die gesetzliche Rücklage möglichst bald wieder auf die nach § 150 Abs. 2 Nr. 1 zu erstrebende Höhe gebracht wird. Sieht die Satzung vor, daß die Einstellungen in die gesetzliche Rücklage aus dem Reingewinn gemacht werden müssen, bis ein höherer Teil des Grundkapitals als zehn vom Hundert erreicht ist, so gilt dies doch nicht für die Beschränkung der Gewinnausschüttung nach § 233 Abs. 1. Zehn vom Hundert des Grundkapitals bilden hier vielmehr stets die Grenze, nach deren Überschreitung die Ausschüttung vom Reingewinn *nach dem Gesetz* wieder zulässig ist. Auf welche Weise die zehn vom Hundert erreicht werden, ist gleichgültig. Die Bestimmung des § 231 Satz 3, wonach die Einstellung in die gesetzliche Rücklage nach § 150 Abs. 2 Nr. 2—4 bei Bemessung der zulässigen Höhe außer Betracht bleiben, ist im Falle des § 233 Abs. 1 nicht anwendbar. Solange die *satzungsmäßig* höhere Rücklage nicht erreicht ist, dürfen freilich Gewinnausschüttungen nur erfolgen, wenn gleichzeitig die nach der Satzung zu machenden höheren Einstellungen bis zur vorgeschriebenen Höhe aus dem Gewinn gemacht werden. Diese Beschränkung der Gewinnausschüttung gilt aber nur, weil sie die Satzung vorsieht.

§ 233 Abs. 1 sagt nur, daß Gewinn nicht ausgeschüttet werden darf, bevor die gesetzliche Rücklage zehn vom Hundert des Grundkapitals erreicht hat. Damit ist nicht gesagt, daß aller Reingewinn der gesetzlichen Rücklage zugeführt werden muß, bis die Grenze überschritten ist. Durch das Unterbleiben der Zuführung an sich vorhandenen Gewinns kann die Zulässigkeit der Gewinnausschüttung an die Aktionäre aber auf ein späteres Jahr verschoben werden.

Anm. 3

b) Inkrafttreten des Verbots

Das Verbot der Ausschüttung besteht *von dem Zeitpunkt an*, in dem die Kapitalherabsetzung wirksam geworden ist, regelmäßig also vom Zeitpunkt der *Eintragung* des Herabsetzungsbeschlusses an; bei bedingter Kapitalherabsetzung erst von dem Eintritt der Bedingung an, vgl. § 224. Darauf, ob die Kapitalherabsetzung „durchgeführt" worden ist, vgl. die Erl. zu §§ 224, 227, kommt es nicht an. Nach dem maßgebenden Zeitpunkt kann eine nach Abs. 1 unzulässige Gewinnausschüttung weder wirksam beschlossen, noch darf sie ausgeführt werden. Auch wenn die Gewinnausschüttung zwischen Fassung des Herabsetzungsbeschlusses und seiner Eintragung und bis zum Eintritt der Bedingung beschlossen worden ist, kann sie unwirksam sein, wenn der Beschluß zur *Umgehung* der Vorschrift des Absatzes 1 gefaßt worden ist. Die Ausschüttung könnte dann nur unter der Bedingung beschlossen werden, daß die Kapitalherabsetzung nicht wirksam wird. War die Ausschüttung schon vor dem Beschluß über die Kapitalherabsetzung beschlossen, so darf die Zahlung auch noch nachher ausgeführt werden. Denn mit der Fassung des nicht an eine Bedingung geknüpften Gewinnverteilungsbeschlusses hat der Aktionär bereits einen unentziehbaren Anspruch auf den Gewinnanteil erworben. Der Anspruch ist damit zu einem gewöhnlichen Gläubigerrecht geworden und damit aus dem Herrschaftsrecht der Gesellschaft ausgeschieden RG 22, 113; 37, 62 vgl. auch § 58 Anm. 32 und unten Anm. 7 Abs. 3.

Anm. 4

c) Umfang des Verbots

Von der Beschränkung der Zahlung des Gewinnanteils nach Abs. 1 wie nach Abs. 2 sind nur betroffen Zahlungen *an Aktionäre als Gewinn* auf ihre Aktien, nicht dagegen Zahlungen an Inhaber von Schuldverschreibungen oder aus Beteiligungen Dritter, mögen die Zahlungen auch in einem Anteil am Reingewinn bestehen. Das gleiche gilt von Genußscheininhabern, wenn sie nicht den Aktionären in der Frage der Gewinnbeteiligung gleich stehen. Besteht diese Gleichstellung, so müssen sie nach dem Zwecke des Gesetzes für den hier in Betracht kommenden Fall den Aktionären gleich behandelt werden. Die Vorschrift kann jedenfalls nicht dadurch umgangen werden, daß die Aktien in Genußscheine umgewandelt werden.

Anm. 5

d) Höhe des Grundkapitals

Die Vorschrift des Satz 2 stimmt überein mit § 231 Satz 2; vgl. § 231 Anm. 3. Es kommt nur auf die Grundkapitalziffer an, die sich auf Grund der Kapital*herabsetzung* ergibt. Weder eine gleichzeitige noch eine spätere Kapitalerhöhung kommt für die Anwendung des § 233 Abs. 1 in Betracht. Jedoch kann die Kapitalerhöhung insofern von Bedeutung sein, als sich künftig nach dem erhöhten Kapital die gesetzlich oder satzungsmäßig vorgeschriebenen Rücklagen aus dem jährlichen Reingewinn bestimmen; § 150 Abs. 2 Nr. 1. Die Auffüllung muß mindestens auf zehn vom Hundert des in § 7 bestimmten gesetzlichen Mindestnennbetrags erfolgen. Ist die Auffüllung einmal erfolgt, so ist die Gewinnausschüttung durch Abs. 1 nicht mehr beschränkt, auch wenn die gesetzliche Rücklage infolge von Verlusten wieder auf weniger als zehn vom Hundert gesunken ist. Ob das für die Bemessung der Rücklage maßgebende Grundkapital im Zeitpunkt der Ausschüttung bereits einbezahlt war, ist für die Wirksamkeit des Verbotes unerheblich.

Hier wie im Falle des Abs. 2 muß eine Kapitalherabsetzung erfolgt, d. h. sie muß im Sinne des § 224, regelmäßig durch Eintragung des Herabsetzungsbeschlusses, wirksam geworden sein. Eine bloße Auflösung der Rücklagen nach § 229 Abs. 2 als Vorbereitung der Kapitalherabsetzung genügt nicht.

Das Verbot der Gewinnzahlung des Abs. 1 gilt ohne Ausnahme. Es ist auch nicht, wie im Falle des Abs. 2 eine Befreiung dadurch möglich, daß den Gesellschaftsgläubigern Befriedigung oder Sicherheit gewährt wird. Es wirkt deshalb auch zugunsten derjenigen Gläubiger, die es erst nach der Kapitalherabsetzung geworden sind.

Anm. 6

3. Die Beschränkung der Höhe nach Abs. 2 Satz 1

a) Inhalt des Verbots

Die Zahlung eines Gewinnanteils von mehr als vier vom Hundert ist erst für ein Geschäftsjahr zulässig, das später als zwei Jahre nach der Beschlußfassung über die Kapitalherabsetzung beginnt, Abs. 2 Satz 1. Unzulässig ist die Zahlung eines Gewinnanteils von mehr als vier vom Hundert *des Nennbetrages der Aktien.* Unter Nennbetrag der Aktien ist hier der Nennbetrag des jeweiligen Grundkapitals, auf das Gewinn verteilt werden soll, zu verstehen, nicht nur des Grundkapitals, wie es sich durch die Kapitalherabsetzung ergibt; insofern unterscheidet sich Abs. 2 von Abs. 1. Es sind also auch etwaige Kapitalerhöhungen bei Berechnung der zulässigen Ausschüttungen zu berücksichtigen. Dadurch erhöht sich die zulässige Grenze der Ausschüttung, d. h. der Hundertsatz aus dem gesamten Nennwert aller zu berücksichtigenden Aktien darf nicht mehr als vier vom Hundert betragen. Ob auf einzelne Aktien mehr als vier vom Hundert entfällt (Vorzugsaktien, vgl. § 139), auf andere weniger, ist unerheblich. Da die Vorschrift nur größere Ausschüttungen zum Nachteil der Gläubiger verhüten will, ist es gleichgültig, wie der verteilbare Gewinn auf die verschiedenen Arten von Aktien verteilt wird.

Anm. 7

b) Zeitliche Grenze

Die Beschränkung der Gewinnverteilung nach Abs. 2 gilt *nicht* für Geschäftsjahre, die *später als zwei Jahre* nach der Beschlußfassung über die Kapitalherabsetzung beginnen. Sie gilt also für die diesem Zeitpunkt vorhergehenden Geschäftsjahre. Stichtag für die Berechnung des Endes der Beschränkung ist der *Zeitpunkt der Fassung des Kapitalherabsetzungsbeschlusses*, nicht der Zeitpunkt, in dem er wirksam geworden ist. Der Eintritt seiner Wirksamkeit ist nur insofern von Bedeutung, als ohne Wirksamkeit des Beschlusses die Beschränkung überhaupt nicht eintritt. Es würde aber gegen den Zweck des Gesetzes verstoßen, wenn die Gesellschaft die Wirksamkeit des Herabsetzungsbeschlusses durch Verzögerung der Anmeldung hinausziehen würde, um in der Zwischenzeit unzulässige Gewinnausschüttungen vorzunehmen. Sobald der Herabsetzungsbeschluß gefaßt ist, müssen dem Abs. 2 zuwiderlaufende Gewinnausschüttungen unterbleiben. Die Verwaltung würde sich andernfalls schadensersatzpflichtig machen, §§ 93, 116.

Die dem Abs. 2 widersprechende Gewinnzahlung ist unzulässig *für das Geschäftsjahr, in dem der Herabsetzungsbeschluß gefaßt ist* und für die beiden folgenden Geschäftsjahre, die nach dem Herabsetzungsbeschlusse begonnen haben. Maßgebend ist die zur Zeit der Fassung des Kapitalherabsetzungsbeschlusses geltende Festlegung des Geschäftsjahres. Eine *Änderung des Geschäftsjahres nach* der Fassung des Herabsetzungsbeschlusses kann daran nichts mehr ändern, mag die Änderung aus sachlichen Gründen oder deshalb geschehen sein, um die Vorschrift des Abs. 2 zu umgehen.

Dem Zwecke des Gesetzes, auf einige Zeit die Verteilung größerer Gewinne zu verhüten, wenn die Gesellschaft zum Zwecke der Sanierung eine Kapitalherabsetzung in erleichterter Form durchführen mußte, entspricht es auch, eine über das in Abs. 2 angegebene Maß hinausgehende Gewinnausschüttung für das der Beschlußfassung *vorhergegangene Geschäftsjahr* für unzulässig zu erklären, wenn im Zeitpunkt des Herabsetzungsbeschlusses die *Gewinnausschüttung* für das letzte Jahr *noch nicht endgültig und unbedingt* beschlossen war und die Aktionäre damit schon einen unentziehbaren Anspruch auf die festgesetzte Dividende erworben hatten; vgl. Anm. 3 (abw. Godin-Wilhelmi 6). Diese Auslegung entspricht auch dem Wortlaut des Gesetzes, das die Ausschüttung über vier vom Hundert erst für ein Geschäftsjahr für zulässig erklärt, das zwei Jahre nach der Beschlußfassung über die Kapitalherabsetzung beginnt, sie also für die vorhergehende Zeit von der Beschlußfassung an gerechnet überhaupt ausschließt.

Wenn nach §§ 234, 235 die Kapitalherabsetzung auf das letzte vor der Beschlußfassung abgelaufene Geschäftsjahr *zurückbezogen* wird, so beginnt der Zeitraum, nach dessen Ablauf die Gewinnbeschränkung aufhört, doch nicht früher als mit der Fassung des Kapitalherabsetzungsbeschlusses, nicht etwa mit dem Ende des der Beschlußfassung vorhergegangenen Geschäftsjahres. Die Gründe, die für die Zulassung der Rückbeziehung entscheidend waren, sprechen nicht auch für eine Verkürzung der Dauer der Gewinnbeschränkung, vgl. die Erl. zu §§ 234, 235.

Anm. 8

c) Die Ausnahme, Abs. 2, Satz 2—4

Die Gewinnbeschränkung des Abs. 2 gilt nicht, wenn die Gläubiger, deren Forderungen vor der Bekanntmachung der Eintragung des Beschlusses begründet worden waren, befriedigt oder sichergestellt sind, soweit sie sich binnen sechs Monaten nach der Bekanntmachung des Jahresabschlusses, auf Grund dessen die Gewinnverteilung beschlossen worden ist, zu diesem Zwecke gemeldet haben; Abs. 2 Satz 2. Da die Vorschrift des Abs. 2 Satz 1 dem Schutze der Gläubiger dient, besteht ein Grund für die Gewinnbeschränkung nicht, wenn die Gläubiger befriedigt oder sichergestellt sind. Das Gesetz befreit deshalb die Gesellschaft von der Gewinnbeschränkung, wenn die Befriedigung oder Sicherstellung der Gläubiger in ähnlicher Weise erfolgt, wie sie für die ordentliche Kapitalherabsetzung vorgeschrieben sind. Das Gesetz schließt sich dabei an die entsprechenden Vorschriften des § 225 an; vgl. die Erl. hierzu.

Wie bei der ordentlichen Kapitalherabsetzung sind die Gläubiger auf das Recht, Befriedigung oder Sicherstellung zu verlangen, hinzuweisen; der Hinweis hat in der Bekanntmachung des Jahresabschlusses durch den Vorstand zu erfolgen; §§ 177, 233 Abs. 2 Satz 4.

Anm. 9

Macht die Gesellschaft von der Ausnahme des Abs. 2 Satz 2 Gebrauch, so kann sie alsbald die Verteilung eines höheren Gewinns als vier vom Hundert beschließen. Sie darf den Gewinn, soweit er vier vom Hundert übersteigt, nur nicht an die Aktionäre auszahlen, ehe die Meldefrist abgelaufen ist, und die Gläubiger, die sich rechtzeitig gemeldet haben, befriedigt oder sichergestellt sind. Den Teil des Gewinns, der vier vom Hundert nicht übersteigt, kann sie sofort ausschütten.

Anm. 10

Einer Sicherstellung solcher Gläubiger bedarf es nicht, die im Falle des Konkurses ein Recht auf vorzugsweise Befriedigung aus einer nach gesetzlicher Vorschrift zu ihrem Schutz errichteten und staatlich überwachten Deckungsmasse haben; Abs. 2 Satz 3. Die Vorschrift stimmt mit § 225 Abs. 1 Satz 3 überein, vgl. die Erl. dazu.

Anm. 11

4. Das Ausschüttungsverbot des § 230 Abs. 3

Die Beträge, die aus der Auflösung von offenen Rücklagen und aus der Kapitalherabsetzung gewonnen sind, dürfen auch nach diesen Vorschriften nicht als Gewinn ausgeschüttet werden; *Abs. 3*. Die Vorschrift bringt die selbständige Geltung der Vorschriften der Abs. 1 und 2 und der des § 230 zum Ausdruck. Alle diese Vorschriften gelten nebeneinander. Auch wenn die Gewinnbeschränkungen der Abs. 1 und 2 nicht mehr bestehen, gilt das Verbot der Verwendung der Beträge aus der Auflösung der offenen Rücklagen und aus der Kapitalherabsetzung zu Zahlungen an die Aktionäre oder deren Befreiung von der Einlagepflicht weiter.

Anm. 12

5. Folgen eines Verstoßes

Da die Vorschriften zum Schutze der Gesellschaftsgläubiger erlassen sind, sind Hauptversammlungsbeschlüsse, die entgegen den Vorschriften der Abs. 1 und 2 die Ausschüttung von Gewinn oder entgegen Abs. 3 die Verwendung der Beträge aus der Auflösung der Rücklagen und aus der Kapitalherabsetzung anordnen, *nichtig*; § 241 Nr. 3. Die Mitglieder der Verwaltung, die solche Zahlungen anordnen oder zulassen, sind *schadensersatzpflichtig*; §§ 93, 116. Die Aktionäre, die die Zahlungen erlangt haben, sind im Rahmen des § 62 zur *Erstattung* verpflichtet.

§ 234 Rückwirkung der Kapitalherabsetzung

(1) Im Jahresabschluß für das letzte vor der Beschlußfassung über die Kapitalherabsetzung abgelaufene Geschäftsjahr können Grundkapital und offene Rücklagen in der Höhe ausgewiesen werden, in der sie nach der Kapitalherabsetzung bestehen sollen.

(2) In diesem Fall beschließt die Hauptversammlung über die Feststellung des Jahresabschlusses. Der Beschluß soll zugleich mit dem Beschluß über die Kapitalherabsetzung gefaßt werden.

(3) Die Beschlüsse sind nichtig, wenn der Beschluß über die Kapitalherabsetzung nicht binnen drei Monaten nach der Beschlußfassung in das Handelsregister eingetragen worden ist. Der Lauf der Frist ist gehemmt, solange eine Anfechtungs- oder Nichtigkeitsklage rechtshängig ist oder eine zur Kapitalherabsetzung beantragte staatliche Genehmigung noch nicht erteilt ist.

Übersicht

Anm. 1

1. Zweck der Vorschrift

§ 234 stimmt, von sprachlichen Änderungen abgesehen, mit § 188 AktG 1937 überein. § 188 Abs. 2 Satz 3 wurde als überflüssig gestrichen, vgl. Anm. 8.

Die Vorschriften der §§ 234—236 regeln die *Rückwirkung* der vereinfachten Kapitalherabsetzung auf einen vor der Beschlußfassung liegenden Zeitpunkt. Grundsätzlich kann eine Veränderung der Grundkapitalziffer, sei es durch Erhöhung, sei es durch Herabsetzung des Grundkapitals nur in die Zukunft, nicht in die Vergangenheit wirken. Im Anschluß an die Zulassung der Kapitalherabsetzung in erleichterter Form (s. § 229 Anm. 1) wurde von den beteiligten Kreisen als störend empfunden, daß trotz der beschlossenen Kapitalherabsetzung die Bilanz des letzten Geschäftsjahres unter Zugrundelegung der früheren höheren Kapitalziffer aufgestellt werden mußte, und daß so die durch die Kapitalherabsetzung erfolgte Sanierung nicht in Erscheinung trat, vielmehr die gerade beseitigte Unterbilanz durch Veröffentlichung der letzten Bilanz offenbar wurde; es wurde geltend gemacht, die Offenlegung von Verlusten sei geeignet, den Kredit der Gesellschaft zu schmälern. Aus der gleichen Erwägung erschien es erwünscht, eine gleichzeitig mit der Kapitalherabsetzung beschlossene Kapitalerhöhung in der Bilanz des letzten Jahres zu berücksichtigen. Diesem Bedürfnis tragen die §§ 234, 235 Rechnung (s. amtl. Begründung zu den §§ 188, 189 AktG 1937). Die §§ 236 und 240 wollen den Gefahren begegnen, die für die Gesellschaft und für Dritte mit dieser ausnahmsweise zulässigen Bilanzierung verbunden sind.

Anm. 2

2. Die Befugnis der Hauptversammlung, Abs. 1

§ 234 Abs. 1 gibt der Gesellschaft nur die Befugnis, im Jahresabschluß für das letzte vor der Beschlußfassung über die Kapitalherabsetzung abgelaufene Geschäftsjahr Grundkapital und Rücklagen in der Höhe auszuweisen, wie sie nach der Kapitalherabsetzung bestehen sollen. Eine *Verpflichtung*, in dieser Weise zu verfahren, besteht nicht. Die Gesellschaft kann davon absehen, wenn es ihr zweckmäßig erscheint, die Feststellung des Jahresabschlusses und damit auch die Gewinnverteilung für das letzte abgelaufene Geschäftsjahr noch unter Zugrundelegung des bisherigen Grundkapitals vorzunehmen. Auch wenn eine vereinfachte Kapitalherabsetzung beabsichtigt ist, ist eine *Gewinnverteilung* noch möglich, solange der Herabsetzungsbeschluß noch nicht gefaßt ist, § 233 Anm. 7 Abs. 3. Denn trotz Wertminderungen und Verlusten, die durch die vereinfachte Kapitalherabsetzung

ausgeglichen werden dürfen, kann sich für das letzte Geschäftsjahr ein Gewinn ergeben. Es liegt zunächst im pflichtgemäßen Ermessen des Vorstandes und des Aufsichtsrats, ob sie bei der Aufstellung des Jahresabschlusses die bisherige Grundkapitalziffer verwenden wollen. Das ergibt sich aus der selbständigen Stellung, die dem Vorstande und Aufsichtsrat bei der Feststellung des Jahresabschlusses eingeräumt ist. Entschließen sich Vorstand und Aufsichtsrat, den Jahresabschluß selbst festzustellen, so ist die Hauptversammlung an den einmal festgestellten Jahresabschluß, soweit er nicht aus anderen Gründen nichtig ist, gebunden. Die Befugnis des Absatzes 1 besteht somit nur, solange der Jahresabschluß noch nicht mit bindender Wirkung für die Gesellschaft festgestellt ist, vgl. Anm. 6, 7. Solange diese Bindung noch nicht eingetreten oder überhaupt noch keine Feststellung des Jahresabschlusses durch Vorstand und Aufsichtsrat stattgefunden hat, muß aber der *Hauptversammlung* das *Recht* eingeräumt werden, bei der Beschlußfassung über die Kapitalherabsetzung auch ohne Antrag des Vorstandes zu *beschließen, daß im Jahresabschluß für das letzte abgelaufene Geschäftsjahr Grundkapital und Rücklagen in der Höhe ausgewiesen werden, wie sie nach der Kapitalherabsetzung bestehen sollen* (ebenso Godin-Wilhelmi 4). Ohne diese Maßregel würde die Kapitalherabsetzung vielfach ihren Zweck als Sanierungsmittel verfehlen. Beschließt die Hauptversammlung, die allein über die Kapitalherabsetzung zu beschließen hat, § 222, auch gleichzeitig, daß die Rückwirkung auf den letzten Jahresabschluß eintritt, dann muß der Vorstand den Entwurf des Jahresabschlusses der *Hauptversammlung zur Beschlußfassung* nach Abs. 2 vorlegen. Im Notfall kann die Hauptversammlung zur Vorbereitung der Beschlußfassung über den Jahresabschluß auch die Beschlußfassung über die Kapitalherabsetzung vertagen. Die Mehrheit oder die zur Ablehnung der Kapitalherabsetzung erforderliche Minderheit könnten jedenfalls die Vertagung und Vorlage des Entwurfes des Jahresabschlusses, zur Feststellung des letzteren dadurch indirekt erreichen, daß sie die vorherige Kapitalherabsetzung ablehnen, vgl. auch Anm. 6, 7.

Will die Gesellschaft von der Befugnis des Abs. 1 Gebrauch machen, so hat die Verwaltung der Hauptversammlung, die über die Kapitalherabsetzung zu beschließen hat, den *Entwurf eines Jahresabschlusses* vorzulegen, in dem das herabgesetzte Grundkapital und die Rücklagen so eingesetzt sind, wie sie sich auf Grund der Duchrführung der Kapitalherabsetzung darstellen. Da die freien Rücklagen vor der Kapitalherabsetzung aufgelöst werden müssen, § 229 Abs. 2, kann nur die gesetzliche Rücklage eingesetzt werden, und zwar in der nach § 231 zulässigen Höhe von zehn vom Hundert des herabgesetzten Grundkapitals, zuzüglich der nach § 150 Abs. 2—4 in die gesetzliche Rücklage einzustellenden Beträge.

Von der Befugnis des § 234 (und der des § 235) kann nur Gebrauch gemacht werden, wenn die Höhe der Kapitalherabsetzung (oder -erhöhung) feststeht, nicht wenn sie noch von einer Bedingung abhängt. Denn die Bilanz kann nur von einer feststehenden Grundkapitalziffer ausgehen. Auch die in § 240 vorgeschriebene gesonderte Ausweisung der Erträge aus der Kapitalherabsetzung und deren Verwendung ist nicht möglich, solange nicht ihre Höhe feststeht.

Anm. 3

3. Die Rückwirkung

a) für das letzte Geschäftsjahr

Die *Rückwirkung* der Kapitalherabsetzung kann nur für den Jahresabschluß *auf das letzte* vor der Beschlußfassung über die Kapitalherabsetzung abgelaufene, nicht für ein noch früher abgelaufenes Geschäftsjahr beschlossen werden.

Anm. 4

b) für den Jahresabschluß

Die §§ 234, 235 sprechen nicht aus, daß, wenn von der in ihnen erteilten Befugnis Gebrauch gemacht wird, die Kapitalherabsetzung, im Falle des § 235 auch die Kapitalerhöhung, nach jeder Richtung hin auf den Bilanzstichtag des letzten abgelaufenen Geschäftsjahres zurückwirkt. Vielmehr ist nur zugelassen, daß *der Jahresabschluß für das letzte Geschäftsjahr so aufgestellt wird,* als sei am Bilanzstichtag die Kapitalherabsetzung (oder die Kapitalerhöhung) bereits wirksam gewesen. Die Rückbeziehung tritt somit *nur mit der Wirkung* ein, die die Feststellung des Jahresabschlusses für das Leben der Gesellschaft hat. Das Wesen des Jahresabschlusses besteht aber einmal darin, daß er die Grundlage für die Gewinnverteilung und den Gewinnverteilungsbeschluß bildet. Weiter soll er die Grundlage für die weitere Geschäftsgebarung sein. Er soll auch denen, die zu seiner Einsicht berechtigt sind, ermöglichen, sich über den Stand der Gesellschaft zu unterrichten. Dem gleichen Zwecke soll die Bekanntmachung des Jahresabschlusses gegenüber der Allgemeinheit dienen. Durch die Vorschriften des § 234 Abs. 1 soll nur vermieden werden, daß der Abschluß des letzten Geschäftsjahres einen Verlust aufweist, der sich ergeben würde, wenn das Grundkapital in der alten Höhe in die Jahresbilanz eingestellt werden müßte (Anm. 1). Die Vorschrift hat also nur Bedeutung für die Bilanz der Aktiengesellschaft für das letzte abgelaufene Geschäftsjahr. Eine weitergehende Wirkung hat die Berücksichtigung der Kapitalherabsetzung (oder Kapitalerhöhung) im Jahresabschluß des letzten Geschäftsjahres nicht. Im übrigen tritt die Wirksamkeit der Kapitalherabsetzung erst ein, wenn der Herabsetzungsbeschluß wirksam geworden ist; § 224. Dies gilt namentlich für das Stimmrecht der Aktionäre.

Anm. 5

4. Geltung nur für die vereinfachte Kapitalherabsetzung

Da es sich um Ausnahmevorschriften handelt, gelten sie *nur für die vereinfachte Kapitalherabsetzung*; sie sind nicht auszudehnen auf die ordentliche Kapitalherabsetzung oder die Kapitalherabsetzung durch Einziehung von Aktien, auch wenn diese nicht zu einer Zurückzahlung der Einlagen führen.

Anm. 6

5. Die Feststellung des Jahresabschlusses durch die Hauptversammlung, Abs. 2

Sollen die Rücklagen und das Grundkapital in der Höhe ausgewiesen werden, die sich aus der Kapitalherabsetzung — bei gleichzeitiger Wiedererhöhung aus dieser — ergibt, so muß nach § 233 Abs. 2 die Hauptversammlung über den Jahresabschluß beschließen. Sie kann dies freilich nur, wenn nicht die Verwaltung schon gemäß § 172 den Jahresabschluß festgestellt und die Hauptversammlung einberufen hat, vgl. Anm. 2 und 7 unter c). Ist das noch nicht geschehen und entscheidet sich die Hauptversammlung für die Rückwirkung, dann *muß* sie auch den Jahresabschluß feststellen. *Die Entscheidung für die Rückwirkung liegt in der Feststellung des Jahresabschlusses.* Liegt im Zeitpunkt der Hauptversammlung, die über die Kapitalherabsetzung beschließen soll, der vom Vorstand aufzustellende Entwurf des Jahresabschlusses noch nicht vor, so kann die Hauptversammlung, wie in Anm. 2 ausgeführt, die Beschlußfassung über die Kapitalherabsetzung vertagen.

Anm. 7

Der Beschluß über die Kapitalherabsetzung soll gleichzeitig mit dem über die Feststellung des Jahresabschlusses gefaßt werden, Abs. 2 Satz 2. Dies ist wegen des Zusammenhanges der beiden Beschlüsse zweckmäßig. Die Hauptversammlung soll sich bei Fassung des Herabsetzungsbeschlusses über seine Einwirkung auf die Feststellung des letzten Jahresabschlusses und die sich daraus ergebenden Folgen klar werden.

Es handelt sich um eine Sollvorschrift, deren Verletzung in der Regel kein Anfechtungsgrund ist (vgl. die Erl. zu § 243). Es sind folgende Fälle zu unterscheiden:

a) Die Hauptversammlung beschließt die Kapitalherabsetzung. Der Jahresabschluß für das letzte Geschäftsjahr liegt noch nicht vor. Unbedenklich kann in einer weiteren Hauptversammlung der Jahresabschluß mit der Rückwirkung des Abs. 1 festgestellt werden. Dabei ist die Frist des Abs. 3 zu beachten.

b) Der Jahresabschluß wird — sei es von der Verwaltung gemäß § 172, sei es von der Hauptversammlung — mit der herabgesetzten Kapitalziffer festgestellt, bevor die Kapitalherabsetzung beschlossen ist. Der Jahresabschluß ist nach § 256 Abs. 1 Nr. 3 *nichtig*. Der unrichtige Ausweis des Grundkapitals verstößt gegen die überwiegend zum Schutze der Gläubiger gegebenen Bilanzierungsvorschriften, insbesondere gegen § 156 Abs. 1. Gleichzeitig mit der Kapitalherabsetzung oder nach ihr (s. oben a) kann der Jahresabschluß erneut festgestellt werden. Auch eine Heilung nach § 256 Abs. 6 ist möglich.

c) Der Jahresabschluß ist von Vorstand und Aufsichtsrat gemäß § 172 mit der alten Kapitalziffer festgestellt, die Hauptversammlung zu seiner Entgegennahme (§ 175) aber noch nicht einberufen. Wenn inzwischen die Kapitalherabsetzung beschlossen worden ist, so kann die Verwaltung die Feststellung des Jahresabschlusses aufheben und ihn mit der herabgesetzten Kapitalziffer der Hauptversammlung zur Feststellung gemäß Abs. 2 mit der Rückwirkung des Abs. 1 vorlegen. Erst mit der Einberufung der Hauptversammlung zur Entgegennahme des festgestellten Jahresabschlusses ist die Verwaltung an die Feststellung gebunden, § 175 Abs. 4, s. dort Anm. 9.

Anm. 8

Auch dann, wenn die Hauptversammlung nach Abs. 2 den Jahresabschluß im Zusammenhang mit einer Kapitalherabsetzung feststellen muß, gilt für die Vorbereitung des Jahresabschlusses, dessen Prüfung durch den Aufsichtsrat, und das weitere Verfahren das Gleiche, wie wenn in anderen Fällen Vorstand und Aufsichtsrat sich für die Feststellung des Jahresabschlusses durch die Hauptversammlung entscheiden oder diese wegen mangelnder Übereinstimmung der beiden genannten Organe entscheiden muß.

Anm. 9

6. a) Nichtigkeit bei Nichteintragung binnen 3 Monaten, Abs. 3

Die Beschlüsse sind nichtig, wenn der Beschluß über die Kapitalherabsetzung nicht binnen drei Monaten nach der Kapitalherabsetzung in das Handelsregister eingetragen worden ist, Abs. 3 Satz 1. Die Bestimmung ist, wie die des § 235 Abs. 2 dem § 228 Abs. 2 nachgebildet; vgl. die Erl. dazu. Die Frist, an deren fruchtlosen Ablauf die Nichtigkeit der Beschlüsse geknüpft ist, beträgt aber hier und im Falle des § 235 Abs. 2 nicht sechs, sondern nur drei Monate. Die Nichtigkeit ergreift beide Beschlüsse, den Kapitalherabsetzungsbeschluß und den Beschluß über die Feststellung des Jahresabschlusses. Zweck der Vorschrift ist, bald Klarheit darüber zu schaffen, wie sich die Kapitalhöhe der Gesellschaft und der für ihr ferneres Leben zugrunde zu legende Jahresabschluß gestaltet. Die Nichtigkeit *beider* Beschlüsse rechtfertigt sich aus ihrem engen Zusammenhang. Solange die Wirksamkeit beider Beschlüsse nicht feststeht, besteht ein Schwebezustand. Die Beschlüsse sind vorerst nicht nichtig, sondern nur schwebend unwirksam. Die gegenseitige Abhängigkeit zeigt sich namentlich bei dem Jahresabschluß. Berücksichtigt er die Kapitalherabsetzung, so ist er unhaltbar, wenn nicht die Kapitalherabsetzung wirksam wird, was frühestens durch die Eintragung des Kapitalherabsetzungsbeschlusses ins Handelsregister geschieht, § 224. Die Kapitalherabsetzung könnte freilich auch bestehen, wenn die Rückwirkung auf die letzte Bilanz nicht eintreten würde. Wegen des engen Zusammenhangs beider Beschlüsse verfügt das Gesetz trotzdem die Nichtigkeit beider Beschlüsse. Es kann aber im Interesse der Gesellschaft liegen und auch in den Beschlüssen zum Ausdruck kommen, daß die Kapitalherabsetzung (und auch die gleichzeitige Kapitalerhöhung) *auf alle Fälle wirksam* werden soll, auch wenn die Rückwirkung auf den letzten Jahresabschluß nicht eintritt. *Dann tritt die Nichtigkeit des Herabsetzungsbeschlusses trotz Fristablaufs nicht ein.* Nichtig ist in diesem Falle nur der Jahresabschluß.

Die Nichtigkeit bezieht sich nur auf die in § 234 erwähnten Beschlüsse (Jahresabschluß und Kapitalherabsetzungsbeschluß), nicht aber ohne weiteres auf alle gleichzeitig gefaßten *anderen Beschlüsse*, z. B. Entlastungsbeschlüsse. Deren Nichtigkeit hängt davon ab, ob sie mit den erstgenannten in unlösbaren Zusammenhang stehen, ob die einen nicht ohne die anderen gefaßt worden wären.

Um die Nichtigkeit zu vermeiden, ist nur erforderlich, daß der Kapitalherabsetzungsbeschluß rechtzeitig eingetragen wird; auf seine „Durchführung" kommt es nicht an.

Ist die Frist abgelaufen, so hat der Registerrichter die Eintragung des Kapitalherabsetzungsbeschlusses abzulehnen. Durch eine trotzdem erfolgte *Eintragung und Zeitablauf* tritt *Heilung* ein, § 242 Abs. 3; vgl. auch § 228 Anm. 11. Bejaht man die Heilbarkeit der Nichtigkeit des Kapitalherabsetzungsbeschlusses, so muß mit dessen Heilung auch die Nichtigkeit des Jahresabschlusses heilen. Da der Jahresabschluß mit Rückwirkung kraft Gesetzes nur durch die Eintragung des Kapitalherabsetzungsbeschlusses wirksam wird, darf er nicht vor dieser Eintragung bekannt gemacht werden, § 236.

Anm. 10

b) Hemmung der Frist

Der Lauf der Frist ist gehemmt, so lange eine Anfechtungs- oder Nichtigkeitsklage rechtshängig ist oder eine zur Kapitalherabsetzung beantragte staatliche Genehmigung noch nicht erteilt ist; Abs. 3 Satz 2. Die Vorschrift stimmt mit § 228 Abs. 2 Satz 2 überein, vgl. dort Anm. 12.

Anm. 11

7. Verbindung mit einer Kapitalerhöhung

Wird mit der Kapitalherabsetzung eine Kapitalerhöhung verbunden, so gilt § 235.

§ 235 Rückwirkung einer gleichzeitigen Kapitalerhöhung

(1) Wird im Fall des § 234 zugleich mit der Kapitalherabsetzung eine Erhöhung des Grundkapitals beschlossen, so kann auch die Kapitalerhöhung in dem Jahresabschluß als vollzogen berücksichtigt werden. Die Beschlußfassung ist nur zulässig, wenn die neuen Aktien gezeichnet, keine Sacheinlagen festgesetzt sind und wenn auf jede Aktie die Einzahlung geleistet ist, die nach § 188 Abs. 2 zur Zeit der Anmeldung der Durchführung der Kapitalerhöhung bewirkt sein muß. Die Zeichnung und die Einzahlung sind dem Notar nachzuweisen, der den Beschluß über die Erhöhung des Grundkapitals beurkundet.

(2) Sämtliche Beschlüsse sind nichtig, wenn die Beschlüsse über die Kapitalherabsetzung und die Kapitalerhöhung und die Durchführung der Erhöhung nicht binnen drei Monaten nach der Beschlußfassung in das Handelsregister eingetragen worden sind. Der Lauf der Frist ist gehemmt, solange eine Anfechtungs- oder Nichtigkeitsklage rechtshängig ist oder eine zur Kapitalherabsetzung oder Kapitalerhöhung beantragte staatliche Genehmigung noch nicht erteilt ist. Die Beschlüsse und die Durchführung der Erhöhung des Grundkapitals sollen nur zusammen in das Hauptregister eingetragen werden.

Übersicht

Anm. 1

1. Zweck der Vorschrift

§ 235 entspricht mit sprachlichen Änderungen dem § 189 AktG 1937. Er ergänzt den § 234. Wie im Falle der Sanierung durch Kapitalherabsetzung, kann auch dann, wenn mit der Herabsetzung eine Kapitalerhöhung verbunden wird, das Bedürfnis bestehen, daß in der Bilanz über das vor der Beschlußfassung abgelaufene Geschäftsjahr das Grundkapital in der Höhe erscheint, wie es sich nach den Sanierungsmaßnahmen darstellt; vgl. Anm. 1 zu § 234. Diesem Bedürfnis trägt Abs. 1 Satz 1 Rechnung. Abs. 1 Satz 2 will einen Mißbrauch der Befugnis des Satzes 1 verhüten und gewährleisten, daß die Kapitalerhöhung, die bereits in der Bilanz für das abgelaufene Geschäftsjahr erscheint, auch tatsächlich verwirklicht wird.

Anm. 2

2. Wahlweise Rückwirkung auch der Kapitalerhöhung, Abs. 1 Satz 1

Wird im Falle des § 234 zugleich mit der Kapitalherabsetzung eine Erhöhung des Grundkapitals beschlossen, so kann auch die Kapitalerhöhung in dem Jahresabschluß als vollzogen berücksichtigt werden; *Abs. 1 Satz 1*. Die Vorschrift, die ausdrücklich den Tatbestand des § 234 voraussetzt, gibt der Gesellschaft auch die Befugnis, die Kapitalerhöhung bereits im Jahresabschluß für das *letzte*, vor der Beschlußfassung über eine Kapitalerhöhung abgelaufene Geschäftsjahr als vollzogen zu behandeln. Kapitalherabsetzung und Kapitalerhöhung müssen gleichzeitig beschlossen werden. Die Gesellschaft kann *nach ihrer Wahl* auch nur von der Befugnis des § 234 Gebrauch machen, und von der des § 235 absehen. Macht sie auch von der Befugnis des § 235 Gebrauch, so muß der Jahresabschluß das Grundkapital so ausweisen, wie es sich nach Kapitalherabsetzung *und* Kapitalerhöhung ergibt. Das neue Grundkapital ist unter den Passiven, die Einlageforderungen aus der Kapitalerhöhung sind auf der Aktivseite auszuweisen, § 151. Die Rücklagen sind so aufzunehmen, wie sie sich auf Grund der Kapitalherabsetzung und der Wiedererhöhung darstellen; dabei kann eine Erhöhung der gesetzlichen Rücklage über zehn von hundert des herabgesetzten Grundkapitals, § 231, namentlich aus dem Aufgeld aus der Kapitalerhöhung in Betracht kommen, vgl. § 150 Abs. 2 Nr. 2 bis 4. Die Bekanntmachung der Abschlüsse darf erst ergehen, nachdem die Beschlüsse über die Kapitalherabsetzung und die Kapitalerhöhung und die Durchführung der Kapitalerhöhung ins Handelsregister eingetragen sind, § 236. Wie im Falle des § 234 ist die Rückbeziehung nur möglich, wenn der Jahresabschluß von der Hauptversammlung festgestellt wird; § 234 Abs. 2. Der Feststellungsbeschluß soll gleichzeitig mit dem Beschluß der Hauptversammlung über die Kapitalerhöhung gefaßt werden; § 234 Abs. 2 Satz 2. Die Rückwirkung geht nicht weiter wie im Falle des § 234, erstreckt sich also nur auf den Jahresabschluß, berührt dagegen insbesondere nicht die Aktienrechte der einzelnen Aktionäre, vor allem nicht ihr Stimmrecht. Die weiteren Wirkungen der Kapitalherabsetzung und -erhöhung treten vielmehr erst wie sonst bei diesen Maßnahmen ein; §§ 189, 224.

Ist *in der Zeit zwischen dem Bilanzstichtag und dem Herabsetzungsbeschluß* eine Kapitalerhöhung durchgeführt worden, so *muß* sie in dem Jahresabschluß rückwirkend als vollzogen berücksichtigt werden, weil sich sonst ein falsches Kapitalbild ergeben würde.

Anm. 3

3. a) Die Voraussetzungen des Abs. 1 Satz 2

Die Beschlußfassung ist nur zulässig, wenn die neuen Aktien gezeichnet, keine Sacheinlagen festgesetzt sind, und wenn auf jede Aktie die Einzahlung geleistet ist, die nach § 188 Abs. 2 zur Zeit der Anmeldung der Durchführung der Kapitalerhöhung bewirkt sein muß; Abs. 1 Satz 2. Unter Beschlußfassung versteht Satz 2 die in Satz 1 genannten Beschlüsse, also über die Kapitalherabsetzung und Erhöhung und über die Feststellung des Jahresabschlusses. In letzterem Beschluß liegt zugleich die Rückbeziehung des neuen Kapitals auf den

Zeitpunkt des letzten Jahresabschlusses (vgl. § 234 Anm. 6). Alle diese Beschlüsse sollen im Falle der Rückwirkung gleichzeitig gefaßt werden (§ 234 Abs. 2 S. 2, s. dort Anm. 7). Damit das Kapital tatsächlich zur Verfügung steht, das die Bilanz ausweist, müssen schon im Zeitpunkt der Beschlußfassung die neuen Aktien gezeichnet und die Einzahlungen geleistet sein, die nach § 188 Abs. 2 zur Zeit der Anmeldung der Durchführung der Kapitalerhöhung bewirkt sein müssen. Es muß also abweichend von der gewöhnlichen Kapitalerhöhung schon vor der Beschlußfassung über diese das geleistet sein, was zur *Durchführung* der Kapitalerhöhung gehört, nämlich die Zeichnung der neuen Aktien, § 185, und die Einzahlung der vor der Anmeldung der Durchführung auf die Einlage zu leistenden Beträge, § 188 Abs. 2, § 36 Abs. 2. Die Notwendigkeit der *vorherigen Aktienzeichnung und Einzahlung* ergibt sich auch aus Abs. 1 Satz 3, s. Anm. 4. Danach ist vorher einzuzahlen mindestens ein Viertel des Nennbetrages und bei Ausgabe der Aktien für einen höheren als den Nennbetrag auch der Mehrbetrag. Die Vorschrift weicht ab von dem sonst für die Kapitalerhöhung geltenden, auch in §§ 185, 187 zum Ausdruck kommenden Satz, daß die verbindliche Aktienzeichnung erst nach Fassung des Kapitalerhöhungsbeschlusses erfolgen kann. Im Interesse der Kapitalsicherung und der Verhütung einer Schädigung Dritter wird im Falle des § 235 schon vor der Beschlußfassung die für den Zeichner verbindliche Zeichnung zugelassen und verlangt. Daß die Zeichnung für den Zeichner verbindlich sein muß, ergibt sich daraus, daß andernfalls die Vorschrift keinen praktischen Wert hätte. Allerdings gilt auch im Falle des § 235 der § 187; d. h. etwaige Zusicherungen auf den Bezug von Aktien sind vor dem Beschluß über die Erhöhung des Grundkapitals der Gesellschaft gegenüber unwirksam. Der Zeichner ist aber unter der selbstverständlichen Bedingung gebunden, daß die Kapitalerhöhung tatsächlich beschlossen und wirksam wird. Tritt die Bedingung nicht ein, so hat der Aktienzeichner einen Anspruch auf Rückerstattung des bereits Gezahlten nach den Vorschriften über ungerechtfertigte Bereicherung, § 812 BGB, oder aus Vertrag, wenn ein solcher durch Annahme des in der Zeichnungserklärung liegenden Vertragsangebots bereits zustande gekommen ist. Die Aktienzeichner können sich dadurch sichern, daß sie die Hinterlegung der einzuzahlenden Beträge bei einem *Treuhänder* vereinbaren, der sie der Gesellschaft zur Verfügung zu stellen hat, wenn die Kapitalerhöhung wirksam geworden ist, § 189.

Aus Abs. 1 Satz 3 und Abs. 2 Satz 2 und aus dem Zwecke der Befugnis des Abs. 1, die erst beschlossene, aber gesicherte Kapitalerhöhung bereits im letzten Jahresabschluß ersichtlich zu machen, ergibt sich, daß die Befugnis des Abs. 1 *nicht* bestehen kann, wenn die Kapitalerhöhung nur *bedingt*, insbesondere in der Form des genehmigten oder bedingten Kapitals beschlossen ist.

Anm. 4

Der Nachweis der Zeichnung und der Einzahlung ist dem Notar zu erbringen, der den Beschluß über die Erhöhung des Grundkapitals beurkundet; Abs. 1 Satz 3. Da Abs. 1 Satz 2 schon die Beschlußfassung über die Kapitalerhöhung und deren Rückwirkung auf den Jahresabschluß des zuletzt abgelaufenen Geschäftsjahres, nicht nur den Vollzug eines solchen Beschlusses für unzulässig erklärt, wenn die Voraussetzungen dieses Satzes nicht vorliegen, ist es folgerichtig, daß dem beurkundenden Notar der Nachweis zu erbringen ist, daß die Voraussetzungen der Beschlußfassung, Zeichnung und Einzahlung, erfüllt sind. Wird der Nachweis nicht erbracht, so hat der Notar die Beurkundung abzulehnen. Darüber, in welcher Weise der Nachweis zu erbringen ist, entscheidet das pflichtgemäße Ermessen des Notars. Er kann Nachweis durch öffentliche Urkunden fordern. Wenn kein ernstlicher Zweifel besteht, kann auch die Vorlage privatschriftlicher Urkunden, der Zeichnungsscheine oder schriftlicher Bescheinigungen des Vorstandes über die Einzahlung, ausreichen. Bei Einzahlung durch Gutschrift auf ein Bankkonto kann Vorlegung einer schriftlichen Bestätigung der Bank gefordert werden, §§ 37 Abs. 1, 188 Abs. 2.

Anm. 5

Neben dem bei der Beurkundung des Beschlusses zu führenden Nachweis ist auch dem *Registerrichter* der für die Anmeldung der Durchführung der Kapitalerhöhung zu führende Beweis der Zeichnung und Einzahlung zu erbringen, wie dies § 188 vorschreibt.

Anm. 6

b) Folgen ihres Fehlens

Wird der Jahresabschluß mit Rückwirkung festgestellt, obwohl die Voraussetzungen des Abs. 1 Satz 2 nicht vorlagen, waren also entweder *Sacheinlagen* festgesetzt, oder waren die neuen *Aktien noch nicht gezeichnet*, oder die Einzahlungen nicht geleistet, so verstößt der Beschluß gegen eine überwiegend im Interesse der Gläubiger erlassene Vorschrift und ist deshalb *nichtig*, § 241 Nr. 3. Denn durch die Vorschrift des Satzes 2 soll eine Täuschung Dritter, insbesondere der Gläubiger über den Kapitalstand der Gesellschaft verhindert werden (ebenso Godin-Wilhelmi 4). Dagegen ist Abs. 1 Satz 3 (Anm. 4) nur eine Ordnungsvorschrift, ein Verstoß gegen sie begründet weder Nichtigkeit noch Anfechtbarkeit.

Anm. 7

4. Ungültigkeit bei Nichteintragung binnen 3 Monaten

Die Vorschriften des Abs. 2 sind dem § 228 Abs. 2 und dem § 234 Abs. 3 nachgebildet; vgl. die Erl. dazu. Werden nicht alle Beschlüsse, nämlich der Kapitalherabsetzungsbeschluß, der Erhöhungsbeschluß und die Durchführung des letztgenannten *binnen drei Monaten* nach der Beschlußfassung in das Handelsregister *eingetragen*, so sind alle diese Beschlüsse und auch der Beschluß über die Feststellung des Jahresabschlusses *nichtig*. Da auch die Kapitalerhöhung nichtig ist, sind die etwa geleisteten Einlagen zurückzuerstatten. Der Jahresabschluß muß dann ohne Rückwirkung neu festgestellt werden. Über Heilung und Zeitablauf s. § 242 Abs. 3.

Anm. 8

5. Gleichzeitige Eintragung

Wegen des Zusammenhanges der Beschlüsse und der Durchführung der Kapitalerhöhung ordnet Abs. 2 Satz 3 an, daß die *Eintragung zusammen* erfolgen soll. Es handelt sich nur um eine Ordnungsvorschrift. Die Beschlüsse sind deshalb weder nichtig noch anfechtbar, wenn die Eintragung zu verschiedener Zeit erfolgt, sofern nur die Dreimonatsfrist des Abs. 3 Satz 1 eingehalten ist.

§ 236 Bekanntmachung

Die Bekanntmachung des Jahresabschlusses nach § 177 Abs. 2 darf im Fall des § 234 erst nach Eintragung des Beschlusses über die Kapitalherabsetzung, im Fall des § 235 erst ergehen, nachdem die Beschlüsse über die Kapitalherabsetzung und Kapitalerhöhung und die Durchführung der Kapitalerhöhung eingetragen worden sind.

§ 236 stimmt mit § 191 AktG 1937 überein (wegen des früheren § 190 s. § 240). Macht die Gesellschaft von der Befugnis der §§ 234, 235 Gebrauch, Grundkapital und Rücklagen, wie sie sich aus einer Kapitalherabsetzung oder aus einer gleichzeitig beschlossenen Kapitalerhöhung ergeben, bereits im Jahresabschluß für das vor der Beschlußfassung abgelaufene Geschäftsjahr auszuweisen, so hängt die Wirksamkeit des Beschlusses über die Feststellung des Jahresabschlusses davon ab, ob die Kapitalherabsetzung und die Kapitalerhöhung *wirksam* werden. Diese Wirkung tritt aber erst mit der Eintragung der Beschlüsse und der Durchführung der Kapitalerhöhung ein, §§ 189, 224. Bis dahin ist der Beschluß über die Feststellung des Jahresabschlusses schwebend unwirksam. Würde der Jahresabschluß nach Vorschrift des § 177 Abs. 2 unverzüglich,

d. h. alsbald nach seiner Feststellung öffentlich bekannt gemacht werden, so könnte eine Irreführung der Öffentlichkeit eintreten, wenn die Kapitalherabsetzung oder Erhöhung nicht wirksam würden. Um dies zu vermeiden, macht § 236 eine Ausnahme von der Vorschrift des § 177 Abs. 2. Die Bekanntmachung des Jahresabschlusses darf in den Fällen der §§ 234, 235 erst erfolgen, nachdem die erforderlichen Eintragungen stattgefunden haben, dann ist sie aber unverzüglich vorzunehmen. Die Bekanntmachung darf auch nicht geschehen, wenn die Beschlüsse wegen Versäumung der Dreimonatsfrist der §§ 234 Abs. 3, 235 Abs. 2 nichtig sind.

Dritter Unterabschnitt

Kapitalherabsetzung durch Einziehung von Aktien

§ 237 Voraussetzungen

(1) Aktien können zwangsweise oder nach Erwerb durch die Gesellschaft eingezogen werden. Eine Zwangseinziehung ist nur zulässig, wenn sie in der ursprünglichen Satzung oder durch eine Satzungsänderung vor Übernahme oder Zeichnung der Aktien angeordnet oder gestattet war.

(2) Bei der Einziehung sind die Vorschriften über die ordentliche Kapitalherabsetzung zu befolgen. Für die Zahlung des Entgelts, das Aktionären bei einer Zwangseinziehung oder bei einem Erwerb von Aktien zum Zwecke der Einziehung gewährt wird, und für die Befreiung dieser Aktionäre von der Verpflichtung zur Leistung von Einlagen gilt § 225 Abs. 2 sinngemäß.

(3) Die Vorschriften über die ordentliche Kapitalherabsetzung brauchen nicht befolgt zu werden, wenn Aktien, auf die der Nennbetrag oder der höhere Ausgabebetrag voll geleistet ist,

1. der Gesellschaft unentgeltlich zur Verfügung gestellt oder

2. zu Lasten des Bilanzgewinns oder einer freien Rücklage, soweit sie zu diesem Zweck verwandt werden können, eingezogen werden.

(4) Auch in den Fällen des Abs. 3 kann die Kapitalherabsetzung durch Einziehung nur von der Hauptversammlung beschlossen werden. Für den Beschluß genügt die einfache Stimmenmehrheit. Die Satzung kann eine größere Mehrheit und weitere Erfordernisse bestimmen. Im Beschluß ist der Zweck der Kapitalherabsetzung festzusetzen. Der Vorstand und der Vorsitzende des Aufsichtsrats haben den Beschluß zur Eintragung in das Handelsregister anzumelden.

(5) In den Fällen des Abs. 3 ist in die gesetzliche Rücklage ein Betrag einzustellen, der dem Gesamtnennbetrag der eingezogenen Aktien gleichkommt.

(6) Soweit es sich um eine durch die Satzung angeordnete Zwangseinziehung handelt, bedarf es eines Beschlusses der Hauptversammlung nicht. In diesem Fall tritt für die Anwendung der Vorschriften über die ordentliche Kapitalherabsetzung an die Stelle des Hauptversammlungsbeschlusses die Entscheidung des Vorstands über die Einziehung.

Übersicht

I. Allgemeines

Anm. 1

1. Einleitung

§ 237 entspricht dem § 192 AktG 1937 (über dessen Entstehungsgeschichte s. die Voraufl. Anm. 1). Die Änderungen in Abs. 3 Z. 2 verändern den sachlichen Inhalt nicht. Der Ausdruck „aus der Jahresbilanz sich ergebender Reingewinn" ist durch den ihm entsprechenden Begriff „Bilanzgewinn" (§ 151 Abs. 4 Satz 3) ersetzt worden. Der nach dem Wort „Rücklage" eingefügte Nebensatz entspricht der bisherigen Rechtslage und dient nur der Verdeutlichung (s. Anm. 30 und 31), wie dies auch in § 199 Abs. 2 geschehen ist, s. dort Einl.

Anm. 2

2. Die rechtliche Natur der Einziehung

Die Einziehung von Aktien ist ihrer rechtlichen Natur nach die Vernichtung einzelner Aktien durch eine Rechtshandlung der AG unter Aufrechterhaltung der übrigen Aktien, unter Fortbestand der Gesellschaft, aber unter Herabsetzung ihres Grundkapitals, RG in JW 1908 S. 310. Es handelt sich stets um die Vernichtung einzelner Aktien, und zwar im Interesse der Gesamtheit. Durch die Einziehung erlischt die Mitgliedschaft des einzelnen Aktionärs im ganzen. Die einzelne Aktie als solche hört mit der Einziehung auf, zu bestehen. Dadurch unterscheidet sich die Kapitalherabsetzung durch Einziehung von Aktien wesentlich von den beiden zulässigen anderen Arten der Kapitalherabsetzung, der durch Nennwertherabsetzung und der durch Zusammenlegung. Bei beiden bleiben die Aktien bestehen. Sie werden nur umgestaltet. Bei der Nennwertherabsetzung dauert die einzelne Aktie selbständig fort, nur der Nennwert ermäßigt sich. Bei der Zusammenlegung werden mehrere Aktien zu einer einzigen vereinigt und bestehen in dieser Form weiter, vgl. § 222.

Da durch die Einziehung einzelne Aktien vollständig zum Erlöschen gebracht werden, ist mit ihr stets eine Herabsetzung des Grundkapitals (der Grundkapitalziffer) verbunden. Denn das Grundkapital kann nicht größer sein als die Summe der Nennwerte der einzelnen Aktien, § 1 Abs. 2.

Da nur ein Teil der Aktien vernichtet wird, bleiben die übrigen und damit die AG bestehen. Die Einziehung ist, wie jede andere Art der Kapitalherabsetzung eine Betätigung des gesellschaftlichen Lebens der AG. Sie kann deshalb nur durch eine Rechtshandlung der Gesellschaft, nicht durch Dritte, auch nicht, wie die Auflösung der Gesellschaft aus Gründen des Gemeinwohls durch Gerichtsurteil, § 396, erfolgen. Sie ist auch nur in dem im Gesetz geordneten Verfahren und in den in diesem zugelassenen Fällen zulässig. Auch die Satzung kann eine weitergehende Einziehung von Aktien, insbesondere eine solche ohne Herabsetzung des Grundkapitals nicht zulassen.

Anm. 3

3. Abgrenzung von anderen Rechtsinstituten

Wegen der andersartigen Wirkung auf den Bestand der einzelnen Aktie und auf die Höhe der Grundkapitalziffer (vgl. Anm. 2) sind *von der Einziehung wesentlich verschieden* folgende Rechtshandlungen:

a) *Der Ausschluß säumiger Aktionäre (Kaduzierung),* § 64. Hier geht der mit der Zahlung der geforderten Einlage säumige Aktionär seines Aktienrechts zugunsten der Gesellschaft verlustig. Das Anteilsrecht selbst besteht aber weiter.

b) *Die Kraftloserklärung der Aktienurkunde,* weil die Urkunde abhanden gekommen oder vernichtet ist, § 72 oder weil ihr Inhalt unrichtig geworden ist, § 73. Sie ändert weder das Anteilsrecht noch die Person des Berechtigten.

Die in § 226 vorgesehene Kraftloserklärung von Aktien zum Zwecke der Zusammenlegung dient nur der mit der Zusammenlegung notwendigen Umgestaltung der Anteilsrechte.

c) *Der Erwerb eigener Aktien durch die Gesellschaft,* § 71. Er bewirkt nur ein zeitweiliges Ruhen aktienrechtlicher Befugnisse, läßt aber den Bestand der Aktie unberührt.

d) *Keine Einziehung im Sinne einer Vernichtung des Aktienrechts ist auch die Auswirkung einer Satzungsbestimmung, nach der das einzelne Aktienrecht, etwa durch Auslosung auf einen anderen Rechtsträger, z. B. den Staat übergeht,* RG 120, 177. Mit Recht hat das Reichsgericht in dieser Entscheidung angenommen, daß es sich um eine zulässige *Ausgestaltung des Aktienrechts durch die Satzung* handelt, dem zwingende Vorschriften des Aktienrechts nicht entgegenstehen. Eine Gefährdung der Gläubiger der Gesellschaft ist ausgeschlossen, wenn die Einlösung der Aktien nicht aus Mitteln der Gesellschaft, sondern aus einem Ankaufsfonds bestritten wird, der aus Gewinnen, die dem dritten Erwerber nach einem Vertrage mit der Gesellschaft zustehen, gebildet wird. Das Grundkapital wird dadurch nicht angegriffen. Der Beschluß verstößt auch nicht gegen den Grundsatz der gleichmäßigen Behandlung der Aktionäre und gegen den Grundsatz, daß Umstände, die nur in den persönlichen Verhältnissen des einzelnen Aktionärs liegen, nicht zur Entziehung der Aktienrechte führen dürfen. Diese Grundsätze sind auch nur solche, die die Aktionäre berühren. Diese können auf die Einhaltung derselben verzichten, z. B. durch Unterlassung einer Anfechtungsklage gegen einen verletzenden Beschluß (vgl. § 1 Anm. 36 u. Erl. zu § 241). Die Aktionäre können sich aber auch einer entsprechenden Satzungsbestimmung unterwerfen. Wenn das Aktiengesetz die Einziehung des Aktienrechts mit der Folge des Untergangs und den Ausschluß des einzelnen Aktionärs wegen Nichterfüllung der Einlagepflicht kennt, so besteht kein Bedenken aus dem Wesen der AG heraus, wenn die Satzung einen Mittelweg zuläßt, nach dem der Übergang des Aktienrechts auf Dritte gegen Entgelt geschieht. Die AG kann auf Zeit gegründet werden oder in der Weise, daß sie bei Eintritt eines bestimmten Ereignisses aufgelöst wird. Es besteht deshalb kein Grund, den Untergang des Rechtes des einzelnen Aktionärs unter Aufrechterhaltung des Aktienrechtes selbst und dessen Übergang auf einen Dritten nicht zuzulassen. § 54 Abs. 1 steht nicht entgegen. Er begrenzt nur die Verpflichtung der Aktionäre zur Leistung der Einlage, hindert aber nicht den Übergang ihrer Rechte auf Dritte auf Grund besonderer Satzungsbestimmungen.

Anm. 4

4. Beschränkung der Höhe nach nur durch den Mindestnennbetrag

Unmöglich ist die Einziehung aller Aktien. Zum Wesen der Aktiengesellschaft gehören das Grundkapital und die Aktionäre. Beide würden mit Einziehung aller Aktien verschwinden. Ein Beschluß der Hauptversammlung, durch den alle noch vorhandenen Aktien eingezogen werden, würde auf eine Auflösung hinauskommen, vgl. § 262, und mit dieser nach Durchführung der Abwicklung die Aktiengesellschaft selbst zum Erlöschen bringen. *Im übrigen besteht keine Begrenzung des Maßes der Einziehung.* Nur darf das neue Grundkapital nicht den gesetzlichen oder den ausnahmsweise zugelassenen geringeren *Mindestnennbetrag* unterschreiten, wenn nicht gleichzeitig eine Wiedererhöhung auf diesen Mindestnennbetrag erfolgt; §§ 7, 228.

II. Die zwei Arten der Einziehung, Abs. 1 Satz 1

Anm. 5

Aktien können zwangsweise oder nach Erwerb eingezogen werden. Eine Zwangseinziehung ist nur zulässig, wenn sie in der ursprünglichen Satzung oder durch eine Satzungsänderung vor Übernahme oder Zeichnung der Aktien angeordnet oder gestattet war, Abs. 1. Da die Einziehung zur Vernichtung des Aktienrechts führt und deshalb den schwersten Eingriff in dieses darstellt, gestattet sie das Gesetz nur auf zwei Wegen, entweder im Wege der Zwangseinziehung, die nur beim Vorliegen besonderer Voraussetzungen möglich ist, oder nach Erwerb der Aktien. Im ersten Falle braucht die Gesellschaft nicht Inhaber der Aktienrechte zu sein. Im zweiten Fall ist der Erwerb notwendige Voraussetzung der Einziehung.

Anm. 6

A. Die Zwangseinziehung

1. Wesen

Das Wesen der Zwangseinziehung besteht darin, daß sie ohne Einverständnis der betroffenen Aktionäre durch einseitige Handlung der Gesellschaft vorgenommen werden kann. Zwangseinziehung ist jede Vernichtung des Aktienrechts, der nicht ein Erwerb der Aktien durch die Gesellschaft vorhergegangen ist. Die einseitige Handlung kann auch in einer *Kündigung* gegenüber den Aktionären bestehen, wenn die Satzung oder der Hauptversammlungsbeschluß sie vorsieht.

Anm. 7

2. Anordnung oder Gestattung in der Satzung, Abs. 1 Satz 2

Die Zwangseinziehung ist nur zulässig, wenn sie in der Satzung angeordnet oder gestattet ist.

a) Anordnung und Einziehungsplan

Eine *Anordnung der Einziehung* liegt nur vor, wenn aus der Satzung ersichtlich ist, daß die Einziehung unter bestimmten Voraussetzungen erfolgen *muß*. Diese Voraussetzungen müssen in der Satzung selbst angegeben sein. Aus der Satzung muß sich auch ergeben, wie die Zwangseinziehung erfolgen soll, in welcher Höhe und in welcher Zeit sie ausgeführt werden soll. Sollen nur bestimmte Arten von Aktien eingezogen werden, so muß auch das aus der Satzung ersichtlich sein. Da es für die Ausführung der durch die Satzung *angeordneten* Einziehung eines Beschlusses der Hauptversammlung nicht bedarf, Abs. 6, so muß sich aus der Satzung alles Nötige ergeben, und zwar so, daß weder die Einziehung selbst noch die Bestimmung der einzuziehenden Aktien, noch die Bedingungen der Einziehung, insbesondere auch die Höhe und Zahlung des Entgelts dem freien Ermessen des Vorstandes oder der Hauptversammlung überlassen bleiben, vgl. auch Anm. 15. Die Satzung muß insbesondere darüber Auskunft geben, wie bei gleichzeitiger oder aufeinanderfolgender Einziehung von Aktien mehrerer Gattungen das Verhältnis der Einziehung der einzelnen Gattungen und die Reihenfolge geordnet ist, ob die Bestimmungen durch das Los erfolgen soll, wie viele Aktien jährlich eingezogen werden sollen, woher das Entgelt entnommen werden soll. Es muß also ein *Einziehungsplan* (Amortisationsplan) in der Satzung aufgestellt werden. Nur die technische Art der Ausführung, die Wahl des Zeitpunktes innerhalb der in der Satzung festgesetzten Frist, die Einzelheiten der Auslosung und dergleichen, kann dem Vorstand anheimgestellt werden. Die Satzung (oder bei nur gestatteter Einziehung der Einziehungsbeschluß) kann dem Vorstand nicht die Auswahl der einzuziehenden Aktien überlassen (ebenso Baumbach-Hueck 3 und wohl auch Schlegelberger 11, a. A. Godin-Wilhelmi 13). Sie kann aber das Verfahren bestimmen, nach dem die Auswahl erfolgt, z. B. durch Auslosung und dann die Einzelheiten dem Vorstand überlassen. Ist eine der wesentlichen Bestimmungen in der Satzung nicht angegeben, so ist die Einziehung nur *gestattet*, nicht *angeordnet*. *Gestattet* ist die Zwangseinziehung schon dann, wenn in der Satzung gesagt wird, daß Aktien zwangsweise eingezogen werden können. Dann darf die *Hauptversammlung* die Zwangseinziehung beschließen, und dabei die wesentlichen Bestimmungen erlassen, vgl. Anm. 9.

Anm. 8

Die Anordnung oder Zulassung der Zwangseinziehung in der Satzung kann auch in der Weise erfolgen, daß sie stattfindet oder von der Hauptversammlung beschlossen werden kann, wenn ein *bestimmtes Ereignis* eintritt. So kann bestimmt werden, daß gewisse Aktien einer Gattung oder einer Ausgabereihe eingezogen werden, wenn das Bedürfnis wegfällt, das zur Schaffung dieser Aktien Anlaß gegeben hat.

Die Zwangseinziehung kann nicht in der Weise angeordnet werden, daß alle vom Vorstand erworbenen Aktien einzuziehen seien. Denn dadurch würde die maßgebende Entscheidung dem Vorstand übertragen werden. Die Kapitalherabsetzung als Maßregel des Aufbaues und der Erhaltung des Bestandes der Gesellschaft kann *nicht* dem *Vorstand* überlassen werden, sondern ist Sache der *Hauptversammlung*, soweit nicht die Satzung das Nötige bestimmt. Unbedenklich ist eine Bestimmung der Satzung, daß jährlich ein bestimmter Teil des Reingewinns zum Erwerb und zur Einziehung von Aktien verwendet wird, oder daß der Hauptversammlung das Recht eingeräumt wird, in dieser Weise über den Reingewinn zu verfügen, vgl. Abs. 3 Nr. 2, Abs. 4.

Anm. 9

b) Gestattung und Einziehungsplan

Ist die Zwangseinziehung in der Satzung *nur gestattet*, so können alle Einzelheiten dem Hauptversammlungsbeschluß vorbehalten werden. Freilich empfiehlt es sich auch bei der nur gestatteten Zwangseinziehung bereits in der Satzung gewisse Richtlinien zu geben, insbesondere über das zu gewährende Entgelt, und die Auswahl der einzuziehenden Aktien. Unterbleibt dies, obwohl die Zwangseinziehung zugelassen ist, so wird der im Allgemein- aber auch im besonderen Interesse der einzelnen Gesellschaft erwünschte Anreiz zur Beteiligung des Kapitals an einer Aktiengesellschaft stark herabgemindert und auch die Veräußerung der Aktien und die Bildung eines Aktienkurses erschwert werden. Wenn auch für die nur zugelassene Zwangseinziehung ein *Einziehungsplan* in der Satzung nicht enthalten sein muß (a. A. KG in KGJ 51, 29; 31 A 164; 45 A. 172), so empfiehlt sich doch die Aufstellung eines bestimmten Rahmens mit einer Mindest- und Höchstgrenze. Bei der nur gestatteten Einziehung ist im Einziehungsbeschluß von dem Grundsatz der gleichmäßigen Behandlung der Aktionäre auszugehen, wenn die Satzung, wie sie im Zeitpunkt der Aktienübernahme oder Zeichnung bestand, nicht eine ungleichmäßige Behandlung zuläßt, oder wenn die benachteiligten Aktionäre einer ungleichmäßigen Behandlung nicht zustimmen.

Ein Recht der Aktionäre auf Zwangseinziehung ihrer Aktien besteht nicht, auch wenn die Zwangseinziehung in der Satzung angeordnet oder zugelassen ist. Jedoch kann ein solches Recht als *Sonderrecht einzelner Aktionäre* durch die Satzung bestimmt werden.

Anm. 10

c) Vor der Übernahme oder Zeichnung

Die Anordnung oder Gestattung der Zwangseinziehung muß in der *ursprünglichen Satzung* enthalten sein, soweit es sich um die bei der Gründung übernommenen Aktien handelt. Sind die Aktien *auf Grund einer Kapitalerhöhung* gezeichnet, so muß die Anordnung oder Gestattung sich aus dem Inhalt der Satzung ergeben, der im *Zeitpunkt der Zeichnung* der neuen Aktien maßgebend ist. Enthielt nicht schon die ursprüngliche Satzung eine entsprechende Bestimmung, so ist eine Satzungsänderung nötig. War diese im Zeitpunkt der Fassung des Kapitalerhöhungsbeschlusses bereits wirksam, also im Handelsregister eingetragen, § 181 Abs. 3, so gilt sie auch gegen die Zeichner der neuen Aktien. Enthält der Kapitalerhöhungsbeschluß auch die erforderliche Satzungsänderung, so ist sie ebenfalls für die neuen Aktien maßgebend. Denn die Aktienzeichnung erfolgt nach Maßgabe des Erhöhungsbeschlusses. Eine erst nach dem Kapitalerhöhungsbeschluß und der auf Grund desselben erfolgten Aktienzeichnung besonders beschlossene oder eine zwar vorher besonders beschlossene, aber erst später wirksam gewordene Satzungsänderung bindet diejenigen, die auf Grund des Kapitalerhöhungsbeschlusses gezeichnet haben, nicht. Möglich ist, daß nur für die neuen Aktien die Zwangseinziehung angeordnet oder zugelassen wird, oder daß sie gerade für diese ausgeschlossen wird. Die Ausschließung kann für neue Aktien in Betracht kommen, wenn nur dadurch die Gewinnung neuen Kapitals möglich ist. Die Voraussetzungen und Bedingungen der Zwangseinziehung können auch für das ursprüngliche Aktienkapital und mehrere Kapitalerhöhungen verschieden gestaltet werden.

Mit Zustimmung der betroffenen Aktionäre — bei allgemeiner Zulassung also aller — kann die Zwangseinziehung auch noch nach der Übernahme oder Zeichnung in der Satzung angeordnet oder gestattet oder ihre Voraussetzungen erleichtert werden (ebenso Godin-Wilhelmi 8, Baumbach-Hueck 2, a. M. die Voraufl.). Die *Aufhebung* der die Zwangseinziehung zulassenden Bestimmungen bedarf eines Beschlusses mit satzungsändernder Mehrheit. Werden durch die Aufhebung allerdings *Sonderrechte* von Aktionären berührt, so müssen diese zustimmen.

Anm. 11

d) Folgen eines Verstoßes

Ein Hauptversammlungsbeschluß, der gegen Abs. 1 Satz 2 *verstößt*, ist nicht nichtig (so Schlegelberger § 192 AktG 1937 Anm. 13, Baumbach-Hueck 5), sondern nur *anfechtbar* (ebenso Godin-Wilhelmi 4). Ein Verstoß gegen § 241 Nr. 3 liegt nicht vor, wenn die Einziehung ohne Satzungsgrundlage erfolgt, vielmehr dient Abs. 1 Satz 2 nur dem Aktionärschutz. Unvereinbarkeit eines solchen Beschlusses mit dem Wesen der Aktiengesellschaft (so Baumbach-Hueck) kann man nicht annehmen. Zu den wesentlichen Grundlagen der Aktiengesellschaft i. S. des § 241 Z. 3 (s. die Erl. dort) gehört die Vorschrift des Abs. 1 Satz 2 nicht. Das im öffentlichen Interesse liegende Vertrauen des Publikums auf die Sicherheit der Aktien wird durch den einzelnen (anfechtbaren) Hauptversammlungsbeschluß nicht mehr beeinträchtigt wie durch jeden anderen Beschluß, der zum Aktionärschutz erlassene Vorschriften verletzt. Daß die Vorschrift überwiegend zum Schutz der Gläubiger erlassen ist (so Schlegelberger), wird man ebenfalls nicht annehmen können. Dem *Gläubigerschutz* dient der Abs. 2, wonach die Vorschriften über die ordentliche Kapitalherabsetzung zu befolgen und insbesondere Zahlungen an die Aktionäre gemäß § 225 Abs. 2 gesperrt sind. Bei der Einziehung nach freiwilligem Erwerb (Anm. 16) sind die Gläubiger auch nicht mehr geschützt. Ein Grund für einen zusätzlichen Schutz bei der Zwangseinziehung ist nicht ersichtlich.

Die Meinung von Godin-Wilhelmi 4, daß daneben auch *Unwirksamkeit* der gegen Abs. 1 S. 2 verstoßenden Zwangseinziehung vorliege, ist abzulehnen. Unwirksamkeit kommt nur bei Mangel einer erforderlichen Zustimmung des einzelnen Aktionärs (§ 1 Anm. 43, s. auch die Erl. zu § 241), nicht aber beim Fehlen einer erforderlichen Satzungsbestimmung in Frage. *Unwirksam* ist aber eine gegen Gesetz oder Satzung verstoßende Handlung des Vorstands bei der durch die Satzung angeordneten, eines Hauptversammlungsbeschlusses nicht bedürfenden Zwangseinziehung nach Abs. 6 (Anm. 40).

Anm. 12

3. Grundsatz der gleichmäßigen Behandlung — persönliche Verhältnisse

Aus dem *Grundsatz der gleichmäßigen Behandlung aller Aktionäre* wird abgeleitet, daß die Zwangseinziehung nicht von Umständen abhängig gemacht werden dürfe, die nur in den *persönlichen Verhältnissen des einzelnen Aktionärs* liegen; so Schlegelberger AktG 1937 § 192 Anm. 9 und Möhring-Schwartz-Rowedder-Haberlandt S. 60 unter Berufung auf RG 120, 177 (180). Es erscheint aber zweifelhaft, ob der angegebene Grundsatz einer satzungsmäßigen Anordnung der Einziehung entgegensteht. Der Grundsatz der gleichmäßigen Behandlung der Aktionäre kann durch die Satzung aufgehoben werden, wie zugunsten (z. B. durch Sonderrecht), so auch zuungunsten einzelner Aktionäre. Wird jemand trotz einer die Einziehung zulassenden Satzungsbestimmung Aktionär, so unterwirft er sich dieser Bestimmung. Auch das Wesen der Aktiengesellschaft oder im öffentlichen Interesse gegebene Vorschriften stehen einer solchen Satzungsbestimmung nicht entgegen. Das Interesse der Allgemeinheit kann im Gegenteil verlangen, daß der einzelne, in dessen Person dem Gesamtinteresse der Gesellschaft nachteilige Gründe vorhanden sind, ausscheidet. Allerdings besteht in der Regel kein Bedürfnis nach dem Ausscheiden eines einzelnen Aktionärs allein aus dem Grund, weil er durch die Art der Ausübung seiner Aktionärrechte die Belange der Gesellschaft beeinträchtigt. Handelt er bei der Abstimmung gegen die Interessen der Gesellschaft, so sind die darauf beruhenden Beschlüsse unter den Voraussetzungen des § 243 Abs. 2 anfechtbar. Die gegen das Interesse der Gesellschaft handelnden Aktionäre können sich auch nach § 117 schadensersatzpflichtig machen. Mögen die genannten Bestimmungen bei Zuwiderhandlungen der Aktionäre gegen ihre Gesellschafterpflichten, insbesondere gegen die gesellschafterliche Treupflicht auch ausreichenden Schutz gewähren, so können doch auch in der Person einzelner Gesellschafter andere Ereignisse eintreten, die im Interesse der größeren Gesamtheit das Ausscheiden des einzelnen rechtfertigen. Dieses Bedürfnis kann z. B. eintreten, wenn ein Aktionär aus einem Verein austritt, dessen Belange die Gesellschaft satzungsgemäß zu wahren hat. Für das ältere Recht hat das Reichsgericht ausgesprochen, daß für diesen Fall die Ausschließung eines Aktionärs nicht durch die Satzung ausgesprochen werden könne und daß ihm auch nicht durch die Satzung die Verpflichtung auferlegt werden könne, seine Aktie gegen Entgelt an einen von der Gesellschaft bezeichneten Dritten abzutreten, RG 49, 79. Zur Rechtfertigung dieses Standpunktes ist geltend gemacht worden, die Aktiengesellschaft sei eine reine Kapitalvereinigung; jedes Mitglied habe nur die ihm obliegenden Kapitalleistungen zu bewirken. Nur für den Fall der Nichterfüllung dieser Verpflichtung gestatte das Gesetz unter Anwendung besonderer Vorsichtsmaßregeln, den Aktionär aus der Gesellschaft auszuschließen. Dieser dem innersten Wesen der Aktiengesellschaft entspringende Grundsatz werde vollkommen verletzt, wenn die Aufnahme derartiger Satzungsbestimmungen gestattet würde. Da die Gründe für die Ausschließung vermehrt werden könnten, könne man so auch dazu kommen, die Nachschußpflicht einzuführen, oder zu bestimmen, daß Aktionäre, die der Mehrheit nicht passen, ausscheiden müssen (so auch OLG Karlsruhe in OLGR 43, 309). Das Reichsgericht hat seinen Standpunkt in RG 120, 177 nebenbei und in JW 1928 S. 2623 aufrechterhalten. Die angegebenen Erwägungen hält es nur nicht für zutreffend für eine GmbH, da diese keine reine Kapitalgesellschaft sei, sondern sich in mancher Hinsicht der Personengesellschaft nähere.

Die Gründe dieser Rechtsprechung sind nicht durchschlagend. Auch bei der Aktiengesellschaft können die persönlichen Verhältnisse der Aktionäre von Bedeutung sein. Das Gesetz hat dies auch durch die Zulassung der gebundenen Namensaktien anerkannt. Insbesondere bei *Familienaktiengesellschaften* kann das persönliche Band eine starke Rolle spielen. Die Aktiengesellschaft braucht nicht oder nicht nur kapitalistischen Interessen zu dienen. Ein Bedürfnis nach dem Ausscheiden einzelner durch Einziehung von Aktien kann auch nach dem besonderen, aus der Satzung ersichtlichen Zweck der Gesellschaft bestehen, z. B. wenn es sich um die Förderung bestimmter nicht vermögensrechtlicher Zwecke handelt. Es kann deshalb auch für die Aktiengesellschaft ein Bedürfnis bestehen, nicht nur Fremde von der Gesellschaft fernzuhalten, was durch die Einrichtung der gebundenen Namensaktie geschehen kann, sondern auch *einzelne Aktionäre auszuschließen*. Gegen die Zulässigkeit dieser Ausschließung durch Einziehung von Aktien ergibt sich nichts aus der Begrenzung der Verpflichtung der Aktionäre auf Leistung ihrer Einlagen und Erfüllung etwaiger Nebenleistungspflichten, die allerdings zum Wesen der Aktiengesellschaft gehört, und deshalb nicht durch die Satzung aufgehoben werden kann, vgl. §§ 54, 55, Anm. 2 z. 3 zu § 54. Die Entscheidung RG 120, 177 kommt im übrigen dem bestehenden Bedürfnis und den Belangen der Allgemeinheit entgegen, wenn sie zuläßt, daß die Satzung die Aktionäre verpflichtet, unter bestimmten Voraussetzungen ihre Aktienrechte gegen Entgelt zur Übertragung an einen Dritten zur Verfügung zu stellen. Ist dies möglich, so muß es auch grundsätzlich zulässig sein, die Aktien einzuziehen, wenn in der Person eines Aktionärs ein Ereignis eintritt, das jeden treffen kann; ebenso § 68 Anm. 15; Baumbach-Hueck 2; Wiedemann S. 86; teils zust., teils abw. Godin-Wilhelmi 12; für das frühere Recht zust. auch Brodmann JW 31, 776.

Aus der Zulassung der Einziehung, wenn in der Person eines Aktionärs ein bestimmtes Ereignis eintritt, ergibt sich weder die Möglichkeit der Schaffung von Nachschußpflichten noch das Recht der Gesellschaft, einzelne Aktionäre *willkürlich* auszuschließen, weil sie der Gesellschaft oder der jeweiligen Mehrheit nicht passen. Eine solche Befugnis kann der Gesellschaft auch *nicht durch die Satzung* verliehen werden, da willkürliche Ausschließung von Aktionären, auch in Form der Einziehung ihrer Aktien, den Zwecken der Gesellschaft, auf die es ankommt, nicht dienlich sein kann und insofern mit dem Wesen der Aktiengesellschaft unvereinbar ist. Bestimmt aber die Satzung, daß Aktien eingezogen werden können, wenn in der Person eines Aktionärs ein Ereignis eintritt, *das jeden Aktionär treffen kann*, wie Tod oder Ausscheiden aus einem Verein, dem alle Aktionäre angehören, so liegt eine Willkür nicht vor; jedenfalls würde sie dann nicht bestehen, wenn die Satzung die Einziehung bei Eintritt des Ereignisses nicht nur gestatten, sondern anordnen würde. Wäre sie nur gestattet, so wäre ein Schutz gegen willkürliche Anwendung, abgesehen von den Erfordernissen der ordentlichen Kapitalherabsetzung in der Möglichkeit der Anfechtung des Kapitalherabsetzungsbeschlusses wegen sittenwidrigen Mißbrauchs der Mehrheit gegeben, § 243.

Anm. 13

4. Vorzugsaktien

Auch die *Einziehung von Vorzugsaktien im Wege der Zwangseinziehung* kann in der Satzung vorgesehen werden. Sie ermöglicht es der Gesellschaft, die mit diesen Aktien verbundene Machtstellung abzubauen, wenn sie ihren Bedürfnissen nicht mehr förderlich ist und es zweckmäßig erscheint, die damit für die Gesellschaft und die übrigen Aktionäre verknüpften finanziellen Lasten zu beseitigen.

Die in der 3. DVO z. AktG 1937 gestattete Zwangseinziehung von *Mehrstimmaktien* (vgl. Anm. 42 in der Voraufl.) hat das neue AktG nicht übernommen, s. jetzt § 5 EG und § 12 Anm. 7.

Eingezogen werden können auch nicht voll bezahlte Aktien. Dies ergibt sich auch aus § 66 Abs. 3 und § 225 Abs. 2 Satz 2.

Anm. 14

5. Nichterfüllung der Einlageverpflichtung oder der Nebenleistungspflicht

Die Zwangseinziehung kann nicht in der Satzung für den Fall zugelassen werden, daß ein Aktionär seine *Verpflichtung zur Leistung seiner Einlage nicht erfüllt.* Die Gesellschaft kann dann auf Erfüllung klagen oder von den für den Fall der Nichterfüllung gegebenen besonderen Rechtsbehelfen des Aktienrechts, §§ 63, 64, Gebrauch machen: KG in OLGR 27, 471; OLG Karlsruhe in JFG 1, 213; Godin-Wilhelmi 12; Baumbach-Hueck 2.

Erfüllt ein Aktionär seine *Nebenleistungspflichten* nach § 50 nicht, so kann die Zwangseinziehung seiner Aktien erfolgen, wenn sie für diesen Fall in der Satzung angeordnet ist; § 55 Anm. 14; ebenso Baumbach-Hueck 2; a. M. Godin-Wilhelmi 12.

Anm. 15

6. Das Einziehungsentgelt

Das Gesetz enthält darüber keine Vorschriften. Die Satzung kann nähere Bestimmungen treffen und muß sie regelmäßig treffen, wenn sie die Einziehung *anordnet*, nicht wenn sie sie nur zuläßt. Aus dem Wesen der Aktiengesellschaft oder der Mitgliedschaft ergibt sich nicht, daß die Einziehung nur gegen vollwertiges Entgelt erfolgen darf; die Satzung kann deshalb auch ein geringeres Entgelt festsetzen oder die Einziehung ohne Entgelt anordnen oder zulassen (ebenso Baumbach-Hueck 4, wohl auch Godin-Wilhelmi 14). Dies kommt namentlich in Betracht, wenn die Gesellschaft keine Erwerbszwecke verfolgt oder wenn die Aktionäre ihre Einlagen nicht aus eigenen, sondern aus fremden Mitteln geleistet haben. Jedoch ist eine Satzungsbestimmung, die die *unentgeltliche Einziehung* für den Fall der *Zwangsvollstreckung* in die Aktie oder des *Konkurses* des Aktionärs vorsieht, wegen der hierin liegenden Gläubigerbenachteiligung *unzulässig* (RGZ 142, 377 für die GmbH; vgl. zu der Frage Schilling in Hachenburg § 15 Anh. I Anm. 17 und Schmidt-Goerdeler daselbst § 34 Anm. 6). Enthält die Satzung keine ausdrückliche Bestimmung, so ist anzunehmen, daß ein dem Wert der Aktien *angemessenes Entgelt* zu gewähren ist. Im Zweifel ist aus dem kapitalistischen Charakter der Aktiengesellschaft zu folgern, daß den Aktionären die unentgeltliche Entziehung ihrer Anteilsrechte nicht zugemutet werden soll. Da die Gesellschaft das Entgelt zu bestimmen hat, ist die Bestimmung im Zweifel nach billigem Ermessen zu treffen. Entspricht sie diesem Erfordernis nicht, so können die Betroffenen die Bestimmung durch Urteil fordern, sie sind insofern nicht auf die aktienrechtliche Anfechtungsklage angewiesen, § 315 BGB. Angemessen ist regelmäßig der *innere Wert* der Aktien, der sich nach der Vermögens- und Ertragslage der Gesellschaft (entsprechend § 305 Abs. 3 Satz 2 und § 320 Abs. 5 Satz 5) bemißt. Nicht zulässig ist ein Entgelt, das den Wert der Aktien offensichtlich übersteigt. Denn den ausscheidenden Aktionären würden auf diese Weise Zuwendungen auf Kosten der Gläubiger und der übrigen Aktionäre gemacht werden. Eine dahingehende Bestimmung der Satzung wäre nichtig; ebenso ein entsprechender Beschluß der Hauptversammlung, § 241 Nr. 3. Soweit nur die übrigen Aktionäre benachteiligt würden, wäre ein die übermäßige Vergütung zulassender Hauptversammlungsbeschluß anfechtbar. Ist die Zwangseinziehung nur gestattet, so kann die Hauptversammlung die Einziehung ohne Entgelt oder ohne vollwertiges Entgelt nur beschließen, wenn ihr dies in der Satzung gestattet ist.

Anm. 16

B. Einziehung nach Erwerb durch die Gesellschaft

1. Erwerb vor der Einziehung

Einziehung nach Erwerb bedeutet das gleiche, was bis zur Aktiennovelle 1931 als „*freiwillige Einziehung*" bezeichnet wurde. Die neue Fassung will Zweifel, die sich aus der früher gebrauchten Bezeichnung ergaben, ausschließen. Da der rechtliche Akt der Einziehung im Sinne der Vernichtung des Aktienrechts erst nach dem Erwerb der Aktien durch die Gesellschaft stattfindet, richtet sich die Einziehung nicht gegen den bisherigen Inhaber der Aktie, der sein Mitgliedsrecht schon vorher, nämlich durch die Veräußerung der Aktie aufgegeben hat. Durch die Einziehung vernichtet die Gesellschaft nur ihr gehörende eigene Aktien. Damit eine Einziehung nach Erwerb möglich ist, *muß die Gesellschaft im Zeitpunkt der Einziehung die Aktien bereits erworben haben*, das Aktienrecht muß auf sie übergegangen sein. Es genügt nicht, daß die Gesellschaft in diesem Zeitpunkt einen schuldrechtlichen Anspruch auf Übertragung des Aktienrechts hat. Der Erwerb muß nicht schon im Zeitpunkt der Fassung des Einziehungsbeschlusses, also des *Kapitalherabsetzungsbeschlusses* stattgefunden haben, er kann diesem Beschlusse *nachfolgen*. Die Hauptversammlung kann beschließen, erst noch zu erwerbende Aktien einzuziehen, und zwar in bestimmter Höhe oder bis zu einem bestimmten Betrage. Die Kapitalherabsetzung ist dann unter der *Bedingung* beschlossen, daß der Erwerb der Aktien erfolgt. § 71 Abs. 1 Nr. 6 sieht einen solchen *nachträglichen Erwerb* geradezu vor, wenn er den Erwerb eigener Aktien auf Grund eines Beschlusses der Hauptversammlung zur Einziehung nach den Vorschriften über die Herabsetzung des Grundkapitals gestattet. Auch eigene Aktien, die ein Dritter oder ein abhängiges Unternehmen für ihre Rechnung erworben hat, oder solche, die die Gesellschaft als Pfand genommen hat, kann diese erst einziehen, wenn die Aktien auf sie übertragen worden sind. Die in § 71 Abs. 3, 5 für die Frage der Zulässigkeit des Erwerbs eigener Aktien erfolgte Gleichstellung der bezeichneten Aktien mit eigenen Aktien gilt für die Einziehung nach Erwerb nicht; die Übernahme der Bestimmungen des § 65 Abs. 3, 5 in § 237 ist bewußt unterblieben. Erfolgt, wie es das Aktiengesetz klar bestimmt, die Einziehung erst nach Erwerb, also nach dem Übergang des Aktienrechts auf die Gesellschaft, so werden Zweifel über den Zeitpunkt der Wirksamkeit der Einziehung vermieden.

Anm. 17

2. Wirksamkeit und Zulässigkeit des Erwerbs

Notwendig ist nur, *daß der Erwerb der Aktien wirksam geworden ist*, d. h. daß das Aktienrecht auf die Gesellschaft übergegangen ist. Daß der Erwerb nach den Vorschriften des § 71 *zulässig* war, ist für die Frage der Wirksamkeit der Einziehung unerheblich (ebenso Schlegelberger AktG 1937 § 192 Anm. 16, Godin-Wilhelmi 9, Baumbach-Hueck 6). § 71 Abs. 2 spricht unter den dort angegebenen Voraussetzungen der Volleinzahlung des Ausgabebetrages diese Wirksamkeit trotz des Erwerbsverbots der Abs. 1 ausdrücklich aus; vgl. die Erl. zu § 71. Der Übergang der Aktien auf die Gesellschaft soll danach unter allen Umständen wirksam sein, obwohl das schuldrechtliche Veräußerungsgeschäft nichtig ist (Anm. 25ff. zu § 71), und die damit verbundene Verpflichtung zu einer Zahlung des Erwerbspreises gegen § 57 (Verbot der Rückgewähr von Einlagen) verstieß. Will das Gesetz trotz der schuldrechtlichen Nichtigkeit des Erwerbsgeschäftes die Wirksamkeit des Rechtsübergangs an den Aktien, so folgt daraus auch die rechtliche

Möglichkeit der Einziehung der so erworbenen Aktien. Macht die Gesellschaft von dieser Möglichkeit aber Gebrauch, so muß sie auch die Gegenleistung bewirken und darf die bereits geleistete nicht zurückfordern. Durch Berufung auf § 814 BGB könnte die Gesellschaft sich nicht von der Leistungspflicht befreien. Regelmäßig wird der Veräußerer der Aktien nicht wissen und übersehen können, daß der Erwerb der Aktien durch die Gesellschaft gegen ein gesetzliches Verbot verstieß und daß er deshalb nicht zur Lieferung der Aktien verpflichtet war. Aber auch wenn man diese Kenntnis annimmt, und deshalb einen Anspruch auf Rückgabe der Aktien nicht anerkennt, vgl. § 71 Anm. 28, so stellt doch bei *Verwendung der so erlangten Aktien* zum Zwecke der Einziehung die Berufung auf § 814 BGB einen Rechtsmißbrauch dar, der auch gegenüber dieser Gesetzesbestimmung nach den Grundsätzen von Treu und Glauben zum Ausschluß des Rechtes führen muß. Wenn der Aktionär in diesem Falle auch nicht den vereinbarten Kaufpreis fordern kann, weil das schuldrechtliche Geschäft nichtig ist, so kann er doch den Wert der Aktien im Zeitpunkt der Einziehung begehren. Bedenken gegen die Zulässigkeit der Zahlung dieses Betrages vom Standpunkt der Gläubiger bestehen auch nicht, da diese durch die Gläubigerschutzvorschriften geschützt sind; vgl. Anm. 22, 23.

Unter *Erwerb ist jeder dingliche Übergang des Aktienrechts auf die Gesellschaft* zu verstehen, nicht nur der auf einem Kauf beruhende. Das *Entgelt* wird bei der Einziehung nach Erwerb durch das Rechtsgeschäft bestimmt, auf Grund dessen der Erwerb erfolgt, also regelmäßig durch das Kaufgeschäft.

Anm. 18

3. Satzungsbeschränkungen — Zweck — Erwerb unter oder über dem Nennwert

Die Satzung kann die Kapitalherabsetzung durch Einziehung von Aktien nach Erwerb beschränken, sie namentlich nur unter bestimmten Bedingungen zulassen. Jedoch kann diese Art der Einziehung, wie die Kapitalherabsetzung überhaupt, durch die Satzung nicht völlig ausgeschlossen werden, da dadurch unter Umständen ein gedeihliches Leben der Gesellschaft gänzlich unmöglich gemacht und durch Zerstörung wirtschaftlich wertvoller Unternehmungen das öffentliche Interesse geschädigt werden könnte.

Die Kapitalherabsetzung durch Einziehung von Aktien kann, wie die ordentliche Kapitalherabsetzung (vgl. die Erl. zu § 222) *zu den verschiedensten Zwecken* erfolgen. Sie kann insbesondere auch stattfinden, wenn die zu Stützungszwecken oder sonst nach § 71 Abs. 1 Z. 1—5 erworbenen eigenen Aktien in absehbarer Zeit nicht mehr auf den Markt gebracht werden können und deshalb eine Anpassung des satzungsmäßigen Grundkapitals an den wirklichen Vermögensstand der Gesellschaft geboten erscheint.

Erwirbt die Gesellschaft eigene Aktien *unter dem Nennwert*, um sie einzuziehen, oder verwendet sie früher unter dem Nennwert erworbene Aktien zur Einziehung, so macht sie einen Buchgewinn. Denn das Grundkapital muß dann trotz des geringen Aufwandes stets um den *Nennwert* der erworbenen Aktien herabgesetzt werden, da mit der Einziehung die eingezogenen Aktienrechte verschwinden und die Summe der noch verbleibenden dem Werte des neuen Grundkapitals gleich sein muß. Sind die einzuziehenden Aktien *mit einem Aufschlag* erworben, so kann die Herabsetzung doch ebenfalls nur um den Betrag ihres Nennwertes geschehen. Der Mehraufwand muß aus anderen Mitteln getilgt werden, etwa aus einer freien Rücklage oder aus Gewinn.

III. Die Anwendung der Vorschriften über die ordentliche Kapitalherabsetzung, Abs. 2

Anm. 19

1. Die grundsätzliche Geltung

Bei der Einziehung sind die Vorschriften über die ordentliche Kapitalherabsetzung zu befolgen; Abs. 2 Satz 1. Damit ist ausgesprochen, daß die Einziehung von Aktien nur in der Form der Kapitalherabsetzung erfolgen kann, und daß sie, abgesehen von Ausnahmen, nur nach den Vorschriften über die *ordentliche* Kapitalherabsetzung vor sich gehen darf.

Die Vorschriften über die *vereinfachte* Kapitalherabsetzung mit den für diese geschaffenen Erleichterungen finden auf die Kapitalherabsetzung durch Einziehung von Aktien keine Anwendung. Abgesehen von der in Abs. 3 festgesetzten Ausnahme sind bei der Einziehung von Aktien die Vorschriften über die ordentliche Kapitalherabsetzung stets zu befolgen, gleichgültig zu welchem Zwecke die Einziehung geschieht und ob es sich um eine Einziehung nach Erwerb oder eine zwangsweise Einziehung handelt und ob die letztgenannte in der Satzung angeordnet oder nur gestattet ist. Bei der angeordneten Einziehung bedarf es jedoch eines Beschlusses der Hauptversammlung nicht, Abs. 6.

Anm. 20

2. Der Hauptversammlungsbeschluß

Soweit die vorerwähnte Ausnahme nicht vorliegt, *bedarf es stets eines Beschlusses der Hauptversammlung*. Für die *Bekanntmachung* der *Tagesordnung* und *Einberufung* der Hauptversammlung gilt das gleiche wie bei der ordentlichen Kapitalherabsetzung, vgl. § 222 Anm. 6. Die Bekanntmachung muß den Wortlaut des zu fassenden Beschlusses über die Kapitalherabsetzung nach Höhe und Art (durch Einziehung von Aktien unter deren näherer Bezeichnung, durch Zwangseinziehung oder nach Erwerb) und den Zweck der Kapitalherabsetzung (z. B. Rückzahlung von Grundkapital) angeben, § 124 Abs. 2 Satz 2, § 222 Abs. 3. Beim Vorhandensein *mehrerer Gattungen* von Aktien sind Sonderbeschlüsse jeder Gattung zu fassen, § 222 Abs. 2. Eine Verschiedenheit der Aktiengattungen würde auch bestehen, wenn die Gesellschaft nach der Satzung nur bestimmte Arten von Aktien oder die einzelnen Arten unter verschiedenen Bedingungen einziehen könnte. Der Beschluß der Hauptversammlung bedarf einer *Mehrheit*, die mindestens drei Viertel des bei der Beschlußfassung vertretenen Grundkapitals umfaßt. Die Satzung kann eine größere Mehrheit und noch weitere Erfordernisse bestimmen, § 222 Abs. 1.

Die einzuziehenden Aktien gewähren kein Stimmrecht, wenn sie der Gesellschaft schon im Zeitpunkt der Abstimmung gehörten. Auch aus Aktien, die ein anderer für Rechnung der Gesellschaft erworben hat, kann die Gesellschaft das Stimmrecht nicht ausüben, denn aus solchen und eigenen Aktien stehen der Gesellschaft keine Rechte zu. Auch der Dritte, der die Aktien für Rechnung der Gesellschaft erworben hat, hat kein Stimmrecht, § 71 Abs. 6 und Anm. 41 ff. dazu. Dagegen können die übrigen Aktionäre, deren Aktien zwangsweise oder nach Erwerb eingezogen werden sollen, so lange ihnen die Aktien gehören, an der Abstimmung über die Kapitalherabsetzung teilnehmen; RG in JW 1927, 1421[1].

Der *Inhalt des Beschlusses* muß denselben Erfordernissen genügen, wie im Falle der ordentlichen Kapitalherabsetzung; er muß namentlich den Zweck der Kapitalherabsetzung angeben, vgl. die Erl. zu § 222. Der Beschluß wird zweckmäßig dahin zu lauten haben, daß das Grundkapital von — DM um — DM auf (oder bis zu) — DM durch Einziehung näher genannter Aktien zum Zwecke — herabgesetzt wird.

Anm. 21

Der Beschluß muß, soweit es nicht schon in der Satzung geschehen ist, *alle wesentlichen Punkte der Einziehung regeln*. Er muß also alles das enthalten, was bei der *angeordneten* Zwangseinziehung in der Satzung bestimmt sein muß, und aussprechen, daß die Einziehung erfolgen muß, vgl. oben Anm. 7. Wie im Falle der *angeordneten Zwangseinziehung* kann es weder dem freien Ermessen des Vorstandes überlassen werden, ob die Einziehung erfolgen soll, noch welche Aktien einzuziehen sind, noch unter welchen Bedingungen, insbesondere ob sie gegen Entgelt und gegen welches stattfinden soll. Nur die technische Art der Ausführung kann auch hier dem Vorstand überlassen werden.

Gemäß § 223 ist der Hauptversammlungsbeschluß vom Vorstand und dem Vorsitzenden des Aufsichtsrats *zur Eintragung in das Handelsregister anzumelden*.

Wegen des Wirksamswerden der Einziehung und der Kapitalherabsetzung, wegen der Kraftloserklärung von Aktien, der Anmeldung der Durchführung der Kapitalherabsetzung, wegen Herabsetzung unter den Mindestnennbetrag bei gleichzeitiger Kapitalerhöhung s. §§ 224, 226—228, vgl. die Erl. zu § 238.

Anm. 22

3. Der Gläubigerschutz

a) Anspruch auf Sicherheitsleistung

Er richtet sich auch im Falle der Kapitalherabsetzung durch Einziehung von Aktien nach den Vorschriften des § 225 Abs. 1 und 3. Danach ist den Gläubigern, deren Forderungen begründet worden sind, bevor die Eintragung des Beschlusses über die Kapitalherabsetzung (§ 224) bekanntgemacht worden ist, wenn sie sich binnen sechs Monaten nach der Bekanntmachung zu diesem Zwecke melden, *Sicherheit* zu leisten, soweit sie nicht *Befriedigung* verlangen können. Sie sind in der Bekanntmachung der Eintragung auf dieses Recht hinzuweisen. Das Recht auf Sicherheitsleistung steht den in § 225 Abs. 1 Satz 3 genannten Gläubigern nicht zu. Das Recht der Gläubiger, Sicherheit zu verlangen ist aber unabhängig davon, ob Zahlungen an die Aktionäre auf Grund der Herabsetzung des Grundkapitals geleistet werden. Es besteht somit auch dann, wenn eine Zahlung an die Aktionäre nicht in Frage kommt, z. B. wenn früher nach § 71 Abs. 1 erworbene Aktien eingezogen werden.

Anm. 23

b) Zahlungssperre für das Entgelt

Für die Zahlung des Entgelts, das Aktionären bei einer Zwangseinziehung oder bei einem Erwerb von Aktien zum Zwecke der Einziehung gewährt wird, oder für die Befreiung dieser Aktionäre von der Verpflichtung zur Leistung von Einlagen gilt § 225 Abs. 2 sinngemäß, Abs. 2 Satz 2. Die Vorschrift gilt nur, wenn die Bestimmungen über die ordentliche Kapitalherabsetzung Anwendung finden, nicht im Falle des Abs. 3. Sie wendet die Vorschrift des § 225 Abs. 2 auf das Entgelt an, das den Aktionären bei einer Zwangseinziehung oder einem Erwerb von Aktien zum Zwecke der Einziehung gewährt wird. Auch die Vergütung, die den ihr Aktienrecht durch die Einziehung verlierenden Aktionären als Ausgleich für diesen Verlust gewährt wird, darf ihnen nicht ausbezahlt werden, bevor seit Bekanntmachung der Eintragung der Kapitalherabsetzung sechs Monate verstrichen sind, und bevor den Gläubigern, die sich rechtzeitig gemeldet haben, Befriedigung oder Sicherheit gewährt worden ist. Eine Befreiung der Aktionäre von der Verpflichtung zur Leistung von Einlagen wird nicht vor dem bezeichneten Zeitpunkt und nicht vor Befriedigung oder Sicherstellung der Gläubiger wirksam, die sich rechtzeitig gemeldet haben. Aus der Vorschrift des Abs. 2 Satz 2 in Verbindung mit der eine Ausnahme darstellenden Bestimmung des Abs. 3 ergibt sich auch, daß die Einziehung von Aktien im Wege der *ordentlichen* Kapitalherabsetzung auch zulässig ist, wenn die Aktien nicht voll eingezahlt sind und das Aufgeld über den Nennbetrag nicht geleistet ist.

Nicht nur der Kaufpreis oder die Vergütung, die bei Zwangseinziehung den betroffenen Aktionären zu leisten ist, darf vor Ablauf des Sperrhalbjahrs und Befriedigung oder Sicherstellung der Gläubiger nicht an diese Aktionäre geleistet werden. Die durch die Kapitalherabsetzung gewonnenen Beträge dürfen vor Erfüllung dieser Voraussetzungen *auch nicht mittelbar* den Aktionären zugute kommen, vgl. § 225 Anm. 16. Deshalb darf der zu verteilende *Gewinn* nicht unter Zugrundelegung des durch die Einziehung herabgesetzten Grundkapitals berechnet, *und nicht, soweit er sich durch die Kapitalherabsetzung erhöht,* ausbezahlt werden, bevor die Voraussetzungen des § 225 Abs. 2 erfüllt sind. Ebenso darf ein Buchgewinn, der durch Erwerb der Aktien unter dem Nennwert erzielt wird, nur zur Gewinnverteilung verwendet, also der Gewinnberechnung zugrunde gelegt werden, wenn das Sperrhalbjahr abgelaufen und die Gläubiger sichergestellt oder befriedigt sind, ebenso Schlegelberger AktG 1937 § 192 Anm. 28. Der Jahresgewinn kann aber schon vorher bedingt unter Berücksichtigung dieses Buchgewinns berechnet und festgestellt werden. Der so berechnete Gewinn kann voll ausbezahlt werden, sobald nachträglich die Voraussetzungen des § 225 Abs. 2 erfüllt sind.

Anm. 24

4. Behandlung eines Buchgewinns

Im früheren Recht war streitig, ob der *Buchgewinn*, der sich *aus dem Erwerb eigener Aktien* unter dem Nennwert ergibt, der gesetzlichen *Rücklage* zugeschrieben werden müsse. Die Notwendigkeit dieser Zuschreibung wurde mit einer entsprechenden Anwendung des § 262 Nr. 2 HGB (§ 150 Abs. 2 Nr. 2 AktG) begründet, wonach in den Reservefonds, jetzt in die gesetzliche Rücklage, der Betrag (das Aufgeld, Agio) einzustellen ist, der bei der Ausgabe von Aktien über den Nennbetrag hinaus erzielt wird (wegen des Schrifttums, vgl. Brodmann, § 288 HGB Anm. 2b). Ein Zwang zur Einstellung des Betrags in die gesetzliche Rücklage besteht aber nicht. Der Grund der Vorschrift des § 150 Abs. 2 Nr. 2 ist der, daß es sich bei dem Aufgeld um eine erhöhte Einlage handelt, die nicht in Form von Gewinn zurückbezahlt werden soll. Ist es der Gesellschaft gelungen, eigene Aktien unter dem Nennwert zu erwerben, so kann nicht gesagt werden, daß der veräußernde Aktionär eine erhöhte Einlage gemacht habe. Auch aus der Bestimmung des § 237 Abs. 5, wonach in den Fällen des Abs. 3 ein Betrag in die gesetzliche Rücklage einzustellen ist, der dem Gesamtnennbetrage der eingezogenen Aktien gleichkommt, ergibt sich nicht die Notwendigkeit der Einstellung des Buchgewinns aus dem Erwerb von Aktien unter dem Nennwert in die gesetzliche Rücklage. In Abs. 5 handelte es sich um eine Sondervorschrift, die sich gerade dadurch erklärt, daß im Falle des Abs. 3 die Vorschriften über die ordentliche Kapitalherabsetzung, insbesondere auch die Gläubigerschutzvorschriften, nicht anzuwenden sind.

Anm. 25

5. Abs. 2 ist zwingend

Die Anwendung der Vorschriften über die ordentliche Kapitalherabsetzung, soweit nicht die Ausnahmen des Abs. 3 vorliegen, *ist zwingend*. Dagegen verstoßende Satzungsbestimmungen und Hauptversammlungsbeschlüsse sind nichtig, soweit auch bei der ordentlichen Kapitalherabsetzung die Verletzung der Vorschriften Nichtigkeit begründet. Es ist aber Heilung nach § 242 Abs. 2 möglich.

IV. Die einfache Einziehung

Anm. 26

1. Allgemeines

Als Ausnahme von dem Erfordernis der Einhaltung der Vorschriften über die ordentliche Kapitalherabsetzung bestimmt Abs. 3, daß die Vorschriften über die ordentliche Kapitalherabsetzung nicht befolgt zu werden brauchen, wenn Aktien eingezogen werden, auf die der Nennbetrag oder der höhere Ausgabebetrag voll geleistet ist, und wenn diese Aktien entweder:

1. der Gesellschaft unentgeltlich zur Verfügung gestellt oder
2. zu Lasten des Bilanzgewinns oder einer freien Rücklage eingezogen werden.

Die Ausnahmen des Abs. 3 sind gerechtfertigt, weil in beiden Ausnahmefällen die sonst mit der Einziehung von Aktien verbundene Gefährdung der Gläubiger nicht oder nur in geringerem Maße vorhanden ist. Im Falle der Nr. 1, unentgeltliche Zurverfügungstellung der Aktien, erfolgt eine Auszahlung aus dem Vermögen der Gesellschaft überhaupt nicht. Im zweiten Fall geschieht die Einziehung nur zu Lasten des Bilanzgewinns oder einer freien Rücklage, somit zu Lasten von Vermögensteilen der Gesellschaft, die entweder zur Ausschüttung an die Aktionäre dienen oder der freien Verfügung der

Gesellschaft unterliegen. Eine mittelbare Benachteiligung der Gläubiger tritt auch in den beiden Ausnahmefällen wie bei jeder Kapitalherabsetzung durch die Herabsetzung der satzungsmäßigen Grundkapitalziffer insofern ein, als dadurch die Funktion des Grundkapitals als Garantiefonds zugunsten der Gläubiger auf einen geringeren Betrag beschränkt wird. Den *Ausgleich* schafft hier bis zu einem gewissen Grade die Vorschrift des Abs. 5, nach der in den Fällen des Abs. 3 in die *gesetzliche Rücklage* ein Betrag einzustellen ist, der dem Gesamtnennbetrag der eingezogenen Aktien gleichkommt. Die Einziehung in den Fällen des Abs. 3 erleichtert es der Gesellschaft, sich von dem oft unerwünschten Besitz eigener Aktien zu befreien. Sie ermöglicht es auch der Verwaltung, eine günstige Gelegenheit zum Erwerb eigener Aktien zu benutzen, ohne Gefahr zu laufen, daß die Verwendung dieser Aktien zu einer Einziehung durch die erschwerten Erfordernisse der ordentlichen Kapitalherabsetzung (Dreiviertelmehrheit, gesonderte Abstimmung) vereitelt wird.

Anm. 27

2. Zulässigkeit beider Arten der Einziehung

Auch die einfache Einziehung nach Abs. 3 ist gemäß Abs. 1 nur möglich, wenn es sich um eine in der Satzung angeordnete oder gestattete Zwangseinziehung oder eine solche nach Erwerb handelt, denn Abs. 3 macht in dieser Beziehung keinen Unterschied. Nur die Befreiung von den Vorschriften über die ordentliche Kapitalherabsetzung ist an die Voraussetzungen des Abs. 3 geknüpft.

Anm. 28

3. Volle Leistung der Einlage

Die Voraussetzung der *einfachen Einziehung nach Absatz 3, daß auf die einzuziehenden Aktien der Nennbetrag oder der höhere Ausgabebetrag voll geleistet ist,* dient dem Schutze der Gläubiger. Die volle Einlage, einschließlich des Aufgeldes, soll der Gesellschaft zur Verfügung stehen. Die Vorschrift ist im öffentlichen Interesse gegeben. Würde die Einziehung ohne Volleinzahlung erfolgen, so würde mit dem Wirksamwerden der Einziehung die Einlagepflicht der Aktionäre erlöschen. Denn mit der völligen Vernichtung des Aktienrechts erlischt auch die Einlagepflicht des Aktionärs. Gegen die Vorschriften des Abs. 3 verstoßende Satzungsbestimmungen oder Hauptversammlungsbeschlüsse sind *nichtig* — auch soweit es sich um die anderen Erfordernisse der einfachen Einziehung handelt —, § 241 Nr. 3. Die Volleinzahlung muß spätestens in dem *Zeitpunkt* bewirkt sein, in dem die Einziehung wirksam werden soll, also wenn der Kapitalherabsetzungsbeschluß eingetragen und die Einziehung erfolgt ist, vgl. § 238. Die Einziehung kann somit unter der Bedingung beschlossen werden, daß die Volleinzahlung bis zu dem bezeichneten Zeitpunkt nachfolgt. Der Registerrichter kann vor der Eintragung den Nachweis der Vollzahlung fordern. Ist die Volleinzahlung nicht geleistet, so kann die Einziehung nur unter Einhaltung der Vorschriften über die ordentliche Kapitalherabsetzung, insbesondere der Gläubigerschutzbestimmungen vor sich gehen.

Anm. 29

4. Die Einziehung unentgeltlich zur Verfügung gestellter Aktien, Abs. 3 Z. 1

Die *Einziehung unentgeltlich zur Verfügung gestellter Aktien* ist zulässig, gleichgültig, wann sie zur Verfügung gestellt worden sind. Sie müssen jedenfalls in dem Zeitpunkt zur Verfügung stehen, in dem die Einziehung wirksam werden soll, vgl. Anm. 16. Sie dürfen nicht *aktiviert* werden (ebenso Schlegelberger § 192 AktG 1937 Anm. 30, Godin-Wilhelmi 19; Baumbach-Hueck 9; anders die Voraufl.). Der Fall des Abs. 3 Nr. 1 unterscheidet sich gerade dadurch von dem der Nr. 2. Bei einer Aktivierung der unentgeltlich erworbenen Aktien müßte der Gegenposten als freie Rücklage oder als Gewinn ausgewiesen werden. Die Einziehung könnte dann nur zu Lasten der freien Rücklage oder des Bilanzgewinns erfolgen, wäre also eine solche nach Nr. 2 (Anm. 30, 31) und nicht nach Nr. 1, ebenso Schlegelberger AktG 1937 § 192 Anm. 42. Ist ein Verlust vorhanden, so würde dieser sich um den durch die Aktivierung entstehenden Buchgewinn vermindern. Dann aber könnte der Vorschrift des Abs. 5 nicht Genüge getan werden, wonach ein Beitrag in Höhe des Nennbetrags der eingezogenen Aktien in die gesetzliche Rücklage einzustellen ist. Allerdings kann dieser Betrag alsbald wieder zur Deckung des Verlustes herangezogen werden, Anm. 37.

Anm. 30

5. Die Einziehung zu Lasten des Bilanzgewinns oder der freien Rücklage, Abs. 3 Z. 2

a) Bilanzgewinn

Zu Lasten des Bilanzgewinns bedeutet, daß die den Aktionären, deren Aktien eingezogen werden, dafür zu zahlende Vergütung und die sonstigen mit der Einziehung verbundenen Aufwendungen aus dem Vermögen der Gesellschaft bestritten werden, das als Bilanzgewinn zur Verteilung gelangen könnte. Zu Lasten des Bilanzgewinns geschieht die Einziehung, wenn durch sie der Bilanzgewinn um diese Beträge geschmälert wird. Der Begriff des Bilanzgewinns ergibt sich aus § 151 Abs. 4 Satz 3 und aus § 157 Abs. 1 Nr. 32. Wie der neue Text jetzt ausdrücklich sagt, steht er für die Einziehung nur zur Verfügung, soweit er zu diesem Zweck verwandt werden kann, soweit also nicht die Satzung eine anderweitige Verwendung vorschreibt (vgl. § 58 Anm. 21, 30) oder die Hauptversammlung bereits über die Gewinnverwendung beschlossen hat, § 174. Letzterenfalls steht nur noch der Gewinnvortrag zur Verfügung.

Anm. 31

b) Freie Rücklagen

Der Begriff der *freien Rücklage* ist vom Gesetz nicht definiert. Frei sind alle Rücklagen, die nicht gesetzliche sind, also ohne gesetzlichen Zwang gebildet und aufgelöst und damit auch verwendet werden können, § 58 Anm. 8, vgl. auch § 229 Anm. 10, § 150 Anm. 2, § 151 Anm. 97, Adler-Düring-Schmaltz § 151 Anm. 210ff. Sie müssen Eigenkapitalcharakter haben, dürfen also nicht passivischer Natur sein. Wertberichtigungen (§ 152 Abs. 6) fallen nicht darunter, ebenso nicht Sonderposten mit Rücklagenanteil (§ 152 Abs. 5), weil ihr Rücklagenanteil noch ungewiß ist (§ 152 Anm. 47ff.).

Wie beim Bilanzgewinn (Anm. 30) schließt das Gesetz den Teil der Rücklagen aus, die — sei es durch die Satzung, sei es durch Hauptversammlungsbeschluß — für andere Zwecke bestimmt sind, sog. *Sonderrücklagen.* Darunter fällt auch die Rücklage für die Vermögensabgabe zum Lastenausgleich, weil sie zweckgebunden ist (vgl. § 151 Anm. 10, Adler-Düring-Schmaltz § 151 Anm. 205). Wird die Zweckbindung durch Satzungsänderung oder Hauptversammlungsbeschluß aufgehoben, so kann die Rücklage für die Einziehung verwendet werden. Die Aufhebung kann zugleich mit der Kapitalherabsetzung beschlossen werden (Schlegelberger § 192 AktG 1937 Anm. 33). *Stille* Rücklagen können im Rahmen der Bewertungsvorschriften der §§ 153ff. aufgelöst, damit in offene umgewandelt und für die Einziehung verwendet werden.

Ergibt die Jahresbilanz einen ungedeckten Verlust, so ist die Einziehung zu Lasten einer freien Rücklage nicht zulässig, soweit diese zur Beseitigung des Verlustes nötig ist. Andernfalls ginge die Einziehung im Erfolg doch zu Lasten des Grundkapitals oder der gesetzlichen Rücklage.

Die Einziehung nach Nr. 2 kann wie die nach Nr. 1 wiederholt vorgenommen werden, wenn die Voraussetzungen dafür gegeben sind.

Anm. 32

c) Die Höhe des Einziehungsentgeltes

Das *Einziehungsentgelt* kann im Falle der Nr. 2 den Nennwert der einzuziehenden Aktien übersteigen, da dem geschützten Kapital der Gesellschaft dadurch nichts entzogen wird. Die Einziehung von *Vorzugsaktien*, wenn sie nach Erwerb geschieht, wird oft nur durch Zahlung eines höheren Entgelts möglich sein. Im Falle der angeordneten Zwangseinziehung kann die Satzung, im Falle der gestatteten die Hauptversammlung das Entgelt auch für die Vorzugsaktien festsetzen, die Hauptversammlung nur, wenn nicht die Satzung das Entgelt bereits festgesetzt hat. Wegen der Grundsätze für die Festsetzung des Entgelts vgl. Anm. 15. Im Falle der Nr. 2 darf das Entgelt nicht höher sein, als der Betrag, der aus dem Bilanzgewinn und einer freien Rücklage zur Verfügung steht. Waren die Aktien bereits früher erworben und aktiviert, so muß ein Betrag in der freien Rücklage oder im Bilanzgewinn vorhanden sein, der dem Bilanzwert der Aktien, nicht dem Erwerbspreis entspricht.

Anm. 33

6. Keine weiteren Fälle der einfachen Einziehung

Die Ausnahmefälle des Abs. 3 können nicht durch die Satzung vermehrt werden. Dagegen verstoßende Satzungsbestimmungen und Hauptversammlungsbeschlüsse sind nichtig, § 241 Nr. 3. Die *Satzung* kann die einfache Einziehung *erschweren* oder ganz *ausschließen*. So könnte sie bestimmen, daß eine Einziehung zu Lasten des Bilanzgewinns nicht oder nur zu einem bestimmten Bruchteil desselben geschehen darf. Dagegen verstoßende Hauptversammlungsbeschlüsse sind nur anfechtbar, da sie nur die Belange der Aktionäre berühren, §§ 241, 243.

Anm. 34

7. Erschöpfende Regelung in Abs. 4 und 5 — Ausnahme im Sanierungsfall

Aus der Befreiung der Gesellschaft von den Vorschriften über die ordentliche Kapitalherabsetzung folgt nicht, daß etwa die Vorschriften über die *vereinfachte Kapitalherabsetzung*, §§ 229—236, anzuwenden sind, wenn die Gesellschaft von der *einfachen Einziehung* Gebrauch machen will. An die Stelle der Vorschriften über die ordentliche Kapitalherabsetzung treten vielmehr die Bestimmungen des § 237 Abs. 4 und 5. Diese regeln *erschöpfend* die Kapitalherabsetzung im Falle des Abs. 3. Sie übernehmen nur einzelne Bestimmungen über die ordentliche Kapitalherabsetzung (Notwendigkeit eines Hauptversammlungsbeschlusses, Angabe des Zweckes der Kapitalherabsetzung, Möglichkeit, durch die Satzung die Erfordernisse des Beschlusses zu vermehren, Anmeldung des Beschlusses), vgl. Anm. 35.

Von der vorstehenden Regel muß dann eine Ausnahme gemacht werden, wenn der durch die Einziehung gewonnene, zur Kapitalherabsetzung benutzte und gemäß Abs. 5 (Anm. 37) in die gesetzliche Rücklage gestellte Betrag zur Deckung eines *vorhandenen Verlustes* oder zum Ausgleich einer *bestehenden Wertminderung* verwandt wird, also ein *Sanierungsfall* vorliegt. Dieser Vorgang unterscheidet sich aus der Sicht des *Gläubigerschutzes* in nichts von einer vereinfachten Kapitalherabsetzung. Es muß deshalb § 233 angewendet werden (Bley ZAkDR 42, 281; ebenso Schlegelberger AktG 1937 § 192 Anm. 44, Godin-Wilhelmi 23, Baumbach-Hueck 12). Gewinn darf also solange nicht ausgeschüttet werden, bis die gesetzliche Rücklage 10% des herabgesetzten Grundkapitals erreicht (§ 233 Abs. 1). Die Ausschüttung einer Dividende von mehr als 4% während der in § 233 Abs. 2 bestimmten Sperrzeit ist nur zulässig, wenn die gesetzliche Rücklage einschließlich der Einziehungsrücklage nicht niedriger ist als im Zeitpunkt der Bildung der Einziehungsrücklage nach Abs. 5 (Bley a. a. O. S. 282). Eine Gewinnausschüttung zu Lasten der zur Zeit der Kapitalherabsetzung vorhandenen gesetzlichen Rücklage zuzüglich der Einziehungsrücklage ist also während der Sperrzeit unzulässig.

Anm. 35

8. Der Hauptversammlungsbeschluß, Abs. 4

a) Erfordernisse

Auch in den Fällen des Abs. 3 Nr. 1 und 2 kann die Kapitalherabsetzung durch Einziehung nur von der Hauptversammlung beschlossen werden. Für den Beschluß genügt die einfache Mehrheit; die Satzung kann eine größere Mehrheit und weitere Erfordernisse bestimmen, Abs. 4 Satz 1—3. Auch die Kapitalherabsetzung durch einfache Einziehung enthält stets eine *Satzungsänderung*. Deshalb muß sie notwendig durch die Hauptversammlung beschlossen werden, wenn es sich nicht um eine in der Satzung *angeordnete* Zwangseinziehung handelt, Abs. 6. Da durch den Beschluß das Grundkapital herabgesetzt wird, ist auch die *Satzungsurkunde* zu ändern. Da diese Änderung die notwendige Folge der Kapitalherabsetzung ist, genügt für *beide* Beschlüsse die einfache Mehrheit. Es bedarf also nicht eines besonderen Beschlusses über die Neufestsetzung des Grundkapitals mit der für Satzungsänderungen im allgemeinen erforderlichen Mehrheit und Form, vgl. § 179ff. Es genügt vielmehr die einfache Mehrheit.

Da einfache *Stimmenmehrheit* ausreicht, ist nicht, wie bei der ordentlichen Kapitalherabsetzung und der gewöhnlichen Einziehung eine Mehrheit des bei der Beschlußfassung vertretenen *Grundkapitals* erforderlich, § 222 Abs. 1 Satz 1, § 237 Abs. 2 Satz 1. Auch ist beim Vorhandensein *mehrerer Gattungen* von Aktien eine gesonderte Abstimmung, wie nach § 222 Abs. 2, nicht geboten (ebenso Schlegelberger, AktG 1937 § 192 Anm. 37, Godin-Wilhelmi 25, Baumbach-Hueck 10). Soll durch die Einziehung ein *Vorzug aufgehoben* oder beschränkt werden, so ist nach der allgemeinen Regel des § 141 Abs. 1 zur Wirksamkeit des Beschlusses die Zustimmung der Vorzugsaktionäre erforderlich. Dies gilt nicht nur für die ordentliche Einziehung, sondern auch im Falle des Abs. 3; Abs. 4 setzt § 141 Abs. 1 nicht außer Wirksamkeit. Auf Grund des Abs. 4 Satz 3, der im übrigen dem § 222 Abs. 1 Satz 2 nachgebildet ist, kann in die Satzung eine höhere Stimmenmehrheit, neben der Stimmenmehrheit auch eine Kapitalmehrheit und die gesonderte Abstimmung nach Aktiengattungen vorgeschrieben werden.

Für die Hauptversammlung gelten die allgemeinen Vorschriften über die Einberufung der Versammlung, Einberufungsfrist, Bekanntmachung der Tagesanordnung §§ 121ff., Ausübung des Stimmrechts, § 134—136. § 124 Abs. 2 Satz 2 — Bekanntmachung des Wortlauts der zu beschließenden Satzungsänderung — ist zu beachten, s. auch Anm. 36. Da es in der Regel nicht auf eine Mehrheit des bei der Beschlußfassung vertretenen *Grundkapitals* ankommt, so stimmen *Mehrstimmrechtsaktien*, falls nicht die Satzung ein anderes anordnet, mit ihrem vollen Mehrstimmrecht ab, RG 125, 356. Der Einziehungsbeschluß kann wie bei der ordentlichen Kapitalherabsetzung auch in einer außerordentlichen Hauptversammlung gefaßt werden. Wird die Kapitalherabsetzung erst nach der Beschlußfassung über die Verteilung des Bilanzgewinns beschlossen, so kann die Hauptversammlung aber nicht mehr über den Gewinn zum Zwecke der Einziehung nach Nr. 2 verfügen, da durch den Gewinnverwendungsbeschluß ein unwiderruflicher Anspruch der Aktionäre auf Auszahlung des Gewinnes entstanden ist, vgl. Anm. 30, § 58 Anm. 32.

Anm. 36

b) Angabe des Zweckes der Kapitalherabsetzung — Eintragung — Folgen eines Verstoßes

Wie bei der ordentlichen Kapitalherabsetzung ist in dem Hauptversammlungsbeschluß der *Zweck der Kapitalherabsetzung anzugeben, Abs. 4 Satz 4*, § 222 Abs. 3. Auch die Art der Herabsetzung (durch Einziehung der näher zu bezeichnenden Aktien im Wege der einfachen Einziehung) ist anzugeben. Wie bei der ordentlichen Kapitalherabsetzung muß der Beschluß überhaupt alle wesentlichen Punkte regeln. Er muß auch aussprechen, ob die Einziehung zwangsweise oder nach Erwerb stattfinden soll. Der Vorstand und der Vorsitzende des Aufsichtsrats haben den Beschluß zur *Eintragung* in das Handelsregister *anzumelden, Abs. 4 Satz 5.* Da die Einziehung eine Kapitalherabsetzung und damit eine Satzungsänderung zur Folge hat, ist auch bei einfacher

Einziehung die Eintragung des Beschlusses erforderlich, damit er wirksam wird, § 181 Abs. 3, § 238. Wegen der weiteren Erfordernisse der Wirksamkeit der Einziehung vgl. § 238 und die Erl. dazu.

Zuwiderhandlungen gegen die Vorschriften des Abs. 4 begründen die *Anfechtbarkeit oder Nichtigkeit* der Beschlüsse in demselben Umfang, wie wenn die entsprechenden Vorschriften über das Zustandekommen der Beschlüsse über eine ordentliche Kapitalherabsetzung verletzt sind; vgl. die Erl. zu § 222.

Anm. 37

9. Die Einziehungsrücklage, Abs. 5

a) Einstellung in die gesetzliche Rücklage

In den Fällen des Abs. 3 ist in die gesetzliche Rücklage ein Betrag in Höhe des Gesamtnennbetrags der eingezogenen Aktien einzustellen, Abs. 5. In § 150 Abs. 2 ist noch ausdrücklich hervorgehoben, daß zu der nach Abs. 1 zu bildenden gesetzlichen Rücklage auch die nach § 237 Abs. 5 einzustellenden Beträge gehören. Die Einziehungsrücklage ist also Bestandteil der gesetzlichen Rücklage und teilt deren Verwendungszweck. Eine *Auflösung* des Teils der gesetzlichen Rücklage, der aus der Einstellung nach Abs. 5 entstanden ist, in anderer Weise als in § 150 Abs. 3 und 4 bestimmt, ist unzulässig. Insbesondere kann die Auflösung nicht erfolgen, um die freiwerdenden Beträge dem an die Aktionäre zu verteilenden Reingewinn zuzuführen. Eine solche Auflösung kann auch nicht durch die Hauptversammlung beschlossen werden. Ein sie anordnender Beschluß wäre nichtig, da er gegen eine zum Schutze der Gläubiger bestehende Vorschrift verstoßen würde, § 241 Nr. 3. Sie würde dem *Zweck der Rücklage* widersprechen. Durch die Einziehung der Aktien und die damit verbundene Herabsetzung des Grundkapitals wird die in der Grundkapitalziffer liegende Bindung des Kapitals zugunsten der Gesellschaftsgläubiger zum Teil aufgehoben. Es ist künftig nur das herabgesetzte Grundkapital auf der Passivseite der Bilanz einzustellen. Dadurch würde eine erhöhte Gewinnverteilung an die Aktionäre auf Kosten der Gläubiger ermöglicht werden. Um diesen Nachteil zu verhindern, schreibt das Gesetz vor, daß *in den Fällen des Abs. 3 Nr. 1 u. 2 ein dem Nennwert der eingezogenen Aktien gleichkommender Betrag in die gesetzliche Rücklage eingestellt wird.* Dadurch bleibt ein dem herabgesetzten Teil des Grundkapitals entsprechender Betrag zugunsten der Gläubiger gebunden. Zahlungen an die Aktionäre sind auch in Zukunft nur möglich, wenn das Vermögen der Gesellschaft höher ist als der bisherige Betrag des Grundkapitals. Der damit erstrebte Ausgleich ist aber nur vollkommen, wenn die Bindung dauernd besteht, wenn es also nicht vom Belieben der Gesellschaft abhängt, ob die Bindung durch eine Auflösung der gesetzlichen Rücklage wieder aufgehoben werden soll.

Andrerseits ist die Verwendung gemäß § 150 Abs. 3 und 4 aber auch *sofort zulässig*, sobald die Einstellung der Beträge in die gesetzliche Rücklage erfolgt ist. Eine andere Art der Verwendung ist auch nicht möglich, wenn etwa die Gläubigerschutzvorschriften des § 225 AktG eingehalten werden, Godin-Wilhelmi 28. Die im Verfahren abweichenden, eine Mitwirkung des Registergerichts erfordernden Bestimmungen des § 225 würden sich auch für eine nachträgliche Anwendung nicht eignen. Wenn die Gesellschaft den einfachen Weg des § 237 Abs. 4 gewählt hat, und die Einziehung wirksam geworden ist, muß sie sich damit begnügen, daß die Kapitalherabsetzung nicht die umfangreichere Befreiung des Kapitals gebracht hat, wie es bei Vornahme der ordentlichen Kapitalherabsetzung möglich gewesen wäre. Will die Gesellschaft die Einstellung in die gesetzliche Rücklage vermeiden, so muß sie auch in den Fällen des Abs. 3 die Einziehung nach den Vorschriften des Abs. 2 vornehmen.

Anm. 38

b) Höhe — nächste Jahresbilanz — Folgen eines Verstoßes

In allen Fällen des Abs. 3 ist der einzustellende Betrag gleich dem *Gesamtnennbetrag der eingezogenen Aktien.* Der Nennbetrag ist gewählt und ausreichend, weil nur der herabgesetzte Teil des Nennwerts des Grundkapitals, d. h. der satzungsmäßigen Grundkapitalziffer, ausgeglichen werden soll. Auf der Passivseite der Bilanz tritt keine Veränderung der Höhe nach, sondern nur eine andere Gliederung, eine Herabsetzung des Postens Grundkapital und eine Zuschreibung zum Posten „gesetzliche Rücklage" ein. Gleichgültig ist, zu welchem Preis die Gesellschaft im Falle der Nr. 2 die Aktien erworben hat.

Nicht erforderlich ist, daß bereits in dem Einziehungsbeschluß die Einstellung in die gesetzliche Rücklage angeordnet wird. Die Einstellung hat nur in Höhe des gesamten Betrages der *tatsächlich eingezogenen* Aktien zu erfolgen. Der Betrag wird sich im Falle der Nr. 2 oft erst nach Erwerb der Aktien feststellen lassen. Die Wirksamkeit des Einziehungsbeschlusses hängt also nicht von der Einstellung des Betrages in die gesetzliche Rücklage ab. Vielmehr erwächst erst mit der Wirksamkeit der Einziehung der Gesellschaft die Verpflichtung, die Einstellung vorzunehmen. Die Einstellung ist Aufgabe des Organes, das die Jahresbilanz aufzustellen und festzustellen hat, also entweder der Vorstand und Aufsichtsrat oder die Hauptversammlung, §§ 172, 173. Unterbleibt die Einstellung in den *nächsten Jahresabschluß*, so ist dieser gemäß § 256 Abs. 1 Nr. 1 und 4 *nichtig*. Das gleiche gilt von einem auf Grund einer solchen Bilanz gefaßten Gewinnverwendungsbeschluß, § 241 Nr. 3. Die Organe der Gesellschaft haften für einen Schaden, der durch eine Auszahlung auf Grund eines solchen Beschlusses entsteht, nach §§ 93, 116.

V. Die in der Satzung angeordnete Zwangseinziehung ohne Hauptversammlungsbeschluß, Abs. 6

Anm. 39

1. Die Entbehrlichkeit des Hauptversammlungsbeschlusses

Ist die Zwangseinziehung durch die Satzung *angeordnet*, nicht nur gestattet, so muß die Satzung selbst alle wesentlichen Punkte der Einziehung regeln, vgl. Anm. 7. In diesem Falle handelt es sich nur noch um die Ausführung einer bereits feststehenden Maßregel. Sie kann dem Vorstand überlassen werden. Für einen Beschluß der Hauptversammlung, die doch nur nach Maßgabe der Satzung beschließen könnte, ist dann kein Bedürfnis. Der Vorstand *kann* aber auch in diesem Falle nach § 119 Abs. 2 eine Beschlußfassung der Hauptversammlung herbeiführen. § 238 Satz 2 läßt es ausdrücklich zu, daß auch bei angeordneter Zwangseinziehung die Hauptversammlung über die Einziehung beschließt, vgl. die Erl. dazu. Abgesehen von der Entbehrlichkeit des Hauptversammlungsbeschlusses sind auch bei der angeordneten Zwangseinziehung die Vorschriften über die Kapitalherabsetzung anzuwenden. In der Regel sind dies die Vorschriften über die ordentliche Kapitalherabsetzung. Nur wenn die Voraussetzungen der einfachen Einziehung gegeben sind, kann nach den Absätzen 3 bis 5 verfahren werden.

Anm. 40

2. Die Entscheidung des Vorstands

Aus der Entbehrlichkeit eines Hauptversammlungsbeschlusses im Falle der angeordneten Zwangseinziehung ergibt sich, daß in diesem Falle an die Stelle des Hauptversammlungsbeschlusses die *Entscheidung des Vorstandes* über die Einziehung tritt, Abs. 6 Satz 2. Da die Satzung die Zwangseinziehung nur anordnet, diese also nicht automatisch mit dem Eintritt ihrer Voraussetzungen erfolgt, ist eine Entscheidung des Vorstandes dahin erforderlich, daß nunmehr die Einziehung erfolgt. Da die Entscheidung des Vorstandes an die Stelle des Hauptversammlungsbeschlusses tritt, muß der Vorstand seine Entscheidung und deren Durchführung anmelden, und das Registergericht muß sie bekanntmachen, vgl. § 239 Anm. 2. Für die *Anmeldung* und *Eintragung* besteht auch in gleicher Weise ein Bedürfnis, wie im Falle der bedingten Kapitalerhöhung für die Anmeldung und Eintragung der Ausgabe der Bezugsaktien, vgl. § 201. Mit der Bekanntmachung der Entscheidung des Vorstandes kann auch erst die Frist zur Anmeldung der

Forderungen der Gläubiger und das Sperrhalbjahr beginnen. In der Bekanntmachung sind die Gläubiger auf das Recht, Sicherheit zu verlangen, hinzuweisen, § 225; ebenso die Voraussetzungen der Eintragung vorhanden sind.
Schlegelberger, AktG 1937 § 192 Anm. 45, Baumbach-Hueck 13. Godin-Wilhelmi 27 lassen die Fristen erst mit der Bekanntmachung der durchgeführten Kapitalherabsetzung beginnen und wollen in diese den Hinweis nach § 225 Abs. 1 Satz 2 aufgenommen haben.

VI. Die Einziehung im Konkurs und in der Auflösung

Anm. 41

Die Einziehung von Aktien ist nicht zulässig, solange die Gesellschaft sich in Konkurs befindet. Es muß dann die Abwicklung der Gesellschaft im ganzen nach den Regeln des Konkursverfahrens erfolgen. Jedoch kann die beschlossene Einziehung durchgeführt werden, wenn das Konkursverfahren nach Abschluß eines Zwangsvergleichs aufgehoben oder auf Antrag der Gesellschaft eingestellt worden ist und die Gesellschaft ihre Fortsetzung beschlossen hat, § 274. Im Zustand der *Auflösung* außerhalb des Konkursverfahrens ist die Einziehung nicht unmöglich; RG 125, 114 = JW 31, 3112[21] (für GmbH), a. M. Feine in Ehrenbergs Handbuch, 111 Abs. S. 360.

§ 238 Wirksamwerden der Kapitalherabsetzung

Mit der Eintragung des Beschlusses oder, wenn die Einziehung nachfolgt, mit der Einziehung ist das Grundkapital um den Gesamtnennbetrag der eingezogenen Aktien herabgesetzt. Handelt es sich um eine durch die Satzung angeordnete Zwangseinziehung, so ist, wenn die Hauptversammlung nicht über die Kapitalherabsetzung beschließt, das Grundkapital mit der Zwangseinziehung herabgesetzt. Zur Einziehung bedarf es einer Handlung der Gesellschaft, die auf Vernichtung der Rechte aus bestimmten Aktien gerichtet ist.

Übersicht

Anm. 1

1. Allgemeines

Abgesehen von einer sprachlichen Änderung entspricht die Vorschrift dem § 193 AktG 1937. In der Überschrift wurde richtigerweise das Wort „Einziehung" durch „Kapitalherabsetzung" ersetzt.

Bei der ordentlichen Kapitalherabsetzung ist mit der Eintragung des Beschlusses über die Herabsetzung des Grundkapitals das Grundkapital herabgesetzt, § 224. Damit sind auch zugleich die einzelnen Aktienrechte der neuen Grundkapitalziffer angepaßt, also herabgesetzt. Diese Wirkung kann bei den in § 222 Abs. 4 allein zugelassenen Arten der ordentlichen Kapitalherabsetzung — durch Herabsetzung des Nennwertes der

Aktien oder durch Zusammenlegung der Aktien — ohne weiteres eintreten. Der etwa noch notwendige Zusammenlegungsakt, der allerdings den zusammengelegten Aktien erst ihre endgültige neue Gestalt gibt, kann dem Wirksamwerden der Kapitalherabsetzung nachfolgen. Von den beiden Arten der ordentlichen Kapitalherabsetzung unterscheidet sich die Kapitalherabsetzung durch Einziehung dadurch, daß sie das einzelne Aktienrecht vernichtet, während andere Aktienrechte bestehenbleiben. Daraus ergibt sich notwendig eine scharfe rechtliche Unterscheidung zwischen dem gesellschaftlichen Akt, durch den die Einziehung angeordnet wird, und der Einziehung selbst. *Die Einziehung ist die Rechtshandlung, durch die das einzelne Aktienrecht vernichtet wird.* Diesen Unterschied hebt Satz 3 hervor, indem er zur Einziehung eine auf Vernichtung der Rechte aus bestimmten Aktien gerichtete *Handlung der Gesellschaft* fordert. Andererseits gehören Einziehungsanordnung und Einziehung selbst wieder untrennbar zusammen. Die Kapitalherabsetzung im Sinne der Herabsetzung der satzungsmäßigen Grundkapitalziffer kann nicht wirksam werden, wenn nicht zugleich die einzelnen Aktienrechte vernichtet werden. Die einzelnen Aktienrechte können nicht untergehen, wenn nicht zugleich die Herabsetzung der Grundkapitalziffer wirksam wird. Deshalb ist im Falle der Kapitalherabsetzung durch Einziehung von Aktien die Regel des § 224 unanwendbar, daß mit der Eintragung des Beschlusses (der Hauptversammlung) über die Herabsetzung des Grundkapitals das Grundkapital herabgesetzt ist. Um diese Wirkung zu erreichen, müssen vielmehr sowohl der Einziehungsbeschluß wie der Einziehungsakt vorliegen. Die *Einziehungshandlung*, kurz die Einziehung, kann der Eintragung des Einziehungsbeschlusses *vorangehen oder nachfolgen.*

Anm. 2

2. Das Wirksamwerden der Kapitalherabsetzung durch Einziehung

a) auf Grund eines Hauptversammlungsbeschlusses, Satz 1

In diesem Falle müssen die Eintragung des Hauptversammlungsbeschlusses und die Einziehung zusammentreffen, um die Vernichtung der einzelnen Aktienrechte und die Herabsetzung des Grundkapitals herbeizuführen; Satz 1. Dieses Zusammentreffen ist auch dann erforderlich, wenn ein Hauptversammlungsbeschluß *nicht notwendig* gewesen wäre, weil es sich um eine in der Satzung *angeordnete* Zwangseinziehung handelt, § 237 Abs. 6. Trotz angeordneter Zwangseinziehung kann ein Anlaß zu einem Beschluß der Hauptversammlung vorliegen, wenn der Vorstand nach § 119 Abs. 2 einen Beschluß der Hauptversammlung herbeiführt. Hierzu kann er sich namentlich veranlaßt sehen, wenn seit der Anordnung der Zwangseinziehung sich die Verhältnisse geändert haben. Ein Beschluß der Hauptversammlung kommt auch in Frage, wenn die ursprünglichen Bedingungen der Einziehung geändert werden sollen, wenn neben der in der Satzung angeordneten beschränkten Kapitalherabsetzung eine weitergehende beschlossen werden soll, wenn gleichzeitig eine andere Maßnahme beschlossen werden soll, über die die Hauptversammlung notwendig beschließen muß (z. B. eine Verschmelzung), oder wenn mit der Kapitalherabsetzung eine Kapitalerhöhung verbunden werden soll, und wenn die verschiedenen Maßnahmen miteinander, wenn auch nur wirtschaftlich, zusammenhängen. Eine Beschlußfassung der Hauptversammlung ist ferner nötig, wenn durch die Kapitalherabsetzung der Mindestnennbetrag des Grundkapitals (§ 7) unterschritten wurde und deshalb eine Wiedererhöhung unumgänglich ist, § 228.

Solange nicht Eintragung des Einziehungsbeschlusses und Einziehung zusammen vorliegen, sind Kapitalherabsetzung und Einziehung der Aktien *in der Schwebe.* Die einzelnen Handlungen sind nicht nichtig, sondern nur vorerst unwirksam; RG in JW 1935, 3098. Ihre Wirksamkeit ist noch nicht eingetreten, der in der Entwicklung begriffene Rechtszustand besteht noch nicht. Beide Vorgänge, die Eintragung des Kapitalherabsetzungsbeschlusses und die Einziehungshandlung, haben aber bereits doch die Rechtswirkung, daß sie die Gesellschaft binden, bis entschieden ist, ob die endgültige Wirkung eintritt oder nicht. Ist der Kapitalherabsetzungsbeschluß eingetragen, so kann die Gesellschaft ihn nicht mehr einseitig zurücknehmen. Vorher kann sie es tun, da erst mit der Eintragung die in der Kapitalherabsetzung liegende Satzungsänderung wirksam werden kann. *Die volle Wirksamkeit tritt* aber, anders als bei der gewöhnlichen Satzungsänderung, § 181 Abs. 3, *erst ein, wenn auch die Einziehung hinzukommt*. Der *Registerrichter* kann den Kapitalherabsetzungsbeschluß nach der Anmeldung eintragen. Er braucht und hat nicht zu prüfen, ob auch die Einziehung bereits erfolgt ist. Denn diese kann nach der Eintragung stattfinden. Es ist nur wie im Falle des § 224 zu prüfen, ob die Voraussetzungen der Eintragung vorhanden sind.

Ist die Einziehungshandlung vorgenommen, so kann sie die Gesellschaft nicht mehr ungeschehen machen, wenn sie den Beteiligten gegenüber in die Erscheinung getreten ist, Anm. 4. Die Wirksamkeit der Einziehung tritt nicht ein, wenn der Kapitalherabsetzungsbeschluß oder die Eihzeihung unter einer Bedingung oder Befristung erfolgt sind, solange die Bedingung nicht eingetreten oder die Frist nicht abgelaufen ist. Die Kapitalherabsetzung kann frühestens mit der Eintragung des Kapitalherabsetzungsbeschlusses wirksam werden. Dies ist dann möglich, wenn die Einziehung vorher oder mindestens gleichzeitig erf'lgt. Geschieht die Einziehung erst nach der Fassung des Kapitalherabsetzungsbeschlusses, etwa weil die Aktien erst erworben werden müssen, oder weil die einzuziehenden Aktien erst bestimmt (z. B. ausgelost) werden müssen, so ist das Grundkapital erst mit der Einziehung herabgesetzt, wenn bis dahin auch die Eintragung des Kapitalherabsetzungsbeschlusses erfolgt ist. Die Vorschrift in Satz 1 gilt sowohl für die Zwangseinziehung wie für die Einziehung nach Erwerb, für die Einziehung, die nach den Vorschriften der ordentlichen Kapitalherabsetzung geschieht, wie für die einfache Einziehung nach § 237 Abs. 3.

Anm. 3

b) Ohne Hauptversammlungsbeschluß, Satz 2

Nur wenn es sich um eine durch die Satzung angeordnete, nicht nur gestattete Zwangseinziehung handelt, § 237 Abs. 1 Satz 2, und wenn von der Befugnis des § 237 Abs. 6 Gebrauch gemacht, also die Einziehung tatsächlich ohne Hauptversammlungsbeschluß vorgenommen wird, tritt die Kapitalherabsetzung mit der Einziehung ein; *Satz 2*. In diesem Falle tritt an die Stelle des Hauptversammlungsbeschlusses die Entscheidung des Vorstandes über die Einziehung; § 237 Abs. 6 Satz 2. Der Vorstand hat nur die Einziehungshandlung vorzunehmen. Damit ist dann die Kapitalherabsetzung wirksam geworden. Von der Kapitalherabsetzung erhalten in diesem Falle die Öffentlichkeit und die Gesellschaftsgläubiger erst Kenntnis, wenn nach § 239 die Durchführung der Kapitalherabsetzung zum Handelsregister angemeldet und eingetragen ist. Die Anmeldung hat zu erfolgen, sobald die Einziehungshandlungen vorgenommen sind und eine etwaige Kündigungsfrist abgelaufen ist.

Anm. 4

3. Die Einziehungshandlung, Satz 3

Zur Einziehung bedarf es einer auf Vernichtung der Rechte aus bestimmten Aktien gerichteten Handlung der Gesellschaft; *Satz 3*. Da die Einziehung ihrem Wesen nach in der Vernichtung bestimmter Aktienrechte besteht, ist eine Handlung der Gesellschaft erforderlich, die dazu geeignet und mit dem Willen vorgenommen ist, die Vernichtung des einzelnen Aktienrechts herbeizuführen. Weil das Aktienrecht selbst durch die Einziehung zum Erlöschen gebracht werden soll, ist es weder erforderlich noch immer ausreichend, daß die Aktienurkunde selbst vernichtet wird. Nicht erforderlich ist, daß die Aktienurkunde überhaupt vorliegt oder daß auf ihr die Vernichtung des Aktienrechts durch Stempelaufdruck oder in anderer Weise kenntlich gemacht wird. Da die Einziehung eine Handlung der Gesellschaft darstellt, durch die ihr Wille zur Vernichtung des Aktienrechts bekundet wird, muß diese Handlung ihren Willen *sinnlich wahrnehmbar* in die Erscheinung treten lassen. Sollen Aktien eingezogen werden, die der Aktiengesellschaft gehören, so genügt eine Handlung, durch die die Aktien als eingezogen gekennzeichnet werden, etwa durch Stempelaufdruck, oder auch durch Aussonderung aus anderen Aktien mit entsprechender Kennzeichnung oder durch Vermerke in den Geschäftsbüchern, im Aktienbuch oder in einer Niederschrift. Gehören die Aktien einem Dritten (also im

Fall der Zwangseinziehung) so stellt die Einziehung ein einseitiges Rechtsgeschäft, *eine empfangsbedürftige Willenserklärung* dar. Diese Erklärung kann, insbesondere bei Inhaberaktien, durch öffentliche Bekanntmachung der einzuziehenden Aktien *unter* genauer Bezeichnung derselben, etwa durch Veröffentlichung der Auslosungsliste, geschehen. Sie kann aber auch durch schriftliche oder mündliche Bekanntgabe — auch in der die Einziehung beschließenden Hauptversammlung an die anwesenden Aktionäre — oder in anderer Weise, auch durch schlüssige Handlungen, stattfinden. Die Einziehung kann auch dadurch geschehen, daß die Aktien im Einziehungsbeschluß durch Angabe der Serien und Nummern bezeichnet werden und der Beschluß öffentlich bekannt gemacht oder den einzelnen Aktionären, insbesondere bei Namensaktien mitgeteilt wird. Soweit die Einziehung nach der Satzung oder dem Hauptversammlungsbeschlusse durch Kündigung zu geschehen hat, kann die Einziehung auch durch Erklärung der Kündigung ausgeführt werden.

Anm. 5

Nicht unbedingt erforderlich ist, daß im Zeitpunkt der Einziehungshandlung das *Entgelt schon bezahlt ist.* Die Satzung oder der Einziehungsbeschluß kann bestimmen, daß das Entgelt erst nach der Einziehung, etwa aus dem Gewinn späterer Jahre, zu bezahlen ist. Im Zweifel werden freilich Satzung und Einziehungsbeschluß so auszulegen sein, daß das Aktienrecht erst mit der Leistung des Entgelts vernichtet werden soll.

Anm. 6

4. Kapitalherabsetzung unter den Mindestbetrag

§ 228 gilt auch für die Kapitalherabsetzung durch Einziehung von Aktien, jedenfalls soweit sie nach den Vorschriften der ordentlichen Kapitalherabsetzung erfolgt; § 237 Abs. 2. § 228 muß aber auch sinngemäß angewendet werden, soweit diese Vorschriften nicht befolgt zu werden brauchen, § 237 Abs. 3; denn die *Vorschrift des § 7 über den Mindestnennbetrag des Grundkapitals muß stets eingehalten werden.* Für die Kapitalherabsetzung durch Einziehung von Aktien folgt daraus, daß sie nicht wirksam werden kann, wenn durch die Kapitalherabsetzung der Mindestnennbetrag des Grundkapitals unterschritten und dieses nicht gleichzeitig wieder auf diesen Betrag erhöht wird und wenn nicht *gleichzeitig die Kapitalerhöhung wirksam* wird. Es muß hiernach nicht nur die Kapitalherabsetzung eingetragen und die Einziehung erfolgt sein; vielmehr muß auch der Kapitalerhöhungsbeschluß und die Durchführung der Kapitalerhöhung eingetragen sein. Erst wenn alles dies zusammentrifft, ist das Grundkapital herabgesetzt und die Einziehung wirksam geworden. Auch hier sind die Beschlüsse nichtig, wenn sie und die Durchführung der Erhöhung nicht binnen sechs Monaten nach der Beschlußfassung in das Handelsregister eingetragen worden sind, § 228 Abs. 2. Soweit ein Kapitalherabsetzungsbeschluß nicht nötig ist, weil es sich um eine in der Satzung *angeordnete Zwangseinziehung* handelt, § 237 Abs. 6, kommt die Eintragung eines solchen Beschlusses nicht in Betracht. Es muß dann nur die Kapitalherabsetzung, der Kapitalerhöhungsbeschluß und seine Durchführung eingetragen werden.

Anm. 7

5. Keine Kraftloserklärung nach § 226

Die Vorschriften des § 226 über die *Kraftloserklärung* von Aktien sind nur dazu bestimmt, die Kapitalherabsetzung durch *Zusammenlegung* von Aktien durchzuführen. Sie sind auf die Kapitalherabsetzung durch Einziehung von Aktien nicht anwendbar. Sie sind hier auch entbehrlich, da das Aktienrecht schon mit dem Wirksamwerden der Einziehung vernichtet wird. Immerhin liegt eine Kraftloserklärung im Verkehrsinteresse. Sie kann in sinngemäßer Anwendung des § 73 erfolgen; für Anwendbarkeit des § 73 auch Godin-Wilhelmi 6.

Anm. 8

6. Keine Rückwirkung

Eine Rückwirkung der Einziehung und der damit verbundenen Kapitalherabsetzung, etwa auf den Stichtag für die Jahresbilanz des letzten abgelaufenen Geschäftsjahres findet nicht statt, auch nicht bei gleichzeitiger Kapitalerhöhung. Die in den §§ 234, 235 vorgesehenen Ausnahmen bestehen nur für die als Notmaßnahme zugelassene vereinfachte Kapitalherabsetzung.

Anm. 9

7. Die Wirkung der Einziehung auf das einzelne Aktienrecht

Ist die Einziehung rechtswirksam erfolgt und damit zugleich das Grundkapital herabgesetzt, so *erlischt* das von der Einziehung betroffene *Aktienrecht*. Die Aktionäre können künftig keinerlei Rechte als Mitglieder der Aktiengesellschaft mehr geltend machen. Sie können insbesondere weder das Stimmrecht noch das Anfechtungsrecht ausüben, noch einen anhängigen Anfechtungsprozeß als Anfechtungskläger fortsetzen. Sie können auch keine Ansprüche auf künftige Gewinnanteile oder einen Abwicklungserlös erheben. Dagegen bleibt der bereits erworbene Anspruch auf Gewinn früherer Zeit unberührt. Dieser wie der Anspruch auf das Einziehungsentgelt sind ohne Rücksicht auf ihren gesellschaftsrechtlichen Ursprung reine Gläubigerrechte. Sie können auch im Konkurse der Gesellschaft als solche verfolgt werden.

Anm. 10

Mit dem Aktienrechte *erlöschen* auch die mit ihm verbundenen *dinglichen Rechte*, z. B. Nießbrauch und Pfandrecht an dem Aktienrecht, vorbehaltlich der Rechte des Nießbrauchers oder Pfandgläubigers am Einziehungsentgelt.

Ist die Einziehung rechtsunwirksam, so können alle Rechte aus dem Aktienrecht geltend gemacht werden, auch das Anfechtungsrecht wegen Nichtzulassung zu einer Abstimmung.

Anm. 11

Die *Aktienurkunde* verliert mit der Wirksamkeit der Einziehung ihre Bedeutung *als Träger des Aktienrechts*; dasselbe gilt von den Gewinnanteilscheinen, soweit sie als Rechtsträger in Betracht kommen. Die in diesen Urkunden verbrieften Rechte können nicht mehr mit der Urkunde übertragen werden. Auch ein gutgläubiger Dritter erwirbt durch die Übertragung diese Rechte nicht. Aus der Einziehung ergibt sich der *aktienrechtliche Anspruch der Gesellschaft* gegen den bisherigen Aktionär *auf Herausgabe der Urkunden* Zug um Zug gegen Erfüllung der noch bestehenden Verpflichtungen der Gesellschaft aus der bisherigen Mitgliedschaft, insbesondere auf Zahlung des Einziehungsentgelts und rückständiger Gewinnanteile. Die Gesellschaft kann diesen Anspruch auch durch *Klage* erzwingen; regelmäßig hat sie aber das Klagerecht erst, wenn sie eine entsprechende öffentliche Aufforderung an die Aktionäre gerichtet oder sich an die ihr bekannten Aktionäre gewendet hat. Sie kann auch bis zur Herausgabe der für die Aktionäre nicht mehr erforderlichen Urkunden das Zurückbehaltungsrecht gegen Ansprüche der Aktionäre z. B. auf das Einziehungsentgelt geltend machen. Unterläßt die Gesellschaft die möglichen Schritte zur Erlangung der Urkunden oder deren Unbrauchbarmachung, so verletzt sie damit aber kein zum Schutze Dritter erlassenes Gesetz. Die dritten Erwerber von Aktienurkunden müssen sich im Notfall durch Anfrage bei der Gesellschaft oder durch Einsicht des Handelsregisters oder der öffentlichen Bekanntmachungen oder des Aktienbuchs selbst vor Schaden schützen. Freilich gehört es zur ordnungsmäßigen Geschäftsführung des Vorstandes, daß er durch Einforderung der Aktienurkunden und Kenntlichmachung der Einziehung auf den Urkunden, z. B. durch Stempelaufdruck oder durch Berichtigung des Aktienbuchs für Klarstellung sorgt.

Nach der Einziehung behält die Aktienurkunde nur insofern Charakter eines Wertpapiers, als die Gesellschaft bei Inhaberaktien an den Inhaber der Aktien (oder Gewinnanteilscheine) das Entgelt und rückständige Einlagen leisten und der Inhaber die Leistung gegen Vorlage der Urkunden fordern kann. Bei Namensaktien kann die Gesellschaft an den im Aktienbuch Eingetragenen leisten.

Die Aktienurkunde, die die Gesellschaft bei der Einziehung erhalten hat, darf sie nicht wieder ausgeben. Sie kann sie jedoch für neu auszugebende Aktien (bei einer Kapitalerhöhung) mit entsprechendem Vermerk (Stempelaufdruck) verwenden.

§ 239 Anmeldung der Durchführung

(1) Der Vorstand hat die Durchführung der Herabsetzung des Grundkapitals zur Eintragung in das Handelsregister anzumelden. Dies gilt auch dann, wenn es sich um eine durch die Satzung angeordnete Zwangseinziehung handelt.

(2) Anmeldung und Eintragung der Durchführung der Herabsetzung können mit Anmeldung und Eintragung des Beschlusses über die Herabsetzung verbunden werden.

Anm. 1

Aus dem in § 227 Anm. 1 genannten Grund wurde auch hier von der Mitwirkung des Aufsichtsratsvorsitzenden bei der Anmeldung abgesehen. Im übrigen entspricht die Vorschrift dem § 194 AktG 1937.

Anm. 2

Anmeldung und Eintragung der Durchführung der Kapitalherabsetzung haben wie bei der ordentlichen und der vereinfachten Kapitalherabsetzung keine rechtsbegründende Wirkung. Es wird dadurch nur der Vorgang der Durchführung kundbar gemacht. Die Pflicht zur Anmeldung besteht, auch wenn es sich um eine durch die Satzung angeordnete Zwangseinziehung handelt. In diesem Falle hat die Eintragung besondere Bedeutung, weil hier ein Kapitalherabsetzungsbeschluß der Hauptversammlung nicht erforderlich ist und die Öffentlichkeit nicht schon durch die Eintragung des Beschlusses und dessen Veröffentlichung auf die Veränderung der Kapitalgrundlage der Gesellschaft hingewiesen wird.

Die Kapitalherabsetzung ist *durchgeführt,* wenn der Kapitalherabsetzungsbeschluß eingetragen und die Einziehung erfolgt ist.

Die Anmeldung kann durch den *Registerrichter erzwungen* werden; § 14 HGB. Die Vorschrift entspricht im übrigen der für die ordentliche Kapitalherabsetzung gegebenen Vorschrift des § 227.

Vierter Unterabschnitt

§ 240 Ausweis der Kapitalherabsetzung

Der aus der Kapitalherabsetzung gewonnene Betrag ist in der Gewinn- und Verlustrechnung als „Ertrag aus der Kapitalherabsetzung" gesondert, und zwar hinter dem Posten „Entnahmen aus offenen Rücklagen", auszuweisen. Eine Einstellung in die gesetzliche Rücklage nach § 229 Abs. 1 und § 232 ist als „Einstellung in die gesetzliche Rücklage nach den Vorschriften über die vereinfachte Kapitalherabsetzung" gesondert auszuweisen. Im Geschäftsbericht ist zu erläutern, ob und in welcher Höhe die aus der Kapitalherabsetzung und aus der Auflösung von offenen Rücklagen gewonnenen Beträge

1. zum Ausgleich von Wertminderungen
2. zur Deckung von sonstigen Verlusten oder
3. zur Einstellung in die gesetzliche Rücklage verwandt werden.

Übersicht

Anm. 1

1. Einleitung

Die Vorschrift ergänzt den § 157 über die Gliederung der Gewinn- und Verlustrechnung und den § 160 über den Inhalt des Geschäftsberichts. Sie ist an die Stelle des § 190 AktG 1937 getreten, jedoch mit wesentlichen Änderungen. § 190 betraf nur die in den §§ 188, 189 AktG 1937 (jetzt §§ 234, 235) geregelten Fälle der vereinfachten Kapitalherabsetzung mit bilanzieller Rückwirkung. Für diese Fälle schrieb er gesonderte Ausweise auf der Ertrags- und Aufwandseite der Gewinn- und Verlustrechnung vor. Die jetzige Bestimmung gilt für *alle Fälle der Kapitalherabsetzung*. Deshalb ist für sie ein besonderer Unterabschnitt gebildet worden. Die Verwendung der aus der Auflösung der Rücklagen und aus der Kapitalherabsetzung gewonnenen Beträge — zum Ausgleich von Wertminderungen, zur Verlustdeckung oder zur Einstellung in die gesetzliche Rücklage — war früher ebenfalls in der Gewinn- und Verlustrechnung gesondert auszuweisen (§ 190 Satz 2). Nach der amtl. Begr. stieß die praktische Anwendung dieser Vorschrift auf große Schwierigkeiten und war in gewissen Fällen unmöglich. Sie ist deshalb durch den jetzigen Satz 3 ersetzt worden, der die Erläuterung der Verwendung im Geschäftsbericht vorschreibt.

Für *welches Geschäftsjahr* die Vorschrift gilt, sagt das Gesetz nicht. Es ist aber selbstverständlich, daß die Vorgänge in der Rechnungslegung für dasjenige Geschäftsjahr darzustellen sind, in dem sie wirksam werden, in den Fällen der §§ 234, 235 also für das letzte vor der Beschlußfassung abgelaufene Geschäftsjahr, in den anderen Fällen für das Geschäftsjahr der Beschlußfassung (ebenso Godin-Wilhelmi 2).

Anm. 2

2. Gesonderter Ausweis des Ertrags aus der Kapitalherabsetzung, Satz 1

Der aus der *Kapitalherabsetzung* gewonnene Betrag ist als „Ertrag aus der Kapitalherabsetzung" gesondert auszuweisen, und zwar hinter dem Posten „Entnahmen aus offenen Rücklagen", also hinter der Nr. 30 des § 157, vgl. dort Anm. 79. Der Betrag errechnet sich aus dem Unterschied zwischen dem alten und dem neuen, herabgesetzten Kapital.

Über den Ausweis der Erträge aus der Auflösung von *Rücklagen* bestimmt § 240 (anders als § 190 AktG 1937) nichts, da dieser Ausweis schon in § 157 Abs. 1 Z. 30 vorgeschrieben ist, und zwar getrennt für die gesetzliche und für die freien Rücklagen.

Anm. 3

3. Gesonderter Ausweis der Einstellung in die gesetzliche Rücklage, Satz 2

Nach § 229 Abs. 1 kann eine vereinfachte Kapitalherabsetzung auch dazu dienen, Beträge in die *gesetzliche Rücklage* einzustellen. Nach § 232 ist ein bei der Kapitalherabsetzung zum Zwecke des Ausgleichs von Wertminderungen oder der Deckung sonstiger

Verluste nicht für diese Zwecke benötigter Betrag in die gesetzliche Rücklage einzustellen. In beiden Fällen schreibt § 240 Satz 2 den *gesonderten Ausweis* als „Einstellung in die gesetzliche Rücklage nach den Vorschriften über die vereinfachte Kapitalherabsetzung" vor. Das hat bei dem Posten 31a des § 157 Abs. 1, und zwar gesondert, also nicht mit anderen Einstellungen in die gesetzliche Rücklage in einem Posten vereinigt, zu geschehen. Dagegen kann die Einstellung in die gesetzliche Rücklage gemäß § 237 Abs. 5 erfolgsneutral vorgenommen werden (§ 158 Abs. 5, vgl. § 157 Anm. 81 und § 158 Anm. 19), sie erscheint also nur in der Bilanz.

Anm. 4

4. Erläuterungen im Geschäftsbericht, Satz 3

Im *Geschäftsbericht* ist zu erläutern, ob und in welcher Höhe die aus der Kapitelherabsetzung und aus der Auflösung von offenen Rücklagen gewonnenen Beträge — und zwar jeweils getrennt — zum Ausgleich von Wertminderungen, zur Deckung von sonstigen Verlusten oder zur Einstellung in die gesetzliche Rücklage verwandt werden, Satz 3. Diese Vorschrift ergänzt § 160 Abs. 2 Satz 1, wonach im Geschäftsbericht der Jahresabschluß zu erläutern ist. Diese besondere Angabe im Geschäftsbericht ist auch dann zu machen, wenn die Wertminderungen und Verluste nicht erst im Berichtsjahr, sondern schon in früheren Geschäftsjahren entstanden sind (Baumbach-Hueck 2c).

Anm. 5

5. Nichtigkeit und Anfechtbarkeit bei Verstoß

§ 240 Satz 1 und 2 sind Vorschriften über die Gliederung der Gewinn- und Verlustrechnung, die den § 157 ergänzen. Sie sind in § 256 Abs. 4 nicht erwähnt. Gleichwohl wird man diese Bestimmung über die *Nichtigkeit des* Jahresabschlusses anzuwenden haben, denn die Sätze 1 und 2 gehören zu § 157. Ihre Nichtbeachtung wird man in der Regel nicht als eine wesentliche Beeinträchtigung der Klarheit und Übersichtlichkeit der Gewinn- und Verlustrechnung anzusehen haben, die die Nichtigkeit des Jahresabschlusses zur Folge haben (ebenso Baumbach-Hueck 3). Ein Verstoß gegen Satz 1 und 2 in dem von der Hauptversammlung festgestellten Jahresabschluß macht den Feststellungsbeschluß auch nicht anfechtbar, s. § 257 Anm. 2.

Siebenter Teil

Nichtigkeit von Hauptversammlungsbeschlüssen und des festgestellten Jahresabschlusses. Sonderprüfung wegen unzulässiger Unterbewertung

Vorbemerkung

1. Die Rechtsentwicklung vor dem Aktiengesetz von 1937

Die §§ 195—202 AktG 37 regelten unter der Überschrift „Nichtigkeit von Hauptversammlungsbeschlüssen und der vom Vorstand festgestellten Jahresabschlüsse" die Frage der Wirksamkeit fehlerhafter Beschlüsse, die Folgen der Fehlerhaftigkeit und das Verfahren zur Bekämpfung fehlerhafter Beschlüsse. Das ADHGB enthielt ursprünglich Bestimmungen hierüber nicht. Durch die Aktiennovelle von 1884 wurde in den Art. 190 a, b, Art. 222 die *Anfechtbarkeit* von Generalversammlungsbeschlüssen geregelt. Diese Vorschriften waren in die §§ 271—273 des Handelsgesetzbuches von 1897 übergegangen. Sie trafen nur Bestimmungen darüber, unter welchen Voraussetzungen ein Beschluß der Generalversammlung angefochten werden kann, ordneten das Anfechtungsverfahren, bestimmten die Rechtswirkungen der erfolgreichen Anfechtung im Verhältnis der anfechtenden Aktionäre zur Gesellschaft und zu den übrigen Aktionären und setzten die Schadensersatzpflicht der Anfechtenden im Falle der unbegründeten Anfechtung fest. Unter Anfechtung wurde dabei wie auch nach heutigem Rechte verstanden: die auf die Vernichtung eines an sich wirksamen Beschlusses wegen ihm anhaftender Mängel gerichtete Handlung eines Aktionärs oder anderen Anfechtungsberechtigten (Anfechtungsklage), die im Falle des Erfolges zur Vernichtung des Beschlusses auf Grund richterlichen Urteils führt.

Das Handelsgesetzbuch enthielt keine Bestimmungen über die schon von Anfang an bestehende, auf Mängeln beruhende *Nichtigkeit* von Beschlüssen. Es zeigte sich aber, daß es Fälle gibt, in denen dem Rechtsverkehr nicht gedient ist, wenn die Nichtigkeit eines Generalversammlungsbeschlusses davon abhängt, ob ein Aktionär oder ein Organ der Gesellschaft sich zu einer Anfechtung entschließt und dadurch den mangelhaften Beschluß zu Fall bringt. Bei schweren Mängeln des Beschlusses muß vielmehr die Nichtigkeit auch ohne Eingreifen eines Beteiligten eintreten. Rechtslehre und Rechtsprechung hatten daher sowohl unter der Herrschaft des ADHGB wie unter dem HGB von 1897 neben der Anfechtbarkeit der Beschlüsse auch die Möglichkeit der Nichtigkeit im Sinne einer von Anfang an bestehenden dauernden Ungültigkeit anerkannt, vgl. Hueck, Anfechtbarkeit u. Nichtigkeit von Generalversammlungsbeschlüssen bei Aktiengesellschaften 1924; derselbe in Festschrift für das Reichsgericht 1929, Bd. 4 S. 167ff.: Die Sittenwidrigkeit von Generalversammlungsbeschlüssen und die Rechtsprechung des Reichsgerichts; derselbe: Das Recht der Generalversammlungsbeschlüsse und die Aktienrechtsreform 1933; ferner die Erläuterungsbücher zum Handelsgesetzbuch, z. B. von Staub-Pinner mit den dort gegebenen weiteren Schrifttumsnachweisen. Die Rechtsprechung, insbesondere des Reichsgerichts hatte im Anschluß daran den Begriff der unheilbaren Nichtigkeit entwickelt. Sie hat diese angenommen, sowohl wegen formaler Mängel, z. B. mangelnder Protokollierung der Beschlüsse, § 259 HGB, RG 75, 241, wie wegen sachlicher Mängel, insbesondere wegen Verletzung im öffentlichen Interesse erlassener oder sonst zwingender Vorschriften, und namentlich auch wegen Verstoßes gegen die guten Sitten; RG 91, 324; 115, 383; 118, 72; 124, 306; 131, 143; RG in JW 1927, 1677; 1929, 1338; 1930, 1422. Der Streit drehte sich überwiegend darum, wie die Grenze zwischen bloßer Anfechtbarkeit und Nichtigkeit zu ziehen sei.

2. Die Fortentwicklung durch das Aktiengesetz von 1937

Das Aktiengesetz von 1937 übernahm im wesentlichen die Rechtslage so wie sie die Rechtslehre und die zuletzt feststehende Rechtsprechung des Reichsgerichts entwickelt hatten. Es faßte die durch Rechtslehre und Rechtsprechung aufgestellten Rechtssätze in Gesetzesform und brachte damit die bisherige Rechtsentwicklung zu einem Abschluß. Auch in der Formulierung der Nichtigkeitstatbestände schloß es sich der Rechtsprechung des Reichsgerichts an. Es führte die scharfe Trennung von Nichtigkeit und Anfechtbarkeit durch und gab eine *erschöpfende Regelung* der Folgen der Mängel im Leben der Aktiengesellschaft, soweit sich dieses in den Beschlüssen der Hauptversammlung äußert. Es führte aber auch die Rechtsentwicklung weiter. Vom früheren Recht unterschied es sich namentlich dadurch, daß es eine beschränkte *Heilung* nichtiger Hauptversammlungsbeschlüsse in § 196 einführte, während das frühere Recht (vgl. für dieses und seinen Sprachgebrauch RG 140, 74) neben der Anfechtbarkeit nur die von Anfang an bestehende unheilbare Nichtigkeit kannte. Von diesem wich das Aktiengesetz 1937 auch insofern ab, als es die *nachträglich eintretende Nichtigkeit* einführte. Beschlüsse, die an sich mit einem Mangel nicht behaftet sind, sind in bestimmten Fällen nichtig, wenn nicht innerhalb einer im Gesetz festgelegten Frist noch ein weiteres Ereignis gesellschaftsrechtlicher Natur hinzukommt. Das AktG 65 hat diese Regelung übernommen. So sind Beschlüsse, nach denen das Grundkapital unter den Mindestnennbetrag herabgesetzt, aber gleichzeitig wieder auf diesen Betrag erhöht wird, nichtig, wenn sie und die Durchführung der Erhöhung nicht binnen sechs Monaten nach der Beschlußfassung in das Handelsregister eingetragen worden sind; § 228 Abs. 2. Eine gleichartige Nichtigkeit spricht das Gesetz in den §§ 234, 235 aus, wenn in den Fällen der vereinfachten Kapitalherabsetzung, § 229f., die Rückwirkung der Kapitalherabsetzung auf einen früheren Zeitpunkt beschlossen worden ist, und die Beschlüsse und im Falle gleichzeitiger Kapitalerhöhung auch deren Durchführung nicht innerhalb bestimmter Frist in das Handelsregister eingetragen sind. In Wirklichkeit handelt es sich hier nicht um einen Fehler, d. h. um einen Verstoß gegen das Gesetz oder die Satzung beim Zustandekommen der Beschlüsse, sondern um eine *schwebende Unwirksamkeit* der Beschlüsse. Sie werden voll wirksam, wenn ein weiteres Ereignis, die Eintragung innerhalb der Frist hinzutritt; sie werden unwirksam, wenn es ausbleibt, vgl. § 241 Anm. 3. Über ihre Heilung s. § 242 Abs. 3.

Eine wesentliche Fortentwicklung brachte das Aktiengesetz von 1937 auch insofern, als es die *Klage auf Feststellung der Nichtigkeit* im Anschluß an die Anfechtungsklage neu ordnete, § 201, jetzt § 249.

3. Die Neuerungen des Aktiengesetzes von 1965

Das neue Recht bringt eine Weiterentwicklung und Verfeinerung des Rechtsgebiets. Der 7. Teil hat jetzt 3 Abschnitte, von denen der 1. in 2 Unterabschnitte aufgeteilt ist. Nur der 1. Unterabschnitt, §§ 241—249, entspricht im wesentlichen dem früheren Recht (§§ 195—201). *Neu* ist die gesetzliche Regelung der *Bestätigung* anfechtbarer Hauptversammlungsbeschlüsse in § 244. Eine Neuregelung enthält auch § 247 über den *Streitwert* (früher § 199 Abs. 6).

Der 2. Unterabschnitt, der 2. und der 3. Abschnitt stellen Neuschöpfungen dar. Die §§ 250—252 behandeln die Nichtigkeit und die Anfechtung der *Wahl von Aufsichtsratsmitgliedern*, die §§ 253, 254 die Nichtigkeit und Anfechtung des *Gewinnverwendungsbeschlusses*, § 255 die Anfechtung der *Kapitalerhöhung* gegen Einlagen. Der 2. Abschnitt, §§ 256, 257, tritt anstelle des alten § 202 und regelt in § 256 die Nichtigkeit des festgestellten — und zwar auch des von der Hauptversammlung festgestellten — *Jahresabschlusses* wesentlich eingehender. § 257 befaßt sich mit der Anfechtung der Feststellung des Jahresabschlusses durch die Hauptversammlung und entspricht dem alten Recht (§ 197).

Nach § 256 Abs. 5 Nr. 2 macht eine Unterbewertung den Jahresabschluß nur nichtig, wenn dadurch die Vermögens- und Ertragslage der Gesellschaft vorsätzlich unrichtig wiedergegeben oder verschleiert wird. Das sind die Fälle, in denen bewußt unzulässige stille Reserven gebildet werden. Für alle anderen unzulässigen *Unterbewertungen* ist im 3. Abschnitt, §§ 258—261, ein besonderes Verfahren geschaffen worden, durch das eine Nichtigkeit des Jahresabschlusses vermieden wird.

Erster Abschnitt

Nichtigkeit von Hauptversammlungsbeschlüssen
Erster Unterabschnitt
Allgemeines

§ 241 Nichtigkeitsgründe

Ein Beschluß der Hauptversammlung ist außer in den Fällen des § 192 Abs. 4, §§ 212, 217 Abs. 2, § 228 Abs. 2, § 234 Abs. 3 und § 235 Abs. 2 nur dann nichtig, wenn er

1. **in einer Hauptversammlung gefaßt worden ist, die nicht nach § 121 Abs. 2 und 3 einberufen war, es sei denn, daß alle Aktionäre erschienen oder vertreten waren,**
2. **nicht nach § 130 Abs. 1, 2 und 4 beurkundet ist,**
3. **mit dem Wesen der Aktiengesellschaft nicht zu vereinbaren ist oder durch seinen Inhalt Vorschriften verletzt, die ausschließlich oder überwiegend zum Schutze der Gläubiger der Gesellschaft oder sonst im öffentlichen Interesse gegeben sind.**
4. **durch seinen Inhalt gegen die guten Sitten verstößt,**
5. **auf Anfechtungsklage durch Urteil rechtskräftig für nichtig erklärt worden ist,**
6. **nach § 144 Abs. 2 des Reichsgesetzes über die Angelegenheiten der freiwilligen Gerichtsbarkeit auf Grund rechtskräftiger Entscheidung als nichtig gelöscht worden ist.**

Übersicht

Einleitung

Anm. 1

Die Vorschrift enthält gegenüber § 195 AktG 37 keine sachlichen Änderungen. Im Eingangstext ist bei der Anführung der weiteren Nichtigkeitsfälle der des nicht geprüften Jahresabschlusses (früher § 135 Abs. 1 letzter Halbsatz) weggelassen und in § 256 Abs. 1 Nr. 2 übernommen worden. Neu hinzugekommen sind die Nichtigkeitsfälle aus dem Recht der Kapitalerhöhung aus Gesellschaftsmitteln, §§ 212, 217 Abs. 2. Schließlich wurde zur Entlastung des Eingangstextes der Fall der Nichtigkeit auf Grund eines auf Anfechtungsklage ergangenen rechtskräftigen Urteils in eine neue Nr. 5 aufgenommen worden. Die alte Nr. 5 wurde Nr. 6.

I. Allgemeines

Anm. 2

1. Begriff der Nichtigkeit und Anfechtbarkeit

Das Aktiengesetz gibt wie das Aktienrecht des Handelsgesetzbuchs keine besondere Begriffsbestimmung von Nichtigkeit und Anfechtbarkeit. Das Wesen der Nichtigkeit ist das gleiche wie im bürgerlichen Recht. Der nichtige Beschluß ist von Anfang an und dauernd wirkungslos. Aus den besonderen Bedürfnissen der Aktiengesellschaft hat aber das Aktiengesetz den Grundsatz durch Zulassung der nachträglich eintretenden Nichtigkeit und der Heilbarkeit durchbrochen, vgl. Vorbem. 2. Es läßt weiter die Nichtigkeit auf Grund Anfechtung und rechtskräftigen Urteils, Nr. 5, und durch Löschung von Beschlüssen im Handelsregister auf Grund staatlichen Hoheitsaktes, Nr. 6, eintreten, vgl. auch § 249 Abs. 1 Satz 2. Den Begriffen Nichtigkeit und Anfechtbarkeit ist, wenn man von den Fällen der §§ 173, 217, 228, 234, 235 absieht, vgl. Anm. 11, gemeinsam, daß es sich um einen Mangel, eine Fehlerhaftigkeit des Beschlusses handeln muß, der seine Gültigkeit beeinträchtigt. Der wesentliche Unterschied zwischen Anfechtbarkeit und Nichtigkeit ist der, daß bei der Nichtigkeit die Folgen des Mangels von selbst eintreten, während sie bei der Anfechtbarkeit erst durch die Tätigkeit eines Anfechtungsberechtigten und die Rechtskraft des seiner Anfechtungsklage stattgebenden Urteils eintreten. Ob die einzelnen Mängel diese oder jene Folgen haben, also Nichtigkeit oder Anfechtbarkeit eintritt, beruht auf positiver Bestimmung des Gesetzes. Dieses macht den Unterschied nach der Bedeutung des Mangels für die Gesellschaft und die zunächst Beteiligten, die Aktionäre, die Gläubiger und die Allgemeinheit. Anfechtbarkeit und Nichtigkeit unterscheiden sich auch wesentlich durch die Art der Heilung des Mangels. Die Anfechtungsmängel heilen, wenn eine Anfechtungsklage nicht erhoben oder abgewiesen und die Anfechtungsfrist abgelaufen ist. Nichtigkeitsmängel heilen, soweit sie überhaupt der Heilung fähig sind, gem. § 242 durch Eintragung der Beschlüsse im Handelsregister allein oder in Verbindung mit Zeitablauf. Es liegt im Wesen der Nichtigkeit, daß nichtige Beschlüsse auch durch Zustimmung aller Aktionäre nicht wirksam werden können, RG 72, 73 = JW 1909, 741; RG 111, 28; BGHZ 11, 239. Ist die Anfechtung mit Erfolg durchgeführt, so ist die Wirkung von Anfechtbarkeit und Nichtigkeit insofern die gleiche, als auch der mangelhafte Beschluß so anzusehen ist, als ob er nicht vorhanden wäre. Über die Geltendmachung von Willensmängeln bei der Stimmabgabe s. § 119 Anm. 15 und § 243 Anm. 15.

Anm. 3

2. Unvollständige, schwebend und beschränkt unwirksame Beschlüsse

Von den nichtigen oder anfechtbaren Beschlüssen sind zu unterscheiden die unvollständigen und die schwebend unwirksamen Beschlüsse. Dabei kann die Wirkung des Mangels verschieden sein. Trotz des Mangels kann der Beschluß eine Wirkung ausüben; in anderen Fällen wird er erst wirksam, wenn ein weiterer Beschluß oder eine sonstige Rechtshandlung hinzukommt. Ein Fall der erstgenannten Art würde z. B. vorliegen, wenn die Hauptversammlung bei Erhöhung des Grundkapitals beschließt, daß die neuen Aktien zu einem höheren Betrag, als die Erhöhung des Grundkapitals ergibt, ausgegeben werden sollen, aber entgegen der Vorschrift des § 182 Abs. 3 im Erhöhungsbeschluß der Mindestbetrag, unter dem sie nicht ausgegeben werden sollen, nicht festgesetzt worden ist. Das Reichsgericht erachtet in diesem Falle die trotzdem durchgeführte Kapitalerhöhung als vollwirksam und stellt dabei mit Recht das Bedürfnis der Rechtssicherheit in den Vordergrund, RG 143, 23, vgl. auch § 182 Anm. 8.

Fälle der zweiten Art liegen vor, wenn die gefaßten Beschlüsse zwar ohne Fehler, also ohne Verletzung von Gesetzes- und Satzungsbestimmungen gefaßt sind, wenn aber, um sie vollwirksam zu machen, noch etwas anderes hinzukommen muß. Dies gilt z. B., wenn eine staatliche Genehmigung erforderlich ist, § 345 Abs. 2, oder wenn es sich um die Auferlegung neuer Pflichten der Gesellschafter (Nebenverpflichtungen) auf Grund des § 180 handelt. Im letzten Fall bedarf der Beschluß der Hauptversammlung, der an sich erforderlich ist, zu seiner Wirksamkeit der *Zustimmung aller betroffenen Aktionäre*. Durch die Zustimmung aller wird der Beschluß erst vollwirksam. Die Weigerung eines von ihnen stellt die Unwirksamkeit endgültig fest, soweit nicht beschränkte Unwirksamkeit anzunehmen ist (darüber im nächsten Absatz). Der Beschluß ist aber weder nichtig noch anfechtbar (vgl. auch § 1 Anm. 43, § 179 Anm. 8). Ebenso verhält es sich, wenn durch einen Beschluß Vorrechte von Aktionären (*Sonderrechte*), z. B. solche der Vorzugsaktionäre ohne Stimmrecht, § 141, aufgehoben oder beeinträchtigt werden. Der Beschluß wird wirksam durch die Zustimmung der Betroffenen, vgl. § 35 BGB, der auch für die Rechte der Aktionäre anwendbar ist. Im Falle der Aufhebung oder Beseitigung von Gattungsvorrechten, § 179 Abs. 3, oder der Erhöhung oder Herabsetzung des Grundkapitals, § 182 Abs. 2, § 222 Abs. 2, sind Sonderbeschlüsse, im ersten Fall der betroffenen Gattung, im zweiten aller Gattungen nötig, vgl. auch § 138. Die Beschlüsse der Hauptversammlung als Gesamtheit sind nicht nichtig oder anfechtbar, solange die Sonderbeschlüsse fehlen. Sie sind nur schwebend unwirksam, § 179 Anm. 14; LG Mannheim AG 1967 S. 84, vgl. Hueck, Anfechtbarkeit S. 72, 94, 106; derselbe, Das Recht der Generalversammlungsbeschlüsse S. 27ff.; RG 121, 238; 148, 175. Sie werden voll wirksam, wenn das Fehlende ergänzt wird. Vorher dürfen sie nicht eingetragen werden. Eine trotzdem erfolgte Eintragung kann in sinngemäßer Anwendung des § 242 zur *Heilung* führen, § 242 Anm. 7; ebenso Schlegelberger-Quassowski, Vorbemerkung vor § 195 Anm. 3. Eine Anfechtungs- oder Nichtigkeitsklage kann also auf die schwebende Unwirksamkeit nicht gestützt werden; insbesondere besteht kein Anlaß, die sinngemäße Anwendung der Vorschriften über die Nichtigkeitsklage zu fordern. Dagegen kann durch gewöhnliche *Feststellungsklage* festgestellt werden, ob der Schwebezustand noch besteht oder beendet ist, § 256 ZPO (BGHZ 15, 181). Rechtstheoretisch gehören auch die oben Anm. 2 erwähnten Fälle der §§ 228 Abs. 2, 234 Abs. 3, 235 Abs. 2, in denen das Gesetz von Nichtigkeit spricht, unter den Begriff der schwebenden Unwirksamkeit. Rechtliche Bedeutung hat es nicht, daß das Gesetz in diesen Fällen Nichtigkeit annimmt, da die Folge der Nichtigkeit doch erst mit dem Ablauf der Eintragungsfristen eintritt.

Von *beschränkter Unwirksamkeit* (vgl. BGHZ 15, 177) kann man sprechen, wenn der Beschluß teilweise wirksam ist, teilweise nicht, z. B. nur den zustimmenden Aktionären gegenüber. Eine solche *Teilwirksamkeit* setzt dreierlei voraus: Einmal dürfen dadurch nicht Gesetz oder Satzung verletzt werden, sodann muß die Hauptversammlung eine solche Teilwirksamkeit gewollt haben, und schließlich muß die Zustimmung der betroffenen Aktionäre auch für den Fall der nur auf sie beschränkten Wirksamkeit gegeben worden sein.

Die Verletzung des *Gleichbehandlungsgrundsatzes* führt nicht zur Unwirksamkeit des Beschlusses, sondern begründet dessen Anfechtbarkeit, § 243 Anm. 20.

Anm. 4

3. Nicht- und Scheinbeschlüsse

Die Anwendung der Vorschriften des Aktiengesetzes über die Nichtigkeit und Anfechtbarkeit setzt stets voraus, daß ein *Beschluß eines zuständigen Gesellschaftsorgans*, und zwar der Hauptversammlung oder des Vorstandes und Aufsichtsrats, dieser beiden über die Feststellung des Jahresabschlusses, vorliegt, s. auch § 243 Anm. 3. Auf andere Beschlüsse der Gesellschaftsorgane, auch des Aufsichtsrats, sind die Vorschriften nicht anwendbar, insbesondere auch nicht die Vorschriften über das Verfahren (Nichtigkeits- und Anfechtungsklage). Jedoch können auch solche Beschlüsse auf Grund der allgemeinen Vorschriften des bürgerlichen Rechts oder des öffentlichen Rechts nichtig sein, weil sie gegen ein gesetzliches Verbot verstoßen, § 134 BGB. Nicht anwendbar sind die aktienrechtlichen Vorschriften über die Nichtigkeit und Anfechtbarkeit, wenn entweder überhaupt kein Beschluß ergangen ist; z. B. wenn überhaupt nicht in einer Versammlung der Aktionär, sondern nur schriftlich abgestimmt worden ist (sog. *Nichtbeschluß*) oder wenn Personen, die gar nicht Aktionäre sind, eine Hauptversammlung abgehalten haben (*Scheinbeschluß*, BGHZ 11, 236), oder wenn sich ein völlig Unbefugter als Vorstand ausgegeben und den Jahresabschluß festgestellt hat. Derartige Beschlüsse haben keinerlei Wirkungen. Zu ihrer Bekämpfung bedarf es weder der Nichtigkeits- noch der Anfechtungsklage. Sie sind überhaupt nicht als vorhanden anzusehen. Sie können auch nicht geheilt werden. Durch bloße Mängel der Einberufung oder der Beurkundung wird aber das Vorhandensein eines Hauptversammlungsbeschlusses nicht berührt. Diese Mängel können höchstens die Nichtigkeit oder Anfechtbarkeit des Beschlusses verursachen. Wegen der Löschung im Handelsregister s. Anm. 27; zur Vollversammlung s. Anm. 14.

Anm. 5

4. Ablehnende Beschlüsse

Nichtig oder anfechtbar können Hauptversammlungsbeschlüsse jeder Art sein; auch *Wahlen* gehören dazu. Auch *ablehnende Beschlüsse* können nichtig oder anfechtbar sein, RG 142, 130 = JW 1934, 90; RG 146, 72 = JW 1935, 1236[6]; RG 146, 388, RG in JW 1936, 919. Das ist der Fall, wenn der Beschluß nicht ordnungsgemäß zustande gekommen ist. Auch wegen seines Inhalts kann der ablehnende Beschluß mangelhaft sein, so wenn er gegen die Gesellschaftstreue (§ 243 Anm. 16ff.) verstößt. Für die Nichtigkeits- oder Anfechtungsklage ist aber ein gewisses *schutzwürdiges Interesse* zu fordern, RG 107, 170; RG in JW 1929, 636; 1936, 919; BGH WM 64, 1188 (1191 unter B); § 243 Anm. 14. Auch RG in JW 1929, 3086[22] spricht nicht aus, daß nur positive Beschlüsse auf Nichtigkeits- oder Anfechtungsklage als nichtig festgestellt oder für nichtig erklärt werden können. Dort war nur über den Antrag, über dessen Ablehnung sich der Kläger beschwert fühlen konnte (eine Dividende von 5% zu verteilen), gar nicht abgestimmt worden, sondern über einen anderen (den Reingewinn zu anderen Zwecken zu verwenden, worin allerdings die Ablehnung des Antrages hätte gefunden werden können).

Ein schutzwürdiges Interesse ist immer gegeben, wenn mit der Anfechtungsklage gegen den ablehnenden Beschluß die Klage auf *Feststellung des wirklich und rechtmäßig gefaßten Beschlusses* verbunden werden kann, s. § 248 Anm. 3. Durch die Feststellung der Nichtigkeit kann auch die Gesellschaft veranlaßt werden, einen neuen Beschluß herbeizuführen, bei dem dann die im Urteil festgestellten Fehler, z. B. falsche Stimmenzählung, unberechtigter Ausschluß von Aktionären von der Abstimmung oder unberechtigte Zulassung zu dieser vermeiden werden können. Kann ein abgelehnter Antrag nach der Satzung erst nach Ablauf einer bestimmten Zeit wiederholt werden, so kann es von Bedeutung sein, zu wissen, ob bereits eine wirksame Ablehnung vorliegt.

Die einfache Übergehung eines Antrages ist keine Ablehnung und kann nicht mit der Nichtigkeits- oder Anfechtungsklage verfolgt werden. Es kann nur Nachholung der Abstimmung verlangt werden.

Anm. 6

5. Minderheitsverlangen und Sonderbeschlüsse

Minderheitsverlangen nach § 120 Abs. 1 Satz 2, §§ 137 und 147 Abs. 1 sind keine Hauptversammlungsbeschlüsse (ebenso Schlegelberger AktG 37 § 197 Anm. 2, a. M. Godin-

Wilhelmi 5). Sie unterliegen daher nicht der Anfechtungs- oder Nichtigkeitsklage. § 130 Abs. 1 Satz 2 stellt sie nur hinsichtlich der Beurkundungspflicht den Hauptversammlungsbeschlüssen gleich. Damit soll ihre Bedeutung für den Ablauf der Hauptversammlung betont und der Beweis für ihr Zustandekommen erleichtert werden, § 130 Anm. 14. Sind sie mit einem Mangel behaftet, etwa weil die erforderliche Stimmenzahl entgegen der Festestllung in der Niederschrift nicht erreicht ist, so kann ihre Unwirksamkeit jederzeit geltend gemacht werden.

Für *Sonderbeschlüsse* bestimmter Aktionäre, z. B. bei verschiedenen Aktiengattungen nach § 179 Abs. 3 und § 182 Abs. 2, oder von Vorzugsaktionären ohne Stimmrecht nach § 141, oder von außenstehenden Aktionären nach § 295 Abs. 2, § 296 Abs. 2, § 297 Abs. 2 schreibt jetzt § 138 Satz 2 ausdrücklich die sinngemäße Anwendung der Bestimmungen (des Gesetzes und der Satzung, vgl. die Reg.Begr.) über Hauptversammlungsbeschlüsse, also auch über deren Nichtigkeit und Anfechtbarkeit vor, s. die Erl. zu § 138.

Anm. 7

6. Teilnichtigkeit

Nichtig oder anfechtbar kann auch ein *Teil* eines Hauptversammlungsbeschlusses sein, wenn nur dieser Teil mit einem Nichtigkeits- oder Anfechtungsmangel behaftet ist. Nach dem Grundsatz des § 139 BGB, der auch im Aktienrecht anwendbar ist, hat die Nichtigkeit eines Teiles eines Beschlusses die Folge, daß der ganze Beschluß nichtig ist, wenn nicht anzunehmen ist, daß er auch ohne den nichtigen Teil zustande gekommen wäre (§ 181 Anm. 7; ebenso Baumbach-Hueck 2; a. M. Godin-Wilhelmi 2, OLG Hamburg AG 1970, 231, s. dazu unten). Es kommt darauf an, ob ein sog. zusammengesetzter Beschluß vorliegt, der nach dem Willen der Hauptversammlung ein einheitliches Ganzes bilden soll, RG 146, 394; vgl. auch § 248 Anm. 9. Auf den *obrigkeitlichen Akt der Eintragung ins Handelsregister* findet der Grundsatz des § 139 BGB übrigens keine Anwendung. Wird ein richtig gefaßter und angemeldeter Beschluß, zu dessen Wirksamwerden die Eintragung gehört, zusammen mit einem anderen nichtigen (oder gar nicht gefaßten Beschluß) eingetragen, so tritt die Wirksamkeit des mangelfreien Beschlusses ein, auch wenn der andere Beschluß nichtig ist; RG 132, 22 (für Genossenschaft) = JW 1931, 2982 mit Anm. von Koehler).

In dem vom OLG Hamburg AG 70, 230 entschiedenen Fall hatte die Hauptversammlung eine neue Satzung beschlossen, in der statt der früheren Namensaktien Inhaberaktien bestimmt wurden, die Vinkulierung der Aktien nach § 68 Abs, 2 aber aus der früheren Satzung übernommen worden war. In einem solchen Fall eines in sich *widersprüchlichen* Beschlusses oder miteinander *unvereinbarer* Beschlüsse ist § 139 BGB nur anwendbar, wenn festgestellt werden kann, welcher Teil nichtig ist. Diese Feststellung ist nicht möglich, wenn — wie hier — gerade das Unvereinbare gewollt ist. Dann sind beide Beschlüsse oder Beschlußteile nichtig mit der Folge, daß die Aktien nach § 24 Abs. 1 Satz 1 Inhaberaktien sind, s. auch Anm. 22.

Anm. 8

7. Neuvornahme

a) Ein *nichtiger* Beschluß kann nicht bestätigt, sondern nur neu gefaßt werden. § 141 BGB gilt entsprechend. Die *Neuvornahme* (Wiederholung) hat keine rückwirkende Kraft (unechte Bestätigung), ebenso v. Caemmerer, Die Bestätigung anfechtbarer Hauptversammlungsbeschlüsse, Festschrift für Alfred Hueck 1959 S. 285, 292. Der alte nichtige Beschluß kann dabei aufgehoben werden. Die Aufhebung kann ausdrücklich oder konkludent erfolgen; letzteres ist dann der Fall, wenn der neue mangelfreie Beschluß den alten gegenstandslos macht. Durch die Aufhebung wird einer anhängigen *Nichtigkeitsklage* (§ 249) der Boden entzogen. Sie muß (als unbegründet, nicht mangels Rechtsschutzbedürfnisses) abgewiesen werden, falls der Kläger nicht die Hauptsache für erledigt erklärt. In letzterem Fall hat die Gesellschaft die Kosten zu tragen. Vgl.

hierzu: BGHZ 15, 332; 21, 354 m. Anm. von Fischer LM § 197 Nr. 4, Mestmäcker JZ 57, 180, Pohle AG 57, 45; ferner Kuhn WM 57, 1144. Wird der alte Beschluß nicht ausdrücklich aufgehoben und macht ihn der neue auch nicht völlig gegenstandslos, sondern wirkt er irgendwie weiter, hat er z. B. noch die Bedeutung wegen des Zeitpunkts, in dem er erlassen wurde (Fischer a. a. O.), so kann die Nichtigkeitsklage weiter verfolgt werden. Über die Bestätigung anfechtbarer Beschlüsse s. § 244.

Anm. 9

b) Ist der neue Beschluß mit demselben oder einem andern *Mangel behaftet*, so muß er in die Nichtigkeitsklage (§ 249) durch Klageerweiterung einbezogen werden (ebenso Pohle wie in Anm. 8). Eine Erhöhung des Streitwerts (wie Kuhn a. a. O. annimmt) braucht hierdurch nicht einzutreten, da weder das Interesse des Klägers an der Feststellung der Nichtigkeit noch auch das der Gesellschaft an der Aufrechterhaltung des Beschlusses (vgl. § 247 Abs. 1) sich bei gleichbleibendem Beschlußgegenstand erhöht. Der mit demselben Mangel behaftete inhaltsgleiche Beschluß wird von der Feststellung der Nichtigkeit des alten nicht betroffen. Nach § 249 i. V. m. § 248 setzt die Wirkung für und gegen alle voraus, daß die Nichtigkeit eines bestimmten Beschlusses festgestellt wird. Das erfordert auch die Rechtssicherheit. Wird also gegen den nichtigen neuen Beschluß keine Nichtigkeitsklage erhoben, so kann er auch nach § 242 geheilt werden.

Anm. 10

8. Erschöpfende Aufzählung der Fälle der Nichtigkeit

Das AktG läßt nur in den einzeln in ihm aufgezählten Fällen die Nichtigkeit eines Hauptversammlungsbeschlusses eintreten. Das will der Eingangstext mit dem Wort „nur" sagen. Allerdings ist der von § 195 AktG 37 übernommene Text insofern nicht mehr richtig, als die vom Gesetz neu geschaffenen Nichtigkeitsfälle der §§ 173 Abs. 3 Satz 4 (Jahresabschluß und Gewinnverwendung), 250 (Aufsichtsratswahl), 253 (Gewinnverwendung) und 256 (Jahresabschluß) nicht dort aufgeführt sind; s. auch Anm. 11.

Danach besteht Nichtigkeit nur auf Grund einer Verletzung des Gesetzes, nicht wegen Verletzung der Satzung (einzige Ausnahme: § 256 Abs. 1 Nr. 4), auch wegen Verletzung des Gesetzes nur in den im Gesetz genannten Fällen. In allen anderen Fällen besteht nur Anfechtbarkeit, sofern die Voraussetzungen der Anfechtbarkeit gegeben sind, vgl. § 243. Wie schon Rechtsprechung und Schrifttum zum HGB, vgl. RG 75, 242; 89, 367; 105, 373 und Hueck, Anfechtung S. 65, steht auch das Aktiengesetz auf dem Standpunkt, daß die Nichtigkeit im Interesse der Rechtssicherheit tunlichst einzuschränken ist (vgl. Vorbem. 1, 2). In allen nicht ausdrücklich genannten Fällen der Verletzung des Gesetzes oder bei bloßer Verletzung von Satzungsbestimmungen ist nur Anfechtung innerhalb der für diese vorgesehenen Formen und Fristen gegeben. Dem Einschränkungsbestreben des Gesetzes entspricht es auch, daß im Zweifel nicht Nichtigkeit, sondern Anfechtbarkeit anzunehmen ist.

Aus dem Grundsatz der erschöpfenden Aufzählung der Nichtigkeitsfälle im Aktiengesetz ergibt sich zugleich, daß die Nichtigkeit von Hauptversammlungsbeschlüssen nicht auf außerhalb des Aktiengesetzes geregelte Tatbestände gestützt werden kann; ebenso OLG Hamburg AG 1970, 231; Godin-Wilhelmi 1, Baumbach-Hueck Übers. 3. Wohl kann die Abstimmung eines *einzelnen Aktionärs* oder einer Anzahl von solchen nach den Vorschriften des bürgerlichen Rechts, z. B. wegen Geschäftsunfähigkeit des Abstimmenden nichtig oder wegen Vorhandenseins von Willensmängeln (Irrtum,, arglistige Täuschung, Schein, Zwang, Drohung) anfechtbar sein. Wegen der Bedeutung dieser Tatumstände für die Wirksamkeit der Stimmabgabe des einzelnen Aktionärs vgl. § 119 Anm. 15. Die Anfechtung oder Nichtigkeit einzelner Stimmen hat aber nicht ohne weiteres die Nichtigkeit des Hauptversammlungsbeschlusses zur Folge. Sie kann aber die Anfechtbarkeit des Beschlusses herbeiführen (s. § 243 Anm. 15.). Wenn von einer Hauptversammlung nicht mehr gesprochen werden könnte, etwa deshalb, weil kein geschäftsfähiger Aktionär in der Versammlung anwesend war, würde ein überhaupt nicht zu beachtender Nichtbeschluß vorliegen, vgl. Anm. 4; dies könnte auf jede beliebige Art, auch durch Einrede oder gewöhnliche Feststellungsklage, § 256 ZPO, geltend gemacht werden.

II. Die einzelnen Fälle der Nichtigkeit

Anm. 11

1. Die außerhalb des § 241 geregelten Fälle

Außer den in den Nr. 1—6 des § 241 aufgeführten Fällen enthält das Aktiengesetz noch folgende Nichtigkeitstatbestände (vgl. auch Anm. 10):

a) Nach § 173 Abs. 3 Satz 4 werden Beschlüsse über die Feststellung eines geänderten Jahresabschlusses und die Gewinnverwendung nichtig, wenn nicht binnen 2 Wochen ein hinsichtlich der Änderungen uneingeschränkter Bestätigungsvermerk erteilt wird; s. § 173 Anm. 5, 6.

b) Nach § 192 Abs. 4 ist ein Beschluß, der dem Beschluß über die bedingte Kapitalerhöhung entgegensteht, nichtig; s. § 192 Anm. 14.

c) Nach § 212 Satz 2 ist ein dem Satz 1, wonach bei einer Kapitalerhöhung aus Gesellschaftsmitteln die neuen Aktien den Aktionären im Verhältnis ihrer bisherigen Beteiligung zustehen, entgegenstehender Beschluß nichtig; s. § 212 Anm. 2.

d) Nach § 217 Abs. 2 Satz 4 — ebenfalls die Kapitalerhöhung aus Gesellschaftsmitteln betreffend — sind Erhöhungs- und Gewinnverwendungsbeschluß nichtig, wenn der Erhöhungsbeschluß nicht binnen 3 Monaten eingetragen ist.

e) Das gleiche gilt mit 6-Monatsfrist für die Beschlüsse über die Kapitalherabsetzung unter den Mindestbetrag des § 7 mit gleichzeitiger Kapitalerhöhung (§ 228 Abs. 2 Satz 1, s. dort Anm. 10, 11) und mit 3-Monatsfrist für die Beschlüsse über die vereinfachte Kapitalherabsetzung mit Rückwirkung und die Feststellung des Jahresabschlusses nach § 234 Abs. 3 (s. dort Anm. 9, 10) sowie für den Fall einer gleichzeitigen Kapitalerhöhung nach § 235 Abs. 2 (s. dort Anm. 7).

f) Sonderbestimmungen über die Nichtigkeit enthalten schließlich die §§ 250 (Aufsichtsratswahl), 253 (Gewinnverwendung) und 256 (Jahresabschluß), s. die Erl. zu diesen Vorschriften.

Anm. 12

2. Nichtigkeit des Hauptversammlungsbeschlusses wegen Mangelhaftigkeit der Einberufung

a) Verletzung des § 121 Abs. 2 und 3

Der Beschluß ist nichtig, wenn er in einer Hauptversammlung gefaßt worden ist, die nicht nach § 121 Abs. 2 und 3 einberufen war, es sei denn, daß alle Aktionäre erschienen oder vertreten waren; Nr. 1. Nach § 121 Abs. 2 wird die Hauptversammlung durch den *Vorstand* einberufen. Personen, die in das Handelsregister als Vorstand eingetragen sind, gelten als befugt. Das auf Gesetz oder Satzung beruhende Recht anderer Personen, die Hauptversammlung einzuberufen, bleibt unberührt, vgl. die Erl. zu § 121 Abs. 2. Der nicht ins Handelsregister eingetragene, von einem nicht beschlußfähigen Aufsichtsrat (§ 108 Anm. 10) bestellte Vorstand ist unbefugt (BGHZ 18, 334; vgl. aber auch § 252 Anm. 3, 5). Eine gemäß § 122 Abs. 3 ermächtigte Minderheit ist auch dann als befugt anzusehen, wenn ihre Anteile nicht 5 % des Kapitals erreichen. Die Befugnis ergibt sich aus der Ermächtigung durch den Registerrichter. Die zu der andersartigen Regelung des § 50 Abs. 3 GmbHG ergangene Entscheidung BGHZ 11, 236ff. gilt für die AG nicht (a. M. Kuhn, Die Aktiengesellschaft 56, 19).

Danach bildet es einen Nichtigkeitsgrund, wenn die Hauptversammlung nicht von einer dazu befugten Person einzuberufen ist, sei es, daß sie gar nicht einberufen, daß also ohne Berufung eine mehr oder weniger große Zahl von Aktionären zusammengetreten ist und als Hauptversammlung Beschlüsse gefaßt und diese als Hauptversammlungsbeschlüsse gerichtlich oder notarisch hat beurkunden lassen, sei es, daß sie von einem Unbefugten einberufen worden ist, oder daß nicht ersichtlich ist, von wem sie einberufen ist. Eine von einem Unbefugten einberufene Hauptversammlung ist überhaupt keine Hauptversammlung im Sinne des Aktiengesetzes, auch wenn sie sich als solche bezeichnet, RG 75, 242; 92, 412. Ist die Einberufung bei Gesamtvertretungsbefugnis des Vorstandes nicht von der zur Gesamtvertretung erforderlichen Zahl von Personen oder einem nicht beschlußfähigen *Aufsichtsrat* (nach § 111 Abs. 3) erfolgt, so kann doch nicht gesagt werden, daß sie von nicht Befugten berufen worden ist, und daß die von ihr gefaßten Beschlüsse nichtig sind. Hier liegt einer der Zweifelsfälle vor, die nach dem Grundsatz der Zurückdrängung der Nichtigkeitsfälle nur zur Anfechtbarkeit führen können; ebenso Godin-Wilhelmi, 6, vgl. auch Anm. 14.

Unerheblich ist, ob der Einberufung ein Vorstands- oder Aufsichtsratsbeschluß zugrundelag. Die neue Bestimmung des § 121 Abs. 2 Satz 1 Halbsatz 2, wonach der Vorstand über die Einberufung mit einfacher Mehrheit entscheidet, will kein zusätzliches Einberufungserfordernis schaffen, sondern die Beschlußfassung gegenüber § 77 Abs. 1 erleichtern (vgl. die Reg.Begr. zu § 121).

Die Einberufung ist in den Gesellschaftsblättern bekanntzumachen. Sie muß die *Firma*, den *Sitz* der Gesellschaft, *Zeit* und *Ort* der Hauptversammlung und die *Bedingungen* angeben, von denen die Teilnahme an der Hauptversammlung und die Ausübung des Stimmrechts abhängen, § 121 Abs. 3, s. die Erl. hierzu. Diese Erfordernisse müssen erfüllt sein, um die Nichtigkeit der gefaßten Beschlüsse auszuschließen. Den Aktionären muß erkennbar sein, um welche Aktiengesellschaft es sich handelt —, eine wenn auch ungenaue, aber doch Firma und Sitz der Gesellschaft hinreichend kennzeichnende Angabe genügt —, ferner, daß die Gesellschaft eine Hauptversammlung abhält, an welchem Ort und zu welcher Zeit diese stattfindet und welche Bedingungen für Teilnahme und Stimmrechtsausübung bestehen. Insbesondere muß der Ort, auch das Versammlungslokal deutlich angegeben sein. Wenn auch nach § 121 Abs. 4, falls die Satzung nichts anderes bestimmt, die Hauptversammlung am Sitz der Gesellschaft stattfinden soll, so ist die Angabe des geographischen Orts und des Versammlungsraumes doch auch beim Fehlen einer solchen Satzungsbestimmung nicht entbehrlich, wie Godin-Wilhelmi 6d, annehmen. Es handelt sich in § 121 Abs. 4 nur um eine Sollvorschrift. Außerdem kann nach § 121 Abs. 4 Satz 2 bei Aktiengesellschaften, deren Aktien an einer deutschen Börse zum Börsenhandel zugelassen sind, wenn die Satzung nichts anderes bestimmt, statt am Sitze der Gesellschaft die Hauptversammlung auch am Sitze der Börse stattfinden. Die danach möglichen Zweifel, die besonders bei starkem Wechsel des Aktienbesitzes eintreten können, erfordern zur Vermeidung der Nichtigkeit Angabe des Versammlungsortes in der Einberufung selbst. Die Einberufung muß in *allen Gesellschaftsblättern* veröffentlicht werden. Es genügt somit nicht die Veröffentlichung im Bundesanzeiger, wenn die Satzung daneben gemäß § 25 andere Blätter als Gesellschaftsblätter bezeichnet. Die Nichteinhaltung einer bestehenden Übung des Vorstandes, die Bekanntmachung auch in anderen als den in der Satzung benannten Blättern bekanntzumachen oder z. B. bei Familiengesellschaften, die einzelnen Aktionäre durch Postkarte von Ort und Zeit einer Hauptversammlung zu benachrichtigen, begründet weder Nichtigkeit, noch mangels Verletzung einer Satzungsbestimmung, Anfechtbarkeit der Beschlüsse. Unter Umständen kann die Unterlassung aber die Verletzung einer durch den Dienstvertrag übernommenen Pflicht oder eine unerlaubte Handlung, § 826 BGB, darstellen und eine Schadensersatzpflicht der schuldigen Vorstandsmitglieder auslösen.

Die *Bedingungen* für die *Teilnahme* an der Hauptversammlung und die *Ausübung des Stimmrechts* kann die Satzung regeln, vgl. § 123 Abs. 2—4 und die Erl. hierzu. Enthält sie solche Bedingungen und werden diese in der Einberufung nicht angegeben, so ist auch das ein Nichtigkeitsgrund.

Anm. 13

b) Verletzung anderer Einberufungsvorschriften

Die Verletzung aller *anderen Vorschriften* des Gesetzes und aller besonderen Vorschriften der Satzung über die Einberufung begründen höchstens die Anfechtbarkeit der gefaßten Beschlüsse, Godin-Wilhelmi 6. Nichtigkeit ist danach weder gegeben, wenn die Hauptversammlung nicht am Sitze der Gesellschaft oder dem in der Satzung bestimmten *Orte* stattgefunden hat —, noch wenn die *Einberufungsfristen* und die Vorschriften über die Möglichkeit der Hinterlegung von Aktien, wenn von dieser nach der Satzung die Ausübung des Stimmrechts abhängig ist, § 123, nicht eingehalten sind. Das gleiche gilt, wenn die Vorschriften des § 124 über die Bekanntmachung der Tagesordnung und ihrem Inhalt sowie der §§ 125—127 über die Mitteilungspflichten der Gesellschaft verletzt sind. Da § 241 die Nichtigkeitsgründe erschöpfend aufzählt, kann auch nichts anderes aus der Fassung des § 124 Abs. 4 geschlossen werden, wonach keine Beschlüsse gefaßt werden dürfen über Gegenstände der Tagesordnung, die nicht ordnungsgemäß bekanntgemacht sind. Alles Gesagte gilt nach § 138 auch für *Sonderversammlungen* und *Sonderbeschlüsse*.

Bei allen Verstößen gegen andere als die in § 121 Abs. 2 und 3 gegebenen Vorschriften über die Einberufung der Hauptversammlung ist *nur die Anfechtbarkeit* gegeben, auch wenn alle Verstöße zusammentreffen. Trotz der damit verbundenen Gefahren läßt das Gesetz hier die Folge der Nichtigkeit bewußt nicht eintreten, weil es die Folgen der Nichtteilnahme von Aktionären an der Hauptversammlung infolge von Mängeln der Einberufung geringer einschätzt als die Gefahren, die für den Bestand der Gesellschaft und Dritte, die mit der Gesellschaft in Rechtsverkehr treten wollen, damit verbunden sind, daß etwa nach Jahren die Rechtswirksamkeit wichtiger Beschlüsse in Frage gestellt wird. Sind die Mindestgarantien des § 121 Abs. 2 und 3 erfüllt, kann sich also jeder Aktionär durch Lesen der Gesellschaftsblätter darüber unterrichten, ob eine Hauptversammlung stattfindet, sich an dieser beteiligen und gefaßte Beschlüsse innerhalb der Monatsfrist des § 246 Abs. 1 anfechten, so ist für eine Nichtigkeit der Beschlüsse kein Raum und kein Bedürfnis.

Da abgesehen von den Vorschriften in Nr. 2 über die Beurkundung der Hauptversammlungsbeschlüsse (Anm. 15) und in § 121 Abs. 2 und 3 über die Einberufung der Versammlung an die Nichteinhaltung der Verfahrensvorschriften über die Hauptversammlung die Folge der Nichtigkeit nicht geknüpft ist, können Verstöße gegen die anderen Verfahrensvorschriften nur die Anfechtbarkeit nach § 243 rechtfertigen. Dies gilt z. B. für die Verletzung der Vorschriften, nach denen bestimmte Mehrheiten einzuhalten sind wie § 175 Abs. 2, oder wenn statt der Kapitalmehrheit nur eine Stimmenmehrheit vorliegt; s. § 243 Anm. 8. Zwar sind in diesen Fällen die Voraussetzungen für einen positiven Beschluß nicht gegeben; ist der Beschluß aber trotzdem als angenommen vom Vorsitzenden festgestellt, § 130 Abs. 2, so liegt ein Beschluß der Hauptversammlung vor. Der Mangel kann nur mit der Anfechtungsklage geltend gemacht werden. Da § 241 Nr. 1 und 2 *die Nichtigkeit wegen Verfahrensmängeln bei der Beschlußfassung der Hauptversammlung erschöpfend regeln* will, kann die Nichtigkeit wegen Verstößen anderer Art auch nicht aus Nr. 3 abgeleitet werden mit der Begründung, daß die Nichteinhaltung dieser Vorschriften mit dem Wesen der Aktiengesellschaft unvereinbar sei. Aus dem Wesen der Aktiengesellschaft muß sich die Notwendigkeit der Einhaltung der anderen Verfahrensvorschriften nicht ergeben. Es würde das Wesen der Aktiengesellschaft z. B. nicht ändern, wenn statt der Dreiviertelmehrheit eine einfache, oder statt der Kapitalmehrheit eine Stimmenmehrheit vorgeschrieben wäre. Wenn auch die Vorschrift über die Notwendigkeit der Kapitalmehrheit in manchen Fällen sich aus dem kapitalistischen Aufbau der Gesellschaft ergibt, so würde ihr Fehlen, wie auch das seltenere Vorkommen der Vorschrift im Aktienrecht des HGB zeigt (vgl. die amtl. Begründung des AktG 37 zum Vierten Teil, Vierter Abschnitt, 3. Stimmrecht), doch das Wesen der Aktiengesellschaft nicht ändern.

Anm. 14

c) Die Vollversammlung

Ausschluß der Nichtigkeit wegen Verstoßes gegen § 121 Abs. 2 und 3 im Falle der *Vollversammlung*. Die Nichtigkeit wegen Verstoßes gegen die vorgenannten Vorschriften tritt nicht ein, wenn alle Aktionäre erschienen oder vertreten sind. *Um die Nichtigkeit auszuschließen genügt es, daß alle Aktionäre teilnehmen oder vertreten sind; nicht erforderlich ist, daß sie auch auf Einhaltung der Vorschriften ausdrücklich verzichten*, § 121 Anm. 20. Nötig ist aber, daß sie mit der Abhaltung der Versammlung überhaupt und der Beschlußfassung über die einzelnen Gegenstände der Verhandlung unzweideutig, wenn auch nur durch ihr Verhalten, einverstanden sind. Die *Nichtigkeit* der Beschlüsse ist dann ausgeschlossen. Erklären sie trotz Teilnahme an der Versammlung, daß sie auf Einhaltung der Vorschriften nicht verzichten, so können sie die gefaßten Beschlüsse anfechten, wenn sie gegen den Beschluß Widerspruch zur Niederschrift erklären, § 245 Nr. 1, vgl. Baumbach-Hueck 5. Geben sie vor der Beschlußfassung keine Erklärung ab, so ist darin regelmäßig der Verzicht auf Einwendungen gegen die Art der Einberufung der Hauptversammlung zu finden. Dann können sie auch nicht mehr anfechten. Dies war auch der Standpunkt des Reichsgerichts zum HGB, vgl. RG in JW 1927, 2982 (u. 1929, 654[12] für GmbH). Es ist hiernach lediglich nötig, daß in der Versammlung durch den beurkundenden Notar oder Richter festgestellt und beurkundet wird, daß alle Aktionäre anwesend oder vertreten sind (ebenso Schlegelberger AktG 37 § 195 Anm. 5). Die danach zustande gekommene Hauptversammlung kann über die bei Beginn oder nachträglich mit Zustimmung aller Aktionäre festgelegte Tagesordnung auch Beschlüsse fassen, wenn sich ein Teil der Aktionäre vor der Abstimmung entfernt hat. Einstimmigkeit der Beschlüsse ist nicht geboten. Um Unklarheiten auszuschließen, ist es zweckmäßig, daß der beurkundende Richter oder Notar auch einen Verzicht auf Einhaltung der Vorschriften über die Einberufung der Hauptversammlung in der Niederschrift feststellt, notfalls nach Befragung der Erschienenen.

Nach dem Vorgesagten ist auch eine *Satzungsbestimmung*, wonach auf die Einhaltung aller Form- und Fristvorschriften hinsichtlich der Einberufung bei Abhaltung einer Universalversammlung verzichtet werden kann, zulässig, § 23 Anm. 18, LG Koblenz AG 67, 138.

Bei der *Einmanngesellschaft* reicht es aus, daß der Alleingesellschafter seine Erklärung als Gesellschafterbeschluß zur Niederschrift abgibt und nachweist, daß er über alle Aktien verfügt. Die Geltendmachung der Nichtigkeit oder Anfechtbarkeit eines solchen Beschlusses wegen Verstoßes gegen die Vorschriften über die Einberufung der Hauptversammlung ist unmöglich, da die Beschlußfassung notwendig einen Verzicht auf die Einhaltung dieser Vorschriften enthält.

Eine Vollversammlung liegt nur vor, wenn auch die *Aktionäre ohne Stimmrecht* und diejenigen anwesend oder vertreten sind, deren Stimmrecht beschränkt ist, §§ 140, 134, 136. Auch diese Aktionäre haben das Recht, an der Hauptversammlung teilzunehmen. Sie haben auch ein Interesse an den gefaßten Beschlüssen. Sie können auch deren Nichtigkeit oder Anfechtbarkeit geltend machen, vgl. § 245. Dagegen sind die der Gesellschaft gehörigen *eigenen* und die ihnen gleichgestellten *Aktien* nicht zu berücksichtigen; aus ihnen stehen weder der Gesellschaft die Aktionärsrechte zu, § 71 Abs. 6, noch kann aus ihnen das Stimmrecht ausgeübt werden, § 136 Abs. 2.

Bestehen an den Aktien Rechte Dritter (Pfandrechte, Nießbrauch, gesetzliche Nutzungs- oder Verwaltungsrechte), so muß derjenige anwesend oder vertreten sein, der das Aktienrecht, insbesondere das Stimmrecht auszuüben hat, vgl. die Erl. zu § 134. Steht eine Aktie mehreren Berechtigten zu (§ 69), die keinen gemeinschaftlichen Vertreter bestellt haben, so genügt es, wenn sie alle erschienen (oder vertreten) sind, KG in BB 72, 9 = DB 72, 131 = AG 72, 49 = OLGZ 72, 144.

Da das Gesetz nichts anderes verlangt, als daß alle Aktionäre anwesend oder vertreten sind, hängt die Anwendbarkeit der Befreiungsvorschrift der Nr. 1 und das Vorliegen einer Vollversammlung nicht davon ab, daß dem *Vorstand* und dem *Aufsichtsrat* Gelegenheit zum Erscheinen in der Hauptversammlung gegeben ist. Auch ein Anfechtungsgrund ist nicht gegeben, da § 118 Abs. 2, wonach Vorstand und Aufsichtsrat an der Hauptversammlung teilnehmen sollen, eine Sollvorschrift ist, deren Verletzung die in der Hauptversammlung gefaßten Beschlüsse nicht anfechtbar macht, § 118 Anm. 8, § 243 Anm. 9 (a. M. Godin-Wilhelmi 6, Baumbach-Hueck 5).

Auch wenn eine Vollversammlung besteht, sind, abgesehen von den Vorschriften über die Einberufung, die übrigen Formvorschriften einzuhalten, RG in JW 1926, 2900[6]. Jedoch begründet ihre Verletzung, außer im Falle der Nr. 2, nur Anfechtbarkeit. Auch die Vorschriften über Sonderbeschlüsse, z. B. § 179 Abs. 3, müssen gewahrt werden (RGZ 148, 182), § 179 Anm. 13 unter c), § 138.

Anm. 15

3. Nichtigkeit eines Hauptversammlungsbeschlusses wegen Fehlens oder Mängel der Beurkundung

Ein Hauptversammlungsbeschluß ist auch nichtig, wenn er nicht nach § 130 Abs. 1, 2 und 4 beurkundet ist, Nr. 2, vgl. die Erl. zu § 130. Nach § 130 Abs. 1 ist jeder Beschluß der Hauptversammlung durch eine über die Verhandlung notariell aufgenommene Niederschrift zu beurkunden. Durch § 241 Nr. 2 wird klargestellt, daß der Mangel dieser Form die Nichtigkeit des Hauptversammlungsbeschlusses zur Folge hat. Nichtigkeit tritt auch ein, wenn die Niederschrift nicht den in § 130 Abs. 2 aufgestellten Erfordernissen genügt, also Ort und Tag der Verhandlung, der Name des Notars sowie die Art und das Ergebnis der Abstimmung und die Feststellung des Vorsitzenden über die Beschlußfassung nicht angegeben sind, oder wenn die Niederschrift nicht von dem Notar unterschrieben worden ist, § 130 Abs. 4. Die dem § 241 Nr. 2 entsprechende Vorschrift des AktG 37, § 195 Nr. 2, schloß sich der Rechtsprechung des Reichsgerichts zum HGB an, die beim Fehlen einer Beurkundung oder wesentlicher Erfordernisse derselben im Sinne des § 259 HGB Nichtigkeit der Beschlüsse angenommen hat, RG 75, 242; 114, 205 (für die Einmanngesellschaft). Auch ein einstimmiger Beschluß einer *Vollversammlung* macht die Einhaltung dieser Vorschriften nicht entbehrlich, RG 119, 229. KG JW 1938, 1901 hält es für entbehrlich, daß in der Niederschrift die Feststellung des gefaßten Beschlusses durch den Vorsitzenden der Versammlung enthalten ist, wenn die Gesellschaft nur einen Aktionär hat und aus dessen vom Urkundsbeamten niedergeschriebenen Erklärung sich die Annahme des Beschlusses ergibt; es empfiehlt aber auch bei der Einmanngesellschaft mit Recht die Aufnahme der Feststellung in die Niederschrift. Nichtigkeit ist jedenfalls nicht anzunehmen, wenn sich aus der Niederschrift unzweideutig ergibt, welcher Beschluß gefaßt ist. Das Reichsgericht hatte unheilbare Nichtigkeit auch dann angenommen, wenn das nach § 258, § 259 Abs. 3 HGB zu fertigende und der Niederschrift beizulegende *Verzeichnis* der erschienenen und vertretenen Aktionäre nicht den angegebenen Vorschriften entsprach oder wenn das ursprüngliche Verzeichnis durch ein anderes ersetzt wurde, RG 114, 202 = JW 1926, 2900[6]. Das Aktiengesetz von 1937 wich von dieser Entscheidung bewußt ab (s. amtl. Begründung). Daran hat sich nichts geändert. Die Verletzung der Vorschrift des § 130 Abs. 3 bildet keinen Nichtigkeitsgrund. Sie könnte nur einen Anfechtungsgrund darstellen, wenn im übrigen die Voraussetzungen der Anfechtung gegeben sind, insbesondere wenn, was aber kaum denkbar ist, der Beschluß auf der Mangelhaftigkeit oder dem Fehlen des Verzeichnisses beruht.

Eine Beurkundung im Sinne des § 130 Abs. 1 liegt auch dann nicht vor, wenn etwa *anderes beurkundet* ist, als was Gegenstand der Verhandlung und Beschlußfassung war. Ist der gefaßte Beschluß nicht in die Niederschrift aufgenommen, aber ein anderer, so ist der erste nichtig, weil er nicht beurkundet ist, der zweite, weil er nicht gefaßt ist; vgl. RG 125, 143 (149).

Wegen des erforderlichen Inhalts der Niederschrift und der Möglichkeit der Berichtigung von Mängeln, der Beweiskraft der Urkunde und der Zulässigkeit des Gegenbeweises wird im übrigen auf die Erläuterungen zu § 130 verwiesen.

Die Verletzung anderer Vorschriften über die Form und den Inhalt der Niederschrift als der in Nr. 2 genannten begründet keine Nichtigkeit des Beschlusses. Dies gilt auch von der Vorschrift des § 130 Abs. 5 über die Verpflichtung des Vorstandes zur unverzüglichen Einreichung einer öffentlich beglaubigten Abschrift der Niederschrift zum Handelsregister; da der Beschluß nicht auf Verletzung dieser Vorschrift beruhen kann, kann sie auch nicht zur Anfechtung führen oder Nichtigkeit begründen.

Anm. 16

4. Folge eines Mangels nach Nr. 1 und 2

Liegt der Tatbestand der Nr. 1 und 2 vor, so ist die Nichtigkeit der Beschlüsse die unbedingte Folge der Mängel. Es kommt also nicht, wie bei der bloßen Anfechtbarkeit, darauf an, ob die Beschlüsse auf dem Mangel beruhen (RGZ 92, 413; RGHZ 11, 239; Hueck a.a.O. S. 233; Baumbach-Hueck 13). Die Entscheidung RG 105, 308, die für die gegenteilige Auffassung angeführt wird, bringt in Wirklichkeit nur zum Ausdruck, daß sich die Art der Beschlußfassung bei richtiger Auslegung der Niederschrift ausreichend aus ihr ergebe, daß diese also nicht mangelhaft sei. Das Reichsgericht tritt mit Recht für eine nicht zu enge Auslegung der Niederschrift ein.

Anm. 17

5. Nichtigkeit nach § 241 Nr. 3

Nichtig ist ein Beschluß der Hauptversammlung auch, wenn er *mit dem Wesen der Aktiengesellschaft* nicht zu vereinbaren ist oder *durch seinen Inhalt* Vorschriften verletzt, die ausschließlich oder überwiegend *zum Schutze der Gläubiger* der Gesellschaft oder sonst *im öffentlichen Interesse* gegeben sind, Nr. 3. Die gleichlautende Fassung des § 195 Nr. 3 AktG 37 schloß sich eng an die Rechtsprechung des Reichsgerichts zum HGB und an das Schrifttum dazu an. Die Denkschrift zum HGB von 1897 S. 135 bezeichnete einen Generalversammlungsbeschluß als nichtig, wenn er zwingende Vorschriften verletzt, welche nicht bloß die Interessen der vorhandenen Aktionäre berühren, sondern zur Sicherung der Gläubiger oder zum Schutze des Publikums dienen. Der Begriff der zwingenden Vorschriften war streitig. Im Anschluß an RG 75, 239 sah Hueck, Anfechtung S. 63ff. als zwingend diejenigen Vorschriften an, die nicht durch die Satzung und erst recht nicht durch einen bloßen Generalversammlungsbeschluß abgeändert werden können. Der einzelne Beschluß sei aber nicht schon deshalb nichtig, weil bei seinem Zustandekommen zwingende Vorschriften des Gesetzes nicht beachtet sind, sondern wenn er sich durch seinen *Inhalt* mit zwingenden Gesetzesvorschriften in Widerspruch setzt. RG 115, 383 erklärte Generalversammlungsbeschlüsse für unheilbar nichtig, wenn sie gegen zwingende Gesetzesvorschriften verstoßen, auf deren Einhaltung die Beteiligten nicht verzichten können. RG 118, 72 und RG in JW 1927, 1677[5] erklärten Nichtigkeit der Beschlüsse nur für gegeben, wenn sie mit dem Wesen der Aktiengesellschaft unverträglich sind, weil sie zwingende, in erster Linie im öffentlichen Interesse gegebene Vorschriften verletzen, auf deren Einhaltung die Beteiligten nicht verzichten können. Daran hielt die weitere Rechtsprechung fest, vgl. RG 131, 143 (GmbH), RG in HRR 1928 Nr. 869, RG in LZ 1932, 821[6]. Die Fassung des § 195 Nr. AktG 37 brachte diese Entwicklung zum Abschluß und machte sie damit auch zur Unterlage für die künftige Rechtsprechung. Die Rechtsprechung des Reichsgerichts kann daher zur Auslegung auch des jetzigen Gesetzes herangezogen werden. Insbesondere kann auch nach dem Aktiengesetz nur ein Verstoß gegen *gesetzliche Vorschriften,* nicht gegen solche der Satzung zur Nichtigkeit führen, s. Anm. 10.

Anm. 18

a) Unvereinbarkeit mit dem Wesen der Aktiengesellschaft

In Nr. 3 werden zwei Gruppen von Nichtigkeitsfällen genannt. Nichtigkeit soll eintreten

1. bei Unvereinbarkeit des Hauptversammlungsbeschlusses mit dem Wesen der Aktiengesellschaft,

2. wenn er durch seinen Inhalt Vorschriften verletzt, die ausschließlich oder überwiegend zum Schutze der Gläubiger oder sonst im öffentlichen Interesse gegeben sind.

Obwohl in der ersten Gruppe von einem Verstoß des Beschlusses gegen das Gesetz durch seinen *Inhalt* nicht die Rede ist, kommen doch auch für diese Gruppe nur Beschlüsse in Betracht, die durch ihren Inhalt mit dem Wesen der Aktiengesellschaft unvereinbar sind. Es gibt keine Formvorschrift, die gerade zum Wesen der Aktiengesellschaft gehört, ohne deren Einhaltung eine Aktiengesellschaft überhaupt nicht denkbar wäre. Auch ist die Nichtigkeit wegen Verletzung von Formvorschriften in den in § 241 besonders genannten Fällen (Nr. 1 und 2) erschöpfend geregelt, vgl. Anm. 12 bis 16. Auch die Verletzung einer Bestimmung, die eine *erhöhte Mehrheit* vorschreibt, wie z. B.: § 179 Abs. 2, § 186 Abs. 3, § 369 Abs. 3, macht den Beschluß nicht nichtig, sondern nur anfechtbar, § 243 Anm. 8.

Zu den Vorschriften, die das *Wesen* der Aktiengesellschaft bestimmen, gehört § 1 über die eigene Rechtspersönlichkeit sowie die Vorschriften, nach denen diese Rechtspersönlichkeit nur unter bestimmten Voraussetzungen und durch bestimmte Rechtsvorgänge, wie Verschmelzung, Auflösung, Umwandlung (RGZ 164, 223) aufgehoben werden kann. Dahin gehören auch die Vorschriften über das Grundkapital und seine Zerlegung in Aktien, über den Mindestnennbetrag des Grundkapitals und der Aktien, über die Einlagepflicht der Aktionäre und die Begrenzung ihrer Leistungspflicht, über Erhaltung des Grundkapitals, über die Beschränkung seiner Rückzahlung und der Befreiung der Aktionäre von der Einlagepflicht, über die Notwendigkeit der Gesellschaftsorgane und die Abgrenzung ihrer Befugnisse (Aufgabenkreis des Vorstandes und Aufsichtsrats); vgl. auch Anm. 13 a. E., § 237 Anm. 11, ferner Godin-Wilhelmi 8, Baumbach-Hueck 7. Der Grundsatz der *gleichmäßigen Behandlung* der Aktionäre gehört nicht zu den unabdingbaren Grundlagen des Aktienrechts. Seine Verletzung macht nur anfechtbar, § 243 Anm. 20.

Zu weit ist die Auslegung von Würdinger (§ 26 II 3c) und Scheuerle (Das Wesen des Wesens, AcP 163 (1963) S. 429, 438), wonach zum Wesen der Aktiengesellschaft alle zwingenden Vorschriften des Aktiengesetzes oder über die Aktiengesellschaft gehören. Vielmehr kann es sich — auch in Abgrenzung von der 2. Gruppe (Anm. 19ff.) — nur um einen *Kernbereich* von Vorschriften handeln, durch den die Aktiengesellschaft in ihrem Bestand erhalten wird. Es kann deshalb auch nicht H. P. Westermann (Vertragsfreiheit und Typengesetzlichkeit im Recht der Personengesellschaften 1970 S. 71) gefolgt werden, wenn er meint, angesichts der weitgehend zwingenden Regelung der Aktiengesellschaft (vgl. § 23 Abs. 5) sei der Wert von Generalklauseln wie „innere Grundstruktur" (Westermann a. a. O.), „Grundgedanken des Aktienrechts" (Baumbach-Hueck 7) oder „Normen, ohne deren Einhaltung eine Aktiengesellschaft nicht denkbar wäre" (s. oben) gering zu veranschlagen. Zugegeben ist aber, daß ein mit dem Wesen der Aktiengesellschaft nicht zu vereinbarender Beschluß immer auch durch seinen Inhalt Vorschriften verletzt, die im öffentlichen Interesse gegeben sind. Man hätte deshalb in der Nr. 3 auf den besonderen Nichtigkeitstatbestand der Unvereinbarkeit mit dem Wesen der Gesellschaft verzichten können.

Anm. 19

b) Gläubigerschutz und öffentliches Interesse

Aus der Formulierung der Nichtigkeitstatbestände der 2. Gruppe ergibt sich, daß das Gesetz Vorschriften, die ausschließlich oder überwiegend dem Schutze der Gläubiger der Gesellschaft dienen, immer auch als im öffentlichen Interesse gegeben ansieht, daß es aber darüber hinaus noch weitere im öffentlichen Interesse gegebene Vorschriften gibt, deren Verletzung zur Nichtigkeit führt. Die aus dem AktG 37 übernommene Fassung ist jedoch nicht eindeutig und führt zu Auslegungsschwierigkeiten (vgl. Zöllner, Die Schranken mitgliedschaftlicher Stimmrechtsmacht bei den privatrechtlichen Personenverbänden, 1963 S. 64f., 377ff.). Es handelt sich um zwei Tatbestandsgruppen: Verletzung des Gläubigerschutzes und Verletzung des öffentlichen Interesses.

Anm. 20

Was zunächst den *Gläubigerschutz* betrifft, so beschränkt der Wortlaut die Nichtigkeit auf einen Verstoß gegen Vorschriften, die *ausschließlich* oder *überwiegend* zum Schutze der Gläubiger gegeben sind. Das trifft zu bei Bestimmungen, die speziell dem Gläubigerschutz zum Gegenstand haben wie die §§ 225, 233, 303, 321, 347, 374. Andere Vorschriften, wie die über die Kapital- oder Substanzerhaltung dienen ebensosehr dem Aktionär- wie dem Gläubigerinteresse. Das gilt insbesondere für das Verbot der Einlagenrückgewähr und der *verdeckten Gewinnausschüttung*, § 57 (s. dort Anm. 3, 4), § 58 Abs. 4 u. 5 (vgl. dazu Döllerer BB 67, 1437). Man wird aber wegen eines gleichgewichtigen Aktionärinteresses nicht sagen können, daß diese Vorschriften für den Gläubigerschutz weniger wichtig sind als die vorgenannten. Das gilt auch für die Nichtigkeitsgründe des § 256, s. die Erl. hierzu. Eine zweckgerechte Auslegung der Gesetzesstelle wird daher von der Wortbedeutung absehen und sie so zu verstehen haben, daß damit alle für den Schutz der Gesellschaftsgläubiger *wesentlichen* Vorschriften gemeint sind (ebenso Zöllner S. 378), sei es, daß das Gläubigerinteresse überwiegt, sei es, daß ihm ein gleichgewichtiges Aktionärsinteresse gegenübersteht. In der Regel liegt die Einhaltung dieser Vorschriften auch im *öffentlichen* Interesse, so daß ihre Verletzung auch von der 2. Tatbestandsgruppe (Anm. 21) erfaßt wird. Überwiegt das Aktionärsinteresse das Gläubigerinteresse, so kommt Nichtigkeit nur in Frage, wenn die Vorschrift im öffentlichen Interesse gegeben ist, s. Anm. 21.

Anm. 21

Bei der 2. Tatbestandsgruppe des *öffentlichen Interesses* stellt sich zunächst die Frage, ob sich die Adverbien „*ausschließlich oder überwiegend*“ auch hierauf beziehen, wie meistens angenommen wird (s. Zöllner S. 65). Der Wortlaut gibt für die Beantwortung dieser Frage nichts her. Ist sie zu bejahen, so entsteht die gleiche Auslegungsschwierigkeit wie bei den Gläubigerschutzvorschriften, s. Anm. 20. Auch wenn man den Begriff des öffentlichen Interesses weit faßt (s. unten), so wird es doch kaum Vorschriften im Aktiengesetz geben, bei denen das öffentliche Interesse das Aktionärs- oder Gläubigerinteresse überwiegt oder gar ausschließt. Es ergibt sich also auch hier die Notwendigkeit, von der Wortbedeutung abzuweichen und anzunehmen, daß alle diejenigen Normen hierhergehören, die für das öffentliche Interesse *wesentlich* sind.

Der *Begriff des öffentlichen Interesses* ist weit zu fassen (ebenso Schlegelberger AktG 37 § 195 Anm. 7, Godin-Wilhelmi 10, Baumbach-Hueck 9, Zöllner S. 64). Es sind darunter nicht nur Vorschriften zu verstehen, die dem Schutz der öffentlichen Ordnung dienen und außerhalb des Aktiengesetzes zu suchen sind. Vielmehr dachte die amtl. Begr. (abgedruckt bei Quassowski, Aktiengesetz 1937 S. 222) zum AktG 37 in erster Linie an die Vorschriften, die dem Schutz der *Gläubiger* und der *künftigen* Aktionäre dienen, ferner auch an solche, die zwar nur die gegenwärtigen Aktionäre schützen wollen, auf deren Schutz nach dem Willen des Gesetzes aber auch diese nicht verzichten dürfen. *Schutzzweck* der Vorschrift ist demnach: Alle, die mit der Aktiengesellschaft rechtlich zu tun haben, sollen sich darauf verlassen können, daß die wesentlichen, zu ihrem Schutz erlassenen Bestimmungen eingehalten werden (*Rechtssicherheitsinteresse*, Zöllner S. 64).

Anm. 22

Dabei ist zu unterscheiden zwischen Beschlüssen, die eine *Satzungsänderung* zum Gegenstand haben, und solchen, die eine konkrete Maßnahme treffen, wie Feststellung des Jahresabschlusses, Gewinnverwendung (RG in JW 1934, 1493[10]), Entlastung usw. Die erstgenannten Beschlüsse setzen Recht, das auch für die *künftigen* Aktionäre Geltung haben soll. Hier verlangt das öffentliche Interesse die Nichtigkeit aller Beschlüsse, die gegen *zwingende Bestimmungen* (vgl. § 23 Abs. 5) verstoßen (ebenso OLG Düsseldorf, AG 68, 19, 22 = DB 67, 2155).

Anders ist es bei Beschlüssen, die nur den *Einzelfall* regeln. Hier bleibt es in der Regel den gegenwärtigen Aktionären überlassen, gegen einen Gesetzesverstoß durch die *Anfechtungsklage* (§ 243) vorzugehen. Nur wenn es sich um die Verletzung *unverzichtbarer* Aktionärsrechte handelt, soll die selbsttätige Nichtigkeit eintreten. Das ist der Fall, wenn der Beschluß auch in die Zukunft wirkt und damit das Interesse künftiger Aktionäre berührt, so bei einer Verletzung des § 192 Abs. 3 (s. dort Anm. 13 und Lutter in Kölner Komm. § 192 Anm. 25) oder bei einer Überschreitung der Höchstdauer oder des Höchstbetrages für das genehmigte Kapital (§ 202 Anm. 9, 11, Lutter im Köln. Komm. § 202 Anm. 13, 14). Freilich gehören diese Beispiele schon zur erstgenannten Gruppe der Satzungsänderungen. Eine zeitlich begrenzte Unverzichtbarkeit liegt vor in den Fällen der §§ 93 Abs. 4 Satz 3, 117 Abs. 4, 309 Abs. 3. Nichtigkeit wegen Verletzung unverzichtbarer Aktionärsrechte ist auch in den Fällen des § 250 gegeben, s. die Erl. dort. Nichtig wäre auch ein Hauptversammlungsbeschluß, der allgemein für die Zukunft, insbesondere durch Satzungsänderung den Grundsatz der Gleichbehandlung aufheben, etwa einzelne Aktionäre dauernd von der Abstimmung ausschließen oder willkürliche Behandlung der Aktionäre durch den Vorstand oder eine ungleiche Behandlung der einzelnen Aktionäre aus anderen als sachlichen Gründen zulassen würde, s. auch § 243 Anm. 20.

Nichtig wäre auch ein Beschluß, nach dem die gesetzlich vorgeschriebenen Anmeldungen zum Handelsregister oder die Einreichung des Jahresabschlusses und des Geschäftsberichts oder die Bekanntmachung des Jahresabschlusses unterbleiben sollen, denn diese Bestimmungen sind im öffentlichen Interesse erlassen.

Anm. 23

c) Ausschluß der Nichtigkeit

Nach § 291 Abs. 3 gelten Leistungen der Gesellschaft auf Grund eines *Beherrschungs- oder eines Gewinnabführungsvertrags* nicht als Verstoß gegen die §§ 57, 58 und 60 (vgl. § 291 Anm. 18, 19). Die genannten Verträge verstoßen daher wegen dieser Leistungen nicht gegen die Grundsätze über die verdeckte Gewinnausschüttung (Reg.Begr. bei Kropff S. 378). Sie sind also hierwegen nicht nach § 134 BGB nichtig. Demzufolge entfällt insoweit auch die Nichtigkeit eines dem Vertrag nach § 293 zustimmenden Hauptversammlungsbeschlusses wegen Verstoßes gegen § 241 Nr. 3, ebenso die Anfechtbarkeit hierwegen. Die Nichtigkeit oder Anfechtbarkeit aus anderen Gründen bleibt aber unberührt.

Von diesem Nichtigkeitsausschluß macht § 304 Abs. 3 Satz 1 eine Ausnahme, die die Regel wiederherstellt. Sieht ein Beherrschungs- oder Gewinnabführungsvertrag entgegen § 304 Abs. 1 *keinen Ausgleich* vor, so ist er und damit auch der zustimmende Hauptversammlungsbeschluß nichtig,

Ein weiterer Fall des Nichtigkeitsausschlusses ist in § 292 Abs. 3 geregelt. Danach ist der einem *Betriebspacht-* oder *Betriebsüberlassungsvertrag* zustimmende Hauptversammlungsbeschluß nicht deshalb nichtig, weil der Vertrag gegen die §§ 57, 58 und 60 verstößt. Die Anfechtung wegen dieses Verstoßes ist jedoch nach der ausdrücklichen Vorschrift des § 292 Abs. 3 Satz 2 nicht ausgeschlossen, ebensowenig die Nichtigkeit oder Anfechtbarkeit aus sonstigen Gründen. Verstoßen die anderen Unternehmensverträge des § 292 Abs. 1 Nr. 1 und 2, Gewinngemeinschaft und Teilgewinnabführungsvertrag, gegen die §§ 57, 58 und 60, so bleibt es bei der Regel: sie und der zustimmende Hauptversammlungsbeschluß sind nach § 134 BGB bzw. § 241 Nr. 3 nichtig (Reg.Begr. bei Kropff S. 379, Biedenkopf-Koppensteiner im Köln. Komm. § 292 Anm. 5).

Anm. 24

6. Nichtigkeit wegen sittenwidrigen Inhalts, Nr. 4

Auch hier schließt sich das Gesetz eng an die frühere Rechtsprechung des Reichsgerichts und an das Schrifttum zum Aktienrecht des HGB an. Das Reichsgericht hat in dieser Rechtsprechung Nichtigkeit stets verneint, wenn die Beschlüsse, so wie sie lauten, an und für sich betrachtet, sittlich „indifferent" sind; es hat die Nichtigkeit vielmehr nur dann bejaht, wenn die Beschlüsse für sich allein genommen, also ihrem Inhalt nach, den guten Sitten widerstreiten. Nichtigkeit liegt somit nicht vor, wenn ein Verstoß gegen die guten Sitten nur wegen der damit *verfolgten Zwecke* oder wegen der *Art des Zustandekommens* des Beschlusses gegeben ist; dann besteht nur Anfechtbarkeit, RG 75, 243; 91, 324; 112, 114; 113, 188; 115, 383; 124, 306; 131, 145; 146, 388, in JW 1929, 1338; 1934, 1493; RGZ 166, 132; 167, 76; DR 42, 276[9] mit Anm. v. Barz; BGHZ 8, 356; OLG Hamburg AG 64, 45 (48) für den Entlastungsbeschluß; vgl. auch § 243 Anm. 17. Grundsätzlich ist der Begriff des Verstoßes gegen die guten Sitten kein anderer als im Falle des § 138 BGB. Der *Inhalt* des Beschlusses muß ein solcher sein, daß er gegen das Anstandsgefühl aller billig und gerecht Denkenden verstößt. Nach dem Begriff des Sittenverstoßes im Sinne des § 138 BGB kommt es darauf an, ob eine Handlung nach Inhalt, Beweggrund und Zweck des in Frage stehenden Rechtsaktes gegen die guten Sitten verstößt. Nach der Sonderregelung des Aktienrechts hat der Verstoß im Gegensatz zu § 138 aber Nichtigkeit nur zur Folge, wenn der Inhalt des Beschlusses, dieser für sich betrachtet, gegen die guten Sitten verstößt. In allen anderen Fällen kann nur Anfechtbarkeit gegeben sein; s. aber auch Anm. 25. Dies gilt namentlich dann, wenn nur der Beweggrund und das verfolgte Ziel, der erstrebte, aber im Beschluß nicht zum Ausdruck gekommene Zweck gegen die guten Sitten verstößt oder der Beschluß durch unlautere Maschenschaften zustande gekommen ist.

Daß Hauptversammlungsbeschlüsse schon durch ihren Inhalt allein gegen die guten Sitten verstoßen und deshalb nichtig sind, wird freilich kaum vorkommen; möglich wäre es z. B., wenn der Beschluß einem gesetzlich verbotenen Unternehmen dienen sollte. Sittenwidrigkeit eines Beschlusses wegen seines Inhaltes würde nach Ansicht des Reichsgerichts vorliegen, wenn ein Kaufgeschäft, das die Grundlage einer Jahresbilanz bildet, sittenwidrig ist, und die Hauptversammlungsmehrheit bei der Beschlußfassung über die Bilanz diese Sittenwidrigkeit kennt und willens ist, auf alle Fälle eine solches Geschäft unter Mißbrauch ihrer Machtstellung und zur Erhaltung der ihr aus dem sittenwidrigen Geschäft zum Schaden der Aktiengesellschaft zugeflossenen Vermögenswerte in Kauf zu nehmen und zur Bilanzgrundlage zu machen, RG in JW 1934, 1493[10]. In dem vom Reichsgericht behandelten Fall kann aber kaum noch von einem gegen die guten Sitten verstoßenden Inhalt des Bilanzfeststellungsbeschlusses gesprochen werden, ebenso Schlegelberger AktG 37 § 195 Anm. 9. In einer großen Zahl von gerichtlichen Entscheidungen handelt es sich um den Vorwurf, daß die Mehrheit ihre Stimmenmacht zum Nachteil der Minderheit oder der Gesellschaft mißbraucht habe, oder daß die Beschlüsse durch Täuschung der Mehrheit über tatsächliche Vorgänge zustande gekommen seien. In allen diesen Fällen handelt es sich um ihrem Inhalt nach sittlich *indifferente* Beschlüsse. Der Sittenverstoß liegt in dem verfolgten Zweck oder in der Art des Zustandekommens der Beschlüsse. Diese sind deshalb nur anfechtbar; vgl. auch § 243 Anm. 17, 18.

Ob ein Beschluß gegen die guten Sitten verstößt, ist im übrigen Sache der Auslegung und der Würdigung des Einzelfalles. Kein Sittenverstoß liegt vor, wenn der Mehrheitsaktionär den Aufsichtsrat ausschließlich mit Personen seiner Wahl besetzt, um damit auch eine von ihm gewünschte Besetzung des Vorstands zu erreichen, BGH WM 1962, 811 unter I 1.

Anm. 25

Der sittenwidrige Inhalt eines Hauptversammlungsbeschlusses braucht sich nicht immer in seinem Wortlaut zu offenbaren. In besonderen Fällen kann es auch auf seinen *inneren Gehalt* ankommen, z. B. wenn durch den Beschluß dritte, nicht anfechtungsberechtigte Personen in sittenwidriger Weise geschädigt werden sollen. So hat RGZ 161, 144 (für die GmbH) Nichtigkeit angenommen, wenn ein Beschluß, durch den auf Schadensersatzansprüche gegen ein Aufsichtsratsmitglied verzichtet wurde, von einem für das Abstimmungsverhältnis wesentlichen Teil der Gesellschafter mit dem sittenwidrigen Vorsatz der Gläubigerschädigung gefaßt wurde (vgl. auch RGZ 166, 132; RGDR 42, 288).

Diese Rechtsprechung ist von BGHZ 15, 382 = JZ 55, 208 (m. zust. Anm. von Hueck) fortgeführt worden. Mit Recht weist der BGH darauf hin (S. 386), daß der Zweck des Beschlusses, dritte, nicht anfechtungsberechtigte Personen zu schädigen, die Annahme inhaltlicher Sittenwidrigkeit gerade dann rechtfertigt, wenn dieser eigentliche Inhalt des Beschlusses durch eine nichtssagende Fassung seines Wortlauts verborgen wird (vgl. auch die Anm. v. Fischer in LM § 47 GmbHG Nr. 4). Zöllner (wie in Anm. 19 S. 381) meint, mit dieser Entscheidung sei die bisherige Auslegung von § 195 (jetzt § 241) Nr. 4 verlassen worden, indem sie statt auf den Beschlußinhalt, für sich allein genommen, auf den inneren Gehalt abgestellt habe. Es darf aber nicht übersehen werden, daß der BGH die inhaltliche Sittenwidrigkeit aus den besonderen Umständen des Falles herleitet, in welchen durch den Beschluß *dritte nicht anfechtungsberechtigte* Personen geschädigt wurden. Zöllner hält einen Unterschied zu dem Fall, daß ein Beschluß nach seinem inneren Gehalt die nicht zustimmende *Minderheit* schädigt, kaum für gerechtfertigt, solange nach geltendem Recht (das war damals das AktG 37) die Anfechtungsklage so stark erschwert und an eine kurze Frist gebunden sei. Nur wenn für die Anfechtungsklage erleichterte Bedingungen geschaffen würden, so daß in ihrer Unterlassung eine stillschweigende Zustimmung zu dem Beschluß gesehen werden könne, werde die derzeit herrschende (die Anwendung der Nr. 4 stark einschränkende) Auffassung befriedigen können. Die kurze Frist ist geblieben, § 246 Abs. 1, das Kostenrisiko des Klägers ist durch die Neuregelung des § 247 vermindert worden. Man wird auch nach dem heutigen Recht in der Unterlassung der Anfechtungsklage keine stillschweigende Zustimmung zu dem Beschluß erblicken können. Aber kommt es hierauf an? Es geht um das alte Problem der Abwägung von Rechtssicherheit und Gerechtigkeit. Im Interesse der ersteren wurden im Aktiengesetz die Nichtigkeitsfälle eingeschränkt, im Interesse der letzteren läge eine vorsichtige Weiterentwicklung des Abstellens auf den inneren Gehalt.

Anm. 26

7. Nichtigkeit infolge Anfechtung, Nr. 5

Dieser Nichtigkeitsfall war bisher im Eingangstext angeführt und hat nunmehr eine besondere Nr. erhalten. Sachlich geändert hat sich dadurch nichts. Das auf Anfechtungsklage ergangene rechtskräftige Urteil, durch das ein Hauptversammlungsbeschluß für nichtig erklärt worden ist, hat die Wirkung, daß der Beschluß ebenso nichtig ist, wie wenn der Beschluß aus anderen Gründen nichtig wäre. Die Nichtigkeit tritt hier mit rückwirkender Kraft auf den Zeitpunkt des Beschlusses ein. Der Beschluß ist dann so anzusehen, als ob er von Anfang an nichtig wäre. Seine Nichtigkeit wirkt ebenso wie die selbsttätige Nichtigkeit der Nrn. 1—4 für und gegen alle Aktionäre, §§ 248, 249. Im einzelnen s. die Erl. zu den §§ 243 ff.

Anm. 27

8. Nichtigkeit als Folge der Löschung im Handelsregister

a) Ein Beschluß der Hauptversammlung ist auch nichtig, wenn er nach § 144 Abs. 2 FGG auf Grund rechtskräftiger Entscheidung als nichtig gelöscht worden ist, Nr. 6. Die hier ausgesprochene Nichtigkeit stimmt mit der auf Grund Anfechtung (Nr. 5) eintretenden insofern überein, als die Nichtigkeit durch einen staatlichen Akt, im Falle der Anfechtung durch die Rechtskraft des Urteils, im Falle der Nr. 6 durch Löschung im Handelsregister herbeigeführt wird. In beiden Fällen liegt ein rechtsgestaltender Staatsakt vor. Auch die Wirkung ist dieselbe: der Beschluß ist von Anfang an nichtig. Die Löschung hat also rückwirkende Kraft (ebenso Godin-Wilhelmi 13; s. auch Anm. 28). Im Falle der Nr. 6 muß die Löschung des Beschlusses als nichtig angeordnet sein, d. h.

die Löschung muß mit der Nichtigkeit begründet sein. Die Nichtigkeit muß sich also aus einem Grund ergeben, der außerhalb der Nr. 6 liegt. Aber auch wenn dieser Nichtigkeitsgrund zu Unrecht angenommen worden ist, tritt mit Rechtskraft der Entscheidung und nachfolgender Löschung nunmehr die Nichtigkeit ein (ebenso Godin-Wilhelmi 13, Baumbach-Hueck 12). Hierin liegt die praktische Bedeutung der Vorschrift. Mit erfolgter Löschung ist die Nichtigkeit des Beschlusses ebenso außer Zweifel gesetzt, wie wenn auf Nichtigkeitsklage nach § 249 die Nichtigkeit des Beschlusses rechtskräftig festgestellt worden ist. Da die Entscheidung im Verfahren der freiwilligen Gerichtsbarkeit erfolgt und dort die nötigen Ermittlungen von Amts wegen erfolgen, so ist die Vorschrift dazu geeignet und bestimmt, im öffentlichen Interesse die Nichtigkeit von Hauptversammlungsbeschlüssen klarzustellen und die Nichtigkeit auch in dem öffentlichen Register, demHandelsregister, zum Ausdruck zu bringen. § 144 Abs. 2 des Gesetzes über die Angelegenheiten der freiw. Gerichtsbarkeit (FGG) bestimmt:

„Ein in das Handelsregister eingetragener Beschluß der Generalversammlung oder der Versammlung der Gesellschafter einer der in Abs. 1 bezeichneten Gesellschaften [nämlich einer Aktiengesellschaft, einer Kommanditgesellschaft auf Aktien oder einer Gesellschaft mit beschränkter Haftung] kann gemäß den Vorschriften der §§ 142, 143 als nichtig gelöscht werden, wenn er durch seinen Inhalt zwingende Vorschriften des Gesetzes verletzt und seine Beseitigung im öffentlichen Interesse geboten ist[6]".

Da die Löschung wegen Nichtigkeit des Beschlusses nur angeordnet werden kann, wenn der Hauptversammlungsbeschluß *durch seinen Inhalt* zwingende Vorschriften des Gesetzes verletzt, kann sie nicht erfolgen aus einem Grunde, der nur die Nichtigkeit wegen eines Verstoßes über das Verfahren, also nach Nr. 1 begründen würde, oder wenn gar nur ein anderer Verfahrensmangel vorliegen würde. Ein Verstoß nach Nr. 2 könnte auch deshalb nicht zur Anordnung der Löschung benutzt werden, weil ein Mangel der Beurkundung durch die Eintragung geheilt wird, § 242 Abs. 1. Die für andere Eintragungen ins Handelsregister weitergehende Befugnis des Registerrichters und des übergeordneten Landgerichts zur Anordnung der Löschung, falls die Eintragung wegen einer wesentlichen Voraussetzung unzulässig war, §§ 142, 143 FGG, ist danach bei Eintragung von Hauptversammlungsbeschlüssen auf den Fall der Verletzung zwingender Vorschriften durch den Inhalt der Beschlüsse beschränkt. Wegen Mängel anderer Art kann der Registerrichter nach der Eintragung nicht mehr einschreiten: Es bleibt insofern nur die Nichtigkeits- und Anfechtungsklage der dazu Befugten; KGJ 37 A 156.

Beruht der Inhalt des Beschlusses auf einem Verstoß gegen zwingende Vorschriften des Gesetzes — und zwar nicht nur des Aktiengesetzes, sondern auch eines anderen Gesetzes —, so darf der Registerrichter den Beschluß nicht eintragen. Er hat deshalb den Beschluß stets vor der Eintragung auf das Vorhandensein derartiger Verstöße zu *prüfen*. Stellt er einen solchen fest, so hat er die Eintragung abzulehnen. Ist sie trotzdem erfolgt und wird der Verstoß entdeckt, so ist von Amts wegen die Löschung anzuordnen, aber nur, wenn die Beseitigung des Beschlusses *im öffentlichen Interesse* erforderlich erscheint. Das Vorhandensein des Verstoßes genügt nicht, es muß vielmehr geprüft werden, ob gerade die Löschung im öffentlichen Interesse liegt, oder ob der Fortbestand des Eintrages, insbesondere nach längerer Zeitdauer und wenn der Beschluß sich bereits ausgewirkt hat, ohne Gefährdung des öffentlichen Interesses geduldet werden kann; zum Begriff des öffentlichen Interesses s. Anm. 21 Abs. 2.

Das Verfahren, insbesondere auch das Beschwerderecht der Beteiligten, richtet sich nach den Vorschriften des FGG. Die Begründung der Entscheidung des Registerrichters muß ergeben, daß der Hauptversammlungsbeschluß durch seinen Inhalt gegen zwingende gesetzliche Vorschriften verstößt. Diese Verstöße müssen in dem Beschluß näher bezeichnet werden.

Ob die Voraussetzungen der Löschung nach § 144 Abs. 2 FGG gegeben sind, ist allein im Verfahren der freiwilligen Gerichtsbarkeit in dessen Instanzenzug zu entscheiden. Eine Nachprüfung im Prozeß findet nicht statt. Die *rechtskräftige Entscheidung* des Gerichts der freiwilligen Gerichtsbarkeit tritt hier an die Stelle eines Urteils im Prozeß.

Anm. 28

b) Die Löschung hat keine rückwirkende Kraft zuungunsten *Dritter*, die sich auf die Wirksamkeit des Eintrags und die ihr vorangegangene amtliche Prüfung verlassen durften (ebenso Godin-Wilhelmi 13).

Erst auf Grund der rechtskräftigen Entscheidung darf die *Löschung* erfolgen. Mit der Löschung tritt die Nichtigkeit mit rückwirkender Kraft (Anm. 27) ein.

Anm. 29

c) Ist ein Beschluß der Hauptversammlung überhaupt nicht gefaßt worden, aber ein sog. *Nichtbeschluß*, vgl. Anm. 4, angemeldet und eingetragen, so kann er zwar nach § 142 Abs. 1 FGG wegen Mangels einer wesentlichen Voraussetzung von Amts wegen gelöscht werden. Es handelt sich aber nicht um eine Löschung nach § 144 Abs. 2 mit den rechtsgestaltenden Wirkungen der Nr. 6.

Anm. 30

d) Eine sinngemäße Anwendung der Nr. 6 kommt nicht in Frage, wenn ein *unwirksamer* oder *unvollständiger* Beschluß, vgl. Anm. 3, eingetragen worden ist. Die Eintragung kann zwar nach § 142 Abs. 1 wegen Mangels einer wesentlichen Voraussetzung, gelöscht werden, KGJ 16 A 20; 35 A 164, aber nicht mit der Wirkung der Nichtigkeit des Beschlusses (a. A. Schlegelberger AktG 37 § 196 Anm. 5). Er bleibt vielmehr nach wie vor der Löschung unwirksam, (ebenso Godin-Wilhelmi 13). Der Beschluß könnte nach der Löschung voll wirksam werden, etwa dadurch, daß die fehlenden Sonderbeschlüsse mehrerer Gattungen von Aktien nachgeholt werden.

Anm. 31

e) Das Verhältnis der Entscheidung nach § 144 Abs. 2 FGG zu den Entscheidungen im Anfechtungs- und Nichtigkeitsprozeß

Das Gesetz bestimmt nicht, daß die eine Entscheidung vor der anderen den Vorrang hat. Die verschiedenen Verfahren können nebeneinander hergehen. Ergeht während des Anfechtungs- oder Nichtigkeitsprozesses eine Entscheidung nach § 144 Abs. 2 und wird sie rechtskräftig und die Löschung vollzogen, so steht die Nichtigkeit des Beschlusses fest. Der Prozeß erledigt sich damit in der Hauptsache und es kann nur noch über die Kosten entschieden werden. Ergeht im Prozeß eine Entscheidung, durch die der Hauptversammlungsbeschluß für nichtig erklärt ist, so ist auch der Registerrichter an diese Entscheidung gebunden; ebenso Schlegelberger, FGG § 144 Anm. 11; Jansen, FGG § 144 Anm. 21.

Durch Ablehnung der Löschungsanordnung könnte das Registergericht die Entscheidung des Prozeßgerichts nicht ungeschehen machen oder außer Wirksamkeit setzen. Es muß vielmehr das auf Nichtigkeit lautende Urteil in das Handelsregister eintragen und die Eintragung in gleicher Weise wie die des Beschlusses bekanntmachen; § 248, § 249 Abs. 1. Auch der Fortgang des etwa noch schwebenden Prozesses würde durch eine solche ablehnende Entscheidung nicht gehindert werden. Nur die Löschungsanordnung, nicht die Ablehnung der Löschung kann im öffentlichen Interesse liegen und rechtsgestaltend wirken. Liegt bereits eine auf Nichtigkeit lautende rechtskräftige Entscheidung des Prozeßgerichts vor, so besteht für das Registergericht nur noch die Aufgabe, das Register mit der feststehenden Rechtslage in Einklang zu bringen. Es kann zu diesem Zwecke das Löschungsverfahren durchführen, aber nicht um eine rechtsgestaltende Wirkung herbeizuführen; vgl. Schlegelberger a. a. O.

Hat das Prozeßgericht die Anfechtungs- oder Nichtigkeitsklage durch rechtskräftiges Urteil abgewiesen, so würde dies für den Registerrichter kein unbedingtes Hindernis bilden, im Verfahren nach § 144 Abs. 2 die Löschung mit der Begründung, daß der Beschluß nichtig sei, anzuordnen und durch den Vollzug der Löschung die Nichtigkeit herbeizuführen. Eine Bindung des Registerrichters an die Entscheidung des Prozeßgerichts würde insofern nicht bestehen (ebenso Godin-Wilhelmi 13; Schlegelberger FGG § 144 Anm. 11; Jansen FGG § 144 Anm. 21). Der Registerrichter soll das öffentliche Interesse wahren. Dieses Ziel wird durch einen Rechtsstreit nach den Vorschriften der ZPO nicht unter allen Umständen erreicht. Auch im Anfechtungs- und Nichtigkeitsprozeß verfügen die Parteien über den Rechtsstreit, der Kläger kann auf den Anspruch und auf Rechtsmittel verzichten, Anerkenntnis- und Versäumnisurteil gegen sich ergehen lassen. Es kann daher Fälle geben, in denen das öffentliche Interesse die Aufklärung und Entscheidung im Verfahren mit Amtsbetrieb fordert. Freilich werden sie äußerst selten sein. In der Regel wird kein Anlaß bestehen, das Verfahren der freiwilligen Gerichtsbarkeit zu betreiben, solange ein Rechtsstreit im streitigen Verfahren anhängig ist und betrieben wird. Um eine Häufung von Verfahren und Entscheidungen zu vermeiden, wird es vielfach zweckmäßig sein, in dem einen oder anderen Verfahren von der Möglichkeit der Aussetzung Gebrauch zu machen, vgl. § 148 ZPO, § 127 FGG, wenn in dem anderen Verfahren früher oder besser eine Aufklärung des Sachverhalts zu erwarten ist. Für die Durchführung des Prozeßverfahrens kann im Einzelfall die Wichtigkeit der Sache und die Möglichkeit einer Entscheidung des Revisionsgerichts sprechen. Trotz der Selbständigkeit des Prozeßverfahrens und des Verfahrens der freiwilligen Gerichtsbarkeit sind auch tunlichst einander widersprechende Entscheidungen zu vermeiden. Dies kommt auch in den Vorschriften des Aktiengesetzes zum Ausdruck, nach denen mehrere Anfechtungs- und mehrere Nichtigkeitsprozesse zur gleichzeitigen Verhandlung und Entscheidung verbunden werden müssen und Anfechtungs- und Nichtigkeitsprozesse miteinander verbunden werden können, § 246 Abs. 3 Satz 3, § 249 Abs. 2.

§ 242 Heilung der Nichtigkeit

(1) Die Nichtigkeit eines Hauptversammlungsbeschlusses, der entgegen § 130 Abs. 1, 2 und 4 nicht oder nicht gehörig beurkundet worden ist, kann nicht mehr geltend gemacht werden, wenn der Beschluß in das Handelsregister eingetragen worden ist.

(2) Ist ein Hauptversammlungsbeschluß nach § 241 Nr. 1, 3 oder 4 nichtig, so kann die Nichtigkeit nicht mehr geltend gemacht werden, wenn der Beschluß in das Handelsregister eingetragen worden ist und seitdem drei Jahre verstrichen sind. Ist bei Ablauf der Frist eine Klage auf Feststellung der Nichtigkeit des Hauptversammlungsbeschlusses rechtshängig, so verlängert sich die Frist, bis über die Klage rechtskräftig entschieden ist oder sie sich auf andere Weise endgültig erledigt hat. Eine Löschung des Beschlusses von Amts wegen nach § 144 Abs. 2 des Reichsgesetzes über die Angelegenheiten der freiwilligen Gerichtsbarkeit wird durch den Zeitablauf nicht ausgeschlossen.

(3) Abs. 2 gilt entsprechend, wenn in den Fällen des § 217 Abs. 2, § 228 Abs. 2, § 234 Abs. 3 und § 235 Abs. 2 die erforderlichen Eintragungen nicht fristgemäß vorgenommen worden sind.

Übersicht

Einleitung

Anm. 1

§ 242 stimmt inhaltlich mit § 196 AktG 37 überein, enthält ihm gegenüber aber zwei *Erweiterungen*: *Neu* ist Abs. 2 Satz 2, der eine im bisherigen Recht umstrittene Frage regelt, s. Anm. 5. *Neu* ist ferner Abs. 3, der die bisher schon überwiegend angenommene entsprechende Anwendung der Heilungswirkung des Abs. 2 auf die in Abs. 3 einzeln aufgeführten Fälle ausspricht, s. Anm. 11.

Das AktG 37 hat durch den damals neu eingeführten § 196 den im Aktienrecht des HGB geltenden Grundsatz der Unheilbarkeit nichtiger Hauptversammlungsbeschlüsse durchbrochen. § 241 läßt ebenso wie schon § 196 die vollständige Heilung zu, wenn die Nichtigkeit nur auf Mängeln der Beurkundung beruht, Abs. 1. Fälle der vollständigen Heilung regelt auch § 256 Abs. 6 für den festgestellten Jahresabschluß. Ist ein Hauptversammlungsbeschluß ins Handelsregister eingetragen und seit der Eintragung eine gewisse Zeit abgelaufen, so tritt relative Heilung insofern ein, als die Nichtigkeit von den Beteiligten nicht mehr geltend gemacht werden, sondern nur die Löschung durch das Registergericht nach § 241 Nr. 6 erfolgen kann, Abs. 2 und 3. Die Nichtigkeit nähert sich damit der Anfechtbarkeit, die zur Nichtigkeit nur führt, wenn von dem Anfechtungsrecht in der vorgeschriebenen Frist und Form Gebrauch gemacht worden ist und die Anfechtungsklage Erfolg hat, §§ 243 ff. Unabhängig von der Heilung ist die mangelfreie *Neuvornahme* des Beschlusses (§ 241 Anm. 8, 9) möglich und kann zweckmäßig sein, insbesondere wenn die Frist des Abs. 2 noch nicht abgelaufen ist — oder es sich um einen nicht eingetragenen Beschluß handelt. Der neue Beschluß kann aber nur in die Zukunft wirken. Die *Heilung* nach § 242 beseitigt den Mangel *rückwirkend* auf den Zeitpunkt der Beschlußfassung. Dadurch werden die mit der Nichtigkeit für die Gesellschaft, die Aktionäre und Dritte verbundenen Nachteile aufgehoben und im Interesse der Rechtssicherheit verhindert, daß die Nichtigkeit noch nach Jahren geltend gemacht wird, nachdem sich die Gesellschaft und die Beteiligten seit längerer Zeit auf die Rechtswirksamkeit der Beschlüsse eingerichtet haben, die Gesellschaft insbesondere auch neue Beschlüsse darauf gebaut hat.

I. Die Heilung durch Eintragung nach Abs. 1

Anm. 2

Die Nichtigkeit eines Hauptversammlungsbeschlusses, der entgegen § 130 Abs. 1, 2 und 4 *nicht oder nicht gehörig beurkundet* worden ist, kann nicht mehr geltend gemacht werden, wenn der Beschluß in das Handelsregister eingetragen ist, *Abs. 1*. Die nach § 241 Nr. 2 wegen fehlender oder mangelhafter Beurkundung eines Hauptversammlungsbeschlusses eintretende Nichtigkeit wird somit schon allein durch die Tatsache der Eintragung des Beschlusses ins Handelsregister geheilt. Die Heilung tritt nur ein durch Eintragung in das Register des für den Sitz der Gesellschaft zuständigen Registergerichts, und zwar des Registers der Hauptniederlassung, vgl. § 43. Mit der Eintragung erfolgt die Heilung des Beurkundungsmangels unbedingt und gegenüber allen Beteiligten, auch gegenüber Dritten. Eine die Nichtigkeit geltendmachende Klage muß abgewiesen, eine auf sie gegründete Einwendung zurückgewiesen werden. Sie wirkt auch gegenüber dem Registergericht. Dieses kann anders als in den Fällen der Abs. 2 und 3 wegen des Mangels nicht die Löschung des Hauptversammlungsbeschlusses von Amts wegen anordnen und dadurch die Nichtigkeit des Beschlusses nach § 241 Nr. 6 herbeiführen.

Anm. 3

Die vollständige Heilung durch bloße Eintragung des Beschlusses tritt nicht ein, wenn die *anderen Formvorschriften* verletzt sind, an deren Nichtbeachtung das Gesetz die Nichtigkeit des Hauptversammlungsbeschlusses knüpft, wenn also die Vorschriften des § 121 Abs. 2 und 3 (§ 241 Nr. 1) nicht eingehalten sind. Bei diesen Mängeln hat das Gesetz davon abgesehen, schon mit der Eintragung die Heilung zu verbinden, weil dies eine ungerechtfertigte Besserstellung gegenüber den nur anfechtbaren Beschlüssen bedeuten würde. Denn die Anfechtbarkeit wird nicht schon durch die Eintragung geheilt. Vielmehr kann die Anfechtung trotz Eintragung des Beschlusses erfolgen und die Anfechtungsklage fortgesetzt werden, wenn sie frist- und formgerecht erhoben ist. Bei *nur anfechtbaren Beschlüssen* besteht wegen der engen zeitlichen Begrenzung der Anfechtung kein Bedürfnis für eine Heilung.

II. Die Heilung durch Eintragung und Fristablauf, Abs. 2

Anm. 4

1. Die Eintragung

In allen anderen Fällen als dem des § 241 Nr. 2 kann die Nichtigkeit nur dann nicht mehr geltend gemacht werden, wenn der Beschluß nicht nur in das Handelsregister eingetragen ist, sondern auch seitdem *drei Jahre verstrichen* sind (*Abs. 2 Satz 1*). Wie im Falle des Abs. 1 ist notwendige Voraussetzung der Heilung die *Eintragung des Beschlusses* in das Handelsregister. Wenn es das Gesetz auch nicht ausdrücklich ausspricht, tritt die Heilung auch nur ein, wenn es sich um solche Beschlüsse handelt, die eingetragen werden müssen, nicht bei anderen, die der Eintragung nicht bedürfen. Das Bedürfnis nach Heilung besteht gerade bei den wichtigen Beschlüssen, die wegen ihrer Bedeutung in das Handelsregister einzutragen sind. Es sind das, wie Satzungsänderungen, Veränderung der Kapitalgrundlage, diejenigen, die das künftige Leben der Gesellschaft bestimmen. Hier ist besonders wichtig, daß die Grundlagen der Gesellschaft, so wie sie sich aus dem Handelsregister ergeben, nicht auf unbestimmte Zeit durch Geltendmachung der Nichtigkeit erschüttert werden können, sondern daß nach angemessener Frist Heilung eintritt. Nur soweit es sich um Beschlüsse handelt, die eingetragen werden müssen, besteht eine Prüfungspflicht des Registerrichters. Nur insoweit können sich die Beteiligten und Dritte nach Eintragung und Fristablauf darauf verlassen, daß nun keine Nichtkeitsklage mehr den Beschluß zu Fall bringen werde. Eine Ausdehnung der Vorschrift des Abs. 2 auf Beschlüsse, die der Eintragung nicht bedürfen, aber zum Handelsregister *einzureichen* sind, ist daher nicht möglich; ebenso Godin-Wilhelmi 2; Schlegelberger AktG 37 § 195 Anm. 1; Herbig, JW 1937, 851; a. A. Dietrich, JW 1937, 649. Bei den weniger wichtigen, nicht einzutragenden Beschlüssen ist die Gefahr einer Benachteiligung der Gesellschaft und Dritter auch geringer. Sie verlieren, wie z. B. der Jahresabschluß, meist schon nach kurzer Zeit ihre Bedeutung.

Anm. 5

2. Die Dreijahresfrist, Beginn, Ablauf und Hemmung

Die Dreijahresfrist *beginnt* stets mit der Eintragung des Beschlusses, nicht mit ihrer Bekanntmachung, oder wie bei der Anfechtung mit der Fassung des Beschlusses. Die Einhaltung der Frist ist von Amts wegen zu beachten, da die Vorschrift im öffentlichen Interesse gegeben ist. Deshalb kann auch die Frist nicht durch Vereinbarung der Beteiligten verlängert werden; ebenso Godin-Wilhelmi 3. Auch Wiedereinsetzung in den vorigen Stand gegen Versäumung der Frist findet nicht statt. Die Frist ist eine Ausschlußfrist. Ist die Eintragung erfolgt, so beginnt damit die Heilung.

Ist bei Ablauf der Dreijahresfrist eine *Klage auf Feststellung der Nichtigkeit* des Hauptversammlungsbeschlusses rechtshängig, so *verlängert* sich die Frist, bis über die Klage rechtskräftig entschieden ist oder sie sich auf andere Weise endgültig erledigt hat, *Abs.* 2 *Satz* 2. Die Frage, inwieweit die Geltendmachung der Nichtigkeit innerhalb der Dreijahresfrist die Heilung verhindert, war im früheren Recht ungeklärt und umstritten (vgl. die Vorauflage § 196 Anm. 10). Die neue Bestimmung stellt klar, daß dies nur durch eine Klage geschehen kann, nicht durch einen anderen Rechtsbehelf, etwa die Geltendmachung der Nichtigkeit durch Einrede (vgl. § 249 Abs. 1 Satz 2). Jede anderweite Geltendmachung verliert durch den Ablauf der Dreijahresfrist ihre Wirkung (ebenso Godin-Wilhelmi 3, Baumbach-Hueck 6). Mit der Klage auf Feststellung der Nichtigkeit meint das Gesetz nur diejenige des § 249, also die von einem Aktionär, dem Vorstand oder einem Mitglied des Vorstands oder Aufsichtsrats gegen die Gesellschaft erhobene. Nur das auf diese Klage ergehende, die Nichtigkeit feststellende Urteil wirkt für und gegen alle Aktionäre, Vorstand und Aufsichtsrat, § 249 i. V. m. § 248, hat also dieselbe Wirkung, die Abs. 2 Satz 2 auch der Fristverlängerung beimißt. Damit soll erreicht werden, daß Gültigkeit oder Ungültigkeit des Beschlusses allen Beteiligten gegenüber einheitlich festgestellt wird (ebenso Baumbach-Hueck 6). Wird die Klage rechtskräftig abgewiesen, so tritt die Heilung mit Wirkung für und gegen alle ein, Anm. 9. Das gleiche gilt bei einer anderweiten endgültigen Erledigung der Klage, z. B. durch Rücknahme. Wird ihr rechtskräftig stattgegeben, so ist das Nichtigkeitsurteil im Handelsregister einzutragen, § 249 i. V. m. § 248. Die Nichtigkeit steht damit endgültig fest. Die Klage muß innerhalb der Dreijahresfrist rechtshängig werden, sie muß also vor Fristablauf sowohl dem Vorstand als auch dem Aufsichtsrat zugestellt sein, §§ 263, 352 ZPO, vgl. die Erl. zu §§ 249, 246.

Anm. 6

3. Die Nichtigkeitsgründe des § 241 Nr. 1, 3 und 4

Die Heilung kann nicht nur bei den Formverstößen des § 241 Nr. 1, sondern auch bei solchen Mängeln erfolgen, die nach § 241 deshalb Nichtigkeit nach sich ziehen, weil sie mit dem Wesen der Aktiengesellschaft unvereinbar sind oder gegen Vorschriften verstoßen, die überwiegend zum Schutze der Gläubiger oder sonst im öffentlichen Interesse gegeben sind, oder durch ihren Inhalt gegen die guten Sitten verstoßen; denn Abs. 2 nennt ausdrücklich auch § 241 Nr. 3 und 4. Das öffentliche Interesse verlangt nicht immer, daß solche Beschlüsse beseitigt werden. Wo dieses Interesse besteht, ist durch die Befugnis des Registerrichters zum Einschreiten nach Abs. 2 Satz 2 die Möglichkeit der Abhilfe gegeben. Ein öffentliches Interesse an der Löschung besteht immer, wenn eine gegen zwingende Bestimmungen verstoßende Satzungsbestimmung eingetragen ist; vgl. § 241 Anm. 21, 22, 27.

Anm. 7

4. Die sinngemäße Anwendung der Heilungsvorschrift des Abs. 2

§ 242 betrifft nur nichtige Beschlüsse. Sein Abs. 2 ist aber *sinngemäß* anzuwenden auf *unvollständige* oder (schwebend) *unwirksame* Beschlüsse (§ 241 Anm. 3), z. B. wenn der Sonderbeschluß einer Aktiengattung fehlt. Das gleiche gilt, wenn die Zustimmung von Aktionären fehlt, die auf Grund eines Sonderrechts (§ 1 Anm. 35) erforderlich ist. Die sinngemäße Anwendung rechtfertigt sich durch das praktische Bedürfnis. Für die Regel ist auch in diesen Fällen aus der Unterlassung eines Vorgehens der Beteiligten gegen die Eintragung, die auch zu einer Bekanntmachung durch den Registerrichter führt, eine stillschweigende Zustimmung zu finden. Den durch jahrelanges Schweigen Zustimmenden geschieht so auch kein Unrecht. Es ist auch nicht unbillig, wenn die Belange der Allgemeinheit oder eines größeren Kreises, z. B. der übrigen Aktionäre, nicht noch nach Jahren durch Geltendmachung der Unwirksamkeit eines vielleicht bereits vollzogenen Beschlusses beeinträchtigt werden; für sinngemäße Anwendung auf den Fall der Unwirksamkeit auch OLG Hamburg AG 1970, 231; Schlegelberger AktG 37 § 195 Anm. 1, Baumbach-Hueck 8; a. A. § 179 Anm. 14; Godin-Wilhelmi 1; Würdinger § 26 I 4 S. 151.

Anm. 8

5. Die Wirkung der Heilung

a) Die Heilung durch Eintragung und Fristablauf nach Abs. 2 hat die *Wirkung*, daß die Nichtigkeit nicht mehr geltend gemacht werden kann, weder von der Gesellschaft, noch von Aktionären, noch von Dritten, die auf die Nichtigkeit Ansprüche stützen (etwa auf eine nichtige Kapitalerhöhung geleistete Einzahlungen zurückfordern) oder Einwendungen (z. B. gegen die Leistung einer Einlage) erheben könnten, Nur die Löschung des Beschlusses nach § 144 Abs. 2 kann noch nach Fristablauf erfolgen, Abs. 2. Satz 3, Anm. 10.

Insbesondere sind auch *Vorstand* und *Aufsichtsrat* an den nunmehr geheilten Beschluß gebunden; BGH 33, 175 (176); a. M. Mestmäcker BB 61, 945 (948), Zöllner S. 42 Fußn. 12, Mertens im Köln. Komm. § 93 Anm. 58. Zwar sind sie verpflichtet, vor Ablauf der Dreijahresfrist die Nichtigkeit durch Erhebung der Nichtigkeitsklage, § 249, geltend zu machen, § 93 Anm. 33, 37, und danach die Amtslöschung beim Registergericht anzuregen, s. Anm. 10. Lehnt das Registergericht aber die Löschung ab, so bleibt es bei der Gültigkeit mit Wirkung für alle. Es wird sich dabei immer um zweifelhafte Fälle handeln. Gerade bei ihnen soll die Heilung im Interesse der Rechtssicherheit einen endgültigen und für alle Beteiligten verbindlichen Rechtszustand herbeiführen.

Anm. 9

b) Wird die Nichtigkeit eines Beschlusses geheilt, so ist damit auch die Nichtigkeit eines anderen Beschlusses geheilt, der mit dem ersten untrennbar *zusammenhängt* oder auf ihm beruht (auf ihm aufbaut), vgl. § 248 Anm. 9. Ist der zweite bereits rechtskräftig für nichtig erklärt oder als nichtig festgestellt oder nach § 241 Nr. 6 gelöscht, so hat die Heilung des ersten Beschlusses auf die Urteilswirkung hinsichtlich des zweiten und die Wirkung der Löschung keinen Einfluß.

Anm. 10

6. Die Löschung durch den Registerrichter

Wenn der Registerrichter den Mangel erkennt, muß er die Eintragung ablehnen. Die Heilbarkeit darf ihn davon nicht abhalten. Stellt er den Mangel erst nach der Eintragung fest, so kann er auch noch nach Ablauf der Dreijahresfrist den Beschluß nach § 144 Abs. 2 von Amts wegen löschen, *Abs. 2 S. 3*. Die Heilung durch Eintragung und Zeitablauf, Abs. 2 Satz 1, ist also nur relativ. Die Ausnahme hat ihre Berechtigung. Es soll nicht dem Zufall überlassen bleiben, ob auch bei schweren Verstößen von einem der Beteiligten die Nichtigkeit geltend gemacht wird. Da die Löschungsbefugnis nach § 144 Abs. 2 auf den Fall beschränkt ist, daß der Beschluß durch seinen Inhalt zwingende Vorschriften verletzt, und der Inhalt schon bei der Eintragung auf seine Zulässigkeit zu prüfen ist, wird die nachträgliche Beanstandung selten vorkommen, um so mehr als die Löschung nur erfolgen darf, wenn sie durch das öffentliche Interesse geboten ist. Dieses Interesse wird um so weniger vorhanden sein, je länger der Beschluß unbeanstandet und ohne ersichtliche Nachteile als wirksam behandelt worden ist. Einer unerwarteten Löschung nach langer Zeit können die Beteiligten bis zu einem gewissen Grade dadurch vorbeugen, daß sie in Zweifelsfällen bald das Registergericht um eine Nachqrüfung ersuchen.

III. Weitere Heilungsfälle, Abs. 3

Anm. 11

Der neue Abs. 3 spricht aus, was bisher schon überwiegend angenommen wurde (vgl. Voraufl. § 196 Anm. 7). Die Heilungswirkung des Abs. 2 (ebenso die Fristverlängerung des Satz 2, Anm. 5, und der Vorbehalt der Amtslöschung, Anm. 10) tritt auch in den in Abs. 3 aufgeführten Nichtigkeitsfällen ein. Es handelt sich durchweg um Fälle, in denen das Gesetz die Eintragung eines Beschlusses an eine bestimmte Frist knüpft und die Nichtigkeit bestimmt, wenn die Eintragung nicht fristgemäß erfolgt. Der an sich mangelfreie Beschluß wird erst nachträglich nichtig. Wird er trotz Fristablauf eingetragen und sind seit der Eintragung drei Jahre verstrichen, ohne daß eine Nichtigkeitsklage erhoben ist (Anm. 5), so heilt die Nichtigkeit, Anm. 9. Das in Anm. 4—10 Gesagte gilt auch hier.

Anm. 12

Keine Anwendung findet Abs. 2 auf die beiden anderen im Eingangstext des § 241 aufgeführten Nichtigkeitsfälle des § 192 Abs. 4 und des § 212. Die Nichtigkeit eines gegen diese Vorschriften verstoßenden Beschlusses ist unheilbar, § 192 Anm. 14; ebenso Godin-Wilhelmi 1, Baumbach-Hueck 7; Lutter im Köln. Komm. § 192 Anm. 33, § 212 Anm. 12. Ebensowenig kann ein auf Anfechtungsklage für nichtig erklärter Beschluß heilen. § 241 Z. 5 ist in § 242 Abs. 3 nicht aufgeführt (ebenso Godin-Wilhelmi 1, Baumbach-Hueck 9).

Anm. 13

Eine entsprechende Anwendung des Abs. 2 auf Nichtigkeitsfälle, in denen der Beschluß nicht eingetragen wird, kommt nicht in Frage. Das Gesetz hat aber in § 253 Abs. 1 Satz 2 für den Gewinnverwendungsbeschluß und in § 256 Abs. 6 für den Jahresabschluß besondere Heilungsvorschriften erlassen, s. die Erl. dort.

§ 243 Anfechtungsgründe

(1) Ein Beschluß der Hauptversammlung kann wegen Verletzung des Gesetzes oder der Satzung durch Klage angefochten werden.

(2) Die Anfechtung kann auch darauf gestützt werden, daß ein Aktionär mit der Ausübung des Stimmrechts für sich oder einen Dritten Sondervorteile zum Schaden der Gesellschaft oder der anderen Aktionäre zu erlangen suchte und der Beschluß geeignet ist, diesem Zweck zu dienen. Dies gilt nicht, wenn der Beschluß den anderen Aktionären einen angemessenen Ausgleich für ihren Schaden gewährt.

(3) Auf eine Verletzung des § 128 kann die Anfechtung nicht gestützt werden.

(4) Für eine Anfechtung, die auf die Verweigerung einer Auskunft gestützt wird, ist es unerheblich, daß die Hauptversammlung oder Aktionäre erklärt haben oder erklären, die Verweigerung der Auskunft habe ihre Beschlußfassung nicht beeinflußt.

Übersicht

Einleitung

Anm. 1

§ 243 weist gegenüber § 197 AktG 37 einige wesentliche Änderungen auf. Zwar ist die Grundbestimmung des Abs. 1 unverändert geblieben. Auch der besondere Anfechtungsgrund des Strebens nach Sondervorteilen in Abs. 2 blieb bestehen. Sein Wirkungskreis ist aber durch § 304 Abs. 3 Satz 2 und § 305 Abs. 5 Satz 1 eingeschränkt worden. Nach diesen Vorschriften kann der einem Beherrschungs- oder Gewinnabführungsvertrag oder ihrer Abänderung zustimmende Hauptversammlungsbeschluß nicht mit der Begründung angefochten werden, der Ausgleich oder die Abfindung sei nicht angemessen, vgl. § 304 Anm. 27, § 305 Anm. 11; im einzelnen s. unten Anm. 24.

Nach § 197 Abs. 2 Satz 2 AktG 37 galt die sog. Konzernklausel des § 101 Abs. 3 sinngemäß. Danach war die Anfechtung wegen Verfolgung eines gesellschaftsfremden Sondervorteils ausgeschlossen, wenn die Stimmrechtsausübung dazu benutzt wurde, um einen Vorteil zu erlangen, der „schutzbedürftigen Belangen" diente. Die Vorauflage (§ 101 Anm. 8, § 197 Anm. 15) vertrat den Standpunkt, daß ein Konzerninteressen verfolgender Beschluß nur dann Bestand haben könne, wenn die Interessen der konzernfreien Minderheit gewahrt werden, insbesondere durch Gewährung eines angemessenen Ausgleichs. Das neue Gesetz hat die Konzernklausel nicht übernommen. Es hat in seinen konzernrechtlichen Bestimmungen Vorsorge zum Schutze der Gesellschaft, ihrer Gläubiger und der außenstehenden Aktionäre gegen schädliche Einflüsse des herrschenden Unternehmens getroffen. Im Zusammenhang damit steht die neue Bestimmung des Abs. 2 Satz 2. Er schließt jetzt die Anfechtung aus, wenn der Beschluß den anderen Aktionären einen angemessenen Ausgleich für ihren Schaden gewährt, s. dazu Anm. 22.

Weite Änderungen des Abs. 2 bestehen darin, daß die Worte „vorsätzlich" und „gesellschaftsfremd" gestrichen sind, darüber s. Anm. 21.

Der frühere Abs. 3 wurde gestrichen. An seine Stelle ist § 256 Abs. 4 getreten, der bei Verstößen gegen Gliederungsvorschriften Nichtigkeit des Jahresabschlusses vorsieht, wenn der Verstoß die Klarheit und Übersichtlichkeit wesentlich beeinträchtigt, s. § 256 Anm. 13, 14. Die Anfechtung der Feststellung des Jahresabschlusses durch die Hauptversammlung wegen inhaltlicher Verstöße ist jetzt allgemein ausgeschlossen worden, § 257 Abs. 1 Satz 2, s. dort Anm. 2 und den Ausschußbericht zum zweiten und dritten Abschnitt I 3 (bei Kropff S. 343).

Der neue Abs. 3 schließt die Anfechtung wegen Verletzung des § 128 aus, s. Anm. 26, 27.

Neu ist schließlich Abs. 4, der eine Streitfrage des bisherigen Rechts regelt, s. Anm. 11.

Das neue Gesetz gibt ferner besondere Vorschriften über die Anfechtung der Wahl von Aufsichtsratsmitgliedern in § 251, des Gewinnverwendungsbeschlusses in § 254, der Kapitalerhöhung in § 255 und der Feststellung des Jahresabschlusses in § 257.

Anm. 2

Die §§ 243—248 regeln die Anfechtung von Beschlüssen der Hauptversammlung. § 243 stellt die sachlichrechtlichen Voraussetzungen der Anfechtung fest, § 244 regelt neu die Bestätigung anfechtbarer Beschlüsse, § 245 bestimmt den Kreis der Anfechtungsberechtigten. § 246 ordnet die prozeßrechtliche Verfolgung, § 247 enthält die Bestimmungen über den Streitwert, § 248 über die Urteilswirkung.

Die Vorschriften über die Anfechtung werden ergänzt durch die Vorschriften über die Nichtigkeit von Hauptversammlungsbeschlüssen, §§ 241, 242. Wo Nichtigkeit nicht vorliegt, ist nur die Anfechtung möglich. Wegen des Unterschiedes von Anfechtung und Nichtigkeit vgl. § 241 Anm. 2. Die Bestimmungen über beide Arten von Mängeln sind im öffentlichen Interesse gegeben. Die Satzung kann das Recht auf ihre Geltendmachung, insbesondere auch das Recht auf Anfechtung nicht aufheben oder beschränken. Neben dem Stimmrecht ist das Anfechtungsrecht des Aktionärs das wirkungsvollste Mittel zur Wahrung seiner Belange. Das Anfechtungsrecht ist auch ein Mittel, um die gesetz- und satzungsmäßige Ordnung des Lebens der Aktiengesellschaft zu gewährleisten. Es steht deshalb auch dem Vorstand und den Mitgliedern des Vorstandes und Aufsichtsrats zu, § 245 Nr. 4, 5. Der anfechtende Aktionär ist aber darum noch kein Organ der Gesellschaft.

I. Gegenstand der Anfechtung

Anm. 3

Anfechtbar sind nur die *Beschlüsse der Hauptversammlung*. Eine Anfechtungsklage kann danach nicht erhoben werden gegen Entschließungen der Verwaltung. Darüber, wann ein Beschluß der Hauptversammlung vorliegt, ob die Anfechtungsklage nur gegen einen „positiven" Beschluß oder auch gegen einen ablehnenden zulässig ist, ob eine Wahl oder ein Minderheitsverlangen und die Sonderbeschlüsse gewisser Aktionärsgattungen als Hauptversammlungsbeschlüsse im Sinne des Anfechtungsrechts anzusehen sind, vgl. § 241 Anm. 4—6; s. ferner unten Anm. 8.

II. Verletzung des Gesetzes oder der Satzung

Anm. 4

Nur wegen *Verletzung des Gesetzes oder der Satzung* kann ein Beschluß der Hauptversammlung angefochten werden. Im Gegensatz zu der kraft Gesetzes eintretenden Nichtigkeit, § 241, kann die Anfechtung nicht nur auf Verletzung des Gesetzes, sondern auch auf Verstöße gegen die Satzung der Aktiengesellschaft gestützt werden.

Anm. 5

1. *Gesetz* im Sinne des Absatzes 1 ist jede Rechtsnorm, Art. 2 EG BGB, § 12 EG ZPO, § 7 EG StPO, mag sie dem sachlichen oder dem formellen (Verfahrensrecht) angehören, RG in JW 1924, 1148[13].

Auch auf Verletzung nicht aktienrechtlicher Vorschriften des öffentlichen, des bürgerlichen und des Strafrechts kann die Anfechtung gestützt werden, ebenso auf Gewohnheitsrecht. In erster Linie kommen Vorschriften des Aktienrechts und des Einführungsgesetzes dazu in Betracht. Siehe dazu die Erläuterungen der einzelnen Vorschriften des Aktiengesetzes.

Anm. 6

2. Der Umstand, daß der Beschluß zu einem von der Gesellschaft mit einem *Dritten* geschlossenen *Vertrag* in Widerspruch steht, genügt nicht zur Anfechtung des Beschlusses durch einen nach § 245 zur Anfechtung Befugten, RG 83, 380. Da die Hauptversammlung durch ihre Beschlüsse nur die gesellschaftsrechtlichen Beziehungen regeln, nicht aber in die privatrechtlichen Beziehungen Dritter eingreifen kann, besteht auch kein Bedürfnis zu einer solchen Anfechtung.

Anm. 7

3. Ob eine Verletzung der *Satzung* vorliegt, ergibt sich aus der Auslegung der Satzung, bei der auch die Verkehrssitte und der Handelsbrauch zu berücksichtigen ist, § 157 BGB, § 346 HGB, § 23 Anm. 19.

Anm. 8

4. Die Verletzung von Gesetz und Satzung können nicht nur in der Nichtanwendung, sondern auch in der *unrichtigen Anwendung* auf den gegebenen Sachverhalt liegen.

Das gilt insbesondere bei einem Verstoß gegen Bestimmungen des Gesetzes oder der Satzung, die für einen Beschluß eine *qualifizierte Mehrheit* verlangen, z. B. die §§ 186, 193, 202, 262, 293, 340, 361, 320, 369 Abs. 3. Wird die vorgeschriebene Mehrheit nicht erreicht, der Beschluß aber vom Vorsitzenden als zustandegekommen verkündet und protokolliert, (§ 130 Abs. 2), so kann er nur durch eine Anfechtungsklage beseitigt werden; RG 75, 239; 111, 230; 144, 210/215); JR 1925 Nr. 1783; ebenso Godin-Wilhelmi 2; s. auch § 130 Anm. 17. Das gilt auch, wenn zur Beschlußfassung nur die *einfache Mehrheit* erforderlich, tatsächlich aber nicht erreicht ist. Der Form nach liegt ein Hauptversammlungsbeschluß vor, der auch durch Beschlußfassung in einer Hauptversammlung zustande gekommen ist. Er ist von dem dazu berufenen Vorsitzenden verkündet und damit als solcher in die äußere Erscheinung getreten. Die Bedeutung der Verkündung ist vom Aktiengesetz dadurch anerkannt, daß nach § 130 Abs. 2 in der Niederschrift die Feststellung des Vorsitzenden über das Ergebnis der Beschlußfassung anzugeben ist. Der so verkündete Beschluß gilt als Beschluß der Hauptversammlung. Es liegt ein Beschluß vor, der mangelhaft ist. Aus dem Mangel ergibt sich aber nur seine Anfechtbarkeit, nicht seine Nichtigkeit; a. M. anscheinend Godin-Wilhelmi § 241 Anm. 10, deutlicher deren Voraufl. § 195 Anm. 10; wie hier Möhring Tank Rz. 510. Anders ist die Rechtslage, wenn der Beschluß eine Satzungsbestimmung einführt, die eine zwingend vorgeschriebene qualifizierte Mehrheit, z. B. § 186 Abs. 2, erleichtern will. Ein solcher Beschluß wäre nichtig, § 241 Anm. 22.

Anm. 9

5. Soll- oder Ordnungsvorschriften

Der Verstoß gegen *Soll- oder Ordnungsvorschriften* des Gesetzes oder der Satzung macht niemals nichtig. Anfechtbar macht er nur, wenn *schutzwerte Interessen* verletzt werden. Das ist in jedem Einzelfall zu prüfen. So ist ein Verstoß gegen § 113 Abs. 1 Satz 3 Anfechtungsgrund, weil eine unangemessen hohe Aufsichtsratsvergütung das Aktionärsinteresse verletzt. Meistens gewähren Sollvorschriften einen gewissen *Ermessensspielraum.* So kann § 121 Abs. 4 Satz 1 unbeachtet bleiben, wenn beachtliche Gründe für einen anderen Ort sprechen, § 121 Anm. 15. Von der Vorschrift des § 4 Abs. 2 UmwG über den Stichtag der der Umwandlungsbilanz zugrundegelegten Bilanz kann abgewichen werden, wenn dafür hinreichende Gründe vorliegen, LG Nürnberg Fürth in NJW 58, 675; ähnlich LG Stuttgart in NJW 65, 2354. Ein weiteres Beispiel ist § 192 Abs. 2 über den Zweck der bedingten Kapitalerhöhung, vgl. dort Anm. 7.

Bei anderen Sollvorschriften fehlt es in der Regel an einer die Anfechtung begründenden Verletzung schutzwerter Interessen, wenn sie nicht eingehalten werden. Hierzu können die §§ 118 Abs. 2 (dort Anm. 8), 120 Abs. 3 Satz 1 (dort Anm. 15, 20), 143 Abs. 1, 163 Abs. 1 Satz 2 (dort Anm. 24), 173 Abs. 3 Satz 2 (dort Anm. 8), 176 Abs. 1 Satz 2 und 3 (dort Anm. 3), 182 Abs. 4 (dort Anm. 13) teilweise auch § 234 Abs. 2 Satz 2, (dort Anm. 7) gezählt werden. Auch § 235 Abs. 1 Satz 3 ist trotz des Wortlauts („sind . . . nachzuweisen") nur eine Ordnungsvorschrift, deren Verletzung keine Anfechtung begründet, § 235 Anm. 4—6.

Eine engere Auffassung vertritt RG 170, 97. Danach soll nur die Verletzung bedeutungsloser Ordnungsvorschriften nicht anfechtbar sein. In dem entscheidenen Fall — Sollvorschrift der Satzung über schriftliche Einladung zur Generalversammlung einer Genossenschaft — wäre allerdings auch nach der hier vertretenen Meinung die Anfechtung gegeben. Abweichend auch Godin-Wilhelmi 4, die Anfechtbarkeit als Regel annehmen.

Anm. 10

6. Ursächlichkeit der Verletzung für den Beschluß

Das Gesetz erfordert nach seinem Wortlaut *keinen* ursächlichen Zusammenhang zwischen Gesetzes- oder Satzungsverletzung und dem angefochtenen Beschlusse. Das galt schon für die entsprechenden Vorschriften des HGB, § 271 Abs. 1 und des AktG 37, § 197 Abs. 1. Deshalb braucht von dem Anfechtenden der Beweis, daß der Beschluß auf einem solchen Verstoß beruhe, nicht geführt zu werden, RG in LZ 1917, 1058. Das Gesetz setzt den ursächlichen Zusammenhang zwischen Gesetzes- oder Satzungsverletzung und Beschluß voraus. Die Verleihung der Anfechtungsbefugnis an die Aktionäre und den Vorstand und die Mitglieder von Vorstand und Aufsichtsrat kann aber doch nur den Zweck haben, die Belange der Aktionäre und der Gesellschaft zu sichern und zu fördern. Es würde deshalb einer zweckentsprechenden Auslegung der Vorschriften über die Anfechtung, die auch im öffentlichen Interesse erlassen sind, widersprechen, eine Anfechtung durchgreifen zu lassen, wenn eine Gesetzes- oder Satzungsverletzung *offensichtlich* oder *nachweisbar* ohne Einfluß auf den Hauptversammlungsbeschluß war. Der verklagten Gesellschaft muß daher der Beweis der Einflußlosigkeit des Verstoßes gestattet werden. Dies ist auch der Standpunkt der bisherigen Rechtsprechung, RG 90, 208; 108, 322; 110, 127; 115, 350; 167, 165, BGH 36, 121 (139). Dabei ist ein *objektiver Maßstab* anzulegen (BGH a. a. O.). So wurde die Anfechtbarkeit verneint, wenn ein Aktionär zwar abgestimmt hat, obwohl er von der Abstimmung ausgeschlossen war, oder wenn ein Legitimationsaktionär zu Unrecht zur Abstimmung zugelassen wurde, weil wegen der geringen Zahl seiner Stimmen diese ohne Einfluß auf das Abstimmungsergebnis gewesen wäre (RG 106, 208; 108, 325, vgl. auch RG JW 28, 222), oder wenn die Gegenstimmen des Klägers wegen ihrer geringen Zahl das Abstimmungsergebnis nicht beeinflußt hätten (BGH LM § 197 Nr. 1 Z. II 3 = NJW 52, 98); BGH 14, 267.

Es muß aber dargetan werden, daß der Mangel sicher ohne Einfluß auf den tatsächlich gefaßten Beschluß gewesen ist. Es genügt nicht, daß es unwahrscheinlich ist, daß der Beschluß auf dem Mangel beruht, RG 110, 197. Hat er auch nur *möglicherweise* die Abstimmung beeinflußt, so muß die Anfechtung Erfolg haben; LG Hagen BB 65, 181. Auch wenn Aktionäre zu Unrecht von der Versammlung ausgeschlossen oder nicht zum Wort zugelassen wurden, muß nicht unter allen Umständen angenommen werden, daß der Beschluß möglicherweise auf dem Verstoß beruhe. Nach der besonderen Lage des Einzelfalls kann diese Möglichkeit ausgeschlossen sein, RG in JW 1925, 1277; 1931 2961. Auch wenn die Abstimmung einzelner Aktionäre durch eine strafbare Handlung (Ausgabe nicht voll einbezahlter Inhaberaktien, § 405 Abs. 1 Nr. 3) ermöglicht worden ist, ist der Beweis, daß die Abstimmung mit diesen Aktien auf das Abstimmungsergebnis ohne Einfluß war, erheblich und zulässig, RG in JW 1927, 1679[4].

Anm. 11

7. Anfechtung wegen Nichterteilung einer Auskunft

a) Negativerklärung von Aktionären, Abs. 4

Die Anfechtung kann auch darauf gestützt werden, daß einem Aktionär eine Auskunft entgegen § 131 nicht, nicht vollständig oder nicht richtig erteilt wurde. Es besteht dann die Möglichkeit, daß hierdurch die Abstimmung beeinflußt worden ist, daß der angefochtene Beschluß nicht oder anders gefaßt worden wäre, wenn die Auskunft erteilt worden wäre, s. Anm. 10. Auch hier steht der Gesellschaft der Nachweis offen, daß die Nichterteilung der Auskunft ohne Einfluß auf den Beschluß war. Im früheren Recht war streitig, ob dieser Nachweis durch eine Erklärung der Hauptversammlung oder von Aktionären geführt werden könne, die Verletzung des Auskunftsrechts habe ihre Abstimmung nicht beeinflußt, vgl. Voraufl. Anm. 10a, BGH 36, 121 (139) = JZ 62, 407 m. Anm. v. Schilling). *Diese Beweisführung ist nunmehr durch Abs. 4 ausgeschlossen.* Dort ist zwar nur von der Verweigerung der Auskunft die Rede, die Bestimmung gilt aber nach ihrem Sinn und Zweck für *alle Fälle der Verletzung des Auskunftsrechts*, also auch, wenn die Auskunft versehentlich nicht oder falsch oder unvollständig erteilt wurde.

Jede andere Beweisführung für die Einflußlosigkeit ist der Gesellschaft gestattet (ebenso § 131 Anm. 30, Baumbach-Hueck 9, Obermüller-Werner-Winden S. 328, LG Wuppertal BB 66, 1362, OLG Düsseldorf AG 68, 19 (21)). So kann sie insbesondere geltend machen, der für den angefochtenen Beschluß stimmende Mehrheitsaktionär habe den Sachverhalt, der den Inhalt der nicht gegebenen Auskunft bilden sollte, bereits gekannt (BGH 36, 141; OLG Düsseldorf u. LG Wuppertal a.a.O.; OLG Hamburg AG 68, 190 (193)). Dieser Beweis kann auch durch das Zeugnis von Aktionären geführt werden.

Anm. 12

b) Verhältnis zu dem Verfahren nach § 132

Ob der Vorstand die Auskunft zu geben hat, entscheidet ausschließlich das Landgericht in einem besonderen Verfahren der freiwilligen Gerichtsbarkeit, § 132 i. V. m. § 99 Abs. 1, vgl. die Erl. hierzu. Über die Bedeutung dieses Verfahrens für die Anfechtung wegen Verletzung des Auskunftsrechts herrscht Streit. Streitig ist, ob das Verfahren nach § 132 *Voraussetzung* für die Anfechtung ist, ob also der anfechtende Aktionär die Verletzung des Auskunftsrechts nur geltend machen kann, wenn zuvor nach § 132 die Gesellschaft zur Auskunft verurteilt worden ist, ferner ob der dem Antrag nach § 132 stattgebende oder ihn abweisende Beschluß für den Anfechtungsrichter *Bindungswirkung* hat und dieser demgemäß bis zur rechtskräftigen Entscheidung des Verfahrens nach § 132 *aussetzen muß. Alle 3 Fragen sind zu verneinen*; wie hier: Meyer-Landrut-Miller AG 70, 157; Möhring-Tank 393; Godin-Wilhelmi § 132 Anm. 3 bez. der ersten Frage; a. M. Barz § 132 Anm. 9, Baumbach-Hueck § 132 Anm. 3, 5, 7; Obermüller-Werner-Winden S. 171, 326ff.; v. Falkenhausen AG 67, 311f.; Godin-Wilhelmi 8 und § 132 Anm. 3 bez. Bindungswirkung und Aussetzung.

Die Gegenmeinung wird auf die Regierungsbegründung gestützt (Kropff S. 189f.), wo es heißt, der Anfechtungsrichter müsse bis zur Entscheidung nach § 132 aussetzen und der Anfechtungskläger benötige zur Durchführung des Anfechtungsverfahrens die Entscheidung nach § 132.

Es wird ferner auf die in § 132 Abs. 1 statuierte Ausschließlichkeit und die damit gewollte Endgültigkeit der Entscheidung abgehoben, schließlich darauf, daß die Zuerkennung des Antragsrechts in § 132 Abs. 2 auch an den Aktionär, der die Auskunft nicht verlangt, aber dem diesbezüglichen Beschluß widersprochen hat, nur sinnvoll sei, weil dieser Aktionär die Entscheidung für die Anfechtungsklage benötige (so auch die RegBegr. S. 190). Diese Gründe sind aber nicht überzeugend. Zunächst fällt ins Gewicht, daß die Entscheidung nach § 132 *nicht für und gegen alle wirkt*, da nach § 132 Abs. 3 Satz 1 § 99 Abs. 3 Satz 2 nicht gilt, während das auf die Anfechtungsklage ergehende Urteil auf Nichtigerklärung diese Wirkung hat, § 248 Satz 1. Es bleibt also bei dem Grundsatz, daß Entscheidungen der freiwilligen Gerichtsbarkeit, soweit sie nicht Gestaltungsakte sind, *keine Bindungswirkung* für den Prozeßrichter haben (vgl. Keidel FGG § 1 Anm. 11; Jansen FGG § 16 Anm. 22 und § 12 Anm. 22; Rosenberg-Schwab, Zivilprozeßrecht, 10. Aufl. 1969 § 13 III). Auch wenn man die Bedeutung beider Verfahren abwägt, muß man zu dem Ergebnis kommen, daß der Anfechtungsrichter die Möglichkeit haben muß, die behauptete Verletzung des Auskunftsrechts selbständig nachzuprüfen. § 132 will in einem vereinfachten und verbilligten, meist auf eine Instanz beschränkten Verfahren das individuelle Informationsbedürfnis eines Aktionärs befriedigen. Soll aber auf Grund der Verletzung des Auskunftsrechts die Nichtigkeit eines Hauptversammlungsbeschlusses ausgesprochen werden, so kommt dem Verfahren eine ungleich größere Bedeutung zu. Es liegt im Interesse der Parteien und aller, für und gegen die das Urteil nach § 248 wirkt, daß der Anfechtungsgrund in drei Instanzen nachgeprüft wird, unabhängig davon, ob ein Verfahren nach § 132 anhängig ist und welche Entscheidung dort ergeht. Demgemäß besteht die Ausschließlichkeit dieser Entscheidung lediglich darin, daß nur durch sie der Vorstand gezwungen werden kann, die Auskunft zu erteilen.

Auch in der Stellung des nach § 245 Nr. 2 unzulässigerweise an der *Teilnahme verhinderten Aktionärs* erweist sich die Richtigkeit der hier vertretenen Auffassung. Nach der Gegenmeinung kann er die Anfechtungsklage (neben dem Anfechtungsgrund aus § 245 Nr. 2, s. dort Anm. 9) nicht darauf stützen, einem anderen Aktionär sei die Auskunft zu Unrecht verweigert worden, wenn dieser kein Verfahren nach § 132 anhängig macht. Trägt er vor, er selbst hätte, wenn er an der Hauptversammlung teilgenommen hätte, die Auskunft verlangt, so kann nach der Gegenmeinung die Gesellschaft nicht einwenden, der Vorstand hätte die Auskunft zu Recht verweigert. Beide Ergebnisse sind unbefriedigend und zeigen, daß der Anfechtungsrichter über das Auskunftsrecht selbständig entscheiden muß. Demzufolge steht es auch in seinem Ermessen, die Verhandlung nach § 148 ZPO *auszusetzen.* Die entgegenstehenden Ausführungen der RegBegr. sind nicht zwingend.

Anm. 13

8. Rechtsschutzbedürfnis

Der anfechtende Aktionär braucht nicht ein persönliches, vermögensrechtliches oder sonstiges Rechtsschutzinteresse an der Vernichtung des angefochtenen Beschlusses nachzuweisen, insbesondere, daß gerade er von dem Mangel betroffen wird, RG 40, 83; BGH 43, 261 (265); BGH WM 66, 446 (447). Sein Rechtsschutzinteresse liegt nach der gesetzlichen Regelung allein in der Tatsache der Mitgliedschaft, des Anteilsbesitzes am Aktienkapital. Durch diese Stellung zur Aktiengesellschaft ist ihm die Befugnis eingeräumt worden, zur Wahrung der Ordnung gegen Beschlüsse der Aktiengesellschaft, die mit dem Gesetz oder der Satzung nicht in Einklang stehen, vorzugehen, auch wenn sie ihm persönlich keinen Nachteil bringen. Diese Klagebefugnis besteht, ohne daß die allgemeinen Voraussetzungen der Feststellungsklage nach § 256 ZPO gegeben sind,

RG 77 255 (257); 145, 336 (338); 146, 385 (395); JW 36, 919[9]; BGH WM 1964, 1188 (1191 unter B; BGH 43, 261 (265/6). Die Klage kann deshalb auch nicht durch den Nachweis zu Fall gebracht werden, daß der Anfechtende an der Vernichtung des Beschlusses kein Interesse habe. Der Klage kann auch nicht allein mit der Behauptung entgegengetreten werden, daß der Beschluß der Gesellschaft keinen Nachteil bringe, ihr sogar vorteilhaft sei. Was gesetzwidrig ist, kann nicht dadurch zulässig werden, daß es wirtschaftlich nützlich oder geboten ist, RG 107, 169. Schon die Verletzung von Gesetz oder Satzung als vermutbarer Ursache des Beschlusses rechtfertigt die Anfechtung. Liegen solche Verletzungen nicht vor, so kann die Klage andererseits nicht auf die Behauptung gestützt werden, der Beschluß sei der Gesellschaft nachteilig. Ob die Beschlüsse zweckmäßig und nützlich sind, hat die Mehrheit zu entscheiden; BGH WM 1970, 1165. Liegt weder die Verletzung einer bestimmten Gesetzes- noch einer Satzungsvorschrift vor, so muß sich der einzelne Aktionär der Mehrheit fügen.

Ein Rechtsschutzbedürfnis fehlt nicht schon deshalb, weil die Verwaltung erklärt, sie wolle von einem Beschlusse der Hauptversammlung keinen Gebrauch machen, oder weil sie erklärt, sie fasse einen Beschluß, durch den sie ermächtigt wird, einen Verschmelzungsvertrag mit einer anderen Gesellschaft abzuschließen, nicht als die nach dem Gesetz, § 340 Abs. 1, erforderliche Zustimmung der Hauptversammlung auf (vgl. § 340 Anm. 9), sie wolle, wenn ein Verschmelzungsvertrag zustande komme, erst die Zustimmung der Hauptversammlung einholen. Stellt sich der Beschluß bei *objektiver Betrachtung* seinem Inhalt nach als ein Beschluß bestimmten Inhalts, z. B. als Zustimmung zu einer Verschmelzung dar, so können seine Rechtswirkungen durch eine Erklärung der Verwaltung, ihn anders aufzufassen oder anders behandeln zu wollen, nicht beseitigt werden. Die Erklärung würde nicht hindern, daß ein demnächst vom Vorstand vorbehaltlos abgeschlossener Vertrag unmittelbar und endgültig auch zugunsten der anderen Vertragspartei wirksam werden würde. Der Dritte kann sich darauf verlassen, daß die Gesellschaft das beschlossen hat, was ein Hauptversammlungsbeschluß unzweideutig ausspricht. Allerdings unterliegt auch ein Hauptversammlungsbeschluß der Auslegung nach den allgemeinen Vorschriften über die Auslegung von Willenserklärungen, §§ 133, 157 BGB. Erklärungen in der Hauptversammlung, die dem klaren Wortlaut des Beschlusses entgegenstehen, können aber nicht beachtet werden, RG 108, 326; RG 92, 141 SeuffArch. = JW 1938, 748[12].

Anm. 14

9. Schutzwürdiges Interesse

Anfechtbar ist nur ein Beschluß, der irgendwelche *sachliche Bedeutung hat*. Diese Bedeutung liegt z. B. vor, wenn die Hauptversammlung den Vorstand ermächtigt, einen Verschmelzungsvertrag abzuschließen, obwohl es Aufgabe der Hauptversammlung ist, die Verschmelzung zu beschließen, vgl. § 340 Anm. 9. Die Hauptversammlung will damit den Vorstand zu einer Handlung ermächtigen, die er allein gar nicht vornehmen darf. Im Zweifel ist auch anzunehmen, daß die Hauptversammlung einer Aktiengesellschaft nicht rechtlich belanglose Beschlüsse, sondern solche mit rechtlichem Inhalt fassen will.

Kommt einem Beschluß eine sachliche Bedeutung nicht oder nicht mehr zu, so fehlt in der Regel auch ein *schutswürdiges Interesse* des Aktionärs an der Feststellung oder Erklärung der Nichtigkeit. Eine Anfechtungsklage zum Zwecke bloßer Feststellung, daß etwas nicht hätte geschehen oder einem Betroffenen nicht hätte widerfahren dürfen, ist nicht zulässig (RGZ 166, 175 [188]). Ein ernstlicher Zweck, ein schutzwürdiges Interesse muß insbesondere für die Klage gegen ablehnende Beschlüsse gefordert werden, s. § 241 Anm. 5.

Anm. 15

10. Die Anfechtungsklage ist auch dann der einzige Weg zur Beseitigung eines Hauptversammlungsbeschlusses, wenn die Stimmabgabe eines oder mehrerer Aktionäre mit einem *Willensmangel* (Irrtum, Täuschung, Drohung) behaftet ist (RGZ 115, 383; 125, 148; BGH NJW 52, 98; BGHZ 14, 267; Bartholomeyczik AcP 144 [1938], 287 u. ZHR 105 [1938], 293; oben § 119 Anm. 15). Der irrende (getäuschte, bedrohte) Aktionär muß also gegen den Beschluß selbst durch Anfechtungsklage vorgehen. Es genügt nicht, daß er der Gesellschaft gegenüber seine Stimmabgabe anficht. Entdeckt er den Irrtum oder die Täuschung oder endet die Zwangslage erst nach Ablauf der Monatsfrist des § 199 Abs. 1, so kann die Klage nicht mehr erhoben werden.

Daß der Aktionär infolge seines Irrtums usw. die Erhebung des nach § 245 Nr. 1 erforderlichen *Widerspruchs* unterlassen hat, steht der Anfechtungsklage nicht entgegen. Die in der Anfechtungsklage liegende Anfechtung der Stimmabgabe enthält auch die Anfechtung der in der Nichterhebung des Widerspruchs liegenden Zustimmung zum Beschluß. Die Anfechtungsklage ersetzt in einem solchen Falle den Widerspruch; a. M. Barz § 119 Anm. 15 und Baumbach-Hueck 12; s. auch § 245 Anm. 8. Über die Anfechtung einer stillschweigenden Willenserklärung s. RGZ 103, 401; 134, 197.

Auch hier muß der Kausalzusammenhang zwischen der mangelhaften Stimmabgabe und dem angefochtenen Beschluß gegeben sein (Anm. 10). Dieser muß auf jener beruhen (BGHZ 14, 267). Sind für den Beschluß auch ohne die mangelhaften noch genügend Stimmen abgegeben worden, so beruht er nicht auf der Gesetzesverletzung.

III. Verletzung der Gesellschaftstreue

Anm. 16

Rechtsprechung: RGZ 68, 235; 107, 75 u. 204; 108, 42 u. 327; 112, 19; 113, 14 u. 193; 115, 303; 119, 104 u. 257; JW 27, 2989; JW 29, 2958[6] m. Anm. v. Pinner; RGZ 132, 163 = JW 31, 2951[4]; RGZ 146, 395; JW 35, 1776; RGZ 158, 254; 163, 207; 167, 75; JW 36, 919; BGHZ 8, 355; 9, 163; 11, 247; 14, 38; 18, 365; 21, 354.

Schrifttum: *Bergmann*, Über den Mißbrauch gesellschaftlicher Machtstellungen, ZHR 105 (1938), 1; *Dorpalen*, Die Treupflicht des Aktionärs, ZHR 102 (1936), 1; *v. Falkenhausen*, Verfassungsrechtliche Grenzen der Mehrheitsherrschaft nach dem Recht der Kapitalgesellschaften 1967 S. 28ff.; *Fechner*, Die Treubindungen des Aktionärs (1942); *Filbinger*, Die Schranken der Mehrheitsherrschaft im Aktienrecht und Konzernrecht (1942); *R. Fischer*, Die Grenzen bei der Ausübung gesellschaftlicher Mitgliedschaftsrechte, NJW 1954, 779; *Geiler*, Die Konkretisierung des Rechtsgebots der guten Sitten im modernen Wirtschaftsrecht, Festschrift für Pinner (1932), 254; *Gessler*, Der Schutz der abhängigen Gesellschaft, Festschrift für Walter Schmidt (1959), 247; *v. Gierke*, Handels- und Schiffahrtsrecht, 7. Aufl. (1955), 333 und ZHR 111 (1948), 190; *Godin-Wilhelmi*, § 1 Anm. 4, 5; § 243 Anm. 5; *Hachenburg*, in Düringer-Hachenburg III 1 (1934), Einl. Anm. 79; *Haupt-Reinhardt*, Gesellschaftsrecht 4. Aufl. (1952), S. 113; *Hueck*, Die Sittenwidrigkeit von Generalversammlungsbeschlüssen der Aktiengesellschaften und die Rechtsprechung des Reichsgerichts, in: Die Reichsgerichtspraxis im deutschen Rechtsleben (1929) IV 167; *ders.*, Der Treuegedanke im modernen Privatrecht (1947); *ders.*, Gesellschaftsrecht 15. Aufl. 1970 S. 180; *ders.*, Komm. z. AktG, Üb. vor § 54 Anm. 11, § 243 Anm. 10; *Klausing*, Treupflicht des Aktionärs?, Festschrift für Schlegelberger (1956), 405; *Küster*, Inhalt und Grenzen der Rechte der Gesellschafter, insbesondere des Stimmrechts im Deutschen Gesellschaftsrecht (1954); *Lehmann-Dietz*, Gesellschaftsrecht 3. Aufl. 1970 S. 363; *Mestmäcker*, Verwaltung, Konzerngewalt und Rechte der Aktionäre (1958), 148ff., 276ff., 346ff., 359ff., *ders.*, JZ 57, 182; *Meyer-Landrut*, in ds. Komm. § 1 Anm. 34; *Rasch*, Deutsches Konzernrecht 4. Aufl. 1968 S. 138ff.; *Ritter*, Komm. z. AktG (1939), Vorbem. 4 vor § 1, § 103 Anm. 5, § 197 Anm. 2b und 3; *ders.*, JW 34, 3025; *Schilling*, in Hachenburg, Komm z. GmbHG 6. Aufl. (1956), § 14 Anm. 26—28 u. JZ 53, 489; *ders.*, Gesellschaftstreue und Konzernrecht, in Freundesgabe für Hans Hengeler, Springer-Verlag 1972 S. 226; *Schlegelberger-Quassowski*, Komm. z. AktG 3. Aufl. (1939), § 1 Anm. 4, § 101 Anm. 1, § 197 Anm. 5; *Teichmann-Koehler*, Komm. z. AktG 3. Aufl. (1950), § 197 Anm. 2; *Wieland*, Handelsrecht II (1931), 205ff.; *Würdinger*, Aktien- und Konzernrecht 2. Aufl. 1966 S. 49f., 152ff.; *Zöllner*, wie in § 241 Anm. 19 S. 287ff.

Anm. 17

1. Von der Sittenwidrigkeit zur Verletzung der Gesellschaftstreue

Die Rechtsprechung des Reichsgerichts unterschied zwischen Hauptversammlungsbeschlüssen, die durch ihren *Inhalt* gegen die guten Sitten verstoßen und deshalb nichtig sind, und solchen, bei denen die Sittenwidrigkeit in den *verfolgten Zwecken* oder in der Art ihres Zustandekommens liegt, deren Inhalt aber sittlich indifferent ist und die deshalb (nur) anfechtbar sind. Diese Unterscheidung wurde vom AktG 1937 übernommen und gilt auch im neuen Gesetz, vgl. § 241 Anm. 24, 25. Nach einer vom Reichsgericht öfters verwendeten Formulierung war die Grenze des sittlich Zulässigen überschritten und der Beschluß anfechtbar, wenn die Mehrheit „aus eigensüchtigen Interessen unter bewußter Hintansetzung des Wohls der Gesellschaft gehandelt hat" RG 107, 75 u. 204; 108, 42 u. 327; 113, 14 u. 193; 115, 303. RG 112, 14 sprach aus: Nicht, daß die Mehrheit sich bei ihrem Vorgehen überhaupt von eigensüchtigen Beweggründen leiten läßt, wird ihr zum Vorwurf gemacht, sondern die Art und Weise, wie dabei verfahren wurde: die bewußte Benachteiligung der Rechte der Minderheit, die Nichtberücksichtigung des Wohls der Gesellschaft. An diesen Grundsätzen hat auch die Rechtsprechung in der Folge festgehalten, vgl. RG 119, 104 u. 257; JW 1927, 2986 (89); RG 132, 149 = JW 1931, 2961[4]; 1931, 2958[6] (61). Danach wurde z. B. die Bewilligung von Gehalt und Tantiemen an Vorstands- und Aufsichtsratsmitglieder mit Hilfe der eigenen und ihnen nahestehenden Stimmen als sittenwidrig angesehen, wenn die Vergütungen weder mit den Leistungen der Organmitglieder noch mit dem Vermögen, insbesondere mit dem Umsatz und dem Einkommen der Gesellschaft in Einklang stehen oder wenn einzelne Gesellschafter vor den anderen, z. B. durch Darlehen begünstigt werden sollen; RG in JW 1916, 575 (für GmbH).

Sittenwidrigkeit in der *Art des Zustandekommens* nahm das Reichsgericht an, wenn die Abstimmung durch Einschüchterung oder Drohung beeinflußt wird; RG JW 36, 181; RG 119, 243; bestätigt von BGH 8, 355. Auch die *Erschleichung der Mehrheit* gehört hierher, sei es durch Täuschung, sei es durch andere unlautere Mittel; RG 115, 383; RG in JW 1935, 1776.

In allen diesen Fällen liegt ein *Mißbrauch der Mehrheitsmacht* vor, vgl. Hueck, Sittenwidrigkeit S. 172ff. Dabei wurde aber nicht so sehr nach der von § 138 BGB erforderten verwerflichen Gesinnung des Aktionärs gefragt als nach dessen Verhältnis zur Gesellschaft und den anderen Aktionären und den im Rahmen dieses Verhältnisses billigerweise an ihn zu stellenden Anforderungen. So heißt es in RGZ 107, 202 (204), der Gesellschafter leite seine Rechte aus dem Gesellschaftsvertrag her, seine Befugnisse seien ihm als Gesellschafter verliehen, bei ihrer Ausübung habe er sich daher grundsätzlich von dem *Interesse der Gesellschaft* und nicht von außerhalb der Gesellschaft liegenden Sonderinteressen leiten zu lassen. Das ist nicht der Maßstab der Sittenwidrigkeit, sondern von *Treu und Glauben.* Wieland II 203ff. hat nachgewiesen, daß das Reichsgericht seit den 20er Jahren Grundsätze entwickelt hat — in RGZ 107, 202 sieht er ihren Durchbruch — die richtiger unter Treu und Glauben als unter die guten Sitten einzuordnen sind. Die in der gleichen Zeit einsetzenden Bemühungen um eine aktienrechtliche Generalklausel, deren Ergebnis schließlich der § 197 Abs. 2 AktG 37 war, gingen in der gleichen Richtung, vgl. die Darstellung bei Zöllner S. 308. 1928 veröffentlichte die Kommission des 34. DJT einen Vorschlag, wonach die Ausübung des Stimmrechts unzulässig sein soll, wenn der Aktionär durch diese unter Verletzung der offenbaren Interessen der Gesellschaft gesellschaftsfremde Sondervorteile für sich oder einen Dritten verfolgt. *Hachenburg* (DJZ 28, 1376) sah darin die (positiv-rechtliche) Einführung von Treu und Glauben in das Aktienrecht.

Anm. 18

2. Die Grundsätze der Gesellschaftstreue

Der Grundsatz von Treu und Glauben verpflichtet die beschließende Hauptversammlungsmehrheit zur Gesellschaftstreue. Ihre Verletzung ist *Anfechtungsgrund.* Denn die Hauptversammlung handelt als Organ, sie steht unter *organschaftlicher Verantwortung*. Das klingt schon in RGZ 132, 149 (163) an, wo aus der Befugnis, im Wege des Mehrheitsbeschlusses zugleich auch für die Minderheit zu beschließen und damit über ihre gesellschaftlichen Rechte zu verfügen, die Verpflichtung hergeleitet wird, im Rahmen des Gesamtinteresses auch die berechtigten Belange der Minderheit zu berücksichtigen. Die hinsichtlich des Postulats einer allgemeinen Treupflicht der Aktionäre abzulehnende Entscheidung RGZ 146, 71 bezieht die organschaftliche Verpflichtung zur Wahrung des Gesellschaftsinteresses auch auf die Stimmrechtsausübung (S. 76). Freilich kann die Mehrheit im Rahmen des Gesellschaftsinteresses ihre eigenen Interessen verfolgen. Sie kann den Aufsichtsrat mit den Personen ihres Vertrauens besetzen (BGH WM 70, 1165), sie kann, wo die Hauptversammlung *unternehmerisches Ermessen* ausübt, ihre Meinung gegen eine andere der Minderheit durchsetzen, z. B. bei der Bemessung der Dividende oder bei der Festsetzung des Bezugskurses oder über die Zweckmäßigkeit einer Kapitalherabsetzung (§ 222 Anm. 18) oder über die Umwandlung der Inhaber- in Namensaktien (§ 24 Anm. 7, LG Mannheim in AG 67, 83). Widerstreiten aber ihre Interessen denen der Gesellschaft, so muß sie den letzteren den Vorzug geben. Allerdings kann sie nach dem neuen Recht die Anfechtung durch Gewährung eines angemessenen *Ausgleichs* an die anderen Aktionäre verhindern, Abs. 2 Satz 2, s. Anm. 22. Alles das ist nach *objektiven* Gesichtspunkten zu werten, auf den subjektiven Tatbestand kommt es mit Ausnahme der Verfolgung von Sondervorteilen, Anm. 21, nicht an. Es gibt auch keinen „gesellschaftstreuen Aktienbesitz" (wovon in BGH 33, 175 [184] die Rede ist, vgl. dazu § 204 Anm. 2), sondern nur gesellschaftstreues Handeln, d. h. hier Ausübung der Stimmrechtsmacht.

Anm. 19

Mehrheitsmißbrauch und Verletzung der Gesellschaftstreue sind im objektiven Tatbestand identisch. Kommt die verwerfliche Gesinnung dazu, so ist der Beschluß wegen Verstoßes gegen die guten Sitten anfechtbar (Anm. 17), ohne eine solche ist die Anfechtung wegen Verletzung der Gesellschaftstreue gegeben. Der Mißbrauch der Mehrheitsmacht beschränkt sich nicht auf die Verfolgung von Sondervorteilen (Abs. 2). Er kann auch in anderen Fällen vorliegen. So kann die *Entlastung* rechtsmißbräuchlich erteilt oder verweigert worden und der Beschluß deshalb anfechtbar sein, vgl. § 120 Anm. 20, 21; BGH 21, 354 (358); Obermüller-Werner-Winden S. 223. Auch wenn alle formalen Voraussetzungen für einen Beschluß gegeben sind, kann die Mehrheit mißbräuchlich handeln, so für die Mehrheitsumwandlung BVerfG 14, 283; dazu Fechner in AG 62, 232. Eine Verletzung der Gesellschaftstreue kann auch vorliegen, wenn der Beschluß gegen die Grundsätze der *Verhältnismäßigkeit* oder der *Erforderlichkeit* verstößt (Zöllner S. 351 ff.), wenn also das eingesetzte Mittel, z. B. ein an sich zulässiger Eingriff in die rechtliche oder wirtschaftliche Stellung der Minderheitsaktionäre, in einem groben Mißverhältnis zu dem mit dem Beschluß verfolgten Zweck steht. Oder wenn dieser Eingriff über das Erforderliche hinausgeht, wenn es nicht das schonendste Mittel darstellt, um den Zweck zu erreichen. Zur Anfechtung des Bezugsrechtsausschlusses bei der Kapitalerhöhung s. die Erl. zu § 255.

Anm. 20

3. Der Grundsatz der gleichmäßigen Behandlung

Darüber, ob der Grundsatz der gleichmäßigen Behandlung der Aktionäre aus Treu und Glauben herzuleiten ist oder ob er eine selbständige Wurzel hat, herrscht Streit; hierzu und allgemein zum Gleichbehandlungsprinzip s. oben § 1 Anm. 36, Ritter Vorbem. 4 vor § 1, Godin-Wilhelmi § 1 Anm. 4, Baumbach-Hueck § 11 Anm. 2, Würdinger S. 50, G. Hueck, Der Grundsatz der gleichmäßigen Behandlung im Privatrecht (1958) S. 44, 305, 333; Zöllner S. 301; Schilling in Hachenburg § 14 Anm. 23. Die Frage ist ohne praktische Bedeutung (ebenso G. Hueck S. 113) und kann dahingestellt bleiben.

Jedenfalls sind beide Prinzipien nahe verwandt und treffen in § 243 Abs. 2 zusammen. Jedes Streben nach einem Sondervorteil zum Schaden der Gesellschaft oder der anderen Aktionäre ist zugleich eine Verletzung der Gesellschaftstreue und des Gleichbehandlungsgrundsatzes.

Der Grundsatz der gleichmäßigen Behandlung ist als solcher im Aktiengesetz nicht ausdrücklich niedergelegt. Er kommt aber in mehreren Gesetzesbestimmungen zum Ausdruck, so in den §§ 60 Abs. 1, 134 Abs. 1 und 2, 186 Abs. 1, 271 Abs. 2. Aus diesen Bestimmungen ergibt sich zugleich, daß es sich um eine Gleichheit nach dem *Verhältnis der Beteiligung*, nicht nach Köpfen handelt. Das entspricht dem Charakter der Kapitalgesellschaft. Der Gleichheitsgrundsatz ist dem modernen Verbandsrecht immanent. Er ergibt sich aus dem körperschaftlichen Verhältnis zwischen Verband und Mitgliedern: wer Macht über mehrere ausübt, muß jeden gleich behandeln oder, negativ ausgedrückt, darf nicht willkürlich ungleich behandeln. Der Grundsatz gilt aber nur, soweit nicht Gesetz oder Satzung (diese im Rahmen des § 23 Abs. 5) von ihm abweichen, so in §§ 134, 139.

Die *Verletzung* des Gleichbehandlungsgrundsatzes im Einzelfall durch einen Hauptversammlungsbeschluß berührt nur die betroffenen Aktionäre und begründet daher nur *Anfechtbarkeit*, nicht Nichtigkeit (RG 118, 72; RG in JW 1927, 2982[2]; 1931, 2961; 1935, 1776). Nichtigkeit könnte nur dann eintreten, wenn der Beschluß darauf abzielt, allgemein für die Zukunft den Gleichbehandlungsgrundsatz abzuschaffen, vgl. § 241 Anm. 22, Möhring-Tank Rz. 510.

Daß ein Verstoß gegen den Gleichheitsgrundsatz den Beschluß wie bei der Verletzung eines Sonderrechts (§ 1 Anm. 35, § 241 Anm. 3) ohne die Zustimmung der betroffenen Aktionäre unwirksam macht (so Wiedemann § 179 Anm. 8 unter b), kann nicht angenommen werden (h. M.: Godin-Wilhelmi § 241 Anm. 8, Baumbach-Hueck 7, Würdinger S. 153, Möhring-Tank Rz. 510, G. Hueck S. 311, Zöllner S. 416). Die Parallele zum Sonderrecht ist nicht richtig. Das Gleichbehandlungsprinzip verleiht kein subjektives Recht, noch weniger ein Sonderrecht (§ 1 Anm. 35), sondern bindet die Gesellschaftsorgane bei der Ausübung ihrer Befugnisse, vgl. auch § 204 Anm. 2, ebenso wie der Grundsatz der Gesellschaftstreue.

Anm. 21

4. Das Streben nach einem Sondervorteil, Abs. 2

a) Die Anfechtung kann auch darauf gestützt werden, daß ein Aktionär mit der Ausübung des Stimmrechts für sich oder einen Dritten Sondervorteile zum Schaden der Gesellschaft oder der anderen Aktionäre zu erlangen suchte und der Beschluß geeignet ist, diesem Zweck zu dienen, Abs. 2 Satz 1. *Die Vorschrift ist ein Sondertatbestand innerhalb des umfassenderen Anfechtungstatbestandes der Verletzung der Gesellschaftstreue oder des Mißbrauchs der Mehrheitsmacht* (Anm. 18, 19). Sie verdankt ihre Entstehung dem Wunsch nach einer Generalklausel, die von dem der damaligen Rechtsprechung allein zur Verfügung stehenden Merkmal der Sittenwidrigkeit abrücken sollte, s. Anm. 17. Sie stand ursprünglich — als § 197 Abs. 2 AktG 37 — in engem Zusammenhang mit § 101 AktG 37. Nach diesem machte sich schadensersatzpflichtig, wer zu dem Zwecke, für sich oder einen anderen gesellschaftsfremde Sondervorteile zu erlangen, vorsätzlich unter Ausnutzung seines Einflusses auf die Gesellschaft ein Vorstands- oder Aufsichtsratsmitglied dazu bestimmte, zum Schaden der Gesellschaft oder ihrer Aktionäre zu handeln. Diese Vorschrift galt nach ihrem Abs. 7 nicht, wenn gesellschaftsfremde Sondervorteile durch Stimmrechtsausübung verfolgt werden. Hier half nur die Anfechtung nach § 197 Abs. 2. Anstelle des § 101 ist jetzt § 117 getreten. In ihm ist das Streben nach einem Sondervorteil fallen gelassen worden (vgl. § 117 Einl.). Es genügt jetzt die vorsätzliche Schadenszufügung unter Benutzung des Einflusses auf die Gesellschaft.

b) Ein *Sondervorteil* muß erstrebt werden. Das ist ein wirtschaftlicher Vorteil, den die anderen Aktionäre nicht erhalten, den auch ein beliebiger Dritter — anders wie der von der Vorschrift erfaßte nahestehende Dritte — nicht erhalten würde. Der Sondervorteil ist nahe verwandt, oft identisch mit der verdeckten Gewinnausschüttung (dazu Ballerstedt, Kapital, Gewinn und Ausschüttung bei Kapitalgesellschaften, Tübingen 1949 S. 112 und Döllerer, Fragen der verdeckten Gewinnausschüttung der Aktiengesellschaft, BB 67, 1347). Es handelt sich um einen wirtschaftlich nicht gerechtfertigten Vorteil (Würdinger S. 154), dessen Gewährung an einen Aktionär auch den Gleichbehandlungsgrundsatz (Anm. 20) verletzt. Dabei kommt nicht nur ein Vermögensvorteil in Frage, auch eine Verbesserung der gesellschaftsrechtlichen Stellung eines Aktionärs kann ein Sondervorteil sein, z. B. die Verschiebung der Stimmenmacht, s. § 255 Anm. 3. Die Wahl in den Aufsichtsrat ist kein Sondervorteil, § 251 Anm. 3.

c) Auf Vorschlag des Bundesrats ist das im RegEntw. dem Sondervorteil noch (ebenso wie in § 197 Abs. 2 AktG 37) beigefügte Adjektiv „*gesellschaftsfremd*" mit der Begründung gestrichen worden, die Gesellschaftsfremdheit komme bereits in dem Wort „Sondervorteil" zum Ausdruck (bei Kropff S. 330). Die Richtigkeit dieser Begründung ist zu bezweifeln. Gesellschaftsfremd ist der Sondervorteil, wenn seine Verfolgung nicht im Gesellschaftsinteresse liegt (Zöllner S. 351, 293). Diese gab also nach dem alten Recht nur dann einen Anfechtungsgrund, wenn der Sondervorteil dem Gesellschaftsinteresse schadete oder es mindestens unberührt ließ. Nach dem neuen Recht ist die Anfechtung auch dann gegeben, wenn die Verfolgung des Sondervorteils gesellschaftsnützlich ist.

d) Der Sondervorteil muß entweder die Gesellschaft *schädigen* oder die anderen Aktionäre. Die verdeckte Gewinnausschüttung schädigt beide, die ungleiche Zuteilung von Aktien aus einer Kapitalerhöhung nur die übergangenen Aktionäre. Die Erlangung eines Sondervorteils zum Schaden eines Dritten ist kein Anfechtungsgrund.

e) Der Beschluß muß *geeignet* sein, dem Streben nach einem Sondervorteil zu dienen. Ein untauglicher Versuch genügt nicht. Bezüglich der *Kausalität* gilt das in Anm. 10 Gesagte. Die verklagte Gesellschaft kann also geltend machen, daß der Beschluß auch ohne das Streben nach einem Sondervorteil zustande gekommen wäre. Darauf, daß der Sondervorteil tatsächlich erlangt wurde, kommt es aber nicht an.

f) In *subjektiver Hinsicht* ist zu beachten, daß im neuen Gesetz das (in § 197 Abs. 2 AktG 37 enthaltene) Wort „vorsätzlich" gestrichen ist. Nach der RegBegr. (bei Kropff S. 329) braucht damit der Schaden der Gesellschaft oder der anderen Aktionäre nicht mehr vom Vorsatz umfaßt zu sein (ebenso Baumbach-Hueck 10, a. M. Godin-Wilhelmi 5). *Vorsatz* ist aber weiterhin erforderlich bezüglich der Erlangung des Sondervorteils. Es genügt, wenn ein Aktionär oder Aktionärvertreter (§ 166 Abs. 1 BGB) den Sondervorteil für sich oder einen Dritten zu erlangen sucht, auch wenn er nicht über die Stimmenmehrheit verfügt (Zöllner S. 297).

Anm. 22

5. Der Ausschluß der Anfechtung durch Ausgleichsgewährung, Abs. 2 Satz 2

Die Anfechtung wegen Verfolgung eines Sondervorteils ist ausgeschlossen, wenn der Beschluß den anderen Aktionären einen *angemessenen Ausgleich* für ihren Schaden gewährt. Das muß in demselben Hauptversammlungsbeschluß geschehen. Der Ausgleich muß *angemessen* sein. Er ist aber etwas anderes als Schadensersatz. Durch ihn soll — ebenso wie bei § 311 — nicht der frühere ohne den Sondervorteil bestehende Zustand, sondern das wirtschaftliche Gleichgewicht wieder hergestellt werden. Der Ausgleich muß also eine vollwertige Gegenleistung für den Sondervorteil darstellen. Im übrigen kann die Auslegung des gleichen Begriffs in § 304 herangezogen werden (vgl. RegBegr. bei Kropff S. 329, Godin-Wilhelmi 5, Baumbach-Hueck 10).

Der Erwerb der Aktien der anderen Aktionäre gegen angemessene Abfindung (vgl. § 305) ist nicht als angemessener Ausgleich im Sinne des Satz 2 anzusehen. Allenfalls kann ein solches Ausscheiden gegen Abfindung wahlweise neben einem Ausgleich angeboten werden.

Die Anfechtung wird durch den Ausgleich nur bezüglich des Sondervorteils beseitigt. Ein *sonstiger Verstoß gegen Gesetz oder Satzung* ist nicht ausgleichsfähig und bleibt anfechtbar, s. auch Anm. 19. Beispiel: Die herrschende Gesellschaft beschließt die Verschmelzung der abhängigen Gesellschaft mit ihr. Der Verschmelzungsvertrag stellt fest, daß das Wertverhältnis der Aktien beider Gesellschaften 1:1 ist. Er sieht aber keinen Aktienumtausch 1:1 vor, sondern nur 10:7 und eine bare Zuzahlung von 30%. Der dem Verschmelzungsvertrag zustimmende Beschluß (§ 340) ist wegen Verstoßes gegen § 344 Abs. 2, wonach bare Zuzahlungen 10% der gewährten Aktien nicht übersteigen dürfen, anfechtbar.

Wer den Ausgleich zu *leisten* hat, sagt das Gesetz nicht. Es bestimmt nur, daß der Hauptversammlungsbeschluß ihn gewähren muß. Damit ist nicht gesagt, daß die Gesellschaft immer Schuldner des Ausgleichs sein muß (wie Möhring-Tank Rz. 525 annehmen). Sie kann es sein, wenn z. B. der Ausgleich in der Ausschüttung einer Vorzugsdividende besteht. Bei den vom Gesetz für die Anwendung des Satz 2 in erster Linie gedachten anderen Unternehmensverträgen des § 292 wird aber regelmäßig der *andere Vertragsteil* sich zur Ausgleichsleistung verpflichten, entsprechend der Regelung der §§ 304 und 305 beim Gewinnabführungs- und Beherrschungsvertrag. Die Verpflichtung ist dann ein Teil des von der Hauptversammlung zu genehmigenden Unternehmensvertrags; vgl. auch § 304 Anm. 17, 18.

Anm. 23

Nach dem Wortlaut (und wohl auch nach der RegBegr., bei Kropff S. 329) des Satz 2 schließt die Ausgleichsgewährung die Anfechtung auch dann aus, wenn es sich um einen Sondervorteil zum *Schaden der Gesellschaft* handelt (Obermüller-Werner-Winden S. 324). Zwar schädigt ein solcher Sondervorteil immer mittelbar auch die anderen Aktionäre, weil deren wirtschaftlicher Anteil am Gesellschaftsvermögen vermindert wird, z. B. wenn der Beschluß dem Abschluß eines Betriebspachtvertrags zu einem unangemessen niedrigen Pachtzins zustimmt. Aber durch die Leistung eines angemessenen Ausgleichs an die Aktionäre wird der der Gesellschaft entstandene Schaden nicht behoben. Die neue Vorschrift kann deshalb auch nicht die Bedeutung haben, daß damit die Schädigung der Gesellschaft rechtmäßig würde (ebenso § 311 Anm. 5). Vielmehr besagt sie nur, daß eine *Anfechtung* auf das Streben nach einem Sondervorteil nicht mehr gestützt werden kann, daß der Aktionär also insoweit von der Wahrung des Gesellschaftsinteresses ausgeschlossen ist. Diese obliegt aber weiterhin uneingeschränkt dem Vorstand (und im Rahmen seiner Überwachungspflicht dem Aufsichtsrat). Auch ihm und dem Aufsichtsrat ist die Anfechtung (§ 245 Nr. 4 und 5) wegen eines Sondervorteils zum Schaden der Gesellschaft verschlossen, wenn den Aktionären ein angemessener Ausgleich gewährt wird. Aber der Beschluß wird dadurch *nicht gesetzmäßig* i. S. des § 93 Abs. 4 Satz 1 (vgl. dort Anm. 32ff.). Vorstand und Aufsichtsrat bleiben vielmehr verpflichtet, eine Schädigung der Gesellschaft abzuwehren oder im Falle der Abhängigkeit eine Ausgleichung des Nachteils nach § 311 zu verlangen. Die Ausgleichsregelung der §§ 311ff. gilt anerkanntermaßen (RegBegr. zu § 311 bei Kropff S. 408) auch dann, wenn die abhängige Gesellschaft durch einen Hauptversammlungsbeschluß zu dem nachteiligen Rechtsgeschäft oder der nachteiligen Maßnahme veranlaßt wurde. Die unabhängige Gesellschaft kann nicht schlechter gestellt sein. Was die Unternehmensverträge des § 292 betrifft, für die die Regelung des § 243 Abs. 2 Satz 2 hauptsächlich gedacht ist (RegBegr. zu § 243 bei Kropff S. 329), so besteht Einigkeit darüber, daß sie nur gegen eine *angemessene Gegenleistung* geschlossen werden dürfen (RegBegr. zu § 292 bei Kropff S. 378; für den Betriebspacht- und Betriebsüberlassungsvertrag: § 292 Anm. 20, Biedenkopf-Koppensteiner in Köln. Komm. § 292 Anm. 25).

Der Ausschluß der Anfechtung wegen Strebens nach einem Sondervorteil nach Satz 2 legalisiert also nicht eine tatsächlich eingetretene Schädigung der Gesellschaft. Durch die Gewährung eines angemessenen Ausgleichs an die anderen Aktionäre wird nur *deren* Schädigung ermöglicht. Damit wird im Verhältnis der Aktionäre untereinander ein ähnlicher Rechtszustand geschaffen wie in § 311 zwischen herrschender und abhängiger Gesellschaft. Dabei geht Satz 2 insofern über den § 311 hinaus, als er den ausgleichsfähigen Eingriff in die Rechte der anderen Aktionäre auch dem privaten Aktionär — außerhalb der Verfolgung von Konzerninteressen — gestattet. Zur Kritik des Abs. 2 Satz 2 vgl. Obermüller-Werner-Winden, Aktiengesetz S. 139 und Hauptversammlung S. 324, die ihn für sehr weitgehend halten, ferner Schilling in Freundesgabe für Hans Hengeler S. 233/4.

Anm. 24

6. Verhältnis des Abs. 2 zu Konzernvorschriften

a) Sind bei einem *Beherrschungs- oder Gewinnabführungsvertrag* der Ausgleich nach § 304 oder die Abfindung nach § 305 unangemessen niedrig, so liegt darin ein Sondervorteil zum Schaden der (außenstehenden) Aktionäre. Die §§ 304 Abs. 3 Satz 2 und 305 Abs. 5 Satz 1 schließen aber die Anfechtung des Zustimmungsbeschlusses (§ 293) hierwegen aus und verweisen die Aktionäre auf das Verfahren nach § 306. Das gleiche gilt für die Eingliederung (§ 320 Abs. 6 Satz 1), für die Umwandlung einer AG in eine GmbH (§ 375 Abs. 2) und für die übertragende Umwandlung (§ 13 UmwG). Dabei ist in diesen Fällen (mit Ausnahme des § 375 Abs. 2) die Anfechtung wegen jeden Sondervorteils nach § 243 Abs. 2, nicht nur wegen Unangemessenheit des Ausgleichs oder der Abfindung ausgeschlossen. Für den Beherrschungs- oder Gewinnabführungsvertrag ergibt sich dies aus § 304 Abs. 3 Satz 2 und brauchte in § 305 Abs. 5 nicht wiederholt zu werden. Zur Frage des Ausgleichs im Falle einer Kapitalerhöhung bei alten Unternehmensverträgen s. Würdinger AG 67, 341.

b) Anders ist die Regelung bei den *anderen Unternehmensverträgen* des § 292. Schließt die Gesellschaft einen solchen Vertrag mit einem Aktionär zu einer unangemessen niedrigen Gegenleistung, so liegt ein Verstoß gegen die §§ 57, 58, 60 vor, der den Vertrag nach § 134 BGB und den zustimmenden Hauptversammlungsbeschluß nach § 241 Nr. 3 nichtig macht (RegBegr. bei Kropff S. 378, 379; § 292 Anm. 30; Biedenkopf-Koppensteiner im Köln. Komm. § 292 Anm. 5). Kraft ausdrücklicher Vorschrift des § 292 Abs. 3 Satz 1 ist diese Nichtigkeitsfolge lür den *Betriebspacht-* und den *Betriebsüberlassungsvertrag* im Hinblick auf die hier eintretenden Schwierigkeiten bei der Rückabwicklung ausgeschlossen. Geblieben ist nach § 292 Abs. 2 Satz 2 die Anfechtungsmöglichkeit. Aber auch diese Anfechtung ist ausgeschlossen, wenn den anderen Aktionären ein angemessener Ausgleich gewährt wird. Unberührt hiervon ist nach dem in Anm. 23 Gesagten die Pflicht des Vorstands, das Interesse der Gesellschaft zu wahren und für die Angemessenheit der Gegenleistung zu sorgen.

c) Verschiedentlich wird die Meinung vertreten, im Bereich des *faktischen Konzerns* verdränge die Regelung der §§ 311 ff. die Anfechtbarkeit nach § 243 Abs. 2. Das wird einmal damit begründet, die §§ 311 ff. verdrängten die Vorschriften über die verdeckte Gewinnausschüttung überhaupt (Biedenkopf-Koppensteiner Köln. Komm. § 292 Anm. 27), von anderen wird die Unvereinbarkeit beider Regelungen darin gesehen, daß § 243 Abs. 2 Satz 2 die Ausgleichsbestimmung schon im Hauptversammlungsbeschluß verlange, während § 311 Abs. 2 dafür Zeit bis Ende des Geschäftsjahres lasse (Möhring-Tank Rz. 524) und außerdem nur einen Ausgleich an die Gesellschaft, nicht auch an die anderen Aktionäre verlange (Bachelin, Der konzernrechtliche Minderheitenschutz, Köln 1969 S. 67/8). Diese Gründe sind nicht durchschlagend. Die Anfechtung ist in erster Linie ein Rechtsbehelf des Aktionärs. Es leuchtet nicht ein, daß ihm dieser Rechtsbehelf im faktischen Konzern, wo seine Interessen besonders gefährdet sind, genommen werden soll. Nur insofern ist § 311 lex specialis gegenüber § 243 Abs. 2, als ein die Gesellschaft schädigender Sondervorteil zu verneinen ist, wenn ein *Ausgleich* nach § 311 gewährt wird. Dann liegt in der Regel auch keine Schädigung der anderen Aktionäre vor. Ist der Ausgleich bis zur letzten mündlichen Verhandlung über die Anfechtungsklage gemäß § 311 Abs. 2 erfolgt oder bestimmt, so ist der Anfechtungsgrund des Sondervorteils zum Schaden der Gesellschaft nicht oder nicht mehr gegeben. Das hat aber mit dem Ausgleich nach § 243 Abs. 2 Satz 2 nichts zu tun. Denn dieser wird nicht der Gesellschaft, sondern den anderen Aktionären gewährt. Den Weg der Gewährung dieses im Zustimmungsbeschluß zu gewährenden Ausgleichs wird das herrschende Unternehmen gehen, wenn es einen Anfechtungsprozeß über die Frage eines Sondervorteils, also über die Angemessenheit der Gegenleistung oder des Nachteilsausgleichs vermeiden will. Garantiert z. B. das herrschende Unternehmen bei Abschluß eines Betriebspachtvertrags in dem Zustimmungsbeschluß den außenstehenden Aktionären eine angemessene Dividende, so ist die Angemessenheit des Pachtzinses der Nachprüfung im Anfechtungsverfahren entzogen. Beide Regelungen — § 243 Abs. 2 und §§ 311 ff. — schließen sich also nicht aus, sondern ergänzen sich.

Anm. 25

7. Rechtsmißbrauch des Anfechtungsklägers?

Das Anfechtungsrecht „ist die wirksamste Waffe des Aktionärs. Wirklich mißbräuchliche Anfechtungsklagen sind in den letzten Jahren nicht bekanntgeworden" (RegBegr. zu § 245 bei Kropff S. 332).

Das Reichsgericht hat in RGZ 146, 385 (395) ausgeführt, das Anfechtungsrecht werde mißbräuchlich ausgeübt (und die Klage sei deshalb abzuweisen), wenn der Kläger damit der Gesellschaft selbstsüchtig seinen Willen erpresserisch aufzwingen wolle, also gesellschaftsfremde Zwecke verfolge. Das Reichsgericht hebt damit auf die *Motive des Klägers* ab. Dem ist der Bundesgerichtshof in BGH 33, 175 (187); 36, 121 (Leitsatz 6 bez. der Anfechtungsklage); BB 62, 426 gefolgt, ebenso die Voraufl. ds. Komm. § 197 Anm. 15a, Godin-Wilhelmi 3, Baumbach-Hueck 6. In BGH 33, 187 heißt es, der Kläger sei nach seinem ganzen Verhalten in der Angelegenheit nicht dazu berufen, die Rechte der Minderheit wahrzunehmen und zu verteidigen. In BGH 36, 121 und BB 62, 462 werden die Motive des Klägers für die Erhebung der Anfechtungsklage als rechtserheblich angesehen.

Diese Meinung ist unrichtig. Die *Motive des Klägers* sind für die Frage, ob der Anfechtungsklage stattzugeben ist oder nicht, *unerheblich*; ebenso Goldschmidt, Grundfragen des neuen schweizerischen Aktienrechts, St. Gallen 1937 S. 50, Mestmäcker, Verwaltung S. 14 und BB 61, 951 (zu BGH 33, 187); ferner ausführlich die Dissertation von Bokelmann (Bielefeld 1970): Rechtsmißbrauch des Anfechtungsrechts durch den Aktionär; ders. BB 72, 733.

Die Unerheblichkeit der Motive ergibt sich aus der Rechtsnatur des Anfechtungsrechts. Es ist in erster Linie *fremdnützig*, nicht eigennützig, und dient der Beseitigung eines rechtswidrigen Zustands. Es ist dem Aktionär nicht verliehen, um seine eigenen schutzwürdigen Interessen oder die der Minderheit gegen die Interessen der Mehrheit zu verteidigen, mit der Maßgabe, daß der Richter zwischen beiden abzuwägen und dem besseren Recht zum Siege zu verhelfen hätte, wie dies bei dem Einwand der unzulässigen Rechtsausübung der Fall ist. Da es kein schutzwürdiges Interesse der Gesellschaft an der Aufrechterhaltung eines rechtswidrigen Hauptversammlungsbeschlusses gibt, ist ihr auch der Einwand der unzulässigen Rechtsausübung gegen die Anfechtungsklage versagt. Mestmäcker (S. 952) und Bokelmann (S. 91) weisen mit Recht darauf hin, daß das Verhalten der beschließenden Mehrheit und des anfechtenden Aktionärs nicht mit dem gleichen Maß gemessen werden können. Die Mehrheit trifft eine Ermessensentscheidung, die unmittelbar die Interessen aller Aktionäre betrifft. Der Anfechtungskläger bedarf der Mitwirkung des Gerichts und kann nur gegen Rechtsverletzungen vorgehen, nicht gegen Beschlüsse, die sich im Rahmen des unternehmerischen Ermessens halten. Die Anfechtungsklage wird deshalb auch nicht unzulässig, wenn der Kläger mit ihr der Gesellschaft erpresserisch gedroht hat. Die Rechtswidrigkeit der Drohung macht die Klage selbst nicht rechtswidrig (näheres bei Bokelmann S. 140ff.).

IV. Ausschluß der Anfechtung nach Abs. 3

Anm. 26

1. Der Ausschluß wegen Verletzung des § 128

Nach § 125 hat der Vorstand die Einberufung der Hauptversammlung, die Bekanntmachung der Tagesordnung sowie Anträge (§ 126) und Wahlvorschläge (§ 127) von

Aktionären nebst deren Begründung und einer Stellungnahme der Verwaltung den Kreditinstituten und Aktionärsvereinigungen, die in der letzten Hauptversammlung Stimmrechte für Aktionäre ausgeübt oder die die Mitteilung verlangt haben, mitzuteilen. Diese Mitteilungen haben die Kreditinstitute und Aktionärsvereinigungen an ihre Depotkunden bzw. Mitglieder weiterzugeben, § 128 Abs. 1, 5. Wollen sie in der Hauptversammlung das Stimmrecht ausüben, so haben sie den Empfängern auch Vorschläge dafür zu machen und Weisungen zu erbitten, § 128 Abs. 2, 5.

Auf eine Verletzung des § 128 kann nach der ausdrücklichen Vorschrift des § 243 Abs. 3 eine Anfechtungsklage nicht gestützt werden, obwohl es sich um wichtige Pflichten handelt, deren Nichterfüllung die Ergebnisse der Hauptversammlung in erheblichem Maße beeinflussen kann. Der Grund, die Anfechtung trotzdem auszuschließen, liegt nach dem Ausschußbericht (bei Kropff S. 330), darin, daß die Erfüllung dieser Pflichten *außerhalb des Einflußbereichs der Gesellschaft* liegt und diese dafür nicht mit der Folge einer Anfechtbarkeit verantwortlich gemacht werden kann. Der Gedanke ist richtig. Das Gesetz treibt in den §§ 124-128 eine weitgehende Informationsfürsorge für den Aktionär. Versagt dabei ein Kreditinstitut oder eine Aktionärsvereinigung, so liegt das in der Risikosphäre und dem *Einflußbereich des Aktionärs*. Verstößt dagegen die Gesellschaft gegen die ihr in den §§ 125—127 auferlegten Pflichten, so bleibt es bei der Anfechtung; s. auch § 245 Anm. 11.

Anm. 27

2. Verletzung des § 135

Der gleiche Rechtsgedanke wie dem § 243 Abs. 3 liegt dem § 135 Abs. 6 (für Inhaberaktien) und Abs. 7 Satz 3 (für Namensaktien) zugrunde. Verstößt ein Kreditinstitut oder einer der in § 135 Abs. 9 genannten Stimmrechtsvertreter gegen Vorschriften über die *Stimmrechtsausübung*, die außerhalb des Kontroll- und Einflußbereichs der Gesellschaft liegen, so wird die Wirksamkeit der Stimmabgabe dadurch nicht beeinträchtigt; näheres bei § 135 Anm. 35. Damit entfällt auch die Anfechtung wegen eines Verstoßes gegen die in § 135 Abs. 6 aufgeführten Vorschriften (RegBegr. bei Kropff S. 198; Obermüller-Werner-Winden, Hauptversammlung S. 323; Eckhardt DB 67, 236; Werner AG 67, 123).

Der genannte Rechtsgedanke ist der Analogie fähig. Außerhalb des Einflußbereichs der Gesellschaft liegt auch ein *Verstoß gegen § 135 Abs. 10*. Es gilt das in Anm. 26 Abs. 2 Gesagte. Auf eine Verletzung des Abs. 10 kann eine Anfechtung nicht gestützt werden; ebenso § 135 Anm. 35, Eckhardt a. a. O., s. auch § 245 Anm. 10. Bei einem *Verstoß gegen § 135 Abs. 1 Satz 1* muß unterschieden werden. Übt das Kreditinstitut das Stimmrecht unter Benennung des Aktionärs in dessen Namen aus (§ 135 Abs. 4 Satz 1), so muß es die Vollmachtsurkunde der Gesellschaft vorlegen, Abs. 4 Satz 3. Tut es dies nicht (weil es keine schriftliche Vollmacht hat) und wird es trotzdem von der Gesellschaft zugelassen, so ist ein Anfechtungsgrund gegeben (ebenso Eckhardt a. a. O.). Übt aber das Kreditinstitut das Stimmrecht ohne schriftliche Vollmacht oder ohne daß die Vollmacht es bestimmt, im Namen dessen, den es angeht, aus (§ 135 Abs. 4 Satz 2), so kann die Gesellschaft den Mangel der Vollmacht nicht feststellen. In rechtsähnlicher Anwendung des Abs. 6 ist die Stimmabgabe gültig (ebenso § 135 Anm. 35, a. M. Eckhardt a. a. O.).

V. Die Anfechtungsklage als Rechtsgestaltungsklage

Anm. 28

1. Die Form der Anfechtung

Die Anfechtung eines Hauptversammlungsbeschlusses erfolgt durch Klage und nur durch Klage, Abs. 1. Dadurch unterscheidet sich die Anfechtbarkeit wesentlich von der Nichtigkeit. Diese kann auch außerhalb des Prozesses, auch durch Einrede, zu jeder

Zeit — soweit nicht Heilung eingetreten ist, § 242 — und von jedermann geltend gemacht werden, vgl. § 249. Die Anfechtung kann dagegen nur in der im Gesetz bestimmten Form und Frist und von den zur Anfechtung Befugten, §§ 245, 246, vorgenommen werden. Die Anfechtung kann nicht, wie die bürgerlich-rechtliche Anfechtung eines Rechtsgeschäfts, z. B. wegen Irrtums, durch Erklärung gegenüber dem Anfechtungsgegner, § 143 BGB, erfolgen. Es kann deshalb auch nicht von den gewöhnlichen Rechtsbehelfen des bürgerlichen Rechts wegen *Willensmängeln* Gebrauch gemacht werden. Wird die Hauptversammlung oder ein erheblicher Teil derselben durch Irrtum, arglistige Täuschung usw. zur Abstimmung in einem bestimmten Sinne veranlaßt, so kann dies immer nur die *aktienrechtliche* Anfechtung des Beschlusses durch Anfechtungsklage begründen. Das Gleiche gilt für Willensmängel bei der Stimmabgabe des einzelnen Aktionärs, oben Anm. 15.

Die Anfechtung liegt noch nicht in dem Stimmen gegen den Beschluß oder in der Erklärung des Widerspruchs zur Niederschrift. Beide Rechtshandlungen bilden regelmäßig nur die Voraussetzung für die Anfechtung; vgl. § 245 Nr. 1. Die Anfechtung kann auch nicht wirksam durch Einrede erfolgen. Durch *Widerklage* kann sie in der Regel ebenfalls nicht erfolgen, auch wenn die Widerklage nach Form und Frist den Erfordernissen einer Anfechtungsklage genügt, wenn insbesondere gemäß § 281 ZPO ein der Vorschrift des § 253 Abs. 2 Nr. 2 ZPO entsprechender Schriftsatz zugestellt wird. Denn bei einer Klage der Gesellschaft ist diese durch den Vorstand, bei der gegen sie gerichteten Anfechtungsklage in der Regel aber durch Vorstand und Aufsichtsrat vertreten, § 246 Abs. 2. Da die Widerklage dem Organ zugestellt werden muß, das die Gesellschaft bei der Klage vertritt, kann die Anfechtungsklage nur als Widerklage des Vorstands erhoben werden, wenn die Gesellschaft, vertreten durch den Aufsichtsrat (§ 112), gegen den Vorstand geklagt hat. Die Anfechtung könnte auch nicht dadurch geschehen, daß die Anfechtungsberechtigten die Abweisung einer von der Gesellschaft erhobenen Klage beantragen, mit der festgestellt werden soll, daß der Beschluß nicht anfechtbar ist. Eine derartige Feststellungsklage wäre wohl denkbar, wenn es sich um die Feststellung handelte, ob ein Hauptversammlungsbeschluß nichtig ist. Für eine Klage auf Feststellung, daß ein Beschluß nicht anfechtbar ist, würde es, da die Anfechtung nur innerhalb Monatsfrist seit der Beschlußfassung möglich ist, auch an dem Feststellungsinteresse, § 256 ZPO, fehlen.

Durch die Möglichkeit der Anfechtungsklage ist es nicht ausgeschlossen, daß die Beteiligten auf einem anderen, durch das Aktiengesetz vorgesehenen Wege, die Entscheidung über eine strittige Frage herbeiführen. Dann sind beide Verfahren nebeneinander zulässig. So kann ein Beschluß über die Wahl von Prüfern mit der Anfechtungs- und Nichtigkeitsklage bekämpft werden, RG in HRR 1937 Nr. 14. Es kann aber auch nach § 163 Abs. 2 vom Vorstand oder Aufsichtsrat oder der dort genannten Minderheit durch Widerspruch gegen die Auswahl der Prüfer die Entscheidung des Registerrichters angerufen werden. Hat nach § 169 bei Meinungsverschiedenheiten zwischen dem Abschlußprüfer und dem Vorstand das Gericht über die Auslegung der Vorschriften über den Jahresabschluß und den Geschäftsbericht entschieden, so ist damit der Jahresabschluß noch nicht festgestellt. Ein anderes Gericht, insbesondere das Gericht der Nichtigkeitsklage (§§ 256, 249) ist an die im Verfahren nach § 169 erzwungene Entscheidung nicht gebunden, da sie nicht für und gegen alle wirkt, § 169 Abs. 2 Satz 1; s. dort Anm. 11—13, Adler-Düring-Schmaltz § 169 Anm. 30,31, vgl. auch oben Anm. 12.

Anm. 29

2. Anfechtung eines bestimmten Beschlusses

Die Anfechtungs- (wie auch die Nichtigkeits)klage muß sich gegen einen *bestimmten Beschluß* der Hauptversammlung richten und zwar gegen denjenigen, der mit dem Mangel behaftet ist; bei Sonderbeschlüssen (§ 138), also entweder gegen den Hauptversammlungsbeschluß oder den Sonderbeschluß, wenn nur der eine oder der andere mangelhaft ist. Von der Fassung des einzelnen Beschlusses an läuft auch die Anfechtungsfrist für diesen, § 246 Abs. 1. Hat der Vorsitzende, wie es § 130 Abs. 2 vorsieht, das Ergebnis der Abstimmung zur Niederschrift festgestellt, so ist die Anfechtung gegen den festgestellten Beschluß zu richten. Wenn eine förmliche Feststellung nicht getroffen ist, aber sich doch das Ergebnis der Abstimmung aus der Niederschrift ergibt, so ist der danach gefaßte Beschluß anzufechten. Der Klageantrag hat dahin zu lauten, daß der näher bezeichnete Beschluß für *nichtig erklärt* wird (bei der Nichtigkeitsklage hat er dahin zu lauten, festzustellen, daß der Beschluß nichtig ist). Auch wenn behauptet wird, der vom Vorsitzenden festgestellte Beschluß sei gar nicht gefaßt, sondern ein anderer, so kann sich die Klage doch nur gegen den festgestellten Beschluß richten. Mit der Anfechtungsklage kann aber unter bestimmten Voraussetzungen die Klage auf *Feststellung des wirklich und rechtmäßig gefaßten Beschlusses* verbunden werden, s. § 248 Anm. 3.

Die Anfechtungsklage kann außer auf Anfechtungsgründe auch auf Tatsachen gestützt werden, die die Nichtigkeit des Beschlusses nach § 241 rechtfertigen würden; s. hierzu § 246 Anm. 5.

Anm. 30

3. Einfluß der Anfechtungstatsachen und der Anfechtungsklage auf den Bestand des anfechtbaren Hauptversammlungsbeschlusses

Da erst das rechtskräftige Urteil rechtsgestaltend wirkt, bleiben bis dahin auch anfechtbare Beschlüsse *wirksam*. Sie begründen die sich aus den Beschlüssen regelmäßig ergebenden Rechtsfolgen. Sie können auch vollzogen werden. So kann z. B. ein durch einen anfechtbaren Beschluß gewählter Aufsichtsrat und ein von diesem bestellter Vorstand die ihm nach Gesetz und Satzung zukommenden Befugnisse ausüben, s. auch § 252 Anm. 3, 5. Diese Organe haben, wenn sie das Amt annehmen, auch die damit verbundenen Pflichten und haften nach allgemeinen Vorschriften für Pflichtverletzungen, §§ 93, 116. Im Hinblick auf die Rückwirkung der Nichtigkeiterklärung des Beschlusses durch das Urteil (§ 248 Anm. 4) kann aber der Vorstand den Vollzug eines Beschlusses aussetzen, bis die Anfechtungsfrist abgelaufen ist, und nach erfolgter Anfechtung bis zur rechtskräftigen Entscheidung. Dies kann er insbesondere tun, wenn er die Anfechtung für begründet oder gar den Beschluß für nichtig hält. Er hat seine Entschließung pflichtgemäß so zu treffen, wie es das Wohl der Gesellschaft erfordert. Die Aussetzung des Vollzugs (z. B. eines Gewinnverteilungsbeschlusses) kann geboten sein, um Nachteile von der Gesellschaft abzuwenden; vgl. § 93 Anm. 33.

Die Anfechtungstatsachen und insbesondere die Erhebung der Klage können auch einen Antrag auf *einstweilige Verfügung* rechtfertigen, durch die der Vollzug des Beschlusses und seine Eintragung ins Handelsregister untersagt werden, § 16 Abs. 2 HGB.

Anm. 31

4. Die Eintragung in das Handelsregister

Auch für den *Registerrichter* gilt der nur anfechtbare Beschluß als bestehend, solange er nicht durch rechtskräftiges Urteil für nichtig erklärt ist. Dagegen muß der Registerrichter die Eintragung eines Beschlusses, dessen Nichtigkeit er nach der ihm obliegenden Prüfung erkannt hat, oder eines unvollständigen oder unwirksamen Beschlusses, z. B. beim Fehlen eines Sonderbeschlusses (§ 138), ablehnen, RG 148, 175. Der Registerrichter kann aber auch die Eintragung eines nur mit einem Anfechtungsmangel behafteten Beschlusses bis nach Ablauf der Anfechtungsfrist, § 246 Abs. 1, oder bis zur rechtskräftigen Entscheidung über die Anfechtung *aussetzen*, § 127 FGG. Ob er von dieser Befugnis Gebrauch machen oder die an sich zulässige Eintragung vornehmen will, hängt von seiner pflichtgemäßen *Prüfung* ab, ob mit dem einen oder anderen Vorgehen die geringeren oder größeren Nachteile für die Gesellschaft, die Gläubiger, den Anfechtungsberechtigten oder die Allgemeinheit verbunden sind. Dabei sind auch die Schwere des Mangels und die Aussichten einer Anfechtungsklage zu berücksichtigen, Godin-Wilhelmi 6, Baumbach-Hueck 3. Durch die Eintragung eines anfechtbaren Beschlusses wird die Anfechtung nicht berührt.

Anm. 32

Umstritten ist die Frage, ob und unter welchen Voraussetzungen der Registerrichter die Eintragung eines mit einem Anfechtungsmangel behafteten Beschlusses *ablehnen* kann, wenn die Klagefrist des § 246 Abs. 1 abgelaufen oder eine Anfechtungsklage ohne Erfolg geblieben ist. Godin-Wilhelmi 6, Baumbach-Hueck 3 und Hueck, Anfechtbarkeit und Nichtigkeit von Generalversammlungsbeschlüssen (1924 S. 253/3) verneinen diese Frage. Mangels Anfechtung erlange der Beschluß volle Gültigkeit und müsse, soweit eintragungspflichtig, auch eingetragen werden. Die Nichtigkeit hätte nur durch die Anfechtungsklage herbeigeführt werden können und da das nicht geschehen sei, könne hinfort niemand mehr, auch nicht der Registerrichter, aus dem Verstoß gegen Gesetz oder Satzung Einwendungen gegen die Gültigkeit des Beschlusses herleiten (Hueck S. 253). Diese Meinung wird von Lutter (Die Eintragung anfechtbarer Hauptversammlungsbeschlüsse im Handelsregister NJW 69, 1873) bekämpft. Unter Hinweis auf die konstitutive Wirkung der Eintragung (insbesondere § 181 Abs. 3) und die Kontrollfunktion des Handelsregisters, die mit der Zunahme der zwingenden Normativbestimmungen seit dem Aktiengesetz 1937 und gleichzeitigen Einschränkung der Nichtigkeitsgründe (vgl. Vorbem. zu § 241) erheblich an Bedeutung gewonnen habe, kommt er zu dem Ergebnis (S. 1879), daß der Registerrichter mit einem Anfechtungsmangel behaftete Beschlüsse nicht eintragen dürfe, wenn „die *Interessen der Öffentlichkeit* (Gläubiger, künftige Aktionäre, öffentliche Ordnung des Aktienwesens) auch nur mitberührt" sind. Dieser Meinung schließt sich Zöllner im Köln. Komm. § 181 Anm. 17 an. Noch weiter geht Wiedemann in ds. Komm. § 181 Anm. 7. Er sieht in jedem *offensichtlichen Verstoß gegen materielle Rechtsvorschriften* ein Eintragungshindernis.

In § 241 Anm. 19—22 wurde § 241 Nr. 3 (2. Gruppe) dahin ausgelegt, daß die Verletzung jeder für das *öffentliche Interesse wesentlichen* Vorschrift den Beschluß nichtig mache. Darunter fallen auch Vorschriften, die den Schutz der Gläubiger und der künftigen Aktionäre dienen, aber auch der gegenwärtigen Aktionäre, soweit es sich um unverzichtbare Rechte handelt (Anm. 21, für Satzungsänderungen Anm. 22). Für die Anfechtung und die hier zu entscheidende Frage kommen daher nur Verstöße gegen Vorschriften in Frage, die in erster Linie dem Schutz der gegenwärtigen Aktionäre dienen und das öffentliche Interesse nur unwesentlich berühren. Andererseits ist § 144 Abs. 2 FGG (s. § 241 Anm. 27) zu beachten. Er macht die *Löschung* eines Hauptversammlungsbeschlusses davon abhängig, daß dieser durch seinen Inhalt zwingende Vorschriften des Gesetzes verletzt und seine Beseitigung im öffentlichen Interesse erforderlich erscheint. Zwischen einer wesentlichen und unwesentlichen Berührung des öffentlichen Interesses unterscheidet § 144 Abs. 2 nicht. Da, wo der Richter zur Löschung befugt ist, braucht er selbstverständlich auch nicht einzutragen. Die Meinung Lutters und Zöllners kann sich also weitgehend auf § 144 Abs. 2 FGG stützen. Insoweit wird man ihr auch folgen können. Werden aber nur Rechte gegenwärtiger Aktionäre verletzt und wird das öffentliche Interesse nicht berührt, so kann (gegen Wiedemann) auch bei offensichtlichen Verstößen die Eintragung nicht versagt werden.

§ 244 Bestätigung anfechtbarer Hauptversammlungsbeschlüsse

Die Anfechtung kann nicht mehr geltend gemacht werden, wenn die Hauptversammlung den anfechtbaren Beschluß durch einen neuen Beschluß bestätigt hat und dieser Beschluß innerhalb der Anfechtungsfrist nicht angefochten oder die Anfechtung rechtskräftig zurückgewiesen worden ist. Hat der Kläger ein rechtliches Interesse, daß der anfechtbare Beschluß für die Zeit bis zum Bestätigungsbeschluß für nichtig erklärt wird, so kann er die Anfechtung weiterhin mit dem Ziel geltend machen, den anfechtbaren Beschluß für diese Zeit für nichtig zu erklären.

Übersicht

Einleitung

Anm. 1

§ 244 ist neu in das Aktiengesetz aufgenommen worden. Er knüpft an eine Rechtsentwicklung an, die mit dem Urteil des BGH vom 27. 9. 1956 begann (BGH 21, 354). Dort (S. 356) hatte der BGH ausgeführt, daß das Rechtsschutzbedürfnis für eine Nichtigkeits- oder Anfechtungsklage entfalle, wenn der mit einem Mangel behaftete Hauptversammlungsbeschluß mangelfrei erneuert werde, vgl. für die Nichtigkeitsklage § 241 Anm. 8, 9. In seinem Aufsatz „Die Bestätigung anfechtbarer Hauptversammlungsbeschlüsse" (Festschrift für A. Hueck 1959 S. 281) hatte v. Caemmerer die dogmatische Begründung hierfür geliefert. Durch den Beitrag Ballerstedts (Die Bestätigung anfechtbarer Beschlüsse körperschaftlicher Organe ZHR 124 [1962] S. 233) wurde die Thematik vertieft. Schließlich hatte A. Hueck (Festschrift für Molitor 1962 S. 415 ff.) darauf aufmerksam gemacht, daß der Anfechtungsberechtigte ein schutzwürdiges Interesse daran haben könne, die Anfechtung mit dem Ziel zu betreiben, die Nichtigkeit des Beschlusses bis zu dem Zeitpunkt des Bestätigungsbeschlusses herbeizuführen. Auf dieser Erwägung beruht die Einfügung des zweiten Satzes durch den Bundestag (vgl. den Ausschußbericht bei Kropff S. 332). § 244 entspricht einem berechtigten Bedürfnis. Der Streit oder die Zweifel, ob ein Beschluß mit Mängeln behaftet ist, bringen für die Gesellschaft regelmäßig Schwierigkeiten und Kosten mit sich, z. B. bei einer Aufsichtsratswahl oder einer Kapitalerhöhung. Das kann durch eine fehlerfreie Bestätigung vermieden werden.

Anm. 2

1. Der Begriff der Bestätigung

Die Bestätigung ist keine Wiederholung, d. h. nochmalige Fassung des Beschlusses, mit der Folge, daß dann zwei Beschlüsse desselben Inhalts vorlägen. Sie hebt auch nicht den alten Beschluß auf und setzt an seine Stelle einen neuen. Der Begriff ist vielmehr aus dem BGB entnommen (RegBegr. bei Kropff S. 331) und bedeutet demgemäß, daß die Hauptversammlung ihren *früheren fehlerhaften Beschluß als gültig anerkennt.*

Wie nach § 144 BGB heilt die Bestätigung den mangelhaften Beschluß mit *Rückwirkung* (RegBegr. a. a. O., ebenso Godin-Wilhelmi 2, Baumbach-Hueck 2; a. M. Obermüller-Werner-Winden, Hauptversammlung S. 358, Werner AG 68, 184). Anders wie beim nichtigen Beschluß (§ 241 Anm. 8) tritt beim anfechtbaren die Nichtigkeit erst (rückwirkend) mit der Rechtskraft des ihn für nichtig erklärenden Urteils ein (§ 248). Kann die Anfechtung nicht mehr geltend gemacht werden, so bedeutet das wie bei der Heilung nach § 242, daß der Beschluß als *von Anfang an gültig* anzusehen ist. Das ist auch im Interesse der Rechtssicherheit erforderlich. Eine Ausnahme gilt im Falle des Satz 2, s. Anm. 6.

Anm. 3

2. Die Voraussetzungen der Bestätigung, Satz 1

Es muß ein Hauptversammlungsbeschluß vorliegen, der *nicht nichtig* sein darf. Ein nichtiger Beschluß kann nicht bestätigt, sondern nur neu vorgenommen werden, § 241 Anm. 8. Ob der Beschluß anfechtbar oder fehlerfrei, ob Anfechtungsklage erhoben ist oder nicht, ist gleichgültig. Ist die Anfechtungsklage in Gang, so darf der Beschluß noch nicht rechtskräftig für nichtig erklärt worden sein. Dann ist der Beschluß von Anfang an nichtig (§ 248) und für eine Heilung durch einen Bestätigungsbeschluß ist es zu spät (vgl. v. Caemmerer wie in Anm. 1 S. 284).

Es muß ein *Bestätigungsbeschluß* vorliegen. Es ist selbstverständlich, daß er die gleichen *formellen* Erfordernisse erfüllen muß wie der zu bestätigende Beschluß, insbesondere was die von Gesetz oder Satzung vorgeschriebene *Mehrheit* betrifft (ebenso Ballerstedt S. 236). Nach dem Wortlaut der Vorschrift ist die Bestätigung auch wirksam, wenn der erste Beschluß nicht die erforderliche Mehrheit hatte, etwa weil der Vorsitzende sich verzählte oder jemanden entgegen § 136 zur Abstimmung zugelassen hat, und erst der Bestätigungsbeschluß infolge einer Änderung der Mehrheitsverhältnisse dem Erfordernis entspricht. Eine so weitgehende Wirkung der Bestätigung kann hingenommen werden, da ein entgegenstehendes rechtliches Interesse des Anfechtungsklägers durch Satz 2 geschützt wird, s. Anm. 6.

Über den *Inhalt* des Bestätigungsbeschlusses sagt das Gesetz nichts. Es genügt, daß der Bestätigungswille zum Ausdruck kommt: „Der Beschluß der Hauptversammlung vom . . . wird bestätigt". Es kann aber zweckmäßig sein, den Beschluß inhaltlich zu wiederholen, um Zweifel an dem Bestätigungswillen in dem einen oder anderen Punkt auszuräumen. Liegt der *Fehler im Inhalt* des ersten Beschlusses oder ist dessen Wortlaut unklar, so muß der Bestätigungsbeschluß natürlich diesen Fehler vermeiden und *insoweit* den ersten Beschluß ändern. Er wird dann mit dieser Maßgabe bestätigt. Andere inhaltliche Änderungen darf der Bestätigungsbeschluß nicht enthalten. Das wäre mit seiner Rechtsnatur nicht vereinbar. Es würde dann in Wirklichkeit ein Beschluß neuen, anderen Inhalts vorliegen.

Schließlich ist Voraussetzung der Bestätigung, daß der Bestätigungsbeschluß nicht seinerseits *angefochten* oder daß eine Anfechtung rechtskräftig zurückgewiesen worden ist. Vom Gesetz nicht ausdrücklich erwähnt (wie in § 242 Abs. 2 Satz 2) genügt auch eine sonstige endgültige Erledigung der Anfechtung, etwa durch Klagrücknahme nach Ablauf der Anfechtungsfrist (ebenso Godin-Wilhelmi 3, Baumbach 2).

Anm. 4

3. Mängel des Bestätigungsbeschlusses

Ist der Bestätigungsbeschluß (nach § 241) *nichtig*, so kann der Anfechtungskläger im Anfechtungsverfahren gegen den ersten Beschluß die Nichtigkeit gemäß § 249 Abs. 1 Satz 2 geltend machen, braucht also keine Nichtigkeitsklage nach Satz 1 zu erheben (RegBegr. bei Kropff S. 249; Godin-Wilhelmi 2). Ist der Beschluß *anfechtbar*, so bedarf es einer *besonderen Anfechtungsklage*, um den Anfechtungsgrund geltend zu machen (ebenso Ballerstedt S. 245f.). Baumbach-Hueck (7) vertreten die Meinung, einer Anfechtungsklage gegen den Bestätigungsbeschluß bedürfe es nicht, wenn er „*genau denselben Mangel*" aufweise wie der ursprüngliche Beschluß. Dem kann nicht gefolgt werden (wie hier Godin-Wilhelmi 2). Nach Satz 1 wirkt die Bestätigung, wenn der Bestätigungsbeschluß nicht angefochten wird. Das ist auch richtig. Der Bestätigungsbeschluß ist ein Hauptversammlungsbeschluß wie ein anderer auch. Er kann nur auf Anfechtungsklage durch gerichtliche Nichtigerklärung beseitigt werden. (vgl auch § 241 Anm. 9). Das verlangt die Rechtssicherheit. So wie der Beschluß für und gegen alle wirkt, so auch seine Nichtigerklärung, § 248. Es wird auch oft zweifelhaft sein, ob der Bestätigungs „genau denselben Mangel" aufweist wie der bestätigte. Das Risiko, das der Kläger mit der Unterlassung einer besonderen Anfechtungsklage eingeht, ist größer als die Mühe, die er mit deren Erhebung hat. In der Regel ist das Gericht dasselbe. Es handelt sich dann nur um eine Erweiterung der bisherigen Klage. Eine wesentliche Erhöhung des Streitwertes wird nicht eintreten, da beide Beschlüsse denselben Gegenstand haben.

Hält der Richter die erste Anfechtungsklage für unbegründet, so kann er sie ungeachtet der Klage gegen den Bestätigungsbeschluß abweisen. Andernfalls wird er aussetzen (§ 148 ZPO, RegBegr. bei Kropff S. 331). Wird die Anfechtung gegen den Bestätigungsbeschluß rechtskräftig zurückgewiesen, so wirkt die Bestätigung gemäß Satz 1. Wird der Beschluß für nichtig erklärt, so ist der Richter des ersten Anfechtungsverfahrens daran gebunden, § 248.

Anm. 5

4. Die Wirkung der Bestätigung

Die wirksame Bestätigung (Anm. 4) heilt den Mangel des ersten Beschlusses *rückwirkend*, Anm. 2. Das gilt (entsprechend § 144 BGB) auch dann, wenn der erste Beschluß zu seiner Zeit gar nicht fehlerfrei gefaßt werden konnte, z. B. weil die erforderliche Mehrheit nicht für ihn stimmte, s. Anm. 3 Abs. 2. Eine Ausnahme von der Rückwirkung bestimmt Satz 2, s. Anm. 6.

Ist eine *Anfechtungsklage* gegen den ersten Beschluß anhängig, so kann der Kläger die *Hauptsache für erledigt* erklären. Über die Kosten etnscheidet dann das Gericht unter Berücksichtigung des bisherigen Sach- und Streitstandes nach billigem Ermessen, § 91 ZPO. Der Kläger kann mit der Behauptung, der Bestätigungsbeschluß leide seinerseits an einem Anfechtungsgrund, die Klage nicht fortsetzen. Dazu hätte er eine besondere Anfechtungsklage erheben müssen, Anm. 4. Die Beklagte kann der Erklärung der Hauptsache als erledigt widersprechen mit der Begründung, der erste Beschluß sei fehlerfrei und die Bestätigung nur fürsorglich erfolgt. Dringt sie damit durch, so ist die Anfechtungsklage kostenpflichtig abzuweisen.

Anm. 6

5. Die Ausnahme von der Rückwirkung, Satz 2

Die Rückwirkung der Bestätigung (Anm. 5) kann zu unerwünschten Ergebnissen führen, vgl. A. Hueck in der Festschrift für Molitor 1962 S. 415. Sie kann deshalb nicht ausnahmslos eintreten. Vielmehr muß dem Kläger, der daran ein rechtliches Interesse hat, die Möglichkeit gegeben werden, den ersten Beschluß für die Zeit bis zum Bestätigungsbeschluß für nichtig erklären zu lassen. Diese Möglichkeit schafft Satz 2. Voraussetzung ist, daß der Beschluß überhaupt anfechtbar war, daß er mit einem Mangel behaftet war, der durch die Bestätigung beseitigt wurde. Voraussetzung ist weiter, daß der Kläger an dieser „*Nichtigkeit auf Zeit*" ein *rechtliches Interesse* hat. Das ist z. B. der Fall, wenn er durch den ersten Beschluß als Aufsichtsratsmitglied abberufen wurde. Oder wenn durch ihn in einer an sich zulässigen Weise die Rechtsstellung der Aktionäre verändert wurde. Es muß ein *rechtliches* Interesse sein, ein wirtschaftliches genügt nicht. Auch muß es ein Interesse des *Klägers*, nicht das eines Dritten sein (Baumbach-Hueck 12).

Das Urteil erklärt den ersten Beschluß für die Zeit bis zum Zeitpunkt des Bestätigungsbeschlusses für nichtig. Auch für dieses Urteil gilt § 248. Es wirkt für und gegen alle. Handelt es sich um einen eintragungspflichtigen Beschluß, so ist im *Handelsregister* ein entsprechender Vermerk einzutragen. Der Bestätigungsbeschluß selbst ist nicht eintragungspflichtig (ebenso Ballerstedt S. 236). § 181 Abs. 3 gilt für ihn nicht.

§ 245 Anfechtungsbefugnis

Zur Anfechtung ist befugt:

1. jeder in der Hauptversammlung erschienene Aktionär, wenn er gegen den Beschluß Widerspruch zur Niederschrift erklärt hat;

2. jeder in der Hauptversammlung nicht erschienene Aktionär, wenn er zu der Hauptversammlung zu Unrecht nicht zugelassen worden ist oder die Versammlung nicht ordnungsgemäß einberufen oder der Gegenstand der Beschlußfassung nicht ordnungsgemäß bekanntgemacht worden ist;

3. im Fall des § 243 Abs. 2 jeder Aktionär;

4. der Vorstand;

5. jedes Mitglied des Vorstands und des Aufsichtsrats, wenn durch die Ausführung des Beschlusses Mitglieder des Vorstands oder des Aufsichtsrats eine strafbare Handlung oder eine Ordnungswidrigkeit begehen oder wenn sie ersatzpflichtig werden würden.

Übersicht

Einleitung

Anm. 1

Die Vorschrift entspricht dem alten § 198 Abs. 1 mit sprachlichen Änderungen in Nr. 2 und einer Klarstellung in Nr. 5, dazu s. Anm. 18. § 198 Abs. 2 ist nicht in das neue Gesetz übernommen worden. Er ließ die Anfechtung wegen unzulässiger Unterbewertung durch Aktionäre nur zu, wenn ihre Anteile zusammen 5% des Grundkapitals erreichten. Vgl. jetzt die Regelung der §§ 258—261.

Anm. 2

§ 245 umgrenzt den Kreis der *Anfechtungsberechtigten.* Er umfaßt die Aktionäre, den Vorstand als Organ und die einzelnen Mitglieder des Vorstands und des Aufsichtsrats Er bestimmt ferner in Nr. 1 und 2 formelle und in Nr. 5 materielle *Voraussetzungen* der Anfechtungsbefugnis. Die Regelung ist *zwingend* in dem Sinne, daß weder der Kreis der Anfechtungsberechtigten noch die Voraussetzungen der Anfechtungsbefugnis erweitert oder eingeschränkt werden dürfen, vgl. § 23 Abs. 5. Gegen § 245 verstoßende Satzungsbestimmungen und Hauptversammlungsbeschlüsse sind nichtig, § 241 Anm. 21, 22.

I. Allgemeine Voraussetzungen des Anfechtungsrechts der Aktionäre

Anm. 3

1. In erster Linie sind anfechtungsberechtigt die Aktionäre. Inhaber von Genußscheinen, von Wandel- und Gewinnschuldverschreibungen, § 221, haben das Anfechtungsrecht nicht. Dagegen sind grundsätzlich *alle Aktionäre* anfechtungsberechtigt. Das Gesetz macht hier keine Ausnahme; auch nicht für Aktionäre ohne Stimmrecht. Die Vorzugsaktien ohne Stimmrecht gewähren mit Ausnahme des Stimmrechts die jedem Aktionär aus den Aktien zustehenden Rechte, § 140 Abs. 1. Das Anfechtungsrecht ist nicht ein bloßer Ausfluß des Stimmrechts, sondern der Beteiligung an der Gesellschaft. Das Reichsgericht hat zwar in RG 155, 21 = JW 1937, 1937 ausgesprochen, daß im Falle des § 43a des GenG Genossen, die nicht Vertreter sind, nicht anfechtungsberechtigt sind. Auf die Aktiengesellschaft ist diese Entscheidung aber nicht übertragbar. § 43a GenG beruht auf der Erwägung, daß bei Genossenschaften mit großer Mitgliederzahl eine sachgemäße Beschlußfassung nur gewährleistet ist, wenn die Genossen durch gewählte Vertreter ihre Rechte ausüben. Die Schaffung der Aktien ohne Stimmrecht beruht nicht auf dieser Erwägung. Bei der Aktiengesellschaft stehen meist höhere Interessen, auch der einzelnen Aktionäre, auf dem Spiel als bei der Genossenschaft, bei der die kapitalistische Beteiligung der Mitglieder verhältnismäßig gering ist. Die Vorzugsaktionäre ohne Stimmrecht haben im Hinblick auf ihre finanzielle Beteiligung ein erhebliches Interesse daran, daß von der Hauptversammlung Gesetz und Satzung beachtet wird. Im Falle des § 243 Abs. 2 gibt das Gesetz auch ausdrücklich jedem Aktionär das Anfechtungsrecht. Die Ausübung des Stimmrechts ist auch in den anderen Fällen nicht Voraussetzung der Anfechtung. Der nach § 245 Nr. 1 zur Anfechtung Befugte muß zwar gegen den Beschluß Widerspruch zur Niederschrift erhoben haben, es ist aber nicht notwendig, daß er abgestimmt hat. Nr. 2 stellt als eine Voraussetzung nur auf, daß der Aktionär nicht zur Hauptversammlung zugelassen worden ist, nicht, daß er nicht zur Abstimmung zugelassen worden ist.

Auch Aktionäre, die im Einzelfall von der Abstimmung ausgeschlossen sind, § 136 Abs. 1 und 2, haben das Anfechtungsrecht.

Um das Anfechtungsrecht ausüben zu können, müssen auch alle Aktionäre das Recht haben, in der Hauptversammlung zu erscheinen und Widerspruch zur Niederschrift zu erheben; vgl. § 134 Anm. 42.

Dagegen kann das Anfechtungsrecht nicht von der Gesellschaft mit eigenen Aktien und mit eigenen Aktien gleichgestellten Aktien ausgeübt werden, da der Gesellschaft aus solchen Aktien keine Rechte (auf Ausübung der Aktienrechte) zustehen, § 71 Abs. 6.

Im Konkurse des Aktionärs übt der Konkursverwalter das Anfechtungsrecht aus. Er kann auch einen anhängigen Prozeß fortsetzen.

Anm. 4

2. *Als Aktionär gilt* der Inhaber der Aktienurkunde oder derjenige, der bei Namensaktien im Aktienbuch eingetragen ist. Sind keine Aktienurkunden ausgegeben, so muß sich die Legitimation des einzelnen aus der Satzung ergeben; vgl. auch § 10 Anm. 2, § 67 Anm. 17. Immer sind die rechtlichen, nicht die wirtschaftlichen Verhältnisse maßgeblich (BGHZ 24, 119 [124] BGH WM 62, 419; NJW 66, 1458 Nr. 7). Bei einem *Treuhandverhältnis* ist daher der Treuhänder, nicht der Treugeber, anfechtungsberechtigt (vgl. für die GmbH Schilling in Hachenburg § 15 Anh. I Anm. 10b). Zur Legitimationsübertragung s. Anm. 7.

Anm. 5

3. An Stelle der Aktieninhaber können diejenigen das Anfechtungsrecht ausüben, die zur Ausübung der Aktienrechte *befugt* sind. In der Regel sind diejenigen anfechtungsberechtigt, die das Stimmrecht oder, falls ein solches nicht besteht, das *Teilnahme-*

recht (§ 118 Anm. 5) ausüben. Dazu gehören gesetzliche Vertreter, wie elterliche Gewalthaber, Vormund, der Ehemann oder der überlebende Ehegatte kraft ehelichen Güterrechts, Vorstände von privaten und öffentlichen Körperschaften, Nießbraucher, Pfandgläubiger, wenn ihnen das Stimmrecht übertragen ist.

Auch bei Verpfändung und Pfändung der Aktie sowie beim *Nießbrauch* an ihr gilt der Grundsatz, daß das Anfechtungsrecht demjenigen zusteht, dem die *Verwaltungsrechte* an der Aktie zustehen, insbesondere das Recht zur Teilnahme an der Hauptversammlung und das Stimmrecht. Nur er kann den für die Anfechtung erforderlichen Widerspruch zur Niederschrift erklären (Obermüller-Werner-Winden, Hauptversammlung S. 340). Bei Pfändung und Verpfändung ist das unstreitig der *Eigentümer*, § 134 Anm. 5. Umstritten ist die Frage beim Nießbrauch, s. § 134 Anm. 6, wo das Stimmrecht dem Nießbraucher zuerkannt wird, während Obermüller-Werner-Winden S. 68 den Eigentümer für berechtigt halten und Godin-Wilhelmi 2 sowie Baumbach-Hueck 2, die Anfechtungsbefugnis neben dem Eigentümer auch dem Nießbraucher geben wollen.

Steht eine Aktie *mehreren Berechtigten* zu, so können sie die Rechte aus der Aktie, auch das Anfechtungsrecht, nur durch einen gemeinsamen Vertreter ausüben; § 69 Abs. 1. Zur Legitimationszession s. Anm. 7.

Anm. 6

4. Beginn und Dauer des Aktienbesitzes

Es genügt der Besitz einer einzigen Aktie. Er muß *von der Hauptversammlung bis zur Beendigung des Rechtsstreits* fortdauern. Ein Besitz schon z. Z. der Einberufung der Hauptversammlung, wie KG NJW 59, 439 annimmt, ist nicht erforderlich. Den Aktienbesitz hat der Kläger auf Verlangen des Gegners und des Gerichts jederzeit nachzuweisen und das Gericht in Zweifelsfällen von Amts wegen zu prüfen. Verliert der Kläger im Laufe des Rechtsstreits den Aktienbesitz, so erlischt endgültig seine Anfechtungsbefugnis. Seine Klage ist dann abzuweisen. Nicht nötig ist, daß der Kläger fortwährend die gleichen Aktien besitzt. Es genügt, daß er fortdauernd die erforderliche Zahl von Aktien besitzt und nicht aufhört, Mitglied der Gesellschaft zu sein. Auch RG 66, 135 sagt nur, daß der Kläger fortdauernd im Besitz einer Aktie sein muß. *Mit der Veräußerung* an einen Einzelrechtsnachfolger oder durch Ausschließung nach § 64, vgl. daselbst Anm. 14, *geht das Anfechtungsrecht unter;* BGH 43, 261 (266); allg. Meinung. Bei Gesamtrechtsnachfolge geht es auf den Rechtsnachfolger über.

Die einzelnen Aktionäre haben zwar die Befugnis zur Anfechtung; sie sind der Gesellschaft gegenüber aber nicht verpflichtet, von dieser Befugnis Gebrauch zu machen. Sie sind kein Organ der Gesellschaft. Die Aktionäre haben aber auch nur die Befugnisse, die ihnen das Gesetz einräumt. Sie können z. B. nicht auf Feststellung klagen, daß zwischen der Gesellschaft und einer bestimmten Person kein gesellschaftsrechtliches Verhältnis besteht, etwa daß eine bestimmte Person nicht Aktionär sei; höchstens könnten sie mit der Anfechtungsklage gegen einen bestimmten Hauptversammlungsbeschluß als Anfechtungsgrund geltend machen, daß ein Mitstimmender nicht Aktionär sei; vgl. RG in SeuffA Bd. 91, S. 313.

II. Die einzelnen Fälle des Anfechtungsrechts des Aktionärs

Anm. 7

1. Der erschienene Aktionär

a) Nach *Nr. 1* ist zur Anfechtung befugt jeder in der Hauptversammlung erschienene Aktionär, wenn er gegen den Beschluß Widerspruch zur Niederschrift erklärt hat. Als in der Hauptversammlung erschienen kann nur der Aktionär gelten, der entweder persönlich anwesend oder von einem Dritten auf Grund Vollmacht oder kraft Gesetzes offen vertreten ist. Darunter fällt auch die Vertretung im Namen dessen, den es angeht, § 135 Abs. 4 Satz 2.

Im Falle der *Legitimationsübertragung* ist der Legitimationsaktionär, nicht der Legitimationszedent als erschienen anzusehen. Der Legitimationsaktionär hat allein das Stimmrecht auszuüben, Widerspruch zur Niederschrift zu erklären und die Anfechtungsklage zu erheben, § 68 Anm. 25, § 134 Anm. 34; RG 30, 71; RG in JW 1929, 3086, 1931, 793 mit Anm. von Pinner; Obermüller-Werner-Winden S. 340. Dem, der sich durch die Urkunde oder den Eintrag im Aktienbuch als Aktionär ausweist, kann aber die Gesellschaft entgegenhalten, daß er nicht Aktionär ist oder daß die Legitimationsübertragung ungültig ist. Sie kann ihm ferner dieselben Einwendungen entgegensetzen, die sie auch dem Zedenten entgegensetzen könnte.

Anm. 8

b) Um das Anfechtungsrecht ausüben zu können, muß der Aktionär in der Hauptversammlung nicht nur erschienen sein, er muß auch *Widerspruch zur Niederschrift* erhoben haben. (Eine Ausnahme gilt im Falle der Nr. 3, vgl. Anm. 13.) Es ist nicht erforderlich, daß der Widerspruch in der Niederschrift beurkundet ist. In der Regel wird die Erklärung des Widerspruchs durch die Niederschrift bewiesen. Der Beweis kann aber auch durch andere Beweismittel, insbesondere durch Zeugen erbracht werden (RG 53, 293), namentlich wenn gesetzwidrig gar keine oder eine nicht öffentlich beurkundete Niederschrift aufgenommen ist. Andererseits kann die Beurkundung eines Widerspruchs durch Gegenbeweis entkräftet werden.

Die Abgabe der Stimme gegen den Beschluß genügt nicht. Auch wer das Verfahren und den Inhalt des Beschlusses für gesetz- und satzungsmäßig hält, kann gegen einen Beschluß stimmen. Andererseits ist nicht erforderlich, daß der Widersprechende gegen den Beschluß gestimmt hat. Er kann auch widersprechen und anfechten, wenn er sich der Stimme enthalten hat, ja auch wenn er für den Beschluß gestimmt hat (anders die Voraufl., wie hier Godin-Wilhelmi 3, Bokelmann wie in § 243 Anm. 25 S. 167, Ballenstedt ZHR 124, 248; a. M. Obermüller-Werner-Winden S. 339). In § 243 Anm. 25 wurde dargetan, daß es für die Anfechtung auf das persönliche Verhalten des Klägers nicht ankommt. Das gilt auch für die Anfechtungsbefugnis. Der Widerspruch selbst ist eine rein formale Handlung und unabhängig von der Abstimmung des Widersprechenden.

Wer Widerspruch erhebt, muß zu erkennen geben, daß er sich gegen den Beschluß verwahrt. Auf den Gebrauch bestimmter Worte kommt es nicht an. Die Verwahrung muß aber so deutlich sein, daß sie von dem Urkundsbeamten als Widerspruch zur Niederschrift erkannt werden kann, RG 53, 293; ROLG 34, 351. Nach Sachlage kann es die Amtspflicht des Urkundsbeamten erfordern, durch Fragestellung einen Zweifel aufzuklären. Möglich ist, daß die Stimmabgabe eines Aktionärs für den Beschluß auf einem *Willensmangel* beruht (§ 243 Anm. 15) und daß er deshalb auch den Widerspruch unterläßt. In diesem Falle ist die Unterlassung des Widerspruchs unschädlich, § 243 Anm. 15, a. M. § 119 Anm. 15.

Der Aktionär kann den Widerspruch *zurücknehmen* oder auch nach dessen Erklärung auf die Anfechtung verzichten. In der nachträglichen Zustimmung zu dem Beschluß, sei es ausdrücklich, sei es durch konkludentes Handeln, liegt nach dem Obengesagten keine Rücknahme des Widerspruchs oder ein Verzicht auf das Anfechtungsrecht.

Der Widerspruch kann *vor wie nach* der Beschlußfassung erklärt werden, RG 22, 161; 53, 292; spätestens muß es bis zum Schluß der Hauptversammlung geschehen, da nachher eine Erklärung zur Niederschrift nicht mehr möglich ist. Nach Erledigung des einzelnen Punktes der Tagesordnung ist sie noch möglich. Der Widerspruch kann auch *allgemein* erklärt werden, z. B. gegen die Rechtmäßigkeit der Hauptversammlung und gegen alle zur Abstimmung kommenden Beschlüsse, RG 30, 51; 36, 24. Den allgemeinen Widerspruch wird man freilich nur genügen lassen können, wenn auch ein Anfechtungsgrund gegen alle Beschlüsse, etwa fehlerhafte Einberufung der Versammlung, behauptet wird. Ein einmal erklärter Widerspruch braucht nach Mitteilung des Abstimmungsergebnisses nicht wiederholt zu werden, RG 20, 241. Es muß aber klar ersichtlich sein, daß sich der Widerspruch gegen den Beschluß, nicht gegen den Antrag richtet.

Bei Erklärung des Widerspruchs brauchen *Gründe* nicht angegeben zu werden (RG 20, 141). Statt der etwa angegebenen können später andere zur Begründung der Anfechtungsklage herangezogen werden. Die Gründe müssen spätenstens in der Klagefrist des § 246 Abs. 1 in den Prozeß eingeführt werden; vgl. § 246 Anm. 3.

Anm. 9

2. Der in der Hauptversammlung nicht erschienene oder nicht vertretene Aktionär

Dieser ist *nur in drei Fällen* zur Anfechtung befugt (*Nr. 2*):

a) wenn er zu der Hauptversammlung zu Unrecht nicht zugelassen worden ist, Anm. 10,

b) wenn die Versammlung nicht ordnungsgemäß einberufen oder der Gegenstand der Beschlußfassung nicht ordnungsgemäß bekanntgemacht worden ist, Anm. 11, 12,

c) wenn der Anfechtungsgrund des § 243 Abs. 2 gegeben ist, Nr. 3, Anm. 13.

Nicht erschienen ist nur der Aktionär, der in der Hauptversammlung überhaupt nicht anwesend oder vertreten ist; nicht derjenige, der sich freiwillig vorzeitig entfernt hat oder der nur mit einem Teil seiner Aktien aufgetreten ist.

Die zu a) und b) genannten Tatbestände sind an dieser Gesetzesstelle als Voraussetzung für die Anfechtungsbefugnis ohne Widerspruch zur Niederschrift aufgeführt. Sie sind aber zugleich — für sich allein — jeder ein Anfechtungsgrund wegen Verletzung des Gesetzes, § 243 Abs. 1. Verletzt ist im Falle a) das Teilnahmerecht des Aktionärs (§ 118 Anm. 5) und im Falle b) die in Anm. 11 und 12 angeführten Vorschriften. Daneben können — nicht müssen — andere Anfechtungsgründe vorgebracht werden.

Anm. 10

a) Nichtzulassung zur Hauptversammlung

Sie ist zu unterscheiden von der unzulässigen Nichtzulassung zur Abstimmung zu einem einzelnen Punkte der Tagesordnung. Diese berechtigt nur zur Anfechtung nach Nr. 1, setzt also Widerspruch zur Niederschrift voraus. Nichtzulassung zur Hauptversammlung liegt aber auch vor, wenn ein Aktionär von der Teilnahme an einem Teil der Hauptversammlung zu Unrecht ausgeschlossen, aus der Versammlung ausgewiesen wird (BGH 44, 245/250); § 119 Anm. 32. Als Fall der Nichtzulassung kann z. B. in Betracht kommen: die Verweigerung des Zutritts zur Hauptversammlung wegen Nichtanerkennung der Aktionärseigenschaft oder der Befugnis zur Vertretung des Aktionärs trotz Vorlage der Aktienurkunde oder trotz satzungsmäßiger Hinterlegung der Urkunden oder trotz Eintragung im Aktienbuch, oder trotz ordnungsmäßiger Vollmacht oder trotz Befugnis zur gesetzlichen Vertretung oder bei Vereitelung des Nachweises der Berechtigung durch das Verhalten der Verwaltung. Führt ein Kreditinstitut den Auftrag nach § 135 Abs. 10 nicht aus, so ist keine Nichtzulassung zur Hauptversammlung gegeben, s. § 243 Anm. 27.

Anm. 11

b) Nicht ordnungsmäßige Einberufung

Die Einberufung der Hauptversammlung ist in den §§ 121—128 geregelt. Eine Verletzung des § 121 Abs. 2 und 3 führt zur *Nichtigkeit* aller in der Versammlung gefaßten Beschlüsse, § 241 Nr. 1, s. dort Anm. 12 (Ausnahme Anm. 14). *Anfechtungsgrund* ist in der Regel (vgl. § 121 Anm. 15 und § 243 Anm. 9) ein Verstoß gegen § 121 Abs. 4

über den Ort der Hauptversammlung und gegen § 123 über die Einberufungsfrist, s. auch § 241 Anm. 13. Streitig ist, ob ein *Verstoß gegen § 125 Abs. 1 oder 2* den davon betroffenen Aktionären die Anfechtungsbefugnis nach der Nr. 2 verleiht (bejahend § 125 Anm. 5, Godin-Wilhelmi 4, verneinend Obermüller-Werner-Winden S. 341, Werner AG 67, 106). Man wird die Frage bejahen müssen. Das Gesetz hat dem Vorstand in § 125 Abs. 1 und 2 zusätzliche Einberufungspflichten auferlegt. Ihre Erfüllung stellt einen Teil der Einberufung dar. Der nach § 125 Abs. 2 Nr. 1 hinterlegende oder der ins Aktienbuch eingetragene Aktionär, aber auch der von Abs. 1 betroffene Depotaktionär dürfen sich auf die Erfüllung dieser Pflichten verlassen. Nicht hierher gehören die §§ 126, 127. Bei ihnen geht es nicht mehr um die Einberufung selbst, sondern um in Verbindung mit ihr dem Vorstand aufgegebene Mitteilungspflichten. Die Einberufung ist auch ohne diese Mitteilungen ordnungsgemäß im Sinne der Nr. 2. Ein Verstoß gegen die §§ 126, 127 gibt also dem nicht erschienenen Aktionär keine Anfechtungsbefugnis, bleibt aber Anfechtungsgrund nach § 243 Abs. 1. Wegen § 128 s. § 243 Abs. 3 und dort Anm. 26.

Anm. 12

Nicht ordnungsmäßige Bekanntmachung des Gegenstandes der Beschlußfassung

Es handelt sich hier um einen Verstoß gegen § 124 Abs. 1 über die Bekanntmachung der Tagesordnung, Abs. 2 bez. die Wahl zum Aufsichtsrat und Satzungsänderungen und Abs. 3 bez. Vorschläge der Verwaltung zu den einzelnen Punkten der Tagesordnung. Werden diese Vorschriften nicht befolgt, so dürfen nach § 124 Abs. 4 Satz 1 Beschlüsse überhaupt nicht gefaßt werden. Werden sie trotzdem gefaßt, so ist auch der nicht erschienene Aktionär zur Anfechtung befugt.

Ohne weiteres zu erkennende Fehler oder Ungenauigkeiten beeinträchtigen die Ordnungsmäßigkeit nicht, vgl. RG 34, 110 (113).

Soweit ein Anfechtungsgrund vorliegt, kann natürlich auch der erschienene Aktionär anfechten; er muß aber dann Widerspruch zur Niederschrift erklären.

Anm. 13

3. Beruht die Anfechtung auf der *Verfolgung von Sondervorteilen*, so gibt *Nr. 3* jedem Aktionär das Anfechtungsrecht, gleichgültig, ob er in der Hauptversammlung erschienen und Widerspruch zur Niederschrift erklärt hat oder ob er zwar erschienen ist, aber keinen Widerspruch erhoben hat, oder ob er überhaupt nicht erschienen ist. Es soll dadurch der Gesellschaft ein besonderer Schutz gegen den Mißbrauch des Stimmrechts gewährt werden. Da wegen eines solchen Mißbrauchs nur Anfechtbarkeit besteht, § 243 Abs. 2, ist hier die Möglichkeit der Anfechtung erweitert worden. Dies war um so mehr geboten, als bei Verfolgung gesellschaftsfremder Vorteile durch Stimmrechtsausübung keine Schadensersatzpflicht des Aktionärs besteht, § 117 Abs. 7 Nr. 1.

III. Das Anfechtungsrecht des Vorstands, Nr. 4

Anm. 14

1. Zur Anfechtung von Hauptversammlungsbeschlüssen ist auch der Vorstand der Aktiengesellschaft befugt. Er handelt dabei auf Grund seiner Eigenschaft als Organ der Gesellschaft. Er erhebt die Klage gegen die Gesellschaft, wenn er damit auch ihre Interessen wahrnimmt. Er darf mit der Klage nur die Belange der Gesellschaft wahrnehmen, nicht seine eigenen, RG 83, 283. Deshalb kann er nicht auf das Anfechtungsrecht verzichten. Aus seiner Verpflichtung zur Leitung des Unternehmens ergibt sich seine Aufgabe, dafür zu sorgen, daß Gesetz und Satzung beobachtet werden. Auch einstimmige Annahme der Hauptversammlungsbeschlüsse entziehen ihm dieses Recht nicht und entbinden ihn nicht von der Pflicht, von der Befugnis Gebrauch zu machen, wenn es das *Wohl der Gesellschaft* erfordert. Das Interesse der Gesellschaft gebietet jedoch nicht, daß jeder mangelhafte Beschluß angefochten wird. Das pflichtgemäße Ermessen des Vorstands entscheidet, vgl. § 93 Anm. 33. Zu den Aufgaben des Vorstandes gehört es nicht, die Belange einzelner Aktionäre oder einer Minderheit zu wahren. Doch kann die Anfechtung eines Beschlusses, durch den die Mehrheit die Gesellschaftstreue zu Lasten der Minderheit verletzt (§ 243 Anm. 17ff.), im Einzelfall auch im Interesse der Gesellschaft liegen. Im Falle des § 243 Abs. 2 Satz 2, Gewährung eines angemessenen Ausgleichs an die anderen Aktionäre, ist auch eine Anfechtung durch den Vorstand ausgeschlossen, selbst wenn der Sondervorteil zum Schaden der Gesellschaft geht, s. § 243 Anm. 23.

Macht der Vorstand von seinem Anfechtungsrecht Gebrauch, so kann er die Gesellschaft im Prozesse nicht vertreten; an seine Stelle tritt der *Aufsichtsrat*, 246 Abs. 2 Satz 3.

Für den Vorstand und im Falle der Nr. 5 auch für die anfechtungsberechtigten Mitglieder des Vorstandes und Aufsichtsrats, gelten die Voraussetzungen und Beschränkungen nicht, die für die Aktionäre gelten, auch wenn die Organmitglieder selbst Aktionäre sind. Es ist also nicht erforderlich, daß der anfechtende Vorstand oder die Organmitglieder in der Hauptversammlung erschienen waren oder daß sie Widerspruch zur Niederschrift erklärt haben. Ihrer Klage steht auch nicht entgegen, daß sie als Aktionäre für den Beschluß gestimmt haben (vgl. Anm. 8) oder ihn als Verwaltungsmitglieder nach § 124 Abs. 3 oder in der Hauptversammlung vorgeschlagen haben (ebenso Baumbach-Hueck 6, Obermüller-Werner-Winden S. 342). Der Klage steht auch nicht entgegen, daß der Vorstand oder die Organmitglieder den Mangel des Beschlusses verursacht haben, etwa durch Verletzung der Vorschriften über die Einberufung der Hauptversammlung. Die Anfechtungsbefugnis des Vorstandes erstreckt sich auf jeden Hauptversammlungsbeschluß, durch den das Gesetz oder die Satzung verletzt ist, und auf jeden Anfechtungsgrund. Die Beschränkung der Nr. 5 für die Klage der einzelnen Vorstands- und Aufsichtsratsmitglieder auf Beschlüsse, durch deren Ausführung sie sich strafbar oder ersatzpflichtig machen würden, gilt für die Anfechtungsbefugnis des Vorstandes nicht.

Anm. 15

2. Die Anfechtungsbefugnis steht dem Vorstand als solchen, wenn er aus mehreren Personen besteht, als *Kollegium* zu. Für die Willensbildung in diesem gilt entsprechend, was Gesetz oder Satzung für die Geschäftsführung vorschreiben, vgl. § 77 Anm. 2. Der Beschluß zur Erhebung der Anfechtungsklage muß also mangels anderweitiger Bestimmung der Satzung oder Geschäftsordnung *einstimmig* gefaßt werden. Hat die Satzung oder die Geschäftsordnung das Mehrheitsprinzip eingeführt, so gilt es auch hier.

Maßgebend ist der Vorstand in der zur Zeit der Klageerhebung bestehenden *Zusammensetzung*. Spätere Änderungen in der Zusammensetzung sind ohne Bedeutung. Der „Vorstand" bleibt nach wie vor Kläger. Der „Vorstand" ist auch als Kläger im Prozeß zu bezeichnen. Das Aktiengesetz als Spezialgesetz verleiht dem Vorstand als solchem die Parteifähigkeit (ebenso Godin-Wilhelmi 5, Baumbach-Hueck 6; kritisch dazu H. Westermann, Festschrift für Bötticher 1969 S. 376, der die Möglichkeit eines „In-sich-Prozesses", bei dem die Gesellschaft Klägerin und Beklagte ist, erwägt). Die Namen der Vorstandsmitglieder brauchen im Rubrum der Klage nicht genannt zu werden. Jedoch kann, auch von Amts wegen, der Nachweis gefordert werden, daß der Vorstand die Erhebung der Klage in der bei Klageerhebung vorhandenen Zusammensetzung beschlossen hat. Tritt im Vorstand eine Änderung ein, so kann dieser zwar nach Maßgabe der Satzung einen neuen Beschluß fassen, die Klage nicht durchzuführen, d. h. die Anfechtung zurückzunehmen. Wird dies aber im Prozeß nicht erklärt, so geht die Klage als solche des Vorstandes weiter. Abberufene Vorstandsmitglieder können bei der Beschlußfassung über die Erhebung der Klage nicht mitwirken, auch wenn sie die Unwirksamkeit der Abberufung durch Klage geltend gemacht haben. Der Widerruf der Bestellung ist wirksam, solange nicht über seine Unwirksamkeit rechtskräftig entschieden ist, § 84 Abs. 3 Satz 4.

Auch wenn die Klage gegen den Widerruf Erfolg hat, gelten für die Zwischenzeit nur diejenigen als Vorstandsmitglieder, auf die sich der Widerruf nicht erstreckte. Nur sie konnnten die Gesellschaft nach außen vertreten und namens des Vorstandes Beschlüsse fassen.

Anm. 16

3. In der Abwicklung und im Konkurs

Während der *Abwicklung* üben an Stelle des Vorstandes die Abwickler die Anfechtungsbefugnis aus, §§ 264 Abs. 2, 268 Abs. 2, 269; RG 34, 112.

Mit der Eröffnung des *Konkursverfahrens* geht die Verwaltung und das Recht zur Verfügung über das Vermögen der Aktiengesellschaft auf den Konkursverwalter über. In diesem Umfang geht auch das Recht des Vorstandes auf Anfechtung von Hauptversammlungsbeschlüssen und auf Fortsetzung anhängiger Anfechtungsprozesse auf den Verwalter über. Die Organe der Gesellschaft bleiben aber bestehen. Beschlüsse der Hauptversammlung, z. B. Wahl des Aufsichtsrats, die die Vermögensmasse und die Interessen der Gläubiger nicht berühren, können nicht vom Konkursverwalter angefochten werden. Hier bleiben die Befugnisse der Organe bestehen; sie haben insofern auch die Anfechtungsbefugnis, vgl. RG 76, 244. Handelt es sich um die Entlastung oder um Schadensersatzansprüche gegen die Organe, so werden dadurch aber die Interessen der Konkursmasse und der Gläubiger berührt. Hier greift die Zuständigkeit des Verwalters ein.

Anm. 17

4. Die Kosten der Klage des Vorstandes

Da der Vorstand mit seiner Klage die Belange der Gesellschaft wahrnimmt, ist diese ihm zur Erstattung seiner Aufwendungen auf Grund der Vorschriften über die Geschäftsführung auch dann verpflichtet, wenn er im Rechtsstreit unterliegt (ebenso Godin-Wilhelmi 5, Baumbach-Hueck 6). Auch dem Staat gegenüber ist die Gesellschaft Kostenschuldner. Im Falle der Nr. 5 erheben die Anfechtungsberechtigten dagegen die Klage in erster Linie in ihrem eigenen Interesse, können also Ersatz von Aufwendungen nicht verlangen. Im übrigen ist § 93 anwendbar, da es sich bei der Ausübung der Anfechtungsbefugnis um einen Geschäftsführungsakt in weiterem Sinn, um die Leitung der Gesellschaft gemäß § 76 handelt.

IV. Das Anfechtungsrecht der einzelnen Mitglieder des Vorstands und des Aufsichtsrats (Nr. 5)

Anm. 18

Zur Anfechtung von Hauptversammlungsbeschlüssen ist ferner *jedes Mitglied des Vorstands und des Aufsichtsrats* befugt, wenn Mitglieder des Vorstandes oder des Aufsichtsrats durch die Ausführung des Beschlusses eine strafbare Handlung oder eine Ordnungswidrigkeit begehen oder wenn sie sich ersatzpflichtig machen würden. Voraussetzung der Klagbefugnis ist nicht, daß sich das anfechtende Mitglied selbst strafbar oder ersatzpflichtig machen würde. Es genügt, wenn diese Voraussetzung bei anderen Mitgliedern gegeben ist. Das ist jetzt durch die neue Fassung klargestellt. Die Vorschrift bietet den Organmitgliedern ein Mittel, um sich vor der strafrechtlichen und zivilrechtlichen Haftung für die Ausführung eines gesetz- oder satzungswidrigen Hauptversammlungsbeschlusses zu sichern. Sie bildet insofern eine Ergänzung zu §§ 93, 116. An sich sind die Organmitglieder auf Grund ihres Dienstverhältnisses nicht verpflichtet, gesetz- oder satzungswidrige Beschlüsse der Hauptversammlung zu vollziehen, § 93 Anm. 32, 33. Da aber doch Zweifel über die Rechtmäßigkeit eines Beschlusses bestehen können, zeigt Nr. 5 einen Weg, um diese Zweifel zu lösen.

Die Anfechtungsbefugnis entfällt, wenn die Organmitglieder mit der Ausführung nichts zu tun haben, insbesondere, wenn der Beschluß *keiner Ausführung* bedarf. Da es sich um die Klagebefugnis einzelner Personen handelt, die aber an ihre Eigenschaft als Mitglied eines Gesellschaftsorgans geknüpft ist, erlischt ihre Anfechtungsbefugnis, wenn diese Eigenschaft wegfällt und sie sich durch die Ausführung des Beschlusses nicht mehr strafbar oder ersatzpflichtig machen können. Treten sie gleichzeitig in ein anderes Organ, z. B. vom Vorstand in den Aufsichtsrat über, so erlischt die Klagebefugnis nicht. Durch die Abberufung aus der Organstellung hat es die Gesellschaft allerdings in der Hand, einer Anfechtungsklage der Organmitglieder den Boden zu entziehen. Geschieht die Abberufung nur zu diesem Zweck, so kann sie eine gegen Treu und Glauben verstoßende, unzulässige Rechtsausübung darstellen.

Die Haftpflicht oder die Strafbarkeit (die Ordnungswidrigkeit) der Vorstands- und Aufsichtsratsmitglieder muß sich nicht gerade aus dem Aktiengesetz ergeben, sondern kann auch auf sonstigen Vorschriften des bürgerlichen und des Strafrechts beruhen. Einer Anfechtung bedarf es nicht, wenn die Beschlüsse, etwa weil sie gegen ein im öffentlichen Interesse erlassenes Verbot oder durch ihren Inhalt gegen die guten Sitten verstoßen, § 241 Nr. 3 u. 4, nicht nur anfechtbar, sondern *nichtig* sind. Aber auch die Nichtigkeit können der Vorstand und die Organmitglieder feststellen lassen, § 249; sie sind insofern nicht auf die Anfechtungsklage innerhalb der Frist des § 246 Abs. 1 angewiesen.

§ 245 Nr. 5 gibt den Organmitgliedern die Anfechtungsbefugnis, wenn sie durch die Ausführung des Beschlusses ersatzpflichtig werden würden. § 271 HGB forderte, daß sie sich „den Gläubigern der Gesellschaft" haftbar machen würden. Das Anfechtungsrecht ist somit auch gegeben, wenn die Ersatzpflicht gegenüber anderen als Gesellschaftsgläubigern, z. B. den Aktionären und der Gesellschaft bestehen würde.

Da nach dem Aktiengesetz die Leitung des Unternehmens und damit die Ausführung der Hauptversammlungsbeschlüsse dem Vorstand und nicht dem Aufsichtsrat zusteht, kommt eine Haftung des *Aufsichtsrats* nur insofern in Betracht, als es sich um ein Verschulden des Aufsichtsrats in der Überwachung der Tätigkeit des Vorstandes und bei den ihm besonders zugewiesenen Aufgaben handelt.

Das Anfechtungsrecht nach Nr. 5 haben auch die stellvertretenden Mitglieder des Vorstandes, nicht aber der Vorstand oder der Aufsichtsrat als Kollegium. Ersatzmitgliedern des Aufsichtsrats steht das Anfechtungsrecht erst zu, wenn sie nach § 101 Abs. 3 Satz 2 Mitglied des Aufsichtsrats werden.

V. Der Untergang der Anfechtungsbefugnis als Folge des Untergangs der Aktiengesellschaft

Anm. 19

Da das Anfechtungsrecht der Aktionäre ein Ausfluß der gesellschaftsrechtlichen Mitgliedschaftsrechte und das des Vorstandes und der Organmitglieder ein Ausfluß ihrer Organstellung ist, ist die Anfechtungsbefugnis an den Bestand und Fortbestand der Aktiengesellschaft geknüpft. Grundsätzlich muß die Anfechtungsbefugnis deshalb mit der *Vollbeendigung* der Gesellschaft endigen. In besonderen Fällen kann aber ein schutzwürdiges Interesse des Anfechtungsklägers an der Entscheidung trotz Erlöschens des Beklagten bestehen. Erfolgt die Vollbeendigung durch Auflösung und Abwicklung, so erlischt die Anfechtungsbefugnis erst, wenn die Abwicklung beendigt ist, § 273. Andrerseits kann auch ein schwebender Rechtsstreit die Beendigung der Abwicklung hindern, wenn die Durchführung des Rechtsstreits noch im Interesse der Abwicklung liegt. Abgesehen von der Kostenfrage wird aber für die Durchführung eines Anfechtungsprozesses in der Regel kein Interesse bestehen, wenn die Abwicklung im übrigen durchgeführt ist. Ebenso verhält es sich, wenn die Abwicklung im Konkursverfahren geschieht. Für die Verschmelzung s. die Erl. zu § 352.

§ 246 Anfechtungsklage

(1) Die Klage muß innerhalb eines Monats nach der Beschlußfassung erhoben werden.

(2) Die Klage ist gegen die Gesellschaft zu richten. Die Gesellschaft wird durch Vorstand und Aufsichtsrat vertreten. Klagt der Vorstand oder ein Vorstandsmitglied, wird die Gesellschaft durch den Aufsichtsrat, klagt ein Aufsichtsratsmitglied, wird sie durch den Vorstand vertreten.

(3) Zuständig für die Klage ist ausschließlich das Landgericht, in dessen Bezirk die Gesellschaft ihren Sitz hat. Die mündliche Verhandlung findet nicht vor Ablauf der Monatsfrist des Absatzes 1 statt. Mehrere Anfechtungsprozesse sind zur gleichzeitigen Verhandlung und Entscheidung zu verbinden.

(4) Der Vorstand hat die Erhebung der Klage und den Termin zur mündlichen Verhandlung unverzüglich in den Gesellschaftsblättern bekanntzumachen.

Übersicht

Einleitung

Anm. 1

Die Vorschrift entspricht dem § 199 AktG 37 Abs. 1—3 und 5. Eine Änderung enthält nur Abs. 2 Satz 3. Er verhindert, was früher möglich war, daß Mitglieder desselben Organs auf beiden Seiten des Rechtsstreits beteiligt sind, s. Anm. 8. § 199 Abs. 4 wurde nicht übernommen. Danach konnte das Gericht Sicherheitsleistung durch den Kläger anordnen, wenn die Gesellschaft glaubhaft macht, daß ihr gegen den Kläger ein Ersatzanspruch zusteht oder erwachsen kann. Der Kläger wurde dadurch stärker belastet als in anderen bürgerlichen Rechtsstreitigkeiten. Für eine solche ungleiche Behandlung besteht kein ausreichender Anlaß (RegBegr. bei Kropff S. 333). Unter dem gleichen Gesichtspunkt wurde auch die besondere Haftung des § 200 Abs. 2 AktG 37 für eine unbegründete Anfechtung nicht in § 248 übernommen, s. dort Einl. Auch in der Streitwertregelung (früher § 199 Abs. 6) wurden Erleichterungen für den Kläger geschaffen. Sie ist jetzt in § 247 enthalten.

I. Die Klagefrist

Anm. 2

1. Ausschlußfrist — Berechnung

Die Klage muß innerhalb eines Monats nach der Beschlußfassung erhoben werden, *Abs. 1*. Die Frist ist eine *Ausschlußfrist*, keine Verjährungsfrist, RG in HRR 1929 Nr. 2116; deshalb findet auch keine Unterbrechung oder Hemmung der Frist statt, RG 158, 137 (140). Die Frist läuft, auch wenn die Anfechtungsberechtigten in der beschließenden Hauptversammlung nicht anwesend waren und von den gefaßten Beschlüssen keine Kenntnis erlangt haben. Im Falle der Verletzung der Vorschriften des § 121 Abs. 2 und 3 über die Einberufung der Hauptversammlung sind die Beschlüsse nichtig, § 241 Nr. 1. Ist die Einberufung der Versammlung nach Vorschrift des § 121 Abs. 3 veröffentlicht, so kann jeder Anfechtungsberechtigte von der Abhaltung einer Hauptversammlung Kenntnis erhalten und sich über die gefaßten Beschlüsse unterrichten. Es besteht deshalb kein Bedürfnis, in diesem Falle einen anderen Rechtsbehelf als die Anfechtung innerhalb der Frist des Abs. 1 zu gewähren, RG in JW 1907, 490; RG 66, 129.

Die Frist läuft von der *Beschlußfassung* an, auch im Falle des § 173 Abs. 3, s. auch § 254 Abs. 2 Satz 2, § 257 Abs. 2 Satz 2. Dauert die Hauptversammlung zusammenhängend mehrere Tage, so beginnt die Klagefrist doch mit dem Tage, an dem der anzufechtende Beschluß gefaßt ist, nicht mit dem Tage des Schlusses der Hauptversammlung. Von diesem Zeitpunkt an besteht auch für den, der sich um die Beschlüsse der Hauptversammlung kümmert, regelmäßig die Möglichkeit, die Anfechtung vorzubereiten, insbesondere den Prozeßstoff zu sammeln; ebenso Schlegelberger AktG 37 § 199 Anm. 2; a. A. Brodmann § 271 HGB Anm. 3.

Die Frist wird nach § 187 Abs. 1, § 188 Abs. 2 und 3, § 193 BGB berechnet. Sie endigt regelmäßig mit dem Ablauf des Tages des auf den Tag der Abstimmung folgenden Kalendermonats, der durch seine Benennung dem Tage der Abstimmung entspricht; wegen der sinngemäßen Anwendung des § 193 BGB vgl. RG 97, 300; 100, 18; 105, 123; 151, 347.

Anm. 3

2. Wahrung der Frist

Die *Frist ist gewahrt*, wenn die Klage innerhalb der Frist *bei Gericht eingereicht* wird, sofern die Zustellung demnächst erfolgt, § 261 b Abs. 3 ZPO. Eine *Wiedereinsetzung in den vorigen Stand* nach § 233 ZPO kann nicht erteilt werden, da diese Vorschrift nur auf die dort angeführten Fristen anwendbar ist, zu denen die Ausschlußfrist des § 246 nicht gehört (ebenso Wieczorek ZPO § 221 Anm. B II a). Es ist auch weder der Einwand der Arglist möglich noch können die Grundsätze der Verjährung sinngemäß angewendet werden (BGH LM § 197 Nr. 1 = NJW 52, 98 unter II 2; vgl. auch Palandt BGB Einführung 4a vor § 194); s. auch Anm. 6.

Durch die Einreichung eines *Armenrechtsgesuchs* kann die Frist nicht gewahrt werden. Es muß ihm vielmehr die von einem Rechtsanwalt unterzeichnete Klagschrift beigefügt werden (Wieczorek ZPO § 114 F I a, § 261 b C I a 1, III a 1). OLG Frankfurt NJW 66, 838 und Lüke in der Anm. hierzu wollen die Einreichung eines Armenrechtsgesuchs innerhalb der Frist genügen lassen, das OLG in entsprechender Anwendung des § 203 Abs. 2 BGB (Hemmung durch höhere Gewalt), Lüke in Analogie zu neueren Verfahrensgesetzen, in denen bei unverschuldeter Versäumung gesetzlicher Fristen die Wiedereinsetzung ausnahmslos vorgesehen sei, insbesondere nach den §§ 60 VwGO, 67 SGG, 56 FGO, woraus ein allgemein geltender Grundsatz des Prozeßrechts abzuleiten sei. Die Entscheidung des OLG ist zu § 199 Abs. 1 AktG 37 ergangen und stützt sich auf eine verfassungskonforme Auslegung auf Grund der Art. 3 Abs. 1, 20

Abs. 1 GG. Gegen beide Begründungen bestehen nach dem heutigen Recht Bedenken. Der Gesetzgeber hat das Problem des armen Anfechtungsklägers gesehen und ihm in dem neuen § 247 Rechnung getragen. Er mußte dabei dessen Interessen gegen die der Gesellschaft abwägen. Das ist als abschließende Regelung anzusehen, so daß sich weitergehende Schlüsse aus dem Grundgesetz oder aus verwaltungsrechtlichen Regelungen verbieten (ablehnend auch Boesebeck in AG 66, 303, Werner AG 68, 184; Baumbach-Hueck 3, Obermüller-Werner-Winden S. 345; während Godin-Wilhelmi 2 zuzustimmen scheinen).

Die Einhaltung der Frist ist, wie die übrigen Voraussetzungen der Klage, in jeder Lage des Verfahrens auch in der Revisionsinstanz *von Amts wegen* zu beachten, RG 125, 155; RG in JW 1929, 1367; 1930, 2948; RG DR 42, 277 m. Anm. v. Barz; BGH LM § 199 Nr. 1. Die Parteien können eine Verlängerung oder eine Abkürzung der Frist nicht vereinbaren.

Anm. 4

3. Fristgemäße Geltendmachung der Anfechtungsgründe

Da die sachlich-rechtliche Anfechtung des Hauptversammlungsbeschlusses durch Klageerhebung erfolgt, kann der Kläger nach Ablauf der Frist nicht *neue Anfechtungsgründe* geltend machen, auch nicht mit Einwilligung der Beklagten. Auch insofern hat das Gericht die Einhaltung der gesetzlichen Vorschriften in jeder Lage des Verfahrens von Amts wegen zu beachten. Innerhalb der Frist müssen auch die zur Klagebegründung dienenden tatsächlichen Behauptungen in den Prozeß eingeführt, also in der mündlichen Verhandlung oder in den Beklagten zugestellten Schriftsätzen aufgestellt sein, RG HRR 29 Nr. 2116. Eine Bezugnahme auf Schriftsätze, die in einem anderen Rechtsstreit zwischen den Parteien gewechselt sind, ist nicht zulässig, RG in JW 1932, 1649[3]. Es genügt, daß die Klagegründe und Tatsachen ihrem wesentlichen Inhalt, dem Kerne nach vorgetragen sind. Innerhalb dieses Rahmens ist eine nähere Ausführung in den Einzelheiten zulässig, auch wenn die Frist abgelaufen ist, RG 91, 316 (323); 125, 155; RG in JW 1927, 1677[3]; 1928, 1569[14]; 1929, 1367 und 2146; 1932, 1649; in LZ 1930, 1450[5]; 1931, 251; 1932, 833; RG 170, 94; BGHZ 15, 177; 32, 318 (322); LM § 246 Nr. 1 = NJW 66, 2055. Das gilt insbesondere, wenn Tatsachen, die von der Gesellschaft oder von der Mehrheit absichtlich im Dunkeln gelassen wurden, sich erst im Laufe des Rechtsstreits herausstellen, z. B. eigensüchtige, gesellschaftsfremde Zwecke, die zum *Stimmrechtsmißbrauch* führen, BGH LM § 246 Nr. 1. Innerhalb der Frist können die ursprünglichen Klagegründe nicht nur ergänzt, sondern auch geändert werden. An die bei Erhebung des Widerspruchs angegebenen Gründe ist der Kläger nicht gebunden, RG 20, 141; vgl. § 245 Anm. 8.

Anm. 5

4. Anfechtungs- und Nichtigkeitsgründe

Ist die Anfechtungsklage außer auf Anfechtungsgründe auch auf Tatsachen gestützt, die die Nichtigkeit des Beschlusses nach § 241 rechtfertigen würden, so mußten nach der Rechtsprechung zum HGB (RG in JW 1932, 1649; in HRR 1933 Nr. 941) auch die *Nichtigkeitsgründe* innerhalb der Monatsfrist in den Prozeß eingeführt werden. Das HGB kannte nur die besonders ausgestaltete Anfechtungsklage. Das Aktiengesetz kennt daneben die im wesentlichen gleichgestaltete, aber nicht fristgebundene Nichtigkeitsklage in einem besonderen aktienrechtlichen Verfahren. Sie kann von den gleichen Klageberechtigten erhoben werden, die auch zur Erhebung der Anfechtungsklage befugt sind, §§ 245, 249. Die Gesellschaft wird dabei in gleicher Weise vertreten, wie bei der Anfechtungsklage, das gleiche Gericht ist zuständig, § 246 Abs. 2 und 3, § 249. Das Urteil wirkt für und gegen die gleichen Beteiligten; ebenso erfolgen Einreichung des Urteils und dessen Bekanntmachung in gleicher Weise, § 248. Nach § 249 Abs. 2 Satz 2 können ein Nichtigkeits- und Anfechtungsprozeß miteinander verbunden werden; dies gilt auch, wenn die Nichtigkeitsklage lange nach Ablauf der Klagefrist des Abs. 1 erhoben worden ist.

Nach der im Zivilrecht herrschenden Lehre (Enneccerus-Nipperdey § 203 III 7, Staudinger-Coing § 123 Anm. 17, Palandt Vorbem. 4e vor § 104) von der *Doppelwirkung* kann auch ein nichtiges Rechtsgeschäft angefochten werden. Wegen der oft verschiedenen Wirkung von Nichtigkeit und Anfechtung, insbesondere im Verhältnis zu Dritten, mag hierfür im Zivilrecht ein Bedürfnis bestehen. Im Aktienrecht ist dies aber nicht der Fall. Die Urteilswirkung ist im Falle der Nichtigerklärung des Beschlusses auf Grund Anfechtung dieselbe wie bei der Feststellung der Nichtigkeit auf Grund Nichtigkeitsklage. § 249 verweist auf § 248. Das gilt auch im Verhältnis zu Dritten (vgl. § 248 Anm. 5 und 6, § 249 Anm. 7). Wird daher gegen denselben Beschluß die Nichtigkeits- und die Anfechtungsklage erhoben, so ist letztere als Hilfsantrag zu behandeln, da mit der Feststellung der Nichtigkeit der Anspruch auf Nichtigerklärung entfällt (BGH NJW 52, 98 I = LM § 197 Nr. 1; OGH Br.Z NJW 49, 715; KG NJW 59, 439). Werden in einer Klage Nichtigkeits- und Anfechtungsgründe vorgebracht, so sind aus demselben Grund zuerst die Nichtigkeitsgründe zu erörtern.

Es können somit in einer Klage, gleichgültig, wie sie sich bezeichnet, Anfechtungs- und Nichtigkeitsgründe nebeneinander geltend gemacht werden. Es ist auch ein Übergang von der Anfechtungsklage zur Nichtigkeitsklage und umgekehrt möglich; nur müssen die bloßen Anfechtungsgründe innerhalb der Monatsfrist des Abs. 1 in den Prozeß eingeführt werden, während für die Geltendmachung der Nichtigkeit eine Frist nicht besteht. Selbstverständlich sind auch die prozeßrechtlichen Vorschriften über die Klageänderung und über verspätetes Vorbringen zu beachten, §§ 264, 278, 529 ZPO.

Anm. 6

5. Da es sich bei der Einhaltung der Klagefrist nicht nur um die Beachtung einer Prozeßvorschrift, sondern um eine sachlichrechtliche Voraussetzung der Wirksamkeit der Anfechtung einer Rechtshandlung dreht, erfolgt die Klageabweisung wegen Nichteinhaltung der Frist nicht durch Prozeßurteil, sondern durch Abweisung des Anfechtungsanspruchs, also durch Urteil zur Sache (*Sachurteil;* RGZ 123, 204). Hat das Landgericht irrtümlich angenommen, daß die Klagefrist versäumt sei und deshalb die Klage abgewiesen, so darf das Berufungsgericht deshalb nicht nach § 538 Abs. 1 Nr. 2, § 539 ZPO an die Vorinstanz zurückverweisen, sondern muß in der Sache selbst entscheiden, RG 123, 204, im „Recht" 1929 Nr. 259.

II. Die Gesellschaft als Beklagte im Anfechtungsprozeß, Abs. 2

Anm. 7

1. Allgemeines — Anerkenntnis — Vergleich

Gegen die Aktiengesellschaft, deren Hauptversammlung den angefochtenen Beschluß erlassen hat, ist stets die Klage zu richten, gleichgültig von wem (auch von ihrem Vorstand) und aus welchem Grunde sie erhoben ist. Fortgesetzt werden kann die Klage auch gegen die Gesellschaft in Abwicklung oder in Konkurs, unter Umständen auch gegen die Rechtsnachfolgerin, s. die Erl. zu § 352.

Ihrem Inhalte nach richtet sich die Anfechtung gegen das Verhalten der Mehrheit, die den Hauptversammlungsbeschluß gefaßt hat. Die Beschlüsse sind aber solche der Gesellschaft. Sie sind für deren Leben maßgebend, wenn sie weder angefochten noch kraft Gesetzes nichtig sind. Die Gesellschaft befindet sich im Anfechtungsprozeß nicht in der gleichen Rolle wie sonst ein Prozeßbeteiligter, der sich gegen einen zivilrechtlichen Anspruch zu verteidigen hat. Es steht nicht im freien Belieben der Gesellschaft, ob sie dem Anspruch stattgeben will. Bei der Anfechtungsklage handelt es sich vielmehr um ein vom Gesetz gewähltes Verfahren, in dem der Streit zwischen der Mehrheit und einzelnen Aktionären und den sonstigen Anfechtungsbefugten über Gesetz- oder Satzungsmäßigkeit eines Beschlusses auszutragen ist. Das Organ, das zur Führung des Rechtsstreits namens der Gesellschaft berufen ist, kann in diesem Falle nicht frei über den

Streitgegenstand verfügen. Es hat vielmehr die Interessen der Gesellschaft, wie sie in dem angefochtenen Beschluß zum Ausdruck gekommen sind, zu vertreten, und tunlichst den Beschluß zu verteidigen. Es kann also nicht den Mehrheitsbeschluß ohne weiteres preisgeben. Dies würde dem Wesen der Aktiengesellschaft und grundlegenden Bestimmungen des Aktienrechts widersprechen, nach denen in bestimmten wichtigen Fällen das Leben der Gesellschaft durch Beschlüsse der Hauptversammlung und nicht allein durch den Vorstand und Aufsichtsrat maßgebend geordnet wird.

Die gesetzlichen Vertreter im Anfechtungsprozeß können deshalb *nicht* etwa den Anspruch des Anfechtungsklägers auf Vernichtung des Beschlusses *anerkennen* und dadurch im Ergebnis den Hauptversammlungsbeschluß aufheben (a. M. Godin-Wilhelmi 8, Baumbach-Hueck 8, wohl auch RG JW 38, 750). Die anfechtende Minderheit und die Verwaltung könnten dann zusammen den Mehrheitsbeschluß aufheben. Zwar könnte kein Nachteil entstehen, wenn die Gesellschaft bei offenbar begründeter Klage die Nichtigkeit anerkennen würde. Es ist aber kaum möglich, die Grenze zu ziehen, und die Gefahr des Zusammenspiels wäre nicht ausgeschlossen. Die Organmitglieder können allerdings durch ihre Säumnis die Erlassung eines *Versäumnisurteils* gegen die Gesellschaft herbeiführen. Die Möglichkeit eines solchen ist nicht zu bezweifeln. Zweifelhaft ist, ob sie auch bindende Geständnisse über Tatsachen abgeben können. Die Wahrheitspflicht besteht auch für sie, § 138 ZPO. *Aber die Vorschriften der ZPO über die bindenden Wirkungen eines Anerkenntnisses und eines Geständnisses passen nicht für eine Klage der vorliegenden Art*, bei der den zur Prozeßführung namens der Gesellschaft berufenen Organen das Verfügungsrecht über den Streitgegenstand fehlt. Die Vertreter der Gesellschaft können sich auch *nicht* in der Weise *vergleichen*, daß der Beschluß aufgehoben wird (BGH LM § 195 Nr. 1 und allg. Meinung). Der Beschluß kann vielmehr allein durch rechtskräftiges Urteil, durch Rechtsgestaltungsurteil für nichtig erklärt werden, wenn ein Mangel vorliegt, der nach § 243 die Anfechtung begründet. Nur soweit es sich nicht um die Nichtigerklärung des Beschlusses handelt, kann die Gesellschaft einen Vergleich schließen, also insbesondere über die Prozeßkosten. Zulässig wäre auch ein Vergleich, durch den der Anfechtungsberechtigte auf den Anfechtungsanspruch verzichtet und die Klage zurücknimmt, vgl. Brodmann § 272 HGB Anm. 2a, denn darin läge nur eine Verfügung über den Anfechtungsanspruch des Anfechtungsklägers, nicht über das Gestaltungsrecht der Hauptversammlung.

Läßt man ein bindendes Anerkenntnis und Geständnis zu, so könnten die damit verbundenen Folgen dadurch vermieden werden, daß ein an der Aufrechterhaltung des angefochtenen Beschlusses interessierter *Aktionär* dem Rechtsstreit als *Streitgehilfe* auf seiten der Gesellschaft beitritt. Wegen der Urteilswirkung nach § 248 AktG ist er als Streitgenosse der Hauptpartei anzusehen, § 69 ZPO. Es ist dann auch § 61 ZPO anwendbar. Die Handlungen des anderen Streitgenossen (der Gesellschaft) können ihm nicht zum Nachteil gereichen. Es kann dann ein Anerkenntnis gegen seinen Widerspruch nicht die Folge haben, daß der Klage stattgegeben werden müßte. Er kann auch nach § 63 ZPO den Prozeß selbständig betreiben, die Erlassung eines Versäumnisurteils verhindern (§ 62 ZPO) und gegen ein solches Einspruch, gegen ein Anerkenntnisurteil Berufung einlegen, vgl. Godin in JW 1938, 1149; Wegen der Stellung der Gesellschafter im Anfechtungsprozeß vgl. auch RG 108, 132; JW 1932, 2636; RG 164, 131.

Anm. 8

2. Die gesetzliche Vertretung im Anfechtungsprozeß

Literatur: A. Hueck, Die Vertretung von Kapitalgesellschaften im Prozeß, Festschrift für Bötticher 1969 S. 197, 203.

Regelmäßig wird die Gesellschaft im Prozeß durch den Vorstand vertreten, § 78 Abs. 1. Im Anfechtungsprozeß kann nicht der Vorstand allein die Gesellschaft vertreten. Wegen der Eigenart des Anfechtungsprozesses, in dem ein Streit zwischen Mehrheit und Anfechtendem ausgetragen werden soll, muß stets das zweite Verwaltungsorgan, der *Aufsichtsrat*, die Gesellschaft vertreten, und zwar *allein oder mit dem Vorstand*. Es soll damit einer Voreingenommenheit des Vorstandes gegen die Mehrheit und einem arglistigen Zusammenarbeiten zwischen Vorstand und Anfechtenden vorgebeugt werden (ebenso BGH 32, 117). Wenn der Vorstand klagt, hat der Aufsichtsrat allein die Vertretungsbefugnis. Der Aufsichtsrat als Kollegium hat niemals eine Anfechtungsbefugnis, § 245. Klagen einzelne Vorstands- oder Aufsichtsratsmitglieder, so blieb nach dem alten Recht die gemeinsame Vertretung von Vorstand und Aufsichtsrat bestehen. Das ist durch die Neufassung des Satz 3 geändert. Es ist nun nicht mehr möglich, daß Mitglieder desselben Organs auf beiden Seiten des Rechtsstreits beteiligt sind. Die Klage eines Organmitglieds schließt das ganze Organ von der Vertretung der Gesellschaft aus. Klagen Mitglieder sowohl des Aufsichtsrats wie des Vorstands, so sind beide Organe vertretungsunfähig. Es muß ein Vertreter nach § 57 ZPO bestellt werden. Eine Bestellung nach den §§ 85, 104 ist nicht möglich (anders die Voraufl. § 199 Anm. 12, wie hier Godin-Wilhelmi 4, Baumbach-Hueck 6). Wegen der Vertretung bei Nichtigkeit oder Anfechtung der Wahl des Aufsichtsrats s. § 252 Anm. 3, 5.

Vorstand und Aufsichtsrat vertreten die Gesellschaft gemeinsam. Sie müssen sich also über alle im Prozeß vorzunehmenden Handlungen einigen. Dies geschieht jedoch nicht (wie die Vorauflage annahm) durch gemeinsame Beschlußfassung beider Gremien. Dem steht schon die Verschiedenheit in der Willensbildung des Vorstands und des Aufsichtsrats entgegen, vgl. §§ 77 und 108 u. die Erl. hierzu. Vielmehr beschließt jedes Gremium für sich, wobei beide Beschlüsse in Übereinstimmung gebracht werden müssen (ebenso Hueck a. a. O. S. 205, Godin-Wilhelmi 4).

Anm. 9

3. Die Angabe der Parteien

Die Klage ist hiernach zu richten gegen die AG . . . vertreten durch den Vorstand und Aufsichtsrat (bei Klage des Vorstandes: vertreten durch den Aufsichtsrat). Die Angabe der Namen der Vorstands- und Aufsichtsratsmitglieder ist zur Wirksamkeit der Klage (der Anfechtung) nicht erforderlich; § 130 Nr. 1 ZPO enthält die Vorschrift, daß die Angabe der gesetzlichen Vertreter in den Schriftsätzen erfolgen soll; notwendig ist aber nur die Angabe der Parteien in der Klage; § 253 Abs. 1 Nr. 1. Aus dem Wesen der Anfechtungsklage ergibt sich nichts anderes, ebenso BGH 32, 118, Godin-Wilhelmi 4, OLGR 5, 277. Prozeßpartei ist nach Abs. 2 Satz 1 nur die Gesellschaft. Das Prozeßgericht kann aber zum Zwecke der Nachprüfung der Legitimation der gesetzlichen Vertreter und der Rechtzeitigkeit der Klageerhebung die Bezeichnung der Namen der Vorstands- und Aufsichtsratsmitglieder verlangen, § 56 ZPO. Klageabweisung kann nur erfolgen, wenn der Nachweis der gesetzlichen Vertretung im Laufe des Rechtsstreits nicht erbracht ist. Wird in der Klage, wenn beide Organe zur Vertretung berufen sind, nur eines als Vertreter bezeichnet oder nur einem zugestellt, so ist die Anfechtung unwirksam und die Klage abzuweisen, vgl. Anm. 10. Innerhalb der Monatsfrist des Abs. 1 kann das Fehlende nachgeholt, auch eine neue ordnungsmäßige Klage erhoben werden, RG in Bankarchiv 9, 300, in LZ 1928, 1464[4], in JW 1927, 375.

Auf die Rüge anderer Mängel der Klage kann ausdrücklich oder stillschweigend verzichtet werden, § 195 ZPO. Die Klage gilt dann in dem Zeitpunkt als ordnungsmäßig erhoben, in dem sie mangelhaft zugestellt ist, RG in JW 1934, 1493.

Anm. 10

4. Konkurs und Abwicklung

Im *Konkurs der Gesellschaft* obliegt die Vertretung der Gesellschaft dem Konkursverwalter, soweit die angefochtenen Beschlüsse die Konkursmasse berühren (RG 76, 244; JW 36, 181; BGH 32, 121; vgl. auch § 245 Anm. 16). Die Klage ist dann gegen den Konkursverwalter zu richten. Eine Mitvertretung des Aufsichtsrats findet insofern nicht statt. Bei Beschlüssen, die die Konkursmasse nicht berühren, richtet sich die Vertretung nach Abs. 2 Satz 2 und 3, vgl. Jaeger-Weber, KO 8. Aufl. (1970) §§ 207, 208 Anm. 35; Mentzel-Kuhn, KO § 207 Anm. 6, RG 76, 249; OLG Hamburg, AG 71, 403 (Nichtigkeitsklage gegen Aufsichtsratswahl). Während der *Abwicklung* bleiben die Funktionen des Aufsichtsrats bestehen. Es gelten also Abs. 2 S. 2 und 3.

Anm. 11

5. Die Zustellung der Klage

Literatur: v. Gleichenstein, Die Zustellung der aktienrechtlichen Anfechtungsklage nach § 246 AktG, AG 69, 305.

Nach § 171 Abs. 3 ZPO genügt bei mehreren gesetzlichen Vertretern die Zustellung an einen von ihnen. Da aber die ausnahmsweise Betrauung von Vorstand und Aufsichtsrat gerade verhüten soll, daß die Belange der Gesellschaft und der Mehrheit nicht genügend gewahrt werden und ein Zusammenspiel von Vorstand und den Anfechtenden stattfindet, muß an *mindestens ein Mitglied jedes der beiden* zur Berufung vertretenen Kollegien, und zwar jeweils innerhalb der Monatsfrist die Klage zugestellt sein, RG 107, 124, JW 1927, 375, BGH 32, 119. Daraus, daß nach § 107 ein Aufsichtsratsvorsitzender zu bestellen ist, folgt nicht, daß nur an diesen für den Aufsichtsrat zugestellt werden kann. Nach der Überschrift des § 107 betrifft er nur die innere Ordnung der Gesellschaft.

Als Mitglieder des Vorstandes und des Aufsichtsrats sind die nach den Beschlüssen der Hauptversammlung oder des Aufsichtsrats Berufenen anzusehen, auch wenn der Beschluß der Hauptversammlung über die Wahl des Aufsichtsrats, mit der Klage angefochten oder seine Nichtigkeit festgestellt werden soll, § 252 Anm. 3, 5. Soweit die Vorstandsmitglieder ins Handelsregister eingetragen sind, kann sich der Kläger in sinngemäßer Anwendung des § 15 HGB darauf, beim Aufsichtsrat auf die Bekanntmachung in den Gesellschaftsblättern und die vorgeschriebene Einreichung zum Handelsregister berufen.

Die Zustellung an ein Vorstandsmitglied kann im Geschäftslokal der Gesellschaft oder in seiner Wohnung erfolgen, § 180 ZPO; falls kein Vorstandsmitglied im Geschäftslokal anwesend ist, auch an einen Angestellten, § 184. Soll an ein Aufsichtsratsmitglied zugestellt werden, so hat dies nach den §§ 180—183 ZPO zu geschehen. § 184 ZPO gilt nicht für die Zustellung an den Aufsichtsrat (RG 83, 414; v. Gleichenstein a. a. O.). Durch Ersatzzustellung im Geschäftslokal wäre auch keine Gewähr dafür gegeben, daß auch der Aufsichtsrat von der Klage Kenntnis erhält.

Bloße Mängel der Zustellung — nicht die Versäumung der Monatsfrist — können gemäß §§ 187, 295 ZPO geheilt werden (näheres bei v. Gleichenstein a. a. O.). Ergibt sich aus den Erklärungen der beiden Vertretergruppen — Vorstand und Aufsichtsrat —, daß die Ladung in ihre Hände gelangt ist, so ist die Zustellung mit dem Zeitpunkt als bewirkt anzusehen, in dem jede Gruppe nach ihren Erklärungen die Klageschrift erhalten hat. Dies gilt auch dann, wenn die Zustellung statt im Geschäftslokal in der Privatwohnung oder umgekehrt vor sich gegangen ist, RG 123, 204. Eine falsche Bezeichnung in der Zustellung, z. B. als Vorstand statt als Liquidator, schadet nichts (BGH 32, 120).

Anm. 12

6. Der Inhalt der Klage

Wegen des Klagantrags vgl. § 243 Anm. 29, § 248 Anm. 3. Die Klagebegründung muß für jeden einzelnen angefochtenen Beschluß unter Angabe der Tatsachen ergeben, worin der Mangel des Beschlusses erblickt wird. Eine Angabe der verletzten Vorschriften des Gesetzes ist nicht erforderlich, die der verletzten Satzungsbestimmungen nur, wenn sie zum Verständnis der Rüge notwendig ist.

Anm. 13

7. Nebenintervention

Als Streitgehilfe des Klägers oder der Gesellschaft kann jeder Aktionär beitreten; ebenso ein anderer Anfechtungsberechtigter, § 66 ZPO. Der Streitgehilfe ist an die Erklärung der Gesellschaft im Prozeß nicht gebunden. Er kann auch selbständig Rechtsmittel einlegen. Es ist eine streitgenössische Nebenintervention gemäß §§ 69, 61 ZPO gegeben (Godin JW 38, 1149; RG 164, 131; s. auch Anm. 7 letzter Abs.).

III. Zuständigkeit und Verfahren

Anm. 14

1. Das zuständige Gericht

Zuständig für die Klage ist *ausschließlich* das Landgericht, in dessen Bezirk die Gesellschaft ihren Sitz hat, *Abs. 3 Satz 1*. Die Parteien können nicht die Zuständigkeit eines anderen staatlichen Gerichts vereinbaren. Der Sitz der Gesellschaft ergibt sich aus der Satzung und dem Eintrag im Handelsregister. Die Verhandlung erfolgt vor der Kammer für Handelssachen, wenn der Kläger dies in der Klageschrift oder wenn die Beklagte die Verweisung an die Kammer für Handelssachen beantragt, § 95 Nr. 4a, §§ 96, 98 GVG. Die Erhebung der Klage bei einem nicht zuständigen Gericht führt zur Abweisung der Klage durch Prozeßurteil. Sie kann innerhalb der Monatsfrist bei dem zuständigen Gericht erneut erhoben werden. Die Klagerhebung beim unzuständigen Gericht wahrt die Frist des Abs. 1 auch dann nicht, wenn gemäß § 276 ZPO an das zuständige Gericht verwiesen wird (vgl. Wieczorek ZPO § 276 B IV b 1).

Die Klage kann nicht bei einem *Schiedsgericht* erhoben werden. Wenn das Gesetz die Anfechtung nur durch Klage zuläßt und für diese als ausschließlich zuständiges Gericht das Landgericht des Gesellschaftssitzes bestimmt, so ergibt sich bereits daraus die Unzulässigkeit schiedsrichterlicher Entscheidung. Es handelt sich auch um einen Anspruch, über den die Parteien sich nicht vergleichen können, § 1025 ZPO; vgl. Anm. 7. Schon wegen der Urteilswirkung, § 248, kann die Entscheidung nicht von der Auswahl des Schiedsrichters durch einen einzigen Anfechtungsberechtigten abhängig gemacht werden; ebenso BGH LM § 199 Nr. 1, WM 66, 1132; OLG Stuttgart JW 1927, 1111; allg. Meinung.

Die Anordnung der ausschließlichen Zuständigkeit des Landgerichts hat die Folge, daß Berufung und Revision ohne Rücksicht auf den Wert des Streitgegenstandes zulässig sind; § 511a, § 574 Nr. 2 ZPO.

Anm. 15

2. Die mündliche Verhandlung

Sie findet nicht vor Ablauf der Monatsfrist des Abs. 1 statt, *Absatz 3 Satz 2*. Den Parteien soll dadurch die Möglichkeit gegeben werden, den Streitstoff zu sammeln. Auch läßt sich erst nach Ablauf der Monatsfrist feststellen, ob nicht noch weitere Anfechtungsklagen erhoben werden, die miteinander zu verbinden sind. Da es sich um eine Sondervorschrift für den Anfechtungsprozeß handelt, finden die allgemeinen Vorschriften der Zivilprozeßordnung über Abkürzung von Fristen keine Anwendung. Die Parteien können auf Einhaltung der Frist nicht verzichten. Solange die Möglichkeit anderer Anfechtungsklagen besteht, könnten andernfalls Urteile mit widersprechendem Inhalt ergehen; vgl. § 248.

Anm. 16

3. Verbindung mehrerer Anfechtungsprozesse

Mehrere Anfechtungsprozesse sind zur gleichzeitigen Verhandlung und Entscheidung zu *verbinden, Abs. 3 S. 3*. Die Verbindung ist hier zwingend vorgeschrieben, sie steht nicht wie sonst im Ermessen des Gerichts, § 147 ZPO. Dies gilt, wenn der gleiche Beschluß von mehreren Personen selbständig angefochten ist, auch wenn die Anfechtungsgründe verschieden sind; ebenso wenn mehrere Beschlüsse angefochten sind, die voneinander abhängig sind. Der Zweck der Vorschrift ist, eine einheitliche Entscheidung zu gewährleisten. Sie steht in Zusammenhang mit der Vorschrift des § 248 Abs. 1, wonach das den Beschluß vernichtende rechtskräftige Urteil für und gegen alle Aktionäre und die Mitglieder des Vorstandes und des Aufsichtsrats wirkt, auch wenn sie nicht Partei sind. Mehrere Anfechtungskläger aus einer oder aus verbundenen Klagen sind notwendige Streitgenossen, § 62 ZPO, RG 93, 32, Godin-Wilhelmi 7. Nichtigkeits- und Anfechtungsprozesse können verbunden werden, § 249 Abs. 2 Satz 2.

Eine Entscheidung in der Sache, also darüber, ob der Hauptversammlungsbeschluß für nichtig zu erklären oder die Klage abzuweisen ist, kann nur gleichzeitig in einem Urteil erfolgen. Über einen Zwischenstreit im Sinne des § 303 ZPO kann vorher durch Zwischenurteil entschieden werden.

IV. Bekanntmachung

Anm. 17

Der Vorstand hat die Erhebung der Klage und den Termin zur mündlichen Verhandlung unverzüglich in den Gesellschaftsblättern *bekanntzumachen, Abs. 4.* Die Bekanntmachung muß ersichtlich machen, gegen welchen Beschluß der Hauptversammlung und durch wen die Anfechtungsklage erhoben ist. Der Beschluß ist so deutlich zu bezeichnen, daß kein Zweifel darüber bestehen kann, um welchen von mehreren etwa gleichzeitig gefaßten Beschlüssen es sich handelt. Es ist die Firma der Gesellschaft, der Tag der Beschlußfassung und der Gegenstand des Beschlusses (z. B. Feststellung des Jahresabschlusses, Kapitalherabsetzung) anzugeben.

Es muß nur der erste Verhandlungstermin bekanntgemacht werden. Die Bekanntmachung muß auch erfolgen, wenn die Klage zu spät zugestellt oder sonst mangelhaft ist (ebenso Obermüller-Werner-Winden S. 351, Baumbach-Hueck 9).

Der Vorstand — im Falle der Abwicklung der Abwickler — hat, auch im Falle des Konkurses der AG, die Bekanntmachung zu bewirken, auch wenn er selbst Anfechtungskläger ist. Die Erfüllung dieser Verpflichtung kann durch Ordnungsstrafen erzwungen werden; § 407 Abs. 1. Das Unterbleiben der Bekanntmachung hat die Unwirksamkeit der Anfechtung nicht zur Folge. Es kann aber, da es eine Verletzung der Pflichten des Vorstandes enthält, Schadensersatzansprüche gegen diesen begründen, § 93. Zweck der Bekanntmachung ist, den Aktionären die Möglichkeit zu verschaffen, sich über den Stand des Verfahrens zu unterrichten, dieses auch durch Beitritt als Mitkläger oder Streitgehilfe auf der einen oder anderen Seite zu beeinflussen.

§ 247 Streitwert

(1) Den Streitwert bestimmt das Prozeßgericht unter Berücksichtigung aller Umstände des einzelnen Falles, insbesondere der Bedeutung der Sache für die Parteien, nach billigem Ermessen. Er darf jedoch ein Zehntel des Grundkapitals oder, wenn dieses Zehntel mehr als eine Million Deutsche Mark beträgt, eine Million Deutsche Mark nur insoweit übersteigen, als die Bedeutung der Sache für den Kläger höher zu bewerten ist.

(2) Macht eine Partei glaubhaft, daß die Belastung mit den Prozeßkosten nach dem gemäß Absatz 1 bestimmten Streitwert ihre wirtschaftliche Lage erheblich gefährden würde, so kann das Prozeßgericht auf ihren Antrag anordnen, daß ihre Verpflichtung zur Zahlung von Gerichtskosten sich nach einem ihrer Wirtschaftslage angepaßten Teil des Streitwerts bemißt. Die Anordnung hat zur Folge, daß die begünstigte Partei die Gebühren ihres Rechtsanwalts ebenfalls nur nach diesem Teil des Streitwerts zu entrichten hat. Soweit ihr Kosten des Rechtsstreits auferlegt werden oder soweit sie diese übernimmt, hat sie die von dem Gegner entrichteten Gerichtsgebühren und die Gebühren seines Rechtsanwalts nur nach dem Teil des Streitwerts zu erstatten. Soweit die außergerichtlichen Kosten dem Gegner auferlegt oder von ihm übernommen werden, kann der Rechtsanwalt der begünstigten Partei seine Gebühren von dem Gegner nach dem für diesen geltenden Streitwert beitreiben.

(3) Der Antrag nach Absatz 2 kann vor der Geschäftsstelle des Prozeßgerichts zur Niederschrift erklärt werden. Er ist vor der Verhandlung zur Hauptsache anzubringen. Später ist er nur zulässig, wenn der angenommene oder festgesetzte Streitwert durch das Prozeßgericht heraufgesetzt wird. Vor der Entscheidung über den Antrag ist der Gegner zu hören.

Übersicht

Einleitung

Anm. 1

§ 247 ist neu. Er tritt anstelle des § 199 Abs. 6 AktG 37. Das Aktienrecht des HGB kannte keine besondere Vorschrift für die Streitwertbestimmung. Gemäß der sich aus §§ 3ff. ZPO ergebenden allgemeinen Rechtspraxis wurde der Streitwert auch für die Anfechtungs- und Nichtigkeitsklage allein nach dem individuellen Interesse des Klägers an der Beseitigung des angefochtenen Beschlusses bemessen (z. B. RG JW 30, 2704; dazu kritisch Hachenburg DJZ 25, 1098, Pinner u. Fürst JW 30, 2704 u. 3705). Die Höchstgrenze des Streitwerts war also der Kurswert des Aktienbesitzes des klagenden Aktionärs. Das wurde besonders bei Klagen von Kleinstaktionären als unbefriedigend empfunden. Denn durch die Wirkung der Nichtigerklärung für und gegen alle, § 248 (= § 273 HGB = § 200 AktG 37) ist das Interesse des Klägers notwendigerweise mit dem aller Aktionäre verknüpft. Nach § 199 Abs. 6 AktG 37 sollte deshalb das Prozeßgericht den Streitwert nach den gesamten im einzelnen Fall gegebenen Verhältnissen unter Berücksichtigung des Interesses der Gesellschaft an der Aufrechterhaltung des angefochtenen Beschlusses nach freiem Ermessen bestimmen.

Diese bei großen Gesellschaften oft zu hohen Streitwerten führende Regelung hatte für Kleinaktionäre eine abschreckende Wirkung. Das Kostenrisiko war für sie groß (RegBegr. bei Kropff S. 334). Klagte ein mittelloser Aktionär, so hatte der hohe Streitwert für die Gesellschaft den Nachteil, daß sie auch im Falle des Obsiegens die Kosten nicht erstattet bekam.

Die neue Vorschrift geht einen mittleren Weg, indem sie in Abs. 1 Satz 1 dem Interesse *beider* Parteien gleiches Gewicht beimißt. Zudem setzt sie in Abs. 1 Satz 2 eine *Höchstgrenze* für den Streitwert fest. Ferner führt sie in Abs. 2 den *gespaltenen Streitwert* nach dem Vorbild des § 53 des Patentgesetzes ein, s. Anm. 4—6. Gegen Abs. 2 hat v. Falkenhausen (Verfassungsrechtliche Grenzen der Mehrheitsherrschaft 1967 S. 242) aus Art. 3 GG verfassungsrechtliche Bedenken hergeleitet. Sie sind nicht begründet (Däubler BB 69, 545; Lutter AG 68, 75; Godin-Wilhelmi 1; s. ferner Fechner JZ 69, 353). v. Falkenhausen verkennt das Interesse der Gesellschaft an der Beseitigung eines rechtswidrigen Beschlusses (vgl. § 243 Anm. 25). Er übersieht auch, daß Abs. 2 für beide Parteien gilt (wenn er sich auch nur selten zugunsten der Gesellschaft auswirken wird).

I. Die Festsetzung des Streitwerts nach Abs. 1

Anm. 2

1. Festsetzung nach billigem Ermessen - Höchstgrenze

Für die Bestimmung dse Streitwerts durch das Prozeßgericht stellt Satz 1 drei Merkmale auf. Einmal sind alle Umstände des einzelnen Falles zu berücksichtigen. Das bedeutet die Abstellung auf den Einzelfall. Besonders hervorgehoben wird dabei die *Bedeutung der Sache* für die Parteien. Im Gegensatz zum früheren Recht (s. Anm. 1) haben dabei die Interessen beider Parteien *gleiches Gewicht.* Meistens liegt das Interesse der Beklagten an der Aufrechterhaltung des angefochtenen Beschlusses erheblich höher als das des Klägers an dessen Nichtigerklärung. Das Interesse des Klägers wird regelmäßig durch die Höhe seines Aktienbesitzes begrenzt. Klagt ein Kleinaktionär und ist die Beklagte ein größeres oder großes Unternehmen, so ist die Wertdifferenz ganz erheblich. Vor allem hier greift das dritte Merkmal ein, das *billige Ermessen*. Es erfordert die Prüfung und Abwägung der wirtschaftlichen Verhältnisse und Interessenlage beider Parteien (BGH 41, 279; 18, 152; vgl. auch Neumann-Duesberg JZ 52,705 und Kornblum AcP 168 (1968) 456). In diese Abwägung ist auch die Möglichkeit eines *gespaltenen Streitwerts* nach Abs. 2 einzubeziehen, s. Anm. 4. Nach alledem steht dem Richter ein *breiter Spielraum* für die Bestimmung des Streitwerts zur Verfügung. Er wird ihn allerdings nur in Ausnahmefällen an der unteren Grenze der landgerichtlichen Zuständigkeit (§§ 71 Abs. 1, 23 Nr. 1 GVG) festsetzen, KG NJW 67, 1762. Unrichtig ist im übrigen die Meinung des LG Dortmund AG 68, 390 (392), die Streitwertbestimmung richte sich in erster Linie nach dem Grundkapital der Gesellschaft. Aus Satz 2 ergibt sich das nicht. Das Grundkapital ist vielmehr nur einer von allen Umständen des Einzelfalles.

Eine weitere Maßnahme des Gesetzes zur Beschränkung des Streitwerts liegt in der Festsetzung eines *Höchstwertes* durch Satz 2. Es wird eine relative — 10% des Grundkapitals und eine absolute Höchstgrenze — 1 Million DM — gesetzt. Davon wird wieder eine *Ausnahme* gemacht für den Fall, daß die Bedeutung der Sache für den Kläger höher zu bewerten ist. Das kann z. B. der Fall sein, wenn der Kläger auf Grund des angefochtenen Beschlusses seine Sperrminorität (25% und 1 Aktie) verliert.

Anm. 3

2. Einzelfälle

Bei der Anfechtung mehrerer Beschlüsse in einer Klage ist die Festsetzung des Streitwerts für jeden Beschluß geboten, vgl. z. B. OLG München AG 62, 346. Die *Entlastung* von Vorstand und Aufsichtsrat hat für beide Streitteile eine geldwerte Bedeutung. Das OLG Hamburg (AG 64, 160) hat zum alten Recht als Bemessungsfaktoren die Folgen der Entlastungsverweigerung für das geschäftliche Ansehen der Gesellschaft (so auch LG Bonn AG 68, 25), deren Grundkapital und die wirtschaftliche Bedeutung der vom Kläger beanstandeten Transaktion herangezogen. Nach neuem Recht hätte es auch die Bedeutung der Sache für den Kläger und dessen wirtschaftliche Verhältnisse berücksichtigen müssen. Die Frage, ob der *Aufsichtsrat* ordnungsgemäß gewählt ist, ist für beide Parteien von erheblicher Bedeutung (LG Dortmund AG 68, 392).

II. Die relative Streitwertherabsetzung, Abs. 2 u. 3

Anm. 4

1. Voraussetzungen

In Abs. 2 hat das Gesetz nach dem Vorbild des § 53 PatG (s. auch § 23a UWG, § 31a WZG, § 17a GebrMG) die Möglichkeit des sog. *gespaltenen Streitwerts (Teilstreitwert)* geschaffen. Das Gericht kann damit der wirtschaftlich schwächeren Partei — das wird in der Regel der Kläger sein — die Durchführung des Prozesses weiter erleichtern.

Es erhebt sich dabei zunächst die Frage des Verhältnisses zu Abs. 1. Schon nach der Regel des Abs. 1 wirken sich die wirtschaftlichen Verhältnisse der ärmeren Partei und die geringere Bedeutung der Sache für sie mindernd auf den Streitwert aus. Reicht diese Minderung — etwa bei der Klage des Kleinaktionärs gegen ein Großunternehmen — nicht aus, um das Kostenrisiko für die ärmere Partei zumutbar zu machen, so greift Abs. 2 ein. Er setzt voraus, daß die Belastung mit den Prozeßkosten nach dem gemäß Abs. 1 bestimmten Streitwert (voller Streitwert) die *wirtschaftliche Lage* einer Partei *erheblich gefährden* würde. Das Gericht hat also zunächst den nach Abs. 1 festzusetzenden Streitwert zu ermitteln und daraus die voraussichtlich entstehenden gesamten Kosten der Instanz zu berechnen. Zeigt sich hierbei, daß die antragstellende Partei bei Belastung mit den vollen Kosten einen nicht unerheblichen Teil ihres Einkommens oder Vermögens opfern müßte, so kann das Gericht nach seinem Ermessen (vgl. RG 155,132) einen der Wirtschaftslage des Antragstellers angepaßten Teilstreitwert festsetzen. Über die Auswirkung s. Anm. 5. Liegen die Voraussetzungen bei mehreren Klägern vor, so können gegebenenfalls mehrere Teilstreitwerte festgesetzt werden. Die Vergünstigung kann Kläger und Beklagtem gewährt werden. Die Festsetzung des vollen Streitwerts nach Abs. 1 rübrigt sich dann.

Die Anordnung ist *nicht* wie beim Armenrecht davon abhängig, daß die Rechtsverfolgung oder Rechtsverteidigung *Aussicht auf Erfolg* hat. Die Tatsache, daß die Partei auch bei einem ihrer Wirtschaftslage angepaßten Streitwert ein Kostenwagnis behält, wird sie regelmäßig von einer mutwilligen und aussichtslosen Prozeßführung abhalten (RegBegr. bei Kropff S. 335). Das Gericht macht aber von seinem Ermessen einen richtigen Gebrauch, wenn es — wie dies auch für § 53 PatG anerkannt wird — bei völlig mutwilliger und aussichtsloser Prozeßführung die Festsetzung eines Teilstreitwerts ablehnt (RegBegr. a. a. O.).

Neben der Anordnung nach Abs. 2 bleibt die Gewährung des *Armenrechts* unberührt, wenn dessen strengere Voraussetzungen, § 114 ZPO, gegeben sind. Für § 53 PatG ist das allgemeine Meinung, vgl. RG 155, 129 und die Komm. von Klauer-Möhring (3. Aufl. 1971) § 53 Anm. 11 (Hesse) und Reimer (3. Aufl. 1968) § 53 Anm. 5 (Nastelski) ferner Reeb BB 70, 865. Entgegen Reeb, der Abs. 2 zu eng auslegt, bleiben beide Maßnahmen nebeneinander auch sinnvoll, insbesondere wegen der beim Armenrecht weiterbestehenden vollen Kostenerstattungspflicht, § 117 ZPO.

Anm. 5

2. Die Wirkung der relativen Streitwertherabsetzung

Die Festsetzung des Teilstreitwertes hat eine mehrfache Auswirkung. Einmal hat die begünstigte Partei sowohl die von ihr geschuldeten Gerichtskosten wie auch die Gebühren ihres Rechtsanwalts nur nach dem *herabgesetzten Streitwert* zu entrichten, Abs. 2 Satz 1 und 2. Dieser gilt ferner auch für die ihr auferlegte oder von ihr (in einem Vergleich) übernommene Kostenerstattung, Satz 3. Der Rechtsanwalt der begünstigten Partei kann aber im Falle der Kostenerstattungspflicht des Gegners die Gebühren nach dem für diesen geltenden Streitwert betreiben, Satz 4. Das ist der nach Abs. 1 festgesetzte (volle) Streitwert, wenn nicht auch zugunsten des Gegners eine Anordnung nach Abs. 2 ergangen ist.

Anm. 6

3. Das Verfahren, Abs. 3

Der Antragsteller hat die Voraussetzungen des Abs. 2 *glaubhaft zu machen* (s. § 294 ZPO). Der Antrag kann vor der Geschäftsstelle des Prozeßgerichts zur Niederschrift erklärt werden, Abs. 3 Satz 1. Hierfür besteht kein Anwaltszwang. Der Antrag muß *vor der Verhandlung zur Hauptsache,* also bevor die Sachanträge gestellt sind, angebracht werden, Satz 2. Wird aber später der angenommene oder festgesetzte Streitwert durch das Prozeßgericht heraufgesetzt, so ist der Antrag erneut zulässig, Satz 3. Vor der Entscheidung ist der Gegner zu hören, Satz 4. Eine mündliche Verhandlung ist nicht erforderlich. Die Entscheidung ergeht durch Beschluß, s. § 329 ZPO. Sie ist mit der Beschwerde nach § 23 Abs. 2 GKG anfechtbar (Godin-Wilhelmi 4, Baumbach-Hueck 7). Sie hat nur für eine Instanz Geltung. Sie kann wegen veränderter Verhältnisse aufgehoben oder abgeändert werden, aber nicht mehr nach Abschluß der Instanz, vgl. die Komm. z. PatG von Benkard (5. Aufl. 1969) § 53 Anm. 7—9 (Löscher), Klauer-Möhring a. a, O. Anm. 7—9, Reimer a. a. O. Anm. 6. Neben der Anordnung nach Abs. 2 ist der (volle, normale) *Streitwert nach Abs. 1 festzusetzen,* es sei denn, daß auch für den Gegner eine Anordnung nach Abs. 2 ergeht.

§ 248 Urteilswirkung

(1) Soweit der Beschluß durch rechtskräftiges Urteil für nichtig erklärt ist, wirkt das Urteil für und gegen alle Aktionäre sowie die Mitglieder des Vorstands und des Aufsichtsrats, auch wenn sie nicht Partei sind. Der Vorstand hat das Urteil unverzüglich zum Handelsregister einzureichen. War der Beschluß in das Handelsregister eingetragen, so ist auch das Urteil einzutragen. Die Eintragung des Urteils ist in gleicher Weise wie die des Beschlusses bekanntzumachen.

(2) Hatte der Beschluß eine Satzungsänderung zum Inhalt, so ist mit dem Urteil der vollständige Wortlaut der Satzung, wie er sich unter Berücksichtigung des Urteils und aller bisherigen Satzungsänderungen ergibt, mit der Bescheinigung eines Notars über diese Tatsache zum Handelsregister einzureichen.

Übersicht

Einleitung

Anm. 1

Der Paragraph regelt die Urteilswirkung. Abs. 1 wurde wörtlich von § 200 Abs. 1 AktG 37 übernommen. In Abs. 1 wird ausgesprochen, welche Wirkung das auf Nichtigerklärung eines Hauptversammlungsbeschlusses lautende Urteil im Verhältnis zu den Aktionären und den Mitgliedern des Vorstandes und des Aufsichtsrats hat und die Pflicht des Vorstandes zur Einreichung des Urteils zum Handelsregister und die sich daran anschließende Tätigkeit des Registerrichters geordnet.

§ 200 Abs. 2 AktG 37 machte die Kläger, denen Vorsatz oder grobe Fahrlässigkeit zur Last fiel, der Gesellschaft für einen Schaden aus unbegründeter Anfechtung ersatzpflichtig. Er ging damit über die Haftungstatbestände der §§ 823 ff. BGB hinaus. Darin lag eine gegenüber anderen gerichtlichen Verfahren ungerechtfertigte Benachteiligung des Anfechtungsklägers (Reg.Begr. bei Kropff S. 335). Das neue Gesetz hat diesen besonderen Haftungstatbestand daher ebensowenig übernommen wie die Verpflichtung zur Sicherheitsleistung nach § 199 Abs. 4 AktG 37, s. § 246 Anm. 1.

Der neue Abs. 2 wurde durch das Gesetz zur Durchführung der Ersten Richtlinie des Rates der Europäischen Gemeinschaften zur Koordinierung des Gesellschaftsrechts vom 15. 8. 1969 (RGBl. I 1146) Art. 2 Nr. 11 eingefügt, s. Anm. 11.

I. Die Wirkung des Urteils (Abs. 1 S. 1)

Anm. 2

1. Die Wirkung des Urteils im Falle der Abweisung der Klage

Sie ist im Gesetz nicht besonders geregelt. Es gelten deshalb grundsätzlich die allgemeinen Vorschriften. Prozeßrechtlich wirkt das Urteil nur unter den Prozeßparteien.

Zwischen diesen steht mit der Rechtskraft des Urteils fest, daß der angefochtene Beschluß an keinem Anfechtungsmangel leidet und vollwirksam ist und von Anfang an war. Diese Wirkung des Urteils würde es nicht ausschließen, daß der Beschluß in einem anderen Rechtsstreit auf Klage eines anderen Anfechtungsberechtigten für nichtig erklärt würde. Bei Einhaltung der Vorschriften des § 246 Abs. 3 Satz 2 und 3, nach denen die mündliche Verhandlung nicht vor Ablauf der Monatsfrist des Abs. 1 daselbst stattfindet und mehrere Anfechtungsprozesse zur gleichzeitigen Verhandlung und Entscheidung verbunden werden müssen, sind Urteile mit verschiedener Entscheidung über die Nichtigerklärung kaum möglich. Liegen sie aber doch vor, so können beide rechtskräftig werden, wenn sie nicht, wozu regelmäßig der Vorstand verpflichtet wäre, zur Vermeidung widersprechenden Entscheidungen im Interesse der Gesellschaft durch ein Rechtsmittel angegriffen würden. Liegt nur ein auf Klagabweisung lautendes Urteil vor, und ist nach den genannten Vorschriften verfahren worden, so ist damit eine weitere Anfechtung schon wegen Ablaufs der Monatsfrist ausgeschlossen. Dies hat zur Folge, daß der Beschluß — abgesehen von etwaiger Nichtigkeit wegen eines Nichtigkeitsgrundes § 241 — als mangelfrei, also vollwirksam zu behandeln ist. Dies gilt dann gegen jedermann, die Gesellschaft, alle Aktionäre, die Organe und die Organmitglieder, aber auch gegen Dritte, so wie wenn eine Anfechtung nie erfolgt wäre, s. auch § 243 Anm. 32

Anm. 3

2. Die Wirkung des der Anfechtungsklage stattgebenden Urteils — Feststellung des wirklich gefaßten Beschlusses?

Durch das der Klage stattgebende Urteil wird der angefochtene Beschluß für nichtig erklärt. Das Urteil wirkt für und gegen alle Aktionäre sowie die Mitglieder des Vorstands und Aufsichtsrats, auch wenn sie nicht Partei sind, Abs. 1 Satz 1. Eine erweiterte Rechtskraftwirkung schafft § 252 bei der Feststellung der Nichtigkeit und der Nichtigerklärung von Aufsichtsratswahlen, s. die Erl. zu § 252.

Streitig ist, ob nicht nur der angefochtene Beschluß für nichtig erklärt, sondern durch das Urteil auch *festgestellt* werden kann, daß nicht der angefochtene, sondern ein *anderer Beschluß gefaßt sei.* Im Falle RG 122, 107 hatte der Vorsitzende der Generalversammlung die Ablehnung eines Antrages als Beschluß verkündet, der nach Ansicht der Klage und des Gerichts bei richtiger Stimmenzählung — unter Anerkennung des mehrfachen Stimmrechts von Vorzugsaktionären — angenommen worden war. Das Reichsgericht billigte dort die Auffassung des Berufungsgerichts, das im Urteilssatz feststellte, daß der Antrag von der Generalversammlung angenommen sei. Das ziffernmäßige Abstimmungsergebnis sei in der Niederschrift genau nach Stamm- und Vorzugsaktien niedergelegt; daraus ergebe sich ohne weiteres, daß, wenn die Vorzugsaktien sechsfaches Stimmrecht haben, der Antrag nicht abgelehnt, sondern angenommen sei; insofern sei auch dieses Ergebnis protokollarisch niedergelegt.

In RG 142, 123 (bestätigt in RG 146, 73) hat das Reichsgericht diese Rechtsauffassung aufgegeben. Es hat in einem Falle, in dem es sich um das unzulässige Mitzählen verbotswidrig abgegebener Stimmen handelte, wie die Begründung zeigt, grundsätzlich ausgesprochen, daß mit der Anfechtungsklage nur die Vernichtung des angefochtenen, nicht aber die Feststellung der Annahme eines anderen Beschlusses erreicht werden könne. Diese Beschränkung der Entscheidungsgewalt des Gerichts wird oft den vollen Erfolg einer Anfechtung vereiteln. Da die nach Vernichtung eines Beschlusses erfolgende neue Abstimmung oft erst nach langer Zeit, unter geänderten tatsächlichen Verhältnissen und nach Wechsel im Aktienbesitz erfolgen kann, wird auch bei erheblichen Mängeln des angefochtenen Beschlusses eine Herstellung der Rechtslage, die den Mehrheitsverhältnissen im Zeitpunkt der Abstimmung entsprach, nicht möglich sein. Der Feststellung des Ergebnisses der Abstimmung durch den Vorsitzenden wird dadurch eine weitgehende Bedeutung beigelegt; daraus, daß das Gesetz den Aktionären nur ein Recht auf „Anfechtung" eines Beschlusses gibt, muß nicht notwendig abgeleitet werden, daß die Anfechtung nicht auch zur Feststellung des der wahren Rechtslage entsprechenden Beschlusses führen könne. Der Begriff der Anfechtung und der Anfechtungsklage ließe sich nach dem Zwecke der Rechtseinrichtung auch dahin bestimmen, daß dadurch den Beteiligten ein Mittel an die Hand gegeben werden soll, um den in der Hauptversammlung in Wirklichkeit *gefaßten Beschluß zur Geltund zu bringen*, nicht nur um den rechtswidrig sich als Hauptversammlungsbeschluß darstellenden Beschluß zu vernichten.

Eine zeitlich unbeschränkte Feststellungsklage nach § 256 ZPO wäre allerdings, wie das Reichsgericht mit Recht hervorhebt, geeignet, größte Rechtsunsicherheit hervorzurufen. Aber dieser Nachteil würde vermieden werden, wenn man annehmen würde, daß die Feststellung des wirklichen Abstimmungsergebnisses nur zusammen mit der Entscheidung über eine fristgemäß erhobene Anfechtungsklage erfolgen könne. Diese Beschränkung der Feststellungsmöglichkeit ließe sich aus der Regelung des Anfechtungsrechts mit bestimmten Fristen und Formen und aus den besonderen Bedürfnissen des Aktienrechts ableiten. Die in diesem Rahmen ergehende Entscheidung würde, weil sie nicht im gewöhnlichen Feststellungs-, sondern im Anfechtungsprozesse erfolgt, dieselbe *Wirkung für und gegen alle* haben, wie jedes in diesem Prozeß ergehende, der Klage stattgebende Urteil. Läßt man im Zuge der Anfechtungsklage die Feststellung des wirklich gefaßten Beschlusses zu, so würde dies oft zu einer schnelleren Klarstellung führen, als das *nur negative* Urteil. Freilich könnte nicht immer der *positive Beschluß* festgestellt werden, namentlich dann nicht, wenn der Mangel, z. B. einer falschen Auskunft, nur das Abstimmungsergebnis beeinflußt haben kann, nicht haben muß. Bleibt in solchen Fällen nur die Vernichtung des angefochtenen Beschlusses, so folgt daraus nicht, daß auch in den Fällen die positive Feststellung unzulässig ist, in denen die tatsächlichen und rechtlichen Folgen der Vernichtung des Beschlusses durchaus klar sind und aus den in der Hauptversammlung gestellten Anträgen der *richtige Beschluß* sich *unzweideutig* ergibt.

Inzwischen sind die vorstehenden Gedankengänge von Zöllner (wie in § 241 Anm. 19 S. 407ff.) vertieft worden. Sie werden in Anlehnung an Zöllner wie folgt zusammengefaßt: Es ist grundsätzlich möglich, mit der Anfechtungsklage und innerhalb der Frist des § 246 Abs. 1 eine Klage auf Feststellung des bei *Beachtung des Gesetzes wirklich gefaßten*, aber in der Niederschrift nicht festgestellten Beschlusses zu *verbinden*. Voraussetzung ist, daß sonst *alle Erfordernisse eines wirksamen Beschlusses* gegeben sind, daß aber das Ergebnis der Abstimmung unrichtig festgestellt worden ist (s. § 130 Abs. 2). Nur hypothetische Beschlüsse, die gefaßt sein würden, wenn der angefochtene Beschluß nicht zu Unrecht als gefaßt festgestellt worden wäre, können nicht durch das Gericht ersetzt werden. Dieses tritt *nur an die Stelle des Vorsitzenden*, nicht der Hauptversammlung. Es kann nicht deren Beschlüsse korrigieren oder ersetzen, sondern ihnen nur so, wie sie wirklich und rechtmäßig gefaßt sind, zur Geltung verhelfen. In Betracht kommen also in erster Linie Beschlüsse, die als *Ablehnung* eines Antrags festgestellt wurden, weil die Stimmen falsch gezählt oder Aktionäre zu Unrecht von der Abstimmung ausgeschlossen oder zu ihr zugelassen waren. Hätten ohne diese Mängel die abgegebenen Ja-Stimmen die Nein-Stimmen überwogen, so ist der Antrag in Wirklichkeit angenommen. Das kann auch bei einer *Wahl* der Fall sein, wenn bei derselben Abstimmung mehrere Personen zur Wahl stehen. Auch der Fall, daß der Vorsitzende irrtümlich annahm, der Beschluß bedürfe einer qualifizierten Mehrheit und bei einfacher Mehrheit die Ablehnung feststellt, gehört hierher.

In formeller Hinsicht fordert Zöllner (S. 412), daß der die Feststellung begehrende Aktionär bereits in der Hauptversammlung das von ihm erstrebte Beschlußergebnis geltend gemacht und seine Protokollierung verlangt hat. Er will damit andere Aktionäre schützen, die im Vertrauen auf die Feststellung der Ablehnung es unterlassen, gegen den Beschluß wegen eines ihm anhaftenden weiteren Mangels, z. B. weil auch Ja-Stimmen in anfechtbarer Weise abgegeben wurden, vorzugehen. Da aber die Feststellung des wirklich gefaßten Beschlusses nur getroffen werden kann in Verbindung mit der auf Anfechtungsklage ergehenden Nichtigerklärung des Beschlusses, dürften die anderen Aktionäre durch die Bekanntmachung nach § 246 Abs. 5 genügend geschützt sein. Zu folgen ist Zöllner darin, daß der Vorstand in sinngemäßer Anwendung dieser Vorschrift *auch die Erhebung der Feststellungsklage bekanntzumachen* hat. Die anderen Aktionäre können dann im Wege der Nebenintervention (§ 246 Anm. 13) den Mangel geltend machen und dadurch das Feststellungsbegehren zu Fall bringen.

Gegen die Zulässigkeit der Feststellung des wirklich und rechtmäßig gefaßten Beschlusses sind (RG 142, 123 folgend): Godin-Wilhelmi 2, Baumbach-Hueck 5 (mit Ausnahme einer von der richtigen Feststellung in der Niederschrift abweichenden Verkündung); Würdinger S. 155; kritisch Ballerstedt ZHR 127 (196) 109; weitgehend wie hier: Obermüller-Werner-Winden S. 349; weit. Nachw. zust. u. abl. Ansichten bei Zöllner a. a. O..

Anm. 4

3. Die Rückwirkung der Nichtigerklärung

Die Wirkung des der Klage stattgebenden Urteils tritt nur ein, wenn das Urteil *Rechtskraft* erlangt. Bis dahin kann der Kläger, soweit es nach den allgemeinen Vorschriften zulässig ist, die Klage zurücknehmen, auf den Anspruch verzichten, Anerkenntnis- und Versäumnisurteil gegen sich ergehen lassen. Nur das rechtskräftige Urteil im Sinne der Klage kann die Folge haben, daß der Beschluß als nichtig zu behandeln ist. Ohne Einfluß auf die Wirkung des rechtskräftigen Urteils ist es, ob ein streitiges Endurteil, ein Versäumnis- oder ein Anerkenntnisurteil (über deren Zulässigkeit § 246 Anm. 7) ergeht und ob es sachlich richtig ist oder auf einem Verfahrensmangel beruht, der nicht durch Rechtsmittel gerügt ist.

Die *sachlich-rechtliche Wirkung* der Nichtigkeit ergibt sich aus dem Wesen der Anfechtung, die dazu geeignet und bestimmt ist, die Nichtigkeit eines mangelhaften Beschlusses herbeizuführen. Der mit Erfolg angefochtene Beschluß ist, wie das mit Erfolg angefochtene bürgerlich-rechtliche Rechtsgeschäft als *von Anfang an nichtig* anzusehen, § 142 BGB (ebenso Schlegelberger AktG 37 § 199 Anm. 3, Würdinger S. 155, Baumbach-Hueck 4; teilw. abw. Godin-Wilhelmi 3). Die Folge der Rechtskraft des Urteils für die Zukunft ist unzweideutig: Der Beschluß kann *künftig* keine Wirkung mehr haben. Er ist insofern für das innere Leben der Gesellschaft wie für das Verhältnis derselben zu ihren Organen und Organmitgliedern, wie auch zu Dritten als nicht vorhanden anzusehen. Dies folgt aus der Rechtsgestaltungskraft des Urteils, vgl. Hueck, Anfechtung S. 196ff.

Darüber, ob der Beschluß *für die Zeit bis zur Rechtskraft* des Urteils Wirkungen ausgelöst hat und wie diese durch die Rechtskraft des Urteils beeinflußt worden sind, gibt § 248 keine Auskunft. Er sagt zwar: „Soweit das Urteil für nichtig erklärt ist, wirkt das Urteil für und gegen alle Aktionäre, sowie die Mitglieder des Vorstands und Aufsichtsrats, auch wenn sie nicht Partei sind". (Über die Entstehungsgeschichte s. Ebenroth, Das Auskunftsrecht des Aktionärs und seine Durchsetzung im Prozeß, 1970 S. 165.) Damit ist aber zunächst nur die sogenannte *prozessuale* Rechtskraftwirkung des Urteils geregelt, und ausgesprochen, wie weit die Rechtskraft des Urteils über den Kreis der eigentlichen Prozeßparteien hinaus gegenüber anderen wirkt. Aus der weiten Ausdehnung dieser Wirkung auf alle Aktionäre sowie die Mitglieder des Vorstandes und Aufsichtsrats, auch wenn sie nicht Prozeßpartei waren, also auf alle, die am gesellschaftlichen Leben der Gesellschaft beteiligt sind, ergibt sich aber doch, daß der für nichtig erklärte Beschluß jedenfalls für das innere Leben der Gesellschaft als niemals gefaßt angesehen werden und *von Anfang nichtig* sein soll (besonderes gilt für Aufsichtsratswahlen, § 252 Anm. 5). Daraus folgt, daß er insofern auch *rückgängig gemacht* werden soll, soweit er tatsächlich ausgeführt ist, und daß die genannten Kreise, für die die Wirkung des Urteils gilt, sich in keiner Weise auf ihn berufen können. Die *Aktionäre* können danach aus dem angefochtenen Beschluß, z. B. einem Gewinnverteilungs- oder Auflösungsbeschluß keinen Anspruch auf einen Gewinnanteil oder einen Abwicklungsanteil oder aus einem Kapitalherabsetzungsbeschluß keinen Anspruch auf Gewinn oder Rückzahlung von Kapital geltend machen. Gegen eine Rückzahlung in gutem Glauben als Gewinnanteile oder Zinsen bezogener Beträge schützt sie die besondere Vorschrift des § 62 Abs. 1 Satz 2. Immerhin kann ihr guter Glaube zweifelhaft sein, wenn sie von dem in der Hauptversammlung erhobenen Widerspruch oder von der Anfechtung durch die öffentliche Bekanntmachung der Klage, § 246 Abs. 4, Kenntnis oder infolge grober Fahrlässigkeit keine Kenntnis erhalten haben, s. auch § 62 Anm. 4.

Andererseits kann die *Gesellschaft* aus dem Beschluß auch keine Ansprüche gegen die Aktionäre herleiten. Schadensersatzansprüche gegen die Organmitglieder könnte die Gesellschaft aus der Tatsache allein, daß der Beschluß für nichtig erklärt ist, nicht herleiten. Solche Ansprüche könnten aber bestehen, wenn die Anfechtbarkeit auf einem Verschulden der Organe, etwa einer falschen Auskunft, beruht, oder wenn diese trotz der erkennbaren Möglichkeit einer Anfechtung nicht Vorsorge getroffen haben, um die mit dem Erfolg einer Anfechtung verbundenen Nachteile abzuwenden (z. B. durch Aussetzung des Vollzugs des Beschlusses, durch Auszahlung von Dividende nur unter Vorbehalt der Rückforderung).

Anm. 5

4. Auswirkungen im Rechtsverkehr mit Dritten

Für die Frage, welche Auswirkung die Nichtigerklärung eines Hauptversammlungsbeschlusses auf den Rechtsverkehr der Gesellschaft mit *Dritten* hat, ist zwischen Rechtsgeschäften körperschaftsrechtlicher und schuldrechtlicher Natur zu unterscheiden.

a) Rechtsbeziehungen, die dem *Körperschaftsrecht* angehören, z. B. aus einer Verschmelzung oder einem Unternehmensvertrag, teilen das Schicksal des Beschlusses, aus dem sie herrühren. Der gute Glaube Dritter an den Bestand dieses Beschlusses wird nicht geschützt. Es handelt sich hier um Organisationsakte, die dem inneren Leben der Gesellschaft, ihrer *Sozialsphäre* angehören. Sie stehen außerhalb des rechtsgeschäftlichen Verkehrs mit Dritten. Es sind deshalb auch die auf Grund nichtiger Kapitalerhöhung ausgegebenen Aktien nichtig (§ 191 Anm. 5).

Die Frage, ob die Rückwirkung der Nichtigerklärung auch *Dritten* gegenüber eintritt, ist, abgesehen von der in Anm. 6 zu behandelnden Bestellung des Vorstands durch einen in nichtiger Wahl bestellten Aufsichtsrat bisher nur bei der Aktienzeichnung auf Grund nichtiger Kapitalerhöhung praktisch geworden. Nach richtiger und herrschender Ansicht sind die Aktien auch dem zeichnenden Dritten (Nichtaktionär) gegenüber nichtig, § 191 Anm. 5, Lutter in Köln. Komm. § 191 Anm. 5, Würdinger S. 156, 180; Godin-Wilhelmi 3; Baumbach-Hueck § 191 Anm. 4; a. M. Schlegelberger AktG 37 § 158 Anm. 5.

Anm. 6

b) *Im schuldrechtlichen Verkehr* mit Dritten wird die Gesellschaft ausschließlich durch den *Vorstand* vertreten (§ 112 und § 246 Abs. 2 betreffen nur den innergesellschaftlichen Verkehr). Ist dieser fehlerhaft bestellt, weil die Wahl des bestellenden Aufsichtsrats nichtig oder für nichtig erklärt ist (§ 252 Anm. 3, 5), so hat das auf den rechtsgeschäftlichen Verkehr mit ihm keinen Einfluß. Die Handlungen des fehlerhaft bestellten Vorstands sind grundsätzlich wirksam wie die eines ordnungsgemäß bestellten (ebenso § 84 Anm. 18, Mertens in Köln. Komm. § 84 Anm. 23, Godin-Wilhelmi 3, Würdinger S. 156). Das erfordert die Sicherheit des Rechtsverkehrs. Die Wirksamkeit der Handlungen des Vorstands ist — ähnlich wie in § 277 Abs. 2 — unabhängig vom guten Glauben des Dritten und — anders wie nach § 121 Abs. 2 Satz 2 — auch unabhängig von der Eintragung des Vorstands im Handelsregister, die nur rechtsbekundend wirkt, § 81 Anm. 7.

Anm. 7

5. Unabhängigkeit von der Eintragung

Die Eintragung eines Beschlusses, z. B. einer Satzungsänderung, hindert die Nichtigerklärung nicht, s. auch Anm. 10 und § 243 Anm. 31. Ist die *Eintragung* noch nicht geschehen, so hat sie nach Rechtskraft des Urteils jedenfalls zu unterbleiben. Wer gewiß sein will, ob der Beschluß nicht anfechtbar ist, muß den Ablauf der Anfechtungsfrist abwarten. Auch kann er aus der unverzüglich vorzunehmenden Bekanntmachung der Klageerhebung in den Gesellschaftsblättern, § 246 Abs. 4, ersehen, ob ein Beschluß angefochten ist. Auch schon vor der Bekanntmachung kann er durch Nachfrage bei dem ausschließlich zuständigen Landgericht feststellen, ob innerhalb der Anfechtungsfrist Anfechtungsklage erhoben ist. Ist der Beschluß nichtig, § 241, liegt also ein Mangel vor, der im öffentlichen Interesse ohne Anfechtung die Unwirksamkeit des Beschlusses zur Folge hat, so kann der einzelne sich trotz der Eintragung nicht auf den Beschluß berufen; vgl. § 249 Anm. 7.

Anm. 8

6. Wirkung für andere Anfechtungsprozesse

Mit der Rechtskraft des auf Nichtigerklärung lautenden Urteils sind auch *andere Anfechtungsprozesse*, die sich gegen den *gleichen* Hauptversammlungsbeschluß richten und die aus Versehen nicht verbunden worden sind, in der Hauptsache erledigt. Auch für ein Urteil in einer Nichtigkeitsklage, § 249, ist dann kein Raum mehr, denn auch eine Feststellung der Nichtigkeit nach §§ 241, 249 könnte keine weitergehenden Folgen haben, § 246 Anm. 5.

Anm. 9

7. Wirkung auf zusammenhängende Beschlüsse

Wird von mehreren *untrennbar zusammenhängenden* Beschlüssen auch nur einer mit Erfolg angefochten, so erstreckt sich die Nichtigkeit auf alle; § 139 BGB, RG 118, 67 = JW 1927, 2982; RG in JW 1928, 1552[7]; RG 146, 394, vgl. auch § 241 Anm. 7 und § 181 Anm. 7a. Die Beschlüsse über die Feststellung des Jahresabschlusses und über Entlastung müssen nicht miteinander untrennbar verbunden sein. So kann der Jahresabschluß in Ordnung, die Entlastung aber anfechtbar sein und umgekehrt.

Nach § 253 ist der Gewinnverwendungsbeschluß nichtig, wenn die Feststellung des Jahresabschlusses, auf dem er beruht, nichtig ist. Über die Frage, wann die Nichtigkeit eines Jahresabschlusses die folgenden Abschlüsse ergreift, s. § 256 Anm. 3.

II. Einreichung und Eintragung des Urteils

Anm. 10

Der Vorstand hat das Urteil unverzüglich zum *Handelsregister* einzureichen. War der Beschluß in das Handelsregister eingetragen, so ist auch das Urteil einzutragen, die Eintragung des Urteils ist in gleicher Weise wie die des Beschlusses bekanntzumachen; *Abs. 1 Satz 2 und* 3. Die Vorschrift entspricht der des § 130 Abs. 5, wonach unverzüglich nach einer Hauptversammlung der Vorstand öffentlich beglaubigte Abschrift der Niederschrift zum Handelsregister einzureichen hat. Es soll dadurch das weitere Schicksal der Beschlüsse der Kenntnis der Beteiligten zugänglich gemacht werden. Die Vorschrift bildet auch eine Ergänzung zu § 246 Abs. 4, wonach der Vorstand die Erhebung der Klage und den Termin zur mündlichen Verhandlung in den Gesellschaftsblättern bekannt zu machen hat. Die Einreichung kann durch Ordnungsstrafen erzwungen werden, § 14 HGB. Nur das auf *Nichtigerklärung*, nicht das auf Klagabweisung lautende Urteil ist einzureichen, sobald es rechtskräftig ist. War der Beschluß ins Handelsregister eingetragen, so hat der Registerrichter von Amts wegen einzutragen, daß der Beschluß für nichtig erklärt ist. Da die Eintragung von Amts wegen erfolgt, besteht ein besonderer Anspruch des Anfechtenden gegen die Gesellschaft auf Löschung des angefochtenen Beschlusses nicht, RG 108, 44. Auch von Amts wegen ist der Beschluß nicht zu löschen.

III. Einreichung des vollständigen Wortlauts der Satzung, Abs. 2

Anm. 11

Abs. 2 wurde ebenso wie § 181 Abs. 1 Satz 2 durch das Gesetz zur Durchführung der Ersten Richtlinie des Rates der Europäischen Gemeinschaften zur Koordinierung des

Gesellschaftsrechts vom 15. 8. 69 (BGBl. S. 1146, Art. 2 Nr. 9 und 11) eingefügt, s. § 181 Anm. 2b. Beide Vorschriften dienen der Rechtssicherheit und Übersichtlichkeit des Handelsregisters. Es soll stets der vollständige Wortlaut der Satzung in der jetzt gültigen Fassung in einer einzigen Urkunde vorliegen. Die Vorschrift kommt nur zur Anwendung, wenn der für nichtig erklärte Beschluß eine Satzungsänderung zum Inhalt hatte. Die Vorschrift ist auch dann zu befolgen, wenn die nichtige Satzungsänderung noch gar nicht ins Handelsregister eingetragen und somit noch nicht wirksam geworden war, § 181 Abs. 3. Da das Urteil auch in diesem Falle zum Handelsregister einzureichen ist, § 248 Abs. 1 Satz 2, dient es der Klarheit und vermeidet Mißverständnisse, wenn gleichzeitig die letzte — in diesem Fall durch das Urteil nicht berührte — Fassung der Satzung eingereicht wird.

§ 249 Nichtigkeitsklage

(1) Erhebt ein Aktionär, der Vorstand oder ein Mitglied des Vorstands oder des Aufsichtsrats Klage auf Feststellung der Nichtigkeit eines Hauptversammlungsbeschlusses gegen die Gesellschaft, so gelten § 246 Abs. 2, Abs. 3 Satz 1, Abs. 4, §§ 247 und 248 sinngemäß. Es ist nicht ausgeschlossen, die Nichtigkeit auf andere Weise als durch Erhebung der Klage geltend zu machen.

(2) Mehrere Nichtigkeitsprozesse sind zur gleichzeitigen Verhandlung und Entscheidung zu verbinden. Nichtigkeits- und Anfechtungsprozesse können verbunden werden.

Übersicht

Einleitung

Anm. 1

Die Vorschrift wurde unverändert aus dem AktG 37, § 201, übernommen. Sie enthält die notwendige Ergänzung zu den sachlich-rechtlichen Vorschriften des Aktiengesetzes über die Nichtigkeit von Hauptversammlungsbeschlüssen (§§ 192 Abs. 4, 212, 217 Abs. 2, 228 Abs. 2, 234 Abs. 3, 235 Abs. 2, 241, 250, 253, 256). Sie regelt das Verfahren der Nichtigkeitsklage und die Urteilswirkung im wesentlichen in Anlehnung an die Anfechtungsklage. Während die Anfechtungsklage ihrer Natur nach eine Rechtsgestaltungsklage ist, die erst die Nichtigkeit eines anfechtbaren Beschlusses herbeiführt, ist die Nichtigkeitsklage eine *Feststellungsklage*. Das Urteil stellt nur die bereits kraft Gesetzes eingetretene Nichtigkeit fest. Nach dem Aktienrecht des HGB war auch die gewöhnliche Feststellungsklage mit den prozeßrechtlichen Voraussetzungen dieser Klage, § 256 ZPO, und der beschränkten Wirkung eines so erzielten Urteils der übliche

Weg zur Feststellung der Nichtigkeit eines Hauptversammlungsbeschlusses. Daneben konnte die Nichtigkeit auch in anderer Weise geltend gemacht werden, insbesondere durch Einrede. Diese Rechtsbehelfe bestehen auch heute noch. Wegen der besonderen Bedeutung der Nichtigkeit für das Leben der Aktiengesellschaft und der vielfach der Anfechtung ähnlichen Wirkung der Nichtigkeit bringt das Aktiengesetz für den Personenkreis, der üblicherweise an der Nichtigkeit in erster Linie interessiert ist, eine ähnliche Regelung der Geltendmachung der Nichtigkeit wie für die Anfechtung.

I. Die anwendbaren Vorschriften

Anm. 2

1. Nichtigkeitsklage und gewöhnliche Feststellungsklage

Die Vorschriften des § 246 Abs. 2, 3 Satz 1, Abs. 4, §§ 247, 248 gelten sinngemäß, wenn ein Aktionär, der Vorstand oder ein Mitglied des Vorstandes oder des Aufsichtsrats Klage auf Feststellung der Nichtigkeit eines Hauptversammlungsbeschlusses gegen die Gesellschaft erhebt, *Abs. 1 Satz 1*. Die Vorschriften gelten somit nicht, wenn ein anderer, als die nach § 245 auch zur Anfechtung eines Hauptversammlungsbeschlusses Befugten die Klage auf Feststellung der Nichtigkeit erhebt. Eine solche Klage *Dritter* ist nicht ausgeschlossen. Sie folgt nur den gewöhnlichen Regeln der Feststellungsklage. Es ist insbesondere auch das Feststellungsinteresse nachzuweisen, § 256 ZPO. Für die gewöhnliche Feststellungsklage gilt auch nicht die Vorschrift des § 246 Abs. 3 Satz 1 über die ausschließliche Zuständigkeit des Landgerichts des Gesellschaftssitzes und des § 247 über den Streitwert. Die Klage kann vielmehr auch beim Amtsgericht erhoben werden, wenn der nach dem Interesse des Klägers zu bemessende Streitwert dessen sachliche Zuständigkeit ergibt. Es gelten dann auch nicht die Vorschriften des § 246 Abs. 2 über die Vertretung der Gesellschaft und des Abs. 4 über die Bekanntmachung der Klage, des § 248 über die Urteilswirkung (BGH WM 66, 614).

Auch wenn die Gesellschaft oder ein anderer, sei es ein Dritter oder ein Aktionär oder ein Organmitglied, Klage auf *Feststellung der Rechtswirksamkeit* eines Hauptversammlungsbeschlusses erhebt, gelten nur die allgemeinen Vorschriften der Zivilprozeßordnung über die Feststellungsklage, s. Anm. 11.

Soweit auf Feststellung der Nichtigkeit eines Hauptversammlungsbeschlusses geklagt werden soll, bleibt aber dem in Abs. 1 genannten Personenkreis, also den unmittelbar am Leben der Gesellschaft Beteiligten, auch *nur die Nichtigkeitsklage*, wie sie in Abs. 1 geordnet ist. Erheben sie die Klage, so gelten auch die in Abs. 1 genannten Vorschriften über die Anfechtungsklage. Sie haben nicht das Recht, eine gewöhnliche Feststellungsklage zu erheben. Dies folgt aus dem Zweck der Vorschrift. Für eine gewöhnliche Feststellungsklage würde es bei den zur aktienrechtlichen Nichtigkeitsklage Befugten regelmäßig auch an einem Rechtsschutzinteresse fehlen. Wird einmal von den mit der Gesellschaft aktienrechtlich verbundenen Personen oder Organen eine Klage auf Feststellung der Nichtigkeit erhoben, so muß das Urteil auch für alle in gleicher Weise Beteiligten die gleiche Wirkung haben, OLG Düsseldorf AG 68, 19 (22) = DB 67, 2155. Verliert der Kläger während des Prozesses seine Aktionärseigenschaft, so kann er, wenn er sein Feststellungsinteresse nachweist, § 256 ZPO, die Klage als gewöhnliche Feststellungsklage fortführen (Obermüller-Werner-Winden S. 352).

Anm. 3

2. Wie der Wortlaut des Abs. 1 ergibt, ist die in der Überschrift des § 249 als Nichtigkeitsklage bezeichnete Klage eine solche auf *Feststellung* der Nichtigkeit eines Hauptversammlungsbeschlusses. Ein besonderes Feststellungsinteresse braucht der Kläger nicht nachzuweisen; es ergibt sich aus seiner Stellung zur Gesellschaft (ebenso BGH 43, 201; OLG Hamburg, AG 71, 403 [404]; Godin-Wilhelmi 2; Baumbach-Hueck 3).

Anm. 4

3. Die Voraussetzungen der Klage

Nicht für anwendbar erklärt ist für die Nichtigkeitsklage § 245 über die Anfechtungsbefugnis. Aber aus § 249 ergibt sich, daß *derselbe Personenkreis* wie im § 245 zur Erhebung der Nichtigkeitsklage befugt ist. Es gelten aber nicht die in § 245 enthaltenen Beschränkungen der Anfechtungsbefugnis (Widerspruch zur Niederschrift, Nichtzulassung zur Hauptversammlung oder Mängel der Berufung der Versammlung, strafrechtliche oder zivilrechtliche Verantwortlichkeit der Organmitglieder). Das Rechtsschutzinteresse des in § 249 genannten Personenkreises folgt ohne weiteres aus seinem Verhältnis zur Gesellschaft (BGH 43, 265; OLG Düsseldorf AG 68, 19/22); OLG Hamburg AG 71, 403), vgl. hierzu § 243 Anm. 13, 14. Da die Nichtigkeit, abgesehen von der Heilung, § 242, jederzeit geltend gemacht werden kann, gelten nicht die Vorschriften des § 246 Abs. 1 und des Abs. 3 Satz 2 über die Klagefrist und den ersten Verhandlungstermin. Dagegen ist die Klagefrist einzuhalten, soweit in einer Klage neben Nichtigkeitsgründen auch Anfechtungsgründe erhoben sind. Letztere, aber nur diese, müssen innerhalb der Monatsfrist des § 246 Abs. 1 in den Prozeß eingeführt sein, vgl. § 246 Anm. 5. Über den Einfluß der Geltendmachung der Nichtigkeit auf die *Heilung* s. § 242 Abs. 2 Satz und dort Anm. 5, über die Neuvornahme nichtiger Beschlüsse § 241 Anm. 8, 9.

Anm. 5

4. Die Vertretung der Gesellschaft

Die Nichtigkeitsklage muß gegen die Gesellschaft erhoben werden. Diese wird dabei durch den Vorstand und Aufsichtsrat, und wenn der Vorstand klagt, durch den Aufsichtsrat *vertreten*, § 246 Abs. 2, s. dort Anm. 8, 11. Aus dieser Ordnung der Vertretung ergibt sich, daß die Nichtigkeitsklage auch nicht als Widerklage gegen eine negative Feststellungsklage der Gesellschaft, bei der diese allein durch den Vorstand vertreten wird, erhoben werden kann. Wegen der Nichtigkeitsklage gegen den Verschmelzungsbeschluß nach Eintragung der Verschmelzung s. § 352.

Anm. 6

5. Der Nichtigkeitsprozeß

Ausschließlich *zuständig* ist für die Nichtigkeitsklage das Landgericht des Sitzes der Gesellschaft, § 246 Abs. 3 Satz 1. Berufung und Revision sind ohne Rücksicht auf den Wert des Streitgegenstandes zulässig. Die im Aktienrecht des HGB verschiedene Regelung der Zuständigkeit brachte den durch das AktG 37, § 201, beseitigten Mißstand, daß in der Revisionsinstanz nur über einen Teil des Prozeßstoffes entschieden werden konnte, wenn in einer Anfechtungsklage auch Nichtigkeitsgründe geltend gemacht wurden und für letztere die Revisionssumme, § 546 ZPO, nicht gegeben war.

Sinngemäß anzuwenden sind ferner die Vorschriften über die Bekanntmachung der Klageerhebung, über den Streitwert, §§ 246 Abs. 4, 247 und über die Einreichung und Bekanntmachung des der Klage stattgebenden Urteils, § 248 Abs. 1 Satz 2 und 3 sowie Abs. 2 über die Einreichung des vollständigen Wortlauts der Satzung.

Anm. 7

6. Die Urteilswirkung

Das auf Feststellung der Nichtigkeit lautende Urteil wirkt für und gegen alle Aktionäre, sowie die Mitglieder des Vorstandes und des Aufsichtsrats, auch soweit sie nicht Partei sind. Dies folgt aus der sinngemäßen Anwendung des § 248 Abs. 1. Da das im Nichtigkeitsprozeß ergehende Urteil nicht wie das im Anfechtungsprozeß rechtsgestaltend, sondern nur feststellend wirkt, hat auch das rechtskräftige Urteil nur feststellende Wirkung für den in § 248 Abs. 1 bezeichneten Kreis. Gilt demnach die Nichtigkeit für die Gesellschaft und die mit ihr gesellschaftsrechtlich verbundenen Personenkreise, so ist der Beschluß im Leben der Gesellschaft nicht vorhanden. Dies muß notwendig nach außen wirken, soweit die Rechtsbeziehungen der Gesellschaft zu Dritten ihre Rechtsgrundlage in einem Beschluß der Gesellschafterversammlung haben, wie z. B. in einem Verschmelzungsbeschluß, ohne den ein Verschmelzungsvertrag nicht rechtswirksam werden kann. Dabei ist auch hier — wie beim Urteil im Anfechtungsprozeß — zwischen dem körperschaftsrechtlichen und dem schuldrechtlichen Bereich zu unterscheiden. Das in § 248 Anm. 5 und 6 Gesagte gilt auch für die Wirkung des Feststellungsurteils im Nichtigkeitsprozeß (teilw. abw. Godin-Wilhelmi 4, Baumbach-Hueck 4). Das klageabweisende Urteil wirkt nur unter den Prozeßparteien. Es hindert nicht, daß ein anderer die Nichtigkeitsklage erhebt und damit durchdringt. Das dann ergangene Urteil wirkt nach Abs. 1 in Verbindung mit § 248 Abs. 1 Satz 1 für und gegen alle dort Genannten, auch wenn einer von ihnen vorher mit seiner eigenen Klage abgewiesen war. Über die Wirkung des die Nichtigkeit einer Aufsichtsratswahl feststellenden Urteils s. § 252 Anm. 2, 3.

Anm. 8

7. Anfechtungs- und Nichtigkeitsgründe

Hat ein Anfechtungsberechtigter einen Hauptversammlungsbeschluß nur mit Anfechtungsgründen angefochten, und ist er mit der Anfechtungsklage rechtskräftig abgewiesen worden, so bestünde jedenfalls kein Hindernis, daß ein anderer den Beschluß mit der Nichtigkeitsklage bekämpft. Dann muß aber auch dem ersten Kläger dieses Recht zustehen. Eine gesetzliche Bestimmung, daß in einem einmal anhängigen Rechtsstreit alle Anfechtungs- und Nichtigkeitsgründe bei Gefahr des Rechtsverlustes angebracht werden müssen, besteht nicht. RG 120, 31, erörtert und bejaht nur die Frage, ob ein Aktionär, der mit einer Anfechtungsklage gegen einen früheren Beschluß abgewiesen ist, die Nichtigkeit dieses Beschlusses zur Begründung der Nichtigkeit eines späteren Beschlusses, der auf dem ersten beruht, vorbringen darf. Dies ist zulässig, wenn man wie hier in der Abweisung einer Anfechtungsklage kein Hindernis sieht, die Nichtigkeit des ersten Beschlusses durch Nichtigkeitsklage geltend zu machen (ebenso Godin-Wilhelmi 4).

Anm. 9

8. Bindung des Registerrichters

Das der Nichtigkeitsklage stattgebende rechtskräftige Urteil ist auch für den Registerrichter bindend, denn er hat es ins Handelsregister einzutragen, wenn auch der Beschluß eingetragen war, und die Eintragung bekannt zu machen, § 248 Abs. 1 Satz 3 und 4. Das abweisende Urteil hindert ihn dagegen nicht, die Löschung von Amts wegen vorzunehmen, vgl. § 242 Anm. 10.

II. Anderweitige Geltendmachung

Anm. 10

Die Geltendmachung der Nichtigkeit in anderer Weise als durch Erhebung der Nichtigkeitsklage ist nach Abs. 1 Satz 2 nicht ausgeschlossen. Da die Nichtigkeit von selbst wirkt, muß die *anderweite Geltendmachung* ohne weiteres möglich sein. Sie kann insbesondere durch Einrede oder zur Rechtfertigung einer auf die Nichtigkeit gestützten Leistungsklage, z. B. auf Rückgabe einer ohne Rechtsgrund erfolgten Zahlung, etwa einer Einlage auf Grund eines nichtigen Kapitalerhöhungsbeschlusses, geschehen; vgl. RG 120, 31 und § 191 Anm. 5.

III. Geltendmachung der Wirksamkeit eines Beschlusses

Anm. 11

Die volle *Wirksamkeit* eines Hauptversammlungsbeschlusses, der noch nicht rechtskräftig für nichtig erklärt ist oder dessen Nichtigkeit nicht durch rechtskräftiges Urteil festgestellt ist, kann in jeder beliebigen Weise, auch durch Einrede oder durch positive Feststellungsklage nach § 256 ZPO von jedem an seiner Rechtswirksamkeit Interessierten geltend gemacht werden.

IV. Prozeßverbindung, Abs. 2

Anm. 12

Wie mehrere Anfechtungsklagen, § 246, Abs. 3 Satz 3, müssen auch mehrere Nichtigkeitsklagen zur gleichzeitigen Verhandlung und Entscheidung verbunden werden, Abs. 2 Satz 1. Unter Nichtigkeitsklagen sind nur solche zu verstehen, die von einem der in Abs. 1 genannten Klageberechtigten erhoben sind, nicht gewöhnliche Feststellungsklagen Dritter oder solche der Gesellschaft nach § 256 ZPO. Die Verbindung kann auch noch in 2. Instanz nachgeholt werden (OLG Hamburg AG 71, 403). Anfechtungs- und Nichtigkeitsklagen können verbunden werden, Abs. 2 Satz 2. Regelmäßig wird dies zur Erzielung einer einheitlichen Entscheidung über die Wirksamkeit eines Beschlusses zweckmäßig sein, vgl. auch § 246 Anm. 5.

Zweiter Unterabschnitt

Nichtigkeit bestimmter Hauptversammlungsbeschlüsse

§ 250 Nichtigkeit der Wahl von Aufsichtsratsmitgliedern

(1) Die Wahl eines Aufsichtsratsmitglieds durch die Hauptversammlung ist außer im Falle des § 241 Nr. 1, 2 und 5 nur dann nichtig, wenn

1. der Aufsichtsrat unter Verstoß gegen § 96 Abs. 2, § 97 Abs. 2 Satz 1 oder § 98 Abs. 4 zusammengesetzt wird;

2. die Hauptversammlung, obwohl sie an Wahlvorschläge gebunden ist (§§ 6 und 8 des Mitbestimmungsgesetzes), eine nicht vorgeschlagene Person wählt;

3. durch die Wahl die gesetzliche Höchstzahl der Aufsichtsratsmitglieder überschritten wird (§ 95);

4. die gewählte Person nach § 100 Abs. 1 und 2 bei Beginn ihrer Amtszeit nicht Aufsichtsratsmitglied sein kann.

(2) Für die Klage auf Feststellung, daß die Wahl eines Aufsichtsratsmitglieds nichtig ist, sind der Betriebsrat jedes Betriebs der Gesellschaft, jede in den Betrieben der Gesellschaft vertretene Gewerkschaft und deren Spitzenorganisation parteifähig.

(3) Erhebt ein Aktionär, der Vorstand, ein Mitglied des Vorstands oder des Aufsichtsrats, der Betriebsrat eines Betriebs der Gesellschaft, eine in den Betrieben der Gesellschaft vertretene Gewerkschaft oder deren Spitzenorganisation gegen die Gesellschaft Klage auf Feststellung, daß die Wahl eines Aufsichtsratsmitglied nichtigs ist, so gelten § 246 Abs. 2, Abs. 3 Satz 1, Abs. 4, §§ 247, 248 Abs. 1 Satz 2 und § 249 Abs. 2 sinngemäß. Es ist nicht ausgeschlossen, die Nichtigkeit auf andere Weise als durch Erhebung der Klage geltend zu machen.

Übersicht

Einleitung

Anm. 1

Die sämtlichen Vorschriften des 2. Unterabschnittes, §§ 250—255, sind neu, vgl. Vorbem. 3 vor § 241. Die §§ 250—252 behandeln die Nichtigkeit der Wahl von Aufsichtsratsmitgliedern (§ 250), die Anfechtbarkeit der Wahl (§ 251) und die Urteilswirkung (§ 252). In § 252 Anm. 3 werden auch die Rechtsfolgen der Nichtigkeit erörtert. § 250 weicht vom früheren Recht ab, indem er in Abs. 1 eine abschließende Regelung der Nichtigkeitsgründe schafft, in der diejenigen des § 241 Nr. 3 und 4 nicht enthalten sind (s. Anm. 7, 8), und in Abs. 2 die Parteifähigkeit für die Nichtigkeitsklage des § 249 auf den Betriebsrat und die Gewerkschaft erweitert, s. Anm. 9 und 10.

Die §§ 250—252 gelten für die Wahl aller von der Hauptversammlung mit oder ohne Bindung an Wahlvorschläge gewählten Aufsichtsratsmitglieder der Aktionäre und der Arbeitnehmer sowie für das weitere Mitglied des § 4 Abs. 1c MitbestG (§ 8 MitbestG) und des § 5 Abs. 1c MitbestErgG (§ 5 Abs. 3 MitbestErgG). Sie gelten also nicht für die nach § 76 BetrVerfG 1952 von der Belegschaft oder nach § 6 des Mitbestimmungsergänzungsgesetzes von Wahlmännern gewählte oder nach § 7 dieses Gesetzes entsandte Mitglieder.

I. Nichtigkeitsgründe

Anm. 2

1. Nichtigkeit nach § 241 Nr. 1, 2, 5

Von den in § 241 Nr. 1—6 aufgeführten Nichtigkeitsgründen werden in § 250 die Nr. 1, 2 und 5 beibehalten. Nr. 6 kommt für die Aufsichtsratswahl nicht in Frage, da sie nicht im Handelsregister eingetragen wird, vgl. § 106. Die Nr. 3 — Unvereinbarkeit mit dem Wesen der Aktiengesellschaft und Verstoß gegen im öffentlichen Interesse gegebene Vorschriften, vgl. § 241 Anm. 17—22 — ist durch die Nr. 1—4 des § 250 Abs. 1 ersetzt und begrenzt, s. Anm. 3—8, § 241 Nr. 4 — inhaltliche Sittenwidrigkeit des Beschlusses — ist durch § 250 Abs. 1 ausgeschlossen und dürfte wohl auch seiner Natur nach, vgl. § 241 Anm. 24. 25, für die Aufsichtsratswahl nicht in Betracht kommen.

Es bleiben daher von den allgemeinen Nichtigkeitsgründen des § 241 nur die Nr. 1 über Einberufungsmängel, die Nr. 2 über Beurkundungsmängel und die Nr. 5 über die Nichtigkeit infolge von Anfechtung übrig, s. dazu § 241 Anm. 12—16 und 26, zu letzterer auch die Einl. zu § 251.

Anm. 3

2. Verstöße gegen § 96 Abs. 2, § 97 Abs. 2 Satz 1 und § 98 Abs. 4 (Nr. 1)

Die neu in das AktG eingeführten §§ 96—99 haben den Zweck, dem Aufsichtsrat eine sichere Rechtsgrundlage zu geben (RegBegr. zu § 96 bei Kropff S. 126). Zu diesem Zweck ordnet § 96 Abs. 2 den *Kontinuitätsgrundsatz* an, § 96 Anm. 8. Der Aufsichtsrat muß nach den bisher angewandten Vorschriften zusammengesetzt werden, solange diese Vorschriften nicht durch ein gerichtliches Verfahren nach § 97 oder § 98 außer Kraft gesetzt und durch andere ersetzt werden. Diese Verfahren sind einmal die Bekanntmachung durch den Vorstand nach § 97 Abs. 1, sodann die gerichtliche Entscheidung nach § 98. Wird gegen die Bekanntmachung nicht das Gericht angerufen oder wird die gerichtliche Entscheidung rechtskräftig, so ist der Aufsichtsrat entsprechend der Bekanntmachung oder der Gerichtsentscheidung zusammenzusetzen, § 97 Abs. 2 Satz 1 (s. dort Anm. 6) und § 98 Abs. 4 (s. dort Anm. 6). *Wird er nach anderen Vorschriften zusammengesetzt, so ist die Wahl durch die Hauptversammlung nichtig.* Ebenso sind die unter Verstoß gegen die §§ 96 Abs. 2, 97 Abs. 2 Satz 1 oder 98 Abs. 4 erfolgten Wahlen oder Entsendungen nach § 76 BetrVerfG 1952, §§ 6, 7 MitbestErgG unwirksam (§ 98 Anm. 6, Obermüller-Werner-Winden S. 239, a. M. Godin-Wilhelmi § 96 Anm. 8). Werden aber der Kontinuitätsgrundsatz des § 96 Abs. 2 oder die Bekanntmachung des § 97 oder die gerichtliche Entscheidung des § 98 beachtet, so ist die Wahl gültig und kann nicht, auch wenn die Zusammensetzung nicht den dafür gegebenen materiellrechtlichen Vorschriften entspricht, in Frage gestellt werden.

§ 250 Nr. 1 gewährleistet also *nicht* die *materiellrechtlich richtige Zusammensetzung* des Aufsichtsrats, sondern nur die Einhaltung der Verfahrensregeln zur Feststellung der materiellrechtlichen Zusammensetzungsvorschriften. Hat z. B. die Gesellschaft nach § 76 Abs. 6 oder § 81 BetrVerfG 1952 keine Arbeitnehmervertreter im Aufsichtsrat und fallen die Voraussetzungen dieser Vorschriften weg, so ist auch eine danach erfolgende Wahl nach den bisherigen Vorschriften, also nur von Aktionärsvertretern, nach § 96 Abs. 2 gültig. Sie bleibt es solange, bis ein Verfahren nach § 97 oder § 98 durchgeführt worden ist. Sie ist auch nicht nach § 251 anfechtbar, weil das Gesetz nicht verletzt ist.

Anm. 4

3. Wahl einer nicht vorgeschlagenen Person (Nr. 2)

Die Hauptversammlung ist nur in der Wahl der Aufsichtsratsmitglieder der Aktionäre (vgl. § 96 Abs. 1) frei. Soweit sie Aufsichtsratsmitglieder der Arbeitnehmer zu wählen hat, ist sie an die ihr gemachten *Wahlvorschläge gebunden*. Für die nach § 6 MitbestG zu wählenden Arbeitnehmervertreter ist die Bindung in § 6 Abs. 5 ausgesprochen. Für das nach § 8 MitbestG (und nach § 5 Abs. 3 MitbestErgG) zu wählende *weitere Mitglied* (den sog. elften Mann) ergibt sich die Bindung aus den Bestimmungen des § 8. Wählt die Hauptversammlung in diesen Fällen eine nicht vorgeschlagene Person, so ist die Wahl nichtig. Für den elften Mann wurde das schon früher angenommen (vgl. die Komm. zu § 8 MitbestG von Kötter Anm. 25, 26 und Boldt Anm. 7).

Anm. 5

4. Überschreitung der gesetzlichen Höchstzahl (Nr. 3)

Nach § 95 Satz 1 besteht der Aufsichtsrat aus drei Mitgliedern. Das ist die gesetzliche Mindestzahl. Die Satzung kann eine bestimmte höhere Zahl festsetzen, die durch drei teilbar sein muß. Das Gesetz beschränkt aber diese Satzungsmöglichkeit durch *Höchstzahlen*, die sich nach der Höhe des Grundkapitals richten, § 95 Satz 4. Für Gesellschaften, die dem MitbestG oder dem MitbestErgG unterliegen, treten anstelle dieser Zahlen die in den §§ 4 und 9 MitbestG oder §§ 5 und 12 MitbestErgG festgesetzten Zahlen. Soweit die Hauptversammlung nicht alle Mitglieder wählt (§ 76 BetrVerfG 1952, §§ 6, 7 MitbestErgG, vgl. Anm. 1), ist die gesetzliche Höchstzahl überschritten, wenn die Hauptversammlung mehr Personen wählt, als sie zu wählen hat.

Nichtig ist nur die Wahl, die die *gesetzliche* Höchstzahl überschreitet, gleichgültig, was die Satzung bestimmt. Bleibt die *Satzung* unter dieser gesetzlichen Höchstzahl und überschreitet die Wahl die satzungsmäßige Zahl, so ist eine Anfechtbarkeit wegen Verletzung der Satzung gegeben, § 251 Abs. 1 Satz 1 (§ 95 Anm. 3, Godin-Wilhelmi § 97 Anm. 7). Das gleiche gilt, wenn die Satzung nichts bestimmt und mehr als drei Mitglieder gewählt werden, denn § 95 Abs. 1 Satz 1 setzt keine Höchstzahl fest. Verstößt die Satzungsbestimmung gegen die Höchstzahlvorschrift, so ist sie nichtig, § 95 Anm. 3. Es gilt dann § 95 Abs. 1 Satz 1. Eine Aufsichtsratswahl ist aber nicht deshalb nichtig, weil sie auf Grund einer nichtigen Satzungsbestimmung erfolgt (so § 95 Anm. 3, Godin-Wilhelmi § 95 Anm. 6, Möhring-Tank I 258), sondern nur dann, wenn durch sie die gesetzliche Höchstzahl überschritten wird. Allein dieser Nichtigkeitsgrund ist in § 250, der die Nichtigkeitsgründe abschließend regelt (Anm. 7), vorgesehen. Alle übrigen Verletzungen des Gesetzes oder der Satzung sind nur anfechtbar.

Bei der in *einer* Hauptversammlung erfolgenden Wahl *mehrerer* Mitglieder ist zu unterscheiden: Erfolgt die Wahl einzeln, so ist nur die Wahl derjenigen Mitglieder nichtig, bei denen die Höchstzahl überschritten wird. Werden die mehreren Mitglieder in einem einzigen Wahlakt gewählt, so wird in der Regel keinem der Vorrang vor dem anderen gebühren. Es läßt sich dann nicht feststellen, welches in Überschreitung der Höchstzahl gewählt ist, so daß die Wahl aller nichtig ist (§ 95 Anm. 3, vgl. auch Godin-Wilhelmi 2 Z. 3, Baumbach-Hueck 7, Obermüller-Werner-Winden S. 329).

Anm. 6

5. Verstoß gegen § 100 Abs. 1 und 2 (Nr. 4)

§ 100 Abs. 1 stellt als gesetzliche Erfordernisse der Aufsichtsratsmitgliedschaft auf, daß das Mitglied eine natürliche Person und unbeschränkt geschäftsfähig sein muß. Abs. 2 schließt die Mitgliedschaft in 3 Fällen aus: bei Überschreitung der Höchstzahl von Aufsichtsratsmandaten, für gesetzliche Vertreter eines abhängigen Unternehmens und bei Überkreuzverflechtung (zur Frage, inwieweit Auslandsverbindungen Ausschlußgründe darstellen, s. v. Caemmerer, Aufsichtsrat und Auslandsverbindungen, Festschrift für Gessler 1971, 81). Fehlt ein Erfordernis des Abs. 1 oder liegt ein Ausschlußgrund des Abs. 2 vor, so ist die *Wahl nichtig*. Fehlen andere vom Gesetz oder der Satzung (hierzu § 100 Abs. 4) geforderte persönliche Voraussetzungen, so ist nur Anfechtbarkeit gegeben, da die Aufzählung der Nichtigkeitsgründe in § 250 Abs. 1 erschöpfend ist, Anm. 7.

Der Nichtigkeitsgrund muß *bei Beginn der Amtszeit* der gewählten Person vorliegen. Danach, ob die positiven Voraussetzungen des § 100 Abs. 1 oder die negativen des Abs. 2 bei der Wahl gegeben sind oder nach dem Beginn der Amtszeit wegfallen, kommt es nicht an. Ist der Gewählte bei der Wahl beschränkt geschäftsfähig, fällt die Beschränkung aber vor Beginn der Amtszeit weg, so ist die Wahl gültig. Wird der Gewählte zwischen Wahl und Beginn der Amtszeit zum Geschäftsführer einer abhängigen GmbH bestellt, so ist die Wahl nichtig. Der Nichtigkeitsgrund kann also später als die Wahl eintreten (a. M. Obermüller-Werner-Winden S. 249, 330). Daß in der Zwischenzeit die Gültigkeit in der *Schwebe* ist, bringt keine Schwierigkeiten, weil die Wahl erst mit dem Beginn der Amtszeit ihre Wirkung entfaltet. Die Amtszeit beginnt mit der Annahme (§ 101 Anm. 5), frühestens zu dem im Wahlbeschluß festgesetzten Termin. Über die Folgen des Wegfalls einer gesetzlichen Voraussetzung *nach* dem Beginn der Amtszeit s. § 100 Anm. 9.

Anm. 7

6. Abschließende Regelung der Nichtigkeitsgründe

§ 250 regelt die Nichtigkeitsgründe der Aufsichtsratswahl durch die Hauptversammlung abschließend. Von § 241, der seinerseits die Nichtigkeit von Hauptversammlungsbeschlüssen erschöpfend aufzählt (s. dort Anm. 10), übernimmt § 250 die Nichtigkeitsgründe der Nr. 1, 2 und 5 (Anm. 2). Statt der Nr. 3 — Verletzung von in öffentlichem Interesse gegebenen Vorschriften — setzt § 250 Abs. 1 in den Nr. 1—4 bestimmte Nichtigkeitstatbestände, die das öffentliche Interesse an der Nichtigkeit der Wahl konkretisieren (ebenso Baumbach-Hueck 4). Ausgeschlossen ist die Nichtigkeit wegen Unvereinbarkeit mit dem Wesen der Aktiengesellschaft und wegen inhaltlicher

Sittenwidrigkeit (vgl. § 241 Nr. 3 und 4). Die andere Nichtigkeitsgründe ausschließende Regelung ergibt sich aus dem Wort „nur“ in Abs. 1 und aus der RegBegr. (bei Kropff S. 336), wonach Abs. 1 die Nichtigkeitsgründe abschließend aufführt. Das entspricht der auch bei der Regelung der §§ 241, 243 und in § 256 im Interesse der Rechtssicherheit beobachteten Tendenz des Gesetzes, die Nichtigkeitstatbestände einzuschränken. Das gilt besonders bei der Aufsichtsratswahl, deren Nichtigkeit u. U. schwerwiegende Folgen haben kann, s. § 252 Anm. 3.

Die Wahl eines Vorstandsmitglieds, Prokuristen oder zum gesamten Geschäftsbetrieb ermächtigten Handlungsbevollmächtigten in den Aufsichtsrat ist nicht nichtig. Der Gewählte kann aber das Amt erst antreten, wenn er die vorgenannte Eigenschaft nicht mehr hat, siehe die Erl. zu § 105.

Anm. 8

Die Meinung von Godin-Wilhelmi (§ 105 Anm. 3, § 250 Anm. 2), die Aufzählung der Nichtigkeitsgründe in Abs. 1 sei nicht erschöpfend, ist aus den in Anm. 7 genannten Gründen abzulehnen. Godin-Wilhelmi vertreten diese Ansicht im Zusammenhang mit der Frage, ob die Hauptversammlung einer § 76 BetrVerfG 1952 unterliegenden Gesellschaft *Arbeitnehmer*, die bei dieser Gesellschaft beschäftigt sind, *in den Aufsichtsrat wählen* kann. Neuerdings sind solche Wahlen bei kommunalen Versorgungsunternehmen und bei gewerkschaftseigenen Unternehmen vorgenommen worden, um der paritätischen Mitbestimmung näherzukommen oder sie herzustellen. Wilhelmi a. a. O. hält dies mit dem Wesen und der Funktion des Aufsichtsrats und damit mit dem Wesen der Aktiengesellschaft für unvereinbar. Es sei ein der Funktion eines Kontrollorgans immanenter Grundsatz, daß der Kontrollierende von dem Kontrollierten nicht abhängig sein dürfe. Dieser Grundsatz sei vom Gesetz (§ 90 AktG 37, § 105 Abs. 1 AktG 65) nur insoweit durchbrochen, als nach den mitbestimmungsrechtlichen Vorschriften Arbeitnehmer dem Aufsichtsrat angehören dürfen.

Auch abgesehen davon, daß § 250 Abs. 1 die Unvereinbarkeit mit dem Wesen der Aktiengesellschaft als Nichtigkeitsgrund ausschließt, trägt die Begründung Wilhelmis, dem sich Werner AG 72, 137 anschließt, seine Ansicht nicht. Daß der Gesetzgeber die paritätische Mitbestimmung mit dem Wesen der Aktiengesellschaft für vereinbar hält, zeigen das MitbestG und das MitbestErgG. Das *Abhängigkeitsverbot* des § 90 AktG 37 a. F. ist durch § 84 Nr. 3 BetrVerfG 1952 in vollem Umfang aufgehoben worden (vgl. § 105 Anm. 5). Das ergibt sich aus dem Wortlaut und dem im Bericht des Ausschusses für Arbeit zum BetrVerfG 1952 (BT-Drucksache I 3585) zum Ausdruck gekommenen Willen des Gesetzgebers. Dort heißt es auf S. 19:

> „Um nicht auszuschließen, daß die Hauptversammlung freiwillig außer dem von den Arbeitnehmern gewählten Drittel von Aufsichtsratsmitgliedern noch weitere Arbeitnehmer in den Aufsichtsrat wählt, wurde § 90 Abs. 1 des Aktiengesetzes dahin geändert, daß künftig nur die Vorstandsmitglieder, ihre dauernden Vertreter oder die leitenden Angestellten der Gesellschaft von der Mitgliedschaft im Aufsichtsrat ausgeschlossen sind.“

Der Gesetzgeber hat also die Wahl von weiteren Arbeitnehmern in den Aufsichtsrat für zulässig gehalten. Der Grundsatz der Nichtabhängigkeit des Überwachenden vom Überwachten ist zugunsten des *Legitimations-Mitwirkungs-Grundsatzes* gefallen. Nach diesem Grundsatz setzt die Unterwerfung unter fremde Leitungs- und Organisationsgewalt voraus, daß dem Unterworfenen die Möglichkeit eingeräumt wird, auf die Gestaltung dieser Leitungs- und Organisationsgewalt einzuwirken (ebenso der Bericht der Mitbestimmungskommission, BT-Drucksache VI 334 Teil IV Z. 21 S. 65; vgl. auch Schilling, Macht und Verantwortung in der Aktiengesellschaft, Festschrift für Ernst Gessler 1971 S. 163/4). Nach alledem ist die Eigenschaft des Gewählten als Arbeitnehmer der Gesellschaft *kein Nichtigkeitsgrund* (ebenso § 105 Anm. 5 und OLG Hamburg AG 72, 183/4 und 185/6). Für die Wahl von Repräsentanten der Gewerkschaft nimmt dies auch Wilhelmi (§ 105 Anm. 3) nicht an, wenn er sie auch für vom Gesetzgeber nicht erwünscht hält. Zur Frage, ob ein Anfechtungsgrund gegeben ist, s. § 251 Anm. 5.

II. Klage auf Feststellung der Nichtigkeit

Anm. 9

1. Parteifähigkeit, Abs. 2

Wie für andere Nichtigkeitsfälle ist auch für die Nichtigkeit der Aufsichtsratswahl die besondere Nichtigkeitsfeststellungsklage des § 249 gegeben. Das ergibt sich auch aus Abs. 3 (s. Anm. 10) und aus § 252 Abs. 1. Für diese Klage erklärt Abs. 2 neben den in § 249 Abs. 1 genannten Personen auch den Betriebsrat jedes Betriebs der Gesellschaft, jede in den Betrieben vertretene Gewerkschaft und deren Spitzenorganisationen für *parteifähig*. Dadurch wird es den Organen der Arbeitnehmer ermöglicht, durch Erhebung der Nichtigkeitsklage darauf hinzuwirken, daß die Hauptversammlung bei der Aufsichtsratswahl nicht gegen die Vorschriften des Mitbestimmungsrechts verstößt (RegBegr. bei Kropff S. 357). Die Parteifähigkeit erstreckt sich nicht nur auf die Klagebefugnis, sondern auch auf die Beteiligung am Rechtsstreit durch Nebenintervention (RegBegr. a. a. O., Baumbach-Hueck 9).

Anm. 10

2. Anwendbare Vorschriften, Abs. 3

Abs. 3 entspricht § 249, der hier nur deshalb wiederholt ist, weil der Personenkreis der zur Nichtigkeitsklage Befugten um die Organe der Arbeitnehmer, also Betriebsräte, Gewerkschaften und Spitzenorganisationen erweitert worden ist (vgl. Anm. 9). Abs. 3 erklärt deshalb dieselben Vorschriften für anwendbar wie § 249, mit Ausnahme des § 248 Abs. 1 Satz 1, weil dieser durch § 252 Abs. 1 ersetzt ist (§ 252 Anm. 1). Abs. 3 Satz 2 wiederholt § 249 Satz 2. Es kann insoweit auf § 249 Anm. 1 verwiesen werden.

Die Nichtigkeitsfeststellungsklage des § 250 erfordert ebensowenig wie die des § 249 (s. dort Anm. 3) ein besonderes *Feststellungsinteresse* des Klägers (OLG Hamburg, AG 71, 403 (404). Das gilt auch für die zur Klage befugten *Organe der Arbeitnehmer*. Denn sie haben bei jedem nach mitbestimmungsrechtlichen Vorschriften zu besetzenden Aufsichtsrat ein Interesse an der gesetzmäßigen Zusammensetzung, auch soweit es sich um die Vertreter der Aktionäre handelt. Liegt allerdings einer der Ausnahmefälle vor, in denen der Aufsichtsrat nur aus Vertretern der Aktionäre zusammenzusetzen ist (§§ 76 Abs. 6, 81 BetrVerfG), so ist das Interesse der Organe der Arbeitnehmer an der Feststellung der Nichtigkeit eines Wahlbeschlusses zu verneinen, es sei denn, daß ein Nichtigkeitsgrund des Abs. 1 Nr. 1 (Anm. 3) gegeben ist (ebenso Godin-Wilhelmi Anm. 3, Baumbach-Hueck Anm. 10).

§ 251 Anfechtung der Wahl von Aufsichtsratsmitgliedern

(1) Die Wahl eines Aufsichtsratsmitglieds durch die Hauptversammlung kann wegen Verletzung des Gesetzes oder der Satzung durch Klage angefochten werden. Ist die Hauptversammlung an Wahlvorschläge gebunden, so kann die Anfechtung auch darauf gestützt werden, daß der Wahlvorschlag gesetzwidrig zustande gekommen ist. § 243 Abs. 4 und § 244 gelten.

(2) Für die Anfechtungsbefugnis gilt § 245 Nr. 1, 2 und 4. Die Wahl eines Aufsichtsratsmitglieds, das nach dem Mitbestimmungsgesetz auf Vorschlag der Betriebsräte oder einer Spitzenorganisation gewählt worden ist, kann auch von jedem Betriebsrat eines Betriebs der Gesellschaft, jeder in den Betrieben der Gesellschaft vertretenen Gewerkschaft oder deren Spitzenorganisation angefochten werden. Die Wahl eines weiteren Mitglieds, das

nach dem Mitbestimmungsgesetz oder dem Mitbestimmungsergänzungsgesetz auf Vorschlag der übrigen Aufsichtsratsmitglieder gewählt worden ist, kann auch von jedem Aufsichtsratsmitglied angefochten werden.

(3) Für das Anfechtungsverfahren gelten §§ 246, 247 und 248 Abs. 1 Satz 2.

Übersicht

Einleitung

Anm. 1

So wie § 250 die Nichtigkeit der Wahl von Aufsichtsratsmitgliedern durch die Hauptversammlung abschließend regelt, so tut dies § 251 für die Anfechtung. Er gilt für die Wahl aller von der Hauptversammlung gewählten Mitglieder, sei es mit, sei es ohne Bindung an Wahlvorschläge, vgl. § 250 Anm. 1 Abs. 2. Im Hinblick auf die mitbestimmungsrechtlichen Vorschriften schafft Abs. 1 Satz 2 einen weiteren Anfechtungsgrund, s. Anm. 4, und erweitert die Anfechtungsbefugnis in Abs. 2, s. Anm. 6. Andererseits schließt § 251 die Anfechtbarkeit wegen Erstrebens eines Sondervorteils zum Schaden der Gesellschaft oder der anderen Aktionäre (§ 243 Abs. 2) aus, s. Anm. 3. Über die Folgen der Nichtigerklärung auf Grund Anfechtungsklage s. § 252 Anm. 5.

Anm. 2

1. Anfechtungsgründe, Abs. 1

a) Verstoß gegen Gesetz oder Satzung, Satz 1 und 3

Die Wahl eines Aufsichtsratsmitglieds durch die Hauptversammlung kann wegen Verletzung des Gesetzes oder der Satzung durch Klage angefochten werden. Satz 1 wiederholt § 243 Abs. 1. Die Erläuterungen hierzu gelten auch hier, s. § 243 Anm. 1—10 13—20, 28—30. Die Zulässigkeit der *Listenwahl* ist umstritten, verneinend § 101 Anm. 4, bejahend Barz in Festschrift für Hengeler 1972 S. 14.

Für die Anwendung der übrigen Absätze des § 243 gilt Unterschiedliches. Abs. 4 ist in Satz 3 ausdrücklich für anwendbar erklärt. Auch für die auf eine *Auskunftsverweigerung* gestützte Anfechtung einer Aufsichtsratswahl ist es unerheblich, daß die Hauptversammlung oder Aktionäre erklären, die Verweigerung der Auskunft habe ihre Beschlußfassung nicht beeinflußt; s. dazu § 243 Anm. 11, 12. § 243 Abs. 3 ist in § 251 nicht erwähnt. Das dürfte ein Redaktionsversehen sein, da die Bestimmung erst durch den Ausschuß eingefügt wurde (s. bei Kropff S. 330) und die Gründe für den Ausschluß der Anfechtung wegen *Verletzung des §* 128 auch für die Aufsichtsratswahl zutreffen. § 243 Abs. 3 ist also anwendbar (ebenso Godin-Wilhelmi 2, Baumbach-Hueck 5, Obermüller-Werner-Winden S. 331; Werner AG 67, 123); im einzelnen s. § 243 Anm. 26. Auch das in § 243 Anm. 27 für die Verletzung des § 135 Gesagte gilt hier. Besondere Bedeutung für die Aufsichtsratswahl haben die §§ 127 und 137. Ein Verstoß gegen sie macht den Wahlbeschluß anfechtbar. Auch die Anfechtbarkeit eines Wahlbeschlusses kann durch *Bestätigung* beseitigt werden. § 244 gilt nach Satz 3 auch hier; auf die Erl. hierzu wird verwiesen. Die *Nichtigkeitsgründe* des § 250 Abs. 1 können auch als Anfechtungsgründe geltend gemacht werden. Sind aber die § 96 Abs. 2, § 97 Abs. 2 Satz 1 und § 98 Abs. 4 beachtet, so ist eine materiellrechtlich falsche Zusammensetzung des Aufsichtsrats kein Anfechtungsgrund, da sie dann dem Gesetz entspricht, s. § 250 Anm. 3 Abs. 2 (ebenso Godin-Wilhelmi 2).

Auch eine *Satzungsverletzung* macht anfechtbar. So kann die Satzung persönliche Voraussetzungen aufstellen, jedoch nur für Aufsichtsratsmitglieder der Aktionäre, § 100 Abs. 4, 2. dort Anm. 8.

Die Wahl eines Vorstandsmitglieds, Prokuristen oder zum gesamten Geschäftsbetrieb ermächtigten Handlungsbevollmächtigten in den Aufsichtsrat ist nicht anfechtbar. Der Gewählte kann aber das Amt erst antreten, wenn er die vorgenannte Eigenschaft nicht mehr hat, siehe die Erl. zu § 105.

Anm. 3

b) Ausschluß des § 243 Abs. 2 als Anfechtungsgrund

Da § 251 Abs. 1 den § 243 Abs. 2 nicht erwähnt und § 251 Abs. 2 auch die allein auf § 243 Abs. 2 bezügliche Nr. 3 des § 245 nicht aufführt, muß angenommen werden, daß der Anfechtungsgrund des § 243 Abs. 2 hier nicht gilt (ebenso OLG Hamburg AG 72, 183/187); Godin-Wilhelmi 2, Baumbach-Hueck 3, Obermüller-Werner-Winden S. 331). Das ist auch von der Sache her richtig. Die Befugnisse des Aufsichtsrats sind ein Teil der aktienrechtlich notwenigen Organisation. Die Mehrheit muß in der Wahl der Personen, denen sie diese Befugnisse verleiht, frei sein. Ein Sondervorteil kann in dieser Wahl ebensowenig wie in der Bestellung zum Vorstand erblickt werden, zumal sich Rechte und Pflichten des Amtes entsprechen. Nicht ausgeschlossen ist die Anfechtung wegen *Verletzung der Gesellschaftstreue oder wegen Mehrheitsmißbrauches*, § 243 Anm. 18, 19; vgl. auch LG Dortmund AG 68, 390 (392). Es liegt aber kein Mißbrauch vor, wenn die Mehrheit den Aufsichtsrat mit den Personen ihres Vertrauens besetzt (BGH WM 70, 1165).

Anm. 4

c) Gesetzwidrig zustandegekommener Wahlvorschlag, Satz 2

Nach den §§ 6 und 8 MitbestG und nach § 5 Abs. 3 MitbestErgG, der auf § 8 MitbestG verweist, wählt die Hauptversammlung auch die Arbeitnehmervertreter und das weitere Mitglied (den sog. 11. Mann). Sie ist dabei aber an die ihr gemachten Wahlvorschläge gebunden. Diese Wahlvorschläge sind also ein Bestandteil des Wahlaktes. Sind sie fehlerhaft, so ist es auch der Wahlbeschluß. Er kann deshalb mit der Begründung angefochten werden, daß der Wahlvorschlag gesetzwidrig zustandegekommen ist.

Anm. 5

d) Die Wahl weiterer Arbeitnehmer oder Arbeitnehmervertreter durch die Hauptversammlung

In § 250 Anm. 8 wurde die Frage behandelt und verneint, ob die Wahl weiterer Arbeitnehmer oder Repräsentanten der Arbeitnehmer über das in § 76 BetrVerfG 1952 vorgesehene Drittel hinaus bis zur paritätischen Mitbestimmung durch die Hauptversammlung nichtig sei. Umstritten ist auch die Frage, ob sie *anfechtbar* ist. Claussen AG 71, 385, dem sich Werner AG 72, 137 anschließt, sieht darin einen anfechtbaren Verstoß gegen die §§ 96, 101 AktG, 76 BetrVerfG 1952. Wenn dort vorgeschrieben sei, daß die Aufsichtsratsmitglieder der Aktionäre von der Hauptversammlung, die der Arbeitnehmer von den Arbeitnehmern zu wählen sind, so sei damit nicht nur die Verschiedenheit der Wahl, der Art des Zustandekommens des Mandats bestimmt, sondern auch die *Verschiedenheit der Qualifikation* und der sozialen Zuordnung der Gewählten.

Claussen geht dabei von einem durch die mitbestimmungsrechtlichen Vorschriften geschaffenen „Fraktionssystems" aus, das die Wahlfreiheit einschränke. Der Hauptversammlung sei es deshalb verwehrt, als Aufsichtsratsmitglieder der Aktionäre Personen zu wählen, die „sozialtypisch", nach der Motivation ihrer Wahl und ihrem Interessenwahrnehmungsvermögen Arbeitnehmervertreter seien.

Die Ansicht Claussens ist im Gesetz nicht begründet und entspricht auch nicht dem Sinn der Mitbestimmung. Daß sie nicht auf § 105 Abs. 1 (§ 90 AktG 37) gestützt werden kann, wurde in § 250 Anm. 8 ausgeführt. Der Gesetzgeber des BetrVerfG 1952 hielt die Wahl weiterer Arbeitnehmer durch die Hauptversammlung für möglich und zulässig (vgl. die in § 250 Anm. 8 wiedergegebene Stelle aus dem Ausschußbericht und ausführlich zur Entstehungsgeschichte OLG Hamburg AG 72, 184/5). § 76 BetrVerfG und §§ 96, 101 unterscheiden nur nach der *Art der Wahl.* Diese Unterscheidung nur nach der Art des Zustandekommens des Mandats ist nicht oberflächlich, wie Claussen meint. Sie ist vielmehr die einzige vom Gesetz gewollte Unterscheidung. Das Aufsichtsratsmitglied ist nicht auftragsgebunden. Alle Mitglieder haben die gleiche Rechtsstellung, die gleichen Rechte und Pflichten (§ 96 Anm. 1). In der Art der Amtsausübung gibt es nach dem Willen des Gesetzes keine verschiedenen Gruppen (so auch Godin-Wilhelmi § 96 Anm. 2). Rechtlich bestehen die von Claussen angenommenen „Fraktionen" nicht. Die von ihm hervorgehobene Verschiedenheit der Interessen trägt seine Ansicht nicht. Diese Verschiedenheit ist dem Gesellschaftsrecht ebenso immanent wie ihre Überwindung durch das *Gesellschafts- oder Unternehmensinteresse*, das im Konfliktsfall den Vorrang hat (§ 96 Anm. 1). Auch Claussen leugnet das nicht bezüglich des gemeinsamen Strebens nach dem *finanziellen Unternehmenserfolg*. Jedoch befürchtet er, daß die verstärkte Besetzung des Aufsichtsrats mit Arbeitnehmervertretern eine Verschiebung zum Nachteil der Aktionäre hinsichtlich der *Verwendung* dieses Erfolgs herbeiführe (S. 389). Diese Befürchtung mag begründet sein. Sie ist aber anfechtungsrechtlich nicht relevant. Denn sie liegt auf dem Gebiet der Unternehmenspolitik, die von der Hauptversammlungsmehrheit bestimmt wird. Es liegt in deren unternehmerischen oder unternehmenspolitischen Ermessen (vgl. § 243 Anm. 18), mehr oder weniger arbeitnehmer- und mitbestimmungsfreundliche Personen in den Aufsichtsrat zu wählen. Die Hauptversammlungsmehrheit entscheidet im übrigen auch im Rahmen der §§ 58 und 254 über die Höhe der Dividende, also darüber, inwieweit den Aktionären der Unternehmenserfolg zukommen soll.

Die Wahl von Arbeitnehmern oder von Personen, deren Wahl von der Belegschaft oder Gewerkschaft vorgeschlagen wird, durch die Hauptversammlung als Aufsichtsratsmitglieder der Aktionäre i. S. des § 96 Abs. 1 ist demnach zulässig; ebenso die h. M.: § 105 Anm. 5, OLG Hamburg AG 72, 183 (184ff.); Baumbach-Hueck Anh. nach § 96 Anm. 13, Dietz, Komm. z. BetrVerfG 4. Aufl. Anm. 17 vor § 76, Fitting-Kraegeloh-Auffarth Komm. z. BetrVerfG 10. Aufl. § 76 (1952) Anm. 8, Schwerdtfeger, Unternehmerische Mitbestimmung der Arbeitnehmer und Grundgesetz 1972 S. 35; Hueck-Nipperdey-Säcker, Lehrb. d. ArbRechts 7. Aufl. S. 1490 Fußn. 3; Farthmann AG 69, 205; Biedenkopf-Säcker Z f A 71, 263; Th. Raiser RdA 72, 67. Diese Autoren halten dagegen, soweit sie sich mit der Frage befassen, eine diesbezügliche *Satzungsbestimmung* für unzulässig und nach § 23 Abs. 5 Satz 1 nichtig. Das ist nicht richtig. Es handelt sich bei einer Satzungsbestimmung, die vorschreibt, daß ein Teil der Aufsichtsratsmitglieder der Aktionäre Arbeitnehmer der Gesellschaft oder von der Belegschaft (vom Betriebsrat) oder der Gewerkschaft vorgeschlagene Personen sein müssen, um eine nach § 23 Abs. 5 Satz 2 i. V. m. § 100 Abs. 3 zulässige ergänzende Bestimmung.

Anm. 6

2. Anfechtungsbefugnis, Abs. 2

Satz 1 verweist auf § 245 Nr. 1, 2 und 4 für die Anfechtungsbefugnis der Aktionäre und des Vorstands, s. dazu § 245 Anm. 7—12 und 14—17. § 245 Nr. 3 gilt nicht, weil der Anfechtungsgrund des § 243 Abs. 2 für die Aufsichtsratswahl nicht übernommen wurde, s. oben Anm. 3. Die Anfechtungsbefugnis des § 245 Nr. 5 kommt der Sache nach nicht in Frage.

Satz 2 und 3 *erweitern die Anfechtungsbefugnis* bei Wahlen, bei denen die Hauptversammlung an Wahlvorschläge gebunden ist (vgl. Anm. 4), auf die *Vorschlags- oder Beratungsberechtigten*. Das sind, soweit es sich um die Vertreter der Arbeitnehmer gemäß § 4 Abs. 1 b MitbestG handelt, die Betriebsräte, Gewerkschaften und Spitzenorganisationen (§ 6 MitbestG) und bei dem weiteren Mitglied des § 4 Abs. 1 c MitbestG und des § 5 Abs. 1 c MitbestErgG (sog. elfter Mann) jedes Aufsichtsratsmitglied (§ 8 MitbestG, § 5 Abs. 3 MitbestErgG). Die Genannten sind nur bei der Wahl, bei der sie vorschlags- oder beratungsberechtigt sind, zur Anfechtung befugt. Daneben sind Aktionäre und Vorstand bei jeder Wahl anfechtungsberechtigt.

Anm. 7

3. Anwendbare Vorschriften. Abs. 3

Für das *Anfechtungsverfahren* verweist Abs. 3 auf die §§ 246, 247 und 248 Abs. 1 Satz 2. Das Verfahren ist also dasselbe wie bei der sonstigen Anfechtungsklage, vgl. die Erl. zu §§ 246—248. Auf § 248 Abs. 1 Satz 1 ist deshalb nicht verwiesen, weil die Rechtskraftwirkung des den Wahlbeschluß für nichtig erklärenden Urteils durch § 252 Abs. 2 besonders geregelt ist, s. dort Anm. 4. Wegen der Rechtsfolgen der Nichtigerklärung der Wahl s. § 252 Anm. 5.

§ 252 Urteilswirkung

(1) Erhebt ein Aktionär, der Vorstand, ein Mitglied des Vorstands oder des Aufsichtsrats, der Betriebsrat eines Betriebs der Gesellschaft, eine in den Betrieben der Gesellschaft vertretene Gewerkschaft oder deren Spitzenorganisation gegen die Gesellschaft Klage auf Feststellung, daß die Wahl eines Aufsichtsratsmitglieds durch die Hauptversammlung nichtig ist, so wirkt ein Urteil, das die Nichtigkeit der Wahl rechtskräftig feststellt, für und gegen alle Aktionäre und Arbeitnehmer der Gesellschaft, die Mitglieder des Vorstands und des Aufsichtsrats, die Betriebsräte der Betriebe der Gesellschaft, die in den Betrieben der Gesellschaft vertretenen Gewerkschaften und deren Spitzenorganisationen, auch wenn sie nicht Partei sind.

(2) Wird die Wahl eines Aufsichtsratsmitglieds durch die Hauptversammlung durch rechtskräftiges Urteil für nichtig erklärt, so wirkt das Urteil für und gegen alle Aktionäre sowie die Mitglieder des Vorstands und Aufsichtsrats, auch wenn sie nicht Partei sind. Im Fall des § 251 Abs. 2 Satz 2 wirkt das Urteil auch für und gegen die nach dieser Vorschrift anfechtungsberechtigten Betriebsräte, Gewerkschaften und Spitzenorganisationen, auch wenn sie nicht Partei sind.

Übersicht

Einleitung

Anm. 1

Die Vorschrift zieht die Konsequenz aus § 250 Abs. 2 und 3 und § 251 Abs. 2. Soweit dort Parteifähigkeit und Klagebefugnis auf Betriebsräte, Gewerkschaften und deren

Spitzenorganisation ausgedehnt werden, muß auch das Urteil ihnen gegenüber Rechtskraftwirkung haben. § 252 sichert demgemäß die Einheitlichkeit der Nichtigkeitswirkung und ersetzt für die Nichtigkeit der Aufsichtsratswahl § 248 Abs. 1 Satz 1 und § 249, soweit er auf § 248 Abs. 1 Satz 1 verweist.

I. Das die Nichtigkeit der Wahl feststellende Urteil, Abs. 1

Anm. 2

1. Urteilswirkung

§ 249 gibt für die Feststellung der Nichtigkeit eines Hauptversammlungsbeschlusses eine besondere Klage. Zu deren Erhebung sind einerseits nur die dort genannten Personen oder Organe zugelassen. Andererseits wirkt das Feststellungsurteil über die Prozeßparteien hinaus für und gegen diesen Personenkreis, § 249 Abs. 1 Satz 1 i. v. m. § 248 Abs. 1 Satz 1.

Für die Feststellung der Nichtigkeit einer Aufsichtsratswahl ist der Kreis der Klagebefugten durch § 250 Abs. 2 erweitert. Entsprechend erweitert § 252 Abs. 1 auch den Personenkreis, demgegenüber — gleichgültig, ob er am Prozeß beteiligt ist oder nicht — das Urteil Rechtskraft wirkt. Abs. 1 geht aber darüber noch hinaus, indem es die Urteilswirkung auch für und gegen alle *Arbeitnehmer* der Gesellschaft eintreten läßt, obwohl der einzelne Arbeitnehmer nicht klageberechtigt ist.

Anm. 3

2. Rechtsfolgen der Nichtigkeit

Die Rechtsfolgen der Nichtigkeit einre Aufsichtsratswahl regelt das Gesetz ebensowenig wie die eines sonstigen Hauptversammlungsbeschlusses, vgl. § 249 Anm. 7 und § 248 Anm. 5, 6. Sie können besonders einschneidend sein, wenn die Nichtigkeit der Wahl auch zur Nichtigkeit der Beschlüsse des Aufsichtsrats führt. Zu denken ist vor allem an die Bestellung und Abberufung von Vorstandsmitgliedern (§ 84) und die Mitwirkung bei der Feststellung des Jahresabschlusses (§ 172).

Zu unterscheiden ist die Nichtigkeit der Wahl aller und die nur einzelner Mitglieder. Die erstere kommt insbesondere in Frage, wenn alle Mitglieder in *einem* Beschluß gewählt sind, der nichtig ist. *Ist die Wahl aller Mitglieder nichtig, so sind es auch deren Beschlüsse*, § 101 Anm. 23, Würdinger § 26 V 2, Adler-Düring-Schmaltz § 256 Anm. 102, 105; BGH 11, 246 (für GmbH). Unwirksam sind auch die Vertretungshandlungen des Aufsichtsrats nach § 112. Besonderes gilt aber für die Vertretung der Gesellschaft in dem *Rechtsstreit*, in dem die Nichtigkeit der Wahl gemäß § 250 Abs. 3 festgestellt werden soll. Hier genügt es zur Vertretungsbefugnis des Aufsichtsrats gemäß § 246 Abs. 2, daß er diese Befugnis *möglicherweise* hat (vgl. OLG Hamburg AG 71, 403; Rietschel in der Anm. zu BGH LM § 274 Abs. 2 Z. 7 ZPO Nr. 2; s. auch § 246 Anm. 8, 11). Besonderes gilt auch für die Wirksamkeit der Tätigkeit von Vorstandsmitgliedern, die von dem in nichtiger Wahl gewählten Aufsichtsrat bestellt sind, s. unten.

Ist die Wahl *einzelner* Mitglieder nichtig, so kommt es darauf an, ob der gefaßte Beschluß auf ihrer Stimmabgabe *beruht* (BGH 47, 341 in Abweichung von BGH 12, 327). Das ist der Fall, wenn der Beschluß ohne ihre Stimmen nicht zustandegekommen wäre (BGH 47, 346). Die Stimmen der Nichtgewählten dürfen also *nicht mitgezählt* werden, weder als Ja- noch als Nein-Stimmen. Kommt danach die erforderliche Mehrheit zustande, so ist der Beschluß gefaßt (BGH 47, 346). Sinkt die Zahl der Aufsichtsratsmitglieder infolge der Nichtigkeit der Wahl einzelner Mitglieder unter die für die *Beschlußfähigkeit* erforderliche Zahl (§ 108 Abs. 2), so können keine Beschlüsse gefaßt werden.

Die Wirksamkeit der Handlungen und Rechtsgeschäfte eines *Vorstandsmitglieds*, das durch *nichtigen Aufsichtsratsbeschluß bestellt* worden ist, kann nicht in Frage gestellt werden. Das erfordert die Rechtssicherheit, und zwar sowohl für Geschäfte nach innen wie nach außen (ebenso § 84 Anm. 18 m. w. Nachw.; ähnlich Mertens im Köln. Komm. § 84 Anm. 23, der die Grundsätze über die fehlerhafte Gesellschaft anwenden will und deshalb eine Einschränkung bei Verletzung gewichtiger Interessen der Allgemeinheit oder einzelner schutzwürdiger Personen macht; einschränkend auch Würdinger S. 156, der auf § 121 Abs. 2 Satz 2 und § 15 HGB abhebt). Aus den gleichen Gründen ist auch der Abberufungsbeschluß gemäß § 84 Abs. 3 gültig, worauf auch § 84 Abs. 3 Satz 4 hinweist.

II. Das die Wahl für nichtig erklärende Urteil, Abs. 2

Anm. 4

1. Urteilswirkung

Abs. 2 regelt die Rechtskraftwirkung eines auf Anfechtungsklage ergangenen, die Wahl für nichtig erklärenden Urteils. Er begrenzt sie auf den Kreis der Anfechtungsberechtigten. Demgemäß wirkt die Nichtigerklärung in jedem Fall für und gegen alle Aktionäre, Vorstands- und Aufsichtsratsmitglieder, auch wenn sie nicht Partei sind, Satz 1. Handelt es sich um eine an einen Wahlvorschlag der Betriebsräte oder einer Spitzenorganisation gebundene Wahl, so wirkt ihre Nichtigerklärung auch für und gegen die Vorschlags- und Beratungsberechtigten, also neben den Genannten auch die in den Betrieben der Gesellschaft vertretene Gewerkschaft, Satz 2. Im Gegensatz zu Abs. 1 bezieht Abs. 2 in den Kreis der Personen, für und gegen die das Urteil wirkt, nicht die Arbeitnehmer, d. h. jeden einzelnen von ihnen, ein, was von Godin-Wilhelmi und Baumbach-Hueck 3 kritisiert wird. Das ist aber ohne Bedeutung, weil die Nichtigerklärung ohnehin nur ex nunc wirkt (Anm. 5) und in diesem Umfang gegenüber jedermann Wirkung entfaltet.

Anm. 5

2. Rechtsfolgen der Nichtigerklärung

Der in § 248 Anm. 4 ausgesprochene Grundsatz, daß die Nichtigerklärung den Beschluß von Anfang an — also mit Rückwirkung — ungültig macht, kann für die Aufsichtsratswahl nicht Platz greifen. Zwischen Hauptversammlungsbeschluß und Rechtskraft des Urteils vergeht in der Regel geraume Zeit. In dieser Zeit muß das Leben und Handeln der Gesellschaft nach innen und außen weitergehen. Dazu ist die Mitwirkung des Aufsichtsrats erforderlich. Bis zur rechtskräftigen Entscheidung über die Anfechtungsklage muß daher die Wahl als gültig behandelt werden. *Die Nichtigerklärung wirkt nur ex nunc* (ebenso § 101 Anm. 23, Würdinger S. 134 § 22 III 3b). Für die Wahl der Arbeitnehmervertreter wird diese Meinung schon immer vertreten (BGH 47, 348, Komm. z. BetrVerfG 1952 von Dietz 4. Aufl. § 76 Anm. 50c, Fitting-Kraegeloh-Auffarth 10. Aufl. § 76 Anm. 77 in Anwendung der zu § 18 BetrVerfG 1952 (= § 19 BetrVerfG 1972) für die Betriebsratswahl entwickelten Grundsätze).

Demgemäß ist der Aufsichtsrat auch in dem Rechtsstreit, in dem seine Wahl angefochten wird, zur Vertretung der Gesellschaft gemäß § 246 Abs. 2 Satz 2 befugt, vgl. § 246 Anm. 8, 11.

Der von einem Aufsichtsrat, dessen Wahl angefochten ist, bestellte *Vorstand* ist rechtmäßig im Amt (§ 101 Anm. 23, Würdinger S. 156). Nach erfolgreicher Anfechtung dürfte aber in rechtsähnlicher Anwendung der Grundsätze über die fehlerhafte Gesellschaft (Fischer im Großkomm. z. HGB 3. Aufl. § 105 Anm. 91, 92; vgl. auch Mertens im Köln. Komm. § 84 Anm. 23) ein *wichtiger Grund* zum Widerruf der Bestellung gegeben sein. Auch die *Abberufung* eines Vorstandsmitglieds durch den in anfechtbarer Weise gewählten Aufsichtsrat ist wirksam.

§ 253 Nichtigkeit des Beschlusses über die Verwendung des Bilanzgewinns

(1) Der Beschluß über die Verwendung des Bilanzgewinns ist außer in den Fällen des § 173 Abs. 3, des § 217 Abs. 2 und des § 241 nur dann nichtig, wenn die Feststellung des Jahresabschlusses, auf dem er beruht, nichtig ist. Die Nichtigkeit des Beschlusses aus diesem Grunde kann nicht mehr geltend gemacht werden, wenn die Nichtigkeit der Feststellung des Jahresabschlusses nicht mehr geltend gemacht werden kann.

(2) Für die Klage auf Feststellung der Nichtigkeit gegen die Gesellschaft gilt § 249.

Übersicht

Einleitung

Anm. 1

Das bisherige Recht regelte die Frage nicht, ob die Nichtigkeit des Jahresabschlusses die Nichtigkeit des Beschlusses über die Verwendung des Bilanzgewinns zur Folge hat. Da der Verwendungsbeschluß die ordnungsmäßige Feststellung des Gewinns im Jahresabschluß zur Voraussetzung hat, ist durch den neuen § 253 die Rechtsgültigkeit des ersteren von der des letzteren abhängig gemacht. Das entspricht der Ansicht des Schrifttums zum früheren Recht (Reg Begr. bei Kropff S. 339).

Anm. 2

1. Die Nichtigkeit des Gewinnverwendungsbeschlusses, Abs. 1 Satz 1

Über die Verwendung des Bilanzgewinns kann nur die Hauptversammlung beschließen, § 174 Abs. 1. Das kann auch die Satzung nicht anders bestimmen, § 23 Abs. 5. Der Beschluß unterliegt den gleichen Nichtigkeitsgründen wie jeder andere Hauptversammlungsbeschluß, § 241. Zusätzliche Gründe sind in § 173 Abs. 3 Satz 4 und § 217 Abs. 2 Satz 4 aufgeführt. Ihnen wird durch § 253 ein weiterer und — wie durch das Wort „nur" betont wird — letzter hinzugefügt: die Nichtigkeit des Jahresabschlusses, auf dem er beruht, d. h. über dessen Gewinn er verfügt. Die Nichtigkeit des Jahresabschlusses ist ihrerseits abschließend geregelt in § 256, die Nichtigerklärung auf Grund Anfechtung in § 257. Über die Nichtigkeit der folgenden Jahresabschlüsse s. § 256 Anm. 3. Ohne rechtliche Bedeutung ist es, ob sich der die Nichtigkeit des Jahresabschlusses herbeiführende Grund (s. §§ 256, 257) auf die Höhe des von ihm ausgewiesenen Bilanzgewinns auswirkt.

Anm. 3

2. Heilung der Nichtigkeit, Abs. 1 Satz 2

Da der Gewinnverwendungsbeschluß nicht in das Handelsregister eingetragen wird, kann seine Nichtigkeit nicht nach § 242 geheilt werden. Das gilt für alle Fälle der Nichtigkeit aus § 173 Abs. 3, § 217 Abs. 2 und § 241. Einer Heilung der Nichtigkeit aus § 253 wegen Nichtigkeit des Jahresabschlusses, auf dem der Gewinnverwendungsbeschluß beruht, steht aber nichts entgegen, wenn die Nichtigkeit des Jahresabschlusses nicht mehr geltend gemacht werden kann. Das bestimmt Abs. 1 Satz 2. Es ist für den Gewinnverwendungsbeschluß der *einzige Fall der Heilungsmöglichkeit.*

Wann die Nichtigkeit des Jahresabschlusses nicht mehr geltend gemacht werden kann, also heilt, regelt § 256 Abs. 6. In den dort bestimmten Fällen tritt die Heilung 6 Monate oder 3 Jahre seit der Bekanntmachung des Jahresabschlusses im Bundesanzeiger ein, s. § 256 Anm. 18—20. Diese Frist wird durch Erhebung einer Klage auf Feststellung der Nichtigkeit des Jahresabschlusses gemäß § 256 Abs. 2 Satz 2 entsprechend § 242 Abs. 2 Satz 2 gehemmt. Eine gleiche Vorschrift fehlt für den Gewinnverwendungsbeschluß. Denn dessen Heilung ist wie die Nichtigkeit *allein abhängig* von dem Schicksal des Jahresabschlusses. Heilt die Nichtigkeit des Jahresabschlusses, so heilt auch die des Gewinnverwendungsbeschlusses, auch wenn gegen diesen eine Klage auf Feststellung der Nichtigkeit anhängig ist (s. Anm. 4). Die Klage wird damit gegenstandslos. Im Falle des § 253 ist es daher zweckmäßig, die Nichtigkeitsfeststellungsklage auch gegen den Jahresabschluß zu erheben, falls dieser nach § 256 Abs. 6 heilbar ist.

Anm. 4

3. Die Nichtigkeitsfeststellungsklage, Abs. 2

Die Verweisung auf § 249 ergibt sich aus der Systematik des Gesetzes, das die Nichtigkeit bestimmter Hauptversammlungsbeschlüsse, §§ 250—257 in einem besonderen Unterabschnitt regelt. Es gilt hier alles das, was in den Erläuterungen zu § 249 ausgeführt wurde. Insbesondere kann die Nichtigkeit des Gewinnverwendungsbeschlusses auch auf andere Weise als durch Klage geltend gemacht werden. Z. B. kann die auf Auszahlung der Dividende verklagte Gesellschaft die Nichtigkeit des Gewinnausschüttungsbeschlusses einwenden.

§ 254 Anfechtung des Beschlusses über die Verwendung des Bilanzgewinns

(1) Der Beschluß über die Verwendung des Bilanzgewinns kann außer nach § 243 auch angefochten werden, wenn die Hauptversammlung aus dem Bilanzgewinn Beträge in Rücklage stellt, die nicht nach Gesetz oder Satzung von der Verteilung unter die Aktionäre ausgeschlossen sind, obwohl die Einstellung bei vernünftiger kaufmännischer Beurteilung nicht notwendig ist, um die Lebens- und Widerstandsfähigkeit der Gesellschaft für einen hinsichtlich der wirtschaftlichen und finanziellen Notwendigkeiten übersehbaren Zeitraum zu sichern und dadurch unter die Aktionäre kein Gewinn in Höhe von mindestens vier vom Hundert des Grundkapitals abzüglich von noch nicht eingeforderten Einlagen verteilt werden kann.

(2) Für die Anfechtung gelten §§ 244 bis 248. Die Anfechtungsfrist beginnt auch dann mit der Beschlußfassung, wenn der Jahresabschluß nach § 173 Abs. 3 erneut zu prüfen ist. Zu einer Anfechtung wegen zu hoher Einstellung in Rücklagen nach Absatz 1 sind Aktionäre nur befugt, wenn ihre Anteile zusammen den zwanzigsten Teil des Grundkapitals oder den Nennbetrag von einer Million Deutsche Mark erreichen.

Übersicht

Einleitung:

Anm. 1

Die Vorschrift ist neu und steht in engem Zusammenhang mit § 58. Die Fragen der Gewinnverwendung gehören rechtspolitisch zu den umstrittensten des Aktienrechts, vgl. § 58 Anm. 1—6. Allgemein steht das Aktionärsinteresse an der Ausschüttung gegen das Unternehmensinteresse an der Rücklagenbildung und Selbstfinanzierung. Im besonderen wirkt sich dieser Gegensatz im Verhältnis zwischen Mehrheit und Minderheit aus. Das AkGt 37 löste die Frage einseitig zugunsten des von der Verwaltung wahrgenommenen Unternehmensinteresses. Nach § 131 Abs. 2 konnte die Verwaltung die ihr erforderlich erscheinenden Rücklagen bereits im Jahresabschluß bilden und so bestimmen, was als verteilungsfähiger Reingewinn (§ 126) übrig blieb. Das allerdings mußte dann auch verteilt werden (BGH 23, 150).

Diese Regelung rief mit Recht Kritik hervor. Die vom DJT eingesetzte Studienkommission (Untersuchungen zur Reform des Unternehmensrechts Teil I Tübingen 1955 S. 88)) schlug vor, einer Minderheit von 5% ein Anfechtungsrecht wegen offensichlich willkürlicher oder grob unbilliger Vorenthaltung einer angemessenen Dividende zu geben. Das AktG 65 nahm diesen Gedanken im Rahmen einer überhaupt abgewogenen Regelung der Gewinnverwendung auf: Das Recht der Verwaltung zur Rücklagenbildung wurde in § 58 Abs. 2 begrenzt. Die Hauptversammlung hat gemäß § 58 Abs. 3 das letzte Wort zu sagen. Der Minderheit wurde in § 254 die Möglichkeit gegeben, sich gegen eine Aushungerungspolitik der Mehrheit zu wehren. Dieser Schutz soll nach der Absicht des Gesetzes nur die *krassen Fälle* erfassen, in denen die Mehrheit auch die geringste Ausschüttung verweigert, obwohl die Gesellschaft bereits ausreichende Rücklagen besitzt (RegBegr. bei Kropff S. 340). Der Anwendungsbereich (Anm. 2) und die Voraussetzungen (Anm. 3—5) des § 254 sind deshalb eng gefaßt. Außerdem steht die Anfechtung nicht dem einzelnen Aktionär zu, sondern nur einer Minderheit, die 5% des Grundkapitals oder einen Nennbetrag von 1 Million DM besitzt (Anm. 6).

Neben diesem besonderen Rechtsbehelf besteht das *allgemeine Anfechtungsrecht* nach § 243, wie Abs. 1 Satz 1 ausdrücklich sagt. Der Gewinnverwendungsbeschluß (§ 174 Abs. 1) kann also auch aus anderen Gründen angefochten werden, wegen jeden Verstoßes gegen Gesetz oder Satzung (ein Beispiel in § 58 Anm. 26), insbesondere wegen Verletzung der Gesellschaftstreue oder wegen Mehrheitsmißbrauchs (§ 243 Anm. 18, 19; ebenso v. Falkenhausen (wie § 243 Anm. 16) S. 54) oder im Zusammenhang mit der Anfechtung der Feststellung des Jahresabschlusses gemäß § 257.

Anm. 2

1. Anwendungsbereich

Der Anwendungsbereich des § 254 erstreckt sich nur auf *Beschlüsse der Hauptversammlung* nach § 58 Abs. 3 über die *Verwendung des Bilanzgewinns zur Rücklagenbildung* (§ 58 Anm. 9; Nauss AG 67, 127, 133; vgl. auch BGH 55, 359, 364). Es ist dort richtig von „weiteren" Rücklagen die Rede. Denn Rücklagen können nach § 58 Abs. 1 und 2 auch schon im Jahresabschluß gebildet werden. Halten sich dabei Hauptversammlung (Abs. 1) oder Verwaltung (Abs. 2) im Rahmen von Gesetz und Satzung, so haben die Aktionäre dagegen keinen Rechtsbehelf, auch wenn die Voraussetzungen des § 254 (Anm. 3—5) sonst erfüllt sind. Verstoßen allerdings Hauptversammlung oder Verwaltung bei der Feststellung des Jahresabschlusses gegen § 58 Abs. 1 oder 2, so ist der Jahresabschluß *nichtig*, § 256 Abs. 1 Nr. 4.

§ 254 betrifft also nur die Verwendung des *Bilanzgewinns* (§ 157 Abs. 1 Nr. 32), nicht die Einstellung in offene Rücklagen aus dem Jahresüberschuß (§ 157 Abs. 1 Nr. 31). Diese ist eine Bilanzierungsmaßnahme, keine Gewinnverwendung. Bei ihr besteht der Aktionärsschutz in den Begrenzungen des § 58 Abs. 1 und 2, deren Überschreitung zur Nichtigkeit des Jahresabschlusses nach § 256 Abs. 1 Nr. 4 führt. Schutz bietet vor allem § 58 Abs. 2 Satz 3, der die satzungsmäßige Rücklagenbildung auf die

Hälfte des Grundkapitals beschränkt (vgl. BGH 55, 359, 365). Haben die freien Rücklagen diese Höhe erreicht, so kann die Verwaltung nur noch nach Abs. 2 Satz 1 die Hälfte des Jahresüberschusses in freie Rücklagen einstellen (§ 58 Anm. 18), die andere Hälfte muß sie als Bilanzgewinn ausweisen und damit zur Disposition der Hauptversammlung nach § 58 Abs. 3 stellen. Hier greift dann der Minderheitsschutz des § 254 ein.

Im übrigen haben die Aktionäre einen Anspruch auf Herbeiführung des Gewinnverwendungsbeschlusses nach §§ 174, 175, den sie gerichtlich geltend machen können (§ 58 Anm. 31).

Anm. 3

2. Voraussetzungen, Abs. 1

Das Anfechtungsrecht ist an verhältnismäßig strenge Voraussetzungen geknüpft, weil nach Ansicht des Gesetzgebers (RegBegr. bei Kropff S. 340) der Minderheitsschutz nicht so weit gehen darf, daß die Minderheit die Rücklagenpolitik der Gesellschaft bestimmt. Die Voraussetzungen sind dreifach:

a) Einmal müssen Beträge in Rücklage gestellt werden, die *nicht nach dem Gesetz oder Satzung von der Verteilung unter die Aktionäre* ausgeschlossen sind. Denn insoweit haben die Aktionäre nach § 58 Abs. 4 keinen Anspruch auf den Bilanzgewinn. In Frage kommt hier allerdings nur ein Ausschluß durch die Satzung (§ 58 Anm. 30), etwa dahin, daß der Bilanzgewinn ganz oder teilweise der Rücklage zuzuführen (§ 58 Anm. 21) oder für gemeinnützige Zwecke zu verwenden ist (Godin-Wilhelmi Anm. 4). Soweit der Bilanzgewinn unter solchem satzungsmäßigen Verwendungszwang steht, ist er bei der Prüfung der weiteren Voraussetzungen des § 254 nicht zu berücksichtigen. Schreibt die Satzung (etwa bei sog. Wachstumsgesellschaften) die Zuweisung des ganzen Gewinns in die Rücklage vor, so kommt § 254 überhaupt nicht zur Anwendung.

Anm. 4

b) Beträge müssen in *Rücklage* gestellt werden. Eine anderweite Verwendung, die Gesetz oder Satzung entspricht, fällt nicht unter § 254. Ermächtigt z. B. die Satzung die Hauptversammlung, den Bilanzgewinn ganz oder teilweise für gemeinnützige Zwecke zu verwenden (vgl. § 58 Anm. 24), so ist diese durch § 58 Abs. 3 Satz 2 erlaubte andere Verwendung nach § 254 nicht anfechtbar. Würde die Satzungsermächtigung aber (im Hinblick auf § 58 Abs. 3 unnötigerweise) auf Zuweisung zur Rücklage lauten, so kommt § 254 zur Anwendung (ebenso Godin-Wilhelmi 4). Streitig ist, ob der Anfechtungsgrund auch gegeben ist, wenn die Hauptversammlung den Bilanzgewinn nicht in Rücklage stellt, sondern als *Gewinn vorträgt*. Es wird darauf hingewiesen, daß dieHauptversammlung im nächsten Jahr über den Gewinnvortrag verfügen könne, was bei der Rücklage nicht der Fall sei, und deshalb als zusätzliche Anfechtungsvoraussetzung *Mißbrauch* verlangt (Nauss AG 67, 127, 132; Adler-Düring-Schmaltz § 174 Anm. 19). Aber der Mißbrauch liegt nach dem Gesetzeszweck schon in dem Vortrag auf neue Rechnung ohne Gewinnausschüttung, wenn sonst die Voraussetzungen des § 254 gegeben sind. Auch soll dem Aktionär nicht zugemutet werden, aufs nächste Jahr — vielleicht wieder vergeblich — zu warten. *Der Gewinnvortrag ist deshalb der Rücklagebildung gleichzusetzen,* soweit es sich nicht um eine unverteilbare Spitze handelt (ebenso § 58 Anm. 23, § 174 Anm. 7, einschränkend Godin-Wilhelmi 4).

Anm. 5

c) Die Einstellung des für die Ausschüttung einer Dividende von 4% erforderlichen Betrags in die Rücklage ist bei vernünftiger kaufmännischer Beurteilung nicht nötig, um die *Lebens- und Widerstandsfähigkeit* der Gesellschaft für einen hinsichtlich der wirtschaftlichen und finanziellen Notwendigkeiten übersehbaren Zeitraum zu sichern. Die gesetzliche Formulierung ist grammatikalisch (hinter „sichern" gehört ein Komma) und stilistisch wenig geglückt. Sie besagt zunächst, daß das Anfechtungsrecht des § 254 nicht besteht, wenn eine Dividende von mindestens 4% verteilt wird. Freilich kann auch dann noch ein Mehrheitsmißbrauch (§ 243 Anm. 18, 19) oder eine sonstige Verletzung von Gesetz oder Satzung vorliegen und zur Anfechtung berechtigen.

Wird diese Mindestdividende nicht beschlossen, so muß die Gesellschaft im Anfechtungsprozeß nachweisen, daß sogar der für eine Dividende von 4% erforderliche Betrag notwendig war, um die *Lebens- und Widerstandsfähigkeit* der Gesellschaft zu sichern. Daß dies nach kaufmännischer Vernunft zu beurteilen ist, ist ebenso selbstverständlich, wie daß dabei nur ein übersehbarer Zeitraum ins Auge gefaßt werden darf und daß dabei nur finanzielle und wirtschaftliche Notwendigkeiten eine Rolle spielen dürfen. Dieser *Zeitraum* ist jedenfalls länger als die „nächste Zukunft", wie es im RegEntw. hieß (vgl. RegBegr. bei Kropff S. 240), also statt 2 bis 3 Jahre (vgl. RG 116, 119 [133]) etwa 5 Jahre. Länger kann auch der hellsichtigste Kaufmann die Zukunft nicht übersehen. Da es sich um die Vorsorge gegen künftige *Risiken* handelt, müssen diese Risiken einigermaßen konkret angegeben werden können.

Die Formel wurde auch in § 146 Abs. 2 RegEntw. verwendet, um die Zulässigkeit der Bildung stiller Rücklagen abzugrenzen. Die Bestimmung ist nicht in das Gesetz übernommen worden. Die dazu gegebene RegBegr. (BT-Drucks. IV 171 S. 175/6) kann aber zur Auslegung des § 254 herangezogen werden. Die Vorschrift deckt danach nicht die Bildung von Rücklagen zur Finanzierung einer Expansion der Gesellschaft oder zur Sicherung einer gleichmäßigen Dividende. Dagegen deckt sie die Bildung von Rücklagen, die zur Wahrung der *Konkurrenzfähigkeit* der Gesellschaft oder zur *Substanzerhaltung* notwendig sind. Letzterer dienen in erster Linie die Abschreibungen. Nur soweit diese nicht ausreichen, um den Wiederbeschaffungswert zu decken, kann sich die Notwendigkeit einer Substanzerhaltungsrücklage ergeben (vgl. dazu Godin-Wilhelmi 3 und Z. III des Ausschußberichts zu der Vorbem. §§ 153—156 bei Kropff S. 240). Von besonderer Bedeutung ist, ob und in welcher Höhe die Gesellschaft bereits *freie Rücklagen* gebildet hat. Je mehr dies der Fall ist, desto weniger ist es notwendig, den Aktionären die Mindestdividende vorzuenthalten. Das gleiche gilt für den *Bilanzgewinn*: Je größer dieser ist, desto weniger kann es gerechtfertigt werden, ihn ganz der Rücklage zuzuführen. Und immer ist zu prüfen, ob der Sicherungszweck nicht einmal die Ausschüttung einer Dividende von 4% erlaubte. Nur wenn die Gesellschaft das nachweisen kann, ist die Anfechtung unbegründet.

Anm. 6

3. Anfechtungsbefugnis und Verfahren, Abs. 2

Wie in Anm. 1 ausgeführt, schafft § 254 einen zusätzlichen Anfechtungstatbestand, neben dem das allgemeine Anfechtungsrecht des § 243 in vollem Umfang besteht. Da aber der Gewinnverwendungsbeschluß zu den Hauptversammlungsbeschlüssen gehört, für die der Zweite Unterabschnitt eine besondere und abschließende Regelung getroffen hat, war es notwendig, auch die jeweils anwendbaren Verfahrensvorschriften zu bestimmen. Das ist in Abs. 2 Satz 1 durch die *Verweisung* auf die §§ 244—248 geschehen. Sie sind mit der Maßgabe des Satzes 3 anwendbar: Die *Anfechtungsbefugnis wegen zu hoher Einstellung in Rücklagen* steht nicht jedem einzelnen Aktionär zu, sondern nur der aus einem oder mehreren Aktionären bestehenden Minderheit, deren Anteile zusammen 5% des Grundkapitals oder den Nennbetrag von 1 Million DM erreichen. Im Falle des § 245 Nr. 1 müssen die Kläger auch Widerspruch zur Niederschrift erklärt haben. Die vorgeschriebene Minderheit muß während der ganzen Dauer des Verfahrens, von dem Widerspruch — im Falle des § 245 Nr. 2 und 3 vom Tage der Hauptversammlung — bis zur letzten mündlichen Verhandlung, identisch vorhanden sein. Neben der Anfechtungsbefugnis der Minderheit besteht das des Vorstands nach § 245 Nr. 4.

Durch Abs. 2 Satz 2 wird klargestellt, daß die Anfechtungsfrist auch im Falle des § 173 Abs. 3 mit der Beschlußfassung beginnt (vgl. § 246 Anm. 2). Es handelt sich um den Fall, daß die Hauptversammlung den vom Vorstand aufgestellten Jahresabschluß abändert, in der geänderten Fassung feststellt und anschließend den Gewinnverwendungsbeschluß faßt. Der Jahresabschluß bedarf in diesem Fall erneut des Bestätigungsvermerks durch den Abschlußprüfer. Wird dieser nicht binnen zwei Wochen seit der Beschlußfassung erteilt, so werden die Beschlüsse nichtig, sind also bis dahin schwebend unwirksam. Im Falle der Nichtigkeit ist eine gegen den Gewinnverwendungsbeschluß erhobene Anfechtungsklage gegenstandslos. Diese wird also zweckmäßigerweise erst eingereicht, wenn die Zweiwochenfrist abgelaufen ist. Die gleiche Bestimmung trifft § 257 Abs. 2 Satz 2 für den Jahresabschluß, s. dort Anm. 4 Abs. 2.

§ 255 Anfechtung der Kapitalerhöhung gegen Einlagen

(1) Der Beschluß über eine Kapitalerhöhung gegen Einlagen kann nach § 243 angefochten werden.

(2) Die Anfechtung kann, wenn das Bezugsrecht der Aktionäre ganz oder zum Teil ausgeschlossen worden ist, auch darauf gestützt werden, daß der sich aus dem Erhöhungsbeschluß ergebende Ausgabebetrag oder der Mindestbetrag, unter dem die neuen Aktien nicht ausgegeben werden sollen, unangemessen niedrig ist. Dies gilt nicht, wenn die neuen Aktien von einem Dritten mit der Verpflichtung übernommen werden sollen, sie den Aktionären zum Bezug anzubieten.

(3) Für die Anfechtung gelten § 244 bis 248.

Übersicht

Einleitung

Anm. 1

Die Vorschrift wurde auf Vorschlag des Bundesrats mit der Begründung eingefügt, daß die allgemeinen Anfechtungsgründe nach § 243 zum Schutz der Minderheit nicht ausreichten. Sachlichen Inhalt hat allein der Abs. 2. Er ist eine Spezialvorschrift zum Schutz der Aktionäre gegen die Wertminderung ihrer Aktien durch Ausgabe neuer Aktien unter Wert (Verwässerungsschutz). Abs. 2 *konkretisiert* damit das in § 243 Abs. 2 ausgesprochene *Verbot des Strebens nach einem Sondervorteil* zum Schaden der anderen Aktionäre (ebenso Klette BB 68, 979, s. auch Anm. 3). Daneben gelten die allgemeinen Anfechtungsgründe des § 243 (§ 255 Abs. 1). Abs. 3 schreibt für das Verfahren die Anwendung der §§ 244—248 vor. Gemäß der Systematik des Zweiten Unterabschnitts (§§ 250—255) faßt so § 255 die Vorschriften über die *Anfechtung* der Kapitalerhöhung gegen Einlagen zusammen. Für die *Nichtigkeit* gelten die §§ 241, 242, 249 unverändert.

I. Anfechtung nach § 243

Anm. 2

1. § 243 Abs. 1, insbesondere die Anfechtung des Bezugsrechtsausschlusses

Der Kapitalerhöhungsbeschluß kann wie jeder andere Beschluß der Hauptversammlung wegen Verletzung des Gesetzes oder der Satzung gemäß § 243 Abs. 1 angefochten werden. Ebenso sind die Abs. 2 (s. Anm. 3), 3 und 4 unverändert anzuwenden. Es gilt das in den Erl. zu § 243 Gesagte auch für ihn. Von besonderer Bedeutung für die Aktionäre ist dabei das *Bezugsrecht*. Sein *Ausschluß* berührt die Interessen der Aktionäre erheblich und steht daher unter besonderen Kautelen. Das sind einmal die Verfahrensvorschriften des § 186 Abs. 3 und 4 (s. dort Anm. 11—15). Das Bezugsrecht kann nur im Erhöhungsbeschluß selbst ausgeschlossen werden, § 186 Abs. 3 Satz 1. Bezugsrechtsausschluß und Kapitalerhöhung bilden ein *untrennbares Ganzes*. Die Nichtigkeit des einen führt zur *Nichtigkeit* des anderen (§ 241 Anm. 7, Lutter im Kölner Komm. § 186 Anm. 46).

In materieller Hinsicht bedarf der Bezugsrechtsausschluß eines besonderen Rechtfertigungsgrundes. Er ist nur rechtmäßig, *wenn und insoweit er im Interesse der Gesellschaft erforderlich ist*. Das kann heute als herrschende Meinung angesehen werden, vgl. § 186 Anm. 1—5, 12, Lutter im Kölner Komm. § 186 Anm. 49—54, Zöllner (wie in § 241 Anm. 19) S. 352f., Schilling in Freundesgabe f. Hengeler S. 236ff.; einschränkend Baumbach-Hueck § 186 Anm. 15, a. M. Godin-Wilhelmi § 186 Anm. 8. Erfordert das Gesellschaftsinteresse den Ausschluß ganz oder teilweise nicht, so ist der Beschluß *wegen Verletzung der Gesellschaftstreue* (§ 243 Anm. 18, 19) *anfechtbar*. Dabei darf aber Gesellschaftstreue nicht mit Mehrheitstreue verwechselt werden, wie es lange die Rechtsprechung des Reichsgerichts (vgl. § 186 Anm. 1a, Schilling aaO S. 235f.) und auch BGH 33, 175 (186) tat. Zur Abwehr der sog. *Überfremdung* durch Stärkung der Mehrheitsmacht darf also das Bezugsrecht nicht ausgeschlossen werden (§ 204 Anm. 2 m. weit. Nachw., Lutter im Kölner Komm. § 186 Anm. 54; Klette BB 68, 977; teilw. abw. Wiedemann oben § 186 Anm. 1b, 2b, 12b).

Vorstehendes gilt unabhängig davon, ob der Ausgabebetrag angemessen ist oder nicht. Ist er unangemessen niedrig, so kommt der weitere Anfechtungsgrund des § 255 Abs. 2 hinzu, s. Anm. 5—7.

Anm. 3

2. Anfechtung nach § 243 Abs. 2

Auch die Anfechtung eines Kapitalerhöhungsbeschlusses kann auf den Anfechtungsgrund des § 243 Abs. 2 — Erstreben eines Sondervorteils — gestützt werden. Dabei kommt ein Sondervorteil zum Schaden der Gesellschaft wohl kaum in Frage, denn für diese ist die Zuführung neuer Mittel immer nützlich. *Zum Schaden der Aktionäre* kann sich die Kapitalerhöhung auswirken, wenn das Bezugsrecht ausgeschlossen wird. Dabei kann der Schaden ein doppelter sein: Einmal die Wertminderung der alten Aktien (Verwässerung), wenn der Ausgabebetrag der neuen Aktien unangemessen niedrig ist. Dem tritt § 255 Abs. 2 entgegen, s. Anm. 5—7; wegen einer Ausgleichsgewährung nach § 243 Abs. 2 Satz 2 s. Anm. 4. Sodann erleiden die Aktionäre auch einen Verlust an Herrschafts- und Verwaltungsrechten durch Minderung ihrer relativen Stimmrechtsquote (§ 186 Anm. 2a, Lutter im Kölner Komm. § 186 Anm. 49, Zöllner wie in Anm. 2 S. 353, G. Hueck, Kapitalerhöhung und Aktienbezugsrecht, Festschr. f. Nipperdey I 427f.; von Falkenhausen wie in § 243 Anm. 16 S. 44f., 70ff., 219ff., Schilling wie in Anm. 2 S. 237). Man wird auch hier unterscheiden müssen, ob der Ausschluß des Bezugsrechts *im Interesse der Gesellschaft* liegt oder nicht. Ist ein Interesse der Gesellschaft gegeben, handelt es sich z. B. um ein für sie nützliches Patent oder Grundstück, das nur als Sacheinlage gegen Gewährung von Aktien zu erlangen ist, so nützt dies *allen* Aktionären. Die Einbuße der anderen Aktionäre an relativer Stimmrechtsmacht wird durch den Vorteil, den die Gesellschaft aus der Kapitalerhöhung zieht, ausgeglichen. Ist bei der Sacheinlage ein Ausgabebetrag nicht festgesetzt (vgl. dazu Lutter im Kölner Komm. § 183 Anm. 29) und der *Wert der Sacheinlage* gegenüber dem der dafür gewährten Aktien *unangemessen niedrig*, so greift zwar § 255 Abs. 2 nicht ein (s. Anm. 5, 6), es ist aber die Anfechtung wegen Sondervorteils nach § 243 Abs. 2 Satz 1 gegeben.

Ist der Bezugsrechtsausschluß *nicht* im Interesse der Gesellschaft erforderlich, so kann der Beschluß wegen Verletzung der Gesellschaftstreue angefochten werden (Anm. 2) und in der Regel liegt auch der Anfechtungsgrund des § 243 Abs. 2 vor.

Anm. 4

3. Ausgleichsgewährung nach § 243 Abs. 2 Satz 2

Nach § 243 Abs. 2 Satz 2 ist die Anfechtung ausgeschlossen, wenn der Beschluß den anderen Aktionären einen angemessenen *Ausgleich* für ihren Schaden gewährt. Dieser Ausschluß der Anfechtung gilt aber nur für den Anfechtungsgrund des § 243 Abs. 2 Satz 1, das Streben nach einem Sondervorteil. Ein sonstiger Verstoß gegen Gesetz oder Satzung, insbesondere die Verletzung der Gesellschaftstreue ist nicht ausgleichsfähig, § 243 Anm. 22. Wird der Bezugsrechtsausschluß nicht vom Interesse der Gesellschaft erfordert, kann die Anfechtbarkeit nach § 243 Abs. 1 (Anm. 2) nicht durch Ausgleichsgewährung beseitigt werden. Anders ist das bei der Anfechtung nach § 255 Abs. 2. Dieser ist eine Konkretisierung des § 243 Abs. 2 (Anm. 1) und demgemäß kann die Anfechtung auch durch Ausgleichsgewährung ausgeschlossen werden. Die Beseitigung der Anfechtbarkeit durch Ausgleichsgewähr greift also nur dann ein, wenn der Bezugsrechtsausschluß rechtmäßig, der Ausgabebetrag aber unangemessen niedrig ist.

II. Anfechtung nach § 255 Abs. 2

Anm. 5

1. Kapitalerhöhung gegen Einlagen und Ausschluß des Bezugsrechts

Unter die Vorschrift fällt *jede Kapitalerhöhung gegen Einlagen*, bei der der Ausgabebetrag oder Mindestausgabebetrag festgesetzt (darüber Anm. 6) und das Bezugsrecht ausgeschlossen ist. Bei der erst durch den Bundestag in das Gesetz eingeführten Vorschrift (s. Anm. 1) ist wohl in erster Linie an die Kapitalerhöhung gegenBareinlagen nach § 182 gedacht worden, aber auch die Kapitalerhöhung mit *Sacheinlagen* (§ 183), die *bedingte* Kapitalerhöhung (§ 192) und das *genehmigte Kapital* (§ 202) sind Kapitalerhöhungen gegen Einlagen. Auch bei ihnen besteht das Bedürfnis nach Verwässerungsschutz (s. Anm. 1), wenn es auch nicht immer durch § 255 Abs. 2 erfüllt werden kann. Die durch diese Vorschrift ausgesprochene Verpflichtung der Hauptversammlung, den bestmöglichen Kurs zu erzielen, besteht aber auch dann, wenn ihre besonderen Voraussetzungen nicht vorliegen. Es kommt dann eine Anfechtung nach § 243 Abs. 2 in Frage, so für die Kapitalerhöhung mit *Sacheinlagen*, bei der ein Ausgabebetrag nicht festgesetzt ist (Anm. 3). Ebenso gilt der Verwässerungsschutz, wenn — wie regelmäßig beim *genehmigten Kapital* — der Ausgabebetrag von der Verwaltung (§ 204) bestimmt wird (§ 204 Anm. 2, Klette BB 68, 977), s. auch Anm. 6.

Weitere Voraussetzung für die Anwendung des Abs. 2 ist der *Ausschluß des Bezugsrechts*, der nach § 186 Abs. 3 einen Teil des Kapitalerhöhungsbeschlusses bilden muß. Als Ausschluß gilt es nach § 186 Abs. 5 nicht, wenn den Aktionären ein *mittelbares Bezugsrecht* über ein *Kreditinstitut* gewährt wird. Darüber hinaus ist die Anfechtung nach § 255 Abs. 2 Satz 2 ausgeschlossen bei Gewährung des mittelbaren Bezugsrechts über *jeden Dritten*. Da sich dann jeder Aktionär an der Kapitalerhöhung durch Ausübung seines Bezugsrechts beteiligen kann, ist ein Verwässerungsschutz nicht notwendig.

Wird der Kapitalerhöhungsbeschluß mit der Begründung angefochten, der Bezugsrechtsausschluß sei rechtswidrig (s. Anm. 2), und liegt auch der Anfechtungsgrund des § 255 Abs. 2 vor, so muß dieser als Eventualbegründung innerhalb der Frist des § 246 Abs. 1 geltend gemacht werden (§ 246 Anm. 4).

Anm. 6

2. Unangemessen niedriger Ausgabebetrag

Der Kern der Vorschrift liegt in dem Verbot, Aktien zu einem unangemessen niedrigen Kurs auszugeben. Das Verbot richtet sich an die Hauptversammlung und setzt voraus, daß diese über den Ausgabekurs beschlossen hat. Das geschieht entweder durch

Festsetzung des Ausgabebetrags oder des Mindestbetrags, unter dem die neuen Aktien nicht ausgegeben werden sollen, § 182 Abs. 3. Wie aber, wenn der Beschluß nichts über den Ausgabebetrag enthält? Es ist streitig, ob die Aktien in diesem Fall auch dann zum Nennwert ausgegeben werden müssen, wenn das Bezugsrecht ausgeschlossen ist (s. § 182 Anm. 8, Lutter im Kölner Komm. § 182 Anm. 21, Klette DB 68, 2203, 2261). Ist das zu bejahen, so ist der Ausgabebetrag mit dem Nennwert festgesetzt und der Beschluß unterliegt der Anfechtung nach § 255 Abs. 2. Ist dagegen der Vorstand berechtigt und verpflichtet, die Aktien zum bestmöglichen Kurs auszugeben (so die Obengenannten), so liegt eine Festsetzung des Ausgabebetrags i. S. des § 255 Abs. 2 nicht vor und eine Anfechtung nach dieser Vorschrift ist nicht gegeben. Wohl aber kann ein Anfechtungsgrund nach § 243 Abs. 1 und 2 vorliegen. Die Rechtslage ist dann wie beim genehmigten Kapital, wenn der Ermächtigungsbeschluß nichts über den Ausgabebetrag enthält, dessen Festsetzung also der Verwaltung überläßt. Sie steht damit auch in deren Verantwortung. Anders ist es wieder bei der *Sacheinlage*, bei der der Kapitalerhöhungsbeschluß keinen Ausgabebetrag festsetzt. Hier ergibt sich aus einem Vergleich des Einlagewertes mit dem Wert der dafür gewährten Aktien, ob ein angemessenes Verhältnis vorliegt. Ist es unangemessen, so kann nach § 243 Abs. 2 angefochten werden (s. Anm. 3).

Anm. 7

Anfechtungsgrund ist die Festsetzung eines unangemessen niedrigen Ausgabe- oder Mindestbetrags. Der Börsenkurswert der alten Aktien oder der Wert des ganzen Unternehmens sind für die Angemessenheit Anhaltspunkte, aber nicht Maßstab. Die Hauptversammlung hat vielmehr bei ihrer Entscheidung einen gewissen Spielraum unternehmerischen Ermessens (s. § 243 Anm. 18). Dabei ist nicht nur das Finanzinteresse maßgeblich. Auch sonstige Vorteile, die der neue Aktionär oder seine Einlage bieten, sind zu berücksichtigen, z. B. seine Eignung für eine Kooperation. *Angemessen* ist demnach der unter Berücksichtigung aller Umstände des einzelnen Falles, insbesondere auch der Bedeutung des neuen Aktionärs oder seiner Einlage für die Gesellschaft, höchst erzielbare Ausgabebetrag (ähnlich § 182 Anm. 8b, Baumbach-Hueck 2, Obermüller-Werner-Winden S. 334, v. Falkenhausen wie in § 243 Anm. 16 S. 47).

III. Verfahren, Abs. 3

Anm. 8

Da § 255 die Vorschriften über die Anfechtung der Kapitalerhöhung gegen Einlagen abschließend regelt (s. Anm. 1), war es notwendig, auch die Vorschriften über das Anfechtungsverfahren ausdrücklich für anwendbar zu erklären. Die §§ 244—248 gelten unverändert auch hier. Auf ihre Erläuterung kann verwiesen werden.

Zweiter Abschnitt

Nichtigkeit des festgestellten Jahresabschlusses

§ 256 Nichtigkeit

(1) Ein festgestellter Jahresabschluß ist außer in den Fällen des § 173 Abs. 3, § 234 Abs. 3 und § 235 Abs. 2 nichtig, wenn

1. er durch seinen Inhalt Vorschriften verletzt, die ausschließlich oder überwiegend zum Schutze der Gläubiger der Gesellschaft oder sonst im öffentlichen Interesse gegeben sind,
2. er nicht nach § 162 Abs. 1 und 3 geprüft worden ist,
3. er von Personen geprüft worden ist, die nicht zum Abschlußprüfer bestellt sind oder nach § 164 nicht Abschlußprüfer sein können,
4. bei seiner Feststellung die Bestimmungen des Gesetzes oder der Satzung über die Einstellung von Beträgen in offene Rücklagen oder über die Entnahme von Beträgen aus offenen Rücklagen verletzt worden sind.

(2) Ein von Vorstand und Aufsichtsrat festgestellter Jahresabschluß ist außer nach Absatz 1 nur nichtig, wenn der Vorstand oder der Aufsichtsrat bei seiner Feststellung nicht ordnungsgemäß mitgewirkt hat.

(3) Ein von der Hauptversammlung festgestellter Jahresabschluß ist außer nach Absatz 1 nur nichtig, wenn die Feststellung

1. in einer Hauptversammlung beschlossen worden ist, die nicht nach § 121 Abs. 2 und 3 einberufen war, es sei denn, daß alle Aktionäre erschienen oder vertreten waren,
2. nicht nach § 130 Abs. 1, 2 und 4 beurkundet ist,
3. auf Anfechtungsklage durch Urteil rechtskräftig für nichtig erklärt worden ist.

(4) Wegen Verstoßes gegen die Vorschriften über die Gliederung des Jahresabschlusses (§§ 151, 152, 157 bis 159) sowie wegen der Nichtbeachtung von Formblättern, nach denen der Jahresabschluß zu gliedern ist, ist der Jahresabschluß nur nichtig, wenn seine Klarheit und Übersichtlichkeit dadurch wesentlich beeinträchtigt sind. Eine wesentliche Beeinträchtigung liegt namentlich vor, wenn

1. in der Bilanz § 152 Abs. 1 Satz 2, Abs. 6 und 8 nicht beachtet ist, oder
2. in der Gewinn- und Verlustrechnung die Posten § 157 Abs. 1 Nr. 1 bis 5 nicht gesondert ausgewiesen sind, obgleich die Voraussetzungen des § 157 Abs. 4 nicht vorliegen, oder wenn Aufwendungen oder Erträge, die unter die Posten § 157 Abs. 1 Nr. 7, 15, 24, 25 oder 27 fallen, nicht unter diesen Posten ausgewiesen sind.

(5) Wegen Verstoßes gegen die Bewertungsvorschriften ist der Jahresabschluß nur nichtig, wenn

1. Posten überbewertet oder
2. Posten unterbewertet sind und dadurch die Vermögens- und Ertragslage der Gesellschaft vorsätzlich unrichtig wiedergegeben oder verschleiert wird.

Überbewertet sind Aktivposten, wenn sie mit einem höheren Wert, Passivposten, wenn sie mit einem niedrigeren Betrag angesetzt sind, als nach §§ 153 bis 156 zulässig ist. Unterbewertet sind Aktivposten, wenn sie mit einem niedrigeren Wert, Passivposten, wenn sie mit einem höheren Betrag angesetzt sind, als nach §§ 153 bis 156 zulässig ist.

(6) Die Nichtigkeit nach Absatz 1 Nr. 1, 3 und 4, Absatz 2, Absatz 3 Nr. 1 und 2, Absatz 4 und 5 kann nicht mehr geltend gemacht werden, wenn seit der Bekanntmachung des Jahresabschlusses im Bundesanzeiger in den Fällen des Absatzes 1 Nr. 3 und 4, des Absatzes 2 und des Absatzes 3 Nr. 1 und 2 sechs Monate, in den anderen Fällen drei Jahre verstrichen sind. Ist bei Ablauf der Frist eine Klage auf Feststellung der Nichtigkeit des Jahresabschlusses rechtshängig, so verlängert sich die Frist, bis über die Klage rechtskräftig entschieden ist oder sie sich auf andere Weise endgültig erledigt hat.

(7) Für die Klage auf Feststellung der Nichtigkeit gegen die Gesellschaft gilt § 249 sinngemäß.

Übersicht

Einleitung

Anm. 1

Der Zweite Abschnitt über die Nichtigkeit des festgestellten Jahresabschlusses hat eine wechselvolle Entstehungsgeschichte, s. dazu bei Kropff S. 342ff. Er behandelt in § 256 abschließend die Nichtigkeit des Jahresabschlusses, sei er von der Verwaltung, d. h. gemäß § 172 vom Vorstand und Aufsichtsrat, sei er durch Hauptversammlungsbeschluß festgestellt, und in § 257 die Anfechtung des Feststellungsbeschlusses der Hauptversammlung. Im Aktiengesetz von 1937 waren die Bestimmungen hierüber nicht wie jetzt in einem besonderen Abschnitt zusammengefaßt. Die Nichtigkeit und die Anfechtbarkeit des den Jahresabschluß feststellenden Hauptversammlungsbeschlusses richtete sich nach den allgemeinen Regeln des § 195 und des § 197. Dabei konnte nach § 197 Abs. 3 die Anfechtung auf eine Verletzung der Gliederungsvorschriften nicht gestützt werden, wenn Klarheit und Übersichtlichkeit des Jahresabschlusses nur unwesentlich beeinträchtigt waren, vgl. jetzt § 256 Abs. 4. Die Anfechtung, die darauf gestützt wurde, daß durch den Feststellungsbeschluß Abschreibungen, Wertberichtigungen, Rücklagen oder Rückstellungen über das nach Gesetz oder Satzung statthafte Maß hinaus vorgenommen seien, konnte nach § 198 Abs. 2 nur von Aktionären, die zusammen 5% des Grundkapitals besaßen, erhoben werden (vgl. jetzt die besondere Regelung der §§ 258—261). Ein von der Verwaltung festgestellter Jahresabschluß konnte ebensowenig wie heute angefochten werden. Er unterlag nur den Nichtigkeitsbestimmungen des § 202. Die dort aufgeführten Nichtigkeitsbestimmungen wurden teilweise in § 256 Abs. 2 und Abs. 1 Nr. 1 übernommen. Der Nichtigkeitsgrund des § 256 Abs. 1 Nr. 2 entspricht dem des § 135 Abs. 1 AktG 37. Nicht übernommen wurde die Nichtigkeit wegen Unvereinbarkeit mit dem Wesen der Aktiengesellschaft und wegen Verstoßes gegen die guten Sitten. Nach Ansicht des Bundestagsausschusses haben sie neben Abs. 1 Nr. 1 keine praktische Bedeutung (s. bei Kropff S. 346).

Im übrigen regelt das neue Gesetz die Materie wesentlich eingehender. Dies gilt insbesondere für die Nichtigkeit wegen Verstoßes gegen die Gliederungsvorschriften (Abs. 4) und gegen die Bewertungsvorschriften (Abs. 5). Während die *Überbewertung* immer Nichtigkeitsgrund ist, führt die *Unterbewertung* nur dann zur Nichtigkeit, wenn damit die Vermögens- und Ertragslage der Gesellschaft *vorsätzlich* unrichtig wiedergegeben oder verschleiert wird (Abs. 5 Satz 1 Nr. 2). Die anderen Unterbewertungsfälle werden in dem besonderen Verfahren des Dritten Abschnittes, §§ 258—261, erfaßt.

Die *Heilung* der Nichtigkeit kannte das AktG 37 nur in dem jetzt in Abs. 2 geregelten Fall, daß Vorstand oder Aufsichtsrat bei der Feststellung des Jahresabschlusses nicht ordnungsgemäß mitgewirkt hat (§ 202 Abs. 2). Demgegenüber sind jetzt in Abs. 6 die Heilungsmöglichkeiten wesentlich erweitert worden.

§ 256 Abs. 1, 4—7 gelten für alle Jahresabschlüsse, gleichgültig ob sie von der Verwaltung oder der Hauptversammlung festgestellt worden sind, Abs. 2 nur für den von der Verwaltung, Abs. 3 nur für den von der Hauptversammlung festgestellten Jahresabschluß. § 256 enthält damit eine *erschöpfende* Regelung der Nichtigkeit des Jahresabschlusses, s. aber auch Anm. 2.

I. Die Nichtigkeitsgründe des Abs. 1

Anm. 2

1. Die Nichtigkeitsgründe außerhalb des § 256

Abs. 1 führt in den Eingangsworten die drei Nichtigkeitsgründe auf, die außerhalb von § 256 geregelt sind. Es handelt sich in allen drei Fällen um den von der Hauptversammlung festgestellten Jahresabschluß.

a) § 173 Abs. 3 betrifft die *Änderung* des vom Vorstand aufgestellten Jahresabschlusses durch die Hauptversammlung. Dieser bedarf einer erneuten Prüfung. Der Feststellungsbeschluß wird *nichtig*, wenn nicht binnen zwei Wochen ein hinsichtlich der Änderungen uneingeschränkter Bestätigungsvermerk erteilt wird, § 173 Abs. 3 Satz 4, s. dort Anm. 5, 6.

b) Bei der *vereinfachten Kapitalherabsetzung* können nach § 234 Abs. 1 schon im letzten Jahresabschluß, also rückwirkend, Grundkapital und Rücklagen in den herabgesetzten Beträgen ausgewiesen werden. In diesem Fall kann nur die Hauptversammlung den Jahresabschluß feststellen. Der Feststellungsbeschluß ist nichtig, wenn der Beschluß über die Kapitalherabsetzung nicht binnen drei Monaten in das Handelsregister eingetragen worden ist, § 234 Abs. 3, s. dort Anm. 9 und 10.

c) Das gleiche gilt nach § 235, wenn mit der Kapitalherabsetzung eine Kapitalerhöhung mit Rückwirkung beschlossen wird, s. dort Anm. 7.

Anm. 3

2. Nichtigkeit der folgenden Jahresabschlüsse

Zum früheren und teilweise auch zum geltenden Recht (s. Baumbach-Hueck § 248 Anm. 4, vgl. auch Adler-Düring-Schmaltz 116) wurde und wird die Auffassung vertreten, daß die Nichtigkeit eines Jahresabschlusses zwangsläufig die Nichtigkeit der (wegen des Grundsatzes der formellen Bilanzkontinuität, § 149 Anm. 78) auf ihm beruhenden Jahresabschlüsse der folgenden Jahre herbeiführe. Das ist nicht richtig. § 256 zählt die Nichtigkeitsgründe erschöpfend auf und enthält einen derartigen Grund nicht. Die Nichtigkeit eines Jahresabschlusses der folgenden Jahre kann sich vielmehr nur *aus diesem selbst* ergeben. Der Folgeabschluß selbst muß also einen der Nichtigkeitsgründe des § 256 aufweisen. Dabei kommen im Zusammenhang mit dem Vorjahresabschluß insbesondere zwei Nichtigkeitsgründe in Frage:

a) Die Eröffnungsbilanz des Folgejahres stimmt nicht mit dem vorangegangenen Jahresabschluß überein. Dann liegt ein Verstoß gegen den Grundsatz der *formellen Bilanzkontinuität (Bilanzidentität)* vor (§ 149 Anm. 78, § 153 Anm. 24, Adler-Düring-Schmaltz § 149 Rz. 27, § 256 Rz. 120f.). Dieser Grundsatz gehört zu den Grundsätzen ordnungsmäßiger Buchführung, deren Verletzung in *schwerwiegenden* Fällen einen Nichtigkeitsgrund nach Abs. 1 Nr. 1 darstellt, s. unten Anm. 4.

b) Der Folgejahresabschluß wiederholt den zur Nichtigkeit des Vorjahresabschlusses führenden Fehler. Dann ist auch er aus demselben Grunde nichtig (Adler-Düring-Schmaltz 124).

Anm. 4

3. Nr. 1: Gläubigerschutz und öffentliches Interesse

Mit Ausnahme der Unvereinbarkeit mit dem Wesen der AG (ein praktisch kaum denkbarer Fall) übernimmt die Nr. 1 die Nichtigkeitsgründe des § 241 Nr. 3, s. dort Anm. 19—22. Wie in § 241 Nr. 3 und 4 muß der Verstoß in dem *Inhalt* des Jahresabschlusses liegen. Der Buchungsvorgang oder die sonstige Bilanzgestaltung selbst müssen also gegen Vorschriften verstoßen, die ausschließlich oder überwiegend dem Gläubigerschutz oder dem öffentlichen Interesse dienen. *Der Buchungsvorgang oder seine Unterlassung müssen gesetzwidrig sein.* Auf die Gesetzwidrigkeit des durch ihn dargestellten tatsächlichen Vorgangs oder Rechtsgeschäfts kommt es nicht an (ebenso Adler-Düring-Schmaltz 6—8). Geht ein gesetzwidriges Rechtsgeschäft in die Bücher der Gesellschaft ein und findet damit seinen Niederschlag im Jahresabschluß, so wird dessen Gültigkeit, sofern die Vorgänge ordnungsgemäß gebucht sind, nicht berührt, anders für das Aktienrecht des HGB: RG JW 34, 1493 Nr. 10, vgl. § 241 Anm. 24). Das gesetzwidrige Rechtsgeschäft wird aber meist Ansprüche und Verpflichtungen der Gesellschaft mit sich bringen, z. B. eine Einlagenrückgewähr, ein verbotener Erwerb eigener Aktien. Werden diese Ansprüche oder Verpflichtungen nicht bilanziert, so kann darin ein Verstoß gegen Abs. 5 liegen, der seinerseits zur Nichtigkeit des Jahresabschlusses führt, s. Anm. 15—17.

Überhaupt wird die Bedeutung des Abs. 1 Nr. 1 durch die besondere Regelung der Verstöße gegen die Gliederungs- und Bewertungsvorschriften in Abs. 4 und 5 stark gemindert. Von den Rechnungslegungsvorschriften der §§ 148—159, 161 bleiben nur der § 149 Abs. 1 Satz 1 und die dort in Abs. 2 in Bezug genommenen Vorschriften des HGB als unter Abs. 1 Nr. 1 fallende Bestimmungen übrig. Dabei wird man aber nicht annehmen können, daß jeder Verstoß gegen die Grundsätze ordnungsmäßiger Buchführung und Bilanzierung zur Nichtigkeit des Jahresabschlusses führt. Vielmehr muß es sich um eine *wesentliche Verletzung* dieser Grundsätze handeln, da unwesentliche Verstöße den Gläubigerschutz oder das öffentliche Interesse nicht berühren (ähnlich Adler-Düring-Schmaltz 12, Godin-Wilhelmi 3).

Anm. 5

4. Nr. 2: Keine Prüfung des Jahresabschlusses

Der Jahresabschluß ist auch dann nichtig, wenn er *nicht* nach § 162 Abs. 1 und 3 *geprüft* ist. § 162 Abs. 1 schreibt die Prüfung des Jahresabschlusses unter Einbeziehung der Buchführung und des Geschäftsberichts durch einen sachverständigen Prüfer (Abschlußprüfer) vor. Ohne Prüfung keine Feststellung. *Ändert* der Vorstand nach der Prüfung den Abschluß oder den Geschäftsbericht, so sind diese erneut zu prüfen, § 162 Abs. 3 (sog. Nachtragsprüfung, Adler-Düring-Schmaltz 24).

Die Nichtigkeit nach Nr. 2 muß von der nach Nr. 3 abgegrenzt werden, da erstere *unheilbar*, letztere heilbar ist, s. Abs. 6. Nr. 3 ist deshalb als lex specialis gegenüber Nr. 2 anzusehen. Liegen die Voraussetzungen der Nr. 3 vor (s. Anm. 6), so greift die Nr. 2 nicht ein (ebenso Adler-Düring-Schmaltz 17).

Auf § 162 Abs. 2 hebt die Nr. 2 nicht ab. *Mängel der Prüfung* nach Art und Umfang führen daher nicht zur Nichtigkeit. Sind allerdings *wesentliche* Teile des Abschlusses überhaupt *nicht geprüft* worden, so liegt eine Prüfung i. S. der Nr. 2 nicht vor und es tritt Nichtigkeit ein (ebenso Adler-Düring-Schmaltz 20).

Ähnliches gilt für den *Prüfungsbericht*. Liegt er nicht vor der Feststellung des Jahresabschlusses schriftlich (§ 166) vor oder fehlen die nach § 166 Abs. 1 und 2 erforderlichen Mindestangaben, so liegt eine Prüfung i. S der Nr. 2 nicht vor (teilw. abw. § 162 Anm. 9 und Claussen im Köln. Komm. § 166 Anm. 24; wie hier: Baumbach-Hueck § 162 Anm. 5, Adler-Düring-Schmaltz 22, § 166 Rz. 9, vgl. zum früheren Recht RG v. 16. 6. 1944 WPG 1970, 421). Dagegen ist das Fehlen oder die Mangelhaftigkeit des *Bestätigungsvermerks* unschädlich (Baumbach-Hueck § 162 Anm. 5).

Wie sich aus § 162 ergibt, hat der *Geschäftsbericht* in Bezug auf die Prüfung gleichen Rang mit dem Jahresabschluß. Wurde er nicht geprüft, so liegt eine Prüfung i. S. der Nr. 2 nicht vor und es tritt Nichtigkeit ein (ebenso Adler-Düring-Schmaltz 21). Erfolgte die Prüfung nicht, weil überhaupt kein Geschäftsbericht erstellt wurde, so muß das Gleiche gelten (a. M. Baumbach-Hueck § 160 Anm. 3). Wegen der Folgen sonstiger Mängel des Geschäftsberichts s. § 160 Anm. 54, § 258 Anm. 5, § 259 Anm. 9—11.

Anm. 6

5. Nr. 3: Nicht bestellte oder von der Bestellung ausgeschlossene Prüfer

Der Jahresabschluß ist auch nichtig, wenn er von Personen geprüft worden ist, die *nicht* zum Abschlußprüfer *bestellt* sind (Nr. 3 erste Alternative). Die Bestellung erfolgt nach § 163 durch die Hauptversammlung oder durch das Gericht. Wie sich aus § 163 Abs. 5 Halbsatz 1 ergibt, muß die Bestellung bis zur Vorlegung des Prüfungsberichts an den Vorstand erfolgt sein. Eine spätere Bestellung ist eine Nichtbestellung i. S. der Nr. 3 (ebenso Adler-Düring-Schmaltz 26).

Ist der *Wahlbeschluß* der Hauptversammlung nach § 241 *nichtig*, so ist der Prüfer nicht bestellt i. S. der Nr. 3. Die daraus herrührende Nichtigkeit des Jahresabschlusses kann aber nur innerhalb von sechs Monaten seit dessen Bekanntmachung geltend gemacht werden, Abs. 6. Das gilt auch dann, wenn eine Nichtigkeitsklage nach § 249 gegen den Wahlbeschluß anhängig ist. Die *Heilung* nach Abs. 6 kann auch in diesem Falle nur durch die Nichtigkeitsklage gegen den Jahresabschluß selbst verhindert werden (ebenso Adler-Düring-Schmaltz 38). Das gleiche gilt, wenn der Wahlbeschluß *angefochten* und für nichtig erklärt wird (§§ 243, 248). Um die Heilung der daraus folgenden Nichtigkeit des Jahresabschlusses zu verhindern, muß innerhalb der Sechsmonatsfrist des Abs. 6 auch die Nichtigkeitsklage gegen den Jahresabschluß erhoben werden.

Der Prüfer ist ferner nicht bestellt i. S. der Nr. 3, wenn vor der Vorlegung des Prüfungsberichts an den Vorstand nach § 163 Abs. 2 ein *anderer Prüfer bestellt* oder die Hauptversammlung nach § 163 Abs. 5 die Wahl *widerrufen* hat (ebenso Adler-Düring-Schmaltz 28, 29). Der nach § 163 Abs. 2 bestellte andere Prüfer kann seinerseits die Prüfung durchführen, auch wenn der Bestellungsbeschluß noch nicht rechtskräftig ist, denn die Bestellung wird nach § 16 FGG mit ihrer Bekanntgabe wirksam (ebenso Adler-Düring-Schmaltz 32).

Anm. 7

Nichtig ist der Jahresabschluß auch, wenn er von Personen geprüft ist, die nach § 164 *nicht Abschlußprüfer sein können* (Nr. 3 zweite Alternative). Nach § 164 Abs. 1 können nur Wirtschaftsprüfer und Wirtschaftsprüfungsgesellschaften Abschlußprüfer sein. Nach § 164 Abs. 2 und 3 sind auch diese von der Prüfung ausgeschlossen, wenn sie in den dort näher bestimmten Fällen eine Beziehung zu der zu prüfenden Gesellschaft haben. Die Nichtigkeitsfolge ist auch gegeben, wenn der Ausschlußgrund erst während der Prüfung eintritt. Gleichgültig ist, ob der Ausgeschlossene von der Hauptversammlung gewählt oder vom Gericht bestellt ist (ebenso § 164 Anm. 11, Baumbach-Hueck § 164 Anm. 3, Adler-Düring-Schmaltz 42).

Anm. 8

6. Nr. 4: Verletzung der Vorschriften über Rücklagen

Nichtig ist der Jahresabschluß ferner, wenn bei seiner Feststellung die Bestimmungen des Gesetzes oder der Satzung über die Einstellung von Beträgen in offene (gesetzliche oder freie) Rücklagen oder über die Entnahme aus solchen verletzt worden sind, Nr. 4. Gesetzliche Vorschriften hierüber sind die §§ 58, 150, 173 Abs. 2 Satz 2, 230—232, 237 Abs. 5, 300, 301 Satz 2. Auch die Verletzung von *Satzungsbestimmungen* solchen Inhalts macht den Jahresabschluß nichtig; das ist der einzige Fall der Nichtigkeit wegen Satzungsverletzung, vgl. § 241 Anm. 10.

Die Vorschrift betrifft die *materiellen* Bestimmungen über die Einstellung oder Entnahme offener Rücklagen. Die Bestimmungen des § 157 Abs. 1 Nr. 30 und 31 über den Ausweis hierüber gehören nicht hierher. Ihre Verletzung ist nach Abs. 4 zu beurteilen (ebenso Adler-Düring-Schmaltz 46). Ist die verletzte Vorschrift ausschließlich oder überwiegend zum Schutze der Gesellschaftsgläubiger oder sonst im öffentlichen Interesse gegeben (s. dazu § 241 Anm. 19—22), so liegt zugleich ein Verstoß nach Nr. 1 vor (ebenso Adler-Düring-Schmaltz 47, Godin-Wilhelmi § 150 Anm. 10, Baumbach-Hueck § 150 Anm. 21; a. M. Claussen im Köln. Komm. § 150 Anm. 17). Das ist von Bedeutung für die Heilung der Nichtigkeit nach Abs. 6. Sie tritt in diesem Fall erst nach Ablauf der für Nr. 1 geltenden Dreijahresfrist ein, während die nur aus Nr. 4 herzuleitende Nichtigkeit nach Ablauf von von sechs Monaten seit der Bekanntmachung des Jahresabschlusses heilt.

II. Keine ordnungsmäßige Mitwirkung des Vorstands oder des Aufsichtsrats, Abs. 2

Anm. 9

1. Vorstand

Der Nichtigkeitsgrund des Abs. 2 trifft nur den von der Verwaltung nach § 172 festgestellten Jahresabschluß. Die Worte „außer nach Abs. 1 nur" sind insofern mißverständlich, als die Nichtigkeitsgründe der Abs. 4 und 5 ebenfalls für den von der Verwaltung festgestellten Jahresabschluß gelten.

Nichtigkeitsgrund ist einmal die *nicht ordnungsmäßige Mitwirkung des Vorstands,* und zwar bei dem ihm obliegenden Teil der Feststellung, das ist die *Aufstellung* des Jahresabschlusses, § 148. Diese ist Aufgabe des Gesamtvorstands, § 91 Anm. 4, § 148 Anm. 3, Adler-Düring-Schmaltz 99. Die Mitwirkung besteht mindestens in der Teilnahme an der Verabschiedung der endgültigen, der Prüfung nach § 162 unterliegenden und dem Aufsichtsrat nach § 170 vorzulegenden Fassung. Fehlt es daran seitens eines Vorstandsmitglieds, so ist der Jahresabschluß nichtig. Das Fehlen der Unterschrift ist unschädlich, da § 41 HGB nur eine Ordnungsvorschrift ist (Würdinger im Großkomm. z. HGB § 41 Anm. 1, 2, Adler-Düring-Schmaltz 100).

Hat die Gesellschaft bei einem Grundkapital von mehr als 3 Mio DM entgegen § 76 Abs. 2 nur ein Vorstandsmitglied, so ist die Aufstellung durch dieses nicht ordnungsgemäß (§ 76 Anm. 13, Mertens im Köln. Komm. § 76 Anm. 38, Möhring-Tank Rz. 195). Sind zwei Mitglieder bestellt, ist eines aber nicht unbeschränkt geschäftsfähig (§ 76 Abs. 3, s. dort Anm. 17) so gilt dasselbe. Hat der Vorstand weniger Mitglieder als die *Satzung* vorsieht, so bleibt seine Mitwirkung ordnungsgemäß.

Mängel der Bestellung der Vorstandsmitglieder sind unschädlich, § 252 Anm. 3, 5 m. weit. Nachw., a. M. Adler-Düring-Schmaltz 106.

Anm. 10

2. Aufsichtsrat

Die Mitwirkung des Aufsichtsrats bei der Feststellung des Jahresabschlusses besteht in dessen *Billigung*, § 172. Sie ist ein Beschluß, für den die Vorschriften über Aufsichtsratsbeschlüsse gelten. Er wird in der Regel in einer Sitzung gefaßt. Diese muß ordnungsgemäß einberufen sein, § 108 Anm. 2, § 110 Anm. 1. Haben aber alle Aufsichtsratsmitglieder an der Beschlußfassung mitgewirkt, so sind Mängel der Einberufung unschädlich (Adler-Düring-Schmaltz 92). Ein schriftlich, telegrafisch oder fernmündlich gefaßter Beschluß ist nur wirksam, wenn kein Mitglied diesem Verfahren widerspricht, § 108 Abs. 3. Beschlußfähigkeit ist Voraussetzung für die Wirksamkeit, § 108 Abs. 2. Die Billigung obliegt dem Gesamtaufsichtsrat (§ 107 Abs. 3); wird sie nur von einem Ausschuß beschlossen, so ist sie unwirksam. Auf Mängel der dem Aufsichtsrat nach § 171 obliegenden Prüfung kommt es nicht an. Sie geht der Feststellung voraus, ist nicht Teil derselben.

Ist die Wahl von Aufsichtsratsmitgliedern nach § 250 *nichtig*, so ist zu unterscheiden (§ 252 Anm. 3): Ist die Wahl aller Mitglieder nichtig, so kann eine ordnungsmäßige Mitwirkung nicht stattfinden. Ist die Wahl einzelner Mitglieder nichtig, so kommt es darauf an, ob der Billigungsbeschluß auf deren Mitwirkung beruht, s. § 252 Anm. 3 Abs. 3. Wird die Wahl *angefochten* und für nichtig erklärt, so ist ein Beschluß, der vor der Rechtskraft des die Nichtigkeit aussprechenden Urteils gefaßt wurde, ordnungsgemäß, § 252 Anm. 5.

Die Nichtigkeit nach Abs. 2 heilt nach Ablauf von sechs Monaten nach der Bekanntmachung des Jahresabschlusses. Das gilt auch bei Nichtigkeit der Wahl aller Aufsichtsratsmitglieder. Die Heilung kann nur verhindert werden durch Erhebung der Feststellungsklage nach Abs. 6 Satz 2 vor Ablauf der Sechsmonatsfrist.

Anm. 11

3. Unzuständigkeit der Verwaltung

In einigen Fällen weist das Gesetz die Zuständigkeit zur Feststellung des Jahresabschlusses zwingend der Hauptversammlung zu, §§ 234 Abs. 2 Satz 1, 235, 270 Abs. 2 Satz 1, 286 Abs. 1 Satz 1. Billigt in diesen Fällen der Aufsichtsrat den vom Vorstand (den Abwicklern, den persönlich haftenden Gesellschaftern) aufgestellten Jahresabschluß, so ist der Jahresabschluß nicht etwa gemäß § 172 festgestellt. *Eine Feststellung durch die Verwaltung ist vielmehr in diesen Fällen nicht möglich.* Es liegt überhaupt keine Feststellung vor (ebenso Adler-Düring-Schmaltz 89).

Es liegt auch keine nichtige Feststellung vor, so daß eine *Heilung* nach Abs. 6 *nicht möglich* ist. Godin-Wilhelmi § 234 Anm. 4 nehmen in diesem Fall heilbare Nichtigkeit nach § 256 Abs. 2 an. Adler-Düring-Schmaltz 89 halten eine entsprechende Anwendung der Heilungsbestimmung des Abs. 6 für unbedenklich. Man wird beidem nicht zustimmen können, weil Eingriffe in die zwingende Zuständigkeitsordnung des Gesetzes als unheilbar unwirksam angesehen werden müssen, vgl. auch die Erl. zu § 270 und § 286.

Stellt im Falle des § 234 (oder 235) die Hauptversammlung den Jahresabschluß mit der herabgesetzten (oder nach § 235 wieder heraufgesetzten) Kapitalziffer fest, bevor die Kapitalherabsetzung (oder die Kapitalerhöhung) beschlossen ist, so ist der Jahresabschluß nach § 256 Abs. 1 Nr. 1 nichtig (vgl. § 234 Anm. 7 unter b), Lutter im Köln. Komm. § 234 Anm. 12).

III. Mängel des Feststellungsbeschlusses der Hauptversammlung, Abs. 3

Anm. 12

Der Jahresabschluß wird von der Hauptversammlung im Falle des § 173 und in dem in Anm. 11 genannten Fällen festgestellt. Neben den für alle Jahresabschlüsse geltenden Nichtigkeitsgründen der Abs. 1, 4 und 5 ist der von der Hauptversammlung festgestellte Abschluß auch in den Fällen des Abs. 3 nichtig. Wie in Abs. 2 (s. Anm. 9) sind die Worte „außer nach Abs. 1 nur" insofern mißverständlich, als sie nicht auch die Abs. 4 und 5 anführen.

Die in Abs. 3 Nr. 1—3 aufgeführten Nichtigkeitsgründe sind Wiederholungen des § 241 Nr. 1, 2 und 5, die wegen der abschließenden Behandlung der Nichtigkeit des Jahresabschlusses in § 256 notwendig sind. Es kann daher auf die Erl. zu § 241 Anm. 12—16, 26 verwiesen werden, ferner zu Nr. 3 auf die Erl. zu § 257.

IV. Verstoß gegen die Gliederungsvorschriften, Abs. 4

Anm. 13

1. Allgemeines

Abs. 4 behandelt die Verstöße gegen die Gliederungsvorschriften. Als solche Vorschriften nennt es die §§ 151 und 152 über die Gliederung der Jahresbilanz, die §§ 157—159 über die Gliederung der Gewinn- und Verlustrechnung und den Vermerk der Pensionszahlungen sowie Vorschriften über Formblätter, nach denen der Jahresabschluß zu gliedern ist (§ 161). Diese Aufzählung ist nicht abschließend. *Gliederungsvorschriften* sind auch die §§ 240 Satz 1 und 2, 261 Abs. 1 Satz 6, 286 Abs. 2 und 16 EG. Sie fallen ebenfalls unter Abs. 4 (ebenso Adler-Düring-Schmaltz 50).

Gegenüber der allgemeinen Bestimmung des Abs. 1 Nr. 1 (s. Anm. 4) ist Abs. 4 *lex specialis* („nur nichtig"), die die Anwendung des Abs. 1 Nr. 1 für alle Gliederungsvorschriften ausschließt (ebenso Adler-Düring-Schmaltz 49, Godin-Wilhelmi 9, Baumbach-Hueck 14). Ein Verstoß gegen Gliederungsvorschriften führt also nur dann zur Nichtigkeit des Jahresabschlusses, wenn die besondere Voraussetzung des Abs. 4 gegeben ist, d. h. wenn durch ihn die *Klarheit und Übersichtlichkeit* des Jahresabschlusses *wesentlich beeinträchtigt* wird. Zum Erfordernis der Klarheit und Übersichtlichkeit s. § 149 Anm. 23—25, 77, § 161 Anm. 5. Der Verstoß muß *schwerwiegend* sein (Reg.Beg. bei Kropff S. 346). Die wesentliche Beeinträchtigung kann wegen der *Bedeutung* der verletzten Vorschrift oder wegen des *Umfangs* des Verstoßes gegeben sein (Adler-Düring-Schmaltz 51). Der Leser des Jahresabschlusses muß infolge des Verstoßes zu einem *wesentlich anderen Bild* über die Vermögens-, Ertrags- oder Liquiditätsverhältnisse der Gesellschaft kommen.

Anm. 14

2. Die Einzelfälle

Abs. 4 Satz 2 zählt einige Beispielsfälle („namentlich") für eine wesentliche Beeinträchtigung auf. Bei den in Nr. 1 angeführten Bestimmungen des § 152 handelt es sich um Vorschriften zu einzelnen Posten der *Jahresbilanz*. Dabei ist die Nr. 1 so zu verstehen, daß eine wesentliche Beeinträchtigung schon durch Verletzung *einer* der dort angeführten Bestimmungen gegeben sein kann (ebenso Adler-Düring-Schmaltz 53). Das ergibt sich aus dem Singular „ist".

Die Nr. 2 betrifft die Gliederung der *Gewinn- und Verlustrechnung* und enthält zwei Fallgruppen. Bei der ersten handelt es sich nur um den Sonderfall des § 157 Abs. 4. Dabei kann die wesentliche Beeinträchtigung schon dann gegeben sein, wenn *einer* der Posten des § 157 Abs. 1 Nr. 1—5 nicht ausgewiesen wird (Adler-Düring-Schmaltz 62). Die zweite Fallgruppe betrifft die nach § 157 Abs. 1 Nr. 7, 15, 24, 25 oder 27 auszuweisenden *Aufwendungen oder Erträge*. Werden diese Aufwendungen oder Erträge nicht unter dem genannten Posten ausgewiesen, so kann ebenfalls eine wesentliche Beeinträchtigung der Klarheit und Übersichtlichkeit des Jahresabschlusses und damit dessen Nichtigkeit vorliegen. In der Reg.Begr. (bei Kropff S. 346) heißt es, daß die in Satz 2 beispielhaft aufgeführten Gliederungsverstöße „stets zur Nichtigkeit führen". Das ist nicht so zu verstehen, daß auch ein unwesentlicher Verstoß den Jahresabschluß nichtig macht. Vielmehr haben *Bagatellverstöße* gegen die in Satz 2 aufgeführten Bestimmungen ebensowenig die Nichtigkeit des Jahresabschlusses zur Folge wie bei anderen Gliederungsvorschriften; ebenso Adler-Düring-Schmaltz 55—59, 63; vgl. auch Anm. 15 letzter Abs.

V. Verstoß gegen die Bewertungsvorschriften, Abs. 5

Anm. 15

1. Allgemeines

Wie der Verstoß gegen Gliederungsvorschriften in Abs. 4 ist der Verstoß gegen Bewertungsvorschriften in Abs. 5 als Nichtigkeitsgrund abschließend („nur nichtig") geregelt. Auch Abs. 5 ist also *lex specialis* gegenüber Abs. 1 Nr. 1. Als Bewertungsvorschriften nennen Satz 2 und 3 die §§ 153—156. Diese Bestimmungen werden gemäß § 149 Abs. 2 ergänzt durch § 40 Abs. 4 HGB über die Bildung von Festwerten und die Gruppenbewertung. Auch ein Verstoß gegen diese Vorschrift ist nach Abs. 5 zu beurteilen (ebenso Adler-Düring-Schmaltz 65).

Das Gesetz unterscheidet zwischen Über- und Unterbewertung. Es behandelt die Überbewertung strenger, weil deren Verbot überwiegend dem Gläubigerschutz dient. Deshalb führt *jede Überbewertung* zur Nichtigkeit (über Bagatellfälle s. unten). Die *Unterbewertung* dagegen, die überwiegend im Aktionärsinteresse verboten ist, zieht nur dann die Nichtigkeit des Jahresabschlusses nach sich, wenn sie zugleich eine vorsätzlich unrichtige Wiedergabe oder Verschleierung der Vermögens- und Ertragslage der Gesellschaft darstellt, s. Anm. 17. Ist diese Voraussetzung nicht gegeben, so können die Aktionäre, sofern die Unterbewertung nicht unwesentlich ist, das besondere Verfahren der §§ 258—261 in Gang setzen.

Der Nichtigkeitsgrund der Über- und Unterbewertung bezieht sich, wie sich aus Satz 2 und 3 ergibt, auf *Bilanzposten* (Aktiv- und Passivposten), nicht auf einzelne Vermögensgegenstände. Das ist bedeutsam, wenn in einer Bilanzposition (wie meist) mehrere Vermögensgegenstände zusammengefaßt und diese teils über- teils unterbewertet sind. Da es für die Nichtigkeit nur auf die Bewertung des ganzen Bilanzpostens ankommt, können unzulässige Über- und Unterbewertungen in *demselben Bilanzposten* gegeneinander *ausgeglichen* werden, soweit die Bewertungsdifferenzen gleich hoch sind; ebenso § 258 Anm. 3, Adler-Düring-Schmaltz 69—74; a. M. Godin-Wilhelmi 10; zu weit geht Werner AG 67, 124, der die nichtigkeitsbeseitigende Kompensation auch zwischen mehreren Bilanzposten zulassen will.

Soweit nach den Grundsätzen ordnungsgemäßer Buchführung und Bilanzierung (§ 149) und nach den Bewertungsvorschriften für die Bewertung ein *Ermessensspielraum* gegeben ist, sind Über- und Unterbewertungen, die sich in diesem Spielraum bewegen, unschädlich. Das gleiche gilt, wenn ein *Wahlrecht*, insbesondere bezüglich der Bewertungs- oder Abschreibungsmethode, besteht und die gewählte Bewertung zu einem höheren oder niedrigeren Betrag führt als eine mögliche andere (ebenso Adler-Düring-Schmaltz 67, 68).

Im Hinblick auf die schwerwiegende Rechtsfolge eines Verstoßes — die Nichtigkeit des Jahresabschlusses — wird man eine *unwesentliche* Verletzung von Bewertungsvorschriften als *unschädlich* anzusehen haben. Sie beeinträchtigt den Gesetzeszweck — Schutz der Gläubiger und Aktionäre — nicht (ebenso Adler-Düring-Schmaltz 77, 78, ähnlich Obermüller-Werner-Winden S. 337, Werner AG 67, 124; a. M. Godin-Wilhelmi 10); für die Unterbewertung vgl. auch § 258 Anm. 4.

Anm. 16

2. Überbewertung

Nach der Definition des Satz 2 liegt eine Überbewertung vor, wenn ein Aktivposten mit einem höheren Wert oder ein Passivposten mit einem niedrigeren Betrag angesetzt wird, als dies nach den §§ 153—156 zulässig ist. Eine unzulässige, zur Nichtigkeit der Jahresbilanz führende Überbewertung liegt auch vor, wenn ein Vermögensgegenstand entgegen einem *Bilanzierungsverbot* (z. B. § 153 Abs. 3) aktiviert oder ein Passivposten entgegen einem *Bilanzierungsgebot* nicht gebildet wurde (ebenso Adler-Düring-Schmaltz 66, 76; Döllerer BB 65, 1407).

Als Nichtigkeitsgrund genügt der objektive Tatbestand der Überbewertung. Vorsatz oder Fahrlässigkeit, etwa auf Seiten des Vorstands ist nicht erforderlich. Die Meinung von Werner (AG 67, 124), versehentliche Überbewertungen könnten nicht zur Nichtigkeit führen, wird vom Gesetz nicht gedeckt.

Anm. 17

3. Unterbewertung

Anders als bei der Überbewertung ist die Unterbewertung nur dann Nichtigkeitsgrund, wenn durch sie die Vermögens- und Ertragslage der Gesellschaft *vorsätzlich unrichtig wiedergegeben* oder *verschleiert* wird, Satz 1 Nr. 2. Dabei genügt es als Nichtigkeitsgrund, wenn die Vermögens- *oder* die Ertragslage unrichtig wiedergegeben oder verschleiert wird (Adler-Düring-Schmaltz 83). Über die Begriffe der unrichtigen Wiedergabe und der Verschleierung s. die Erl. zu § 400. Bedingter Vorsatz genügt, s. auch dazu bei § 400.

Die Unterbewertung ist in Satz 3 dahin definiert, daß Aktivposten mit einem niedrigeren Wert oder Passivposten mit einem höheren Betrag angesetzt sind, als dies nach den §§ 153—156 zulässig ist. Dabei liegt eine Unterbewertung auch vor, wenn ein Vermögensgegenstand entgegen einem *Bilanzierungsgebot* nicht aktiviert oder entgegen einem *Bilanzierungsverbot* passiviert wurde (ebenso Adler-Düring-Schmaltz 66, 82; Döllerer BB 65, 1407).

Bei dem Nichtigkeitsgrund der Unterbewertung handelt es sich um die bewußte Bildung unzulässiger *stiller Reserven* (Baumbach-Hueck 19). Läßt sich dabei der Vorsatz nicht nachweisen, so greift, sofern die Unterbewertung nicht unwesentlich ist, das Verfahren nach den §§ 258—261 ein. Die Geltendmachung der Nichtigkeit, insbesondere die Klage auf Feststellung der Nichtigkeit und der Antrag nach § 258 schließen einander nicht aus, s. Anm. 22 und § 258 Anm. 21.

VI. Die Heilung der Nichtigkeit

Anm. 18

1. Allgemeines

Die Nichtigkeit des Jahresabschlusses als eines sich jährlich wiederholenden Vorgangs ist in besonderem Maße der Heilung bedürftig. Dem hat das Gesetz Rechnung getragen, in dem es in den meisten Nichtigkeitsfällen die Heilung zuläßt. Von den in § 256 geregelten Nichtigkeitsgründen ist nur bei zweien keine Heilung möglich: bei dem des Abs. 1 Nr. 2, wenn der Jahresabschluß nicht geprüft ist (s. Anm. 5) und bei dem des Abs. 3 Nr. 3, wenn der Jahresabschluß auf Anfechtungsklage durch Urteil für nichtig erklärt worden ist. Von den außerhalb des § 256 bestimmten Nichtigkeitsfällen (s. Anm. 2) ist nur der § 173 Abs. 3 nicht der Heilung zugänglich.

In diesen der Heilung nicht zugänglichen Fällen kann die Nichtigkeit des Jahresabschlusses jederzeit von jedermann geltend gemacht werden. Hier hilft nur die erneute, mangelfreie Feststellung des Jahresabschlusses; s. dazu § 241 Anm. 8, 9 (vgl. auch Adler-Düring-Schmaltz 138).

Anm. 19

2. Voraussetzungen und Wirkung der Heilung, Abs. 6 Satz 1

In den heilbaren Nichtigkeitsfällen (zu den unheilbaren s. Anm. 18) ist Voraussetzung der Heilung einmal die in § 177 Abs. 2 i. V. m. § 25 vorgeschriebene *Bekanntmachung* des Jahresabschlusses im Bundesanzeiger, sodann ein *Fristablauf* von 6 Monaten bzw. 3 Jahren vom Zeitpunkt der Bekanntmachung an gerechnet (zur Prüfung durch den Registerrichter s. unten).

Schon mit dem Ablauf von *sechs Monaten* tritt die Heilung in den Fällen des Abs. 1 Nr. 3 (Anm. 6, 7) und Nr. 4 (Anm. 8), Abs. 2 (Anm. 9, 10), Abs. 3 Nr. 1 und 2 (Anm. 12) ein. Erst in *drei Jahren* tritt die Heilung bei den Nichtigkeitsgründen des Abs. 1 Nr. 1 (Anm. 4) und der Abs. 4 (Anm. 13, 14) und 5 (Anm. 15—17) ein. Die Nichtigkeit des Jahresabschlusses nach § 234 Abs. 3, § 235 Abs. 2 heilt mit der des Kapitalherabsetzungsbeschlusses, wenn dieser trotz Ablauf der Dreimonatsfrist des § 234 Abs. 3 (§ 235 Abs. 2) in das Handelsregister eingetragen wird, gemäß § 242 Abs. 3 in drei Jahren (§ 234 Anm. 9, § 235 Anm. 7; Lutter im Köln. Komm. § 234 Anm. 17, § 235 Anm. 15).

Nach Ablauf der Frist kann die Nichtigkeit *nicht mehr geltend gemacht* werden, Abs. 6 Satz 1, und zwar von niemand mehr, sei er Aktionär, Mitglied des Vorstands oder Aufsichtsrats oder Dritter. Sie alle sind nunmehr an den Jahresabschluß gebunden (vgl. § 242 Anm. 8). Die *Wirkung der Heilung* ist damit die Beseitigung der Nichtigkeit. Der Jahresabschluß und seine Feststellung sind nachträglich rechtswirksam geworden; a. M. Adler-Düring-Schmaltz 127, 138, die die Nichtigkeit auch nach Fristablauf nicht als beseitigt ansehen, aber einräumen, daß dies ohne praktische Bedeutung ist. Auch eine Zurückweisung des Jahresabschlusses durch den *Registerrichter* wegen offensichtlicher Nichtigkeit gemäß § 177 Abs. 3 Satz 2 (s. dort Anm. 7), wird nach Eintritt der Heilung gegenstandslos.

Auf die Nichtigkeit der *folgenden Jahresabschlüsse* (Anm. 3) hat die Heilung keinen Einfluß. Dagegen heilt mit der Nichtigkeit des Jahresabschlusses die Nichtigkeit des auf ihm beruhenden *Gewinnverwendungsbeschlusses*, § 253 Abs. 1 Satz 2, s. dort Anm. 3.

Anm. 20

3. Erhebung der Nichtigkeitsklage, Abs. 6 Satz 2, Abs. 7

Ist bei Ablauf der Frist eine Klage auf Feststellung der Nichtigkeit des Jahresabschlusses rechtshängig, so verlängert sich die Frist, bis über die Klage rechtskräftig entschieden ist oder sie sich auf andere Weise endgültig erledigt hat, Abs. 6 Satz 2.

Nach Abs. 7 gelten die Bestimmungen des § 249 über die *Nichtigkeitsklage* sinngemäß auch hier. Es ist zwar nach § 249 Abs. 1 Satz 2 nicht ausgeschlossen, die Nichtigkeit auf andere Weise als durch Erhebung der Nichtigkeitsklage geltend zu machen (s. dort Anm. 10), aber in den Fällen der heilbaren Nichtigkeit (Anm. 19) nur, solange nicht die Heilung eingetreten ist. Nur die Erhebung der Nichtigkeitsklage verhindert — zunächst — den Heilungseintritt. Für die Rechtsnatur, die Voraussetzungen und das Verfahren dieser Klage kann auf die Erl. zu § 249 verwiesen werden. Wird der Klage stattgegeben, so steht die Nichtigkeit des Jahresabschlusses mit Wirkung für und gegen alle (§ 248, s. die Erl. dort) endgültig fest. Eine Heilung ist nicht mehr möglich. Wird die Klage abgewiesen, so tritt mit der Rechtskraft des Urteils die Heilung ein. Der Rechtszustand ist derselbe, wie wenn die Klage nicht erhoben worden wäre, vgl. Anm. 19 vorletzter Abs. Das gleiche gilt, wenn die Klage sich auf andere Weise, z. B. durch Rücknahme, endgültig erledigt hat; vgl. im übrigen § 242 Anm. 5.

VII. Verhältnis zu anderen Rechtsbehelfen

Anm. 21

1. Das Verfahren nach § 169

Bei Meinungsverschiedenheiten zwischen den Abschlußprüfern und der Gesellschaft über die Auslegung der Bestimmungen über den Jahresabschluß und den Geschäftsbericht entscheidet auf Antrag eines Abschlußprüfers oder des Vorstands das nach § 132 Abs. 1 zuständige Gericht, § 169 Abs. 1. Die in diesem Verfahren ergehende Entscheidung hat *keine Bindungswirkung* für das Gericht einer späteren Nichtigkeitsklage (vgl. für den ähnlichen Fall des Verhältnisses der Entscheidung nach § 132 zur Anfechtungsklage § 243 Anm. 12). Sie wirkt nicht für und gegen alle, da § 169 Abs. 2 den § 99 Abs. 5 Satz 2 nicht in Bezug nimmt. Sie hat also nur Wirkung im Verhältnis zwischen der Gesellschaft und den Abschlußprüfern; ebenso Adler-Düring-Schmaltz § 169 Anm. 30, die diese Regelung für unbefriedigend halten; kritisch auch v. Falkenhausen AG 67, 311. Die Kritik ist aber aus den in § 243 Anm. 12 genannten Gründen unberechtigt; ebenso Claussen im Köln. Komm. § 169 Anm. 12.

Anm. 22

2. Das Verfahren nach §§ 258—261

Die Unterbewertung führt nur unter den erschwerten Voraussetzungen des Abs. 5 Satz 1 Nr. 2 zur Nichtigkeit, s. Anm. 17. Fehlen diese, ist die Unterbewertung aber nicht unwesentlich, so haben die Aktionäre den Rechtsbehelf der §§ 258—261. Nach § 258 Abs. 2 muß der Antrag innerhalb eines Monats nach der Hauptversammlung über den Jahresabschluß gestellt werden. Ob auch die zusätzliche Voraussetzung der Nichtigkeit — vorsätzlich unrichtige Wiedergabe oder Verschleierung der Vermögens- und Ertragslage der Gesellschaft — gegeben ist, ist oft zweifelhaft und für den Aktionär schwer erkennbar. Oft wird auch erst das Prüfungsverfahren nach § 258ff. Feststellungen hierüber ermöglichen. Alles das spricht dafür, den *Antrag nach § 258 neben der Geltendmachung der Nichtigkeit* zuzulassen (ebenso § 258 Anm. 21). Wird die Nichtigkeitsklage erhoben, so kann das Verfahren nach § 258ff. ausgesetzt werden. Wird der Nichtigkeitsklage stattgegeben, so ist das Verfahren nach § 258ff. gegenstandslos geworden. Erfolgt Abweisung der Nichtigkeitsklage, so nimmt das Verfahren nach § 258ff. seinen Fortgang. Das gleiche gilt, wenn sich die Nichtigkeitsklage auf andere Weise endgültig erledigt hat.

§ 257 Anfechtung der Feststellung des Jahresabschlusses durch die Hauptversammlung

(1) Die Feststellung des Jahresabschlusses durch die Hauptversammlung kann nach § 243 angefochten werden. Die Anfechtung kann jedoch nicht darauf gestützt werden, daß der Inhalt des Jahresabschlusses gegen Gesetz oder Satzung verstößt.

(2) Für die Anfechtung gelten die §§ 244 bis 248. Die Anfechtungsfrist beginnt auch dann mit der Beschlußfassung, wenn der Jahresabschluß nach § 173 Abs. 3 erneut zu prüfen ist.

Übersicht

Anm. 1

Einleitung

Wie das frühere Recht beschränkt das AktG 65 die Anfechtbarkeit auf den von der *Hauptversammlung* festgestellten Jahresabschluß. Mängel des von der Verwaltung (Vorstand und Aufsichtsrat) festgestellten Jahresabschlusses können nur zur Nichtigkeit führen, § 256.

Die Anfechtungsgründe wurden gegenüber dem früheren Recht wesentlich eingeschränkt. Während früher ein inhaltlicher Mangel des Jahresabschlusses stets — mit Ausnahme der unwesentlichen Beeinträchtigung der Klarheit und Übersichtlichkeit, § 197 Abs. 3 — einen Anfechtungsgrund darstellte, ist dieser heute durch den vom Bundestag eingefügten Satz 2 des Abs. 1 gänzlich ausgeschlossen. Demgegenüber wurden die Nichtigkeitsgründe in § 256 wesentlich eingehender geregelt und — speziell zum Schutz der Aktionäre — das neue Verfahren der §§ 258—261 geschaffen.

Anm. 2

1. Anfechtungsgründe, Abs. 1

Für die Anfechtung des von der Hauptversammlung festgestellten Jahresabschlusses gelten nach Abs. 1 Satz 1 die allgemeinen Anfechtungsgründe des § 243, also Verletzung von Gesetz oder Satzung, jedoch mit der wesentlichen Einschränkung des Satz 2, wonach die Anfechtung nicht auf einen *inhaltlichen* Mangel des Jahresabschlusses gestützt werden kann. Auch die Verletzung des § 230 und des § 240 ist ein inhaltlicher Mangel, so daß sie keinen Anfechtungsgrund darstellt. Die gegenteilige Meinung in § 230 Anm. 8 wird aufgegeben.

Als Anfechtungsgründe bleiben also nur Mängel des Feststellungsbeschlusses oder der Art seines Zustandekommens, soweit sie nicht nach § 256 Abs. 3 zur Nichtigkeit führen, s. dort Anm. 12. Zu diesen Anfechtungsgründen gehört auch die Verletzung der *Gesellschaftstreue*, § 243 Anm. 16—23, wenn sie den Feststellungsbeschluß und nicht den Inhalt des Jahresabschlusses betrifft. Dafür kommt der Mehrheitsmißbrauch (§ 243 Anm. 17—19) eher in Frage als die Verletzung des Gleichbehandlungsgrundsatzes (§ 243 Anm. 20) oder das Streben nach einem Sondervorteil (§ 243 Anm. 21—23); vgl. auch Adler-Düring-Schmaltz 4.

Im übrigen kann auf die Erl. zu § 243 verwiesen werden, insbesondere auf Anm. 10 wegen der Ursächlichkeit der Verletzung für den Beschluß, auf Anm. 11, 12 wegen der Nichterteilung einer Auskunft, auf Anm. 13, 14 wegen des Rechtsschutzbedürfnisses und des schutzwürdigen Interesses, ferner auf Anm. 25 wegen des Rechtsmißbrauchs.

Anm. 3

Nach § 175 Abs. 2 und 3 sind der Jahresabschluß, der Geschäftsbericht, der Bericht des Aufsichtsrats und der Gewinnverwendungsvorschlag des Vorstands von der Einberufung der Hauptversammlung an in dem Geschäftsraum der Gesellschaft zur Einsicht *auszulegen*. Auf Verlangen ist jedem Aktionär unverzüglich eine Abschrift der Vorlagen zu erteilen. Nach § 176 Abs. 1 Satz 1 sind diese Vorlagen auch der Hauptversammlung *vorzulegen*. Geschieht dies nicht oder nicht rechtzeitig, so ist dies ein *Anfechtungsgrund* (ebenso für den Geschäftsbericht Baumbach-Hueck § 160 Anm. 3, Claussen im Köln. Komm. § 160 Anm. 88; vgl. für den Entlastungsbeschluß Barz in ds. Komm. § 120 Anm. 4, 21). Die Gesellschaft kann die Anfechtung abwehren, wenn sie die Einflußlosigkeit der Gesetzesverletzung auf den Feststellungsbeschluß nachweist, § 243 Anm. 10.

Auch die Vorlage eines *unrichtigen* oder *unvollständigen* und damit gegen die Bestimmungen des § 160 verstoßenden *Geschäftsberichts* ist eine Gesetzesverletzung und damit *Anfechtungsgrund*. Enthält aber der Geschäftsbericht die Angaben nach § 160 Abs. 2 oder 3 nicht oder nicht vollständig, so ist die *Anfechtung durch das besondere Verfahren nach § 258 Abs. 1 Nr. 2 und § 259 Abs. 4 ausgeschlossen*. Das sagt zwar das Gesetz nicht ausdrücklich; es kann aber nicht angenommen werden, daß neben dem Rechtsbehelf des § 258, den nur eine qualifizierte Minderheit beantragen kann (§ 258 Abs. 2 Satz 3), noch jedem Aktionär die Anfechtung wegen Verletzung des § 160 Abs. 2 oder 3 zusteht. Dagegen bleibt ein Verstoß gegen § 160 Abs. 1, 2 oder 5 *Anfechtungsgrund*, wenn die Gesellschaft nicht die Einflußlosigkeit des Verstoßes auf den Feststellungsbeschluß nachweist (§ 243 Anm. 10), was in diesen Fällen leichter gelingen mag als in anderen.

Die Meinungen zu der Frage, ob die Vorlage eines unrichtigen oder unvollständigen Geschäftsberichts Anfechtungsgrund ist, gehen auseinander. Baumbach-Hueck § 160 Anm. 3 halten die Anfechtung immer für gegeben, ohne zu berücksichtigen, daß bei Verletzung des § 160 Abs. 2 und 3 ein besonderer Rechtsbehelf gegeben ist. Mellerowicz in ds. Komm. § 160 Anm. 54 Nr. 3, Godin-Wilhelmi § 160 Anm. 18 und Claussen im Köln. Komm. § 160 Anm. 88 vertreten die Auffassung, daß die Anfechtung wegen inhaltlicher Mängel des Geschäftsberichts durch § 257 Abs. 1 Satz 2 ausgeschlossen sei. Dem kann nicht gefolgt werden. Der Geschäftsbericht ist nicht wie der Jahresabschluß Gegenstand der Beschlußfassung, sondern deren Voraussetzung. Die Vorlage gehört zum Feststellungsverfahren, ähnlich wie eine gesetzwidrig nicht, unvollständig oder unrichtig gegebene Auskunft (vgl. § 243 Anm. 11, 12). Sie kann nicht mit dem Inhalt des Jahresabschlusses gleichgestellt oder rechtsähnlich behandelt werden.

Anm. 4

2. Anfechtungsverfahren, Abs. 2

Für die Anfechtung gelten die §§ 244—248 über die Bestätigung (§ 244), die Anfechtungsbefugnis (§ 245), die Anfechtungsklage (§ 246), den Streitwert (§ 247) und die Urteilswirkung (§ 248), Abs. 2 Satz 1. Auf die Erl. zu diesen Vorschriften kann verwiesen werden. § 249 Abs. 2 Satz 2 gilt über § 256 Abs. 7, so daß die Anfechtungsklage mit einer Nichtigkeitsklage verbunden werden kann. Mehrere Anfechtungsklagen sind nach § 246 Abs. 3 Satz 3 zu verbinden. Die *Heilung* der Nichtigkeit eines Jahresabschlusses, dessen Feststellung auf Anfechtungsklage durch rechtskräftiges Urteil für nichtig erklärt worden ist, ist nicht möglich. Der Nichtigkeitsgrund des § 256 Abs. 3 Nr. 3 ist bei den Heilungsfällen des Abs. 6 nicht aufgeführt, s. § 256 Anm. 18. Die erfolgreiche Anfechtungsklage führt also ebenso wie die erfolgreiche Nichtigkeitsklage zur unheilbaren Nichtigkeit, vgl. § 256 Anm. 20, §§ 248, 249. Zur Frage, ob die Nichtigkeit den Bestand der Jahresabschlüsse der Folgejahre berührt, s. § 256 Anm. 3.

Die Anfechtung beginnt auch dann mit der Beschlußfassung (§ 246 Abs. 1), wenn der Jahresabschluß nach § 173 Abs. 3 erneut zu prüfen ist, Abs. 2 Satz 2. Es handelt sich um den Fall, daß die Hauptversammlung den vom Vorstand aufgestellten Jahresabschluß abändert und in der geänderten Fassung feststellt. Der Jahresabschluß bedarf in diesem Fall erneut des Bestätigungsvermerks durch den Abschlußprüfer. Wird dieser nicht binnen zwei Wochen seit der Beschlußfassung erteilt, so wird der Beschluß nichtig, ist also bis dahin schwebend unwirksam. Im Falle der Nichtigkeit ist eine gegen die Feststellung des Jahresabschlusses erhobene Anfechtungsklage gegenstandslos. Diese wird also zweckmäßigerweise erst eingereicht, wenn die Zweiwochenfrist abgelaufen ist; vgl. für den Gewinnverwendungsbeschluß § 254 Anm. 6 Abs. 2.

Dritter Abschnitt

Sonderprüfung wegen unzulässiger Unterbewertung

§ 258 Bestellung der Sonderprüfer

(1) Besteht Anlaß für die Annahme, daß

1. in einem festgestellten Jahresabschluß bestimmte Posten nicht unwesentlich unterbewertet sind (§ 256 Abs. 5 Satz 3) oder

2. der Geschäftsbericht die Angaben nach § 160 Abs. 2 oder 3 nicht oder nicht vollständig enthält und der Vorstand in der Hauptversammlung die fehlenden Angaben, obwohl nach ihnen gefragt worden ist, nicht gemacht hat und die Aufnahme der Frage in die Niederschrift verlangt worden ist,

so hat das Gericht auf Antrag Sonderprüfer zu bestellen. Die Sonderprüfer haben die bemängelten Posten darauf zu prüfen, ob sie nicht unwesentlich unterbewertet sind. Sie haben den Geschäftsbericht darauf zu prüfen, ob die Angaben nach § 160 Abs. 2 und 3 nicht oder nicht vollständig gemacht worden sind und der Vorstand in der Hauptversammlung die fehlenden Angaben, obwohl nach ihnen gefragt worden ist, nicht gemacht hat und die Aufnahme der Frage in die Niederschrift verlangt worden ist.

(2) Der Antrag muß innerhalb eines Monats nach der Hauptversammlung über den Jahresabschluß gestellt werden. Dies gilt auch, wenn der Jahresabschluß nach § 173 Abs. 3 erneut zu prüfen ist. Er kann nur von Aktionären gestellt werden, deren Anteile zusammen den zwanzigsten Teil des Grundkapitals oder den Nennbetrag von einer Million Deutsche Mark erreichen. Die Antragsteller haben die Aktien bis zur Entscheidung über den Antrag zu hinterlegen und glaubhaft zu machen, daß sie seit mindestens drei Monaten vor dem Tage der Hauptversammlung Inhaber der Aktien sind. Zur Glaubhaftmachung genügt eine eidesstattliche Versicherung vor einem Gericht oder Notar.

(3) Vor der Bestellung hat das Gericht den Vorstand, den Aufsichtsrat und die Abschlußprüfer zu hören. Gegen die Entscheidung ist die sofortige Beschwerde zulässig.

(4) Sonderprüfer nach Absatz 1 können nur Wirtschaftsprüfer und Wirtschaftsprüfungsgesellschaften sein. Für die Auswahl gilt § 164 Abs. 2 und 3 sinngemäß. Die Abschlußprüfer der Gesellschaft und Personen, die in den letzten drei Jahren vor der Bestellung Abschlußprüfer der Gesellschaft waren, können nicht Sonderprüfer nach Absatz 1 sein.

(5) § 142 Abs. 6 über den Ersatz angemessener barer Auslagen und die Vergütung gerichtlich bestellter Sonderprüfer, § 145 Abs. 1 bis 3 über die Rechte der Sonderprüfer, § 146 über die Kosten der Sonderprüfung und § 168 über die Verantwortlichkeit der Abschlußprüfer gelten sinngemäß. Die Sonderprüfer nach Absatz 1 haben die Rechte nach § 145 Abs. 2 auch gegenüber den Abschlußprüfern der Gesellschaft.

Übersicht

Literatur

v. Falkenhausen: Das Verfahren der freiwilligen Gerichtsbarkeit im Aktienrecht; AktG 67, 309ff.

Frey: Die Sonderprüfung wegen unzulässiger Unterbewertung nach § 258ff. AktG; WP 66, 633ff.

Gail: Stille Reserven, Unterbewertung und Sonderprüfung; Herne/Berlin 1968.

Obermüller: Sonderprüfung nach dem Aktiengesetz 65; DB 67, 1119.

Obermüller-Werner-Winden: Die Hauptversammlung der Aktiengesellschaft; 3. Aufl. 1967 Seite 284ff.

Scherpf: in Handbuch der Aktiengesellschaft Bd. 2. VI. Teil, Rechnungslegung und Prüfung Rdn. 785—818.

Schimmelbusch: Kritische Bemerkungen zum Institut der Sonderprüfung nach § 258ff. AktG; WP 72, 141.

Voss: Die Sonderprüfung wegen unzulässiger Unterbewertung gemäß §§ 258ff. AktG; in Festschrift für Münstermann, Wiesbaden, 1969, S. 445ff.

Anm. 1

Einleitung

Die Behandlung von Verstößen gegen die Vorschriften über den Jahresabschluß haben bei den Beratungen des Aktiengesetzes 1965 erhebliche Schwierigkeiten gemacht (vgl. Kropff, Vorbem. zu §§ 256 bis 261, S. 342ff.). Während Reg. E. die Nichtigkeit und Anfechtbarkeit grundsätzlich nach bisherigem Recht regeln und nur bei übermäßiger Bildung stiller Reserven einen besonderen Rechtsbehelf vorsehen wollte, dessen Kernstück der Ausschüttungszwang für unzulässig gebildete stille Rücklagen sein sollte, haben die Ausschüsse des Bundestages die Anfechtbarkeit des Jahresabschlusses nur für den Fall zugelassen, daß er von der Hauptversammlung beschlossen wird und Mängel der Beschlußfassung — nicht auch inhaltliche Mängel — gerügt werden (§ 257). Dagegen ist die Nichtigkeit des festgestellten Jahresabschlusses in § 256 neu geregelt. Dabei ist zwischen allgemeinen Nichtigkeitsgründen sowie solchen, die den von der Verwaltung festgestellten und den von der Hauptversammlung beschlossenen Jahresabschluß betreffen, unterschieden, der Verstoß gegen Gliederungsvorschriften und gegen Formblätter nur dann für beachtlich erklärt, wenn Klarheit und Übersichtlichkeit des Jahresabschlusses wesentlich beeinträchtigt sind, und bei dem Verstoß gegen Bewertungsvorschriften unterschieden zwischen Überbewertungen, die immer zur Nichtigkeit führen, und Unterbewertungen, die nur bei vorsätzlich unrichtiger Wiedergabe oder Verschleierung der Vermögens- und Ertragslage eine Nichtigkeit begründen können. Damit sind aus den Nichtigkeitsfolgen Unterbewertungen herausgenommen, es sei denn, daß sie vorsätzlich oder zu Verschleierungszwecken vorgenommen sind. Hier schaffen die §§ 258ff. einen besonderen Rechtsbehelf, der auch Verstöße gegen die Berichtspflicht einschließt. Er vermeidet die bei Nichtigkeit oder Anfechtbarkeit des Jahresabschlusses entstehenden Unsicherheiten, indem er den angegriffenen Jahresabschluß bei Bestand läßt. Er gibt aber einer Aktionärsminderheit, deren Aktienbesitz 5% des Grundkapitals oder den Nennbetrag von DM 1.000.000,— erreicht, die Möglichkeit, eine Sonderprüfung durchführen zu lassen (§ 258), deren Prüfungsergebnisse (§ 259) gerichtlich überprüft werden können (§ 260) und für den Fall der Feststellung einer Unterbewertung zu einer Auflösung der stillen Reserve in dem nächsten Jahresabschluß und zu einem Verwendungsbeschluß der Hauptversammlung führen (§ 261).

Die Bestimmungen der §§ 258ff. stellen nach dem Willen des Gesetzgebers eine wesentliche Sanktion für das Verbot der Legung stiller Reserven dar, von der der Gesetzgeber annahm, daß es ein möglichst einfaches und sicheres Verfahren darstelle (Forster WP 65, 605; Wilhelmi AktG 65, 189). In der Praxis sind diese Bestimmungen aber bisher nicht zur Anwendung gekommen, jedenfalls ist in der Öffentlichkeit kein Fall bekanntgeworden, in dem ein Sonderprüfungsverfahren nach § 258ff. durchgeführt worden wäre (so auch Schimmelbusch WP 72, 141). Da die Klagen über Unterbewertungen in den Hauptversammlungen in den letzten Jahren aber nicht nachgelassen haben, bleibt nur der Schluß, daß die §§ 258ff. nicht „angekommen" sind. Über die vermeintlichen Gründe vgl. Schimmelbusch a.a.O.

I. Voraussetzungen des Sonderprüfungsantrags

Anm. 2

Die Sonderprüfung aus § 258ff. erfolgt nicht von Amts wegen, sondern setzt einen Antrag voraus (Abs. 2; vgl. unten Anm. 9). Er kann nur gestellt werden, wenn Anlaß für die Annahme besteht, daß entweder in einem festgestellten Jahresabschluß wesentliche Unterbewertungen erfolgt sind oder der Geschäftsbericht bestimmte Lücken enthält, die in der Hauptversammlung nicht geschlossen worden sind. Jede dieser beiden Voraussetzungen, die unabhängig voneinander bestehen, von denen die zweite aber der Deckung der ersten dienen kann, reicht für die Sonderprüfung aus.

Anm. 3

1. Unterbewertung von Bilanzpositionen

Die Unterbewertung muß bestimmte Posten eines festgestellten Jahresabschlusses betreffen. Es muß also ein sei es durch den Vorstand und Aufsichtsrat gem. § 172, sei es durch die Hauptversammlung gem. § 173 festgestellter Jahresabschluß vorliegen. Da er gem. § 162 Abs. 1 S. 2 nur festgestellt werden kann, wenn eine Prüfung stattgefunden hat — andernfalls ist der Jahresabschluß gem. § 256 Abs. 1 Ziff. 2 nichtig —, muß auch gem. § 166 ein schriftlicher Prüfungsbericht vorliegen, ohne den die Prüfung nicht abgeschlossen ist (§ 162 Anm. 9; Adler-Düring-Schmaltz § 166 Rdn. 8). Ob die Abschlußprüfer den Bestätigungsvermerk eingeschränkt oder versagt haben, ist aber gleichgültig, da auch bei einem eingeschränkten oder versagten Bestätigungsvermerk der Jahresabschluß festgestellt werden kann (Adler-Düring-Schmaltz § 167 Rdn. 37). Gleichgültig für die Frage der Sonderprüfung aus § 258 ist die Tatsache, wie die Unterbewertung in dem Abschlußbericht behandelt wurde. Ob sie vom Abschlußprüfer festgestellt und daraufhin der Bestätigungsvermerk eingeschränkt oder versagt oder trotzdem erteilt worden ist, ist ebenso unerheblich wie die Nichtbeachtung oder Verneinung einer Unterbewertung, mag letztere Tatsache auch von Bedeutung sein für die Entscheidungsbildung des Richters über den Anlaß für die Annahme einer Unterbewertung. Über die Frage, ob der Abschlußbericht dem Gericht als Entscheidungsgrundlage vorzulegen ist, vgl. Anm. 12.

Die Unterbewertung muß einen bestimmten Bilanzposten betreffen. Es reicht nicht aus, daß auf Grund eines als unzureichend empfundenen Gewinnausweises angesichts der günstigeren Abschlüsse von Konkurrenzunternehmen oder einer guten Konjunkturlage ganz allgemein der Verdacht auf Unterbewertungen behauptet wird (Adler-

Düring-Schmaltz Rdn. 7; Baumbach-Hueck Rdn. 3; Frey WP 66, 634). Es muß sich vielmehr um bestimmt anzugebende Bilanzpositionen handeln, die unterbewertet sein sollen. Der Begriff der Unterbewertung ist durch Verweisung auf § 256 Abs. 5 S. 3 erläutert (vgl. § 256 Anm. 17); soweit es sich um Positionen der Aktivseite handelt, müssen sie niedriger, soweit es sich um Positionen der Passivseite handelt, höher eingesetzt sein, als es die Bewertungsvorschriften der §§ 153—156 gestatten. Selbstverständlich können auch mehrere bestimmte Bilanzposten beanstandet werden, und auch einzelne oder mehrere in einem Bilanzposten (z. B. Grundstücke — § 151 Aktivseite II A 1 — oder Beteiligungen — § 151 Aktivseite II B 1 —) zusammengefaßte Vermögensgegenstände. Dagegen dürfte es nicht, wie Godin-Wilhelmi Anm. 3 und Scherpf Rdn. 790 annehmen, zulässig sein, mehrere Bilanzposten (z. B. § 151 Aktivseite II A Posten 1 bis 4) zusammenzufassen. Dazu ist der Begriff „Posten" durch § 151 zu klar umschrieben; er meint nur die einzelne Bilanzposition.

Fraglich aber ist, ob innerhalb eines Bilanzpostens eine Kompensation zwischen Über- und Unterbewertungen möglich ist. Nachdem der Gesetzeswortlaut es auf den einzelnen Bilanzposten und nicht auf die einzelnen in ihm zusammengefaßten Vermögengegenstände abstellt, wird man innerhalb derselben Bilanzposition eine Saldierung zulassen müssen, zumal bei einer allseits richtigen Bewertung dieser Bilanzposition eine Gewinnbeeinträchtigung nicht vorliegt und die Position als solche keine insgesamt unzulässigen stillen Reserven enthält. Das gilt aber, worauf Adler-Düring-Schmaltz § 256 Rdn. 70 und § 258 Rdn. 36 mit Recht hinweisen, nur insoweit, als unzulässige Unterbewertungen mit unzulässigen Überbewertungen kompensiert werden können. Ist die Überbewertung eines Vermögensgegenstandes im Rahmen einer Bilanzposition zulässig — z. B. braucht bei Gegenständen des Anlagevermögens für einen vorübergehenden niedrigeren Wert keine Wertabschreibung vorgenommen zu werden (§ 154 Anm. 35; Adler-Düring-Schmaltz § 154 Rdn. 82) — so ist eine Saldierung nicht möglich. Eine Saldierung unzulässiger Unterbewertungen eines Bilanzpostens mit unzulässigen Überbewertungen eines anderen Bilanzpostens scheidet für die Anwendung des § 258 sowieso aus, da Abs. 1 es auf den einzelnen bestimmten Bilanzposten und nicht darauf abstellt, ob insgesamt in der Bilanz eine Unterbewertung vorliegt (Adler-Düring-Schmaltz § 258 Rdn. 38; Gail S. 111). Das kann dann im einzelnen Falle dazu führen, daß auf dem Wege über § 261 Abs. 3 S. 2 Beträge ausgeschüttet werden, die bei allseits richtiger Bewertung keinen Gewinn darstellen. Gewichtiger als die Verhinderung eines derartigen, anläßlich der zwingenden Abschlußprüfung wohl seltenen Ausnahmefalles ist dem Gesetzgeber im Rahmen der §§ 258 ff. die Vereinfachung des Verfahrens, so daß es der Gesellschaft nicht möglich ist, alle möglichen weiteren Bilanzposten ins Gespräch zu bringen, durch deren Überprüfung das Verfahren nur verzögert werden müßte. Dieses Saldierungsverbot macht es auch unmöglich, bei der Feststellung einer Unterbewertung eine aus ihr entstehende steuerliche Mehrbelastung zu kompensieren, es sei denn, daß sich die Bemängelung auf den Posten „Rückstellungen" bezieht, so daß eine Steuermehrbelastung sich innerhalb des gleichen Bilanzpostens abspielt. Die steuerliche Mehrbelastung ist sonst erst im Rahmen des § 259 Abs. 2 S. 1 Nr. 2 zu beachten.

Anm. 4

2. Bedeutsamkeit der Unterbewertung

Beachtlich im Sinne des § 258 ist aber nur eine Unterbewertung, die „nicht unwesentlich" ist. Dieses Erfordernis ist in § 256 Abs. 5 Ziff. 2 nicht aufgenommen, dort jedoch durch die weit schwerwiegendere Voraussetzung ersetzt, daß die Vermögens- und Ertragslage der Gesellschaft „vorsätzlich unrichtig wiedergegeben oder verschleiert wird". Diese Voraussetzung ist, wie Adler-Düring-Schmaltz § 256 Rdn. 81 betonen, wohl nie gegeben, wenn die Unterbewertung nicht gewichtig ist. So weit wie § 256 Abs. 5 Ziff. 2 geht § 258 Abs. 1 S. 1 nicht; dieser Bestimmung reicht es aus, unwesentliche Unterbewertungen auszuscheiden. Feste Grenzen für den Begriff „nicht unwesentlich" werden sich nicht finden lassen. Frey WP 66, 634 verweist (ebenso Voss S. 460) auf die Grenze des § 160 Abs. 2 S. 5 — 10% des Jahresergebnisses und 0,5% des Grundkapitals —

und darauf, daß die Ausschüttung einer gebrochenen, also unter einem vollen Prozent liegenden Dividende unüblich ist, und meint, geringere Beträge würden den gesetzgeberischen Zweck, dem Aktionär eine angemessene Dividende zukommen zu lassen, nicht erfüllen können. Jedoch scheinen derartige feste Grenzen nicht sachgerecht (Adler-Düring-Schmaltz § 258 Rdn. 42; Baumbach-Hueck Rdn. 3; Scherpf Rdn. 791). § 258 ist in erster Linie als Sanktion des Verbotes der Legung stiller Reserven gedacht und nicht primär auf eine zusätzliche Gewinnausschüttung abgestellt, so daß eine Grenzziehung von der möglichen Dividende her verfehlt scheint. § 160 Abs. 2 S. 5 stellt außerdem auf einen Saldo sämtlicher von den Änderungen der Bewertungs- und Abschreibungsmethode betroffenen Posten ab, während für § 258 Abs. 1 Ziff. 1 eine derartige Saldierung ausscheidet (Anm. 3). Was im Geschäftsbericht wegen Geringfügigkeit gegenüber Jahresergebnis und Grundkapital nicht erwähnt zu werden braucht, kann trotzdem für die Bewertung einer einzelnen Bilanzposition, auf die es § 258 nun einmal abstellt, von erheblicher Bedeutung sein. Dann aber wird man dem Tatbestandsmerkmal einer „nicht unwesentlichen" Unterbewertung wohl nur dann gerecht werden, wenn man beachtet, daß jede Bewertung eine Ermessensentscheidung ist, die, wenn nicht feste Kurswerte maßgebend sind, immer nur in Bandbreiten, aber nicht in bestimmten unbestreitbaren Zahlen ergehen kann. Unwesentlich ist dann eine Abweichung, die in unmittelbarer Nähe dieser Bandbreite liegt und gegenüber der zulässigen Bewertung des Bilanzpostens nur eine geringfügige Differenz darstellt. Dagegen gibt der Gesetzeswortlaut keine Möglichkeit, die Größe des Unternehmens, die Höhe der Bilanzsumme und die Kosten der Sonderprüfung bei der Beurteilung dessen, was wesentlich ist, ins Spiel zu bringen. All das hat mit dem Bilanzposten, auf den es Abs. 1 Ziff. 1 allein abstellt, nichts zu tun (Scherpf Rdn. 791). Ist z. B. bei einem Unternehmen die Betriebs- und Geschäftsausstattung mit einem Merkposten von DM 1,— eingesetzt, obwohl ihr bei ordnungsgemäßer Bewertung eine Wert von DM 1.000.000,— zukommt, so ist dies eine nicht unwesentliche Unterbewertung dieses Bilanzpostens, die allerdings bei einer Bilanzsumme von etwa 1 Milliarde und einem Grundkapital von DM 200.000.000,— nur unwesentlich ist. Trotzdem stellt es § 258 Abs. 1 nur darauf ab, ob die bemängelten Posten nicht unwesentlich unterbewertet sind, läßt also in einem derartigen Fall das Sonderprüfungsverfahren zu (vgl. auch § 259 Anm. 8). Ob das sehr praktisch ist und ob sich genügend Aktionäre finden, um ein derart im Ergebnis nutzloses Verfahren durchzuführen, steht allerdings dahin. Als Sanktion für die auch bei unbedeutenden Bilanzpositionen zu beachtenden allgemeinen Bewertungsmaßstäbe liegt in einer derartigen Regelung immer noch ein gewisser Sinn.

Anm. 5

3. Unvollständigkeit des Geschäftsberichts

Auch auf eine Unvollständigkeit des Geschäftsberichts kann ein Sonderprüfungsantrag gestützt werden. Diese Unvollständigkeit muß sich auf die in § 160 Abs. 2 und 3 geforderten Angaben beziehen. Was danach anzugeben ist, vgl. § 160 Anm. 8 bis 48. Ob die Unvollständigkeit des Geschäftsberichts auf einem gänzlichen Fehlen der einzelnen in § 160 Abs. 2 und 3 erforderten Angaben oder auf einer Lückenhaftigkeit dieser Angaben beruht, ist für die Anwendung des § 258 Abs. 1 Ziff. 2 unerheblich. Dagegen reicht nach dem Wortlaut des Gesetzes die Unrichtigkeit einer tatsächlich gemachten Angabe nicht aus. Da aber eine unrichtige Angabe immer eine fehlende oder unvollständige richtige Angabe ist und Ziff. 2 selbstverständlich an die richtigen Angaben denkt, wird man die Sonderprüfung auch dann zuzulassen haben, wenn Anlaß zur Annahme unrichtiger Angaben besteht. Auch dann, wenn für nach § 160 Abs. 3 erforderliche Einzelangaben Fehlanzeige gemacht worden ist, kann also sehr wohl eine unter § 258 Abs. 1 Ziff. 2 fallende Unvollständigkeit des Geschäftsberichts vorliegen (a. M. Adler-Düring-Schmaltz § 258 Rdn. 10 a. E.). Wenn z. B. der Geschäftsbericht zum § 160 Abs. 3 Ziff. 2 hinsichtlich des Erwerbs und der Veräußerung eigener Aktien eine Fehlanzeige macht, obwohl derartige Käufe und Verkäufe stattgefunden haben, ist der Geschäftsbericht auch unvollständig im Sinne des § 258 Abs. 1 S. 2.

Eine Einschränkung dahingehend, daß die fehlenden oder unvollständigen Angaben nicht unwesentlich sein dürfen, kennt Ziff. 2 nicht. Es reicht demnach jede fehlende oder unvollständige Angabe aus. Sie muß aber unter § 160 Abs. 2 und 3 fallen. Daß sie gem. § 160 Abs. 1 und 5 erfordert wird, genügt nicht. Aus der Nichtaufnahme des § 160 Abs. 4 in § 258 Abs. 1 Ziff. 2 wird sich aber schwerlich mit Frey WP 66, 635 und Adler-Düring-Schmaltz Rdn. 12 folgern lassen, es könne im Verfahren nach § 258 nicht geprüft werden, ob die Schutzklausel des § 160 Abs. 4 zu Recht in Anspruch genommen worden sei. Denn § 160 Abs. 4 erfordert im Gegensatz zu den anderen Absätzen des § 160 keine Angaben, sondern gibt in S. 1 eine Vorschrift über den Inhalt der nach den anderen Absätzen erforderlichen Angaben und in S. 2 bis 4 Freistellungen von der Berichtspflicht. Wird aber die Freistellung zu Unrecht in Anspruch genommen, so fehlen ohne rechtfertigenden Grund Angaben nach Abs. 2 und 3 oder sind unvollständig. Infolgesessen kann die Berechtigung der Inanspruchnahme der Schutzklausel aus § 160 Abs. 4 sehr wohl Gegenstand eines Sonderprüfungsverfahrens sein (so auch Voss S. 462).

Anm. 6

4. Fehlende Ergänzung in der Hauptversammlung

Weiteres Erfordernis für eine Sonderprüfung nach Abs. 1 Ziff. 2 ist, daß der Vorstand in der Hauptversammlung die fehlenden Angaben, obwohl nach ihnen gefragt worden war, nicht gemacht hat und die Aufnahme der Frage gem. § 131 Abs. 5 in die notarielle Niederschrift über die Hauptversammlung verlangt worden ist. Hat der Vorstand die fehlenden Angaben von sich aus in der Hauptversammlung gemacht, so entfällt Ziff. 2, weil sich sowohl die Frage des Aktionärs erledigt, wie auch die Aufnahme ihrer Nichtbeantwortung in die notarielle Niederschrift erübrigt. Erfolgt aber keine Vervollständigung der Angaben aus eigener Initiative des Vorstandes, so muß auf der Hauptversammlung nach den fehlenden oder unvollständigen Angaben gefragt werden. § 131 gibt hierzu die rechtliche Grundlage. Insbesondere greift auch gegenüber unvollständigen Angaben zu § 160 Abs. 2 das Auskunftsverweigerungsrecht des § 131 Abs. 3 Ziff. 4 nicht ein, weil es ja gerade die Erfüllung der Vorschriften des § 160 Abs. 2 S. 2 voraussetzt.

Macht der Vorstand auf Fragen eines Aktionärs die fehlenden Angaben, so entfällt ein weiteres Vorgehen aus Ziff. 2. Nur wenn der Vorstand die Beantwortung der Fragen verweigert oder ohne ausdrückliche Verweigerung die Fragen einfach nicht beantwortet, kann der Aktionär die Protokollierung der Frage und den Verweigerungsgrund gem. § 131 Abs. 5 verlangen, wobei, wenn ein Grund für die Verweigerung der Auskunft nicht genannt wird, dieser Tatbestand festzuhalten ist (§ 131 Anm. 25). Macht der Aktionär von dieser Möglichkeit keinen Gebrauch, so entfällt ebenfalls ein weiteres Vorgehen nach § 258 Abs. 1 Ziff. 2. Es genügt aber das Verlangen nach Protokollierung; ob der Notar tatsächlich auch protokolliert, ist gleichgültig (Adler-Düring-Schmaltz Rdn. 14; Baumbach-Hueck Rdn. 4; Godin-Wilhelmi Anm. 4; a. M. Gessler Anm. 3; Frey WP 66, 635). Nicht erforderlich ist, daß die Frage nach den fehlenden Angaben und das Verlangen auf Protokollierung der Frage gerade von einem Aktionär gestellt worden ist, der den Antrag nach § 258 stellt bzw. mitstellt. Für die Geltendmachung des Minderheitsrechts aus § 258 genügt es, daß von dem Auskunftsrecht durch irgendeinen Aktionär Gebrauch gemacht worden ist.

Anm. 7

5. Besonderheiten für Kreditinstitute

Durch § 36 EGAG ist in das Kreditwesengesetz für Kreditinstitute in der Rechtsform einer AG oder KGaA u. a. § 26b neu eingefügt worden, der Ausnahmen von § 258 enthält. § 26a Abs. 1 KWG gestattet den Kreditinstituten, Forderungen und Wertpapiere des Umlaufvermögens mit einem niedrigeren Wert als dem des § 155 AktG einzusetzen, „soweit dies nach vernünftiger kaufmännischer Beurteilung zur Sicherung gegen die besonderen Risiken des Geschäftszweiges der Kreditinstitute notwendig ist." Infolgedessen werden diese Vermögenswerte nach § 26b Abs. 2 aus der allgemeinen Regelung des § 258 Abs. 1 Ziff. 1 herausgenommen und können im Rahmen einer Sonderprüfung nur daraufhin überprüft werden, ob bei ihnen die Bewertungsbestimmungen des § 26a Abs. 1 beachtet sind. Dabei ist in § 26b Abs. 2 Ziff. 2 das Tatbestandsmerkmal eines „nicht unwesentlichen" Unterschreitens der Bewertungsvorschriften des § 26a Abs. 1 nicht aufgenommen, und zwar wohl deshalb, weil diese letztere Bestimmung einen sehr weiten Ermessensspielraum läßt. § 26a Abs. 2 stellt die Kreditinstitute auch von Angaben gem. § 160 Abs. 2 in ihrem Geschäftsbericht frei. Infolgedessen beschränkt § 26b Abs. 2 Ziff. 3 die Möglichkeit einer Sonderprüfung aus § 258 Abs. 1 Ziff. 2 auf fehlende oder unvollständige Angaben nach § 160 Abs. 3.

Für Versicherungsgesellschaften gibt es eine entsprechende Bestimmung nicht, obwohl § 56 VAG in der Fassung des § 37 Ziff. 8 EGAG die Möglichkeit zur Bildung stiller Reserven schafft. Trotzdem wird man wohl annehmen müssen, daß auch die Sonderprüfer an § 56 VAG nicht vorbeigehen können (so auch Frey WP 66, 641).

Anm. 8

6. Anlaß für die Annahme eines Verstoßes

Die Unterbewertung eines Bilanzpostens oder die Unvollständigkeit des Geschäftsberichtes kann nicht zur Voraussetzung der Sonderprüfung gemacht werden, weil sie durch die Sonderprüfung ja erst festgestellt werden sollen. Andererseits kann aber auch nicht die bloße Behauptung einer Unterbewertung oder Unvollständigkeit Grundlage der Anordnung einer Sonderprüfung sein, die ja immerhin einiges Aufsehen erregt und Kosten und Ungelegenheiten verursacht. Deshalb macht das Gesetz die Anordnung der Sonderprüfung davon abhängig, daß „Anlaß für die Annahme" eines Verstoßes vorliegt. Was darunter im Einzelfall zu verstehen ist, bleibt unklar. Die Begründung des RegE zu § 258 (Kropff S. 344) begnügt sich mit dem Hinweis, der Antragsteller werde sich in der Regel nur auf Vermutungen stützen können, die Rechtsprechung werde aber wohl an die Spezifizierung des Antrages keine zu weitgehenden Anforderungen stellen. Damit hat der Gesetzgeber bewußt auf eine exakte Formulierung verzichtet (Frey WP 66, 634). Die zurückhaltende Fassung kommt einmal in der Verwendung des Wortes „Anlaß" zum Ausdruck. Er ist weniger als „Grund" und läßt es wohl genügen, wenn ein objektiver Beurteiler in dem Sachverhalt Anhaltspunkte für die Annahme von Verstößen gegen Bewertungs- und Berichtspflichten findet. Andererseits ist auch das Wort „Annahme" weniger und verschwommener als die z. B. in § 142 Abs. 2 S. 1 verlangte Voraussetzung des Vorliegens von verdachtbegründenden Tatsachen. Die Kombination von „Anlaß" und „Annahme" kann demnach nicht viel mehr verlangen als die durch konkrete Anhaltspunkte gestützte Behauptung einer Unterbewertung oder einer Unvollständigkeit des Geschäftsberichtes. Mehr kann man billigerweise auch, wenn man den Sonderprüfungsantrag nicht zur Farce machen will, von einer Minderheit nicht verlangen. Sie kennt die Bücher und Unterlagen der Gesellschaft nicht und hat den Prüfungsbericht der Abschlußprüfer nicht gelesen; sie kennt lediglich den Jahresabschluß mit dem Testat der Abschlußprüfer und den Geschäftsbericht des Vorstandes und kann, wenn die zu ihr gehörenden Aktionäre geschickt zu fragen verstehen, auf der Hauptversammlung noch einige ergänzende Auskünfte des Vorstandes herauslocken. Wenn nicht der Bestätigungsvermerk eingeschränkt oder gar verweigert ist, kann die Minderheit ihre Annahme einer Unterbewertung oder Berichtsunvollständigkeit also nur auf eine Analyse der Bilanz und des Geschäftsberichtes, auf Unklarheiten und Auslassungen dieses Berichtes, auf ausweichende Antworten in der Hauptversammlung, auf Vergleiche mit den Abschlüssen und Berichten von Konkurrenzunternehmungen, auf Ungereimtheiten beim Vergleich mit den Vorjahresabschlüssen und -berichten u. dgl. stützen (vgl. Voss S. 459; Scherpf Rdn. 788/89). Besonders erschwert wird die Antragsbegründung der Minderheit noch dadurch, daß sich die Behauptung der Unterbewertung auf konkrete Bilanzposten beziehen muß. Das alles führt zwingend zu der Annahme, daß an die Antragsbegründung der Minderheit anders als bei § 142 Abs. 2 nur zurückhaltende Anforderungen gestellt werden können, die weit entfernt von einer Glaubhaftmachung sind und sich mit einer Behauptung begnügen müssen, die durch konkrete Anhaltspunkte eine nicht von der Hand zu weisende Möglichkeit ihrer Erhärtung für sich hat (vgl. auch Gail S. 105; Voss S. 459).

Hinsichtlich der weiteren Voraussetzungen des Sonderprüfungsantrages nach Abs. 1 Ziff. 2, nämlich einmal der nicht erfolgten Ergänzung der fehlenden Angaben in der Hauptversammlung, der Frage nach diesen Ergänzungen und des Verlangens nach Aufnahme in die Niederschrift, können dagegen schärfere Voraussetzungen für den Sonderprüfungsantrag gestellt werden. Hier ist es der antragstellenden Minderheit durchaus zumutbar, diese Voraussetzungen durch Vorlage des Hauptversammlungsprotokolls, Erklärung von Versammlungsteilnehmern u. dgl. mindestens glaubhaft zu machen.

II. Verfahren

Anm. 9

1. Antragsverfahren

Die Bestellung der Sonderprüfer erfolgt nur auf Antrag. Das Verfahren ist ein solches nach FGG. Zuständig ist gem. § 14 das Registergericht. Für den Antrag bestehen keine Formvorschriften; er kann zu Protokoll der Geschäftsstelle (§ 11 FGG) oder schriftlich eingereicht werden; ein Anwaltszwang besteht nicht. Der Antrag muß die Begründung für den „Anlaß zur Annahme" einer Unterbewertung oder Berichtsunvollständigkeit darlegen. Im übrigen gilt Offizialmaxime. Jederzeitige Rücknahme des Antrages ist zulässig.

Anm. 10

2. Antragsteller

Der Antrag kann nur von Aktionären gestellt werden, deren Aktien zusammen 5% des Grundkapitals oder den Nennbetrag von DM 1.000.000,— erreichen. Für die Berechnung des Prozentsatzes gilt auch hier das gesamte Grundkapital einschließlich stimmrechtsloser Vorzugsaktien und eigener Aktien. Andererseits können stimmrechtslose Vorzugsaktien oder Aktien, die gem. § 134 Abs. 1 oder 2 nicht stimmberechtigt sind, den Antrag mitstellen (vgl. im einzelnen § 142 Anm. 10). Maßgebender Stichtag für die Berechnung des Grundkapitals ist der Tag der Hauptversammlung, der der festgestellte Jahresabschluß mit Geschäftsbericht vorgelegt worden ist, oder die den Jahresabschluß selbst festgestellt hat, vgl. unten Anm. 11. Die Antragsteller haben die Aktien bis zur Entscheidung über ihren Antrag auf Bestellung der Sonderprüfer zu hinterlegen. Außerdem haben sie glaubhaft zu machen — dazu genügt eine eidesstattliche Versicherung vor einem Gericht oder Notar —, daß sie seit mindestens 3 Monaten vor dem Tage der Hauptversammlung Inhaber der Aktien sind. Im einzelnen vgl. § 142 Anm. 12 bis 14.

Anm. 11

3. Antragsfrist

Der Antrag auf Sonderprüfung muß binnen eines Monats „nach der Hauptversammlung über den Jahresabschluß" gestellt werden. Das ist der gleiche Ausdruck wie in § 177 Abs. 1. Entscheidend ist die Hauptversammlung, der der festgestellte Jahresabschluß gem. § 175 Abs. 1 vorgelegt wird oder die selbst den Jahresabschluß feststellt (§ 175 Abs. 3). Nicht erforderlich ist, daß ein Gewinnverwendungsbeschluß gefaßt wird (a. M. offensichtlich Godin-Wilhelmi Anm. 5). Der Termin dieser Hauptversammlung ist nach der ausdrücklichen Bestimmung des Abs. 2 S. 2 auch dann maßgebend, wenn der noch nicht festgestellte Jahresabschluß von der Hauptversammlung geändert wird und daher zur Wirksamkeit der Feststellung gem. § 173 Abs. 3 die erneute Prüfung mit Bestätigungsvermerk erforderlich ist.

Die Monatsfrist gilt auch dann, wenn eine Anfechtungs- oder Nichtigkeitsklage erhoben wird. Maßgebend für die Wahrung der Frist ist der Eingang des Antrages bei dem zuständigen Amtsgericht. Die Frist ist eine Ausschlußfrist und entspricht insoweit der Anfechtungsfrist des § 246 (vgl. Erl. zu § 246). Obwohl für die Ausschlußfrist der Ablauftermin das Entscheidende ist, wird man doch annehmen müssen, daß der Antrag auf Sonderprüfung erst nach der Hauptversammlung gestellt werden kann. Das versteht sich für die Anträge gem. Abs. 1 Ziff. 2 daraus, daß die Frage in der Hauptversammlung und das Verlangen auf Aufnahme der Frage in die Niederschrift Voraussetzung des Antrages sind (Anm. 6), muß aber auch für den Antrag gem. Ziff. 1 gelten (Frey WP 66 635), und zwar deshalb, weil die Hauptversammlung auch hier noch wesentliche Erkenntnisse bringen kann. Mit Ablauf der Antragsfrist ist die antragstellende Minderheit mit allen Bemängelungen ausgeschlossen, die nicht innerhalb der Frist dem Gericht gegenüber im Rahmen des Abs. 1 Ziff. 1 und 2 geltendgemacht worden sind. Es gilt hier Ähnliches wie für die Anfechtungsklage, wo der Fristablauf ebenfalls die Geltendmachung neuer Anfechtungsgründe ausschließt. Innerhalb der Frist müssen nicht nur die bemängelten konkreten Bilanzposten und Berichtsangaben aufgeführt werden, es müssen die Bemängelungen als solche spezifiziert und es müssen, jedenfalls dem Kern nach, die Umstände vorgetragen werden, die „Anlaß für die Annahme" von Unterbewertungen und Berichtslücken ergeben.

Anm. 12

4. Ermittlungen des Gerichts

Das Gesetz beschränkt sich darauf, in Abs. 4 S. 1 zu bestimmen, daß vor der Bestellung des Sonderprüfers Vorstand, Aufsichtsrat und Abschlußprüfer zu hören sind. Das besagt einmal, daß das Gericht die Organe der Gesellschaft nicht zu hören braucht, wenn es zu einer Ablehnung des Sonderprüfungsantrages kommt (Adler-Düring-Schmaltz Rdn. 20), dagegen anhören muß, wenn es dem Antrag stattgeben will. Die Anhörung erfolgt üblicherweise schriftlich durch Äußerung auf den Sonderprüfungsantrag, die bei dem Aufsichtsrat durch Beschlußfassung festzulegen und beim Vorstand Geschäftsführungsmaßnahme ist. Ein Auskunftsverweigerungsrecht analog § 131 Abs. 3 für den Vorstand besteht nicht (Voss S. 461). Der Abschlußprüfer ist für seine Anhörung von der Verschwiegenheitspflicht befreit (Adler-Düring-Schmaltz Rdn. 45).

Fraglich ist, ob das Gericht die Vorlage des Prüfungsberichts der Abschlußprüfer verlangen kann, womit der Bericht, da das Entscheidungsmaterial auch dem Antragsteller zur Kenntnis zu bringen ist, diesem bekannt würde. Es wird wohl kaum bestritten werden können, daß der Abschlußbericht wesentliches Beweismaterial für die Beurteilung des Sonderprüfungsantrages darstellt. Denn einmal muß er ja eine genaue Aufgliederung der bemängelten Bilanzposten mit der Stellungnahme des Abschlußprüfers enthalten, und zum anderen muß er mindestens die gegebenenfalls belegte Auffassung des Prüfers erkennen lassen, ob der Berichtspflicht des § 160 Abs. 2 und 3 hinreichend nachgekommen ist. Insbesondere im Falle eines eingeschränkten oder verweigerten Testates ist ohne genaue Kenntnis des Prüfungsberichtes wohl kaum durchzukommen, weil nur dann die Begründung für die Einschränkung oder Verweigerung in ihrem vollen Inhalt ersichtlich ist, die Einschränkung oder Verweigerung aber meist ein wesentliches Indiz im Sinne der Beweisführung des Antrages auf Sonderprüfung darstellen wird. Da der Abschlußprüfer gemäß ausdrücklicher gesetzlicher Vorschrift in Abs. 3 S. 1 vor der Bestellung von Sonderprüfern zu hören ist und er mindestens alles für den Sonderprüfungsantrag Einschlägige aus seinem Bericht angeben muß, ist nicht einzusehen, warum dem Gericht die Vorlage des Abschlußberichtes als Beweismittel im Rahmen seiner Offizialmaxime versagt sein sollte. Der antragstellenden Minderheit wird durch die Kenntnisnahme des Berichtes auch nicht die Möglichkeit eröffnet, neue Bemängelungen anzubringen oder ihre Beweisführung wesentlich zu erweitern; denn ehe der Bericht der antragstellenden Minderheit zur Kenntnis kommen wird, ist in aller Regel die Einmonatsfrist, die neue Bemängelungen und zusätzliche Begründungen ausschließt (Anm. 11), abgelaufen. Es bleibt dann die Gefahr, daß die antragstellende Minderheit Kenntnis auch von den nicht einschlägigen Stellen des Berichtes erhält und daß durch deren Verwertung die Gesellschaft Schaden erleiden kann. Dem aber kann dadurch abgeholfen werden, daß der Richter nur die einschlägigen Stellen des Berichtes in Abschrift zu den Akten nimmt und den Bericht im übrigen der Gesellschaft oder dem Abschlußprüfer zurückgibt.

Die Heranziehung von Sachverständigen für die Entscheidung über den Sonderprüfungsantrag wird nicht in Frage kommen (Godin-Wilhelmi Anm. 4; Scherpf Rdn. 794); denn, wenn sie für notwendig erachtet wird, wird wohl auch Anlaß zur Annahme einer Unterbewertung oder eine Berichtslücke bestehen. Außerdem würde damit entgegen dem Willen des Gesetzgebers (Kropff S. 344) das Verfahren zu langwierig und zeitraubend werden.

Anm. 13

5. Entscheidung des Gerichts

Die Entscheidung des Gerichts kann einmal auf Ablehnung des Sonderprüfungsantrages gehen, und zwar, weil die verfahrensmäßigen Voraussetzungen nicht gegeben sind — dann erfolgt die Abweisung als unzulässig —, oder weil dem Gericht der Antrag der Sache nach nicht gerechtfertigt erscheint — dann erfolgt die Abweisung als unbegründet. Letzteres wird insbesondere dann der Fall sein, wenn dem Gericht nach dem Vortrag der Minderheit kein „Anlaß für die Annahme" einer Unterbewertung oder Berichtslücke vorzuliegen scheint, wenn die anzunehmende Unterbewertung als nicht wesentlich erscheint oder wenn die zur Berichtslücke in der Hauptversammlung gestellten Fragen in der Hauptversammlung lückenschließend beantwortet worden sind. Erfüllt der Antrag dagegen die Voraussetzungen der Ziff. 1 oder 2, so sind Sonderprüfer zu bestellen. Wegen ihrer Auswahl vgl. Abs. 4 und unten Anm. 15. In dem Beschluß ist die Tätigkeit der Sonderprüfer so festzulegen, daß er als Auftrag dienen kann. Es sind also im Falle einer Sonderprüfung nach Abs. 1 Ziff. 1 die zu prüfenden Posten oder, wenn nur diese im Antrag bemängelt sind, die einzelnen Vermögensgegenstände im Rahmen einer Bilanzposition (Adler-Düring-Schmaltz Rdn. 29) genau anzugeben und der Prüfungsgegenstand dahingehend zu umreißen, ob in diesen Posten oder Gegenständen eine nicht unwesentliche Unterbewertung vorliegt, und im Falle einer Sonderprüfung nach Abs. 1 Ziff. 2, ob die vom Sonderprüfungsantrag bemängelten Angaben tatsächlich fehlen oder unvollständig sind, die Lücken durch Fragen in der Hauptversammlung nicht geschlossen worden sind und die Aufnahne der Frage in die Niederschrift über die Hauptversammlung verlangt worden ist. Ist der Sonderprüfungsantrag sowohl wegen Unterbewertung wie wegen einer Berichtslücke gestellt und werden beide Teile des Antrags für begründet erachtet, so wird das Gericht in der Regel nur eine Sonderprüfung anordnen, wenn nicht in einem Einzelfalle Anlaß für die Durchführung von zwei Sonderprüfungen gegeben ist. Daß bei Anordnung einer Sonderprüfung für zwei Bemängelungen gegebenenfalls mehrere Sonderprüfer bestellt werden können, versteht sich von selbst. Wegen der Berichtsfassung im Falle einer auf Unterbewertung und Berichtslücke gehenden Sonderprüfung vgl. § 259 Anm. 11.

Bestehen nach der Entscheidung des Gerichts Unklarheiten über den Prüfungsauftrag, so haben die bestellten Sonderprüfer sich an das Gericht zu wenden. Das Gericht hat dann seine Entscheidung zu ergänzen, während ihm eine Änderung gem. § 18 Abs. 2 FGG wegen der Zulässigkeit der sofortigen Beschwerde nicht gestattet ist.

Anm. 14

6. Sofortige Beschwerde

Gegen die Entscheidung des Gerichts gibt es nur sofortige Beschwerde (§ 23 FGG). Beschwerdebefugt ist bei einer ganzen oder teilweisen Ablehung des Antrages die antragstellende Minderheit, bei einer ganzen oder teilweisen Anordnung der Sonderprüfung die Gesellschaft. Die bestellten Sonderprüfer sind nicht beschwerdebefugt, weil sie in ihren Rechten durch die Entscheidung nicht beeinträchtigt werden. Halten sie eine Änderung der Entscheidung wegen unzutreffender Umschreibung des Prüfungsauftrages für erforderlich, so können sie nur die antragstellende Minderheit bzw. die Gesellschaft veranlassen, die Abänderung der Entscheidung im Wege der ihnen zustehenden Beschwerdemöglichkeit zu erreichen. Das Beschwerdeverfahren unterliegt den Vorschriften der §§ 22ff. FGG.

III. Auswahl, Rechtsstellung und Aufgabe der Sonderprüfer

Anm. 15

1. Auswahl der Sonderprüfer

Die dem Sonderprüfungsantrag stattgebende Entscheidung hat Sonderprüfer zu bestellen. Es genügt also nicht, einfach eine Sonderprüfung über bestimmte Punkte anzuordnen, das Gericht hat vielmehr in seinem Beschluß auch bestimmte Personen zu Sonderprüfern zu bestellen. Als Sonderprüfer können gem. Abs. 4 nur Wirtschaftsprüfer oder Wirtschaftsprüfungsgesellschaften bestellt werden. Diese Bestimmung entspricht § 164 Abs. 1; vgl. § 164 Anm. 2 bis 4. Anders als bei der Sonderprüfung nach § 142 handelt es sich bei der Sonderprüfung nach § 258 um eine dem Wirtschaftsprüferstande vorbehaltene Prüfung. Die Ausschlußgründe des § 164 Abs. 2 und 3 (vgl. § 164 Anm. 5 bis 11) gelten auch für die Sonderprüfung nach § 258. Einen zusätzlichen Ausschlußgrund enthält Abs. 4 S. 3, wonach Abschlußprüfer der Gesellschaft und Personen, die in den letzten drei Jahren Abschlußprüfer der Gesellschaft waren, nicht Sonderprüfer nach § 258 sein können. Der Ausschluß betrifft auch den Wirtschaftsprüfer, der seitens der Hauptversammlung für das laufende oder ein späteres Jahr als Abschlußprüfer bestellt ist. Daß er seine Aufgabe schon aufgenommen hat, ist nicht erforderlich; die Tatsache, daß er bestellt ist, genügt. Bei früheren Abschlußprüfern kommt es darauf an, ob sie innerhalb eines Zeitraumes von drei Jahren vor der Bestellung zum Sonderprüfer zum Abschlußprüfer der Gesellschaft bestellt worden waren oder als Abschlußprüfer tätig geworden waren (zu diesem Punkte a. M. Adler-Düring-Schmaltz Rdn. 26).

Die Auswahl der Sonderprüfer erfolgt allein durch das Gericht; eine Pflicht zur Anhörung der Berufsorganisation ist gesetzlich nicht vorgesehen, gleichwohl aber zu empfehlen. Das Gericht kann einen, kann aber, wenn es ihm zweckmäßig erscheint, auch mehrere Sonderprüfer bestellen (Frey WP 66, 636). Mehrere Prüfer sind zur gemeinsamen Durchführung der Sonderprüfung verpflichtet und haben auch grundsätzlich einen gemeinsamen Prüfungsbericht zu erstellen, was aber nicht ausschließt, daß gegensätzliche Auffassungen der einzelnen Prüfer dabei zum Ausdruck gebracht werden.

Anm. 16

2. Rechtsstellung der Sonderprüfer

Die Rechtsstellung des Sonderprüfers nach § 258 ist keine andere als die des Sonderprüfers nach §§ 142ff.; hierzu vgl. § 145 Anm. 9ff. Er steht also in einem Vertragsverhältnis zur Gesellschaft; der Vertrag kommt durch gerichtliche Bestellung bzw. ihre Mitteilung an den Sonderprüfer und dessen Annahme zustande. Ein Prüfungsauftrag durch die Gesellschaft, vertreten durch ihren Vorstand, entfällt. Auch dem Sonderprüfer nach § 258 stehen die Rechte aus § 145 Abs. 1 und 3 zu (Abs. 5 S. 1). Neben Einsichtsrechten in die Unterlagen der Gesellschaft steht dem Sonderprüfer ein Auskunftsrecht nicht nur gegen die Mitglieder des Vorstands und Aufsichtsrats der Gesellschaft, sondern auch eines Konzern-, eines abhängigen oder herrschenden Unternehmens zu. Ein Auskunftsverweigerungsrecht des Vorstandes gem. § 131 Abs. 3 entfällt (Voss S. 461). Zum Schutze des Auskunftsrechts gilt auch hier die Strafvorschrift des § 400 Ziff. 3. Ein gleiches Auskunftsrecht gibt Abs. 5 S. 2 dem Sonderprüfer gegen den Abschlußprüfer der Gesellschaft, der dem Sonderprüfer gegenüber selbstverständlich nicht an seine Verschwiegenheitspflicht gebunden ist. Die Auskunftspflicht erstreckt sich ohne jede zeitliche Schranke (anders Abs. 4 S. 2) auf die Abschlußprüfer aller Jahre, hinsichtlich deren der Sonderprüfer im Rahmen seiner Aufgaben eine Aufklärung durch den Abschlußprüfer für erforderlich hält. Daß der Sonderprüfer die Abschlußberichte einsehen kann, ergibt sich aus der sinngemäßen Geltung des § 145 Abs. 1, da die Abschlußberichte Schriften der Gesellschaft sind. Schließlich gilt auch für den Sonderprüfer nach § 258 die Regelung des § 168 über die Verantwortlichkeit des Abschlußprüfers entsprechend. Hierzu vgl. Erl. zu § 168. Dem Schutz der Verschwiegenheitspflicht des Prüfers und seiner Gehilfen dient § 404.

Anm. 17

3. Kosten der Sonderprüfung

Für den Ersatz angemessener barer Auslagen und die Vergütung der Sonderprüfer gilt § 142 Abs. 6. Im Streitfall erfolgt die Festsetzung durch das die Sonderprüfer bestellende Gericht. Die Festsetzung ist mittels sofortiger Beschwerde ohne die Zulässigkeit weiterer Beschwerde anfechtbar. Die rechtskräftige Festsetzung ist Vollstreckungstitel im Sinne der ZPO. Da auch § 146 für anwendbar erklärt ist, hat die Gesellschaft die Gerichtskosten zu tragen, die durch die Bestellung der Sonderprüfer entstehen. Auch wenn die Sonderprüfung ergebnislos verläuft, besteht keine gesetzliche Ersatzpflicht der Antragsteller für die der Gesellschaft entstehenden Kosten. Nur aus § 826 BGB könnte eine zivilrechtliche Schadensersatzpflicht, die in dem der Gesellschaft durch die Sonderprüfung entstandenen Schaden auch die Kosten umfaßt, entstehen; hierzu vgl. § 146 Anm. 2.

Anm. 18

4. Aufgabe der Sonderprüfung

Die Aufgabe der Sonderprüfung umschreibt Abs. 1 S. 2 und 3. Im Falle des Abs. 1 S. 1 Ziff. 1 haben die Sonderprüfer die bemängelten Posten darauf zu prüfen, ob sie nicht unwesentlich unterbewertet sind, und im Falle des Abs. 1 S. 1 Ziff. 2 den Geschäftsbericht daraufhin, ob die nach § 160 Abs. 2 und 3 erforderten Angaben nicht oder nicht vollständig gemacht worden sind, die Lücke in der Hauptversammlung vom Vorstand nicht geschlossen worden ist und die Aufnahme der Fragen in die Niederschrift verlangt worden ist. Es sind also alle die Tatbestandsmerkmale zu prüfen, die Abs. 1 S. 1 benennt. Die Frage der Unterbewertung und der Vollständigkeit des Geschäftsberichts unterfällt auch der Prüfung des Abschlußprüfers, jedoch ist die Prüfung des Sonderprüfers nach § 258 aus der Natur der Sache heraus intensiver, weil sie sich auf wenige Punkte beschränkt, während sich die Abschlußprüfung auf sämtliche Posten des Jahresabschlusses und sämtliche Angaben des Geschäftsberichts erstreckt. Der Umfang der Prüfung wird indirekt durch den in § 259 Abs. 2 und 4 — nicht auch in § 259 Abs. 1 (vgl. § 259 Anm. 3) — vorgeschriebenen Inhalt des Prüfungsberichtes und seiner abschließenden Feststellungen umschrieben (vgl. § 259 Anm. 6ff.). Wegen der Durchführung der Prüfung im einzelnen vgl. Adler-Düring-Schmaltz Rdn. 34ff. sowie Frey WP 66, 637. Der Beurteilung sind, wie § 259 Abs. 2 S. 2 für die Bewertung ausdrücklich sagt, die Verhältnisse am Stichtag zugrundezulegen (§ 259 Anm. 6). Hinsichtlich der Bewertungs- und Abschreibungsmethoden benennt § 259 Abs. 2 S. 3 diejenige als maßgebend, nach der die Gesellschaft die zu bewertenden Gegenstände zuletzt in zulässiger Weise bewertet hat (§ 259 Anm. 6). Stellt der Prüfer eine Unterbewertung fest, so hat er weiter zu prüfen, ob sie „nicht unwesentlich“ ist (dazu vgl. Anm. 4). Über das Ergebnis ihrer Prüfung haben die Sonderprüfer einen Bericht zu erstatten (§ 259 Abs. 1 S. 1). Für diesen Prüfungsbericht gilt § 145 Abs. 4 sinngemäß (§ 259 Abs. 1 S. 3).

Anm. 19

5. Beendigung der Sonderprüfung

Mit der Erstattung des Berichts — dazu gehört neben der Fertigstellung und der Unterschrift (§ 259 Abs. 1 S. 3 i. V. m. § 145 Abs. 4 S. 3) die Übersendung an Vorstand und Gericht — ist die Tätigkeit des Sonderprüfers beendet. Andere Beendigungsgründe sind Tod des Sonderprüfers, Verlust seiner Wirtschaftsprüferqualifikation, Kündigung durch den Sonderprüfer, die mindestens aus wichtigem Grunde zugelassen werden muß (Adler-Düring-Schmaltz Rdn. 31), Abberufung durch das Gericht, z. B. weil sich hinterher herausstellt, daß er nach Abs. 4 S. 3 nicht zum Sonderprüfer bestellt werden konnte, oder weil der Prüfer die Durchführung der Sonderprüfung verzögert u. dgl. In allen diesen Fällen endet aber nur das Amt des einzelnen Sonderprüfers, nicht auch die Sonderprüfung, so daß das Gericht, um die Sonderprüfung zu Ende, d. h. bis zur Erstattung des Berichts zu bringen, einen neuen Sonderprüfer zu bestellen hat. Die Gesellschaft selbst hat keine Möglichkeit, die Sonderprüfung zu beenden oder die Abberufung des Sonderprüfers durchzusetzen.

IV. Abgrenzung der Sonderprüfung

Anm. 20

1. Gegenüber der Sonderprüfung gemäß § 142

§ 142 Abs. 3 schließt die Sonderprüfung von Vorgängen bei der Gründung oder Geschäftsführung für Vorgänge aus, die Gegenstand einer Sonderprüfung nach § 258 sein können. Damit ist der Sonderprüfung aus § 258 der Vorrang vor der aus § 142 eingeräumt. Da § 142 Abs. 3 nicht darauf abstellt, ob eine Sonderprüfung nach § 258 auch durchgeführt wird, sondern nur darauf, ob sie durchgeführt werden kann, scheiden die Gegenstände der Sonderprüfung aus § 258 ganz generell für eine Sonderprüfung nach § 142 aus (§ 142 Anm. 3). Soweit also Unterbewertungen oder Lücken des Geschäftsberichts hinsichtlich der Bestimmungen des § 160 Abs. 2 und 3 in Frage stehen, kann eine Sonderprüfung nur nach § 258 durchgeführt werden. Auch wenn die Frist für die Durchführung einer Sonderprüfung nach § 258 abgelaufen ist, tritt keine Ersatzzuständigkeit aus § 142 mehr ein. Sonderprüfungen nach beiden Bestimmungen können aber nebeneinander laufen; es dürfte auch nichts dagegen stehen, daß ein und derselbe Sonderprüfer für die Prüfung aus § 142 und für die aus § 258 bestellt wird, sofern die voneinander abweichenden Auswahlbestimmungen des § 142 einerseits und § 258 andererseits auf die Person des Prüfers zutreffen.

Anm. 21

2. Gegenüber einer Nichtigkeit gemäß § 256

Kann der Sonderprüfungsantrag aus § 258 auch gegen einen Jahresabschluß gestellt werden, der gem. § 256, insbesondere § 256 Abs. 5, nichtig ist? Eine Nichtigkeit des Jahresabschlusses und zwar gerade auf Grund der letzteren Bestimmung wird in der Praxis wohl immer streitig und kaum durch den über den Sonderprüfungsantrag entscheidenden Richter, sondern erst im Verlauf der Sonderprüfung feststellbar sein. Wollte man die Sonderprüfung gegen einen nichtigen Jahresabschluß nicht zulassen, so müßte der Richter, wenn er die Nichtigkeit glaubt annehmen zu müssen, den Antrag auf Sonderprüfung ablehnen, und müßte der Sonderprüfer, wenn er die Nichtigkeit erkennt, entweder seine Tätigkeit einstellen oder das Gericht unterrichten, damit es den die Sonderprüfung anordnenden Beschluß aufhebt. Das könnte zur Folge haben, daß, wenn die Nichtigkeit des Jahresabschlusses in einer Nichtigkeitsklage verneint wird, oder wegen Versäumung der Frist des § 256 Abs. 6 die Nichtigkeit geheilt wird, die Sonderprüfung aus § 258 wegen der kurzen Frist des Abs. 2 nicht oder nicht mehr durchgeführt werden könnte. Infolgedessen wird man den Rechtsbehelf des § 258 ohne Rücksicht darauf zulassen müssen, ob der Jahresabschluß nach § 256 nichtig ist oder nicht. Dazu vgl. auch Adler-Düring-Schmaltz § 259 Rdn. 9; Frey WP 66, 640 und Voss S. 436. Dafür spricht auch der Wortlaut des § 258, der keinerlei Bezug auf § 256 nimmt. Es kann in der Praxis ja durchaus so sein, daß erst die Sonderprüfung eine nicht unwesentliche Unterbewertung feststellt und gleichzeitig das Material liefert, um das zur Nichtigkeit erforderliche weitere Tatbestandsmerkmal des § 256 Abs. 5 Ziff. 2 — vorsätzlich unrichtige Wiedergabe oder Verschleierung der Vermögens- und Ertragslage der Gesellschaft — feststellen zu können. Das gleiche kann sich für im Laufe der Sonderprüfung festgestellte Überbewertungen ergeben, die, wie § 259 Abs. 1 S. 2 anordnet, in den Sonderbericht aufzunehmen sind. Eine ähnliche Berichtspflicht für eine vorsätzlich unrichtige Wiedergabe oder Verschleierung der Vermögens- oder Ertragslage der Gesellschaft ordnet das Gesetz aber nicht an, so daß die Prüfer nicht verpflichtet sind, zu dieser Frage Stellung zu nehmen (Gail S. 104).

Werden während der Sonderprüfung oder des anschließenden gerichtlichen Verfahrens gemäß § 260 aus der Nichtigkeit des Jahresabschlusses gemäß § 256 Folgerungen gezogen und wird eine neuer Jahresabschluß erstellt, so erledigt sich die Sonderprüfung und das anschließende Verfahren. Wird während des Laufs der Sonderprüfung und/oder des gerichtlichen Verfahrens nach § 261 Feststellungsklage auf Nichtigkeit des Jahresabschlusses erhoben, so sind Sonderprüfung und/oder gerichtliches Verfahren in analoger Anwendung des § 148 ZPO auszusetzen. Wenn nach Rechtskraft der Feststellung oder des gerichtlichen Entscheids anstelle des nichtigen Jahresabschluseses ein neuer Jahresabschluß erstellt wird, so erübrigt sich ein Vorgehen aus § 261 Abs. 3 (vgl. § 261 Anm. 3).

§ 259 Prüfungsbericht. Abschließende Feststellungen

(1) Die Sonderprüfer haben über das Ergebnis der Prüfung schriftlich zu berichten. Stellen die Sonderprüfer bei Wahrnehmung ihrer Aufgaben fest, daß Posten überbewertet sind (§ 256 Abs. 5 Satz 2), oder daß gegen die Vorschriften über die Gliederung des Jahresabschlusses (§§ 151, 152, 157 bis 159) verstoßen ist oder Formblätter nicht beachtet sind, so haben sie auch darüber zu berichten. Für den Bericht gilt § 145 Abs. 4 sinngemäß.

(2) Sind nach dem Ergebnis der Prüfung die bemängelten Posten nicht unwesentlich unterbewertet (§ 256 Abs. 5 Satz 3), so haben die Sonderprüfer am Schluß ihres Berichts in einer abschließenden Feststellung zu erklären,

1. zu welchem Wert die einzelnen Aktivposten mindestens und mit welchem Betrag die einzelnen Passivposten höchstens anzusetzen waren;

2. um welchen Betrag sich der Jahresüberschuß beim Ansatz dieser Werte oder Beträge erhöht hätte.

Die Sonderprüfer haben ihrer Beurteilung die Verhältnisse am Stichtag des Jahresabschlusses zugrunde zu legen. Sie haben für den Ansatz der Werte und Beträge nach Nummer 1 diejenige Bewertungs- und Abschreibungsmethode zugrunde zu legen, nach der die Gesellschaft die zu bewertenden Gegenstände oder vergleichbare Gegenstände zuletzt in zulässiger Weise bewertet hat.

(3) Sind nach dem Ergebnis der Prüfung die bemängelten Posten nicht oder nur unwesentlich unterbewertet (§ 256 Abs. 5 Satz 3), so haben die Sonderprüfer am Schluß ihres Berichts in einer abschließenden Feststellung zu erklären, daß nach ihrer pflichtmäßigen Prüfung und Beurteilung die bemängelten Posten nicht unzulässig unterbewertet sind.

(4) Hat nach dem Ergebnis der Prüfung der Geschäftsbericht die Angaben nach § 160 Abs. 2 oder 3 nicht oder nicht vollständig enthalten und der Vorstand in der Hauptversammlung die fehlenden Angaben, obwohl nach ihnen

gefragt worden ist, nicht gemacht und ist die Aufnahme der Frage in die Niederschrift verlangt worden, so haben die Sonderprüfer am Schluß ihres Berichts in einer abschließenden Feststellung die fehlenden Angaben zu machen. Ist die Angabe von Änderungen von Bewertungs- oder Abschreibungsmethoden einschließlich der Vornahme außerplanmäßiger Abschreibungen oder Wertberichtigungen unterlassen worden, so ist in der abschließenden Feststellung auch der Betrag anzugeben, um den der Jahresüberschuß oder Jahresfehlbetrag ohne die Änderung, deren Angabe unterlassen wurde, höher oder niedriger gewesen wäre. Sind nach dem Ergebnis der Prüfung keine Angaben nach Satz 1 unterlassen worden, so haben die Sonderprüfer in einer abschließenden Feststellung zu erklären, daß nach ihrer pflichtmäßigen Prüfung und Beurteilung im Geschäftsbericht keine Angaben nach § 160 Abs. 2 oder 3 unterlassen worden sind.

(5) Der Vorstand hat die abschließenden Feststellungen der Sonderprüfer nach den Absätzen 2 bis 4 unverzüglich in den Gesellschaftsblättern bekanntzumachen.

Übersicht

Literatur

Vgl. Zusammenstellung zu § 258.

Anm. 1

Einleitung

Über den Sinn der Sonderprüfung wegen unzulässiger Unterbewertung und wegen Lücken im Geschäftsbericht vgl. § 258 Anm. 1. Während § 258 die Voraussetzung für die Sonderprüfung, das gerichtliche Anordnungsverfahren und die Bestellung der Sonderprüfer regelt, befaßt sich § 259 mit der Berichterstattung durch die Sonderprüfer und mit den von ihnen zu treffenden Feststellungen, womit indirekt ihre Aufgaben konkret umschrieben werden. Auch die Bestimmung des § 259 ist eine Neuerung des AktGes. 1965. Sie bedeutet im Ergebnis weitgehend eine Überprüfung des Abschlußprüfers und wirft damit problemgeladene berufsrechtliche Fragen auf, zumal der Abschlußprüfer keine Möglichkeit hat, seine Beurteilung der gerichtlichen Entscheidung gemäß § 260 zu unterstellen (vgl. hierzu Frey WP 66, 637; Adler-Düring-Schmaltz § 258 Rdn. 3 und § 259 Rdn. 1; Voss S. 465). Daß darunter die Arbeit des Sonderprüfers ebensowenig leiden darf wie die Präzision der von ihm zu berichtenden Prüfungsergebnisse, versteht sich aber von selbst. Das Auskunftsrecht des Sonderprüfers gegenüber dem Abschlußprüfer (§ 258 Abs. 5 S. 2) dürfte sich deshalb — mindestens berufsrechtlich — zu einer Verpflichtung des Sonderprüfers zur Kontaktnahme mit dem Abschlußprüfer und zur Darstellung von dessen Auffassung in dem Sonderprüfungsbericht erweitern.

I. Sonderprüfungsbericht

Anm. 2

1. Schriftlicher Bericht

Über das Ergebnis der Sonderprüfung ist schriftlich zu berichten, d. h. der Bericht muß schriftlich niedergelegt und von den Prüfern unterzeichnet werden. Sind mehrere Sonderprüfer bestellt, so ist das Naheliegendste, ebenfalls einen Bericht zu erstatten, in dem etwa abweichende Ansichten des einen oder anderen Prüfers zum Ausdruck zu bringen sind. Es steht aber auch nichts dagegen, mehrere Prüfungsberichte zu schreiben. Jeder Prüfer muß den gemeinschaftlichen oder seinen eigenen Bericht unterzeichnen. Mit der Unterzeichnung und der dann noch erforderlichen Übersendung an Vorstand und Gericht ist die Sonderprüfung beendet (§ 258 Anm. 19). Wegen der inhaltlichen Ausgestaltung des Berichtes gilt § 145 Abs. 4 entsprechend. Der Bericht muß also umfassend und ausführlich sein und seine Ausgestaltung nach dem Aktionär ausrichten, der die der Sonderprüfung unterliegenden Vorgänge nicht kennt (§ 145 Anm. 4; Adler-Düring-Schmaltz Rdn. 4). Auch für den Sonderbericht nach § 258 gelten keinerlei Schutzklauseln, so daß grundsätzlich in voller Offenheit auch hier zu berichten ist. Im öffentlichen Interesse geheim zu haltende Tatsachen dürfen auch hier nicht in den Bericht aufgenommen werden, wenn sie der Vorstand den Sonderprüfern auch mitzuteilen hat. Es ist Sache der Sonderprüfer, den Umfang der Mitteilungen der für die Gesellschaft etwa schädlichen Tatsachen im Hinblick auf den Zweck der Sonderprüfung und die Strafvorschriften des § 403 nach pflichtgemäßem Ermessen zu bestimmen. Dazu vgl. im einzelnen § 145 Anm. 5.

Anm. 3

2. Inhalt des Berichtes

Inhaltlich hat der Bericht die Feststellungen der Sonderprüfung über die ihr gem. § 258 Abs. 1 zur Prüfung aufgetragenen Gegenstände zu enthalten (§ 258 Anm. 18). Je nach dem Ergebnis der Sonderprüfung sind abschließende Feststellungen erforderlich, die in den Abs. 2 bis 4 behandelt sind (unten Anm. 5ff.). Abs. 1 S. 2 verlangt aber für den Fall entsprechender Feststellungen durch die Sonderprüfung noch weitere Angaben. Damit wird der Prüfungsauftrag nicht erstreckt und der Sonderprüfer nicht etwa verpflichtet, derartige Feststellungen in seine Prüfungstätigkeit einzubeziehen (Adler-Düring-Schmaltz § 258 Rdn. 32). Nur wenn bei Gelegenheit seiner Prüfungstätigkeit derartige Feststellungen anfallen, sind sie in den Bericht aufzunehmen. Es handelt sich dabei einmal um Überbewertungen von Aktiven oder Passiven im Sinne des § 256 Abs. 5 Ziff. 1, wobei die Überbewertung im Sinne des § 256 Abs. 5 S. 2 zu definieren ist. Dagegen ist bei Feststellung einer Unterbewertung eine Prüfungsfeststellung dahingehend, ob sie die Vermögens- und Ertragslage der Gesellschaft vorsätzlich unrichtig wiedergegeben oder verschleiert hat (§ 256 Abs. 5 Ziff. 2), auch dann nicht erfordert, wenn sie bei Wahrnehmung der Aufgaben der Prüfer getroffen worden ist. Zum anderen ist zu berichten, ob gegen die Gliederungsvorschriften des Jahresabschlusses (§§ 151/52, 157 bis 159) verstoßen ist, wobei eine Stellungnahme zur Frage, ob durch den Verstoß Klarheit und Übersichtlichkeit des Jahresabschlusses wesentlich beeinträchtigt werden, nicht verlangt ist. Und schließlich gilt das gleiche auch für die Nichtbeachtung von Formblättern. Eine Aufnahme dieser zusätzlichen Feststellungen in die abschließenden Bemerkungen nach Abs. 2 bis 4 ist dagegen auch für den Fall, daß der Prüfer eine Nichtigkeit des Jahresabschlusses wegen Überbewertung annimmt und daß eine Gewinnausschüttung wegen einer wesentlichen Unterbewertung in Frage steht, vom Wortlaut her nicht vorgeschrieben, vom Gesetzgeber offensichtlich auch nicht gewollt, weil er schon die Berichterstattung aus Abs. 1 S. 2 keineswegs auf alle im Rahmen des § 256 Abs. 4 für die Nichtigkeit wesentlichen Tatbestandsmerkmale erstreckt und sie nun einmal in die Ausgestaltung der abschließenden Feststellungen gem. § 259 Abs. 2 bis 4 nicht einbezieht (Scherpf Rdn. 822 und grundsätzlich auch Adler-Düring-

Schmaltz Rdn. 9, die aber bei der Gefahr einer zu hohen Gewinnausschüttung auf die wegen Überbewertung eingetretene Nichtigkeit hingewiesen wissen wollen). Auch aus der Veröffentlichungspflicht der abschließenden Feststellungen nach § 259 Abs. 5 kann nichts anderes hergeleitet werden (Voss S. 457). Zwar wird dann bei Feststellung einer wesentlichen Unterbewertung bei dem Aktionär gegebenenfalls der Eindruck erweckt, er könne mit einer zusätzlichen Ausschüttung rechnen, während sich eine derartige Ausschüttung aus einer gleichzeitig festgestellten Überbewertung anderer Bilanzpositionen heraus verbietet. Aber diese Gewinnausschüttung erfolgt ja nicht automatisch, sondern erfordert einen zusätzlichen Hauptversammlungsbeschluß gem. § 261 Abs. 3, vor dessen Fassung nicht nur die abschließenden Feststellungen, sondern auch der Prüfungsbericht selbst, der jedem Aktionär auf Anfordern zur Verfügung steht (§ 259 Abs. 1 S. 3 i. V. m. § 145 Abs. 4 S. 4) und beim Registergericht eingesehen werden kann, Gegenstand der Diskussion sind; außerdem wird eine Verwaltung, die die Feststellung der Überbewertung gelten läßt, gezwungen sein, die Nichtigkeit des Jahresabschlusses durch Vorlage eines neuen Abschlusses zu heilen, womit sich dann die aus den festgestellten Unterbewertungen zur Gewinnausschüttung zur Verfügung stehenden Beträge automatisch mit den Ertragsschmälerungen aus der Beseitigung der Überbewertungen kompensieren.

Anm. 4

3. Weiterbehandlung des Prüfungsberichtes

Die in Abs. 1 S. 3 vorgeschriebene sinngemäße Anwendung des § 145 Abs. 4 verpflichtet die Sonderprüfer, ihren Bericht nach Fertigstellung unverzüglich dem Vorstand und zum Handelsregister des Gesellschaftssitzes einzureichen. Hierzu vgl. § 145 Anm. 6. Der Vorstand ist verpflichtet, auf Verlangen jedem Aktionär eine Abschrift des Berichtes zu erteilen, § 145 Anm. 8. Außerdem hat der Vorstand den Bericht dem Aufsichtsrat vorzulegen, der sich, da der von ihm gem. § 171 Abs. 1 geprüfte und gegebenenfalls gem. § 172 S. 1 festgestellte Jahresabschluß und Geschäftsbericht betroffen wird, mit dem Bericht in einer Sitzung zu beschäftigen haben wird. Schließlich ist der Bericht bei der Einberufung der nächsten Hauptversammlung als Gegenstand der Hauptversammlung bekanntzumachen, § 145 Anm. 7. Diese Bekanntmachung ermöglicht ohne weitere Ankündigung eine Beschlußfassung der Hauptversammlung gem. § 261 Abs. 3. Allerdings werden Vorstand und Aufsichtsrat gehalten sein, hierzu gem. § 124 Abs. 3 der Hauptversammlung einen Vorschlag zu unterbreiten und damit diesen Punkt gesondert in die Tagesordnung aufzunehmen (§ 261 Anm. 13).

II. Abschließende Feststellungen

Anm. 5

Ebenso wie bei der Abschlußprüfung für das abschließende Ergebnis der Prüfung gem. § 167 Abs. 1 und 2 genau angegebene Feststellungen im Prüfungsbericht vorgeschrieben sind, schreibt Abs. 2 bis 4 je nach dem Ergebnis der Sonderprüfung die Aufnahme konkreter abschließender Feststellungen in dem Bericht vor, die möglichst klar und eindeutig die den Sonderprüfern gestellten Fragen beantworten. Sie sind gem. Abs. 5 (Anm. 12) in den Gesellschaftsblättern bekanntzumachen; sie allein sind, soweit sie Unterbewertungen — nicht aber auch Lücken im Geschäftsbericht — betreffen, Gegenstand eines möglichen gerichtlichen Verfahrens nach § 260, und sie führen bei Bejahung einer Unterbewertung nach „Rechtskraft" zu bilanziellen Auswirkungen gem. § 261. Mit Rücksicht auf diese Weiterbehandlung sollte die Fassung der abschließenden Feststellungen möglichst kurz und klar im Anschluß an die Formulierung der Abs. 2 bis 4 erfolgen, wobei für komplizierte Tatbestände durchaus auf den Sonderprüfungsbericht Bezug genommen werden kann.

Anm. 6

1. Bei wesentlicher Unterbewertung

Hier dürfen sich die Sonderprüfer nicht darauf beschränken, die nicht unwesentlichen Unterbewertungen festzustellen, sondern sie haben zu erklären, zu welchem Wert die bemängelten Aktivposten mindestens und die bemängelten Passivposten höchstens anzusetzen sind und um welchen Betrag sich der Jahresüberschuß bei entsprechendem Ansatz erhöht hätte. Für den Begriff „Unterbewertung" wird dabei auf die Legaldefinition des § 256 Abs. 5 S. 3 verwiesen, auf dessen Erläuterungen in § 256 Bezug genommen wird.

Hinsichtlich der den abschließenden Feststellungen und damit natürlich auch der gesamten Prüfung zugrunde zu legenden Bewertungsmaßstäbe bestimmt Abs. 2 S. 3, daß diejenige Bewertungs- und Abschreibungsmethode zugrunde zu legen ist, nach der die Gesellschaft die zu bewertenden oder vergleichbare Gegenstände zuletzt in zulässiger Weise bewertet hat. Diese Formulierung wie auch das Erfordernis der Angabe von Höchst- bzw. Mindestwerten zeigt, daß die Sonderprüfung die bemängelten Posten nicht einfach mit den Werten einsetzen darf, die sie für angemessen hält (Baumbach-Hueck, Rdn. 2), sondern daß den Bewertungsmethoden zu folgen ist, die dem Jahresabschluß zulässigerweise zugrunde gelegt worden sind. Die Entscheidung innerhalb des der Gesellschaft etwa zustehenden Wahlrechtes für die Bewertung ist also auch für die Sonderprüfung bindend (Frey WP 66, 638). Ist die von der Gesellschaft gewählte zulässige Methode nur unrichtig angewendet, so haben die Sonderprüfer nur den Anwendungsfehler zu berichtigen (Frey a. a. O.; a. M. Voss S. 464, der bei einem Fehler in der angewandten, an sich zulässigen Bewertungsmethode auf die frühere Methode zurückgegangen wissen will). Ist dagegen die gewählte Methode unzulässig, so haben die Sonderprüfer die letzte zulässige Methode der zurückliegenden Jahresabschlüsse anzuwenden, auch wenn sie mehrere Jahre alt ist. Ist die Methode aus der Bewertung selbst nicht ohne weiteres zu erkennen, so ist auf den Geschäftsbericht zurückzugreifen, der gem. § 160 Abs. 2 S. 2 selbst oder in den letzten drei Jahren die Bewertungs- und Abschreibungsmethoden so vollständig anzugeben hat, wie es zur Erreichung eines möglichst sicheren Einblickes in die Vermögens- und Ertragslage der Gesellschaft erforderlich ist. Läßt sich eine zulässige Bewertungsmethode für die bemängelten oder vergleichbare Vermögensgegenstände nicht feststellen, so haben die Sonderprüfer diejenige zulässige Methode zu wählen, die der dem Jahresabschluß zugrundegelegten am nächsten kommt. Bei all dem ist mit der Bindung der Sonderprüfung an die von der Gesellschaft gewählte Methode wirklich nur die Methode und nicht etwa die Stellungnahme in umstrittenen Bewertungsfragen gemeint. Hat die Gesellschaft z. B. Gemeinkosten bei selbsthergestellten Anlagegegenständen überhaupt nicht berücksichtigt (vgl. zu dieser Frage § 153 Anm. 47/48), sind die Sonderprüfer aber der Auffassung, daß die Gemeinkosten, sei es ganz, sei es teilweise, berücksichtigt werden müssen, so sind sie, weil es hier nicht um ein Wahlrecht über Bewertungsmethoden, sondern um Stellungnahme zu umstrittenen Bewertungsfragen geht, selbstverständlich an die Handhabung der Gesellschaft nicht gebunden (zweifelnd Frey WP 66, 634). Das gilt grundsätzlich auch für Ermessensentscheidungen innerhalb der Bewertung, wenn Voss S. 462 auch mit Recht darauf hinweist, es sollte allgemeine Richtschnur für die Sonderprüfer sein, den Ermessensspielraum zugunsten der Bewertung der Gesellschaft bis an die nach Erachten der Prüfer noch erlaubten Grenzen auszunutzen und danach den festgestellten Wertansatz zu beurteilen.

Wegen der von dem Sonderprüfer festzustellenden Wesentlichkeit der Unterbewertung vgl. § 258 Anm. 4. Hier liegt, wie Adler-Düring-Schmaltz § 258 Rdn. 42 betonen, ein nach billigem sachverständigen Ermessen auszufüllender Entscheidungsspielraum für den Sonderprüfer vor.

Des weiteren bestimmt Abs. 2 S. 2, daß die Sonderprüfer ihrer Beurteilung die Verhältnisse am Stichtag des Jahresabschlusses zugrunde zu legen haben (§ 40 Abs. 2 HGB). Damit wird das Stichtagsprinzip, das für die Jahresbilanz gilt, mit Rücksicht darauf besonders betont, daß die Sonderprüfung meist ja erst viele Monate nach dem

Bilanzstichtag, der Bilanzerstellung und der Abschlußprüfung liegt. Diese Regelung bindet den Sonderprüfer, wie Frey WP 66, 638 mit Recht betont, an die Erkenntnisquellen, die bei der Erstellung und Prüfung der Bilanz berücksichtigt werden konnten. Auch wenn zwischen Abschluß- und Sonderprüfung weitere Erkenntnismöglichkeiten, z. B. über die Bonität eines Schuldners, die Entwicklung der Rohstoffmärkte, die Aussichten eines Prozesses usw., dazugekommen sind, können sie nicht zur Feststellung einer Unterbewertung führen, wenn die bei Aufstellung des Jahresabschlusses vorhandenen Kenntnisquellen ordnungsgemäß genutzt worden sind (Adler-Düring-Schmaltz § 258 Rdn. 38). Andernfalls gingen Bilanzaufstellung und Sonderprüfung von verschiedenen Grundlagen aus.

Vorschläge wegen der Formulierung der abschließenden Feststellungen bei Annahme einer nicht unwesentlichen Unterbewertung vgl. Adler-Düring-Schmaltz Rdn. 13.

Anm. 7

Die weitere in § 259 Abs. 2 S. 1 Ziff. 2 verlangte Feststellung geht dahin, um welchen Betrag sich der Jahresüberschuß bei dem aus der Sonderprüfung sich ergebenden Ansatz der bemängelten Posten erhöht hätte. Die Erhöhung des Jahresüberschusses steht die Verminderung des Jahresfehlbetrages gleich. Diese Summe braucht keineswegs mit der Bewertungsdifferenz selbst überein zu stimmen. Sie wird sich in aller Regel ermäßigen durch gewinnabhängige Steuern und Tantiemen, gegebenenfalls auch um Gewinnabführungen, wenn entsprechende Unternehmensverträge bestehen. Der Grund für das Erfordernis dieser Angabe liegt darin, eine Grundlage für die Entscheidung nach § 261 zu erhalten. Trotzdem ist der gem. § 259 Abs. 2 S. 1 Ziff. 2 anzugebende Erhöhungsbetrag nicht mit dem Ertrag auf Grund höherer Bewertung nach § 261 identisch, der zusätzlich die zwischenzeitliche Entwicklung zu berücksichtigen hat (§ 261 Anm. 5 ff.). Eine Kürzung durch Beseitigung von in nicht kompensierbaren anderen Bilanzpositionen (§ 258 Anm. 3) enthaltenen Überbewertungen hat dagegen nicht zu erfolgen. Überhaupt ist eine nach Ansicht der Sonderprüfung etwa aus § 256 Abs. 5 folgende Nichtigkeit des Jahresabschlusses auch bei den abschließenden Feststellungen einer Unterbewertung völlig außer acht zu lassen (§ 258 Anm. 21) und auch nicht in den Text der abschließenden Feststellung aufzunehmen (oben Anm. 3). Die gem. Ziff. 2 des § 259 Abs. 2 S. 1 zu treffende Feststellung ist übrigens nicht Gegenstand eines gerichtlichen Verfahrens nach § 260.

Anm. 8

2. Bei Verneinung einer wesentlichen Unterbewertung

Für diesen Fall schreibt Abs. 3 vor, daß am Schluß des Sonderprüfungsberichtes die Erklärung aufzunehmen ist, nach pflichtmäßiger Prüfung und Beurteilung seien die bemängelten Posten nicht unzulässig unterbewertet. Diese Formulierung ist auch dann zu verwenden, wenn eine Unterbewertung zwar festgestellt, diese aber nicht als wesentlich angesehen wurde. Sie bestätigt mit ihrer Fassung die in § 258 Anm. 4 dargelegte Auffassung, daß die Bedeutsamkeit einer Unterbewertung immer nur nach dem Bilanzposten selbst, nicht aber nach der Größe des Unternehmens, der Höhe der Bilanzsumme oder sonstigen außerhalb des Bilanzpostens selbst liegenden Gründen beurteilt werden kann. Auch diese abschließende Feststellung kann Gegenstand eines gerichtlichen Verfahrens gem. § 260 sein, und zwar einerlei, ob die Verneinung der Unterbewertung oder die ihrer Bedeutsamkeit angegriffen wird. Wegen der Bewertungsmaßstäbe und des Bewertungsstichtages gelten die Ausführungen in Anm. 6 und 7.

Anm. 9

3. Bei Lücken des Geschäftsberichtes

Wird von den Sonderprüfern festgestellt, daß im Geschäftsbericht Angaben nach § 160 Abs. 2 und 3 fehlen, die fehlenden Angaben vom Vorstand auf Fragen in der

Hauptversammlung nicht gemacht worden sind und die Aufnahme der Fragen in die Niederschrift gem. § 131 Abs. 5 verlangt worden ist, so sind am Schluß des Berichts die fehlenden Angaben zu machen, und zwar so, wie sie gem. § 160 Abs. 2 und 3 in dem Geschäftsbericht zu machen gewesen wären. Wenn die Lücke des Geschäftsberichts wesentliche Änderungen von Bewertungs- und Abschreibungsmethoden einschließlich der Vornahme außerplanmäßiger Abschreibungen oder Wertberichtigungen betrifft — waren die Änderungen unwesentlich, so war nach § 160 Abs. 2 S. 4 nicht zu berichten und liegt keine Lücke des Geschäftsberichts vor —, so sind nicht nur die fehlenden Angaben nachzuholen, sondern ist auch die nach § 160 Abs. 2 S. 5 erforderte Unterschiedssumme anzugeben, also der Betrag mitzuteilen, um den der Jahresüberschuß oder Jahresfehlbetrag oder die Änderung, deren Angabe unterlassen wurde, höher oder niedriger gewesen wäre. Jedoch gelten hier die in § 160 Abs. 2 S. 5 genannten Grenzen (10% des Jahresüberschusses oder Jahresfehlbetrages sowie 0,5% des Grundkapitals) nicht, die Zahlenangaben sind vielmehr stets zu machen. Die Errechnung des Unterschiedsbetrages erfolgt in gleicher Weise wie im Rahmen des § 160 Abs. 2 S. 5 (§ 160 Anm. 22).

Wegen des Musters einer entsprechenden Formulierung vgl. Adler-Düring-Schmaltz Rdn. 18 und 19.

Die abschließende Feststellung der Sonderprüfung ist bei Annahme einer Lücke im Geschäftsbericht endgültig und kann nicht einem Verfahren gem. § 260 unterstellt werden.

Anm. 10

4. Bei Vollständigkeit des Geschäftsberichtes

Für diesen Fall schreibt § 259 Abs. 4 S. 3 eine abschließende Feststellung des Sonderprüferberichtes dahin vor, daß nach pflichtmäßiger Prüfung und Beurteilung der Sonderprüfer im Geschäftsbericht keine Angaben nach § 160 Abs. 2 oder 3 unterlassen worden sind. Die bemängelten Lücken brauchen in der abschließenden Feststellung nicht genannt zu werden. Wegen des Musters einer derartigen Feststellung vgl. Adler-Düring-Schmaltz Rdn. 20. Allerdings geht die gesetzlich vorgesehene Formulierung wohl zu weit; denn die Prüfer haben den Geschäftsbericht nur hinsichtlich der als fehlend bemängelten Angaben nachzuprüfen, während die Formulierung der abschließenden Feststellung den Eindruck erweckt, der ganze Bericht sei nachgeprüft. Hier muß wohl eine Einschränkung eingefügt werden (Voss S. 467).

Auch diese abschließende Feststellung ist endgültig und kann einem Verfahren nach § 260 nicht unterworfen werden.

Anm. 11

5. Bei Prüfung einer Unterbewertung und einer Berichtslücke

Wird sowohl wegen Unterbewertung wie wegen einer Lücke im Geschäftsbericht Sonderprüfung beantragt, so kann das Gericht — und wird dies in aller Regel auch tun — eine einheitliche Sonderprüfung anordnen (§ 258 Anm. 13). Die abschließenden Feststellungen einer derartigen Sonderprüfung haben die Vorschriften des Abs. 2 und 4 gemeinsam zu beachten (Godin-Wilhelmi Anm. 5; Baumbach-Hueck Rdn. 6; Adler-Düring-Schmaltz Rdn. 21). Wegen des Musters einer derartigen abschließenden Feststellung vgl. Adler-Düring-Schmaltz Rdn. 21. Das gerichtliche Verfahren nach § 260 kann in diesem Falle nur gegen die die Unterbewertung betreffende abschließende Feststellung gerichtet werden.

Anm. 12

6. Bekanntmachung

Nach Abs. 5 hat der Vorstand die abschließenden Feststellungen gem. Abs. 2 bis 4 unverzüglich in den Gesellschaftsblättern (§ 25) bekanntzumachen. Für die Bekanntmachung ist die Fassung der Sonderprüfer maßgebend. Auf den Sonderprüfungsbericht ist mit Datumsangabe hinzuweisen, zweckmäßigerweise auch darauf, daß der Sonderprüfungsbericht beim Handelsregister liegt und jedem Aktionär auf Verlangen zur Verfügung steht. Die Bekanntmachung im Bundesanzeiger löst die Frist für die Anrufung des Gerichts gem. § 260 Abs. 1 S. 1 aus. Die Bekanntmachung steht unter Ordnungsstrafrecht nach § 407 Abs. 1 Außerdem macht der Vorstand sich durch Unterlassung oder Verzögerung gem. § 93 ersatzpflichtig.

§ 260 Gerichtliche Entscheidung über die abschließenden Feststellungen der Sonderprüfer

(1) Gegen abschließende Feststellungen der Sonderprüfer nach § 259 Abs. 2 und 3 können die Gesellschaft oder Aktionäre, deren Anteile zusammen den zwanzigsten Teil des Grundkapitals oder den Nennbetrag von einer Million Deutsche Mark erreichen, innerhalb eines Monats nach der Veröffentlichung im Bundesanzeiger den Antrag auf Entscheidung durch das nach § 132 Abs. 1 zuständige Gericht stellen. § 258 Abs. 2 Satz 4 und 5 gilt sinngemäß. Der Antrag muß auf Feststellung des Betrags gerichtet sein, mit dem die im Antrag zu bezeichnenden Aktivposten mindestens oder die im Antrag zu bezeichnenden Passivposten höchstens anzusetzen waren. Der Antrag der Gesellschaft kann auch auf Feststellung gerichtet sein, daß der Jahresabschluß die in der abschließenden Feststellung der Sonderprüfer festgestellten Unterbewertungen nicht enthielt.

(2) Über den Antrag entscheidet das Gericht unter Würdigung aller Umstände nach freier Überzeugung. § 259 Abs. 2 Satz 2 und 3 ist anzuwenden. Soweit die volle Aufklärung aller maßgebenden Umstände mit erheblichen Schwierigkeiten verbunden ist, hat das Gericht die anzusetzenden Werte oder Beträge zu schätzen.

(3) § 99 Abs. 1, Abs. 2 Satz 1, Abs. 3 und 5 gilt sinngemäß. Das Gericht hat seine Entscheidung der Gesellschaft und, wenn Aktionäre den Antrag nach Absatz 1 gestellt haben, auch diesen zuzustellen. Es hat sie ferner ohne Gründe in den Gesellschaftsblättern bekanntzumachen. Die Beschwerde steht der Gesellschaft und Aktionären zu, deren Anteile zusammen den zwanzigsten Teil des Grundkapitals oder den Nennbetrag von einer Million Deutsche Mark erreichen. § 258 Abs. 2 Satz 4 und 5 gilt sinngemäß. Die Beschwerdefrist beginnt mit der Bekanntmachung der Entscheidung im Bundesanzeiger, jedoch für die Gesellschaft und, wenn Aktionäre den Antrag nach Absatz 1 gestellt haben, auch für diese nicht vor der Zustellung der Entscheidung.

(4) Für die Kosten des Verfahrens gilt die Kostenordnung. Für das Verfahren des ersten Rechtszugs wird das Doppelte der vollen Gebühr erhoben. Für den zweiten Rechtszug wird die gleiche Gebühr erhoben; dies gilt auch dann, wenn die Beschwerde Erfolg hat. Wird der Antrag oder die Beschwerde zurückgenommen, bevor es zu einer Entscheidung kommt, so ermäßigt sich die Gebühr auf die Hälfte. Der Geschäftswert ist von Amts wegen festzusetzen. Die Kosten sind, wenn dem Antrag stattgegeben wird, der Gesellschaft, sonst dem Antragsteller aufzuerlegen. § 247 gilt sinngemäß.

Übersicht

Literatur

Vgl. Zusammenstellung zu § 258.

Anm. 1

Einleitung

§ 260 sieht für den Fall der Sonderprüfung, die sich auf eine Unterbewertung erstreckt, ein gerichtliches Verfahren vor, wenn entweder die Gesellschaft oder eine Minderheit von Aktionären die abschließenden Feststellungen der Sonderprüfung nicht anerkennen. Diesen Rechtsbehelf gibt es bei der Sonderprüfung wegen Lücken im Geschäftsbericht nicht. Zwar gäbe es entgegen Godin-Wilhelmi Anm. 1 sehr wohl auch hier je nach Ausfall der abschließenden Feststellungen, sei es für die Gesellschaft, sei es für eine Aktionärsminderheit, eine Beschwer (so auch Baumbach-Hueck Rdn. 2). Aber diese Feststellungen haben keine unmittelbaren finanziellen Auswirkungen, wie der Gesetzgeber sie bei Unterbewertung als Sicherung des Verbots der Bildung stiller Reserven durch § 261 wollte. Deshalb ist es sowohl der antragstellenden Aktionärsminderheit zumutbar, sich mit einer Berichtsfassung zufrieden zu geben, die nach Auffassung von Verwaltung, Abschlußprüfer und Sonderprüfer den gesetzlichen Bestimmungen genügt, wie auch für die Gesellschaft tragbar, die gem. § 259 Abs. 5 doch bereits veröffentlichte Ergänzung — die Veröffentlichung kann als Tatsache sowieso nicht rückgängig gemacht werden — ohne Rechtsmittel hinzunehmen.

Für die eine Unterbewertung betreffende abschließende Feststellung bringt das Verfahren nach § 260 zwar die Möglichkeit einer weiteren Verzögerung (kritisch zu seiner Zulassung Baumbach-Hueck Rdn. 1). Der Bericht der Bundestagsausschüsse, auf die die ganze Regelung der §§ 256ff. entscheidend zurückgeht, gibt zwar der Erwartung Ausdruck (Kropff S. 344), „daß die Ergebnisse der Sonderprüfung vielfach von allen Beteiligten anerkannt werden, so daß es gar nicht mehr zu einem gerichtlichen Verfahren kommt". Ob diese Erwartung aber richtig ist, konnte bisher nicht festgestellt werden, weil bislang Sonderprüfungen nach §§ 258ff. nicht bekanntgeworden sind (§ 258 Anm. 1; Schimmelbusch WP 72, 141ff.).

I. Antrag auf gerichtliche Entscheidung

Anm. 2

1. Gegenstand des gerichtlichen Antrages

Allein die gem. § 259 Abs. 2 und 3 getroffene abschließende Feststellung der Sonderprüfer kann Gegenstand eines Antrages auf gerichtliche Entscheidung sein. Es können also nicht Passagen aus dem Sonderprüfungsbericht, einzelne oder auch Schlußfeststellungen oder nebenbei gem. § 259 Abs. 1 S. 2 festgestellte Überbewertungen oder Gliederungsverstöße oder Nichtgebrauch von Formularen angefochten werden, sondern nur das, was § 259 Abs. 2 und 3 als abschließende Feststellung der Sonderprüfer verlangt (§ 259 Anm. 6 bis 8). Auch das ist bei der abschließenden Feststellung einer Unterbewertung noch insoweit eingeschränkt, als die nach § 259 Abs. 2 S. 1 Ziff. 2 erforderte Feststellung, um welchen Betrag sich der Jahresüberschuß erhöht hätte, nicht Gegenstand des gerichtlichen Verfahrens nach § 260 sein kann (§ 259 Anm. 7; Scherpf Rdn. 809; Godin-Wilhelmi Anm. 4). Diese Erhöhung ist in Abs. 1 S. 3 und 4 als Gegenstand des Verfahrens nicht genannt, ist auch, da sie nur eine rechenmäßige Ableitung aus festzustellenden Unterbewertungen ist, die mit dem „Ertrag aus höherer Bewertung" im Sinne des § 261 Abs. 3 nicht identisch zu sein braucht (§ 259 Anm. 7; § 261 Anm. 5 ff.), von minderer Bedeutung und erfordert deshalb auch von der Sache her keine Einbeziehung in das gerichtliche Antragsverfahren nach § 260. Schließlich können auch die abschließenden Feststellungen nach § 259 Abs. 4 über Lücken des Geschäftsberichts nicht zum Gegenstand des gerichtlichen Verfahrens gemacht werden (Anm. 1). Gegenstand des Verfahrens nach § 260 ist somit allein die Feststellung, zu welchem Wert die Aktivposten mindestens und die Passivposten höchstens anzusetzen sind (§ 259 Abs. 2 S. 1 Ziff. 1) und daß die bemängelten Posten nicht oder nur unwesentlich unterbewertet sind (§ 259 Abs. 3).

Die abschließenden Feststellungen der Sonderprüfer können auch nicht Gegenstand einer Feststellungsklage zwischen Gesellschaft und Sonderprüfer sein. Soweit gegen sie gemäß dem Vorhergesagten das Antragsverfahren nach § 260 gegeben ist, fehlt es insoweit für ein Feststellungsverfahren schon an dem Rechtsschutzinteresse, im übrigen geht es auch nicht um das Bestehen oder Nichtbestehen eines Rechtsverhältnisses, sondern um Tatsachen, die nicht Gegenstand einer Feststellungsklage sein können (Voss S. 468; a. M. Frey WP 66, 640; Scherpf Rdn. 809). Aus diesem Grunde können auch Personen, die gem. § 260 nicht antragsberechtigt sind (Anm. 3), z. B. die Abschlußprüfer, keine Feststellungsklage erheben.

Anm. 3

2. Antragsberechtigung

Antragsberechtigt für § 260 ist nur die Gesellschaft oder eine Aktionärsminderheit. Die Gesellschaft wird dabei durch den Vorstand vertreten. Ob er die Zustimmung des Aufsichtsrates benötigt, ist nicht, wie Adler-Düring-Schmaltz Rdn. 2 meinen, eine Frage der Satzung oder Geschäftsordnung des Vorstandes, sondern ganz allgemein zu bejahen, weil der Aufsichtsrat im Rahmen der §§ 172, 173 an der Feststellung des Jahresabschlusses beteiligt war und mithin durch die abschließende Feststellung im Sinne des § 259 Abs. 2 und 3 unmittelbar in seiner Zuständigkeit betroffen wird (§ 259 Anm. 4). Allerdings gibt § 260 Abs. 1 S. 1 das Antragsrecht nur der Gesellschaft und nicht den beteiligten Organen „Vorstand" oder „Aufsichtsrat" oder deren Mitgliedern, wie etwa in § 245 Ziff. 4 und 5 für das Anfechtungsrecht geregelt. Das Antragsrecht einer Aktionärsminderheit ist in § 260 analog dem Antragsrecht für die Sonderprüfung in § 258 Abs. 2 S. 3 geregelt: Die Minderheit muß 5% des Grundkapitals oder DM 1.000.000,— Nennbetrag Aktien erreichen. Wegen der Berechnung vgl. § 258 Anm. 10. Auch hier ist Stichtag für die Berechnung des Grundkapitals der Tag der Hauptversammlung, die den Jahresabschluß verabschiedet hat (Baumbach-Hueck Rdn. 4; Adler-Düring-Schmaltz Rdn. 4; Frey WP 66, 640; a. M. Godin-Wilhelmi Anm. 2 und 3, die für die Antragsberechtigung auf den Tag der Veröffentlichung der abschließenden Feststellungen im Bundesanzeiger abstellen wollen). Jedoch ist, worauf Baumbach-Hueck Rdn. 4 mit Recht verweisen, auch das Antragsverfahren nach § 260 nur die Fortsetzung des mit dem Antrag auf Sonderprüfung eröffneten Angriffs gegen den Jahresabschluß, so daß nur ein fester Bezugspunkt für das gesamte Verfahren einschließlich gerichtlichen Antrags- und Beschwerdeverfahrens gelten kann. Deshalb kann auch eine Änderung der Kapitalverhältnisse während des Laufes des Gesamtverfahrens die Antragsberechtigung nicht ändern und muß es für die Berechnung der Prozentziffer des Grundkapitals auf die Kapitalverhältnisse z. Zt. der den Jahresabschluß verabschiedenden Hauptversammlung abgestellt werden. Dagegen braucht die Minderheit des § 260 Abs. 1 S. 1 aber nicht identisch zu sein mit der des § 258 Abs. 2 S. 3, die den Sonderprüfungsantrag gestellt hat, oder mit der des § 260 Abs. 3 S. 4, die später Beschwerde einlegt (Baumbach-Hueck Rdn. 4; Adler-Düring-Schmaltz Rdn. 3; Scherpf Rdn. 810). Für die auch im Rahmen des Antrages nach § 260 Abs. 1 durch Bezugnahme auf § 258 Abs. 3 S. 4 angeordnete Hinterlegungspflicht für die Aktien der Minderheit folgt daraus, daß die Hinterlegung als Voraussetzung der Antragsberechtigung aus § 260 Abs. 1 nur für die Dauer des erstinstanzlichen Verfahrens erforderlich ist; soll Beschwerde eingelegt werden, so muß hier erneut eine Hinterlegung auf die Dauer des Beschwerdeverfahrens erfolgen (Anm. 10). Wegen der Hinterlegung im einzelnen vgl. § 258 Anm. 10 und § 142 Anm. 12 bis 14. Schließlich haben die zur antragstellenden Minderheit gehörenden Aktionäre gemäß dem für anwendbar erklärten § 258 Abs. 2 S. 4 und 5 — mindestens durch eine vor einem Gericht oder Notar abgegebene eidesstattliche Versicherung — glaubhaft zu machen, daß sie seit drei Monaten vor dem Tage der Hauptversammlung — und nicht nur vor dem Tag der Antragstellung gem. § 260 Abs. 1, wie Godin-Wilhelmi Anm. 2 und 3 meinen (vgl. oben), — Inhaber der Aktien sind. Auch hier ist auf § 142 Anm. 12 bis 14 und § 258 Anm. 10 zu verweisen.

Anm. 4

3. Inhalt des Antrages

Abs. 1 S. 3 sagt zunächst — ohne Einschränkung auf einen Antragsteller —, der Antrag müsse auf Feststellung des Betrages gerichtet sein, mit dem die bemängelten Aktivposten mindestens und Passivposten höchstens einzusetzen waren, um alsdann in S. 4 zu bestimmen, der Antrag der Gesellschaft könne „auch" auf die Feststellung gerichtet sein, die in der abschließenden Feststellung der Sonderprüfer festgestellten Unterbewertungen lägen im Jahresabschluß nicht vor. Diese gesetzliche Fassung hat zu Auslegungsschwierigkeiten geführt (vgl. Baumbach-Hueck Rdn. 3 und 4; Godin-Wilhelmi Anm. 4; Adler-Düring-Schmaltz Rdn. 8 und 9). Legt man den nicht ganz umfassenden und klaren Wortlaut entsprechend dem Sinn der Regelung, der Interessenlage der Antragsteller — die Aktionärsminderheit muß eine möglichst hohe Unterbewertung und die Gesellschaft eine nicht oder nur mit niedrigeren Beträgen anzusetzende Unterbewertung erstreben — und damit auch dem Schutzbedürfnis der in Betracht kommenden beiden Antragsteller aus, so ergibt sich folgendes: Die antragstellende Minderheit kann beantragen, daß die abschließenden Feststellungen der Sonderprüfer zu Unrecht keine, nur eine nicht wesentliche oder eine zu niedrige Unterbewertung festgestellt haben (Baumbach-Hueck Rdn. 5); sie kann dagegen, auch wenn sie mit der die Sonderprüfung beantragenden Minderheit nicht identisch ist (Anm. 3), nicht beantragen, die von den Sonderprüfern festgestellten Unterbewertungen seien zu hoch (zweifelnd Adler-Düring-Schmaltz Rdn. 8). Das widerspricht der vom Gesetz doch wohl unterstellten Interessenlage der Minderheit, so daß, worauf Adler-Düring-Schmaltz a. a. O. selbst hinweisen, ein Rechtsschutzbedürfnis fehlen dürfte, auch wenn die Formulierung des Abs. 1 S. 3 einen derartigen Antrag zuzulassen scheint. Außerdem muß der Antrag gem. § 260 als Einheit mit dem Sonderprüfungsantrag gem. § 258 gesehen werden, bei dem die antragstellende Minderheit, mag sie im Laufe des Verfahrens in ihrer Zusammensetzung auch wechseln, auf die Feststellung einer möglichst hohen Unterbewertung abzielt, um über § 261 einen möglichst hohen Ertrag aus höherer Bewertung zur Verteilung bringen zu können. Die Gesellschaft kann beantragen, daß die abschließenden Feststellungen des Sonderprüfers zu Unrecht überhaupt eine, eine nicht unwesentliche oder eine zu hohe Unterbewertung festgestellt hätten (Baumbach-Hueck Rdn. 3; Godin-Wilhelmi Anm. 4). Die Gesellschaft kann also nur vom Sonderprüfer festgestellte Unterbewertungen als nicht vorhanden, nicht wesentlich oder zu hoch angreifen, kann dagegen nicht, auch wenn insoweit die Formulierung des Abs. 1 S. 3 und 4 einen derartigen Antrag zuzulassen scheint, entgegen dem Sonderprüfungsbericht die Feststellung von Unterbewertungen oder höheren Unterbewertungen beantragen. Denn §§ 258 ff. sind kein Instrument für die Gesellschaft, einen festgestellten Jahresabschluß abzuändern oder über § 256 zu Fall zu bringen, sondern geben der Gesellschaft nur eine Verteidigungsmöglichkeit gegen einen im Sonderprüfungsbericht zunächst ganz oder teilweise erfolgreichen Antrag der Aktionärsminderheit. Dann aber wird man auch annehmen müssen, daß die Gesellschaft die abschließenden Feststellungen mit dem Antrag angreifen kann, sie erklärten zu Unrecht eine — unbestritten bleibende — Unterbewertung als wesentlich (a. M. Voss S. 468). Das widerspricht zwar der Formulierung des Abs. 1 S. 4, wird aber durch Sinn und Zweck des der Gesellschaft gewährten Antragsrechtes gedeckt. Dafür, daß die Frage der Charakterisierung einer Unterbewertung als wesentlich oder unwesentlich ganz aus der gerichtlichen Beurteilung herausgenommen werden sollte, sind sinnvolle Gründe nicht zu sehen.

In ihrer Formulierung müssen die Anträge auf feste Höchst- bzw. Mindestbeträge für die bemängelten Posten oder auf Verneinung jeder wesentlichen Unterbewertung lauten. Die Feststellung der Höchst- oder Mindestbeträge kann also nicht dem Ermessen des Gerichts überlassen werden, sondern die Antragsteller müssen ihrerseits feste Beträge nennen, hinter denen das Gericht aber, wenn es sie nicht für voll berechtigt hält, zurückbleiben kann.

Der Antrag auf gerichtliche Entscheidung kann in jedem Stadium des Verfahrens zurückgenommen und auch eingeschränkt, dagegen nicht erweitert werden; denn der Umfang der Anfechtung der abschließenden Feststellungen wird durch den fristgebundenen Antrag nach oben beschränkt.

Anm. 5

4. Frist

Der Antrag ist innerhalb eines Monats nach der Veröffentlichung der abschließenden Feststellungen im Bundesanzeiger (§ 259 Abs. 5) zu stellen, und zwar muß er binnen dieser Frist eingehen. Auf die Veröffentlichung in weiteren Gesellschaftsblättern kommt es nicht an. Für die Fristberechnung gelten die Vorschriften der §§ 187ff. BGB. Die Frist ist eine Ausschlußfrist. Eine Wiedereinsetzung bei Versäumnis aus höherer Gewalt ist nicht vorgesehen. Ist die Frist verstrichen, so werden die abschließenden Feststellungen des Sonderprüfers unanfechtbar und im Sinne des § 261 Abs. 1 S. 1 „rechtskräftig".

Anm. 6

5. Gerichtliche Zuständigkeit und Verfahren

Als zuständiges Gericht bezeichnet Abs. 1 S. 2 das nach § 132 Abs. 1 zuständige Gericht. Das ist das Landgericht, in dem die Gesellschaft ihren Sitz hat, und zwar, wenn vorhanden, mit der Kammer für Handelssachen. Bei Doppelsitz ist jedes der in Betracht kommenden Landgerichte zuständig. Im einzelnen vgl. § 132 Anm. 7 und 8, auch über die Möglichkeit, die Entscheidung für die Bezirke mehrerer Landgerichte einem Landgericht zu übertragen.

Das Verfahren ist ein solches der freiwilligen Gerichtsbarkeit (Abs. 3 i. V. m. § 99 Abs. 1). Dazu vgl. v. Falkenhausen AktG 67, 309ff. Deshalb ist der Antrag formlos und unterliegt keinem Anwaltszwang. Im einzelnen vgl. § 132 Anm. 6, auch für die Möglichkeit der Antragstellung bei einem Amtsgericht.

Der Antrag ist gem. Abs. 3 S. 1 und dem dort in Bezug genommenen § 99 Abs. 2 S. 1 vom Landgericht in den Gesellschaftsblättern bekanntzumachen. Zweck dieser Bekanntmachung ist auch hier (vgl. § 99 Anm. 2), jedem Beteiligten die Möglichkeit zu geben, sich im Verfahren zu äußern und zu den Entscheidungsgrundlagen beizusteuern. Dazu wird man neben den Aktionären auch den Abschlußprüfer und den Sonderprüfer zulassen müssen, ebenso die Aufsichtsratsmitglieder. Sie sind zwar genaugenommen keine Beteiligten — das sind nur die Gesellschaft und die Aktionärsminderheit. Wie die Pflicht zur Bekanntmachung zeigt, will das Gesetz aber dem Verfahren Publizität geben, was nur dem Zweck dienen kann, auch nichtbeteiligten Personen und Stellen die Möglichkeit zu geben, ihre Stellungnahme zu Gehör zu bringen (Adler-Düring-Schmaltz Rdn. 10).

II. Gerichtliche Entscheidung

Anm. 7

1. Entscheidungsgrundlagen und -prinzipien

Über den Antrag entscheidet das Gericht, wie es in Abs. 2 S. 1 heißt, „unter Würdigung aller Umstände nach freier Überzeugung". Da für das Verfahren als FGG-

Verfahren die Offizialmaxime gilt, ist das Landgericht in der Gestaltung seiner Ermittlungen völlig frei, kann insbesondere auch seinerseits Zeugen und Sachverständige hören, Vorlage von Akten, Berichten und sonstigen Unterlagen verlangen (v. Falkenhausen AktG 67, 316ff.; Adler-Düring-Schmaltz Rdn. 11). Das Gericht kann also als Entscheidungsgrundlage alles beschaffen, was es benötigt. Dazu werden neben dem Bericht der Sonderprüfer insbesondere auch der Abschlußprüfungsbericht § 258 Anm. 12) und gegebenenfalls die Anhörung der Abschlußprüfer gehören.

In seiner Beurteilung des Sachverhaltes ist das Landgericht nur an seine eigene Überzeugung von der richtigen Bewertung gebunden, es gelten aber einige Einschränkungen:

a) Durch Bezugnahme des Abs. 2 S. 2 auf § 259 Abs. 2 S. 2 gilt auch für die Entscheidung des Landgerichts das Stichtagprinzip. Es kann also nicht einfach die aus der zwischenzeitlichen Entwicklung gewonnene bessere Kenntnis einer retrospektiven Betrachtung zugrundegelegt werden, sondern das Landgericht muß sich für seine Beurteilung auf den Erkenntnisstand bei Fertigstellung der Bilanz stellen. Dazu vgl. § 259 Anm. 6.

b) Durch weitere Bezugnahme in Abs. 2 S. 2 auf § 259 Abs. 2 S. 3 wird das Landgericht ebenso wie der Sonderprüfer auch an die von der Gesellschaft zulässigerweise gewählten Bewertungs- und Abschreibungsmethoden gebunden. Die bei der Bilanzgestaltung von der Gesellschaft im Rahmen des ihr zustehenden Wahlrechts zulässigerweise getroffene Entscheidung für einen bestimmten Bewertungs- oder Abschreibungsmodus kann also auch das Gericht nicht umwerfen. Im einzelnen vgl. § 259 Anm. 6.

c) Schließlich ist das Gericht auch an die Anträge der Parteien gebunden, die gerade für das Verfahren nach § 260 auf feste Höchst- oder Mindestbeträge lauten müssen (Anm. 4). An die in diesen Anträgen genannten Beträge ist das Gericht insoweit gebunden, als es sie nicht überschreiten kann. Wenn die Minderheit also z. B. beantragt, eine Beteiligung mit mindestens DM 5.000.000,— zu bewerten, kann das Gericht nicht darüber hinausgehen und eine Mindestbewertung von DM 7.000.000,— festsetzen (a. M. offensichtlich v. Falkenhausen AktG 67, 317). Welch anderem Sinn sollte die Vorschrift des Abs. 1 S. 3 dienen, der für den Antrag Mindest- bzw. Höchstbeträge verlangt und es damit unmöglich macht, die Betragsfestsetzung in das Ermessen des Gerichts zu stellen?

Eine Entscheidungserleichterung für das Gericht enthält Abs. 2 S. 3; Wenn die volle Aufklärung aller maßgebenden Umstände mit erheblichen Schwierigkeiten verbunden ist, darf das Gericht schätzen. Das ist im Ergebnis eine Anwendung des Grundsatzes des § 287 ZPO auf die im Rahmen des § 260 erforderlichen Bewertungen. Das Gericht kann also seine Ermittlungen einschränken, wenn eine restlose Aufklärung auf all zu große Schwierigkeiten stößt. Das gilt sowohl für die eigene Ermittlungspflicht des Gerichts wie auch für die Bindung an Beweisanträge der Parteien. Die zu § 287 ZPO entwickelten Grundsätze kommen hier in Betracht.

Anm. 8

2. Entscheidung durch Beschluß

Gemäß dem nach Abs. 3 S. 1 sinngemäß anwendbaren § 99 Abs. 3 ergeht die Entscheidung durch einen mit Gründen versehenen Beschluß. Die Tenorierung des Beschlusses hat sich an die in Abs. 1 S. 3 und 4 für die Anträge vorgeschriebene Formulierung anzuschließen. Bei Bejahung einer wesentlichen Unterbewertung muß also im Tenor ein Mindestwert der Aktivposten und ein Höchstwert der Passivposten angegeben werden, wobei der Tenor zwar hinter den Anträgen der antragstellenden Partei zurückbleiben, sie aber nicht überschreiten darf. Bei der Verneinung einer Unterbewertung überhaupt ist im Anschluß an Abs. 1 S. 4 dahin zu tenorieren, daß der Jahresabschluß die in den abschließenden Feststellungen der Sonderprüfer festgestellten Unterbewertungen nicht enthält, und, wenn sich der Streit darum drehte, ob die festgestellten Unterbewertungen „nicht unwesentlich“ waren (Anm. 3), dahin, daß die in der abschließenden Feststellung der Sonderprüfer festgestellten Unterbewertungen nicht wesentlich sind.

Auch für die Entscheidung des Landgerichts gilt der Grundsatz, daß es sich immer nur um bestimmte Bilanzposten handeln kann, daß eine Saldierung mit unzulässigen Höherbewertungen nur im Rahmen des bemängelten Bilanzpostens selbst möglich ist (§ 258 Anm. 3), daß die Frage einer durch Unterbewertung gem. § 256 Abs. 5 Ziff. 2 etwa gegebenen Nichtigkeit des Jahresabschlusses nicht zu entscheiden ist, mithin nicht in den Tenor aufzunehmen ist (§ 258 Anm. 21; § 259 Anm. 3), daß es dem Gericht aber nicht untersagt werden kann, als obiter dictum in den Entscheidungsgründen seine Meinung zu dieser Frage zu äußern. Feststellungen über Überbewertungen, Gliederungsverstöße und Nichtbeachtung von Formblättern sind von der Entscheidung ebenfalls nicht zu treffen, weil die Bestimmung des § 259 Abs. 1 S. 2 in § 260 nicht angezogen ist, im übrigen auch nur für den Sonderprüfungsbericht, nicht aber für die abschließenden Feststellungen gilt, die Gegenstände des gerichtlichen Verfahrens nach § 260 sind (§ 259 Anm. 3). Ebensowenig ist schließlich in die Entscheidung eine Feststellung gem. § 259 Abs. 2 S. 1 Ziff. 2 darüber, um welchen Betrag sich der Jahresüberschuß bei der Feststellung einer Unterbewertung erhöht hätte, zu treffen. Sie ist zwar Bestandteil der abschließenden Feststellungen gem. § 259 Abs. 3, aber nicht Gegenstand des gerichtlichen Verfahrens (Anm. 2) und kann deshalb nicht Entscheidungsgegenstand sein.

Anm. 9

3. Zustellung und Bekanntmachung

Die Entscheidung ist mit Gründen in jedem Falle der Gesellschaft zuzustellen, und zwar auch dann, wenn eine Aktionärsminderheit Antragsteller war. Der Aktionärsminderheit ist die Entscheidung nebst Gründen nur zuzustellen, wenn sie Antragstellerin war. Sind sowohl Gesellschaft wie Aktionärsminderheit Antragsteller, — das ist möglich, wenn die festgestellten Unterbewertungen der Gesellschaft zu hoch und der Aktionärsminderheit zu gering erscheinen, oder wenn mehrere Posten bemängelt sind und die Sonderprüfer bei einem Posten für die Gesellschaft und beim anderen für die Aktionärsminderheit ihre abschließenden Feststellungen getroffen haben — so ist die Entscheidung beiden Parteien mit Gründen zuzustellen. Auch wenn eine Zustellung an die Aktionärsminderheit nicht vorgeschrieben ist, hat das Gericht sie nebst Gründen ihr als Verfahrensbeteiligter durch Zusendung bekanntzumachen. Weder die Zustellung noch die Bekanntgabe an die Verfahrensbeteiligten ist für die Auslösung der Beschwerdefrist von Bedeutung. Diese beginnt vielmehr mit der Bekanntmachung im Bundesanzeiger (Abs. 3 S. 5), allerdings nicht vor einer etwa vorgeschriebenen Zustellung (Anm. 10).

Um die Gesamtheit der Aktionäre über die Entscheidung zu unterrichten und ihnen die Möglichkeit einer Beschwerde zu geben, schreibt Abs. 3 S. 3 vor, daß die Entscheidung ohne Gründe vom Gericht in den Gesellschaftsblättern bekanntzumachen ist.

Anm. 10

4. Sofortige Beschwerde

Gegen die Entscheidung des Landgerichts ist die sofortige Beschwerde zugelassen, die unter sinngemäßer Anwendung der §§ 550, 551, 561, 563 ZPO nur auf eine Gesetzesverletzung gestützt werden kann. Sie ist durch Einreichung einer von einem Rechtsanwalt unterzeichneten Beschwerdeschrift einzulegen und unterliegt der Entscheidung durch das OLG. Im einzelnen gelten hier die Vorschriften des § 99 Abs. 3, wegen derer auf §§ 99 Anm. 5 und 6 verwiesen werden mag. An Besonderheiten ist zu bemerken:

a) Die Beschwerde kann eingelegt werden von der Gesellschaft oder einer Aktionärsminderheit von 5% des Grundkapitals oder DM 1.000.000,— Nennbetrag an Aktien. Wegen der Berechnung dieser Minderheit, insbesondere des Tages der Hauptversammlung als Stichtag für den 3-Monats-Besitz, und der Hinterlegung vgl. Anm. 3. Die Minderheit braucht nicht die gleiche zu sein, die den Antrag nach Abs. 1 gestellt hat (Baumbach-Hueck Rdn. 12; Scherpf Rdn. 811). Die der antragstellenden Minderheit abgeforderte Aktienhinterlegung wird mit Erlaß der erstinstanzlichen Entscheidung frei, so daß für das Beschwerdeverfahren auf dessen Dauer erneut eine Hinterlegung erfolgen muß.

b) Das Erfordernis der Beschwer ist bei der Gesellschaft gegeben, wenn über den von ihr in 1. Instanz vertretenen Standpunkt hinaus eine Unterbewertung festgestellt wird, und bei der Aktionärsgruppe, wenn von der 1. Instanz Unterbewertungen festgestellt werden, die hinter dem im Antrag gem. Abs. 1 genannten Betrag zurückbleiben. Zwar wird die beschwerdeführende Aktionärsminderheit durch die antragstellende nicht präjudiziert, da beide Minderheiten ja verschieden sein können, aber die Anfechtung der abschließenden Feststellung der Sonderprüfer wird wegen der Fristgebundenheit des Antrages auf gerichtliche Entscheidung auf den in dem Antrag genannten Betrag beschränkt, so das auch eine andere Minderheit in 2. Instanz nicht höher gehen kann.

c) Die Beschwerdefrist beträgt 2 Wochen. Sie beginnt mit der Bekanntmachung der erstinstanzlichen Entscheidung im Bundesanzeiger, und zwar sowohl für die Gesellschaft wie für die antragstellende Aktionärsminderheit, jedoch nicht vor der nach S. 2 vorgeschriebenen Zustellung. Die Verzögerung des Fristbeginns durch die Notwendigkeit der Zustellung gilt allerdings für die beschwerdeführende Minderheit nur, wenn sie mit der antragstellenden persönlich voll identisch ist. Setzt sie sich anders zusammen, so ist bei ihr für den Beginn der Beschwerdefrist ausschließlich die Bekanntmachung der Entscheidung im Bundesanzeiger maßgebend.

d) Eine weitere Beschwerde ist nicht gegeben. Allerdings ist die sogenannte Divergenzvorlage an den BGH zulässig (§ 99 Anm. 5).

Anm. 11

5. Rechtskraft

Wird die erstinstanzliche Entscheidung nicht fristgerecht angefochten, so wird sie rechtskräftig und damit wirksam. Die Entscheidung über die weitere Beschwerde ist mit ihrem Erlaß rechtskräftig und wirksam. Das ergibt sich aus der Verweisung in Abs. 3 S. 1 auf § 99 Abs. 5. Sie wirkt für und gegen alle; nicht nur die Organe der Gesellschaft, sondern auch der Abschlußprüfer muß sie beachten; im übrigen vgl. § 99 Anm. 7. Die Entscheidung ist vom Vorstand unverzüglich zum Handelsregister einzureichen, allerdings nicht anzumelden, und zwar die rechtskräftige Entscheidung nebst Gründen. Daneben gilt auch für das Beschwerdegericht die Bekanntmachungspflicht der Entscheidung ohne Gründe in den Gesellschaftsblättern, wie sie Abs. 3 S. 3 vorschreibt.

Anm. 12

6. Kosten

Die Kostenregelung des Abs. 4 entspricht weitgehend der Regelung des § 99 Abs. 4. Hinsichtlich der Berechnung der Verfahrenskosten ist die Kostenordnung für maßgebend erklärt. Für den ersten und zweiten Rechtszug wird die volle Gebühr je zweimal erhoben und zwar für das Beschwerdeverfahren auch dann, wenn die Beschwerde Erfolg hat. Bei Rücknahme des Antrages oder der Beschwerde vor einer Entscheidung ermäßigt sich die Gebühr auf die Hälfte, beträgt für die Instanz also nur eine volle Gebühr. Den Geschäftswert setzt das Gericht von Amts wegen fest, wobei § 247 sinngemäß anzuwenden ist. Es ist also das Interesse der beiden Parteien maßgebend. Bei der Feststellung sollen grundsätzlich 10% des Grundkapitals oder 1.000.000,— DM nicht überschritten werden. Entscheidend für das Interesse der Parteien ist die Höhe der zum Verfahrensgegenstand gemachten Unterbewertungen, wobei allerdings, wenn eine Aktionärsminderheit Antragstellerin ist, ihre Beteiligungshöhe nicht außer acht gelassen werden darf. Bei wirtschaftlicher Gefährdung einer Partei hat das Gericht die Möglichkeit, die Zahlungspflicht für die Gerichtskosten nach einem der Wirtschaftslage der Partei angepaßten Teil des Streitwertes zu bemessen.

Kostenschuldner ist regelmäßig die Gesellschaft; nur soweit der Antrag einer Aktionärsminderheit abgewiesen wird, hat diese die Kosten zu tragen. Der Grund für diese die Gesellschaft benachteiligende Regelung liegt darin, daß die Minderheitsaktionäre keine Schuld an einer von der Gesellschaft angefochteten falschen Entscheidung des

Sonderprüfers tragen und deshalb in diesem Falle nicht mit den Verfahrenskosten belastet werden dürfen und die Sonderprüfer im Verfahren nicht beteiligt sind, im Interesse ihrer Arbeit auch nicht mit Kostenrisiken belastet werden können (vgl. Kropff S. 352).

Eine Erstattungspflicht für Kosten außerhalb der Verfahrenskosten besteht grundsätzlich nicht, kann aber nach § 13a FGG, der über Abs. 3 S. 1 und § 99 Abs. 1 anwendbar ist — der in § 99 Abs. 5 letzter Satz vorgesehene Ausschluß jeder Kostenerstattungspflicht gilt für § 260 nicht —, angeordnet werden, wenn „dies der Billigkeit entspricht".

§ 261 Entscheidung über den Ertrag auf Grund höherer Bewertung

(1) Haben die Sonderprüfer in ihrer abschließenden Feststellung erklärt, daß Posten unterbewertet sind, und ist gegen diese Feststellung nicht innerhalb der in § 260 Abs. 1 bestimmten Frist der Antrag auf gerichtliche Entscheidung gestellt worden, so sind die Posten in dem ersten Jahresabschluß, der nach Ablauf dieser Frist aufgestellt wird, mit den von den Sonderprüfern festgestellten Werten oder Beträgen anzusetzen. Dies gilt nicht, soweit auf Grund veränderter Verhältnisse, namentlich bei Gegenständen, die der Abnutzung unterliegen, auf Grund der Abnutzung, nach §§ 153 bis 156 oder nach den Grundsätzen ordnungsmäßiger Buchführung für Aktivposten ein niedrigerer Wert oder für Passivposten ein höherer Betrag anzusetzen ist. In diesem Fall sind im Geschäftsbericht die Gründe anzugeben und in einer Sonderrechnung die Entwicklung des von den Sonderprüfern festgestellten Wertes oder Betrags auf den nach Satz 2 angesetzten Wert oder Betrag darzustellen. Sind die Gegenstände nicht mehr vorhanden, so ist darüber und über die Verwendung des Ertrags aus dem Abgang der Gegenstände im Geschäftsbericht zu berichten. Bei den einzelnen Posten der Jahresbilanz sind die Unterschiedsbeträge zu vermerken, um die auf Grund von Satz 1 und 2 Aktivposten zu einem höheren Wert oder Passivposten mit einem niedrigeren Betrag angesetzt worden sind. Die Summe der Unterschiedsbeträge ist auf der Passivseite der Bilanz nach dem Posten VIII und in der Gewinn- und Verlustrechnung nach dem Posten Nummer 32 als „Ertrag auf Grund höherer Bewertung gemäß dem Ergebnis der Sonderprüfung" gesondert auszuweisen.

(2) Hat das gemäß § 260 angerufene Gericht festgestellt, daß Posten unterbewertet sind, so gilt für den Ansatz der Posten in dem ersten Jahresabschluß, der nach Rechtskraft der gerichtlichen Entscheidung aufgestellt wird, Absatz 1 sinngemäß. Die Summe der Unterschiedsbeträge ist als „Ertrag auf Grund höherer Bewertung gemäß gerichtlicher Entscheidung" gesondert auszuweisen.

(3) Der Ertrag aus höherer Bewertung nach Absätzen 1 und 2 rechnet für die Anwendung der §§ 58 und 86 Abs. 2 nicht zum Jahresüberschuß. Über die Verwendung des Ertrags abzüglich der auf ihn zu entrichtenden Steuern entscheidet die Hauptversammlung, soweit nicht in dem Jahresabschluß ein Bilanzverlust ausgewiesen wird, der nicht durch offene Rücklagen gedeckt ist.

Übersicht

Literatur

Vgl. Zusammenstellung zu § 258.

Anm. 1

Einleitung

Die durch §§ 258ff. geschaffene Sanktion gegen die Bildung stiller Reserven wäre stumpf, wenn der Gesetzgeber sich mit der Feststellung einer nicht unwesentlichen Unterbewertung beschränkt hätte. Um die Sanktion wirksam zu machen, sind auch Konsequenzen aus der Feststellung zu ziehen. Diese Folgerungen sollten nach dem Willen des Gesetzgebers nicht, wie das bei einer Anfechtungsklage gegen einen Jahresabschluß zwingend wäre, in einer rückwirkenden Vernichtung des Jahresabschlusses liegen — das hätte den Aktionären Steine statt Brot gegeben —, sondern darin, daß im nächsten Jahresabschluß die unzulässig gebildeten stillen Reserven aufgelöst und zur Verfügung der Hauptversammlung gestellt werden. Damit haben die Ausschüsse des Bundestages den im Reg.E. vorgesehenen Ausschüttungszwang abgelehnt (vgl. Kropff S. 242), und zwar einmal, weil man eine Gewinnausschüttung gegen den Willen der Hauptversammlung als mit der Struktur der Aktiengesellschaft in Widerspruch stehend ansah, und zum anderen aus der Befürchtung heraus, daß er die Liquidität gesunder Unternehmen gefährden könne. Ob diese Befürchtung richtig ist, kann bezweifelt werden; jedenfalls liegt wohl auch in dieser Regelung, die der Hauptversammlungsmehrheit gegen die von einer Minderheit erkämpfte Feststellung unzulässig gebildeter stiller Reserven freie Hand gibt, mit ein Grund dafür, daß die Praxis bisher Anwendungsfälle der §§ 258ff. nicht kennt (§ 258 Anm. 1; Schimmelbusch WP 72, 142; vgl. auch Baumbach-Hueck Rdn. 1).

I. Übernahme der festgestellten Unterbewertung in den Jahresabschluß

Anm. 2

1. Voraussetzungen für die Übernahme

Die Unterbewertung ist dann in den Jahresabschluß zu übernehmen, wenn sie von den Sonderprüfern in ihrer „abschließenden Feststellung" gem. § 259 Abs. 2 festgestellt ist und innerhalb der Monatsfrist des § 260 Abs. 1 S. 1 kein Antrag auf gerichtliche Entscheidung gestellt worden ist (Abs. 1). In diesem Falle ist die abschließende Feststellung endgültig und unangreifbar und, wenn man so will, rechtskräftig. Damit ist dann der Zeitpunkt gegeben, in dem auf die abschließenden Feststellungen aufbauende weitere Konsequenzen zu ziehen sind. Ist gegen die abschließende Feststellung ein Antrag auf gerichtliche Entscheidung gestellt, so ist dieser Zeitpunkt erst gekommen, wenn die ergangene gerichtliche Entscheidung eine Unterbewertung bestätigt hat und diese Entscheidung rechtskräftig geworden ist (Abs. 2; vgl. § 260 Anm. 11). Hat die gerichtliche Entscheidung zwar eine Unterbewertung festgestellt, sie aber als unwesentlich im Sinne des § 258 Abs. 1 Ziff. 1 angesehen, so löst sie ebenso wie im Falle des § 259 Abs. 3 keine Konsequenzen gem. § 261 aus.

Anm. 3

2. Übernahme nicht in den betroffenen Jahresabschluß

Die Feststellung einer wesentlichen Unterbewertung läßt den festgestellten Jahresabschluß, in dem gem. §§ 258 bis 260 angegriffene unterbewertete Posten enthalten sind, unberührt. Er wird dadurch weder nichtig, noch wird er rückwirkend aufgehoben, noch ist er zu ändern oder richtigzustellen. Unberührt bleibt aber die Regelung des § 256 (§ 258 Anm. 21). Begründet die festgestellte Unterbewertung die Nichtigkeit des festgestellten Jahresabschlusses nach § 256 Abs. 5 S. 1 Ziff. 2, so wirkt sich das für § 261 aber erst dann und nur dann aus, wenn aus dieser Nichtigkeit Folgerungen gezogen werden, also die Verwaltung oder die Hauptversammlung einen neuen Jahresabschluß feststellt oder die Nichtigkeit auf Klage hin rechtskräftig festgestellt ist. Der neu aufgestellte Jahresabschluß muß dann die Unterbewertung beseitigen. Das ist aber keine Folgerung aus § 261, sondern aus der Pflicht der Gesellschaft, einen den gesetzlichen Bewertungsbestimmungen entsprechenden Jahresabschluß zu erstellen. Außerhalb dieser sich aus § 256 ergebenden Folgerungen läßt die nicht angefochtene abschließende Feststellung der Sonderprüfer und der rechtskräftige gerichtliche Beschluß den von der festgestellten Unterbewertung betroffenen Jahresabschluß unberührt und auch die auf ihm aufbauenden weiteren Jahresabschlüsse, soweit sie bereits früher aufgestellt sind.

Anm. 4

3. Übernahme in den ersten Jahresabschluß nach Feststellung

Die Berücksichtigung der Unterbewertung hat in dem ersten Jahresabschluß zu erfolgen, der nach Unanfechtbarkeit ihrer Feststellung aufgestellt wird. Die „Aufstellung“ des Jahresabschlusses ist nicht der Feststellung gleichzusetzen, wie Baumbach-Hueck Rdn. 3 und Godin-Wilhelmi Anm. 4 annehmen. Zwischen beiden Begriffen unterscheidet das Gesetz, vgl. § 148 einerseits und § 172 andererseits. Es ist nicht anzunehmen, daß die Wahl des Ausdruckes „aufgestellt“ in Abs. 1 S. 1 ein unbeabsichtigter lapsus linguae wäre und in Wirklichkeit „festgestellt“ gemeint gewesen wäre (so auch Adler-Düring-Schmaltz Rdn. 3, die auf die Grundsätze verweisen, die bei der Lastenausgleichs-Gesetzgebung für die erstmalige Berücksichtigung der LAG-Abgaben angewendet wurden). Das hat auch durchaus seinen guten Sinn; würde z. B. die Unangreifbarkeit der Feststellung einer Unterbewertung wenige Tage vor der ordentlichen Hauptversammlung eintreten, so müßte diese Hauptversammlung abgesetzt, der Jahresabschluß vom Vorstand umgearbeitet, erneut der Abschlußprüfung unterstellt und erneut vom Aufsichtsrat verabschiedet werden, ehe eine erneute Hauptversammlung einberufen werden könnte. Das würde eine Gewinnausschüttung für das abgelaufene Geschäftsjahr um mindestens zwei Monate verzögern, woran die Aktionäre kein Interesse haben könnten. Aufgestellt ist ein Jahresabschluß dann, wenn der Vorstand den Abschlußentwurf fertiggestellt und den Abschlußprüfern vorgelegt hat (vgl. § 148 Anm. 1). Ob dabei die Frist des § 148 gewahrt und ob er von den Vorstandsmitgliedern bereits unterzeichnet ist (vgl. Adler-Düring-Schmaltz § 148 Rdn. 7), bleibt unerheblich. Da in der heutigen Praxis die Prüfung meist bereits einsetzt, bevor der Vorstand mit seinen Arbeiten am Abschlußentwurf fertig ist, und die Abschlußprüfung auch häufig bei dem Abschlußentwurf bereits mitwirkt, wird der Zeitpunkt der Bilanzerstellung meist nicht auf den Tag genau feststellbar sein. Schon deshalb erscheint es richtig, mit Adler-Düring-Schmaltz Rdn. 3 dem Vorstand bei der Anwendung des § 261 Abs. 1 S. 1 einen gewissen Spielraum zu gewähren und diesen Spielraum danach zu bemessen, ob durch die Berücksichtigung der Unterbewertung nach den im wesentlichen bereits abgeschlossenen Abschlußarbeiten eine nennenswerte Verzögerung in der Verabschiedung des Jahresabschlusses eintritt. Der von Godin-Wilhelmi Anm. 4 angeführte Gesichtspunkt, die Unterbewertung müsse wegen der Möglichkeit einer stärkeren Veränderung der Verhältnisse und damit einer Verringerung des der Hauptversammlung nach Abs. 3 zur Verfügung stehenden Betrags immer dann in der Bilanz berücksichtigt werden, wenn noch eine Änderung des Jahresabschlusses möglich sei, geht fehl; der der

Hauptversammlung zur Verfügung stehende Betrag kann sich nur gem. Abs. 1 S. 2 und 4 ändern. Dann aber ist die Unterbewertung entweder bereits als Ertrag realisiert oder durch höhere Abschreibungen oder durch notwendige Wertberichtigungen teilweise oder auch ganz verschwunden, was sich automatisch im Ergebnis der Gesellschaft ausdrücken muß. Den Aktionären geht also nichts verloren.

Anm. 5

4. Neueinsetzung der unterbewerteten Gegenstände

Die Posten, deren Unterbewertung rechtskräftig festgestellt ist, sind in dem nächsten Jahresabschluß grundsätzlich mit den Werten oder Beträgen einzusetzen, die die Sonderprüfer oder das Gericht festgestellt hat. Die Unterbewertung muß also in dem nächsten Jahresabschluß dadurch rückgängig gemacht werden, daß für die in Betracht kommenden Posten ohne Berücksichtigung einer Bilanzkontinuität die festgestellten ordnungsgemäßen Werte oder Beträge einzusetzen sind. Das führt zu Änderungen der Bilanzansätze, die gem. Abs. 1 S. 5 als Unterschiedsbeträge zu vermerken sind, und zwar nur in der Bilanz, nicht auch in der Gewinn- und Verlustrechnung (Adler-Düring-Schmaltz § 157 Rdn. 213; a. M. Voss S. 471). Wie dieser Vermerk auszusehen hat, bestimmt das Gesetz in § 261 nicht. Infolgedessen steht die Form dieses Vermerkes demjenigen, der die Bilanz feststellt, frei. In Betracht kommt entweder eine Fußnote, ein Klammervermerk oder ein Ausweis in einer Bilanzvorspalte. Soweit die Unterbewertung einen Posten des Anlagevermögens erfaßt, ist der Vermerk auch in den Anlagespiegel (§ 152 Abs. 1 S. 2; § 152 Anm. 23) aufzunehmen (Adler-Düring-Schmaltz Rdn. 11; Frey WP 66, 639). Dem Bilanzleser muß jedenfalls bei dem einzelnen Bilanzposten klar ersichtlich sein, welche Beträge durch die Rückgängigmachung der Unterbewertung zu- oder abgesetzt worden sind.

Die von den Sonderprüfern oder dem Gericht festgestellten Differenzbeträge zwischen den bemängelten Ansätzen und deren richtigen Ansätzen könnten zwar in den ursprünglichen Jahresabschluß unverändert übernommen werden. Da das Gesetz aber nicht diesen Jahresabschluß, sondern den nächsten nach Rechtskraft der festgestellten Unterbewertung geändert sehen will (Anm. 3), ergeben sich aus der zwischenzeitlichen Änderung der Verhältnisse Korrekturen der festgestellten Unterbewertung, die sich aus dem Nicht-mehr-vorhanden-sein der bemängelten Gegenstände, aus der Notwendigkeit von planmäßigen oder außerplanmäßigen Abschreibungen, aus dem zwischenzeitlichen Ausgleich der Unterbewertungen oder dgl. ergeben können. Sie müssen bei Aufnahme der unterbewerteten Gegenstände in den nächsten Jahresabschluß berücksichtigt werden.

Anm. 6

a) Abgang von unterbewerteten Bilanzposten

Sind die unterbewerteten Vermögensgegenstände, z. B. durch Veräußerung, Verbrauch oder Untergang, nicht mehr vorhanden. so kann in der Bilanz die Unterbewertung nicht mehr ausgeglichen werden. Sind die Gegenstände veräußert worden, so muß sich die Unterbewertung, soweit sie noch vorhanden ist, in einem entsprechend höheren Ertrag ausgewirkt haben. Dieser ist in den Jahresertrag eingegangen, braucht aus ihm aber, obwohl das technisch möglich wäre, nicht ausgesondert zu werden, so daß dieser Mehrerlös also einer Behandlung gem. Abs. 3 entzogen ist (Voss S. 469). Damit scheiden praktisch Unterbewertungen im Umlaufvermögen für den Regelfall aus dem Ertrag auf Grund höherer Bewertung aus. Sind die unterbewerteten Gegenstände untergegangen, so sind auch die in ihnen unzulässig gebildeten stillen Reserven untergegangen, wenn sie sich nicht in entsprechend höheren Versicherungs- oder Entschädigungsansprüchen oder -leistungen niedergeschlagen haben. In diesem letzteren Falle erscheinen die stillen Reserven im laufenden Ertrag und sind ebenfalls für die Berechnung des Ertrags auf Grund höherer Bewertung nicht auszusondern. Sofern die stillen Reserven dagegen auf Ersatzgegenstände übertragen oder mittels eines „Sonderpostens mit

Rücklageanteil" (§ 152 Abs. 5) aufrechterhalten sind, werden sie von dem Auflösungszwang des Abs. 1 S. 1 betroffen; das ergibt sich trotz der Formulierung des Abs. 1 S. 4 aus Sinn und Zweck der Regelung des Abs. 1. Das gleiche gilt, sofern die in zwischenzeitlich verbrauchten Vermögenswerten festgestellten Unterbewertungen sich in aus ihnen geschaffenen neuen Werten fortsetzen.

Anm. 7

b) Veränderte Verhältnisse

Ist auf Grund veränderter Verhältnisse die vom Sonderprüfer oder Gericht festgestellte Unterbewertung in dem Jahresabschluß, in dem die Unterbewertung aufzulösen ist, nicht mehr oder nur teilweise vorhanden, so verlangt ebenso wie S. 4 für abgängige Gegenstände S. 2 auch die Berücksichtigung dieser Veränderung. Hier kommt in erster Linie der Abschreibungszwang aus § 154 in Betracht. Auf ein Fabrikgebäude, das z. B. in dem Jahresabschluß 1970 statt mit dem eingesetzten Wert von 5.000.000,— mit DM 6.000.000,— auf Grund der Feststellung des Sonderprüfers oder des Gerichts einzusetzen gewesen wäre, sind für die Jahre 1971 und 1972 planmäßige Abschreibungen vorzunehmen, und zwar auch auf den Teil, der infolge Unterbewertung nicht in die Bilanz aufgenommen wurde, so daß bei einer z. B. Jahresabschreibung von 4% die stillen Reserven in die Bilanz 1972 nurmehr mit DM 920.000,— statt DM 1.000.000,— aufzunehmen sind. Das gleiche gilt für außerplanmäßige Abschreibungen gem. § 154 Abs. 2, für gesunkene Markt- oder Börsenpreise gem. § 155 Abs. 2 oder für eine durch zwischenzeitliche Erhöhung der Risiken gem. § 156 Abs. 3 notwendig werdende Verstärkung einer Rückstellung. Auch die Grundsätze ordnungsgemäßer Buchführung können, wie S. 2 ausdrücklich erwähnt, einen niedrigeren Ansatz bei bemängelten Aktivposten oder höheren Ansatz bei bemängelten Passivposten erfordern. Ist die Gesellschaft im Rahmen ihres Bilanzierungswahlrechts zu einer anderen zulässigen Bewertungs- oder Abschreibungsmethode übergegangen, so darf sie diese auch bei den bemängelten Vermögensgegenständen zur Anwendung bringen, zumal der Regelung des § 261 kein Ausschluß des Bewertungswahlrechtes entnommen werden kann (Voss S. 470). Das gilt allerdings nicht, wenn die Bewertungs- oder Abschreibungsmethode nur gerade für die bemängelten Gegenstände selbst geändert wird, weil damit in die Bindung der Gesellschaft an die vom Sonderprüfer oder Gericht festgestellten Unterbewertungen eingegriffen würde. Allgemein gesagt sind also in den ersten Jahresanschluß die Vermögenswerte, ausgehend nicht von den bemängelten Ansätzen, sondern von den vom Sonderprüfer oder Gericht festgestellten richtigen Ansätzen, so einzusetzen, wie sich diese Werte bei ordnungsgemäßer Anwendung der Bewertungs- und Abschreibungsmethoden und der Grundsätze ordnungsgemäßer Buchführung entwickelt hätten. Ein Ausgleich mit Überbewertungen ist, soweit er nicht in den Feststellungen von Sonderprüfer oder Gericht zu berücksichtigen war (§ 258 Anm. 3) und berücksichtigt worden ist, nicht zulässig, es sei denn, der bemängelte Jahresabschluß wird nach § 256 als nichtig behandelt und auf seinen Stichtag ein neuer Jahresabschluß aufgestellt (Anm. 3; Voss S. 470/71).

Anm. 8

c) Zwischenzeitliche Beseitigung der Unterbewertung

Nicht behandelt ist im Gesetz der Fall, daß die Gesellschaft in einem zwischenzeitlich festgestellten Jahresabschluß die Unterbewertung beseitigt hat. Soweit das in einer Weise erfolgt, daß die Gesellschaft den bemängelten Jahresabschluß als nichtig gem. § 256 behandelt und einen neuen Jahresabschluß aufstellt, erledigt sich das ganze Verfahren gem. § 258 ff. einschließlich der Behandlung gem. § 261 (Anm. 3). Aber auch in einem Abschluß, der zwischen dem bemängelten Abschluß und demjenigen liegt, in dem die Unterbewertung zu berücksichtigen ist, kann die Gesellschaft die Unterbewertung durch ordnungsgemäßen Einsatz der bemängelten Positionen beseitigen. Dann kann in den ersten, nach Feststellung der Unterbewertung aufgestellten Jahresabschluß ein Ertrag auf Grund höherer Bewertung nicht mehr aufgenommen werden, weil sonst die bemängelte Unterbewertung durch eine unzulässige Überbewertung ersetzt würde (Adler-Düring-Schmaltz Rdn. 9). Problematisch ist dieses Verfahren der Gesellschaft aber deshalb, weil damit die Rechte der Hauptversammlung aus § 261 Abs. 3 beseitigt werden. Trotzdem wird man es als möglich gelten lassen müssen.

Anm. 9

5. Erläuterungen im Geschäftsbericht

Da aus den Vermerken in der Bilanz, wie sie Abs. 1 S. 5 vorschreibt, für die Aktionäre die Behandlung der festgestellten Unterbewertung nicht immer voll verständlich ist, schreibt Abs. 1 S. 3 und 4 vor, daß im Geschäftsbericht die Gründe für die Abweichung von dem vom Sonderprüfer oder Gericht festgestellten Beträgen der Unterbewertung anzugeben sind, in einer Sonderrechnung die Entwicklung darzulegen und bei Abgang von Gegenständen über die Verwendung des Betrages zu berichten ist. Die Gründe für die Abweichung sind also anzugeben; es ist über die planmäßigen und/oder außerplanmäßigen Abschreibungen, über Wertberichtigungen, erhöhte Risiken, Abgänge der bemängelten Vermögensgegenstände oder die zwischenzeitliche Beseitigung der Unterbewertung (Anm. 6 bis 8) zu berichten.

Dieser Bericht wird zweckmäßigerweise auch die Unterschiedsbeträge, wie sie zu den einzelnen Bilanzposten zu vermerken sind (Anm. 5), nennen und erläutern (Adler-Düring-Schmaltz Rdn. 10). Das muß so vollständig und verständlich geschehen, daß die Aktionäre die Entwicklung der festgestellten Unterbewertung zum „Ertrag auf Grund höherer Bewertung" nachverfolgen können. Deshalb verlangt das Gesetz auch eine Sonderrechnung, die diese Entwicklung zahlenmäßig belegt. Schließlich ist über die Verwendung des Ertrags aus dem Abgang von Gegenständen zu berichten. Es muß also gesagt werden, wie hoch dieser Ertrag, d. h. der Unterschied zwischen dem Buchansatz, der als unzulässig unterbewertet festgestellt ist, und dem Nettoveräußerungspreis war. Die gesetzliche Formulierung, es sei über seine Verwendung zu berichten, ist allerdings irreführend. Dieser Ertrag ist in das Jahresergebnis der Gesellschaft eingegangen und braucht aus ihm nicht ausgeschieden zu werden (Anm. 6). Er hat sich also im Jahresüberschuß/Jahresfehlbetrag niedergeschlagen und erfährt die gleiche Behandlung wie der gesamte Bilanzgewinn/Bilanzverlust. Es kann nicht angenommen werden, daß der Gesetzgeber die rein geldmäßige Verwendung des Ertrages, deren Feststellung praktisch kaum jemals möglich sein wird, dargestellt wissen will (so auch Voss S. 469).

Anm. 10

6. Ausweis als „Ertrag auf Grund höherer Bewertung"

Die gem. Abs. 1 S. 2 und 4 weiterentwickelten Unterbewertungen sind auf der Passivseite der Bilanz nach dem Posten VIII und in der Gewinn- und Verlustrechnung nach dem Posten Nr. 32 als „Ertrag auf Grund höherer Bewertung" auszuweisen, und zwar, wenn die Unterbewertung aus den unangreifbar gewordenen abschließenden Feststellungen der Sonderprüfer entnommen ist, „gemäß dem Ergebnis der Sonderprüfung", und wenn sie durch rechtskräftigen Beschluß des Gerichts festgestellt ist, „gemäß gerichtlicher Entscheidung" (Abs. 1 S. 6 und Abs. 2). Dieser „Ertrag" entspricht der Summe der gem. Abs. 1 S. 5 bei den bemängelten Posten anzugebenden Unterschiedsbeträge (Anm. 5). Sowohl in der Bilanz wie in der Gewinn- und Verlustrechnung dürfen diese Sonderposten nicht mit anderen Posten, insbesondere nicht mit dem Bilanzgewinn, zusammengezogen werden, da diese Sonderposten der gesonderten Beschlußfassung der Hauptversammlung gem. Abs. 3 unterliegen, Der Ertrag aus höherer Bewertung erscheint in der Gewinn- und Verlustrechnung, in der keine Vermerke wie in der Bilanz vorgeschrieben sind (Anm. 5), erst nach dem Posten Nr. 32 und darf auch nicht mit dem Posten Nr. 32 zu einer weiteren Summe zusammengefaßt werden (Adler-Düring-Schmaltz § 157 Rdn. 216; a. M. Voss S. 471), da er einmal noch mit

Steuern belastet sein kann und zum andern einer anderen Behandlung als der Bilanzgewinn unterliegt. Daß er nicht durch Einstellungen in offene Rücklagen geschmälert werden darf, ergibt sich aus Abs. 3 S. 2. Die der Verwaltung gem. § 58 hinsichtlich des Jahresüberschusses mögliche Einstellung in die Rücklagen muß also stets beachten, daß der Jahresüberschuß noch den der Disposition der Verwaltung entzogenen „Ertrag auf Grund höherer Bewertung" enthält. Es wäre deshalb wohl zweckmäßiger gewesen, wenn er in der Gewinn- und Verlustrechnung schon nach dem Posten Nr. 28 ausgesondert worden wäre (so auch Voss S. 471).

Der Posten „Ertrag auf Grund höherer Bewertung" schließt die durch ihn etwa verursachte Ertragssteuer noch ein. Das ergibt sich einmal daraus, daß Abs. 1 keinen Abzug für steuerliche Belastungen vorsieht, und zum anderen daraus, daß Abs. 3 ausdrücklich von der Verwendung „des Ertrages abzüglich der auf ihn zu entrichtenden Steuern" spricht, woraus folgt, daß der Ertrag die darauf entfallenden Steuern noch einschließt (so auch Voss S. 472; Adler-Düring-Schmaltz Rdn. 13). Ob auf dem Ertrag aber eine Mehrbelastung an Steuern ruht, kann nicht allgemein gesagt werden, sondern entscheidet sich nach dem Einzelfall. Hat die Finanzverwaltung die Unterbewertung nicht gelten lassen, so ist die Ertragsbesteuerung bereits früher erfolgt und kann sich auf Grund des gespaltenen Körperschaftssteuersatzes jetzt nur ermäßigen, wenn der Ertrag ausgeschüttet wird. Diese ersparte Steuer kann dann aber auch in analoger Anwendung des Abs. 3 S. 1 nicht zum Jahresüberschuß gerechnet werden, sondern ist in der Vorlage an die Hauptversammlung vom Vorstand zu errechnen und der Hauptversammlung zur Beschlußfassung gem. Abs. 3 S. 2 zur Verfügung zu stellen (vgl. Voss S. 472). Hat die Steuerbehörde die Unterbewertung nicht beanstandet, so entsteht wahrscheinlich nunmehr eine Körperschaftssteuer, die aber bei dem Ertrag nicht ausgesondert werden darf, sondern in der Vorlage der Verwaltung an die Hauptversammlung zu berechnen ist, so daß sie erst von dem Ertrag, über dessen Verwendung die Hauptversammlung beschließt, in Abzug zu bringen ist. Je nachdem, ob die Verwaltung in ihrer Vorlage an die Hauptversammlung die Ausschüttung des Ertrages beantragt oder nicht, variiert nach dem gespaltenen Körperschaftssteuersatz der Gewinn. Er dürfte, wie Adler-Düring-Schmaltz Rdn. 16, mit Recht bemerken, gem. § 170 Abs. 2 S. 4 zu behandeln sein.

II. Verwendung des Ertrages aus höherer Beteiligung

Anm. 11

1. Keine Hinzurechnung zum Jahresüberschuß

Abs. 2 S. 1 bestimmt ausdrücklich, daß der Ertrag aus höherer Bewertung kein Jahresüberschuß im Sinne des § 58 ist. Das bringt zum Ausdruck, daß er der Disposition der Verwaltung im Rahmen des § 58 entzogen ist. Er kann also nicht ganz oder teilweise gem. § 58 Abs. 2 durch Vorstand und Aufsichtsrat in freie Rücklagen eingesetzt werden. Auch kann er nicht bereits im Rahmen der Bilanzfeststellung bis zur Hälfte durch die Hauptversammlung gem. § 58 Abs. 1 in freie Rücklagen eingestellt werden. Da jedoch ein Ausschüttungszwang nicht besteht, kann der Ertrag aus höherer Bewertung sehr wohl gem. § 58 Abs. 3 in offene Rücklagen eingestellt oder als Gewinn vorgetragen werden (Baumbach-Hueck Rdn. 6; Adler-Düring-Schmaltz Rdn. 16). Wird er als Gewinn vorgetragen, so genießt dieser Gewinnvortrag beim nächstjährigen Bilanzabschluß nicht mehr die Sonderbehandlung des § 261 Abs. 3.

Anm. 12

2. Keine Berücksichtigung bei Tantiemeberechnung

Abs. 3 S. 1 bestimmt des weiteren ausdrücklich, daß der Ertrag aus höherer Beteiligung auch kein Jahresüberschuß im Sinne des § 76 Abs. 2 ist. Der Vorstand kann also aus im Verfahren der §§ 258ff. aufgelösten stillen Reserven Tantiemeansprüche nicht geltendmachen. Das gleiche wird man für die Gewinnbeteiligung des Aufsichtsrates nach § 113 Abs. 3 anzunehmen haben (Baumbach-Hueck Rdn. 6; Godin-Wilhelmi Anm. 5;

Adler-Düring-Schmaltz Rdn. 18; Voss S. 472). Das ist zwar in Abs. 3 S. 1 nicht ausdrücklich gesagt, versteht sich aber nicht nur aus Abs. 3 S. 2, sondern auch daraus, daß § 111 Abs. 3 auf den Bilanzgewinn abstellt, in den der Ertrag aus höherer Beteiligung nicht einrechnet. Die Nichtberücksichtigung des Ertrages aus höherer Beteiligung bei der Tantieme von Vorstand und Aufsichtsrat gilt selbstverständlich auch dann, wenn die Tantieme vertrags- oder satzungsgemäß auf die ausgeschüttete Dividende abgestellt ist und die Hauptversammlung den Ertrag aus höherer Beteiligung als zusätzliche Dividende zur Ausschüttung bringt. Durch die Berichtigung einer Unterbewertung im Wege der §§ 258ff. verliert die Verwaltung also endgültig ihre Tantiemeberechtigung auf die aufgelösten stillen Reserven.

Anm. 13

3. Verwendungsbeschluß der Hauptversammlung

Über die Verwendung des Ertrages aus höherer Bewertung entscheidet ausschließlich die Hauptversammlung. Sie muß allerdings die auf diesen Ertrag zu entrichtenden Steuern berücksichtigen, so daß für sie nur der verbleibende Betrag disponibel ist. In der Art der Verwendung ist die Hauptversammlung frei. Die Verwaltung muß ihr zwar gem. § 124 Abs. 3 einen Vorschlag machen, an den die Hauptversammlung aber nicht gebunden ist. Die Hauptversammlung kann den nach Abzug der Steuer verbleibenden Ertrag aus höherer Bewertung als Dividende ausschütten. Das hat aber zur Voraussetzung, daß in dem Jahresabschluß kein Bilanzverlust ausgewiesen ist, der durch die offenen Rücklagen nicht gedeckt ist. Ist ein derartiger Bilanzverlust vorhanden, so ist die Ausschüttung insoweit ausgeschlossen. Zu beachten ist, daß ein Bilanzverlust allein — das ist bereits eine Anomalie — die Gewinnausschüttung noch nicht ausschließt; er muß vielmehr so hoch sein, daß er durch offene Rücklagen — dieser Ausdruck schließt die gesetzliche Rücklage ein (Adler-Düring-Schmaltz Rdn. 17) — nicht gedeckt ist. Eine derartige Ausschüttung würde das Grundkapital angreifen, was der Gesetzgeber nicht zulassen wollte, während er eine Ausschüttung im Ergebnis zu Lasten auch einer gesetzlichen Rücklage zugelassen hat. Die Hauptversammlung kann den Ertrag aus höherer Bewertung auch von der Verteilung ausschließen und ihn entweder zur Deckung eines Bilanzverlustes, zur Einstellung in offene (gesetzliche und freie) Rücklagen oder als Gewinnvortrag beschließen. Sie kann dies auch teilweise, etwa eine so hohe Einstellung in offene Reserven beschließen, daß der Bilanzverlust nunmehr durch Reserven gedeckt wird, um den verbleibenden Teil des Ertrags dann als Dividende auszuschütten (Godin-Wilhelmi Anm. 5). Die Hauptversammlung kann schließlich auch eine „andere Verwendung“ gem. § 58 Abs. 3 S. 2 beschließen, bedarf dann aber einer besonderen satzungsmäßigen Ermächtigung. Die allgemeine Ermächtigung, den Bilanzgewinn anders zu verwenden, dürfte hier nicht ausreichen; die satzungsmäßige Ermächtigung muß vielmehr auch den „Ertrag auf Grund höherer Bewertung“ einschließen (Baumbach-Hueck Rdn. 6; Adler-Düring-Schmaltz Rdn. 16).

Der Beschluß der Hauptversammlung erfordert einfache Mehrheit, die allerdings durch die Satzung gem. § 133 Abs. 1 erhöht werden kann.

Achter Teil
Auflösung und Nichtigerklärung der Gesellschaft

Erster Abschnitt
Auflösung

Erster Unterabschnitt
Auflösungsgründe und Anmeldung

§ 262 Auflösungsgründe

(1) Die Aktiengesellschaft wird aufgelöst

1. durch Ablauf der in der Satzung bestimmten Zeit;

2. durch Beschluß der Hauptversammlung; dieser bedarf einer Mehrheit, die mindestens drei Viertel des bei der Beschlußfassung vertretenen Grundkapitals umfaßt; die Satzung kann eine größere Kapitalmehrheit und weitere Erfordernisse bestimmen;

3. durch die Eröffnung des Konkursverfahrens über das Vermögen der Gesellschaft;

4. mit der Rechtskraft des Beschlusses, durch den die Eröffnung des Konkursverfahrens mangels einer den Kosten des Verfahrens entsprechenden Konkursmasse abgelehnt wird;

5. mit der Rechtskraft einer Verfügung des Registergerichts, durch welche nach § 144a des Gesetzes über die Angelegenheiten der freiwilligen Gerichtsbarkeit ein Mangel der Satzung festgestellt worden ist.

(2) Dieser Abschnitt gilt auch, wenn die Aktiengesellschaft aus anderen Gründen aufgelöst wird.

Übersicht

Literatur

Petersen: Die Auflösung der Aktiengesellschaft durch Konkurseröffnung; HoldhMschr. 1 (1892), S. 24.

Goldstein: Konkurs der Aktien-Gesellschaft, AnnDR 1901, S. 721.

Bett: Der Konkurs der Aktiengesellschaft und ihre Erneuerung, 1904.

Bergmann: Umwandlung, Auflösung und Löschung von Kapitalgesellschaften, 1935.

Nebelung: Gelöschte Kapitalgesellschaften; DNotZ 1935, S. 451.

Crisolli-Groschuff-Kaemmel: Umwandlung und Löschung von Kapitalgesellschaften, 1937.

Marowski: Die Rechtsverhältnisse bei gelöschten Kapitalgesellschaften; JW 1938, S. 11.

Waldmann: Zur Amtslöschung vermögensloser Kapitalgesellschaften; DGemeinWiR 1942, S. 89.

Däubler: Die Löschung der GmbH wegen Vermögenslosigkeit; GmbH-Rdsch. 1964, S. 246.

Zur Einfügung des § 262 Abs. 1 Ziff. 5 und zu den übrigen Änderungen der §§ 263, 266, 268, 274, 275 und 276 durch das Koordinierungsgesetz vom 15. 8. 1969 (BGBl. I S. 1146) vgl.:

Einmahl: Die erste gesellschaftsrechtliche Richtlinie des Rates der Europäischen Gemeinschaften und ihre Bedeutung für das deutsche Aktienrecht; AG 1969, S. 131, 167, 210.

Meyer-Ladewig: Die Durchführung der ersten Richtlinie des Rates der Europäischen Gemeinschaften zur Koordinierung des Gesellschaftsrechts in der Bundesrepublik; MDR 1969 S. 818.

Ankele: Die Anpassung des deutschen Rechts an die erste gesellschaftsrechtliche Richtlinie des Rates der Europäischen Gemeinschaften und ihre Auswirkungen für die GmbH; GmbH-Rdsch. 1969, S. 52.

ders.: Änderungen des Handels- und Gesellschaftsrechts aufgrund der Ersten EWG-Richtlinie; Inf. 1970, S. 117.

Einleitung

§ 262 stimmt in Abs. 1 Nr. 1—4 und in Abs. 2 mit dem früheren § 203 AktG 1937 überein, lediglich Abs. 1 Nr. 2 wurde sprachlich geändert. Neu ist jedoch Abs. 1 Nr. 5, der durch das Gesetz zur Durchführung der Ersten Richtlinie des Rates der Europäischen Gemeinschaften zur Koordinierung des Gesellschaftsrechts vom 15. August 1969 (BGBl. I S. 1146) — KoordG — eingefügt wurde (vgl. Anm. 38).

I. Allgemeines

Anm. 1

1. Wesen der Auflösung

Auflösung bedeutet Aufgabe des bisherigen Gesellschaftszwecks und Umwandlung in eine Abwicklungsgesellschaft unter Aufrechterhaltung der Identität der Aktiengesellschaft. Auflösung bedeutet also nicht Beendigung der Gesellschaft. Wie im Recht der Handelsgesellschaften überhaupt sind vielmehr Auflösung und Beendigung der Gesellschaft zu unterscheiden. Aufgelöst wird die Gesellschaft nach dem Sprachgebrauch des Handelsgesetzbuches (§ 131) und des Aktiengesetzes durch den Eintritt der Auflösungsursache. Diese setzt den Auflösungsprozeß in Gang. Erst an dessen Ende steht die Beendigung oder die Vollbeendigung der Gesellschaft. Mit der „Auflösung" im Sinne des Eintritts der Auflösungsursache ändert sich nur der bisherige Zweck der Gesellschaft, mag er auf den Betrieb eines Erwerbsgeschäfts oder auf eine andere Aufgabe abgestellt gewesen sein. Von der Auflösung an ist Zweck der Gesellschaft, die Abwicklung vorzunehmen mit dem Endziel, die gesellschaftlichen Beziehungen zwischen der Gesellschaft und ihren Mitgliedern, zwischen den Gesellschaftern, sowie die Rechtsbeziehungen zu Dritten und die Bindung des gemeinsamen Vermögens aufzulösen. Dies geschieht durch Umwandlung des Vermögens in Geld, Bezahlung der Schulden und Verteilung des Überschusses an die Empfangsberechtigten. Die Auflösung leitet somit die Beendigung der Gesellschaft ein, wie der Abschluß des Gesellschaftsvertrages und die Übernahme der Aktien, die sog. „Errichtung", die Entstehung der Gesellschaft einleitet, während diese erst durch die Eintragung zum Handelsregister vollendet wird.

Da die Aktiengesellschaft als solche vor der Eintragung nicht besteht, § 41 Abs. 1, gelten die Vorschriften des Aktiengesetzes über die Auflösung nur für die eingetragene Gesellschaft.

Anm. 2

2. Fortbestand der juristischen Person

Nach der Auflösung bis zur Vollbeendigung bleibt die Gesellschaft als selbständige Rechtspersönlichkeit und mit der rechtlichen Natur als Aktiengesellschaft bestehen (RGZ 41, S. 95; 109, S. 391; 118, S. 340). Sie gilt nicht nur als fortbestehend, wie § 49 Abs. 2 BGB irrtümlich sagt, sondern sie besteht fort. Sie bleibt wie bisher Handelsgesellschaft und Kaufmann. Daß sie den werbenden Betrieb oder ihren sonstigen bisherigen Gegenstand aufgibt, ändert daran nichts. Bei der Aktiengesellschaft hängt die Kaufmannseigenschaft überhaupt nicht vom Betrieb eines Handelsgewerbes ab; §§ 3 AktG, 6 HGB. Auch für ihre Firmenbezeichnung gelten die Vorschriften des § 4. Die Firma bleibt unverändert; RGZ 15, S. 105; 29, S. 68. Gemäß § 269 Abs. 6 ist bei Zeichnung der Firma ein Zusatz beizufügen, aus dem sich ergibt, daß die Gesellschaft sich in Abwicklung befindet (etwa „in Abwicklung" oder „i. A.." oder „in Liquidation" oder „i. L."). Auf den Geschäftsbriefen sind die Namen der Abwickler anzugeben. Vgl. § 268 Abs. 4 S. 1.

Anm. 3

3. Fortbestand der Verbandsorganisation

Die Organisation der Aktiengesellschaft bleibt trotz der Auflösung bestehen. An die Stelle des Vorstandes tritt der Abwickler. Er hat im wesentlichen die Aufgaben des Vorstandes mit der durch die Abwicklung bedingten Änderung; §§ 268, 269.

Aufsichtsrat und Hauptversammlung bleiben in Tätigkeit, soweit dies mit dem geänderten Zweck der Gesellschaft vereinbar ist. Der Aufsichtsrat hat die Abwickler zu überwachen; § 268 Abs. 2. Die Aktionäre behalten ihre Stellung als Gesellschafter mit den damit verbundenen Rechten (insbesondere dem Stimmrecht in der Hauptversammlung) und mit den damit verbundenen Pflichten. Die Hauptversammlung kann die Beschlüsse fassen, die im Abwicklungszustand nötig sind. Dazu gehören auch Beschlüsse über die Fortsetzung der Gesellschaft, § 274, über eine Verschmelzung, § 340, über eine Vermögensübertragung, §§ 359ff., über eine Umwandlung, vgl. § 2 des UmwG v. 12. 11. 56. Satzungsänderungen sind auch im Zeitpunkt der Auflösung möglich, z. B. die Änderung der Firma bei Veräußerung des Unternehmens mit Firma (RGZ 107, S. 31, 32; KG, LZ 1925, Sp. 1169; KG, HRR 1928, Nr. 240), Sitzverlegung (anderer Ansicht KG, KGJ 15 [1896], S. 35; zustimmend Brodmann, § 294 HGB, Anm. 3b; wie hier Schlegelberger-Quassowski, vor § 203 AktG 1937, Rnr. 10), Änderung der Bestimmungen über das Abwicklungsverfahren (KG, HRR 1928, Nr. 240; Schlegelberger-Quassowski, vor § 203 AktG 1937, Rnr. 10), Neufestsetzung der Kapitalverhältnisse bei Währungsumstellungen (RGZ 121, S. 250, 253); vgl. dazu oben § 179, Anm. 1. Auch Kapitalerhöhungen und -herabsetzungen sind möglich, wenn sie der Abwicklung dienen, eine Fortsetzung der Gesellschaft nach § 274 zum Ziele haben, wenn sie der Sanierung des Unternehmens oder zur Beschaffung von Mitteln zur Befriedigung der Gläubiger dienen; KG, Recht 1930, Nr. 2235 = HRR 1930, Nr. 2165; KG, HRR 1930, Nr. 2166 [beide für Genossenschaft]; BGHZ 24, S. 279, 286 = NJW 1957, S. 1279 = WM 1957, S. 808 = LM Nr. 4 zu § 723 BGB. Auch kann die vor der Auflösung der Gesellschaft beschlossene bedingte Kapitalerhöhung noch durchgeführt werden, z. B. um ein vertraglich vereinbartes Umtauschrecht zu gewähren, mag die Auflösung vielleicht auch einen wichtigen Grund zur fristlosen Kündigung abgeben können; BGHZ 24, S. 279. Allerdings kann ein Auflösungsbeschluß der Hauptversammlung vor Ablauf der umtauschfreien Sperrfrist zu einer Beeinträchtigung der Gläubigerrechte führen, wenn die Anleihebedingungen für diesen Fall kein außerordentliches Wandelrecht vorsehen und die Bezugs- und Umtauschrechte nicht mehr vor Beginn der Vermögensverteilung (§ 272) ausgeübt werden können. Hieraus folgt jedoch nicht die Nichtigkeit des Auflösungsbeschlusses nach § 192 Abs. 4, vgl. hierzu § 192 Anm. 14; Wehler-Niethammer, Betrieb 1959, S. 615, 617; Loos, Betrieb 1960, S. 515, 544; Gleichenstein, AG 1964, S. 141, 146. Außerhalb des Liquidierungszwecks dürfte es dagegen liegen, wenn die Hauptversammlung einer Aktiengesellschaft, insbesondere einer solchen, die gemeinnützigen Aufgaben dient, dem Liquidator eine unverhältnismäßig hohe Vergütung bewilligt, so daß ein derartiger Beschluß anfechtbar ist; RG, SeuffA 93 [1939], 187.

Anm. 4

4. Nebenleistungsverpflichtung

Nebenleistungsverpflichtungen, § 55, dauern fort, wenn während der Abwicklung das Unternehmen, soweit dies im Rahmen der Abwicklung zulässig ist (vgl. §§ 268ff.), fortgesetzt wird, das Bedürfnis zu weiteren Nebenleistungen fortbesteht und die Gegenleistungen gewährt werden. RGZ 21, S. 153; 22, S. 107; 72, S. 237; RG, Recht 1910, Nr. 183 = LZ 1910, Sp. 145.

Anm. 5

5. Einlagen

Rückständige Einlagen der Aktionäre müssen geleistet werden, soweit der Zweck der Abwicklung, insbesondere die Befriedigung der Gesellschaftsgläubiger, es erfordert. Daß sie nicht notwendig sind, muß der in Anspruch genommene Aktionär beweisen. Jedoch kann die Leistung nach dem Grundsatz der Gleichbehandlung der Aktionäre nur von allen in gleicher Weise, im Verhältnis ihrer Beteiligung, verlangt werden. Der

Abwickler muß die Auskünfte über die vorhandenen Mittel geben, die nur ihm, nicht dem einzelnen Aktionär, möglich sind; RGZ 45, S. 154; 51, S. 38; RG, JW 1899, S. 305. Zweifel können bestehen, ob ein Hauptversammlungsbeschluß erforderlich ist, wenn nach der Satzung oder einem Kapitalerhöhungsbeschluß Einlagen nur auf Grund eines Beschlusses der Hauptversammlung eingefordert werden können. Eine derartige Vorschrift hat ihre eigentliche Bedeutung dann, wenn es sich darum handelt festzustellen, ob eine Einlage für den lebenden Betrieb (z. B. zu dessen Erweiterung) erforderlich ist. Dann soll die Hauptversammlung die maßgebende Entscheidung treffen. Befindet sich die Gesellschaft aber im Zustand der Abwicklung und soll sie ihrem Ende entgegengeführt werden, so müssen zuvor die Schulden bezahlt werden. Das satzungsmäßig festgelegte Grundkapital dient dann ausschließlich diesem Zweck. Soweit die Einforderung zu diesem Zweck erforderlich ist, ist für eine Ermessensentscheidung der Hauptversammlung kein Raum. Die Hauptversammlung könnte die Einforderung nicht ablehnen. Ein trotz des Bedarfs der Einlage zur Schuldentilgung ablehnender Beschluß würde gegen den Zweck des Grundkapitals und damit gegen Vorschriften verstoßen, die überwiegend zum Schutze der Gläubiger gegeben sind. Er wäre nach § 241 Nr. 3 nicht nur anfechtbar, sondern nichtig. Der Abwickler könnte und müßte pflichtgemäß nach § 245 Nr. 4, § 249, § 268 die Nichtigkeitsklage erheben. Es ist daher fraglich, ob ein Beschluß der Hauptversammlung überhaupt erforderlich ist, oder ob der Abwickler wie im Konkurse der Verwalter (vgl. Anm. 23) von sich aus die Einlagen einfordern kann. Man wird den Abwicklungszweck entscheiden lassen müssen und deshalb allein darauf abstellen können, ob die Einlage zur Gläubigerbefriedigung erforderlich ist. Für diese Frage sind aber die Liquidatoren zuständig, § 268 Abs. 1; nicht aber kann maßgebend sein ihre Bindung an einen Beschluß der Hauptversammlung und damit gegebenenfalls die Notwendigkeit, einen ablehnenden Beschluß der Hauptversammlung anfechten zu müssen und erneut fassen zu lassen, wobei dahinsteht, ob die Hauptversammlung das überhaupt tun wird. Das widerspricht dem Sinn und Zweck der Liquidation. Der Aktionär, der mit der Einforderung nicht einverstanden ist und glaubt, der eingeforderte Betrag sei zur Befriedigung der Gläubiger nicht erforderlich, kann seinen Standpunkt im Prozeß geltend machen, wenn er von dem Liquidator auf Zahlung verklagt wird, ebenso Baumbach-Hueck, Übersicht vor § 262, Rnr. 4; und — für die GmbH — RGZ 138, S. 106, 111; OLG Köln, OLGE 13 (1906), S. 25.

Unterläßt der Abwickler pflichtwidrig die Einziehung der Einlagen, so können die Gläubiger den Schadenersatzanspruch der Aktiengesellschaft unter den Voraussetzungen des § 93 Abs. 5 gem. § 268 Abs. 2 auch gegen den Abwickler geltend machen. Sie können die Zahlung der Einlagen auch dadurch indirekt erzwingen, daß sie die Einlageforderung der Gesellschaft pfänden; auch in diesem Falle bedarf es keines Beschlusses der Hauptversammlung. Ein entgegenstehender Beschluß der Hauptversammlung wäre den Gläubigern gegenüber wirkungslos, da die Hauptversammlung nicht in die Rechte Dritter eingreifen kann. Die Abtretung der Einlageforderung an einen Gesellschaftsgläubiger ist ebenso wie die Pfändung im Hinblick auf § 66 nur zulässig, wenn die Gläubigerforderung der Einlageforderung wirtschaftlich gleichwertig ist, vgl. § 66, Anm. 21 ff. Insbesondere dürfen Aktionäre nicht zum Nachteil außenstehender Gesellschaftsgläubiger wegen nicht vollwertiger Forderungen gegen die Gesellschaft bevorzugt Befriedigung erhalten, indem die Gesellschaft mit Einlageforderungen aufrechnet oder diese abtritt; so für die GmbH: BGH, AG 1970, S. 146 = GmbH-Rdsch. 1970, S. 122. Soweit es für die Zulässigkeit der Pfändung der Einlageforderung auf die Vollwertigkeit der Gläubigerforderung ankommt, sind die beibringlichen Einlageforderungen als Aktiva der Gesellschaft zu behandeln; vgl. § 66, Anm. 27

Anm. 6

6. Prokura und Handlungsvollmachten

Da im Gegensatz zum früheren Recht (§ 210 Abs. 5 AktG 1937) nunmehr auch während der Abwicklung Prokuristen bestellt werden können (vgl. § 269), erlöschen bereits erteilte Prokuren nicht. Das gleiche gilt für Handlungsvollmachten.

Anm. 7

7. Prozesse

Durch die Auflösung verliert die Gesellschaft nicht ihre Parteifähigkeit. Hat die Gesellschaft außer einem im Prozeß behaupteten Recht kein verteilbares Vermögen mehr, so ist über das Bestehen des Rechts durch Sachurteil zu entscheiden, für die Bejahung der Parteifähigkeit genügt die ernstliche Inanspruchnahme des streitigen Rechts; RGZ 134, S. 94. Schwebende Prozesse werden von der Abwicklungsgesellschaft weitergeführt; RG, Recht 1924, Nr. 46. Ist die Gesellschaft allerdings infolge der Auflösung vorübergehend ohne gesetzliche Vertretung, etwa weil die durch die Satzung bestimmten Abwickler das Amt nicht annehmen (s. § 265 Anm. 7), so wird das Verfahren unterbrochen oder — wenn die Gesellschaft durch einen Prozeßbevollmächtigten vertreten ist — auf dessen Antrag ausgesetzt, §§ 241, 246 ZPO; für die Personengesellschaft vgl. Fischer (GroßK), § 124 HGB, Anm. 31.

Anm. 8

8. Vergleichsverfahren

Die Einleitung des gerichtlichen *Vergleichsverfahrens* ist nach § 108 Abs. 1 S. 1 VerglO bei Aktiengesellschaften insoweit zulässig, als der Konkurs über ihr Vermögen eröffnet werden kann. Die Vorschrift bestimmt damit abweichend von § 88 der alten Vergleichsordnung von 1927 die Zulässigkeit des Vergleichsverfahrens auch nach Auflösung der Gesellschaft, vgl. Bley-Mohrbutter, Vergleichsordnung (3. Aufl.), § 108, Anm. 2. Das Vergleichsverfahren kann gem. §§ 2 Abs. 2, 17 Nr. 4 VerglO nicht eröffnet werden, wenn die Gesellschaft nach § 262 Abs. 1 Nr. 3 oder Nr. 4 AktG aufgelöst worden ist; darüber hinaus wird im Hinblick auf die Bestimmung des § 18 Nr. 1 VerglO die Eröffnung des Vergleichsverfahrens regelmäßig abzulehnen sein, wenn bereits mit der Verteilung des Vermögens unter die Aktionäre begonnen worden ist; vgl. Bley-Mohrbutter, a. a. O., Anm. 6.

Anm. 9

9. Fortdauer von Rechten und Pflichten

a) Allgemeines

Die zwischen der Gesellschaft und Dritten bestehenden Rechtsverhältnisse werden durch die Auflösung nicht unmittelbar berührt. Der Gesellschaft steht kein außerordentliches Recht zur Umgestaltung von Vertragsverhältnissen zu, wie dies § 346 Abs. 3 S. 2 für den Fall der Verschmelzung einer Aktiengesellschaft mit einer anderen Gesellschaft vorsieht; vgl. RGZ 5, S. 7, 8; RGZ 24, S. 70; RGZ 123, S. 151, 155 = RG, JW 1929, S. 1359. Bei auf Dauer angelegten Schuldverhältnissen kann daher die fortbestehende Erfüllungspflicht die Abwicklung wesentlich verzögern, wenn nicht das Unternehmen als Ganzes veräußert werden kann und der Erwerber die fraglichen Verpflichtungen übernimmt.

Dem entspricht, daß die Vertragspartner der Gesellschaft durch die Liquidation nicht ohne weiteres das Recht erhalten, sich vorzeitig aus langdauernden Vertragsverhältnissen mit der Gesellschaft zu lösen; RGZ 5, S. 8; 123, S. 155. Betagte, bedingte und befristete Forderungen werden nicht fällig (RGZ 9, S. 11, 14), jedoch muß dem Gläubiger gem. § 272 Abs. 2 Sicherheit geleistet werden, wenn die Verbindlichkeit bei der Vermögensverteilung noch nicht berücksichtigt werden kann. Die Auflösung der Gesellschaft allein rechtfertigt noch nicht die Verweigerung einer Vorleistung aus einem gegenseitigen Vertrag nach § 321 BGB (vgl. RG, JW 1927, S. 1689) oder die Anordnung des Arrestes. Etwas anderes gilt aber, wenn die Vermögensverteilung unter Verletzung der Gläubigerschutzbestimmungen vorgenommen wird und dadurch die Sicherheit der Forderungen Dritter gefährdet wird; vgl. Brodmann, § 292 HGB, Anm. 2a.

Aus den Umständen, insbesondere aus dem geänderten Zweck der Gesellschaft kann sich jedoch eine mittelbare Einwirkung der Auflösung auf Vertragsverhältnisse der Gesellschaft ergeben. So kann die Liquidation und damit die Einstellung des vorhandenen Betriebs nach Lage des Einzelfalles vor allem bei Dauerschuldverhältnissen einen wichtigen Grund zur Kündigung darstellen oder die Geschäftsgrundlage entfallen lassen, und zwar sowohl für den Vertragspartner (RGZ 5, S. 8; 123, S. 156) wie für die Gesellschaft selbst, insbesondere, wenn die Vertragsfortsetzung mit dem Abwicklungszweck unvereinbar ist; BGHZ 24, S. 294; Baumbach-Hueck, Übersicht vor § 162, Rnr. 3; Baumbach-Duden, § 145 HGB, Anm. 1 E. Die Auflösung einer AG bildet jedoch keinen wichtigen Grund zur Kündigung einer langfristig eingegangenen BGB-Gesellschaft, falls die AG auch ohne diesen Vertrag nicht zu Ende liquidiert werden kann; BGHZ 24, S. 279.

b) Dienstverträge

Dienstverträge bestehen weiter, und zwar nicht nur mit Vorstandsmitgliedern (RGZ 24, S. 70, 72), sondern auch mit Arbeitnehmern und freien Mitarbeitern. Für Arbeitsverhältnisse, die dem Kündigungsschutz unterliegen, kann eine *Betriebsstillegung* im Zuge der Liquidation ein die ordentliche Kündigung rechtfertigendes „dringendes betriebliches Erfordernis" im Sinne des § 1 Abs. 2 KSchG darstellen; vgl. auch § 15 Abs. 2 KSchG.

Die Betriebsstillegung kann darüber hinaus einen wichtigen Grund zur außerordentlichen Kündigung abgeben, wenn nach Lage der Umstände der Gesellschaft die Fortsetzung des Arbeitsverhältnisses bis zum nächsten ordentlichen Kündigungstermin, bei Arbeitsverhältnissen auf bestimmte Dauer bis zum vorgesehenen Endtermin nicht mehr zugemutet werden kann; RAG 18, S. 257; BAG AP Nr. 15 und Nr. 16 zu § 626 BGB; Hueck-Nipperdey, Arbeitsrecht (7. Aufl. 1963), Bd. I, § 59 III 2, S. 583. Zur *fristlosen* außerordentlichen Kündigung gem. § 626 BGB wird dagegen die Einstellung des Betriebes nur in ganz seltenen Ausnahmefällen berechtigen. Wird dem Arbeitgeber sogar im Konkurs die Einhaltung der gesetzlichen Kündigungsfrist zugemutet, so muß dies erst recht für die bloße Stillegung des Betriebes gelten. Grundsätzlich kommt daher nur eine außerordentliche Kündigung binnen gesetzlicher oder angemessener Frist in Frage. Vgl. Hueck-Nipperdey, a. a. O., § 59 III 2, V, S. 584, 593f.; Nikisch, Arbeitsrecht, (3. Aufl.), § 50 II 2, S. 726; Götz Hueck, Anm. zu BAG AP Nr. 15 zu § 626 BGB; BAG, AP Nr. 15^2 zu § 626 BGB, wo im Rahmen der für die Feststellung eines wichtigen Grundes im Sinne von § 626 BGB erforderlichen Interessenabwägung der Umstand berücksichtigt wurde, daß der Arbeitgeber „aus sozialem Entgegenkommen" mit der für ordentliche Kündigungen vorgesehenen Frist gekündigt hatte.

Die *Veräußerung* des Unternehmens im Zuge der Liquidation stellt in der Regel keinen Kündigungsgrund dar; vgl. Hueck-Nipperdey, a. a. O., § 59 III 3, S. 584. Zur Betriebsveräußerung vgl. jetzt § 613a BGB.

c) Ruhegeldzusagen

Die Liquidation berechtigt die Gesellschaft nicht zum Widerruf vorbehaltloser Ruhegeldzusagen gegenüber früheren Arbeitnehmern, die mit dem Ausscheiden aus dem Unternehmen einen festen Ruhegeldanspruch erlangt haben. Zwar halten Rechtsprechung und Literatur eine vorübergehende Kürzung oder gar Einstellung von Ruhegeldzahlungen für zulässig, wenn diese Maßnahme zusammen mit anderen die Rettung des Unternehmens aus einer wirtschaftlichen Notlage möglich erscheinen läßt; vgl. RAG ARS 18, S. 153; RGZ 148, S. 81 (92); BAG AP Nr. 2, Nr. 4, Nr. 102 zu § 242 BGB Ruhegehalt; BAG, DB 1972, S. 491; Hueck-Nipperdey, Arbeitsrecht, a. a. O., § 52 VIII 3, S. 493; Hilger, Das betriebliche Ruhegeld (1959), S. 266. Doch kann ein solches Opfer den Ruheständlern nicht zugemutet werden, wenn das Unternehmen ohnehin infolge der Liquidation aufgegeben werden soll, der Verzicht also ausschließlich den Vermögensinteressen der Aktionäre oder der übrigen Gesellschaftsgläubiger dienen würde; vgl. RAG, ARS 34, S. 273; Nikisch, Arbeitsrecht, a. a. O., § 41 VII 2, S. 593; Hueck-Nipperdey, Arbeitsrecht, Bd. I, a. a. O., § 52 VIII 3, S. 493; Hilger, a. a. O., S. 270.

Auch bei Ruhegehaltszusagen, die „ohne Rechtsanspruch" bzw. „unter dem Vorbehalt jederzeitigen Widerrufs" gegeben worden sind, kann der Widerruf Arbeitnehmern gegenüber, die bereits in den Ruhestand getreten sind, nicht nach freiem Belieben, sondern nur nach billigem Ermessen (§ 315 Abs. 1 BGB) ausgeübt werden, d. h. unter Berücksichtigung auch der Interessen der Pensionäre; BAG AP Nr. 18 und Nr. 97 zu § 242 BGB Ruhegehalt; a. A. Hueck-Nipperdey, Arbeitsrecht, a. a. O., § 52 III 4, S. 482. Derartige Vorbehalte, die den Widerruf in das Belieben bzw. in das freie Ermessen des Arbeitsgebers stellen, kommen ohnehin praktisch kaum vor, da sie der Bildung von steuerwirksamen Ruhegeldrückstellungen entgegenstehen; vgl. Heissmann, Die betrieblichen Ruhegeldverpflichtungen (6. Aufl. 1967), S. 148.

Ruhegeldanwartschaften, d. h. aufschiebend bedingte Ruhegeldansprüche, die erst entstehen, wenn der Arbeitnehmer für eine bestimmte „Wartezeit" dem Betrieb angehört hat und (oder) den Eintritt des Versorgungsfalles in den Diensten des Arbeitgebers erlebt, verfielen früher grundsätzlich, wenn dem Arbeitnehmer vor Bedingungseintritt aus Anlaß der Betriebseinstellung gekündigt wurde, da hierin regelmäßig keine treuwidrige Vereitelung des Bedingungseintritts (§ 162 BGB) gesehen werden konnte; vgl. Hueck-Nipperdey, Arbeitsrecht, a. a. O., § 52 V 1, S. 485. Literatur und Rechtsprechung fordern heute gerade in Fällen solcher betriebsbedingter Kündigungen zunehmend die Aufrechterhaltung der bereits erdienten Anwartschaft; vgl. BAG, Urt. v. 10. 3. 1972, RdA 1972, S. 310; Wiedemann, RdA 1969, S. 244ff. (248); v. Arnim, Die Verfallbarkeit der betrieblichen Ruhegeldanwartschaften (1970). Jedenfalls dann, wenn ein Arbeitnehmer nach mehr als 20jähriger Betriebszugehörigkeit durch Arbeitgeberkündigung aus dem Betrieb ausscheidet, ist der Verfall der Anwartschaft sozial untragbar und durch die Vertragsfreiheit nicht mehr gedeckt (BAG, a. a. O., S. 315).

d) Wettbewerbsabreden

Sie erlöschen mit der Stillegung des Betriebs. Bei der Betriebsveräußerung kann jedoch der aus der Konkurrenzklausel entspringende Unterlassungsanspruch ohne Zustimmung des Arbeitnehmers auf den Erwerber übertragen werden; § 613 Satz 2 BGB gilt nicht; wie hier Hueck-Nipperdey, Arbeitsrecht, a. a. O., Bd. I, § 38 II A 4, S. 254; anderer Ansicht BAG AP Nr. 18 zu § 74 HGB (Zöllner).

e) Gewerbliche und urheberrechtliche Schutzrechte

Sie bleiben bestehen und sind bei der Abwicklung zu verwerten. Warenzeichen können jedoch nur mit dem Geschäftsbetrieb oder dem Teil des Geschäftsbetriebs, zu dem sie gehören, übertragen werden; § 8 Abs. 1 WZG. Sie sind auf Antrag eines beliebigen Dritten zu löschen, wenn der Geschäftsbetrieb, zu dem das Warenzeichen gehört, von dem Inhaber des Zeichens nicht mehr fortgeführt wird; § 11 Abs. 1 Nr. 2 WZG. Zur Übertragung von Nutzungsrechten nach §§ 31 ff. Urheberrechtsgesetz und zum Rückrufrecht des Urhebers wegen Nichtausübung von Nutzungsrechten vgl. §§ 34, 41 UrhG.

Betriebslizenzen (RGZ 134, S. 91, 98) erlöschen mit der endgültigen Einstellung des Betriebes; Benkard, Patentgesetz (5. Aufl.), § 9 PatG, Anm. 32. Sie können, wenn überhaupt, nur zusammen mit dem Betrieb übertragen werden; Benkard, a. a. O., Anm. 48.

f) Dingliche Rechte

zu Gunsten oder zu Lasten der Gesellschaft bleiben bestehen, wenn sich nicht aus dem einzelnen Rechtsverhältnis etwas anderes ergibt; RGZ 16, S. 1; RG in Bauers Zeitschrift 24, S. 63. Nießbrauch und beschränkte persönliche Dienstbarkeiten erlöschen grundsätzlich nicht mit der Auflösung der Gesellschaft, sondern erst mit deren Vollbeendigung; RGZ 159, S. 193, 199; Staudinger-Spreng, § 1061 BGB, Rnr. 3 m.w.N. Jedoch kann sich aus den Besonderheiten des Einzelfalles auch hier Abweichendes ergeben. Sollten z. B. die Rechte nur dem lebenden Betrieb dienen, so ist für eine Fortdauer kein Raum mehr, wenn der Betrieb endgültig aufgehört hat und eine Fortsetzung der Gesellschaft nach § 274 nicht mehr in Frage kommt. Für ein Erlöschen in diesem Falle spricht auch § 1091 BGB, nach dem sich der Umfang der beschränkten persönlichen Dienstbarkeit im Zweifel nach dem persönlichen Bedürfnis des Berechtigten bestimmt. Bei willkürlicher und ungebührlicher Verzögerung der Abwicklung muß dem Verpflichteten das Recht zugestanden werden, die Aufhebung der Belastung zu verlangen; ebenso Schlegelberger-Quassowski, Anm. 2 zu § 203 AktG 1937; noch weitergehend Brodmann, § 292 HGB, Anm. 2b (Erlöschen des Nießbrauchs). Die Rechte können auch nicht wieder aufleben, wenn sich einzelne Vermögensstücke, insbesondere Ersatzansprüche herausstellen. Auf Grund der §§ 1059a Nr. 2, 1092 Abs. 2 BGB können der Nießbrauch oder die beschränkte persönliche Dienstbarkeit auf den Erwerber eines Unternehmens oder Unternehmensteils übertragen werden, wenn Nießbrauch oder Dienstbarkeit den Zwecken des Unternehmens oder Unternehmensteils zu dienen bestimmt sind. Über das Vorliegen dieser Voraussetzung entscheiden bindend die oberste Bundesbehörde oder die von ihr ermächtigte Behörde (Justizverwaltungsakt im Sinne des § 23 EGGVG, vgl. Jansen, FGG, Bd. I, § 23 EGGVG, Rnr. 8). Wegen des Übergangs dieser Rechte im Fall der Verschmelzung vgl. § 1059a Ziff. 1 BGB. Diese Vorschriften sind auch im Falle der Auflösung der Gesellschaft von Bedeutung, weil sie die Veräußerung des Unternehmens als Ganzes erleichtern und dadurch den Gläubigern und den Aktionären Werte erhalten, die bei der Veräußerung der einzelnen Vermögensgegenstände verlorengehen würden.

g) Mitgliedschaften

Die Mitgliedschaft der AG in einer Kapitalgesellschaft oder einer Personenhandelsgesellschaft erlischt nicht durch die Auflösung. Ebensowenig stellt die Liquidation einen Auflösungsgrund gem. § 131 Nr. 4 HGB (Tod eines Gesellschafters) dar. Falls die AG ihre Mitgliedschaft in einer OHG oder KG nicht auf Grund des Gesellschaftsvertrags oder mit Zustimmung der übrigen Gesellschafter veräußern oder gegen Zahlung eines Abfindungsguthabens kurzfristig aus der Gesellschaft ausscheiden kann, wird man in der Notwendigkeit der Durchführung der Liquidation einen wichtigen Grund für eine Auflösungsklage nach § 133 HGB erblicken müssen; A. Hueck, Das Recht der OHG (4. Aufl., 1971), S. 346. Darüber hinaus besteht die Möglichkeit eines Ausschlusses der aufgelösten AG nach § 140 HGB.

Auf juristische Personen, die Mitglied einer eingetragenen Genossenschaft sind, findet § 77 GenG nach der Rechtsprechung des RG mit der Maßgabe Anwendung, daß sie nicht erst mit Vollbeendigung, sondern am Schluß des Geschäftsjahres, in dem die Auflösung erfolgt, aus der Genossenschaft ausscheiden; RGZ 87, S. 408, 411; 122, S. 253, 257 = JW 1929, S. 661; anderer Ansicht Flechtheim, JW 1916, S. 411; Lang-Weidmüller, Genossenschaftsgesetz (29. Aufl.), § 77, Anm. 1.

Ist die AG an einer Gesellschaft des Bürgerlichen Rechts beteiligt, so kann ihre Liquidation zur Auflösung der Gesellschaft wegen Unmöglichkeit der Zweckerreichung gem. § 726 BGB führen oder die AG zur Kündigung der Gesellschaft aus wichtigem Grund (§ 723 Abs. 1 Satz 1 und 3 BGB) berechtigen; BGHZ 24, S. 280, 294.

II. Die Auflösungsgründe gemäß Abs. 1 und LöschG

Anm. 10

Das Gesetz nennt in Abs. 1 fünf Auflösungsgründe. Bei Nr. 1 und 2 beruht die Auflösung auf einem Willensakt der Gesellschafter, und zwar bei Nr. 1 auf der Satzung, bei Nr. 2 auf einem Beschluß der Hauptversammlung. Bei Nr. 3 und 4 beruht sie auf rechtskräftigen Beschlüssen des Konkursgerichts, bei Nr. 5 auf einer rechtskräftigen Verfügung des Registergerichts nach § 144a FGG. Den Auflösungsgründen nach Nr. 3 und 4 steht die Löschung wegen Vermögenslosigkeit nach § 2 LöschG nahe. Die insgesamt sechs Gründe sind aber, wie Abs. 2 erkennen läßt, nicht erschöpfend.

Anm. 11

1. Ablauf der in der Satzung bestimmten Dauer

Die Gesellschaft wird aufgelöst durch Ablauf der in der Satzung bestimmten Zeit. Die Zeitbestimmung kann nur die *Höchst-*, nicht eine *Mindest*dauer festlegen; vgl. dazu unten Anm. 14 und 17.

a) Anforderungen an die Bestimmbarkeit

Der Zeitablauf muß nicht notwendig nach dem Kalendertag in der Satzung festgelegt sein (so v. Godin-Wilhelmi, Anm. 3; Baumbach-Hueck, Rnr. 2; a. A. Brodmann, § 292 HGB, Anm. 3a; Schlegelberger-Quassowski, § 203 AktG 1937, Anm. 2). Abs. 1 Nr. 1, der inhaltlich mit § 131 Nr. 1 HGB übereinstimmt, muß weit ausgelegt werden dahin, daß die Auflösung dann erfolgt, wenn das vorhersehbare, aber zeitlich noch nicht bestimmte Ereignis eintritt, durch das nach dem Willen der Gesellschaftsgründer die Auflösung der Gesellschaft stattfinden soll. Dann ist die für die Erfüllung des Gesellschaftszweckes bestimmte Zeit abgelaufen. Das Ereignis kann das Herankommen eines bestimmten Kalendertages, aber auch eine andere Tatsache sein, wie etwa der Ablauf eines Patentes oder eines anderen gewerblichen Schutzrechtes, zu dessen Ausnutzung die Gesellschaft gegründet wurde, oder die Ausbeutung eines bestimmten Bergwerkes oder die Bebauung eines bestimmten Siedlungsgeländes und der Verkauf aller darauf erbauten Häuser oder die Aufhebung eines staatlichen Einfuhrverbotes für eine Konkurrenzware. Würde man annehmen, daß der Fall der Nr. 1 nur vorliegt, wenn die Zeit nach dem Kalender bestimmt ist, so wäre im Falle der Gründung des Unternehmens z. B. für die Ausbeutung eines Patentes die Auflösung nur durch Mehrheitsbeschluß nach Nr. 2 möglich. Für das Recht der Personengesellschaften, das ebenfalls zwischen auf bestimmte und unbestimmte Zeit eingegangenen Gesellschaften unterscheidet, gehen Rechtsprechung (vgl. RGZ 95, S. 147, 150; RG, JW 1906, S. 741 und 1911, S. 322; BGHZ 10, S. 91, 98; 50, S. 316, 321) und Schrifttum (vgl. Baumbach-Duden, § 131 HGB, Anm. 2 A; P. Ulmer [GroßK], § 131 HGB, Anm. 17) davon aus, daß es genügt, wenn die Vertragsdauer im einzelnen Fall genügend *bestimmbar* ist, entweder durch Zeitablauf oder durch Zweckerreichung. Der Auflösungsgrund kann sich aus den Umständen ergeben. Der Gegensatz liegt in der Bindung auf unbeschränkte Dauer. Immer muß sich aus der *Satzung* — wenn auch nur mittelbar — unzweideutig ergeben, daß das Ereignis Auflösungsgrund sein soll. Denn nach der auch hier einschlägigen Rechtsprechung über die Auslegung von Satzungen von Körperschaften (Barz, Anm. 19 zu § 23) müssen die wesentlichen Bestandteile der formbedürftigen Erklärungen in der Urkunde selbst zu erkennen sein; sonst deckt die urkundliche Form den Inhalt nicht. Vorverhandlungen und außerhalb der Urkunde liegende Tatsachen können höchstens zur Erläuterung des Inhalts der Urkunde herangezogen werden. In der Urkunde selbst muß aber die Erklärung enthalten sein.

Auf bestimmte Zeit ist die Gesellschaft auch dann eingegangen, wenn sie auf einen bestimmten Termin geschlossen ist, sich aber jeweils auf bestimmte Zeit verlängert, wenn nicht von einem satzungsmäßigen Kündigungsrecht Gebrauch gemacht wird; vgl. RGZ 82, S. 395, 399; 136, S. 236, 241; BGH, WM 1966, S. 707. Diese Befristung ist jedoch kein Fall der automatischen Auflösung durch Zeitablauf, denn die Auflösung ist nicht vorhersehbar (unrichtig v. Godin-Wilhelmi, Anm. 3).

Anm. 12

b) Änderung der Dauerbestimmung

Mit Ablauf der satzungsmäßigen Gesellschaftsdauer tritt die Auflösung der Gesellschaft und damit das Abwicklungsstadium von selbst ein. Ein Beschluß der Gesellschaft ist dazu nicht erforderlich. Wollen die Gesellschafter die Gesellschaft über die satzungsmäßig bestimmte Zeit hinaus fortsetzen, sei es, daß sie die Bestimmung über die Zeitdauer ganz aufheben oder daß sie die Dauer der Gesellschaft verlängern wollen, so muß die Satzung in dem dafür vorgesehenen Verfahren (§§ 179ff.) geändert werden.

Es handelt sich aber nur um eine einfache Satzungsänderung, für die § 274 Abs. 1 S. 2 nicht anwendbar ist, da diese Vorschrift die bereits eingetretene Auflösung voraussetzt; v. Godin-Wilhelmi Anm. 3; a. M. Schlegelberger-Quassowski, § 203 AktG 1937, Anm. 3. Ein Eingriff in Sonderrechte oder Vorrechte liegt nicht vor, wenn die Satzung nicht bestimmt, daß die Verlängerung der Geltungsdauer überhaupt nicht oder nur einstimmig oder nur mit Zustimmung einzelner Aktionäre erfolgen könne; RGZ 81, S. 68; ebenso Teichmann-Koehler, § 203 AktG 1937, Anm. 3b. Nicht erforderlich ist, um die Vollbeendigung der Gesellschaft durch Zeitablauf zu verhindern, daß die Satzungsänderung ins Handelsregister eingetragen ist, ehe der Endtermin abgelaufen ist. Im Anschluß an Brodmann, § 292 HGB, Anm. 3b, § 307, Anm. 1a; ders., ZBlH 1928, S. 135 hatte bereits die Rechtsprechung zum HGB angenommen, daß auch eine bereits aufgelöste Gesellschaft ihre Fortsetzung beschließen kann; RGZ 118, S. 337. § 274 AktG läßt die Fortsetzung einer durch Zeitablauf oder Auflösungsbeschluß aufgelösten Gesellschaft allgemein zu, solange noch nicht mit der Verteilung des Vermögens unter die Aktionäre begonnen ist. Der Beschluß bedarf der in § 274 Abs. 1 Satz 2 bezeichneten Mehrheit und der dort zugelassenen weiteren Erfordernisse.

Ergibt sich aus der Satzung, daß Aktionäre das *Sonderrecht* haben sollen, daß zu dem in der Satzung angegebenen Zeitpunkt die Gesellschaft aufgelöst und abgewickelt und das Reinvermögen verteilt werden, so ist die Zustimmung der berechtigten Aktionäre erforderlich. Die Zustimmung der in der Hauptversammlung nicht Anwesenden kann nachgeholt werden. Bis dahin ist die Wirksamkeit des Beschlusses in der Schwebe; RGZ 136, S. 185; JW 1931, S. 2975[16]. Das Erfordernis der Zustimmung der berechtigten Aktionäre kann sich auch indirekt aus Bestimmungen der Satzung, z. B. über Sonderleistungspflichten der Gesellschafter, ergeben. Die zeitliche Verlängerung dieser Verpflichtungen kann sich als Erweiterung ihres Umfangs darstellen. Soweit in der Verlängerung eine Neuverpflichtung liegt, bedarf sie der Zustimmung aller zu *Nebenleistungen* verpflichteten Aktionäre; vgl. § 180 und zum früheren Recht RGZ 136, S. 185, 189.

Eine stillschweigende Fortsetzung des Unternehmens nach Ablauf der in der Satzung bestimmten Zeit bewirkt auch bei Zustimmung aller Aktionäre nicht die Fortsetzung auf unbestimmte Zeit. Wird nicht ein Fortsetzungsbeschluß nach § 274 gefaßt, so muß die Abwicklung erfolgen.

Anm. 13

c) Nachträgliche Aufnahme der Dauerbestimmung

Enthält die Satzung keine Bestimmung über die Dauer der Gesellschaft, so kann nachträglich eine solche in die Satzung aufgenommen werden. Dabei sind die Vorschriften des Gesetzes (§§ 179ff.), der Satzung über Satzungsänderung und auch der Ziff. 2 einzuhalten (v. Godin-Wilhelmi, Anm. 3, 4; Schlegelberger-Quassowski, § 203 AktG 1937, Anm. 3, 4). Denn die Einfügung eines Endtermins ist gleichzeitig auch ein Beschluß auf Auflösung zu dem in die Satzung aufzunehmenden Zeitpunkt. Das gleiche gilt, wenn die Dauerbestimmung der Satzung verkürzt wird.

Anm. 14

d) Auflösungsbeschluß bei Dauerbestimmung

In RGZ 145, S. 101 hat das Reichsgericht für eine GmbH im Anschluß an die Entscheidung RGZ 65, S. 266 ausgesprochen, daß eine Satzungsänderung, durch die die satzungsmäßige Dauer der Gesellschaft geändert wird, nicht vorliege, der dafür vorgeschriebene Weg somit nicht einzuhalten sei, wenn der Gesellschaftsvertrag eine Bestimmung über die Zeitdauer nicht enthalte oder das Ende auf einen bestimmten späteren Zeitpunkt vorsehe, und der Beschluß die Auflösung zwar nicht mit sofortiger Wirkung, sondern aus Zweckmäßigkeitsgründen — um die sachgemäße Abwicklung zu fördern — auf einen kurze Zeit nach dem Tage der Beschlußfassung fallenden Zeitpunkt,

z. B. das nahe Ende des Geschäftsjahres, festsetzt. Habe die Fristbestimmung nur der Auflösung der Gesellschaft gedient, habe also die Gesellschaft nicht für die Zukunft hinsichtlich ihrer *Fortdauer* eine neue dauernde Regelung erhalten sollen, so würde die Annahme, daß auch diese unter einer Fristbestimmung beschlossene Auflösung der Gesellschaft eine Satzungsänderung darstelle und der für diese vorgeschriebenen Form bedürfe, eine dem praktischen Bedürfnis widersprechende Überspannung dieses Grundsatzes bedeuten. Sie würde auch dem Willen des § 60 Abs. 1 Nr. 2 des GmbHG widersprechen, der die Auflösung durch Gesellschafterbeschluß zuläßt. § 60 des GmbHG, auf dem diese Entscheidung beruht, stimmt mit hier nicht in Betracht kommenden Abweichungen mit § 262 Abs. 1 Nr. 1 u. 2 des Aktiengesetzes überein. Aus der Entscheidung ist zu schließen, daß das Reichsgericht einen Auflösungsbeschluß nach Nr. 2 auch dann ohne besonderen satzungsändernden Beschluß für zulässig hält, wenn die Satzung gem. Nr. 1 eine Bestimmung über einen Endtermin für die Gesellschaft enthält, falls es sich um eine Auflösung mit sofortiger Wirkung handelt, nicht aber um die Einführung eines erst in der Zukunft liegenden neuen Endtermins. Das gilt auch für das Aktiengesetz. Die Vorschriften der Nr. 1 und 2 stehen in keinem Abhängigkeitsverhältnis. § 262 Abs. 1 stellt alle fünf besonders benannten Auflösungsfälle nebeneinander, ohne ersichtlich zu machen, daß der eine Tatbestand den anderen ausschließe. Es besteht auch kein sachlicher Grund, die sofortige Auflösung durch Beschluß der Hauptversammlung nach Abs. 1 Nr. 2 ohne die Erfüllung der Vorschriften der Satzungsänderung nicht zuzulassen, wenn ein Endtermin für die Gesellschaft in der Satzung bestimmt ist. Nummer 2 soll die Möglichkeit geben, eine Gesellschaft alsbald aufzulösen, wenn der dort bezeichneten erhöhten Mehrheit die Fortsetzung der Gesellschaft nicht mehr zweckmäßig erscheint. Die Gesellschaft soll dann nicht gezwungen sein, Kapital in einem Unternehmen festzuhalten, das keine Aussicht auf Erfolg verspricht. Nr. 2 stellt ganz selbständig die Voraussetzungen seiner Anwendung auf und gibt auch durch die Vorschrift der erhöhten Kapitalmehrheit und die Zulassung weiterer Erfordernisse in der Satzung genügend Gewähr gegen einen Mißbrauch des Auflösungsrechts. Die Vorschrift gibt auch den bei lange dauernden Rechtsverhältnissen stets notwendigen Weg zu einer Lösung aus einer unerträglich gewordenen Bindung. Sie beruht auf dem gleichen Gedanken wie § 723 BGB, der für die Gesellschaft des bürgerlichen Rechts dann, wenn eine Zeitdauer bestimmt ist, doch stets die Kündigung aus wichtigem Grunde zuläßt, und der von der Rechtsprechung über das Gesellschaftsrecht hinaus allgemein auf Dauerschuldverhältnisse jeder Art ausgedehnt worden ist; vgl. dazu Wiedemann, Die Übertragung und Vererbung von Mitgliedschaftsrechten (1965), S. 89. Auch für die Personengesellschaften des Handelsgesetzbuchs, §§ 133ff. HGB und die GmbH, § 61 GmbHG, ist die Möglichkeit der Auflösung aus wichtigem Grunde gegeben, wenn eine Zeitdauer im Gesellschaftsvertrage bestimmt ist. Da das Aktiengesetz eine Kündigung aus wichtigem Grunde nicht eingeführt hat, bietet § 262 Abs. 1 Nr. 2 einen gewissen Ersatz dafür; vgl. auch Anm. 16, 17.

Anm. 15

e) Verstöße gegen Dauerbestimmung

Verstößt ein Hauptversammlungsbeschluß, durch den die Zeitdauer der Gesellschaft im Sinne der Nr. 1 geändert wird, gegen die Satzung oder das Gesetz, so ist er wegen dieses Verstoßes nur anfechtbar, nicht nichtig. Denn er verletzt nur die Belange der Aktionäre, vgl. § 241 Nr. 3 und 4, § 243.

Wird gegen das Gesetz und die Satzung die Abwicklung hinausgeschoben oder unterbleibt sie ganz, so kann jeder Aktionär bei der Ausantwortung der Teilungsquote verlangen, so gestellt zu werden, wie wenn die Gesellschaft rechtzeitig abgewickelt worden wäre; RGZ 81, S. 69. Außerdem kann der einzelne Aktionär gegen die Gesellschaft und die zum Handeln verpflichteten Vorstandsmitglieder oder Abwickler Klage auf Vornahme der Abwicklung und ihre Anmeldung zum Handelsregister erheben; RGZ 136, S. 187; RG, Holdheim 1908, S. 253.

Anm. 16

f) Recht des Aktionärs zu Kündigung und Austritt

Der einzelne Aktionär hat kraft Gesetzes kein *einseitiges Recht zur Kündigung* der Gesellschaft unter Einhaltung einer Kündigungsfrist oder zur fristlosen Kündigung aus wichtigem Grunde. Eine Auflösung der Aktiengesellschaft aus wichtigem Grunde, wie sie Art. 736 Nr. 4 des revidierten schweiz. Obligationsrechts vom 18. Dezember 1936 auf Klage von Aktionären mit zusammen dem fünften Teil des Grundkapitals zuläßt (vgl. Fehr, ZHR 104 [1937], S. 51 [84ff.]; Guhl, Das neue Aktien-Gesellschafts- u. Genossenschaftsrecht der Schweiz [1937], S. 75), ist dem deutschen Rechte fremd. Dagegen kann in der Satzung ein Recht der Aktionäre auf Kündigung der Gesellschaft mit dem Ziel der Auflösung bedungen werden; RGZ 79, S. 422.

§ 211 des Regierungsentwurfs zum neuen GmbHG (führt das *Recht zum Ausscheiden* aus wichtigem Grund aus der GmbH ein, ein Recht, das der Sache nach seit langem im Schrifttum anerkannt ist; vgl. Wiedemann, Die Übertragung und Vererbung von Mitgliedschaftsrechten (1965), S. 89ff. Dieses Recht zum Austritt aus wichtigem Grund steht auch dem Aktionär einer personalistischen Aktiengesellschaft zu, wenn eine Übertragung der (vinkulierten) Aktien praktisch ausgeschlossen ist und dem Aktionär das Verbleiben in der Gesellschaft unzumutbar wurde. Für das Austrittsverfahren lassen sich die Abs. 2—5 des § 211 RegE GmbHG entsprechend heranziehen. Der Austritt führt mithin nicht zu einer Auflösung der Aktiengesellschaft.

Die *Auflösung* einer ins Handelsregister eingetragenen Aktiengesellschaft *durch Vereinbarung der Vertragsparteien* des Gründungsvertrages ist unmöglich. Der Gründungsvertrag ist zwar eines der Elemente, welche die Entstehung der Aktiengesellschaft herbeigeführt haben. Diese ist aber mit der Eintragung endgültig ins Leben getreten. Mit Rücksicht auf den Schutz Dritter hat die Rechtsprechung sogar die Anfechtung des Gesellschaftsvertrages wegen Willensmängeln nach der Eintragung für unzulässig erklärt. Aus demselben Grunde kann die Gesellschaft auch nicht durch Vereinbarung der Gründer aufgelöst werden.

Anm. 17

2. Auflösung durch Beschluß der Hauptversammlung

Die Aktiengesellschaft wird auch durch Beschluß der Hauptversammlung aufgelöst; Abs. 1 Nr. 2. Wegen der Wichtigkeit der Auflösung stellt das Gesetz für den Beschluß bestimmte Erfordernisse auf, die in den weiteren Sätzen der Nr. 2 enthalten sind. Wie bei der Personengesellschaft das Recht zur fristlosen Kündigung aus wichtigem Grunde, § 723 BGB, oder zur Auflösung durch Richterspruch, § 133 HGB, ist für die Aktiengesellschaft das jederzeitige Auflösungsrecht der Hauptversammlung ein unverzichtbares, zwingend vom Gesetz eingeführtes Mitgliedschaftsrecht. Die Satzung kann deshalb nicht bestimmen, daß die jederzeitige Auflösung der Aktiengesellschaft durch Hauptversammlungsbeschluß unzulässig sei. Das Recht der Hauptversammlung darf auch nicht durch Satzungsbestimmungen derart erschwert werden, daß die Erschwerungen einem Ausschluß gleichkommen; ebenso v. Godin-Wilhelmi, Anm. 4. Wohl kann im einzelnen Falle ein berechtigtes Interesse daran bestehen, daß das Kapital bis zu einem bestimmten Zeitpunkt zusammengehalten wird, etwa damit eine wichtige Erfindung ausgebaut und erprobt werden kann. Diesem Bedürfnis ist aber dadurch Rechnung getragen, daß die Beschlußfassung mit erhöhter Mehrheit erfolgen muß, und daß durch die Satzung diese Mehrheit durch eine größere ersetzt und noch andere Erfordernisse aufgestellt werden können. Da aber die Entwicklung nie vorausgesehen werden kann, muß immer der Weg offen bleiben, daß die Hauptversammlung die Auflösung beschließt. Die Hauptversammlung kann deshalb auch niemals ausgeschaltet werden, etwa in der Weise, daß allein der Vorstand oder der Aufsichtsrat oder ein Nichtaktionär oder ein bestimmter Teil der Aktionäre über die Auflösung zu beschließen hat. Ebenso unzulässig wäre eine Satzungsbestimmung, daß die Gesellschaft überhaupt nicht oder niemals vor Ablauf einer bestimmten Zeit aufgelöst werden könne. Derartige Bestimmungen sind nichtig.

Anm. 18

a) Die erhöhte Mehrheit und die sonstigen Erfordernisse des Hauptversammlungsbeschlusses

Der Hauptversammlungsbeschluß bedarf einer Mehrheit, die mindestens drei Viertel des bei der Beschlußfassung vertretenen Grundkapitals umfaßt; die Satzung kann diese Mehrheit durch eine größere Kapitalmehrheit ersetzen und weitere Erfordernisse aufstellen, Nr. 2 Satz 2 und 3. Es handelt sich hier um Bestimmungen, die sinngemäß auch für andere wichtige Beschlüsse der Hauptversammlung aufgestellt sind; vgl. § 52 Abs. 5, § 179 Abs. 2, § 182 Abs. 1, § 193 Abs. 1, § 202 Abs. 2, § 207 Abs. 2, § 222 Abs. 1, § 229 Abs. 3, 293 Abs. 1, § 340 Abs. 2, § 353 Abs. 1, §§ 359, 360, 361, 362, 366 und die Erläuterungen dazu. Danach gelten insbesondere die in der Rechtsprechung des Reichsgerichts (RGZ 125, S. 356) entwickelten, auch in der amtlichen Begründung gebilligten Grundsätze über den Begriff der Kapitalmehrheit. Erforderlich ist also eine Mehrheit der abgegebenen Stimmen und die Dreiviertelmehrheit des vertretenen Grundkapitals; vgl. oben § 179 Anm. 5. Bei Berechnung der gesetzlich oder satzungsmäßig vorgeschriebenen Kapitalmehrheit darf somit das erhöhte Stimmrecht von Mehrstimmrechtsaktien nicht berücksichtigt werden. Es kommt insoweit nur auf das Kapital an. Die Sätze 2 und 3 dienen zur Ergänzung des Satzes 1 über das Beschlußrecht der Hauptversammlung. Deshalb können unter den weiteren Erfordernissen des Satzes 3 neben der größeren Kapitalmehrheit noch weitere Erfordernisse für den Hauptversammlungsbeschluß, nicht aber weitere Erfordernisse *neben* dem Hauptversammlungsbeschluß, aufgestellt werden. Zulässig ist danach die Vorschrift, daß wiederholt abgestimmt werden muß, daß Einstimmigkeit oder die Zustimmung einzeln genannter Aktionäre erforderlich ist, daß bei Vorhandensein mehrerer Gattungen von Aktien auch noch gesondert nach Gattungen abgestimmt werden muß; an sich ist allerdings die gesonderte Abstimmung in § 262 Abs. 1 Nr. 2 anders als z. B. im Falle des § 179 Abs. 3, nicht vorgeschrieben, auch dann nicht, wenn die Satzung eine fest bestimmte Zeit festgesetzt hat, da von der Auflösung als solcher alle Gattungen von Aktien gleichmäßig betroffen werden; ebenso v. Godin-Wilhelmi, Anm. 4. Außerhalb des Rahmens des Satzes 3 würde es liegen, wenn die Auflösung von der Zustimmung eines Dritten, eines Nichtaktionärs oder von einem Antrag des Vorstandes oder Aufsichtsrates abhängig gemacht würde (vgl. Schmidt, Satzungen S. 68 u. 87 und oben zu § 179, Anm. 6). Dadurch würde das Recht der Hauptversammlung, die Auflösung herbeizuführen, vereitelt werden. Die anderen Erfordernisse dürfen auch nicht in einer Verkürzung des Rechts der Aktionäre auf Einberufung der Hauptversammlung zur Beschlußfassung über die Auflösung bestehen. Ein verbotenes In-sich-Geschäft liegt nicht vor, wenn bei einem Beschluß über die Auflösung einer Gesellschaft ein Gesellschafter das Stimmrecht für sich und zugleich für einen anderen Gesellschafter ausübt; so BGH AG 1970, S. 47 (für GmbH).

Der Hauptversammlungsbeschluß muß nicht *wörtlich* die Auflösung aussprechen. Es muß sich aber unzweideutig aus ihm ergeben, daß das gewollt ist, was das Gesetz unter Auflösung versteht; vgl. Anm. 1. Ein Beschluß auf Einstellung des Geschäftsbetriebs ist regelmäßig kein Auflösungsbeschluß; KG, KGJ 45 (1913), S. 179. Dagegen sind als Auflösungsbeschlüsse solche Beschlüsse zu behandeln, welche die Auflösung notwendig zur Folge haben.

Die Veräußerung des Unternehmens gehört nicht hierher: Entgegen § 303 HGB hat der Beschluß über die Veräußerung des Vermögens im ganzen die Auflösung der Gesellschaft nicht zur Folge; vgl. § 361 und zum früheren Recht RGZ 124, S. 279, S. 296; Brodmann, § 303 HGB, Anm. 4; auch § 292 HGB, Anm. 4c. Für den Beschluß gelten im übrigen die allgemeinen Vorschriften für Hauptversammlungsbeschlüsse.

Deshalb hat der Beschluß, den Sitz der Aktiengesellschaft ins Ausland zu verlegen, ohne weiteres die Auflösung der Gesellschaft zur Folge, denn eine deutsche Aktiengesellschaft verliert ihre in Deutschland anerkannte Rechtsfähigkeit, wenn sie ihren Sitz ins Ausland verlegt; vgl. RGZ 7, S. 68, 69; 88, S. 53, 55, 107, S. 94, 97; Brodmann, § 292 HGB, Anm. 4c; Baumbach-Hueck, Rnr. 3; anderer Ansicht Grasmann, System des internationalen Gesellschaftsrechts (1970), Rnr. 980 mit weiteren Nachweisen; vgl. dazu ausführlich unten Anm. 46—48.

Anm. 19

b) Anfechtbarkeit des Auflösungsbeschlusses

Ein Hauptversammlungsbeschluß, der gegen die Vorschriften der Nr. 2 Satz 2 u. 3 verstößt, der also nicht mit der erforderlichen Mehrheit gefaßt ist oder den in der Satzung aufgestellten weiteren Erfordernissen nicht genügt, ist nicht nichtig, sondern nur anfechtbar; § 243. Diejenigen Aktionäre, deren Zustimmung nach der Satzung erforderlich ist, können auch nachträglich zustimmen, auch durch schlüssige Handlungen. Bis dahin ist der Beschluß nur schwebend unwirksam. Ist der auf Auflösung lautende Beschluß als solcher vom Vorsitzer festgestellt und in der Niederschrift beurkundet, so kann er auch von den bevorrechtigten Aktionären wegen eines anderen Mangels nur innerhalb der Monatsfrist des § 246 Abs. 1 angefochten werden. Der Beschluß kann aber aus anderen Gründen nichtig sein, § 241. Die Anfechtungs- und Nichtigkeitsklage ist gegen die Gesellschaft zu richten. Sie wird im Prozeß durch den Abwickler (nicht durch den Vorstand) und den Aufsichtsrat vertreten; BGHZ 32, S. 114 (für den Fall einer Genossenschaft). Denn als gesetzlicher Vertreter tritt mit der Auflösung an die Stelle des Vorstandes der Liquidator, der gesetzlicher Vertreter der Gesellschaft ist, solange der nach außen in Erscheinung getretene Beschluß nicht für nichtig erklärt oder als nichtig festgestellt ist. Die Klagezustellung an den Liquidator ist auch dann rechtswirksam erfolgt, wenn dieser in der Klageschrift noch als Vorstand bezeichnet ist. Die Mitvertretung durch den Aufsichtsrat bleibt, da die Liquidatoren durch die Mitwirkung des Aufsichtsrats in der Erfüllung ihrer Aufgaben nicht gehindert werden und der Grund für die Einschaltung des Aufsichtsrats — Vorbeugung gegen eine Voreingenommenheit des Vorstandes den Klägern gegenüber — nach wie vor gegeben ist (BGH 32, S. 114).

Anm. 20

c) Eintragung des Auflösungsbeschlusses

Zur Wirksamkeit des Beschlusses ist die Eintragung ins Handelsregister nicht erforderlich, da er keine Satzungsänderung enthält. Die Auflösung, d. h. der Beginn der Abwicklung, tritt mit dem Hauptversammlungsbeschluß ein; anders, wenn die Auflösung *bedingt oder betagt* beschlossen ist, was zulässig ist; vgl. Brodmann, § 292 HGB, Anm. 4b; v. Godin-Wilhelmi, Anm. 4; anderer Ansicht Schlegelberger-Quassowski, § 203 AktG 1937, Anm. 6. Einzutragen ist nur die „Auflösung"; § 263. Man wird aber § 242 Abs. 2 entsprechend anwenden müssen in der Weise, daß die dreijährige Frist, nach deren Ablauf, abgesehen vom Registergericht, die Nichtigkeit nicht mehr geltend gemacht werden darf, mit der Eintragung der Auflösung beginnt. Ist die Abwicklung einmal beendigt, so kann der Beschluß ebenfalls nicht mehr durch Klage für nichtig erklärt werden, denn eine voll abgewickelte Gesellschaft kann nicht mehr lebendig werden; vgl. §§ 273, 274. Dasselbe muß gelten, wenn bereits mit der Verteilung des Vermögens an die Aktionäre begonnen ist. Denn auch dann kann die Gesellschaft nicht mehr zu einem lebenden Unternehmen werden, § 274 Abs. 1. Hatte die Anfechtungs- oder Nichtigkeitsklage vorher Erfolg und ist das Urteil rechtskräftig, so ist die Abwicklung einzustellen. Das ergangene Urteil ist zum Handelsregister einzureichen.

Den *Gläubigern* gegenüber besteht keine Verpflichtung der Verwaltungsträger, die Auflösung der Gesellschaft zu beantragen. Die §§ 92, 93 Abs. 3 Nr. 6, Abs. 5 gelten nicht sinngemäß. Jedoch kann die Unterlassung eine Verletzung der dem Vorstand und Aufsichtsrat *der Gesellschaft gegenüber* bestehenden Leitungs- und Überwachungspflicht darstellen und so die Schadenersatzpflicht nach §§ 93, 116 begründen. Nach den erweiterten Haftungsbestimmungen des § 93 Abs. 5, § 116 kann insofern auch ein Recht der Gläubiger auf Geltendmachung des Schadenersatzanspruchs der Gesellschaft bestehen. Vgl. in diesem Zusammenhang K. P. Martens, Die Anzeigepflicht über den Verlust des Garantiekapitals nach dem AktG und dem GmbHG, ZGR 1972, S. 254.

Anm. 21

3. Auflösung durch Konkurseröffnung

Die Aktiengesellschaft wird auch aufgelöst durch die Eröffnung des Konkursverfahrens über ihr Vermögen; Abs. 1 Nr. 3. Die Vorschrift ist wie die der Nr. 4 im öffentlichen Interesse gegeben, also zwingend. Eine Aktiengesellschaft, über die das Konkursverfahren eröffnet worden ist oder für die sich mangels Masse kein Konkursverfahren lohnt, ist nicht würdig, fortzubestehen. Für den Konkurs der Aktiengesellschaft gelten die allgemeinen Vorschriften der §§ 1—206 und die besonderen der §§ 207, 208 KO. Soweit die Aktiengesellschaft Schuldverschreibungen ausgegeben hat, gilt darüber hinaus § 13 des Schuldverschreibungsgesetzes v. 4. 12. 1899 (RGBl. S. 691). Für Hypothekenbanken gilt § 35 HypBankG, für Versicherungsgesellschaften § 88 des Versicherungsaufsichtsgesetzes. Vgl. die besonderen Erläuterungsbücher zu diesen Gesetzen, insbesondere auch wegen des Eröffnungsverfahrens. Die Eröffnung des Konkursverfahrens bewirkt ohne weiteres die Auflösung der Aktiengesellschaft in dem Zeitpunkt, in dem die Konkurseröffnung wirksam geworden ist, regelmäßig in dem im Eröffnungsbeschluß genannten Zeitpunkt; wenn eine solche Angabe im Beschluß fehlt, in der Mittagsstunde des Tages, an welchem der Beschluß erlassen worden ist; § 108 KO. Die Auflösung tritt nicht erst mit der Rechtskraft des Eröffnungsbeschlusses ein (anders als bei Nr. 4 und 5). Wird der Eröffnungsbeschluß im Verfahren der sofortigen Beschwerde, § 109 KO, aufgehoben, so wird auch die Auflösung der Gesellschaft rückwirkend hinfällig. Die vom Konkursverwalter vorgenommenen Rechtshandlungen bleiben aber wirksam. Nach § 207 KO findet das Konkursverfahren über das Vermögen einer Aktiengesellschaft außer in dem Falle der Zahlungsunfähigkeit auch in dem Falle der Überschuldung statt. Dafür, daß die Beantragung des Konkursverfahrens rechtzeitig erfolgt, treffen §§ 92, 93 und die Strafvorschrift des § 401 Abs. 1 Nr. 2 Vorsorge (vgl. dazu Martens, Die Anzeigepflicht über den Verlust des Garantiekapitals, ZGR 1972, S. 254ff.). Die Konkurseröffnung kann auch noch erfolgen, wenn die Auflösung schon aus anderer Ursache eingetreten ist, etwa durch Zeitablauf oder einen Auflösungsbeschluß (Nr. 1 u. 2). Wie in anderen Fällen der Auflösung bleibt die Aktiengesellschaft während der Dauer des Verfahrens als selbständige Rechtspersönlichkeit bestehen. Die Hauptversammlung kann nach Aufhebung des Konkursverfahrens infolge eines Zwangsvergleichs oder nach Einstellung des Verfahrens die Fortsetzung der Gesellschaft beschließen; § 274 Abs. 2. Mit der Konkurseröffnung fällt der bisherige Zweck der Aktiengesellschaft weg. An seine Stelle tritt die Befriedigung der Gläubiger und die Verteilung eines etwaigen Überschusses an die Aktionäre oder die sonstigen Bezugsberechtigten. Es findet eine Abwicklung statt. Sie richtet sich aber nach den besonderen Vorschriften des Konkursverfahrens. Nach Beendigung des Konkursverfahrens kann jedoch noch eine Abwicklung nach den außerhalb des Konkursverfahrens geltenden Vorschriften der §§ 264ff. stattfinden, wenn ein Bedürfnis dafür vorliegt, insbesondere noch Vermögen vorhanden ist; RG, JW 1932, S. 1833.

Anm. 22

a) Übergang des Verwaltungs- und Verfügungsrechts

Mit der Eröffnung des Konkursverfahrens geht das Recht zur Verwaltung und Verfügung über das zur Konkursmasse gehörige Vermögen der Gesellschaft auf den Konkursverwalter über. Dieser darf nur keine Handlungen vornehmen, die außerhalb des Konkurszweckes liegen; vgl. zum Schenkungsverbot RGZ 53, S. 190, 193; 57, S. 195, 199; 76, S. 244, 250. Er bedarf bei seinen Verfügungen nicht der Zustimmung der Organe der Gesellschaft, sei es Vorstand (Abwickler), Aufsichtsrat oder Hauptversammlung. Er unterliegt auch nicht der Aufsicht des Aufsichtsrats; RGZ 76, S. 248. Er ist an deren Beschlüsse nicht gebunden, soweit nicht dadurch schon vor Konkurseröffnung unentziehbare, auch der Konkursanfechtung, §§ 29ff. KO, nicht unterliegende Ansprüche Dritter entstanden sind. Insbesondere kann er Schadenersatzansprüche gegen die Verwaltungsorgane oder Gründer oder Prüfer (§§ 92, 116, 46—48, 168) selbständig erheben. Er ist dabei weder an einen Beschluß der Hauptversammlung oder das Begehren einer Minderheit, solche Ansprüche zu erheben, noch an solche Beschlüsse wieder aufhebende Beschlüsse gebunden; § 147. Soweit Gläubiger der Gesellschaft anspruchsberechtigt sind, übt er während des Konkursverfahrens das Recht der Gläubiger aus, vgl. § 93 Abs. 5 Satz 4. Der Verwalter vertritt die Gesellschaft auch bei Klagen der Organe auf Entlastung; RGZ 76, S. 244, 248; und in Anfechtungsprozessen, falls sie den Massebestand berühren; BGHZ 32, S. 114, 118; RGZ 76, S. 244, 245ff.; JW 1936, S. 181. Auch in sonstigen Aktiv- oder Passivprozessen vertritt der Konkursverwalter die Gesellschaft, soweit das seiner Verwaltung unterliegende Vermögen dadurch berührt wird. In diesem Umfange ist es auch seine Aufgabe, einen *Zeugen* (Rechtsanwalt) von der Verpflichtung zur Verschwiegenheit zu entbinden; OLG Darmstadt, HessRspr. 1929, 281. In Prozessen, die der Konkursverwalter führt, kann der Vorstand als Zeuge vernommen werden; RG, LZ 1914, Sp. 776[19].

Soweit es das Ziel des Konkurses: bestmögliche Verwertung des Vermögens zum Zwecke der Befriedigung der Gläubiger, erfordert, insbesondere um einen Verkauf des Unternehmens zu ermöglichen, kann der Verwalter das Geschäft auch fortbetreiben. Er kann das Unternehmen auch als Ganzes veräußern; wegen Übertragung des Firmenrechts vgl. Anm. 26.

Anm. 23

Ansprüche der Gesellschaft gegenüber den Aktionären aus dem Gesellschaftsverhältnis, insbesondere auf rückständige Einlagen, macht der *Konkursverwalter* geltend; RGZ 119, S. 220 mit Nachweisen früherer Entscheidungen; RG, JW 1928, S. 2852[40]. Die Einzahlung kann sofort gefordert werden, ohne Rücksicht darauf, daß sie nach der Satzung oder nach Hauptversammlungsbeschlüssen erst zu einem späteren Termin zu leisten ist. Auch ein Einforderungsbeschluß der Hauptversammlung oder eine Genehmigung des Aufsichtsrats ist nicht erforderlich. Der Konkursverwalter tritt insofern vollständig an die Stelle der Gesellschaftsorgane. Die Einzahlung kann nicht mit dem Einwand verweigert werden, daß sie nicht mehr dem satzungsmäßigen Zweck des Unternehmens dienen könne, weil die Gesellschaft die Erreichung dieses Zwecks aufgegeben habe. Denn die Einlagen sind immer auch zur Befriedigung der Gesellschaftsgläubiger bestimmt; diesem Zwecke dient gerade das Konkursverfahren; RG, DJZ 1919, S. 182. Der Konkursverwalter darf aber nicht mehr einziehen, als zur Erreichung des Konkurszweckes, insbesondere zur Befriedigung der Gesellschaftsgläubiger, erforderlich ist; RGZ 46, S. 153; 76, S. 437; 79, S. 175; RG, JW 99, S. 305, 306. Der Aktionär kann den Einwand erheben, daß die Zahlungen zu dem angegebenen Zwecke nicht nötig sind; er hat die *Beweislast* für seine Behauptungen. Der Verwalter muß aber, da er allein dazu in der Lage ist, über den Vermögensstand der Gesellschaft *Auskunft* geben, damit die Notwendigkeit der Einzahlungen nachgeprüft werden kann. Bei der Verfolgung der Ansprüche hat der Verwalter den *Grundsatz der Gleichbehandlung* der Aktionäre zu beachten; er darf nicht von einem Aktionär mehr einziehen als von anderen; Ausfälle bei vermögenslosen Aktionären darf er bis zur Höhe der Einlageschuld der einzelnen Aktionäre auf die anderen verhältnismäßig verteilen, wenn andernfalls die Befriedigung der Gläubiger nicht möglich ist. Er kann auch säumige Aktionäre ausschließen; § 64. Die Aktionäre können dem Konkursverwalter die Einwendungen entgegenhalten, die ihnen gegenüber der Gesellschaft zustehen, z. B. daß die Aktienurkunden nicht geliefert sind oder geliefert werden können, insbesondere weil die Gesellschaft anderweitig darüber verfügt hat. Auch die Anfechtung des Aktienerwerbs kann der Aktionär gegenüber dem Verwalter geltend machen. Eine Aufrechnung gegen Einlageforderungen ist ihm so wenig gestattet wie gegenüber der Gesellschaft außerhalb des Konkurses, § 66. Der Verwalter kann auch Verträge kündigen, z. B. Dienstverträge mit den Vorstandsmitgliedern.

Der Konkursverwalter macht auch die Ansprüche der Gesellschaft gegen ihre Organe, auch auf Schadenersatz wegen pflichtwidriger Handlungen (Unterlassungen) namentlich auch gegen Vorstands- und Aufsichtsratsmitglieder geltend und ist auch für die Entlastung zuständig, sofern man in ihr im Konkursstadium einen Verzicht auf Schadenersatzansprüche sehen will, da hier ja § 93 Abs. 4 Satz 3 nicht gilt (vgl. dazu ausführlich oben Schilling, § 93, Anm. 54).

Anm. 24

b) Nebenleistungspflichten

Die Verpflichtung zu Nebenleistungen (§ 55) wird im Falle der Konkurseröffnung in demselben Maße beschränkt, wie wenn die Auflösung der Gesellschaft in den Fällen der Nr. 1 u. 2 geschieht; es hängt also davon ab, ob noch ein Bedürfnis für die Leistungen besteht. Der Verwalter kann die Erfüllung nur gegen volle Vergütung verlangen. Insoweit ist § 17 KO entsprechend anzuwenden; vgl. § 55, Anm. 24, § 61, Anm. 1. Rückständige Zahlungen der Gesellschaft aus solchen Nebenleistungen gelten als gewöhnliche Konkursforderungen.

Anm. 25

c) Aktionäre als Konkursgläubiger

Wegen ihrer Rechte aus dem Gesellschaftsverhältnis, insbesondere aus Leistungen von Einlagen, sind die Aktionäre nicht Konkursgläubiger. Sie haben nur Anspruch auf Verteilung des nach Bezahlung der Schulden übrig bleibenden Vermögens. Dagegen sind sie grundsätzlich berechtigt, ihre sonstigen Gläubigerrechte, insbesondere aus Geschäften, die sie als Dritte mit der Gesellschaft abgeschlossen haben, aber auch die aus der Mitgliedschaft herausgewachsenen „Gläubigerrechte" im Konkurs als gleichberechtigte Konkursforderungen geltend zu machen. Von den letzteren kommen vor allem der mit dem Gewinnverwendungsbeschluß der Hauptversammlung (§ 174) endgültig entstandene Dividendenanspruch (§ 58 Abs. 4) in Betracht, weiter Rückzahlungsansprüche aus einer bereits wirksam gewordenen Kapitalherabsetzung (§§ 222 Abs. 3, 225 Abs. 2; vgl. dazu oben Schilling, § 225, Anm. 16), Genußrechte (§ 221 Abs. 2), Sondervorteile (§ 26 Abs. 1) und Ansprüche auf Bauzinsen (§ 57 Abs. 3).

Auch soweit sich Gesellschafter am Konkurs als gewöhnliche Gläubiger beteiligen, kann unter bestimmten Voraussetzungen die gleichberechtigte Behandlung ihrer Forderungen mit denen der übrigen Konkursgläubiger ausgeschlossen sein. Das ist insbesondere bei sog. *kapitalersetzenden Gesellschafterdarlehen* der Fall, die der Gesellschaft — in der Regel vom Alleingesellschafter oder vom beherrschenden Gesellschafter, bei Familiengesellschaften von deren Mitgliedern — bei offenkundiger anfänglicher oder nachträglicher Unterkapitalisierung (vgl. hierzu Kalter, KTS 1970, S. 267) an Stelle der eigentlich gebotenen Eigenkapitalerhöhung gewährt wurden (vgl. dazu §§ 49, 50 des Regierungsentwurfes eines GmbHG). Derartige Darlehen werden durch Zurücksetzen im Konkurs praktisch wie haftendes Eigenkapital behandelt; eine vor Konkurseröffnung gewährte Rückzahlung verstößt gegen § 57 Abs. 1 Satz 1 (§ 30 GmbHG; vgl. dazu BGH, WM 1972, S. 74), so daß der Konkursverwalter den Rückgewähranspruch der Aktiengesellschaft nach § 62 geltend machen kann, also nicht auf die Möglichkeiten der Konkursanfechtung (§§ 29ff. KO) beschränkt ist. Die Aufrechnung mit einer solchen Darlehensforderung gegen Forderungen der Gesellschaft ist dem Gesellschafter verwehrt; Siebert, BB 1954, S. 418. Zu der sehr bestrittenen Behandlung von eigenkapitalersetzenden Gesellschafterdarlehen vgl. RGZ 158, S. 310; 166, S. 57; RG, JW 1938, S. 862; RFH 45, S. 26; BGHZ 31, S. 258, 268; BGH, GmbH Rdsch. 1961, S. 161; BGH, WM 1963, S. 121; NJW 1969, S. 1719; WM 1972, S. 74; Erlinghagen, GmbH Rdsch. 1962, S. 169; ders., Gesellschafter-Darlehen im Regierungsentwurf eines neuen GmbH-Gesetzes, in: Festschrift für H. Kaufmann (1972), S. 139; Hofmann, NJW 1966, S. 1941; Kamprad, Gesellschafterdarlehen an die GmbH als versteckte Stammeinlage (1968), S. 53ff.; Lutter, in: Probleme der GmbH-Reform (1970), S. 63ff., 74ff.; Schönle, GmbH Rdsch. 1960, S. 63; Wiedemann, in: Wiedemann-Bär-

Dabin, Die Haftung des Gesellschafters in der GmbH, Arbeiten zur Rechtsvergleichung Heft 36 (1968), S. 17ff.; Winkler, BB 1969, S. 1202; Wüst, Gläubigerschutz in der GmbH (1966), S. 15ff.; Zartmann, AG 1965, S. 93.

Anm. 26

d) Zuständigkeiten der Gesellschaftsorgane

Neben dem Konkursverwalter bleiben die Organe der Gesellschaft in ihrer bisherigen Stellung und Tätigkeit, soweit diese nicht auf den Konkursverwalter übergegangen ist; vgl. RG, JW 1896, S. 697; RG, JW 1899, S. 305; RGZ 14, S. 412, 418; 76, S. 246; 81, S. 336; KG, KGJ 28 (1904), S. B 48; 48 (1915), S. 134; OLG Naumburg, JW 1930, S. 3783. Auch der *Vorstand* bleibt mit dieser Beschränkung im Amte und wird nicht etwa, wie Schlegelberger-Quassowski, § 203 AktG 1937, Anm. 18, annehmen, automatisch zum Abwickler. Dem steht einmal die Fassung des § 264 Abs. 1 entgegen und zum anderen die Erwägung, daß für die neben dem Konkursverwalter verbleibenden beschränkten Aufgaben keine mit Kosten und gegebenenfalls auch mit neuen Personen verbundene Umwandlung der Vorstandsmitglieder in Abwickler geboten ist. Sofern nach Beendigung des Konkursverfahrens eine weitere Liquidation erforderlich ist, mag dann die Bestellung von Liquidatoren erfolgen. War die Gesellschaft bei Konkurseröffnung schon aufgelöst, so bleibt der Abwickler weiter als solcher im Amt; vgl. Jaeger-Weber, § 208 KO, Rnr. 28.

Fehlende Organe können auch im Laufe des Verfahrens ergänzt werden und müssen es, wenn es sich um Aufgaben handelt, die der Konkursverwalter gar nicht wahrnehmen kann. Die neuen Organe müssen dann auch in das Handelsregister eingetragen werden; OLG Braunschweig, OLGE 27 (1912), S. 380; OLG Hamburg, SeuffA 43 (1887), S. 207 und LZ 1918, Sp. 180. Die Organe vertreten die Gesellschaft in den Angelegenheiten, die nicht zur Konkursmasse gehören. Soweit Vermögen vorhanden ist, das nach der Konkursordnung nicht zur Konkursmasse gehört, unterliegt es der Verfügung der Gesellschaftsorgane; falls sich die Gesellschaft bei Konkurseröffnung schon im Zustand der Abwicklung befand, der Verfügung der Abwickler. Der Vorstand oder Abwickler muß einen Prozeß der Gesellschaft weiterführen, wenn der Verwalter die Aufnahme ablehnt, oder wenn es sich um einen nicht-vermögensrechtlichen Anspruch handelt. Die Prozeßführung mit Aktionären über ihr Mitgliedschaftsrecht obliegt, soweit es sich nicht um Einlagen handelt, der Gesellschaft, da ein derartiger Rechtsstreit nicht die Konkursmasse, sondern den allenfalls nach Konkursbeendigung zu verteilenden Masseüberschuß betrifft; RG, JW 1896, S. 373. *Klagen zur Anfechtung* gesetz- oder satzungswidriger Hauptversammlungsbeschlüsse (§§ 243ff., 251, 254ff.) sind nur dann gemäß § 246 Abs. 2 gegen die Gesellschaft zu richten, wenn die mit der Klage erstrebte Nichtigerklärung des Beschlusses ohne Auswirkung auf die Konkursmasse ist; vgl. RGZ 76, S. 246; BGHZ 32, S. 114, 118 und Jaeger-Weber, §§ 207, 208 KO, Anm. 35 mit weiteren Hinweisen. Insoweit besteht auch das Anfechtungsrecht des Vorstands (§ 245 Nr. 4) weiter. Sind Belange der Konkursmasse betroffen, tritt die Klagebefugnis des Konkursverwalters an die Stelle des Anfechtungsrechts des Vorstands; Barz, Großkommentar (2. Aufl.), § 198, Anm. 20. Anfechtungsklagen gegen Beschlüsse, durch die Mitgliedern des Vorstands oder des Aufsichtsrats Entlastung erteilt worden ist, berühren die Konkursmasse nicht, da die Entlastung keinen Verzicht auf Ersatzansprüche enthält (§ 120 Abs. 2). Sie sind deshalb gegen die Gesellschaft zu richten, die dabei durch ihre Organe vertreten wird.

Die *Genehmigung zur Veräußerung von vinkulierten Namensaktien* bedarf auch im Konkurs der Genehmigung des Vorstands bzw. der Abwickler, bei nicht voll eingezahlten Aktien darüberhinaus der Zustimmung des Konkursverwalters, da die Einlageforderung zur Konkursmasse gehört; vgl. Wiedemann, Übertragung und Vererbung von Mitgliedschaftsrechten (1965), S. 98; Jaeger-Weber, §§ 207, 208 KO, Anm. 34; anderer Ansicht RGZ 72, S. 290, 293, das im letzteren Fall die Zustimmung des Konkursverwalters allein genügen läßt, dabei aber das noch fortdauernde Interesse der Gesellschafter an der Zusammensetzung des Mitgliederkreises übersieht.

Die Organe haben die Rechte und Pflichten, die im Konkurs dem Gemeinschuldner zustehen. Das Beschwerderecht gegen die Konkurseröffnung (§ 109 KO) steht jedem einzelnen Vorstandsmitglied oder Abwickler zu; Jaeger-Weber, §§ 207, 208 KO, Anm. 25. Der Vorstand hat das Recht, nach § 135 KO Mitteilung von der Vornahme bestimmter Rechtsgeschäfte vom Konkursverwalter zu verlangen; das Recht des Gemeinschuldners zur selbständigen Prüfung und zum Bestreiten von Forderungen und zur Prozeßführung in diesem Umfang (§ 144 KO); Vorstand oder Abwickler haben die Verpflichtung zur Auskunftserteilung (§ 100 KO) und zur Leistung der eidesstattlichen Versicherung (§ 125 KO). Sie unterliegen persönlich den Strafbestimmungen der Konkursordnung (§ 50a StGB, eingefügt durch Art. 1 Nr. 7 EG OWiG vom 24. 5. 1968, BGBl. I, S. 503, durch dessen Art. 40 der frühere § 244 KO aufgehoben worden ist).

Von besonderer Bedeutung sind die Rechte der vertretungsberechtigten Organe im *Zwangsvergleichsverfahren*, dessen Durchführung ebenso wie die Einstellung des Konkursverfahrens auf Antrag der Gesellschaft (§ 202 KO) die Möglichkeit der Fortsetzung der Gesellschaft eröffnet. Der Vorstand oder die Abwickler können den Zwangsvergleichsvorschlag (§ 174 KO) einreichen und unter den in den §§ 173ff. KO bestimmten Voraussetzungen einen Zwangsvergleich mit den nichtbevorrechtigten Gläubigern abschließen. Vorstand oder Abwickler stehen dabei auch das Antragsrecht nach § 160 KO (Aussetzung der Abschlagsverteilung) und das Recht der sofortigen Beschwerde gegen die Verwerfung des Zwangsvergleichs nach § 189 KO zu.

Der *Aufsichtsrat* hat die Tätigkeit des Vorstands bzw. der Abwickler während des Konkursverfahrens zu überwachen (§§ 111 Abs. 1, 268 Abs. 2) und kann in besonderen Fällen die Hauptversammlung einberufen (§ 111 Abs. 3), etwa zur Beschlußfassung über den Abschluß eines Zwangsvergleichs oder die Einstellung des Konkursverfahrens nach § 202 KO und die anschließende Fortsetzung der Gesellschaft nach § 274 Abs. 2; RGZ 81, S. 332, 337. Der Aufsichtsrat kann auch während des Konkursverfahrens Vorstandsmitglieder aus wichtigem Grund abberufen und erforderlichenfalls neue bestellen (§ 84). Der Konkursverwalter ist zur Bestellung und Abberufung der Vorstands- und Aufsichtsratsmitglieder nicht befugt; RGZ 81, S. 337. Er kann nur die Dienstverträge kündigen, die Organstellung der Gekündigten wird dadurch aber nicht aufgehoben. Dagegen kann das Organmitglied seinerseits seine Stellung nach § 626 BGB beim Vorliegen eines wichtigen Grundes kündigen; RGZ 91, S. 332; KG, KGJ 48 (1915), S. 134; BayObLG, JFG 2 (1924), S. 213; OLG Hamburg, OLGE 34 (1916), S. 364; OLGE 37 (1917), S. 9 und LZ 1918, Sp. 180.

Die *Hauptversammlung* kann den Vorstand oder Abwickler bestellen; § 265. Sie hat den Aufsichtsrat zu wählen; § 101. Eine Minderheit der Aktionäre kann die Einberufung der Hauptversammlung verlangen; § 122. Die Abhaltung einer solchen kann auch aus anderen Gründen geboten sein, so zur Beschlußfassung über den Inhalt eines durch den Vorstand vorzuschlagenden Zwangsvergleichs (§ 174 KO) oder über den Antrag auf Einstellung des Konkursverfahrens (§ 202 KO) und über die Fortsetzung der Gesellschaft nach § 274; RGZ 81, S. 337.

Die Frage, ob der Konkursverwalter über die *Firma* im Zuge der Veräußerung des Unternehmens ohne Zustimmung der Gesellschafter, hier also der Hauptversammlung, verfügen darf, war früher sehr bestritten; vgl. die Stellungnahme zur Firma des Einzelkaufmanns und der Personengesellschaft in BGHZ 32, S. 103, 105ff.; P. Ulmer (GroßK), § 131 HGB, Anm. 71. Für das Aktienrecht bejaht die heute herrschende Meinung eine *zustimmungsfreie Verfügungsbefugnis* des Konkursverwalters; vgl. KG, JW 1937, S. 2976 = DJ 1937, S. 1815; KG, GRUR 1962, S. 104; Barz (2. Aufl.), Anm. 27; Baumbach-Hueck, § 262 AktG, Rnr. 5; Baumbach-Hefermehl (10. Aufl. 1971), § 16 UWG, Rnr. 90; v. Godin-Wilhelmi (4. Aufl. 1971), Anm. 5; Jaeger-Weber, § 207, 208 KO, Anm. 33; Mentzel-Kuhn (7. Aufl. 1970), § 207 KO, Anm. 13; ebenso für das frühere Recht Schlegelberger-Quassowski, § 203 AktG 1937, Anm. 16. Dieser Ansicht ist zu folgen. Es kommt nicht, wie BGHZ 32, S. 103, 110 meint, auf eine Interessenabwägung zwischen Gemeinschuldner und Konkursgläubiger an. Der ausschlaggebende Gesichtspunkt ist vielmehr, daß sich jedenfalls im Konkurs die wirtschaftliche Betrachtungsweise durchsetzen muß, wonach die Firma *der Name des* — als juristische Person verselbständigten — *Unternehmens* ist. Nach § 22 HGB kann die Firma als Bestandteil des Unternehmens mit diesem zusammen veräußert werden. Damit zählt sie zu dem vom Konkursverwalter betreuten Unternehmensvermögen, das grundsätzlich ohne Rücksicht auf die Interessen des Gemeinschuldners zugunsten der Konkursgläubiger zu verwerten ist. Das Alleinverfügungsrecht des Konkursverwalters ist nur in Ausnahmefällen eingeschränkt, etwa dann, wenn der Name einer Person in der Firma verwandt wird, die sich die Zustimmung im Falle der Veräußerung vorbehalten hat. Die Veräußerung der Firma durch den Konkursverwalter begründet für die Aktiengesellschaft die Verpflichtung, ihre Satzung hinsichtlich des Firmennamens zu ändern. Kommt die Hauptversammlung dieser Verpflichtung nicht nach, so kann der Erwerber auf Unterlassung der Führung der bisherigen Firma klagen; vgl. Jaeger-Weber, § 208 KO, Anm. 33.

Eine *Verschmelzung* kann der Konkursverwalter nicht vornehmen, da dies seinen Aufgaben und dem Zweck des Konkurses widersprechen würde; vgl. v. Godin-Wilhelmi, Anm. 5. Wegen der Möglichkeit einer Verschmelzung während der Dauer des Konkursverfahrens vgl. die Erläuterungen zu § 339 Abs. 2.

Beschlüsse, die *ausschließlich zur Zuständigkeit der Hauptversammlung gehören*, wie *Satzungsänderungen*, können nicht durch Erklärung des Konkursverwalters ersetzt werden. Regelmäßig sind aber solche Handlungen der Organe, insbesondere der Hauptversammlung, die den Fortbetrieb des lebenden Unternehmens zum Ziele haben, wie etwa die Schaffung neuer Mitgliedsrechte, eine erst in Zukunft wirksam werdende Kapitalerhöhung nach der Auflösung mit dem Endziele der Vollbeendigung und damit auch dem Abwicklungs- und Konkursverfahren unverträglich und deshalb während dieses Verfahrens unzulässig; RGZ 77, S. 153, vgl. auch RG, LZ 1914, Sp. 776[19]. Jedoch kann z. B. ein Kapitalerhöhungsbeschluß zulässig sein, wenn dadurch die Mittel beschafft werden sollen, um einen Vergleich zu ermöglichen oder nach Einstellung des Konkursverfahrens die Fortsetzung der Gesellschaft zu beschließen; vgl. § 274.

Anm. 27

e) Vergütungsansprüche der Gesellschaftsorgane

Für Anstellungsverträge der Vorstandsmitglieder ist § 22 KO maßgebend. Dies ergibt sich für die Aktiengesellschaft eindeutig aus § 87 Abs. 3, der die Ersatzansprüche des Dienstverpflichteten nach § 22 Abs. 2 KO ihrem zeitlichen Umfang nach begrenzt; vgl. Jaeger-Weber, §§ 207, 208 KO, Anm. 32.

Die Anstellungsverträge der Vorstandsmitglieder laufen weiter, die Bezüge können für die Zeit vor der Konkurseröffnung bis zur Beendigung des Anstellungsvertrages nach § 59 Nr. 2 KO als Masseschulden in voller Höhe geltend gemacht werden; RG, LZ 1909, Sp. 689. Obwohl der Konkursverwalter regelmäßig auf die Mitarbeit des Vorstandes angewiesen sein wird, kann er die Anstellungsverträge nach § 22 Abs. 1 KO unter Einhaltung der gesetzlichen oder einer vertraglich vereinbarten kürzeren Kündigungsfrist kündigen. Die Ansprüche auf Ersatz des durch die Aufhebung des Dienstverhältnisses entstehenden Schadens (die durch § 87 Abs. 3 auf einen Zeitraum von höchstens 2 Jahren seit dem Ablauf des Dienstverhältnisses beschränkt werden) sind gewöhnliche Konkursforderungen (§ 61 Nr. 6 KO). Das gleiche gilt für Vergütungsansprüche, die bei Konkurseröffnung bereits entstanden waren. Da Vorstandsmitglieder als Organmitglieder keine Arbeitnehmer sind, genießen sie nicht das Vorrecht des § 61 Nr. 1 KO; herrschende Meinung; vgl. RGZ 120, S. 300; 150, S. 99; OLG Stuttgart, BB 1951, S. 82; Jaeger-Lent, § 61 KO, Anm. 14b. Solange der Vorstand auch während des Konkurses für die Gesellschaft aufgrund seiner Organstellung tätig ist, hat er auch einen Anspruch auf eine seiner (durch die Konkurseröffnung beschränkten) Arbeitsleistung entsprechende Vergütung, jedoch nach Wirksamwerden der vom Konkursverwalter erklärten Kündigung nur gegen die konkursfreie Masse. Denn es kann nicht als den Anschauungen der Geschäftswelt entsprechend angesehen werden, daß er die Arbeit unentgeltlich leistet. Was ihm so zugute kommt, mindert aber seinen Schadenersatzanspruch.

Für den Aufsichtsrat geht RGZ 81, S. 338 davon aus, daß die von ihm zu erbringenden wesentlich geminderten Leistungen ohne Vergütung geleistet werden, so daß für die Zeit nach Konkurseröffnung Ansprüche auf Bezahlung für seine Tätigkeit nicht mehr bestehen. Das dürfte zwar, soweit die Inanspruchnahme der Konkursmasse in Frage steht, im Ergebnis zutreffend sein (Anm. 8 zu § 113; v. Godin-Wilhelmi, § 113, Anm. 3; Schlegelberger-Quassowski, § 203 AktG 1937, Rnr. 25); jedoch ist nicht einzusehen, warum nicht — im Verhältnis der Verminderung der Tätigkeit und Verantwortung — geminderte Ansprüche gegen die konkursfreie Masse aufrecht erhalten bleiben sollten.

Anm. 28

f) Verfahren nach Konkursbeendigung

Wenn nach Aufhebung des Konkursverfahrens (§ 163 KO) noch Vermögen vorhanden ist, so ist ein Liquidationsverfahren nach §§ 264ff. durchzuführen und, wenn bei Konkurseröffnung die Gesellschaft schon aufgelöst war, das Liquidationsverfahren weiterzuführen; sind allerdings die Konkursgläubiger noch nicht voll befriedigt und ist das vorhandene Vermögen nicht konkursfrei, so wird das Liquidationsverfahren durch die Anordnung einer Nachtragsverteilung gemäß § 166 KO verdrängt werden (OLG Dresden, OLGE 40 [1920], S. 191). Ist nach Aufheben des Konkursverfahrens kein Vermögen mehr vorhanden oder das Konkursverfahren mangels Masse eingestellt worden (§ 204 KO), so wird eine Löschung der Gesellschaft nach § 2 LöschG in Betracht kommen, es sei denn, daß die bisherigen Vorstandsmitglieder oder Liquidatoren als einzige Abwicklungshandlung die Löschung nach § 273 anmelden, wozu sie durch Ordnungsstrafe angehalten werden können; § 273 Anm. 4; vgl. im übrigen KG, JW 1938, 1825 mit Anm. Groschuff. Ist das Konkursverfahren nach Abschluß eines Zwangsvergleiches (§ 190 KO) oder auf Antrag der Gesellschaft mit Zustimmung sämtlicher Konkursgläubiger eingestellt (§ 202 KO), so kann die Gesellschaft die Fortsetzung beschließen, § 274 Abs. 2; tut sie das nicht, so ist ebenfalls die Liquidation nach §§ 264ff. durchzuführen. In allen Fällen ist gemäß § 32 HGB — ebenso wie die Eröffnung — auch die Einstellung und Aufhebung des Konkursverfahrens in das Handelsregister einzutragen, allerdings als solche nicht bekanntzumachen.

Anm. 29

g) Vergleichsverfahren

Die Eröffnung des Vergleichsverfahrens ist auch bei der Aktiengesellschaft zulässig. Sie bewirkt die Auflösung der Gesellschaft nicht.

Anm. 30

4. Auflösung durch Ablehnung der Konkurseröffnung

Die Aktiengesellschaft wird auch aufgelöst mit der Rechtskraft des Beschlusses, durch den die Eröffnung des Konkursverfahrens mangels einer den Kosten des Verfahrens entsprechenden Konkursmasse abgelehnt wird; Abs. 1 Nr. 4. Diese Vorschrift entspricht dem § 1 Abs. 1 Satz 2 des Löschungsgesetzes vom 9. Oktober 1934 (RGBl. I, S. 914) und ersetzt diese Bestimmung für die Aktiengesellschaft. Im übrigen gelten die Vorschriften des Löschungsgesetzes auch weiterhin für Aktiengesellschaften; ebenso Baumbach-Hueck Anhang nach § 262, Rnr. 1; v. Godin-Wilhelmi, Anm. 6.

§ 262 Abs. 1 Nr. 4 hat wie der übrige Inhalt des LöschG (vgl. Anm. 33ff.) den Zweck, Aktiengesellschaften, die der Grundlage der Aktiengesellschaft, nämlich des Kapitals, entbehren, auch formell zu Ende zu bringen. Die Vorschriften sind im *öffentlichen* Interesse erlassen. Gebilde, die nur scheinbar eine Kapitalgrundlage haben, die aber tatsächlich erloschen sind und volkswirtschaftlich nur schädlich wirken, aber bei gutgläubigen Dritten wegen der Eintragung ins Handelsregister und wegen des Firmennamens täuschend wirken, sollen aus der Welt geschafft werden. Wegen des Inhalts des Löschungsgesetzes vgl. auch die erläuterten Ausgaben des Gesetzes von Crisolli-Groschuff-Kaemmel und von Bergmann.

Anm. 31

a) Voraussetzungen der Auflösung

Nach Nr. 4 bewirkt der rechtskräftige Beschluß des Konkursgerichts die Auflösung der Aktiengesellschaft. Es kommt nicht darauf an, ob die Gesellschaft tatsächlich kein Vermögen besitzt und nicht lebensfähig ist, sondern nur, ob der Konkursantrag abgelehnt ist, weil keine den Kosten des Verfahrens entsprechende Konkursmasse vorhanden ist, d. h. zum Zwecke der Durchführung des Konkursverfahrens tatsächlich zur Verfügung steht. Muß sie erst herbeigeschafft werden, etwa durch Anfechtungsprozesse nach §§ 29ff. KO, und sind auch die Mittel zur Herbeischaffung nicht vorhanden, so fehlt es eben an der erforderlichen Masse. Hierüber wird im Konkursverfahren endgültig entschieden. Maßgebend ist, aus welchem Grunde die Ablehnung erfolgt ist. Einwendungen können nur im Konkursverfahren gemacht werden. Zu diesem Zwecke gibt das Löschungsgesetz abweichend von der Regel des § 109 KO das Rechtsmittel der sofortigen Beschwerde gegen den Ablehnungsbeschluß nicht nur dem, der die Eröffnung des Verfahrens beantragt hat, sondern auch dem Gemeinschuldner (§ 1 Abs. 1 S. 2), also dem Vorstand. Dieser ist schon im Eröffnungsverfahren zu hören; soweit erforderlich, sind im Eröffnungs- oder im Beschwerdeverfahren weitere Ermittlungen anzustellen. In einem anderen Verfahren findet eine Nachprüfung nicht statt. Eine Gesellschaft, die im Eröffnungsverfahren nicht einmal eine den Kosten des Verfahrens entsprechende Masse aufweisen kann, ist als Aktiengesellschaft zu beenden. Aus dem öffentlich-rechtlichen Zweck der Bestimmung ergibt sich auch, daß eine solche Gesellschaft nicht wieder zum Leben gebracht werden kann, auch nicht etwa durch einen Beschluß der Hauptversammlung; ebenso Baumbach-Hueck, § 262, Rnr. 7; Crisolli-Groschuff-Kaemmel, § 1 LöschG, Anm. 4. § 274 Abs. 2 kann hier auch nicht entsprechend angewendet werden; er setzt gerade voraus, daß die Gesellschaft wieder lebensfähig gemacht ist, sei es durch einen Zwangsvergleich, sei es durch das Vertrauen der Gläubiger und die darauf beruhende Einstellung des Verfahrens. Nach der Rechtsprechung des Reichsgerichts konnte eine Gesellschaft, die ihre Auflösung beschlossen hat, sich wieder in eine werbende Gesellschaft umwandeln, wenn die Abwicklung noch nicht stattgefunden hatte und die Gesellschaft voll beendet war, oder vor der Vollbeendigung die Abwicklungsmaßnahmen rückgängig gemacht worden sind und dies dem Registerrichter vor der Eintragung der Rückverwandlung nachgewiesen ist; vgl.RGZ 118, S. 340. § 274 Abs. 1 AktG läßt aber eine Fortsetzung der aufgelösten Gesellschaft nicht mehr zu, wenn mit der Verteilung ihres Vermögens unter die Aktionäre auch nur begonnen ist. Dem mit dem Gesetze verfolgten Zwecke würde es auch widersprechen, ein Wiederaufleben der Gesellschaft dann zuzulassen, wenn ihr nach der Konkursablehnung neues Kapital zugeführt werden würde. Eine Aktiengesellschaft, die es zu einer Konkursablehnung mangels Masse hat kommen lassen, soll nach dem Willen des Gesetzes unbedingt verschwinden, weil ihre Unzulänglichkeit offenkundig wurde. Wollen die Aktionäre und die Verwaltung die Gesellschaft am Leben erhalten, so müssen sie dafür sorgen, daß ihr rechtzeitig neues Kapital zugeführt wird, oder daß wenigstens die Konkursablehnung mangels Masse vermieden wird und der Weg der Wiederbelebung nach § 274 Abs. 2 offenbleibt. Ein Mantel einer solchen Gesellschaft soll auch nicht zu einer verschleierten Neugründung und damit zu einer Umgehung der Gründungsvorschriften und den mit diesen erstrebten Sicherungen der Allgemeinheit gegen unreelle Gesellschaftsgründungen verwertet werden, so daß auch der Einschuß neuen Vermögens an der Auflösung und der Unmöglichkeit einer Fortsetzung gemäß § 274 nichts ändert; Crisolli-Groschuff-Kaemmel, § 1 LöschG, Anm. 15.

Zur Unzulässigkeit des *Mantelkaufes* allgemein vgl. KG, JW 1924, S. 1535; KG, JW 1925, S. 633; KG, HRR 1933, Nr. 833 = JFG 10, S. 152; KG, JW 1934, S. 989. Die Zulässigkeit des Mantelkaufs ist umstritten; vgl. dazu Kraft (KK), § 23, Rnr. 32ff. Durch das LöschG und § 203 Abs. 1 Nr. 4 AktG 1937 ist jedenfalls für Gesellschaften, die durch Ablehnung der Konkurseröffnung rechtskräftig aufgelöst werden, die Rechtslage eindeutig: ebensowenig wie für den Fall der Einstellung eines eröffneten Konkursverfahrens mangels Masse (§ 204 KO) läßt § 274 Abs. 2 die Fortsetzung der Gesellschaft für den Fall des § 262 Abs. 1 Nr. 4 zu. Der Erwerb des Mantels, selbst wenn man ihn für zulässig hält, wäre auch wirtschaftlich sinnlos, da die Gesellschaft zu liquidieren ist oder in vielen Fällen nach § 2 LöschG unmittelbar gelöscht würde. Im übrigen kann § 2 LöschG, wie Baumbach-Hueck, Anh. nach § 263, Rnr. 2 zutreffend hervorheben, bei der Verhinderung von Mantelkäufen gute Dienste leisten; vgl. dazu unten Anm. 34, 35.

Eine Wiederbelebung einer Aktiengesellschaft ist auch dann nicht zulässig, wenn nach Eröffnung des Konkursverfahrens dessen Einstellung nach § 204 KO erfolgt ist, weil eine den Kosten des Verfahrens entsprechende Masse nicht vorhanden ist. Die Auflösung einer solchen Aktiengesellschaft ist schon durch die Konkurseröffnung erfolgt; ebenso Crisolli-Groschuff-Kaemmel, § 1 LöschG, Anm.4. Die Gesellschaft muß nach der Einstellung des Verfahrens die Abwicklung vornehmen.

Nur der rechtskräftige Konkursablehnungsbeschluß hat die Wirkung der Auflösung der Gesellschaft, nicht die Eintragung der Auflösung im Handelsregister. Die Auflösung — nicht die Konkursablehnung — ist zwar nach § 1 Abs. 2 des Löschungsgesetzes von Amts wegen im Handelsregister einzutragen; zu diesem Zweck hat die Geschäftsstelle des Konkursgerichts dem Registergericht eine beglaubigte Abschrift des Ablehnungsbeschlusses mit einer Bescheinigung der Rechtskraft zu übersenden. Die Eintragung hat aber nur bekundende, nicht rechtschaffende Wirkung. Etwas anderes gilt im Falle der *Löschung* der Gesellschaft nach § 2 Abs. 1 des LöschG, nach dem mit der Löschung die Gesellschaft „als aufgelöst gilt". Ist die Auflösung zu Unrecht eingetragen, etwa weil der Konkursablehnungsbeschluß unwirksam war oder der Fall der Nr. 4 nicht vorlag, also nicht mangels Masse, sondern etwa mangels eines Konkursgrundes die Konkursablehnung erfolgt ist, so ist die Auflösung der Aktiengesellschaft nicht eingetreten. Die fehlerhafte Eintragung ist dann von Amts wegen zu löschen; § 142 FGG.

Erfolgt die Ablehnung der Konkurseröffnung in einem durch einen *Vergleichsantrag* eingeleiteten Verfahren, so hat sie dieselbe Wirkung, wie wenn der Konkurs beantragt war.

Die sofortige Beschwerde gegen den Konkursablehnungsbeschluß steht nach § 1 Abs. 1 Satz 2 des LöschG außer dem Antragsteller auch dem Gemeinschuldner zu. Sie wird durch den Vorstand ausgeübt.

Anm. 32

b) Wirkungen der Ablehnung

Die Wirkung der Konkursablehnung ist nicht die Vollbeendigung der Gesellschaft, sondern die Auflösung mit der Folge, daß die Abwicklung eintritt und in deren Verlauf die Gesellschaft verschwindet; § 264. Deshalb äußert die Konkursablehnung keine Wirkung, wenn sie eine bereits in Auflösung befindliche Gesellschaft trifft; sie macht jedoch die Wiederbelebung nach § 274 unmöglich. Eine Abwicklung nach Konkurseröffnung kann wohl in Frage kommen, denn Vermögenslosigkeit ist nicht Voraussetzung des Konkursablehnungsbeschlusses, Anm. 31. Die Gesellschaft kann Vermögen besitzen, z. B. überbelastete Grundstücke. Es können auch Vermögensstücke durch Anfechtungsprozesse außerhalb des Konkursverfahrens herbeigeschaft werden. Die Abwicklung hat nach den Vorschriften der §§ 264—273 zu geschehen.

Häufig werden aber diese Vorschriften nicht zu dem Erfolg führen, den das Gesetz mit der zwangsweise eintretenden Auflösung erstrebt: die Vollbeendigung der Gesellschaft und die Löschung der Gesellschaft im Handelsregister. Zwar kann der Registerrichter die Durchführung der Abwicklung überwachen und die Befolgung der Vorschriften der § 270 Abs. 2, § 177, § 273 Abs. 1 u. 2 durch Ordnungsstrafen erzwingen;

§§ 14 HGB, 407 Abs. 1 AktG. Oft scheitert dies aber daran, daß die Organe der Gesellschaft nicht mehr vorhanden sind und auch nicht ersetzt werden können. Häufig ist auch kein Vermögen vorhanden; in diesem Falle wäre auch die Vornahme einer Abwicklung zwecklos. Dann hilft § 2 des Löschungsgesetzes; vgl. dazu unten Anm. 34 und Crisolli-Groschuff-Kaemmel, § 1 LöschG, Anm. 2.

Anm. 33

5. Auflösung durch Löschung der Aktiengesellschaft wegen Vermögenslosigkeit

Gesetz über die Auflösung und Löschung von Gesellschaften und Genossenschaften vom 9. 10. 1934 (RGBl I S. 914)

§ 1. (1) Eine Aktiengesellschaft, Kommanditgesellschaft auf Aktien oder Gesellschaft mit beschränkter Haftung wird außer in den bisher bestimmten Fällen mit der Rechtskraft des Beschlusses aufgelöst, durch den ein Antrag auf Eröffnung des Konkursverfahrens mangels einer den Kosten des Verfahrens entsprechenden Konkursmasse abgewiesen wird. Gegen den abweisenden Beschluß steht außer demjenigen, der den Eröffnungsantrag gestellt hat, auch dem Gemeinschuldner die sofortige Beschwerde zu.

(2) Die Geschäftsstelle des Konkursgerichts hat dem für die Führung des Handelsregisters zuständigen Gericht eine beglaubigte Abschrift des den Eröffnungsantrag abweisenden Beschlusses mit einer Bescheinigung der Rechtskraft zu übersenden. Die Auflösung ist von Amts wegen in das Handelsregister einzutragen.

§ 2. (1) Eine Aktiengesellschaft, Kommanditgesellschaft auf Aktien oder eine Gesellschaft mit beschränkter Haftung, die kein Vermögen besitzt, kann auf Antrag der Amtlichen Berufsvertretung des Handelsstandes oder der Steuerbehörde oder von Amts wegen gelöscht werden; mit der Löschung gilt die Gesellschaft als aufgelöst. Eine Liquidation findet nicht statt. Vor der Löschung ist die amtliche Berufsvertretung zu hören.

(2) Das Gericht hat die Absicht der Löschung den gesetzlichen Vertretern der Gesellschaft, soweit solche vorhanden sind und ihre Person und ihr inländischer Aufenthalt bekannt ist, nach den für die Zustellung von Amts wegen geltenden Vorschriften der Zivilprozeßordnung bekanntzumachen und ihnen zugleich eine angemessene Frist zur Geltendmachung des Widerspruchs zu bestimmen. Das Gericht kann anordnen, auch wenn eine Pflicht zur Bekanntmachung und Fristbestimmung nach Satz 1 nicht besteht, daß die Bekanntmachung und die Bestimmung der Frist durch Einrückung in die Blätter, die für die Bekanntmachung der Eintragungen in das Handelsregister bestimmt sind, sowie durch Einrückung in weitere Blätter erfolgt; in diesem Falle ist jeder zur Erhebung des Widerspruchs berechtigt, der an der Unterlassung der Löschung ein berechtigtes Interesse hat. Die Vorschriften des § 141 Abs. 3, 4 des Reichsgesetzes über die Angelegenheiten der freiwilligen Gerichtsbarkeit gelten entsprechend.

(3) Stellt sich nach der Löschung das Vorhandensein von Vermögen heraus, das der Verteilung unterliegt, so findet die Liquidation statt; die Liquidatoren sind auf Antrag eines Beteiligten durch das Gericht zu ernennen.

§ 3. (betrifft Genossenschaften)

§ 4. Der Reichsminister der Justiz (heute: Der Bundesjustizminister; vgl. Art. 129 GG) erläßt die zur Durchführung und Ergänzung dieses Gesetzes erforderlichen Rechts- und Verwaltungsvorschriften.

An die Stelle des Abs. 1 Satz 1 des Löschungsgesetzes ist § 262 Abs. 1 Ziff. 4 getreten. Vgl. dazu die Ausführungen oben Anm. 30ff..

§ 2 des Löschungsgesetzes hat kein völlig neues Recht geschaffen. Schon vor dem Gesetz hat es die Rechtsprechung für zulässig erklärt, daß eine Kapitalgesellschaft, die ihren Geschäftsbetrieb dauernd eingestellt hat und keinerlei Aktivvermögen besitzt, auch ohne Abwicklung als aufgelöst angesehen und gemäß § 31 Abs. 2 HGB im Handelsregister gelöscht wird; KG, JW 1927, S. 1381; JFG 4 (1927), S. 178; JFG 10 (1933), S. 152, 153. Einer Kapitalgesellschaft, welche kein Aktivvermögen besitzt, fehlen die wesentlichen Eigenschaften einer solchen, und sie hat schon mit dem Eintritt der völligen Vermögenslosigkeit auch ihre Rechtsgrundlage verloren. Das Löschungsgesetz hat diesen Rechtszustand klargestellt und das Verfahren geordnet (amtliche Begründung zum Löschungsgesetz bei Crisolli-Groschuff-Kaemmel, S. 182; RGZ 149, S. 294; 155, S. 43 =JW 1937, S. 2281[13] [Groschuff]).

Anm. 34

a) Voraussetzungen der Löschung

Die Löschung nach § 2 kann in jeder Lage der Gesellschaft bis zur Vollbeendigung angeordnet werden; auch dann, wenn sie sich noch nicht im Zustande der Auflösung auf Grund einer der in § 262 Abs. 1 Nr. 1—5 genannten Ursachen befindet. Während des Konkursverfahrens kommt sie nicht in Frage, da dieses regelmäßig zur Vollbeendigung der Gesellschaft führt. Sie kann aber erfolgen, wenn nach § 274 Abs. 2 die Gesellschaft ihre Fortsetzung beschlossen hat oder wenn die Auflösung bereits nach Nr. 1 und 2 erfolgt ist; LG Hamburg, GmbHRdsch 1951, S.94. Es kann von ihr namentlich dann Gebrauch gemacht werden, wenn sich niemand um die Abwicklung kümmert, auch keine Mittel vorhanden sind, sie formell durchzuführen. Im öffentlichen Interesse hat dann der Registerrichter einzugreifen.

Voraussetzung der Löschung nach § 2 des Löschungsgesetzes ist nur, daß die Gesellschaft kein Vermögen besitzt. Einstellung des Betriebs ist nicht erforderlich; beides wird aber häufig zusammenfallen. Betriebseinstellung allein rechtfertigt die Löschung nicht. Vermögen ist nur das, was nach kaufmännischen Anschauungen unter Berücksichtigung der Eigenschaft der Aktiengesellschaft als Handelsgesellschaft als Vermögen, als Mittel zur Befriedigung der Gläubiger anzusehen ist; vgl. OLG Karlsruhe, JFG 13 (1936), S. 379. Nicht verwertbare Vermögensrechte, einem Dritten übereignete Gegenstände (LG Hamburg, BB 1952, S. 530), wie unausnützbare Patente, uneinbringliche Forderungen, auch Ansprüche gegen vermögenslose Aktionäre auf Leistung von Einlagen, veraltete, nicht verwertbare Maschinen und Inventarstücke sind kein Vermögen im Sinne des § 2; wohl aber Ansprüche gegen zahlungsfähige Aktionäre auf Rückerstattung zu Unrecht verteilten Vermögens. Auch der Mantel einer sonst vermögenslosen Gesellschaft stellt kein Vermögen dar, auch nicht ein steuerlicher Verlustvortrag (vgl. BFH in BStBl. 58 III 97 und Hoffmann, Betrieb 1958, S. 815) oder der sog. *good will* (LG Hamburg, GmbHRdsch 1952, S. 92) oder Kriegsschädenforderungen (AG Düsseldorf, Betrieb 1949, S. 370). Als vermögenslos ist eine Gesellschaft nicht schon dann anzusehen, wenn ihr die nötigen Mittel zur Erreichung des Gesellschaftszweckes, insbesondere zum Betrieb ihres Unternehmens fehlen, sie aber sonst noch Vermögenswerte besitzt, auch Gläubiger vorhanden sind. Denn dann ist sicher, daß noch eine Abwicklung nötig ist. Eine solche soll aber nach § 2 Abs. 1 Satz 2 nicht stattfinden; es wird also deren Entbehrlichkeit vorausgesetzt, wenn sie auch nach Abs. 3 doch stattfinden muß, falls sich nachträglich — unerwartet — Vermögen herausstellt, das der Verteilung bedarf. Die Gesellschaft darf in dem Zeitpunkt, in dem die Löschung vom Registergericht angeordnet oder im Rechtsmittelverfahren bestätigt oder angeordnet wird, kein Vermögen mehr besitzen. Daß sie früher einmal kein Vermögen besaß, kann nicht entscheidend sein; a. M. Crisolli-Groschuff-Kaemmel, § 2 LöschG, Anm. 8. Hat sie, etwa durch die Tüchtigkeit des Vorstandes wieder Vermögen erworben, ihren Betrieb aufgenommen und dadurch vielleicht auch wieder einen Geschäfts- oder Firmenwert geschaffen, so entfällt damit das öffentliche Interesse an der Löschung und damit auch die Anwendbarkeit des § 2. Es kann dann nicht gesagt werden, daß irgendwann einmal nur noch ein leerer Mantel vorhanden gewesen sei. Die Wiederherstellung der Lebensfähigkeit der Gesellschaft braucht in einem solchen Falle auch nicht durch eine Umgehung der Gründervorschriften erreicht zu sein; sie kann auch auf einer Kreditgewährung beruhen. Auch wenn man sich auf den Standpunkt stellt, daß schon mit dem Eintritt der Vermögenslosigkeit die Gesellschaft aufhört, so ist doch kein Grund zu einer Löschung von Amts wegen vorhanden, wenn die Gesellschaft wieder lebensfähig geworden ist. Nach OLG München, HRR 1937, Nr. 650 ist die Vermögenslosigkeit nur Anzeichen für die Lebensunfähigkeit; zur Annahme der Lebensfähigkeit der Gesellschaft kann auch ein geringes Vermögen genügen. Der Allgemeinheit wäre mit der Löschung in einem solchen Falle nicht gedient. Wenn das Registergericht trotzdem die Löschung anordnen würde, so würde es damit das Gesetz verletzen, weil der Tatbestand des § 2, nicht gegeben ist. Da es sich in § 2 nur um eine Kannvorschrift handelt, so würde auch ein Mißbrauch des Ermessens vorliegen.

Anm. 35

b) Verfahren der Löschung

Die Löschung erfolgt entweder auf Antrag der amtlichen Berufsvertretung des Handelsstandes oder der Steuerbehörde oder von Amts wegen. Nicht antragsberechtigt sind nach dem Löschungsgesetz die Aktiengesellschaft selbst und die einzelnen Aktionäre. Sie können aber die Löschung beim Registergericht „anregen" und damit das Amtslöschungsverfahren auslösen. Die Löschung geschieht in dem in § 2 Abs. 2 besonders geordneten Verfahren. Danach hat das Gericht die Absicht der Löschung den gesetzlichen Vertretern der Gesellschaft, soweit solche vorhanden sind und ihre Person und ihr inländischer Aufenthalt bekannt sind, nach den für die Zustellung von Amts wegen geltenden Vorschriften der Zivilprozeßordnung bekanntzugeben und ihnen zugleich eine angemessene Frist zur Geltendmachung des Widerspruchs zu bestimmen; § 2 Abs. 2 S. 1. Das Gericht kann anordnen, auch wenn eine Pflicht zur Bekanntmachung und Fristbestimmung nach Satz 1 nicht besteht, daß die Bekanntmachung und die Bestimmung der Frist durch Einrücken in die Blätter, die für die Bekanntmachung der Eintragung in das Handelsregister bestimmt sind, sowie durch Einrücken in weitere Blätter erfolgt; in diesem Falle ist jeder zur Erhebung des Widerspruchs berechtigt, der an der Unterlassung der Löschung ein berechtigtes Interesse hat. Die Vorschriften des § 141 Abs. 3 u. 4 FGG über die Entscheidung des Gerichts nach Widerspruch, über die Zulassung der sofortigen Beschwerde gegen diese Entscheidung, über die Hinausschiebung der Löschung bis zum Ablauf der Widerspruchsfrist oder der Rechtskraft der Entscheidung finden entsprechende Anwendung; § 2 Abs. 2 u. 3. Der Registerrichter entscheidet im Verfahren der freiwilligen Gerichtsbarkeit. Nach § 12 FGG hat er von Amts wegen die zur Feststellung der Tatsachen erforderlichen Ermittlungen anzustellen und die geeignet erscheinenden Beweise aufzunehmen. Bei Verwertung der Erklärungen der Beteiligten hat er darauf zu achten, daß die Löschung nicht zur Umgehung der Vorschriften über die beim Vorhandensein von Vermögen zwingend vorgesehene Abwicklung mißbraucht wird. § 2 ist eine Sondervorschrift und geht den allgemeinen Bestimmungen des HGB (§§ 14, 31) über die Löschung im Handelsregister vor. Diese Vorschriften, insbesondere über die Anhaltung der Organe zur Anmeldung der Veränderung, finden daneben keine Anwendung; sie sind auch neben den einfacheren Vorschriften des § 2 entbehrlich.

Anm. 36

c) Wirkung der Löschung

Die Löschung hat keine konstitutive Wirkung derart, daß sie die Gesellschaft endgültig zum Erlöschen bringt, sondern nur deklaratorische Bedeutung derart, daß sie die Vermögenslosigkeit bekundet; RGZ 149, S. 296; 155, S. 44. Ist die Löschung wegen Vermögenslosigkeit einmal im Handelsregister eingetragen, so gibt es kein Verfahren, in dem geltend gemacht werden könnte, die Gesellschaft sei nicht vermögenslos. Lediglich im Verfahren der freiwilligen Gerichtsbarkeit kann geltend gemacht werden, daß die Löschung wegen Fehlens der Voraussetzungen zu Unrecht erfolgt sei (weil es an der Vermögenslosigkeit fehle). Dann kann die Löschung des Löschungseintrags gemäß § 142 FGG von Amts wegen erfolgen. Mit dieser Eintragung wird auch deren Folge, die Auflösung der Gesellschaft, hinfällig. Gegen die Versäumung der Beschwerdefrist im Löschungsverfahren ist die Wiedereinsetzung in den vorigen Stand gegeben, nicht aber gegen Versäumung der Widerspruchsfrist; RG, JW 1936, S. 2935[30]; Crisolli-Groschuff-Kaemmel, § 2 LöschG, Anm. 15.

Die Löschung hat nur die Wirkung, daß die Gesellschaft mit der Löschung „*als aufgelöst gilt*". Der äußere Akt der Löschung begründet danach die Vermutung, daß die Gesellschaft im Zeitpunkt der Eintragung ins Handelsregister aufgelöst ist, d. h. als aufgelöst zu behandeln ist. Maßgebend ist nicht der Zeitpunkt der Anordnung der Löschung, sondern der der Eintragung ins Handelsregister; auch kein späterer, auch nicht der Zeitpunkt der öffentlichen Bekanntmachung der Löschung.

Sachlich hat die Vermutung der Auflösung nach § 2 des Löschungsgesetzes nicht nur die gleiche Wirkung wie die Auflösung nach § 262 Abs. 1 Nr. 1—5. Die Wirkung geht über die der gewöhnlichen Auflösung nach § 262 Abs. 1 hinaus. Die Gesellschaft tritt nicht nur in den Zustand des Aufgelöstseins mit der Folge, daß die Abwicklung nach § 264 stattfinden müßte. Nach § 2 Abs. 1 Satz 2 findet vielmehr eine Abwicklung regelmäßig nicht statt. Die Gesellschaft wird als vollbeendet angesehen.

Anm. 37

d) Nachträglich festgestelltes Vermögen

Stellt sich nach der Löschung noch Vermögen heraus, so ist die Gesellschaft in Wirklichkeit noch nicht voll beendet; sie besteht noch weiter, und zwar als eigene Rechtspersönlichkeit. § 2 Abs. 3 LöschG spricht auch hier nur aus, was schon vorher rechtens war, indem er anordnet, daß die Liquidation stattfindet, wenn sich nach der Löschung das Vorhandensein von Vermögen herausstellt, das der Verteilung unterliegt; RGZ 149, S. 296; 155, S. 44.

Besteht hiernach die Aktiengesellschaft trotz der Auflösung durch Löschung der Firma im Handelsregister bis zur wirklich vollendeten Abwicklung als eigene Rechtspersönlichkeit fort, so kann sie auch in Aktiv- und Passivprozessen Prozeßpartei sein; BGH LM Nr. 1 zu § 74 GmbHG. Klagen sind gegen die Gesellschaft „ in Abwicklung“ zu richten. Eine Wiedereintragung in das Handelsregister ist zu diesem Zweck nicht erforderlich, wenn sich auch regelmäßig die Notwendigkeit der Wiedereintragung daraus ergibt, daß Liquidatoren bestellt und von Amts wegen in das Handelsregister eingetragen werden müssen, was bei einer gelöschten Gesellschaft nicht möglich wäre; KG, JW 1937, S. 1740.

Das Auftauchen von Vermögen hat aber nur die Wirkung, daß die Abwicklung stattzufinden hat. Dies sagt das Gesetz ausdrücklich. Die Auflösung wird nicht rückgängig gemacht; OLG Düsseldorf, JR 1951, S. 666; vgl. aber für einen ungewöhnlichen Ausnahmefall KG, DR 1941, S. 1543 (Groschuff).

§ 2 Abs. 3 LöschG schreibt die Liquidation vor, wenn sich Vermögen herausstellt, das der Verteilung unterliegt. Das bedeutet nicht, daß die Liquidation *nur* stattfindet, wenn Vermögen unter die Aktionäre zu verteilen ist. Es soll damit nichts anderes gesagt sein, als in § 273 Abs. 4 AktG, daß nämlich die Abwicklung stattfinden soll, wenn Abwicklungsmaßnahmen nötig sind, z. B. die Mitwirkung bei der Löschung einer Hypothek. Als Abwicklungsmaßnahmen kommen alle Handlungen in Betracht, die auch bei einer gewöhnlichen Abwicklung vorzunehmen sind.

In Übereinstimmung mit § 273 Abs. 4 sind auch im Fall des § 2 LöschG die Abwickler auf Antrag eines Beteiligten vom Registergericht zu bestellen. Für den Fall der Nachtragsabwicklung nach § 273 Abs. 4 (früher § 214 Abs. 4 AktG 1937; § 302 Abs. 4 HGB) ist unbestritten, daß die Abwickler in jedem Fall — d. h. auch dann, wenn kein Antrag auf Ernennung von Abwicklern gestellt wird — durch das Gericht zu bestellen sind, daß also die Vertretungsbefugnis der bisherigen Abwickler nicht fortdauert und weder die Satzung Nachtragsabwickler vorsehen noch die Hauptversammlung solche bestellen kann; KG, KGJ 41 (1910), S. 138; KGJ 45 (1913), S. 184; Brodmann, § 302 HGB, Anm. 5b; Baumbach-Hueck, § 273, Rnr. 7; v. Godin-Wilhelmi, § 273, Anm. 9. Dies hat im Grundsatz auch für die Liquidation nach § 2 Abs. 3 LöschG zu gelten; KG, NJW 1957, S. 1722; WM 1964, S. 1057; WM 1967, S. 283; a.A KG, WM 1955, S. 846. War allerdings vor der Löschung schon die Liquidation eingeleitet, so besteht nach BGH LM Nr. 1 zu § 74 GmbHG = GmbH-Rdsch 1957, S. 151 die Vertretungsbefugnis der bisherigen Liquidatoren für die erneute Abwicklung und für die Fortführung schwebender Prozesse fort; vgl. auch BGH, NJW 1970, S. 1044, 1046.

Anm. 38

6. Auflösung durch rechtskräftige Verfügung des Registergerichts

a) § 144 a FGG

Abs. 1 Ziff. 5 wurde durch Art. 5 des Gesetzes zur Durchführung der Ersten Richtlinie des Rates der Europäischen Gemeinschaften zur Koordinierung des Gesellschaftsrechts vom 15. August 1969 (BGBl. I S. 1146) — in Kraft getreten am 1. September 1969 — eingefügt. Gleichzeitig wurde § 144a FGG geschaffen. Beide Vorschriften stehen in engem Zusammenhang mit der gleichfalls auf das KoordG zurückgehenden Änderung des § 275. Während nach der bisherigen Fassung des § 275 Abs. 1 das Fehlen oder die Nichtigkeit aller (also auch der jetzt in § 144a FGG aufgeführten) Bestimmungen des § 23 Abs. 3 einen Nichtigkeitsgrund bildete, der auf Klage nach § 275 oder durch Amtslöschung nach § 144 Abs. 1 FGG zur Abwicklung der Gesellschaft führte, kommt nach geltendem Recht eine Klage auf Nichtigerklärung oder eine Amtslöschung nach § 144 Abs. 1 FGG nur noch in Betracht, wenn Satzungsbestimmungen über den Gegenstand des Unternehmens (vgl. § 23 Abs. 3 Nr. 2) fehlen oder nichtig sind oder wenn die Satzung keine Bestimmungen über die Höhe des Grundkapitals enthält (vgl. § 23 Abs. 3 Nr. 3). Das Fehlen oder die Nichtigkeit der Bestimmungen über Firma und Sitz der Gesellschaft (§ 23 Abs. 3 Nr. 1) und über Nennbeträge, Zahl und Gattung der Aktien (§ 23 Abs. 3 Nr. 4) und die Nichtigkeit der Bestimmung über die Höhe des Grundkapitals (§ 23 Abs. 3 Nr. 3) führen nunmehr nur noch zur Auflösung der Aktiengesellschaft, wenn der Mangel nicht durch eine entsprechende Satzungsänderung behoben wird. Wird der Mangel allerdings nicht behoben, so endet das Verfahren mit der gerichtlichen Feststellung des Mangels, die ihrerseits die Auflösung der Gesellschaft nach sich zieht. Absicht des Gesetzes ist es, im Interesse der *Rechtssicherheit* die Fälle der Nichtigerklärung oder Amtslöschung der Gesellschaft wesentlich zu beschränken.

Der ebenfalls neu eingefügte § 144a FGG lautet:

(1) Enthält die Satzung einer in das Handelsregister eingetragenen Aktiengesellschaft oder einer Kommanditgesellschaft auf Aktien eine der nach § 23 Abs. 3 Nr. 1 oder 4 des Aktiengesetzes wesentlichen Bestimmungen nicht oder ist eine dieser Bestimmungen oder die Bestimmung nach § 23 Abs. 3 Nr. 3 des Aktiengesetzes nichtig, so hat das Registergericht die Gesellschaft aufzufordern, innerhalb einer bestimmten Frist eine Satzungsänderung, die den Mangel der Satzung behebt, zur Eintragung in das Handelsregister anzumelden oder die Unterlassung durch Widerspruch gegen die Verfügung zu rechtfertigen. Das Gericht hat in der Verfügung darauf hinzuweisen, daß ein nicht behobener Mangel nach Absatz 2 festzustellen ist und daß die Gesellschaft dadurch nach § 262 Abs. 1 Nr. 5, § 289 Abs. 2 Nr. 2 des Aktiengesetzes aufgelöst wird.

(2) Wird innerhalb der nach Absatz 1 bestimmten Frist weder der Aufforderung genügt noch Widerspruch erhoben oder ist ein Widerspruch zurückgewiesen worden, so hat das Gericht den Mangel der Satzung festzustellen. Die Feststellung kann mit der Zurückweisung des Widerspruchs verbunden werden.

(3) Gegen Verfügungen, durch welche eine Feststellung nach Absatz 2 getroffen oder ein Widerspruch zurückgewiesen wird, findet die sofortige Beschwerde statt.

(4) (betrifft die GmbH)

Zur Frage, ob die Ersetzung der Nichtigkeit durch eine Auflösung nach § 144a FGG den Zweck der Richtlinie des Rates der Europäischen Gemeinschaften erfüllt vgl. Einmahl, AG 1969, S. 210, 214.

b) Die Art der festgestellten Mängel

Die in dem Verfahren nach § 144a FGG feststellbaren Mängel sind solche „minderer Schwere", die nicht zur Nichtigkeit der Gesellschaft führen sollen. Nach Aufhebung des § 23 Abs. 3 Nr. 5 und 6 bleibt die Verletzung von Vorschriften über die Zusammensetzung des Vorstandes und über die Form der Bekanntmachungen der Gesellschaft in Zukunft ohne Sanktion.

Die Satzungsbestimmungen über die Firma sind nichtig im Sinne von § 144a FGG, wenn sie dem § 4 nicht entsprechen oder gegen § 18 Abs. 2 HGB verstoßen oder wenn die Firma unter Verletzung der §§ 22, 30 HGB gebildet ist. Jede gegen zwingendes Gesetzesrecht verstoßende Satzungsbestimmung ist nichtig, nicht nur Klauseln, die mit dem Wesen der Gesellschaft nicht zu vereinbaren sind oder durch ihren Inhalt Vorschriften verletzen, die ausschließlich oder überwiegend zum Schutz der Gläubiger der Gesellschaft oder sonst im öffentlichen Interesse gegeben sind. Die abweichende Ansicht von Meyer-Landrut (vgl. oben § 4, Anm. 7) trifft wohl weder in der Begründung noch im Ergebnis zu. Das Firmenrecht des HGB ist auf den Einzelkaufmann zugeschnitten; daraus erklärt sich, daß die Gesetze von unzulässigen Firmen und unbefugtem Firmengebrauch sprechen. Der Unterschied zwischen nichtigen und vernichtbaren Hauptversammlungsbeschlüssen gilt für Gesetze nicht. Die für diese Unterscheidung maßgebenden Überlegungen geben keinen Anhaltspunkt für den Umfang des zwingenden Rechts. Das Firmenrecht ist, soweit es nicht ausdrücklich Abweichungen zuläßt, zwingendes Recht. Also sind *alle* Satzungsbestimmungen, die ihm nicht entsprechen, im Sinne des § 144a FGG *nichtig* (herrschende Meinung; vgl. OLG Düsseldorf, WM 1968, S. 67; v. Godin-Wilhelmi, § 23, Anm. 14; Jansen, Großkommentar zum FGG (2. Aufl. 1970), § 144 a FGG, Rnr. 4; Keidel-Winkler (10. Aufl. 1972), § 144 a FGG, Rnr. 4; Möhring, NJW 1969, S. 1473; Würdinger, Aktien- und Konzernrecht (2. Aufl. 1966), § 9 II 3a, S. 41; nicht abweichend Baumbach-Hueck, § 23, Rnr. 16). Gegen die eingetragene unzulässige Firma kann außerdem ein Firmenmißbrauchsverfahren nach § 37 Abs. 1 HGB, 140 Abs. 1 FGG eingeleitet werden; ebenso Jansen, a. a. O. Nichtigkeit der Bestimmung über den Sitz der Gesellschaft ist anzunehmen, wenn mehrere Orte oder ein ausländischer Ort als Sitz bestimmt sind und damit gegen § 5 Abs. 1 verstoßen wird. Die Bestimmungen über die Höhe des Grundkapitals und über Nennbeträge, Zahl und Gattung der Aktien sind nichtig, wenn die entsprechenden Vorschriften über das Grundkapital und die Aktien sowie die Währungsvorschriften verletzt werden; vgl. §§ 6 und 7 AktG, 2 EG AktG 1965, 44 DM-BilanzG. Dem völligen Fehlen der Bestimmungen nach § 23 Abs. 3 Nr. 1 oder 4 steht es gleich, wenn die Bestimmung *undeutlich* ist und zu Zweifeln Anlaß gibt, die sich durch Auslegung nicht beheben lassen. Die nachträglich eingetretene Nichtigkeit einer Satzungsbestimmung, etwa weil die Firma nicht mehr mit dem Gegenstand des Unternehmens übereinstimmt, steht der ursprünglichen gleich; Baumbach-Hueck, § 275, Rnr. 5; Jansen (GroßK), § 144a FGG, Rnr. 4; Keidel-Winkler, § 144a FGG, Rnr. 4; Schlegelberger-Quassowski, § 216 AktG 1937, Rnr. 4; anderer Ansicht möglicherweise v. Godin-Wilhelmi, § 275, Anm. 19.

c) Verfahren

Das Verfahren wird von Amts wegen eingeleitet. Es setzt keine Tätigkeit der Gesellschaft oder ihrer Organe voraus. Das Gericht muß lediglich die Überzeugung gewonnen haben, daß die Satzung aus den angegebenen Gründen mangelhaft ist. *Vor* der Eintragung einer neuen oder geänderten Satzung festgestellte Mängel verhindern bereits die Eintragung. *Nach* der Eintragung festgestellte Mängel müssen zu dem Verfahren nach § 144a FGG führen. Dem Gericht steht kein Ermessensspielraum zu.

Die *Verfügung*, die gegenüber der Gesellschaft ergehen muß, hat den Mangel anzugeben und die Gesellschaft vor die Alternative zu stellen, entweder eine den Mangel behebende Satzungsänderung zur Eintragung im Handelsregister anzumelden oder begründeten Widerspruch gegen die Verfügung einzulegen. Ändert die Aktiengesellschaft ihre Satzung ab oder hält das Gericht den Widerspruch für begründet, so ist das Verfahren erledigt. Ändert die Gesellschaft die Satzung nicht oder in ungeeigneter Form und wird kein Widerspruch erhoben, so hat das Gericht nach Fristablauf die Verfügung über die Feststellung des Mangels zu erlassen. Das gleiche gilt, wenn ein eingelegter Widerspruch zurückgewiesen wird. Das Gericht ist zur Verfügung über die Feststellung des Mangels verpflichtet. Ein Vorschlag des Bundesrats, die Feststellung in das Ermessen des Gerichts zu stellen, ist nicht Gesetz geworden. Zur Verbindung der Feststellung des Mangels mit der Zurückweisung des Widerspruchs nach § 144 a Abs. 2 Satz 2 vgl. Jansen (GroßK), § 144 a FGG, Rnr. 19.

Gegen Verfügungen, durch welche die Feststellung eines Mangels getroffen oder ein Widerspruch der Gesellschaft zurückgewiesen wird, findet nach § 144 a Abs. 3 FGG die *sofortige Beschwerde* (§ 22 FGG) statt. Will die Gesellschaft nicht gewärtigen, daß die Verfügung über die Feststellung des Mangels formell rechtskräftig und damit die Gesellschaft *ex lege* aufgelöst und daß die Zurückweisung des Widerspruchs rechtskräftig wird — was die Beschwerde gegen die Feststellungsverfügung unbegründet macht —, so muß sie beide Verfügungen gesondert anfechten; ebenso Jansen (GroßK), § 144a FGG, Rnr. 22. Die rechtskräftige Feststellungsverfügung löst die Gesellschaft auf, wirkt also *rechtsgestaltend*; die Eintragung der Auflösung ins Handelsregister hat lediglich deklaratorische Bedeutung. Auch nach Rechtskraft der Feststellungsverfügung kann die Gesellschaft den Mangel dadurch beheben, daß die Hauptversammlung vor der Verteilung des Vermögens unter die Aktionäre ihre Fortsetzung nach § 274 Abs. 2 Nr. 2 beschließt. Allerdings muß dann gleichzeitig eine den festgestellten Mangel der Satzung beseitigende Satzungsänderung beschlossen werden; vgl. § 274 Abs. 4 Satz 2. Damit soll sichergestellt werden, daß die Gesellschaft nur fortgesetzt wird, wenn der zur Auflösung der Gesellschaft führende Mangel der Satzung endgültig beseitigt wird.

III. Andere mögliche Auflösungsfälle (Abs. 2)

Anm. 39

Abs. 2 spricht nur aus, daß die Vorschriften des ersten Abschnitts über die Auflösung, also die §§ 262—274 auch Anwendung finden, wenn die Gesellschaft aus anderen Gründen aufgelöst wird. Daraus ergibt sich, daß Abs. 1 die Auflösungsgründe nicht erschöpfend aufzählt, und daß bei der Auflösung aus anderen Gründen die Auflösung nach den gleichen Vorschriften wie in den Fällen des Abs. 1 erfolgt. Die einzelnen Fälle werden nicht genannt.

1. Auflösungsgründe kraft Satzung, insbesondere Kündigung

Die Satzung kann nicht nur durch Festsetzung eines Endtermins oder eines anderen zeitlichen Ereignisses die Auflösung der Gesellschaft herbeiführen, sie kann auch (vgl. Anm. 16) die Kündigung als Auflösungsgrund anordnen; Baumbach-Hueck, Rnr. 9; v. Godin-Wilhelmi, Anm. 3; Würdinger, Aktienrecht S. 211; Teichmann-Koehler, § 203 AktG 1937, Anm. 6 e; vgl. auch RGZ 79, S. 422 für GmbH; a. M. Schlegelberger-Quassowski, § 203 AktG 1937, Anm. 2 und 47. Das Kündigungsrecht kann jedem Aktionär oder nur bestimmten Aktionären oder Gruppen von solchen eingeräumt werden. Es kann auch bestimmt werden, daß nur eine bestimmte Mindestzahl von Aktionären ein Kündigungsrecht hat oder daß das Kündigungsrecht erst nach einer Reihe von Jahren beginnt, daß eine Kündigungsfrist einzuhalten ist, daß die Kündigung nur bei Eintritt eines bestimmten Ereignisses, z. B. Ertragslosigkeit während mehrerer Jahre, und dergl. möglich ist. Das Kündigungsrecht kann als Sonderrecht in dem Sinne festgelegt werden, daß eine vorherige Auflösung der Zustimmung der kündigungsberechtigten Gesellschafter bedarf (vgl. OLG Rostock, OLGE 28 [1914], S. 363). Einzelnen Aktionären kann ein Widerspruchsrecht gegen die Kündigung eingeräumt oder die Kündigung von ihrer Zustimmung abhängig gemacht werden. Im einzelnen regeln sich die Voraussetzungen der Kündigung nach der Satzung; nach ihr ist auch zu bestimmen, ob die ausgesprochene Kündigung vor dem Tage der Auflösung zurückgenommen werden kann oder ob die Zurücknahme der Zustimmung der übrigen Aktionäre — aller oder einer Mehrheit — bedarf; vgl. RG, JW 1904, S. 44.

Anm. 40

2. Auflösungsgründe kraft anderer gesetzlicher Bestimmungen

Auflösungsgründe können sich auch aus anderen gesetzlichen Bestimmungen ergeben. Dies kann namentlich aus wirtschafts-, finanz- oder währungspolitischen Gründen geschehen.

Anm. 41

a) § 80 DM-Bilanz-Gesetz

Von besonderer Bedeutung war in den Jahren 1949—1958 § 80 DM-Bilanz-Gesetz vom 21. 8. 1949 (WiGBl. Nr. 32, S. 279) in der Fassung des DM-Bilanz-Ergänzungsgesetzes vom 28. 12. 1950 (BGBl. I S. 811) und des 3. DM-Bilanz-Ergänzungsgesetzes vom 20. 12. 1952, 21. 6. 1955 und 7. 4. 1961 (BGBl. I S. 297). Nach Abs. 1 waren Aktiengesellschaften und Kommanditgesellschaften auf Aktien, deren Kapital auf Reichsmark lautete und die den Beschluß über die Neufestsetzung ihrer Kapitalverhältnisse nach Abschnitt II des DM-Bilanzgesetzes nicht bis zum 30. 6. 1951 beim Registergericht zur Eintragung in das Handelsregister angemeldet hatten, mit Ablauf dieses Tages aufgelöst. Das gleiche galt nach Abs. 2 für Gesellschaften, die zur Erreichung des Mindestnennkapitals von 50000,— DM eine Kapitalerhöhung beschlossen haben, wenn diese nicht bis zum 31. 12. 1951 wirksam geworden ist. Nach Abs. 3 waren mit Ablauf des 31. 12. 1953 bzw. des 31. 12. 1958 die Gesellschaften aufgelöst, die die ordentlichen oder außerordentlichen Kapitalentwertungskonten nicht fristgemäß ausgeglichen und den Eintrag des Ausgleichs im Handelsregister veranlaßt hatten. Vgl. im einzelnen die Literatur zum DM-Bilanzgesetz, insbesondere Geiler-Stehlik-Veith, DM-Bilanzgesetz nebst Ergänzungsband und 3. DM-Bilanzergänzungsgesetz, sowie Schmölder-Gessler-Merkle, DM-Bilanzgesetz. Ähnliches galt auf Grund des § 56 des DM-Bilanzgesetzes für das Saarland vom 30. 6. 1959 (BGBl. I S. 372) für saarländische Aktiengesellschaften und Kommanditgesellschaften auf Aktien, die den Beschluß über die Neufestsetzung ihrer Kapitalverhältnisse nicht bis zum 30. 6. 1961 beim Registergericht angemeldet hatten.

Anm. 42

b) Kreditwesengesetz

Nach § 38 Abs. 1 des Gesetzes über das Kreditwesen vom 10. 7. 1961 (BGBl. I, S. 881) in der Fassung des Art. III Abs. 2 Nr. 2 des Gesetzes vom 14. 1. 1963 (BGBl. I, S. 9) und des § 18 Nr. 3 des dritten Umstellungergänzungsgesetzes vom 22. 1. 1964 (BGBl. I, 33) wirkt die Entscheidung des Bundesaufsichtsamtes für das Kreditwesen, daß ein Kreditinstitut nach Rücknahme der Betriebserlaubnis (§ 35 Abs. 2 KWG) abzuwickeln ist, wie ein Auflösungsbeschluß. Die Vorschrift entspricht dem früheren § 7 Abs. 2 Satz 1 KWG 1939. Die Abwicklung wird grundsätzlich von den nach Gesetz, Satzung oder Hauptversammlungsbeschluß berufenen Personen besorgt, jedoch hat das Registergericht auf Antrag der Bundesaufsichtsbehörde Abwickler zu bestellen, wenn die sonst zur Abwicklung berufenen Personen keine Gewähr für die ordnungsgemäße Abwicklung bieten; § 38 Abs. 1 Satz 5 KWG. Gegen die Entscheidung findet die sofortige Beschwerde statt; § 38 Abs. 1 Satz 6 KWG. Sie steht bei Zurückweisung nur dem Bundesaufsichtsamt zu (§ 20 Abs. 2 FGG), sonst der Gesellschaft oder jedem sonst zur Abwicklung Berufenen.

Anm. 43

c) Entflechtungsgesetze

Auf wirtschaftspolitische Gründe gehen die Auflösungen zurück, die nach dem Zusammenbruch 1945 von den westlichen Alliierten unter dem Stichwort „Dekonzentration übermäßiger Kapitalbildung“ (Entflechtung) angeordnet worden sind. Hier handelt es sich insbesondere um das Gesetz der Alliierten Hohen Kommission Nr. 27 betreffend die Umgestaltung der deutschen Stahl- und Eisenindustrie und seine 1. Durchführungsverordnung, in deren Art. 1 bestimmt ist, daß ab 30.9.1950 die Vereinigte Stahlwerke Aktiengesellschaft, Friedrich Krupp, Mannesmannröhren-Werke, Klöckner-Werke Aktiengesellschaft, Gutehoffnungshütte Aktienverein für Bergbau und Hüttenbetrieb und Gutehoffnungshütte Oberhausen Aktiengesellschaft aufgelöst sind, und zum anderen um das Gesetz der Alliierten Hohen Kommission Nr. 35 betreffend die Aufspaltung des Vermögens der IG Farbenindustrie, dessen Art. 1 Abs. 3 bestimmte, daß die Alliierte Hohe Kommission die Maßnahmen trifft, die sie für erforderlich erachtet, um die Liquidierung der IG durchzuführen und die als juristische Person aufzulösen. Ein deutsches Gegenstück zu diesen Maßnahmen der Alliierten stellt das Gesetz zur Abwicklung und Entflechtung des ehemaligen reichseigenen Filmvermögens vom 5.6.1953 (BGBl. I, S. 276) dar, dessen § 3 Abs. 1 die Auflösung zweier Filmgesellschaften anordnete und im übrigen die Bestimmung enthielt, andere unter das Gesetz fallende Gesellschaften durch die zuständigen Gesellschaftsorgane aufzulösen.

Anm. 44

d) Anordnung nach § 396

Einen weiteren Auflösungsgrund enthält die in § 396 vorgesehene gerichtliche Auflösung einer Aktiengesellschaft, wenn sie das Gemeinwohl gefährdet, namentlich durch ein Verhalten ihrer Verwaltungsträger, das gröblich gegen das Gesetz oder die Grundsätze verantwortungsbewußter Wirtschaftsführung verstößt. Über Voraussetzungen und Verfahren im einzelnen vgl. §§ 396—398 und die Erläuterungen dazu.

Anm. 45

e) Umwandlung, Verschmelzung usw.

Ein weiterer gesetzlicher Auflösungstatbestand ist gemäß § 5 des Gesetzes über die Umwandlung von Kapitalgesellschaften und bergrechtlichen Gewerkschaften vom 12. 11. 1956 (BGBl. I S. 844) — geändert durch EG zum AktG 1965 (BGBl. I, S. 1185), neu bekanntgemacht am 6. 11. 1969 (BGBl. I, S. 2081) als „Umwandlungsgesetz" (UmwG) — gegeben. Wenn eine Aktiengesellschaft die Übertragung ihres Vermögens auf eine bestehende oder eine gleichzeitig errichtete Personengesellschaft oder auf ihren Alleingesellschafter beschließt, wird sie mit der Eintragung des Umwandlungsbeschlusses in das Handelsregister aufgelöst. Allerdings schließt sich an diese Auflösung kein Liquidationsverfahren gemäß oder entsprechend §§ 264ff. an, da im Wege der Gesamtrechtsnachfolge das gesamte Vermögen auf die Personengesellschaften oder den Alleingesellschafter übergeht. Im einzelnen vgl. die Kommentare zum Umwandlungsgesetz, insbesondere Boettcher-Meilicke, Umwandlung und Verschmelzung von Kapitalgesellschaften, 5. Aufl. 1958, und Veith-Börnstein, Umwandlungsgesetz und Umwandlungssteuergesetz, 1958.

Die Verschmelzung einer Aktiengesellschaft mit einer anderen durch Veräußerung des Vermögens der Gesellschaft als Ganzes an eine andere Gesellschaft oder durch Bildung einer neuen Gesellschaft (§§ 339—353) oder die Verschmelzung einer Aktiengesellschaft mit einer Gesellschaft anderer Art (§§ 354—358), die Übertragung des Vermögens einer Aktiengesellschaft auf den Bund oder eine gleichgestellte öffentlichrechtliche Körperschaft, die sog. Verstaatlichung (§§ 359—361) oder die Umwandlung der Aktiengesellschaft in eine andere Gesellschaftsform, §§ 362ff. stellen einen ähnlichen Tatbestand wie die Umwandlung dar. Sie führen dazu, daß die bisherige Aktiengesellschaft als solche untergeht, und bringen sie damit zum vollständigen Erlöschen (vgl. § 346 Abs. 4 Satz 1, § 353 Abs. 6 Satz 1), ohne daß es eines Verfahrens nach §§ 264ff. bedarf.

Anm. 46

f) Sitzverlegung ins Ausland

Auch die Verlegung des Sitzes der Gesellschaft ins Ausland stellt einen gesetzlichen Auflösungstatbestand dar. Sie ist ihrem Inhalt nach im Grunde ein Auflösungsbeschluß im Sinne des Abs. 1 Nr. 2. Die Rechtsfähigkeit der deutschen Aktiengesellschaft beruht auf deutschem Recht. Die Aktiengesellschaft kommt zur Entstehung durch die Eintragung in das Handelsregister eines deutschen Gerichts, und zwar des Gerichts, in dessen Bezirk die Gesellschaft ihren Sitz hat; §§ 14, 36, 41. Die Gesellschaft muß deshalb ihren Sitz im Inland haben, und zwar dauernd. Das Gesetz kennt nur eine Sitzverlegung im Inland und schreibt für diesen Fall die Eintragung durch das Registergericht des neuen Sitzes vor; § 45. Mit der Verlegung des Sitzes ins Ausland verliert die Gesellschaft deshalb die Rechtsfähigkeit; RGZ 7, S. 68; 88, S. 53; 107, S. 97; JW 1918, S. 510; JW 1934, S. 2969 (Crisolli); OLG München, AG 1957, S. 17; für interlokale Sitzverlegung BGH, Betrieb 1955, S. 916; ebenso Beitzke, Anerkennung und Sitzverlegung von Gesellschaften und juristischen Personen im EWG-Bereich, ZHR 127 (1965), S.1 (mit Einschränkungen); Baumbach-Hueck, Rnr. 8; v. Godin-Wilhelmi, Anm. 7; Kegel, Internationales Privatrecht (3. Aufl. 1971), S. 235; Soergel-Kegel, vor Art. 7 EG BGB, Rnr. 168; Würdinger, Aktien- und Konzernrecht, S. 19; zweifelnd Schilling in Hachenburg GmbHG, Allg. Einl. Anm. 51; anderer Ansicht Grasmann, System des internationalen Gesellschaftsrechts (1970), Rnr. 980 mit weiteren Nachweisen; vgl. auch oben Anm. 18. Daß das Aktienrecht des Staates, das am neuen Sitz im Ausland gilt, mit dem deutschen Recht völlig übereinstimmt, kann an der Auflösung grundsätzlich nichts ändern (a. A. Quassowski bei Gruchot 65 [1921], S. 403, 410). Mit der Sitzverlegung entzieht sich die Gesellschaft der deutschen Gerichtsbarkeit; insbesondere fehlt es auch an der Zuständigkeit eines deutschen Gerichts für die Entscheidungen, die für das Leben der Gesellschaft wichtig sind, z. B. solche, durch die die Auflösung der Gesellschaft herbeigeführt wird, §§ 262 Abs. 1 Nr. 3, 4 und 5, ferner über die Abwicklung, § 273 Abs. 4, über die Eintragung von Satzungsänderungen in das Handelsregister des Gesellschaftssitzes, § 181 Abs. 2, über die Geltendmachung der Anfechtbarkeit und Nichtigkeit von Hauptversammlungsbeschlüssen, § 246 Abs. 3, § 249, über die Auflsösung nach § 2 des Löschungsgesetzes, über die Klage auf Nichtigerklärung der Gesellschaft, § 275 Abs. 4. Der Verlegungsbeschluß kann, da er die Auflösung der Aktiengesellschaft enthält, nur mit der in § 262 Abs. 1 Nr. 2 vorgesehenen gesetzlichen oder satzungsmäßigen Mehrheit und unter Einhaltung der dort vorgesehenen Erfordernisse gefaßt werden. Da in der Satzung der Sitz der Gesellschaft zu bestimmen ist, § 23 Abs. 3 Nr. 1, enthält die Sitzverlegung auch eine Satzungsänderung. Es sind deshalb auch die Vorschriften über diese zu beachten. Mit der Wirksamkeit des Beschlusses — da eine Satzungsänderung vorliegt, also mit der Eintragung, § 181 Abs. 3 — ist die Auflösung erfolgt, und die Aktionäre haben einen Anspruch auf Abwicklung und auf ihre Anteile an dem Abwicklungsergebnis. Die Gesellschafter können selbstverständlich eine neue Aktiengesellschaft im Ausland nach dem dort geltenden Recht gründen. Der Verlegungsbeschluß wird auch meist dahin zu verstehen sein, daß das nach Befriedigung der inländischen Gläubiger verbleibende Vermögen nicht an die Aktionäre auszuschütten, sondern in die ausländische Gesellschaft einzubringen ist. Darüber, ob dieser Beschluß das Recht des Aktionärs auf Vermögensverteilung verletzt, und deshalb ein einzelner Aktionär gemäß § 243 Abs. 1 anfechten kann, vgl. Anm. 5 zu § 268 und Anm. 1 zu § 271. Die Aktionäre können sich schon im Gesellschaftsvertrag verpflichten, sich mit dem, was ihnen als Aktionär bei einer Auflösung der inländischen Gesellschaft zukommt, an der neuen Gesellschaft zu beteiligen. Die Satzung kann auch von vornherein die Sitzverlegung ins Ausland vorsehen und für diesen Fall bestimmen, daß das Vermögen der inländischen Gesellschaft auf die ausländische übergeht, und ihre Aktionäre künftig Aktionäre der neuen Gesellschaft sein sollen. Darin liegt eine zulässige Anordnung über die Art der Abwicklung der inländischen Gesellschaft; RGZ 7, S. 68. Die Gläubiger können aber auch dann die Einhaltung der Gläubigerschutzbestimmungen nach §§ 267, 272 verlangen; vgl. auch RG, SeuffA 73 (1918), S. 374, 375.

Anm. 47

Wird das Gebiet, in dem sich der Sitz der Gesellschaft befindet, völkerrechtlich vom Inland getrennt, so tritt eine Auflösung nicht ein, wenn die Aktiengesellschaft beschließt, ihren Sitz nach einem Ort innerhalb des nunmehr begrenzten Inlandes zu verlegen; RGZ 107, S. 94 für eine Aktiengesellschaft mit Sitz in Elsaß-Lothringen; KG, OLGE 43 (1924),

S. 201 für eine Aktiengesellschaft mit Sitz in Polnisch-Oberschlesien; vgl. § 5 Anm. 6. Die Gesellschaft bleibt damit gerade unter der Herrschaft des Aktienrechts, unter dem sie gegründet wurde, geht also nicht in das Ausland. Die Sitzverlegung nach Deutschland ist in diesem Falle auch möglich, wenn die Gesellschaft am Sitze ihrer Hauptniederlassung im abgetrennten Gebiet noch gar nicht eingetragen war (Deutsch-englisches Schiedsgericht in JW 1928, 2049[5] mit Anm. von Benkard). Wegen Sitzverlegung von Danzig vgl. KG, JW 1926, S. 1351; 1927, S. 1701[2]; vgl. auch KG KG, OLGE 42 (1922), S. 227. Natürlich kann die internationale Regelung etwas anderes bestimmen, etwa daß die Aktiengesellschaft als solche des Staates gilt, dem ihr bisheriger Sitz zur Zeit des Gebietsüberganges angehörte. Vgl. Art. 54 Abs. 3 des VersVertrags, wonach die deutschen Aktiengesellschaften mit Sitz in Elsaß-Lothringen, wenn sie dort blieben, als elsaßlothringische Gesellschaften galten, wenn ihnen diese Eigenschaft von französischen Verwaltungsbehörden oder durch gerichtliche Entscheidung zuerkannt wurde (vgl. Quassowski bei Gruchot 65, S. 403; über die französische Gesetzgebung Schwalb, JW 1925, 28). Bleibt eine Gesellschaft mit ihrem Sitz im abgetrennten Gebiet, so hängt es von dem Recht des Staates, der das Gebiet erworben hat, ab, welche Rechtsstellung sie dort einnimmt; regelmäßig wird sie von dem fremden Staat anerkannt werden.

Anm. 48

Ob eine rechtsfähige ausländische Gesellschaft durch Verlegung ihres Sitzes in das Inland ihre Rechtsfähigkeit verliert, hängt von dem Recht ihres Heimatstaates ab. Läßt dieses ihre Rechtsfähigkeit fortbestehen, so ist sie auch im Inland als rechtsfähig anzusehen, ebenso wie wenn sie vom Ausland aus Geschäfte im Inland machen würde. Als *deutsche* rechtsfähige Person ist sie jedoch allein wegen der Sitzverlegung noch nicht anzusehen. Die Sitzverlegung gilt vielmehr vom deutschen Recht her als Neugründung und muß deren Voraussetzungen erfüllen, vgl. § 5, Anm. 6, § 45 Anm. 10; Karl, AcP 159, 307. KG, JFG 74, S. 184 = JW 1927, S. 1701 läßt die Eintragung einer ausländischen Gesellschaft ins deutsche Handelsregister nach Sitzverlegung ins Inland zu, weil die Vorschriften des deutschen Rechts und die des Auslandes, nach denen die Gründung erfolgte, übereinstimmen. Ob das in dieser Allgemeinheit richtig ist, muß zweifelhaft erscheinen; für den konkreten Fall der Verlegung einer im November 1920 in Danzig gegründeten Aktiengesellschaft nach Berlin dürfte die Entscheidung aber zu billigen sein; § 5, Anm. 6; Homburger, JW 1927, S. 1701; a. M. Teichmann-Köhler, § 1 AktG 1937, Anm. 6.

Wegen der nach 1945 erfolgten entschädigungslosen Enteignungen von nach deutschem Aktienrecht errichteten Gesellschaften in der DDR und in den Gebieten jenseits der Oder-Neiße-Linie oder der Grenzen von 1937 sind ähnliche Fragen des Fortbestandes der Rechtspersönlichkeit entstanden. Hierüber vgl. Soergel-Kegel, vor Art. 7 EG BGB, Rnr. 554, 559ff.; sowie oben § 5, Anm. 7 und 2. Aufl. § 5, Anm. 8—10.

Anm. 49

g) Einziehung aller Aktien

Die Einziehung aller Aktien würde nicht nur die Auflösung der Gesellschaft, sondern ein Mehr, nämlich ihren völligen Untergang darstellen. Denn damit würde ihr die persönliche Grundlage entzogen, die für ihre Existenz notwendig ist. Es gäbe nunmehr keine Aktionäre mehr, die eine Hauptversammlung abhalten und in dieser Hauptversammlung Beschlüsse fassen könnten. Damit würde der Aktiengesellschaft ein für ihre Existenz notwendiges Organ fehlen. Nach Aufhören jeder Mitgliedschaft müßten — mangels besonderer Bestimmungen im Aktiengesetz — die Vorschriften der §§ 45, 46 BGB eingreifen; so auch Schmidt in Hachenburg, § 60 GmbHG Anm. 22. Auch durch das Vorhandensein von Genußscheininhabern könnte der Untergang der Aktiengesellschaft nicht aufgehalten werden, denn sie wären keine Mitglieder der Gesellschaft und könnten keine Hauptversammlung abhalten. Die Einziehung aller Aktien ist aber mit dem Wesen der Aktiengesellschaft unvereinbar und deshalb nach § 241 Nr. 3 nichtig, so daß der Tatbestand der Einziehung aller Aktien jedenfalls nicht willkürlich geschaffen werden kann. Das Gesetz kennt nur eine Kapitalherabsetzung durch Einziehung von Aktien (§ 237), setzt also das Verbleiben eines in Aktien zerlegten Grundkapitals voraus.

Anm. 50

3. Ähnliche Tatbestände ohne Auflösungsfolge

a) Die Entziehung der amtlichen Erlaubnis zum Gewerbebetrieb (Konzession) bringt ebensowenig wie die Einstellung des Betriebs oder der Wegfall des Gegenstandes des Unternehmens, z. B. durch Erreichung des Gesellschaftszweckes (vgl. RGZ 124, S. 298) die Gesellschaft zur Auflösung.

b) Die Vereinigung aller Aktien in einer Hand ist ebenfalls kein Auflösungsgrund. Die Einmann-Gesellschaft war schon im bisherigen Recht anerkannt, das Aktiengesetz hat daran nichts geändert; im einzelnen vgl. § 1, Anm. 30ff.

c) Nach § 87 Versicherungsaufsichtsgesetz vom 6. 6. 1931 kann einer Versicherungsgesellschaft, die fortgesetzt den ihr nach dem Gesetz oder dem genehmigten Geschäftsplan obliegenden Pflichten zuwiderhandelt oder bei der sich schwere Mißstände herausstellen, die die Belange der Versicherten gefährden, durch die Aufsichtsbehörde der Geschäftsbetrieb untersagt werden. Während bei Versicherungsvereinen auf Gegenseitigkeit die Untersagung des Geschäftsbetriebes wie ein Auflösungsbeschluß wirkt (§ 87 Abs. 3 VAG), muß bei Aktiengesellschaften die Hauptversammlung erst einen entsprechenden Beschluß fassen. Nach § 83 Abs. 3 ist die Aufsichtsbehörde befugt, die Einberufung einer Hauptversammlung zu verlangen, gegebenenfalls sie selbst einzuberufen und die Beschlußfassung über die Auflösung auf die Tagesordnung zu setzen. Die Aufsichtsbehörde kann aber auch selbst die Auflösung dadurch herbeiführen, daß sie nach § 81 VAG in Verbindung mit Art. 3 der DVO v. 21. 4. 1936 (RGBl. S. 376) einen Sonderbeauftragten „zur Wahrung der Belange der Versicherten" einsetzt, der nach rechtskräftiger oder für vollziehbar erklärten Bestellung die Rechtsstellung aller Organe der Gesellschaft oder auch nur die der Hauptversammlung einnimmt und in dieser Eigenschaft die Auflösung beschließen kann; vgl. Prölls-Schmidt-Sasse, § 87 VAG, Anm. 6.

d) Von der Auflösung zu unterscheiden ist die Nichtigkeit der Gesellschaft. Die Nichtigerklärung hat aber ähnliche Folgen wie die Auflösung; §§ 275—277. Solange eine Nichtigerklärung durch rechtskräftiges Urteil nicht erfolgt ist, gilt die Aktiengesellschaft als bestehend. Solange kann sie auch nach § 264 Abs. 1 Nr. 1—5 aufgelöst werden.

§ 263 Anmeldung und Eintragung der Auflösung

Der Vorstand hat die Auflösung der Gesellschaft zur Eintragung in das Handelsregister anzumelden. Dies gilt nicht in den Fällen der Eröffnung und der Ablehnung der Eröffnung des Konkursverfahrens (§ 262 Abs. 1 Nr. 3 und 4) sowie im Falle der gerichtlichen Feststellung eines Mangels der Satzung (§ 262 Abs. 1 Nr. 5). In diesen Fällen hat das Gericht die Auflösung und ihren Grund von Amts wegen einzutragen.

Anm. 1

§ 263 regelt die Anmeldung und Eintragung der Auflösung. Er stimmt im wesentlichen mit § 204 AktG 1937 überein, stellt jedoch klar, daß auch der Auflösungsgrund von Amts wegen einzutragen ist, wenn die Gesellschaft gem. § 262 Abs. 1 Nr. 3 und 4 oder auf Grund der durch das KoordG vom 15. 8. 1969 eingefügten Bestimmung des § 262 Abs. 1 Nr. 5 aufgelöst worden ist. Die Anmeldung hat bei dem Registergericht der Hauptniederlassung, § 43, durch den Vorstand in vertretungsberechtigter Zahl, nicht durch den Abwickler zu erfolgen. Sie hat unverzüglich zu geschehen. Im Interesse einer zweckentsprechenden Abwicklung kann im Auflösungsbeschluß vorgesehen werden, daß sie erst nach bestimmter kurzer Frist erfolgt; RGZ 145, S. 93. Vgl. auch § 262 Anm. 14. Die Anmeldung kann durch Ordnungsstrafen erzwungen werden, § 14 HGB. Ist der Vorstand nicht mehr vollständig, so genügt es, wenn die noch vorhandenen Mitglieder anmelden. Eine Ergänzung nur für die Anmeldung ist nicht erforderlich.

Anzumelden ist *jede* Art der Auflösung. Ausgenommen ist der Fall der Eröffnung oder der Ablehnung des Konkursverfahrens. Wegen weiterer Ausnahmen vgl. Anm. 3. Auf erfolgte Anmeldung ist die Auflösung in das Handelsregister einzutragen. Das Registergericht hat die Eintragung zu veröffentlichen; § 10 HGB; wegen Zweigniederlassungen vgl. § 43 AktG. Anzumelden und einzutragen ist die Auflösung der Gesellschaft, nicht der Auflösungsbeschluß. Es dürfte aber zweckmäßig sein, sowohl in der Anmeldung als auch in der Eintragung den Grund der Auflösung anzugeben, wie es Satz 3 für die von Amts wegen einzutragenden Auflösungsfälle ausdrücklich vorsieht.

Die Eintragung ist für die Wirksamkeit der Auflösung ohne Bedeutung. Die Auflösung tritt vielmehr schon mit der Entstehung der Auflösungsursache (Zeitablauf, Auflösungsbeschluß, Konkurseröffnung, Rechtskraft des Konkursablehnungsbeschlusses, Rechtskraft einer Verfügung des Registergerichts nach § 144a FGG) ein; KG, JW 1931, S. 2993. Nur wenn in dem Auflösungsbeschluß eine Satzungsänderung liegt, wirkt die Eintragung rechtsschaffend; § 181 Abs. 3. Vgl. § 262, Anm. 12, 20, 46. In diesem Fall kann die Anmeldung nicht erzwungen werden; §§ 181 Abs. 1, 407 Abs. 2. Durch die Eintragung und Bekanntmachung sollen die Beteiligten, insbesondere die Gläubiger auf die Umgestaltung der Gesellschaft aufmerksam gemacht werden. Die Gesellschaftsauflösung kann gutgläubigen Dritten nur entgegengehalten werden, wenn sie eingetragen ist; § 15 HGB.

Anm. 2

Im Falle des Konkurses (§ 262 Abs. 1 Nr. 3) hat nach § 112 KO die Geschäftsstelle des Konkursgerichts dem Registergericht die Formel des Eröffnungsbeschlusses unter Bezeichnung des Konkursverwalters mitzuteilen. In gleicher Weise ist im Falle der Konkursablehnung (§ 262 Abs. 1 Nr. 4) von dem Konkursablehnungsbeschluß dem Registergericht durch Übersendung einer beglaubigten mit der Bescheinigung der Rechtskraft versehenen Abschrift Mitteilung zu machen; § 1 Abs. 2 des Löschungsgesetzes vom 9. Oktober 1934. Das Registergericht hat die Eintragung von Amts wegen vorzunehmen. Eine öffentliche Bekanntmachung der Eintragung findet im Falle der Konkurseröffnung nicht statt. Der § 15 HGB ist nicht anwendbar; § 32 HGB; a. M. Baumbach-Hueck, Rnr. 2; wie hier Schlegelberger-Quassowski Anm. 3 zu § 204 AktG 1937. Auch wenn die Konkurseröffnung nicht eingetragen worden ist, können Dritte nicht geltend machen, daß ihnen die Auflösung der Gesellschaft nicht bekannt gewesen sei. Dagegen muß die Eintragung der Auflösung wegen Konkursablehnung öffentlich bekanntgemacht werden, da die Ablehnung nicht wie die Konkurseröffnung schon durch das Konkursgericht bekanntgemacht wird. In diesem Falle gilt auch § 15 HGB.

Wird die Gesellschaft durch eine Verfügung des Registergerichts nach § 144a FGG aufgelöst (§ 262 Abs. 1 Nr. 5; vgl. § 262, Anm. 38), so trägt das Gericht die Auflösung und ihren Grund von Amts wegen ein.

Anm. 3

Erfolgt die Auflösung auf Grund einer Entscheidung nach § 396, so ist sie gemäß § 398 dem Registergericht mitzuteilen, das sie von Amts wegen einzutragen und bekanntzumachen hat. Im Falle der Auflösung gemäß § 38 Abs. 1 des Kreditwesengesetzes vom 10. 7. 1961 (vgl. § 262 Anm. 42) ist nicht die Auflösung, sondern die wie ein Auflösungsbeschluß wirkende Entscheidung des Bundesaufsichtsamtes betr. die Abwicklung des Kreditinstituts einzutragen; § 38 Abs. 1 Satz 3 KWG.

Zweiter Unterabschnitt

Abwicklung

§ 264 Notwendigkeit der Abwicklung

(1) Nach der Auflösung der Gesellschaft findet die Abwicklung statt, wenn nicht über das Vermögen der Gesellschaft das Konkursverfahren eröffnet worden ist.

(2) Soweit sich aus diesem Unterabschnitt oder aus dem Zweck der Abwicklung nichts anderes ergibt, sind auf die Gesellschaft bis zum Schluß der Abwicklung die Vorschriften weiterhin anzuwenden, die für nicht aufgelöste Gesellschaften gelten.

Literatur zu den §§ 264—274

Delius: Die Aufbewahrung, Einsichtnahme und Benutzung der Handelsbücher nach Auflösung der Gesellschaft, ZHR 46 (1897), S. 49;

Marcus: Kann der Registerrichter die von den Liquidatoren der Aktiengesellschaft beantragte Eintragung des Erlöschens der Gesellschaft ablehnen, weil die Schlußrechnung nicht der Generalversammlung gelegt ist? HoldhMschr. 1902, S. 124;

Wimpfheimer: Die Gesellschaften des Handelsrechts und des bürgerlichen Rechts im Stadium der Liquidation, 1908 (dazu: Lehmann, ZHR 65 [1909], S. 293);

Oberwinter: Über Vereine, Aktiengesellschaften und Gewerkschaften im Liquidationszustande nach Verteilung des gesamten Vermögens unter die Anfallberechtigten, Gruchot 53 (1909), S. 779;

Josef: Streitfragen aus der freiwilligen Gerichtsbarkeit in Handelssachen, HoldhMschr. 1912, S. 65; 1914, S. 166; 1916, S. 97;

Labes: Schulden aufgelöster Aktiengesellschaften sowie der anderen juristischen Personen des deutschen Reichsprivatrechts, 1913;

ders.: Der Begriff der „Auflösung von Aktiengesellschaften" in neuem Lichte, JW 1914, S. 511;

ders.: Über Ansprüche des Gläubigers einer völlig beendigten Aktiengesellschaft gegen deren letzte Aktionäre auf Grund der Ausschüttung des Aktiengesellschaftsvermögens unter sie; LZ 1914, Sp. 742;

Josef: Wiederaufnahme der Liquidation und Beschwerde des früheren Liquidators dagegen; LZ 1914, Sp. 657;

Behrend: Änderung der Satzung hinsichtlich der Vermögensverteilung im Liquidationsstadium einer Genossenschaft; Gruchot 69 (1928), S. 544;

Brodmann: Kann eine aufgelöste Gesellschaft m. b. H. den Geschäftsbetrieb wieder aufnehmen? ZBlH 1928, S. 135;

Schlüter: Der Einfluß des Konkurses einer Aktiengesellschaft auf noch nicht erfüllte Veräußerungsverträge über ihre Aktien, DJZ 1936, Sp. 865;

Rheinboldt: Die Stellung eines Abwicklers einer Aktiengesellschaft i. L. kraft staatlichen Hoheitsakts; NJW 1954, S. 1829;

Adler: Die Abwicklungsbilanzen der Kapitalgesellschaft, 2. Aufl. 1956;

Siegelmann: Die Stellung des Vorstandes, des Aufsichtsrates und der Hauptversammlung nach Eröffnung des Konkursverfahrens über das Vermögen der Aktiengesellschaft, Betrieb 1967, S. 1029;

Robrecht: Die Rechtsposition der Organe der GmbH, der Personalgesellschaften und eingetragenen Genossenschaften nach Eröffnung des Konkursverfahrens über das Gesellschaftsvermögens; Betrieb 1968, S. 471;

Forster: Die Rechnungslegung der Aktiengesellschaft während der Abwicklung; in: Wirtschaftsprüfer im Dienst der Wirtschaft, Festschrift für Ernst Knorr, 1968, S. 77ff;

Weber: Die Funktionsteilung zwischen Konkursverwalter und Gesellschaftsorganen im Konkurs der Kapitalgesellschaft; KTS 1970, S. 73;

ders.: in Jaeger, Konkursordnung, Erl. zu §§ 207, 208 KO, Anm. 28ff. (Stellung der Organe im Konkurs).

Einleitung

§ 264 stimmt sachlich mit dem früheren § 205 überein. Die mißverständliche Formulierung des § 205 Abs. 2, wonach bis zum Schluß der Abwicklung „die Vorschriften der vorausgehenden Teile" anzuwenden seien, ist durch die genauere Verweisung auf die für nicht aufgelöste Gesellschaften geltenden Vorschriften ersetzt worden.

Anm. 1

1. Abwicklungszwang

Nach der Auflösung findet die Abwicklung statt; ausgenommen ist der Fall des Konkurses, weil das Konkursverfahren eine besondere Art der Abwicklung darstellt. Abzuwickeln ist auch, wenn das Konkursverfahren mangels Masse eingestellt ist (§ 262 Abs. 1 Nr. 4) und wenn nach Beendigung des Konkursverfahrens noch Vermögen vorhanden ist und die Gesellschaft nicht nach § 274 Abs. 2 ihre Fortsetzung beschließt, ferner im Falle der gerichtlichen Feststellung eines Mangels der Satzung nach § 262 Abs. 1 Nr. 5, wenn nicht die Hauptversammlung nach oder zugleich mit einer den Mangel behebenden Satzungsänderung die Fortsetzung der Gesellschaft beschließt (§ 274 Abs. 2 Nr. 2). Nach besonderer Vorschrift findet eine Abwicklung nicht statt, wenn die Firma der Gesellschaft wegen Vermögenslosigkeit gelöscht ist, wenn sich nicht nachträglich Vermögen herausstellt; § 2 des Löschungsgesetzes vom 9. Oktober 1934; vgl. die Anm. oben 33ff. zu § 262.

Soweit keine Ausnahme besteht, ist die Abwicklung *Pflicht der Gesellschaft* und der dazu berufenen Organe. Bei der offenen Handelsgesellschaft hat im Falle der Auflösung die Abwicklung zwar ebenfalls stattzufinden, aber nur, sofern nicht eine andere Art der Auseinandersetzung von den Gesellschaftern vereinbart ist; § 145 HGB; es handelt sich also bei der offenen Handelsgesellschaft um eine nachgiebige Vorschrift. Das Aktiengesetz läßt eine solche Bestimmung nicht zu. Die Abwicklung ist im öffentlichen Interesse, namentlich im Gläubigerinteresse zwingend vorgeschrieben. Entgegenstehende Bestimmungen der Satzung oder Hauptversammlungsbeschlüsse sind nichtig; § 241 Nr. 3. Die Satzung kann aber bestimmen, daß im Falle der Auflösung das Vermögen nicht unter die Aktionäre zu verteilen ist, sondern einem Dritten, z. B. einer öffentlichen Anstalt, einer neu gegründeten Gesellschaft in Natur oder nach Versilberung zufällt oder daß das Vermögen zu einem anderen Zweck, z. B. zur Neugründung einer ausländischen Gesellschaft zu verwenden ist. Insoweit unterliegt die Abwicklung der freien Satzungsgestaltung; nur müssen auch dann die Gläubigerschutzbestimmungen eingehalten werden; RGZ 7, S. 68. Ist eine solche Bestimmung nicht getroffen, so muß der Umsatz des Vermögens in Bargeld, die Befriedigung der Gläubiger und die Ausschüttung des Reinvermögens in den vom Gesetz vorgeschriebenen Formen und Fristen erfolgen Dies gilt auch dann, wenn alle Aktien in einer Hand vereinigt sind. Doch kann hier das Vermögen auf den einzigen Aktionär übertragen werden; vgl. auch Gesetz zur Umwandlung von Kapitalgesellschaften und bergrechtlichen Gewerkschaften vom 12. 11. 1956 (heute: Umwandlungsgesetz vom 6. 11. 1969, Fassung vom 28. 8. 1969, BGBl. I, S. 1513), von dessen Erleichterungen allerdings kein Gebrauch mehr gemacht werden kann, wenn die Verteilung des Vermögens an die Gesellschaft begonnen hat; § 2 Abs. 1 Umwandlungsgesetz. Das Gesetz macht auch keine Ausnahme, wenn weder Aktiven noch Passiven vorhanden sind; RG, JW 1926, S. 2939[2]. Jedoch kann in diesem Falle alsbald die Abwicklung beendet, ihr Schluß zum Handelsregister angemeldet, eingetragen und die Firma gelöscht werden; § 273. Das Registergericht kann in diesem Falle auch die Löschung von Amts wegen anordnen; § 2 des Löschungsgesetzes; vgl. § 262, Anm. 33ff.

Anm. 2

2. Anwendbares Recht

Bis zum Schluß der Abwicklung sind die für nicht aufgelöste Gesellschaften geltenden Vorschriften weiterhin anzuwenden, soweit sich aus §§ 264—274 oder aus dem Zweck der Abwicklung nichts anderes ergibt. Anzuwenden sind hiernach die Vorschriften, die für die werbende Gesellschaft gelten, soweit sie für die im Erlöschen befindliche Gesellschaft passen. Während der Abwicklung ist z. B. auch eine Verschmelzung, Vermögensübertragung und Umwandlung (§§ 339ff.) möglich. Auch die Vorschriften über Auflösung im Interesse des Gemeinwohls und die Strafvorschriften (§§ 396f.) sind anwendbar.

Da die Gesellschaft während der Abwicklung als eigene Rechtspersönlichkeit fortdauert, bleibt auch der allgemeine Gerichtsstand des Gesellschaftssitzes, § 17 ZPO, und der besondere des § 22 für Klagen der Gesellschaft gegen die Aktionäre und dieser untereinander für Klagen aus dem Gesellschaftsverhältnis bestehen. Soweit die §§ 262—274 selbst Ausnahmen von der allgemeinen Regel machen, wird auf die einzelnen Paragraphen verwiesen.

Über die sich aus der Auflösung der Gesellschaft und dem Eintritt in die Abwicklung ergebende Veränderung des Zweckes der Gesellschaft, den Fortbestand der Organe, Vorstand, Aufsichtsrat und Hauptversammlung, und ihre veränderte Stellung und Aufgabe vgl. §262, Anm. 2—9.

Anm. 3

3. Ansprüche der Aktionäre und der Organe

Die Aktionäre haben während der Abwicklung keinen Anspruch auf Verteilung eines jährlichen Reingewinns. Nach § 271 wird nur das nach der Berichtigung der Schulden verbleibende Vermögen verteilt. Ein aus dem werbenden Unternehmen zu verteilender Jahresgewinn kommt wegen des veränderten Zwecks der Gesellschaft nicht in Betracht, auch wenn die Gesellschaft tatsächlich ihren Gewerbebetrieb fortsetzt. Regelmäßige Zahlungen an die Aktionäre sind, wenn sie vorgenommen werden, lediglich Vorausverteilungen des Reinvermögens. Zwar sind Jahresabschlüsse aufzustellen, sie sind aber keine Jahresgewinn-Ermittlungsbilanzen; vgl. § 270. Ergeben sich Überschüsse, so sind sie, wie auch solche, die sich bei der Abwicklungs-Eröffnungsbilanz ergeben (§ 270), keine verteilbaren Jahresgewinne.

Da während der Abwicklung ein Jahresreingewinn nicht vorhanden ist, fällt auch die daraus zu berechnende Tantieme des Vorstandes und des Aufsichtsrats weg. Die bewilligten festen Bezüge bleiben für den Vorstand bestehen, falls nicht etwas anderes vereinbart ist; vgl. § 265, Anm. 8 und § 262, Anm. 27. Da der Tätigkeitsbereich des Aufsichtsrates stark eingeschränkt wird, kann er nur noch eine angemessene Vergütung fordern; ebenso Baumbach-Hueck, § 264, Rnr. 3; abweichend v. Godin-Wilhelmi, § 264, Anm. 4.

§ 265 Abwickler

(1) Die Abwicklung besorgen die Vorstandsmitglieder als Abwickler.

(2) Die Satzung oder ein Beschluß der Hauptversammlung kann andere Personen als Abwickler bestellen. Auch eine juristische Person kann Abwickler sein.

(3) Auf Antrag des Aufsichtsrats oder einer Minderheit von Aktionären, deren Anteile zusammen den zwanzigsten Teil des Grundkapitals oder den Nennbetrag von einer Million Deutsche Mark erreichen, hat das Gericht bei Vorliegen eines wichtigen Grundes die Abwickler zu bestellen und abzuberufen. Die Aktionäre haben glaubhaft zu machen, daß sie seit mindestens drei Monaten Inhaber der Aktien sind. Zur Glaubhaftmachung genügt eine eidesstattliche Versicherung vor einem Gericht oder Notar. Gegen die Entscheidung ist die sofortige Beschwerde zulässig.

(4) Die gerichtlich bestellten Abwickler haben Anspruch auf Ersatz angemessener barer Auslagen und auf Vergütung für ihre Tätigkeit. Einigen sich der gerichtlich bestellte Abwickler und die Gesellschaft nicht, so setzt das Gericht die Auslagen und die Vergütung fest. Gegen die Entscheidung ist die sofortige Beschwerde zulässig. Die weitere Beschwerde ist ausgeschlossen. Aus der rechtskräftigen Entscheidung findet die Zwangsvollstreckung nach der Zivilprozeßordnung statt.

(5) Abwickler, die nicht vom Gericht bestellt sind, kann die Hauptversammlung jederzeit abberufen. Für die Ansprüche aus dem Anstellungsvertrag gelten die allgemeinen Vorschriften.

(6) Die Absätze 2 bis 5 gelten nicht für den Arbeitsdirektor. Seine Bestellung und Abberufung bestimmen sich nach den Vorschriften des Mitbestimmungsgesetzes oder des Mitbestimmungsergänzungsgesetzes.

Übersicht

Einleitung

Die Bestimmung übernimmt in ihren Absätzen 1, 2, 3 und 5 den Inhalt der bisherigen Absätze 1 und 2 des § 206 AktG 1937. Für die bisher in § 206 Abs. 1 Satz 1 AktG 1937 enthaltene Vorschrift wurde ein neuer Absatz 2 gebildet, weil dadurch die Formulierung des neuen Abs. 6 erleichtert wird. Aus Gründen der Übersichtlichkeit wurden die beiden letzten Sätze des § 206 Abs. 2 AktG 1937 in den neuen Abs. 5 aufgenommen.

In Übereinstimmung mit der bereits zum früheren Recht herrschenden Ansicht wird in Abs. 3 klargestellt, daß das Gericht Abwickler bestellen muß, wenn alle Voraussetzungen hierfür gegeben sind. Der Schutz der Minderheitsaktionäre wurde dadurch verstärkt, daß für die Minderheit, die die gerichtliche Bestellung oder Abberufung von Abwicklern beantragen kann, nicht nur wie bisher der zwanzigste Teil des Grundkapitals, sondern schon ein Anteilbesitz im Nennbetrag von einer Million DM genügt. Abs. 3 Satz 4 wurde vom Bundestag eingefügt. Sachlich entspricht die Regelung dem bisherigen Rechtszustand.

Das frühere Recht enthielt keine Vorschrift über die Vergütung der gerichtlich bestellten Abwickler. Abs. 4 regelt diese Frage nun entsprechend den Vorschriften, die für die gerichtlich bestellten Vorstandsmitglieder gelten. Neu ist außerdem die für den Arbeitsdirektor geltende Bestimmung des Abs. 6. Sie sieht vor, daß auch der Arbeitsdirektor als Abwickler die Abwicklung zu besorgen hat, wenn auf die Gesellschaft das Mitbestimmungsgesetz oder das Mitbestimmungsergänzungsgesetz Anwendung findet. Für die Bestellung und Abberufung des Arbeitsdirektors bleiben die im übrigen geltenden Vorschriften anwendbar.

Anm. 1

1. Autonom berufene Abwickler

Das Gesetz betraut mit der Abwicklung der Gesellschaft in erster Linie die Vorstandsmitglieder (*geborene* Abwickler), gibt aber der Satzung und einem dahingehenden

Hauptversammlungsbeschluß die Möglichkeit, die Abwicklung anderen Personen anzuvertrauen (*gekorene* Abwickler). Schließlich besteht die Möglichkeit, daß das Gericht einstweilig oder endgültig Abwickler bestellt (*befohlene* Liquidatoren).

Anm. 2

a) Geborene Abwickler

In erster Linie sind zur Durchführung der Abwicklung die *Vorstandsmitglieder* berufen, die stellvertretenden als stellvertretende Abwickler. Die Auflösung der Gesellschaft hat eine Änderung in der gesetzlichen Vertretung und Geschäftsführung zur Folge. An Stelle des Vorstandes treten Abwickler. Die Personen sollen regelmäßig dieselben sein. Die Vorstandsmitglieder, und zwar sämtliche, nicht der Vorstand als solcher, besorgen die Abwicklung, wenn nicht die Satzung oder die Hauptversammlung oder das Gericht andere Abwickler bestellen. Es ist nicht nötig, daß mehrere Abwickler vorhanden sind. Wie der Vorstand aus einer Person bestehen kann, ist Entsprechendes auch bei der Abwicklung möglich. Die Art, wie mehrere Abwickler die Geschäfte besorgen, bestimmt § 269. Dem Vorstand als solchem obliegt nach der Auflösung noch die Anmeldung der Abwickler und ihrer Vertretungsbefugnis zum Handelsregister; §§ 263, 266 Abs. 1.

Anm. 3

b) Durch Satzung gekorene Abwickler

Die *Satzung* kann andere Personen als Abwickler bestimmen. Das kann in der ursprünglichen Satzung geschehen; sie kann auch für die Zwecke der Abwicklung geändert werden. Vor oder nach der Auflösung kann eine solche Satzungsänderung stattfinden. Insbesondere kann, wenn bisher eine entsprechende Satzungsbestimmung fehlte, sie neu in die Satzung aufgenommen werden. Die Satzungsänderung ist auch noch möglich, wenn etwa nach der gesetzlichen Regelung der Vorstand oder nach der Satzung oder einem Hauptversammlungsbeschluß bestimmte Personen ihre Tätigkeit als Abwickler bereits aufgenommen haben. Die Hauptversammlung oder das Gericht kann trotz einer solchen Satzungsänderung jederzeit andere Abwickler bestellen, das Gericht unter den Voraussetzungen des Abs. 3.

Die Satzung kann *nicht* anordnen, daß die Bestellung der Abwickler einem Dritten überlassen wird; vgl. dazu oben die Ausführungen zu § 179, Anm. 4. Die Satzung kann nur selbst bestimmen, wer Abwickler sein soll. Die Satzung „bestellt" den Abwickler. Es muß nicht nach der Auflösung ein Akt der Bestellung hinzukommen. Der in der Satzung Bezeichnete hat keinen persönlichen Anspruch auf die Vornahme der Abwicklung und auch keinen Anspruch auf Vergütung oder Entschädigung, wenn von der Hauptversammlung oder dem Gericht ein anderer bestellt wird. Auch ein der Person nach bestimmter Träger eines öffentlichen Amtes kann bestellt werden. Eine Satzungsbestimmung, daß der *jeweilige* Inhaber eines Amts oder der jeweilige Leiter einer Bank, eines Vereins, einer anderen Gesellschaft Abwickler sein solle, würde dagegen die Bestellung derjenigen Stelle überlassen, die den Amtsträger usw. in sein Amt eingesetzt hat. Dies ist ebenso unzulässig, wie wenn dem Aufsichtsrat die Bestellung des Abwicklers übertragen würde; KG, OLGE 8 (1904), S. 235 = RJA 4, S. 148; KGJ 49 (1916), S. A 122 = RJA 15, S .53; OLGE 34 (1917), S. 348, Anm. 2; Recht 1930, Nr. 1502. Auch dem Aufsichtsrat als solchem kann die Abwicklung nicht übertragen werden; er hat auch während der Abwicklung die ihm durch das Gesetz übertragenen Aufgaben im Rahmen des Abwicklungszwecks weiter zu erfüllen, insbesondere auch die Aufsicht über die Abwickler zu führen. Die Stellung des Aufsichtsrats ist mit der der Abwickler ebenso unvereinbar wie mit der des Vorstands. Auch eine Bestellung von Aufsichtsratsmitgliedern zur Vertretung behinderter Abwickler für einen im voraus bestimmten Zeitraum in entsprechender Anwendung des § 105 Abs. 2 findet nicht statt. Die Bestellung der Abwickler ist in § 265 erschöpfend geregelt. Die Zahl der Abwickler kann in der Satzung bestimmt werden. Neben den Abwicklern können durch die Satzung, die

Hauptversammlung und das Gericht Stellvertreter, wie beim Vorstand (vgl. § 94) bestellt werden.

Anm. 4

c) Durch Hauptversammlungsbeschluß gekorene Abwickler

Andere Abwickler als die Vorstandsmitglieder können auch durch einen Beschluß der Hauptversammlung bestellt werden. Beide Arten der Bestellung, durch die Satzung oder die Hauptversammlung, stehen nebeneinander. Die Hauptversammlung kann die anderen Abwickler neben den durch Gesetz oder Satzung berufenen Abwicklern oder an deren Stelle bestellen; sie darf die Bestellung aber nicht einem Dritten überlassen (vgl. oben Anm. 3). Auch wenn die Satzung bestimmte Personen bestellt, kann die Hauptversammlung andere Abwickler und eine geringere oder größere Zahl, als die Satzung vorsieht, bestellen. Dies ergibt sich daraus, daß die Hauptversammlung Abwickler, die nicht vom Gericht berufen sind, also auch die durch die Satzung berufenen, jederzeit abberufen kann; Abs. 5 Satz 1. Durch die Einräumung der Befugnis zur Bestellung und Abberufung der Abwickler an die Hauptversammlung sollte es im Interesse einer sachgemäßen Abwicklung ermöglicht werden, sich an die jeweilige Lage anzupassen. Die Bestimmungen über Bestellung und Abberufung der Abwickler durch die Hauptversammlung ergänzen sich. Nur wenn beide Rechte der Hauptversammlung zustehen, kann bei Mißständen wirksam eingegriffen werden. Das Bestellungs- und Abberufungsrecht der Hauptversammlung ist im öffentlichen Interesse gegeben. Entgegenstehende Satzungsbestimmungen wären nichtig und nicht zu beachten; § 241 Nr. 3. Der Hauptversammlungsbeschluß wird mit einfacher Stimmenmehrheit gefaßt. Es handelt sich nicht um eine Satzungsänderung, selbst wenn die Satzung andere Abwickler vorsieht; ebenso v. Godin-Wilhelmi, Anm. 4; abweichend Ritter, § 206 AktG 1937, Anm. 3a, 4i. Der Beschluß ist ebenso anfechtbar wie ein anderer Hauptversammlungsbeschluß.

Das Gericht kann die Gesellschaft nicht durch *Ordnungsstrafen* anhalten, Abwickler zu bestellen; KG, RJA 13 (1913), S. 112. Sind nicht Abwickler in einer Zahl vorhanden, die nach der Satzung zur Vertretung ausreicht, so bleibt der Weg der Bestellung nach § 265 Abs. 3 durch das Gericht. Eine *zeitliche Begrenzung* der Bestellung der Abwickler auf fünf Jahre, wie bei den Vorstandsmitgliedern (§ 84 Abs. 1) kennt das Gesetz nicht. Aus dem Zweck der Abwicklung ergibt sich ohnedies die Begrenzung der Amtszeit.

Anm. 5

d) Mehrheit von Abwicklern

Sind in der Satzung oder im Hauptversammlungsbeschluß mehrere Personen gemeinschaftlich als Abwickler bestimmt und lehnt einer ab oder ist er an der Annahme verhindert, so ist nicht der andere alleiniger Abwickler und als solcher ins Handelsregister einzutragen. Hat die Satzung für diesen Fall keine Vorsorge getroffen, so ist nur die Hauptversammlung zur Bestellung berufen oder die Abwickler sind nach Abs. 2 durch das Gericht zu bestellen.

Anm. 6

e) Juristische Person als Abwickler

Die früher streitige Frage, ob auch eine juristische Person zum Abwickler bestellt werden kann, löste schon das Aktiengesetz von 1937 in bejahendem Sinne (§ 206 Abs. 1). § 265 Absatz 2 Satz 2 weicht also von § 76 Abs. 3 ab, wonach eine juristische Person nicht Vorstandsmitglied sein kann. Es besteht damit insbesondere auch die Möglichkeit, Treuhandgesellschaften oder öffentliche Körperschaften zu bestellen. Auch offene Handelsgesellschaften und Kommanditgesellschaften und andere Personenvereinigungen, die nach außen als Einheit auftreten, können Abwickler sein; ebenso Baumbach-Hueck, Rnr. 2.

Anm. 7

f) Geschäftsbesorgungsvertrag mit Abwickler

Eine Verpflichtung der zu Abwicklern durch die Satzung, die Hauptversammlung oder das Gericht Bestellten zur *Annahme des Amtes* besteht nicht; KG, RJA 8 (1907), S. 267; KGJ 45 (1914), S. 178, 180. Das Amt beginnt erst mit der Annahme. Es kommt dadurch wie beim Vorstand und Aufsichtsrat ein Geschäftsbesorgungsvertrag (Dienstvertrag bei entgeltlicher, Auftrag bei unentgeltlicher Geschäftsführung) zustande. Die Annahme kann auch durch schlüssige Handlungen (Geschäftsführung) geschehen. Es kann auch ein besonderer Vertrag abgeschlossen werden, der das Rechtsverhältnis regelt, die Vergütung ordnet, die Dauer der Verpflichtung, die Kündigungsmöglichkeit festsetzt. Von dessen Inhalt hängt es auch ab, ob der Abwickler jederzeit sein Amt niederlegen kann oder ob er eine Kündigungsfrist einhalten muß. Mangels einer vertragsmäßigen Regelung ist eine angemessene Vergütung zu gewähren. Im Streitfall bestimmt das Prozeßgericht die Vergütung auf Klage.

Werden die Vorstandsmitglieder als solche kraft Gesetzes Abwickler, so kommt es auf den ausdrücklichen oder aus den Umständen zu entnehmenden Inhalt des Dienstvertrages an, ob das Dienstverhältnis auch für die Zeit der Abwicklung gelten soll, ob das Vorstandsmitglied zur Vornahme der Abwicklung verpflichtet ist, und ob und wie das Dienstverhältnis durch die Auflösung umgestaltet wird. Durch den Eintritt des Abwicklungszustandes allein wird es noch nicht aufgehoben; RGZ 24, S. 70.

Anm. 8

2. Vom Gericht bestellte (befohlene) Abwickler

Auch dem Gericht ist unter den in Abs. 3 angegebenen Voraussetzungen das Recht eingeräumt, Abwickler zu bestellen und abzuberufen. Es soll dadurch einem Mißbrauch der Stimmenmacht der bei der Auflösung und während der Abwicklung vorhandenen Mehrheit vorgebeugt werden. Den Beteiligten soll die Möglichkeit gegeben werden, im Widerspruch mit der Mehrheit die Bestellung von Abwicklern durchzusetzen. Die Bestellung und Abberufung durch das Gericht erfolgt nur auf Antrag. Zur Stellung des Antrags ist zunächst der *Aufsichtsrat als Kollegium* berechtigt, nicht die einzelnen Aufsichtsratsmitglieder; der Antragstellung muß also eine Beschlußfassung vorausgehen. Weiter kann der Antrag gestellt werden von einer *Minderheit* von Aktionären, deren Anteile zusammen den zwanzigsten Teil des Grundkapitals oder den Nennbetrag von einer Million DM erreichen. Der Begriff des Grundkapitals ist derselbe wie in anderen Fällen, in denen es auf eine Mehrheit oder Minderheit desselben ankommt. Das Minderheitsrecht ist im öffentlichen Interesse gegeben; es kann durch die Satzung nicht eingeschränkt, aber erweitert werden, z. B. durch Einräumung des Rechts an eine geringere Minderheit. Gläubiger haben kein Antragsrecht. Die Hinterlegung der Aktien der Antragsteller kann nicht verlangt werden. Die antragstellenden Aktionäre haben glaubhaft zu machen, daß sie seit drei Monaten (früher seit sechs, § 295 Abs. 2 HGB) Inhaber der Aktien sind. Die Berechnung der Besitzzeit richtet sich nach § 70.

Die Bestellung und Abberufung durch das Gericht kann nur aus *wichtigen Gründen* erfolgen. Die Hauptversammlung kann dagegen die nicht vom Gericht bestellten Abwickler auch ohne Vorliegen eines wichtigen Grundes abberufen. Ein einziger Grund kann genügen. Ob ein solcher vorliegt, entscheidet das Gericht nach Abwägen aller Umstände des Einzelfalles. Es hat dabei in erster Linie die Interessen der Gesellschaft zu berücksichtigen. Ein wichtiger Grund kann namentlich dann vorliegen, wenn erbitterte Kämpfe zwischen Mehrheit und Minderheit stattgefunden haben oder Grund vorliegt, der Unparteilichkeit oder Fähigkeit des von der Mehrheit oder in der Satzung bestellten Abwicklers zu mißtrauen, z. B. wenn ein Abwickler bei der Veräußerung des Unternehmens nur das Angebot einer bestimmten Gruppe einholt und eine objektive Ermittlung des erzielbaren Preises, z. B. durch Ausschreibung, unterläßt. Ein Verschulden des Abwicklers ist nicht erforderlich; KG, OLGE 27 (1913), S. 390; BayObLG,

NJW 1955, S. 1678, 1679 (für GmbH). Ein wichtiger Grund kann nach Lage des Einzelfalles auch bestehen, wenn noch genügend Abwickler vorhanden sind; v. Godin-Wilhelmi Anm. 7. Liegt ein wichtiger Grund vor, so *muß* das Gericht den Abwickler bestellen oder abberufen und damit dem berechtigten Anliegen der Antragsteller entsprechen.

Die Bestellung und Abberufung durch das Gericht ist unabhängig davon möglich, ob die bisherigen Abwickler durch die Satzung oder durch die Hauptversammlung oder durch das Gericht bestellt worden sind. Es können auch Abwickler neben den bereits vorhandenen oder an Stelle einzelner, die abberufen werden, bestellt werden. Bei der Auswahl der zu bestellenden Personen ist das Gericht an die Anträge der Antragsteller nicht gebunden; BayObLG, JFG 2 (1925), S. 183;v. Godin-Wilhelmi, Anm. 7. Gegen die Entscheidung steht den abberufenen Abwicklern, der Gesellschaft und den Antragstellern das Recht der sofortigen Beschwerde zu; nicht dem Aufsichtsrat, wenn er nicht Antragsteller ist; früheren Abwicklern und einzelnen Aktionären oder Gläubigern; KG, OLGE 8 [1904], S. 235; KG, RJA 11, S. 30; KG, Recht 1930, 902; OLGE 32 (1914), S. 143; AG Rostock, JFG 2 (1925), S. 232. Die Beschwerde hat keine aufschiebende Wirkung. Durch die Aufhebung des angefochtenen Beschlusses wird die Rechtswirksamkeit der Handlungen der vom Amtsgericht bestellten Abwickler nicht berührt; §§ 24, 32 FGG.

Bei der Bestellung kann das Gericht bestimmen, ob alle Abwickler nur gemeinschaftlich oder jeder einzeln oder mehrere zusammen zur Abgabe von Willenserklärungen und zur Zeichnung für die Gesellschaft befugt sind. Ist nichts bestimmt, so gilt Gesamtvertretung; § 269 Abs. 2. Auch bei der Bestellung der Abwickler durch die Satzung oder die Hauptversammlung kann eine solche Regelung der Vertretungsbefugnis erfolgen.

Zuständig zur Entscheidung über die Bestellung und Abberufung der Abwickler ist das Gericht des Sitzes der Gesellschaft, und zwar das Amtsgericht; § 14 AktG, § 145 FGG. Gegner, der nach § 146 FGG zu hören ist, ist die Gesellschaft, vertreten durch ihre bisherigen gesetzlichen Vertreter, also die bisherigen Abwickler.

Streitig ist, ob die Ernennung oder Abberufung eines Abwicklers durch einstweilige Verfügung geschehen kann; dafür OLG Dresden, OLGE 5 (1902), S. 502; dagegen dasselbe, OLGE 16 (1908), S. 196; dafür OLG Köln, JW 1926, S. 2116[1] für offene Handelsgesellschaft, das als Gericht der Hauptsache das gemäß § 145 FGG zur Ernennung und Abberufung zuständige Amtsgericht ansieht. Ein Bedürfnis, das gleiche Amtsgericht als Gericht der einstweiligen Verfügung anzurufen, besteht nicht, wenn es ebenso gut alsbald als zuständiges Gericht der freiwilligen Gerichtsbarkeit entscheiden kann; ebenso Baumbach-Hueck, Rnr. 5. Wohl aber kann den Abwicklern durch einstweilige Verfügung untersagt werden, ihre Tätigkeit auszuüben, und ein einstweiliger Vertreter eingesetzt werden.

Soweit die zur Vertretung der Gesellschaft erforderlichen Abwickler fehlen, können sie in entsprechender Anwendung des § 85 in dringenden Fällen durch das Gericht, und zwar das Amtsgericht des Gesellschaftssitzes, auf Anregung eines Beteiligten, auch eines Gläubigers, für die Zeit bis zur Beseitigung des Mangels bestellt werden; KG, KGJ 23 (1902), S. A 105; RJA 8 (1907), S. 267; KGJ 45 (1914), S. 180; BayObLG, NJW 1955, S. 1678, 1679 (für GmbH).

Anm. 9

Für Ansprüche aus dem „Zwangsdienstvertrag“, der mit einer dem Antrag nach Abs. 3 stattgebenden Entscheidung zustande kommt, gelten die allgemeinen Regeln; Abs. 5. Der Bestellte braucht den Dienstvertrag nicht anzunehmen: KG, RJA 8 (1907), S. 267, 269; KGJ 45 (1914), S. 180. Die Vergütung des bestellten Abwicklers ist auch bei Bestelllung durch das Gericht durch die Gesellschaft zu tragen. Dies wird durch den neuen Absatz 4 ausdrücklich bestimmt, der der Regelung des § 85 Abs. 3 für gerichtlich bestellte Vorstandsmitglieder entspricht. Das Gericht kann die Bestellung von einer

Bedingung, insbesondere von der Leistung eines Vorschusses wegen der dem Abwickler erwachsenden Kosten und seiner Vergütung abhängig machen; KG, RJA 8 (1907), S. 267, 269. Auch in diesem Fall stehen die Abwickler in einem Dienstverhältnis zur Gesellschaft. Es kommt zustande durch die Entscheidung des Richters, der dabei für die Gesellschaft handelt, und die Annahme des Amtes durch den Abwickler. Der Richter hat die Vergütung und die Auslagen festzusetzen, wenn sich der gerichtlich bestellte Abwickler und die Gesellschaft nicht einigen. Gegen die Entscheidung steht dem Abwickler und der Gesellschaft die sofortige Beschwerde zu, nicht dagegen die weitere Beschwerde (vgl. auch §§ 145 Abs. 1, 146 Abs. 2 Satz 2 FGG). Die Bestimmung, die systematisch an sich in das FGG gehört, erklärt sich aus der Absicht des Gesetzgebers, im Interesse der Einheitlichkeit und des besseren Verständnisses des Gesetzes überall dort, wo im Aktiengesetz eine gerichtliche Entscheidung in Angelegenheiten der freiwilligen Gerichtsbarkeit vorgesehen ist, zugleich auch eine Vorschrift über die Beschwerde zu treffen (Ausschußbericht zu § 30 RegE [§ 33] bei Kropff, AktG, S. 54).

Die vom bestellten Abwickler vorgenommenen Rechtshandlungen sind rechtswirksam, auch wenn ein Grund zur Bestellung nicht vorlag, außer wenn die Bestellung durch ein sachlich nicht zuständiges Gericht erfolgt war; § 32 FGG; RGZ 102, S. 197.

Anm. 10

3. Abberufung der Abwickler

Durch die Hauptversammlung kann jeder Abwickler abberufen werden, der nicht durch den Richter bestellt ist, mag er durch die Satzung oder einen früheren Hauptversammlungsbeschluß bestellt sein. Ein vom Richter bestellter Abwickler kann auch nicht durch einstimmigen Beschluß der Hauptversammlung abberufen werden. Es bleibt nur die Möglichkeit, die Abberufung aus wichtigem Grunde nach Abs. 2 zu beantragen. Das Recht der Hauptversammlung zur Abberufung kann durch die Satzung auch nicht in der Weise beschränkt werden, daß die Abberufung nur aus wichtigem Grunde erfolgen kann. § 84 Abs. 3 Satz 1 gilt auch nicht sinngemäß.

Anm. 11

4. Bestellung und Abberufung nach KWG

Ist die Gesellschaft nach den Vorschriften über das Kreditwesen aufgelöst, so können unter den Voraussetzungen des § 38 Abs. 1 Satz 4 KWG die Abwickler durch das Registergericht bestellt werden; vgl. § 262, Anm. 42.

Anm. 12

5. Arbeitsdirektor

Ist auf die Gesellschaft das Mitbestimmungsgesetz oder das Mitbestimmungsergänzungsgesetz anzuwenden, so ist der Arbeitsdirektor (§ 13 Mitbestimmungsgesetz) nach § 265 Abs. 1 kraft Gesetzes zum Abwickler berufen. Etwas anderes darf weder durch die Satzung noch durch einen Hauptversammlungsbeschluß bestimmt werden; auch die Abberufung durch das Gericht ist nicht möglich. Die Abberufung kann vielmehr *nur* durch den Aufsichtsrat erfolgen, bei Unternehmen im Sinne des § 1 des Mitbestimmungsgesetzes nicht gegen den Willen der Mehrheit der Arbeitnehmervertreter im Aufsichtsrat; § 13 Abs. 1 Satz 3 Mitbestimmungsgesetz (vgl. § 13 Mitbestimmungsergänzungsgesetz). Abs. 6 gilt selbstverständlich nicht für ein Vorstandsmitglied, dem unabhängig von der Mitbestimmungsregelung die Angelegenheiten eines Arbeitsdirektors übertragen sind und der einen solchen Titel führt.

§ 266 Anmeldung der Abwickler

(1) Die ersten Abwickler sowie ihre Vertretungsbefugnis hat der Vorstand, jeden Wechsel der Abwickler und jede Änderung ihrer Vertretungsbefugnis haben die Abwickler zur Eintragung in das Handelsregister anzumelden.

(2) Der Anmeldung sind die Urkunden über die Bestellung oder Abberufung sowie über die Vertretungsbefugnis in Urschrift oder öffentlich beglaubigter Abschrift für das Gericht des Sitzes der Gesellschaft beizufügen.

(3) Die Bestellung oder Abberufung von Abwicklern durch das Gericht wird von Amts wegen eingetragen.

(4) Die Abwickler haben ihre Namensunterschrift zur Aufbewahrung beim Gericht zu zeichnen, wenn sie dies nicht schon als Vorstandsmitglieder getan haben.

Einleitung

Die Bestimmung regelt die Anmeldung der Abwickler und einer Änderung in ihrer Person zum Handelsregister sowie die Zeichnung der Firma. Seit der Änderung des Aktiengesetzes durch das Koordinierungsgesetz vom 15. August 1969 (BGBl. I, S. 1146) unterscheidet sich die Vorschrift vom bisherigen Recht insofern, als nach Abs. 1 die Vertretungsbefugnis der Abwickler auch dann zur Eintragung anzumelden ist, wenn nach der gesetzlichen Regel des § 269 Abs. 2 Satz 1 Gesamtvertretung vorliegt, während nach bisherigem Recht nur die von der Satzung oder der sonst zuständigen Stelle bestimmten Abweichungen von dieser Regel einzutragen waren.

Abs. 4 stellt gegenüber der alten Fassung des § 207 AktG 1937 klar, daß die Zeichnung der Namensunterschrift entbehrlich ist, wenn die Abwickler bereits als Vorstandsmitglieder ihre Namensunterschrift zur Aufbewahrung beim Gericht gezeichnet haben.

Anm. 1

Die Anmeldung der ersten Abwickler und ihrer Vertretungsbefugnis ist stets erforderlich, gleichgültig, ob die Bestellung durch die Satzung oder durch die Hauptversammlung geschehen ist. Sie erfolgt durch den Vorstand in vertretungsberechtigter Zahl. Ist die erforderliche Zahl nicht vorhanden, so genügt die Anmeldung durch die noch vorhandenen. Ist ein Vorstand überhaupt nicht vorhanden, so müssen sich die ersten Abwickler selbst anmelden, da nicht angenommen werden kann, daß allein zur Anmeldung der Abwickler nochmals besondere Vorstandsmitglieder bestellt werden sollen; vgl. dazu oben § 263, Anm. 1. Daß das Amt der Vorstandsmitglieder nach der Satzung oder dem Bestellungsakt oder dem Dienstvertrag mit der Auflösung aufhört, hebt ihre Verpflichtung zur Anmeldung nicht auf. Die Vorschrift ist im öffentlichen Interesse gegeben und so auszulegen, daß die Verpflichtung auch dann besteht, wenn im übrigen mit der Auflösung die Organstellung der Vorstandsmitglieder als solche endet; ebenso Brodmann, § 296 HGB, Anm. 1b. Nach Beginn der Abwicklung ist eine Abmeldung der Vorstandsmitglieder nicht mehr nötig, da deren Funktionen ohne weiteres mit dem Beginn der Abwicklung weggefallen sind und die neuen gesetzlichen Vertreter sich aus der Anmeldung und Eintragung ergeben; KG, LZ 1930, Sp. 734.

Jeden *Wechsel der Abwickler* und jede Änderung ihrer Vertretungsbefugnis haben diese selbst anzumelden. Anmeldepflichtig sind neben den im Amt gebliebenen diejenigen, die durch den Wechsel Abwickler geworden sind; KG, KGJ 14 (1894), S. 27; OLGE 34 (1917), S. 348. Es brauchen auch hierbei nur so viele mitzuwirken, als zur Vertretung der Gesellschaft erforderlich sind; v. Godin-Wilhelmi, Anm. 2; vgl. auch unten § 269. Ist der einzige Abwickler weggefallen, so meldet der neu bestellte an. Der Abwickler, der abberufen worden ist oder sein Amt niedergelegt hat, kann nicht selbst seine Löschung im Handelsregister anmelden. Er kann aber beim Registerrichter anregen, daß dieser auf die Löschung hinwirkt (Anm. 2). Er ist auch nicht befugt, die

Bestellung anderer Abwickler beim Gericht zu beantragen; § 265 Abs. 3. Er kann aber gegen seine Löschung als Beteiligter Beschwerde einlegen. Der Zeitpunkt des Ausscheidens braucht nicht eingetragen zu werden; KG, RJA 12 (1912), S. 217. Anzumelden sind die Personen der Abwickler; wenn eine juristische Person zum Abwickler bestellt ist, diese. Anzumelden ist auch eine Namensänderung der Abwickler, z. B. bei Heirat einer Frau. Während nach § 207 AktG 1937 und § 266 a. F. nur die von der Regel des § 269 Abs. 2 (Gesamtvertretung) abweichenden Bestimmungen über die Vertretungsbefugnis (vgl. dazu unten § 269, Anm. 3) zur Eintragung in das Handelsregister anzumelden waren, muß seit der Neufassung des § 266 Abs. 1 durch das Koordinierungsgesetz vom 15. 8. 1969 die Vertretungsbefugnis der Abwickler in *jedem* Fall unmittelbar aus dem Handelsregister ersichtlich sein. Durch die Änderung des Abs. 1 — ebenso wie durch die Einfügung der Bestimmungen der §§ 37 Abs. 2 und 39 Abs. 1 Satz 2, die die gleiche Regelung für die Vertretungsbefugnis der Vorstandsmitglieder treffen (vgl. dazu oben § 37, Anm. 1) — trug das Koordinierungsgesetz der ersten gesellschaftsrechtlichen Richtlinie der EWG Rechnung; danach soll stets offengelegt werden, ob die Mitglieder des vertretungsberechtigten Organs die Gesellschaft allein oder nur gemeinsam vertreten, weil die Kenntnis der in den Mitgliedsstaaten geltenden gesetzlichen Regelungen der Vertretungsbefugnis im zwischenstaatlichen Geschäftsverkehr nicht allgemein vorausgesetzt werden darf.

Anm. 2

Die Anmeldung geschieht bei dem Amtsgericht des Sitzes der Gesellschaft, auch für die Zweigniederlassungen; § 43. Sie kann durch Ordnungsstrafen erzwungen werden; § 14 HGB. Der Anmeldung sind die Urkunden über die Bestellung oder Abberufung sowie über die Vertretungsbefugnis in Urschrift oder öffentlich beglaubigter Abschrift beizufügen. In Betracht kommen hauptsächlich Abschriften der Hauptversammlungsniederschriften, des Schriftwechsels über eine Amtsniederlegung. Der Registerrichter hat die Urkunden auf ihren Inhalt zu prüfen; KGJ 14, 27. Abschriften der Hauptversammlungsbeschlüsse sind nicht erforderlich, wenn die Niederschriften bereits zum Handelsregister eingereicht sind; § 130 Abs. 5. Bei Vorhandensein von Zweigniederlassungen sind so viele Stücke der Anmeldung — nicht der Beilagen — einzureichen, als Niederlassungen vorhanden sind; § 43. Liegen Urkunden über den Wegfall eines Abwicklers nicht vor, so ist der Wegfall dem Gericht in anderer geeigneter Weise nachzuweisen. Das Gericht kann von Amts wegen Ermittlungen anstellen.

Auf Grund der Anmeldung erfolgt die Eintragung der Abwickler oder ihrer Abberufung ins Handelsregister. Die Eintragung wird durch das Gericht öffentlich bekanntgemacht; § 10 HGB.

Zweck der Anmeldung und Eintragung ist, offenkundig zu machen, wer gesetzlicher Vertreter der Gesellschaft ist. Die Eintragung vorübergehend (entsprechend § 85) bestellter Abwickler ist nicht vorgeschrieben. Wegen des vorübergehenden Charakters der Maßregel kommt auch die sinngemäße Anwendung des § 266 hier nicht in Betracht.

Anm. 3

Die Bestellung oder Abberufung von Abwicklern durch das *Gericht* braucht nicht angemeldet zu werden, auch wenn die vom Gericht bestellten die ersten Abwickler sein sollten. Die Eintragung ins Handelsregister erfolgt von Amts wegen durch das Gericht und wird von diesem bekanntgemacht. Das gilt auch für den Fall, daß das Registergericht auf Antrag des Bundesaufsichtsamtes für das Kreditwesen gem. § 38 Abs. 1 KWG die Abwickler bestellt; Jansen, § 128 FGG, Anm. 15.

Anm. 4

Die Abwickler haben ihre *Namens*unterschrift zur Aufbewahrung beim Gericht zu zeichnen. Zu zeichnen ist also nur die Unterschrift, nicht die Firma. Ist eine juristische Person Abwickler, so ist die Firma der juristischen Person zu zeichnen.

Wegen der Form der Anmeldung und der Zeichnung vgl. § 12 HGB. Danach sind die Anmeldungen und Zeichnungen persönlich bei dem Gericht (auch zur Niederschrift des Urkundsbeamten der Geschäftsstelle) oder in öffentlich beglaubigter Form einzureichen. Für Zweigniederlassungen vgl. § 43 AktG, § 13 HGB, nach dessen Abs. 2 die gesetzlich vorgeschriebenen Unterschriften auch zur Aufbewahrung beim Gericht der Zweigniederlassung zu zeichnen sind.

Die Zeichnung ist entbehrlich, wenn die Abwickler schon als Vorstandsmitglieder ihre Unterschrift gezeichnet haben. Die Verpflichtung zur Zeichnung ihrer Unterschrift besteht auch für die vom Gericht und die nach dem Gesetz über das Kreditwesen bestellten Abwickler. Die Zeichnung der Unterschrift kann durch Ordnungsstrafen erzwungen werden; § 14 HGB.

Anm. 5

Das Amt des Abwicklers, auch des vom Gericht bestellten, beginnt mit der Bestellung und der Annahme des Amtes durch den Bestellten. Die Bestellung wird nicht erst durch die Eintragung wirksam; RG, HoldhM 1913, S. 166; 1925, S. 43. Die von dem Abwickler in den Grenzen seiner Aufgabe vorgenommenen Rechtshandlungen sind schon vor der Eintragung rechtswirksam. Von der Eintragung und Bekanntmachung an muß ein Dritter die Veränderung in der Person der Abwickler gegen sich gelten lassen, es sei denn, daß er sie weder kannte noch kennen mußte; § 15 HGB. Der Dritte muß beweisen, daß er keine Kenntnis hatte, und daß ihn kein Verschulden an der Unkenntnis trifft, daß vielmehr die Unkenntnis durch besondere, ihm nicht zuzurechnende Umstände verursacht ist. Solange die Eintragung und Bekanntmachung nicht geschehen ist, kann die Gesellschaft einem gutgläubigen Dritten nicht entgegenhalten, daß der Vorstand oder der frühere Abwickler zur Vertretung der Gesellschaft nicht mehr befugt sei. Daß der Dritte Kenntnis von der Auflösung erlangt hat, schließt seinen guten Glauben nicht aus.

§ 267 Aufruf der Gläubiger

Die Abwickler haben unter Hinweis auf die Auflösung der Gesellschaft die Gläubiger der Gesellschaft aufzufordern, ihre Ansprüche anzumelden. Die Aufforderung ist dreimal in den Gesellschaftsblättern bekanntzumachen.

Anm. 1

Die Bestimmung, die wörtlich dem früheren § 208 entspricht, regelt die Pflicht der Abwickler zum Aufruf der Gläubiger. Die Aufforderung der Gesellschaftsgläubiger zur Anmeldung ihrer Forderungen haben die Abwickler *unverzüglich* zu erlassen, sobald es nach ordnungsmäßigem Geschäftsgang möglich ist. Die Aufforderung kann erlassen werden, sobald die Auflösung wirksam geworden ist. Die Eintragung der Abwickler gehört überhaupt nicht, die der Auflösung nur dann zur Wirksamkeit der Auflösung, wenn der Auflösungsbeschluß eine Satzungsänderung enthält; vgl. dazu oben § 263, Anm. 1. Die Aufforderung muß den Hinweis auf die Auflösung der Gesellschaft enthalten. Der Grund der Auflösung braucht in der Aufforderung nicht angegeben zu werden.

Anm. 2

Die Aufforderung ist dreimal in den Gesellschaftsblättern, also in jedem dreimal, bekanntzumachen. Die Einhaltung eines Zwischenraums zwischen den einzelnen Bekanntmachungen ist nicht vorgeschrieben. Die Bekanntmachung hat den Zweck, die Gläubiger in die Lage zu versetzen, für Befriedigung ihrer Ansprüche aus dem Gesellschaftsvermögen zu sorgen. Die Verteilung des Vermögens darf erst erfolgen, nachdem seit dem Tage, an dem der Aufruf der Gläubiger zum drittenmal bekanntgemacht worden ist, ein Jahr verstrichen ist; § 272 Abs. 1. Die öffentliche Aufforderung als Voraussetzung für Ingangsetzung der Sperrfrist ist auch erforderlich, wenn den Abwicklern alle Gläubiger bekannt sind oder wenn nach Kenntnis der Abwickler Ansprüche nicht vorhanden sind. Eine private Aufforderung an bekannte Gläubiger ist nicht erforderlich. § 272 bestimmt außerdem, daß der geschuldete Betrag zu hinterlegen ist, wenn sich ein bekannter Gläubiger nicht meldet und ein Recht zur Hinterlegung besteht.

Anm. 3

Eine Befugnis des Registerrichters, den Aufruf der Gläubiger durch *Ordnungsstrafen* zu erzwingen, ergibt sich weder aus § 14 HGB noch aus § 407 AktG. Die Abwickler sind aber der Gesellschaft schadenersatzpflichtig, wenn sie ihre Verpflichtung zum unverzüglichen Aufruf der Gläubiger nicht erfüllen und durch Verzögerung des Beginns des Sperrjahres, § 272, die Beendigung der Abwicklung verschieben und dadurch Schaden entsteht, §§ 93, 268 Abs. 2; ebenso haftet der Aufsichtsrat, wenn er die Abwickler in Erfüllung seiner Überwachungspflicht, § 268 Abs. 2, nicht zum Erlaß des Aufrufs anhält; § 116. Aktionäre, die Abwicklungserlöse erhalten haben, ohne daß der Gläubigeraufruf erfolgte, haften nach § 62. Die Abwickler können sich namentlichdadurch schadenersatzpflichtig machen, daß sie mangels eines Gläubigeraufrufs das Vermögen nur zur Befriedigung der bekannten Gläubiger verwenden oder es unterlassen, das Vergleichs- oder Konkursverfahren zu betreiben.

§ 268 Pflichten der Abwickler

(1) Die Abwickler haben die laufenden Geschäfte zu beenden, die Forderungen einzuziehen, das übrige Vermögen in Geld umzusetzen und die Gläubiger zu befriedigen. Soweit es die Abwicklung erfordert, dürfen sie auch neue Geschäfte eingehen.

(2) Im übrigen haben die Abwickler innerhalb ihres Geschäftskreises die Rechte und Pflichten des Vorstands. Sie unterliegen wie dieser der Überwachung durch den Aufsichtsrat.

(3) Das Wettbewerbsverbot des § 88 gilt für sie nicht.

(4) Auf allen Geschäftsbriefen, die an einen bestimmten Empfänger gerichtet werden, müssen die Rechtsform und der Sitz der Gesellschaft, die Tatsache, daß die Gesellschaft sich in Abwicklung befindet, das Registergericht des Sitzes der Gesellschaft und die Nummer, unter der die Gesellschaft in das Handelsregister eingetragen ist, sowie alle Abwickler und der Vorsitzende des Aufsichtsrats mit dem Familiennamen und mindestens einem ausgeschriebenen Vornamen angegeben werden. Werden Angaben über das Kapital der Gesellschaft gemacht, so müssen in jedem Falle das Grundkapital sowie, wenn auf die Aktien der Nennbetrag oder der höhere Ausgabebetrag nicht vollständig eingezahlt ist, der Gesamtbetrag der ausstehenden Einlagen angegeben werden. Der Angaben nach Satz 1 bedarf es nicht bei Mitteilungen oder Berichten, die im Rahmen einer bestehenden Geschäftsverbindung ergehen und für die üblicherweise Vordrucke verwendet werden, in denen lediglich die im Einzelfall erforderlichen besonderen Angaben eingefügt zu werden brauchen. Bestellscheine gelten als Geschäftsbriefe im Sinne des Satzes 1; Satz 3 ist auf sie nicht anzuwenden.

Übersicht

Einleitung

Die Bestimmung entspricht im wesentlichen dem früheren § 209 AktG 1937. In Abs. 1 wurde allerdings die Befugnis der Abwickler, neue Geschäfte einzugehen, erweitert. Nach § 209 Abs. 1 AktG 1937 konnten die Abwickler neue Geschäfte nur eingehen, um schwebende Geschäfte zu beenden. Bei engherziger Auslegung dieser Vorschrift war es nicht möglich, die werbende Tätigkeit der Gesellschaft im bisherigen Umfang fortzusetzen, um das Unternehmen als Ganzes veräußern zu können. Die Befugnisse der Abwickler wurden deshalb entsprechend erweitert, so daß sie schlechthin alle Geschäfte vornehmen können, die im Rahmen einer wirtschaftlich sinnvollen Abwicklung liegen.

§ 209 Abs. 2 AktG 1937 wurde ersatzlos gestrichen. Da die Abwickler innerhalb ihres Geschäftskreises die Rechte und Pflichten des Vorstandes haben, ergibt sich ihre Verpflichtung, eine Eröffnung des Konkurs- und Vergleichsverfahrens zu beantragen, bereits aus der entsprechenden Vorschrift des (heutigen) § 92 Abs. 2. Allerdings läßt § 92 Abs. 2 einen Antrag auf Eröffnung des Konkurs- oder Vergleichsverfahrens noch drei Wochen nach Eintritt der Zahlungsunfähigkeit zu. Trotzdem bedeutet das Streichen der alten Vorschrift keine Änderung der Rechtslage.

Abs. 2 und 3 sind wörtlich dem alten § 209 Abs. 3 und 4 AktG 1937 entnommen.

Abs. 4 hat seine jetzige Fassung durch das Koordinierungsgesetz vom 15. 8. 1969 (BGBl. I, S. 1146) erhalten. Inhaltlich stimmt die Vorschrift mit § 80 überein. Allerdings besteht insofern ein Unterschied, als nach § 80 der Vorsitzende des Vorstands zu bezeichnen ist, ein entsprechender Vorsitzender der Abwickler jedoch nicht in Betracht kommt. Außerdem muß die Tatsache angegeben werden, daß sich die Gesellschaft in Abwicklung befindet.

Anm. 1

1. Geschäftsführungsbefugnis

§ 268 umschreibt den Aufgabenkreis der Abwickler, regelt ihre Rechte und Pflichten innerhalb ihres Geschäftskreises, ordnet das Wettbewerbsverbot und die Kennzeichnung der Abwickler im äußeren Geschäftsverkehr. Die Absätze 1 und 2 regeln das Recht der Abwickler zur Führung der Geschäfte im Verhältnis zur Gesellschaft. Von dieser Geschäftsführungsbefugnis (der Frage des rechtlichen *Dürfens*) ist zu unterscheiden die Vertretungsbefugnis, d. h. das Recht der Abwickler, die Gesellschaft zu vertreten (Frage des rechtlichen *Könnens*). Die Vertretungsbefugnis ist in § 269 geordnet. Die beiden Befugnisse stehen aber in engem tatsächlichen Zusammenhang. Dieselbe Handlung, die einen Akt der Geschäftsführung darstellt, ist häufig auch ein Akt der Vertretung, wie z. B. der Kauf von Vorräten, die Aufnahme von Kredit, die Anstellung und Entlassung von Arbeitern und Angestellten. § 268 bestimmt den Geschäftskreis der Abwickler. Die Vertretungsbefugnis der Abwickler ist abweichend vom früheren Recht (§ 210) nicht mehr durch den Geschäftskreis beschränkt, sondern erstreckt sich auch auf

Geschäfte, die vom Liquidationszweck nicht mehr gedeckt sind; § 269 Absatz 1 gibt den Abwicklern ohne Einschränkung das Recht, die Gesellschaft gerichtlich und außergerichtlich zu vertreten.

Anm. 2

2. Geschäftskreis der Abwickler

Die Vorschrift des § 268 Abs. 1 gilt für alle Abwickler, von wem sie auch bestellt sein mögen. Der wesentliche Inhalt des Abs. 1 ist der, daß die Abwickler das zu tun haben, was zur Abwicklung und damit zur Vollbeendigung der Gesellschaft gehört. Abs. 1 zählt die wichtigsten Aufgaben der Abwickler auf. Abs. 2 gibt die allgemeine Regel dahin, daß die Abwickler innerhalb ihres Geschäftskreises die Rechte und Pflichten des Vorstandes haben. Ihre Aufgabe ist danach nicht auf die in Abs. 1 genannten Tätigkeiten beschränkt. Nicht ausdrücklich ausgesprochen, weil selbstverständlich, ist, daß die Abwickler das gesamte Vermögen zu verwalten haben, und zwar so, wie es der geänderte Zweck der Gesellschaft erfordert. Die Verwaltung ist auf diesen Zweck *umzustellen.*

Anm. 3

a) Beendigung der laufenden Geschäfte

Die Abwickler haben die laufenden Geschäfte zu beendigen. Das bedeutet nicht, daß sie die laufenden Geschäfte zu einem *vorzeitigen* Abschluß zu bringen haben. Diese sollen vielmehr so abgewickelt werden, wie es auch ohne Auflösung geschehen müßte. Das allgemeine Ziel der Abwicklungstätigkeit muß nur sein, zu einem möglichst baldigen und günstigen Zeitpunkt zu einer Beendigung des laufenden Geschäftsbetriebes zu kommen. Die Abwickler dürfen also keineswegs sofort alle Verträge lösen, Prozesse abbrechen usw., wozu sie meist auch gar keine rechtliche Möglichkeit haben werden; § 262, Anm. 8. Sie haben vielmehr im Rahmen der besonderen Verhältnisse der Liquidationsgesellschaft behutsam vorzugehen, um nicht unnötig wirtschaftliche Werte zu zerschlagen und Schäden zu verursachen. Um auf diese Weise die laufenden Geschäfte zu beendigen, müssen sie unter Umständen den Betrieb fortführen, die zu liefernden Waren in der Fabrik herstellen, und die damit zusammenhängenden weiteren Handlungen der Geschäftsführung vornehmen; vgl. unten Anm. 6 und 8.

Anm. 4

b) Forderungseinziehung

Die Abwickler haben die Forderungen einzuziehen. Zu diesen Forderungen gehören auch die Ansprüche aus dem Gesellschaftsverhältnis, z. B. gegen die Aktionäre auf Leistung von Einlagen; vgl. § 262, Anm. 5. Aber auch die Geltendmachung von Rechten anderer Art, z. B. gewerblicher Schutzrechte, gehört dazu. Sie können über die Ansprüche so verfügen, wie es das Interesse der Gesellschaft im Hinblick auf das Ziel der Abwicklung gebietet. Sie können Außenstände auch in anderer Weise als durch Einziehung z. B. durch Abtretung, Aufrechnung, verwerten. Sie können nicht fällige Forderungen durch Kündigung fällig machen, soweit dies nach dem zugrunde liegenden Rechtsverhältnis möglich ist. Sie können auch Rechtsverhältnisse wie Miete und Pacht durch Kündigung beendigen. Sie können streitige Forderungen einklagen, anhängige Prozesse fortführen, Verzichte erklären, Vergleiche abschließen; KG, OLGE 28 (1914), S. 365.

Anm. 5

c) Versilberung des Vermögens, insbes. Veräußerung des Unternehmens

Die Abwickler haben das übrige Vermögen in Geld umzusetzen. Die Versilberung hat vollständig zu erfolgen, nicht nur soweit sie zur Befriedigung der Gesellschaftsgläubiger erforderlich ist. Denn das Reinvermögen soll unter die Aktionäre verteilt werden, soweit nicht die Satzung eine andere Art der Verwendung des Reinvermögens vorschreibt. Doch kann auch der Anspruch der Aktionäre auf den Abwicklungserlös in anderer Weise als durch Umsetzen des Vermögens in Geld und dessen Verteilung befriedigt werden. Jedenfalls ist dies mit Zustimmung aller Aktionäre zulässig, etwa in der Weise, daß eine Verteilung in Natur stattfindet; vgl. auch Anm. 45 zu § 262. Streitig ist, ob auch ein Mehrheitsbeschluß der Aktionäre hierzu ausreicht. In Übereinstimmung mit der Rechtsprechung des Reichsgerichts (RGZ 3, S. 54; 7, S. 108; 62, S. 58) ist die Frage zu bejahen; a. M. Schlegelberger-Quassowski, § 209, AktG 1937, Anm. 7; wie hier jetzt Baumbach-Hueck, Rnr. 5; v. Godin-Wilhelmi, Anm. 4. Zwar gehört die Umsetzung des Vermögens in Geld zu den Pflichten der Abwickler. Damit ist aber nicht ausgeschlossen, daß die Hauptversammlung eine andere Verwertung des Vermögens, insbesondere eine Verteilung in Natur beschließt. Sie ist hierzu ebenso berechtigt, wie zu anderen *Weisungen* an die Abwickler über die Durchführung der Abwicklung. Die Aktionäre haben zwar nach Auflösung der Gesellschaft und Durchführung der Abwicklung ein unentziehbares Recht auf ihren Anteil am Abwicklungserlös. Nach § 271 ist das Vermögen zu verteilen. Daß aber die Verteilung nur in Geld erfolgen dürfe, ist damit nicht gesagt. Die Vorschrift des § 268 über den Umsatz des Vermögens in Geld ist nicht im öffentlichen Interesse erlassen. Auch sonst ist nicht ersichtlich, weshalb es sich um eine zwingende Vorschrift handeln sollte. Es kann den Interessen der Aktionäre im Einzelfall durchaus entsprechen, daß eine *andere Verwertung der Masse* erfolgt als durch Umsatz in Geld. Deshalb kann schon die Satzung abweichende Vorschriften enthalten. Ist dies nicht der Fall, so muß die Entscheidung durch Mehrheitsbeschluß möglich sein, wenn nicht eine Bestimmung der Satzung entgegensteht oder die Grenzen des wirtschaftlich Zumutbaren, z. B. durch Gewährung von Aktien einer ausländischen Gesellschaft, überschritten werden.

Auch vom Standpunkt des Aktienrechts zu der Stellung des Vorstandes bestehen keine Bedenken gegen derartige Weisungen der Hauptversammlung an die Abwickler. Die Vorschrift des § 119 Absatz 2, nach der die Hauptversammlung über Fragen der Geschäftsführung nur entscheiden kann, wenn der Vorstand es verlangt, gilt nicht für die Abwicklung und für die Abwickler; ebenso Baumbach-Hueck, Rnr. 9; Schlegelberger-Quassowski, § 209 AktG 1937, Anm. 14, 16; a. A. v. Godin-Wilhelmi, Anm. 7, der die Zulässigkeit von Weisungen nur ausnahmsweise gelten lassen will, wenn es sich etwa um Weisungen über die Art der Verteilung des Überschusses in bar oder *natura* handelt. § 119 Abs. 2 bildet eine Ergänzung zu der Vorschrift des § 76 Abs. 1, nach der der Vorstand unter eigener Verantwortung die Gesellschaft zu leiten hat. Diese Vorschriften haben nur die Leitung des in Betrieb befindlichen Unternehmens im Auge. Sie passen nicht, wenn die Gesellschaft aufgelöst und ihr Zweck, der Betrieb eines Unternehmens, sich geändert hat und an dessen Stelle der Abwicklungszweck getreten ist. Hier treten die Belange der Aktionäre als Geldgeber in den Vordergrund. Deshalb bestimmt auch Abs. 2, daß die Abwickler nur innerhalb ihres, d. h. des durch den geänderten Zweck bestimmten Geschäftskreises, die Rechte und Pflichten des Vorstandes haben.

Der Beschluß der Hauptversammlung darf selbstverständlich nicht dem Zweck der Abwicklung widersprechen. Er darf insbesondere nicht der Befriedigung der Gesellschaftsgläubiger hinderlich sein, sondern eben nur die Abwicklung und als deren Endziel die Verteilung des Reinvermögens an die Aktionäre regeln. Er darf deshalb auch nicht die Fortführung der Abwicklung mit dem Ziele der Vollbeendigung der Aktiengesellschaft unmöglich machen. Läuft die Anweisung auf eine Wiederaufnahme des lebenden Betriebes hinaus, so ist sie nur nach den Vorschriften zulässig, nach denen die Fortsetzung einer aufgelösten Gesellschaft beschlossen werden kann, also nur, wenn mit der Verteilung des Vermögens an die Aktionäre noch nicht begonnen ist, die für einen solchen Beschluß erforderliche Mehrheit erreicht und die sonstigen Erfordernisse dafür erfüllt sind; § 274. Im übrigen bedarf der Beschluß nur der einfachen Stimmenmehrheit, wenn nicht die Satzung etwas anderes anordnet; vgl. RGZ 62, S. 56, 58. Ein Mehrheitsbeschluß genügt abweichend von der offenen Handelsgesellschaft, für die § 152 HGB bei Weisungen an die Liquidatoren Einstimmigkeit fordert. Dies ergibt sich aus der verschiedenen Struktur der beiden Gesellschaftsarten. Bei der Aktiengesellschaft herrscht grundsätzlich die Mehrheit. Wenn die Satzung der Gesellschaft allgemein oder für den Zustand der Auflösung eine höhere Mehrheit verlangt oder noch andere Erfordernisse aufstellt, sind auch diese zu beachten.

Der Beschluß darf nicht gegen den *Grundsatz der gleichmäßigen Behandlung der Aktionäre* verstoßen, d. h. die Verteilung muß nach dem Verhältnis des Aktienbesitzes erfolgen, wenn die Satzung nicht insofern etwas anderes — eine ungleichmäßige Verteilung und Vorrechte einzelner oder von Gruppen von Aktionären — zuläßt. Eine Verletzung dieses Grundsatzes liegt nicht vor, wenn bei Verteilung von Wertpapieren der Gesellschaft sich „Spitzen" ergeben, die nicht in Natur verteilt werden können, weil nicht auf jede einzelne Aktie ein Wertpapier, sondern auf mehrere Aktien nur eines entfällt (2:1 oder 3:2). Dann können die „Spitzen" veräußert und der Erlös nach dem Verhältnis des Aktienbesitzes an die nicht in Natur bedachten Aktieninhaber verteilt werden. In diesem Falle die Verteilung überhaupt zu verbieten, wäre formalistisch und mit wirtschaftlichem Denken unvereinbar; RGZ 62, S. 56, 61.

In dem angegebenen Umfange können Anweisungen an die Abwickler durch die Hauptversammlung auch bei der Bestellung der Abwickler nach § 265 Abs. 2 erteilt werden, wenn der Beschluß zugleich den vorstehend aufgestellten Erfordernissen eines Hauptversammlungsbeschlusses genügt. Dem Gericht, das nach § 265 Abs. 3 Abwickler bestellt, kommt eine solche Befugnis nicht zu. Soweit eine besondere Anweisung der Satzung oder der Hauptversammlung nicht besteht, bestimmen die Abwickler frei die Art der Umsetzung des Vermögens in Geld, ebenso den Zeitpunkt und die Reihenfolge der Verwertung; ein Recht der *Gläubiger* auf gleichmäßige Behandlung besteht nicht. Die Abwickler können insbesondere den Eintritt einer günstigen Marktlage abwarten. Sie können schwer verkäufliche Sachen (Grundstücke) gegen leicht verkäufliche (Aktien) umtauschen. Sie bestimmen nach freiem Ermessen, ob Vermögensgegenstände wie Grundstücke freihändig oder durch Versteigerung zu verwerten sind.

Anm. 6

Die *Abwickler* können die Verwertung des Vermögens auch in der Weise vornehmen, daß sie *das Unternehmen als Ganzes* mit oder ohne das Recht zur Fortführung der Firma veräußern. Vielfach wird es Pflicht der Abwickler sein, in dieser Weise zu verfahren, weil für das Unternehmen in seiner Zusammenfassung als wirtschaftliche Einheit und als noch im Gang befindliches Geschäft mit Kundenkreis und bekannter Firma sich ein höherer Erlös erzielen läßt, als durch Veräußerung der einzelnen Vermögensstücke und der damit verbundenen Auflösung des Geschäfts. Solange eine derartige Absicht mit Aussicht auf Verwirklichung verfolgt wird, müssen die Abwickler auch von der Beendigung der laufenden Geschäfte absehen.

Wird das *Geschäft mit der Firma* veräußert, so ist zu beachten, daß die Firma keinen Zusatz enthalten darf, der ein nicht bestehendes Gesellschaftsverhältnis, insbesondere ein solches einer bestimmten Art andeutet oder sonst geeignet ist, eine Täuschung über die Art oder den Umfang des Geschäfts oder die Verhältnisse des Geschäftsinhabers herbeizuführen; § 18 Abs. 2 HGB. Deshalb darf derjenige, der das Geschäft einer Aktiengesellschaft mit dem Recht zur Fortführung der Firma erwirbt, nicht den Firmenzusatz „AG" oder „Aktiengesellschaft" weiterführen, wenn er nicht selbst eine Aktiengesellschaft ist; KG, JW 1930, S. 2711; RGZ 104, S. 342. Bei Übertragung auf einen Einzelkaufmann ist jede auf eine Gesellschaft weisende Formel zu streichen; BGHZ 53, S. 68.

Nach § 22 HGB ist für die Fortführung der Firma durch den Erwerber eines bestehenden Handelsgeschäftes die ausdrückliche Einwilligung des bisherigen Geschäftsinhabers erforderlich. Hieraus ergibt sich nicht, daß bei Veräußerung des Unternehmens einer in Abwicklung befindlichen Aktiengesellschaft mit dem Recht zur Fortführung der Firma außer der Zustimmung der Abwickler noch eine besondere Einwilligung der Gesellschaft oder eines anderen Organs, etwa der Hauptversammlung, erforderlich ist, es sei denn, daß der Tatbestand des § 361 vorliegt; vgl. unten. Der persönliche Charakter der Firma tritt bei der Aktiengesellschaft, besonders im Abwicklungszustand, völlig in den Hintergrund, mag es sich um eine reine Sachfirma oder um eine abgeleitete Firma handeln. Im Zuge der Abwicklung, die zur Vollbeendigung der Gesellschaft führt, verschwindet auch die Firma. Die Gesellschaft hat deshalb kein schutzwertes, nichtvermögensrechtliches Interesse daran, daß die Firma nicht mit dem Unternehmen an einen Dritten übergeht. Es handelt sich somit nur um ein Vermögensobjekt, dessen Verwertung Sache der Abwickler ist; vgl. dazu ausführlich oben § 262, Anm. 26. Davon unberührt ist die Frage, ob nicht Dritte die Weiterführung der Firma durch den Unternehmer verbieten können, wenn ihr persönlicher Name in der Firma enthalten ist. Nicht ausgeschlossen ist, daß der Aktiengesellschaft durch Vertrag mit dem früheren Inhaber des Unternehmens, von dem es die Aktiengesellschaft ihrerseits erworben hatte, die Weiterübertragung des Rechts zur Führung der Firma verboten ist. Dann müssen die Abwickler dieses Vertragsrecht, wie jedes Recht eines Dritten, achten. Abgesehen hiervon sind die Abwickler befugt, das Geschäft mit dem Recht zur Fortführung der Firma zu veräußern. Sie sind diejenigen, die die ausdrückliche Einwilligung nach § 22 HGB zu erteilen haben und damit die Hauptversammlung letztlich zwingen könnnen, eine Satzungsänderung im Hinblick auf die Wahl eines neuen Firmennamens durchzuführen. Allerdings kann die Hauptversammlung dem Abwickler von vornherein die (allerdings nur im Innenverhältnis wirksame) Anweisung erteilen, vor oder nach Abschluß des Veräußerungsvertrages ihre Genehmigung einzuholen und den Vertrag nur unter Vorbehalt dieser Genehmigung abzuschließen. Auch bei der Berufung des Abwicklers können derartige Weisungen erteilt werden; vgl. Anm. 5.

Handelt es sich aber um die *Übertragung des ganzen Gesellschaftsvermögens* der Aktiengesellschaft, so ist auf Grund der besonderen Vorschrift des § 361, der diese Art der Vermögensübertragung besonders regelt, die Zustimmung der Hauptversammlung nötig. Dabei ist die in § 361 Abs. 1 Satz 2 vorgeschriebene Dreiviertelmehrheit des bei der Beschlußfassung vertretenen Grundkapitals nötig. Die Satzung kann diese Mehrheit durch eine höhere Kapitalmehrheit ersetzen und weitere Erfordernisse aufstellen; ebenso Schlegelberger-Quassowski, § 209 AktG 1937, Anm. 9, die aber anscheinend auch für die Veräußerung eines von mehreren Geschäften mit dem Recht zur Fortführung der Firma einen Hauptversammlungsbeschluß für erforderlich halten. Die Vorschrift des § 361 gilt auch im Zustand der Abwicklung. Eine Satzungsänderung ist auch bei Übertragung des Firmenrechts nur erforderlich, wenn die Gesellschaft für die Dauer der weiteren Abwicklung eine andere Firma annimmt. Dazu besteht regelmäßig nur dann ein Bedürfnis, wenn sie nicht ihr ganzes Vermögen, sondern nur den werbenden Betrieb oder eines von mehreren Geschäften veräußert und beträchtliches Vermögen zurückbehält. Nur um den Erlös aus der Veräußerung des gesamten Vermögens einzuziehen und zu verteilen, bedarf die Abwicklungsgesellschaft keiner neuen Firma, auch nicht zu damit zusammenhängenden reinen Abwicklungsgeschäften oder zur Prozeßführung; im Rubrum müßte nur zum Ausdruck kommen, daß es sich um die Gesellschaft handelt, die früher die eingetragene Firma führte, und daß sie sich jetzt in Abwicklung befindet. Nicht beizutreten ist der für den Konkursfall geäußerten Meinung des KG, JW 1937, S. 2976 mit ablehnender Bemerkung von Groschuff, daß nach Veräußerung des Geschäfts mit dem Firmenrecht die Gesellschaft trotz § 30 HGB die Firma ebenfalls unverändert weiterführen dürfe.

Die Abwicklung kann dadurch beendigt werden, daß eine *Verschmelzung* mit einer anderen Gesellschaft vorgenommen wird. Dann sind die hierfür geltenden besonderen Vorschriften der §§ 339 ff. zu beachten.

Anm. 7

d) Befriedigung der Gläubiger

Die Befriedigung der Gesellschaftsgläubiger gehört zu den weiter ausdrücklich genannten Aufgaben der Abwickler. Sie haben damit die Verpflichtungen jeder Art zu befriedigen, die der Gesellschaft aus Vertrag oder einem sonstigen privat- oder öffentlich-rechtlichen Grunde obliegen. Dazu gehören auch dingliche Ansprüche und solche auf Herausgabe von Sachen. Sie haben nach pflichtgemäßem Ermessen zu entscheiden, ob bisher bestrittene Ansprüche zu befriedigen sind, ob ein Prozeß zu führen oder ein Streit durch Vergleich zu beendigen ist. Zu den Ansprüchen der Gläubiger gehören auch solche der Aktionäre, die nicht auf dem Gesellschaftsverhältnis beruhen und solche, die zwar aus dem Gesellschaftsverhältnis hervorgegangen sind, aber reine Drittgläubigerforderungen geworden sind, wie der Anspruch auf bereits festgestellte Dividende oder auf Kapitalrückzahlung auf Grund einer wirksam gewordenen Kapitalherabsetzung. Andere Ansprüche aus dem Gesellschaftsverhältnis, insbesondere auf Rückzahlung einer Einlage oder Auszahlung des Abwicklungserlöses können dagegen nicht mit den Drittgläubigern befriedigt werden, sondern sind erst bei der Verteilung des Reinvermögens zu berücksichtigen.

Die Tilgung der Schulden kann auch durch Aufrechnung oder Hinterlegung erfolgen, soweit sie dem Gläubiger gegenüber zulässig ist. Bei bedingten oder betagten Schulden ist der Eintritt der Bedingung oder der Zeitablauf abzuwarten. Es können aber auch mit den Gläubigern neue Vereinbarungen, auch über eine vorzeitige Fälligkeit oder einen Schuldnachlaß, getroffen werden. Einreden, die nach kaufmännischer Auffassung nicht anständig sind, brauchen die Abwickler nicht zu erheben. Für die Einrede der Verjährung kommt es auf die Umstände des Einzelfalles an.

Anm. 8

e) Abschluß neuer Geschäfte

Soweit es die Abwicklung erfordert, können die Abwickler auch neue Geschäfte eingehen; Abs. 1 Satz 2. Um die Beendigung der laufenden Geschäfte durchzuführen und die sonstigen Aufgaben der Abwicklung zu erfüllen, müssen vielfach neue Geschäfte vorgenommen werden; z. B. müssen Rohstoffe für die Ausführung übernommener Aufträge beschafft, Arbeiter eingestellt, Bankgeschäfte vorgenommen, Versicherungsverträge abgeschlossen werden. Die Zulässigkeit solcher Geschäfte will die neue Vorschrift klarstellen: es sind alle Geschäfte zulässig, die aus irgendeinem Grunde innerhalb des Aufgabenkreises der Abwickler liegen, die Gesellschaft der Vollbeendigung zuzuführen. Ausgeschlossen sollen nur Geschäfte sein, die diesem Ziel entgegenstehen. Die Abwickler sollen danach jedenfalls neue werbende Geschäfte nicht einrichten. Dagegen sind neue Geschäfte zulässig, die nötig sind, um das Vermögen der Gesellschaft zu verwalten und zu erhalten. So kann z. B. um den Ausfall einer Hypothek zu verhüten, im Rahmen der Abwicklung der Erwerb des belasteten Grundstücks geboten sein. Um ein in Betrieb befindliches Geschäft in seinem wahren Wert als lebendes Unternehmen zu erhalten, muß versucht werden, das Geschäft als Ganzes zu veräußern. Dann kann der Fortbetrieb des Unternehmens auch auf längere Zeit nötig sein, um eine günstige Veräußerungsgelegenheit abzuwarten. Zu diesem Zweck können umfangreiche Materialkäufe, Anstellung von Betriebsleitern, durch die das Werk auf der Höhe gehalten wird, erforderlich sein; vgl. Anm. 6. Auch neue gesellschaftliche Bindungen zur Verwertung sonst schwer verkäuflicher Vermögensgegenstände können ausnahmsweise erforderlich sein; KG, KGJ 21 (1901), S. 256; OLG Dresden, Recht 1905, Nr. 771. Auch die Ausübung eines bereits bestehenden Ankaufsrechts, die Annahme eines Angebots können der Abwicklung dienen. Sachlich ist der Kreis der Geschäfte, die hiernach als Abwicklungsgeschäfte in Betracht kommen können, unbegrenzt. Dies ist auch früher schon der Standpunkt der Rechtsprechung gewesen; RGZ 49, S. 80; 72, S. 240; 85, S. 397; 106, S. 72; RG, LZ 1913, Sp. 212. Die Neufassung des Gesetzes bestätigt die Richtigkeit dieser Rechtsprechung.

Anm. 9

3. Vorstandsähnliche Stellung der Abwickler

Die Abwickler haben gemäß Abs. 2 innerhalb ihres Geschäftskreises die Rechte und Pflichten des Vorstandes. Auch diese Vorschrift regelt nur das innere Verhältnis der

Abwickler zur Gesellschaft. Sie haben nur innerhalb des in Abs. 1 umschriebenen Geschäftskreises die Rechte und Pflichten des Vorstandes. Innerhalb dieses Geschäftskreises treten sie an die Stelle des Vorstands und schließen dessen Tätigkeit aus. Das bedeutet aber nicht, daß auch noch für eine Betätigung des Vorstandes Raum bleibt. Der Zweck der Gesellschaft ist mit der Auflösung auf die Abwicklung beschränkt. Diese haben die Abwickler zu besorgen. Sie sind während der Abwicklung die alleinigen Geschäftsführer der Gesellschaft. Das ist der wesentliche Inhalt des Abs. 2.

Die Abwickler haben die Abwicklung selbst vorzunehmen. Sie können sich dabei der Hilfe Dritter bedienen, auch Vollmacht zur Besorgung einzelner Geschäfte sowie Prokura erteilen; vgl. § 269, Anm. 6. Sie dürfen die Abwicklung aber nicht in der Gesamtheit auf einen Dritten übertragen; KGJ 37, S. A 164 = OLG 19, 377.

Sie haben nicht die dem Vorstand obliegende Führung der Gesellschaft. Dessen leitende Aufgabe, § 76, ergibt sich aus den Bedürfnissen des lebenden, in der Regel auf Erwerb gerichteten Unternehmens; die Abwickler dagegen unterliegen für ihre Handlungen der Hauptversammlung und deren Weisungen; vgl. Anm. 5. Mehrere Abwickler sind in der Geschäftsführung gleichberechtigt. Für Beschlußfassungen der Abwickler ist nach der Regel des § 77 Abs. 1 *Einstimmigkeit* erforderlich, sofern nicht die Satzung oder die „sonst zuständige Stelle" (vgl. § 269 Abs. 2), d. h. Hauptversammlung oder das Gericht, wenn diese die Abwickler bestellen, etwas anderes bestimmen. Sie können auch eine Geschäftsverteilung anordnen. Die Abwickler haben nicht, wie der Vorstand, die für die Geschäftsführung richtunggebenden Bilanzen und den Jahresabschluß selbst festzustellen. Dies ist vielmehr während der Abwicklung Aufgabe der Hauptversammlung; § 270 Abs. 2.

Die Abwickler sind, wie der Vorstand, innerhalb ihres Geschäftskreises zur Führung der Geschäfte befugt und verpflichtet. Ihre Rechte und Pflichten sind auch dem Umfange nach dieselben wie die des Vorstandes, soweit sich nicht aus den besonderen Vorschriften über die Abwicklung oder dem Wesen der Abwicklung etwas anderes ergibt. Eine Erweiterung der Geschäftsführungsbefugnis über die Aufgabe der Abwicklung hinaus kann weder bei der Bestellung der Abwickler noch durch die Satzung noch durch einen besonderen Beschluß der Hauptversammlung vorgenommen werden. Sie würde dem Wesen der Auflösung widersprechen. Sollen Geschäfte vorgenommen werden, die nur bei einem lebenden Betriebe denkbar sind, so müßte ein dahingehender Beschluß den Vorschriften über die Fortführung einer aufgelösten Gesellschaft genügen (§ 724). Die Abwickler haben die Hauptversammlung zu berufen, § 121, die Eröffnungsbilanz und den Jahresabschluß aufzustellen, d. h. die Beschlußfassung durch die Hauptversammlung vorzubereiten und den Jahresbericht aufzustellen; § 270. Sie haben auch Auskunft zu geben. Sie haben für ordnungsmäßige Buchführung zu sorgen.

Wie der Vorstand, so haben auch die Abwickler bei Zahlungsunfähigkeit oder Überschuldung der Gesellschaft entsprechend § 92 Abs. 2 das Konkursverfahren oder das gerichtliche Vergleichsverfahren zu beantragen (Strafvorschrift in § 401 Abs. 1 Nr. 2); vgl. dazu § 92 Anm. 5ff. Während der Abwicklung besteht nur die Verpflichtung der Abwickler, nicht daneben auch noch die entsprechende Verpflichtung des Vorstands nach § 92 Abs. 2. An dessen Stelle sind während der Abwicklung in jeder Beziehung die Abwickler getreten; vgl. Abs. 2. Die Verpflichtung liegt dem ob, der die Verwaltung führt, der die Eröffnungsbilanz und den Jahresabschluß und den Geschäftsbericht während der Abwicklung aufzustellen hat, und der dadurch über die jeweilige Vermögenslage der Gesellschaft unterrichtet sein kann. Das ist der Abwickler, nicht der Vorstand. Tritt während des Laufs der Frist für den Vorstand die Auflösung ein, etwa durch Zeitablauf, so endet die Verpflichtung des Vorstands. An seine Stelle tritt die des Abwicklers mit der für diesen geltenden neuen Frist. Wird ein anderer als der Vorstand Abwickler, so muß diesem Zeit gelassen werden, um die Voraussetzungen des Abs. 2 festzustellen. Aber auch dann, wenn der bisherige Vorstand Abwickler wird, muß ihm eine neue Überlegungsfrist gelassen werden. Die Unterlassung der gebotenen Antragstellung ist unter Strafe gestellt; § 401 Abs. 1 Nr. 2.

Die Abwickler haben die *Sorgfaltspflicht* der Vorstandsmitglieder und sind wie diese bei Verletzung ihrer Pflichten schadenersatzpflichtig; § 93. Unanwendbar ist die Vorschrift des § 93 Abs. 4 über die Beschränkung von Verzichten und Vergleichen über Ersatzansprüche. Sie würde, wie beim Konkurs, die Abwicklung ungebührlich verzögern; so auch v. Godin-Wilhelmi, Anm. 7; Schlegelberger-Quassowski, Anm. 15.

Die Abwickler unterliegen nach ausdrücklicher Bestimmung des Gesetzes der Aufsicht des Aufsichtsrats. Die Abwickler sind an die Vorschriften der Satzung gebunden, soweit sie nicht dem Wesen der Abwicklung widersprechen. Den Abwicklern steht wie dem Vorstand und den Vorstandsmitgliedern das Recht zur Anfechtung von Hauptversammlungsbeschlüssen zu; § 245. Wie beim Vorstand hat die Hauptversammlung über die Entlastung des Abwicklers zu beschließen.

Für die zivilrechtlichen Ansprüche der Abwickler sind die für die Vorstandsmitglieder geltenden Vorschriften entsprechend anwendbar. Dies gilt insbesondere für die Vorschriften über die Bezüge der Vorstandsmitglieder (§ 87) und die Kreditgewährung an diese; § 89. Eine Gewinnbeteiligung kommt für sie nicht in Frage, da während der Abwicklung kein Jahresgewinn verteilt wird; vgl. § 264, Anm. 3.

Anm. 10

4. Kein Wettbewerbsverbot

Das für die Vorstandsmitglieder bestehende Wettbewerbsverbot, § 88, gilt für die Abwickler nicht. Das Wettbewerbsverbot erlischt auch für Vorstandsmitglieder, die nach § 265 Abs. 1 Abwickler werden, für die Dauer dieser Tätigkeit. Im Dienstvertrag mit dem Vorstandsmitglied oder dem Abwickler kann aber auch ein Wettbewerbsverbot für die Dauer der Abwicklung vereinbart werden. Die Fortdauer eines bestehenden kann sich auch aus den Umständen ergeben, z. B. wenn der volle Geschäftsbetrieb längere Zeit fortgesetzt werden muß.

Anm. 11

5. Namensangabe

Abs. 4 entspricht der im wesentlichen gleichlautenden Bestimmung des § 80 für das lebende Unternehmen; vgl. die Erläuterungen dazu. Eine dem § 80 Abs. 1 Satz 2 entsprechende Regelung fehlt in Absatz 4, da es bei den Abwicklern keinen Vorsitzenden gibt. Wegen der strafrechtlichen Folgen bei Nichtbeachten der Vorschrift vgl. § 407.

§ 269 Vertretung durch die Abwickler

(1) Die Abwickler vertreten die Gesellschaft gerichtlich und außergerichtlich.

(2) Sind mehrere Abwickler bestellt, so sind, wenn die Satzung oder die sonst zuständige Stelle nichts anderes bestimmt, sämtliche Abwickler nur gemeinschaftlich zur Vertretung der Gesellschaft befugt. Ist eine Willenserklärung gegenüber der Gesellschaft abzugeben, so genügt die Abgabe gegenüber einem Abwickler.

(3) Die Satzung oder die sonst zuständige Stelle kann auch bestimmen, daß einzelne Abwickler allein oder in Gemeinschaft mit einem Prokuristen zur Vertretung der Gesellschaft befugt sind. Dasselbe kann der Aufsichtsrat bestimmen, wenn die Satzung oder ein Beschluß der Hauptversammlung ihn hierzu ermächtigt hat. Absatz 2 Satz 2 gilt in diesen Fällen sinngemäß.

(4) Zur Gesamtvertretung befugte Abwickler können einzelne von ihnen zur Vornahme bestimmmter Geschäfte oder bestimmter Arten von Geschäften

ermächtigen. Dies gilt sinngemäß, wenn ein einzelner Abwickler in Gemeinschaft mit einem Prokuristen zur Vertretung der Gesellschaft befugt ist.

(5) Die Vertretungsbefugnis der Abwickler kann nicht beschränkt werden.

(6) Abwickler zeichnen für die Gesellschaft, indem sie der Firma einen die Abwicklung andeutenden Zusatz und ihre Namensunterschrift hinzufügen.

Übersicht

Einleitung

Die Vorschrift ist an die Stelle des § 210 AktG 1937 getreten; sie enthält gegenüber dem früheren Recht einige, zum Teil wesentliche Änderungen.

Anders als nach § 210 Abs. 1 AktG 1937 sind die Abwickler heute nicht mehr nur innerhalb ihres Geschäftskreises zur Vertretung befugt, ihnen kommt vielmehr, wie dem Vorstand, kraft Gesetzes eine sachlich unbeschränkte Vertretungsmacht zu (Abs. 1), deren Umfang durch Satzung, Hauptversammlungsbeschluß oder gerichtliche Entscheidung nicht eingeschränkt werden kann (Abs. 5). Der Abs. 5 des bisherigen § 210, wonach während der Abwicklung keine Prokuristen bestellt werden konnten, ist entfallen. Daraus folgt, daß bisher erteilte Prokuren auch während des Abwicklungsstadiums bestehen bleiben und neue erteilt werden können.

Die Absätze 2—6 wurden in enger Anlehnung an § 78, der die Vertretungsmacht des Vorstands regelt, gegliedert und an dessen Wortlaut angepaßt. Mit der Fassung der Absätze 2 und 3 wird klargestellt, daß eine von der Regel des Abs. 2 Satz 1 (Gesamtvertretung) abweichende Bestimmung der Hauptversammlung, des Aufsichtsrats oder des Gerichts nicht nur „bei der Bestellung" (so § 210 Abs. 2 AktG 1937) der Abwickler, sondern auch zu einem späteren Zeitpunkt getroffen werden kann. Diese Auffassung wurde bereits unter dem früheren Recht überwiegend vertreten.

Anm. 1

1. Umfang der Vertretungsbefugnis

Die Abwickler sind die einzigen gesetzlichen Vertreter der Gesellschaft. Ihre Vertretungsmacht ist unbeschränkt. Die gesetzliche Beschränkung ihrer Vertretungsmacht nach § 210 Abs. 1 AktG 1937, wonach die Vertretungsmacht der Abwickler durch den in § 209 Abs. 1 AktG 1937 (heute § 268 Abs. 1) umschriebenen „Geschäftskreis", das heißt die interne Geschäftsführungsbefugnis begrenzt war, konnte zu nicht unerheblichen Abgrenzungsschwierigkeiten und damit zur Unsicherheit des Rechtsverkehrs führen. Mit der jetzt vorgenommenen Änderung wurde der Grundsatz des deutschen Handelsrechts verfestigt, daß Organe eines Handelsunternehmens eine unbeschränkbare Vertretungsmacht besitzen, auf deren Umfang sich der Rechtsverkehr verlassen kann. Nach geltendem Recht braucht ein Dritter nicht mehr zu prüfen, ob ein mit dem Abwickler abzuschließendes Geschäft sich noch im Rahmen der Abwicklung hält, da die Gesellschaft auch bei Überschreitung der internen Bindungen durch den Abwickler verpflichtet wird.

Allerdings kann sich der Dritte nicht auf die Vertretungsmacht berufen, wenn Vertreter und Dritter bewußt zum Nachteil der vertretenen Gesellschaft zusammengewirkt haben (Kollusion). Dieser Grundsatz gilt gleichmäßig für alle Fälle von Vertretungsmacht, also auch für die mit gesetzlichem Umfang ausgestatteten Vertreter der Abwicklungsgesellschaft. Begründet wird dieses Ergebnis meist mit § 138 Abs. 1 BGB. Das Rechtsgeschäft ist also nichtig. Bedenken bestehen dagegen insofern, als die Norm verlangt, daß der Gesamtcharakter des Geschäfts gegen die guten Sitten verstoßen muß, so daß das bloß sittenwidrige Verhalten beider Teile ohne Auswirkung auf das Geschäft nicht genügen dürfte. Vertreter und Geschäftsgegner haften nach den §§ 826, 840 BGB; BGH, NJW 1966, S. 1911.

Bestritten sind die Fälle, in denen der Geschäftsgegner zwar mit dem Vertreter der Gesellschaft nicht arglistig zusammenwirkte, den Mangel der Vertretungsbefugnis jedoch kannte oder bei Anwendung der verkehrsüblichen Sorgfalt hätte erkennen können. Die entscheidende Frage ist, welche Voraussetzungen auf Seiten des Geschäftsgegners gegeben sein müssen. Vertreten werden hier folgende Ansichten *Vorsatz* (so: RGZ 71, S. 219; RGZ 153, S. 371; Schlegelberger-Geßler, § 126 HGB, Anm. 23); *grobe Fahrlässigkeit* (so: Soergel-Schultze-v. Lasaulx, § 177 BGB, Rnr. 17; Würdinger (GroßK), Vorbem. zu § 48 HGB, Anm. 91); *leichte Fahrlässigkeit* (so die herrschende Meinung; BGH, NJW 1966, S. 1911; BGHZ 49, S. 100; 50, S. 112; Meyer-Landrut, oben § 82, Anm. 8; Mertens, JurA 1970, S. 466; ders., (KK), § 82 AktG, Rnr. 15); *objektive Erkennbarkeit* des Mißbrauchs der Vertretungsmacht (so: Flume, Allgemeiner Teil des BGB, Bd. II, § 45 II 3, S. 789; Larenz, Allgemeiner Teil des deutschen bürgerlichen Rechts, § 30 IIa, S. 476). Die angemessene Grenze dürfte jedoch bei der groben Fahrlässigkeit des Dritten liegen, wenn man nicht auf diesem Umweg die Abstraktheit der Vertretungsmacht wieder aufheben will. Auf Seiten des Vertreters wird üblicherweise unterschieden: in den Fällen, in denen eine Beschränkung der Vertretungsmacht gesetzlich unzulässig ist, wird gefordert, der Vertreter müsse bewußt zum Nachteil des Vertretenen gehandelt haben. A. Hueck (Das Recht der OHG, § 20 III 2 b) begründet das, wie folgt. Bei den Organen von Handelsgesellschaften tritt zu der allgemeinen Problematik, welche Voraussetzungen auf Seiten des Dritten zu verlangen sind, die Besonderheit hinzu, daß hier die vertretene Gesellschaft durch das Organ überhaupt erst handlungsfähig wird. Dadurch, daß der Willensbildungsakt bei der Gesellschaft durch die Organe erfolgt, sei sie insoweit einer Selbstpartei gleichzustellen. Von der Selbstpartei aber könne der Dritte allgemein verlangen, daß sie ihre Interessen selbst wahrt. Erst bei einem bewußten Mißbrauch der Vertretungsmacht durch das Organ ergebe sich eine der Vollmacht entsprechende Lage. Diese Ansicht läßt außer acht, daß gerade durch die Trennung von Gesellschaft und Organ die Problematik entsteht. Siebert (ZStW 1935, S. 629) meint, der einzige Gesichtspunkt für das Erfordernis des dolosen Handelns des Vertreters könne nur der Schutz Dritter sein. Diesen will er in den Fällen der handelsrechtlichen Vertretungsmacht allein durch das Erfordernis grober Fahrlässigkeit beim Dritten erreichen. Es dürfte richtig sein, zwischen den einzelnen Vertretungsfällen nicht zu unterscheiden, denn der Geschäftsgegner, der aus der Dummheit des Vertreters Nutzen zieht, braucht nicht besser gestellt zu werden als derjenige, der den Schädigungsvorsatz des Vertreters grobfahrlässig nicht erkennt (vgl. Tank, NJW 1969, S. 6, 9).

Die Abwickler vertreten die Gesellschaft in Aktiv- und Passivprozessen. Sie haben im Prozeß die Rolle der Partei, insbesondere bei der Parteivernehmung und Parteibeeidigung. Sie können nicht Zeugen sein. Sie haben für die Gesellschaft die eidesstattliche Offenbarungsversicherung zu leisten. Sie können auch Vergleiche und Schiedsverträge abschließen; RG, LZ 1919, Sp. 376; RG, HRR 1932, Nr. 257. Sie können im gleichen Rahmen wie der Vorstand Freigebigkeitshandlungen vornehmen, die üblich oder dem Abwicklungszweck förderlich sind; vgl. dazu Rittner, Zur Verantwortung des Vorstandes nach § 76 Abs. 1 AktG 1965, in: Festschrift für Ernst Geßler (1970), S. 139; ders., Unternehmensspenden an politische Parteien, in: Festschrift für Alexander Knur (1972), S. 205. In Prozessen zwischen der Gesellschaft und den Abwicklern hat das Gericht einen besonderen Abwickler zur Vertretung der Gesellschaft zu bestellen (vgl. § 265, Anm. 8), wenn die vorhandenen Abwickler Prozeßpartei sind und deshalb als Vertreter der Gesellschaft ausscheiden; abweichend unter Hinweis auf die entsprechende Heranziehung des § 112 Baumbach-Hueck, Rnr. 5; v. Godin-Wilhelmi, Anm. 3.

Anm. 2

2. Vertretung bei mehreren Abwicklern

Die Absätze 2—4 regeln in Anlehnung an § 78 Abs. 2—4 die Frage, wer beim Vorhandensein mehrerer Abwickler bei der Vertretung der Gesellschaft mitwirken muß. Vgl. daher zunächst die Erläuterungen von Meyer-Landrut, oben § 78, Anm. 6ff.

Nach Abs. 2 Satz 1 besteht grundsätzlich *Gesamtvertretung*, d. h. sämtliche Abwickler sind nur gemeinschaftlich zur Abgabe von Willenserklärungen und zur Zeichnung für die Gesellschaft befugt. Dies gilt auch dann, wenn die Vorstandsmitglieder zur Einzelvertretung befugt waren, sobald die Auflösung der Gesellschaft erfolgt ist und die Vorstandsmitglieder nach § 265 Abs. 1 die Abwicklung besorgen. Abweichend von der Regel des Abs. 2 Satz 1 kann nach Abs. 3 die Satzung Einzelvertretungsmacht oder gemeinsame Vertretungsmacht mehrerer Abwickler (etwa je zwei von mehreren) bestimmen oder auch eine sog. unechte Gesamtvertretung, das heißt Bindung eines oder mehrerer Abwickler an die Mitwirkung eines Prokuristen (vgl. dazu die Erläuterungen von Meyer-Landrut, § 78, Anm. 8 ff.). Eine dahingehende Bestimmung kann auch, anders als beim Vorstand nach § 78, durch „die sonst zuständige Stelle", nämlich Hauptversammlung oder Gericht (vgl. § 265 Abs. 2 und 3) getroffen werden, und zwar nicht nur bei der Bestellung der Abwickler, sondern auch noch später. Die Hauptversammlung und das Gericht können die Anordnung auch dann treffen, wenn die Satzung etwas anderes bestimmt. Auch der Aufsichtsrat kann eine derartige Anordnung treffen, aber nur, wenn die Satzung oder die Hauptversammlung ihn dazu ermächtigt hat; Abs. 3 Satz 2. Die Abwickler können durch Beschluß einzelne von ihnen zur Vornahme bestimmter Geschäfte oder bestimmter Arten von Geschäften *ermächtigen*; Abs. 4 Satz 1. Entsprechendes gilt für den Fall der unechten Gesamtvertretung nach Abs. 4 Satz 2. Sie können aber nicht einem von ihnen die gesamte Abwicklung übertragen oder entgegen der Bestimmung bei der Bestellung die Alleinvertretungsbefugnis aller oder einzelner Abwickler einführen; vgl. zur Ermächtigung einzelner Mitglieder Meyer-Landrut, oben § 78, Anm. 16; Wiedemann, Übertragung und Vererbung von Mitgliedschaftsrechten bei Handelsgesellschaften (1965), S. 378ff.

Ist eine Willenserklärung gegenüber der Gesellschaft abzugeben, so genügt die Abgabe der Erklärung gegenüber einem Abwickler nach Abs. 2 Satz 2, bei unechter Gesamtvertretung auch gegenüber dem Prokuristen nach Abs. 3 Satz 3. Diese gesetzliche Einzelvertretungsbefugnis kann nicht durch die Satzung oder bei der Bestellung ausgeschlossen werden. Das Gesetz wollte durch die Vorschrift im öffentlichen Interesse die Abgabe von Willenserklärungen gegenüber der Gesellschaft erleichtern. Auch soweit es sich um das Wissen der Gesellschaft handelt, genügt das Wissen eines von mehreren Abwicklern; vgl. dazu im übrigen § 78, Anm. 15.

Anm. 3

3. Zeichnung der Firma

Die Abwickler haben nach Abs. 6 in der Weise zu zeichnen, daß sie der Firma einen die Abwicklung andeutenden Zusatz und ihre Namensunterschrift hinzufügen. Die Vorschrift entspricht der bisherigen Rechtslage (vgl. § 298 Abs. 1 HGB, § 210 Abs. 3 AktG 1937). Eine entsprechende Vorschrift gilt für den Vorstand; vgl. § 79. Es handelt sich um eine bloße Ordnungsvorschrift. Die Gültigkeit der vorgenommenen Handlungen hängt nicht von Einhaltung der Vorschrift ab, wesentlich ist nur, ob eine Erklärung namens der Gesellschaft abgegeben werden sollte; ebenso Baumbach-Hueck, Rnr. 7. Dies kann sich auch aus den Umständen ergeben; RGZ 50, S. 60; KG, KGJ 10, S. 20.

Anm. 4

4. Unbeschränkbarkeit der Vertretungsbefugnis

Die Vertretungsbefugnis der Abwickler kann in ihrem sachlichen Umfang nicht beschränkt werden. Abs. 5 stimmt mit der Vorschrift des § 82 Abs. 1 über die zwingende

Unbeschränkbarkeit der Vertretungsbefugnis des Vorstands überein. Beide Bestimmungen sprechen abweichend vom früheren Recht (§§ 74 Abs. 2, 210 Abs. 4 AktG 1937) nicht mehr davon, daß „Dritten gegenüber" eine Beschränkung der Vertretungsbefugnis unwirksam sei, weil es sich nach heutigem Verständnis bei Einschränkung der Vertretungsbefugnis im Innenverhältnis in Wirklichkeit um eine Beschränkung der Geschäftsführungsbefugnis handelt, die Einschränkung der Vertretungsmacht daher immer nur das sog. Außenverhältnis betrifft; vgl. dazu die Begründung zu § 79 RegE bei Kropff, Aktiengesetz, S. 103.

Da die Abwickler nach § 268 Abs. 2 innerhalb ihres Geschäftskreises die Rechte und Pflichten des Vorstands haben, können sie im Innenverhältnis denselben Beschränkungen unterworfen werden wie die Vorstandsmitglieder. Diese sind nach § 82 Abs. 2 der Gesellschaft gegenüber verpflichtet, die Beschränkungen einzuhalten, die im Rahmen der Vorschriften über die Aktiengesellschaft die Satzung, der Aufsichtsrat, die Hauptversammlung und die Geschäftsordnungen des Vorstands oder des Aufsichtsrats für die Geschäftsführungsbefugnis getroffen haben. Die Geschäftsführungsbefugnis der Abwickler kann daher durch die Satzung oder bei der Bestellung durch die Hauptversammlung oder das Gericht über den Rahmen des § 268 Abs. 1 hinaus beschränkt werden. Beschränkungen, welche nach § 82 und § 111 Abs. 4 Satz 2 für den Vorstand gegolten haben, gelten jedoch nicht ohne weiteres für die Abwickler; ebenso v. Godin-Wilhelmi, § 268, Anm. 7. Sie können aber, soweit sie mit dem Abwicklungszweck zu vereinbaren sind, neu bestimmt werden. Die Abwickler haften der Gesellschaft für den Schaden, der dieser durch die Überschreitung der Beschränkungen entsteht.

Die Unzulässigkeit der Beschränkung der Vertretungsmacht besteht auch dann, wenn der Geschäftsgegner die Beschränkungen des Innenverhältnisses hätte kennen können; vgl. hierzu oben Anm. 1. Ein Dritter kann sich allerdings nicht auf die Vertretungsmacht des Abwicklers berufen, wenn dieser die ihm durch das Gesetz gezogenen Grenzen seiner Vertretungsmacht überschritten hat. Nachdem die gesetzliche Beschränkung der Vertretungsmacht auf Abwicklungsgeschäfte weggefallen ist, kommen hier im wesentlichen die für bestimmte Verträge vorgeschriebene Zustimmung der Hauptversammlung sowie sonstige Organisationsakte in Betracht. Ein von den Abwicklern abgeschlossener Vermögensübertragungsvertrag oder Verschmelzungsvertrag ist zwar grundsätzlich zulässig, solange noch nach § 274 die Fortsetzung der Gesellschaft beschlossen werden kann, bedarf aber zu seiner Wirksamkeit der Zustimmung der Hauptversammlung; §§ 340 Abs. 1, 353 Abs. 1, 359 Abs. 2, 360 Abs. 2, 361 Abs. 1. In diesem Zustimmungserfordernis liegt eine gesetzliche Einschränkung der Vertretungsmacht der Abwickler. Wie überall im Gesellschaftsrecht erstreckt sich die Vertretungsbefugnis geschäftsführender Organe nicht auf organisatorische Änderungen im Gesellschaftsverband.

Nur die Gesellschaft kann sich darauf berufen, daß die Abwickler ihre Vertretungsmacht überschritten haben, nicht aber der Dritte, da die Beschränkung der Vertretungsmacht nur die Gesellschaft schützen soll. Überschreiten die Abwickler ihre Vertretungsmacht, so haften sie einem Dritten, mit dem sie abschließen, nach § 179 BGB. In gleicher Weise haften diejenigen, die im Geschäftsverkehr als Abwickler auftreten, ohne es zu sein; RGZ 144, S. 384.

Die Rechtswirkung der von den Abwicklern vorgenommenen Rechtshandlungen, die Haftung der Gesellschaft für strafbare Handlungen der Abwickler, deren eigene Haftung gegenüber Dritten für strafbare Handlungen und schuldhafte Vertragsverletzungen ist dieselbe wie bei den entsprechenden Handlungen der Vorstandsmitglieder. Auch die Zulässigkeit von Rechtsgeschäften, die die Abwickler namens der Gesellschaft mit sich selbst abschließen, richtet sich nach den gleichen Grundsätzen wie beim Vorstand; vgl. dazu oben Meyer-Landrut, § 78, Anm. 5.

Anm. 5

5. Prokura

Abweichend vom bisherigen Recht können nun auch während der Abwicklung Prokuristen bestellt werden, bereits erteilte Prokuren erlöschen daher auch nicht mehr mit der Auflösung der Gesellschaft (vgl. RGZ 72, S. 122). Für eine Bestellung von Prokuristen kann auch während der Abwicklung ein wirtschaftliches Bedürfnis bestehen; nach dem Wegfall der gesetzlichen Beschränkung für die Vertretungsmacht der Abwickler hat auch die Vertretungsmacht der Prokuristen keinen größeren Umfang mehr als die der Abwickler, so daß aus diesem Grunde keine Bedenken gegen die Zulässigkeit der Prokura während der Abwicklung geltend gemacht werden können.

Die Bestellung von Handlungsbevollmächtigten war auch bereits nach bisherigem Recht zulässig. Vollmachten erlöschen nicht durch die Auflösung der Gesellschaft. Die von der Hauptversammlung gemäß § 147 bestellten Prozeßvertreter bleiben auch nach der Auflösung in ihrer Stellung.

§ 270 Eröffnungsbilanz. Jahresabschluß und Geschäftsbericht

(1) Die Abwickler haben für den Beginn der Abwicklung eine Bilanz (Eröffnungsbilanz) und einen die Eröffnungsbilanz erläuternden Bericht sowie für den Schluß jedes Jahres einen Jahresabschluß und einen Geschäftsbericht aufzustellen.

(2) Die Hauptversammlung beschließt über die Feststellung der Eröffnungsbilanz, des Jahresabschlusses und über die Entlastung der Abwickler und der Mitglieder des Aufsichtsrats. Für die Eröffnungsbilanz, den Jahresabschluß und den Geschäftsbericht gelten sinngemäß §§ 148, 149, 151, 152, 160, 161, 171, 175, 176 Abs. 1, §§ 177 und 178.

(3) Die §§ 153 bis 158, 162 bis 169 über die Gliederung der Gewinn- und Verlustrechnung, über die Wertansätze in der Jahresbilanz und über die Prüfung des Jahresabschlusses gelten nicht. Das Gericht kann jedoch aus wichtigem Grund eine Prüfung der Eröffnungsbilanz oder des Jahresabschlusses anordnen; gegen die Entscheidung ist die sofortige Beschwerde zulässig. In diesem Fall gelten die §§ 162 bis 169, 171 Abs. 1 Satz 2, § 176 Abs. 2 über die Prüfung des Jahresabschlusses sinngemäß.

Übersicht

Einleitung

§ 270 entspricht im wesentlichen dem früheren § 211. Dessen Absatz 4, der lediglich die Bestimmung des bisherigen § 129 und jetzigen § 149 wiederholte, ist durch die Verweisung auf § 149 in Abs. 2 überflüssig geworden. Auch hat sich durch die Fassung des Abs. 2 der frühere Abs. 5 erübrigt, wonach die Vorschriften über den Jahresabschluß sinngemäß für die Eröffnungsbilanz galten. Entfallen ist auch der zweite Halbsatz des § 211 Abs. 1, da die Möglichkeit der Beibehaltung des bisherigen Geschäftsjahres sich von selbst versteht und nicht ausdrücklich bestimmt zu werden braucht.

Neu ist dagegen die Regelung des Abs. 1, daß zur Eröffnungsbilanz ein erläuternder Bericht aufzustellen ist (vgl. Anm. 1) und die in Abs. 2 angeordnete Geltung der §§ 151, 152 für die Gliederung der Eröffnungsbilanz und der folgenden Jahresbilanzen (vgl. Anm. 7).

Anm. 1

1. Eröffnungsbilanz

Zunächst bestimmt Abs. 1, daß für den Beginn der Abwicklung, d. h. für den Tag, mit dem die Auflösung beginnt (wegen der Wahl eines anderen Stichtages vgl. Adler, Die Abwicklungsbilanzen der Kapitalgesellschaft [2. Aufl., 1956], S. 15/16), eine Bilanz aufzustellen ist. Das Gesetz bezeichnet diese Bilanz ausdrücklich als Eröffnungsbilanz. Es bringt damit zum Ausdruck, daß der Vermögensstand der Gesellschaft im Zeitpunkt der Auflösung ermittelt werden und die so gefertigte Bilanz die Grundlage für die weitere Entwicklung der Gesellschaft im Abwicklungszustand bilden soll. Die Eröffnungsbilanz bildet neben den Jahresabschlüssen ferner die Grundlage für die Rechnungslegungspflicht der Abwickler. Die Eröffnungsbilanz soll eine ähnliche Aufgabe haben wie die von jedem Kaufmann beim Beginn seines Handelsgewerbes vorzunehmende Aufzeichnung seines Vermögens. Die bei Beginn des Unternehmens aufzustellende Bilanz soll nach § 39 HGB Angaben über die Grundstücke, die Forderungen und Schulden, den Betrag baren Geldes und über den Wert der einzelnen Vermögensgegenstände und einen das Verhältnis des Vermögens und der Schulden darstellenden Abschluß enthalten. Diesen Inhalt muß auch die Abwicklungseröffnungsbilanz haben. Von der ordentlichen Jahresbilanz unterscheidet sich die Abwicklungseröffnungsbilanz wesentlich durch ihren Zweck. Die ordentliche Jahresbilanz ist Gewinnermittlungsbilanz. Die Abwicklungseröffnungsbilanz soll dem geänderten Zweck des Unternehmens, der Umsetzung des Vermögens in Geld, der Befriedigung der Gläubiger und der Loslösung des Gesellschaftsvermögens aus der gesellschaftlichen Bindung dienen und ist deshalb Vermögensbilanz (RGZ 80, S. 107; Würdinger, Aktien- und Konzernrecht, § 41 III 1, S. 213; Trumpler, Die Bilanz der AG [1950], S. 418ff.). Die bisher geführten Bücher sind abzuschließen. Auf Grund eines Inventars ist eine neue Bilanz aufzustellen.

Die Prüfung der Bilanz ist vom Gesetz nicht zwingend vorgeschrieben (Abs. 3 Satz 1) und findet nur auf Grund eines Beschlusses der Hauptversammlung oder auf Grund gerichtlicher Anordnung nach Abs 3 Satz 2 statt. Da es sich um eine Bestandsbilanz handelt, gelten die Vorschriften über die Gewinn- und Verlustrechnung nicht.

Neu ist die Bestimmung des § 270 Abs. 1, daß die Abwickler zur Eröffnungsbilanz einen *erläuternden Bericht* aufzustellen haben. Sie trägt der Tatsache Rechnung, daß ohne einen derartigen Bericht die Eröffnungsbilanz vielfach unverständlich bleibt, weil häufig Bilanzposten abweichend von den Grundsätzen der §§ 153ff. neu bewertet werden müssen; vgl. dazu die Begründung des RegE bei Kropff, Aktiengesetz, S. 360. Ein Vorläufer der Bestimmung war § 48 DM-BilG, der für die DM-Eröffnungsbilanz von Aktiengesellschaften und Kommanditgesellschaften auf Aktien einen Bericht vorsah, in dem die wesentlichen Umstände darzulegen waren, die für die Bewertung der Vermögensgegenstände und für die Vorschläge auf Neufestsetzung der Kapitalverhältnisse maßgebend waren. Nach § 48 Satz 2 DM-BilG waren auf den Bericht die Vorschriften des Aktiengesetzes über den Geschäftsbericht sinngemäß anzuwenden. Ähnliches gilt für den erläuternden Bericht zur Abwicklungseröffnungsbilanz. Er hat den Grundsätzen einer gewissenhaften und treuen Rechenschaft zu entsprechen; § 160 Abs. 4 Satz 1. Hauptpunkte der Berichterstattung sind die Erläuterung der einzelnen Bilanzposten hinsichtlich ihres Inhalts und der angewandten Bewertungsgrundsätze sowie der geplante Ablauf und das zu erwartende Ergebnis der Abwicklung; vgl. dazu im einzelnen Adler, a. a. O., S. 44ff. Die in § 160 Abs. 3 vorgeschriebenen Einzelangaben braucht der Erläuterungsbericht nicht zu enthalten, mit Ausnahme der Angaben über bestehende Genußrechte und über aus der Bilanz nicht ersichtliche Haftungsverhältnisse; § 160 Abs. 3 Nr. 6 und 7; vgl. dazu Adler, a. a. O., S. 45. § 160 Abs. 5 ist mit der Maßgabe zu beachten, daß an die Stelle der Angaben über den Vorstand solche über die Abwickler treten.

Erfolgt die *Auflösung im Laufe des Geschäftsjahres*, so ist nach einer Ansicht (so Schlegelberger-Quassowski, § 211 AktG 1937, Anm. 3; v. Godin-Wilhelmi, Anm. 3) für den abgelaufenen Teil des Geschäftsjahres keine Schlußbilanz aufzustellen. Da die Jahresbilanzen dem Zwecke der Gewinnermittlung und -verteilung dienten, nach Eintritt der Auflösung aber kein Gewinn mehr verteilt werden dürfte, habe die Aufstellung einer solchen Bilanz keinen Zweck mehr. Auch für das mit dem Abwicklungsstichtag oder dem Tage vorher ablaufende volle Geschäftsjahr sei eine Jahresbilanz nicht mehr aufzustellen, da auch aus dem abgelaufenen Jahr kein Gewinn mehr verteilt werden könne, wenn nicht vor der Auflösung die Gewinnanteile bereits von der Hauptversammlung festgesetzt und damit ein reines Gläubigerrecht auf Auszahlung der Dividende entstanden sei. Nur wenn in einer Hauptversammlung erst die Gewinnverteilung für das abgelaufene Jahr und dann die Auflösung beschlossen werde, sei der Gewinn zu verteilen. Dieser Ansicht kann nicht beigetreten werden. Die Aufstellung des ordentlichen Jahresabschlusses für das im Zeitpunkt der Auflösung bereits abgelaufene Geschäftsjahr ist schon deshalb nötig, weil § 120 Abs. 3 für die Entlastung von Vorstand und Aufsichtsrat die Vorlage eines Jahresabschlusses, d. h. einer Bilanz und einer Gewinn- und Verlustrechnung (vgl. § 148) fordert, die Eröffnungsbilanz als Ausgangsbilanz aber nicht mit einer Gewinn- und Verlustrechnung verbunden ist. Der Erläuterungsbericht und der Prüfungsbericht des Aufsichtsrats (§ 270 Abs. 1, Abs. 2 Satz 2 i. V. m. § 171 Abs. 2) sind entsprechend gegenständlich beschränkt und als Unterlage für die Entlastung nach § 120 Abs. 3 Satz 2 nicht ausreichend. Der Erläuterungsbericht unterscheidet sich darüber hinaus durch seine Zielsetzung von einem gewöhnlichen Geschäftsbericht; dem Prüfungsbericht des Aufsichtsrates fehlt in der Regel eine Stellungnahme zum Ergebnis der Bilanzprüfung (§ 171 Abs. 2 S. 3), da nach § 270 Abs. 3 eine Prüfung der Eröffnungsbilanz nur aus wichtigem Grund durch das Gericht angeordnet werden kann, also regelmäßig nicht stattfindet. Es ist auch kein Grund vorhanden, weshalb der vor der Auflösung durch das werbende Unternehmen bereits erzielte Gewinn nicht verteilt werden soll. Daß für die spätere Zeit kein Gewinn verteilt werden kann, ergibt sich daraus, daß mit der Auflösung der werbende Betrieb nicht mehr Zweck der Gesellschaft ist, sondern die Abwicklung. Dies hindert aber nicht, den bereits erzielten Gewinn zu verteilen. Deshalb muß auch auf den Zeitpunkt des laufenden Jahres, in dem die Auflösung eintritt, eine Abschlußbilanz in Form einer Jahresbilanz aufgestellt werden; ebenso Adler, a. a. O., S. 74, 75; Baumbach-Hueck, Rnr. 3; Brodmann, § 299 HGB, Anm. 2c; Trumpler, a. a. O., S. 416. Ist im Abwicklungszeitraum demnach noch die Jahres- oder Rumpfjahresbilanz aufzustellen, so kann dies nicht gemäß § 172 Satz 1 durch übereinstimmenden Beschluß von Aufsichtsrat und Abwicklern geschehen, auch wenn letztere mit den früheren Vorstandsmitgliedern personengleich sind. Denn die Abwickler haben nicht die umfassenden Befugnisse des Vorstandes und sollen, wie dem Abs. 2 eindeutig zu entnehmen ist, gerade nicht die Befugnis haben, ohne Hauptversammlungsbeschluß mit Billigung des Aufsichtsrats Bilanzen festzustellen; ebenso Baumbach-Hueck, Rnr. 5; anderer Ansicht Adler, S. 75, v. Godin-Wilhelmi, Anm. 3. Vgl. auch unten Anm. 10.

Die Eröffnungsbilanz ist *immer* aufzustellen, auch wenn kurz vorher eine Jahresbilanz aufbestellt worden ist und seit dieser das Vermögen sich nicht verändert hat; RGSt 45, S. 238; RG, JW 1931, S. 2193; Baumbach-Hueck, Rnr. 3; v. Godin-Wilhelmi, Anm. 3. Die Hauptversammlung kann auch nicht beschließen, daß eine früher aufgestellte Bilanz als Eröffnungsbilanz gelten soll. Denn es soll die Bilanz für den Beginn der Abwicklung aufgestellt werden. Der Zeitpunkt des Beginns der Abwicklung, d. i. der Zeitpunkt des Wirksamwerdens der Auflösung, ist daher *Stichtag* für die Feststellung des Vermögensstandes; vgl. 262, 264. Erfolgt die Aufstellung tatsächlich erst später, so ist doch der Vermögensstand am Stichtage zu ermitteln und in der Bilanz festzuhalten. Wenn auch die letzte Jahresbilanz nicht einfach als Abwicklungseröffnungsbilanz übernommen werden kann, so kann sie dieser doch als Grundlage dienen; die Eröffnungsbilanz schließt sich im Interesse der Klarheit und Übersichtlichkeit an die letzte Jahresbilanz an; Trumpler, a.a.O., S. 418. Auch die alten Buchwerte können beibehalten werden, soweit es sich nur um Schätzungen handelt und unzulässige Über- oder Unterbewertungen nicht vorliegen; Trumpler, S. 419.

Die Aufstellung der Eröffnungsbilanz ist eine auch der Öffentlichkeit gegenüber bestehende *Pflicht* der Abwickler. Zur Aufstellung sind sowohl die Abwickler verpflichtet, die bei Beginn der Abwicklung schon Abwickler waren, wie diejenigen, die erst später bestellt worden sind, aber ehe die Aufstellung tatsächlich erfolgt ist. Die Abwickler, die ihr Amt freiwillig übernommen haben, müssen die Kosten der Aufstellung selbst tragen, wenn die erforderlichen Mittel in der Masse nicht vorhanden sind; KG, KGJ 30 (1905), S. A 127. Das Fehlen der Mittel kann für sie aber einen wichtigen Grund zur Niederlegung des Amtes bilden.

Anm. 2

2. Jahresabschlüsse während der Abwicklung

Für den Schluß jedes Jahres haben die Abwickler weiterhin einen Jahresabschluß und einen Geschäftsbericht aufzustellen. Für den Schluß jedes weiteren Geschäftsjahrs soll somit, wie bei der werbenden Gesellschaft, nicht nur eine Bilanz, also eine Aufstellung über den Bestand des Vermögens am Jahresschluß, gemacht, sondern auch eine Gewinn- und Verlustrechnung und ein Geschäftsbericht (§ 160) aufgestellt werden. Die Gewinn- und Verlustrechnung dient wie die Bilanz nicht der Gewinnermittlung und Gewinnverteilung, denn diese findet auf Grund des während der Abwicklung etwa erzielten Gewinns nicht statt. Sie soll nur einen Einblick in die Entwicklung der Gesellschaft im vergangenen Abwicklungsjahr, insbesondere in die Ursachen eingetretener Vermögensvermehrungen und -verluste ermöglichen. Die Vorschrift des § 157 über die Gliederung der Gewinn- und Verlustrechnung findet daher auch keine Anwendung (Abs. 3).

Anm. 3

3. Geschäftsjahr

Bei Aufstellung des Jahresabschlusses kann das bisherige Geschäftsjahr beibehalten werden. Dies wird zwar nicht mehr, wie im früheren § 211 Abs. 1, ausdrücklich gesagt, ist aber selbstverständlich (vgl. die Begründung zu § 259 RegE bei Kropff, S. 360). Die Beibehaltung des bisherigen Geschäftsjahrs kann in der Satzung oder durch Hauptversammlungsbeschluß bestimmt werden, auch gleichzeitig mit dem Hauptversammlungsbeschluß oder durch einen besonderen Beschluß; dies namentlich, wenn die Auflösung ohne Beschluß eintritt (§ 262 Abs. 1 Nr. 1). Wird keine Bestimmung über die Beibehaltung des bisherigen Geschäftsjahrs getroffen, so beginnt mit der Auflösung ein *neues* Geschäftsjahr; so KG, JW 1931, S. 2993; Adler, a.a.O., S. 48 für das bisherige Recht 1; a. A. Baumbach-Hueck, § 270, Rnr. 4, der aus dem Wegfall des § 211 Abs. 1 zweiter Halbsatz und im Hinblick auf § 264 Abs. 2 den Schluß zieht, daß die Beibehaltung des bisherigen Geschäftsjahres die Regel ist und eine Änderung des Geschäftsjahrs einen Hauptversammlungsbeschluß erfordert; ebenso jetzt v. Godin-Wilhelmi, Anm. 5.

Wird das bisherige Geschäftsjahr beibehalten, so ist für die Zeit vom Beginn der Abwicklung bis zum Schlusse des laufenden Jahres eine Zwischenbilanz aufzumachen. Andernfalls wäre der erste Bilanzzeitraum entgegen der Regel des § 39 Abs. 2 HGB und des Abs. 1 länger als ein Jahr; KG, OLGE 7 (1903), S. 1; vgl. auch Anm. 1.

Anm. 4

4. Verfahren der Bilanzerstellung

Für die Eröffnungsbilanz, den Jahresabschluß und den Geschäftsbericht gelten nach Absatz 2 Satz 2 sinngemäß die §§ 148, 149, 151, 152, 160, 161, 171, 175, 176 Abs. 1, §§ 177 und 178.

Die *Abwickler* haben demnach innerhalb von drei Monaten nach Beginn der Abwicklung bzw. nach Schluß des Geschäftsjahrs die Eröffnungsbilanz mit erläuterndem Bericht bzw. den Jahresabschluß mit dem Geschäftsbericht aufzustellen; § 148. Bei der Eröffnungsbilanz wird die Frist wegen der erforderlichen Neubewertung des Gesellschaftsvermögens selten eingehalten werden können, so daß eine Ausdehnung der Frist für zulässig erachtet werden muß (Forster, S. 78). Die Vorlage an die Abschlußprüfer (§ 148) entfällt, sofern nicht das Gericht aus wichtigem Grund gem. § 270 Abs. 3 Satz 2 die Prüfung der Eröffnungsbilanz oder des Jahresabschlusses angeordnet hat; vgl. Anm. 6; an ihre Stelle tritt die Vorlage an den Aufsichtsrat, der nach Abs. 2 Satz 2 in Verbindung mit § 171 zur Prüfung der Eröffnungsbilanz und der Jahresabschlüsse verpflichtet ist.

Der Vorschrift des § 149 kommt im Rahmen der Abwicklungsbilanzen, die an die bisherigen Wertansätze der werbenden Gesellschaft nicht gebunden sind (Abs. 3 Satz 1), besondere Bedeutung zu. Die Abwicklungsbilanzen sind danach klar und übersichtlich aufzustellen und müssen einen möglichst sicheren Einblick in die Vermögenslage der Gesellschaft geben.

Für die Gliederung der Abwicklungsbilanzen gelten die §§ 151 und 152 sinngemäß, soweit nicht besondere Formblätter (§ 161) bestehen. Dies bedeutet eine Änderung gegenüber dem früheren Recht; durch sie wird ein Vergleich der Eröffnungsbilanz und der folgenden Abwicklungsbilanzen mit den vor der Abwicklung aufgestellten Jahresabschlüssen ermöglicht. Die Gefahr einer Aufblähung der Abwicklungsbilanzen besteht nicht, da auch in der normalen Jahresbilanz die Angabe von Leerposten nicht verlangt wird (§ 151 Abs. 2).

Die §§ 151 und 152 sind nur *sinngemäß* im Interesse der Vergleichbarkeit der Bilanzen anzuwenden. Die Besonderheiten der Abwicklung bedingen Abweichungen von den allgemeinen Gliederungsvorschriften. Vor allem erübrigt sich die Einsetzung des Nennwerts des Grundkapitals auf der Passivseite der Bilanz, § 151 Abs. 1 Passivseite I, die bei der werbenden Gesellschaft verhindern soll, daß zu Lasten des Grundkapitals und der Rücklagen Gesellschaftsvermögen an Aktionäre oder sonstige Gewinnberechtigte ausgeschüttet wird, da im Stadium der Abwicklung kein Gewinn verteilt wird und die Gläubiger durch spezielle Bestimmungen (§§ 267, 272) geschützt sind. An die Stelle des Grundkapitals tritt das „Abwicklungskapital" als Reinvermögen, das sich als Saldo der Vermögensgegenstände und der Schulden ergibt; vgl. im einzelnen Adler, S. 63ff. Auch die gesetzlichen Rücklagen werden nicht mehr unter den Passiven geführt, sondern gehen im Abwicklungskapital auf; nicht aufgelöst werden aber Wertberichtigungskonten, Rückstellungen für unerwartete Verluste aus schwebenden Geschäften oder für ungewisse Verbindlichkeiten. Eigene Aktien der Gesellschaft (§ 151 Abs. 1, Aktivseite III B, Nr. 8) sind mit dem Gesellschaftsvermögen aufzurechnen (Forster, a.a.O., S. 83).

Für den *Bericht zur Eröffnungsbilanz* (vgl. hierzu Anm. 1) und den Geschäftsbericht zu den Jahresabschlüssen ist § 160 sinngemäß anzuwenden. Im Geschäftsbericht zum Abwicklungs-Jahresabschluß ist der Fortgang der Abwicklung während des abgelaufenen Abwicklungs-Geschäftsjahrs darzustellen und über die Lage der Gesellschaft zum Stichtag des Abschlusses zu berichten. Entsprechend § 160 Abs. 3 Nr. 8 sind auch die Bezüge der Abwickler und etwaige Abfindungen, Ruhegelder und Hinterbliebenenbezüge und Leistungen verwandter Art an frühere Abwickler und ihre Hinterbliebenen zu berücksichtigen; sämtliche Abwickler einschließlich der im Geschäftsjahr oder nachher ausgeschiedenen sind anzugeben; § 160 Abs. 5.

Der *Aufsichtsrat* hat die Eröffnungsbilanz mit dem erläuternden Bericht bzw. den Jahresabschluß mit dem Geschäftsbericht zu prüfen und über das Ergebnis der Prüfung schriftlich an die Hauptversammlung zu berichten; § 171 Abs. 1, Abs. 2 Satz 1. Der Bericht ist innerhalb eines Monats nach Eingang der Vorlagen den Abwicklern zuzuleiten; § 171 Abs. 3 Satz 1. Da eine Feststellung der Bilanzen durch Abwickler und Aufsichtsrat nicht stattfindet, haben die Abwickler unverzüglich nach Eingang des Berichts die Hauptversammlung zur Feststellung der Eröffnungsbilanz bzw. des Jahresabschlusses einzuberufen; § 175 Abs. 1 und 3. Die Hauptversammlung hat in den ersten acht Monaten der Abwicklung bzw. des Abwicklungsgeschäftsjahres stattzufinden; § 175 Abs. 1 Satz 2, Abs. 3. In sinngemäßer Anwendung der §§ 175 Abs. 3 Satz 2, 120 Abs. 3 Satz 1 sind die Feststellung des Jahresabschlusses und die Verhandlungen über die Entlastung der Abwickler miteinander zu verbinden. Eröffnungsbilanz und erläuternder Bericht bzw. Jahresabschluß und Geschäftsbericht sind zusammen mit dem Bericht des Aufsichtsrats in den Geschäftsräumen auszulegen und der Hauptversammlung vorzulegen; §§ 175 Abs. 2, 176 Abs. 1. Die Vorlage eines Gewinnverwendungsvorschlags entfällt naturgemäß während der Abwicklung.

Für die *Bekanntmachung* der Eröffnungsbilanz und der folgenden Jahresabschlüsse gelten die §§ 177, 178 entsprechend. Dabei ist zu beachten, daß im Abwicklungszustand die bei der werbenden Gesellschaft bestehenden Vorschriften über die Prüfung des Jahresabsschluses nicht gelten, vgl. Abs. 3 und Anm. 6.

Zur Erfüllung der Verpflichtungen nach § 270 Abs. 1 können die Abwickler durch *Ordnungsstrafen* angehalten werden; § 407 Abs. 1. Die Abwickler und der Aufsichtsrat können bei Nichterfüllung ihrer Verpflichtungen auf Schadenersatz in Anspruch genommen werden; §§ 93, 268 Abs. 2 Satz 1, § 116. Das Unterlassen der rechtzeitigen Bilanzziehung ist Konkursvergehen; § 240 Nr. 4 KO.

Anm. 5

5. Bewertungsvorschriften

Die Vorschriften der §§ 153—156 über die Wertansätze in der Jahresbilanz gelten nicht; Abs. 3 Satz 1. Die Geschäftsbilanzen und Jahresabschlüsse der werbenden Gesellschaft dienen der Gewinnermittlung. Die dafür aufgestellten Bewertungsgrundsätze sollen verhüten, daß Vermögen ausgeschüttet wird, das keinen Gewinn darstellt. Die Bilanzen sind *Gewinn*verteilungsbilanzen.

Da während der Abwicklung Gewinne nicht verteilt werden und regelmäßig die werbende Tätigkeit fehlt, passen diese Grundsätze nicht für Bilanzen und Abschlüsse der Abwicklungsgesellschaft, auch nicht für die Abwicklungseröffnungsbilanz. Die Abwicklungsbilanzen sind zwar Verteilungsbilanzen; sie dienen aber der *Vermögens*verteilung. Es sollen nicht neue Erwerbsgeschäfte gemacht und der dabei erzielte Erlös verteilt werden; vielmehr soll das vorhandene Vermögen in Geld umgesetzt und der Erlös nach Tilgung der Schulden verteilt werden. Deshalb soll der Wert des Vermögens ermittelt werden, der bei der Verwertung erzielt werden kann. Daher können die Anschaffungswerte nicht die Höchstgrenze der Bewertung bilden. Das Betriebsvermögen kann nicht zum Anschaffungswert abzüglich der Abnutzung eingestellt werden. Es gilt nicht der *Niederstwertgrundsatz*, nach dem von den zulässigen Höchstwerten stets der niederste anzusetzen ist. Vgl. § 155 Abs. 2 in Verbindung mit § 151 Abs. 1 Aktivseite III. Vielmehr ist § 40 HGB anzuwenden. Sämtliche Vermögensgegenstände und Schulden sind nach dem Werte anzusetzen, der ihnen am Bilanzstichtage, also in der Eröffnungsbilanz bei Beginn der Abwicklung, in den Jahresabschlüssen am Schluß des Geschäftsjahrs, beizulegen ist. Dabei ist zu beachten, daß das Geschäft regelmäßig nicht weiterbetrieben wird, sondern daß eine Verwertung des Gesellschaftsvermögens erfolgt. Mit Rücksicht auf diesen Zweck der Abwicklung ist als wahrer Wert einzustellen, was voraussichtlich bei der Verwertung zu erzielen ist. Dies gilt auch für das in § 151 Abs. 1 Aktivseite II bezeichnete Anlagevermögen; RGZ 80, S. 107. Da derartige Schätzungen aber meist zweifelhaft sind, entspricht es der Praxis, möglichst von den Buchwerten auszugehen; vgl. Trumpler, a. a. O., S. 419. Eine Pflicht zur Neubewertung besteht jedenfalls nur dort, wo die Fortführung der Buchwerte zu einem zu hohen Wert des gesamten Unternehmens führt (so Adler, a. a. O., S. 30). Besteht Aussicht, das Geschäft als Ganzes zu veräußern, so kann zwar der bei der Gesamtveräußerung zu erwartende Erlös eingesetzt werden; den Grundsätzen kaufmännischer Vorsicht dürfte es aber eher entsprechen, auch hier die Buchwerte durch den zu erwartenden Gesamterlös höchstens nach unten, nicht aber nach oben zu berichtigen. Es müssen auch nicht gerade die Werte eingesetzt werden, die bei sofortiger Veräußerung erzielt werden können. Die Versilberung des Vermögens muß nicht sofort erfolgen. Es kann ein günstiger Zeitpunkt, bei Forderungen ihre Fälligkeit abgewartet werden. Die dabei erzielbaren Werte können berücksichtigt werden und sind zu beachten, wenn sie geringer als die Buchwerte sind. Bei Aufstellung der Jahresbilanz ist von der Abwicklungseröffnungsbilanz als Grundlage auszugehen.

Anm. 6

6. Keine gesetzliche Pflichtprüfung

Eine Pflichtprüfung, wie sie §§ 162—169 für die werbende Gesellschaft vorschreiben, findet während der Abwicklung nicht statt; Abs. 3 Satz 1. Die Prüfung der Bilanz würde der Gesellschaft nur Kosten machen, die in keinem Verhältnis zu dem Erfolg der Pflichtprüfung stehen würden. Da es aber Fälle gibt, in denen eine Pflichtprüfung trotzdem angezeigt erscheint, z. B. bei Siedlungsgesellschaften, die sofort nach Erwerb des Siedlungsgeländes in Abwicklung ihr eigentliches Gewerbe, die Veräußerung des Siedlungsgeländes, betreiben, ist dem Gericht die Befugnis gegeben worden, *aus wichtigem Grund* die Prüfung des Jahresabschlusses *oder der Eröffnungsbilanz* anzuordnen (vgl. die amtl. Begründung zu § 211 AktG 1937). Der wichtige Grund kann in den verschiedensten Tatsachen gefunden werden; z. B. in der Unübersichtlichkeit des Jahresabschlusses oder bei Zweifeln an seiner sachlichen Richtigkeit oder an der Zuverlässigkeit der Abwickler. Daß die Bedeutung und Wichtigkeit des Unternehmens allein den wichtigen Grund abgeben könnten, wie Adler S. 19 annimmt, dürfte dem Willen des Gesetzgebers kaum entsprechen. Das Gericht kann die Prüfung aber nur anordnen, ehe der Abschluß durch Beschluß der Hauptversammlung festgestellt ist, etwa dann, wenn gegen die Aufstellung der Abwickler von einem Beteiligten Bedenken beim Gericht geltend gemacht worden sind. Nachher könnte der Beschluß nur mit Anfechtungs- oder Nichtigkeitsklage angefochten werden. Ist die Prüfung durch die Hauptversammlung angeordnet, so sind Abschlußprüfer zu wählen oder auf Antrag vom Gericht zu bestellen. Hat das Gericht die Prüfung angeordnet, so sind die §§ 162—169, 171 Abs. 1 Satz 2, § 176 Abs. 2 sinngemäß anzuwenden. Erfolgt die Beschlußfassung trotz der Anordnung ohne Prüfung, so ist der Beschluß nichtig. Hat die Prüfung stattgefunden, so ist auch § 178 Abs. 1 Nr. 1 über den Bestätigungsvermerk anzuwenden. Zuständig ist das Amtsgericht am Sitze der Gesellschaft als Gericht der freiwilligen Gerichtsbarkeit; § 14, §§ 125, 145 Abs. 1 FGG in der Fassung des § 43 Nr. 3 EG. Eine *Befreiung von der Prüfungspflicht* tritt nicht ein bei der „stillen Abwicklung", d. h. dann, wenn die Gesellschaft ohne Auflösung tatsächlich ihren Geschäftsbereich aufgibt und allmählich ihr Vermögen in Geld umsetzt. Hier handelt es sich um keine Abwicklung im Sinne der §§ 262 ff. Die Gesellschaft kann jederzeit den werbenden Betrieb wieder aufnehmen. Ihr rechtlicher Zustand bleibt unberührt. Ein Grund für die Befreiung liegt hier nicht vor; KG, HRR 1936, Nr. 815.

Anm. 7

7. Bilanzfeststellung durch Hauptversammlung

Die Hauptversammlung beschließt über die Feststellung der Eröffnungsbilanz, des Jahresabschlusses und über die Entlastung der Abwickler und der Mitglieder des Aufsichtsrats (Abs. 2 S. 1). Der Satz spricht zunächst aus, daß über die Eröffnungsbilanz und den Jahresabschluß während der Abwicklung *nur* die Hauptversammlung zu beschließen hat. Eine Feststellung durch die Abwickler und den Aufsichtsrat, wie sie bei der werbenden Gesellschaft regelmäßig dem Vorstand und dem Aufsichtsrat obliegt (§ 172), findet nicht statt. Darin zeigt sich die von der Stellung des Vorstands abweichende Stellung der Abwickler. Sie haben nicht wie der Vorstand die selbständige Leitung der Gesellschaft, bestimmen nicht selbständig die Verwaltung. Sie müssen sich vielmehr an die von der Hauptversammlung festgestellten Eröffnungsbilanzen und jeweiligen Jahresabschlüsse halten. Die Tätigkeit der Abwickler, insbesondere die Aufstellung, d. h. die Fertigung des *Entwurfs* der Bilanz und des Jahresabschlusses, ist nur eine vorbereitende Tätigkeit, wie sie sonst auch dem Vorstand vor der Feststellung des Jahresabschlusses obliegt; § 148. Mangels Zuständigkeit von Abwicklern und Aufsichtsrat ist eine Feststellung hier nicht möglich, die Nichtigkeit kann also auch nicht nach § 256 Abs. 6 geheilt werden; zutreffend Schilling, oben zu § 256, Anm. 11.

Die Hauptversammlung hat ferner über die *Entlastung der Abwickler* und *des Aufsichtsrats* zu beschließen, ebenso über die Entlastung von Vorstand und Aufsichtsrat wegen ihrer vor der Auflösung liegenden Tätigkeit, wenn ihnen nicht schon vor der Auflösung Entlastung erteilt worden ist. Über die Entlastung ist alljährlich zu beschließen, § 120, ebenso über den Jahresabschluß und zwar innerhalb der vorgesehenen Fristen; § 175 Abs. 3. Daraus ergibt sich, daß auch während der Abwicklung die regelmäßigen ordentlichen Hauptversammlungen stattzufinden haben. Über eine Gewinnverwendung hat die Hauptversammlung nicht zu beschließen, da diese während der Abwicklung nicht stattfindet. *Außerordentliche Hauptversammlungen* können wie bei der werbenden Gesellschaft einberufen werden; §§ 121 ff.

Die Hauptversammlung kann gemäß § 264 Abs. 2, § 142 *zur Prüfung von Vorgängen bei der Geschäftsführung* des früheren Vorstands oder der Abwickler mit einfacher Mehrheit Prüfer bestellen. Bei Ablehnung eines dahingehenden Antrags können auf Antrag der in § 142 Abs. 2 bezeichneten Minderheit durch das Registergericht Prüfer bestellt werden.

§ 271 Verteilung des Vermögens

(1) Das nach der Berichtigung der Verbindlichkeiten verbleibende Vermögen der Gesellschaft wird unter die Aktionäre verteilt.

(2) Das Vermögen ist nach dem Verhältnis der Aktiennennbeträge zu verteilen, wenn nicht Aktien mit verschiedenen Rechten bei der Verteilung des Gesellschaftsvermögens vorhanden sind.

(3) Sind die Einlagen auf das Grundkapital nicht auf alle Aktien in demselben Verhältnis geleistet, so werden die geleisteten Einlagen erstattet und ein Überschuß nach dem Verhältnis der Aktiennennbeträge verteilt. Reicht das Vermögen zur Erstattung der Einlagen nicht aus, so haben die Aktionäre den Verlust nach dem Verhältnis der Aktiennennbeträge zu tragen; die noch ausstehenden Einlagen sind, soweit nötig, einzuziehen.

Übersicht

Einleitung

§ 271 ordnet die Verteilung des Abwicklungsüberschusses an die Aktionäre an und bestimmt, in welchem Verhältnis die Verteilung zu erfolgen hat. Er übernimmt mit einigen sprachlichen Änderungen den bisherigen § 212, der seinerseits mit § 300 HGB übereinstimmte.

Anm. 1

1. Anspruch der Aktionäre auf die Abwicklungsquote

Das nach Berichtigung der Schulden verbleibende Vermögen wird unter die Aktionäre verteilt. Die Vorschrift ist, wie die folgenden Absätze — mit Ausnahme des Abs. 3 Satz 2 Halbsatz 2 — nicht zwingenden Rechts. Sie ist nicht im öffentlichen, sondern nur im Interesse der Aktionäre erlassen. Die Satzung kann eine *andere Art der Verwendung* des Abwicklungsüberschusses und eine andere Art der Verteilung unter die Aktionäre anordnen. So kann sie bestimmen, daß das Reinvermögen einer wohltätigen Anstalt, einer Stiftung oder dem Staate zufällt; RGZ 7, S. 70. Durch die Satzung kann auch bestimmt werden, daß die Hauptversammlung im Zeitpunkt der Auflösung darüber zu beschließen hat, wem das Reinvermögen zufallen soll. Eine Verteilung an die Aktionäre kommt auch nicht in Frage, soweit Dritte, wie Genußscheininhaber, einen Anspruch auf den Abwicklungsüberschuß oder einen Teil davon haben. Der in der Satzung einmal festgesetzte oder mangels einer anderen Anordnung aus dem Gesetz sich ergebende Anspruch auf die Abwicklungsrate ist aber ein unentziehbarer und mehrheitsfester Anspruch des Aktionärs. Er kann durch einen nachträglichen Hauptversammlungsbeschluß nicht beseitigt werden, auch nicht durch eine Satzungsänderung (so die überwiegende Meinung; u. a. Brodmann, § 250 HGB, Anm. 2f.; Schlegelberger-Quassowski, § 212 AktG 1937, Rnr. 5; v. Godin-Wilhelmi, Anm. 2; RGZ 62, S. 60; vgl. auch RGZ 169, S. 82; im übrigen vgl. § 1 Anm. 43; andere halten ein unentziehbares Recht erst von Beginn der Abwicklung an für erworben). Nur mit Zustimmung aller Betroffenen ist eine andere Art der Verwendung des Abwicklungsüberschusses zulässig. Ein dagegen verstoßender, den Erfordernissen der Satzungsänderung genügender Hauptversammlungsbeschluß, der eine andere Art der Verwendung anordnet, ist aber, da er nur die Aktionärinteressen, d. h. das Verhältnis der Gesellschafter zur Gesellschaft berührt, und die Aktionäre auf ihr Recht verzichten können, nicht nichtig, sondern nur unwirksam gegenüber den Aktionären, solange diese nicht dem Beschlusse ausdrücklich oder durch schlüssige Handlungen zugestimmt haben; vgl. dazu oben, § 179, Anm. 8.

Inhaber des Anspruchs auf die Abwicklungsrate ist der Eigentümer der Aktien, nicht der Nießbraucher oder Pfandgläubiger. Ob dieser an der auszuzahlenden Summe ein Recht hat, richtet sich nach dem internen Rechtsverhältnis.

Zu verteilen ist nur der Überschuß des Vermögens, der nach Berichtigung der Schulden übrigbleibt. Das gesamte Vermögen einschließlich der Rücklagen jeder Art, auch Wohltätigkeitsfonds, Erneuerungsfonds und dgl. gehören zum Vermögensüberschuß. Soweit jedoch selbständige Gläubigerrechte bestehen, z. B. bei Pensionsrückstellungen, dienen die entsprechenden Vermögensteile der Befriedigung der Gesellschaftsgläubiger. Erst was übrigbleibt, ist zu verteilen. Die Verteilung darf nur erfolgen, wenn die Gläubigerschutzvorschriften eingehalten sind; § 272.

Anm. 2

2. Entstehung und Behandlung des Anspruchs

Das Vermögen ist an die Aktionäre zu verteilen. Der Anspruch des einzelnen erlischt nicht dadurch, daß er seinen Anteil nicht abhebt. Durch die Satzung kann eine Ausschlußfrist bestimmt werden; nicht dagegen durch einen bloßen Mehrheitsbeschluß der Hauptversammlung, wohl aber durch Satzungsänderung mit der dafür erforderlichen Mehrheit; ebenso Brodmann, § 300 HGB, Anm. 3c; derselbe, § 72 GmbHG, Anm. 4; RGZ 7, S. 32; KG, JW 1937, S. 2979.

Seiner rechtlichen Natur nach ist der Anspruch auf die Abwicklungsrate ein *Gläubigerrecht* aus dem Gesellschaftsverhältnis, nicht ein Drittgläubigerrecht, wie der Anspruch eines Darlehnsgebers oder der Dividendenanspruch nach erfolgtem Gewinnverteilungsbeschluß der Hauptversammlung. Das Gläubigerrecht erwächst aus dem allgemeinen Beteiligungsrecht durch die Auflösung der Gesellschaft. Der einzelne Aktionär kann auf Vornahme der Verteilung klagen; ROHG 17, S. 46. Beklagte ist die Gesellschaft. Die Abwickler haben zwar die Verteilung vorzunehmen; sie handeln dabei aber nur als gesetzliche Vertreter der Gesellschaft.

Die Verteilung hat regelmäßig nach Umsetzung des Vermögens in *Geld* zu erfolgen. Doch kann durch die Satzung oder durch Mehrheitsbeschluß der Hauptversammlung etwas anderes bestimmt werden; RGZ 124, S. 300, z. B. die Naturalverteilung. Jedoch darf dabei der Grundsatz der Gleichbehandlung der Aktionäre nicht verletzt werden; vgl. § 268, Anm. 5.

Der Anspruch *verjährt* in 30 Jahren; § 195 BGB; bei Inhaberaktien findet § 801 BGB Anwendung. Die Verjährungsfrist beginnt mit dem Zeitpunkt, in dem die Verteilung möglich war, also mit Ablauf des Sperrjahres. Die Verjährungsfrist kann durch die Satzung abgekürzt werden; §§ 225, 801 BGB. Auf *Abschlagszahlungen* vor Tilgung aller Schulden oder Sicherstellung durch Hinterlegung der geschuldeten Beträge haben die Aktionäre keinen Anspruch. Erfolgen sie, ehe die Gläubiger befriedigt sind, so geht dies auf Gefahr der Abwickler, die Aktionäre müssen das zu Unrecht Erhaltene zurückerstatten.

Anm. 3

3. Verteilungsmaßstab

Über den Verteilungsmaßstab, in dem das Reinvermögen unter die Aktionäre zu verteilen ist, entscheidet in erster Linie die Satzung. § 11 sieht ausdrücklich vor, daß einzelne Gattungen von Aktien verschiedene Rechte haben können, namentlich bei der Verteilung des Gewinns und des Gesellschaftsvermögens; auch § 271 Abs. 2 geht von der Möglichkeit aus, daß mehrere Gattungen von Aktien mit verschiedenen Rechten bei der Verteilung des Gesellschaftsvermögens vorhanden sind. Der *Vorzug* kann in verschiedenster Ausgestaltung bestehen, z. B. in der Weise, daß im Falle der Auflösung der Gesellschaft den Vorzugsaktien ein Anspruch auf vorzugsweise Rückzahlung des Nennbetrages ihrer Aktien mit einem Aufgeld zustehen soll; RGZ 68, S. 239. Der Inhalt des Vorzugsrechts ergibt sich aus der Satzung. Ist ein Vorzugsrecht für die *Gewinn*verteilung eingeräumt, so folgt daraus noch nicht ohne weiteres ein Vorzugsrecht für *Vermögens*verteilung; RGZ 33, S. 16. Das Vorzugsrecht kann durch die ursprüngliche Satzung, aber auch, namentlich im Zusammenhang mit einer Kapitalerhöhung durch Satzungsänderung geschaffen werden. Es kann auch in der Satzung festgelegt werden, daß ein Teil der Aktionäre an der Verteilung des Vermögens nicht teilnimmt. Darin liegt ein Vorzugsrecht für die übrigen.

Bestehen keine Vorzugsrechte, so erfolgt die Verteilung nach Verhältnis der Aktiennennbeträge. Dies gilt jedenfalls, wenn sämtliche Aktier voll einbezahlt sind, oder wenn auf alle nur der gleiche Prozentsatz einbezahlt ist. Zu welchem Kurse die Aktien ausgegeben worden sind und ob sie gegen Barzahlung oder gegen Sacheinlagen gegeben worden sind, ist dabei gleichgültig. Es kommt nur auf die Nennbeträge an; Zahlungen über den Nennwert sind nicht zu berücksichtigen, wenn die Satzung nichts anderes bestimmt. Bei Berechnung des Verhältnisses der einzelnen Aktien zum Gesamtnennbetrag werden die *eigenen Aktien* der Gesellschaft nicht mitgerechnet; § 71 Abs. 6. Sie nehmen nicht an der Vermögensverteilung teil; RGZ 103, S. 66.

Sind die Einlagen nicht auf alle Aktien in demselben Verhältnis geleistet, so werden die auf das Grundkapital geleisteten Einlagen erstattet. Etwaiges Aufgeld und Nebenleistungen werden nicht berücksichtigt. Bei Sacheinlagen entscheidet der Nennbetrag, nicht der Wert des Eingebrachten; KG, JW 1913, S. 1040. Auch Sacheinlagen werden dabei in Geld erstattet. Der Überschuß wird nach dem Verhältnis der Aktiennennbeträge verteilt. Reicht das Vermögen zur Erstattung der Einlagen nicht aus, so haben die Aktionäre den Verlust nach dem Verhältnis der Aktiennennbeträge zu tragen; die noch ausstehenden Beträge sind, soweit nötig, einzuziehen. Die Regelung entspricht der Vorschrift des § 735 BGB für die bürgerlich-rechtliche Gesellschaft. Die noch ausstehenden Einlagen, die Sacheinlagen in Geld umgerechnet, sind hierbei dem übrigen Vermögen zuzurechnen und nach dem so zu berechnenden Gesamtbetrage der Verlust zu bestimmen, der zu verteilen ist. Diese Art der Verteilung findet statt gleichgültig, ob die ungleiche Einzahlung auf der Satzung oder einem Beschluß der Hauptversammlung oder darauf beruht, daß einzelne Aktionäre mit ihren Einlagezahlungen säumig waren. Entsteht dadurch ein Ausfall, daß ein nach Abs. 3 einzuziehender Einlagebetrag uneinbringlich ist, so ist er auf alle anderen Aktien verhältnismäßig zu verteilen. Daß Einzahlungen nötig sind, hat der Abwickler durch Aufstellung einer Berechnung darzutun.

Anm. 4

4. Ansprüche bei unrichtiger und verspäteter Verteilung

Erfolgt eine unrichtige Verteilung, so hat der geschädigte Aktionär einen Anspruch gegen die Gesellschaft auf Zahlung des ihm zukommenden Betrags; RGZ 7, S. 108; 59, S. 58. Darüber, ob die Aktionäre, die zu viel erhalten haben, der Gesellschaft das Empfangene zurückzahlen müssen und ob sie von den geschädigten Aktionären als Gläubiger in Anspruch genommen werden können, vgl. die Erl. zu § 62. Der Gesellschaft haften die Abwickler und der Aufsichtsrat nach den Vorschriften der §§ 93, 116; ebenso dem geschädigten Aktionär, soweit er Gläubiger geworden ist, d. h. einen Anspruch auf einen bestimmten Betrag (nach Tilgung der Schulden) erworben hat, unter der Voraussetzung des § 93 Abs. 5, § 116. Soweit der Anspruch des geschädigten Aktionärs gegen die Gesellschaft gerichtet ist, geht er im Grunde auf Kosten aller Aktionäre; denn wenn die Gesellschaft zahlen muß, so erfolgt dies aus der Tilgungsmasse, wenn sie nicht von dem Aktionär, der zu viel erhalten hat, das zu viel Bezahlte zurückfordert oder ihr von den etwa verantwortlichen Organen Schadenersatz geleistet wird.

Ist die Abwicklung und Verteilung verspätet durchgeführt und sind dadurch Verluste entstanden, so treffen sie gleichmäßig alle Aktionäre. Wenn der einzelne von der Gesellschaft Schadenersatz fordern würde, so müßte sie den Betrag aus der Masse entnehmen und dadurch die anderen Aktionäre benachteiligen. Diese könnten sich aber ebenso an die Gesellschaft halten, so daß der Schaden doch von allen verhältnismäßig zu tragen wäre.

Anm. 5

5. Durchführung der Verteilung

Über die Vorbereitung und Durchführung der Verteilung enthält das Gesetz keine besonderen Bestimmungen. Solche können aber durch die Satzung oder durch den Auflösungsbeschluß oder besondere Hauptversammlungsbeschlüsse getroffen werden. Die Abwickler sind zu deren Beachtung verpflichtet. Fehlen sie, so haben die Abwickler so zu verfahren, wie der Zweck der Abwicklung und Verteilung es erfordern. Geeignetenfalls, insbesondere bei Inhaberaktien, wird ein Aufruf durch öffentliche Bekanntmachung erfolgen müssen. Die Abwickler haben einen Verteilungsplan aufzustellen. Sie sind auch berechtigt, die noch ausstehenden Einlagen nach Abs. 3 Satz 2 Halbsatz 2 einzuziehen; vgl. § 262, Anm. 5. Eines Hauptversammlungsbeschlusses bedarf es dazu nicht. Bei Streit über die Notwendigkeit des eingeforderten Betrags entscheidet das Prozeßgericht. Sind Aktionäre mit der Abhebung der auf sie fallenden Rate in Verzug oder besteht Ungewißheit über die Person des Gläubigers, z. B. wegen der Rechte Dritter, so kann der Betrag bei der öffentlichen Hinterlegungsstelle hinterlegt werden; §§ 372ff. BGB; vgl. auch die Hinterlegungsordnung vom 10. März 1937.

Anm. 6

6. Aktie als Legitimation für die Geltendmachung des Anspruchs

Die Aktienurkunde gilt als Legitimation; bei Namensaktien ist weiter der Eintrag im Aktienbuch erforderlich. Dritte, insbesondere Pfandgläubiger, müssen dem Abwickler ihre Rechte auf Auszahlung an sie nachweisen. Die Schuld ist eine Holschuld. Die Abwickler brauchen die Auszahlung nur gegen Quittung zu leisten. Sie können verlangen, daß ihnen die Aktien zum Zwecke der Legitimation und Vornahme eines entsprechenden Vermerks auf der Aktie vorgelegt werden; RG, LZ 1914, Sp. 174[5]. Da sich unter Umständen später zu verteilendes Vermögen herausstellen kann, die Aktionäre aber auch an der Beschlußfassung über die Genehmigung der Schlußrechnung, § 273, und über die Entlastung der Abwickler teilnehmen dürfen, kann die Aushändigung der Aktienurkunde gegen Zahlung der Abwicklungsrate nicht begehrt werden; ebenso

v. Godin-Wilhelmi, Anm. 7; LG München, WM 1958, S. 1111; a. A. Schlegelberger-Quassowski, § 212 AktG 1937, Anm. 11. Mißbräuchen mit der Urkunde kann durch einen Vermerk auf der Aktie über die Auflösung und Abwicklung der Gesellschaft und Auszahlung der Abwicklungsrate vorgebeugt werden.

§ 272 Gläubigerschutz

(1) Das Vermögen darf nur verteilt werden, wenn ein Jahr seit dem Tage verstrichen ist, an dem der Aufruf der Gläubiger zum drittenmal bekanntgemacht worden ist.

(2) Meldet sich ein bekannter Gläubiger nicht, so ist der geschuldete Betrag für ihn zu hinterlegen, wenn ein Recht zur Hinterlegung besteht.

(3) Kann eine Verbindlichkeit zur Zeit nicht berichtigt werden oder ist sie streitig, so darf das Vermögen nur verteilt werden, wenn dem Gläubiger Sicherheit geleistet ist.

Übersicht

§ 272 enthält die Gläubigerschutzvorschriften, die vor Verteilung des Vermögens unter die Aktionäre zu befolgen sind. Er stimmt wörtlich mit dem früheren § 213 AktG 1937 und mit § 301 HGB überein.

Anm. 1

1. Die Bedeutung des Sperrjahrs

Die Vorschriften des § 272 bilden die Ergänzung zu § 267. Dieser *ge*bietet den Abwicklern, nach der Auflösung der Gesellschaft die Gläubiger durch dreimalige öffentliche Bekanntmachung zur Anmeldung ihrer Ansprüche aufzufordern. § 272 Abs. 1 *ver*bietet den Abwicklern, das Vermögen zu verteilen, ehe ein Jahr (das sog. *Sperrjahr*) seit dem Tage verstrichen ist, an dem der Aufruf der Gläubiger zum drittenmal bekanntgemacht worden ist. Die Frist beginnt mit Ablauf des Tages, an dem die letzte Bekanntmachung erfolgt ist. Die Frist ist *keine Ausschlußfrist*; RGZ 92, S. 77, 82; 109, S. 387, 392 (beide für GmbH); abweichend Brodmann, § 301 HGB, Anm. 4c. Ihre Nichteinhaltung, die Unterlassung der Anmeldung nach § 267, hat nicht den Verlust des Anspruchs zur Folge. Ist der Gesellschaft das Bestehen des Anspruchs und die Person des Gläubigers bekannt, so hat der Abwickler die Gläubiger auch ohne Meldung zu befriedigen; wenn die Berechtigung zur Hinterlegung vorhanden ist, muß der Betrag für den Gläubiger hinterlegt werden. Die nicht bekannten Gläubiger können sich auch noch später melden. Sie müssen befriedigt werden, wenn noch Gesellschaftsvermögen vorhanden ist, auch wenn mit der Verteilung schon begonnen ist. Unter Umständen muß ein neuer Verteilungsplan aufgestellt werden. Der Gläubiger, der sich nicht innerhalb der Frist gemeldet hat, kann auch noch nach Fristablauf auf Feststellung seiner Forderung und auf Leistung klagen. Es kann ihm im Prozeß nicht entgegengehalten werden, daß kein Gesellschaftsvermögen mehr vorhanden sei; ob das richtig ist, ist Frage der Zwangsvollstreckung. Auch in der Satzung kann nicht bestimmt werden, daß die einjährige Frist eine Ausschlußfrist sein soll, mit der Wirkung, daß die Ansprüche derjenigen, die sich nicht innerhalb der Frist gemeldet haben, erloschen sind; die Satzung kann nicht in die Rechte Dritter eingreifen; RG, JW 1886, S. 119.

Der wesentliche Inhalt des Abs. 1 ist der, daß die Abwickler nicht verteilen dürfen, ehe das Sperrjahr abgelaufen ist. Die Abwickler sollen das Jahr benutzen, um die Gläubiger zu befriedigen, soweit es nach dem Stande des Vermögens möglich ist, damit die Ausschüttung des Reinvermögens an die Aktionäre tunlichst bald erfolgen kann.

Die Gläubiger, die sich melden oder sonst bekannt sind, sind danach zu befriedigen, wenn ihr Anspruch fällig, nicht bedingt und nicht bestritten ist. Darüber, daß durch die Auflösung der Gesellschaft in der Regel die Ansprüche gegen sie nicht berührt werden, vgl. oben § 262, Anm. 8. Gläubiger, die sich nicht melden und nicht bekannt sind, brauchen nicht berücksichtigt zu werden. Es kann ohne Rücksicht auf sie mit der Verteilung begonnen und diese durchgeführt werden, wenn sie sich nicht nachträglich melden. Bekannt ist ein Gläubiger nur, wenn der Abwickler die Forderung im wesentlichen dem Grunde und dem Betrage nach kennt; RGZ 92, S. 77, 80; RG, JW 1934, S. 2943. Kennen-müssen genügt nicht.

Anm. 2

2. Pflicht zur Hinterlegung

Absatz 2 enthält eine weitere Gläubigerschutzvorschrift. Meldet sich ein bekannter Gläubiger nicht, so ist der geschuldete Betrag für ihn zu hinterlegen, wenn ein Recht zur Hinterlegung besteht. Die Hinterlegung ist Pflicht der Abwickler. Es ist von der Hinterlegung selbstverständlich nur Gebrauch zu machen, wenn der Gläubiger, obwohl er bekannt ist, nicht befriedigt werden kann, und wenn zur Verteilung des Reinvermögens geschritten werden soll. Ob ein Recht zur Hinterlegung besteht, richtet sich nach den Vorschriften der §§ 372 ff. BGB. Danach besteht ein Recht zur Hinterlegung von Geld, Wertpapieren und sonstigen Urkunden und Kostbarkeiten, wenn der Gläubiger im Verzug der Annahme ist. Das gleiche gilt, wenn der Schuldner aus einem anderen, in der Person des Gläubigers liegenden Grunde oder infolge einer nicht auf Fahrlässigkeit beruhenden Ungewißheit über die Person des Gläubigers seine Verbindlichkeit nicht oder nicht mit Sicherheit erfüllen kann. Die Verpflichtung der Abwickler zu hinterlegen, besteht einmal gegenüber der Gesellschaft und den Aktionären, denn es sollen etwaige Hindernisse für die Verteilung des Vermögens beseitigt werden. Sie besteht aber auch im Interesse der Gläubiger. Die Gesellschaft baut ihre Organisation ab; es besteht oft keine Möglichkeit mehr für sie, den geschuldeten Betrag für den Gläubiger bereitzuhalten. Es kann der Gesellschaft auch nicht zugemutet werden, die Beendigung der Abwicklung und insbesondere die Verteilung des Vermögens hinauszuschieben. Auch Abs. 3 ergibt, daß die Verteilung wegen einzelner Ansprüche Dritter nicht unnötig hinausgeschoben werden soll.

Das Gesetz sagt nicht, in welchem Zeitpunkt die Hinterlegung geschehen soll. Aus dem Zweck der Vorschrift ergibt sich, daß sie so erfolgen soll, daß durch das Bestehen der Schuld die Verteilung des Reinvermögens an die Aktionäre nicht verzögert wird. Sie muß spätestens vor dieser Verteilung geschehen.

Anm. 3

3. Sicherheitsleistung

Abs. 3 enthält eine weitere Schutzvorschrift. Kann eine Verbindlichkeit zur Zeit nicht berichtigt werden oder ist sie streitig, so darf das Vermögen nur verteilt werden, wenn dem Gläubiger Sicherheit geleistet ist. Die Vorschrift ist, wie die des Abs. 2, nicht nur im Interesse der Gläubiger erlassen. Sie soll die Abwicklung tunlichst fördern

(s. Anm. 2). Nicht ausführbar ist die Berichtigung einer Verbindlichkeit, z. B. wenn sie noch nicht fällig ist, so wenn es sich um wiederkehrende Zahlungen, wie Pensionsansprüche handelt, oder wenn sie von einer Zug-um-Zug- oder einer Vorausleistung des anderen Teils abhängig ist, die noch nicht vorgenommen werden kann. Der Anspruch auf eine Gegenleistung schließt die Verpflichtung zur Sicherheitsleistung nicht aus. Unter Umständen kann dadurch aber die Höhe der Sicherheit beeinflußt werden, weil die Gefahr für den Gläubiger geringer ist und er in der Gegenleistung, wenn er an ihr nach § 273 BGB ein Zurückbehaltungsrecht ausüben kann, bereits eine Sicherheit hat. Die Verpflichtung zur Sicherheitsleistung besteht auch für Verbindlichkeiten, die nicht unmittelbar eine Geldleistung zum Gegenstand haben.

Auch wenn eine Hinterlegung nach Abs. 2 nicht möglich ist und die Gesellschaft sich nicht durch Leistung oder eine Ersatzleistung, z. B. durch eine Versteigerung der geschuldeten Sache und Hinterlegung des Erlöses von der Schuld befreien kann, § 383 BGB, ist vor der Verteilung des Vermögens Sicherheit zu leisten.

Anm. 4

a) Streitige Verbindlichkeiten

Von besonderer Wichtigkeit ist es, daß auch für streitige Verbindlichkeiten Sicherheit geleistet werden muß. Dadurch kann ein Festlegen großer Vermögenswerte und eine starke Verzögerung der Abwicklung verursacht werden. Die Vorschrift kann mißbraucht werden, wenn Ansprüche willkürlich, ohne durch Tatsachen genügend unterstützt zu sein, oder in übertriebener Höhe geltend gemacht werden oder wenn die Ansprüche erhoben werden, um die Verteilung zu verhindern oder zu erschweren. Die Sicherheitsleistung braucht deshalb nicht immer schon dann zu erfolgen, wenn sich ein Dritter eines Anspruches *berühmt*. Die Abwickler haben vielmehr pflichtgemäß zu prüfen, ob ein Anspruch ernstlich in Frage kommt und danach ihre Entschließung einzurichten, ob und welche Sicherheit zu leisten ist. Sie können es den Fordernden überlassen, das Bestehen bestrittener Ansprüche im Prozeßwege feststellen zu lassen. Auch wenn bereits ein Prozeß anhängig ist, können die Abwickler prüfen, ob es sich um eine ernstliche Forderung handelt und davon ihre Entschließung abhängig machen. Wenn es der Abwicklung dient, können sie auch eine Klage nach § 256 ZPO auf Feststellung des Nichtbestehens eines Anspruchs erheben. Liegt ein rechtskräftiges gerichtliches Urteil vor, durch das der Anspruch festgestellt ist oder durch das die Gesellschaft zur Sicherheitsleistung verurteilt worden ist, so müssen sie selbstverständlich die Sicherheit leisten.

Ist die Forderung der Gläubiger fällig und unstreitig oder durch richterliches Urteil festgestellt, so können sie die *Leistung* verlangen, notfalls durch Zwangsvollstreckung in die Sachwerte erzwingen. Eine Verpflichtung, Sicherheit zu leisten, besteht dann überhaupt nicht.

Anm. 5

b) Kein Anspruch des Gläubigers auf Sicherheitsleistung

Nach § 225 muß im Fall der Kapitalherabsetzung den alten Gesellschaftsgläubigern, die sich innerhalb von 6 Monaten nach der Bekanntmachung der Eintragung des Herabsetzungsbeschlusses gemeldet haben, auf Verlangen Sicherheit geleistet werden, soweit sie nicht Befriedigung verlangen können. Die Gläubiger haben bei Vorliegen der Voraussetzungen des § 225 einen klagbaren Anspruch auf die Sicherheitsleistung, und zwar unabhängig davon, ob Zahlungen an die Aktionäre auf Grund der Herabsetzung des Grundkapitals geleistet werden; vgl. § 225 Abs. 3 und die Erl. dazu. § 272 Abs. 3 gibt den Gläubigern ein derartiges Recht nicht. Er bestimmt nur, daß die Verteilung des Vermögens nur erfolgen darf, wenn den Gläubigern Sicherheit geleistet ist. Er stellt daher nur eine *Verpflichtung* der Gesellschaft und der Abwickler auf, die Verteilung vor Leistung der Sicherheit zu unterlassen. Die Verpflichtung entsteht also insbesondere *nicht* schon mit der Auflösung der Gesellschaft und dem Beginn der Abwicklung, auch nicht mit der Durchführung des Umsatzes des Vermögens in Geld. Sie entsteht auch nicht dadurch, daß das Unternehmen trotz der Auflösung weiterbetrieben wird und damit die Gefahr von Vermögensverlusten verbunden ist. Gegen die darin liegende Gefahr kann sich der Gläubiger, wie auch vor der Auflösung, nur durch die allgemein zur Verfügung stehenden Rechtsbehelfe, Arrest oder einstweilige Verfügung bei Vorliegen ihrer prozeßrechtlichen Voraussetzungen, schützen. § 272 Abs. 3 will den Gläubiger nur davor bewahren, daß er *deshalb* nicht befiiedigt wird, weil das Gesellschaftsvermögen unter die Aktionäre verteilt wird. Es kann auch nicht Sicherheit verlangt werden, weil die Abwickler zum Zwecke der Erhaltung oder besseren Verwertung des Gesellschaftsvermögens im Interesse der Aktionäre oder im Allgemeininteresse die Umsetzung des Vermögens in Geld hinausschieben; so: RGZ 143, S. 301, 303 = JW 1934, S. 898 (Heinrich Lehmann).

Die Sicherheit ist *vor Beginn der Verteilung des Vermögens* zu leisten, da sie andernfalls häufig ihren Zweck verfehlen würde. Solange die Verteilung wegen des Standes der Abwicklung noch nicht unmittelbar bevorsteht, ist der Abwickler zur Sicherheitsleistung nicht verpflichtet. Der Gesellschaft kann nicht zugemutet werden, etwa Vermögensstücke wie Fabrikgebäude alsbald mit Verlust in Geld umzusetzen und dafür zur Sicherheitsleistung geeignete Wertpapiere zu kaufen, die Kursschwankungen unterworfen sind. Nur wenn nach den tatsächlichen Verhältnissen ein Anhalt dafür besteht, daß sich die Gesellschaft ihrer Sicherheitsleistungspflicht im Zeitpunkt des Eintritts dieser Verpflichtung entziehen werde, oder wenn die Gesellschaft mit der Verteilung des Vermögens bereits begonnen hat oder alle Anstalten zur sofortigen Verteilung bereits getroffen hat, ohne Sicherheit zu leisten, kann von den Gläubigern auf Leistung der Sicherheit geklagt, diese auch durch Arrest oder einstweilige Verfügung erzwungen werden. Auch eine Klage auf Unterlassen der Verteilung vor Sicherheitsleistung und eine entsprechende einstweilige Verfügung ist in diesem Falle möglich; RGZ 72, S. 21; 143, S. 301, 304 = JW 1934, S. 898 (Heinrich Lehmann).

Anm. 6

c) Art der Sicherheitsleistung

Die Art der Sicherheitsleistung richtet sich nach den allgemeinen Vorschriften über die Sicherheitsleistung; §§ 232ff. BGB; RGZ 72, S. 20; 143, S. 301. Besitzt der Gläubiger bereits eine Sicherheit, z. B. eine Hypothek oder ein Pfandrecht, so ist weitere Sicherheit nur zu leisten, wenn die bestehende nicht genügt. Mit einer bloßen persönlichen Sicherheit (z. B. Bürgschaft) braucht sich der Gläubiger nicht zu begnügen; er kann in erster Linie Sachsicherheit verlangen; § 232 Abs. 2 BGB. Ist die bestehende unzureichend geworden, so kann er Ergänzung begehren; § 240 BGB. Bei langdauernden Abwicklungen kann er auch Auskunft über den Stand der Abwicklung fordern; H. Lehmann, JW 1934, S. 899. Die Art und Höhe der Sicherheit ist so zu bemessen, wie es nach pflichtgemäßem Ermessen eines sorgfältigen Geschäftsmannes zur Befriedigung des Gläubigers erforderlich ist. Bei Streit über die Höhe der Sicherheit ist im Prozeß zu entscheiden, wenn der Gläubiger überhaupt ein Klagerecht hat; vgl. Anm. 5. Ist nach dem zugrunde liegenden Rechtsverhältnis die Sicherheit nur aus einem bestimmten Vermögensstück zu gewähren, wie bei der Grundschuld, so kann andere Sicherheit nicht verlangt werden. § 225 Abs. 1 Satz 3, § 347 Abs. 2 sind entsprechend anzuwenden. Danach ist eine weitere Sicherheit nicht zu leisten für solche Gläubiger, die im Falle des Konkurses ein Recht auf vorzugsweise Befriedigung aus einer nach gesetzlicher Vorschrift zu ihrem Schutz errichteten und staatlich überwachten Deckungsmasse haben; vgl. dazu oben Schilling, § 225, Anm. 15.

Anm. 7

4. Gläubigerschutzvorschrift

Die Vorschriften des § 272 sind *im öffentlichen Interesse*, und zwar im Interesse der Gläubiger erlassen. Satzungsbestimmungen und Hauptversammlungsbeschlüsse, die mit ihnen in Widerspruch stehen, sind nichtig; § 241 Nr. 3. Die Einhaltung der Vorschriften kann auch nicht deshalb unterbleiben, weil Rücklagen in bar vorhanden sind, aus denen die Befriedigung oder Sicherstellung der Gläubiger erfolgen kann. Das Gesetz verlangt entweder Befriedigung der Gläubiger oder Hinterlegung oder Sicherheitsleistung. Da die Vorschriften aber den Interessen der Gläubiger dienen, können diese auf ihre Einhaltung verzichten. Mit Zustimmung aller Gläubiger ist daher die vorzeitige Verteilung ohne Sicherheitsleistung zulässig. Solange das Sperrjahr noch nicht abgelaufen ist, sich also noch unbekannte Gläubiger melden können, geht sie auf Gefahr der Abwickler.

Unbekannte Gläubiger, die sich erst nach Ablauf des Sperrjahrs und nach zulässiger Verteilung des Vermögens gemeldet haben, gehen leer aus, außer wenn sich nachträglich noch Vermögen herausstellt. Ist nach Vorschrift der Absätze 2 und 3 hinterlegt oder Sicherheit geleistet, so erhalten die Gläubiger, zu deren Schutz diese Maßregel erfolgt ist, aus dem hinterlegten Betrag oder aus der geleisteten Sicherheit ihre Befriedigung.

Der Ablauf der Sperrfrist ist nur der früheste Zeitpunkt, in dem die Verteilung des Vermögens erfolgen darf. Unter Umständen muß sie weiter hinausgeschoben werden, so wenn noch der Erfolg einer Anfechtungsklage abzuwarten ist; RGZ 77, S. 268.

Das Verbot der Vermögensverteilung bezieht sich nicht auf Tantieme- und Dividendenansprüche, die bereits zu Drittgläubigeransprüchen geworden sind; insofern handelt es sich nicht um Ausschüttungen des Vermögens an die Aktionäre auf Grund der Abwicklung, sondern um Schuldenzahlung.

Reicht nach sorgfältiger Prüfung der Abwickler das Vermögen der Gesellschaft zur Befriedigung aller Gläubiger aus, so können sie die Gläubiger in der Reihenfolge befriedigen, in der sie sich melden; sie können auch im Interesse der Gesellschaft einzelne dringende Verbindlichkeiten der Gesellschaft vor den anderen befriedigen. Halten sie die Gesellschaft für nicht oder nicht voll zahlungsfähig, so haben sie zur Vermeidung eigener Verantwortung das Vergleichsverfahren zu beantragen oder Konkurs anzumelden. Wenn sie selbst eine verhältnismäßige Befriedigung durch Teilzahlungen vornehmen, so geschieht dies auf eigene Gefahr, wenn auch den bei der verhältnismäßigen Befriedigung berücksichtigten Gläubigern keine Ersatzansprüche zustehen können.

Anm. 8

5. Folgen einer Verletzung der Schutzvorschriften

a) *Für die Gesellschaftsorgane.* Die Abwickler und der Aufsichtsrat haften der Gesellschaft und den Gläubigern nach den allgemeinen Vorschriften; §§ 93, 116, 268 Abs. 2, §§ 823ff. BGB, vgl. die Erl. zu den erstgenannten Vorschriften. Auf die Verletzung der Vorschriften über das Sperrjahr kann sich nach Treu und Glauben derjenige nicht berufen, der mit der vorzeitigen Auszahlung einverstanden war oder sie gar selbst als Vorstand veranlaßt hat; RG, HRR 1932, Nr. 1145 = Warneyer 1932, Nr. 64.

b) *Die benachteiligten Gläubiger* haben kein Rückgriffsrecht gegen die bevorzugten, wenn sich nicht ein Anspruch aus den Vorschriften über die Anfechtung von Rechtshandlungen aus dem Anfechtungsgesetz und der Konkursordnung oder aus unerlaubter Handlung ergibt; RGZ 7, S. 109; 9, S. 14.

c) *Die Aktionäre,* die unter Verletzung der Schutzvorschriften zu viel empfangen haben, können nach Maßgabe des § 62 von der Gesellschaft auf Erstattung des zuviel Erhaltenen in Anspruch genommen werden, auch wenn sie selbst die Zahlungen in gutem Glauben angenommen haben; RG 109, 392; 124, 210; in JW 1930, 2943. Unter Umständen kann zu diesem Zweck die Abwicklung der Gesellschaft wieder aufgenommen werden; § 273 Abs. 4.

d) *Die Rechtsgültigkeit der Verteilung des Vermögens* wird durch die Verletzung der Schutzvorschriften nicht berührt. Das Gesetz verbietet den Abwicklern nur die Verteilung ohne Einhaltung der Schutzvorschriften (es sagt: „darf nur", nicht: „kann nicht"). Die Verteilung ist nicht nichtig. Der dingliche Rechtsübergang tritt trotz Verletzung des Verbots ein; RG, LZ 1912, Sp. 667[51]; RGZ 92, S. 77, 79 (für GmbH);

Warn Rspr. 1912, Nr. 270; OLGR 24, 160; 27, 389. Auch den benachteiligten Gläubigern gegenüber sind die Rechtshandlungen nicht nach § 135 BGB unwirksam. Denn es handelt sich nicht um ein gesetzliches Veräußerungsverbot im Sinne dieser Vorschrift. Sind die Schutzvorschriften *nicht* verletzt, sondern eingehalten, so kann die Herausgabe der an die Aktionäre ausgeschütteten Beträge auch nicht unter dem Gesichtspunkt der ungerechtfertigten Bereicherung verlangt werden. Denn dann ist sie nicht ohne Rechtsgrund erfolgt; RGZ 124, S. 211, 214 (für GmbH); anders früher RGZ 92, S. 77, 82 (*obiter dictum*).

Die Vorschriften über das Verbot der Vermögensverteilung ohne die Einhaltung der Schutzvorschriften und die Folgen der Verletzung derselben gelten auch, wenn das Vermögen an Personen verteilt ist, die zwar nicht Aktionäre sind, aber ihnen gleichzustellen sind. Hier kommen namentlich Genußscheininhaber in Betracht, deren Recht aus einem Aktienrecht hervorgegangen ist; so wenn ihnen an Stelle ihres bisherigen Aktienrechts der Anspruch auf Teilnahme am Abwicklungserlös eingeräumt ist; nicht dagegen, wenn es sich um einen Anspruch aus einem nicht aktienrechtlichen Rechtsverhältnis, z. B. aus einem Darlehnsgeschäft mit Beteiligung am Gewinn oder am Abwicklungsergebnis handelt.

§ 273 Schluß der Abwicklung

(1) Ist die Abwicklung beendet und die Schlußrechnung gelegt, so haben die Abwickler den Schluß der Abwicklung zur Eintragung in das Handelsregister anzumelden. Die Gesellschaft ist zu löschen.

(2) Die Bücher und Schriften der Gesellschaft sind an einem vom Gericht bestimmten sicheren Ort zur Aufbewahrung auf zehn Jahre zu hinterlegen.

(3) Das Gericht kann den Aktionären und den Gläubigern die Einsicht der Bücher und Schriften gestatten.

(4) Stellt sich nachträglich heraus, daß weitere Abwicklungsmaßnahmen nötig sind, so hat auf Antrag eines Beteiligten das Gericht die bisherigen Abwickler neu zu bestellen oder andere Abwickler zu berufen. § 265 Abs. 4 gilt.

(5) Gegen die Entscheidungen nach den Absätzen 2, 3 und 4 Satz 1 ist die sofortige Beschwerde zulässig.

Übersicht

Einleitung:

Der Paragraph enthält Vorschriften über die Beendigung der Abwicklung und die nachher noch erforderlichen Maßnahmen, die Aufbewahrung der Bücher und Papiere, die Einsicht in diese sowie über eine etwa notwendig werdende Wiederaufnahme der Abwicklung. Er stimmt bis auf einige sprachliche Änderungen mit dem früheren § 214 überein. Abs. 5 ist neu, enthält jedoch lediglich einen Hinweis auf das auch bisher zulässige Rechtsmittel nach §§ 145, 146 Abs. 2 FGG; vgl. dazu § 265, Anm. 9. Er behandelt nur die Beendigung der Abwicklung im aktienrechtlichen Sinne, nicht im Sinne des Steuerrechts (über diese vgl. RFH 10, S. 318; 12, S. 16; RStBl. 29, S. 531).

Anm. 1

1. Schlußrechnung und Entlastung

a) Nach Beendigung der Abwicklung ist die Schlußrechnung zu legen. Die Abwicklung ist beendigt, wenn das Vermögen in Geld umgesetzt, die Gläubiger befriedigt, das Sperrjahr abgelaufen (RGZ 77, S. 268, 273), die Vorschriften des § 272 erfüllt und das Vermögen verteilt ist und auch sonst die laufenden Geschäfte beendigt sind. Die Abwicklung muß auf diese Weise tatsächlich beendigt sein. Auch schwebende Prozesse müssen beendigt sein. Jedoch bilden sie kein Hindernis für den Schluß der Abwicklung, wenn sie für die Gesellschaft ohne Interesse sind, etwa wegen Vermögenslosigkeit des Beklagten, und faktisch beendet sind. Die Aufstellung der Schlußrechnung ist Aufgabe der Abwickler. Die Schlußrechnung muß der Vorschrift des § 259 Abs. 1 BGB entsprechend eine geordnete Zusammenstellung der Einnahmen und Ausgaben enthalten, ist aber im übrigen in ihrer Form frei, so daß grundsätzlich eine hinreichend gegliederte Gewinn- und Verlustrechnung genügt; vgl. Adler, Die Abwicklungsbilanzen der Kapitalgesellschaften, S. 77. Der besondere Zweck der Schlußrechnung erfordert, daß sie ein Bild über den Bestand des Vermögens, seine Verwendung zur Schuldentilgung und zur Verteilung an die Aktionäre ergibt. Sämtliche vorhandenen Belege vorzulegen, dürfte über die der Verkehrsanschauung entsprechende Art der Rechnungslegung hinausgehen und deshalb grundsätzlich nicht notwendig sein. Besteht Grund zu der Annahme, daß die in der Rechnung enthaltenen Angaben über die Einnahmen nicht mit der erforderlichen Sorgfalt gemacht worden sind, so haben sämtliche Abwickler auf Verlangen der Hauptversammlung nach § 259 Abs. 2 BGB die eidesstattliche Offenbarungsversicherung zu leisten. Die Rechnung ist der Hauptversammlung als dem Organ zu legen, dem auch sonst Rechnung zu legen ist und das die Entlastung zu erteilen hat. Die Schlußrechnung tritt insofern an die Stelle des Jahresabschlusses. Ein solcher ist bei Beendigung der Abwicklung nicht aufzustellen, die Schlußrechnung kann aber nach Art eines solchen Abschlusses gemacht werden. Die Abwickler können nicht durch die Satzung oder Mehrheitsbeschluß von der Verpflichtung zur Rechnungslegung befreit werden; ein dagegen verstoßender Beschluß der Hauptversammlung ist anfechtbar. Doch kann die Rechnungslegung mit Zustimmung aller Aktionäre unterbleiben; RGZ 34, S. 57, 58. Die Hauptversammlung kann die Abnahme der Schlußrechnung nicht anderen Organen oder Personen übertragen. Eine Prüfung durch besondere Prüfer ist nicht vorgeschrieben; jedoch kann sich die Hauptversammlung der Mitwirkung sachkundiger Personen bedienen. Auch eine Mitwirkung des Aufsichtsrats ist nicht vorgeschrieben.

Die einzelnen Aktionäre haben keinen Anspruch auf Rechnungslegung. Sie können aber das Auskunftsrecht in der Hauptversammlung geltend machen. Wird Auskunft nicht erteilt, so können die Beschlüsse angefochten werden; §§ 243ff.

b) Aus der Verpflichtung zur Rechnungslegung und zu deren Abnahme durch die Hauptversammlung ergibt sich auch die Verpflichtung der Hauptversammlung, über die Entlastung zu beschließen. Auf eine Entschließung über die Entlastung haben die Abwickler auf Grund des bestehenden Dienstverhältnisses Anspruch. Dasselbe Recht hat auch der Aufsichtsrat. Die *Entlastung* nach Legung der Schlußrechnung hat eine andere Bedeutung als die jährliche Entlastung der Vorstandes; zustimmend Baumbach-Hueck, Rnr. 3; v. Godin-Wilhelmi, Anm. 4. Ist sie erfolgt, so soll die Gesellschaft aus dem Rechtsleben verschwinden. Die Entlastung kann daher hier nicht nur den Wert einer Vertrauenskundgebung haben. § 93 Abs. 4 Satz 3, der den Verzicht auf Ansprüche erst nach 3 Jahren nach Entstehen des Anspruchs und durch eine dann stattfindende Hauptversammlung zuläßt, paßt nicht für eine Gesellschaft, die alsbald aus dem Rechtsleben verschwinden soll. Die Entlastung muß daher hier als Freistellung von Ersatzansprüchen, vorbehaltlich etwaiger Anfechtung wegen Irrtums usw., angesehen werden; § 268, Anm. 9; Baumbach-Hueck, Rnr. 3, Schlegelberger-Quassowski, § 214 AktG 1937, Anm. 4.

Anm. 2

2. Anmeldung des Abwicklungsabschlusses

Die Abwickler haben den Schluß der Abwicklung zur Eintragung in das Handelsregister anzumelden. Der Schluß der Abwicklung ist einzutragen und gleichzeitig die Gesellschaft zu löschen. Mit der Löschung beendet die Gesellschaft das Stadium der Auflösung und verschwindet aus dem Rechtsleben.

Daß die Schlußrechnung gelegt sein muß, bevor die Anmeldung des Schlusses der Abwicklung erfolgt, bedeutet, daß das Rechnungslegungsverfahren beendigt ist. Dazu gehört auch die Abnahme der Schlußrechnung und die Entschließung der Hauptversammlung über die Entlastung. Denn vorher hat die Gesellschaft ihre Tätigkeit nicht voll beendigt und kann nicht aus dem Rechtsleben scheiden.

Die Anmeldung haben die Abwickler vorzunehmen, und zwar in vertretungsberechtigter Zahl. Sie treten auch insofern an die Stelle des Vorstands. Die Anmeldung kann durch Ordnungsstrafen erzwungen werden; § 14 HGB. Die Anmeldung hat dahin zu lauten, daß die Abwicklung beendigt ist. Eine Vorschrift, daß die genehmigte Schlußrechnung der Erklärung beizufügen ist, besteht nicht; KG, JW 1932, S. 2625. Die Anmeldung soll aber die Grundlage für die Löschung der Firma im Handelsregister bilden. Die Löschung soll nur erfolgen, wenn die Abwicklung beendigt und die Gesellschaft dadurch vernichtet ist. Regelmäßig kann sich der Registerrichter auf die Erklärung der für die Abwicklung verantwortlichen Abwickler verlassen. Wenn aber Zweifel an der Richtigkeit der Erklärung bestehen, hat der Registerrichter von Amts wegen die erforderlichen Nachforschungen anzustellen; § 12 FGG. Ergeben sie, daß die Abwicklung tatsächlich noch nicht beendigt ist, etwa weil noch unverteiltes Vermögen vorhanden ist, oder ergibt sich schon aus dem Zeitpunkt der Anmeldung, daß sie gar nicht beendet sein kann, weil das Sperrjahr noch nicht abgelaufen und noch verteilbares Vermögen vorhanden ist, so ist die Löschung nicht vorzunehmen; KG, JW 1932, S. 2623[2]; HRR 41, Nr. 859.

Anm. 3

3. Löschung im Handelsregister

Bestehen keine Bedenken gegen die Anmeldung, so verfügt der Registerrichter die Löschung der Gesellschaft und die Eintragung des Schlusses der Abwicklung im Handelsregister. Die Anmeldung und Eintragung des Schlusses der Abwicklung haben *keine rechtschaffende Wirkung* in dem Sinne, daß dadurch die Gesellschaft „vollbeendet" oder vernichtet wird. Auch die Löschung hat diese Wirkung nicht. Sie bekundet zwar, daß die Gesellschaft infolge Auflösung und Abwicklung vollbeendet ist. Ist dies aber tatsächlich nicht der Fall, weil noch verteilbares Vermögen vorhanden ist oder eine Abwicklungshandlung irgendwelcher Art vorzunehmen ist, so besteht die Gesellschaft trotz der Löschung fort, allerdings nur zu dem Zweck, die Abwicklung fortzusetzen. Dies ergibt sich klar aus Abs. 4, der eine Fortsetzung der Abwicklung nach der Löschung vorsieht. Eine solche Fortsetzung wäre nicht denkbar, wenn die Gesellschaft nicht mehr existieren würde, wenn sie vollständig vernichtet wäre. Es kann daher nicht mit Schlegelberger-Quassowski, § 214 AktG 1937, Anm. 2, 9 angenommen werden, daß die Löschung ein rechtsvernichtender Akt sei, wie die Eintragung der Gesellschaft, durch die diese zur Entstehung kommt, ein rechtschaffender; wie hier Baumbach-Hueck, Rnr. 4; v. Godin-Wilhelmi, Anm. 3; vgl. auch Marowski, Die Rechtsverhältnisse bei gelöschten Kapitalgesellschaften, JW 1938, S. 11. Aus der Begründung zu § 214 des AktG 1937 ergibt sich, daß das Aktiengesetz gegenüber dem früheren § 302 Abs. 1 HGB deutlich erkennbar machen wollte, wann die Abwickler die der Gesellschaft nach § 264 zur Pflicht gemachte Abwicklungstätigkeit als beendigt und wann das Gericht die Erfüllung dieser Pflicht als geleistet angesehen haben. Mit der Löschung soll deshalb die Gesellschaft für den Rechtsverkehr im allgemeinen als erloschen gelten. Die Löschung begründet die *gesetzliche Vermutung* der Vollbeendigung der Gesellschaft mit der Wirkung, daß Organe (Abwickler, Aufsichtsrat und Hauptversammlung) außer Tätigkeit treten. Die gesetzliche Vermutung wird aber entkräftet durch den Nachweis, daß zur Fortsetzung der Abwicklung Anlaß besteht. Für diesen Fall gibt dann Abs. 4 eine besondere Regelung. Ist noch eine Abwicklungshandlung nötig, so kann die Löschung von Amts wegen wieder gelöscht werden. Trotz Durchführung der Abwicklung besteht die Gesellschaft auch insofern als Rechtspersönlichkeit fort, als sie noch Trägerin von Schuldverpflichtungen sein kann. Die Gesellschaft bleibt parteifähig. Dritte können die Schulden der Gesellschaft bezahlen. Bürgschaften und Pfandrechte für diese Schulden bleiben bestehen; RG, HRR 1931, Nr. 777.

Die Löschung der Firma im Handelsregister wird durch das Gericht von Amts wegen bekannt gemacht; § 10 HGB. Statt der Löschung nach Abs. 1 kann die Löschung auch auf Grund des Löschungsgesetzes vom 9. Oktober 1934 (RGBl. I 914) erfolgen, wenn die Gesellschaft infolge der Abwicklung vermögenslos geworden ist; vgl. dazu die Erläuterungen oben zu §§ 262, 263.

Anm. 4

4. Bücher und Schriften der Gesellschaft

a) Sie sind an einem vom Gericht bestimmten sicheren Ort zur Aufbewahrung auf zehn Jahre zu hinterlegen; Abs. 2. Die Vorschrift ergänzt die Vorschrift des § 44 HGB, nach der die Kaufleute verpflichtet sind, ihre Handelsbücher und empfangenen Handelsbriefe und Abschriften der abgesandten Handelsbriefe, die Inventare und Bilanzen bis zum Ablauf von zehn Jahren, von dem Tage der letzten Eintragung in die Bücher und des Eingangs und der Absendung der Schriften an gerechnet, aufzubewahren. Sie trifft Sorge für die Aufbewahrung für die Zeit, in der die Gesellschaft nicht mehr besteht. Die durch die VO vom 28. 12. 1942 als Kriegsmaßnahme verfügte Kürzung der Aufbewahrungsfrist auf 5 Jahre ist durch das handelsrechtliche Bereinigungsgesetz vom 18. 4. 1950, BGBl. I 90, aufgehoben.

Die Bestimmung des Aufbewahrungsorts erfolgt durch das Amtsgericht des Sitzes der Gesellschaft; § 14 AktG, § 145 FGG. Das Gericht soll auf mögliche Sicherheit der Aufbewahrung bedacht sein. In Betracht kommen vor allem Banken, Treuhandgesellschaften. Eine Verpflichtung Dritter zur Übernahme der Verwahrung besteht nicht. Das Gericht kann seine Verfügung ändern, wenn ein Anlaß dazu besteht. Das Gericht hat die Anordnung von Amts wegen zu erlassen, sobald es die Löschung der Gesellschaft anordnet. Die Anordnung muß nicht nur den Aufbewahrungsort, sondern auch die Person des Verwahrers bezeichnen. Gegen die Entscheidung des Gerichts ist die sofortige und gem. § 1 FGG auch die weitere Beschwerde nach §§ 27, 29 FGG zulässig, da Absatz 5 nichts Gegenteiliges bestimmt; Jansen, § 146 FGG, Rnr. 2; KG, OLGZ 1966, S. 596. Das Gericht kann die Abwickler veranlassen, geeignete Vorschläge zu machen, und die Anordnung davon abhängig machen, daß eine zur Übernahme der Verwahrung bereite Person genannt wird. Die Abwickler haben auch ihrerseits auf eine Verfügung des Gerichts hinzuwirken. Sie haben dafür zu sorgen, daß die Verwahrung erfolgt. Sie können vom Registergericht dazu durch Ordnungsstrafen angehalten werden; § 407 Abs. 1. Sie haften auch für Erfüllung dieser Pflicht nach § 93. Die Kosten der Aufbewahrung trägt die Gesellschaft. Die Abwickler haben den erforderlichen Geldbetrag zurückbehalten.

Aufzubewahren sind die bei Beendigung der Abwicklung vorhandenen Bücher und Schriften. Zu den Büchern gehört außer den in § 44 HGB genannten Handelsbüchern auch das Aktienbuch. Neben den Bilanzen ist auch die Schlußrechnung aufzubewahren. Der Hinterlegungszeitraum beginnt mit dem Tag der Hinterlegung. Die Vorschrift bezieht sich nicht auf Bücher und Schriften, welche die Gesellschaft bei der Veräußerung des Geschäfts dem Erwerber übergeben mußte. Insofern fehlt es an einem Bedürfnis zu einer besonderen Verwahrung und einer Mitwirkung des Gerichts. Es sind dann nur die Bücher und Schriften zu hinterlegen, die nicht übergeben werden mußten und die sich auf die *nach* der Geschäftsübergabe notwendigen Abwicklungshandlungen beziehen. Zu hinterlegen ist auch die Vertragsurkunde über die Veräußerung des Geschäfts.

b) Das Gericht kann den Aktionären und den Gläubigern die *Einsicht* in die Bücher und Schriften gestatten; Abs. 3. Nur den Aktionären und Gläubigern kann die Einsicht gestattet werden. Dazu gehören die letzten wie die früheren Aktionäre und Gläubiger; auch diejenigen Gläubiger, die bei der Abwicklung nicht hervorgetreten sind; sie können ebenfalls ein Interesse an der Einsicht haben (Delius, ZHR 46, S. 66). Ob andere ein Recht auf Einsicht haben, richtet sich nach den Bestimmungen des bürgerlichen Rechts; § 810 BGB. Als Besitzer im Sinne dieser Bestimmung ist der Verwahrer anzusehen. Die Vorschrift des Abs. 3 ist sinngemäß dahin auszulegen, daß auch im Falle des § 810 BGB das Gericht an Stelle der nicht mehr bestehenden Gesellschaft die Einsicht zu gestatten hat. Ein unbedingtes Recht der Beteiligten auf Einsichtnahme besteht nicht. Das Gericht „kann" die Einsichtnahme gestatten. Das heißt, daß es die Einsicht gestatten muß, wenn der darum Nachsuchende ein berechtigtes Interesse an der Einsicht glaubhaft macht. Die Entscheidung des Gerichts unterliegt nach Abs. 5, § 146 Abs. 2 FGG der Nachprüfung im Beschwerdeverfahren; § 265, Anm. 9.

Die Beteiligten können nur die Einsicht in die Bücher und Schriften verlangen und sich daraus Aufzeichnungen und Abschriften machen; erforderlichenfalls muß ihnen das Gericht auch gestatten, Vertreter zu verwenden und Sachverständige zuzuziehen, Breslau, JW 1907, S. 523; KG, RJAG (1905), S. 126. Im übrigen ist das Einsichtsrecht als solches nicht übertragbar, auch nicht pfändbar; es geht aber mit dem zugrundeliegenden Recht auf Rechtsnachfolger über; OLGE 14 (1905), S. 185. Auf eine andere Benutzung, insbesondere Auslieferung, besteht kein Recht; ROHG 7 (1872), S. 75.

Die Entscheidung des Gerichts ermächtigt den Antragsteller nur zur Einsicht in die Bücher. Es folgt daraus aber, daß der Verwahrer die Einsicht auch gestatten muß. Dies ergibt sich aus seiner Verwahrungspflicht. Die Verwahrung erfolgt zu dem Zweck, daß die Beteiligten von dem Inhalt Kenntnis nehmen können. Wird sie verweigert, so kann der Ermächtigte Klage auf Duldung der Einsicht erheben oder eine einstweilige Verfügung auf Duldung erwirken.

Anm. 5

5. Wiederaufnahme der Abwicklung (Nachtragsabwicklung)

a) Voraussetzungen

Stellt sich nachträglich heraus, daß weitere Abwicklungsmaßnahmen nötig sind, so hat auf Antrag eines Beteiligten das Gericht die bisherigen Abwickler neu zu bestellen oder andere Abwickler zu berufen. Außer der Verteilung von Vermögen, das sich nachträglich herausstellt, können sich auch noch andere Abwicklungshandlungen als notwendig erweisen, z. B. die Mitwirkung bei der Löschung von im Grundbuch zugunsten der Gesellschaft bestehenden Rechten (Hypotheken usw.). Unter Umständen kann auch die Verfügung über ein nachträglich sich ergebendes Vermögensstück erforderlich sein, das sich nicht zur Verteilung und auch nicht zur Versilberung eignet. Auch wenn das Vermögen nach der Satzung nicht unter die Aktionäre zu verteilen ist, sondern einem Dritten, etwa einer wohltätigen Anstalt, einer Stiftung auszufolgen ist, kann eine weitere Abwicklungsmaßnahme nötig werden. Die Wiederaufnahme der Abwicklung ist nicht nur im Interesse der Aktionäre möglich, sondern dient in erster Linie auch den Gläubigern. Sie ist deshalb auch notwendig, wenn sich nachträglich Vermögen herausstellt, aus dem Gläubiger der Gesellschaft befriedigt werden können.

Ergibt sich die Notwendigkeit weiterer Abwicklungsmaßnahmen, so ist tatsächlich die Abwicklung noch nicht beendigt, sondern fortzusetzen. Die Gesellschaft ist dann in Wirklichkeit noch nicht vollbeendet, sondern besteht als Abwicklungsgesellschaft weiter. Sie hatte nur scheinbar, nicht in Wahrheit, zu bestehen aufgehört; RGZ 41, S. 93; 109, S. 387, 391; 134, S. 91, 94 (für GmbH). Daran ändert es auch nichts, daß die Gesellschaftsfirma nach Abs. 1 im Handelsregister gelöscht worden ist. Die Löschung hatte nur bekundende, nicht rechtschaffende oder rechtsvernichtende Wirkung; vgl. oben Anm. 3. Die Löschung hindert die Wiederaufnahme der Abwicklung nicht. Diese kann erfolgen, auch wenn und solange die Löschung nicht als unrichtig gelöscht ist. Schon die Tatsache, daß noch Abwicklungshandlungen vorzunehmen sind, rechtfertigt die Wiederaufnahme der Abwicklung; RGZ 109, S. 391; KGJ 28 A 55; RJA 14, 61. Vielfach wird es zweckmäßig sein, die Löschung des Löschungsvermerks beim Registergericht anzuregen. Auch solange die Wiedereintragung nicht erfolgt ist, können die Abwicklungshandlungen namens der Firma „in Abwicklung" vorgenommen, auch Prozesse namens der Gesellschaft „in Abwicklung" geführt werden. Abs. 4 zeigt nur den Weg, um die Abwicklung durchzuführen, indem er die Wiederbestellung von Abwicklern und damit die gesetzliche Vertretung der Abwicklungsgesellschaft regelt.

Das Bedürfnis, über Vermögen der Gesellschaft zu verfügen, ist der wichtigste Anlaß zur Wiederaufnahme der Abwicklung. Nicht notwendig ist, daß sich das Vermögen neu herausgestellt hat, daß es bisher verborgen war. Auch wenn es bekannt war, aber aus irgend einem Grunde die Verwertung unterblieb, kann eine Abwicklungstätigkeit geboten sein; KGJ 41 A 139. Der Umstand allein, daß ein Gläubiger sich nachträglich gemeldet hat, genügt nicht zur Wiederaufnahme der Abwicklung. Es muß auch Vermögen vorhanden sein, aus dem er befriedigt werden könnte. Ist dieses vorhanden, so ist die Wiederaufnahme begründet, auch wenn für die Aktionäre nichts übrig bleibt und zu verteilen ist; KGJ 31 A 270. Verteilungsfähiges Vermögen in diesem Sinne ist auch vorhanden, wenn ein Rückforderungsanspruch der Gesellschaft nach § 62 gegeben ist oder wenn ein Schadenersatzanspruch der Gesellschaft gegen ihre Organe, auch die Abwickler, besteht; §§ 93, 116, 268 Abs. 2; RGZ 92, S. 82, 84; 109; S. 387, 391. Auch ein Anfechtungsanspruch nach dem Anfechtungsgesetz ist ein Vermögensstück, das bei einer Anfechtungsklage mit Aussicht auf Erfolg die Wiederaufnahme rechtfertigen kann; vgl. den Fall RGZ 155, S. 42. Nach der weiten Fassung des Abs. 4 muß die Aufnahme der Abwicklung zulässig sein, solange noch ein Bedürfnis für eine Bestätigung der Gesellschaft besteht, mag sie sich dabei in aktiver oder passiver Rolle befinden, so z. B. auch dann, wenn es sich um die Mitwirkung bei der Löschung einer Hypothek handelt. Deshalb allein, weil ein sich nach ordnungsmäßiger Durchführung der Abwicklung meldender Gläubiger leer ausgegangen ist, besteht ein Rückforderungsanspruch der Gesellschaft gegen die Aktionäre, an die das vorhandene Vermögen verteilt worden ist, nicht; vgl. § 272, Anm. 8; RGZ 124, S. 214. War über das Vermögen der Gesellschaft das Konkursverfahren eröffnet worden und stellt sich nach dessen Beendigung noch Vermögen heraus, so kann der Konkursverwalter eine Nachtragsverteilung vornehmen; § 166 KO. Lehnt er dies ab oder ist ein Zwangsvergleich abgeschlossen oder ist sonst Anlaß für eine Abwicklungstätigkeit vorhanden, so kann die Abwicklung ebenfalls aufgenommen werden.

b) Antragsrecht

Ist das Bedürfnis nach einer Abwicklungshandlung vorhanden, so kann jeder Beteiligte den Antrag auf Bestellung von Abwicklern stellen. Beteiligt sind in erster Linie die Aktionäre und die Gläubiger. Aber auch ein Dritter ist beteiligt, wenn er an einer Abwicklungshandlung ein Interesse hat, z. B. derjenige, dem das Vermögen nach der Satzung zufällt. Durch den Antrag soll der gesetzliche Vertreter geschaffen werden, der für die Gesellschaft handelt. Die Bestellung des Vertreters ist namentlich nötig, wenn eine Verfügung über Gesellschaftsvermögen getroffen, ein Prozeß für oder gegen die Gesellschaft geführt werden soll. Nach § 57 ZPO kann allerdings ein Prozeßvertreter bestellt werden, denn es fehlt nicht an einer prozeßfähigen Partei. Die Gesellschaft ist trotz der Abwicklung und Löschung bestehen geblieben; Anm. 3. Ein Bedürfnis zur Einleitung einer Pflegschaft, § 1911 BGB, wird aber nicht bestehen, da jederzeit Abwickler nach Abs. 4 bestellt werden können.

Der Antrag ist beim Amtsgericht des Sitzes der Gesellschaft zu stellen. Er richtet sich nach den Vorschriften der §§ 145, 146 FGG; die sofortige Beschwerde ist zulässig; Abs. 5, § 146 Abs. 2 FGG.

c) Neubestellung der Abwickler

Die Abwickler sind vom Gericht zu bestellen. Das Amt der bisherigen Abwickler lebt nicht ohne weiteres mit dem Bedürfnis zu weiteren Abwicklungshandlungen wieder auf. Andernfalls wäre die Bestimmung, daß die bisherigen Abwickler neu bestellt werden können, überflüssig. Abweichend von dem für die GmbH und auch für die offene Handelsgesellschaft geltenden Recht bestimmt das Aktiengesetz ausdrücklich, daß nachdem einmal das Verfahren nach Abs. 1 durchgeführt ist, *die Abwickler vom Gericht* zu bestellen sind; vgl. für die GmbH RGZ 109, S. 387, 392; 129, S. 107. Das Gericht ist bei seiner Entscheidung an die Anträge der Beteiligten nicht gebunden. Es hat zu prüfen, ob die Voraussetzungen für die Wiederaufnahme gegeben sind, insbesondere ob Vermögen vorhanden ist, ob der Prozeß, durch den es herbeigeschafft werden soll, Aussicht auf Erfolg hat; KG, OLGE 38 (1917), S. 193; KG, RJA 15 (1917), S. 214. Es kann nach pflichtmäßigem Ermessen die bisherigen Abwickler oder andere bestellen; KG, KGJ 41 (1910), S. A 138; 45 (1913), S. A 185; KG, RJA 14 (1914), S. 59; BGH, NJW 1970 S. 1044; Baumbach-Hueck, Rnr. 7; v. Godin-Wilhelmi, Anm. 9. Bei der Bestellung kann das Gericht Bestimmungen über das Alleinvertretungs- oder Gesamtvertretungsrecht der bestellten Abwickler erlassen; § 269 Abs. 3. Für ihre Abberufung und ihre Vergütung gelten die für gerichtlich bestellte Abwickler erlassenen allgemeinen Vorschriften; § 265 Abs. 3 und 4. Das Gericht kann Abwickler für die ganze noch in Betracht kommende Abwicklungstätigkeit, also insofern mit unbeschränktem Geschäftskreis, aber auch für einzelne Maßnahmen bestellen.

Der Gesellschaft, nicht aber dem Abwickler persönlich, steht das Beschwerderecht gegen die Entscheidung des Gerichts zu; KG, Bauer 19, 105; KG, RJA 13 (1913), S. 42, dagegen BayObLG, DNotVZ 1913, 675. Den Aktionären und Gläubigern steht das Beschwerderecht bei Ablehnung ihrer Anträge zu; München, RJA 12 (1912), S. 218.

Wird die Abwicklung wieder aufgenommen und werden neue Abwickler bestellt, so sind diese durch das Gericht von Amts wegen in das Handelsregister einzutragen, § 266 Abs. 3, und zwar unter Löschung des bisherigen Löschungsvermerks (Brand-Marowski, Die Registersachen, 4. Aufl., S. 298; Baumbach-Hueck, Rnr. 8; Schmidt in Hachenburg, § 74 GmbHG, Anm. 18; v. Godin-Wilhelmi, Anm. 9; a. M. Schlegelberger-Quassowski, § 214 AktG 1937, Anm. 20ff.). Die Wiedereintragung geschieht zweckmäßig an derselben Stelle wie die frühere. Erfolgt Neueintragung, so ist bei der alten darauf zu verweisen. Die Eintragung ist bekannt zu machen. Es ist aber zu beachten, daß es sich bei der Wiederaufnahme der Abwicklung regelmäßig nicht um eine Wiederholung der gesamten Abwicklung, sondern um unerledigte Teile derselben, gewöhnlich die Verwertung bestimmter Vermögensstücke, handelt. Vielfach kann das Abwicklungsverfahren bald abermals wieder beendigt werden und ein Verkehr mit Dritten ist nur in beschränktem Umfang nötig. Dann kann im Einzelfall nach pflichtmäßigem Ermessen des Registerrichters von der Neueintragung der Abwickler und der Löschung des Eintrags über die Löschung der Gesellschaft abgesehen werden, wenn ihr doch alsbald wieder die Löschung folgen müßte.

Die neu bestellten Abwickler haben ihre Unterschrift zur Aufbewahrung beim Registergericht zu zeichnen. Auch hiervon kann abgesehen werden, wenn nur eine vereinzelte Tätigkeit in Betracht kommt.

d) Folgen der Wiederaufnahme

Die Bestellung der Abwickler nach Abs. 4 hat nur den Zweck, die Abwicklung zu Ende zu führen. Sie kann niemals dazu führen, aus der Abwicklungsgesellschaft wieder ein werbendes Unternehmen zu machen. Dem steht schon § 274 Abs. 1 entgegen, nach dem die Rückverwandlung in ein werbendes Unternehmen unmöglich ist, sobald mit der Verteilung des Vermögens unter die Aktionäre auch nur begonnen worden ist. Die Gesellschaft bleibt Gesellschaft „in Abwicklung". Mit diesem Zusatz hat sie auch fernerhin zu zeichnen.

Da die Aufgabe der neu bestellten Abwickler begrenzt ist (vgl. oben unter c), ist der Aufruf der Gläubiger nach § 267 nicht zu wiederholen. Dagegen kann die Verpflichtung zur Beantragung des Konkurs- oder Vergleichsverfahrens bestehen; § 268 Abs. 2, § 92 Abs. 2. Eine neue Eröffnungsbilanz ist nicht aufzustellen; dagegen sind bei längerer Dauer der Abwicklung Jahresabschlüsse zu machen; § 270. Die Verteilung des Vermögens hat nach den allgemeinen Vorschriften zu erfolgen; § 271. Ein Sperrjahr, § 272

Abs. 1, ist nicht erneut einzuhalten. Dagegen ist erneut Schlußrechnung zu legen und die Beendigung der Abwicklung anzumelden; § 273 Abs. 1. Die Firma ist dann, falls erforderlich, erneut zu löschen. Die Bücher und Schriften sind erneut zu hinterlegen; Abs. 2.

Mit der Aufnahme der Abwicklung tritt auch die Organisation der Gesellschaft wieder in Tätigkeit, also der (alte) Aufsichtsrat und die Hauptversammlung; ebenso Baumbach-Hueck, Rnr. 8; v. Godin-Wilhelmi, Anm. 9. Eine Neubestellung des Aufsichtsrats ist anders als bei den Abwicklern nicht vorgeschrieben; unter Umständen muß er aber ergänzt werden; BayObLG, JW 1929, S. 670.

Die neubestellten Abwickler brauchen ihre Tätigkeit nur aufzunehmen, wenn ihnen die Mittel dazu aus dem Vermögen der Gesellschaft oder von den Antragstellern oder anderer Seite zur Verfügung gestellt werden. Nehmen sie ihre Tätigkeit ohne die nötigen Mittel auf, so haften sie persönlich für die entstehenden Kosten; KG, KGJ 30, (1905), S. 125.

Anm. 6

6. Aufgelöste ausländische Gesellschaften

Die Vorschriften über die Abwicklung gelten nur für inländische Aktiengesellschaften. Darüber, ob nach Abs. 4 die Aktionäre einer aufgelösten (nationalisierten) ausländischen Aktiengesellschaft in Deutschland als Abwicklungsgesellschaft auftreten und inländisches Vermögen der Gesellschaft für sich verwerten können (so RGZ 129, S. 98), vgl. 2. Auflage, § 5, Anm. 8ff. und BGH, AWD 1960, S. 299.

Anm. 7

7. Fortfall der Kapitalschutzvorschriften

Gilt die Gesellschaft mit der Durchführung der Abwicklung als voll beendigt, so verlieren die Vorschriften über die Kapitalgrundlage der Gesellschaft, insbesondere das Verbot der Rückzahlung der Einlagen und der Befreiung von und der Aufrechnung mit Einlageforderungen, §§ 57, 66, ihre Bedeutung, da nach dem förmlichen Schluß der Abwicklung die Gesellschaft nicht wieder ein werbendes Unternehmen werden kann, vgl. Anm. 11. Das gleiche gilt von dem durch die Rechtsprechung entwickelten Grundsatz, daß eine Einlageforderung nur abgetreten, verpfändet oder gepfändet werden kann, wenn der Gesellschaft ein vollwertiges Entgelt zufließt. Deshalb sind diese Verfügungen nach Durchführung der Abwicklung ohne die angegebene Beschränkung zulässig; RGZ 149, S. 293 (für GmbH); 156, S. 23.

§ 274 Fortsetzung einer aufgelösten Gesellschaft

(1) Ist eine Aktiengesellschaft durch Zeitablauf oder durch Beschluß der Hauptversammlung aufgelöst worden, so kann die Hauptversammlung, solange noch nicht mit der Verteilung des Vermögens unter die Aktionäre begonnen ist, die Fortsetzung der Gesellschaft beschließen. Der Beschluß bedarf einer Mehrheit, die mindestens drei Viertel des bei der Beschlußfassung vertretenen Grundkapitals umfaßt. Die Satzung kann eine größere Kapitalmehrheit und weitere Erfordernisse bestimmen.

(2) Gleiches gilt, wenn die Gesellschaft

1. durch die Eröffnung des Konkursverfahrens aufgelöst, das Konkursverfahren aber auf Antrag der Gesellschaft eingestellt oder nach rechtskräftiger Bestätigung eines Zwangsvergleichs aufgehoben worden ist;

2. durch die gerichtliche Feststellung eines Mangels der Satzung nach § 262 Abs. 1 Nr. 5 aufgelöst worden ist, eine den Mangel behebende Satzungsänderung aber spätestens zugleich mit der Fortsetzung der Gesellschaft beschlossen wird.

(3) Die Abwickler haben die Fortsetzung der Gesellschaft zur Eintragung in das Handelsregister anzumelden. Sie haben bei der Anmeldung nachzuweisen, daß noch nicht mit der Verteilung des Vermögens der Gesellschaft unter die Aktionäre begonnen worden ist.

(4) Der Fortsetzungsbeschluß wird erst wirksam, wenn er in das Handelsregister des Sitzes der Gesellschaft eingetragen worden ist. Im Falle des Absatzes 2 Nr. 2 hat der Fortsetzungsbeschluß keine Wirkung, solange er und der Beschluß über die Satzungsänderung nicht in das Handelsregister des Sitzes der Gesellschaft eingetragen worden sind; die beiden Beschlüsse sollen nur zusammen in das Handelsregister eingetragen werden.

Übersicht

Einleitung

§ 307 HGB ließ die Fortsetzung einer aufgelösten Aktiengesellschaft ausdrücklich in zwei Fällen zu: (1) Wenn eine Gesellschaft zum Zwecke der Veräußerung ihres Vermögens im Ganzen oder zum Zwecke der Umwandlung in eine andere Gesellschaft aufgelöst worden ist und der beabsichtigte Zweck nicht erreicht wird; (2) wenn die Gesellschaft durch die Eröffnung des Konkurses aufgelöst, der Konkurs aber nach Abschluß eines Zwangsvergleichs aufgehoben oder auf Antrag des Gemeinschuldners eingestellt worden ist. § 215 AktG 1937 brachte eine Fortentwicklung des durch Rechtslehre und Rechtsprechung (vgl. RGZ 118, S. 337) geschaffenen Rechtszustandes.

§ 274 übernahm in seiner ursprünglichen Fassung weitgehend das bisherige Recht. Durch das Koordinierungsgesetz vom 15. August 1969 (BGBl. I, S. 1146) wurde er abermals durch die Ziff. 2 des Abs. 2 und den neueingefügten Satz 2 in Abs. 4 erweitert. Diese Erweiterung wurde durch den in § 262 Abs. 1 Nr. 5 neu aufgenommenen Auflösungsgrund notwendig: Die Möglichkeit der Fortsetzung der Gesellschaft wird jetzt auch für den Fall geregelt, daß diese durch die gerichtliche Feststellung eines Mangels der Satzung nach § 262 Abs. 1 Nr. 5 aufgelöst worden ist.

Anm. 1

1. Fortsetzung der nach Abs. 1 aufgelösten Gesellschaft

Ist eine Aktiengesellschaft durch Zeitablauf oder durch Beschluß der Hauptversammlung aufgelöst worden, so kann die Hauptversammlung, solange noch nicht mit der Verteilung des Vermögens unter die Aktionäre begonnen ist, die Fortsetzung der Gesellschaft beschließen. Der Absatz läßt die Fortsetzung einer aufgelösten Gesellschaft in den Fällen des § 262 Abs. 1 Nr. 1 u. 2, also in Fällen zu, in denen die Auflösung auf dem Willen der Gesellschaft oder der Gesellschafter beruht, (1.) weil die Satzung die Auflösung durch Zeitablauf bestimmte, oder (2.) weil die Auflösung durch die Hauptversammlung beschlossen war. Die Gesellschaft kann aus jedem beliebigen Grund die Rückgängigmachung der Auflösung beschließen, insbesondere auch deshalb, weil es ihr wegen der geänderten Lage jetzt zweckmäßig erscheint, den Gewerbebetrieb fortzusetzen; der Grund kann auch der sein, daß sie einen anderen Zweck verfolgen will als nach der bisherigen Satzung. In diesem Fall ist allerdings eine Satzungsänderung in dem dafür vorgesehenen Verfahren nötig; §§ 179ff. Grund der Rückgängigmachung kann auch die Zuführung neuen Kapitals sein.

Anm. 2

a) Nur bis zum Beginn der Vermögensverteilung

Da die Rückgängigmachung der Auflösung die Wiederherstellung des werbenden Betriebes zum Ziele hat, kann der fortgeschrittene Stand der Abwicklung diesem Ziele entgegenstehen. Dies ist namentlich der Fall, wenn die Abwicklung so weit gediehen ist, daß der Gesellschaft die Kapitalgrundlage entzogen ist, die nach der Struktur der Aktiengesellschaft und den Grundgesetzen des Aktienrechts über das Grundkapital und seine Erhaltung deren Wesensmerkmal bildet; §§ 1, 6, 7, 9, 29, 57, 66. Die Rechtsprechung zum HGB hatte die in der Abwicklung liegende Gefahr der Beeinträchtigung des Gläubigerschutzes, dem die erwähnten grundlegenden Vorschriften dienen, berücksichtigt. In der Entscheidung RGZ 118, S. 337, 340 vertrat das Reichsgericht in Übereinstimmung mit einer Entscheidung des Kammergerichts (JW 1925, S. 690[7]) den Standpunkt, daß nach Beendigung der Abwicklung *und der Verteilung* des Vermögens keine Rückverwandlung in ein werbendes Unternehmen, sondern nur eine Neugründung in Frage kommen könne; sei dagegen mit der Abwicklung erst begonnen, so könne die Rückverwandlung stattfinden, wenn das Stammkapital der Aktiengesellschaft unversehrt geblieben sei oder wenn es, soweit es schon ausgezahlt sei, wieder hereingebracht werde. Dann müsse, bevor die Rückverwandlung der Gesellschaft eingetragen werde, dem Registergericht der Nachweis erbracht werden, daß die Abwicklungsmaßnahmen rückgängig gemacht sind. Denn die wieder ins Leben getretene Gesellschaft müsse den Gläubigern in bezug auf das Stammkapital die gleiche Gewähr bieten, wie es vor der Auflösung der Fall gewesen wäre. Das Aktiengesetz von 1937 hat diesen vom Reichsgericht ausgesprochenen Rechtssatz in § 215 Abs. 1 Satz 1 in das Gesetz aufgenommen, forderte jedoch im Interesse der Sicherheit von Gläubigern und Aktionären als unbedingte Voraussetzung des Fortsetzungsbeschlusses, daß noch nicht mit der Verteilung des Vermögens *begonnen* ist. Es genügt also nicht, daß das bereits verteilte Vermögen wieder zurückgegeben werden kann. Hiernach ist in den Fällen des § 262 Abs. 1 die Rückverwandlung der Gesellschaft in ein werbendes Unternehmen — nach dem Sprachgebrauch des Gesetzes die „Fortsetzung der Gesellschaft" — unter allen Umständen unzulässig, wenn auch nur zum geringsten Teil mit der Verteilung des Vermögens unter die *Aktionäre* begonnen ist, mag die Rückzahlung der verteilten Beträge auch möglich und sogar schon durchgeführt sein oder auch noch so viel Reinvermögen vorhanden sein, daß dadurch das satzungsmäßige Grundkapital voll gedeckt ist. Nach Beginn der Verteilung des Vermögens muß die Abwicklung bis zum Ende durchgeführt werden. Die einmal begonnene Vermögensverteilung führt somit in allen Fällen zur Vollbeendigung der Gesellschaft und zur Löschung der Firma. Nach Beginn der Vermögensverteilung bleibt nur der Weg der Gründung einer neuen Aktiengesellschaft nach den dafür geltenden Vorschriften. Auch die Umwandlung durch Übertragung des Vermögens auf eine Personengesellschaft oder einen Gesellschafter nach dem Umwandlungsgesetz v. 12. 11. 1956 (heute UmwG) ist gemäß § 2 ausgeschlossen, wenn mit der Verteilung des nach Berichtigung der Schulden verbleibenden Vermögens an die Aktionäre begonnen ist.

Das Verbot der Rückverwandlung nach Beginn der Vermögensverteilung ist im *öffentlichen Interesse* zum Schutze der Gläubiger erlassen. Ein dagegen verstoßender Hauptversammlungsbeschluß ist nichtig; § 241 Nr. 3. Da der die Fortsetzung beschließende Hauptversammlungsbeschluß ins Handelsregister einzutragen ist (Abs. 4), so ist Heilung der Nichtigkeit dieses Beschlusses nach § 242 Abs. 2 möglich. Darüber hinaus muß aber auch angenommen werden, daß nach erfolgter Eintragung der Fortsetzung der Gesellschaft die Nichtigkeit überhaupt nicht mehr geltend gemacht werden kann. Denn durch die Eintragung wird nach außen, der Öffentlichkeit gegenüber die Erklärung abgegeben, daß die Gesellschaft als werbendes Unternehmen fortbestehe, und daß das aus der Satzung ersichtliche Grundkapital auch fernerhin die Kapitalgrundlage der Gesellschaft bilde; ebenso Baumbach-Hueck, § 274, Rnr. 4. Nach erfolgter Eintragung des Fortsetzungsbeschlusses muß somit die Gesellschaft fortgesetzt werden. Damit wird auch der Anspruch der Aktionäre auf Durchführung der Abwicklung hinfällig. Wollen sie sich dagegen schützen, so müssen sie, notfalls durch Erwirkung einer einstweiligen Verfügung, dafür sorgen, daß die Fortsetzung der Gesellschaft nicht eingetragen wird.

Anm. 3

b) Ohne Rücksicht auf Vermögensstand

Abgesehen von dem Beginn der Verteilung des Vermögens bildet der fortgeschrittene Stand der Abwicklung kein Hindernis für eine Rückumwandlung der Gesellschaft. Dies gilt auch dann, wenn das Geschäft mit Aktiven und Passiven und auch mit der Firma verkauft und das ganze Vermögen in Geld umgesetzt und alles zur Verteilung bereit ist. Die Gesellschaft muß nur unter Umständen eine neue Firma annehmen. Hierzu und zu einer etwaigen Änderung des Gegenstandes des Unternehmens ist freilich eine Satzungsänderung nötig, da Firma und Gegenstand des Unternehmens in der Satzung festzulegen sind; § 23. Kein Hinderungsgrund für eine Fortsetzung der Gesellschaft ist es auch, wenn sich bei den bisherigen Abwicklungsmaßnahmen ergibt, daß das Reinvermögen die satzungsmäßige Ziffer des Aktienkapitals nicht mehr erreicht. Ein Vermögensverlust in diesem Umfang ist auch sonst kein Auflösungsgrund. Selbst wenn das Reinvermögen den gesetzlichen Mindestbetrag des Grundkapitals nach § 7 oder nach dem DM-Bilanzgesetz nicht mehr erreichen würde, so wäre dies kein Auflösungsgrund und würde deshalb auch kein rechtliches Hindernis für die Fortsetzung einer aufgelösten Aktiengesellschaft bilden. Denn Vermögensverluste zwingen nicht notwendig auch zu einer Verminderung der Grundkapitalziffer. Freilich kann es im Interesse der Gesellschaft liegen, durch Kapitalherabsetzung das Grundkapital der wahren Vermögenslage der Gesellschaft anzupassen, da die Notwendigkeit der Einstellung des Grundkapitals in die Jahresbilanz, § 151 Abs. 1 Passivseite 1, die Ausschüttung von Gewinn erschwert. Nur wenn sich die Konkursreife der Gesellschaft im Laufe der Abwicklung ergeben hätte, die Gesellschaft also die Konkurseröffnung beantragen müßte und dieses nicht durch ein Vergleichsverfahren vermieden werden könnte, würde es dem Zweck der Konkursvorschriften und auch des § 274 Abs. 1, der ein lebensfähiges Unternehmen voraussetzt, widersprechen, dessen Rückverwandlung vorzunehmen.

War eine Aktiengesellschaft oder Kommanditgesellschaft auf Aktien nach § 80 Abs. 1 DM-Bilanzgesetz zum 31. 12. 1950 kraft Gesetzes aufgelöst, weil sie ihre Kapitalverhältnisse bis zu diesem Zeitpunkt nicht nach Abschnitt II des DM-Bilanzgesetzes neu festgesetzt hatte, so konnte sie nach § 1 Abs. 1 des 2. DM-Bilanzergänzungsgesetzes vom 20. 12. 1952 (BGBl. I, S. 824) bis zum 31. Dezember 1953 ihre Fortsetzung beschließen, sofern sie (1.) noch nicht mit der Verteilung des Vermögens unter die Aktionäre begonnen hatte und wenn (2.) spätestens zugleich mit der Fortsetzung die Neufestsetzung der Kapitalverhältnisse nach Abschnitt II des DM-Bilanzgesetzes beschlossen wurde.

Aktiengesellschaften des Saarlandes, die den Beschluß über die Neufestsetzung ihrer Kapitalverhältnisse nach dem III. Abschnitt des DM-Bilanzgesetzes für das Saarland vom 30. 6. 1959 (BGBl. I, S. 372) nicht bis zum 30. 6. 1961 beim Registergericht zur Eintragung angemeldet hatten und daher gemäß § 56 Abs. 1 DM-Bilanzgesetz für das Saarland mit Ablauf dieses Tages aufgelöst waren, konnten nach § 56 Abs. 5 dieses Gesetzes nicht fortgesetzt werden.

Soweit noch Aktiengesellschaften bestehen, deren Grundkapital infolge der Neufestsetzung nach dem für sie geltenden DM-Bilanzgesetz weniger als 100.000 DM beträgt (vgl. § 44 Abs. 1 DM-Bilanzgesetz, § 2 Abs. 1 EG AktG 1937 in der Fassung des § 61 DM-Bilanzgesetz) können diese eine wesentliche Veränderung ihrer Verhältnisse, namentlich eine wesentliche Änderung des Gegenstandes des Unternehmens oder ihrer Verfassung nur vornehmen, wenn sie spätestens zugleich mit den Änderungen ihr Grundkapital auf 100.000 DM erhöhen; andernfalls werden die beschlossenen Änderungen nicht eingetragen; vgl. dazu § 2 EG AktG 1965. Insofern will das Gesetz einen gewissen Druck auf die Erhöhung des Grundkapitals ausüben. Die Bestimmung muß sinngemäß auch für den Fall gelten, daß die aufgelöste Gesellschaft wieder in ein werbendes Unternehmen umgewandelt werden soll.

Anm. 4

c) Beschluß der Hauptversammlung

Der Beschluß der Hauptversammlung, die Gesellschaft fortzusetzen, bedarf einer Mehrheit, die mindestens drei Viertel des bei der Beschlußfassung vertretenen Grundkapitals umfaßt. Die Satzung kann eine größere Kapitalmehrheit und weitere Erfordernisse bestimmen; Abs. 1 Satz 2. Die Vorschrift stimmt überein mit der des § 262 Abs. 1 Nr. 2, über den Beschluß der Hauptversammlung, die Gesellschaft aufzulösen.

In RGZ 118, S. 337 hat das Reichsgericht in Übereinstimmung mit einem Teil des Schrifttums für die GmbH angenommen, daß nach Auflösung der Gesellschaft durch Gesellschafterbeschluß die Fortsetzung der Gesellschaft nur einstimmig beschlossen werden könne, weil mit der Auflösung jeder Gesellschafter das Recht auf Abwicklung und Auskehrung seines Abwicklungsguthabens erworben habe. Das Aktiengesetz erklärt in allen Fällen des § 262 Abs. 1 für die Fortsetzung einer aufgelösten Aktiengesellschaft einen Beschluß mit mindestens Dreiviertelmehrheit des bei der Beschlußfassung vertretenen Grundkapitals für ausreichend. Es läßt aber zu, daß die Satzung diese Mehrheit durch eine größere Kapitalmehrheit ersetzt und noch weitere Erfordernisse aufstellt. Danach bedarf es kraft Gesetzes eines einstimmigen Beschlusses weder, wenn nach der Satzung die Gesellschaft durch Zeitablauf, noch dann, wenn sie durch Hauptversammlungsbeschluß aufgelöst worden ist. Nur die Satzung kann für beide Fälle eine höhere Mehrheit fordern und noch andere Erfordernisse aufstellen. Die Erfordernisse können für die Auflösung in der Satzung anders bestimmt sein als für die Fortsetzung. Eine Satzungsänderung ist auch im Falle der satzungsmäßig begrenzten Zeitdauer der Gesellschaft nicht erforderlich, denn § 274 Abs. 1 Satz 2 stellt *erschöpfend* die Erfordernisse der Rückgängigmachung einer bereits eingetretenen Auflösung auf. Eine Satzungsänderung wäre dagegen erforderlich, wenn vor Ablauf der in der Satzung bestimmten Zeit, also vor Eintritt der Auflösung, beschlossen werden sollte, daß die Gesellschaft nicht zu dem in der Satzung angegebenen, sondern zu einem bestimmten früheren oder späteren Zeitpunkt aufgelöst werden solle; vgl. § 262, Anm. 12, 14. Die Erfordernisse des § 274 Abs. 1 Satz 2 sind auch in dem Fall zu erfüllen, der in § 307 Abs. 1 HGB geregelt war (wenn die Gesellschaft zum Zwecke der Veräußerung ihres Vermögens im ganzen oder zum Zwecke der Umwandlung in eine andere Gesellschaft aufgelöst worden ist und der beabsichtigte Zweck nicht erreicht worden ist). Während dort einfache Mehrheit ausreichte, muß nach dem Aktiengesetz in allen Fällen der Fortsetzungsbeschluß mindestens mit Dreiviertelmehrheit des bei der Abstimmung vertretenen Grundkapitals gefaßt werden.

Da Abs. 1 Satz 2 mit § 262 Abs. 1 Nr. 2 und diese Vorschrift wieder mit anderen Vorschriften über Hauptversammlungsbeschlüsse übereinstimmt, z. B. § 182 Abs. 1, § 193 Abs. 1, kann wegen des Inhalts der Vorschrift auf die Erläuterungen zu diesen Bestimmungen verwiesen werden.

Die Vorschriften über die Mindesterfordernisse des Beschlusses sind *zwingend.* Eine Erleichterung der Fortsetzung durch die Satzung ist daher nichtig. Zulässig ist es, daß die Satzung eine Fortsetzung der einmal aufgelösten Gesellschaft ausschließt. Ein öffentliches Interesse daran, eine solche Fortsetzung nicht auszuschließen, besteht nicht. In der Satzungsbestimmung, daß die Gesellschaft auf bestimmte Zeit geschlossen werde oder sich zu einem bestimmten Zeitpunkt auflöse, liegt der Ausschluß der Fortsetzung noch nicht. Auch in der satzungsmäßigen Einräumung eines Kündigungsrechtes liegt der Ausschluß der Fortsetzung noch nicht, wobei zu bemerken ist, daß auch im Fall der Auflösung durch Kündigung grundsätzlich ein Fortsetzungsbeschluß möglich ist; vgl. Anm. 7. Wohl aber kann darin die Bestimmung gefunden werden, daß die Fortsetzung nicht ohne Zustimmung des Kündigungsberechtigten beschlossen werden könne, wenn die Auflösung durch Ausübung dieses Kündigungsrechts eingetreten ist. Denn das Kündigungsrecht kann gegenstandslos sein und sein Zweck vereitelt werden, wenn sofort nach seiner Ausübung gegen den Willen des Kündigenden die Fortsetzung beschlossen wird. Ein ohne diese Zustimmung gefaßter Fortsetzungsbeschluß wäre zwar nicht nichtig, aber schwebend unwirksam. Die Fortsetzung der Gesellschaft dürfte nicht nach Abs. 3 eingetragen werden, wenn nicht die Zustimmung des Kündigenden beigebracht wäre. Abgesehen hiervon ist ein nur mit einfacher Mehrheit oder unter Außerachtlassung der weitergehenden Erfordernisse der Satzung gefaßter Fortsetzungsbeschluß nicht nichtig, sondern nur anfechtbar. Auch durch die Nichteinhaltung der gesetzlichen Dreiviertelmehrheit werden nicht Vorschriften verletzt, die im öffentlichen Interesse gegeben sind. Es werden durch die Fortsetzung der Gesellschaft nur die Interessen der Aktionäre berührt. Wird die Gesellschaft fortgesetzt, so muß auch das Kapital erhalten bleiben, so daß die Gläubiger geschützt sind, insbesondere diejenigen, die neu mit der Gesellschaft in Geschäftsverkehr treten.

Der Beschluß kann nur dahin gehen, daß die Gesellschaft fortgeführt wird, d. h. daß sie sich wieder in eine werbende Gesellschaft verwandelt. Es kann nicht beschlossen werden, daß die Gesellschaft wieder eine werbende oder ihren sonstigen Zweck fortsetzende Tätigkeit ausübt, daneben aber die Abwicklung weitergeht und die Gesellschaft so doch ihr Ende erreicht. Das wäre ein Widerspruch. Eine Frist zur Fassung des Fortsetzungsbeschlusses besteht nicht; nur darf noch nicht mit der Verteilung des Vermögens an die Aktionäre begonnen worden sein. Etwas anderes gilt für den Fortsetzungsbeschluß nach § 1 des 2. DMBErgG v. 20. 12. 1952; vgl. oben Anm. 3.

Mit dem Fortsetzungsbeschluß kann eine Kapitalerhöhung oder ein Beschluß auf Umwandlung der Gesellschaft in eine andere Rechtsform, §§ 362ff., verbunden werden; auch kann an Stelle der Fortsetzung die Übertragung des Vermögens auf eine Personengesellschaft oder einen Gesellschafter nach § 2 UmwG beschlossen werden.

Mit dem Eintritt der Wirksamkeit des Beschlusses (Abs. 4) hört der Auflösungszustand und die Abwicklungstätigkeit der Abwickler auf. An ihre Stelle tritt wieder der Vorstand. Ist er nicht mehr vorhanden, muß er neu bestellt werden.

Anm. 5

2. Fortsetzung nach Konkurseröffnung

Gleiches, wie im Fall des Abs. 1, gilt nach Abs. 2 Nr. 1, wenn die Gesellschaft durch die Eröffnung des Konkursverfahrens aufgelöst, das Konkursverfahren aber nach rechtskräftiger Bestätigung eines Zwangsvergleichs aufgehoben (§ 190 KO) oder auf Antrag der Gesellschaft eingestellt worden ist. Das Konkursverfahren ist nach § 202 KO auf Antrag des Gemeinschuldners einzustellen, wenn er nach dem Ablauf der Anmeldefrist die Zustimmung aller Konkursgläubiger, welche Forderungen angemeldet haben, beibringt. Das Verfahren kann auf Antrag des Gemeinschuldners vor Ablauf der Anmeldefrist eingestellt werden, wenn außer den Gläubigern, deren Zustimmung der Gemeinschuldner beibringt, andere Gläubiger nicht bekannt sind. Auch in diesen Fällen kann der Beschluß nur gefaßt werden, solange nicht mit der Verteilung des Vermögens unter die Aktionäre begonnen ist. Daß das Vermögen zur Befriedigung der Konkursgläubiger verwendet worden ist, sei es vor Abschluß des Zwangsvergleichs, sei es auf Grund desselben, bildet rechtlich kein Hindernis für den Fortsetzungsbeschluß. Die Gesellschaft kann ihn also auch dann fassen, wenn sie kein Vermögen mehr hat. Praktisch wird das freilich kaum vorkommen, denn die Gesellschaft braucht eine finanzielle Unterlage, um den werbenden Betrieb wieder aufnehmen zu können. Diesem

Zweck dient regelmäßig der Zwangsvergleich und die Einstellung des Verfahrens auf Antrag der Gesellschaft. Immerhin besteht die Möglichkeit, daß eine im übrigen vermögenslose Aktiengesellschaft, die aber einen anerkannten Firmennamen und bewährte Fachleute im Vorstand hat, mit Hilfe von Kredit den werbenden Betrieb wieder aufnimmt, oder daß es ihr gelingt, durch eine Kapitalerhöhung oder Zuzahlungen ihrer bisherigen Aktionäre wieder Betriebskapital zu erhalten. Zur Verhütung von Mißbräuchen kann die Löschung wegen Vermögenslosigkeit nach dem Löschungsgesetz erfolgen; vgl. § 262, Anm. 33ff.

Auch im Falle des Abs. 2 Nr. 1 gelten für den Fortsetzungsbeschluß die Vorschriften des Abs. 1 Satz 2 über die erforderliche Mehrheit und die Möglichkeit der Erschwerung der Beschlußfassung durch die Satzung. Eine Frist zur Fassung des Fortsetzungsbeschlusses besteht auch im Falle des Abs. 2 nicht; vgl. Anm. 4.

Wird im Konkursfall nach Aufhebung des Verfahrens infolge Zwangsvergleichs oder nach Einstellung des Verfahrens auf Antrag des Gemeinschuldners ein Fortsetzungsbeschluß nicht gefaßt, so hat die Abwicklung zu erfolgen. Denn durch die Konkurseröffnung ist die Gesellschaft aufgelöst; § 262 Nr. 3. Solange der Konkurs im Laufe ist, ist für eine Abwicklung kein Raum. Wohl aber kann das Bedürfnis eintreten, wenn sich nachher noch Vermögen herausstellt oder eine Rechtshandlung für die Gesellschaft vorzunehmen ist; KG, KGJ 34 (1907), S. B 18; vgl. § 264, Anm. 1.

Anm. 6

3. Keine Fortsetzungsmöglichkeit in anderen Fällen der Konkursbeendigung

Wird der Konkurs in anderer Weise beendigt als in Abs. 2 Nr. 1 angegeben, so kann ein Fortsetzungsbeschluß nicht gefaßt werden. Dies gilt namentlich, wenn der Konkurs durch Ausschüttung der Masse endet; § 163 KO. Das Gesetz läßt hier eine Fortsetzung nicht zu, weil regelmäßig mit der regelrechten Durchführung des Konkursverfahrens die vermögensrechtliche Grundlage der Aktiengesellschaft untergegangen ist. Stellt sich noch Vermögen heraus, so kann das nach § 166 KO zur nachträglichen Verteilung unter den Gläubigern führen. Ist für diese kein Anlaß, so kann eine Abwicklung nach § 273 Abs. 4 stattfinden; vgl. § 273 Anm. 5. Die Gesellschaft wird aber nicht wieder Erwerbsgesellschaft. Ein Fortsetzungsbeschluß ist auch nicht zulässig, wenn das Gericht das Konkursverfahren mangels einer den Kosten des Verfahrens entsprechenden Masse nach § 204 KO eingestellt oder das Gericht die Eröffnung des Verfahrens wegen eines solchen Mangels abgelehnt hat; § 262 Abs. 1 Nr. 4. Auch hier können nur Abwicklungsmaßnahmen nach § 273 Abs. 4 in Frage kommen.

Anm. 7

4. Fortsetzung bei Auflösung nach § 262 Abs. 1 Nr. 5 und in anderen Fällen

a) Ist die Gesellschaft durch die gerichtliche Feststellung eines mangels der Satzung (vgl. § 144a FGG) nach § 262 Abs. 1 Nr. 5 aufgelöst worden, und ist noch nicht mit der Verteilung des Vermögens begonnen, so kann nach Abs. 2 Nr. 2 die Hauptversammlung die Fortsetzung der Gesellschaft beschließen, wenn spätestens zugleich eine den Mangel behebende Satzungsänderung beschlossen wird. Die Satzungsänderung muß folglich spätestens in der gleichen Hauptversammlung und *vor* dem Fortsetzungsbeschluß beschlossen werden. Die umgekehrte Reihenfolge schadet jedoch nicht; allerdings bleibt der Fortsetzungsbeschluß ohne die Eintragung wirkungslos, solange der satzungsändernde Beschluß nicht ebenfalls eingetragen worden ist; ebenso Baumbach-Hueck, Ergänzungsband Mai 1970, § 274, Anm. 2; anderer Ansicht v. Godin-Wilhelmi, § 274, Anm. 6. Wie bei der Heilung eines Mangels nach § 276 müssen hierbei die Bestimmungen des Gesetzes und der Satzung über Satzungsänderungen beachtet werden.

Ist die Gesellschaft wegen eines Mangels der Satzung gem. § 275 Abs. 1 durch Urteil oder eine Entscheidung des Registergerichts nach § 144 FGG in Verbindung mit §§ 175,

276, 277 AktG aufgelöst worden, so kann die Fortsetzung der Gesellschaft beschlossen werden, wenn der Satzungsmangel gem. § 276 heilbar ist, mit der Vermögensverteilung noch nicht begonnen wurde und spätestens gleichzeitig mit dem Fortsetzungsbeschluß der Mangel der Satzung behoben wird; KG, JW 1934, S. 1124; Baumbach-Hueck, § 274, Rnr. 3; Keidel-Winkler, § 144 FGG, Rnr. 12; Barz, § 217 AktG 1937, Anm. 3.

b) § 274 bestimmt die Fälle, in denen die Fortsetzung einer aufgelösten Aktiengesellschaft erfolgen kann. Das schließt eine analoge Anwendung nicht aus, z. B. für den Fall der Nichtigerklärung nach § 275; vgl. § 276 Anm. 3; oder der Auflösung durch Kündigung eines Aktionärs; vgl. Anm. 4. Im Fall der Auflösung durch behördliche Anordnung, z. B. § 396, kann die Fortsetzung nur mit Genehmigung der Behörde beschlossen werden.

Auf andere Weise als in Abs. 1 und 2 zugelassen ist, kann eine in Abwicklung befindliche Gesellschaft nicht in eine werbende zurückverwandelt werden; insbesondere kann dies nicht dadurch geschehen, daß die Gesellschaft mit der Abwicklung gar nicht beginnt, oder daß sie den werbenden Betrieb tatsächlich fortsetzt.

Ist im Fall des Absatzes 1 der Auflösungsbeschluß unwirksam, weil er nichtig oder mit Erfolg angefochten ist, §§ 241, 243, oder ist im Falle des Absatzes 2 die Konkurseröffnung unwirksam, weil der Eröffnungsbeschluß im Beschwerdeverfahren rechtskräftig aufgehoben worden ist, so bedarf es eines Fortsetzungsbeschlusses nicht; die Gesellschaft ist dann überhaupt nicht aufgelöst.

Anm. 8

5. Anmeldung und Eintragung der Fortsetzung

Die Abwickler haben die Fortsetzung der Gesellschaft zur Eintragung in das Handelsregister anzumelden; sie haben bei der Anmeldung nachzuweisen, daß noch nicht mit der Verteilung des Vermögens unter die Aktionäre begonnen worden ist; Abs. 3. Wenn Abwickler nicht vorhanden sind, wie im Falle des Abs. 2, müssen sie bestellt werden. Mangels einer Satzungsbestimmung sind aber die Vorstandsmitglieder Abwickler; § 265. Mit der Anmeldung ist der die Fortsetzung aussprechende Hauptversammlungsbeschluß einzureichen, wenn er nicht dem Gericht schon vorliegt; vgl. § 130 Abs. 5. Anzumelden zur Eintragung ist die „Fortsetzung der Gesellschaft“; Abs. 3. Nach Abs. 4 ist aber auch der Fortsetzungsbeschluß einzutragen. Diese Eintragung hat erst die rechtschaffende Wirkung; vgl. Anm. 9.

Die Vorschrift des Abs. 3 Satz 2 entspricht dem in RGZ 118, S. 337 aufgestellten Erfordernis, daß bei der Anmeldung des Fortsetzungsbeschlusses dem Registerrichter nachzuweisen ist, daß durch die Abwicklung nicht die Kapitalgrundlage der Gesellschaft durch Ausschüttung des Vermögens an die Aktionäre vernichtet ist. Nur muß entsprechend dem Inhalt des Absatzes 1 u. 2 nachgewiesen werden, daß mit der Verteilung noch nicht *begonnen* ist. Es reicht nicht der Nachweis aus, daß das an die Aktionäre Bezahlte wieder zurückerstattet ist. Durch die Vorschrift soll, wie durch die Hauptvorschrift in Abs. 1 Satz 1 u. Abs. 2 *im öffentlichen Interesse* die Kapitalgrundlage der Gesellschaft gesichert werden. Die Vorschrift wird ergänzt durch die Strafbestimmung des § 399 Abs. 1 Nr. 5; nach ihr werden Abwickler bestraft, die zum Zweck der Eintragung der Fortsetzung der Gesellschaft in dem von ihnen nach § 274 Abs. 3 zu führenden Nachweis falsche Angaben machen oder erhebliche Umstände verschweigen.

Der Nachweis der Nichtverteilung des Vermögens ist von den Anmeldepflichtigen zu erbringen. Da es sich um Prüfung der Kapitalgrundlage der Gesellschaft handelt, muß der Nachweis so erbracht werden, daß das Gericht von der Richtigkeit der Angaben überzeugt ist. Regelmäßig wird die Auskunft eines Wirtschaftsprüfers erforderlich sein. Das Gericht kann auch von Amts wegen Ermittlungen anstellen; § 12 FGG. Ist der Nachweis nicht erbracht, so ist die Eintragung des Fortsetzungsbeschlusses ins Handelsregister abzulehnen. Gegen die Ablehnung steht den Abwicklern namens der Gesellschaft das Beschwerderecht nach den Vorschriften des FGG zu. Die Eintragung des Beschlusses ist von Amts wegen bekanntzumachen; § 10 HGB.

Anm. 9

6. Folgen der Eintragung

Der Fortsetzungsbeschluß wird erst wirksam, wenn er in das Handelsregister des Sitzes der Gesellschaft eingetragen ist. Nach Abs. 3 ist die Fortsetzung der Gesellschaft zur Eintragung in das Handelsregister anzumelden. Nach Abs. 4 ist auch der Fortsetzungsbeschluß der Hauptversammlung einzutragen. Das Gesetz weicht hier von den Vorschriften über die Verschmelzung ab, die nur die Anmeldung und Eintragung der Verschmelzung verlangen und an diese Eintragung die Rechtsänderung knüpfen; §§ 345, 346. Absatz 4 Satz 2 stellt für den Fall des Absatzes 2 Nr. 2 ein weiteres Wirksamkeitserfordernis für den Fortsetzungsbeschluß auf. Danach hat der Fortsetzungsbeschluß keine Wirkung, solange nicht auch der Beschluß über die Satzungsänderung eingetragen und die den Mangel behebende Satzungsänderung damit wirksam geworden ist (§ 181 Abs. 3). Zur Verminderung von Irtümern soll daher nach Satz 2, 2. Halbsatz der Fortsetzungsbeschluß nur zusammen mit dem satzungsändernden Beschluß eingetragen werden. Bis zur Eintragung des Fortsetzungsbeschlusses bleibt der Zustand der Auflösung bestehen. Da es sich um einen erst mit der Eintragung wirksam werdenden Beschluß handelt, kann die Anmeldung der Fortsetzung und des Fortsetzungsbeschlusses nicht durch Ordnungsstrafen erzwungen werden.

Die Eintragung der Fortsetzung der Gesellschaft ist bekanntzumachen.

Mit dem Eintritt der Wirksamkeit des Fortsetzungsbeschlusses wird die Aktiengesellschaft wieder eine werbende Gesellschaft. Der Rechtszustand in der Zwischenzeit wird dadurch nicht rückwirkend geändert. In der Zwischenzeit war die Gesellschaft eine Abwicklungsgesellschaft. Was in dieser Zeit durch ihre gesetzlichen Vertreter, die Abwickler, geschehen ist, bleibt gültig und wirksam und für die Aktiengesellschaft verbindlich. Sie muß auch die schwebenden Prozesse in der Lage übernehmen, in der sie sich befinden. Soweit die Gesellschaft durch den Zweck der Abwicklung in ihrer Tätigkeit behindert war, hört diese Behinderung auf. So können Kapitalerhöhungen, die nur für den werbenden Betrieb beschlossen waren, nunmehr durchgeführt werden.

Mit der Rückverwandlung tritt die Organisation der Gesellschaft wieder in volle Tätigkeit. Während des Konkurses hatten die Organe der Gesellschaft ohnedies weiterbestanden; sie waren nur durch die Befugnisse des Konkursverwalters und den Zweck des Konkurses beschränkt. War die Gesellschaft in Abwicklung, so tritt auch der Vorstand wieder in Tätigkeit. Erforderlichenfalls ist der Vorstand und der Aufsichtsrat neu zu berufen oder zu ergänzen. Das Amt der Abwickler erlischt gleichzeitig. Diese haben über ihre bisherige Tätigkeit Rechnung zu legen und können Entlastung verlangen. Die Verwaltung der Aktiengesellschaft erfolgt nach den für die werbende Gesellschaft geltenden Vorschriften. Es sind wieder die ordentlichen Jahresabschlüsse zu machen. Um diese zu ermöglichen, muß eine neue Eröffnungsbilanz gefertigt werden, auf der die späteren Jahresbilanzen aufbauen können.

Zweiter Abschnitt

Nichtigerklärung der Gesellschaft

§ 275 Klage auf Nichtigerklärung

(1) Enthält die Satzung keine Bestimmungen über die Höhe des Grundkapitals oder über den Gegenstand des Unternehmens oder sind die Bestimmungen der Satzung über den Gegenstand des Unternehmens nichtig, so kann jeder Aktionär und jedes Mitglied des Vorstands und des Aufsichtsrats darauf klagen, daß die Gesellschaft für nichtig erklärt werde. Auf andere Gründe kann die Klage nicht gestützt werden.

(2) Kann der Mangel nach § 276 geheilt werden, so kann die Klage erst erhoben werden, nachdem ein Klageberechtigter die Gesellschaft aufgefordert hat, den Mangel zu beseitigen, und sie binnen drei Monaten dieser Aufforderung nicht nachgekommen ist.

(3) Die Klage muß binnen drei Jahren nach Eintragung der Gesellschaft erhoben werden. Eine Löschung der Gesellschaft von Amts wegen nach § 144 Abs. 1 des Reichsgesetzes über die Angelegenheiten der freiwilligen Gerichtsbarkeit wird durch den Zeitablauf nicht ausgeschlossen.

(4) Für die Klage gelten § 246 Abs. 2 bis 4, §§ 247, 248 Abs. 1 Satz 1, § 249 Abs. 2 sinngemäß. Der Vorstand hat eine beglaubigte Abschrift der Klage und das rechtskräftige Urteil zum Handelsregister einzureichen. Die Nichtigkeit der Gesellschaft auf Grund rechtskräftigen Urteils ist einzutragen.

Übersicht

Einleitung

Der frühere § 216 AktG 1937 war durch § 275 des Aktiengesetzes vom 6. 9. 1965 im wesentlichen unverändert übernommen worden. Im Zuge der Angleichung des Gesellschaftsrechts innerhalb der EWG wurde lediglich die Frist in Abs. 3 von 5 auf 3 Jahre verkürzt. Nach Abs. 4 ist nicht mehr eine Abschrift des rechtskräftigen Urteils, sondern dieses selbst, d. h. eine Ausfertigung zum Handelsregister einzureichen. Entgegen dem früheren Recht ist auch nicht das Urteil, sondern seine Folge, nämlich die Nichtigkeit der Gesellschaft einzutragen. Der in Abs. 4 für sinngemäß anwendbar erklärte § 246 Abs. 2 weicht von dem früheren § 199 Abs. 2 AktG 1937 ab, so daß sich insoweit eine Änderung hinsichtlich der Vertretungsbefugnis bei Erhebung der Nichtigkeitsklage durch Vorstands- oder Aufsichtsratsmitglieder ergibt; vgl. dazu unten Anm. 8.

Eine wesentliche Änderung des § 275 Abs. 1 brachte dann das Koordinierungsgesetz vom 15. 8. 1969, das dem Art. 11 der 1. gesellschaftsrechtlichen Richtlinie des Rates der Europäischen Gemeinschaften vom 9. 3. 1968 Rechnung trug. Die Nichtigkeitsgründe wurden drastisch eingeschränkt. Während nach § 275 alter Fassung das Fehlen oder die Nichtigkeit aller in § 23 Abs. 3 alter Fassung genannten Satzungsbestimmungen (jetzt mit Ausnahme des Abs. 3 Nr. 5 alter Fassung in § 23 Abs. 3 Nr. 1—4 und Abs. 4 geregelt) zur Nichtigerklärung oder zur Amtslöschung der Gesellschaft nach § 144 FGG führen konnte, kommt als Nichtigkeitsgrund nunmehr nur noch das Fehlen oder die Nichtigkeit einer Satzungsbestimmung nach § 23 Abs. 3 Nr. 2 (Gegenstand des Unternehmens) oder aber das Fehlen einer Bestimmung nach § 23 Abs. 3 Nr. 3 (Höhe des Grundkapitals) in Frage. Damit hat die Nichtigkeitsklage ihre praktische Bedeutung verloren. Es ist kaum vorstellbar, daß die Satzung einer Aktiengesellschaft die Höhe des Grundkapitals oder den Gegenstand des Unternehmens nicht nennt, die Gesellschaft aber trotzdem eingetragen wird. Auch der Fall, daß die Bestimmungen der Satzung über den Gegenstand des Unternehmens nichtig sind, wird selten eintreten.

Es ist allerdings nicht zu übersehen, daß der Gesetzgeber mit der Einschränkung der Nichtigkeitsgründe in § 275 AktG und der gleichzeitigen Einführung eines zusätzlichen Auflösungsgrundes nach § 262 Abs. 1 Nr. 5 in Verbindung mit § 144a FGG einen gewissen „Etikettenwechsel" vollzogen hat; vgl. Einmal, AG 1969, S. 131, 210. Ob die Gesetzesänderung mit der Intention der Richtlinie der EWG, die Fälle zu beschränken, in denen eine in den Rechtsverkehr getretene Gesellschaft wegen Mängeln der Gründung wieder beendet werden kann, in Widerspruch steht, muß hier offen bleiben. Ein sachlicher Unterschied ist insofern gegeben, als das Verfahren nach § 144a FGG von Amts wegen eingeleitet wird, die Klage auf Nichtigerklärung dagegen von einem Aktionär oder einem Mitglied der Verwaltung erhoben werden muß. Außerdem können alle Satzungsmängel, die zur Auflösung der Gesellschaft führen können, durch eine entsprechende Satzungsänderung beseitigt werden; vgl. §§ 274 Abs. 2 Nr. 2 AktG, 144a Abs. 1 FGG; ein Fehlen der Bestimmung über die Höhe des Grundkapitals kann dagegen nach § 276 nicht geheilt werden. Die Auflösung der Gesellschaft wird deshalb im Regelfall nur zur Durchsetzung der Satzungsänderung angedroht werden, jedoch selten tatsächlich erfolgen und zur Vollbeendigung führen.

Anm. 1

1. Eintragung als Voraussetzung für die Anwendbarkeit des § 275

Die Vorschriften der §§ 275—277 gelten nur, wenn die Aktiengesellschaft ins Handelsregister eingetragen und damit als solche *entstanden* ist. Dies wurde auch schon für das Handelsgesetzbuch von der Rechtsprechung angenommen; vgl. RGZ 114, S. 77 und die dort genannte frühere Rechtsprechung. Die Bestimmungen des Aktiengesetzes gehen davon aus, daß die Gesellschaft ins Handelsregister eingetragen ist. Nach § 275 Abs. 3 beginnt die dreijährige Frist zur Erhebung der Nichtigkeitsklage mit der Eintragung der Gesellschaft. Nach Abs. 4 Satz 3 ist die Nichtigkeit der Gesellschaft auf Grund rechtskräftigen Urteils einzutragen. Dies setzt voraus, daß auch die Gesellschaft eingetragen ist. Voraussetzung der Anwendung der Vorschriften der §§ 275ff. ist außerdem, daß die Eintragung *als solche* wirksam ist, d. h. nicht an Mängeln leidet, die das Entstehen der Aktiengesellschaft durch Eintragung auch dann verhindert hätten, wenn die Gründung im übrigen nicht mit Nichtigkeitsmängeln behaftet wäre. Dies ist dann der Fall, wenn die Eintragung in das Handelsregister bewirkt wurde, obgleich sie wegen eines wesentlichen Mangels verfahrensrechtlicher Art unzulässig war; vor allem dann, wenn die Eintragung ohne Anmeldung oder auf die Anmeldung Unbefugter vorgenommen wurde oder bei der Anmeldung nicht alle anmeldepflichtigen Personen mitgewirkt haben; vgl. §§ 36 Abs. 1, 39 und die Anmerkungen dazu; ebenso Baumbach-Hueck, § 275, Rnr. 3; v. Godin-Wilhelmi, Anm. 2; Jansen (2. Aufl., 1970), § 142 FGG, Rnr. 6 und § 144 FGG, Rnr. 6; Keidel-Winkler (10. Aufl., 1972), § 142 FGG, Rnr. 14 und 144 FGG, Rnr. 1. Hier kommt nur die Amtslöschung der Gesellschaft nach § 142 FGG in Frage, der insoweit nicht von § 144 FGG verdrängt wird; KG, DNotZ 1925, S. 59. Richtiger Ansicht nach wird jedoch der Mangel einer gültigen Anmeldung bei rechtsändernden, nicht erzwingbaren Eintragungen (§ 407 Abs. 2) schon dadurch geheilt, daß der Anmeldeberechtigte die Eintragung in Kenntnis von ihr bestehen läßt; Jansen, § 142 FGG, Rnr. 6; Würdinger (GroßK), § 8 HGB, Anm. 6. Auf die Wirksamkeit der Eintragung und die Entstehung der Gesellschaft ist es ohne Einfluß, wenn die Eintragung — gemessen an den Anforderungen des § 39 — unrichtig oder unvollständig ist, es sei denn, daß die Identität der Gesellschaft nicht mehr festzustellen ist; zutreffend Barz, § 39, Anm. 4; Baumbach-Hueck, § 39, Rnr. 3; anderer Ansicht, aber zu weitgehend Kraft (KK), § 39, Rnr. 11, der auch bei Zweifeln an der Identität der Gesellschaft die Wirksamkeit der Gesellschaft annehmen möchte.

Solange die Gesellschaft noch nicht eingetragen ist, richtet sich die Nichtigkeit des Gesellschaftsvertrages nach den allgemeinen Vorschriften, insbesondere nach denen des BGB über Nichtigkeit und Anfechtbarkeit von Verträgen, wobei sich Einschränkungen ergeben können, wenn die Gesellschaft im Gründungsstadium die Führung eines eingebrachten Handelsgeschäfts für eigene Rechnung übernommen hat. Dazu kommen die besonderen Vorschriften des Aktiengesetzes, z. B. über die Form des Gesellschaftsvertrages, § 23 Abs. 1, oder die Gründerzahl, § 2. Leidet der Gesellschaftsvertrag an irgendeinem Mangel, der nach den genannten Vorschriften seine Nichtigkeit oder Anfechtbarkeit begründet, so kann dieser Mangel nicht nur von den Beteiligten durch die allgemein gegebenen Rechtsbehelfe (Anfechtung, Erfüllungsverweigerung, Feststellungsklage, Einrede) geltend gemacht werden. Auch der Registerrichter hat von Amts wegen oder auf Anregung von Beteiligten bis zur Eintragung diese Mängel und vor allem auch solche des Eintragungsverfahrens zu beachten, und soweit nicht Abhilfe erfolgt, die Eintragung zurückzuweisen.

Anm. 2

2. Erschöpfende Aufzählung der Nichtigkeitsgründe

§ 275 Abs. 1 Satz 2 bestimmt ausdrücklich, daß auf andere als in Satz 1 angegebene Gründe die Nichtigkeitsklage nicht gestützt werden kann. Die Bedeutung des Satzes ergibt sich, wenn man die Vorschriften über die Nichtigkeit von Hauptversammlungsbeschlüssen vergleicht. § 241 Nr. 1 u. 2 läßt die Nichtigkeit von Hauptversammlungsbeschlüssen auch dann eingreifen, wenn wichtige Verfahrensvorschriften verletzt sind, nämlich die Vorschriften über die Einberufung der Hauptversammlung (§ 121 Abs. 2 und 3), über die notarielle Beurkundung von Beschlüssen und ein Verlangen einer Minderheit, über die Formalien der Niederschrift, Feststellung des Abstimmungsergebnisses durch den Vorsitzenden, Unterzeichnung der Niederschrift durch den Notar (§ 130). Im Gegensatz dazu läßt § 275 Abs. 1 Satz 1 die Klage auf Nichtigerklärung der Gesellschaft nur zu, wenn in der Satzung die Bestimmungen über die Höhe des Grundkapitals oder über den Gegenstand des Unternehmens fehlen oder die Bestimmungen über den Gegenstand des Unternehmens nichtig sind (vgl. § 23 Abs. 3 Nr. 2 und 3).

Das Fehlen oder die Nichtigkeit anderer als der in Abs. 1 genannten Bestimmungen des § 23 Abs. 3 hat nicht die Nichtigkeit der Gesellschaft zur Folge, sondern deren Auflösung nach §§ 144a FGG, 262 Abs. 1 Nr. 5 AktG; vgl. dazu oben § 262, Anm. 38. Das Fehlen oder die Nichtigkeit von Satzungsbestimmungen, die nicht in § 23 Abs. 3 aufgeführt sind, führt weder zur Nichtigkeit noch zur Auflösung der Gesellschaft im Verfahren nach § 144a FGG; so etwa, wenn die Bestimmungen über die Form der Bekanntmachungen der Gesellschaft (§ 23 Abs. 4) fehlen, oder die Satzung Bestimmungen enthält, die anderen zwingenden Vorschriften des Aktiengesetzes widersprechen, zum Beispiel entgegen § 57 eine Rückgewähr oder Verzinsung der Einlagen zulassen oder bestimmen, daß der Aufsichtsrat die jährlichen Gewinnanteile festsetzt oder daß die Aktionäre über ihre Einlage hinaus unbeschränkt haften. Die Nichtigkeit derartiger Satzungsbestimmungen kann angesichts der besonderen Vorschriften des Aktiengesetzes nicht über die allgemeine Auslegungsregel des § 139 BGB zur Nichtigkeit der Gesellschaft führen. Dies gilt selbst dann, wenn die Gründer bei Feststellung der Satzung auf einzelne Bestimmungen besonderen Wert gelegt haben; RGZ 114, S. 80; 128, S. 5; 148, S. 225; RG, JW 1908, S. 390, 1916, S. 745; Baumbach-Hueck, § 275, Rnr. 2; v. Godin-Wilhelmi, Anm. 2; anderer Ansicht Schlegelberger-Quassowski, § 216 AktG 1937, Rnr. 3. Nichtigkeit tritt auch nicht bei Mängeln des Gründungsverfahrens ein, etwa wenn keine Gründungsprüfung (§ 33 Abs. 1) erfolgt ist oder an der Feststellung der Satzung nicht fünf Personen beteiligt waren (§ 2).

Eine Ausdehnung der Nichtigkeitsgründe kann auch nicht auf dem Wege einer „mittelbaren Nichtigkeit" angenommen werden. Nach Schlegelberger-Quassowski, § 16 AktG 1937, Anm. 4, § 216 AktG 1937, Anm. 3 soll ein Mangel des ganzen Gründungsgeschäftes, der dessen Nichtigkeit zur Folge hat, z. B. das Fehlen einer Beurkundung nach § 16 Abs. 1 AktG 1937 (§ 23 Abs. 1) oder die Geschäftsunfähigkeit so vieler Gründer, daß weniger als fünf geschäftsfähige übrigbleiben, *mittelbar* auch die Nichtigkeit der in § 16 (§ 23) Abs. 3 genannten Satzungsbestimmungen nach sich ziehen. Folgt man dieser Auffassung, so könnte eine Klage auf Nichtigerklärung gem. § 275 Abs. 1 auch auf Mängel des Gründungsvertrages gestützt werden, da diese mittelbar zur Nichtigkeit der Angaben über den Gegenstand des Unternehmens führen. Wie bereits von Barz, zu § 23, Anm. 21 dargelegt, ist eine derartige mittelbare Nichtigkeit mit der klaren Vorschrift des § 275 Abs. 1 Satz 2 unverträglich. Wenn hier ausdrücklich gesagt wird, daß auf andere als die in Satz 1 genannten Gründe die Nichtigkeitsklage nicht gestützt werden könne, so ist damit jeder andere Mangel der Satzung als Nichtigkeitsgrund ausgeschlossen. Unter dem Gesichtspunkt der Wahrung der Rechtssicherheit konnten zwar bisher Zweifel bestehen, ob nicht das *Fehlen der notariellen Beurkundung der Satzung* die Nichtigkeit der Gesellschaft trotz des Wortlautes des Abs. 1 Satz 2 begründen müßte, da nur die öffentliche Beurkundung eine Gewähr dafür bietet, daß wirklich unter den als handelnd auftretenden Personen ein auf Errichtung einer Aktiengesellschaft gerichteter Vertrag zustande gekommen ist. Bei der Änderung des § 275 Abs. 1 durch das KoordG v. 15. 8. 1969 hat der Gesetzgeber jedoch bewußt keinen Gebrauch von der in Art. 11 Nr. 2a) der EWG-Richtlinie ausgesprochenen Ermächtigung gemacht, wonach die Nichtigkeit angeordnet werden kann, „wenn der Errichtungsakt fehlt oder wenn entweder die Formalitäten der vorbeugenden Kontrolle oder die Form der öffentlichen Beurkundung nicht beachtet wurden". Der Gesetzgeber hat dem allgemeinen Interesse Rechnung getragen, ein im Handelsregister eingetragenes und damit in den Rechtsverkehr als Aktiengesellschaft eingetretenes Gebilde tunlichst aufrechtzuerhalten.

In der Regel wird schon durch die Prüfungspflicht des Registerrichters gesichert werden, daß nur eine schriftliche und öffentlich beurkundete Erklärung als Grundlage zur Eintragung einer Aktiengesellschaft dienen wird. Es würde auch namentlich dem Bestreben des Aktiengesetzes, die Berufung auf *Formmängel* nach erfolgter Eintragung auszuschließen, widersprechen, wenn — abweichend von anderen Bestimmungen des Aktiengesetzes — für den Formmangel oder das Fehlen der notariellen Beurkundung der Satzung etwas anderes gelten würde. Dieses Bestreben der Einschränkung des Formmangels ist besonders zum Ausdruck gekommen in den Vorschriften über die Nichtigkeit von Hauptversammlungsbeschlüssen. Auch bei den wichtigsten Beschlüssen für das Leben der Aktiengesellschaft, wie Kapitalerhöhung oder Kapitalherabsetzung oder Auflösung der Gesellschaft, wird der Mangel der Beurkundung nach § 130 Abs. 1, 2 und 4 geheilt, sobald der Beschluß in das Handelsregister eingetragen ist, auch wenn es an der notariellen Beurkundung fehlt, wenn in der Niederschrift die Angabe des Ortes und Tages der Verhandlung, der Name des Richters oder Notars und deren Unterschrift fehlen, also die schwersten Mängel vorhanden sind, die sonst stets die Nichtigkeit der Urkunde herbeiführen; § 242 Abs. 1. Selbst grobe Mängel des sachlichen Inhalts des Beschlusses, sogar solche, die mit dem Wesen der Aktiengesellschaft unvereinbar sind oder im öffentlichen Interesse gegebene Vorschriften verletzen oder gegen die guten Sitten verstoßen, sind einer relativen Heilung zugänglich; § 242 Abs. 2. Mit der Eintragung der die Gesellschaft zum Erlöschen bringenden Verschmelzung wird nach Vorschrift des § 346 Abs. 5 der Mangel der notariellen Beurkundung des Verschmelzungsvertrages geheilt. Auch *andere Mängel der Gründung* als das Fehlen der notariellen Beurkundung scheiden angesichts der eindeutigen Regelung des § 275 Abs. 1 Satz 2 als Nichtigkeitsgründe aus, so z. B. das Fehlen einer notariell beglaubigten Vollmacht der bei Feststellung der Satzung für die Gründer auftretenden Personen, § 23 Abs. 1 Satz 2, oder das Fehlen bzw. die Unrichtigkeit der ins Gründungsprotokoll aufzunehmenden Angaben über Nenn- und Ausgabebetrag und Gattung der von den Gründern übernommenen Aktien; § 23 Abs. 2; vgl. § 23, Anm. 21.

Bloße *Willensmängel* (Irrtum, arglistige Täuschung, Nichternstlichkeit, Drohung) und Wucher, die bei der Übernahme oder Zeichnung von Aktien vorgekommen sein sollen, begründeten schon nach der ständigen Rechtsprechung des Reichsgerichts zum HGB nach der Eintragung der Gesellschaft nicht die Anfechtung der Beteiligung, da dies dem öffentlichen Interesse an der Zusammenbringung und Erhaltung des Grundkapitals der durch die Eintragung in den Rechtsverkehr eingetretenen Gesellschaft entgegenstehen würde. Auch eine schon vor der Eintragung erfolgte Anfechtung verliert mit der Eintragung ihre Wirkung; vgl. dazu Meyer-Landrut, § 2, Anm. 4 und die dort angeführte Rechtsprechung und Literatur. Dies gilt erst recht nach der erschöpfenden Aufzählung der Nichtigkeitsgründe im Aktiengesetz für die Nichtigkeit der Gesellschaft.

Daß einzelne *nicht geschäftsfähige Personen* bei der Feststellung der Satzung mitgewirkt oder Aktien übernommen haben, bewirkt noch keine Nichtigkeit der Aktiengesellschaft, auch wenn es ohne den Nichtgeschäftsfähigen an der Fünfzahl der Gründer fehlen würde (§ 2, Anm. 4, 5) und das Grundkapital deshalb nicht voll einbezahlt wird. Die Nichteinzahlung des Grundkapitals ist auch sonst kein Nichtigkeitsgrund; ROHG 7, S. 214;

20, S. 278; RGZ 5, S. 77; KG, RJA 3, S. 16. Wegen der Frage, ob Geschäftsunfähige oder in der Geschäftsfähigkeit Beschränkte trotz § 105 BGB als Aktionäre zu behandeln und zur Leistung der Einlage verpflichtet sind, vgl. Meyer-Landrut, § 2, Anm. 4.

Sind andere als die in § 23 Abs. 3 aufgeführten Satzungsbestimmungen nichtig, so kann dies durch Feststellungsklage nach § 256 ZPO festgehalten werden, wenn deren besondere Voraussetzungen gegeben sind. Das Urteil kann aber nicht die Wirkung haben, daß die Gesellschaft selbst nichtig ist. Dagegen können aus der Nichtigkeit der einzelnen Satzungsbestimmungen andere Folgerungen gezogen werden, z. B. daß eine gesetzwidrig festgesetze unbeschränkte Nachschußpflicht der Aktionäre nicht geltend gemacht werden kann.

Anm. 3

3. Mängel der Satzung nach § 275 Abs. 1

Nach Absatz 1 Satz kann die Nichtigkeitsklage darauf gestützt werden, daß die Satzung keine Bestimmung über die Höhe des Grundkapitals (§ 23 Abs. 3 Nr. 3) oder über den Gegenstand des Unternehmens (§ 23 Abs. 3 Nr. 2) enthält oder daß die Bestimmungen der Satzung über den Gegenstand des Unternehmens nichtig sind. Es dürfte kaum vorkommen, daß eine Gesellschaft trotz völligen Fehlens dieser zum Mindestinhalt der Satzung gehörenden Bestimmungen eingetragen wird; als Nichtigkeitsgrund kommt daher vor allem die Nichtigkeit der Bestimmungen über den Unternehmensgegenstand in Betracht. Das Gesetz sagt nicht ausdrücklich, unter welchen Voraussetzungen sie anzunehmen ist, jedoch bietet sich zur Konkretisierung des Begriffes die Formel des § 241 Nr. 3 und 4 an, da es in diesem Zusammenhang keiner wesentlichen Unterschied bedeutet, ob eine Satzungsbestimmung auf einen Beschluß der Hauptversammlung oder auf übereinstimmende Erklärungen der Gründer zurückgeht. Die Bestimmung über den Gegenstand des Unternehmens ist danach als nichtig anzusehen, wenn sie (1.) mit dem Wesen der Aktiengesellschaft unvereinbar ist oder durch ihren Inhalt Vorschriften verletzt, die ausschließlich oder überwiegend zum Schutz der Gläubiger der Gesellschaft oder sonst im öffentlichen Interesse erlassen sind, oder (2.) durch ihren Inhalt gegen die guten Sitten verstößt.

Diese Voraussetzungen sind sicher dann gegeben, wenn — nach der Formulierung des die Nichtigkeit von Gesellschaften betreffenden Art. 11 der ersten gesellschaftsrechtlichen Richtlinie der EWG (ABl. 11 [1968] Nr. L 65) — „der tatsächliche Gegenstand des Unternehmens rechtswidrig ist oder gegen die öffentliche Ordnung verstößt", wobei es keine Rolle spielt, ob dieser Gegenstand von der Satzung angegeben oder ein zulässiger Unternehmensgegenstand zur Täuschung vorgeschoben wird (KG, OLGE 9 [1904], S. 371; 24 [1911], S. 133). Nichtigkeit der Bestimmungen über den Gegenstand des Unternehmens ist darüber hinaus immer anzunehmen, wenn der angegebene Gegenstand gar nicht verwirklicht werden, sondern zunächst nur eine AG formgerecht gegründet werden sollte und die Bestimmung der eigentlichen Tätigkeit des Unternehmens einer späteren Satzungsänderung vorbehalten blieb, sog. Mantelgründung; vgl. KG, HRR 1933, Nr. 833; Crisolli, JW 1934, S. 936. Hier ist der tatsächliche Unternehmensgegenstand — die Anlage und Verwaltung der von den Gründern zu erbringenden Mindesteinlage bis zur späteren Aufnahme des Geschäftsbetriebes — für sich gesehen nicht unzulässig (Kraft [KK], § 23, Rnr. 35), seine Verschleierung durch die Satzung muß jedoch hinsichtlich der Rechtsfolgen genauso behandelt werden wie ein Fehlen einer Satzungsbestimmung nach § 23 Abs. 3 Nr. 2 überhaupt. Nicht ausreichend dürfte dagegen sein, wenn die Angabe des Unternehmensgegenstandes nicht den Bestimmtheitsanforderungen des § 23 Abs. 3 Nr. 2 genügt (§ 23, Anm. 11; a. M. v. Godin-Wilhelmi, Anm. 10). Die genaue Umschreibung hat nicht den Schutz von Geschäftspartnern im Auge, der durch die Unbeschränkbarkeit der Vertretungsmacht des Vorstands (§ 82 Abs. 1) gewährleistet ist, sondern soll in erster Linie den Zuständigkeitsbereich der Hauptversammlung stärken; § 179, Anm. 7. Ein überwiegendes öffentliches Interesse wird durch die mangelhafte Präzisierung des Unternehmensgegenstandes nicht verletzt.

Eine bloß objektive Diskrepanz zwischen dem zulässigerweise durch die Satzung bestimmten und dem tatsächlichen Unternehmensgegenstand ist ohne Einfluß auf die Wirksamkeit und Verbindlichkeit der betreffenden Satzungsbestimmung. Ein gesetzwidriges Verhalten der Verwaltung kann hier jedoch unter den Voraussetzungen des § 396 zur gerichtlichen Auflösung der Gesellschaft führen.

Ist in den Bestimmungen über den Unternehmensgegenstand entgegen den §§ 39, 40 des Gesetzes über das Kreditwesen v. 10. 7. 1961 (BGBl. I S. 881) die Bezeichnung „Bank" oder „Sparkasse" verwandt, so kann darauf die Nichtigkeitsklage nicht gestützt werden. Zwar bestimmen §§ 39 Abs. 1 und 40 Abs. 1 KWG, daß diese Bezeichnungen nur unter bestimmten Voraussetzungen in der Firma, als Zusatz zur Firma, zu Werbezwecken und zur „Bezeichnung des Geschäftszwecks" geführt werden dürfen, doch sieht § 43 Abs. 2 KWG nur die Amtslöschung einer nach §§ 39—41 KWG unzulässigen *Firma* oder des Zusatzes zur Firma entsprechend §§ 142 Abs. 1 Satz 2, Abs. 2, 143 FGG vor, nicht dagegen die Löschung der *Gesellschaft* nach § 144 FGG. Aus der Nichterwähnung dieser wesentlich einschneidenderen Möglichkeit muß geschlossen werden, daß § 43 Abs. 2 KWG die registerrechtlichen Sanktionen eines Verstoßes gegen die §§ 39, 40 KWG abschließend aufzählt. Die Sonderbestimmungen des KWG geben dem Registergericht keine Handhabe, gegen den unzulässigen Gebrauch der in §§ 39, 40 KWG geschützten Bezeichnungen zu Werbezwecken und zur Bezeichnung des Geschäftszwecks einzuschreiten (Schork, § 39 KWG, Rnr. 19). Soweit aber nach spezialgesetzlichen Regelungen ein öffentliches Interesse an der Beseitigung einer Gesellschaft durch gerichtliche Verfügung nicht anerkannt ist, kann der fragliche Mangel der Satzung auch nicht zur Erhebung der Nichtigkeitsklage berechtigen.

Ist erst durch eine Satzungsänderung eine nichtige Bestimmung über den Gegenstand des Unternehmens in die Satzung gekommen, so ist dem Bedürfnis der Beteiligten genügt, wenn diese Bestimmung nach § 195 für nichtig erklärt wird. Die Nichtigkeit der Gesellschaft wird dadurch nicht herbeigeführt. Wird die betreffende Satzungsbestimmung erst nachträglich unzulässig, etwa weil der tatsächliche Gegenstand des Unternehmens geändert worden ist, so tritt ebenso Nichtigkeit gemäß §§ 275 ff. ein wie bei einer ursprünglichen Unzulässigkeit; insoweit gilt das gleiche wie für die nachträgliche Nichtigkeit von Satzungsbestimmungen, die zur Auflösung der Gesellschaft nach § 262 Abs. 1 Nr. 5 führen; vgl. § 262, Anm. 38b.

Enthält die Satzung keine Bestimmung über die Höhe des Grundkapitals oder über den Gegenstand des Unternehmens oder sind die Bestimmungen der Satzung über den Gegenstand des Unternehmens nichtig, so ist damit die Gesellschaft selbst nichtig.

Anm. 4

4. Geltendmachung der Nichtigkeit durch Klage

Die Geltendmachung der Nichtigkeit erfolgt durch Klage. Eine andere Art der Geltendmachung läßt das Gesetz nicht zu. Einmal bestimmt es selbst in Abs. 1, daß die Geltendmachung durch Klage geschieht. Sodann ist die für die Nichtigkeit von Hauptversammlungsbeschlüssen geltende Vorschrift des § 249 Abs. 1 Satz 2, wonach die Nichtigkeit auch auf andere Weise als durch Erhebung der Nichtigkeitsklage geltend gemacht werden kann, nicht für anwendbar erklärt; § 275 Abs. 4. Dies entspricht auch dem in anderen Bestimmungen zum Ausdruck gekommenen Willen des Gesetzes, die Geltendmachung der Nichtigkeit einer einmal durch die Eintragung ins Handelsregister in den Rechtsverkehr getretenen Gesellschaft tunlichst einzuschränken. Dieses Bestreben des Gesetzes erklärt sich aus der großen Bedeutung, welche die Nichtigerklärung einer Kapitalgesellschaft für alle Beteiligten, insbesondere auch für die Öffentlichkeit und die Gläubiger hat. Das Gesetz sieht die einmal ins Handelsregister eingetragene Gesellschaft als entstanden, als eigene Rechtspersönlichkeit an, die nur in einem besonders geordneten Verfahren wieder aus dem Rechtsleben verschwinden soll. Deshalb kann die Nichtigkeit *nicht im Wege der bloßen Einrede* geltend gemacht werden, auch nicht von einem Aktionär, der auf Leistung einer Einlage verklagt ist; v. Godin-Wilhelmi, Anm. 5.

Klageberechtigt ist jeder Aktionär und jedes Mitglied des Vorstands und des Aufsichtsrats. Da das Gesetz nur diesen Personen auf Grund ihrer Rechtsstellung zur Aktiengesellschaft das Klagerecht einräumt, steht Dritten ein solches Recht nicht zu; OLG 27, 394. Es handelt sich um eine sich aus dem inneren Verhältnis der Gesellschafter und der Gesellschaftsorgane zur Aktiengesellschaft ergebende Befugnis. Im Interesse der Gesellschaft ist die Klagebefugnis auf die Organmitglieder ausgedehnt. Der gesellschaftsrechtliche Charakter des Rechts ergibt sich auch daraus, daß die Vorschriften über die aktienrechtliche Nichtigkeitsklage und Anfechtungsklage anwendbar sind; Abs. 4. Die Aktionäre, die nach der Satzung sich als solche darstellen, haben die Klagebefugnis; ebenso die Mitglieder des Vorstands und Aufsichtsrats, die als solche berufen sind.

Der Schutz Dritter liegt in der Vorschrift des § 277, wonach nach Eintritt der Rechtskraft des Urteils abzuwickeln ist, und die von der Gesellschaft abgeschlossenen Rechtsgeschäfte wirksam, auch die Einlagen zu leisten sind.

Eine Klagebefugnis des Vorstandes als Kollegium, wie bei der Anfechtung eines Hauptversammlungsbeschlusses, § 245 Nr. 4, besteht nicht; dagegen haben alle Vorstands- und Aufsichtsratsmitglieder, auch Stellvertreter, § 94, und die vom Gericht bestellten Organmitglieder, §§ 85 Abs. 1 Satz 1, 104, das Klagerecht. Genußscheininhaber haben das Klagerecht nicht (OLG Naumburg, OLGE 27 [1912], S. 394), wohl aber die nicht stimmberechtigten Aktionäre.

Das Klagerecht ist nicht nur eine Befugnis zur Prozeßführung, sondern ein *Rechtsgestaltungsrecht*. Erst durch Ausübung dieses Rechtes und das darauf ergangene Urteil wird der Rechtszustand der Gesellschaft in der Weise umgewandelt, daß die Gesellschaft als nichtig gilt und in Abwicklung zu treten hat, § 277 Abs. 1. Das Klagerecht hat somit einen *sachlichrechtlichen Inhalt*, der dem Recht auf Anfechtung von Hauptversammlungsbeschlüssen zu vergleichen ist (§§ 241 ff.).

Anm. 5

5. Voraussetzungen der Klage

Ist der Mangel nach § 276 heilbar, so kann die Klage erst erhoben werden, nachdem ein Klageberechtigter die Gesellschaft aufgefordert hat, den Mangel zu beseitigen, und sie binnen drei Monaten dieser Aufforderung nicht nachgekommen ist; Abs. 2. Die Vorschrift soll wie die des Abs. 3 über die dreijährige Klagefrist die einmal in den Rechtsverkehr getretene Gesellschaft tunlichst erhalten und auf die Beseitigung behebbarer Mängel hinwirken. Es handelt sich um eine sachlich-rechtliche, im öffentlichen Interesse vorgeschriebene Voraussetzung der Klage. Die Aufforderung hat der Kläger nachzuweisen und ihr Vorhandensein hat das Gericht von Amts wegen zu prüfen. Nachgekommen ist die Gesellschaft der Aufforderung, wenn innerhalb der Frist die Satzung geändert, dadurch der Mangel beseitigt und die Satzungsänderung durch Eintragung ins Handelsregister wirksam geworden ist; § 181 Abs. 3. Ist die Wirksamkeit der Satzungsänderung später, auch noch im Laufe der Nichtigkeitsklage (vgl. § 276 Anm. 2), aber bis zum Schluß der letzten mündlichen Verhandlung in der Tatsacheninstanz erfolgt, so ist der Rechtsstreit in der Hauptsache erledigt, der Kläger wird abgewiesen, wenn er den Klageantrag aufrechterhält. Ist die Klage abgewiesen, weil die Aufforderung nicht erfolgt ist oder weil die Frist nicht abgelaufen ist, so kann die Aufforderung nachgeholt und dann neue Klage erhoben werden. Die Aufforderung muß durch irgendeinen der Klageberechtigten erfolgen, nicht gerade durch den Kläger. Sie muß an die Gesellschaft gerichtet sein. Sie muß nur zu erkennen geben, daß die zu bezeichnenden Mängel zu beseitigen sind. Sie kann namentlich in einer Androhung der Nichtigkeitsklage wegen bestimmter Mängel gefunden werden.

Die Klage muß binnen drei Jahren nach Eintragung der Gesellschaft erhoben werden. Durch Ablauf der Frist ohne Geltendmachung der Nichtigkeit durch Klage wird der Mangel geheilt. Die Heilung ist eine *relative*. Denn es kann auch nach Fristablauf die Löschung von Amts wegen nach Abs. 3 Satz 2 erfolgen. Die Vorschriften entsprechen den für die Nichtigkeit von Hauptversammlungsbeschlüssen geltenden

Heilungsvorschriften; vgl. dazu oben Schilling, § 242, Anm. 2ff. Die Frist ist eine *Ausschlußfrist.* Wiedereinsetzung in den vorigen Stand gegen Fristversäumung ist nicht zulässig. Die Frist beginnt mit der Eintragung der Gesellschaft, nicht mit der Bekanntmachung. Da die Vorschrift im öffentlichen Interesse eine nach langer Zeit erfolgende Geltendmachung von Nichtigkeitsgründen verhüten soll, ist ihre Einhaltung von Amts wegen zu beachten.

Anm. 6

6. Amtslöschung

Eine Löschung der Gesellschaft von Amts wegen nach § 144 Abs. 1 des Gesetzes über die Angelegenheiten der freiwilligen Gerichtsbakeit wird durch den Zeitablauf nicht ausgeschlossen; Abs. 3 S. 2. Auch hier gilt das zu § 242 Abs. 2 Gesagte. Liegen die Voraussetzungen der Nichtigkeit nach § 275 Abs. 1 vor, und ist keine Heilung nach § 276 erfolgt, so kann das Registergericht oder das übergeordnete Landgericht die Aktiengesellschaft von Amts wegen löschen; §§ 144, 142, 143 FGG. Die Löschung mit den Folgen der Nichtigkeit der Gesellschaft kann darüber hinaus nach § 142 FGG erfolgen, wenn die Eintragung wegen Mängeln des Verfahrens unzulässig war, was dann der Fall ist, wenn die Eintragung ohne Anmeldung oder auf die Anmeldung Unbefugter vorgenommen wurde, sofern der Anmeldeberechtigte die Eintragung nicht billigt, oder wenn die Gesellschaft bei einem örtlich unzuständigen Gericht eingetragen worden ist; Jansen, § 144 FGG, Rnr. 6. Soweit es um die Löschung einer Aktiengesellschaft wegen Nichtigkeit aus sachlichen Gründen geht, stellt § 144 Abs. 1 FGG im Verhältnis zu § 142 FGG jedoch eine Sonderregelung dar; Keidel-Winkler, § 144 FGG, Rnr. 1. Das Gericht hat den Beteiligten, also dem Vorstand der Gesellschaft (KG, OLGE 24, S. 162), von der Absicht der Löschung Kenntnis zu geben und eine angemessene Frist zur Geltendmachung des Widerspruchs zu setzen; §§ 142, 144 FGG. In dieser Benachrichtigung ist die Gesellschaft auf die Heilungsmöglichkeit hinzuweisen; § 45 der Allgemeinen Verfügung vom 12. August 1937 (DJ 1937, S. 1251) in der Fassung vom 12. November 1958 betr. Einrichtung und Führung der Handelsregister (Handelsregisterverfügung). Wird der Mangel innerhalb der Frist oder nachher geheilt, so darf die Löschung, wenn sie nicht bereits vollzogen ist, nicht mehr erfolgen; KG, DNotVZ 1929, S. 281. Über den etwa erhobenen Widerspruch entscheidet das Gericht. Gegen dessen Entscheidung ist sofortige Beschwerde und weitere Beschwerde nach den Vorschriften der §§ 145, 146 FGG zulässig. Liegt die Voraussetzung des § 144 FGG vor und ist keine Heilung nach § 276 erfolgt, so ist die *Gesellschaft,* nicht nach § 142 FGG nur die Firma, zu löschen, auch wenn der Registerrichter nur die Firma für unzulässig hält; KG, JFG 4 (1926), S. 200 = JR 1926, Nr. 2252.

Das Verfahren nach § 144 FGG kann von jedem Beteiligten und auch von den Organen des Handelsstandes angeregt werden. Diese Organe sind nach § 126 FGG in der Fassung des Gesetzes vom 31. 3. 1953 (BGBl. I, S. 106) verpflichtet, die Registergerichte bei der Berichtigung des Handelsregisters zu unterstützen; sie können auch Anträge beim Registergericht stellen und gegen Verfügungen der Registergerichte das Rechtsmittel der sofortigen Beschwerde erheben. Die Aussetzung eines Nichtigkeitsprozesses wegen des Schwebens des Registerverfahrens kann nicht verlangt werden. Dieses Verfahren ist kein Rechtsstreit. Das Registergericht ist keine Verwaltungsbehörde im Sinne des § 148 ZPO. Das Registergericht *kann* aber sein Verfahren wegen des schwebenden Prozesses aussetzen; § 127 FGG.

Die Löschung der Aktiengesellschaft im Verfahren nach § 144 FGG ist auch möglich, wenn die Aktiengesellschaft erst nachträglich nichtig wird; herrschende Ansicht; vgl. Baumbach-Hueck, Rnr. 5; Schlegelberger-Quassowski, § 216 AktG 1937, Anm. 4; abweichend v. Godin-Wilhelmi, Anm. 19. Das ergibt sich aus der Aufgabe des Registerrichters, das öffentliche Interesse jederzeit zu wahren. Seine Entscheidung im Zusammenhang mit der ihr folgenden Löschung hat die gleiche Wirkung für das Bestehen der Aktiengesellschaft, wie das auf Klage ergehende Urteil. Das Verhältnis zwischen der Nichtigerklärung durch gerichtliches Urteil und der Löschung nach Abs. 3 Satz 2 ist das gleiche, wie bei der Nichtigkeit von Hauptversammlungsbeschlüssen; vgl. dazu oben Schilling, § 242, Anm. 10.

Anm. 7

7. Anfechtungsklage

Für die Klage gelten die § 246 Abs. 2 bis 4, §§ 247, 248 Abs. 1 Satz 1, § 249 Abs. 2 sinngemäß; Abs. 4. Die Klage ist gegen die Gesellschaft zu richten. Diese wird dabei durch Vorstand und Aufsichtsrat vertreten. Klagt ein Mitglied des Vorstandes, so wird die Gesellschaft durch den Aufsichtsrat, klagt ein Aufsichtsratsmitglied, so wird sie durch den Vorstand vertreten. Klagen Mitglieder beider Organe, so muß für die Gesellschaft ein Vertreter nach § 57 ZPO bestellt werden, da nach dem Sinn des § 246 Abs. 2 Mitglieder eines Organs nicht auf beiden Seiten am Rechtsstreit teilnehmen können; vgl. Baumbach-Hueck, § 246, Rnr. 6. Da § 246 Abs. 1 über die Monatsfrist zur Klageerhebung nicht gilt, ist auch die Vorschrift des § 246 Abs. 3 Satz 2 nicht einzuhalten. Anwendung findet aber die Vorschrift des § 246 Abs. 3 über die *ausschließliche Zuständigkeit des Landgerichts*, in dessen Bezirk die Gesellschaft ihren Sitz hat. Nach § 246 Abs. 4 hat der Vorstand die Erhebung der Klage und den Termin zur mündlichen Verhandlung unverzüglich in den Gesellschaftsblättern bekannt zu machen. Der Streitwert ist vom Gericht nach freiem Ermessen unter Berücksichtigung aller Umstände des einzelnen Falles zu bestimmen, insbesondere nach der Bedeutung der Sache für die Parteien; § 247 Abs. 1 Satz 1 (vgl. im einzelnen die Erläuterungen zu § 247). In sinngemäßer Anwendung des § 248 Abs. 1 Satz 1 wirkt das Urteil für und gegen alle Aktionäre sowie die Mitglieder des Vorstandes und des Aufsichtsrats, auch wenn sie nicht Partei sind. Mehrere Nichtigkeitsprozesse sind zu gleichzeitiger Verhandlung und Entscheidung zu verbinden; § 249 Abs. 2. Eine Klage auf Nichtigerklärung der Aktiengesellschaft kann mit einer Anfechtungsklage und der Nichtigkeitsklage gegen einen Hauptversammlungsbeschluß *verbunden* werden; § 249 Abs. 2 Satz2. Eine solche Verbindung ist immerhin denkbar, da durch die Nichtigkeitserklärung die Gesellschaft nicht verschwindet, sondern nur in Abwicklung tritt und auch im Abwicklungszustand ein Interesse an der Entscheidung über die Anfechtung oder Nichtigkeit eines Hauptversammlungsbeschlusses und einer gleichzeitigen Entscheidung bestehen kann.

Der Klageantrag und das der Klage stattgebende Urteil haben dahin zu lauten, daß die Aktiengesellschaft für nichtig erklärt wird. Nach Abs. 4 hat der Vorstand eine beglaubigte Abschrift der Klage und eine Ausfertigung des rechtskräftigen Urteils dem Handelsregister einzureichen. Der Vorstand kann dazu durch Ordnungsstrafen angehalten werden; § 14 HGB. Die Nichtigkeit der Gesellschaft ist einzutragen und die Eintragung bekanntzumachen. Beides erfolgt *von Amts wegen*. Ist einmal ein auf Nichtigerklärung lautendes rechtskräftiges Urteil ergangen, so hängt es somit nicht vom Belieben der Verwaltung oder des Klägers ab, ob es eingetragen wird und damit die Folgen des Urteils eintreten. An Stelle der Eintragung der Nichtigkeit tritt im Fall der Löschung nach Abs. 3 Satz 2 die Löschung „als nichtig". Die Eintragung und Löschung haben rechtsbegründende Wirkung. Mit ihnen tritt die Gesellschaft in Abwicklung; § 277 Abs. 1.

Anm. 8

8. Rechtsfolgen der Nichtigkeit

Das Aktiengesetz enthält wie das HGB keine ausdrücklichen Bestimmungen darüber, welches die Rechtsfolgen einer nach Abs. 1 vorhandenen Nichtigkeit sind. Auch die §§ 75ff. GmbHG und das Genossenschaftsgesetz in seinen §§ 94ff., die gleiche Bestimmungen wie die §§ 275ff. über die Nichtigkeitserklärung der Gesellschaft enthalten, regeln die Rechtswirkungen der Nichtigkeit nicht allgemein. Die Folgen, die das bürgerliche Recht mit der Nichtigkeit eines Rechtsgeschäfts verbindet, sind auf die Nichtigkeit einer Kapitalgesellschaft mit eigener Rechtspersönlichkeit nicht übertragbar. Aus dem Begriff der Nichtigkeit von Rechtsgeschäften kann deshalb nicht abgeleitet werden, daß eine nach Abs. 1 nichtige Gesellschaft als von Anfang nicht bestehend, also so angesehen werden müsse, als sei sie nie im Rechtsleben in die Erscheinung getreten. Auch aus den besonderen Bestimmungen des Aktiengesetzes über die Nichtigkeit und Anfechtbarkeit von Hauptversammlungsbeschlüssen kann nichts über die Rechtsfolgen der Nichtigkeit einer Aktiengesellschaft entnommen werden, obwohl das Gesetz auch dort die Ausdrücke „Nichtigkeit" und „für nichtig erklären" gebraucht. Es handelt sich dort immer nur um einzelne Beschlüsse, deren Nichtigkeit oder Nichtigerklärung den Bestand der Gesellschaft als Rechtspersönlichkeit nicht berühren. Die Folgen der Nichtigkeit der Gesellschaft müssen daher aus dem besonderen Zweck und Inhalt der dafür bestehenden Vorschriften festgestellt werden. Die Denkschrift zum Handelsgesetzbuch von 1897 erklärt (S. 170, 184) zu der dem Abs. 1 Satz 1 entsprechenden Vorschrift des § 309 HGB, das Nichtigkeitsurteil habe nur rechtsbekundende Bedeutung, es sei nicht etwa anzunehmen, daß die Gesellschaft bis zur Eintragung des Urteils zu Recht bestände. Das schließe aber nicht aus, daß der Gesellschaft insoweit, als es sich um die Abwicklung ihrer Verhältnisse handle, dennoch eine gewisse Rechtsbeständigkeit beigelegt werde. Die Rechtslehre hat im Anschluß an diese Meinungsäußerung der Denkschrift folgende Gedanken entwickelt: Wenn der Gesellschaft ein wesentlicher Mangel anhafte, bestehe sie allerdings nicht „zu Recht". Aber sie bestehe doch. Sie sei als Aktiengesellschaft entstanden, aber zu Unrecht. Daß sie als Aktiengesellschaft entstanden sei, habe zur Folge daß sie sich nach außen als solche betätigen könne. Der Dritte, der sich mit der eingetragenen Gesellschaft einlasse, könne die Gesellschaft als bestehend ansehen. Bestehe die Gesellschaft auch nicht zu Recht, so gelte sie doch für den Rechtsverkehr als zu Recht bestehend und deshalb seien auch die in ihrem Namen mit Dritten vorgenommenen Rechtsgeschäfte gültig; § 311 Abs. 2 HGB (= § 218 Abs. 2 AktG). Auch diese Geltung sei nicht auf den Rechtsverkehr mit gutgläubigen Dritten beschränkt. Der Grundsatz des § 15 HGB sei hier nicht anwendbar. Es würde die Sicherheit des Verkehrs erschüttern, wollte man der nach außen nicht erkennbaren Tatsache der Nichtigkeit für den Rechtsverkehr eine Bedeutung beilegen, so daß der Dritte in eine Prüfung der schwierigen Frage eintreten müßte, ob das, was er über die Entstehung der Gesellschaft weiß, als innerer Nichtigkeitsgrund aufzufassen ist (Brodmann, § 311 HGB, Anm. 1a mit Schrifttumsangaben über andere Erklärungsversuche). Zum gleichen Ergebnis kommt die Lehre vom Rechtsschein, die dahin geht: Die Gesellschaft bestehe zwar nicht; sie scheine aber zu bestehen und müsse im Interesse der Rechtssicherheit als bestehend angesehen werden (Naendrup, Rechtsscheinwirkungen im Aktienrecht, in: Heymann, Beiträge zum Wirtschaftsrecht, S. 833f.). Das Reichsgericht hat bereits in RGZ 81, S. 206 zu der Frage der Rechtsfähigkeit eines ins Vereinsregister eingetragenen Vereins (§ 21 BGB) ausgesprochen, es sei Sinn und Zweck der Vorschriften über die Eintragung, im Interesse der Verkehrssicherheit durch Eintragung in das öffentliche Register jeden Zweifel an der Rechtsfähigkeit des Vereins auszuschließen. Mit diesem Sinn und Zweck sei es unvereinbar, daß die Rechtsfähigkeit der Vereins nicht nur von der Eintragung, sondern auch davon abhängig sei, daß die für wesentlich erachteten gesetzlichen Vorbedingungen der Eintragung vorlägen; vgl. auch RG, JW 1912, S. 1527. In RGZ 59, S. 325 hat das Reichsgericht für die GmbH ausgesprochen, daß durch die Nichtigerklärung einer GmbH und die Eintragung der Nichtigkeit im Handelsregister die Rechtsfähigkeit der Gesellschaft nicht berührt werde. Sie gelte nur als aufgelöste Gesellschaft und trete in Liquidation (§§ 66ff. GmbHG), wobei aber die selbständige Rechtspersönlichkeit bestehen bleibe. Für die Aktiengesellschaft hat RGZ 114, S. 77, unter Hinweis auf die Denkschrift zum Handelsgesetzbuch von 1897 S. 169/170, wonach die Mitglieder jederzeit (also auch vor Feststellung der Nichtigkeit der Gesellschaft durch Urteil) sich auf die Nichtigkeit berufen könnten, und auf frühere Entscheidungen (RGZ 64, S. 187, für den gleichartigen Fall des § 94 GenG und RGZ 112, S. 280 für den Fall des § 133 HGB) ausgesprochen, es sei dem Gesellschaftsmitglied wenigstens bei Streitigkeiten über seine Einlage, nicht schlechthin versagt, die Nichtigkeit auch außerhalb des eigentlichen Nichtigkeitsverfahrens geltend zu machen. In der Entscheidung vom 25. Juni 1935, RGZ 148, S. 225, 230, 231, hat sich dagegen das Reichsgericht für die Genossenschaft auf den Standpunkt gestellt, daß nach Eintragung der Genossenschaft die Genossen ihre Einzahlungspflichten nicht mit der Begründung ablehnen könnten, daß die Gesellschaft und damit auch die von ihr gefaßten Beschlüsse nichtig seien. Aus der Bestimmung des § 97 Abs. 1 GenG (= § 277 Abs. 1 AktG), wonach nach Eintragung der Nichtigkeit der Genossenschaft zum Zwecke der Abwicklung ihrer Verhältnisse die für den Fall der Auflösung geltenden Vorschriften entsprechende Anwendung finden, folge zunächst einmal eindeutig so viel, daß der Genossenschaft für die Zeit nach Eintragung des Löschungsvermerks Rechts- und Parteifähigkeit beizumessen sei, nicht anders, als wenn es sich um eine bloß aufgelöste Genossenschaft, die zu Recht bestanden habe, handelte. Aus § 97 Abs. 1 GenG ergebe sich weiter, daß die gesetzliche Vertretung der Genossenschaft den Liquidatoren obliege. Daraus sei zu schließen, daß die Genossenschaft auch schon während der sog. latenten Nichtigkeit Rechts- und Parteifähigkeit besessen habe. Das Reichsgericht führte damit seine frühere Rechtsprechung folgerichtig durch, nach der sogar eine Personengesellschaft, insbesondere des Handelsrechts (Offene Handelsgesellschaft und Kommanditgesellschaft), trotz Nichtigkeit des Gesellschaftsvertrags sowohl im Verhältnis zu Dritten wie zu den Gesellschaftern als bestehend anzusehen sei und nur durch Abwicklung beendet werden kann, sobald das Gesellschaftsverhältnis einmal in Vollzug gesetzt und die Gesellschaft als solche in den Rechtsverkehr eingetreten ist; vgl. RG, JW 1932, S. 1966; 1935; S. 2617 und S. 3613. Der Bundesgerichtshof hat diese Rechtsprechung über die Behandlung fehlerhafter Gesellschaften namentlich auf dem Gebiet des Personengesellschaftsrechts fortgeführt und vollendet; vgl. BGHZ 3, 285; 26, S. 335. Auch im Schrifttum zum Gesellschaftsrecht ist es heute völlig herrschende Meinung, daß *die fehlerhafte Gesellschaft eine für die Zukunft vernichtbare Gesellschaft* ist; vgl. R. Fischer (GroßK), § 105 HGB, Anm. 68.

Durch die neueste Literatur und Rechtsprechung hat die Frage nach der Bedeutung der Nichtigkeit der Gesellschaft ihre Klärung gefunden: Das Recht kann nicht an der Tatsache vorbeigehen, daß eine in das Handelsregister eingetragene Gesellschaft damit, d. h. durch die Tatsache der Eintragung, in das Leben getreten ist. Das Gesetz legt der Eintragung der Gesellschaft in das Handelsregister die größte Wichtigkeit bei. Vor Eintragung in das Handelsregister besteht die Gesellschaft als solche nicht; § 41 Abs. 1. Die wichtigsten Änderungen in den Grundlagen der Gesellschaft werden durch die Eintragung wirksam; § 181 Abs. 3, §§ 189, 224, 238, vgl. auch § 242 Abs. 1. Der Verkehr richtet sich nach der Eintragung. Ist sie erfolgt, so beginnt gewöhnlich der Geschäftsbetrieb. Es kommt eine Vermögensmasse zusammen, mit der gearbeitet wird. Die so entstandenen Rechtsverhältnisse müssen abgewickelt werden. Es würde nicht zu einer befriedigenden Lösung führen, wenn jeder Beteiligte eines Tages die völlige rechtliche Wirkungslosigkeit der Gesellschaft und der gesellschaftsrechtlichen Vorgänge geltend machen könnte und dann lediglich nach Bereicherungsgrundsätzen eine Abwicklung stattfinden müßte. Für diese herrschende Meinung spricht nachdrücklich die gesetzliche Regelung der Nichtigkeit von Aktiengesellschaften in den §§ 275 und 277: wenn § 277 Abs. 1 im Falle der Nichtigkeit der Gesellschaft deren *Abwicklung* nach den Vorschriften über die Abwicklung bei Auflösung anordnet, und wenn die Gesellschaft nach diesen Vorschriften für die Abwicklung als rechtsfähig angesehen wird, so muß sie auch für die vorhergehende Zeit als rechtsfähig und damit als bestehend angesehen werden; RGZ 148, S. 228. Nach § 277 Abs. 2 wird die Wirksamkeit der im Namen der Gesellschaft vorgenommenen Rechtsgeschäfte durch die Nichtigkeit nicht berührt. Wenn diese Unberührtheit nach der Rechtskraft des Nichtigkeitsurteils besteht, so muß sie auch schon vorher gelten. Denn durch die Vorschrift sollten gerade Dritte, die sich mit der Gesellschaft im Vertrauen auf die Eintragung im Handelsregister eingelassen haben, geschützt werden. Dieser Schutz wäre aber sehr unvollkommen, wenn die Gesellschaft nicht auch im übrigen, insbesondere im inneren Verhältnis, im Verhältnis zu ihren Mitgliedern, den Aktionären, als bestehend angesehen würde. Nach § 277 Abs. 3 haben die Gesellschafter nach der Rechtskraft des Urteils die bedungenen Einlagen zu leisten, soweit es zur Erfüllung der eingegangenen Verbindlichkeiten nötig ist. Das bedeutet aber nicht, daß sie vorher zur Leistung ihrer Einlagen nicht verpflichtet sind. Die Vorschrift will vielmehr ausdrücken, daß nach Beginn der Abwicklung, wie auch bei der nicht nichtigen Gesellschaft nach der Auflösung Einlagerückstände nur gefordert werden können, soweit es zu Abwicklungszwecken nötig ist. Vorher sind sie aber in voller Höhe geschuldet und die Gesellschaft kann die eingegangenen Beträge, wie jede andere Gesellschaft, auch zu werbenden Zwecken verwenden. Eine jüngste Bestätigung findet die herrschende Meinung in Art. 12 Abs. 2 der 1. Richtlinie des Rates der EWG zur Koordinierung der Schutzbestimmungen für Dritte vom 9. 3. 1968 (Amtsbl. der EWG 11, Nr. L 65), der vorschreibt: „Die Nichtigkeit bewirkt, daß die Gesellschaft in Liquidation tritt, wie dies bei der Auflösung der Fall sein kann".

Zusammenfassend ist also zu sagen: Auch bei Vorhandensein der in Absatz 1 genannten Nichtigkeitsgründe kommt die Aktiengesellschaft als eigene Rechtspersönlichkeit mit der Eintragung ins Handelsregister zur Entstehung. Solange sie besteht, hat sie alle Rechte und Pflichten einer selbständigen Rechtspersönlichkeit. Die Rechtskraft des Urteils, durch das die Gesellschaft für nichtig erklärt wird, hat nur dieselbe Wirkung wie eine Auflösungstatsache (§§ 262 ff.). Die Gesellschaft tritt in den Zustand der Abwicklung; sie wird aufgelöst. Das Nichtigkeitsurteil hat nicht die Wirkung, daß die Gesellschaft als von Anfang an nicht bestehend angesehen wird. Aber im Zusammenhang mit der Eintragung der Nichtigkeit nach § 277 Abs. 1 wirkt es für die Zukunft *rechtsgestaltend*, indem es aus der werbenden eine Abwicklungsgesellschaft macht; ebenso Baumbach-Hueck, Rnr. 10; v. Godin-Wilhelmi, Anm. 9; Schlegelberger-Quassowski, vor § 216 AktG 1937, Anm. 2—4.

Anm. 9

Da die Gesellschaft als Aktiengesellschaft entstanden ist und besteht, behält sie auch ihre *Organisation*, den Vorstand, den Aufsichtsrat und die Hauptversammlung. Die Dienstverträge mit Vorstand und Aufsichtsrat sind voll wirksam; § 277 Abs. 2. Die Organe sind nicht nur berechtigt, sondern auch verpflichtet, die ihnen durch Gesetz oder Satzung bestimmten Aufgaben zu erfüllen (z. B. Feststellung des Jahresabschlusses, Gewinnverteilungs- und Entlastungsbeschlüsse). Es kann ihnen von niemand, auch von den Aktionären nicht entgegengehalten werden, daß sie dazu nicht befugt seien. Dies gilt für das innere, wie für das äußere Verhältnis, also auch für die Geschäftsführungs- und Vertretungsbefugnis des Vorstandes. Der Vorstand hat auch bei der mit einem Nichtigkeitsmangel behafteten Gesellschaft die Leitungsbefugnis und die Leitungspflicht; §§ 76, 93. Er hat auch, wenn Nichtigkeitsgründe von Klageberechtigten behauptet werden, nicht ohne weiteres das Recht und die Pflicht, den werbenden Betrieb einzustellen und die Abwicklung zu betreiben, insbesondere dann nicht, wenn das Unternehmen erfolgreich arbeitet. Ein Mangel, der die Bestimmungen über den Unternehmensgegenstand betrifft, wird in der Regel nach § 276 geheilt werden können. Bei allen Mängeln ist relative Heilung möglich durch Ablauf der dreijährigen Klagefrist des Abs. 3. Ob das Registerrecht von der Löschungsbefugnis nach Abs. 3 Satz 2 Gebrauch macht, steht dahin. Es wird es nicht immer, sondern nur dann tun, wenn es im öffentlichen Interesse liegt. Dies wird bei einem gutgehenden Unternehmen meist nicht der Fall sein. Selbst wenn die Gesellschaftsorgane die Nichtigkeit erkannt haben und mit Nichtigerklärung und mit der künftigen Abwicklung rechnen, kann es geboten sein, einen günstigen Zeitpunkt, etwa zu einer Veräußerung des Unternehmens an eine andere, auch eine neu zu gründende Gesellschaft, oder zu einer Verschmelzung abzuwarten. Es besteht ja auch keineswegs eine allgemeine Pflicht der Klageberechtigten, die Nichtigkeitsklage zu erheben, wenn ihnen Nichtigkeitsgründe bekannt sind. Nach Lage des Einzelfalles kann es aber Pflicht der Mitglieder des Vorstandes oder des Aufsichtsrats sein, die Nichtigkeitsklage zu erheben oder die Auflösung nach § 262 Abs. 1 Nr. 2 zu betreiben. Bis zum Wirksamwerden des Nichtigkeitsurteils können auch Satzungsänderungen nach allgemeinen Grundsätzen erfolgen, jedoch bestimmt sich die Zulässigkeit von Satzungsänderungen, durch die ein Mangel nach § 275 Abs. 1 geheilt werden soll, ausschließlich nach § 276. Auch Aufsichtsratswahlen sowie die Neubestellung und Entlassung von Vorstandsmitgliedern können erfolgen. Sie werden durch das Nichtigkeitsurteil nicht nachträglich unwirksam. Gleiches gilt für Entlastungsbeschlüsse. Da die Gesellschaft besteht und ihre Organe hat, ist die Möglichkeit der Auflösung nach den allgemeinen Vorschriften (§§ 262 ff.) auch bei der nichtigen Gesellschaft gegeben. Es müssen dann aber die Vorschriften des § 262 Abs. 1 Nr. 2 eingehalten werden;

einfache Mehrheit genügt nicht, denn dieser kann nicht die Entscheidung darüber überlassen werden, ob die Gesellschaft abgewickelt werden soll.

Der Aufsichtsrat hat die gleichen Befugnisse und Pflichten wie bei einer Gesellschaft mit mangelfreier Satzung; die Hauptversammlung ebenso; ihre Beschlüsse können nicht deshalb mit der Nichtigkeits- oder Anfechtungsklage angefochten werden, weil die Gesellschaft nichtig sei, sondern nur, wenn andere Nichtigkeits- oder Anfechtungsgründe bestehen. Die Aktionäre dürfen auch die Beschlüsse der Hauptversammlung nicht als nicht bestehend unbeachtet lassen. Sie haben aber auch das Stimmrecht und das Anfechtungsrecht. Die Aktienrechte können auch auf Dritte übertragen werden.

Die Organe der Gesellschaft haften dieser für Pflichtverletzungen wie bei einer nicht mit Nichtigkeitsmängeln behafteten Gesellschaft; vgl. §§ 93, 116. Auch sämtliche Rechte und Pflichten der Aktionäre bestehen ebenso wie bei einer mangelfreien Gesellschaft; das gilt insbesondere auch für Stimm- und Anfechtungsrechte, für die Möglichkeit der Übertragung von Aktienrechten usw. Ein Aktionär kann seine Einlagepflicht nicht mit der Behauptung in Frage stellen, es bestünden Gründe für eine Nichtigkeitsklage; vgl. auch § 277 Abs. 3. Will der Aktionär sich darauf berufen, daß die Leistung der vollen Einlage nicht zur Gläubigerbefriedigung erforderlich sei, so muß er vorher die Nichtigkeitsklage durchführen. Unter Umständen wird durch eine einstweilige Verfügung geholfen werden können.

§ 276 Heilung von Mängeln

Ein Mangel, der die Bestimmungen über den Gegenstand des Unternehmens betrifft, kann unter Beachtung der Bestimmungen des Gesetzes und der Satzung über Satzungsänderungen geheilt werden.

Einleitung

§ 276 a. F. entsprach weitgehend dem § 217 AktG 1937, brachte aber bereits die Änderung der Überschrift, die früher „Heilung der Nichtigkeit" lautete, und stellte klar, daß bei der Heilung von Mängeln auch Satzungsbestimmungen zu beachten sind, die für Satzungsänderungen in zulässiger Weise andere Erfordernisse als das Gesetz aufstellen; vgl. Anm. 2. Nach der Neufassung des § 275 Abs. 1 durch das Gesetz zur Durchführung der Ersten Richtlinie des Rates der Europäischen Gemeinschaften zur Koordinierung des Gesellschaftsrechts vom 15. 8. 1969 — KoordG — (BGBl. I S. 1146) kommen als Mängel, die zur Vermeidung der Nichtigkeit der Gesellschaft geheilt werden können, nur noch solche in Frage, die die Bestimmungen über die Höhe des Grundkapitals und über den Gegenstand des Unternehmens betreffen. Eine vollkommene Heilung läßt § 276 nur bei Fehlen oder Nichtigkeit der Bestimmungen über den Gegenstand des Unternehmens zu, das Fehlen einer Bestimmung über die Höhe des Grundkapitals unterliegt wie nach dem bisherigen Recht nur der bei allen Nichtigkeitsgründen möglichen *relativen* Heilung nach § 275 Abs. 3 Satz 1; vgl. § 275, Anm. 5.

Mängel anderer Art, soweit sie den nach § 23 Abs. 3 notwendigen Inhalt der Satzung betreffen, können zur Vermeidung einer Auflösung der Gesellschaft kraft Gesetzes nach § 262 Abs. 1 Nr. 5 ohne Ausnahme durch eine entsprechende Satzungsänderung behoben werden; §§ 144a Abs. 1 FGG, 274 Abs. 2 Nr. 2 AktG. Im übrigen werden Mängel des Gründungsvorgangs schon durch die Eintragung der Gesellschaft geheilt; vgl. § 275, Anm . 2.

Anm. 1

1. Enthält die Satzung keine Bestimmungen über die Höhe des Grundkapitals, so bleibt nur der Weg der Neugründung, wenn nicht die Gesellschaft sich mit der

relativen Heilung nach § 275 Abs. 3 begnügen will. Wird bei einem Mangel dieser Art der Weg des § 276 gewählt, also durch satzungsändernden Beschluß die Satzung geändert und mit den gesetzlichen Bestimmungen in Einklang gebracht, so wird auch durch die Eintragung der Mangel nicht geheilt. Der satzungsändernde Beschluß ist selbst nichtig, weil er dem im öffentlichen Interesse erlassenen Verbot der Heilung zuwiderläuft; § 241 Nr. 3. Immerhin könnte ein solcher Beschluß seinerseits relativ geheilt werden nach § 242 Abs. 2 Satz 1 durch Eintragung und Zeitablauf von 3 Jahren. Jedenfalls wäre dann für das Registergericht kaum Anlaß vorhanden, von der Löschungsbefugnis nach § 242 Abs. 2 Satz 3 oder § 275 Abs. 3 Satz 2 Gebrauch zu machen.

Anm. 2

2. Ein Mangel, der die Bestimmungen über den Gegenstand des Unternehmens betrifft, kann „unter Beachtung der Bestimmungen des Gesetzes und der Satzung über Satzungsänderungen" geheilt werden. Trotz des Mangels, an dem die Gesellschaft leidet, sind ihre Satzungsbestimmungen über Satzungsänderungen zu beachten, weil das Gesetz die durch Eintragung ins Leben getretene Gesellschaft bis zum rechtskräftigen Urteil, aber auch danach (vgl. § 277 Abs. 1) als rechtsfähig und damit bestehend behandelt; § 275, Anm. 8.

Fraglich ist, ob bei der Heilung eines Mangels nach § 276 die in § 179 Abs. 2 Satz 2 für *Änderungen* des Unternehmensgegenstandes vorgeschriebene Mehrheit von mindestens drei Viertel des bei der Beschlußfassung vertretenen Grundkapitals, u. U. eine noch größere satzungsmäßige Mehrheit erreicht werden muß. Sicher ist § 179 Abs. 2 Satz 2 im Rahmen des § 276 zu beachten, wenn die Satzungsänderung auch eine tatsächliche Änderung der von der Aktiengesellschaft bisher betriebenen Tätigkeit erfordert, etwa weil diese gegen ein gesetzliches Verbot verstieß. Fehlt, was selten vorkommen wird, eine Bestimmung über den Unternehmensgegenstand überhaupt, so wird die notwendige Vervollständigung der Satzung in der Regel nicht mit einer Umstellung des Geschäftsbetriebes auf einen anderen oder abweichenden Geschäftszweig verbunden sein; die für Änderungen des Unternehmensgegenstandes gesetzlich oder durch die Satzung vorgeschriebenen Mehrheitserfordernisse gelten für diesen Fall nicht, vielmehr kann auch die einfache Kapitalmehrheit ausreichen, wenn die Satzung eine solche abweichend von der Regel des § 179 Abs. 2 Satz 1 für Satzungsänderungen im allgemeinen vorsieht; so für den vergleichbaren Fall einer nachträglichen Präzisierung der Bestimmung über den Unternehmensgegenstand im Hinblick auf die Bestimmtheitsanforderungen des § 23 Abs. 3 Nr. 2 (§ 8 EG) Möhring-Schwartz, Die Aktiengesellschaft und ihre Satzung (2. Aufl.), S. 23; dagegen Barz, § 23, Anm. 11.

Eine allgemeine *Verpflichtung* der Aktionäre, insbesondere derjenigen, die erst nach der Gründung Aktionäre geworden sind, *zur Mitwirkung bei der Heilung* besteht unter dem Grundsatz von Treu und Glauben wenn überhaupt, so nur dann, wenn die Bestimmungen über den Gegenstand des Unternehmens nur aus Versehen nicht in die Satzung aufgenommen worden sind. Der Beschluß bedarf zu seiner Wirksamkeit der Eintragung in das Handelsregister; § 181. Deshalb besteht wie bei jeder Satzungsänderung kein Anmeldezwang; § 407 Abs. 2.

Das Gesetz enthält keine Bestimmung, nach der die Heilung nur innerhalb einer bestimmten Frist erfolgen kann. Sie ist auch nach Zustellung der Nichtigkeitsklage und Einleitung des amtlichen Löschungsverfahrens nach § 144 FGG zulässig; § 275 Anm. 5. Die in §§ 275 Abs. 2 AktG, 144 Abs. 3 FGG vorgesehene Frist von drei Monaten soll der Gesellschaft die Möglichkeit geben, die heilbaren Mängel zu beseitigen. Daraus folgt aber nicht, daß die Heilung nicht später erfolgen dürfe. Nach Ablauf der Fristen soll nur der gerichtlichen Entscheidung kein Hindernis entgegenstehen, wenn die Frist nicht ausgenutzt wurde. Zweifelhaft ist, ob die Heilung auch noch möglich ist, nachdem die Gesellschaft bereits durch Urteil für nichtig erklärt und die Nichtigkeit eingetragen oder die Gesellschaft von Amts wegen gelöscht ist; dafür KG, JW 1934, S. 1124 mit Anm. v. Groschuff; Baumbach-Hueck, Rnr. 2, Schlegelberger-Quassowski, § 217 AktG 1937, Anm. 3. Öffentliche Interessen stehen der Zulässigkeit der Heilung nicht entgegen. Die

Rechtswirkung des Urteils und der Löschung erschöpfen sich im Ergebnis in einer Auflösung der Gesellschaft mit nachfolgender Abwicklung der an sich bestehenden Gesellschaft; § 275, Anm. 8. Da das Gesetz grundsätzlich die Fortsetzung einer aufgelösten Gesellschaft, also ihre Rückverwandlung in ein werbendes Unternehmen zuläßt (§ 274), ist kein stichhaltiger Grund ersichtlich, warum nicht die Heilung nach Eintritt des Abwicklungszustandes möglich sein soll. Daß das Urteil bereits eingetragen und die Löschung vollzogen und bekanntgemacht sind, steht der Fortsetzung so wenig entgegen wie bei der gewöhnlichen Auflösung, die ebenfalls ins Handelsregister einzutragen und bekanntzumachen ist; § 263. Wie die Fortsetzung einzutragen ist, § 274 Abs. 3, muß auch hier eine entsprechende Eintragung und Bekanntmachung erfolgen. Voraussetzung muß allerdings auch hier sein, daß noch nicht mit der Verteilung des Vermögens unter die Aktionäre begonnen ist; § 274 Abs. 1. Nach erfolgter Eintragung der Nichtigkeit oder Löschung muß der die Heilung enthaltende Beschluß den Vorschriften über den Fortsetzungsbeschluß genügen; § 274.

Der Heilungsbeschluß kann nach den §§ 241, 243 nichtig oder anfechtbar sein. Ist er nichtig oder mit Erfolg angefochten, so ist die Heilung nicht wirksam geworden. Sie kann aber in wirksamer Form erneut erfolgen.

Anm. 3

Die Heilung bewirkt, daß die Gesellschaft für die Zukunft ohne Mangel besteht. In der Vergangenheit bestand sie ohnedies; § 275, Anm. 8. Die Wirkung für die Zukunft besteht darin, daß die Nichtigkeit von niemand mehr geltend gemacht werden kann, auch eine Löschung von Amts wegen nicht mehr zulässig ist, und die Abwicklung nicht stattzufinden hat oder einzustellen ist, falls sie schon begonnen hat.

§ 277 Wirkung der Eintragung der Nichtigkeit

(1) Ist die Nichtigkeit einer Gesellschaft auf Grund rechtskräftigen Urteils oder einer Entscheidung des Registergerichts in das Handelsregister eingetragen, so findet die Abwicklung nach den Vorschriften über die Abwicklung bei Auflösung statt.

(2) Die Wirksamkeit der im Namen der Gesellschaft vorgenommenen Rechtsgeschäfte wird durch die Nichtigkeit nicht berührt.

(3) Die Gesellschafter haben die Einlagen zu leisten, soweit es zur Erfüllung der eingegangenen Verbindlichkeiten nötig ist.

Einleitung

Die Vorschrift stimmt wörtlich mit dem früheren § 218 AktG 1937 überein, ebenso wie dieser mit § 311 HGB.

Anm. 1

1. Die Folge der Eintragung der Nichtigkeit ist, daß die Gesellschaft zur *Abwicklungsgesellschaft* wird. Dabei ist es gleichgültig, ob die Eintragung auf Grund eines rechtskräftigen Urteils gemäß § 275 Abs. 4 oder auf Grund einer Entscheidung des Registerrichters gemäß § 144 Abs. 1 FGG erfolgt. Die Gesellschaft ist alsdann nach den Vorschriften über die Abwicklung nach Auflösung abzuwickeln; §§ 264ff. Danach besteht Zwang zur Abwicklung; § 264. Die Berufung der Vorstandsmitglieder als Abwickler, die Bestellung und Abberufung der Abwickler, ihre Anmeldung, ihre Rechte und Pflichten, ihr Geschäftskreis und ihre Vertretungsmacht, der Aufruf der Gläubiger, der

Gläubigerschutz, Eröffnungsbilanz und Jahresabschluß, die Verteilung des Vermögens und der Schluß der Abwicklung richten sich nach den für die Abwicklung einer mangelfreien Gesellschaft geltenden Vorschriften; §§ 265—273. Insbesondere besteht auch in gleicher Weise der Anspruch der Aktionäre auf das nach der Schuldentilgung verbleibende Reinvermögen. Auch die übrigen Gesellschaftsorgane, Aufsichtsrat und Hauptversammlung, haben die gleichen Aufgaben wie bei jeder Abwicklung. Auch über das Vermögen der nichtigen Gesellschaft kann das Konkurs- oder Vergleichsverfahren eröffnet werden und zwar vor wie nach der Nichtigerklärung; RG, JW 1903, S. 503[35].

Anm. 2

2. Die Wirksamkeit der im Namen der Gesellschaft vorgenommenen Rechtsgeschäfte wird durch die Nichtigkeit nicht berührt; Abs. 2. Der Satz bringt nur zum Ausdruck, daß die Gesellschaft trotz des die „Nichtigkeit" begründenden Mangels der Satzung im Sinne des § 275 Abs. 1 Satz 1 als eigene Rechtspersönlichkeit mit allen Rechten und Pflichten einer solchen besteht. Aus diesem Bestehen der Gesellschaft zieht das Gesetz die Folge, daß auch die im Namen der Gesellschaft vorgenommenen Rechtsgeschäfte wirksam sind und zwar für und gegen die Gesellschaft; vgl. § 275, Anm. 8. Solange die Nichtigkeit nicht eingetragen ist, diese also nicht offenkundig ist, ist die Gesellschaft für den Rechtsverkehr eine vollgültige Aktiengesellschaft, deren Zweck in der Regel auf den Erwerb gerichtet ist. Das gilt auch für Dritte, die den Mangel kannten. Der Mangel braucht von den dazu Berufenen nicht geltend gemacht zu werden (vgl. § 275, Anm. 10), teilweise kann er sogar geheilt werden, § 276. § 15 HGB findet keine Anwendung. § 277 Abs. 2 enthält gegenüber § 15 HGB eine Sonderregelung. Danach wird die Wirksamkeit der im Namen der Gesellschaft abgeschlossenen Rechtsgeschäfte überhaupt nicht durch die Nichtigkeit berührt. Da die Gesellschaft mit Eintragung der Nichtigkeit nur in den Abwicklungszustand tritt, sind auch die später mit den Abwicklern vorgenommenen Rechtsgeschäfte ebenso wirksam wie im Fall der gewöhnlichen Gesellschaftsauflösung.

Anm. 3

3. Die Gesellschafter haben die bedungenen Einlagen zu leisten, soweit es zur Erfüllung der eingegangenen Verbindlichkeiten nötig ist; Abs. 3. Der Satz zieht, wie Abs. 1 nach *außen*, im Verhältnis nach *innen* die Folge daraus, daß die Gesellschaft trotz der „Nichtigkeit" als eigene Rechtspersönlichkeit *besteht*, und daß die Geltendmachung der Nichtigkeit und deren Eintragung ins Handelsregister keine andere Folge hat, als daß die Gesellschaft für die Zukunft in den Abwicklungszustand eintritt; § 275, Anm. 8. Deshalb müssen trotz der Nichtigkeit die Gesellschafter ihre Verbindlichkeiten aus dem Gesellschaftsverhältnis erfüllen, d. h. die versprochenen Zahlungen leisten und die sonstigen in der Satzung festgesetzten Verpflichtungen (Nebenleistungen, § 55) erfüllen. Nach Beginn der Abwicklung tritt wie bei jeder Abwicklung nur insofern eine Änderung ein, als die Zahlung der Einlagen nur zu erfolgen hat, wenn sie zur Erfüllung der eingegangenen Verbindlichkeiten erforderlich ist; RG, JW 1933, S. 1015[5], RGZ 143, S. 394; 134, S. 139; vgl. § 262, Anm. 5. Den Aktionären stehen nur die Einwendungen zu, die sie auch gegenüber der mangelfreien Gesellschaft erheben könnten; RGZ 83, S. 253.

Anm. 4

4. Auch eine durch Gerichtsentscheid für nichtig erklärte Gesellschaft kann nach den Vorschriften des § 274 fortgesetzt werden. Außer den dort angegebenen Voraussetzungen ist die Fortsetzung nur möglich, wenn ein (heilbarer) Mangel der Bestimmungen über den Gegenstand des Unternehmens vorliegt und spätestens gleichzeitig mit dem Fortsetzungsbeschluß eine entsprechende Änderung oder Ergänzung der Satzung beschlossen wird; vgl. dazu oben § 274, Anm. 7, und § 276, Anm. 2.

Zweites Buch

Kommanditgesellschaft auf Aktien

Vorbemerkungen

Nach dem statistischen Jahrbuch für die Bundesrepublik Deutschland 1971 bestanden am 31. 12. 1970 neben 2.279 Aktiengesellschaften mit einem Grundkapital von DM 56.172 Mio. und 80.146 GmbH's mit einem Stammkapital von DM 43.031 Mio. insgesamt 25 Kommanditgesellschaften auf Aktien mit einem Grundkapital von DM 323,5 Mio. Das zeigt deutlich die heutige wirtschaftliche Bedeutung dieser Rechtsform, die auch in ihren besten Zeiten (1895 und 1924) nicht über 150 bzw. 200 Gesellschaften hinauskam (vgl. die grafische Darstellung der zahlenmäßigen Entwicklung bei Elschenbroich, Die Kommanditgesellschaft auf Aktien, 1959, S. 35).

Dabei handelt es sich bei der Kommanditgesellschaft auf Aktien um die rechtlich wohl interessanteste Form einer Körperschaft. Von der Systematik her folgt das aus ihrer Mischform, die Elemente der Kommanditgesellschaft mit solchen der Aktiengesellschaft in sich vereinigt. Die erstere Gesellschaftsform unterliegt, wenn man einmal von den Gläubigerschutzbestimmungen absieht, in weitestem Umfange der Gestaltungsfreiheit ihrer Gesellschafter, während die Form der Aktiengesellschaft die Rechtsform ist, die am stärksten in das Prokrustesbett ihrer gesetzlichen Regelung eingespannt ist. Während man aus den §§ 161ff HGB so gut wie nichts über die innere Struktur und Organisation einer Kommanditgesellschaft entnehmen kann und alles von der Gestaltung des Gesellschaftsvertrages abhängt, regelt bei der Aktiengesellschaft das Gesetz so gut wie alles und überläßt der satzungsmäßigen Regelung nur mehr oder minder belanglose Einzelheiten. Aus der Vermischung dieser beiden Gestaltungen ergeben sich für die Kommanditgesellschaft auf Aktien interessante Möglichkeiten. So kann z. B. die Stellung der persönlich haftenden Gesellschafter noch wesentlich stärker ausgestaltet sein wie die eines aktienrechtlichen Vorstandes, der eigenverantwortlich die Geschäftsführung ausübt, aber von dem durch die Hauptversammlung bestellten Aufsichtsrat zu berufen und abzuberufen ist, während der persönlich haftende Gesellschafter einer Kommanditgesellschaft auf Aktien seine Stellung allein aus der Satzung ohne Einwirkungsmöglichkeit von Aufsichtsrat und Hauptversammlung herleiten kann und damit eine wesentlich unabhängigere Stellung hat. Andererseits kann die Satzung die Stellung der persönlich haftenden Gesellschafter wesentlich schwächer als die eines Vorstandes einer Aktiengesellschaft ausgestalten und sie den Geschäftsführern der GmbH annähern, indem nicht nur Berufung und Abberufung dem Aufsichtsrat oder auch der Hauptversammlung überlassen wird, sondern die persönlich haftenden Gesellschafter auch der Weisungsbefugnis, sei es des Aufsichtsrats, sei es der Hauptversammlung, unterstellt werden. Das zeigt die Spannweite, innerhalb deren die Stellung der persönlich haftenden Gesellschafter und damit die Zuständigkeitsbereiche von persönlich haftenden Gesellschaftern, Aufsichtsrat und Hauptversammlung ausgestaltet werden können und in der Praxis auch ausgestaltet werden.

Aber nicht nur in ihrer Struktur, sondern auch in ihrer kapitalmäßigen Ausgestaltung gibt die Kommanditgesellschaft auf Aktien wesentlich weiteren Spielraum als eine Aktiengesellschaft. Wie die Komplementäre einer Kommanditgesellschaft können auch die persönlich haftenden Gesellschafter einer Kommanditgesellschaft auf Aktien Einlagen erbringen und dadurch nicht nur gemäß §§ 86, 87 im Wege der Tantieme, sondern auch über eine echte gesellschaftliche Beteiligung am Ertrag des Unternehmens teilnehmen und darüber hinaus eine echte Substanzbeteiligung begründen, die ihnen im Falle ihres Ausscheidens eine Beteiligung an stillen Reserven und Substanzzuwachs gewährt und im Falle einer Vererbung der Einlage auf ihre Nachfolger eine unmittelbare Übertragung ermöglicht. Die Beteiligung der persönlich haftenden Gesellschafter unterliegt, was sie steuerlich so interessant macht, weder substanz- noch ertragsmäßig einer Doppelbesteuerung und kann diese Vorteile im Wege der Unterbeteiligung auch auf andere Personen als persönlcih haftende Gesellschafter weitergeben, die damit im Gegensatz zu Aktionären der Doppelbesteuerung entgehen. Allerdings können sich die Komplementäre mit ihrem Vermögen auch als Kommanditaktionäre beteiligen und damit die Vorteile in Anspruch nehmen, die ein ggf. an der Börse gehandelter Aktienwert gewährleistet, wenn sie dann auch gemäß § 285 Abs. 1 S. 2 einem weitgehenden Stimmrechtsausschluß unterworfen sind, der aber durch die Notwendigkeit, zu Beschlüssen der Hauptversammlung die Zustimmung zu erteilen (§ 285 Abs. 2 S. 1), wieder in etwa wettgemacht wird.

Damit eignet der Kommanditgesellschaft auf Aktien eine Gestaltungsfreiheit, wie sie für Körperschaften bei der heutigen Tendenz der Gesetzgebung völlig ungewöhnlich ist. Unter diesen Umständen ist es erstaunlich und kaum erklärlich, warum von dieser Gestaltungsmöglichkeit, insbesondere bei Familiengesellschaften, nicht stärker Gebrauch gemacht wird. Die geringe Anzahl der Kommanditgesellschaften auf Aktien hat in den letzten Jahrzehnten immer wieder die Frage aufkommen lassen, ob diese Rechtsform wirklich noch eine Existenzberechtigung hat und ob sie nicht gestrichen werden sollte. Wer die Existenzberechtigung von Rechtsformen allein nach ihrem zahlenmäßigen Vorkommen beurteilt, muß zu einer Verneinung kommen. Wer aber Sinn für aus der Tradition gewachsene Formen hat, wer nicht nur alles über einen Kamm scheren, sondern für Sondertatbestände auch Sonderformen zur Verfügung stellen und insbesondere für den stufenweisen Übergang von der Rechtsform einer Kommanditgesellschaft in die einer Aktiengesellschaft Möglichkeiten schaffen will, und wer der Dispositionsfreiheit der Gesellschafter auch im Recht der Aktiengesellschaft wenigstens ein kleines Gebiet offen lassen will, der wird die Aufrechterhaltung der Rechtsform der Kommanditgesellschaft auf Aktien im Rahmen der Aktienreform 1965 begrüßen.

Wesentliche Änderungen hat das Recht der Kommanditgesellschaft auf Aktien durch das Aktiengesetz 1965 gegenüber dem Aktiengesetz 1937 nicht erfahren. Allerdings strahlen die Verbesserungen der Aktionärsrechte, insbesondere im Recht der Hauptversammlung, die Verschärfungen des Bilanzrechts und die Schaffung des Konzernrechts selbstverständlich auch in die Kommanditgesellschaft auf Aktien hinein. Ihre Struktur selbst ist aber nicht geändert worden und trotz der weiten Beschränkung der Gestaltungsmöglichkeiten der Satzung im Rahmen der Aktiengesellschaft ist die Kommanditgesellschaft auf Aktien in ihrer Dispositionsfreiheit nach 1965 nicht schlechtergestellt als vorher.

Schrifttum

Elschenbroich: Die Kommanditgesellschaft auf Aktien, Wsb. 1959 (mit weiteren Literaturangaben).

Fischer: Die Kommanditgesellschaft auf Aktien, in Ehrenberg's Handbuch 1916. Dritter Band, I. Abt. S. 424.

Gail: Auswirkungen des Aktiengesetzes 1965 auf die Kommanditgesellschaft auf Aktien, WP 66, 425.

Ott: Die Kommanditgesellschaft auf Aktien, Diss. 1961.

Pflug: Der persönlich haftende Gesellschafter in der Kommanditgesellschaft auf Aktien, NJW 71, 345.

Schreiber: Die Kommanditgesellschaft auf Aktien, München 1925.

§ 278 Wesen der Kommanditgesellschaft auf Aktien

(1) Die Kommanditgesellschaft auf Aktien ist eine Gesellschaft mit eigener Rechtspersönlichkeit, bei der mindestens ein Gesellschafter den Gesellschaftsgläubigern unbeschränkt haftet (persönlich haftender Gesellschafter) und die übrigen an dem in Aktien zerlegten Grundkapital beteiligt

sind, ohne persönlich für die Verbindlichkeiten der Gesellschaft zu haften (Kommanditaktionäre).

(2) Das Rechtsverhältnis der persönlich haftenden Gesellschafter untereinander und gegenüber der Gesamtheit der Kommanditaktionäre sowie gegenüber Dritten, namentlich die Befugnis der persönlich haftenden Gesellschafter zur Geschäftsführung und zur Vertretung der Gesellschaft, bestimmt sich nach den Vorschriften des Handelsgesetzbuchs über die Kommanditgesellschaft.

(3) Im übrigen gelten für die Kommanditgesellschaft auf Aktien, soweit sich aus den folgenden Vorschriften oder aus dem Fehlen eines Vorstands nichts anderes ergibt, die Vorschriften des Ersten Buchs über die Aktiengesellschaft sinngemäß.

Übersicht

Anm. 1

Einleitung

Das ADHGB von 1861 behandelte im Anschluß an das französische Recht, das erstmals im Art. 38 des Code de Commerce von 1807 die Kommanditgesellschaft auf Aktien kodifizierte (vgl. Elschenbroich, Die Kommanditgesellschaft auf Aktien 1959, S. 23), die Kommanditgesellschaft auf Aktien als eine Art der Kommanditgesellschaft. Sie erlebte schnell eine gewisse Verbreitung, weil sie in vielen Ländern anders als die Aktiengesellschaft nicht dem Konzessionszwang unterlag. Das Gesetz vom 11. 6. 1870 beseitigte dann das Konzessionsverfahren für Aktiengesellschaften und gab diesen damit für alle Zeiten den weiten zahlenmäßigen Vorsprung vor den Kommanditaktiengesellschaften. Während diese Rechtsform in der Gesetzgebung des 19. Jahrhunderts stets den Vorrang vor der Aktiengesellschaft hatte, ordnete das Handelsgesetzbuch von 1897 das Recht der Kommanditgesellschaft auf Aktien im Anschluß an die Vorschriften über die Aktiengesellschaft, §§ 320—334 HGB. Grundsätzlich wurden die Vorschriften über die Aktiengesellschaft für anwendbar erklärt, soweit sich nicht aus § 320 Abs. 2 und weiteren besonderen Vorschriften und dem Fehlen eines Vorstandes ein anderes ergab, § 320 Abs. 3 HGB. An dieser Regelung hat das Aktiengesetz 1937 festgehalten und nur insoweit eine Änderung geschaffen, als es grundsätzlich dem persönlich haftenden Gesellschafter für seine Aktien ein Stimmrecht in der Hauptversammlung gegeben hat (§ 227 Abs. 1).

Die Bestimmung des § 278 entspricht in ihren Absätzen 2 und 3 unverändert dem § 219 AktG 1937. In Abs. 1 ist ähnlich wie bei der Definition des Wesens einer Aktiengesellschaft in § 1 das Gebot der Beteiligung mit Einlagen im Hinblick auf die Regelung der §§ 207ff. gestrichen und in § 2 bzw. § 280 Abs. 2 S. 2 übernommen.

I. Wesensmerkmale

Anm. 2

1. Gesellschaft

Nach Abs. 1 ist die Kommanditgesellschaft auf Aktien eine *Gesellschaft mit eigener Rechtspersönlichkeit*. Das Handelsgesetzbuch enthielt eine derartige Begriffsbestimmung nicht. Aber die Rechtslehre hatte bereits überwiegend angenommen, daß die Kommanditgesellschaft auf Aktien eine juristische Person sei. Abs. 1 entscheidet die Streitfrage eindeutig (vgl. Elschenbroich S. 167ff.). Wie in § 1 die Aktiengesellschaft bezeichnet § 278 die Kommanditgesellschaft auf Aktien als eine Gesellschaft mit eigener Rechtspersönlichkeit; sie ist also im Sinne der Rechtssprache eine juristische Person. Sie ist als solche selbständige Trägerin von Rechten und Pflichten. Wegen der Bedeutung des Begriffs der eigenen Rechtspersönlichkeit vgl. im übrigen § 1 Anm. 4 u. 7ff.

Anm. 3

2. Mischform zwischen Aktien- und Kommanditgesellschaft

Die Besonderheiten dieser Rechtspersönlichkeit ergeben sich aus den weiteren Vorschriften des Abs. 1: Es muß mindestens ein Gesellschafter den Gesellschaftsgläubigern unbeschränkt haften *(persönlich haftender Gesellschafter*, auch Komplementär genannt), die übrigen müssen an dem in Aktien zerlegten Grundkapital beteiligt sein, ohne persönlich für die Verbindlichkeiten der Gesellschaft zu haften *(Kommanditaktionäre)*. Die Gesellschaft ist keine Kommanditgesellschaft. Mit dieser hat sie zwar gemeinsam, daß mindestens ein persönlich haftender Gesellschafter vorhanden sein muß. Sie unterscheidet sich aber wesentlich von ihr dadurch, daß die Kommanditaktionäre nicht wie die Kommanditisten der Kommanditgesellschaft des HGB, wenn auch unter Beschränkung auf den Betrag einer bestimmten Vermögenseinlage, den Gesellschaftsgläubigern unmittelbar haften, § 161 HGB. Die Kommanditaktionäre beteiligen sich vielmehr „an dem in Aktien zerlegten Grundkapital". Wie Abs. 1 jetzt ausdrücklich ausspricht, aber auch nach § 320 Abs. 1 HGB angenommen wurde, haften sie nicht persönlich für die Verbindlichkeiten der Gesellschaft. Ihre Beteiligung ist die gleiche wie die der Aktionäre einer Aktiengesellschaft. Sie zeigt sich in der Form von Anteilsrechten und kommt durch Ausgabe von Aktien zum Ausdruck. Trotzdem ist die Kommanditgesellschaft auf Aktien keine Aktiengesellschaft, wenn auch wegen der Art der Beteiligung eine große Reihe von Vorschriften über die Aktiengesellschaft auf sie anzuwenden ist (Abs. 3). Beide Gesellschaftsarten haben gemeinsam, daß eine Kapitalbeteiligung in Form von Aktienrechten erfolgt. Die Kommanditgesellschaft auf Aktien unterscheidet sich von der Aktiengesellschaft durch die persönliche, unbeschränkte und unmittelbare Haftung *eines Teils* der Gesellschafter gegenüber den Gesellschaftsgläubigern und die Beteiligung dieser Gesellschafter in anderer Weise als durch Beteiligung an dem in Aktien zerlegten Grundkapital. Die Kommanditgesellschaft auf Aktien ist eine durch die Verbindung wesentlicher Merkmale der Aktiengesellschaft und der Kommanditgesellschaft gekennzeichnete selbständige Gesellschaftsart (eine „Mischform“, vgl. Elschenbroich S. 57, 180), eine „Gesellschaft eigener Art“, RG 82, 360; 129, 267. Der Gesetzgeber behandelt die Kommanditgesellschaft auf Aktien allerdings als eine Abart der Aktiengesellschaft und demgemäß als Kapitalgesellschaft (vgl. auch § 1 des Umwandlungsgesetzes vom 6. 11. 1969). Das gilt auch für das Steuerrecht, so daß z. B. die einheitliche Gewinnfeststellung, wie sie bei Personalgesellschaften Platz greift, auf die Kommanditgesellschaft auf Aktien keine Anwendung findet (RFH in RStBl. 30, 345), obwohl der persönlich haftende Gesellschafter als Unternehmer behandelt wird (RFH 39, 124); der Gewinnanteil, den er aufgrund seiner Beteiligung erhält, ist nach § 11 Ziff. 3 KörpStG bei Ermittlung des Einkommens der Kommanditgesellschaft auf Aktien abzuziehen.

Anm. 4

3. Kommanditisten neben Kommanditaktionären

Damit eine Kommanditgesellschaft auf Aktien vorliegt, müssen mindestens ein persönlich haftender Gesellschafter (oft auch „Geschäftsinhaber“ bezeichnet) und Kommanditaktionäre im Sinne des Abs. 1 vorhanden sein. Die Kommanditgesellschaft auf Aktien kann als juristische Person für ein von ihr betriebenes Handelsgewerbe stille Gesellschafter haben (vgl. RGZ 153, 371). Ob sie neben den begrifflich notwendigen Kommanditaktionären noch gewöhnliche Kommanditisten haben kann, ist streitig (dafür 1. Auflage Anm. 5, auch § 231 Anm. 10; Baumbach 5. Aufl. § 219 Anm. 4; dagegen Schlegelberger-Quassowski § 231 Anm. 7, Godin-Wilhelmi Anm. 8). Für die Zulässigkeit der Beteiligung gewöhnlicher Kommanditisten könnte § 139 HGB sprechen, der auch bei der Kommanditgesellschaft (§ 161 Abs. 2) zu den Bestimmungen gehört, die das Rechtsverhältnis der Gesellschafter zueinander regelt und deshalb gemäß § 278 Abs. 2 auf die Kommanditgesellschaft auf Aktien anwendbar ist. Dem wahren Willen des Gesetzgebers dürfte die Beteiligung gewöhnlicher Kommanditisten kaum entsprechen, denn er regelt die Kommanditgesellschaft auf Aktien als Abart der Aktiengesellschaft, für die im strukturellen Aufbau eine Dispositionsfreiheit der Gründeraktionäre ausgeschlossen ist. Dann aber kann nicht angenommen werden, daß es den an einer Kommanditgesellschaft auf Aktien beteiligten Personen freigegeben wäre, neben die im Gesetz genannten Beteiligungsformen als persönlich haftende Gesellschafter und als Kommanditaktionäre noch die eines gewöhnlichen Kommanditisten wie bei einer Kommanditgesellschaft zu setzen und damit Aufbau und Struktur der Kommanditgesellschaft auf Aktien ganz entscheidend gegenüber der gesetzlichen Regelung abzuwandeln. Die Kommanditisten müßten dann ja auch in ihren Befugnissen konkurrierend neben die Hauptversammlung und auch neben den Aufsichtsrat treten und damit die aktienrechtliche Regelung auf seiten der Kommanditaktionäre wesentlich verändern und beeinträchtigen. Man wird also im Rahmen der Kommanditgesellschaft auf Aktien gewöhnliche Kommanditisten neben Kommanditaktionären nicht zulassen können, woraus dann die entsprechenden Konsequenzen für die Geltung des § 139 HGB zu ziehen sind (vgl. § 289 Anm. 9). Jedoch steht nichts entgegen, daß die Kommanditgesellschaft auf Aktien Komplementär einer echten Kommanditgesellschaft ist, bei der neben dem Komplementär ein oder mehrere Kommanditisten vorhanden sind (Baumbach-Hueck Rdn. 4; Godin-Wilhelmi Anm. 8). Dann ist aber diese Kommanditgesellschaft eine Personalgesellschaft gemäß §§ 161 ff. HGB und nicht mehr eine juristische Person gemäß §§ 278 ff.

Anm. 5

4. Handelsgesellschaft

Ihrer rechtlichen Natur nach ist die Gesellschaft stets *Handelsgesellschaft*, auch wenn sie kein Handelsgewerbe betreibt. Dies ergibt sich aus § 3, der nach Abs. 3 anwendbar ist. Allerdings betreiben sämtliche z. Zt. existierenden Kommanditgesellschaften auf Aktien ein Handelsgewerbe, da ideale Zwecke (§ 3 Anm. 2) sich gerade für diese Rechtsform nicht eignen. Die Gründe, die für die Wahl der Kommanditgesellschaft auf Aktien sprechen, sind entweder solche der Tradition oder die Absicht, einer bisherigen Kommanditgesellschaft den Zutritt zum Kapitalmarkt zu eröffnen, ohne die Belassung der Geschäftsführung in den Händen der Familie zu gefährden, oder die mangelnde Eignung der Aktiengesellschaft als Organisationsform für eine Familiengesellschaft, bei der man jedoch Wert darauf legt, die Übertragung von Anteilen in Form von Aktien zu ermöglichen, oder auch steuerliche Überlegungen.

II. Stellung der beiden Gesellschaftergruppen

Anm. 6

1. Die Stellung des persönlich haftenden Gesellschafters

a) Kaufmannseigenschaft

Der persönlich haftende Gesellschafter haftet zwar für die Schulden der Gesellschaft. Das Geschäft wird aber auf den Namen der tatsächlich als juristische Person ausgestalteten Kommanditgesellschaft auf Aktien betrieben. Nicht der persönlich haftende Gesellschafter ist Träger oder Mitträger aller Rechte und Pflichten, sondern nur die Gesellschaft. Daraus kann man aber nicht mit der 1. Auflage den Schluß ziehen, der persönlich haftende Gesellschafter sei nicht Kaufmann im Sinne des HGB. Die Stellung des persönlich haftenden Gesellschafters in der Kommanditgesellschaft auf Aktien spricht vielmehr eindeutig für seine *Kaufmannseigenschaft.* Die Kommanditgesellschaft auf Aktien ist ein Rechtsgebilde eigener Art; wenn sie auch eigene Rechtspersönlichkeit besitzt, so trägt sie doch viele Züge der Personengesellschaft. Das äußert sich gerade in der Rechtsstellung des persönlich haftenden Gesellschafters. Er haftet nicht nur unbeschränkt für die Verbindlichkeiten der Gesellschaft, er ist auch aus dem Gesellschaftsverhältnis heraus *das* Geschäftsführungs- und Vertretungsorgan, ohne daß er — jedenfalls in der Regelgestaltung, bei der die Satzung selbst die persönlich haftenden Gesellschafter benennt und das Ernennungsrecht nicht dem Aufsichtsrat oder der Hauptversammlung überläßt — diese Stellung, wie der Vorstand einer Aktiengesellschaft, von einem anderen Organ der Gesellschaft ableitete. Da außerdem § 278 Abs. 2 das äußere Verhältnis der persönlich haftenden Gesellschafter dem Recht der Kommanditgesellschaft unterstellt und die Kaufmannseigenschaft gerade auf diesem Außenverhältnis aufbaut, muß der persönlich haftende Gesellschafter als Kaufmann im Sinne des § 1 HGB angesehen werden (RGSt 34, 379; Schlegelberger-Quassowski § 219 Anm. 9; Baumbach-Hueck Rdn. 2; Godin-Wilhelmi Anm. 4; Brüggemann in Großkommentar HGB § 1 Anm. 18).

Anm. 7

d) Persönliche Haftung

Die gesetzlich allein *notwendige vermögensrechtliche Beteiligung des persönlich haftenden Gesellschafters* besteht *nur in der persönlichen Haftung* für die Verbindlichkeiten der Gesellschaft. Diese kann durch die Satzung nicht ausgeschlossen werden. Im übrigen braucht der persönlich haftende Gesellschafter mit einer Vermögenseinlage nicht beteiligt zu sein, weder als Kommanditaktionär noch in anderer Weise. Er kann sich aber nach beiden Richtungen beteiligen, auch mit *Nebenleistungsverpflichtungen* (§ 55, vgl. aber Anm. 8). Die im ADHGB festgelegte Verpflichtung der persönlich haftenden Gesellschafter zur Beteiligung mit Einlagen in bestimmter Höhe (Art. 174a, 180h) ist bereits in das Handelsgesetzbuch von 1897 nicht übernommen. Die Haftung des persönlich haftenden Gesellschafters gegenüber den Gläubigern der Gesellschaft richtet sich nach den für die Kommanditgesellschaft geltenden Vorschriften, also nach den §§ 128 bis 130 HGB. Dabei spielt der rechtstheoretische Unterschied, daß die Kommanditgesellschaft auf Aktien eine selbständige Rechtsperson ist, zu deren Verbindlichkeiten die Haftung des persönlich haftenden Gesellschafters hinzutritt, während die Kommanditgesellschaft eine Gesamthandsgemeinschaft ist und ihre Verbindlichkeit mit der Haftung der Komplementäre zusammenfällt, keine Rolle.

Anm. 8

c) Vermögensrechtliches Verhältnis

Im übrigen kann das *vermögensrechtliche Verhältnis* des persönlich haftenden Gesellschafters zur Gesellschaft *durch die Satzung frei gestaltet* werden. Es kann bestimmt werden, daß er keine Einlage, auch nicht als Kommanditaktionär, machen soll oder darf, oder daß er eine solche machen und/oder sich als Kommanditaktionär beteiligen muß; die Leistung der Einlage kann als Bedingung für den Eintritt als persönlich haftender Gesellschafter gesetzt werden, so daß er erst mit der Erfüllung der Bedingung die Gesellschafterstellung und die Geschäftsführungs- und Vertretungsbefugnis erlangt.

Ist der persönlich haftende Gesellschafter nach der Satzung zu besonderen Einlagen verpflichtet, die nicht Kommanditaktionäreinlagen sind, so richtet sich die Beitragspflicht nach den getroffenen Vereinbarungen und nach den für die Kommanditgesellschaft und damit auch den für die offene Handelsgesellschaft geltenden Vorschriften. Er hat also bei Verzug Zinsen zu zahlen und kann auf Ersatz weiteren Schaden in Anspruch genommen werden, § 111 HGB, während die Geltung der §§ 63ff. AktG ausscheidet. Jedoch besteht gegenüber dem Recht der Kommanditgesellschaft eine wesentliche Abweichung. Da die Kommanditgesellschaft auf Aktien eine juristische Person ist, wird das Eingelegte, wie auch die Einlage des Kommanditaktionärs, Alleineigentum der juristischen Person. Nur diese ist Trägerin der Vermögensrechte. Es besteht kein Miteigentum der Gesellschafter zur gesamten Hand am Gesellschaftsvermögen wie bei der offenen Handelsgesellschaft. Der persönlich haftende Gesellschafter hat nur schuldrechtliche Ansprüche an die Gesellschaft auf den Bezug von Gewinnen und Auszahlung von Auseinandersetzungsguthaben wie der Aktionär oder ein anderes Mitglied einer juristischen Person (Elschenbroich S. 169ff.; Schlegelberger-Quassowski § 219 Anm. 10). Die besonderen Einlagen gehören nicht zum Grundkapital, dessen Erhaltung im Interesse der Gläubiger durch die Vorschriften des Aktienrechts gesichert ist, §§ 57ff. Die Satzung kann bestimmen, wie diese Einlagen bei der Gewinnverteilung, beim Ausscheiden des persönlich haftenden Gesellschafters und bei der Auflösung und Abwicklung der Gesellschaft zu behandeln sind. Soweit die Satzung schweigt, gelten gemäß § 278 Abs. 2 die Bestimmungen über die Gewinnberechtigung und die Berechnung des Auseinandersetzungsguthabens der persönlich haftenden Gesellschafter bei einer Kommanditgesellschaft (§§ 168, 121 HGB für den Gewinnanteil, §§ 738 bis 749 BGB, 155 HGB für das Auseinandersetzungsguthabens). Zweckmäßig ist eine möglichst genaue und klare Regelung in der Satzung; außerhalb der Satzung kann die Regelung rechtsverbindlich nicht getroffen werden. Im einzelnen vgl. wegen der Vermögenseinlage § 281 Anm. 5ff., wegen der Gewinnverteilung § 288 Anm. 2ff., und wegen des Auseinandersetzungsguthabens § 289 Anm. 23.

Das Gesellschaftsvermögen ist dem Zugriff der persönlichen Gläubiger des persönlich haftenden Gesellschafters entzogen. Die Übertragbarkeit und Pfändbarkeit der gesellschaftlichen Beteiligung des persönlich haftenden Gesellschafters richtet sich nach den für die Kommanditgesellschaft geltenden Regeln, die über die Regelung bei der offenen Handelsgesellschaft zur Anwendbarkeit des § 717 BGB führt. Danach sind nur übertragbar die Ansprüche auf Vergütung für die Geschäftsführung, die Ansprüche auf Gewinnanteil und auf Auseinandersetzungsguthaben. Alle übrigen Rechte sind nicht übertragbar und damit auch nicht pfändbar (KG in OLG R 42, 77).

Für Aufwendungen hat der persönlich haftende Gesellschafter dieselben Ersatzansprüche wie bei der Kommanditgesellschaft.

Anm. 9

d) Eignung zum persönlich haftenden Gesellschafter

In der Satzung ist die Zahl der persönlich haftenden Gesellschafter festzulegen; mindestens ist eine bestimmte Person zu benennen, § 281 Abs. 1. Hier zeigt sich ein wesentlicher Unterschied in der Stellung des persönlich haftenden Gesellschafters gegenüber dem Vorstand einer Aktiengesellschaft. Dieser leitet sein Recht auf Geschäftsführung und Vertretung aus der Bestellung durch den Aufsichtsrat ab, der persönlich haftende Gesellschafter dagegen aus der Satzung und seiner Eigenschaft als Gesellschafter. Die Satzung kann und sollte auch einen Wechsel in der Person der persönlich haftenden Gesellschafter vorsehen und zwar nicht nur dann, wenn die persönlich haftenden Gesellschafter nicht mit Kapital beteiligt sind und im inneren Verhältnis die Stellung von Dienstverpflichteten (vorstandsähnlichen Gesellschaftern) haben, sondern auch in anderen Fällen, weil ja die Lebensdauer einer Kommanditgesellschaft auf Aktien nicht an die Lebensdauer der bei der Gründung eingetretenen persönlich haftenden Gesellschafter gebunden ist. Die Auswahl der neuen persönlich haftenden Gesellschafter kann dem Aufsichtsrat oder der Hauptversammlung oder den übrigen persönlich haftenden Gesellschaftern überlassen werden. Es kann aber auch — insbesondere bei Familiengesellschaften — bestimmten Personen, z. B. geeigneten Familienabkömmlingen, ein Recht auf Bestellung zum persönlich haftenden Gesellschafter eingeräumt und auch vorgesehen werden, daß bestimmte Personen ohne besonderen Bestellungsakt der Kommanditgesellschaft auf Aktien beim Eintritt besonderer Ereignisse (Erreichen eines bestimmten Lebensalters, Tod des bisherigen Komplementärs und dergl.) persönlich haftende Gesellschafter werden, wobei jedoch das Einverständnis dieser Personen, sei es vorher, sei es gleichzeitig, erklärt werden muß. Andererseits kann die Satzung die Aufnahme von persönlich haftenden Gesellschaftern an bestimmte Voraussetzungen knüpfen, z. B. Zugehörigkeit zu einer Familie. Soll dann davon abgesehen werden, so bedarf es einer Satzungsänderung. Persönlich haftender Gesellschafter kann jede natürliche Person sein. Geschäftsfähigkeit ist erforderlich, jedenfalls wenn der persönlich haftende Gesellschafter geschäftsführungs- und vertretungsberechtigt ist (vgl. § 76 Abs. 3). Jedoch braucht nicht jeder persönlich haftende Gesellschafter auch geschäftsführungs- und vertretungsbefugt zu sein. Ebenso wie bei der Kommanditgesellschaft kann es auch bei der Kommanditgesellschaft auf Aktien von der Geschäftsführung und/oder der Vertretung ausgeschlossene persönlich haftende Gesellschafter geben. Doch muß, um die organschaftliche Vertretung zu ermöglichen, mindestens ein Komplementär geschäftsführungs- und vertretungsberechtigt und damit auch geschäftsfähig sein. Die von der Geschäftsführung und Vertretung ausgeschlossenen persönlich haftenden Gesellschafter dagegen können beschränkt geschäftsfähig und sogar geschäftsunfähig sein (Baumbach-Hueck Rdn. 3).

Zweifelhaft ist, ob auch eine juristische Person oder Personengesellschaft persönlich haftender Gesellschafter sein kann. Da bei einer Aktiengesellschaft und einer Gesellschaft mit beschränkter Haftung die Beteiligung von juristischen Personen und Personengesellschaften völlig problemlos ist und seit RG 105, 101 auch juristische Personen als Komplementäre von offenen Handelsgesellschaften und Kommanditgesellschaften anerkannt sind — diese Entscheidung ist die Grundlage für den Siegeszug der GmbH & Co. KG —, scheint alles dafür zu sprechen, auch bei einer Kommanditgesellschaft auf Aktien juristische Personen und Personengesellschaften nicht nur als Kommanditaktionäre, sondern auch als persönlich haftende Gesellschafter zuzulassen (so OLG Hamburg NJW 69, 1030; Möhring-Tank I Rdn. 625; Schreiber S. 40/41; Lehmann-Dietz S. 408; Heim, Fälle und Lösungen nach höchstrichterlichen Entscheidungen, 1970, S. 73; Hesselmann, GmbH-Rdsch. 69, 135). Trotzdem bestehen gegen eine derartige Potenzierung der Mischform der Kommanditgesellschaft auf Aktien erhebliche Bedenken (LG Hamburg AktG 68, 193; Baumbach-Hueck Rdn. 2; Godin-Wilhelmi Anm. 6; Schlegelberger-Quassowski § 219 Anm. 9; Würdinger S. 241; Rasch NJW 62, 1242; Grote NJW 68, 1709; Pflug NJW 71, 345). Zwar ist davon auszugehen, daß das Gesetz diese Frage nicht zwingend regelt, wenn auch §§ 281 Abs. 1, 283 Ziff. 3 offensichtlich eine natürliche Person als Komplementär voraussetzen. Aber einmal ist die Kommanditgesellschaft auf Aktien als Kapitalgesellschaft und damit als juristische Persönlichkeit organisiert, deren Struktur zwingend durch das Gesetz bestimmt wird und nicht, wie bei einer Personengesellschaft, beliebig veränderbar und manipulierbar ist. Damit entfällt die Beweiskraft der Parallele zur GmbH & Co. KG. Zum anderen baut die Grundsatzregelung des § 278 Abs. 2 für den Komplementär einer Kommanditgesellschaft auf Aktien eine Reihe von Kontroll- und Sanktionsmöglichkeiten ab, die gegenüber dem Vorstand einer Aktiengesellschaft bestehen; der gesetzgeberische Grund hierfür kann nur die Tatsache sein, daß ein geschäftsführender Gesellschafter als natürliche Person die volle persönliche Haftung für alle Verbindlichkeiten der Gesellschaft trägt und dadurch motiviert wird, die Angelegenheiten der Gesellschaft wie eigene, d. h. mit der größtmöglichen Umsicht und Gewissenhaftigkeit zu führen. Wenn aber die Geschäftsführung der Kommanditgesellschaft auf Aktien direkt oder — über eine GmbH & Co. KG — indirekt bei einer juristischen Person liegt und damit eine natürliche Person wieder nur als Geschäftsführer tätig ist, entfällt die gesetzgeberische Veranlassung für die Lockerung oder mindestens Lockerungsmöglichkeit aus den bei einer Aktiengesellschaft bestehenden Kontrollen und Sanktionen. Schließlich gilt für die Kommanditgesellschaft auf Aktien grundsätzlich Aktienrecht, soweit nicht für seine Nichtanwendung einleuchtende Gründe vorgebracht werden können. § 278 Abs. 2 bestimmt aber nur für das Verhältnis zwischen Komplementär und Kommanditaktionären die Geltung des Personengesellschaftsrechts, nicht auch für die Anforderungen, die an die Person des Komplementärs zu stellen sind. Infolgedessen spricht doch sehr viel dafür, § 76 Abs. 3 auch auf die Kommanditgesellschaft auf Aktien anzuwenden.

Die vorstehende Begründung schließt zwar die Aktiengesellschaft, Gesellschaft mit beschränkter Haftung und GmbH Co. KG von der Stellung eines persönlich haftenden Gesellschafters einer Kommanditgesellschaft auf Aktien, nicht aber eine offene Handelsgesellschaft oder Kommanditgesellschaft mit natürlichen Personen als haftenden Gesellschafter aus. Trotzdem wird man auch ihnen die Eignung zur Komplementäreigenschaft einer Kommanditgesellschaft auf Aktien absprechen müssen, und zwar schon aus der Erwägung heraus, daß es ja allein der Entscheidung dieser Personengesellschaft obliegen würde, sich jederzeit in eine GmbH & Co. KG umzuwandeln. Für dieses Ergebnis spricht endlich auch noch die rechtspolitische Erwägung, Mischformen — und die Kommanditgesellschaft auf Aktien ist eine, wenn auch gesetzlich geregelte Mischform (vgl. Vorbem. vor § 278) — nur im gesetzlich zugelassenen Rahmen anzuerkennen und zugelassene Mischformen nicht noch durch weitere Mischungen zu potenzieren.

Die Konsequenz gebietet, die Beteiligung einer juristischen Person oder Personengesellschaft nicht davon abhängig zu machen, ob sie geschäftsführungs- und vertretungsbefugter Komplementär ist oder nicht. Abgesehen von den aus der Struktur der Kommanditgesellschaft auf Aktien als juristischer Person hergeleiteten Argumenten, die von der Geschäftsführungs- und Vertretungsbefugnis unabhändig sind, stehen auch dem von der Geschäftsführung ausgeschlossenen Komplementär Einwirkungsmöglichkeiten auf die Geschäftsführung zu (vgl. §§ 116 Abs. 2, 118 HGB), die in die Systematik der Kommanditgesellschaft auf Aktien ebensowenig hineinpassen wie die Zulassung von Kommanditisten neben Kommanditaktionären (Anm. 4).

Anm. 10

e) Gleichzeitige Beteiligung als Kommanditaktionär

Die persönlich haftenden Gesellschafter können auch gleichzeitig als Kommanditaktionäre beteiligt sein. Die Beteiligung als Kommanditaktionär kann auch in der Hand eines oder gar des einzigen persönlich haftenden Gesellschafters liegen (Einmanngesellschaft). Die nachträgliche Vereinigung aller Aktien in einer Hand ist auch bei der Kommanditgesellschaft auf Aktien zulässig, auch wenn diese Hand die des alleinigen persönlich haftenden Gesellschafters ist. Bei der Gründung müssen selbstverständlich fünf Gründer vorhanden sein (vgl. § 280 Anm. 2).

Anm. 11

f) Anzahl der persönlich haftenden Gesellschafter

Die Zahl der persönlich haftenden Gesellschafter kann beliebig groß oder klein sein. Es muß mindestens einer sein und es können beliebig viele sein. Die Vorschrift des § 76 Abs. 2 S. 2, wonach bei einem Grundkapital von mehr als DM 3 Millionen mindestens 2 Vorstandsmitglieder vorhanden sein müssen, gilt für die persönlich haftenden Gesellschafter der Kommanditgesellschaft auf Aktien nicht, wie sich aus § 278 Abs. 2 in Verbindung mit der Tatsache, daß die Vorschrift des § 76 Abs. 2 S. 2 in § 283 nicht aufgeführt ist, ergibt; so auch Gail WP 66, 426.

Anm. 12

2. Die Stellung der Kommanditaktionäre

Für sie gelten die Vorschriften des Aktienrechts, § 278 Abs. 3.

a) Ihre Verpflichtungen zur Leistung der *Einlagen* ist durch den Nennbetrag oder den höheren Ausgabebetrag der Aktien begrenzt, § 54. Nebenverpflichtungen können durch die Satzung festgelegt werden, § 55.

b) Für die *Rechte des Kommanditaktionärs am Vermögen* der Gesellschaft gilt das gleiche wie bei der Aktiengesellschaft, §§ 57ff. Die Einlagen können nicht zurückgefordert werden. Regelmäßig können auch nicht Zinsen bedungen werden, § 57 Abs. 2. Der Kommanditaktionär hat vielmehr nur Anspruch auf einen Anteil am Reinvermögen bei der Auseinandersetzung.

c) Eine unmittelbare *Haftung der Kommanditaktionäre* für die Verbindlichkeiten der Gesellschaft gegenüber den Gläubigern *besteht nicht.* Nur die Gesellschaft kann den Anspruch auf rückständige Einlagen geltend machen, säumige Aktionäre ausschließen und die Vormänner in Anspruch nehmen, §§ 64, 65. (Die Einforderung der Einlagen erfolgt durch den persönlich haftenden geschäftsführenden Gesellschafter.) Dagegen haften die Kommanditaktionäre, wie die Aktionäre der Aktiengesellschaft den Gläubigern, wenn sie entgegen den Bestimmungen des Aktiengesetzes Zahlung erlangt haben, § 62.

d) Die Aktien können auf den Inhaber oder auf den Namen lauten, § 10. Sie sind unteilbar, § 8 Abs. 3. Die Mindestnennbeträge sind einzuhalten, § 8 Abs. 1, 2. Die Aktien dürfen nicht unter dem Nennwert ausgegeben werden, § 9; es können Aktien besonderer Gattungen geschaffen werden, § 11; die Aktien dürfen nicht vor der Eintragung der Gesellschaft zum Handelsregister ausgegeben werden, § 41 Abs. 4; vgl. die Erl. zu den genannten Paragraphen.

III. Das Rechtsverhältnis der persönlich haftenden Gesellschafter im einzelnen

Anm. 13

Das *Rechtsverhältnis der persönlich haftenden Gesellschafter untereinander und gegenüber der Gesamtheit der Kommanditaktionäre sowie gegenüber Dritten*, namentlich die Befugnis der persönlich haftenden Gesellschafter zur Geschäftsführung und Vertretung der Gesellschaft bestimmt sich nach den Vorschriften des Handelsgesetzbuches über die Kommanditgesellschaft. Sie sind enthalten in den §§ 161—177 HGB. Sie verweisen auf die Vorschriften des Handelsgesetzbuches über die offene Handelsgesellschaft, §§ 105—160 Abs. 2 HGB. Diese verweisen wieder auf die Vorschriften des BGB über die Gesellschaft, §§ 705ff., § 105 Abs. 2 HGB.

Anm. 14

1. Das Rechtsverhältnis der persönlich haftenden Gesellschafter untereinander

Mehrere persönlich haftende Gesellschafter stehen zueinander im selben Rechtsverhältnis wie mehrere persönlich haftende Gesellschafter einer Kommanditgesellschaft oder einer offenen Handelsgesellschaft. Maßgebend ist in erster Linie die Satzung. Nur wenn durch diese nicht etwas anderes bestimmt ist, finden die Vorschriften der §§ 110 bis 122 HGB Anwendung, § 109 HGB. Jeder Gesellschafter kann von dem anderen Erfüllung der gesellschaftlichen Verpflichtungen, z. B. die Leistung der übernommenen, nicht auf das Grundkapital anzurechnenden Einlagen an die Gesellschaft fordern und durch Klage erzwingen. Als Vertreter der Kommanditgesellschaft auf Aktien können sie auch auf deren Namen den Anspruch geltend machen. Ebenso kann die Gesamtheit der Kommanditaktionäre den Anspruch durch Klage verfolgen. Diese wird dabei durch den Aufsichtsrat vertreten, § 287 Abs. 2. In gleicher Weise können die persönlich haftenden Gesellschafter andere Ansprüche aus dem Gesellschaftsverhältnis gegeneinander geltend machen, z. B. den Anspruch aus dem Wettbewerbsverbot, § 284.

Die Verteilung des auf mehrere persönlich haftende Gesellschafter als solche entfallenden Gewinns erfolgt nach § 121 HGB. Die Satzung kann eine andere Art der Verteilung des Gewinns bestimmen, auch anordnen, daß die persönlich haftenden Gesellschafter am Gewinn nicht nach den Vorschriften des Handelsgesetzbuches teilnehmen, sondern einen anders berechneten Anteil am Gewinn erhalten. Dies wird namentlich dann geschehen, wenn die persönlich haftenden Gesellschafter kapitalistisch an dem Unternehmen nicht oder nur in geringem Maße beteiligt sind, ihre Stellung sich der des Vorstandes einer Aktiengesellschaft nähert.

Wegen der Geschäftsführungsbefugnis vgl. unter Anm. 21 ff.

Anm. 15

2. Das *Rechtsverhältnis der persönlich haftenden Gesellschafter gegenüber der Gesamtheit der Kommanditaktionäre* und der Kommanditaktionäre gegenüber den persönlich haftenden Gesellschaftern regelt sich ebenfalls nach den Vorschriften über die Kommanditgesellschaft. Soweit sich dieses Rechtsverhältnis auf die Geschäftsführung bezieht, vgl. unten Anm. 21 ff. Für das Überwachungsrecht der Aktionäre gilt § 166 HGB. Da jedoch die persönlich haftenden Gesellschafter der Hauptversammlung den Jahresabschluß vorzulegen haben (§ 283 Ziff. 9 in Verbindung mit § 175) und der Jahresabschluß vom Abschlußprüfer geprüft sein muß (§ 283 Ziff. 10 in Verbindung mit §§ 162 ff.), die Kommanditaktionäre aber als Gesamtheit die Prüfung sowieso nur durch einen Sachverständigen durchführen könnten und sie gemäß § 283 Ziff. 7 in Verbindung mit § 142 die Möglichkeit zur Bestellung von Sonderprüfern haben, ist das Überwachungsrecht aus § 166 HGB ohne praktische Bedeutung. Für die Gewinn- und Verlustbeteiligung im Verhältnis zu den persönlich haftenden Gesellschaftern kommt nur der Bestimmung des § 168 HGB Bedeutung zu, vgl. § 288 Anm. 2. Nach ihr sind die Gewinne, soweit sie 4% der Kapitalanteile nicht übersteigen, nach der Kapitalbeteiligung der persönlich haftenden Gesellschafter einerseits und der Gesamtheit der Kommanditaktionäre zu verteilen, wobei Einlagen und Entnahmen — letztere kann es nur bei persönlich haftenden Gesellschaftern geben — pro rata temporis berücksichtigt werden. Für den übersteigenden Gewinn gilt nur „ein nach den Umständen angemessenes Verhältnis" als bedungen. Praktische Bedeutung wird das wohl nie bekommen, weil die Regelung über die Gewinnverteilung zwischen persönlich haftenden Gesellschaftern und Kommanditaktionären — schon angesichts der Wichtigkeit dieser Regelung einerseits und der Unbestimmtheit des § 168 HGB andererseits — üblicherweise in der Satzung vorgenommen wird. Auch die gesellschaftsrechtlichen Gestaltungsbefugnisse — Aufnahme neuer und Ausschluß vorhandener persönlich haftender Gesellschafter, Abänderungen des Gesellschaftsvertrages, Kündigung des Gesellschaftsverhältnisses und dergl. — regeln sich, soweit sie das Verhältnis der persönlich haftenden Gesellschafter zu den Kommanditaktionären betreffen, nach Personalgesellschaftsrecht. Schon daraus ergibt sich, daß Satzungsänderungen und Aufnahme neuer persönlich haftender Gesellschafter die Übereinstimmung der Kommanditaktionäre und der persönlich haftenden Gesellschafter erfordert (vgl. § 285 Abs. 2). Zum Ausschluß eines persönlich haftenden Gesellschafters ist die übereinstimmende Mitwirkung der übrigen persönlich haftenden Gesellschafter und der Kommanditaktionäre erforderlich (§ 289 Anm. 22). Ein auf unbestimmte Zeit geschlossener Gesellschaftsvertrag ist seitens eines persönlich haftenden Gesellschafters ebenso wie seitens der Kommanditaktionäre auf den Schluß eines jeden Geschäftsjahres unter Einhaltung einer Frist von einem halben Jahr (§ 132 HGB) kündbar (vgl. § 289 Anm. 11). Jedoch kann die Satzung bestimmen, daß der kündigende Gesellschafter ausscheidet und daß, wenn der einzige persönlich haftende Gesellschafter kündigt, die Gesellschaft als Aktiengesellschaft weiterbesteht, oder wenn die Kommanditaktionäre kündigen, die Gesellschaft als offene Handelsgesellschaft weitergeführt wird.

Die Kommanditaktionäre können die den Kommanditisten einer Kommanditgesellschaft zustehenden Rechte nur als Gesamtheit ausüben. Das kann durch die Satzung nicht geändert werden. Für die Ausübung der Rechte gegenüber dem persönlich haftenden Gesellschafter gelten also die gesamten Kommanditaktionäre als ein Kommanditist, der seine Willensbildung in der Hauptversammlung vornimmt und, soweit die Satzung nichts anderes bestimmt, durch den Aufsichtsrat ausführen läßt (§ 287 Abs. 1). Ein einzelner Kommanditaktionär kann also die Rechte als Kommanditist nicht allein ausüben, sondern ihre Ausübung nur durch seine Abstimmung in der Hauptversammlung der Kommanditaktionäre, gegebenenfalls auch durch die Geltendmachung von Anfechtungs- und Minderheitsrechten beeinflussen. Auch ein Kündigungsrecht steht nur der Gesamtheit der Kommanditaktionäre zu, was allerdings nicht ausschließt, daß ein derartiges Kündigungsrecht, wie dem einzelnen Aktionär einer Aktiengesellschaft (vgl. § 262 Anm. 16, 40), durch die Satzung auch dem einzelnen Kommanditaktionär einer Kommanditgesellschaft auf Aktien gewährt werden kann.

Anm. 16

2. Das Rechtsverhältnis der persönlich haftenden Gesellschafter gegenüber Dritten

Es bestimmt sich nach den Vorschriften über die Kommanditgesellschaft. Da für diese besondere Bestimmungen fehlen, sind die für die offene Handelsgesellschaft geltenden Vorschriften der §§ 125—130 HGB anwendbar.

Anm. 17

a) Vertretungsbefugnis

Nach der gesetzlichen Regel des § 125 HGB ist jeder persönlich haftende Gesellschafter allein zu Vertretung der Gesellschaft berechtigt (Grundsatz der Einzelvertretung). Durch die Satzung kann aber ein einzelner persönlich haftender Gesellschafter, wie von der Geschäftsführung, so auch von der Vertretung ausgeschlossen werden. Dagegen wäre es mit dem Wesen der Kommanditgesellschaft auf Aktien unverträglich, wenn durch die Satzung alle persönlich haftenden Gesellschafter von der Vertretung ausgeschlossen wären. Die Gesellschaft würde dann der gesetzlichen Vertretung entbehren. Dieselbe Frage besteht auch bei der offenen Handelsgesellschaft und bei der Kommanditgesellschaft. Auch bei diesen Gesellschaften liegt es in ihrem Wesen, daß sie von einem Gesellschafter vertreten werden. Die Zulässigkeit der Ausschließung aller persönlich haftenden Gesellschafter von der Vertretung ist zwar streitig, wird von der herrschenden Meinung heute aber mit Recht verneint (BGH 41. 369).

Die Satzung kann die Vertretungsbefugnis der persönlich haftenden Gesellschafter abweichend von der gesetzlichen Regelung des § 125 HGB ordnen. So kann, wie es beim Vorstand der Aktiengesellschaft der Regel entspricht, § 78 Abs. 2, angeordnet werden, daß alle oder einzelne persönlich haftenden Gesellschafter nur gemeinschaftlich vertretungsberechtigt sind, oder daß jeweils eine bestimmte Anzahl von persönlich haftenden Gesellschaftern zusammen oder einer zusammen mit einem Prokuristen die Gesellschaft vertreten kann, KG in OLGR 43, 318. Gemäß § 125 Abs. 2 S. 2 HGB kann, falls die Satzung dies nicht ausschließt, die Gesamtheit der persönlich haftenden Gesellschafter, wenn Gesamtvertretung besteht, einen von ihnen zur Vornahme bestimmter Geschäfte oder bestimmter Arten von Geschäften ermächtigen. Alle Ausnahmen von der gesetzlichen Regelung der Vertretung müssen ins Handelsregister eingetragen werden, § 282 S. 2.

Anm. 18

Den einzelnen persönlich haftenden Gesellschaftern kann die Vertretungsmacht wie bei der offenen Handelsgesellschaft *durch gerichtliche Entscheidung entzogen werden, wenn ein wichtiger Grund vorliegt.* Da nach § 127 HGB nur alle übrigen Gesellschafter die Entziehung verlangen können, muß der Antrag von den übrigen persönlich haftenden Gesellschaftern und dem Aufsichtsrat gestellt werden. Der Aufsichtsrat vertritt dabei die Gesamtheit der Kommanditaktionäre; er führt deren Beschlüsse aus, § 287. Die Kommanditaktionäre können die Stellung des Antrages nur in einer Hauptversammlung beschließen. Auf Antrag eines einzelnen persönlich haftenden Gesellschafters oder des Aufsichtsrates, der dazu aber durch einen Beschluß der Hauptversammlung ermächtigt sein muß, kann auch durch einstweilige Verfügung einem persönlich haftenden Gesellschafter die Vertretungsbefugnis entzogen und die Vertretungsbefugnis einer dritten Person übertragen werden, § 938 ZPO. Eine bloße Beschränkung der Vertretungsmacht Dritten gegenüber durch einstweilige Verfügung würde dagegen der Vorschrift des § 126 Abs. 2 HGB widersprechen.

Auch der einzige persönlich haftende Gesellschafter kann von der Vertretungsbefugnis durch richterliches Urteil ausgeschlossen werden, RG 74, 298. Dann muß aber unverzüglich ein neuer persönlich haftender Gesellschafter bestellt oder die Gesellschaft in eine Aktiengesellschaft umgewandelt werden, da eine Kommanditgesellschaft auf Aktien ohne vertretungsberechtigten persönlich haftenden Gesellschafter nicht existieren kann (vgl. Anm. 17).

Der persönlich haftende Gesellschafter kann nicht seine Vertretungsbefugnis niederlegen. Sie beruht auf gesetzlicher Vorschrift. Er kann sie nicht einseitig aufgeben.

Ist vorübergehend kein vertretungsberechtigter Gesellschafter vorhanden oder sind alle verhindert, so können in entsprechender Anwendung des § 85 in dringenden Fällen auf Antrag eines Beteiligten für die Zeit bis zur Behebung des Mangels Vertreter durch das Amtsgericht des Gesellschaftssitzes bestellt werden. Das geht aber nur unter den gleichen Voraussetzungen, unter denen auch bei der offenen Handelsgesellschaft durch einstweilige Verfügungen die Bestellung eines Nicht-gesellschafters als Vertreter zulässig ist (hierzu vgl. BGH 33. 108), und ist keineswegs als auf die Dauer angelegte Regelung zulässig.

Abweichend von der offenen Handelsgesellschaft sind die persönlich haftenden Gesellschafter nicht die einzigen gesetzlichen Vertreter der Gesellschaft. Wie bei der Aktiengesellschaft ist auch bei der Kommanditgesellschaft auf Aktien der Aufsichtsrat in bestimmten Fällen zur Vertretung der Gesellschaft befugt (bei Abschluß von Rechtsgeschäften mit den persönlich haftenden Gesellschaftern und bei Führung von Rechtsstreiten gegen sie), § 112, § 278 Abs. 3.

Anm. 19

Der *Umfang der Vertretungsmacht* des persönlich haftenden Gesellschafters richtet sich nach den für die offene Handelsgesellschaft geltenden Vorschriften, § 126 HGB. Danach erstreckt sich die Vertretungsmacht der persönlich haftenden Gesellschafter auf alle gerichtlichen und außergerichtlichen Geschäfte und Rechtshandlungen einschließlich der Veräußerung und Belastung von Grundstücken sowie der Erteilung und des Widerrufs einer Prokura (im inneren Verhältnis ist aber außer bei Gefahr im Verzuge zur Bestellung eines Prokuristen die Zustimmung aller geschäftsführenden Gesellschafter erforderlich, § 116 Abs. 3 HGB).

Die Vertretungsmacht erstreckt sich nicht auf die Regelung der inneren Verhältnisse der Gesellschaft; deshalb auch nicht auf die Aufnahme eines neuen persönlich haftenden Gesellschafters oder auf sonstige Änderungen des Gesellschaftsvertrages. Denn dies wäre eine Veränderung der inneren Zusammensetzung der Gesellschaft; sie hat mit der Vertretung nach außen nichts zu tun; sie bedarf daher, soweit die Satzung nichts anderes bestimmt, der Zustimmung aller Gesellschafter, auch der Gesamtheit der Kommanditaktionäre, die darüber in der Hauptversammlung mit den für eine Satzungsänderung maßgebenden Mehrheiten zu beschließen haben. Eine Vereinbarung des vertretungsberechtigten Gesellschafters mit einem Dritten über dessen Aufnahme als Gesellschafter ist daher unwirksam, wenn die Zustimmung der anderen Beteiligten nicht vorliegt oder nachgebracht wird, RG 52, 161; RG in JW 1921, 1239[17]; in Jur. Rundschau 1927 Nr. 1038. Einen stillen Gesellschafter kann aber der allein vertretungsberechtigte Gesellschafter aufgrund seiner Vertretungsmacht aufnehmen, da der stille Teilhaber keinen

Anteil am Gesellschaftsvermögen erwirbt und durch die Aufnahme nur ein schuldrechtliches Rechtsverhältnis begründet wird, RG 153, 371.

Im übrigen wird wegen der grundsätzlichen Unbeschränkbarkeit der Vertretungsmacht, der möglichen Ausnahmen, der Wirkung der Vertretungshandlungen, des stillschweigenden Handelns, des Abschlusses von Verträgen mit sich selbst, des verbotenen Zusammenwirkens mit Dritten zum Nachteil der Gesellschaft auf § 126 HGB und die Erläuterungsbücher dazu Bezug genommen. Zu den hiernach geltenden allgemeinen Beschränkungen der Vertretungsmacht treten die besonderen, die sich aus dem Aktienrecht ergeben, z. B. die Beschränkungen bei der Kreditgewährung, §§ 89, 283 Ziff. 5; bei Veräußerung des gesamten Vermögens der Gesellschaft, § 361, bei dem Verzicht auf Schadensersatzansprüche, §§ 93 Abs. 4, 283 Nr. 8 usw.

Die Vertretungsbefugnis der persönlich haftenden Gesellschafter kann anderen Organen der Gesellschaft nicht übertragen werden; das ergibt sich einmal aus dem der Bestimmung des § 125 HGB zugrunde liegenden Verbot der Drittorganschaft (Anm. 17), dann auch daraus, daß die persönlich haftenden Gesellschafter im wesentlichen die Aufgaben des Vorstandes haben, § 283.

Anm. 20

b) Haftung

Die *Haftung des persönlich haftenden Gesellschaftres gegenüber den Gläubigern* richtet sich gemäß Abs. 2 nach den für die Kommanditgesellschaft und damit nach den für die offene Handelsgesellschaft geltenden Regeln, §§ 128—130 HGB.

Der Rechtsgrund der Haftung ist der, aus dem die Gesellschaft selbst haftet; beide haften aus dem gleichen Rechtsverhältnis. Gegenüber der Haftung bei der offenen Handelsgesellschaft und der Kommanditgesellschaft besteht der Unterschied, daß diese Gesellschaften, anders als die Kommanditgesellschaft auf Aktien, keine eigene Rechtspersönlichkeit darstellen. Bei ihnen sind die Gesellschafter Träger der Rechte und Pflichten. Ihre persönliche Haftung und die Haftung der Gesellschaft als Vereinigung derselben Gesellschafter treffen die gleichen Rechtssubjekte (vgl. über den neuesten Stand der Lehre über die Haftungsverbindlichkeit nach § 128 HGB: Flume in Festschrift für Reinhardt S. 223ff.). Bei der Kommanditgesellschaft auf Aktien tritt neben die Haftung dieser Rechtspersönlichkeit noch die einer anderen, des persönlich haftenden Gesellschafters. Aus diesem rechtstheoretischen Unterschied ergeben sich jedoch keine Konsequenzen, vgl. Anm. 7.

Für das Verhältnis der mehreren persönlich haftenden Gesamtschuldner zum Gläubiger sind die §§ 421—425 BGB maßgebend. Der Gläubiger kann die Leistung nach seinem Belieben von jedem der Schuldner ganz oder zum Teil fordern; bis zur Bewirkung der Leistung bleiben sämtliche Schuldner verpflichtet, § 421. Die Erfüllung durch einen Gesamtschuldner wirkt auch für die übrigen, § 422 Abs. 1 BGB. Ein zwischen dem Gläubiger und einem Gesamtschuldner vereinbarter Erlaß wirkt auch für die übrigen Gesellschafter, wenn die Vertragschließenden das ganze Schuldverhältnis aufheben wollten, § 423 BGB; RG bei Holdheim 14, 258. Von einem Vergleich und einer Schuldübernahme nach § 414 BGB gilt dasselbe, soweit darin die Schuld erlassen wird, RG in SeuffArch. 82, 154; RG 59, 319. Auch dem ausgeschiedenen Gesellschafter gegenüber bleibt die Gesamthaft bestehen, z. B. aus vor dem Ausscheiden geschlossenen langfristigen Mietverträgen. Den Haftungsvorschriften entgegenstehende Vereinbarungen wirken nicht gegen Dritte, § 128 Satz 2 HGB. Wer in eine bestehende Kommanditgesellschaft auf Aktien als persönlich haftender Gesellschafter eintritt, haftet gleich den übrigen nach Maßgabe der §§ 128, 129 HGB auch für die vor seinem Eintritt begründeten Verbindlichkeiten der Gesellschaft. Der Konkurs der Gesellschaft hat an sich keinen Einfluß auf die Gesamthaftung; wohl aber der Zwangsvergleich der Gesellschaft insofern, als er den Umfang der Zahlung auf die Zwangsvollstreckungsrate beschränkt, § 211 KO. Die Verjährung der Ansprüche gegen den persönlich haftenden Gesellschafter folgt den Regeln der §§ 159, 160 HGB.

Nach den Regeln der offenen Handelsgesellschaft und Kommanditgesellschaft kann der Gesellschaftsgläubiger die Gesellschaft und die persönlich haftenden Gesellschafter, aber auch die eine oder die anderen oder einen von ihnen allein verklagen; diese können nicht einwenden, daß der Gläubiger bei rechtzeitiger Betreibung seiner Forderung gegen die Gesellschaft befriedigt worden wäre. Dagegen können sie, wenn sie verklagt sind, die der Gesellschaft zustehenden Einwendungen erheben und haben, solange die Gesellschaft das der Verbindlichkeit zugrunde liegende Rechtsgeschäft anfechten kann oder der Gläubiger sich durch Aufrechnung gegen eine fällige Forderung der Gesellschaft befriedigen kann, ein Leistungsverweigerungsrecht (§§ 129 Abs. 1—3 HGB). Das rechtskräftige Urteil zugunsten oder ungunsten der Gesellschaft wirkt auch zugunsten oder ungunsten der Gesellschafter vorbehaltlich etwa bestehender Einwendungen der Gesellschafter. Jedoch ist zur Vollstreckung gegen jeden Schuldner ein besonderer Schuldtitel erforderlich, § 129 Abs. 4 HGB. Wegen der Frage einer notwendigen Streitgenossenschaft zwischen Gesellschaft und persönlich haftenden Gesellschaftern vgl. RG 136, 268.

Anm. 21

4. Geschäftsführung

Die *Geschäftsführungsbefugnis und -pflicht* der persönlich haftenden Gesellschafter richtet sich nach den für die gewöhnliche Kommanditgesellschaft geltenden Regeln, die mit Ausnahme des Widerspruchsrechts nach § 164 HGB gemäß § 161 Abs. 2 HGB die der OHG sind, so daß die §§ 114ff. HGB gelten. Danach sind die persönlich haftenden Gesellschafter das ordentliche Geschäftsführungsorgan der Gesellschaft. Alle persönlich haftenden Gesellschafter sind zur Geschäftsführung befugt und verpflichtet, § 114 Abs. 1 HGB. Die Befugnis zum Handeln hat jeder für sich allein; widerspricht einer, so muß die Handlung unterbleiben, § 115 Abs. 1 HGB. Die Satzung kann aber einem oder mehreren die Geschäftsführung übertragen, § 114 Abs. 2 HGB. Die Satzung kann Gesamtgeschäftsführung anordnen, dann ist für jedes Geschäft die Zustimmung aller persönlich haftenden Gesellschafter erforderlich, § 115 Abs. 2 HGB. Ferner kann die Satzung — anders als § 77 Abs. 1 S. 2 Halbsatz 2 für den Vorstand — auch anordnen, daß bei Meinungsverschiedenheiten unter den Komplementären einer oder mehrere gegen die Mehrheit entscheiden. Diese Möglichkeit ergibt sich aus der Gestaltungsfreiheit bei der Personengesellschaft, die gemäß § 278 Abs. 2 für das Rechtsverhältnis der persönlich haftenden Gesellschafter gilt, zumal § 283 nichts anderes bestimmt.

Die Befugnis zur Geschäftsführung erstreckt sich auf alle Handlungen, die der gewöhnliche Betrieb des Handelsgewerbes mit sich bringt, § 116 Abs. 1 HGB. Zur Vornahme darüber hinausgehender Handlungen ist, wenn die Satzung keine andere Regelung trifft, ein Beschluß sämtlicher persönlich haftender Gesellschafter erforderlich, § 116 Abs. 2 HGB, der nur einstimmig gefaßt werden kann, wenn nicht die Satzung Kopfmehrheit bestimmt, § 119 HGB. Die Bestellung eines Prokuristen erfordert im internen Verhältnis ebenfalls die Zustimmung sämtlicher persönlich haftender Gesellschafter (wegen des Außenverhältnisses vgl. Anm. 19), wenn nicht Gefahr im Verzuge ist, während der Widerruf durch jeden geschäftsführungsbefugten persönlich haftenden Gesellschafter erfolgen kann, § 116 Abs. 3. Eine Zustimmung des Aufsichtsrates zur Prokurenbestellung ist kraft Gesetzes heute nicht mehr erforderlich. Das Widerspruchsrecht, das bei der gewöhnlichen Kommanditgesellschaft jedem Kommanditisten zusteht, steht nur der Gesamtheit der Kommanditaktionäre zu und wird vom Aufsichtsrat ausgeübt, wenn es die Hauptversammlung beschlossen hat. Es besteht nur im Rahmen des § 164 HGB, erfordert also eine Geschäftsführungshandlung, die über den gewöhnlichen Betrieb des Handelsgewerbes der Gesellschaft hinausgeht. In diesem Falle bedarf es aber nach heute wohl herrschender Meinung (vgl. RG 158, 305) der Unterrichtung der Kommanditaktionäre. Denn ein Widerspruchsrecht ist ja für den widerspruchsberechtigten Gesellschafter, hier die Kommanditaktionäre, wertlos, wenn die persönlich haftenden Gesellschafter nicht auch verpflichtet sind, den Kommanditaktionären von der beabsichtigten Handlung Kenntnis und damit überhaupt erst Gelegenheit zur Ausübung des Widerspruchsrechts zu geben. Damit aber ist bei der Kommanditgesellschaft auf Aktien die Hauptversammlung und nicht etwa der Aufsichtsrat (vgl. § 287 Abs. 1) kraft Gesetzes in die Geschäftsführungsbefugnis eingeschaltet, und zwar entgegen § 119

Abs. 2, ohne daß es auf das Verlangen der persönlich haftenden Gesellschafter ankommt. Darin zeigt sich ein wesentlicher Unterschied in der Aufgabenverteilung der Gesellschaftsorgane bei der Kommanditgesellschaft auf Aktien gegenüber der Aktiengesellschaft. Während bei der Aktiengesellschaft kraft zwingenden Rechts die Hauptversammlung nichts mit Fragen der Geschäftsführung zu tun hat und über derartige Fragen nur entscheiden kann, wenn der Vorstand es im Einzelfalle verlangt, ist die Hauptversammlung der Kommanditaktionäre kraft Gesetzes zur Mitwirkung bei der Geschäftsführung berufen, wenn eine über den gewöhnlichen Betrieb des Handelsgewerbes der Gesellschaft hinausgehende Handlung zur Diskussion steht. Daß die persönlich haftenden Gesellschafter auch andere Fragen der Geschäftsführung der Hauptversammlung zur Entscheidung vorlegen können, versteht sich von selbst, zumal eine derartige Möglichkeit dem Recht der Kommanditgesellschaft, das ja für die Geschäftsführung maßgebend ist, nicht widerspricht. Andererseits sind aber die persönlich haftenden Gesellschafter über § 164 HGB hinaus kraft Gesetzes nicht an eine Mitwirkung der Kommanditisten oder ihrer Vertretungsorgane gebunden. Daraus ergibt sich, wenn die Satzung nichts anderes bestimmt, die Unanwendbarkeit der Aufsichtsratsbefugnisse des § 111 Abs. 4 S. 2 für die Kommanditgesellschaft auf Aktien.

Anm. 22

Die Einschaltung der Kommanditaktionäre in die Geschäftsführung kann aber noch weit über § 164 HGB hinausgehen; denn die gesamten die Geschäftsführung regelnden Bestimmungen des HGB sind nachgiebigen Rechts. Durch die Satzung kann die Geschäftsführungsbefugnis der persönlich haftenden Gesellschafter anders geordnet werden. Das gilt nicht nur für das interne Rechtsverhältnis der persönlich haftenden Gesellschafter untereinander, so daß z. B. das Widerspruchsrecht des einzelnen persönlich haftenden Gesellschafters durch das Erfordernis eines Mehrheitsbeschlusses, gegebenenfalls unter Stichentscheid eines persönlich haftenden Gesellschafters eingeführt werden kann. Die freie Gestaltungsbefugnis der Satzung gilt vielmehr auch insoweit, als die Entscheidung von Geschäftsführungsfragen wie bei der Kommanditgesellschaft auf die Kommanditisten so auch bei der Kommanditgesellschaft auf Aktien auf die die Gesamtheit der Kommanditaktionäre repräsentierende Hauptversammlung übertragen werden kann. Das ist eine Satzungsgestaltung, wie sie bei der Kommanditgesellschaft, insbesondere bei der sogenannten kapitalistischen Kommanditgesellschaft, auftritt, in der das Schwergewicht der für das Leben der Gesellschaft wesentlichen Entscheidungen auch hinsichtlich der Geschäftsführung auf die Kommanditisten verlagert ist. Eine derartige Gestaltung ist auch bei der Kommanditgesellschaft auf Aktien zulässig, nachdem § 278 Abs. 2 das Rechtsverhältnis der persönlich haftenden Gesellschafter untereinander und gegenüber der Gesamtheit der Kommanditaktionäre und damit auch die Geschäftsführungsbefugnis dem Personalgesellschaftsrecht unterstellt und sich aus der Geltung des § 164 HGB unmittelbar aus dem Gesetz ein Fall ableiten läßt, in dem die Hauptversammlung über § 119 Abs. 2 hinaus zur Entscheidung über Geschäftsführungsfragen berufen ist. Danach kann die Satzung bestimmen, daß die Gesamtheit der Kommanditaktionäre bei der Geschäftsführung im allgemeinen oder bei bestimmten Geschäften mitzuwirken hat. Enthält die Satzung eine derartige Bestimmung, so müssen auch bei Geschäften der gewöhnlichen Verwaltung beide Gruppen von Gesellschaftern zusammenwirken. Damit kann bei der Kommanditgesellschaft auf Aktien die Hauptversammlung zum obersten Organ in der Entscheidung von Geschäftsführungsfragen gemacht werden, was bei der Aktiengesellschaft der zwingenden Aufgabenverteilung unter den Gesellschaftsorganen strikt widerspricht. Die persönlich haftenden Gesellschafter können deshalb auch, was ein Vorstand nie kann, der Hauptversammlung gegenüber weisungsgebunden sein, wobei die Grenzen dieser Weisungsgebundenheit dort zu ziehen sind, wo von den persönlich haftenden Gesellschaftern Handlungen verlangt werden, die mit dem Gesetz nicht in Einklang stehen.

Kann ein Geschäftsführungsrecht der Kommanditaktionäre durch die Satzung geschaffen werden, so steht auch nichts entgegen, dieses Geschäftsführungsrecht statt der Hauptversammlung dem Aufsichtsrat als selbständige Befugnis und nicht nur als Sprachorgan der Hauptversammlung zu geben, zumal dieser bei der Kommanditgesellschaft auf Aktien als Organ gerade der Kommanditaktionäre gewollt ist (vgl. § 287), und bei seiner Wahl und Abberufung diejenigen Kommanditaktionäre stimmenmäßig ausgeschlossen sind, die persönlich haftende Gesellschafter sind (vgl. § 285 Abs. 1 Ziff. 1). Wird eine derartige Regelung in der Satzung getroffen, so können nicht nur wie bei der Aktiengesellschaft bestimmte Arten von Geschäften von der Zustimmung des Aufsichtsrates abhängig gemacht werden. Es können vielmehr dem Aufsichtsrat, entgegen § 111 Abs. 4 S. 1, Maßnahmen der Geschäftsführung übertragen werden. Damit ergibt sich bei einer derartigen Gestaltung eine Weisungsgebundenheit der persönlich haftenden Gesellschafter dem Aufsichtsrat gegenüber. In alledem zeigt sich, daß durch die Regelung des § 278 Abs. 2 die starre und zwingende Aufgabenverteilung unter den Gesellschaftsorganen, wie sie die aktienrechtlichen Reformen 1937 und 1965 für die Aktiengesellschaft gebracht haben, für die Kommanditgesellschaft auf Aktien in ihrem entscheidenden Punkt, nämlich in der Geschäftsführung, nicht gilt. Damit ergeben sich gerade für die Kommanditgesellschaft auf Aktien Gestaltungsmöglichkeiten, die von der souveränen Geschäftsführungsbefugnis der persönlich haftenden Gesellschafter über die einer vorstandsähnlichen Funktion bis zur völligen Weisungsgebundenheit in Geschäftsführungsfragen reicht.

Anm. 23

Wie bei der Kommanditgesellschaft und der offenen Handelsgesellschaft kann auch bei der Kommanditgesellschaft auf Aktien dem einzelnen persönlich haftenden Gesellschafter nicht nur die Vertretungsbefugnis (vgl. Anm. 18), sondern auch oder nur die Geschäftsführungsbefugnis auf Antrag aller übrigen Gesellschafter einschließlich der Gesamtheit der Kommanditaktionäre, die darüber in der Hauptversammlung beschließen müssen und bei der Antragstellung durch den Aufsichtsrat vertreten werden, durch gerichtliche Entscheidung aus wichtigem Grunde entzogen werden, § 117 HGB; RG 82, 361. Die Befugnisse können auch im einzelnen entzogen oder beschränkt werden (vgl. OGH 1, 33 und die Kommentare zu § 117 HGB).

Anm. 24

In § 283 ordnet das Gesetz an, daß für die dort genannten Aufgaben die für den Vorstand der Aktiengesellschaft geltenden Vorschriften Anwendung finden. Dadurch wird die allgemeine Bestimmung des § 278 Abs. 2, wonach grundsätzlich sich die Geschäftsführung der persönlich haftenden Gesellschafter nach den Vorschriften des Handelsgesetzbuchs über die Kommanditgesellschaft richtet, eingeschränkt, soweit § 283 Geschäftsführungsaufgaben aufzählt. Die Anwendung der in § 283 angegebenen Vorschriften ergibt sich aus der besonderen Konstruktion und den Bedürfnissen der Gesellschaft. Die anderen Vorschriften des Aktiengesetzes über die Stellung des Vorstandes finden dagegen keine Anwendung. Insbesondere gelten nicht die Vorschriften der §§ 111 Abs. 4 S. 2 und 119 Abs. 2 (Anm. 22), wenn ihr materieller Gehalt durch besondere Satzungsbestimmung auch für die Kommanditgesellschaft auf Aktien festgelegt werden kann.

Anm. 25

5. Verantwortlichkeit

§ 283 Nr. 3 bestimmt ausdrücklich, daß die für den Vorstand der Aktiengesellschaft geltenden Vorschriften über die *Sorgfaltspflicht und Verantwortlichkeit* sinngemäß auch für die persönlich haftenden Gesellschafter gelten. Es sind also die Vorschriften des § 93 sinngemäß anzuwenden. Damit erledigt sich die für das frühere Recht vertretene Auffassung, daß die persönlich haftenden Gesellschafter wie bei der offenen Handelsgesellschaft und Kommanditgesellschaft nur für die Sorgfalt einzustehen haben, die sie in eigenen Angelegenheiten anwenden, § 708 BGB. Wie der Vorstand haften die persönlich haftenden Gesellschafter in den Fällen des § 93 Abs. 5 auch unmittelbar den

Gläubigern der Gesellschaft für den diesen durch Pflichtverletzungen entstandenen Schaden, was praktisch aber wegen der sowieso bestehenden persönlichen Haftung kaum von Bedeutung ist.

IV. Geltung der aktienrechtlichen Vorschriften

Anm. 26

1. Allgemeines

Im übrigen gelten für die Kommanditgesellschaft auf Aktien, soweit sich aus den §§ 279—290 und aus dem Fehlen eines Vorstandes nichts anderes ergibt, die Vorschriften der §§ 1—277 sinngemäß. Der wesentliche Inhalt dieser Vorschrift des Abs. 3 geht dahin, daß überall die Bestimmungen der §§ 1—277 über die Aktiengesellschaft gelten, soweit nicht etwas anderes bestimmt ist. Etwas anderes ist zunächst in Abs. 1 bestimmt, wo die wesentlichen Merkmale der Kommanditgesellschaft auf Aktien angegeben sind. Etwas anderes ist weiter bestimmt in Abs. 2 für das Rechtsverhältnis der persönlich haftenden Gesellschafter untereinander und gegenüber der Gesamtheit der Kommanditaktionäre sowie gegenüber Dritten; hier gelten die Vorschriften des Handelsgesetzbuches über die Kommanditgesellschaft. Alles, was durch Abs. 1 und 2 nicht geregelt ist, richtet sich nach den Vorschriften über die Aktiengesellschaft. Von dieser Regel gilt nur die Ausnahme, daß die besonderen Vorschriften über die Kommanditgesellschaft auf Aktien in den §§ 279—290 maßgebend sind, also die allgemeinen Vorschriften der §§ 1—277 abändern. Danach richtet sich vor allem nach Aktienrecht das Rechtsverhältnis der Kommanditaktionäre als solcher. Sie werden durch ihre Kommanditeinlagen Aktionäre. Ihre Pflichten und Rechte bestimmen sich nach Aktienrecht. Ihre Rechte üben die Kommanditaktionäre durch Beschlußfassung in der Hauptversammlung aus. Die Ausübung dieser Rechte im einzelnen, insbesondere Teilnahmerecht, Einladung, Tagesordnung, Abstimmung, Beurkundung, Anfechtung der Beschlüsse richten sich nach Aktienrecht. In bestimmten Fällen ist die Mitwirkung der persönlich haftenden Gesellschafter erforderlich, § 285 Abs. 2. Vollkommene Rechtsgleichheit besteht zwischen Aktionären und Kommanditaktionären hinsichtlich ihrer Pflichten auf Leistung der Einlagen und der Nebenleistungen. Für das Rechtsverhältnis zwischen den persönlich haftenden Gesellschaftern und der Gesamtheit der Kommanditaktionäre gilt dagegen das Recht der Kommanditgesellschaft.

Anm. 27

2. Besonderheiten

Besonders hervorzuheben ist:

a) Die **Gründung** *der Kommanditgesellschaft auf Aktien* erfolgt nach aktienrechtlichen Regeln. Sie wird nicht, wie die gewöhnliche Kommanditgesellschaft, durch einfachen Vertrag gegründet. Vielmehr sind die gleichen Vorsichtsmaßregeln und dasselbe Verfahren anzuwenden wie bei der Aktiengesellschaft. Einige Abweichungen ergeben sich aus dem Unterschiede der beiden Gesellschaftsarten und den besonderen Vorschriften der §§ 280—282, vgl. die Erläuterungen dazu.

Anm. 28

b) Organe (Aufsichtsrat und Hauptversammlung)

Auch für den *Aufsichtsrat* gelten die Vorschriften für die Aktiengesellschaft, insbesondere über Wahl, Zusammensetzung, Amtsdauer, Widerrufsrecht, Aufsichtsrecht, Vertretung der Gesellschaft, Verantwortlichkeit. Seine Stellung ist aber von der des Aufsichtsrates der Aktiengesellschaft verschieden. Seine Aufgabe ist hauptsächlich: die Beschlüsse der Kommanditaktionäre auszuführen, in Rechtsstreitigkeiten der Gesamtheit der Kommanditaktionäre mit den persönlich haftenden Gesellschaftern die erstgenannte zu vertreten und die Geschäftsführung der persönlich haftenden Gesellschafter zu überwachen. Die Mitwirkung bei der Geschäftsführung gemäß § 111 Abs. 4 S. 2 entfällt (Anm. 21/22). In der Praxis kann aber dem Aufsichtsrat der Kommanditgesellschaft auf Aktien weitgehend die gleiche Stellung durch die Satzung eingeräumt werden, die er bei der Aktiengesellschaft hat.

Die Vorschriften über die *Hauptversammlung* richten sich im wesentlichen nach Aktienrecht. Die Hauptversammlung ist freilich nicht die Versammlung aller Gesellschafter, sondern die der Kommanditaktionäre, auch soweit diese zugleich persönlich haftende Gesellschafter sind, vgl. §§ 285, 286.

Anm. 29

c) Satzungsänderungen

Sie bedürfen der Zustimmung der persönlich haftenden Gesellschafter und der Gesamtheit der Kommanditaktionäre. Denn es handelt sich dabei um eine Änderung des Rechtsverhältnisses der persönlich haftenden Gesellschafter gegenüber der Gesamtheit der Kommanditaktionäre oder der ersteren untereinander. Nach Kommanditgesellschaftsrecht kann aber der Gesellschaftsvertrag nur mit Zustimmung aller Beteiligten geändert werden. Infolgedessen ist, wenn die Satzung nicht anderes sagt, die Zustimmung sämtlicher persönlich haftender Gesellschafter — auch der nicht geschäftsführenden — und nicht nur einer, wenn auch qualifizierten Mehrheit der persönlich haftenden Gesellschafter notwendig. Im übrigen gelten für die Satzungsänderung die aktienrechtlichen Vorschriften. Die Kommanditaktionäre geben ihre Zustimmung durch Beschluß der Hauptversammlung. Die Zustimmung der persönlich haftenden Gesellschafter muß in der Verhandlungsniederschrift über die Hauptversammlung oder in einem Anhang zur Niederschrift beurkundet werden, § 285 Abs. 3. Die Zustimmung ist eine rechtsgeschäftliche Erklärung. Die Urkunde oder der Anhang muß deshalb den erklärenden persönlich haftenden Gesellschaftern vorgelesen, von ihnen genehmigt und unterschrieben werden, § 13 BeurkG. Die Befugnis zu Änderungen der Fassung kann die Satzung oder Hauptversammlung dem Aufsichtsrat übertragen, § 179 Abs. 1 S. 2; § 179 Anm. 9, was aber an der Notwendigkeit der Zustimmung der persönlich haftenden Gesellschafter nichts ändert. Der Änderungsbeschluß wird erst durch die Eintragung wirksam, § 181 Abs. 3. Die Anmeldung muß durch die persönlich haftenden Gesellschafter, und zwar durch soviele erfolgen, als zur Vertretung der Gesellschaft erforderlich sind, § 181 Abs. 1, § 283 Nr. 1.

Eine Verpflichtung der persönlich haftenden Gesellschafter oder der Gesamtheit der Aktionäre, einer Satzungsänderung zuzustimmen, besteht nicht. Sie kann auch nicht damit gerechtfertigt werden, daß es nach den Umständen des Falles Treu und Glauben entspreche, der Änderung zuzustimmen. Soweit die Gesellschafter sich in der Satzung nicht Mehrheitsbeschlüssen unterworfen haben, sind alle Gesellschafter an die einmal festgelegte Satzung gebunden.

Zur Aufnahme neuer und zum Austritt persönlich haftender Gesellschafter ist ein satzungsändernder Beschluß erforderlich, wenn nicht in der Satzung der Austritt und Eintritt von Gesellschaftern geregelt ist, z. B. bestimmt ist, daß ein persönlich haftender Gesellschafter nach Ablauf einer bestimmten Zeit austritt, daß ihm von den anderen gekündigt werden kann, oder daß neue Gesellschafter durch die vorhandenen persönlich haftenden Gesellschafter oder durch Beschluß des Aufsichtsrats oder der Hauptversammlung oder durch Bestimmung dritter Personen aufgenommen werden können; in diesem Falle handelt es sich nur um die Ausführung einer Satzungsbestimmung. Auch eine Erhöhung des Kapitalanteils der persönlich haftenden Gesellschafter bedarf einer Satzungsänderung; denn auch bei der gewöhnlichen Kommanditgesellschaft wie bei der offenen Handelsgesellschaft darf der persönlich haftende Gesellschafter seine Einlage nicht einseitig erhöhen. Jedoch kann eine Erhöhung dadurch erfolgen, daß der einem Gesellschafter zukommende Gewinn seinem Kapitalanteile nach der Regel des § 120 Abs. 2 zugeschrieben wird; in der Satzung kann aber etwas anderes bestimmt werden. Auch die Herabsetzung des Kapitalanteils der persönlich haftenden Gesellschafter bedarf der Satzungsänderung. Sie kann ohne solche erfolgen durch Abschreibung der

Verlustanteile, § 120 HGB, oder durch zulässige Entnahmen, § 122 HGB. Bestimmt die Satzung feste Kapitalkonten, so gehen die Gewinne, Verluste und Entnahmen über besonders errichtete Konten.

Die Aufnahme neuer Kommanditaktionäre und die Erhöhung des Nennbetrages der vorhandenen Aktien folgt gemäß § 278 Abs. 3 den Regeln des Aktienrechts, §§ 182 ff. Da es sich um eine Änderung des Gesellschaftsvertrages handelt, müssen die persönlich haftenden Gesellschafter sämtlich oder, wenn die Satzung dies zuläßt, durch Mehrheitsbeschluß ihre Zustimmung geben.

Die Herabsetzung des Grundkapitals und das Ausscheiden von Kommanditaktionären erfolgt gemäß § 279 Abs. 3 nach den Regeln des Aktienrechts, §§ 222 ff. Da die Kapitalherabsetzung eine Satzungsänderung enthält, müssen die persönlich haftenden Gesellschafter wie bei jeder Satzungsänderung zustimmen.

Anm. 30

d) Strafrechtliche Bestimmungen

Die strafrechtlichen Bestimmungen des Aktienrechts über Vorstandsmitglieder gelten auch für die persönlich haftenden Gesellschafter der Kommanditgesellschaft auf Aktien, § 408; ebenso die Ordnungsvorschriften, einschließlich der Ordnungsstrafbestimmungen § 283 Nr. 1. Vgl. auch Meyer in AktG 66, 116.

§ 279 Firma

(1) Die Firma der Kommanditgesellschaft auf Aktien ist in der Regel dem Gegenstand des Unternehmens zu entnehmen. Sie muß die Bezeichnung „Kommanditgesellschaft auf Aktien" enthalten.

(2) Führt die Kommanditgesellschaft auf Aktien die Firma eines auf sie übergegangenen Handelsgeschäfts fort (§ 22 des Handelsgesetzbuchs), so muß sie die Bezeichnung „Kommanditgesellschaft auf Aktien" in die Firma aufnehmen.

Die Vorschrift, die gegenüber AktG 1937 nur in Abs. 2 in gleicher Weise wie § 4 Abs. 2 — statt „von ihr erworbenen" nunmehr „auf sie übergegangenen" — geändert, im übrigen unverändert ist, regelt das Firmenrecht der Kommanditgesellschaft auf Aktien. Sie stimmt mit der für die Aktiengesellschaft gegebenen Vorschrift des § 4 überein. Nur ist an Stelle der Bezeichnung „Aktiengesellschaft" die Bezeichnung „Kommanditgesellschaft auf Aktien" zu wählen.

Wenn auch die Zulassung einer Personenfirma bei der Aktiengesellschaft nur unter besonderen Verhältnissen zu rechtfertigen sein wird, so kann diese Zulassung bei der Kommanditgesellschaft auf Aktien berechtigt sein, wenn die Personenfirma aus den Namen der persönlich haftenden Gesellschafter oder eines von ihnen gebildet wird. Ebenso wie bei der Aktiengesellschaft die Bezeichnung „Aktiengesellschaft" in der Satzung, in der Registereintragung und in den Veröffentlichungen des Registergerichts nicht abgekürzt werden darf, darf bei der Kommanditgesellschaft auf Aktien die Bezeichnung „Kommanditgesellschaft auf Aktien" nicht abgekürzt werden. Sie muß auch in dieser Fassung in die Firma aufgenommen werden. Bezeichnungen wie „Kommandit-Aktiengesellschaft" oder „Aktien-Kommanditgesellschaft" oder „Kommandite auf Aktien" genügen der gesetzlichen Vorschrift nicht. Im täglichen Geschäftsverkehr werden Abkürzungen wie „KGaA" oder „KGA" oder „KAG" verwendet und sind, da die Bedeutung jedem erkennbar ist, auch unbedenklich (vgl. § 4 Anm. 3).

§ 280 Feststellung der Satzung. Gründer

(1) Die Satzung muß von mindestens fünf Personen durch notarielle Beurkundung festgestellt werden. In der Urkunde sind der Nennbetrag, der Ausgabebetrag und, wenn mehrere Gattungen bestehen, die Gattung der Aktien anzugeben, die jeder Beteiligte übernimmt. Bevollmächtigte bedürfen einer notariell beglaubigten Vollmacht.

(2) Alle persönlich haftenden Gesellschafter müssen sich bei der Feststellung der Satzung beteiligen. Außer ihnen müssen die Personen mitwirken, die als Kommanditaktionäre Aktien gegen Einlagen übernehmen.

(3) Die Gesellschafter, die die Satzung festgestellt haben, sind die Gründer der Gesellschaft.

Übersicht

Anm. 1

Einleitung

§ 280 stimmt außer einer anderen Fassung der Überschrift im wesentlichen mit § 221 AktG 1937 überein. Er zieht in seiner Fassung die aus dem Fortfall der Stufengründung notwendigen Folgerungen. Ähnlich wie im Verhältnis des § 1 zu § 2 für die Aktiengesellschaft wird auch für die Kommanditaktionäre das Gebot der Beteiligung mit Einlagen — wegen der Regelung der §§ 207ff. — aus § 278 Abs. 1 in § 280 Abs. 2 S. 2 übernommen. Das Beurkundungsgesetz v. 28. 8. 1969 hat die ursprünglich zugelassene gerichtliche Beurkundung und Beglaubigung gestrichen. Die Gründung der Gesellschaft geschieht nach aktienrechtlichen Grundsätzen und ist demnach nurmehr als Einheitsgründung zulässig, § 278 Abs. 3. Die §§ 280—282 bringen die Abweichungen von den Gründungsvorschriften für die Aktiengesellschaft. § 280 regelt die Feststellung der Satzung, bestimmt die mitwirkenden Personen und den Begriff der Gründer, § 281 den Inhalt der Satzung und § 282 die Eintragung.

Anm. 2

1. Feststellung der Satzung durch 5 Personen

Die Satzung muß von *mindestens 5 Personen* durch notarielle Beurkundung festgestellt werden, Abs. 1 S. 1. Die persönlich haftenden Gesellschafter müssen sich sämtlich bei der Feststellung der Satzung beteiligen (Abs. 2 S. 1); außer ihnen können nur Personen mitwirken, die als Kommanditaktionäre Aktien übernehmen (Abs. 2 S. 2). Abs. 1 S. 1 wiederholt die Vorschriften des § 2 und § 23 Abs. 1 S. 1 insoweit, als an der Feststellung der Satzung sich mindestens 5 Personen beteiligen müssen und die Satzung durch notarielle Beurkundung festgestellt werden muß. Wegen der Bedeutung dieser Bestimmung wird auf die Erl. zu §§ 2, 23 Abs. 1 verwiesen. Anders als bei der Gründung der Aktiengesellschaft ist es aber nicht erforderlich, daß alle 5 Personen, die sich an der Feststellung des Gesellschaftsvertrages beteiligen müssen, auch Aktien übernehmen. Übernehmen sie keine Aktien, so müssen sie sich aber als persönlich haftende Gesellschafter beteiligen. Es ist also durchaus möglich, daß sich z. B. neben vier persönlich haftenden Gesellschaftern nur eine Person beteiligt, die Aktien — und zwar alle —

übernimmt. Während § 2 für die Gründung der Aktiengesellschaft verlangt, daß alle sich an der Gründung beteiligenden 5 Personen Aktien übernehmen, enthält § 280 eine derartige Bestimmung nicht, sondern läßt es genügen, wenn mindestens 5 Personen, die nur aus persönlich haftenden Gesellschaftern und Kommanditaktionären bestehen können, die Satzung feststellen. Sind also nur ein oder zwei persönlich haftende Gesellschafter bei der Gründung beteiligt, so müssen 4 oder 3 Personen mitwirken, die als Kommanditaktionäre Aktien übernehmen. Die Mitwirkung der persönlich haftenden Gesellschafter bei der Feststellung der Satzung (Abs. 2 S. 1) ist deswegen notwendig, weil sie neben den Kommanditaktionären Gesellschafter sind und die Feststellung der Satzung den Abschluß des Gesellschaftsvertrages bedeutet, der auch ihr Verhältnis zur Gesamtheit der Kommanditaktionäre regelt (RG 41, 179; 95, 5). Dies gilt auch dann, wenn sie keine Aktien und auch keine sonstige Einlage übernehmen. Außer ihnen können bei der Feststellung der Satzung nur solche Personen mitwirken, die als Kommanditaktionäre Aktien zeichnen. Das Wesentliche der Vorschrift liegt darin, daß andere Personen als die persönlich haftenden Gesellschafter und Aktienzeichner nicht teilnehmen können, daß aber 5 Personen, darunter alle persönlich haftenden Gesellschafter, teilnehmen müssen.

Auch die persönlich haftenden Gesellschafter können bei der Errichtung der Gesellschaft Aktien übernehmen, und zwar können sie, sofern sie mindestens 5 Personen sind, auch alle Aktien übernehmen (so Baumbach-Hueck Rdn. 3; Würdinger S. 249). Es ist nicht notwendig, daß außer ihnen noch andere Personen, die nur Kommanditaktionäre sind, an der Feststellung der Satzung teilnehmen (so Godin-Wilhelmi Anm. 2). Übernehmen die persönlichen haftenden Gesellschafter zugleich alle Aktien, so fehlt es nicht an den Kommanditaktionären. Diese sind dann aber mit dem persönlich haftenden Gesellschaftern personengleich. Wenn sie später alle Aktien erwerben können, so besteht auch kein Hindernis, daß sie alle Aktien sofort übernehmen. Bei der Aktiengesellschaft kann allerdings nicht bei der Gründung ein Gründer alle Aktien übernehmen, da es dann überhaupt an einem Zusammenschluß mehrerer fehlen würde. Die Kommanditgesellschaft auf Aktien ist aber als „Gesellschaft“ denkbar, wenn die 5 persönlich haftenden Gesellschafter alle Aktien übernehmen. Die durch die Aktienzeichnung übernommenen Pflichten entstehen im einen wie im anderen Falle. Der Aufsichtsrat kann ebenfalls bestellt werden, vgl. Anm. 7, womit das Gegenargument von Godin-Wilhelmi a. a. O. entfällt. Auch die Hauptversammlung kann die erforderlichen Beschlüsse fassen. Die Übernahme aller Aktien durch die persönlich haftenden Gesellschafter ist auch nicht deshalb unzulässig, weil eine Person nicht zugleich beschränkt und unbeschränkt haften kann. Das Gesetz (vgl. auch § 285 Abs. 1) läßt es ausdrücklich zu, daß die persönlich haftenden Gesellschafter sich auch nach Art der Kommanditaktionäre beteiligen, d. h. zu bestimmten Einlagen in Aktienform verpflichten. Ihre Haftung nach außen wird dadurch nicht berührt. Im übrigen haften die Kommanditaktionäre den Gläubigern der Gesellschaft gegenüber überhaupt nicht, auch nicht beschränkt.

Anm. 3

2. Formvorschriften für die Feststellung

Abs. 1 S. 2 und 3 stimmt mit § 23 Abs. 2, § 23 Abs. 1 S. 2 wörtlich überein und ist wohl nur zur Klarstellung wiederholt, damit z. B. nicht etwa aus der Formfreiheit des Kommanditgesellschaftsrechts heraus Bedenken gegen die Geltung des § 23 Abs. 1 S. 2 entstehen können. Nach Abs. 1 S. 2 ist in die Urkunde über die Errichtung der Gesellschaft der Nennbetrag, der Ausgabebetrag und, wenn mehrere Gattungen bestehen, die Gattung der Aktien aufzunehmen, die jeder Beteiligte übernimmt. Dies gilt natürlich nur, soweit die Beteiligten Aktien übernehmen; denn es brauchen ja nicht alle 5 Gründer Aktien zu übernehmen, sofern sie sich dann nur als Komplementäre beteiligen (Anm. 2). Zeichnung und Übernahme von Aktien durch die Gesellschaft selbst oder eine von ihr abhängige Gesellschaft ist verboten, § 71 Abs. 1, 4. Bevollmächtigte bedürfen einer notariell beglaubigten Vollmacht.

Anm. 4

3. Begriff des Gründers

Abs. 3 bringt nur eine Abweichung von dem in § 28 aufgestellten *Begriff der Gründer*, indem er von Gesellschaftern statt von Aktionären spricht. Diese Änderung ergibt sich daraus, daß nach Abs. 3 anders als bei der Aktiengesellschaft die persönlich haftenden Gesellschafter — die dort nicht vorhanden sind — bei der Feststellung des Gesellschaftsvertrages mitwirken. Übereinstimmung beider Vorschriften besteht insofern, als Gründer alle Gesellschafter — bei der Kommanditgesellschaft die beiden Arten von Gesellschaftern, persönlich haftende und Kommanditaktionäre — sind, die die Satzung festgestellt haben.

Anm. 5

4. Geltung der §§ 7—13

Ebenso wie bei der Aktiengesellschaft ist der Mindestnennbetrag des Grundkapitals DM 100000,— (§ 7). Dabei sind besondere Einlagen, die die persönlich haftenden Gesellschafter nicht auf das Grundkapital machen, nicht einzurechnen. Der Mindestnennbetrag der Aktien beträgt wie bei der Aktiengesellschaft ebenfalls DM 50,—. Höhere Beträge müssen auf volle DM 100,— lauten, § 8. Diese Mindestnennbeträge gelten aber nur vorbehaltlich der Bestimmungen des DM-Bilanzgesetzes und des § 3 EG AktG für ältere Gesellschaften. Aktien über einen geringeren Nennbetrag sind nichtig. Für den Schaden aus der Ausgabe solcher Aktien sind die Ausgeber den Besitzern als Gesamtschuldner verantwortlich. Die Aktien sind unteilbar. Diese Vorschriften über die Aktien gelten auch für Anteilscheine, die den Aktionären vor der Ausgabe der Aktien erteilt werden (Zwischenscheine), § 8.

Die Aktien dürfen nicht unter dem Nennwert ausgegeben werden; über den Nennwert ist die Ausgabe zugelassen, § 9. Die Vorschriften des § 10 über Inhaber- und Namensaktien finden Anwendung, ebenso die über das Stimmrecht und über das Verbot der Mehrstimmrechtsaktien, § 12, und über die Unterzeichnung der Aktien, § 13; im einzelnen vgl. die Erl. zu den genannten Bestimmungen.

Anm. 6

5. Errichtung der Gesellschaft

Mit der Übernahme aller Aktien ist die Gesellschaft errichtet, § 29. Sie entsteht allerdings als solche erst mit der Eintragung, § 41 Abs. 1.

Anm. 7

6. Bestellung des ersten Aufsichtsrats

Die *Bestellung des Aufsichtsrates* erfolgt durch die Gründer. Die §§ 30, 31 finden sinngemäß Anwendung. Nach der für die Kommanditgesellschaft auf Aktien geltenden besonderen Begriffsbestimmung des Gründers, Abs. 3 (vgl. Anm. 4), sind Gründer die Gesellschafter, die die Satzung festgestellt haben, mithin auch die persönlich haftenden Gesellschafter, mögen sie nun Aktien übernommen haben oder nicht. Da der Aufsichtsrat aber die Interessen der Kommanditaktionäre zu vertreten hat, sind nur diejenigen Gründer mitwirkungsberechtigt, die Aktien gezeichnet haben. Der Umstand, daß sie etwa zugleich persönlich haftende Gesellschafter sind, schließt sie vom Stimmrecht für den ersten Aufsichtsrat entsprechend dem Verbot des Stimmrechts bei der Wahl des Aufsichtsrats in der Hauptversammlung nach § 285 Abs. 1 Ziff. 1 grundsätzlich aus. Das kann aber dann nicht gelten, wenn die persönlich haftenden Gesellschafter sämtliche Aktien übernommen haben (Baumbach-Hueck Rdn. 3/4, oben Anm. 2). Hier steht § 285 Abs. 1 Ziff. 1 nicht entgegen; denn dieses Verbot will nur für den Fall eines möglichen Interessengegensatzes eine Regelung treffen. Der Grund für das Verbot entfällt, wenn der Interessengegensatz nicht besteht, weil sämtliche Aktien sich in den Händen der persönlich haftenden Gesellschafter befinden (vgl. § 285 Anm. 5). Hält man bei Vereinigung aller Aktien in der Hand der persönlich haftenden Gesellschafter als Gründer das Stimmrecht dieser auch für die Wahl des ersten Aufsichtsrates für ausgeschlossen, so wäre, weil dann kein Aufsichtsrat gebildet werden könnte, die Übernahme aller Aktien durch die persönlich haftenden Gesellschafter bei der Gründung unzulässig und müßte auch der spätere Erwerb aller Aktien durch die persönlich haftenden Gesellschafter unzulässig sein, da dann auch eine Erneuerung des Aufsichtsrats unmöglich wäre. Nachdem bereits AktG 1937 den früheren völligen Ausschluß der persönlich haftenden Gesellschafter vom Stimmrecht mit ihren Aktien aufgehoben und auf bestimmte Fälle des Interessengegensatzes beschränkt hatte, muß man das Verbot auch dann als nicht bestehend ansehen, wenn ein solcher Gegensatz nicht möglich ist.

Anm. 8

7. Gründungsprüfung

Die in § 30 Abs. 4 vorgesehene Bestellung des ersten Vorstandes durch den Aufsichtsrat entfällt bei der Kommanditgesellschaft auf Aktien. Eine *Gründungsprüfung* nach §§ 33ff. ist stets notwendig. Denn die persönlich haftenden Gesellschafter gehören zu den Gründern (§ 33 Abs. 2 Ziff. 1) und nach § 283 Ziff. 2 sind die für den Vorstand der Aktiengesellschaft geltenden Vorschriften über die Gründungsprüfung auf die persönlich haftenden Gesellschafter sinngemäß anzuwenden. Die Gründer haben danach den Gründungsbericht zu erstatten. Die persönlich haftenden Gesellschafter haben den Hergang der Gründung zu prüfen. Außerdem hat eine Prüfung durch Gründungsprüfer zu erfolgen. Die Gründungsprüfung hat sich auch auf die Vermögenseinlagen der persönlich haftenden Gesellschafter außerhalb des Grundkapitals zu erstrecken, § 281 Anm. 3.

§ 281 Inhalt der Satzung

(1) Die Satzung muß außer den Festsetzungen nach § 23 Abs. 3 und 4 den Namen, Vornamen, Beruf und Wohnort jedes persönlich haftenden Gesellschafters enthalten.

(2) Vermögenseinlagen der persönlich haftenden Gesellschafter müssen, wenn sie nicht auf das Grundkapital geleistet werden, nach Höhe und Art in der Satzung festgesetzt werden.

(3) § 26 Abs. 1 über Sondervorteile gilt für alle besonderen Vorteile, die zugunsten eines persönlich haftenden Gesellschafters bedungen sind.

Übersicht

Anm. 1

Einleitung

§ 281 gibt Vorschriften über den Inhalt der Satzung, über Festsetzung der Vermögenseinlagen der persönlich haftenden Gesellschafter und der Sondervorteile für persönlich haftende Gesellschafter in der Satzung. Er stimmt mit § 222 AktGes. 37 völlig überein mit Ausnahme rein sprachlicher Änderungen in Abs. 1. Das Gesetz zur Durchführung der 1. Richtlinie des Rates der EWG zur Koordinierung des Gesellschaftsrechts v. 15. 8. 1969 hat durch Änderung des § 23 (§ 23 Anm. 1) in § 281 Abs. 1 eine Änderung der Bezugnahme erforderlich gemacht.

Anm. 2

1. Gesetzlich notwendiger Satzungsinhalt

Nach Abs. 1 muß die Satzung — nicht etwa nur die Urkunde über die Errichtung der Gesellschaft — als *notwendigen Inhalt* außer den im § 23 Abs. 3 u. 4 vorgesehenen Festsetzungen den Namen, Beruf und Wohnsitz jedes persönlich haftenden Gesellschafters enthalten. Da die Kommanditgesellschaft auf Aktien keinen vom Aufsichtsrat jeweils zu bestellenden Vorstand besitzt, dessen Zusammensetzung in § 76 Abs. 2 geregelt ist, sind die persönlich haftenden Gesellschafter nach Namen, Vornamen, Beruf und Wohnsitz so anzugeben, daß über ihre Identität kein Zweifel bestehen kann. Die Notwendigkeit dieser Angaben beruht einmal auf der Gesellschaftereigenschaft dieser Personen, die sie aktiv an der Satzungsfeststellung beteiligt sein läßt, und zum anderen auf dem Bedürfnis nach einer eindeutigen Klarstellung, wer Geschäftsführer nach innen, gesetzlicher Vertreter nach außen ist und für die Verbindlichkeiten der Gesellschaft mithaftet. Die Aufnahme in die Satzung hat die Bedeutung, daß nur derjenige persönlich haftender Gesellschafter ist, der als solcher in der Satzung genannt ist. Das gilt aber nur dann, wenn er an der Feststellung der Satzung teilgenommen hat. Durch irrtümliche Nennung in der Satzung erlangt der Genannte die Stellung als persönlich haftender Gesellschafter nicht. Wer aber nicht genannt ist, ist auch nicht persönlich haftender Gesellschafter, selbst wenn er es nach der Absicht der Beteiligten sein sollte.

Die Bestimmung über die namentliche Nennung der persönlich haftenden Gesellschafter in der Satzung gilt uneingeschränkt nur für die Gründung. Späterhin kann der Wechsel im Bestand der persönlich haftenden Gesellschafter zwar auch durch Satzungsänderung erfolgen — alsdann ist Abs. 1 anwendbar und gehört die Einfügung oder Streichung von Namen, Vornamen, Beruf und Wohnsitz der betreffenden Person zum notwendigen Inhalt des Satzungsänderungsbeschlusses —, muß dies aber dann nicht, wenn der Wechsel nur die Ausführung einer Satzungsbestimmung ist (vgl. § 278 Anm. 29 und § 289 Anm. 20ff.), z. B. wenn ein persönlich haftender Gesellschafter ausscheidet, weil er das in der Satzung bestimmte Höchstalter für persönlich haftende Gesellschafter erreicht hat, oder ein neuer persönlich haftender Gesellschafter eintritt, der aufgrund einer in der Satzung vorgesehenen Wahl irgendwelcher Gesellschaftsorgane dazu bestimmt worden ist. Für eine solche Änderung bedarf es einer Aufnahme der Personalien in die Satzung nicht. Jedoch muß der Wechsel unter entsprechender Angabe der Personalien zum Handelsregister angemeldet und die Eintragung bekanntgemacht werden, § 282.

Anm. 3

Ist in der Satzung überhaupt kein persönlich haftender Gesellschafter genannt, so kommt eine Kommanditgesellschaft auf Aktien überhaupt nicht zur Entstehung. Die Eintragung einer solchen Gesellschaft ins Handelsregister darf nicht erfolgen. Geschieht sie trotzdem, so entfällt wegen der Beschränkung der Nichtigkeitsgründe des § 275 durch die 1. EWG-Richtlinie eine Nichtigkeit, jedoch kann wegen Fehlens einer Angabe über einen identifizierbaren Komplementär eine Kommanditaktiengesellschaft nicht entstanden sein und muß die eingetragene Gesellschaft als Aktiengesellschaft angesehen werden. Das gilt aber nicht bei bloßen Mängeln der Angabe, z. B. Ungenauigkeiten oder Fehlen von Berufs- oder Wohnortsangaben, wenn auch für einen an der Gründung nicht beteiligten Außenstehenden mit den gemachten Angaben die Identität einer bestimmten Person feststellbar ist. Fehlen die Angaben nur für einzelne persönlich haftende Gesellschafter, so sind nur sie keine persönlich haftenden Gesellschafter geworden.

Im übrigen muß die Satzung die in § 23 Abs. 3 u. 4 vorgesehenen notwendigen Bestimmungen enthalten. Die Satzung muß also bestimmen: die Firma und den Sitz der Gesellschaft, den Gegenstand des Unternehmens, die Höhe des Grundkapitals, die Nennbeträge und Zahl der einzelnen Aktien, und wenn mehrere Gattungen bestehen, die Gattung der einzelnen Aktien sowie die Form der Bekanntmachung der Gesellschaft. Wegen des hiernach im einzelnen erforderlichen Inhalts der Satzung vgl. die Erl. zu § 23.

Anm. 4

2. Sonstiger Satzungsinhalt

Darüber hinaus kann und wird auch die Satzung einer Kommanditgesellschaft auf Aktien ebenso wie die einer Aktiengesellschaft weitere Bestimmungen enthalten, die aber nicht zum notwendigen Satzungsinhalt gehören, sondern *freiwillig* aufgenommen werden, weil man dort, wo es zulässig ist, vom Gesetz abweichen will, z. B. über § 164 HGB, § 278 Abs. 2 hinaus eine Mitwirkung der Hauptversammlung oder des Aufsichtsrats bei der Geschäftsführung schaffen will (§ 278 Anm. 22) oder Kollektivvertretung der persönlich haftenden Gesellschafter einführen will (§ 278 Anm. 17), oder die Gewinnverteilung zwischen persönlich haftenden Gesellschaftern und Kommanditaktionären satzungsmäßig regeln will (§ 278 Anm. 8 und § 288 Anm. 6). Wegen dieses freiwilligen Satzungsinhalts vgl. § 23 Anm. 18. All das, was Bestandteil der gesellschaftsvertraglichen Regelung zwischen den persönlich haftenden Gesellschaftern und den Kommanditaktionären sein soll, muß in die Satzung aufgenommen werden, weil die Satzung die abschließende und erschöpfende Regelung des Gesellschaftsverhältnisses darstellt. Abreden unter den Gründern über Gewinnverteilung, Nachfolge in der Stellung der persönlich haftenden Gesellschafter, Vermögenseinlagen und dgl. sind nur dann rechtswirksam, wenn sie Bestandteil der Satzung sind. Nur soweit es sich um Vereinbarungen allein zwischen den persönlich haftenden Gesellschaftern handelt, die für die Gesamtheit der Kommanditaktionäre ohne Interesse sind, z. B. interne Verteilung des den persönlich haftenden Gesellschaftern zustehenden Gewinnes, wird man Vereinbarungen außerhalb der Satzung für rechtswirksam halten können.

Anm. 5

3. Vermögenseinlagen der persönlich haftenden Gesellschafter

Sie müssen nach Abs. 2, wenn sie nicht auf das Grundkapital geleistet werden, nach Art und Höhe in der Satzung festgesetzt werden. Der persönlich haftende Gesellschafter braucht Einlagen weder auf das Grundkapital noch in anderer Weise zu machen, § 278 Anm. 7. Zeichnet er nur Aktien, so braucht diese Vermögenseinlage in der Satzung nicht festgelegt zu werden, wenn es sich nicht um Sacheinlagen handelt, § 27. Nur wenn er eine außerhalb des Grundkapitals liegende Einlage macht, muß dies nach Art und Höhe in der Satzung festgelegt werden.

Weil die Vermögenseinlage des persönlich haftenden Geellschafters außerhalb des Grundkapitals sein Verhältnis zu den übrigen Gesellschaftern betrifft, regelt sie sich gemäß § 278 Abs. 2 nach dem Recht der Kommanditgesellschaft, das für die persönlich haftenden Gesellschafter auf das Recht der offenen Handelsgesellschaft verweist, das seinerseits die Regelung den §§ 706, 707 BGB entnimmt. Demnach ist *einlagefähig* nur das, was auch der persönlich haftende Gesellschafter einer offenen Handelsgesellschaft als Einlage einbringen kann (vgl. die Erl.bücher zu § 109 HGB und § 706 BGB). Ob der Gegenstand auch als Sacheinlage auf das Aktienkapital zulässig wäre (hierzu vgl. § 27 Anm. 5ff.), spielt keine Rolle. Denn für die Einlagen des persönlich haftenden Gesellschafters scheidet der Gesichtspunkt des Gläubigerschutzes, der für Begriff und Bewertung der Sacheinlagen wegen der Garantiefunktion des Aktienkapitals entscheidend ist, aus. Der einbringende persönlich haftende Gesellschafter haftet ja sowieso den Gläubigern mit seinem gesamten Vermögen, so daß es vom Gesichtspunkt des Gläubigerschutzes aus belanglos ist, welche Gegenstände zu welchen Anrechnungswerten er in die Kommanditgesellschaft auf Aktien einbringt. Die Art des Einbringens und seine Bewertung hat Bedeutung nur für das Verhältnis zu den Mitgesellschaftern insbesondere den Kommanditaktionären; denn es hat seinen Einfluß auf die Festlegung des Satzes, mit dem der einbringende Gesellschafter am Ertrag und am Liquidationsergebnis beteiligt ist. Das aber ist die gleiche Situation, wie sie auch beim Einbringen des persönlich haftenden Gesellschafters einer Personengesellschaft gegeben ist. Man kann deshalb z. B. bei der Beurteilung der Zulässigkeit und des Wertes einer Einlage, die ein persönlich haftender Gesellschafter außerhalb des Kommanditaktienkapitals macht, sehr viel stärker einer Diskontierung künftiger Ertragsaussichten Rechnung tragen, wie man das bei einer Sacheinlage auf das Aktienkapital könnte, und wird besonders auch, ebenso wie bei der offenen Handelsgesellschaft, Dienstleistungen als einbringungsfähig gelten lassen können, was sie als Sacheinlage im Sinne des § 27 nicht sind (§ 27 Anm. 7). Die bei der Kommanditgesellschaft auf Aktien stets notwendige Gründungsprüfung (§ 280 Anm. 8) hat sich auch auf die außerhalb des Grundkapitals gemachten Vermögenseinlagen der persönlich haftenden Gesellschafter zu erstrecken. Denn die Gründungsprüfung dient nicht nur dem Gläubigerinteresse, sondern auch dem Interesse möglicher künftiger Kommanditaktionäre, denen die bei der Gründungsprüfung offen zu legenden Verhältnisse eine zutreffende Beurteilung der satzungsmäßigen Gewinnverteilung zwischen persönlich haftenden Gesellschaftern und Kommanditaktionären ermöglicht.

Anm. 6

4. Festsetzung der Vermögenseinlagen in der Satzung

Unbeschadet der Tatsache, daß sich Zulässigkeit und Bewertung der Vermögenseinlage des persönlich haftenden Gesellschafters außerhalb des Grundkapitals nach Personalgesellschaftsrecht richtet, verlangt Abs. 2 die *Festsetzung von Höhe und Art der Vermögenseinlage in der Satzung*. Es muß also in der Satzung gesagt werden, welche persönlich haftenden Gesellschafter außerhalb des Grundkapitals eine Vermögenseinlage zu erbringen haben, welcher Art — Geld oder sonstige konkret anzugebenden Gegenstände — und wie hoch sie sein soll. Eine satzungsmäßige Festlegung dahingehend, mit welchem Geldbetrag die nicht in Geld bestehenden Einlagegegenstände von den Mitgesellschaftern bewertet werden, ist nicht erforderlich, wird allerdings meist zweckmäßig sein, weil die Gegenstände in der Eröffnungsbilanz ja sowieso bewertet werden müssen. Zulässig ist es auch, nur einen Rahmen für die Höhe der Vermögenseinlagen zu bestimmen, also z. B. festzulegen, daß der persönlich haftende Gesellschafter eine Geldeinlage von mindestens x DMark und höchstens y DMark zu erbringen hat. Dann ist der persönlich haftende Gesellschafter befugt, beliebig Zuführungen und Entnahmen zu tätigen, wenn seine jeweilige Vermögenseinlage sich nur in dem satzungsmäßigen Rahmen bewegt.

Ohne satzungsmäßige Festlegung ist der persönlich haftende Gesellschafter *zu einer Vermögenseinlage weder verpflichtet noch berechtigt*. Ersteres ergibt sich daraus, daß es kraft Gesetzes für die Beteiligung eines persönlich haftenden Gesellschafters ausreicht, wenn er unbeschränkt haftet, so daß das Gesetz eine Einlageverpflichtung nicht vorsieht (§ 278 Anm. 7 u. 8), letzteres aus dem hier maßgebenden Personalgesellschaftsrecht, das dem Gesellschafter eine eigenmächtige Erhöhung seiner Einlage verbietet, weil dadurch einseitig seine Rechte in der Gesellschaft verändert würden (vgl. Erl.bücher zu § 109 HGB). Die Unzulässigkeit von Einlagen ohne satzungsmäßige Grundlage gilt übrigens nicht nur für die Gründung selbst, sondern auch für die spätere Zeit. Will der persönlich haftende Gesellschafter während des Bestehens der Gesellschaft über die Satzung hinaus eine Vermögenseinlage erbringen oder erhöhen, so ist eine entsprechende Satzungsänderung erforderlich, für die alsdann § 281 Abs. 2 gilt. Eine besondere Prüfung der Vermögenseinlage ist hier aber ebensowenig erforderlich, wie sie es bei einer Erhöhung des Aktienkapitals gegen Sacheinlagen ist. Ist die Vereinbarung über die Vermögenseinlage nicht entsprechend Abs. 2 in die Satzung aufgenommen, so ist eine von dem persönlich haftenden Gesellschafter als Einlage erbrachte Leistung keine Vermögenseinlage und infolgedessen nicht am Ertrag und am Liquidationserlös teilnahmeberechtigt, sondern ist als Leistung ohne Rechtsgrund zu behandeln.

Wegen der Gewinnbeteiligung des persönlich haftenden Gesellschafters aus der Vermögenseinlage vgl. § 278 Anm. 8 und § 288 Anm. 2ff. Wegen der Entnahmen auf die Einlage vgl. § 288 Anm. 7ff.

Anm. 7

5. Sondervorteile

§ 26 Abs. 1 über *Sondervorteile* gilt für alle besonderen Vorteile, die zugunsten eines persönlich haftenden Gesellschafters bedungen sind.

Nach § 26 Abs. 1 muß jeder zugunsten einzelner Aktionäre bedungene besondere Vorteil in der Satzung unter Bezeichnung des Berechtigten festgesetzt werden. Abs. 3 dehnt diese Vorschrift auf Sondervorteile aus, die zugunsten eines persönlich haftenden Gesellschafters in dieser seiner Eigenschaft bedungen sind. Der Begriff des besonderen Vorteils ist hier der gleiche wie bei § 26 Abs. 1. Sind dem persönlich haftenden Gesellschafter in seiner Eigenschaft als Aktionär besondere Vorteile bedungen, so sind diese schon nach § 26 Abs. 1, § 278 Abs. 3 als besondere Aktionärvorteile in der Satzung festzusetzen. Besondere Vorteile des persönlich haftenden Gesellschafters i. S. des Abs. 3 sind nicht solche, die sich ohne weiteres aus seinen Einlagen außerhalb des Aktienkapitals ergeben, wie der Anspruch auf die Vorausdividende von 4% aus dem Gewinn und den verhältnismäßigen angemessenen Anteil an dem darüber hinausgehenden Gewinn, § 168 HGB, § 278 Abs. 2. Diese Gewinnanteile brauchen deshalb nicht in der Satzung festgesetzt zu werden, ergeben sich im übrigen ja auch aus der gesetzlichen Regelung von selbst. Nur wenn darüber hinaus den persönlich haftenden Gesellschaftern besondere Vorteile zugesichert werden, müssen sie in der Satzung festgesetzt werden. Hierher würde es gehören, wenn dem persönlich haftenden Gesellschafter außer dem in § 168 genannten Gewinnanteil ein weiterer Gewinnanteil oder ein Mindestgewinn zugesichert werden sollte. Die Ungewißheit, die mit dem Begriff des „nach den Umständen angemessenen" Gewinnanteils im Sinne des § 168 HGB verbunden ist, läßt es allerdings als notwendig erscheinen, schon im Hinblick auf § 281 Abs. 3 die genaue Gewinnverteilung zwischen persönlich haftenden Gesellschaftern und Kommanditaktionären in der Satzung festzulegen. Die einmal erfolgten Festsetzungen können nur durch Satzungsänderungen geändert werden, gleichviel ob es sich um Kürzungen oder Erhöhungen handelt.

Die Folgen der Verletzung der Vorschrift des Abs. 3 sind die gleichen wie im Falle des § 26 Abs. 1, vgl. die Erl. dazu.

Anm. 8

6. Tätigkeitsvergütung

Die *Vergütung*, die üblicherweise die *persönlich haftenden geschäftsführenden Gesellschafter für ihre Tätigkeit* erhalten, muß in der Satzung festgesetzt werden. Sie gehört ebenfalls zu den besonderen Vorteilen i. S. des Abs. 3. Denn die persönlich haftenden Gesellschafter stehen nicht in einem Dienstverhältnis zur Gesellschaft. Sie haben daher auch nicht wie Vorstandsmitglieder der Aktiengesellschaft einen Anspruch auf Vergütung auf Grund eines Anstellungsvertrages. Die ihnen zugesicherte Vergütung ist wie bei den Komplementären einer Personengesellschaft ein Teil ihrer Gesellschafterstellung. Deshalb muß sie in der Satzung festgesetzt werden. Es genügt aber, wenn in der Satzung allgemein ausgesprochen wird, daß die persönlich haftenden Gesellschafter für ihre Tätigkeit — etwa neben einem nach Hundertteilen zu bemessenden Gewinnanteil — eine feste Vergütung erhalten und daß das Nähere durch den Aufsichtsrat festgesetzt wird. Die Vorschrift des § 160 Abs. 2 Nr. 8, nach der im Geschäftsbericht die Gesamtbezüge der Mitglieder des Vorstandes anzugeben sind, gilt sinngemäß auch für die Bezüge der geschäftsführenden Gesellschafter, § 278 Abs. 3, erstreckt sich aber nicht auf die Beträge, die sie als Gewinnbeteiligung auf ihre Vermögenseinlage erhalten.

§ 282 Eintragung der persönlich haftenden Gesellschafter

Bei der Eintragung der Gesellschaft in das Handelsregister sind statt der Vorstandsmitglieder die persönlich haftenden Gesellschafter anzugeben. Ferner ist einzutragen, welche Vertretungsbefugnis die persönlich haftenden Gesellschafter haben.

Übersicht

Anm. 1

Einleitung

Dieser Paragraph regelt die Eintragung der persönlich haftenden Gesellschafter ins Handelsregister. Er entspricht wörtlich dem § 223 AktG 1937. Die durch die 1. EWG-Richtlinie zur Koordinierung des Gesellschaftsrechts — Gesetz v. 15. 8. 1969 — erfolgte Änderung des § 39 machte auch eine Neufassung des § 2 erforderlich, in dem nicht mehr die Satzungsbestimmung über die Vertretungsbefugnis, sondern diese letztere eintragungspflichtig wurde.

Anm. 2

Anmeldung der Gründung

Für die *Anmeldung der Gründung* der Gesellschaft *und ihre Eintragung ins Handelsregister* gelten die für die Aktiengesellschaft bestehenden Vorschriften, § 278 Abs. 3, §§ 36ff. Ein Zwang zur Anmeldung besteht nicht, §§ 36, 407 Abs. 2. Bei der Anmeldung treten an Stelle des Vorstandes die persönlich haftenden Gesellschafter, § 283 Nr. 1. Die Anmeldung ist von sämtlichen Gründern, also auch von allen persönlich haftenden Gesellschaftern sowie von sämtlichen Mitgliedern des Aufsichtsrats vorzunehmen, § 36 Abs. 1. § 278 Abs. 3. Da auch der Aufsichtsrat mitwirken muß, muß er vor der Anmeldung durch die Gründer gemäß §§ 30, 31 bestellt sein; vgl. § 280 Anm. 7. Wegen der Gründungsprüfung vgl. § 280 Anm. 8.

Die Anmeldung darf erst erfolgen, wenn die vorgeschriebenen Einzahlungen auf die Aktien — nicht auf eine besondere Einlage der persönlich haftenden Gesellschafter neben dem Grundkapital — bewirkt sind und die eingeforderten Beträge zur freien Verfügung der persönlich haftenden Gesellschafter stehen, § 36 Abs. 2, § 54 Abs. 3. Sämtliche vertretungsberechtigten persönlich haftenden Gesellschafter haben ihre Namensunterschrift zur Aufbewahrung beim Gericht zu zeichnen, § 37 Abs. 4.

Die Anmeldung muß die in § 37 vorgesehenen Erklärungen und Nachweise über die vorgeschriebenen Einzahlungen enthalten. Es ist zu erklären und nachzuweisen, daß die eingezahlten Beträge, soweit sie nicht bereits zur Zahlung der bei der Gründung angefallenen Steuern und Gebühren verwandt wurden, zur freien Verfügung der persönlich haftenden Gesellschafter stehen. Es sind ihr die dort genannten Beilagen beizufügen. Da ein Vorstand nicht besteht, fällt die Vorlage der Urkunden über dessen Bestellung weg, § 37 Abs. 2 Nr. 3.

Anm. 3

Eintragung der persönlich haftenden Gesellschafter und ihrer Vertretungsbefugnis

Statt der Vorstandsmitglieder, § 39 Abs. 1, sind *die persönlich haftenden Gesellschafter ins Handelsregister einzutragen.* Wie beim Vorstand der Aktiengesellschaft, § 39 Abs. 2, ist die Befugnis der persönlich haftenden Gesellschafter zur Vertretung der Gesellschaft ins Handelsregister einzutragen, vgl. § 278 Anm. 17ff. und § 39 Anm. 2 Ziff. 7. Im übrigen ist der Inhalt der Eintragung derselbe wie bei der Aktiengesellschaft, § 39 Abs. 1. Wie dort ist nur die Höhe des (in Aktien zerlegten) Grundkapitals einzutragen, das auch bei der Kommanditgesellschaft auf Aktien die Kapitalgrundlage der Gesellschaft bildet. Nicht einzutragen sind die besonderen Vermögenseinlagen der persönlich haftenden Gesellschafter, also diejenigen, die nicht auf das Grundkapital geleistet werden. Sie müssen nur nach Höhe und Art in der Satzung festgelegt werden, § 281 Abs. 2.

Anm. 4

Prüfung durch das Registergericht

Prüfungsrecht und -pflicht des Registergerichts richten sich nach den Vorschriften für die Aktiengesellschaft, §§ 38, 278 Abs. 3. Das gleiche gilt für die *Bekanntmachung der Eintragung*, § 40, für das Handeln im Namen der Gesellschaft vor der Eintragung, für das Entstehen der Gesellschaft erst mit der Eintragung, für das Verbot der Ausgabe von Aktien und Zwischenscheinen vor der Eintragung, § 41, für die Errichtung und Behandlung von Zweigniederlassungen, §§ 42—44, die Sitzverlegung, § 45, die Gründerhaftung und die Verantwortlichkeit anderer Personen neben den Gründern, des Aufsichtsrats und der Gründungsprüfer, §§ 46—53, § 283 Nr. 1—3.

§ 283 Persönlich haftende Gesellschafter

Für die persönlich haftenden Gesellschafter gelten sinngemäß die für den Vorstand der Aktiengesellschaft geltenden Vorschriften über

1. **die Anmeldungen, Einreichungen, Erklärungen und Nachweise zum Handelsregister sowie über Bekanntmachungen;**
2. **die Gründungsprüfung;**
3. **die Sorgfaltspflicht und Verantwortlichkeit;**
4. **die Pflichten gegenüber dem Aufsichtsrat;**
5. **die Zulässigkeit einer Kreditgewährung;**
6. **die Einberufung einer Hauptversammlung;**
7. **die Sonderprüfung;**
8. **die Geltendmachung von Ersatzansprüchen wegen der Geschäftsführung;**
9. **die Aufstellung und Vorlegung des Jahresabschlusses, des Geschäftsberichts und des Vorschlags für die Verwendung des Bilanzgewinns;**
10. **die Prüfung des Jahresabschlusses;**
11. **die Rechnungslegung im Konzern;**
12. **die Ausgabe von Aktien bei bedingter Kapitalerhöhung, bei genehmigtem Kapital und bei Kapitalerhöhung aus Gesellschaftsmitteln;**
13. **die Nichtigkeit und Anfechtung von Hauptversammlungsbeschlüssen;**
14. **den Antrag auf Eröffnung des Konkursverfahrens oder des gerichtlichen Vergleichsverfahrens.**

Übersicht

Anm. 1

Einleitung

Aus dem Fehlen eines Vorstandes und aus der Befugnis der persönlich haftenden Gesellschafter zur Geschäftsführung und Vertretung der Gesellschaft ergibt sich, daß die persönlich haftenden Gesellschafter bei der Kommanditgesellschaft auf Aktien im wesentlichen die Aufgaben und Pflichten haben, die bei der Aktiengesellschaft dem Vorstand zukommen. Dieser Bedeutung der Stellung der persönlich haftenden Gesellschafter einerseits und dem Umstande andererseits, daß das Kapital der Gesellschaft mindestens zum Teil durch Ausgabe von Aktien aufgebracht ist, trägt § 283 Rechnung. Er erklärt bestimmte Vorschriften, die bei der Aktiengesellschaft für den Vorstand gelten, auch für die persönlich haftenden Gesellschafter für anwendbar. Insofern gelten nicht die Vorschriften über die Kommanditgesellschaft, wie mangels einer ausdrücklichen Vorschrift nach § 278 Abs. 2 angenommen werden müßte. Die Bestimmung ist gegenüber § 225 AktG 1937 in Einzelheiten geändert: in Ziff. 1 sind die Bekanntmachungen eingefügt, in Ziff. 4 ist wie in § 93 Abs. 2 statt von „Obliegenheiten" nunmehr von „Pflichten" die Rede, Ziff. 7 ist sprachlich gekürzt, Ziff. 9 ist sprachlich an §§ 172ff. angepaßt und Ziff. 11 neu eingefügt, während Ziff. 11 des § 225 AktG 1937 als überflüssig wegen der Neufassung der Ziff. 1 weggelassen ist, und schließlich ist in Ziff. 12 die Kapitalberichtigung eingefügt.

Die in § 283 erwähnten Vorschriften gelten sinngemäß auch für diejenigen persönlich haftenden Gesellschafter, die von der Befugnis zur Geschäftsführung und Vertretung ausgeschlossen sind, soweit die Vorschriften nicht gerade die Geschäftsführung zum Gegenstande haben (vgl. z. B. Nr. 8). Durch die Satzung kann insofern nichts anderes bestimmt werden, da es sich um Vorschriften handelt, die im öffentlichen Interesse erlassen sind. Es gelten aber auch nur die in § 283 genannten Vorschriften über den Vorstand, nicht die weiteren für den Vorstand der Aktiengesellschaft maßgebenden. Insbesondere gilt nicht die Vorschrift über die ausschließliche Geschäftsleitungsbefugnis des Vorstandes und die für die Aktiengesellschaft bestehende Ausschließung der Hauptversammlung und die Beschränkung des Aufsichtsrates in Fragen der Geschäftsführung, §§ 76, 119 Abs. 2, § 111 Abs. 4; auch richtet sich die Geschäftsführungsbefugnis der persönlich haftenden Gesellschafter grundsätzlich nach dem Recht der Kommanditgesellschaft, vgl. § 278 Anm. 21.

Die anwendbaren Vorschriften im einzelnen

Anm. 2

1. Anmeldungen usw.

Wegen der *Anmeldung usw. zum Handelsregister* (Nr. 1) anläßlich der Gründung vgl. Erl. zu § 282. Die aktienrechtlichen Verpflichtungen des Vorstandes treffen die persönlich haftenden Gesellschafter aber auch für alle späteren anmelde- oder einreichungspflichtigen Vorgänge, z. B. Änderungen in den Personen oder der Vertretungsbefugnis der persönlich haftenden Gesellschafter (§ 81 Abs. 1 und 3), Änderungen im Aufsichtsrat (§ 106), Hauptversammlungsniederschriften (§ 130 Abs. 5), Satzungsänderungen (§ 181) usw.

Anm. 3

2. Gründungsprüfung

Die Anwendbarkeit der Bestimmungen über die *Gründungsprüfung* (Nr. 2) ergibt sich bereits daraus, daß die persönlich haftenden Gesellschafter den Vorstand ersetzen. Sie ist zur Klarstellung ausdrücklich ausgesprochen, weil die persönlich haftenden Gesellschafter zu den Gründern gehören (§ 280 Abs. 3 in Verb. m. Abs. 2 S. 1; vgl. § 280 Anm. 4). In jedem Falle der Gründung einer Kommanditgesellschaft auf Aktien ist eine Gründungsprüfung erforderlich (§ 280 Anm. 4 u. 8).

Anm. 4

3. Verantwortlichkeit

Nr. 3 bestimmt, daß die persönlich haftenden Gesellschafter der Gesellschaft gegenüber die gleiche *Sorgfaltspflicht und Verantwortung* wie der Vorstand der Aktiengesellschaft haben. Sie haben die Sorgfalt eines ordentlichen und gewissenhaften Geschäftsleiters anzuwenden. Sie haften nicht nur wie die geschäftsführenden Gesellschafter der Kommanditgesellschaft oder der offenen Handelsgesellschaft für die Sorgfalt, die sie in eigenen Angelegenheiten anzuwenden pflegen, § 708 BGB, § 105 Abs. 2, § 161 Abs. 2 HGB, sondern nach den strengen Haftungsvorschriften der §§ 48, 93. Den Gläubigern haften sie schon auf Grund ihrer persönlichen Haftung nach § 278 Abs. 2, § 128 HGB, unmittelbar. Deshalb hat auch die beschränkte Haftung des Vorstandes gegenüber den Gesellschaftsgläubigern nach § 93 Abs. 5 kaum praktische Bedeutung (§ 278 Anm. 25).

Anm. 5

4. Pflichten gegenüber dem Aufsichtsrat

Gemäß Nr. 4 sind sie wie vom Vorstand so auch von den persönlich haftenden Gesellschaftern zu erfüllen. Das gilt insbesondere für die Berichterstattungsverpflichtung gemäß § 90, aber auch für die Pflicht zur Vorlage des Jahresabschlusses gem. § 170 Abs. 1. Auch stehen dem Aufsichtsrat den persönlich haftenden Gesellschaftern gegenüber die Rechte aus § 90 Abs. 3 und § 111 Abs. 2 zu.

Anm. 6

5. Kreditgewährung

Die Beschränkungen in der *Kreditgewährung* (Nr. 5) gelten auch für die persönlich haftenden Gesellschafter. Hier ergeben sich aber Schwierigkeiten, wenn besondere Vermögenseinlagen, die nicht auf das Grundkapital erbracht sind, bestehen, die durch Entnahmen negativ werden. Vgl. § 288 Anm. 10.

Anm. 7

6. Einberufung der Hauptversammlung

Die *Pflicht zur Einberufung der Hauptversammlung* (Nr. 6) ist bei der Kommanditgesellschaft auf Aktien statt vom Vorstand von den persönlich haftenden Gesellschaften zu erfüllen. Es ist auf §§ 121 ff. zu verweisen. Einberufungsrecht und -pflicht des Aufsichtsrats aus § 111 Abs. 3 bleiben unberührt.

Anm. 8

7. Sonderprüfung und Ersatzansprüche

Die Vorschriften der §§ 142ff. über die *Sonderprüfung* (Nr. 7) und des § 147 über die *Geltendmachung von Ersatzansprüchen* (Nr. 8) gelten ebenfalls. Die persönlich haftenden Gesellschafter haben die nach den genannten Bestimmungen dem Vorstand obliegenden Pflichten zu erfüllen und können mit ihrer Gründer- und Geschäftsführungstätigkeit Objekt der Prüfung und Schuldner der Ersatzansprüche sein.

Anm. 9

8. Jahresabschluß

Die Aufgaben, die das Gesetz zwecks *Feststellung des Jahresabschlusses* bei der Aktiengesellschaft dem Vorstand auferlegt, obliegen bei der Kommanditgesellschaft auf Aktien den persönlich haftenden Gesellschaftern, und zwar was die Aufstellung und Vorlegung des Jahresabschlusses nebst Geschäftsbericht und Vorschlag zur Verwendung des Bilanzgewinns (Nr. 9), die Prüfung des Jahresabschlusses (Nr. 10) und die Rechnungslegung im Konzern (Nr. 11) anlangt. Damit sind die Vorschriften der §§ 102—116, 329—338 auf die Kommanditgesellchaft auf Aktien für anwendbar erklärt. Allerdings gilt gemäß § 286 eine Ausnahme; die Feststellung des Jahresabschlusses durch die persönlich haftenden Gesellschafter mit Billigung des Aufsichtsrates ist nicht möglich (§ 286 Anm. 2). Die Geltung der §§ 177, 178 ergibt sich aus Ziff. 1. Fraglich ist, ob die persönlich haftenden Gesellschafter auch für die Erstellung eines Abhängigkeitsberichts gemäß § 312 berufen sind (vgl. Gail WP 66. 429). Weder in Ziff. 11 noch in einer anderen Ziffer des § 283 ist eine entsprechende Vorschrift enthalten. Man wird aber trotzdem eine entsprechende Verpflichtung annehmen müssen und sie aus einer Analogie zu § 283, insbesondere zu Ziff. 11 begründen können.

Anm. 10

9. Kapitalerhöhung

Die bei der Aktiengesellschaft für den Vorstand bestehenden Pflichten bei *Ausgabe von Bezugsaktien* bei bedingter Kapitalerhöhung (§ 199), von neuen Aktien bei genehmigtem Kapital (§ 203) und bei der Kapitalerhöhung aus Gesellschaftsmitteln (§ 214) obliegen gemäß Nr. 12 bei der Kommanditgesellschaft auf Aktien den persönlich haftenden Gesellschaftern.

Anm. 11

10 Nichtigkeit von Hauptversammlungsbeschlüssen

In Nr. 13 sind die Vorschriften über die *Nichtigkeit und Anfechtbarkeit von Hauptversammlungsbeschlüssen* (§ 241—255) auf die Kommanditgesellschaft auf Aktien erstreckt, wobei wiederum die persönlich haftenden Gesellschafter die in den genannten Bestimmungen dem Vorstand obliegenden Aufgaben und Befugnisse haben. Die Anwendung des § 256 Abs. 2 scheidet für die Kommanditgesellschaft auf Aktien wegen § 286 aus.

Anm. 12

11. Konkurs und Vergleich

Die sich aus § 92 Abs. 2 *für den Fall der Überschuldung und Zahlungsunfähigkeit* für den Vorstand ergebenden Verpflichtungen sind durch Nr. 14 den persönlich haftenden Gesellschaftern auferlegt. Da die Kommanditgesellschaft auf Aktien Kapitalgesellschaft ist, gilt für sie auch — anders als für die Kommanditgesellschaft — die Verpflichtung zum Antrag auf Eröffnung des Konkursverfahrens oder des gerichtlichen Vergleichsverfahrens bei Eintritt einer Überschuldung. § 92 Abs. 1 über die Verpflichtung zur Einberufung einer Hauptversammlung bei Verlust der Hälfte des Grundkapitals gilt nicht.

Anm 13

12. Strafrechtliche Verantwortlichkeit

Die früher in § 325 Nr. 9 HGB enthaltene Vorschrift, wonach auch die den Vorstand betreffenden Bestimmungen über die *strafrechtliche Verantwortlichkeit* des Vorstandes und über die Verhängung von Ordnungsstrafen auf die persönlich haftenden Gesellschafter sinngemäß Anwendung finden, ist jetzt als besondere Vorschrift in § 408 übernommen. Wegen ihrer Neufassung vgl. Meyer in AktGes. 66, 116.

§ 284 Wettbewerbsverbot

(1) Ein persönlich haftender Gesellschafter darf ohne ausdrückliche Einwilligung der übrigen persönlich haftenden Gesellschafter und des Aufsichtsrats weder im Geschäftszweig der Gesellschaft für eigene oder fremde Rechnung Geschäfte machen noch Mitglied des Vorstands oder Geschäftsführer oder persönlich haftender Gesellschafter einer anderen gleichartigen Handelsgesellschaft sein. Die Einwilligung kann nur für bestimmte Arten von Geschäften oder für bestimmte Handelsgesellschaften erteilt werden.

(2) Verstößt ein persönlich haftender Gesellschafter gegen dieses Verbot, so kann die Gesellschaft Schadenersatz fordern. Sie kann statt dessen von dem Gesellschafter verlangen, daß er die für eigene Rechnung gemachten Geschäfte als für Rechnung der Gesellschaft eingegangen gelten läßt und die aus Geschäften für fremde Rechnung bezogene Vergütung herausgibt oder seinen Anspruch auf die Vergütung abtritt.

(3) Die Ansprüche der Gesellschaft verjähren in drei Monaten seit dem Zeitpunkt, in dem die übrigen persönlich haftenden Gesellschafter und die Aufsichtsratsmitglieder von der zum Schadensersatz verpflichtenden Handlung Kenntnis erlangen. Sie verjähren ohne Rücksicht auf diese Kenntnis in fünf Jahren seit ihrer Entstehung.

Übersicht

Anm. 1

Einleitung

§ 284 regelt im Anschluß an § 88 einerseits und die §§ 112, 113 HGB andererseits das Wettbewerbsverbot der persönlich haftenden Gesellschafter. Die Regelung weicht von der früheren Regelung des § 326 HGB insofern ab, als für die Befreiung vom Wettbewerbsverbot neben der Einwilligung der persönlich haftenden Gesellschafter grundsätzlich die des Aufsichtsrates genügt. Nach § 326 Abs. 1 Satz 2 HGB hatte die Generalversammlung die Einwilligung zu erteilen, sofern nicht die Befugnis zur Erteilung durch den Gesellschaftsvertrag oder durch einen Beschluß der Generalversammlung dem Aufsichtsrat übertragen war. Gegenüber § 226 AktGes. 37 ist in Abs. 1 u. 3 eine Anpassung an die Änderungen des § 88 erfolgt.

Anm. 2

1. Allgemeines

§ 284 ordnet das *Wettbewerbsverbot für die persönlich haftenden Gesellschafter* und die Folgen seiner Verletzung *in gleicher Weise wie bei der offenen Handelsgesellschaft*, § 112 HGB. Er weicht ab von der Regelung des Wettbewerbsverbotes beim Vorstand der Aktiengesellschaft, § 88. Der wesentliche Unterschied liegt in folgendem: Die Vorstandsmitglieder der Aktiengesellschaft dürfen 1. ohne Einwilligung des Aufsichtsrates überhaupt kein Handelsgewerbe betreiben, 2. auch nicht im Geschäftszweig der Gesellschaft für eigene oder fremde Rechnung Geschäfte machen, 3. sich auch nicht an einer anderen Handelsgesellschaft als Vorstand, Geschäftsführer oder Komplementär beteiligen. Für die persönlich haftenden Gesellschafter der Kommanditgesellschaft auf Aktien besteht die erste Beschränkung überhaupt nicht. Sie dürfen also ein Handelsgewerbe betreiben, das nicht zum Geschäftszweig der Gesellschaft gehört; daraus ergibt sich auch, daß sie in einem solchen Handelsgewerbe nicht nur für eigene, sondern auch für fremde Rechnung Geschäfte machen dürfen, z. B. als Kommissionär. Sie dürfen sich auch an einer anderen Handelsgesellschaft, die nicht den Geschäftszweig der Gesellschaft betreibt, nicht aber an einer anderen *gleichartigen* Gesellschaft als Vorstand, Geschäftsführer oder persönlich haftende Gesellschafter beteiligen. Die Beteiligung in anderer Weise, z. B. als Aktionär, Kommanditist, stiller Gesellschafter, Anteilseigner an einem anderen Unternehmen ist ebenso wie beim Vorstand gestattet. Doch darf darin nicht eine Umgehung des Verbotes liegen; dies wäre der Fall, wenn der persönlich haftende Gesellschafter das fremde Unternehmen tatsächlich leiten oder beherrschen würde. Von dem Verbot betroffen ist das Geschäftemachen jeder Art, wenn es sich um den Geschäftszweig der Gesellschaft und auch für den persönlich haftenden Gesellschafter um eine auf Erwerb gerichtete Tätigkeit, nicht um ein Privatgeschäft, etwa eine Geldanlage durch Aktienkauf, handelt, vgl. im übrigen die Erl. zu § 88.

Anm. 3

a) Persönlicher Umfang des Verbots

Das Wettbewerbsverbot besteht *auch für diejenigen persönlich haftenden Gesellschafter, die nicht zur Geschäftsführung und Vertretung befugt sind*, nicht aber für ihre gesetzlichen Vertreter, z. B. Abwesenheitspfleger nach § 1911 BGB; wenn letztere allerdings den Tatbestand des Abs. 1 erfüllen, dürfte in der Regel ein Ausschließungsgrund gegen den Pflegling vorliegen, der aber durch Bestellung eines anderen Pflegers beseitigt würde. Das Wettbewerbsverbot gilt selbstverständlich auch für die Gesellschafter, die nicht mit Aktien oder einer besonderen Vermögenseinlage an dem Unternehmen beteiligt sind. Durch dieses Verbot soll verhindert werden, daß die persönlich haftenden Gesellschafter durch ihre Kenntnis des Geschäftsverkehrs und der Beziehungen der Gesellschaft mit dieser in gefährlichen Wettbewerb treten können.

Für bloße *Kommanditaktionäre* gilt das *Verbot* nach dem klaren Inhalt des Gesetzes nicht; auch wenn alle Aktien in einer Hand sind.

Anm. 4

b. Zeitliche Grenze

Mit der *Auflösung der Gesellschaft hört das Wettbewerbsverbot* von selbst *auf*, ROHG 21, 140. Es genügt die Auflösung mit der Wirkung, daß die werbende Tätigkeit der Gesellschaft aufhört und die Abwicklung beginnt, §§ 268, 264. Die Vollbeendigung der Gesellschaft, der Schluß der Abwicklung, § 272, braucht nicht abgewartet zu werden. Jedoch kann, wenn der Wettbewerb dem Abwicklungszweck zuwiderläuft, von dem persönlich haftenden Gesellschafter die Weiterbeachtung des Wettbewerbsverbotes verlangt werden, auch wieder aufleben, wenn die Gesellschaft aufgelöst war, aber fortgesetzt wird, § 274. Scheidet der einzelne Gesellschafter aus, während die Gesellschaft im übrigen fortdauert, so entfällt für ihn mit dem Ausscheiden das Wettbewerbsverbot. Der ausscheidende Komplementär darf schon vorher Vorbereitungen für seinen eigenen künftigen Gewerbebetrieb treffen; er darf aber den eigenen Gewerbebetrieb nicht schon selbst beginnen, etwa durch Bearbeitung der Kunden.

Anm. 5

c) Abweichende Regelung

Vom Gesetz *abweichende Bestimmungen der Satzung* sind zulässig. Denn es handelt sich nicht um im öffentlichen Interesse erlassene zwingende Vorschriften, auch enthält Abs. 1 S. 1 die ausdrückliche Möglichkeit zu Ausnahmen. Das Wettbewerbsverbot kann danach durch die Satzung weiter ausgedehnt, aber auch eingeschränkt oder — jedenfalls für bestimmte Geschäftsarten und Gesellschaften — ganz aufgehoben werden. Befindet sich der persönlich haftende Gesellschafter in einer vorstandsähnlichen Stellung, ist er also von der am Grundkapital vertretenen Kapitalmacht abhängig, so kann sich daraus ergeben, daß er gleich dem Vorstand der Aktiengesellschaft seine ganze Arbeitskraft dem Unternehmen zu widmen hat und auch in einem andersartigen Handelsunternehmen nicht tätig sein darf, § 88. Das Wettbewerbsverbot kann auch in der Satzung durch Vertragsstrafe gesichert werden. Das richterliche Herabsetzungsrecht des § 343 BGB besteht, da der persönlich haftende Gesellschafter als Kaufmann anzusehen ist, nicht, vgl. § 278 Anm. 6. Das Verbot kann auch für die Dauer der Abwicklung in der Satzung festgelegt werden, sich auch stillschweigend aus den Umständen und dem Gegenstand des Unternehmens ergeben, so bei einer Grundstücksverwertungsgesellschaft, bei der die Veräußerung des Vermögens auch im Abwicklungszustand der wesentliche Gegenstand des Unternehmens ist (OLG Dresden in SeuffArch 67, 105). Dem einzelnen ausscheidenden Gesellschafter kann auch für die Zeit nach seinem Ausscheiden ein Wettbewerbsverbot auferlegt werden, soweit das auch bei Veräußerung eines Erwerbsgeschäftes dem Veräußerer oder bei Ausscheiden des Vorstands einer Aktiengesellschaft diesem auferlegt werden kann. Es darf natürlich nicht soweit gehen, die Erwerbsfreiheit des Einzelnen für immer, sei es im ganzen, sei es in einzelnen Richtungen, zu vernichten.

Anm. 6

d) Geschützter Geschäftszweig

Maßgebend ist der jeweilige Geschäftszweig der Gesellschaft. Das Verbot gilt also auch für einen geänderten Geschäftszweig, wenn die Änderung nach der ursprünglichen oder geänderten Satzung zulässig ist. Hat die Gesellschaft einen Geschäftszweig dauernd, nicht nur vorübergehend, tatsächlich, wenn auch ohne Satzungsänderung aufgegeben, so kann sich der Gesellschafter darin betätigen.

Anm. 7

3. Freistellung vom Verbot

Nach § 112 Abs. 2 HGB gilt die Einwilligung als erteilt, wenn den übrigen Gesellschaftern bei Eingehung der Gesellschaft bekannt war, daß der Gesellschafter an einer anderen Gesellschaft als persönlich haftender Gesellschafter teilnimmt, und gleichwohl die Aufgabe dieser Beteiligung nicht ausdrücklich bedungen ist. Während diese Reglung im Geltungszeitraum des AktGes. 37 auch für den Komplementär der Kommanditgesellschaft auf Aktien galt (vgl. Voraufl. § 226 Anm. 6), gilt sie jetzt nicht mehr, weil Abs. 1 S. 1 eine ausdrückliche Einwilligung verlangt. Daraus folgt dann, daß der Anspruch auf Unterlassung auch nicht durch stillschweigende Duldung verwirkt werden kann.

Eine Freistellung vom Wettbewerbsmarkt muß durch alle persönlich haftenden Gesellschafter, auch die von der Geschäftsführung und Vertretung ausgeschlossenen, und den Aufsichtsrat erteilt werden. Sie kann nicht mehr allgemein erteilt werden, sondern muß auf bestimmte Geschäftsarten oder bestimmte Handelsgesellschaften beschränkt werden, vgl. § 88 Anm. 5. Sie muß ausdrücklich erfolgen, kann aber auf Widerruf erteilt werden. Ist nur ein persönlich haftender Gesellschafter vorhanden, so erteilt allein der Aufsichtsrat die Einwilligung, ebenso wenn alle persönlich haftenden Gesellschafter um die Einwilligung nachsuchen.

Die Einwilligung muß vor der Vornahme der Wettbewerbshandlung erteilt werden. Eine nachträgliche Genehmigung (§§ 183/84 BGB) enthält einen Verzicht auf bereits entstandene Schadensersatzansprüche und scheitert deshalb an §§ 93 Abs. 4, 283 Ziff. 3 (§ 88 Anm. 5).

Anm. 8

4. Folgen eines Verstoßes

Die *Folgen der Verletzung* sind dieselben wie beim Vorstand, § 88. Die Zuwiderhandlung kann auch einen wichtigen Grund zur Ausschließung von der Vertretung oder der Geschäftsführung und aus der Gesellschaft bilden.

Anm. 9

5. Verjährung

Die *Verjährung* ist in derselben Weise geregelt wie beim Vorstand. An die Stelle der Kenntnis der übrigen Vorstandsmitglieder tritt die der übrigen persönlich haftenden Gesellschafter. Ist nur einer vorhanden, so beginnt der Lauf der Frist mit der Kenntnis des Aufsichtsrates. Die kurze Verjährungsfrist von 3 Monaten gilt auch dann, wenn der Schadensersatzanspruch zugleich auf unerlaubte Handlung gestützt wird, da das Gesetz hier eine Sonderregelung gibt, ebenso wie im Falle des § 61 HGB, vgl. RG in SeuffArch 91, 347, vgl. im übrigen die Erl. zu § 88.

§ 285 Hauptversammlung

(1) In der Hauptversammlung haben die persönlich haftenden Gesellschafter nur ein Stimmrecht für ihre Aktien. Sie können das Stimmrecht weder für sich noch für einen anderen ausüben bei Beschlußfassungen über
1. die Wahl und Abberufung des Aufsichtsrats;
2. die Entlastung der persönlich haftenden Gesellschafter und der Mitglieder des Aufsichtsrats;
3. die Bestellung von Sonderprüfern;
4. die Geltendmachung von Ersatzansprüchen;
5. den Verzicht auf Ersatzansprüche;
6. die Wahl von Abschlußprüfern.
Bei diesen Beschlußfassungen kann ihr Stimmrecht auch nicht durch einen anderen ausgeübt werden.

(2) Die Beschlüsse der Hauptversammlung bedürfen der Zustimmung der persönlich haftenden Gesellschafter, soweit sie Angelegenheiten betreffen, für die bei einer Kommanditgesellschaft das Einverständnis der persönlich haftenden Gesellschafter und der Kommanditisten erforderlich ist. Die Ausübung der Befugnisse, die der Hauptversammlung oder einer Minderheit von Kommanditaktionären bei der Bestellung von Prüfern und der Geltendmachung von Ansprüchen der Gesellschaft aus der Gründung oder der Geschäftsführung zustehen, bedarf nicht der Zustimmung der persönlich haftenden Gesellschafter.

(3) Beschlüsse der Hauptversammlung, die der Zustimmung der persönlich haftenden Gesellschafter bedürfen, sind zum Handelsregister erst einzureichen, wenn die Zustimmung vorliegt. Bei Beschlüssen, die in das

Handelsregister einzutragen sind, ist die Zustimmung in der Verhandlungsniederschrift oder in einem Anhang zur Niederschrift zu beurkunden.

Übersicht

Anm. 1

Einleitung

Von den entsprechenden Vorschriften des HGB war AktG 1937 insofern wesentlich abgewichen, als nach § 327 Abs. 1 HGB die persönlich haftenden Gesellschafter in der Generalversammlung kein Stimmrecht hatten, auch wenn sie Aktien besaßen. § 227 AktG 1937 gab ihnen grundsätzlich das Stimmrecht für ihre Aktien. Daran hat AktG 1965 nichts Entscheidendes geändert. Nur ist Abs. 1 S. 2 u. 3 in Anpassung an § 136 Abs. 1, § 142 Abs. 1 erweitert worden.

Anm. 2

1. Die Rechtsstellung der Hauptversammlung

Sie richtet sich grundsätzlich nach Aktienrecht, § 278 Abs. 3. Die Notwendigkeit dieser Regelung ergibt sich schon daraus, daß das Grundkapital, also die Kapitalgrundlage der Gesellschaft, in gleicher Weise aufgebracht wird wie bei der Aktiengesellschaft, und daß die Geldgeber, soweit es sich um das Grundkapital handelt, ihre Rechte nur so ausüben können, wie es auch die Aktionäre in der Aktiengesellschaft tun müssen. Das geschieht durch Beschlußfassung in der Hauptversammlung, § 118. Gegenüber der Rechtsstellung der Aktionäre in der Aktiengesellschaft ergibt sich ein wesentlicher Unterschied daraus, daß bei der Kommanditgesellschaft auf Aktien zwei Arten von Gesellschaftern vorhanden sind, die persönlich haftenden Gesellschafter und die Kommanditaktionäre. Die Hauptversammlung ist nur eine Versammlung der Kommanditaktionäre. Als solche hat sie über die Angelegenheiten Beschlüsse zu fassen, die die Rechte der Kommanditaktionäre angehen. Es sind das die Angelegenheiten, die bei der gewöhnlichen Kommanditgesellschaft die Kommanditisten berühren, z. B. der Widerspruch gegen ungewöhnliche Geschäfte oder Änderungen des Gesellschaftsverhältnisses. Im Vergleich zu den Befugnissen der Kommanditisten ist aber den Kommanditaktionären als Gesamtheit im Verhältnis zu den persönlich haftenden Gesellschaftern eine stärkere Stellung eingeräumt. Die Hauptversammlung, durch die die Gesamtheit der Kommanditaktionäre deren Befugnisse ausübt, ist nicht auf das eng begrenzte Beaufsichtigungsrecht beschränkt, das § 166 HGB bei der Kommanditgesellschaft den Kommanditisten gewährt (nämlich das Recht, die abschriftliche Mitteilung der Jahresbilanz zu verlangen und ihre Richtigkeit unter Einsicht der Bücher und Papiere zu prüfen, oder bei Vorliegen wichtiger Gründe beim Gericht die Anordnung zu beantragen, daß die Mitteilung einer Bilanz oder sonstige Aufklärung sowie die Vorlegung der Bücher und Papiere erfolge), vgl. § 278 Anm. 15.

Die persönlich haftenden Gesellschafter haben vielmehr wie der Vorstand der Aktiengesellschaft der Hauptversammlung ohne Aufforderung den Jahresabschluß und den Geschäftsbericht sowie einen Vorschlag über die Verwendung des Bilanzgewinnes vorzulegen, § 283 Nr. 9, §§ 175/76. Die Hauptversammlung hat alljährlich über die Entlastung der persönlich haftenden geschäftsführenden Gesellschafter und des Aufsichtsrats, über den Jahresabschluß, und zwar unter Ausschluß der Feststellungsmöglichkeit durch übereinstimmenden Beschluß von persönlich haftenden Gesellschaftern und Aufsichtsrat, § 286 Abs. 1, und über die Gewinnverwendung zu beschließen. Die geschäftsführenden Gesellschafter haben den Kommanditaktionären wie der Vorstand den Aktionären der Aktiengesellschaft auf Verlangen in der Hauptversammlung Auskunft über Angelegenheiten der Gesellschaft zu geben, soweit sie zur sachgemäßen Beurteilung des Gegenstandes der Tagesordnung erforderlich ist, § 131. Die Hauptversammlung kann durch Vermittlung des Aufsichtsrats über die laufenden Geschäfte die Aufsicht ausüben, § 287 Abs. 1. Sie kann die Geschäftsführung durch außerordentliche Prüfer nachprüfen, § 283 Nr. 7, § 285 Abs. 2 S. 2, § 142. Durch die Satzung kann auch, abweichend von der Regelung der Geschäftsführung nach den Vorschriften über die Kommanditgesellschaft, ein Mitverwaltungsrecht der Hauptversammlung, insbesondere die Notwendigkeit ihrer Mitwirkung bei wichtigen Geschäften festgelegt werden. Es ist sogar zulässig, in der Satzung zu bestimmen, daß für gewisse Geschäfte nur die Hauptversammlung die Entscheidung hat und daß insofern die Zustimmung der persönlich haftenden Gesellschafter nicht nötig ist, diese also weisungsgebunden sind, vgl. § 278 Anm. 21 ff.

Die Einberufung der Hauptversammlung hat wie bei der Aktiengesellschaft und aus den für diese geltenden Gründen zu geschehen, § 283 Nr. 6, §§ 121 ff. Anstelle des Vorstandes treten hier die persönlich haftenden Gesellschafter, und zwar diejenigen, die zur Führung der Geschäfte berufen sind; denn auch bei der Kommanditgesellschaft auf Aktien ist die Berufung der Hauptversammlung eine Handlung der Geschäftsführung. Soweit in der Aktiengesellschaft bei wichtigen Maßnahmen, wie Satzungsänderungen, Maßnahmen der Kapitalbeschaffung und Kapitalherabsetzung, §§ 179—210, Auflösung der Gesellschaft, §§ 262—277, Verschmelzung usw., §§ 339—393, die Mitwirkung der Hauptversammlung erforderlich ist, gilt dies auch für die Kommanditgesellschaft auf Aktien.

Anwendbar sind auch die Vorschriften für die Aktiengesellschaft über die erforderlichen Mehrheiten, § 133, über die Ausübung des Stimmrechts, über Verbot der Mehrstimmrechtsaktie, § 12, § 134—137, über Vorzugsaktien ohne Stimmrecht, §§ 139—141, über das Recht der Minderheiten, § 122, über das Verzeichnis der Teilnehmer an der Hauptversammlung, § 129, über die Niederschrift der Hauptversammlungsbeschlüsse, § 130, über das Recht der Hauptversammlung zur Geltendmachung von Ersatzansprüchen gegen die geschäftsführenden Gesellschafter, den Aufsichtsrat und die Prüfer, §§ 144, 147, 168.

Anwendbar sind die Vorschriften über die Nichtigkeit und Anfechtbarkeit von Hauptversammlungsbeschlüssen und deren Geltendmachung. Anstelle des Vorstandes treten dabei überall die persönlich haftenden Gesellschafter, § 283 Nr. 13, §§ 241 ff. Zu verklagen ist die Gesellschaft, denn die Hauptversammlung ist auch hier das Organ der Gesellschaft, wenn sie auch Beschlüsse der Hauptversammlung der Kommanditaktionäre faßt. Die Gesellschaft wird dabei durch die persönlich haftenden Gesellschafter und den Aufsichtsrat vertreten, RG 66, 37 und JW 1927, 375[2]. Klagebefugt ist jeder Gesellschafter, also jeder Kommanditaktionär und jeder einzelne persönlich haftende Gesellschafter, wenn im übrigen die Voraussetzungen des § 245 gegeben sind (Anwesenheit in der Hauptversammlung usw.).

Anm. 3

2. Das Verhältnis der persönlich haftenden Gesellschafter zur Hauptversammlung

a) Stimmrecht für Aktien der persönlich haftenden Gesellschafter

Bei der Kommanditgesellschaft auf Aktien gibt es keine Versammlung aller Gesellschafter, in denen gemeinsame Beschlüsse nach Stimmenmehrheit gefaßt werden.

Es besteht nur die Hauptversammlung der Kommanditaktionäre. In dieser haben im Gegensatz zu früher, § 327 Abs. 1 HGB, auch die persönlich haftenden Gesellschafter *mit ihren Aktien* das Stimmrecht. Die früher für die Versagung des Stimmrechts maßgebende Erwägung, daß in der Gesellschaft auf der einen Seite die persönlich haftenden Gesellschafter, auf der anderen Seite die Kommanditaktionäre stehen, und daß die Hauptversammlung die Interessen der letzteren zu wahren hat, mußte zurücktreten vor der heute herrschenden Auffassung, daß diejenigen, die in verantwortlicher Weise die Geschäfte führen und die Gesellschaft nach außen vertreten, auch bei besonders wichtigen Beschlüssen nicht grundsätzlich mit ihrer Kapitalmacht ausgeschaltet werden sollen. Dieser Standpunkt rechtfertigt sich um so mehr, als die von der Hauptversammlung gefaßten Beschlüsse vielfach die Gesamtinteressen der Gesellschaft und damit auch die der persönlich haftenden Gesellschafter in gleicher Weise berühren; hier kommen insbesondere in Betracht: Satzungsänderungen, Maßnahmen der Kapitalbeschaffung, Verschmelzung, Umwandlung und Auflösung der Gesellschaft. Durch den völligen Ausschluß des Stimmrechts der persönlich haftenden Gesellschafter würden sich vielfach auch Mehrheitsverhältnisse ergeben, die der wirklichen Kapitalverteilung nicht entsprechen. Soweit Interessengegensätze bestehen, hat das Gesetz ihnen dadurch Rechnung getragen, daß das Stimmrecht der persönlich haftenden Aktionäre in den in Betracht kommenden, im Gesetz einzeln aufgeführten Fällen ausgeschlossen ist, Abs. 1 S. 2. Darüber hinaus geben die Vorschriften über die Anfechtung und Nichtigerklärung von Hauptversammlungsbeschlüssen, insbesondere wegen Mißbrauchs der Stimmenmacht und wegen Verfolgung gesellschaftsfremder Interessen, §§ 241 ff., einen Weg zur Bekämpfung von Mißbräuchen.

Anm. 4

Die *persönlich haftenden Gesellschafter* haben das *Stimmrecht nur für ihre Aktien*, nicht für ihre Beteiligung mit Einlagen, die nicht auf das Grundkapital gemacht sind, § 281. Für diese besonderen Einlagen kann ihnen ein Stimmrecht in der Hauptversammlung auch nicht durch die Satzung eingeräumt werden. Das wäre mit dem Wesen des Aktienrechts unvereinbar, das das Stimmrecht an die Aktie knüpft. Es würde auch der Aufgabe der Hauptversammlung der Kommanditgesellschaft auf Aktien widersprechen, die gerade das Organ der Kommanditaktionäre sein soll.

Abs. 1 S. 1 sagt lediglich, daß die persönlich haftenden Gesellschafter ein Stimmrecht nur für ihre Aktien haben, nicht daß sie es auch unbedingt mit dem vollen Nennbetrag ihrer Aktien haben müssen. Das Stimmrecht kann daher durch die Satzung in gleicher Weise beschränkt werden wie bei der Aktiengesellschaft; es kann also das Stimmrecht der persönlich haftenden Gesellschafter als Kommanditaktionäre wie das bloßer Kommanditaktionäre durch Festsetzung eines Höchstbetrages oder durch Abstufungen beschränkt werden, § 139. Es können auch Vorzugsaktien ohne Stimmrecht geschaffen werden, §§ 139—141. Auch Aktien besonderer Gattung können zum Vorteil oder Nachteil der persönlich haftenden Gesellschafter durch die Satzung geschaffen werden, § 11; vgl. die Erl. zu §§ 11, 139—141. Gründe, die gegen die Zulässigkeit der Beschränkung des Stimmrechts für Aktien der persönlich haftenden Gesellschafter sprechen, sind nicht ersichtlich. In ihren besonderen Belangen als persönlich haftende Gesellschafter werden diese durch die Notwendigkeit ihrer Zustimmung zu den wichtigsten Beschlüssen geschützt, vgl. Abs. 2.

Aus der Beschränkung des Stimmrechts der persönlich haftenden Gesellschafter auf ihre Beteiligung als Aktionär folgt nicht, daß sie nicht als gesetzliche oder erwählte Vertreter (Bevollmächtigte) anderer Kommanditaktionäre das Stimmrecht in der Hauptversammlung ausüben dürfen, soweit sie nicht nach Abs. 1 S. 2 von der Abstimmung ausgeschlossen sind. Doch ist es möglich, durch die Satzung die Ausübung des Stimmrechts für fremde Aktien auszuschließen. Dies muß ebenso zulässig sein, wie eine Satzungsbestimmung, daß die persönlich haftenden Gesellschafter keine Aktien erwerben dürfen, vgl. § 278 Anm. 8. Die Beschränkung darf nur nicht dazu führen, die Ausübung der einmal entstandenen Aktienrechte überhaupt unmöglich zu machen, da dies mit dem Wesen der Aktienrechte in Widerspruch stehen würde. Deshalb kann der persönlich haftende Gesellschafter nicht durch die Satzung gehindert werden, ein Aktienrecht im Rahmen des Abs. 1 S. 2 auszuüben, dessen Ausübung ihm kraft Gesetzes z. B. als Inhaber der elterlichen Gewalt oder kraft ehelichen Güterrechts obliegt.

Anm. 5

b) Beschränkung des Stimmrechts

Jedoch gibt es bestimmte Fälle, in denen trotz der Notwendigkeit einer grundsätzlichen Zulassung des Stimmrechts der persönlich haftenden Gesellschafter die Notwendigkeit zu seinem *Ausschluß* besteht, und zwar überall dort, wo es sich um die Interessenwahrnehmung der Kommanditaktionäre gegen die persönlich haftenden Gesellschafter oder um Fälle des § 136 Abs. 1 handelt. Ein Ausschluß des Stimmrechts der persönlich haftenden Gesellschafter ist aus dem ersten Grunde deshalb vor allem geboten, wenn es sich um die Wahl oder Abberufung des Aufsichtsrates handelt. Denn der Aufsichtsrat ist gemäß § 287 bei der Kommanditgesellschaft auf Aktien derjenige Verwaltungsträger, der berufen ist, die Rechte der Aktionäre gegenüber den persönlich haftenden Gesellschaftern zu vertreten. Ihm obliegt die Überwachung und Prüfung der Geschäftsführung der persönlich haftenden Gesellschafter. Er soll deshalb von ihnen unabhängig sein. Wenn sich jedoch sämtliche Kommanditaktien in den Händen der persönlich haftenden Gesellschafter befinden, entfällt der Ausschluß vom Stimmrecht. Denn § 285 Abs. 1 Nr. 1 will nur sicherstellen, daß der Aufsichtsrat als von den persönlich haftenden Gesellschafter unabhängiger Interessenwahrer ausschließlich von Gesellschaftern gebildet wird, die nur als Kommanditaktionäre beteiligt sind. Sind aber alle Kommanditaktionäre zugleich persönlich haftende Gesellschafter, dann entfällt ein Interessengegensatz und damit auch die Notwendigkeit, den Interessenvertreter unabhängig von den persönlich haftenden Gesellschaftern zu machen. Wer sollte auch sonst in diesem Falle den Aufsichtsrat — für die Bestellung des Abschlußprüfers gilt das gleiche — wählen, wenn nicht die die Gesamtheit der Kommanditaktionäre darstellenden persönlich haftenden Gesellschafter? Daß der Gesetzgeber in diesem Falle aber den Wegfall des Aufsichtsrates als Organ oder gar das Erlöschen der Gesellschaft gewollt hätte, kann nicht angenommen werden (vgl. auch § 280 Anm. 7 und § 289 Anm. 16 sowie Elschenbroich S. 121). Sind die persönlich haftenden Gesellschafter vom Stimmrecht bei der Wahl und Abberufung des Aufsichtsrates ausgeschlossen, so müssen sie es auch bei der Entlastung des Aufsichtsrates sein.

Es erscheint ferner nicht angezeigt, den persönlich haftenden Gesellschaftern ein Stimmrecht bei ihrer Entlastung sowie bei der Bestellung von Prüfern und der Geltendmachung von Ersatzansprüchen gegen sie oder dem Verzicht auf solche zu geben. Auch hier muß die Entscheidung von einer von den übrigen Organen unabhängigen Stelle ausgehen. Das entspricht zum Teil übrigens auch den Vorschriften der §§ 136 Abs. 1 und 142 Abs. 1 S. 2. Die berechtigten Belange der persönlich haftenden Gesellschafter werden dadurch nicht berührt. Bei der Beschlußfassung über den Jahresabschluß und über die Gewinnverteilung dürfen sie mit ihren eigenen Aktien abstimmen. Gegen die Auswahl der Abschlußprüfer können sie Widerspruch erheben; über diesen entscheidet das Gericht, § 163 Abs. 2.

Die Vorschriften des Abs. 1 S. 2 über die Ausschließung der persönlich haftenden Gesellschafter vom Stimmrecht sind im öffentlichen Interesse gegeben. Es kann ihnen deshalb das Stimmrecht in den genannten Fällen nicht durch die Satzung eingeräumt werden.

Ähnlich der Regelung des § 136 Abs. 1 ist auch hier nunmehr ausdrücklich bestimmt, daß der persönlich haftende Gesellschafter im Rahmen seines Stimmrechtsausschlusses weder für andere Stimmrechte ausüben noch seine Stimmrechte durch andere ausüben lassen kann. Eine in §§ 408, 405 Abs. 3 mit Ordnungsstrafe bedrohter Mißbrauch des Stimmrechts würde vorliegen, wenn ein persönlich haftender Gesellschafter dagegen verstieße.

Durch den Ausschluß des Stimmrechts, Abs. 1 S. 2, ist der persönlich haftende Gesellschafter nicht gehindert, in der Hauptversammlung anwesend zu sein und das Recht zur Geltendmachung der Nichtigkeit und Anfechtbarkeit von Hauptversammlungsbeschlüssen auszuüben. Dieses Recht hat er auch, wenn er nicht mit Aktien beteiligt ist, da er insofern die Rechte des Vorstands hat, § 283 Nr. 13.

Anm. 6

c) Zustimmung zu Hauptversammlungsbeschlüssen

Die *Beschlüsse der Hauptversammlung* bedürfen gemäß Abs. 2 S. 1 der *Zustimmung der persönlich haftenden Gesellschafter*, soweit sie Angelegenheiten betreffen, für die bei einer Kommanditgesellschaft das Einverständnis der persönlich haftenden Gesellschafter und der Kommanditisten erforderlich ist. Bei der Kommanditgesellschaft ist vorbehaltlich einer anderweitigen vertraglichen Regelung das Einverständnis der Kommanditisten und der persönlich haftenden Gesellschafter erforderlich einmal für Geschäftsführungsmaßnahmen, die über den gewöhnlichen Betrieb des Handelsgewerbes hinausgehen, und zum anderen für Entscheidungen, die die Organisation und den Bestand der Gesellschaft ändern, z. B. Aufnahme neuer Gesellschafter, Auflösungsbeschluß, Gesellschaftsvertragsänderungen und dgl. In Durchführung des Grundsatzes des § 278 Abs. 2, nach dem das Rechtsverhältnis der persönlich haftenden Gesellschafter gegenüber der Gesamtheit der Kommanditaktionäre sich nach Kommanditgesellschaftsrecht richtet, verlangt die Vorschrift des Abs. 2 S. 1 in diesen beiden Fällen auch für die Kommanditgesellschaft auf Aktien das Einverständnis der persönlich haftenden Gesellschafter einerseits und der Kommanditaktionäre, letztere dargestellt durch die Hauptversammlung, andererseits. Die Zustimmung der persönlich haftenden Gesellschafter ist jedoch nicht erforderlich, wenn es sich um solche Beschlüsse der Hauptversammlung handelt, die weder Geschäftsführungsmaßnahmen noch gemeinsame Angelegenheiten beider Gesellschaftsgruppen betreffen.

Anm. 7

aa) Geschäftsführungsmaßnahmen

In *Geschäftsführungsfragen* besteht zwar kraft Gesetzes keine grundsätzliche Zuständigkeit der Hauptversammlung. Eine Ausnahme macht nur die Feststellung des Jahresabschlusses. Hier ist deshalb neben einem Beschluß der Hauptversammlung das Einverständnis der persönlich haftenden Gesellschafter erforderlich (§ 286 Anm. 2). Im übrigen gibt es eine gesetzliche Zuständigkeit der Hauptversammlung in Geschäftsführungsfragen nur in Form einer Zustimmungsbedürftigkeit bei Maßnahmen der persönlich haftenden Gesellschafter, die über den gewöhnlichen Betrieb des Handelsgewerbes hinausgehen (wegen dieses Begriffs vgl. die Kommentare zu § 164 HGB). Zwar spricht § 164 HGB hier nur von einem Recht zum Widerspruch. Richtiger Meinung nach — vgl. RGZ 158, 305 — bedeutet dies aber ein Zustimmungserfordernis. Da es sich hier nur darum handelt, zu einer Geschäftsführungsmaßnahme der persönlich haftenden Gesellschafter eine Zustimmung durch die Hauptversammlung zu erteilen, bedarf dieser Beschluß der Zustimmung der persönlich haftenden Gesellschafter nicht. Stimmt die Hauptversammlung zu, so besteht ja sowieso eine Übereinstimmung beider Gesellschaftergruppen; versagt die Hauptversammlung dagegen die Zustimmung, so kann die Rechtswirksamkeit dieser Ablehnung nicht von der Zustimmung der persönlich haftenden Gesellschafter abhängig sein, weil ja hier ein Recht der Kommanditaktionäre ausgeübt wird, das diesen den persönlich haftenden Gesellschaftern gegenüber zusteht, dessen Ausübung mithin nicht von deren Zustimmung abhängig sein kann. Außerdem ist Abs. 2 S. 1 dahin zu verstehen, daß das Einverständnis nur zu positiven, nicht auch zu ablehnenden Beschlüssen notwendig ist. Da jedoch die Regelung der Geschäftsführung im Kommanditgesellschaftsrecht nachgiebiger Natur ist, kann die Satzung die Kommanditaktionäre an der Geschäftsführung beteiligen (§ 278 Anm. 22). Tut sie dies, so ist die Zustimmung der persönlich haftenden Gesellschafter zu allen Beschlüssen der

Hauptversammlung erforderlich, die Geschäftsführungsmaßnahmen betreffen. Denn auch bei einer Kommanditgesellschaft ist, wenn die Kommanditisten an den die Geschäftsführung betreffenden Entscheidungen beteiligt sind, das Einverständnis der Kommanditisten und der persönlich haftenden Gesellschafter erforderlich. Ist diese Entscheidung der Kommanditisten allerdings ähnlich der Regelung von über den gewöhnlichen Betrieb des Handelsgewerbes hinausgehenden Handlungen in Form eines Zustimmungserfordernisses zu beabsichtigten Maßnahmen der persönlich haftenden Gesellschafter vorgesehen, so bedarf der die Zustimmung erteilende oder versagende Beschluß nicht der Zustimmung der persönlich haftenden Gesellschafter. Zusammenfassend ist also festzustellen, daß die Zustimmung der persönlich haftenden Gesellschafter zu allen Hauptversammlungsbeschlüssen erforderlich ist, die Geschäftsführungsmaßnahmen betreffen, es sei denn, daß es sich nur um die Zustimmung zu Geschäftsführungsmaßnahmen der persönlich haftenden Gesellschafter handelt.

Allerdings kann die *Satzung* hier *auch weitergehen.* Sie kann die Entscheidung über Geschäftsführungsmaßnahmen der Hauptversammlung derart vorsehen, daß eine Zustimmung der persönlich haftenden Gesellschafter überhaupt nicht erforderlich ist. Dann entscheidet die Hauptversammlung selbstherrlich und haben die persönlich haftenden Gesellschafter, ohne daß es auf ihr Einverständnis ankäme, die Entscheidung der Hauptversammlung durchzuführen; die persönlich haftenden Gesellschafter sind in diesem Falle *weisungsgebunden* (vgl. § 278 Anm. 22). Die Zulässigkeit auch einer derartigen Gestaltung ergibt sich daraus, daß die Regelung der Geschäftsführungsbefugnisse bei der Kommanditgesellschaft auf Aktien gemäß § 278 Abs. 2 dem Kommanditgesellschaftsrecht unterworfen ist und dort eine völlige Vertragsfreiheit herrscht, die auch eine die Grenzen der allgemeinen Rechtsordnung achtende Weisungsgebundenheit der persönlich haftenden Gesellschafter einschließt.

Anm. 8

bb) Änderung in Aufbau und Bestand

Entscheidungen, die die Organisation oder den Bestand der Gesellschaft ändern, berühren die gemeinsamen Interessen beider Gesellschaftergruppen und können deshalb bei der Kommanditgesellschaft auf Aktien ebenso wie bei der Kommanditgesellschaft nur in Übereinstimmung beider Gesellschaftergruppen getroffen werden. Das gilt insbesondere für Maßnahmen wie Satzungsänderungen, Kapitalerhöhung, Kapitalherabsetzung, Verschmelzung, Umwandlung und Auflösung der Gesellschaft. Die Mitwirkung der Hauptversammlung ist hier schon durch die aktienrechtlichen Bestimmungen vorgeschrieben, die nach § 278 Abs. 3 anwendbar sind. Denn hier handelt es sich um die Existenz der Gesellschaft, ihren Aufbau und ihre Beendigung, also nicht um Gegenstände, die allein das Rechtsverhältnis der Gesellschafter zueinander betreffen, vgl. §§ 179, 182, 198, 222, 262, 274, 340, 362. Bei der Aktiengesellschaft sind in der Hauptversammlung alle Gesellschafter vertreten; bei der Kommanditgesellschaft auf Aktien ist das nicht der Fall. In den genannten Fällen handelt es sich aber um eine gemeinsame Angelegenheit aller Gesellschafter. Deshalb müssen neben der Gesamtheit der Kommanditaktionäre, die ihren Willen durch Abstimmung in der Hauptversammlung kundgeben, auch die persönlich haftenden Gesellschafter mitwirken.

Die Zustimmung der Hauptversammlung ist in diesen Fällen zwingend, weil im öffentlichen Interesse liegend. Ohne Mitwirkung von Hauptversammlung und persönlich haftenden Gesellschaftern liegt kein wirksamer Beschluß vor. Wird ein Beschluß eingetragen, obwohl die erforderliche Zustimmung nicht vorliegt, so wird der Beschluß durch die Eintragung nicht wirksam. Wenn gemäß § 179 Abs. 1 S. 2 der Aufsichtsrat zu nur die Fassung der Satzung betreffenden Änderungen ermächtigt ist, muß grundsätzlich auch eine Zustimmung der persönlich haftenden Gesellschafter erteilt werden. Jedoch kann die satzungsmäßige Ermächtigung auch als für die persönlich haftenden Gesellschafter erteilt angesehen werden, so daß eine zusätzliche Erklärung nicht erforderlich ist.

Nicht zwingend vorgeschrieben ist die Mitwirkung der persönlich haftenden Gesellschafter bei den als gemeinsame Angelegenheiten anzusehenden Maßnahmen. Die Satzung könnte z. B. zulassen, daß die Auflösung der Gesellschaft durch alleinigen Beschluß der Hauptversammlung erfolgt, vgl. § 262 Nr. 2. Auch könnte angeordnet werden, daß nicht alle, sondern nur einzelne persönlich haftende Gesellschafter zustimmen müssen.

Anm. 9

cc) Zustimmungserklärung

Soweit die persönlich haftenden Gesellschafter gemeinsam handeln müssen, ist *Einstimmigkeit* erforderlich. Es müssen also alle persönlich haftenden Gesellschafter, auch die von der Geschäftsführung ausgeschlossenen, RG 82, 363, zustimmen. Jedoch kann die Satzung auch einen Mehrheitsbeschluß zulassen. Das Einverständnis der persönlich haftenden Gesellschafter kann vor oder nach der Beschlußfassung der Gesamtheit der Kommanditaktionäre erklärt werden. Es ist eine empfangsbedürftige Willenserklärung. Sie kann in der Hauptversammlung auch durch Zustimmung zu dem gefaßten Beschluß oder dem Aufsichtsrat gegenüber abgegeben werden, der dabei die Gesamtheit der Kommanditaktionäre zu vertreten hat, § 287. Die Zustimmung kann formlos erfolgen. Sie kann auch in der Einreichung der Beschlüsse zum Handelsregister durch die persönlich haftenden Gesellschafter gefunden werden. Bei Beschlüssen, die in das Handelsregister einzutragen sind, ist die Zustimmung in der Verhandlungsniederschrift oder in einem Anhang zur Niederschrift zu beurkunden, Abs. 3 S. 2, und zwar als Willenserklärung (§ 13 BeurkG), was aber nicht ausschließt, daß ihre Beurkundung durch den die Hauptversammlung beurkundenden Notar von der Höchstgebühr des § 47 S. 3 KostO erfaßt wird. Die Erklärung im Anhang kann von einem anderen Notar oder Richter und zu einer früheren Zeit und an einem anderen Ort beurkundet werden, muß aber zum Anhang der Verhandlungsniederschrift über die Hauptversammlung gemacht werden. Wesentlich ist die öffentliche Beurkundung. Unterschriftsbeglaubigung genügt nicht, KG in JW 1927, 720. Die Erteilung des Einverständnisses kann durch Klage der Gesellschaft erzwungen werden, wenn die Verweigerung der Zustimmung eine gegen Treu und Glauben verstoßende Rechtsausübung darstellt, § 242 BGB; RG 82, 361. Grundlose, die Belange der Gesellschaft schädigende Verweigerung der Zustimmung kann einen wichtigen Grund zur Ausschließung eines persönlich haftenden Gesellschafters darstellen, § 140 HGB.

Anm. 10

dd) Absehen von der Zustimmung

Nach Abs. 2 S. 2 bedarf die Ausübung der Befugnisse, die der Hauptversammlung oder einer Minderheit von Kommanditaktionären bei der Bestellung von Prüfern und der Geltendmachung von Ansprüchen der Gesellschaft aus der Gründung oder der Geschäftsführung, §§ 142—147, zustehen, nicht der Zustimmung der persönlich haftenden Gesellschafter. Das sind Angelegenheiten, in denen nach Abs. 1 die persönlich haftenden Gesellschafter auch von der Abstimmung mit ihrem Aktienbesitz ausgeschlossen sind, Abs. 1 Nr. 3, 4, 6.

Die Vorschrift des Abs. 2 S. 2 kann nicht durch die Satzung aufgehoben werden, da sie im öffentlichen Interesse erlassen und deshalb zwingend ist.

Anm. 11

d) Eintragung erst nach Zustimmung

Beschlüsse der Hauptversammlung, die der Zustimmung der persönlich haftenden Gesellschafter bedürfen, sind zum *Handelsregister* erst einzureichen, wenn die Zustimmung vorliegt. Dies gilt für alle Beschlüsse, die zum Handelsregister einzureichen sind, auch für diejenigen, die nicht einzutragen sind. Bei der Einreichung ist die Erteilung der Zustimmung nachzuweisen. Die Einreichung ist Aufgabe der persönlich haftenden Gesellschafter, § 283 Nr. 1.

§ 286 Jahresabschluß. Geschäftsbericht

(1) Die Hauptversammlung beschließt über die Feststellung des Jahresabschlusses. Der Beschluß bedarf der Zustimmung der persönlich haftenden Gesellschafter.

(2) In der Jahresbilanz sind die Kapitalanteile der persönlich haftenden Gesellschafter nach dem Posten „Grundkapital" gesondert auszuweisen. Der auf den Kapitalanteil eines persönlich haftenden Gesellschafters für das Geschäftsjahr entfallende Verlust ist von dem Kapitalanteil abzuschreiben. Soweit der Verlust den Kapitalanteil übersteigt, ist er auf der Aktivseite vor dem Posten „Bilanzverlust" als „nicht durch Vermögenseinlagen gedeckter Verlustanteil persönlich haftender Gesellschafter" gesondert auszuweisen. Unter § 89 fallende Kredite, die die Gesellschaft persönlich haftenden Gesellschaftern, deren Ehegatten oder minderjährigen Kindern oder Dritten, die für Rechnung dieser Personen handeln, gewährt hat, sind auf der Aktivseite bei dem Posten III B Nr. 11 Buchstabe a unter „davon an persönlich haftende Gesellschafter und deren Angehörige" zu vermerken.

(3) In der Gewinn- und Verlustrechnung braucht der auf die Kapitalanteile der persönlich haftenden Gesellschafter entfallende Gewinn oder Verlust nicht gesondert ausgewiesen zu werden.

(4) § 160 Abs. 3 Nr. 8 und 9 gilt für die persönlich haftenden Gesellschafter mit der Maßgabe, daß der auf den Kapitalanteil eines persönlich haftenden Gesellschafters entfallende Gewinn nicht angegeben zu werden braucht.

Übersicht

Anm. 1

Einleitung

Die Bestimmung des Abs. 1 S. 1 ist 1937 neu in die Vorschriften über die Kommanditgesellschaft auf Aktien aufgenommen worden. Die Aufnahme ist durch die Neuordnung der Feststellung des Jahresabschlusses bei der Aktiengesellschaft veranlaßt worden. Bei dieser hat in der Regel der Vorstand mit Billigung des Aufsichtsrates den Jahresabschluß festzustellen. Dies entspricht der Stellung des Vorstandes als des allein verantwortlichen Leiters der Gesellschaft, § 76 Abs. 1. Bei der Kommanditgesellschaft auf Aktien haben die persönlich haftenden Gesellschafter nicht das ausschließliche Recht zur Geschäftsführung. Auch die Hauptversammlung und der Aufsichtsrat können, insbesondere durch Satzungsbestimmungen, mit Aufgaben der Geschäftsführung befaßt werden. § 119 Abs. 2 gilt nicht, vgl. § 278 Anm. 22 und § 285 Anm. 7. Danach hielt es der Gesetzgeber auch für angebracht, der Hauptversammlung die Feststellung des Jahresabschluß wie bisher exklusiv zu belassen.

AktGes. 65 hat an dieser grundsätzlichen Entscheidung des Gesetzgebers nichts geändert. Es hat aber in Abs. 1 S. 2 klargestellt, daß die Zustimmung der persönlich haftenden Gesellschafter zur Feststellung des Jahresabschlusses — nicht auch zur Gewinnverwendung (Kropff S. 369/70) — erforderlich ist. Zusätzlich sind die Abs. 2—4 angefügt worden, die bisher nicht geregelte Fragen der Behandlung der Kapitalanteile der persönlich haftenden Gesellschafter, des auf sie entfallenden Gewinnes und Verlustes und der ihnen gewährten Kredite im Jahresabschluß bzw. in der Gewinn- und Verlustrechnung behandeln.

Anm. 2

1. Die Feststellung des Jahresabschlusses

Aus den in Anm. 1 angegebenen Gründen kann die Feststellung des Jahresabschlusses einer Kommanditgesellschaft auf Aktien abweichend von der grundsätzlichen Regel des § 172 nur durch die Hauptversammlung erfolgen. Diese Regel ist zwingend. Ein von den persönlich haftenden Gesellschaftern unter Mitwirkung des Aufsichtsrats festgestellter Jahresabschluß ist nichtig und unwirksam. Diese zwingende Zuständigkeit der Hauptversammlung hat auch Folgen für das Auskunftsrecht aus § 131, da die Auskunftsverweigerungsgründe des Abs. 3 Ziff. 3 und 4 in Fortfall kommen (§ 131 Anm. 16/17), und für die Gewinnverwendung, da die Bildung von Rücklagen aus dem Jahresüberschuß nur gemäß § 58 Abs. 1 zulässig ist (§ 58 Anm. 11; Werther AktG 66, 305). Ob die Einschränkung des Auskunftsverweigerungsrechts auch für ein in Form einer Kommanditgesellschaft auf Aktien betriebenes Kreditinstitut gilt, für das § 26a KWG die stille Bildung von Reserven zuläßt, ist zwar zweifelhaft, dürfte aber dem Sinn der Regelung des § 26a KWG entsprechend mit Baumbach-Hueck Rdn. 3 anzunehmen sein.

Da es sich bei dem Jahresabschluß um eine die persönlich haftenden Gesellschafter und die Kommanditaktionäre gemeinsam betreffende Angelegenheit handelt, ist die Zustimmung der Komplementäre zur Feststellung des Jahresabschlusses erforderlich. Das bringt Abs. 1 S. 2 nunmehr klar zum Ausdruck und macht damit auch die früher mögliche Auslegung, daß durch die Satzung die Zustimmung der persönlich haftenden Gesellschafter abdingbar ist, unmöglich (so auch Baumbach-Hueck Rdn. 3). Zwar verstößt das gegen die Gestaltungsfreiheit des Personalgesellschaftsrechts, die hier an sich gemäß § 278 Abs. 2 maßgebend wäre, aber die Vorschrift des § 286 Abs. 1 S. 2 geht vor. Jedoch bleibt die Gestaltungsfreiheit insoweit gewahrt, als satzungsgemäß festgelegt werden kann (§ 278 Anm. 21), daß die Zustimmung der persönlich haftenden Gesellschafter nicht von allen Gesellschaftern zu erteilen ist, sondern z. B. von der Mehrheit oder nur von einzelnen. Trifft die Satzung eine derartige Regelung nicht, so haben sämtliche Komplementäre einschließlich der von der Geschäftsführung ausgeschlossenen die Zustimmung zu erteilen.

Anm. 3

2. Mangelnde Einigung über den Jahresabschluß

Die Hauptversammlung kann die Feststellung des ihr von den persönlich haftenden Gesellschaftern vorgelegten Jahresabschlusses aber auch ablehnen. Die persönlich haftenden Gesellschafter können, sofern ein Anfechtungsgrund gegeben ist, den ablehnenden Beschluß auf Grund des ihnen allgemein zustehenden Anfechtungsrechts anfechten, § 283 Nr. 13. Die Hauptversammlung kann den Entwurf der persönlich haftenden Gesellschafter auch abändern. Dies kann aber nur in Einverständnis mit den persönlich haftenden Gesellschaftern geschehen. Kommt keine Einigung zustande, so wird man eine gesellschaftsrechtliche Klage auf Feststellung der Richtigkeit des von den persönlich haftenden Gesellschaftern aufgestellten oder des von der Hauptversammlung abgeänderten Jahresabschlusses zulassen müssen (so auch Schlegelberger-Quassowski § 228 Anm. 2). Die Klage stützt sich auf das Gesellschaftsverhältnis zwischen den persönlich haftenden Gesellschaftern einerseits und den Kommanditaktionären andererseits und findet ihre Grundlage darin, daß die für die Feststellung des Jahresabschlusses notwendige Zusammenarbeit der beiden Gesellschaftergruppen eine weitgehende gegenseitige Rücksichtnahme verlangt, und daß die Feststellung eines Jahresabschlusses für eine Kommanditgesellschaft auf Aktien schon im Hinblick auf die auf den Jahresabschluß aufbauende Publizität von viel größerer Bedeutung ist wie z. B. für eine Kommanditgesellschaft. Die Klage kann von jeder Gesellschaftsgruppe gegen die andere erhoben werden, wobei die Gruppe der Kommanditaktionäre durch den Aufsichtsrat vertreten wird, wenn nicht von der Hauptversammlung besondere Vertreter nach § 287 Abs. 2 bestellt werden.

Anm. 4

3. Gewinnverwendung

Die Gewinnverwendung ist keine gemeinsame Angelegenheit beider Gesellschaftergruppen. Der sich aufgrund der Bilanz für jede der beiden Gruppen ergebende Gewinn steht zu deren Verfügung. Für die persönlich haftenden Gesellschafter entsteht die Frage seiner Entnahme — hier gilt, wenn die Satzung nichts sagt, die auch für das KG-Recht maßgebende Bestimmung des § 122 HGB — und ist die zwingende Schranke des § 288 zu beachten (vgl. § 230 Anm. 000.). Über den auf die Kommanditaktionäre entfallenden verteilungsfähigen Gewinn entscheiden diese ohne die Notwendigkeit eines Einverständnisses der persönlich haftenden Gesellschafter. Das bringt Abs. 1 S. 2 dadurch zum Ausdruck (Anm. 1), daß dort nur auf den Feststellungsbeschluß Bezug genommen wird.

Der festgestellte Jahresabschluß ist Jahresabschluß der Kommanditgesellschaft auf Aktien und hat dieselbe Bedeutung wie der Jahresabschluß bei der Aktiengesellschaft.

Anm. 5

4. Besonderheiten der Rechnungslegung

a) Kapitalanteil

Abs. 2 S. 1 verlangt, nachdem AktG 1937 keine besonderen Ausweisvorschriften für die Vermögenseinlage der persönlich haftenden Gesellschafter vorsah, den Ausweis dieser Vermögenseinlage unter der Bezeichnung „Kapitalanteil" nach dem Posten „Grundkapital" der Bilanz. Der Kapitalanteil ist also in der Gliederung der Jahresbilanz gemäß § 151 auf der Passivseite zwischen I „Grundkapital" und II „offene Rücklagen" aufzuführen. Das kann, wie Adler-Düring-Schmaltz § 152 Rdn. 34 bemerken, einmal durch Einfügung einer Ziff. Ia oder durch getrennte Aufführung von Grundkapital und Kapitalanteil in einer Vorspalte und Ausweis der Gesamtsumme in der Hauptspalte geschehen. Der Ausweis muß „gesondert" geschehen; es genügt aber, daß er nicht mit dem Grundkapital zusammengefaßt wird. Nicht erforderlich ist der gesonderte Ausweis für jeden einzelnen persönlich haftenden Gesellschafter, da in S. 1 ganz allgemein von den Kapitalanteilen der persönlich haftenden Gesellschafter gesprochen wird. Das ist anders in S. 2 und damit S. 3, vgl. unten.

Von dem Kapitalanteil des einzelnen persönlich haftenden Gesellschafters sind entsprechend der grundsätzlichen Handhabung bei Personengesellschaften Verluste gemäß Abs. 2 S. 2 abzuschreiben. Während bei der Kommanditgesellschaft diese Handhabung abdingbar ist, schreibt Abs. 2 S. 2 die Abschreibung zwingend vor. In den Jahresabschluß des nächsten Jahres geht der Kapitalanteil eines Komplementärs also mit dem um den Verlust der Vorjahre ermäßigten Betrag ein. Sobald der Kapitalanteil eines persönlich haftenden Gesellschafters negativ wird, die auf ihn entfallenden Verluste den Kapitalanteil also übersteigen, ist er auf der Aktivseite der Bilanz als „nicht durch Vermögenseinlagen gedeckter Verlustanteil persönlich haftender Gesellschafter" gesondert auszuweisen. Der Ausweis hat vor dem Posten „Bilanzverlust", also zwischen IV und V der Aktivseite zu erfolgen. Auch hier ist die Bildung eines besonderen Postens ebenso zulässig wie die Zusammenfassung mit dem Bilanzverlust mittels einer Vorspalte. Da S. 2 für die Abschreibung des Verlustes vom Kapitalanteil auf den einzelnen persönlich haftenden Gesellschafter und nicht mehr auf die Gesamtheit abstellt, ist eine Saldierung positiver und negativer Kapitalkonten verschiederne Gesellschafter nicht zulässig (Adler-Düring-Schmaltz § 152 Rdn. 36; Gail WP 66, 426), wohl aber sind die negativen Konten mehrerer persönlich haftender Gesellschafter zusammenzuziehen.

Anm. 6

b) Kredite

Die Geltung des § 89 über Kreditgewährung an Vorstandsmitglieder gilt gemäß § 283 Nr. 5 auch für persönlich haftende Gesellschafter. Zusätzliche Voraussetzungen für die Kreditgewährung legt § 288 Abs. 2 fest (§ 288 Anm. 10). Ist dem persönlich haftenden Gesellschafter, seinem Ehegatten, einem seiner minderjährigen Kinder oder Dritten, die für diese Personen handeln, ein Kredit gewährt worden, einerlei ob zulässiger- oder unzulässigerweise, so ist er bei dem Posten III B Nr. 11a der Aktivseite unter der Bezeichnung „davon an persönlich haftende Gesellschafter und deren Angehörige" besonders zu vermerken. Es genügt ein Bilanzvermerk, der entweder in den Bilanztext selbst aufzunehmen oder in einer Anmerkung unterzubringen ist. Es ist aber auch möglich, in einer Vorspalte die Kredite an persönlich haftende Gesellschafter und deren Angehörige mit den sonstigen unter § 89 fallenden Krediten aufzugliedern und in der Hauptspalte gemeinsam aufzuführen (Adler-Düring-Schmaltz § 151 Rdn. 187). Sind nur an persönlich haftende Gesellschafter und deren Angehörige oder Mittelsmänner Kredite gewährt, so kann die Textierung von B III 11a entsprechend geändert werden und entfällt damit die Notwendigkeit eines besonderen Vermerks.

Anm. 7

c) Ausweis des Ertrags aus dem Kapitalanteil

Abs. 3 befreit die Gewinn- und Verlustrechnung von einem gesonderten Ausweis der auf die Kapitalanteile der persönlich haftenden Gesellschafter entfallenden Gewinne und Verluste. Die Formulierung des Abs. 3 bringt aber zum Ausdruck, daß ihrem besonderen Ausweis nichts entgegensteht. Die Vorschrift will die persönlich haftenden Gesellschafter von der Pflicht zur Offenlegung ihres Ertrags freistellen, allerdings vorbehaltlich der Abschreibung etwaiger Verluste von den Kapitalkonten (Anm. 5). Als Posten, unter dem der Ertrag in die Gewinn- und Verlustrechnung aufzunehmen ist, kommen bei Verlusten nur die sonstigen Erträge (Ziff. 14 des § 157 Abs. 1) und bei Gewinnen die sonstigen Aufwendungen (Ziff. 26 des § 157 Abs. 1) in Betracht. In die Bilanzposten der Ergebnisverwendung, d. h. hinter Nr. 28 des § 157 Abs. 1 kann der Ertrag der Kapitalanteile des persönlich haftenden Gesellschafters nicht aufgenommen werden, weil er eine Offenlegung erforderte, von der Abs. 3 gerade freistellen will. In die Ertrags- und Aufwendungsposten paßt er aber lediglich unter „Sonstige Erträge und Aufwendungen" (Adler-Düring-Schmaltz § 157 Rdn. 225; Gail WP 66, 427). Daß er nicht unter die Position 16 des § 157 Abs. 1 „Löhne und Gehälter" gehört, versteht sich von selbst, weil er keine Tätigkeitsvergütung, sondern Entgelt für die Hingabe einer Kapitalbeteiligung ist.

Anm. 8

d) Ausweis im Geschäftsbericht

Zu den nach § 160 Abs. 3 Ziff. 8 und 9 im Geschäftsbericht besonders anzugebenden Gesamtbezügen der persönlich haftenden Gesellschafter gehört trotz §§ 278 Abs. 3, 283 Nr. 9 nicht der auf den Kapitalanteil eines persönlich haftenden Gesellschafters entfallende Gewinn. Erhält der persönlich haftende Gesellschafter, sei es mit, sei es ohne Vermögenseinlage, eine Tantieme für seine Tätigkeit, so ist diese zwar im Rahmen des § 160 Abs. 3 Ziff. 8 und 9 anzugeben (Adler-Düring-Schmaltz § 160 Rdn. 195; Gail WP 66, 427); der Gewinnanteil auf die Kapitaleinlage aber stellt keine Tätigkeits-, sondern eine Kapitalvergütung dar und fällt seiner Natur nach nicht unter die Angabepflicht des § 160 Abs. 3 Ziff. 8 und 9. Da das unter der Herrschaft des AktG 1937 in der Praxis streitig geworden war, hat Abs. 4 diese Streitfrage jetzt im Sinne der Freistellung von der Angabepflicht entschieden.

Die Freistellung des auf die Vermögenseinlage des persönlich haftenden Gesellschafters entfallenden Ertrags von der gesonderten Ausweispflicht in der Gewinn- und Verlustrechnung (Anm. 7) und von der Berichtspflicht im Geschäftsbericht besagt aber nicht, daß der Gewinnanteil und seine Berechnung den in der Hauptversammlung nach ihm fragenden Kommanditaktionären nicht mitgeteilt zu werden brauchte. Die Auskunftspflicht des persönlich haftenden Gesellschafters wird vielmehr durch die Freistellung von der Ausweis- und Berichtspflicht in der Rechnungslegung nicht beschränkt (so auch OLG Hamm in AktG 1969, 295; vgl. auch § 131 Anm. 13).

§ 287 Aufsichtsrat

(1) Die Beschlüsse der Kommanditaktionäre führt der Aufsichtsrat aus, wenn die Satzung nichts anderes bestimmt.

(2) In Rechtsstreitigkeiten, die die Gesamtheit der Kommanditaktionäre gegen die persönlich haftenden Gesellschafter oder diese gegen die Gesamtheit der Kommanditaktionäre führen, vertritt der Aufsichtsrat die Kommanditaktionäre, wenn die Hauptversammlung keine besonderen Vertreter gewählt hat. Für die Kosten des Rechtsstreits, die den Kommanditaktionären zur Last fallen, haftet die Gesellschaft unbeschadet ihres Rückgriffs gegen die Kommanditaktionäre.

(3) Persönlich haftende Gesellschafter können nicht Aufsichtsratsmitglieder sein.

Übersicht

Anm. 1

Einleitung

§ 287 enthält Vorschriften über die Stellung des Aufsichtsrats, die sich aus der Eigenart der Kommanditgesellschaft auf Aktien ergeben. Die Vorschriften stimmen mit dem bisherigen Recht überein. Nur ist entsprechend der Streichung des § 97 Abs. 2 AktG 1937 in § 112 der bisherige Abs. 3 gestrichen. Er begründete ein eigenes Klagerecht des Aufsichtsrats gegen die persönlich haftenden Gesellschafter, wenn die Verantwortlichkeit eines seiner Mitglieder in Frage kam.

Anm. 2

1. Grundsätzliche Geltung der aktienrechtlichen Bestimmungen

Grundsätzlich gelten *für den Aufsichtsrat der Kommanditgesellschaft auf Aktien die gleichen Vorschriften wie für den Aufsichtsrat der Aktiengesellschaft,* §§ 95ff., § 278 Abs. 3.

Der Aufsichtsrat wird von der Hauptversammlung gewählt und abberufen. Wegen der Bestellung des ersten Aufsichtsrates vgl. § 280 Anm. 7. Die persönlich haftenden Gesellschafter haben bei der Wahl und Abberufung nicht mitzuwirken, da es sich nicht um eine gemeinsame Angelegenheit der persönlich haftenden Gesellschafter und der Gesamtheit der Kommanditaktionäre handelt, § 285 Abs. 2. Sie haben auch als Kommanditaktionäre bei der Wahl und Abberufung des Aufsichtsrats kein Stimmrecht, § 285 Abs. 1 Nr. 1. Sie können aber die Hauptversammlungsbeschlüsse über Wahl und Abberufung wegen Verletzung des Gesetzes oder der Satzung anfechten, § 242. Vereinbarungen zwischen den persönlich haftenden Gesellschaftern und Kommanditaktionären über die Wahl bestimmter Personen sind möglich, RG 133, 92. Es entstehen dadurch aber nur schuldrechtliche Verpflichtungen, deren Nichteinhaltung die Gültigkeit der Beschlüsse nicht berührt.

Die *Zusammensetzung des Aufsichtsrates* ist die gleiche wie bei der Aktiengesellschaft. Wie dort kann eine juristische Person nicht Aufsichtsratsmitglied sein, § 100.

Für das Recht bestimmter Aktionäre oder der jeweiligen Inhaber bestimmter Aktien zur Entsendung von Mitgliedern in den Aufsichtsrat — soweit die Aktionäre persönlich haftende Gesellschafter sind, schlägt § 285 Abs. 1 Nr. 1 durch —, die Ergänzung des Aufsichtsrats durch das Gericht, die Bekanntmachung von Änderungen im Aufsichtsrat, wobei die Bekanntmachung und Einreichung zum Handelsregister durch die persönlich haftenden Gesellschafter zu geschehen hat, die Amtsdauer, die innere Ordnung des Aufsichtsrats, die Teilnahme an Sitzungen des Aufsichtsrats und seiner Ausschüsse und die Einberufung des Aufsichtsrats gelten die Vorschriften für den Aufsichtsrat der Aktiengesellschaft, §§ 95—110. Auch für den Aufsichtsrat der Kommanditgesellschaft auf Aktien gilt § 104. Danach ist auch eine *gerichtliche Ergänzung eines nicht vollständigen Aufsichtsrats möglich.*

Dafür, daß ein beschlußfähiger Aufsichtsrat vorhanden ist, haben die persönlich haftenden Gesellschafter zu sorgen. Die Einhaltung dieser Pflicht kann durch Ordnungsstrafen erzwungen werden.

Die Vorschriften für die Aktiengesellschaft über das Recht des Aufsichtsrats zur *Vertretung der Gesellschaft bei Vornahme von Rechtsgeschäften mit den Vorstandsmitgliedern*, § 112, ist auf Rechtsgeschäfte mit den persönlich haftenden Gesellschaftern sinngemäß anzuwenden, vgl. Anm. 6, ebenso sind sinngemäß anzuwenden die Vorschriften über die Vergütung der Aufsichtsratsmitglieder, § 113, und über deren Sorgfaltspflicht und Verantwortlichkeit, § 116. In den Angelegenheiten in denen der Aufsichtsrat lediglich als Organ der Gesamtheit der Aktionäre handelt, deren Interesse er wahrzunehmen hat, ist er nur dieser (vgl. Anm. 7), im übrigen der Kommanditgesellschaft verantwortlich. Sinngemäß gelten auch die gemeinsamen Vorschriften für die Mitglieder des Vorstandes und des Aufsichtsrats der Aktiengesellschaft für den Aufsichtsrat der Kommanditgesellschaft auf Aktien (Bezeichnung des Vorsitzenden des Aufsichtsrats auf allen Geschäftsbriefen, § 80, und Folgen des Handeln zum Schaden der Gesellschaft zwecks Erlangung gesellschaftsfremder Vorteile, § 107).

Anm. 3

a) Unvereinbarkeit der Stellung des persönlich haftenden Gesellschafters mit dem Amt als Aufsichtsrat

Die *Unvereinbarkeit der Zugehörigkeit zum Aufsichtsrat mit der Stellung des Geschäftsführers* ist für die Kommanditgesellschaft auf Aktien besonders geregelt, § 287 Abs. 3. Es wird allgemein bestimmt, daß die persönlich haftenden Gesellschafter nicht Aufsichtsratsmitglieder sein können. Diese Vorschrift ist im öffentlichen Interesse gegeben; sie kann daher durch die Satzung nicht geändert werden. Dagegen verstoßende Satzungsbestimmungen sind nichtig, § 241 Nr. 3. Ein gegen das Gesetz verstoßender Hauptversammlungsbeschluß ist ebenfalls nichtig.

Die Kommanditgesellschaft auf Aktien kennt keine Stellvertreter der persönlich haftenden Gesellschafter, wie es Stellvertreter im Amte des Vorstandes gibt. Deshalb ist auch im § 287 Abs. 3 nicht wie in § 115 das Amt des Stellvertreters als unvereinbar mit der Aufsichtsratsstellung erklärt. Aber die Rechte der persönlich haftenden Gesellschafter können doch durch Vertreter wahrgenommen werden, z. B. durch gesetzliche Vertreter (Abwesenheitspfleger) oder Bevollmächtigte. Nach dem Grundgedanken des § 287 Abs. 3 und in sinngemäßer Anwendung des § 105 Abs. 1 müssen auch diese von der Stellung als Aufsichtsratsmitglied ausgeschlossen sein. Auch leitende Angestellte der Gesellschaft können nach sinngemäßer Anwendung des § 105 Abs. 1 nicht Mitglieder des Aufsichtsrats sein.

Die Bestimmung des § 105 Abs. 2, wonach der Aufsichtsrat der Aktiengesellschaft für einen im voraus bestimmten Zeitraum einzelne Mitglieder zur Vertretung von behinderten Vorstandsmitgliedern bestellen kann, ergibt sich aus der besonderen Regelung des Rechts der Aktiengesellschaft, nach der der Vorstand vom Aufsichtsrat zu bestellen ist, § 84. Da dem Aufsichtsrat der Kommanditgesellschaft auf Aktien eine entsprechende Befugnis zur „Bestellung" von persönlich haftenden Gesellschaftern nicht eingeräumt ist, kommt auch eine Befugnis zur Bestellung von Stellvertretern nicht in Frage.

§ 287 Abs. 3 schließt die persönlich haftenden Gesellschafter ohne Ausnahme vom Aufsichtsrat aus. Eine solche ist auch nicht für diejenigen gerechtfertigt, die von der Geschäftsführung und Vertretung ausgeschlossen sind.

Anm. 4

b) Mitwirkung des Aufsichtsrats bei der Geschäftsführung

Auch bei der Kommanditgesellschaft auf Aktien ist es Hauptaufgabe des Aufsichtsrats, die *Geschäftsführung* zu überwachen, § 278 Abs. 3. Um dies zu ermöglichen, obliegen den geschäftsführenden Gesellschaftern gegenüber dem Aufsichtsrat dieselben Verpflichtungen wie bei der Aktiengesellschaft dem Vorstand, § 283 Nr. 4. Insbesondere hat der Aufsichtsrat das Recht, Bericht über die Angelegenheiten der Gesellschaft zu verlangen, die Bücher und Schriften und die Vermögensgegenstände, insbesondere die Geschäftskasse einzusehen und zu prüfen. Der Aufsichtsrat hat auch das Recht und die Pflicht, eine Hauptversammlung zu berufen, wenn das Wohl der Gesellschaft es fordert, § 90 Abs. 3, § 111 Abs. 1—3, vgl. § 283 Anm. 5.

Der Aufsichtsrat hat auch die sonstigen Rechte und Pflichten, die bei der Aktiengesellschaft dem Aufsichtsrat obliegen, wie Mitwirkung bei der Aufstellung und Prüfung des Jahresabschlusses und Bericht an die Hauptversammlung, § 171, Mitwirkung bei der Kreditgewährung an persönlich haftende Gesellschafter und leitende Angestellte, § 283 Nr. 5, vgl. § 283 Anm. 6. Die Anfechtungsbefugnis, § 245, steht ihm ebenfalls zu.

Nach § 111 Abs. 4 können Maßnahmen der Geschäftsführung bei der Aktiengesellschaft dem Aufsichtsrat nicht übertragen werden; die Satzung oder der Aufsichtsrat kann nur bestimmen, daß bestimmte Arten von Geschäften nur mit seiner Zustimmung vorgenommen werden sollen. Diese Vorschrift ergibt sich aus der ausschließlichen Geschäftsleitungsbefugnis des Vorstandes der Aktiengesellschaft, § 76, wie sie auch in § 119 Abs. 2 zum Ausdruck kommt. Die persönlich haftenden Gesellschafter der Kommanditgesellschaft auf Aktien haben diese Stellung nicht. § 111 Abs. 4 ist daher nicht, auch nicht sinngemäß anzuwenden (vgl. § 278 Anm. 22). Der Aufsichtsrat kann deshalb nicht anordnen, daß bestimmte Arten von Geschäften nur mit seiner Zustimmung vorgenommen werden sollen. Durch die Satzung kann ihm eine derartige Ermächtigung jedoch zuerkannt werden, auch können ihm Aufgaben der Geschäftsführung sogar in der Form der Weisungsbefugnis übertragen werden (§ 278 Anm. 22).

Anm. 5

2. Aufsichtsrat als Organ der Kommanditaktionäre

Als Organ der Gesamtheit der Kommanditaktionäre führt der Aufsichtsrat die Beschlüsse der Kommanditaktionäre aus, wenn die Satzung nichts anderes bestimmt, Abs. 1. Durch diese Vorschrift wird dem Aufsichtsrat neben seinen auch bei der Aktiengesellschaft bestehenden Aufgaben, insbesondere dem Aufsichtsrecht und der Aufsichtspflicht, eine besondere Aufgabe übertragen. Er hat die Beschlüsse der Kommanditaktionäre auszuführen. Hier handelt es sich um eine Aufgabe, die das innere Verhältnis der Gesellschaft zum Gegenstand hat. In Abs. 2 wird dem Aufsichtsrat dagegen ein Recht auch im Verhältnis nach außen, die Vertretungsbefugnis in bestimmten Angelegenheiten der Gesellschaft, übertragen.

Anm. 6

a) Vertretungsrecht nach § 112

Es ist streitig, ob dadurch die Befugnisse des Aufsichtsrats im Verhältnis zur Aktiengesellschaft eingeschränkt oder erweitert werden. Aus der Nichterwähnung des Rechts des Aufsichtsrats der Aktiengesellschaft, die Gesellschaft bei Vornahme von Rechtsgeschäften mit Vorstandsmitgliedern zu vertreten, § 112, in § 287 wird geschlossen, daß ein entsprechendes Recht bei *Geschäften mit persönlich haftenden Gesellschaftern* nicht bestehe. Es wird auch auf die andere Regelung des Prozeßführungsrechts als bei der Aktiengesellschaft hingewiesen. Die Hauptversammlung der Kommanditgesellschaft auf Aktien könne die Vertretung in ihren Prozessen auch anderen Personen als dem Aufsichtsrat übertragen; bei der Aktiengesellschaft bestehe diese Möglichkeit nur für den besonderen Fall des § 147. Aus diesen Erwägungen ergibt sich aber nicht, daß bei der Kommanditgesellschaft auf Aktien die Befugnisse des Aufsichtsrats zur Vertretung der Gesellschaft enger als nach § 112 bei der Aktiengesellschaft begrenzt sein sollen. Der Einwand, Geschäfte eines persönlich haftenden Gesellschafters mit der Gesellschaft könne für diese ein anderer persönlich haftender Gesellschafter abschließen, wäre auch bei der Aktiengesellschaft beim Vorhandensein mehrerer alleinvertretungsberechtigter Vorstandsmitglieder möglich. Wenn das Gesetz in § 112 trotzdem bei der Aktiengesellschaft dem Aufsichtsrat das Vertretungsrecht gegeben hat, so ist nicht erkennbar, warum bei der Kommanditgesellschaft auf Aktien nicht das gleiche zulässig sein soll. Bei der vielfach unabhängigeren Stellung des persönlich haftenden Gesellschafters werden solche Geschäfte auch nicht seltener sein als bei einem im Dienstverhältnis zur Aktiengesellschaft stehenden Vorstandsmitglied. Deshalb spricht auch das Bedürfnis für die gleichartige Regelung. Die Fassung des § 278 Abs. 3 („soweit nicht") spricht auch dafür, daß grundsätzlich die Vorschriften des Aktienrechts gelten sollen und daß die „folgenden Vorschriften" nur Ausnahmen darstellen, die auf der Eigenart der Kommanditgesellschaft auf Aktien beruhen. Diese folgenden Bestimmungen sind danach so auszulegen, daß sie nur der Eigenart dieser Gesellschaftsart Rechnung tragen wollen. Die sich daraus ergebende Beschränkung ergibt sich auch aus dem Inhalt der Absätze 1 und 2. Die Eigenart der Gesellschaft, daß zwei Arten von Gesellschaftern vorhanden sind und die Gesamtheit der Kommanditaktionäre ihr Recht in der Hauptversammlung ausübt, sowie der zwischen beiden Gruppen von Gesellschaftern mögliche Interessengegensatz erfordert ein Organ, das die Beschlüsse der Kommanditaktionäre ausführt. Als dieses Organ bestimmt § 287 Abs. 1 für den Regelfall den ohnehin schon vorhandeden Aufsichtsrat, dem damit zu den ihm bei der Aktiengesellschaft zufallenden Rechten, darunter der Vertretungsbefugnis nach § 112, ein weiteres übertragen wird. Abs. 1 bringt also gegenüber der Aktiengesellschaft eine Erweiterung der Befugnisse des Aufsichtsrats. Eine Beschränkung wäre auch mit dem Inhalt des Aktienrechts seit 1937 unverträglich, das wohl für die Aktiengesellschaft die Macht des Vorstandes der Aktiengesellschaft erweitert und die des Aufsichtsrates einschränkt, bei der Kommanditgesellschaft aber von einer solchen Machtverschiebung absieht, vgl. oben Anm. 4.

Die von der Regelung für die Aktiengesellschaft abweichende Regelung der *Vertretung im Prozeß* erklärt sich damit, daß zwischen der Aktiengesellschaft und dem Vorstand regelmäßig nur die Prozesse der Gesellschaft gegen den Vorstand nach § 147 auf Schadensersatz vorkommen, während aus dem Vorhandensein der beiden Arten von Gesellschaftern mit gegenseitigen Prozessen aus dem Gesellschaftsverhältnis zu rechnen ist, vgl. z. B. § 286 Anm. 3 für die Klage auf Feststellung der Bilanz.

Anm. 7

b) Ausführung der Beschlüsse der Kommanditaktionäre

Unter „Beschlüssen der Kommanditaktionäre" im Sinne des Abs. 1 sind nur solche zu verstehen, durch die die Gesamtheit der Kommanditaktionäre über ihre eigenen Belange beschließt; das sind diejenigen, die bei der gewöhnlichen Kommanditgesellschaft von den Kommanditisten gegenüber den persönlich haftenden Gesellschaftern oder der Gesellschaft wahrgenommen werden. Es handelt sich hier also nicht um solche Beschlüsse, die die Hauptversammlung als Organ der Gesellschaft faßt und die die Gesellschaft als solche angehen, wie die in § 285 Abs. 2 behandelten Beschlüsse über gemeinsame Angelegenheiten. Beschlüsse dieser Art, z. B. über Maßnahmen der Kapitalerhöhung oder Kapitalherabsetzung, werden wie bei der Aktiengesellschaft durch den Vorstand so hier durch die persönlich haftenden Gesellschafter als Geschäftsführer der Gesellschaft ausgeführt. Für eine Ausführungshandlung durch den Aufsichtsrat ist bei derartigen Beschlüssen auch sachlich kein Bedürfnis. Nur Beschlüsse der erstgenannten Art, durch die die Kommanditaktionäre ihre Belange wahrnehmen, werden durch den Aufsichtsrat ausgeführt. Diese Beschlüsse bedürfen auch nicht des Einverständnisses der persönlich haftenden Gesellschafter (vgl. § 285 Anm. 6).

Durch die Satzung kann bestimmt werden, daß die Beschlüsse in anderer Weise als durch den Aufsichtsrat ausgeführt werden. Es kann auch ein anderes, auch ein besonders zu schaffendes Organ, z. B. ein von der Hauptversammlung zu wählender Ausschuß, mit der Ausführung der Beschlüsse betraut werden. Den persönlich haftenden Gesellschaftern kann die Ausführung solcher Beschlüsse jedenfalls dann nicht übertragen werden, wenn durch die Beschlüsse gerade die Belange der Kommanditaktionäre gegenüber den persönlich haftenden Gesellschaftern gewahrt werden sollen.

Soweit der Aufsichtsrat das Recht hat, einen Beschluß auszuführen, hat er auch die Pflicht dazu, sofern der Beschluß nicht gegen das Gesetz oder die Satzung verstößt. Verletzt der Aufsichtsrat diese Pflicht (§ 111), so ist er den Kommanditaktionären, aber auch nur diesen, verantwortlich. Eine Haftung der Gesellschaft gegenüber scheidet aus, weil es sich nur um Interessenbelange einer Gesellschaftergruppe handeln kann.

Anm. 8

c) Prozeßvertretung

In *Prozessen der Gesamtheit der Kommanditaktionäre* gegen die persönlich haftenden Gesellschafter oder dieser gegen die Gesamtheit der Kommanditaktionäre ist die Gesamtheit der Kommanditaktionäre Prozeßpartei, nicht die Gesellschaft. Eine Klage dieser Art ist die Klage der Gesamtheit der Kommanditaktionäre gegen den einzigen persönlich haftenden Gesellschafter, gegen den ein Ausschließungsgrund vorliegt, auf Zustimmung zur Umwandlung der Gesellschaft in eine Aktiengesellschaft, RG 82, 360. Hierher gehört auch ein Streit der beiden Gruppen von Gesellschaftern darüber, wie die Bilanz aufzustellen ist (vgl. § 286 Anm. 3) oder wie unter ihnen der Reingewinn zu verteilen ist, oder ein Streit über das Entnahmerecht, vgl. § 288. Die Gesamtheit der Kommanditaktionäre ist nicht selbst eine juristische Person; es ist ihr aber aufgrund besonderer gesetzlicher Bestimmung die Parteifähigkeit für Prozesse gegen den oder die persönlich haftenden Gesellschafter verliehen, und zwar die aktive und passive (wie einem nichtrechtsfähigen Verein die passive, RG 74, 303; § 50 Abs. 2 ZPO). Daß die Kommanditgesellschaft auf Aktien nicht selbst Partei ist und die Gesamtheit der Kommanditaktionäre nicht nur als ihr Organ auftritt, ergibt sich aus Abs. 2 S. 2, wonach für die Kosten des Rechtsstreits, die den Kommanditaktionären zur Last fallen, die Gesellschaft haftet. Die Bestimmung wäre überflüssig, wenn die Gesellschaft selbst Partei wäre. Die Kosten des Prozesses werden im Falle ihres Unterliegens der Gesamtheit der Kommanditaktionäre auferlegt. Die Kommanditaktionäre haften nicht persönlich mit ihrem ganzen Vermögen, sondern nur mit ihren Anteilen am Vermögen der Gesellschaft, also mit ihrem Gewinnanteils- und Auseinandersetzungsansprüchen. Die Gesellschaft kann sich, wenn sie aus ihrer Haftung in Anspruch genommen wird, mit der gleichen Beschränkung an den Kommanditaktionären schadlos halten, praktisch also während des Bestandes der Aktiengesellschaft nur durch Einbehaltung von Dividenden (ebenso Schlegelberger-Quassowski § 229 Anm. 2; Baumbach-Hueck Rdn. 3; Godin-Wilhelmi Anm. 5).

Das Vertretungsrecht des Aufsichtsrats besteht ohne weiteres, wenn es sich um einen Rechtsstreit der in Abs. 2 bezeichneten Art handelt. Die Hauptversammlung kann aber mit einfacher Mehrheit *besondere Vertreter* wählen. Diese treten dann an die Stelle des

Aufsichtsrats. Der Beschluß kann auch im Laufe des Rechtsstreits gefaßt werden. Die Vertretungsbefugnis des Aufsichtsrats oder der besonders bestellten Vertreter besteht auch während der Abwicklung, RG 74, 301.

Neben der Gesamtheit der Kommanditaktionäre kann auch die Gesellschaft selbst gegen die persönlich haftenden Gesellschafter Klage erheben. Dann findet § 112 sinngemäß Anwendung.

§ 288 Entnahmen der persönlich haftenden Gesellschafter. Kreditgewährung

(1) Entfällt auf einen persönlich haftenden Gesellschafter ein Verlust, der seinen Kapitalanteil übersteigt, so darf er keinen Gewinn auf seinen Kapitalanteil entnehmen. Er darf ferner keinen solchen Gewinnanteil und kein Geld auf seinen Kapitalanteil entnehmen, solange die Summe aus Bilanzverlust, nicht durch Einlagen gedeckten Verlustanteilen persönlich haftender Gesellschafter und Forderungen aus Krediten an persönlich haftende Gesellschafter und deren Angehörige die Summe aus Gewinnvortrag, offenen Rücklagen und Kapitalanteilen der persönlich haftenden Gesellschafter übersteigt.

(2) Solange die Voraussetzung von Absatz 1 Satz 2 vorliegt, darf die Gesellschaft keinen unter § 286 Abs. 2 Satz 4 fallenden Kredit gewähren. Ein trotzdem gewährter Kredit ist ohne Rücksicht auf entgegenstehende Vereinbarungen sofort zurückzugewähren.

(3) Ansprüche persönlich haftender Gesellschafter auf nicht vom Gewinn abhängige Tätigkeitsvergütungen werden durch diese Vorschriften nicht berührt. Für eine Herabsetzung solcher Vergütungen gilt § 87 Abs. 2 Satz 1 sinngemäß.

Übersicht

Anm. 1

Einleitung

Im Anschluß an § 329 HGB gab § 230 AktG 1937 nur eine Sondervorschrift, die einmal die Entnahme von Gewinnen und Geld bei Bilanzverlusten schlechthin verbot und zum anderen auch den persönlich haftenden Gesellschafter verpflichtete, mit seinem Gewinnanteil sich an der Dotierung der gesetzlichen Rücklage zu beteiligen. § 288 Abs. 1 mindert nun das bisherige strikte Entnahmeverbot bei Bilanzverlusten, setzt aber dem Entnahmeverbot in Abs. 2 das Verbot einer Kreditgewährung an die Seite und stellt in Abs. 3 die Tätigkeitsvergütungen von dem Entnahmeverbot frei, indem es sie gleichzeitig der Herabsetzungsbefugnis des § 87 Abs. 1 S. 2 unterwirft. Die Dotierung der gesetzlichen Rücklage auch aus dem auf die persönlich haftenden Gesellschafter entfallenden Gewinn ist gestrichen worden, und zwar wegen der andernfalls entstehenden Abrechnungsschwierigkeiten und mit Rücksicht auf die persönliche Haftung der Komplementäre. An der gesetzlichen Rücklage, soweit sie nach Inkrafttreten des AktG 1965 gebildet worden ist, sind also nur noch die Kommanditaktionäre beteiligt (Gail WP 66, 427).

Anm. 2

1. Der Gewinnanteil des persönlich haftenden Gesellschafters im allgemeinen

a) Berechnung nach Kommanditgesellschaftsrecht

Bei der *Verteilung des Gewinns der Gesellschaft* zwischen den *persönlich haftenden Gesellschaftern* und den Kommanditaktionären handelt es sich um das Rechtsverhältnis zwischen den genannten beiden Arten von Gesellschaftern. Dieses Rechtsverhältnis bestimmt sich nach den Vorschriften des Handelsgesetzbuchs über die Kommanditgesellschaft, § 278 Abs. 2. Maßgebend ist danach § 168 HGB, der den Maßstab für die Verteilung von Gewinn und Verlust unter den Gesellschaftern gibt. Nach § 168 Abs. 1 bestimmen sich die Anteile der Gesellschafter am Gewinn, soweit der Gewinn den Betrag von vier vom Hundert der Kapitalanteile nicht übersteigt, nach den Vorschriften des § 121 Abs. 1, 2 HGB. Nach § 121 Abs. 1 gebührt von dem Jahresgewinn jedem der Gesellschafter zunächst ein Anteil in Höhe von vier vom Hundert seines Kapitalanteils. Reicht der Jahresgewinn hierzu nicht aus, so bestimmen sich die Anteile nach einem entsprechend niedrigeren Betrag. § 121 Abs. 2 enthält Bestimmungen über die Berücksichtigung von Leistungen und Entnahmen eines Gesellschafters auf seinen Kapitalanteil im Laufe des Geschäftsjahres bei Berechnung seines Gewinnanteils. Soweit der Gewinn vier vom Hundert übersteigt, gilt, soweit nicht ein anderes vereinbart ist, ein den Umständen nach angemessenes Verhältnis der Anteile als bedungen, § 168 Abs. 2 HGB.

Bei der Kommanditgesellschaft und bei der offenen Handelsgesellschaft handelt es sich um den für diese Gesellschaftsarten maßgebenden Jahresgewinn, § 121 HGB. Als *Jahresgewinn* wird das angesehen, was sich in dem abgelaufenen Geschäftsjahr durch Gegenüberstellung der Ab- und Zugänge des Jahres als Gewinn ergibt. Danach kann ein Jahresgewinn vorhanden sein und zur Verteilung kommen, auch wenn durch Verluste in früheren Jahren die Einlagen der Gesellschafter vermindert worden sind und der Verlust noch nicht ausgeglichen ist. Die Gewinnverteilungsvorschriften des Handelsgesetzbuchs setzen eine nach den Vorschriften für die offene Handelsgesellschaft und Kommanditgesellschaft aufgestellte Jahresbilanz voraus, § 120 HGB. Um den Gewinn der persönlich haftenden Gesellschafter festzustellen, ist also zunächst nach den Grundsätzen des Personalgesellschaftsrechts eine Bilanz aufzustellen. Sie hat nur Bedeutung für das Innenverhältnis und dient nur der Ermittlung des Gewinnanteils des persönlich haftenden Gesellschafters (Elschenbroich S. 90 mit weiteren Literaturhinweisen). Für diese interne Bilanz gelten die aktienrechtlichen Bewertungsvorschriften nur insoweit, als sie Ausdruck der auch für den Einzelkaufmann und die Personengesellschaften verbindlichen allgemeinen Bewertungsgrundsätze sind (a. M. Baumbach-Hueck Rdn. 5 u. Godin-Wilhelmi Anm. 3, deren Hinweise auf den Erhalt des Grundkapitals den besonderen Charakter der Kommanditgesellschaft auf Aktien nicht beachten). Unterschiede ergeben sich hier insbesondere bei der Behandlung von Verlusten und bei der Rücklagebildung (vgl. Anm. 4). Zu beachten ist auch, daß die persönlich haftenden Gesellschafter an der Rücklagebildung der Kommanditgesellschaft auf Aktien nicht beteiligt sind, denn Rücklagenbildung ist Eigenkapitalbildung, die bei der Personengesellschaft aus dem sich aus der Gewinn- und Verlustrechnung ergebenden Reingewinn durch Sperrung entsprechender Gewinngutschriften auf den Kapitalkonten erfolgt. Infolgedessen gilt § 150 Abs. 2 AktG hinsichtlich der Rücklagenbildung nicht für das Kommanditgesellschaftsrecht. Diese Behandlung ist auch schon wegen des notwendigen Gleichklangs mit der steuerlichen Behandlung der persönlich haftenden Gesellschafter einer Kommanditgesellschaft auf Aktien erforderlich. Zwischen persönlich haftenden Gesellschaftern und Kommanditaktionären erfolgt wegen der Einheit der Rechtsperson der Kommanditgesellschaft auf Aktien keine einheitliche Gewinnfeststellung, wie das Steuerrecht sie für die Personengesellschaft kennt (vgl. RFH in RStBl. 30, 345 und RFH 39, 124). Die Einkünfte des persönlich haftenden Gesellschafters werden als Einkünfte aus Gewerbebetrieb behandelt und gelten mit der Bilanzfeststellung als zugeflossen.

Wegen der steuerlichen Behandlung der Einkünfte der persönlich haftenden Gesellschafter einer Kommanditgesellschaft auf Aktien vgl. die bei Menzel StuW 71, 204 angegebenen Belegstellen.

Anm. 3

Ergibt diese nach Kommanditgesellschaftsrecht errichtete Bilanz einen Gewinn, so ist er auf die persönlich haftenden Gesellschafter wie folgt zu verteilen: Ihnen gebühren vier vom Hundert ihrer Aktivsalden, § 121 HGB. Von dem Grundkapital als Einlage der Kommanditaktionäre werden ebenfalls vier vom Hundert berechnet. Diese Berechnung geschieht aber nur, um den nach § 168 Abs. 2 zu verteilenden Rest des Reingewinns festzustellen. Dieser Rest ist in angemessenem Verhältnis zu verteilen. Als Anhaltspunkt für das angemessene Verhältnis können dienen: die unbeschränkte Haftung der persönlich haftenden Gesellschafter, also ihr größeres Risiko, ihre persönliche Tätigkeit, die Höhe und Bedeutung ihrer Vermögenseinlagen für das Unternehmen, RG bei Gruchot 38, 1132, usw. Sind mehrere persönlich haftende Gesellschafter vorhanden, so ist es zunächst deren Sache, wie sie den auf sie entfallenden Teil des gesamten Reingewinns unter sich verteilen. Ist nichts anderes vereinbart, so erfolgt die Verteilung nach Köpfen, § 722 Abs. 1 BGB. Eine andere Vereinbarung kann sich aber aus den Umständen ergeben.

Anm. 4

b) Gewinnberechnung der Kommanditaktionäre

Für die *Gewinnverteilung an die Kommanditaktionäre* und für die ihr zugrunde liegende Bilanz der Gesellschaft gelten dagegen die Vorschriften des Ersten Buchs über die Aktiengesellschaft. Die Bilanz der Kommanditgesellschaft auf Aktien ist daher nach aktienrechtlichen Grundsätzen aufzustellen. Die besonderen Bilanzierungsvorschriften für die Aktiengesellschaft dienen der Erhaltung der Kapitalgrundlage der Gesellschaft; zu diesen Vorschriften gehören vor allem diejenigen über die Einstellung des Grundkapitals und der Rücklagen auf der Passivseite der Bilanz, ebenso auch der Vermögenseinlagen der persönlich haftenden Gesellschafter, die nicht auf das Grundkapital erbracht sind. Sie sollen verhüten, daß Grundkapital als Gewinn ausgeschüttet und so die Kapitalgrundlage der Gesellschaft zerstört wird.

Als Bilanzgewinn ist nur das anzusehen, was nach den für die Aktiengesellschaft geltenden Vorschriften als verteilbarer Reingewinn zu betrachten ist, § 151 Abs. 4 S. 3. Dabei ist in die Gewinn- und Verlustrechnung der den persönlich haftenden Gesellschaftern zustehende Gewinnbetrag als Unkostenposten einzusetzen, so daß er den Reingewinn der Kommanditaktionäre mindert (vgl. § 286 Anm. 7). Auch ist § 151 Abs. 4 anzuwenden. Danach sind Abschreibungen, Wertberichtigungen, Rücklagen und Rückstellungen, die für das Geschäftsjahr gemacht werden, bereits in der Jahresbilanz vorzunehmen, vgl. die Erl. zu §§ 58, 151. Der Bilanzgewinn der Kommanditgesellschaft auf Aktien berechnet sich danach anders als der Jahresgewinn bei der Kommanditgesellschaft oder der offenen Handelsgesellschaft. Solange z. B. infolge von Verlusten früherer Jahre das Grundkapital nicht gedeckt ist oder solange Rücklagen in Höhe des Gewinns gebildet werden, kann ein aktienrechtlich verteilbarer Gewinn nicht vorkommen, während er nach den für die offene Handelsgesellschaft und die Kommanditgesellschaft geltenden Grundsätzen vorhanden wäre. Danach kann sich für die persönlich haftenden Gesellschafter ein Gewinnanteil aus ihrer nicht in Aktien, sondern in einer sonstigen Vermögenseinlage bestehenden Beteiligung ergeben, auch wenn für die Kommanditaktionäre ein verteilbarer Bilanzgewinn nicht vorliegt.

Anm. 5

Die *Kommanditaktionäre* nehmen an dem nach den vorstehend (Anm. 4) angegebenen Grundsätzen ermittelten Bilanzgewinn der Gesellschaft *nach aktienrechtlichen Grundsätzen* teil. Ihrem Aktivsaldo werden nicht vier vom Hundert als Vorweganteil des Gewinns gutgeschrieben, wie den Kommanditisten einer gewöhnlichen Kommanditgesellschaft, §§ 108, 121 HGB. Der Kapitalanteil der Kommanditaktionäre, die nur als Gesamtheit in Betracht kommen, ist eine unveränderliche Ziffer, das Grundkapital der Gesellschaft. Es erfolgt demgemäß auch keine Auszahlung des Restes, der nach Zuteilung des angemessenen Teiles des vier vom Hundert übersteigenden Gewinns an die persönlich haftenden Gesellschafter, § 168 Abs. 2 HGB, übrig bleibt, vgl. Anm. 3. Vielmehr wird der gesamte Gewinnanteil, der.auf die Kommanditaktionäre entfällt, nach aktienrechtlichen Grundsätzen verteilt. Danach sind die Vorschriften der §§ 57—60 sinngemäß anzuwenden. Die Kommanditaktionäre haben also wie die Aktionäre der Aktiengesellschaft regelmäßig keinen Anspruch auf Verzinsung ihrer Einlagen, sondern nur auf den Bilanzgewinn, der sich aus der Jahresbilanz ergibt, soweit er nicht nach dem Gesetz oder der Satzung von der Verteilung ausgeschlossen ist. Die Anteile am Bilanzgewinn bestimmen sich nach dem Verhältnis des Aktiennennbetrags, soweit nicht wegen ungleichmäßiger Leistung der Einlagen die in § 60 Abs. 2 vorgesehene Verteilung eintritt oder die Satzung eine andere Art der Verteilung bestimmt.

Anm. 6

c) Dispositionsfreiheit der Satzung

Da die *Gewinnbeteiligung der persönlich haftenden Gesellschafter* ihr Rechtsverhältnis zur Gesamtheit der Kommanditaktionäre betrifft und sich demnach nach Kommanditgesellschaftsrecht regelt (§ 278 Abs. 2), unterliegt sie der *Dispositionsfreiheit der Satzung* und kann demgemäß abweichend von den vorstehend in Anm. 2 bis 5 dagelegten Grundsätzen erfolgen, was in der Praxis üblicherweise vorgesehen wird. Eine Grenze besteht nur darin, daß jedes Gesellschaftsverhältnis, mithin auch das der persönlich haftenden Gesellschafter zu den Kommanditaktionären, eine Beteiligung jedes Gesellschafters am Ertrag des gemeinsamen Geschäfts erfordert, so daß in irgendeiner Form eine Gewinnbeteiligung der persönlich haftenden Gesellschafter vorgesehen sein muß. Die Form, wie sie errechnet wird, kann aber in der Satzung beliebig gestaltet werden. So kann z. B. festgelegt werden, daß sie einen bestimmten Prozentsatz des aktienrechtlich auszuweisenden Bilanzgewinns oder der ausgeschütteten Dividende erhalten. In diesem Falle entfällt eine Sonderbilanz zur Feststellung des der Gewinnverteilung der persönlich haftenden Gesellschafter zugrunde zu legenden Reingewinns — vgl. Anm. 3 —, da ihr Gewinnanteil vom Bilanzgewinn oder von der an die Kommanditaktionäre ausgeschütteten Dividende abhängt. Zweckmäßig ist, in dem Gesellschaftsvertrag eine klare und eindeutige Regelung zu treffen, die gleichzeitig auch beachtet, daß von der Regelung der Gewinnbeteiligung die Berechnung des Auseinandersetzungsguthabens eines ausscheidenden Gesellschafters beeinflußt wird (vgl. §289 Anm. 23).

Anm. 7

2. Entnahmen auf den Gewinn

Entnahmen der Gesellschafter auf den Gewinn kommen nur für die persönlich haftenden Gesellschafter in Betracht und richten sich nach den Vorschriften über die Kommanditgesellschaft.

a) Für die *persönlich haftenden Gesellschafter* gilt § 122 HGB (§161 Abs. 2 daselbst). Danach sind sie berechtigt, aus der Gesellschaftskasse Geld bis zum Betrage von vier vom Hundert ihres für das letzte Geschäftsjahr festgestellten Kapitalanteils zu ihren Lasten zu erheben. Dies gilt auch, wenn kein Gewinn erzielt ist oder wenn ihre Einlage durch Verluste früherer Jahre gemindert ist. Sie dürfen ferner den diese vier vom Hundert übersteigenden Anteil am Gewinn des letzten abgelaufenen Geschäftsjahres entnehmen, soweit es nicht offenbar der Gesellschaft zum Nachteil gereicht. Weitere Entnahmen auf ihr Kapitalkonto dürfen die persönlich haftenden Gesellschafter nicht machen. Auch die Satzung kann ihnen höhere Entnahmen nicht gestatten. Es käme dies auf eine Kreditgewährung hinaus. Für diese gelten nach § 283 Nr. 5 die für die Kreditgewährung an Vorstandsmitglieder bestehenden, im öffentlichen Interesse erlassenen Vorschriften. Danach ist die ausdrückliche Zustimmung des Aufsichtsrats erforderlich, § 89, vgl. § 283 Anm. 6. Als eine Kreditgewährung ist es aber nicht anzusehen, wenn die Satzung die Entnahme eines 4% überschreitenden Hundertsatzes gestattet, wie es auch bei der offenen Handelsgesellschaft und der Kommanditgesellschaft vielfach üblich ist, immer vorausgesetzt, daß die Vermögenseinlage nicht unter den in der Satzung festgesetzten Betrag absinkt.

Die Entnahmen sind nur Vorschüsse. Ergibt die Bilanz einen geringeren Gewinnanteil, so ist das zuviel Bezogene der Gesellschaft zu erstatten.

Selbstverständlich kann das Entnahmerecht in der Satzung anders geregelt werden, und ist es in der Praxis auch meist. Das erklärt sich daraus, daß die gesetzliche Regelung den steuerlichen Anforderungen, denen die Komplementäre ausgesetzt sind, ebensowenig gerecht wird wie dem Bedürfnis der Gesellschaft nach Eigenkapitalbildung.

b) Für die *Kommanditaktionäre* besteht das Entnahmerecht nach § 122 HGB nicht. Sie brauchen das, was sie aufgrund eines festgestellten Jahresabschlusses als Dividende in gutem Glauben erhalten haben, nicht zu erstatten, auch wenn sich nachträglich die Unrichtigkeit der Bilanz herausstellt, diese mit Erfolg angefochten oder für nichtig erklärt wird, § 62 Abs. 1 Satz 2.

Anm. 8

3. Beschränkung des Entnahmerechts bei Verlustausweis

§ 289 Abs. 1 beschränkt das Entnahmerecht der persönlich haftenden Gesellschafter. Der Zweck der Vorschrift ist, die Kapitalgrundlage der Gesellschaft zu erhalten oder wiederherzustellen. Bei folgerichtiger Durchführung des Satzes, daß die persönlich haftenden Gesellschafter einen Gewinnanteil aus dem nach den Grundsätzen der Kommanditgesellschaft berechneten Jahresgewinn erhalten, müßten sie auch dann einen Gewinnanteil beziehen, wenn ihr Kapitalanteil im Minus ist und aktienrechtlich kein Bilanzgewinn vorhanden ist, vgl. Anm. 4, und ihn dann auch nach § 122 HGB entnehmen können. Dies könnte es der Gesellschaft erschweren, eine einmal eingetretene Unterbilanz durch Auffüllung des nicht mehr voll gedeckten Grundkapitals zu beseitigen. Unter Aufrechterhaltung des Grundsatzes, daß sich der Gewinnanteil der persönlich haftenden Gesellschafter aus ihrer nicht in Aktien bestehenden Einlage nach den Regeln der Kommanditgesellschaft bestimmt, suchte § 230 Abs. 1 AktG 1937 die Schranke für die Entnahmebefugnis darin, ob der Jahresabschluß der Gesellschaft einen Verlust ausweise. Das war aber schwerlich ein den Besonderheiten der Stellung der persönlich haftenden Gesellschafter gerecht werdendes Kriterium. § 288 Abs. 1 zieht die Schranken deshalb anders, und zwar durch zwei voneinander unabhängige Alternativen:

a) Entfällt auf den Komplementär ein Verlustanteil, der seinen Kapitalanteil — und zwar so wie er durch Verluste früherer Jahre bereits ermäßigt ist (§ 286 Abs. 2 S. 2; § 286 Anm. 5) — übersteigt, so entfällt jede Entnahmebefugnis. Das bedeutet, daß der persönlich haftende Gesellschafter keine Entnahmen machen darf, wenn sein Kapitalanteil durch Belastung mit Verlusten (§286 Abs. 2 S. 2 und 3) negativ geworden ist, aber auch nur insoweit, als durch die Gewinnentnahme wieder ein Minus entsteht. Hat also z. B. ein Komplementär ein Minuskapital von 20 und entfällt auf ihn ein Gewinn von 30, so darf er nach Abs. 1 S. 1 nur eine Entnahme von 10 tätigen.

b) Außerhalb der Entnahmeschranke nach a) entfällt die Entnahmebefugnis auch dann, solange — und damit auch soweit — die Summe aus folgenden Posten:

aa) Bilanzverlust (§ 151 Abs. 1 Aktiva V)

bb) nicht durch Einlagen gedeckte Verlustanteile sämtlicher persönlich haftender Gesellschafter (§ 286 Abs. 2 S. 3; § 286 Anm. 5) und

cc) Forderungen gemäß § 89 an die Gesamtheit der persönlich haftenden Gesellschafter, deren Angehörige oder Mittelsmänner (§ 151 Abs. 1 Aktiva IIIB 11a unter

Beachtung des § 286 Abs. 2 S. 4; § 286 Anm. 6)
höher ist als die Summe aus den nachstehenden Posten:

aa) Gewinnvortrag (§ 157 Abs. 1 Nr. 29)

bb) offene Rücklagen (§ 151 Abs. 1 Passiva II) und

cc) Kapitalanteile der persönlich haftenden Gesellschafter (§ 286 Abs. 2 S. 1; § 286 Anm. 5).

Das bedeutet, daß Entnahmen nur zulässig sind, wenn das außer dem Grundkapital ausgewiesene Eigenvermögen die Kredite und negativen Kapitalkonten der persönlich haftenden Gesellschafter sowie den Bilanzverlust übersteigt. Dabei kommt es mit Rücksicht auf den Schutz der Kapitalgrundlagen der Gesellschaft nicht auf die für den einzelnen persönlich haftenden Gesellschafter aufzumachende Rechnung an, sondern auf die Gesamtrechnung aller persönlich haftender Gesellschafter. Die nicht durch Einlagen gedeckten Verlustanteile der übrigen persönlich haftender Gesellschafter sind also ebenso zu berücksichtigen wie die daneben etwa vorhandenen positiven Kapitalkonten anderer persönlich haftender Gesellschafter. Die Forderungscharakter tragenden Guthaben persönlich haftender Gesellschafter auf anderen Konten, z. B. Sonderkonten, über die die laufenden Vergütungen, Gewinnanteile, Entnahmen und dgl. gebucht werden, sind in die Rechnung nicht einzubeziehen, sondern wie fremde Verbindlichkeiten zu behandeln. Maßgebend ist die letzte Jahresbilanz, weil nur sie die Grundlage für eine zuverlässige Rechnung bildet.

Anm. 9

Zu beachten ist, daß nicht die Gewinngutschriften ausgesetzt werden, sondern daß lediglich die Entnahmen von Gewinnen im Falle des S. 1 und die Entnahmen von Gewinnen und Geld schlechthin im Falle des S. 2 untersagt sind. Die Gewinne müssen also gutgeschrieben werden. Sobald und soweit der Kapitalanteil wieder positiv geworden oder die Rechnung gemäß Anm. 8 unter b) zu einem Überschuß des außer dem Grundkapital ausgewiesenen Eigenvermögens führt, können die zunächst gutgeschriebenen Beträge auch entnommen werden. Der Entnahme von Geld in Sinne des S. 2 muß dem Sinn der Vorschrift entsprechend auch die Entnahme von Sachwerten gleichgestellt werden, da sie sich ebenso wie eine Geldentnahme als Verminderung der Gesellschafterkonten und damit als Schwächung der Kapitalgrundlagen der Gesellschaft darstellt. Wenn S. 2 gerade von Geld spricht, so wohl wegen der Anwendbarkeit des S. 2 auf die Kreditgewährung gemäß Abs. 2, die meist in Geld erfolgt, aber auch in Sachwerten vorgenommen werden kann.

Ganz abgesehen von § 288 sind die persönlich haftenden Gesellschafter grundsätzlich aber sowieso nicht berechtigt, ihre Einlage jederzeit ganz oder teilweise zu entnehmen; denn sie sind den Mitgesellschaftern gegenüber nicht nur zur Leistung der Einlage verpflichtet, sondern auch dazu, sie der Gesellschaft zur Erfüllung ihres Gesellschaftszweckes zu belassen. Die Satzung kann aber etwas anderes bestimmen, z. B. daß die Einlage auf Zeit gegeben wird, daß sie gekündigt werden kann oder daß ein Mindest- und Höchstbetrag bestimmt wird, in dessen Differenz eine freie Entnahme zulässig ist (§.281 Anm. 5). Gerade diese gesellschaftsvertraglich an sich zulässigen Entnahmen will Abs. 1 S. 2 sperren.

Das Verbot der Auszahlung erstreckt sich auf alle Teile des Gewinns aus der Vermögenseinlage, auch soweit er in 4% der Kapitalkonten besteht (§ 121 Abs. 1 HGB). Es gilt nicht für Vergütungen, die Entlohnung für geleistete Arbeit darstellen, wenn sie nicht in einer Gewinnbeteiligung besteht (Abs. 3; unten Anm. 11). Insoweit hängt das Auszahlungsverbot nicht von der Leistung einer Vermögenseinlage ab und wird das Entnahmeverbot des Abs. 1 durch Abs. 3 erweitert. Es ist auch nicht einzusehen, warum hinsichtlich der Gewinnauszahlung ein persönlich haftender Gesellschafter, der eine Vermögenseinlage gemacht hat, günstiger stehen soll als ein Gesellschafter, der keine Vermögenseinlage erbracht hat. Das Auszahlungsverbot des § 288 Abs. 1 zieht eine Konsequenz aus der persönlichen Haftung der geschäftsführenden Gesellschafter; diese Haftung aber ist unabhängig von der Vermögenseinlage. Haben also die persönlich haftenden Gesellschafter keine Vermögenseinlage gemacht, so können sie die ihnen auf Grund des Gesellschaftsverhältnisses zustehenden Gewinnanteile erst entnehmen, wenn und soweit die Eigenvermögensrechnung gemäß Anm. 8 unter b) wieder aktiv ist.

Die entgegen dem Verbot ausbezahlten Gewinnanteile müssen zurückerstattet werden, auch wenn die persönlich haftenden Gesellschafter in gutem Glauben waren. Der Anspruch auf Rückzahlung kann auch von der Gesamtheit der Aktionäre nach § 287 Abs. 2 geltend gemacht werden. Außer dem Rückzahlungsanspruch können auch Schadensersatzansprüche entstehen, wenn die Zahlungen unter Verletzung der Aufgaben der geschäftsführenden Gesellschafter gegenüber der Gesellschaft geleistet worden sind. Da durch die Vorschrift die Kapitalgrundlage der Gesellschaft erhalten werden soll, dient das Verbot auch dem Schutze der Gläubiger im Sinne des § 823 Abs. 2 BGB. Die Bestimmung des Abs. 1 ist zwingend. Entgegenstehende Satzungsbestimmungen sind nichtig.

Anm. 10

4. Beschränkung der Kreditgewährung

Abs. 2 zieht die Kreditgewährung in den Schutz der Kapitalgrundlagen der Gesellschaft gemäß § 288 ein. Er verbietet auch für den Fall, daß die Voraussetzungen für eine Kreditgewährung nach § 89 an einen Gesellschafter, seine Angehörigen oder einen Mittelsmann gegeben sind, die Kreditgewährung solange und soweit, als die Voraussetzungen des Abs. 1 S. 2 gegeben sind (Anm. 8 unter b). Ein trotzdem gewährter Kredit ist wegen Verstoßes gegen das Gesetz nichtig und ohne Rücksicht auf die ihm zugrunde liegenden Vereinbarungen sofort zurückzuzahlen. Wer einen derartigen Kredit bewilligt, verletzt seine Pflichten und ist aus §§ 93, 116, 278 Abs. 3, 283 Nr. 5 AktG und § 823 Abs. 2 BGB der Gesellschaft ersatzpflichtig (Anm. 9 am Ende).

Als Kreditinanspruchnahme sind auch Entnahmen anzusehen, wenn sie die Kapitaleinlagen unter den satzungsgemäß zulässigen Stand herabdrücken. Das gilt auch dann, wenn die Entnahmen z. B. zur Deckung von mit der Beteiligung zusammenhängenden persönlichen Steuerlasten des Komplementärs erfolgen und derartige Steuerentnahmen zugelassen sind oder wenn sie zu Lasten anderer gesonderter Konten erfolgen, so daß immer der Saldo der Gesamtkonten maßgebend ist.

Anm. 11

5. Gehaltsansprüche

Abs. 3 nimmt die Gehaltsansprüche der persönlich haftenden Gesellschafter, einerlei ob sie Kapitaleinlagen geleistet haben oder nicht, von „diesen Vorschriften" aus. Gemeint ist damit offensichtlich Abs. 1 und 2, obwohl der Sache nach nur Abs. 1 S. 2 in Betracht kommen kann und dem strengen Wortlaut nach sogar nur dann, wenn der persönlich haftende Gesellschafter eine Kapitaleinlage geleistet hat. Seinem Sinn nach will Abs. 3 S. 1 klarstellen, daß echte Tätigkeitsvergütungen auch dann gezahlt werden dürfen, wenn die Gesellschaft mit Verlust arbeitet und wenn das neben dem Grundkapital ausgewiesene Eigenvermögen geringer ist als Kredite, negative Kapitalkonten und Bilanzverluste (Anm. 8 unter b). Unter den Tätigkeitsvergütungen muß man entgegen Baumbach-Hueck Rdn. 10 auch die Vergütung für die Übernahme der Haftung sehen, da sie in der Abgrenzung, die Abs. 3 beabsichtigt, eher der Tätigkeitsvergütung als der Vergütung für eine Vermögenseinlage zuzurechnen ist. Das Entgelt, das der nicht mit einer Vermögenseinlage beteiligte persönlich haftende Gesellschafter erhält, ist also, soweit es nicht gewinnabhängig ist, unbeschränkt auszahlbar, während bei dem mit einer Vermögenseinlage beteiligten persönlich haftenden Gesellschafter zu unterscheiden ist zwischen der Vergütung für seine Tätigkeit einschließlich der persönlichen Haftung und der für die Vermögenseinlage, und nur die erstere unter Abs. 3 fällt. Hier fällt die Abgrenzung zusammen mit der, die für die Handhabung des § 160 Abs. 3 Ziff. 8 und 9 unter Beachtung des § 286 Abs. 4 maßgebend ist (§ 286 Anm. 8). Aber auch soweit Tätigkeitsvergütungen an persönlich haftende Gesellschafter, sei es mit, sei es ohne Vermögenseinlage, vom Gewinn abhängig sind, gilt das Auszahlungsverbot des Abs. 1 S. 2 (vgl. Anm. 9). Damit sind jedoch nicht alle variablen Vergütungen erfaßt. Soweit sie vom Umsatz, Betriebsertrag oder ähnlichen Faktoren abhängen, sind sie frei auszahlbar. Als gewinnabhängig ist nicht nur die Vergütung anzusehen, die an den Jahresüberschuß, Bilanzgewinn oder Steuergewinn anschließt, sondern auch die, die von der Dividende abhängig ist. Abs. 3 S. 1 hindert nicht die Entstehung der Gewinnbeteiligungsansprüche, sondern nur ihre Auszahlung. Wenn die Gesellschaft also einen Jahresüberschuß erzielt, sind die daran angehängten Tantiemen den persönlich haftenden Gesellschaftern gutzuschreiben, dürfen aber nur ausgezahlt werden, wenn sich aus Abs. 1 S. 2 kein Hindernis ergibt.

Die Tätigkeitsvergütungen unterstellt Abs. 3 S. 2 der Regelung des § 87 Abs. 2 S. 1. Das mußte besonders gesagt werden, weil andernfalls § 278 Abs. 2 Geltung hätte und das eine derartige Herabsetzungsmöglichkeit nicht enthaltende Recht der Kommanditgesellschaft anwendbar wäre. Wegen der Erläuterung des § 87 Abs. 2 S. 1 vgl. § 87 Anm. 7ff. Fraglich ist aber — vgl. Baumbach-Hueck Rdn. 11; Godin-Wilhelmi Anm. 6 —, ob die Geltung des § 87 Abs. 2 S. 1 auch die gewinnabhängigen Tätigkeitsvergütungen erfaßt. Der Wortlaut steht — genau gelesen — dem entgegen. Entgegen Baumbach-Hueck kann aber der Sinn einer Geltung des § 87 Abs. 2 S. 1 nur der sein, die gesamte Tätigkeitsvergütung zu erfassen, weil sonst die Herabsetzungsbefugnis Stückwerk bleiben muß, so daß auch die Gewinntantieme von Abs. 3 S. 2 erfaßt wird und herabgesetzt werden kann.

Anm. 12

6. Verlustbeteiligung

Der *Verlust* wird auf die persönlich haftenden Gesellschafter und die Gesamtheit der Kommanditaktionäre wie der Gewinn nach § 168 Abs. 2 HGB, soweit nicht ein anderes in der Satzung bestimmt ist, in einem den Umständen nach angemessenen Verhältnis verteilt. Setzt die Satzung den Maßstab nur für die Gewinnverteilung fest, so gilt im Zweifel derselbe Maßstab auch für die Verlustverteilung, § 722 Abs. 2 BGB.

Der auf die persönlich haftenden Gesellschafter entfallende Verlustanteil mindert ihr Kapitalkonto und kann zu einem Passivsaldo führen. Eine Auffüllung des durch den Verlust geminderten Kapitalkontos haben die persönlich haftenden Gesellschafter während des Bestehens der werbenden Gesellschaft nicht zu leisten, wenn nicht die Satzung etwas anderes bestimmt. Sie sind ohne satzungsmäßige Grundlage zur Auffüllung ihrer durch Verlust geminderten Einlage nicht einmal berechtigt. Denn auch insoweit handelt es sich um eine Erhöhung der Einlage, die nur zulässig ist, wenn sie durch die ursprüngliche Satzung oder durch Satzungsänderung gestattet ist (§ 281 Anm. 6). Auch bei Auflösung und Abwicklung der Gesellschaft sowie beim Ausscheiden des einzelnen persönlich haftenden Gesellschafters ist der Betrag nicht zu zahlen; er ist vielmehr nur Ausgangspunkt für die Errechnung des Auseinandersetzungsguthabens (§ 289 Anm. 23). Ist allerdings das Auseinandersetzungsguthaben selbst negativ, so ist eine entsprechende Zahlung zu leisten.

Sind mehrere persönlich haftende Gesellschafter vorhanden, so wird der Verlust in gleicher Weise unter sie verteilt, wie der Gewinn, also wenn nichts anderes bestimmt ist, nach Köpfen, § 722 Abs. 1 BGB.

Eine Übertragung des Verlustes auf ein Kapitalkonto der Kommanditaktionäre findet nicht statt. Das von den Kommanditaktionären aufgebrachte Kapital ist das Grundkapital der Gesellschaft. Als solches ist es eine unveränderliche Ziffer. Der nicht von den persönlich haftenden Gesellschaftern zu tragende Verlustanteil ist Verlust der Gesellschaft. Er vermindert das Vermögen der Gesellschaft; er verschlechtert die Bilanz der Gesellschaft und kann zu einer Unterbilanz führen.

§ 289 Auflösung

(1) Die Gründe für die Auflösung der Kommanditgesellschaft auf Aktien und das Ausscheiden eines von mehreren persönlich haftenden Gesellschaftern aus der Gesellschaft richten sich, soweit in den Absätzen 2 bis 6 nichts anderes bestimmt ist, nach den Vorschriften des Handelsgesetzbuchs über die Kommanditgesellschaft.

(2) Die Kommanditgesellschaft auf Aktien wird auch aufgelöst

1. mit der Rechtskraft des Beschlusses, durch den die Eröffnung des Konkursverfahrens mangels einer den Kosten des Verfahrens entsprechenden Konkursmasse abgelehnt wird;

2. mit der Rechtskraft einer Verfügung des Registergerichts, durch welche nach § 144a des Gesetzes über die Angelegenheiten der freiwilligen Gerichtsbarkeit ein Mangel der Satzung festgestellt worden ist.

(3) Durch die Eröffnung des Konkursverfahrens über das Vermögen eines Kommanditaktionärs wird die Gesellschaft nicht aufgelöst. Die Gläubiger eines Kommanditaktionärs sind nicht berechtigt, die Gesellschaft zu kündigen.

(4) Für die Kündigung der Gesellschaft durch die Kommanditaktionäre und für ihre Zustimmung zur Auflösung der Gesellschaft ist ein Beschluß der Hauptversammlung nötig. Gleiches gilt für den Antrag auf Auflösung der Gesellschaft durch gerichtliche Entscheidung. Der Beschluß bedarf einer Mehrheit, die mindestens drei Viertel des bei der Beschlußfassung vertretenen Grundkapitals umfaßt. Die Satzung kann eine größere Kapitalmehrheit und weitere Erfordernisse bestimmen.

(5) Persönlich haftende Gesellschafter können außer durch Ausschließung nur ausscheiden, wenn es die Satzung für zulässig erklärt.

(6) Die Auflösung der Gesellschaft und das Ausscheiden eines persönlich haftenden Gesellschafters ist von allen persönlich haftenden Gesellschaftern zur Eintragung in das Handelsregister anzumelden. § 143 Abs. 3 des Handelsgesetzbuchs gilt sinngemäß.

Übersicht

Anm. 1

Einleitung

§ 289 enthält Vorschriften über die Auflöung der Gesellschaft und über das Ausscheiden einzelner Gesellschafter. Sein Inhalt stimmt mit § 330 HGB und unter Berücksichtigung rein sprachlicher Änderungen mit § 231 AktG 1937 überein. Als weiterer Auflösungsgrund ist, wie in § 262 Abs. 1 Nr. 4 für die Aktiengesellschaft, die rechtskräftige Ablehnung der Eröffnung des Konkursverfahrens mangels einer den Kosten des Verfahrens entsprechenden Konkursmasse aufgenommen. Wegen Abs. 2 Nr. 2 vgl. § 262 Anm. 38.

I. Die Auflösung der Gesellschaft

Anm. 2

A. Begriff der Auflösung

Der *Begriff der Auflösung* ist der gleiche wie bei der Aktiengesellschaft. Durch die Auflösung geht die Gesellschaft nicht unter; sie wird nicht voll beendet. Sie tritt vielmehr aus dem bisherigen Zustand, dem der werbenden Gesellschaft, heraus und kommt in den Zustand der Abwicklung, der die Vollbeendigung zum Ziele hat. Die Gesellschaft wird eine Abwicklungsgesellschaft, vgl. § 262 Anm. 1 ff.

Anm. 3

B. Gründe der Auflösung

Die *Gründe für die Auflösung* der Kommanditgesellschaft auf Aktien richten sich unter Hinzukommen der in Abs. 2 Nr. 1 u. 2 genannten Gründe nach den Vorschriften des Handelsgesetzbuches über die Kommanditgesellschaft. Doch gelten die in den folgenden Absätzen des Paragraphen angegebenen Ausnahmen (Abs. 1).

Die besonderen Vorschriften des Handelsgesetzbuchs über die Kommanditgesellschaft enthalten nur eine einzige die Auflösung betreffende Bestimmung, den § 177 HGB. Nach diesem hat der *Tod* eines Kommanditisten die Auflösung der Kommanditgesellschaft nicht zur Folge. Dies gilt auch für den Tod eines Kommanditaktionärs. An seine Stelle treten seine allgemeinen oder besonderen Rechtsnachfolger in der gleichen Weise wie beim Tod eines Aktionärs einer Aktiengesellschaft.

Im übrigen richtet sich die Auflösung der Kommanditgesellschaft nach den Vorschriften der offenen Handelsgesellschaft, § 161 Abs. 2 HGB. Danach kommen die Vorschriften der §§ 131 ff. HGB zur Anwendung.

Hiernach wird die Kommanditgesellschaft auf Aktien aufgelöst:

Anm. 4

1. Zeitablauf

Durch den *Ablauf der Zeit*, für die sie eingegangen ist, wird die Gesellschaft gemäß § 131 Nr. 1 HGB aufgelöst. Ist die Gesellschaft nach dem Inhalt der Satzung auf bestimmte Zeit abgeschlossen, so tritt mit Ablauf der Zeit ihre Auflösung und damit der Zustand der Abwicklung von selbst ein, ohne daß es eines Beschlusses der Gesellschafter bedarf. Wegen des Begriffs des Eingehens der Gesellschaft auf bestimmte Zeit, vgl. § 262 Anm. 11.

Die Satzungsbestimmung über die Dauer der Gesellschaft auf bestimmte Zeit kann vor Ablauf der satzungsmäßigen Zeitdauer durch satzungsändernden Beschluß aufgehoben oder geändert werden, vgl. § 262 Anm. 12. Die Änderung kann dahin lauten, daß die Vorschrift über die Zeitdauer überhaupt aufgehoben wird. Dann liegt für die Zukunft eine auf unbestimmte Zeit laufende Gesellschaft vor. Die Zeitdauer kann auch durch satzungsändernden Beschluß verlängert oder verkürzt werden. Bei der Satzungsänderung sind die allgemein für diese geltenden Vorschriften, insbesondere über Einberufung der Hauptversammlung, Stimmenmehrheit usw. zu beachten. Erforderlich ist das Einverständnis der persönlich haftenden Gesellschafter, vgl. §§ 278, 285 Abs. 2. Auch § 285 Abs. 3 ist zu beachten. Diese Vorschriften gelten, wenn die Zeitdauer vor Eintritt des Auflösungstermins geändert werden soll. Der satzungsändernde Beschluß muß vor Eintritt des Auflösungstermins wirksam geworden, also in das Handelsregister eingetragen sein, § 181 Abs. 3.

Ist mit dem Zeitablauf die Auflösung einmal eingetreten, so kann diese Wirkung nur nach den Vorschriften über die Fortsetzung einer aufgelösten Aktiengesellschaft rückgängig gemacht werden, § 274 vgl. unten Anm. 18.

Anm. 5

2. Beschluß der Gesellschafter

Erforderlich für diesen sich aus § 131 Nr. 2 HGB ergebenden Auflösungsgrund ist einmal ein Beschluß der Gesamtheit der Kommanditaktionäre. Er ist in einer Hauptversammlung zu fassen. Der Beschluß bedarf wie bei der Auflösung der Aktiengesellschaft einer Mehrheit, die mindestens drei Viertel des bei der Beschlußfassung vertretenen Grundkapitals umfaßt; die Satzung kann diese Mehrheit durch eine größere Kapitalmehrheit ersetzen und noch andere Erfordernisse aufstellen, § 289 Abs. 4, vgl. auch § 262 Abs. 1 Nr. 2 und § 262 Anm. 17, 18. Für den Begriff der Kapitalmehrheit gilt das gleiche wie bei anderen Beschlüssen, für die das Gesetz eine bestimmte Kapitalmehrheit verlangt, vgl. § 179. Erforderlich ist weiter die Zustimmung der persönlich haftenden Gesellschafter, § 285 Abs. 2. Die Satzung kann bestimmen, daß nicht alle persönlich haftenden Gesellschafter zustimmen müssen; die ursprüngliche oder eine vorschriftsmäßig geänderte Satzung kann auch einen Mehrheitsbeschluß der persönlich haftenden Gesellschafter für ausreichend erklären. Der Beschluß der Gesamtheit der Kommanditaktionäre muß aber auch dann der Vorschrift des Abs. 4 S. 3 genügen. Zu beachten ist weiter die Vorschrift des § 285 Abs. 3 S. 2, weil die Auflösung ins Handelsregister einzutragen ist (Abs. 6).

Das Verhältnis der Auflösung durch Zeitablauf und durch Auflösungsbeschluß ist das gleiche wie bei den entsprechenden Auflösungsgründen der Aktiengesellschaft nach § 262 Abs. 1 Nr. 1 u. 2. Danach tritt die Möglichkeit der Auflösung durch Gesellschafterbeschluß selbständig neben die Auflösung durch Zeitablauf. Auch wenn die Satzung das Ende der Gesellschaft durch Zeitablauf festsetzt, kann schon vorher mit sofortiger Wirkung die Auflösung beschlossen werden, vgl. § 262 Anm. 14.

Anm. 6

3. Konkurseröffnung

Die *Eröffnung des Konkursverfahrens* über das Vermögen der Gesellschaft bewirkt nach § 131 Nr. 3 HGB ebenfalls die Auflösung. Zur Stellung des Konkursantrages ist außer den Gesellschaftsgläubigern jeder persönlich haftende Gesellschafter berechtigt und verpflichtet, § 283 Nr. 14, § 92 Abs. 2 (vgl. § 283 Anm. 12), ebenso jeder Abwickler, wenn die Gesellschaft schon aufgelöst ist und sich dadurch im Abwicklungszustande befindet, §§ 92 Abs. 2, 269, ferner KO §§ 208—210. Die Hauptversammlung oder der Aufsichtsrat oder ein einzelner Kommanditaktionär, wenn er nicht zugleich gewöhnlicher Gesellschaftsgläubiger ist, z. B. wegen eines Anspruchs auf bereits festgestellte Gewinnanteile, sind zur Antragstellung nicht berechtigt, RG 36, 30. Die Gesellschafter können ihre Ansprüche aus dem Gesellschaftsverhältnis nicht als Konkursgläubiger geltend machen. Sie müssen mit diesen Ansprüchen hinter die Konkursgläubiger zurücktreten. Dagegen können ausgeschiedene Gesellschafter ihr Auseinandersetzungsguthaben geltend machen.

Das Konkursverfahren findet wie bei der Aktiengesellschaft nicht nur im Falle der Zahlungsunfähigkeit, sondern auch im Falle der Überschuldung statt, § 209 Abs. 1 KO.

Die Folge der Konkurseröffnung ist die Auflösung der Kommanditgesellschaft auf Aktien. Nur sie ist Gemeinschuldnerin, nicht die persönlich haftenden Gesellschafter oder die Kommanditaktionäre. Die persönlich haftenden Gesellschafter können aber auf Grund ihrer persönlichen Haftung selbst in Konkurs geraten. Im Konkurse der Gesellschaft sind sie deren gesetzliche Vertreter und haben dieselben Verpflichtungen wie der Vorstand einer Aktiengesellschaft während des Konkurses. Zulässig ist die Beendigung des Konkurses durch Zwangsvergleich, §§ 209, 211 KO. Er begrenzt zugleich die Haftung der persönlich haftenden Gesellschafter, § 211 KO.

Durch Eröffnung des gerichtlichen Vergleichsverfahrens nach der Vergleichsordnung tritt die Auflösung der Gesellschaft nicht ein.

Anm. 7

4. Ablehnung der Konkurseröffnung mangels Masse

Nach der Vorschrift des Abs. 2 Nr. 1 wird, wie die Aktiengesellschaft nach § 263 Abs. 1 Nr. 4, die Kommanditgesellschaft auf Aktien auch aufgelöst, mit der *Rechtskraft des Beschlusses, durch den die Eröffnung des Konkursverfahrens mangels einer den Kosten des Verfahrens entsprechenden Konkursmasse abgelehnt wird.* Die gleiche Folge tritt ein, wenn die Kommanditgesellschaft auf Aktien auf Grund des § 2 des Löschungsgesetzes vom 9. Oktober 1934, RGBl. I 914, *wegen Vermögenslosigkeit im Handelsregister gelöscht wird.*

In beiden Fällen hat sich durch den äußeren Zustand der Gesellschaft, nämlich ihre Mittellosigkeit, ergeben, daß sie als werbendes Unternehmen bereits aus dem Wirtschaftsleben ausgeschieden ist. Sie ist deshalb als aufgelöst zu behandeln. Im ersten Falle bewirkt die Rechtskraft des die Konkurseröffnung ablehnenden Beschlusses ohne weiteres die Auflösung. Im zweiten Falle „gilt die Gesellschaft als aufgelöst". Die Wirkung ist in beiden Fällen die gleiche. Vgl. § 262 Anm. 30—32 und Anm. 33—36.

Anm. 8

5. Rechtskräftige Feststellung eines Satzungsmangels

Das Gesetz zur Durchführung der Ersten Richtlinie des Rats der Europäischen Gemeinschaften zur Koordinierung des Gesellschaftsrechts vom 15. 8. 1969 (BGBl. I, S. 1146) hat in § 262 Abs. 1 Nr. 5 als weiteren Auflösungsgrund die Rechtskraft einer Verfügung des Registergerichts eingefügt, durch die gemäß § 144a FGG ein Mangel der Satzung festgestellt wird. Nach dieser ebenfalls neuen Bestimmung hat das Registergericht, wenn die Satzung einer Gesellschaft eine der nach § 23 Abs. 3 Ziff. 1 oder 4 wesentlichen Bestimmungen nicht enthält, oder wenn eine dieser Bestimmungen oder die Bestimmung nach § 23 Abs. 3 Nr. 3 nichtig ist, der Gesellschaft zur Behebung des Mangels eine Frist zu setzen; wird innerhalb der Frist der Mangel nicht behoben, so hat das Registergericht den Mangel der Satzung festzustellen. Die Rechtskraft dieser Feststellung hat nach § 262 Abs. 1 Nr. 5 die Auflösung der Gesellschaft zur Folge. Den gleichen Grund übernimmt § 289 Abs. 2 Ziff. 2 für die Kommanditgesellschaft auf Aktien. Wegen seiner Erläuterung vgl. § 262 Anm. 38.

Anm. 9

6. Tod eines persönlich haftenden Gesellschafters

Durch den *Tod eines persönlich haftenden Gesellschafters*, sofern sich nicht aus der Satzung etwas anderes ergibt, wird gemäß § 131 Nr. 4 HGB die Gesellschaft ebenfalls aufgelöst. Die Satzung kann bestimmen, daß ein verstorbener persönlich haftender Gesellschafter mit seinem Tode aus der Gesellschaft ausscheidet und daß die Gesellschaft von den übrigen Gesellschaftern fortgesetzt wird, § 138 HGB. Dann hat sich die Gesellschaft mit den Erben auseinanderzusetzen. Es kann im Gesellschaftsvertrage aber auch bestimmt werden, daß die Gesellschaft mit den Erben des Verstorbenen fortgesetzt wird. Dann findet § 139 HGB Anwendung. Da jedoch die Kommanditgesellschaft auf Aktien keine gewöhnlichen Kommanditisten haben kann (vgl. § 278 Anm. 4), ist *§ 139 nur wie folgt anwendbar*:

a) Der oder die Erben können an Stelle des Erblassers persönlich haftende Gesellschafter der Kommanditgesellschaft auf Aktien werden. Ist nur ein Erbe vorhanden, so tritt er in die Rechtslage seines Vorgängers ein, und zwar sowohl hinsichtlich der Vergütung, wie auch hinsichtlich des Gewinnanteils und der etwa bestehenden besonderen Vermögenseinlage. Sind mehrere Erben vorhanden, so geht auf jeden von ihnen ein ihrem Erbteil entsprechender Teil der Rechtsstellung des Erblassers (ob sich auch der Vergütungsanspruch aufteilt oder jedem Erben ein voller Vergütungsanspruch zusteht, ist der konkreten Vergütungsregel zu entnehmen) über.

b) Will einer der Erben die Stellung als persönlich haftender Gesellschafter nicht übernehmen, so kann er, wenn der Erblasser mit einer nicht auf das Grundkapital erbrachten Vermögenslage beteiligt war, binnen drei Monaten nach Kenntniserlangung von dem Erbfall beantragen, mit dem auf ihn entfallenden Auseinandersetzungsguthaben als Kommanditaktionär aufgenommen zu werden, was nur auf Grund einer Kapitalerhöhung gegen Sacheinlage — Einbringung der Auseinandersetzungsforderung — möglich ist. Da bei der Errechnung des Auseinandersetzungsguthabens die auf den Erben übergegangene Beteiligung an den stillen Reserven des Unternehmens aufgelöst wird (vgl. Anm. 23), kann der Erbe als Ausgabekurs der neu auszugebenden Aktien nicht pari verlangen, sondern muß einen dem inneren Wert der Aktien entsprechenden Ausgabekurs gelten lassen. Eine Verrechnung der auf den Erben übergegangenen Vermögenseinlage mit den neu auszugebenden Aktien beiderseits auf Pari-Basis dürfte kaum möglich sein, weil die Beteiligung der persönlich haftenden Gesellschafter einerseits und der Kommanditaktionäre andererseits an der Rücklagenbildung unterschiedlich sein kann (vgl. § 288 Anm. 2ff.) und die Beteiligung an den stillen Reserven von den verschiedenen Gewinnbeteiligungssätzen, wie sie mit der Vermögenseinlage einerseits und dem in Betracht kommenden Betrag andererseits zusammenhängen, unterschiedlich beeinflußt wird. Nehmen die in der Gesellschaft verbleibenden persönlich haftenden Gesellschafter und die Gesamtheit der Kommanditaktionäre den Antrag des Erben auf Aufnahme als Kommanditaktionär nicht an, so ist dieser befugt, ohne Einhaltung einer Kündigungsfrist sein Ausscheiden aus der Gesellschaft zu erklären, in welchem Falle ihm der Anspruch auf sein Auseinandersetzungsguthaben zusteht.

c) Hat der Erbe von seinem Erblasser keine Vermögenseinlage ererbt, so entfällt die Möglichkeit ihrer Umwandlung in eine Kommanditaktienbeteiligung und steht dem Erben die Befugnis zu, binnen einer Frist von drei Monaten nach Kenntniserlangung vom Erbfall ohne Einhaltung einer Frist sein Ausscheiden aus der Gesellschaft zu erklären.

d) Scheidet der Erbe aus oder wird er Kommanditaktionär, so haftet er gemäß § 139 Abs. 4 HGB nur nach Maßgabe der die Haftung des Erben für die Nachlaßverbindlichkeiten betreffenden Vorschriften des bürgerlichen Rechts.

Die gegenteilige Auffassung der ersten Auflage ging davon aus, daß ein Kommanditgesellschaft auf Aktien auch gewöhnliche Kommanditisten im Sinne des § 161 HGB haben könne, eine Auffassung, die in Anm. 5 zu § 219 der zweiten Auflage und auch in § 278 Anm. 4 aufgegeben ist. Sicher ist es richtig, daß durch die Umwandlung der Einlage in eine Kommanditaktie ihr Charakter verändert wird. Die Kommanditgesellschaft auf Aktien hat aber nun einmal neben persönlich haftenden Gesellschaftern nur Kommanditaktionäre. Der Grundgedanke des § 139 HGB, den Erben zwar — wenn er es wünscht — von seiner persönlichen Haftung freizustellen, seine Vermögenseinlage aber der Gesellschaft zu erhalten, kann deshalb nur durch Umwandlung der Einlage in Aktien erreicht werden.

Die Auflösung der Kommanditgesellschaft auf Aktien beim Tode eines persönlich haftenden Gesellschafters ist, wie bereits der Wortlaut des § 131 Ziff. 4 HGB zum Ausdruck bringt, nicht zwingend und wird üblicherweise in der Satzung ausgeschlossen. Die Satzung kann, wenn sie den Fortbestand der Gesellschaft beim Tode eines persönlich haftenden Gesellschafters vorsieht, entweder das Ausscheiden sämtlicher Erben oder die Fortsetzung mit einem bestimmten Erben — z. B. bei einer Familiengesellschaft mit dem ältesten mehrerer Abkömmlinge — vorsehen. Für den Fall des Ausscheidens von Erben pflegt die Satzung auch Bestimmungen über die Festsetzung und Auszahlung des sich aus einer Vermögenseinlage ergebenden Auseinandersetzungsguthabens zu treffen.

Soweit der persönlich haftende Gesellschafter zugleich Kommanditaktionär war, gehen seine Aktien wie bei der gewöhnlichen Aktiengesellschaft auf die Rechtsnachfolger über.

Anm. 10

7. Konkurs eines persönlich haftenden Gesellschafters

Durch die *Eröffnung des Konkursverfahrens über das Vermögen eines persönlich haftenden Gesellschafters* wird gemäß § 131 Nr. 5 HGB die Gesellschaft ebenfalls aufgelöst. Mit dieser Maßnahme verliert der persönlich haftende Gesellschafter die Eigenschaft, die zum Wesen der Kommanditgesellschaft auf Aktien gehört. Ist er in Vermögensverfall geraten, so hat seine persönliche Haftung für die Gläubiger der Gesellschaft keinen Wert mehr. Damit stürzt aber auch einer der Grundpfeiler der Kommanditgesellschaft auf Aktien. Gerät ein persönlich haftender Gesellschafter in Konkurs, so verfällt damit auch die Gesellschaft der Auflösung. Die Satzung kann aber bestimmen, daß die Gesellschaft unter den übrigen Gesellschaftern fortbestehen soll, §§ 138, 161 Abs. 2 HGB, § 289 Abs. 1 AktG. Dann tritt die Auflösung nicht ein, wenn nicht der Wegfall eines persönlich haftenden Gesellschafters auch tatsächlich die Konkursreife der Gesellschaft herbeiführt und über diese selbst das Konkursverfahren eröffnet wird. Die übrigen Gesellschafter können im Falle der Konkurseröffnung über das Vermögen eines von ihnen gemäß §§ 141, 161 Abs. 2 HGB, § 289 Abs. 1 AktG beschließen, daß die Gesellschaft unter ihnen fortbestehen soll. Der Beschluß ist aber nur zulässig, wenn er in der Satzung vorgesehen ist, Abs. 5; vgl. Anm. 21. Die erforderliche Erklärung haben die übrigen Gesellschafter gegenüber dem Konkursverwalter des in Konkurs geratenen Gesellschafters abzugeben. Die „übrigen“ Gesellschafter sind die anderen persönlich haftenden Gesellschafter und die Gesamtheit der Kommanditaktionäre; diese geben ihre Zustimmung durch einen Hauptversammlungsbeschluß. Eine erhöhte Mehrheit ist für diesen Beschluß nicht vorgesehen. Die Satzung kann sie jedoch vorschreiben und noch andere Erfordernisse aufstellen.

Regelmäßig ist die Zustimmung aller Gesellschafter außer den in Konkurs geratenen erforderlich, § 119 HGB, § 285 Abs. 2 AktG. Die Satzung kann aber bestimmen, daß nicht alle persönlich haftenden Gesellschafter zustimmen müssen oder daß ein Mehrheitsbeschluß genügt. Wird der Beschluß gefaßt, so scheidet der in Konkurs Geratene mit dem Zeitpunkt der Eröffnung des Konkursverfahrens aus der Gesellschaft aus, § 141 Abs. 2 HGB. Diese hat sich dann mit ihm auseinanderzusetzen.

Nach ausdrücklicher Bestimmung des Abs. 3 hat die Eröffnung des *Konkursverfahrens über das Vermögen eines Kommanditaktionärs nicht die Auflösung* der Gesellschaft zur Folge; seine Gläubiger sind auch nicht berechtigt, die Gesellschaft zu kündigen. Der in Konkurs Geratene bleibt also Kommanditaktionär. Die Rechte aus der Aktie übt der Konkursverwalter aus. Er kann die Aktie auch durch Veräußerung in Geld umsetzen. Er muß aber auch die Ansprüche der Gesellschaft aus der aktienmäßigen Beteilignng des Gemeinschuldners wie andere Konkursforderungen befriedigen.

Anm. 11

8. Kündigung

Soweit bei der Kommanditgesellschaft und der offenen Handelsgesellschaft die Kündigung des Gesellschaftsverhältnisses durch einen Gesellschafter zulässig ist, §§ 132,

134, 161 Abs. 2 HGB, ist sie nach § 289 Abs. 1 auch bei der Kommanditgesellschaft auf Aktien zulässig. Die Kündigung ist eine empfangsbedürftige Willenserklärung. Sie kann von jedem Gesellschafter ausgehen, auch von der Gesamtheit der Kommanditaktionäre; in diesem Falle ist ein Beschluß der Hauptversammlung nach Abs. 4 erforderlich; die Kündigung ist, wenn die Satzung nichts anderes bestimmt, von dem Aufsichtsrat zu erklären, § 287 Abs. 1. Diesem oder der Hauptversammlung gegenüber ist auch die Kündigung der anderen Gesellschafter zu erklären. In sinngemäßer Anwendung des § 78 Abs. 2 S. 2 genügt es, wenn die Kündigung einem Aufsichtsratsmitgliede gegenüber erklärt wird. Die Erklärung muß allen Gesellschaftern zugehen, um wirksam zu sein, und zwar, wenn eine Kündigungsfrist besteht, vor Ablauf der Frist. Der einzelne Kommanditaktionär kann kraft Gesetzes nicht kündigen, jedoch steht nichts entgegen, daß die Satzung ihm ebenso wie dem Aktionär einer Aktiengesellschaft ein Kündigungsrecht zuerkennt, vgl. § 262 Anm. 39.

Enthält die Satzung keine Dauerbestimmung, so ist die Gesellschaft auf unbestimmte Zeit eingegangen. Dann gilt die gesetzliche Kündigungsfrist des § 132 HGB. Die Kündigung kann nur auf den Schluß des Geschäftsjahres erfolgen und muß mindestens sechs Monate vor diesem Zeitpunkt zugehen.

Über die Dauer der Gesellschaft entscheidet aber in erster Linie die Satzung. Sie kann auch bestimmen, daß für die Kündigung eine längere oder kürzere Frist gelte oder daß sie innerhalb einer bestimmten Zeit nicht erfolgen dürfe. Diese Bestimmung muß nicht ausdrücklich erfolgen. Sie kann sich aus dem Gesamtinhalt der Satzung, insbesondere auch aus dem Gegenstande des Unternehmens ergeben. Eine auf Lebenszeit auch nur eines Gesellschafters geschlossene Gesellschaft gilt nach der Vorschrift des § 134 HGB als auf unbestimmte Zeit geschlossen. Die Vorschrift ist zwingend, da sie eine übermäßige Beschränkung der persönlichen Freiheit der in einer Personalgesellschaft zusammengeschlossenen Personen verhindern will. Für die persönlich haftenden Gesellschafter ist die Gesellschaft insofern als Personalgesellschaft anzusehen. Zulässig ist aber eine Satzungsbestimmung, nach der der persönlich haftende Gesellschafter nach seinem Ausscheiden in dieser Eigenschaft sich mit seiner besonderen Einlage als stiller Gesellschafter oder als Kommanditaktionär an der fortbestehenden Gesellschaft beteiligen muß, vgl. RG 156, 129. Nicht unzulässig ist die Vereinbarung, die Gesellschaft solle auf 5 Jahre, längstens aber auf Lebenszeit eines Gesellschafters geschlossen sein. Nach den Umständen des Einzelfalles kann eine lange zeitliche Bindung gegen die guten Sitten verstoßen und deshalb nichtig sein, RG in JR 1926 Nr. 1266, RG in JW 1926, 1960, RG 156, 129. Ob dann der ganze Vertrag oder nur die betreffende Bestimmung nichtig ist, richtet sich nach den Umständen des Einzelfalles, §§ 138, 139 BGB. Nach Eintragung der Gesellschaft ins Handelsregister kann die Nichtigkeit aber nur im Rahmen der § 275 geltend gemacht werden.

Völliger Ausschluß der Kündigung ist, wenn die Gesellschaft nicht auf unbestimmte Zeit eingegangen ist, unzulässig, § 723 Abs. 3 BGB, § 105 Abs. 2, § 161 Abs. 2 HGB; ebenso sind derartige Erschwerungen der Kündigung unzulässig, die einer gänzlichen Ausschließung der Kündigung gleich oder nahe kommen, vgl. im übrigen die Erl. zu § 132 HGB.

Anm. 12

Das *Fortbestehen der Gesellschaft trotz Kündigung* kann in der Satzung bestimmt werden. Dann scheidet nur der Kündigende mit dem Zeitpunkt aus, in dem die Kündigung wirksam wird, § 138 HGB. Es muß aber wie auch beim Ausscheiden eines Gesellschafters durch Konkurs über sein Vermögen oder Tod mindestens ein persönlich haftender Gesellschafter übrig bleiben. Es ist jedoch eine Satzungsbestimmung zulässig, nach der an Stelle des ausscheidenden Gesellschafters ein anderer eintritt oder die Gesamtheit der Kommanditaktionäre beim Ausscheiden des einzigen persönlich haftenden Gesellschafters das Vermögen der Gesellschaft unter Aufrechterhaltung der bestehenden Rechtspersönlichkeit übernimmt, d. h. sich durch Satzungsänderung in eine Aktiengesellschaft umwandelt. Die nach § 366 geforderte Zustimmung des persönlich haftenden Gesellschafters fällt dann fort. Diese dem praktischen Bedürfnis entsprechende Folgerung hat auch das Reichsgericht bereits in der Entscheidung RG 82, 360 gezogen; es hat es dort für zulässig erklärt, daß *beim Ausschluß des einzigen persönlich haftenden Gesellschafters* die Gesamtheit der Kommanditisten (Kommanditaktionäre) für berechtigt erklärt wird, das Geschäft als Aktiengesellschaft fortzuführen, und daß der Ausscheidende verurteilt wird, seine Zustimmung dazu zu geben. Zulässig ist auch eine Satzungsbestimmung dieser Art oder eine solche, nach der bei Kündigung der Gesamtheit der Kommanditaktionäre die persönlich haftenden Gesellschafter berechtigt sind, die Aktien zu übernehmen und so die Gesellschaft fortzusetzen.

Anm. 13

9. Auflösungsurteil

Nach § 133 HGB, der auch hier anwendbar ist, § 161 Abs. 2 HGB, § 289 Abs. 1 AktG, kann auf Antrag eines Gesellschafters die Auflösung der Gesellschaft vor dem Ablauf der für ihre Dauer bestimmten Zeit oder bei einer für unbestimmte Zeit eingegangenen Gesellschaft ohne Kündigung durch gerichtliche Entscheidung ausgesprochen werden, wenn ein *wichtiger Grund* vorliegt. Darüber, wann ein wichtiger Grund vorliegt, wird auf die Erläuterungsbücher zu § 133 HGB Bezug genommen. Bei der Frage, ob ein wichtiger Grund vorliegt, kann das Wesen und die Organisation der Kommanditgesellschaft auf Aktien in Betracht kommen, die das Vorhandensein eines zur Geschäftsführung geeigneten persönlich haftenden Gesellschafters erfordert, vgl. den Fall RG 82, 362.

Der Antrag kann von jedem persönlich haftenden Gesellschafter, aber auch von der Gesamtheit der Kommanditaktionäre gestellt werden. Der wichtige Grund kann auch in der Gesamtheit der Kommanditaktionäre liegen, z. B. wenn die Hauptversammlung die ihr obliegenden Beschlüsse nicht faßt. Der Antrag der Gesamtheit der Kommanditaktionäre bedarf eines Beschlusses der Hauptversammlung, Abs. 4. Die Klage wird durch den Aufsichtsrat erhoben, er vertritt die Gesamtheit der Kommanditaktionäre auch in einem gegen diese geführten Rechtsstreit, wenn die Satzung nichts anderes bestimmt oder die Hauptversammlung keinen besonderen Vertreter wählt, § 287.

Die Auflösung aus wichtigem Grunde nach § 133 HGB erfolgt auf Klage durch rechtsgestaltendes Urteil. Ob die Satzung die Kündigung aus wichtigem Grund durch einseitige Erklärung eines Gesellschafters zulassen kann, ist zweifelhaft. Die Tatsache, daß die Gesellschaft oder die Mitgliedschaft eines einzelnen persönlich haftenden Gesellschafters auf Zeit vereinbart werden kann, und daß überhaupt die Kündbarkeit eines Gesellschaftsverhältnisses anerkannt wird, spräche dafür, eine außerordentliche Kündigung aus wichtigem Grund auch anzuerkennen. Da aber fast stets streitig sein wird, ob ein wichtiger Grund vorliegt, dürfte eine endgültige Klarheit darüber, ob ein wichtiger Grund vorlag und damit die Kündigung rechtswirksam war, erst nach Rechtskraft des Urteils bestehen. Infolgedessen bestünde bei der Zulassung einer einseitigen Kündigungserklärung aus wichtigem Grund eine mehr oder minder lange Zeit der Ungewißheit, ob die Gesellschaft nun aufgelöst ist oder nicht. Mag man diese Ungewißheit bei einer Personalgesellschaft noch hinnehmen und demnach die Vereinbarung einer einfachen Kündigungserklärung statt einer gerichtlichen Klage im Sinne des § 133 HGB für zulässig halten (streitig; im einzelnen vgl. die Kommentare zu § 133 HGB), so ist doch bei einer Kommanditgesellschaft auf Aktien die Ungewißheit über die Auflösung der Gesellschaft ein wesentlich gewichtigeres Gegenargument, das im Falle eines wichtigen Grundes für die Notwendigkeit eimer Auflösungsklage gemäß §§ 133, 162 Abs. 2 HGB, 278 Abs. 2 AktG spricht (anders 1. Auflage). Wegen der Ausgestaltung der Auflösungsklage im einzelnen vgl. die Erläuterungen zu §§ 133, 140 HGB.

Anm. 14

10. Gläubigerkündigung

Die Gesellschaft kann auch durch *Kündigung seitens des Gläubigers eines Gesellschafters* aufgelöst werden. Diese Kündigung ist nach §§ 135, 161 Abs. 2 HGB, § 289 Abs. 1

zulässig, wenn ein Privatgläubiger eines persönlich haftenden Gesellschafters, nachdem eine Zwangsvollstreckung in das bewegliche Vermögen des Gesellschafters innerhalb der letzten 6 Monate ohne Erfolg versucht ist, aufgrund eines nicht bloß vorläufig vollstreckbaren Schuldtitels die Pfändung und Überweisung des Anspruchs auf dasjenige erwirkt, was dem Gesellschafter bei der Auseinandersetzung zukommt. Dann können der pfändende Gläubiger die Gesellschaft kündigen, nicht aber die übrigen Gesellschafter. Für diese kann die Pfändung nur nach Lage des Einzelfalles eine Klage nach § 133 HGB rechtfertigen, vgl. Anm. 13. Die Kündigung der Gesellschaft ist zulässig ohne Rücksicht darauf, ob sie für bestimmte oder unbestimmte Zeit eingegangen ist. Die Kündigung muß sechs Monate vor dem Ende des Geschäftsjahres erfolgen, vgl. die Erl. zu § 135 HGB. Die Kündigung ist nur zulässig, wenn es sich um einen persönlich haftenden Gesellschafter handelt, dem im Falle seines Aussscheidens ein Auseinandersetzungsguthaben überhaupt zusteht, mag das konkret zu errechnende Guthaben auch null oder gar minus sein. Entspricht z. B. das Gesellschaftsverhältnis mit dem persönlich haftenden Gesellschafter dem Anstellungsvertrag eines Vorstandsmitgliedes, ist also weder eine Vermögenseinlage außerhalb des Grundkapitals geleistet noch eine nach Personengesellschaftsrecht zu berechnende Gewinnbeteiligung gegeben, so fehlt ein pfändbarer Anspruch auf Auseinandersetzungsguthaben überhaupt und entfällt mit diesem Tatbestandsmerkmal die Anwendbarkeit des § 133 HGB.

Die *Gläubiger eines Kommanditaktionärs* sind *nicht berechtigt*, die Gesellschaft *zu kündigen*, Abs. 3 S. 2. Sie können nur das Aktienrecht des Kommanditaktionärs durch Zwangsvollstreckung verwerten. Auch ein Gläubiger der Gesamtheit der Kommanditaktionäre kann die Kündigung nicht aussprechen. Zwar wäre es denkbar, daß ein Dritter Gläubiger der Gesamtheit der Kommanditaktionäre wird, z. B. dann, wenn ein Rechtsanwalt von dieser Gesamtheit mit der Führung eines Prozesses beauftragt wird; in diesem Falle haftet aber die Gesellschaft aufgrund ausdrücklicher Bestimmung für die Kosten, § 287 Abs. 2 S. 2, so daß es einer Pfändung nicht bedarf. Die Gesamtheit der Kommanditaktionäre hat keine eigene Rechtspersönlichkeit und ist auch schon deshalb nicht Gesellschafter im Sinne des § 135 HGB.

Die Kündigung des Privatgläubigers muß sämtlichen persönlich haftenden Gesellschaftern und dem Aufsichtsrat für die Gesamtheit der Kommanditaktionäre zugehen. Da die Gesamtheit der Kommanditaktionäre kein anderes für einen Außenstehenden ansprechbares Organ hat, muß der Aufsichtsrat zur Entgegennahme der Kündigung als ermächtigt angesehen werden. In der Satzung kann bestimmt werden, daß im Falle der Pfändung die Gesellschaft nicht aufgelöst, sondern unter den übrigen Gesellschaftern fortgesetzt wird. Vgl. im übrigen die Erläuterungsbücher zu § 135 HGB.

Anm. 15

11. Sonstige Gründe

Sonstige Gründe der Auflösung bestehen ebenfalls wie bei der Aktiengesellschaft (vgl. § 262 Anm. 39ff.). Für die *Verschmelzung* von Kommanditgesellschaften auf Aktien mit solchen gleicher Art oder mit Aktiengesellschaften, mit Gesellschaften mit beschränkter Haftung oder mit einer bergrechtlichen Gewerkschaft vgl. die §§ 339 bis 358, für die *Verstaatlichung und die Vermögensübertragung* in anderer Art die §§ 359—361. Wie bei der Aktiengesellschaft bewirkt auch bei der Kommanditgesellschaft auf Aktien die *Sitzverlegung ins Ausland* die Auflösung der Gesellschaft, § 262 Anm. 46ff. Für die *Entziehung der obrigkeitlichen Genehmigung* und der *Auflösung aus Gründen des Gemeinwohls*, § 376, gilt das gleiche wie bei der Aktiengesellschaft.

Anm. 16

Die *Vereinigung aller Aktien in einer Hand* ist wie bei der Aktiengesellschaft kein Auflösungsgrund, auch dann nicht, wenn die persönlich haftenden Gesellschafter alle Aktien erwerben oder gar der einzige persönlich haftende Gesellschafter sämtliche Aktien besitzt. Die Wahl des Aufsichtsrats sowie die Bestellung des Abschlußprüfers kann dann auch durch die persönlich haftenden Gesellschafter mit ihrem Aktienbesitz erfolgen, da das Verbot des § 285 Abs. 1 Nr. 1 und Nr. 6 wegen Fehlens eines Interessengegensatzes hinfällig ist (vgl. § 280 Anm. 7 und § 285 Anm. 5). Im Notfall könnte eine Bestellung durch das Gericht erfolgen, §§ 108, 163 Abs. 4.

Anm. 17

C. Anmeldung der Auflösung

Die *Anmeldung der Auflösung* (Abs. 6) ist von sämtlichen persönlich haftenden Gesellschaftern zur Eintragung in das Handelsregister vorzunehmen.

Die Eintragung hat wie bei der Auflösung der Aktiengesellschaft keine rechtsbegründende Wirkung. Die Auflösung wirkt schon durch die Auflösungstatsachen. Obwohl § 263 S. 2 nicht ausdrücklich wiederholt ist, wird die Anmeldepflicht in den Fällen der Konkurseröffnung, der Ablehnung der Eröffnung des Konkursverfahrens und der gerichtlichen Feststellung eines Satzungsmangels (§ 213 Abs. 1 Nr. 3 bis 5) nicht bestehen; diese Fälle hat das Gericht von Amts wegen einzutragen, vgl. auch die Erl. zu § 263. Nach § 143 Abs. 3 HGB kann im Falle der Auflösung der Gesellschaft durch Tod eines persönlich haftenden Gesellschafters von der Mitwirkung der Erben bei der Anmeldung abgesehen werden, wenn ihr besondere Hindernisse entgegenstehen.

Anm. 18

D. Folgen der Auflösung und Fortsetzung der aufgelösten Gesellschaft

Die *Folgen der Auflösung* sind die gleichen wie bei der Auflösung einer Aktiengesellschaft. Sie tritt in den Zustand der Abwicklung, vgl. § 290.

Die *Fortsetzung einer aufgelösten Gesellschaft* richtet sich nach den Vorschriften, die für die Fortsetzung einer aufgelösten Aktiengesellschaft gelten, § 278 Abs. 3. Es findet also § 274 Anwendung. Zu dem nach § 274 Abs. 1 erforderlichen Beschluß der Hauptversammlung ist das Einverständnis aller persönlich haftenden Gesellschafter einzuholen, § 285 Abs. 2, wenn nicht die Satzung auch hier eine Mehrheit der persönlich haftenden Gesellschafter genügen läßt oder überhaupt von dem Erfordernis der Zustimmung der persönlcih haftenden Gesellschafter absieht (vgl. § 285 Anm. 8).

II. Ausscheiden von Gesellschaftern

Das Ausscheiden eines Gesellschafters aus der Gesellschaft unterscheidet sich von deren Auflösung dadurch, daß beim Ausscheiden nur die Zugehörigkeit des einzelnen zu der fortbestehenden Gesellschaft aufhört, während die Auflösung die Gesellschaft — nach Durchführung der Abwicklung — selbst zum Erlöschen bringt.

Anm. 19

A. bei Kommanditaktionären

Das *Ausscheiden von Kommanditaktionären* richtet sich nach Aktienrecht, § 278 Abs. 3, und kann regelmäßig nur durch Veräußerung der Aktien erfolgen. Im Einzelfalle kann es auch einmal im Zuge einer Kapitalherabsetzung durch Kraftloserklärung oder Einziehung in Betracht kommen, § 222 ff. Dieser müssen die persönlich haftenden Gesellschafter zustimmen, § 285 Abs. 2.

B. bei persönlich haftenden Gesellschaftern

Hier richtet sich das Ausscheiden nach den Vorschriften des Handelsgesetzbuches über die Kommanditgesellschaft. Die Vorschriften des Handelsgesetzbuches werden aber geändert durch Abs. 5.

Anm. 20

1. Freiwilliges Ausscheiden

Das *freiwillige Ausscheiden* eines persönlich haftenden Gesellschafters auf Grund einer Vereinbarung ist hiernach nur zulässig, wenn es die Satzung vorsieht. Eine ohne satzungsmäßige Grundlage erfolgte Vereinbarung ist wirkungslos, auch wenn ihr alle persönlich haftenden Gesellschafter und alle Kommanditaktionäre zustimmen. Das Ausscheiden eines persönlich haftenden Gesellschafters kann auch in der Weise geschehen, daß er seine Beteiligung veräußert und an seine Stelle ein anderer tritt. Aber auch dies muß in der Satzung zugelassen werden. Die Zulassung des Ausscheidens kann auch durch Satzungsänderung erfolgen.

Voraussetzung des freiwilligen Austritts ist, daß mindestens noch ein persönlich haftender Gesellschafter übrig bleibt, da sonst eine persönliche Grundlage für die Kommanditgesellschaft auf Aktien fehlen würde. In der Satzung kann aber bestimmt werden, daß der einzige persönlich haftende Gesellschafter oder alle ausscheiden, wenn gleichzeitig mindestens ein persönlich haftender Gesellschafter neu eintritt. Geschieht das nicht, so ist das Ausscheiden des bisherigen Gesellschafters unwirksam. Allerdings hat RG 74, 297 die Ausschließung des einzigen persönlich haftenden Gesellschafters von der Vertretung für zulässig erklärt, und RG 82, 360 hat es für zulässig erklärt, daß beim Ausschluß des einzigen persönlich haftenden Gesellschafters die Gesellschaft sich in eine Aktiengesellschaft umwandelt. Folgerichtig muß dann auch eine Satzungsbestimmung zugelassen werden, nach der alle persönlich haftenden Gesellschafter ausscheiden können und die Gesellschaft sich damit in eine Aktiengesellschaft umwandelt, vgl. auch oben Anm. 12.

Anm. 21

2. Unfreiwilliges Ausscheiden

Hier kommen neben der Ausschließung (Anm. 22) in Betracht: Ausscheiden durch Tod, Konkurseröffnung, Kündigung seitens eines Gesellschafters oder eines Pfändungspfandgläubigers. Diese Tatsachen sind Auflösungsgründe. Sie führen also regelmäßig die Auflösung und als deren Folge die Beendigung der Gesellschaft herbei. Dadurch werden unter Umständen bedeutende Werte zerstört, da bei der Abwicklung der in einem lebenden Unternehmen steckende besondere Wert regelmäßig nicht erhalten werden kann, insbesondere wenn es nicht gelingt, das Unternehmen mit der Firma zu veräußern. Den übrigen Gesellschaftern wird auch die bisherige Gelegenheit zur werbenden Anlage ihres Vermögens entzogen. Um diesem Mißstand vorzubeugen, bestimmt § 138 HGB für die offene Handelsgesellschaft, und dies gilt auch für die Kommanditgesellschaft, daß im Gesellschaftsvertrage bestimmt werden kann, daß, wenn ein Gesellschafter kündigt oder stirbt oder in Konkurs gerät, die Gesellschaft unter den übrigen fortbestehen soll. Der Gesellschafter, in dessen Person das Ereignis eintritt, scheidet dann in dem Zeitpunkt aus, in welchem mangels einer solchen Bestimmung die Gesellschaft aufgelöst würde. Diese Vorschrift gilt auch für die Kommanditgesellschaft auf Aktien. Bei der offenen Handelsgesellschaft und bei der Kommanditgesellschaft können, falls ein Privatgläubiger eines Gesellschafters von dem ihm nach § 135 HGB zustehenden Kündigungsrecht Gebrauch macht, die anderen Gesellschafter auf Grund eines von ihnen gefaßten Beschlusses dem Gläubiger erklären, daß die Gesellschaft unter ihnen fortbestehen soll. Der betreffende Gesellschafter scheidet dann mit dem Ende des Geschäftsjahres aus der Gesellschaft aus, §§ 141 Abs. 1, 161 Abs. 2 HGB. Hier können also die übrigen Gesellschafter die *Fortsetzung der Gesellschaft beschließen*, auch wenn es im Gesellschaftsvertrag nicht bedungen ist. Das gleiche Recht haben sie im Falle der Konkurseröffnung, § 141 Abs. 2, § 161 Abs. 2 HGB. Dieses selbständige Recht der übrigen Gesellschafter besteht bei der Kommanditgesellschaft auf Aktien nicht ohne weiteres. Es kann nur ausgeübt werden, wenn in der ursprünglichen oder vor Eintritt des die Auflösung bewirkenden Ereignisses wirksam (§ 181 Abs. 3) geänderten Satzung bestimmt ist, daß nach Eintritt des erwähnten Ereignisses in der Person eines persönlich haftenden Gesellschafters die Gesellschaft unter den übrigen fortgesetzt werden soll. Dies schreibt Abs. 5 ausdrücklich vor. Es muß also in allen Fällen — Kündigung des Gesellschafters oder seines Gläubigers, Konkurs oder Tod des Gesellschafters — in der Satzung bestimmt sein, daß bei Eintritt dieses Ereignisses die Gesellschaft unter den übrigen fortbestehen soll. Zulässig ist auch die Satzungsbestimmung, daß nach Eintritt des Ereignisses und vor Eintritt der Auflösung die übrigen Gesellschafter beschließen können, daß die Gesellschaft unter ihnen fortbestehen soll. Ein derartiger Beschluß bedarf, wenn er vor Eintritt der Auflösung erfolgt, keiner satzungsändernden Mehrheit der Hauptversammlung, wohl aber der Zustimmung der persönlich haftenden Gesellschafter; wird der Beschluß gefaßt, nachdem die Gesellschaft aufgelöst ist, so ist § 274 analog anzuwenden (vgl. § 290 Anm. 16). Wird die Gesellschaft fortgesetzt, so scheidet der betreffende Gesellschafter mit seinem Tode, bei Kündigung mit Ablauf der Kündigungsfrist, bei Konkurseröffnung mit dieser aus. Handelt es sich bei dem ausscheidenden Gesellschafter um den einzigen persönlich haftenden Gesellschafter, so muß die Kommanditgesellschaft auf Aktien neue persönlich haftende Gesellschafter aufnehmen oder die Umwandlung in eine Aktiengesellschaft beschließen (§ 366), widrigenfalls sie in Auflösung verfällt (vgl. Anm. 12).

Anm. 22

3. Ausschließung

Das Ausscheiden eines Gesellschafters aus der Gesellschaft durch *Ausschließung* richtet sich nach den Vorschriften des Handelsgesetzbuches über die Kommanditgesellschaft, § 281 Abs. 1 AktG, § 161 Abs. 2 HGB. Nach § 140 HGB kann vom Gericht, wenn in der Person eines Gesellschafters ein Umstand eintritt, der nach § 133 HGB für die übrigen Gesellschafter das Recht begründet, die Auflösung der Gesellschaft zu verlangen, auf Antrag der übrigen Gesellschafter anstatt der Auflösung die Ausschließung dieses Gesellschafters aus der Gesellschaft ausgesprochen werden. Wegen der Zulässigkeit des Ausschließungsantrages im allgemeinen wird auf die Erläuterungen zu §§ 133, 140 HGB verwiesen. Die Ausschließung kann erfolgen, auch wenn sie nicht ausdrücklich in der Satzung zugelassen ist, Abs. 5. Die Ausschließung ist aber eine außerordentliche Maßregel. Sie trifft den Auszuschließenden vielfach stärker als die in der Gesellschaft Verbleibenden, weil diesen der werbende Betrieb bleibt und der Ausgeschiedene nur sein Ausscheidungsguthaben erhält. Die Auflösung trifft dagegen alle Gesellschafter im gleichen Maße. Von der Ausschließung aus wichtigem Grunde ist daher nur dann Gebrauch zu machen, wenn sich kein anderer Weg findet, um die berechtigten Belange der übrigen Gesellschafter und der Gesellschaft zu wahren. Der andere Weg kann die Ausschließung eines persönlich haftenden Gesellschafters von der Geschäftsführung oder von der Vertretung sein. Dieser für die offene Handelsgesellschaft und die Kommanditgesellschaft gegebene Weg, §§ 117, 127, 161 Abs. 2 HGB, ist auch bei der Kommanditgesellschaft auf Aktien möglich, RG 74, 297; 82, 360. Von der Ausschließung aus der Gesellschaft ist also nur Gebrauch zu machen, wenn die anderen Rechtsbehelfe nicht ausreichen, BGH 18, 362. Es bedarf daher besonders sorgfältiger Prüfung, ob ein in der Person des auszuschließenden Gesellschafters liegender Grund, z. B. dauernde Krankheit, die Ausschließung aus der Gesellschaft rechtfertigt, RG in JW 1933, 98[2]. Es handelt sich um Rechtsbehelfe, die im öffentlichen Interesse gegeben sind. Die Satzung kann deshalb die Ausschließung aus wichtigem Grunde nicht für unzulässig erklären.

Auch der einzige persönlich haftende Gesellschafter kann ausgeschlossen werden. Die Gesamtheit der Kommanditaktionäre kann, wenn die Voraussetzungen der Ausschließung gegeben sind, von dem Auszuschließenden die Erklärung des Einverständnisses zur Umwandlung der Gesellschaft in eine Aktiengesellschaft verlangen, RG 82, 360 (vgl. oben Anm. 12, 20) und einen entsprechenden Klagantrag mit dem Ausschließungsantrag verbinden bzw. an dessen Statt stellen.

Das Ausscheiden eines Gesellschafters *aus einem wichtigen Grunde* erfolgt durch die *Rechtsgestaltungsklage* des § 140 HGB. Die Frage, ob diese in § 140 HGB vorgeschriebene Rechtsgestaltungsklage zwingend ist oder ob durch die Satzung auch der Ausschluß durch Beschluß der übrigen Gesellschafter vorgesehen werden kann, ist ebenso zu entscheiden, wie die oben in Anm. 13 behandelte Frage, ob die Auflösungsklage nach § 133 HGB durch einen Auflösungsbeschluß ersetzt werden kann.

Die Klage muß von allen übrigen Gesellschaftern erhoben werden. Für die Gesamtheit der Kommanditaktionäre ist ein Beschluß der Hauptversammlung erforderlich. Der Beschluß bedarf der in Abs. 4 S. 2 vorgeschriebenen Mehrheit und der dort vorgesehenen weiteren Erfordernisse; wegen der Vertretung der Gesamtheit der Kommanditaktionäre vgl. § 287.

Anm. 23

4. Auseinandersetzung

Die *Auseinandersetzung mit dem ausscheidenden persönlich haftenden Gesellschafter* richtet sich nach den für die Kommanditgesellschaft geltenden Vorschriften. Dies ergibt sich aus § 278 Abs. 2. Denn es handelt sich um das Rechtsverhältnis der persönlich haftenden Gesellschafter untereinander und zur Gesamtheit der Kommanditaktionäre. Für die Auseinandersetzung ist die Vermögenslage in dem Zeitpunkt maßgebend, in welchem die Klage auf Ausschließung erhoben wird; vgl. § 140 HGB und die Erl. dazu. Auf diesen Tag ist eine Auseinandersetzungs-(Abschichtungs-)Bilanz zu erstellen. Der sich aus dieser Auseinandersetzungsbilanz im Vergleich zur Jahresbilanz ergebende Mehr- oder Minderwert (Liquidationsgewinn oder -verlust) ist nach dem Verhältnis der Gewinn- oder Verlustbeteiligung der buchmäßigen Vermögenseinlage des ausscheidenden Gesellschafters zuzuschlagen, im Verlustfalle von ihr in Abzug zu bringen. Dabei ist jedoch zu beachten, daß der persönlich haftende Gesellschafter an der Rücklagenbildung nicht beteiligt ist (§ 288 Anm. 2), so daß der sich aus der Auflösung der Rücklagen in der Auseinandersetzungsbilanz ergebende Vermögensmehrwert aus dem Liquidationsmehr- oder minderertrag auszuscheiden ist. Ein Auseinandersetzungsguthaben ist dem ausscheidenden persönlich haftenden Gesellschafter mit seinem Ausscheiden auszuzahlen und vom Zeitpunkt des Ausscheidens ab mit 5% zu verzinsen (§ 352 HGB; vgl. § 278 Anm. 6). Ist das Auseinandersetzungsguthaben negativ, so ist der ausscheidende Gesellschafter verpflichtet, es durch sofortige Zahlung an die Gesellschaft auszugleichen; auch dieser Anspruch ist mit 5% zu verzinsen. Wegen der Beteiligung an den im Zeitpunkt des Ausscheidens schwebenden Geschäften gilt § 740 BGB. Im einzelnen vgl. Erläuterungen zu § 138 HGB. Soweit der ausscheidende Gesellschafter am Kommanditaktienkapital beteiligt war, verbleibt es trotz seines Ausscheidens — auch im Falle seiner Ausschließung — bei dem Fortbestand dieses Aktienbesitzes; weder die Kommanditgesellschaft auf Aktien noch der ausscheidende Gesellschafter kann verlangen, daß sein Aktienbesitz in die Auseinandersetzung mit einbezogen wird und die Aktien von der Gesellschaft — dem steht in der Regel schon § 71 entgegen — oder durch Dritte erworben werden.

Die Regelung der Auseinandersetzung kann durch die *Satzung oder durch Vereinbarung anläßlich des Ausscheidens anders gestaltet* werden. Insbesondere kann die Satzung die der Auseinandersetzungsbilanz zugrunde zu legende Bewertung, die Auszahlungsfristen und dergleichen regeln.

Sofern der ausscheidende persönlich haftende Gesellschafter nicht mit einer außerhalb des Grundkapitals erbrachten Vermögenslage beteiligt war, wird sich in der Regel eine Auseinandersetzung erübrigen, es sei denn, daß trotzdem eine Beteiligung an den während der Dauer der Zugehörigkeit zur Gesellschaft gebildeten stillen Reserven mit dem persönlich haftenden Gesellschafter vereinbart war.

Die Haftung des ausgeschiedenen Gesellschafters gegenüber Dritten aus Verpflichtungen, die vor oder in der Zeit seiner Gesellschaftszugehörigkeit entstanden sind, ist dieselbe, wie beim Ausscheiden eines persönlich haftenden Gesellschafters aus einer offenen Handelsgesellschaft oder einer Kommanditgesellschaft. In gleicher Weise regelt sich auch das Recht des Ausgeschiedenen auf Befreiung von der Haftung und sein Rückgriffsrecht, wenn er nach dem Ausscheiden von Dritten in Anspruch genommen wird, § 738 Abs. 1 BGB; vgl. die Erl. zu §§ 128, 141 HGB; wegen der Verjährung § 159 HGB.

Anm. 24

5. Anmeldung zum Handelsregister

Das Ausscheiden eines persönlich haftenden Gesellschafters muß wie die Auflösung der Gesellschaft von allen persönlich haftenden Gesellschaftern angemeldet werden, Abs. 6. Auch hier ist (vgl. Anm. 17) § 143 Abs. 3 HGB entsprechend anzuwenden. Die Anmeldung hat keine rechtsbegründende Wirkung. Das Ausscheiden tritt im Falle des Ausschlusses schon mit der Rechtskraft des Ausschlußurteils ein. Bis dahin bleibt der Auszuschließende Gesellschafter und hat auch das Recht zur Geschäftsführung und Vertretung, wenn es ihm nicht besonders nach §§ 117, 127 HGB oder durch einstweilige Verfügung entzogen ist. Solange die Eintragung nicht erfolgt ist, kann aber die Gesellschaft und auch der ausgeschlossene Gesellschafter die Ausschließung Dritten nicht entgegenhalten, es sei denn, daß sie diesen bekannt war, § 15 Abs. 1 HGB.

Anm. 25

III. Die Nichtigkeit der Gesellschaft

Sie richtet sich nach den Vorschriften über die Nichtigkeit der Aktiengesellschaft, §§ 275—277. An die Stelle der Klagebefugnis des Vorstandes tritt die Befugnis der persönlich haftenden Gesellschafter, § 275 Abs. 1. Die Pflicht zur Einreichung der Klage und des rechtskräftigen Urteils, § 276 Abs. 4, obliegt den persönlich haftenden Gesellschaftern. Deren Zustimmung zu einem eine Heilung der Nichtigkeit erstrebenden Hauptversammlungsbeschluß, § 276, ist erforderlich. Dabei ist § 285 Abs. 3 zu beachten. Die Vorschrift des § 144 FGG über die Löschung nichtiger Gesellschaften von Amts wegen gilt nach ausdrücklichen Bestimmungen dieses Gesetzes auch für Kommanditgesellschaften auf Aktien, wenn die Voraussetzungen für die Klage auf Nichtigkeit nach den §§ 275—277 gegeben sind.

§ 290 Abwicklung

(1) Die Abwicklung besorgen alle persönlich haftenden Gesellschafter und eine oder mehrere von der Hauptversammlung gewählte Personen als Abwickler, wenn die Satzung nichts anderes bestimmt.

(2) Die Bestellung oder Abberufung von Abwicklern durch das Gericht kann auch jeder persönlich haftende Gesellschafter beantragen.

Übersicht

Anm. 1

1. Notwendigkeit der Abwicklung

Die Wirkung der Auflösung ist der Eintritt der Abwicklung der Gesellschaft (vgl. § 289 Anm. 2). Die Abwicklung richtet sich nach den für die Abwicklung der Aktiengesellschaft geltenden Vorschriften, § 278 Abs. 3; §§ 264—274.

Nach § 264 Abs. 1 muß die Abwicklung stattfinden, wenn nicht über das Vermögen der Gesellschaft das Konkursverfahren eröffnet worden ist. Die Abwicklung muß auch stattfinden, wenn nach Beendigung des Konkursverfahrens noch Abwicklungsmaßnahmen nötig sind. Abgewickelt wird die Kommanditgesellschaft auf Aktien nach den

Regeln der Aktiengesellschaft. Die Auseinandersetzung zwischen den persönlich haftenden Gesellschaftern und der Gesamtheit der Kommanditaktionäre erfolgt, nachdem das Vermögen versilbert und die Schulden bezahlt oder sichergestellt sind. Bei der dann stattfindenden Verteilung des Vermögens gelten für seine Verteilung zwischen den persönlich haftenden Gesellschaftern und der Gesamtheit der Kommanditaktionäre sowie unter mehreren persönlich haftenden Gesellschaftern die gleichen Bestimmungen wie bei einer Kommanditgesellschaft, vgl. § 289 Anm. 23. Die Beteiligten können sich auch über die Art der Auseinandersetzung unter sich einigen. Insofern findet § 145 Abs. 1 HGB Anwendung, § 278 Abs. 2. Dabei sind auch etwaige Bestimmungen der Satzung über diese Auseinandersetzung zu beachten. Die persönlich haftenden Gesellschafter sind als solche an der Auseinandersetzung aber nur beteiligt, wenn sie entweder eine besondere nicht auf das Grundkapital erbrachte Vermögenseinlage besitzen oder an den stillen Reserven des Gesellschaftervermögens beteiligt sind. Haben sie dagegen eine nur vorstandsähnliche Stellung, so entfällt eine Vermögensbeteiligung in der Auseinandersetzung.

Anm. 2

2. Als Abwickler berufene Personen

Abs. 1 tritt an die Stelle des § 265 Abs. 1 u. 2. Da die Kommanditgesellschaft auf Aktien keinen Vorstand hat, treten an dessen Stelle bei der Abwicklung die persönlich haftenden Gesellschafter, und zwar sämtliche, auch soweit sie von der Geschäftsführung und Vertretung ausgeschlossen waren. Insofern besteht Übereinstimmung mit der offenen Handelsgesellschaft, § 146 HGB. Von § 331 HGB weicht das Aktiengesetz in einem wesentlichen Punkte ab. Nach § 331 HGB erfolgte die Liquidation, sofern nicht der Gesellschaftsvertrag ein anderes bestimmte, durch sämtliche persönlich haftenden Gesellschafter *oder* durch eine oder mehrere von der Generalversammlung gewählte Personen als Liquidatoren. Nach § 290 AktG geschieht die Abwicklung durch die sämtlichen persönlich haftenden Gesellschafter *und* eine oder mehrere von der Hauptversammlung gewählte Personen als Abwickler. Beide Gruppen von Gesellschaftern sollen somit an der Abwicklung beteiligt sein. Solange die Hauptversammlung von ihrem Wahlrecht keinen Gebrauch macht, sind die persönlich haftenden Gesellschafter allein zur Vornahme der Abwicklung berufen. Die Bestellung der Abwickler durch die Hauptversammlung erfordert keine Zustimmung der persönlich haftenden Gesellschafter gemäß § 285 Abs. 2, da diese Abwickler ja gerade die besonderen Belange der Gesamtheit der Kommanditaktionäre vertreten sollen (vgl. § 285 Anm. 6).

Beide Arten von Abwicklern sind gleichberechtigt. Für ihre Geschäftsführung und ihre Vertretungsmacht, insbesondere für die gesetzliche Regel der Gesamtvertretung und die Möglichkeit abweichender Bestimmungen in der Satzung oder bei der Bestellung gilt das gleiche wie bei der Aktiengesellschaft, vgl. die Erl. zu §§ 268, 269.

Die Satzung kann von der Regel des Abs. 1 abweichende Bestimmungen enthalten. Es kann namentlich bestimmt werden, daß nur die persönlich haftenden Gesellschafter oder nur die von der Hauptversammlung bestimmten Personen die Abwicklung vornehmen sollen. Auch dem Aufsichtsrat kann durch die Satzung die Abwicklung übertragen werden.

Anm. 3

3. Abberufung von Abwicklern

Da beide Gruppen von Gesellschaftern mangels anderer Satzungsbestimmung an der Abwicklung beteiligt sein sollen, kann nicht der *Hauptversammlung*, wie bei der Aktiengesellschaft, § 265 Abs. 5 das Recht zustehen, die persönlich haftenden Gesellschafter ohne deren Zustimmung jederzeit als Abwickler abzuberufen. Dagegen kann die Hauptversammlung die von ihr selbst bestellten Abwickler jederzeit abberufen, auch ohne Zustimmung der persönlich haftenden Gesellschafter. Denn sie vertreten insofern nur die besonderen Belange der Gesamtheit der Kommanditaktionäre. Es handelt sich somit nicht um gemeinsame Angelegenheiten, § 285 Abs. 2.

Anm. 4

4. Gerichtliche Bestellung von Abwicklern

Das *Gericht* kann nach § 265 Abs. 3 auf Antrag *Abwickler bestellen und abberufen.* Die Abberufung von Abwicklern, die persönlich haftende Gesellschafter sind, kann nur aus wichtigem Grunde erfolgen, § 147 Halbs. 2 HGB, § 278 Abs. 2. Antragsberechtigt sind der Aufsichtsrat und die in § 265 Abs. 3 bezeichnete Minderheit der Kommanditaktionäre. § 290 Abs. 2 räumt auch jedem persönlich haftenden Gesellschafter das Antragsrecht ein. Den Vorstandsmitgliedern der Aktiengesellschaft steht dieses Recht nicht zu. Der Unterschied erklärt sich aus der Gesellschafterstellung der persönlich haftenden Gesellschafter. Für sie gilt nicht die Bestimmung des § 265 Abs. 3 S. 2, daß sie glaubhaft machen müssen, daß sie seit mindestens drei Monaten Gesellschafter sind. Wohl aber gilt sie für Kommanditaktionäre; nur wenn diese Voraussetzung dargetan ist, kann angenommen werden, daß die Kommanditaktionäre von Anfang an das erforderliche Interesse an der Gesellschaft haben, das bei den persönlich haftenden Gesellschaftern stets zu unterstellen ist.

Anm. 5

5. Anmeldung der Abwickler zum Handelsregister

Die *Anmeldung der Abwickler* hat durch die persönlich haftenden Gesellschafter (§ 283 Nr. 1), jeder Wechsel durch die Abwickler zu geschehen. Im übrigen gelten die Vorschriften des § 266.

Anm. 6

6. Durchführung der Abwicklung

Für *die Durchführung der Abwicklung*, so für den Aufruf der Gläubiger, die Pflichten der Abwickler, ihren Geschäftskreis und ihre Vertretungsbefugnis, sind die Vorschriften über die Abwicklung der Aktiengesellschaft maßgebend, §§ 267—269. Eröffnungsbilanz, Jahresabschluß und Geschäftsbericht unterliegen den für die Abwicklung der Aktiengesellschaft geltenden Vorschriften, § 270. In die Eröffnungsbilanz ist das ganze Vermögen der Gesellschaft aufzunehmen. Es haftet in vollem Umfang den Gläubigern. Zur Wirksamkeit der Beschlüsse der Hauptversammlung ist das Einverständnis der persönlich haftenden Gesellschafter ebenso erforderlich, § 285 Abs. 2, § 288, wie vor der Auflösung.

Wegen der *Verteilung des Vermögens* unter die persönlich haftenden Gesellschafter und die Gesamtheit der Kommanditaktionäre vgl. Anm. 1. Schließlich gelten auch die Vorschriften über den Schluß der Abwicklung, deren Anmeldung und Eintragung zum Handelsregister, die Ablegung der Schlußrechnung, die Verwahrung der Bücher und Schriften und die Wiederaufnahme der Abwicklung, wenn sich die Notwendigkeit weiterer Abwicklungsmaßnahmen ergibt, § 273, und über die Fortsetzung einer aufgelösten Gesellschaft, § 274.

Anm. 7

7. Geltung der Gläubigerschutzvorschriften

Die *Schutzvorschriften für die Gläubiger* vor Verteilung des Vermögens, § 272, sind *nicht nur vor Verteilung des auf die Gesamtheit der Kommanditaktionäre entfallenden Anteils am Gesamtvermögen zu beachten.* Auch das den persönlich haftenden Gesellschaftern zustehende Ausschüttungsguthaben kann vor Einhaltung dieser Schutzvorschriften nicht verteilt werden (a. M. Baumbach-Hueck Rdn. 2; Godin-Wilhelmi Anm. 3; Schlegelberger-Quassowski § 232 Anm. 3). Das ergibt sich schon aus der Einheit des Vermögens und der damit gegebenen Notwendigkeit, die Liquidation einschließlich der Verteilung des Vermögens einheitlich durchzuführen. Das bedeutet für die persönlich haftenden Gesellschafter zwar eine Abweichung von § 155 HGB, die sich aber zwingend aus der Tatsache ergibt, daß die Kommanditgesellschaft auf Aktien alleiniger Vermögensträger ist. Hinzu kommt folgendes: Zwar bildet das „Grundkapital“ in erster Linie die Kreditunterlage der Gesellschaft. Aber das gesamte Aktivvermögen der Gesellschaft haftet den Gläubigern, auch soweit es aus den besonderen Einlagen der persönlich haftenden Gesellschafter herrührt. Die persönlich haftenden Gesellschafter haben auf dieses Vermögen keine den Gläubigern vorgehenden Rechte. Die Verteilung von Vermögen darf erst erfolgen, wenn die Schulden der Gesellschaft getilgt oder sichergestellt sind. Dafür haben die Abwickler zu sorgen. Ist dazu das ganze Vermögen erforderlich, so bleibt nichts für die persönlich haftenden Gesellschafter und auch nichts für die Kommanditaktionäre übrig. Da sich innerhalb des Sperrjahres immer noch Gläubiger melden können, darf überhaupt vor dessen Ablauf nicht mit der Verteilung begonnen werden; denn vorher ist zu verteilendes Vermögen nicht vorhanden. Zwar ist es richtig, daß die Gläubiger bei vorzeitiger Ausschüttung an die persönlich haftenden Gesellschafter durch deren fortdauernde Haftung geschützt sind; im Rahmen der Gläubigerschutzvorschriften haben die Gläubiger aber einen Anspruch darauf, aus dem vorhandenen Vermögen ihre Ansprüche bei der Gesellschaft selbst und nicht bei den Gesellschaftern realisieren zu können. Erfolgt deshalb vor Ablauf des Sperrjahres eine Verteilung des Vermögens an irgendwelche Gesellschafter, so geschieht es auf Gefahr der Abwickler. Die Gesellschafter, die trotzdem etwas bekommen haben, müssen es an die Gesellschaft herausgeben, wenn dies zur Befriedigung der Gläubiger erforderlich ist. Sie können sich auch nicht, wie die Aktionäre bei Empfang von Gewinnanteilen, auf ihren guten Glauben berufen. Das zu Unrecht Bezogene haben sie aus einer Masse bezogen, die in erster Linie zur Befriedigung der Gläubiger bestimmt ist. Die Abwickler handeln auch pflichtwidrig, wenn sie eine Verteilung, auch an sich selbst, vornehmen. Auf Grund ihrer persönlichen Haftung haften die Abwickler aus dem Kreise der persönlich haftenden Gesellschafter aber auch ohne weiteres den nicht befriedigten Gläubigern unmittelbar. Im einzelnen vgl. Erl. zu § 272.

Alphabetisches Sachregister

B

F

G

I

J

N

O

T

W

FSC
www.fsc.org
MIX
Papier | Fördert
gute Waldnutzung
FSC® C083411

Kolibri 360 GmbH
Ferdinand-Jühlke-Straße 7
99095 Erfurt, Deutschland
produktsicherheit@kolibri360.de